ISSN 0074-4441
ISBN 978-92-1-003901-7
e-ISBN 978-92-1-002517-1
(Volume relié — Bound Volume)

COUR INTERNATIONALE DE JUSTICE

RECUEIL DES ARRÊTS, AVIS CONSULTATIFS ET ORDONNANCES

2021

INTERNATIONAL COURT OF JUSTICE

REPORTS OF JUDGMENTS, ADVISORY OPINIONS AND ORDERS

COUR INTERNATIONALE DE JUSTICE

RECUEIL DES ARRÊTS,
AVIS CONSULTATIFS ET ORDONNANCES

APPLICATION DE LA CONVENTION INTERNATIONALE POUR LA RÉPRESSION DU FINANCEMENT DU TERRORISME ET DE LA CONVENTION INTERNATIONALE SUR L'ÉLIMINATION DE TOUTES LES FORMES DE DISCRIMINATION RACIALE

(UKRAINE c. FÉDÉRATION DE RUSSIE)

ORDONNANCE DU 20 JANVIER 2021

2021

INTERNATIONAL COURT OF JUSTICE

REPORTS OF JUDGMENTS,
ADVISORY OPINIONS AND ORDERS

APPLICATION OF THE INTERNATIONAL CONVENTION FOR THE SUPPRESSION OF THE FINANCING OF TERRORISM AND OF THE INTERNATIONAL CONVENTION ON THE ELIMINATION OF ALL FORMS OF RACIAL DISCRIMINATION

(UKRAINE v. RUSSIAN FEDERATION)

ORDER OF 20 JANUARY 2021

Mode officiel de citation :

Application de la convention internationale pour la répression
du financement du terrorisme et de la convention internationale
sur l'élimination de toutes les formes de discrimination raciale
(Ukraine c. Fédération de Russie), ordonnance du 20 janvier 2021,
C.I.J. Recueil 2021, p. 3

Official citation :

Application of the International Convention for the Suppression
of the Financing of Terrorism and of the International Convention
on the Elimination of All Forms of Racial Discrimination
(Ukraine v. Russian Federation), Order of 20 January 2021,
I.C.J. Reports 2021, p. 3

ISSN 0074-4441
ISBN 978-92-1-003874-4

Nº de vente Sales number:	**1213**

20 JANVIER 2021

ORDONNANCE

APPLICATION DE LA CONVENTION
INTERNATIONALE POUR LA RÉPRESSION
DU FINANCEMENT DU TERRORISME
ET DE LA CONVENTION INTERNATIONALE
SUR L'ÉLIMINATION DE TOUTES LES FORMES
DE DISCRIMINATION RACIALE

(UKRAINE c. FÉDÉRATION DE RUSSIE)

———————

APPLICATION OF THE INTERNATIONAL
CONVENTION FOR THE SUPPRESSION
OF THE FINANCING OF TERRORISM
AND OF THE INTERNATIONAL CONVENTION
ON THE ELIMINATION OF ALL FORMS
OF RACIAL DISCRIMINATION

(UKRAINE v. RUSSIAN FEDERATION)

20 JANUARY 2021

ORDER

COUR INTERNATIONALE DE JUSTICE

2021
20 janvier
Rôle général
n° 166

ANNÉE 2021

20 janvier 2021

APPLICATION DE LA CONVENTION INTERNATIONALE POUR LA RÉPRESSION DU FINANCEMENT DU TERRORISME ET DE LA CONVENTION INTERNATIONALE SUR L'ÉLIMINATION DE TOUTES LES FORMES DE DISCRIMINATION RACIALE

(UKRAINE c. FÉDÉRATION DE RUSSIE)

ORDONNANCE

Présents: M. Yusuf, *président*; Mme Xue, *vice-présidente*; MM. Tomka, Abraham, Bennouna, Cançado Trindade, Mme Donoghue, M. Gaja, Mme Sebutinde, MM. Bhandari, Robinson, Crawford, Salam, Iwasawa, *juges*; MM. Pocar, Skotnikov, *juges* ad hoc; M. Gautier, *greffier*.

La Cour internationale de Justice,

Ainsi composée,

Après délibéré en chambre du conseil,

Vu l'article 48 de son Statut et le paragraphe 3 de l'article 44 de son Règlement,

Vu l'ordonnance du 8 novembre 2019, par laquelle la Cour a fixé au 8 décembre 2020 la date d'expiration du délai pour le dépôt du contre-mémoire de la Fédération de Russie, et l'ordonnance du 13 juillet 2020, par laquelle elle a, à la demande du défendeur, reporté cette date au 8 avril 2021;

INTERNATIONAL COURT OF JUSTICE

YEAR 2021

20 January 2021

2021
20 January
General List
No. 166

APPLICATION OF THE INTERNATIONAL CONVENTION FOR THE SUPPRESSION OF THE FINANCING OF TERRORISM AND OF THE INTERNATIONAL CONVENTION ON THE ELIMINATION OF ALL FORMS OF RACIAL DISCRIMINATION

(UKRAINE *v.* RUSSIAN FEDERATION)

ORDER

Present: *President* YUSUF; *Vice-President* XUE; *Judges* TOMKA, ABRAHAM, BENNOUNA, CANÇADO TRINDADE, DONOGHUE, GAJA, SEBUTINDE, BHANDARI, ROBINSON, CRAWFORD, SALAM, IWASAWA; *Judges* ad hoc POCAR, SKOTNIKOV; *Registrar* GAUTIER.

The International Court of Justice,

Composed as above,

After deliberation,

Having regard to Article 48 of the Statute of the Court and to Article 44, paragraph 3, of the Rules of Court,

Having regard to the Order dated 8 November 2019, whereby the Court fixed 8 December 2020 as the time-limit for the filing of the Counter-Memorial of the Russian Federation, and to the Order dated 13 July 2020, whereby the Court, at the request of the Respondent, extended that time-limit until 8 April 2021;

4

Considérant que, par lettre du 22 décembre 2020, S. Exc. M. Dmitry Lobach, agent de la Fédération de Russie, a demandé que le délai fixé pour le dépôt du contre-mémoire soit à nouveau prorogé de six mois, soit jusqu'au 8 octobre 2021, en expliquant que les restrictions liées à la pandémie de COVID-19 avaient continué de susciter des difficultés et donc des retards dans la préparation de cette pièce ; et que, dès réception de ladite lettre, le greffier en a transmis copie à l'agent de l'Ukraine, conformément au paragraphe 3 de l'article 44 du Règlement ;

Considérant que, par lettre du 6 janvier 2021, M. Yevhenii Yenin, agent de l'Ukraine, a indiqué que son gouvernement s'opposait à la nouvelle prorogation sollicitée par la Fédération de Russie pour le dépôt de son contre-mémoire, soulignant notamment que le défendeur n'avait pas suffisamment justifié sa demande ; que l'agent a ajouté que, si elle obtenait ce nouveau report, la Fédération de Russie bénéficierait de dix mois supplémentaires par rapport au délai accordé à l'Ukraine pour déposer son mémoire ; et qu'il a précisé que, si la Cour devait faire droit à la demande de la Fédération de Russie, la nouvelle prorogation ainsi accordée devrait être aussi courte que possible, de sorte à ne pas porter préjudice aux intérêts de l'Ukraine ;

Compte tenu des vues des Parties,

Reporte au 8 juillet 2021 la date d'expiration du délai pour le dépôt du contre-mémoire de la Fédération de Russie ;

Réserve la suite de la procédure.

Fait en français et en anglais, le texte français faisant foi, au Palais de la Paix, à La Haye, le vingt janvier deux mille vingt et un, en trois exemplaires, dont l'un restera déposé aux archives de la Cour et les autres seront transmis respectivement au Gouvernement de l'Ukraine et au Gouvernement de la Fédération de Russie.

Le président,
(Signé) Abdulqawi Ahmed YUSUF.

Le greffier,
(Signé) Philippe GAUTIER.

_____

Whereas, by a letter dated 22 December 2020, the Agent of the Russian Federation, H.E. Mr. Dmitry Lobach, requested the Court to further extend by six months the time-limit for the filing of the Counter-Memorial, i.e. until 8 October 2021, explaining that the restrictions due to the COVID-19 pandemic had continued to create difficulties and related delays in the preparation of that pleading; and whereas, upon receipt of this letter, the Registrar transmitted a copy thereof to the Agent of Ukraine, in accordance with Article 44, paragraph 3, of the Rules of Court;

Whereas, by a letter dated 6 January 2021, the Agent of Ukraine, Mr. Yevhenii Yenin, stated that his Government opposed the request of the Russian Federation for a further extension of the time-limit for the filing of the Counter-Memorial, indicating, *inter alia*, that the Respondent had not adequately explained why it required an additional extension; whereas, according to the Agent, granting this further extension would give the Russian Federation a period of ten months longer than the time afforded to Ukraine to submit its Memorial; and whereas he added that, in the event of the Court acceding to the request of the Russian Federation, any further extension should be as short as possible so as not to prejudice the interests of Ukraine;

Taking into account the views of the Parties,

Extends to 8 July 2021 the time-limit for the filing of the Counter-Memorial of the Russian Federation; and

Reserves the subsequent procedure for further decision.

Done in French and in English, the French text being authoritative, at the Peace Palace, The Hague, this twentieth day of January, two thousand and twenty-one, in three copies, one of which will be placed in the archives of the Court and the others transmitted to the Government of Ukraine and the Government of the Russian Federation, respectively.

(Signed) Abdulqawi Ahmed YUSUF,
President.

(Signed) Philippe GAUTIER,
Registrar.

ISBN 978-92-1-003874-4

9 789210 038744

INTERNATIONAL COURT OF JUSTICE

REPORTS OF JUDGMENTS,
ADVISORY OPINIONS AND ORDERS

APPLICATION OF THE CONVENTION ON THE PREVENTION AND PUNISHMENT OF THE CRIME OF GENOCIDE

(THE GAMBIA *v.* MYANMAR)

ORDER OF 28 JANUARY 2021

2021

COUR INTERNATIONALE DE JUSTICE

RECUEIL DES ARRÊTS,
AVIS CONSULTATIFS ET ORDONNANCES

APPLICATION DE LA CONVENTION POUR LA PRÉVENTION ET LA RÉPRESSION DU CRIME DE GÉNOCIDE

(GAMBIE c. MYANMAR)

ORDONNANCE DU 28 JANVIER 2021

Official citation:

*Application of the Convention on the Prevention and Punishment
of the Crime of Genocide (The Gambia* v. *Myanmar),
Order of 28 January 2021, I.C.J. Reports 2021*, p. 6

———————

Mode officiel de citation:

*Application de la convention pour la prévention et la répression
du crime de génocide (Gambie c. Myanmar),
ordonnance du 28 janvier 2021, C.I.J. Recueil 2021*, p. 6

Sales number	
N° de vente:	**1214**

ISSN 0074-4441
ISBN 978-92-1-003875-1

28 JANUARY 2021

ORDER

APPLICATION OF THE CONVENTION
ON THE PREVENTION AND PUNISHMENT
OF THE CRIME OF GENOCIDE

(THE GAMBIA *v.* MYANMAR)

———————

APPLICATION DE LA CONVENTION
POUR LA PRÉVENTION ET LA RÉPRESSION
DU CRIME DE GÉNOCIDE

(GAMBIE c. MYANMAR)

28 JANVIER 2021

ORDONNANCE

INTERNATIONAL COURT OF JUSTICE

YEAR 2021

2021
28 January
General List
No. 178

28 January 2021

APPLICATION OF THE CONVENTION ON THE PREVENTION AND PUNISHMENT OF THE CRIME OF GENOCIDE

(THE GAMBIA *v.* MYANMAR)

ORDER

Present: President YUSUF; *Vice-President* XUE; *Judges* TOMKA, ABRAHAM, BENNOUNA, CANÇADO TRINDADE, DONOGHUE, GAJA, SEBUTINDE, BHANDARI, ROBINSON, CRAWFORD, GEVORGIAN, SALAM, IWASAWA; *Judges* ad hoc PILLAY, KRESS; *Registrar* GAUTIER.

The International Court of Justice,

Composed as above,

After deliberation,

Having regard to Article 48 of the Statute of the Court and to Article 79*bis*, paragraphs 1 and 3, of the Rules of Court,

Having regard to the Order of 23 January 2020, whereby the Court fixed 23 July 2020 and 25 January 2021 as the respective time-limits for the filing of the Memorial of the Republic of The Gambia and the Counter-Memorial of the Republic of the Union of Myanmar,

Having regard to the Order of 18 May 2020, whereby the Court extended to 23 October 2020 and 23 July 2021, respectively, the time-limits for the filing of the Memorial and the Counter-Memorial,

Having regard to the Memorial of the Republic of The Gambia filed within the time-limit thus extended;

COUR INTERNATIONALE DE JUSTICE

ANNÉE 2021

28 janvier 2021

2021
28 janvier
Rôle général
n° 178

APPLICATION DE LA CONVENTION POUR LA PRÉVENTION ET LA RÉPRESSION DU CRIME DE GÉNOCIDE

(GAMBIE c. MYANMAR)

ORDONNANCE

Présents: M. Yusuf, *président*; Mme Xue, *vice-présidente*; MM. Tomka, Abraham, Bennouna, Cançado Trindade, Mme Donoghue, M. Gaja, Mme Sebutinde, MM. Bhandari, Robinson, Crawford, Gevorgian, Salam, Iwasawa, *juges*; Mme Pillay, M. Kress, *juges* ad hoc; M. Gautier, *greffier*.

La Cour internationale de Justice,

Ainsi composée,

Après délibéré en chambre du conseil,

Vu l'article 48 du Statut de la Cour et l'article 79*bis*, paragraphes 1 et 3, de son Règlement,

Vu l'ordonnance du 23 janvier 2020, par laquelle la Cour a fixé au 23 juillet 2020 et au 25 janvier 2021, respectivement, les dates d'expiration des délais pour le dépôt du mémoire de la République de Gambie et du contre-mémoire de la République de l'Union du Myanmar,

Vu l'ordonnance du 18 mai 2020, par laquelle la Cour a reporté au 23 octobre 2020 et au 23 juillet 2021, respectivement, les dates d'expiration des délais pour le dépôt du mémoire et du contre-mémoire,

Vu le mémoire de la République de Gambie déposé dans le délai tel que prorogé;

Whereas, on 20 January 2021, the Republic of the Union of Myanmar filed preliminary objections to the jurisdiction of the Court and the admissibility of the Application, and whereas a signed copy of those preliminary objections was immediately transmitted to the other Party;

Whereas, accordingly, by virtue of Article 79*bis*, paragraph 3, of the Rules of Court, the proceedings on the merits are suspended and a time-limit has to be fixed for the presentation by the other Party of a written statement of its observations and submissions on the preliminary objections;

Taking account of Practice Direction V, pursuant to which the time-limit for the presentation of such a written statement shall generally not exceed four months from the date of the filing of the preliminary objections,

Fixes 20 May 2021 as the time-limit within which the Republic of The Gambia may present a written statement of its observations and submissions on the preliminary objections raised by the Republic of the Union of Myanmar; and

Reserves the subsequent procedure for further decision.

Done in English and in French, the English text being authoritative, at the Peace Palace, The Hague, this twenty-eighth day of January, two thousand and twenty-one, in three copies, one of which will be placed in the archives of the Court and the others transmitted to the Government of the Republic of The Gambia and the Government of the Republic of the Union of Myanmar, respectively.

(Signed) Abdulqawi Ahmed YUSUF,
President.

(Signed) Philippe GAUTIER,
Registrar.

Considérant que, le 20 janvier 2021, la République de l'Union du Myanmar a déposé des exceptions préliminaires d'incompétence de la Cour et d'irrecevabilité de la requête, et qu'un exemplaire signé de celles-ci a immédiatement été transmis à l'autre Partie ;

Considérant qu'en conséquence, en vertu des dispositions du paragraphe 3 de l'article 79*bis* du Règlement, la procédure sur le fond est suspendue et qu'il y a lieu de fixer un délai dans lequel la Partie adverse pourra présenter un exposé écrit contenant ses observations et conclusions sur les exceptions préliminaires ;

Compte tenu de l'instruction de procédure V, aux termes de laquelle le délai pour la présentation d'un tel exposé écrit ne devra en général pas excéder quatre mois à compter de la date de présentation d'exceptions préliminaires,

Fixe au 20 mai 2021 la date d'expiration du délai dans lequel la République de Gambie pourra présenter un exposé écrit contenant ses observations et conclusions sur les exceptions préliminaires soulevées par la République de l'Union du Myanmar ;

Réserve la suite de la procédure.

Fait en anglais et en français, le texte anglais faisant foi, au Palais de la Paix, à La Haye, le vingt-huit janvier deux mille vingt et un, en trois exemplaires, dont l'un restera déposé aux archives de la Cour et les autres seront transmis respectivement au Gouvernement de la République de Gambie et au Gouvernement de la République de l'Union du Myanmar.

Le président,
(Signé) Abdulqawi Ahmed YUSUF.

Le greffier,
(Signé) Philippe GAUTIER.

ISBN 978-92-1-003875-1

INTERNATIONAL COURT OF JUSTICE

REPORTS OF JUDGMENTS,
ADVISORY OPINIONS AND ORDERS

ALLEGED VIOLATIONS
OF THE 1955 TREATY OF AMITY, ECONOMIC
RELATIONS, AND CONSULAR RIGHTS

(ISLAMIC REPUBLIC OF IRAN *v.* UNITED STATES
OF AMERICA)

PRELIMINARY OBJECTIONS

JUDGMENT OF 3 FEBRUARY 2021

2021

COUR INTERNATIONALE DE JUSTICE

RECUEIL DES ARRÊTS,
AVIS CONSULTATIFS ET ORDONNANCES

VIOLATIONS ALLÉGUÉES
DU TRAITÉ D'AMITIÉ, DE COMMERCE
ET DE DROITS CONSULAIRES DE 1955

(RÉPUBLIQUE ISLAMIQUE D'IRAN c. ÉTATS-UNIS
D'AMÉRIQUE)

EXCEPTIONS PRÉLIMINAIRES

ARRÊT DU 3 FÉVRIER 2021

Official citation:

Alleged Violations of the 1955 Treaty of Amity, Economic Relations,
and Consular Rights (Islamic Republic of Iran v. *United States*
of America), Preliminary Objections, Judgment,
I.C.J. Reports 2021, p. 9

———————

Mode officiel de citation:

Violations alléguées du traité d'amitié, de commerce
et de droits consulaires de 1955 (République islamique d'Iran c. Etats-Unis
d'Amérique), exceptions préliminaires, arrêt,
C.I.J. Recueil 2021, p. 9

Sales number	
N° de vente:	**1215**

ISSN 0074-4441
ISBN 978-92-1-003876-8

3 FEBRUARY 2021

JUDGMENT

ALLEGED VIOLATIONS
OF THE 1955 TREATY OF AMITY, ECONOMIC
RELATIONS, AND CONSULAR RIGHTS

(ISLAMIC REPUBLIC OF IRAN *v.* UNITED STATES
OF AMERICA)

PRELIMINARY OBJECTIONS

VIOLATIONS ALLÉGUÉES
DU TRAITÉ D'AMITIÉ, DE COMMERCE
ET DE DROITS CONSULAIRES DE 1955

(RÉPUBLIQUE ISLAMIQUE D'IRAN c. ÉTATS-UNIS
D'AMÉRIQUE)

EXCEPTIONS PRÉLIMINAIRES

3 FÉVRIER 2021

ARRÊT

TABLE OF CONTENTS

TABLE DES MATIÈRES

INTERNATIONAL COURT OF JUSTICE

2021
3 February
General List
No. 175

YEAR 2021

3 February 2021

ALLEGED VIOLATIONS
OF THE 1955 TREATY OF AMITY, ECONOMIC
RELATIONS, AND CONSULAR RIGHTS

(ISLAMIC REPUBLIC OF IRAN *v.* UNITED STATES
OF AMERICA)

PRELIMINARY OBJECTIONS

Factual background.

1955 Treaty of Amity in force on date of filing of Application — Iran party to 1968 Treaty on Non-Proliferation of Nuclear Weapons — International Atomic Energy Agency and Security Council critical of Iran's nuclear activities — Security Council resolutions on Iranian nuclear issue — Iran subject to nuclear-related "additional sanctions" by United States — Joint Comprehensive Plan of Action ("JCPOA") concerning nuclear programme of Iran concluded on 14 July 2015 — Revocation of certain United States nuclear-related "sanctions" under Executive Order 13716 of 16 January 2016 — Participation of United States in JCPOA terminated under National Security Presidential Memorandum of 8 May 2018 — Reimposition by United States of "sanctions" on Iran, its nationals and companies under Executive Order 13846 of 6 August 2018.

*

Jurisdiction of the Court ratione materiae *under Article XXI of Treaty of Amity.*

First preliminary objection to jurisdiction: subject-matter of dispute — Question whether dispute concerns interpretation and application of Treaty of Amity or exclusively JCPOA — Subject-matter of dispute to be determined by the Court on objective basis — Particular account to be taken of facts identified by Applicant as basis for its claim — Opposing views as to whether impugned measures constitute violations of Treaty of Amity — Fact that dispute arose in context of decision of

COUR INTERNATIONALE DE JUSTICE

ANNÉE 2021

3 février 2021

2021
3 février
Rôle général
n° 175

VIOLATIONS ALLÉGUÉES
DU TRAITÉ D'AMITIÉ, DE COMMERCE
ET DE DROITS CONSULAIRES DE 1955

(RÉPUBLIQUE ISLAMIQUE D'IRAN c. ÉTATS-UNIS D'AMÉRIQUE)

EXCEPTIONS PRÉLIMINAIRES

Contexte factuel.
Traité d'amitié de 1955 en vigueur à la date du dépôt de la requête — Iran étant partie au traité sur la non-prolifération des armes nucléaires de 1968 — Agence internationale de l'énergie atomique et Conseil de sécurité critiques à l'égard des activités nucléaires de l'Iran — Résolutions du Conseil de sécurité sur la question nucléaire iranienne — Imposition à l'Iran de « sanctions supplémentaires » liées au nucléaire par les Etats-Unis — Plan d'action global commun (le « plan d'action ») conclu le 14 juillet 2015 au sujet du programme nucléaire iranien — Abrogation, par le décret 13716 du 16 janvier 2016, de certaines « sanctions » américaines liées au nucléaire — Mémorandum sur la sécurité nationale du 8 mai 2018 mettant fin à la participation des Etats-Unis au plan d'action — Rétablissement par les Etats-Unis de « sanctions » contre l'Iran, ses ressortissants et sociétés en vertu du décret 13846 du 6 août 2018.

*

Compétence ratione materiae *de la Cour en vertu de l'article XXI du traité d'amitié.*
Première exception préliminaire d'incompétence : objet du différend — Question de savoir si le différend porte sur l'interprétation et l'application du traité d'amitié ou exclusivement sur le plan d'action — Objet du différend devant être déterminé par la Cour sur une base objective — Attention particulière devant être accordée aux faits que le demandeur invoque à l'appui de sa demande — Opposition de points de vue sur la question de savoir si les mesures contestées constituent des

5

United States to withdraw from JCPOA does not preclude it from relating to interpretation and application of Treaty of Amity — A dispute may relate to certain acts that fall within ambit of more than one instrument — The Court cannot support argument that subject-matter of Iran's claims relates exclusively to JCPOA and not to Treaty of Amity — First preliminary objection to jurisdiction cannot be upheld.

Second preliminary objection to jurisdiction: "third country measures" — The Court must ascertain whether acts of which Applicant complains fall within provisions of treaty containing compromissory clause — "Third country measures" objection does not concern all of Iran's claims but only majority of them — Were the Court to uphold second objection to jurisdiction the proceedings would not be terminated — Disagreement between the Parties about relevance of concept of "third country measures" — Disagreement between the Parties as regards territorial scope and ambit of provisions of Treaty of Amity allegedly breached by United States — Fact that some impugned measures directly targeted third States, their nationals or companies, does not automatically exclude them from ambit of Treaty of Amity — Second preliminary objection relates to the scope of certain obligations relied upon by Applicant — Also raises legal and factual questions which are properly a matter for the merits — Second preliminary objection to jurisdiction cannot be upheld.

*

Admissibility.

Preliminary objection to admissibility of Iran's Application: alleged abuse of process — Claim based on valid title of jurisdiction can be rejected on ground of abuse of process only in exceptional circumstances — No such exceptional circumstances in present case — Preliminary objection to admissibility rejected.

*

Objections on basis of Article XX, paragraph 1 (b) and (d), of Treaty of Amity.

Article XX, paragraph 1 (b) and (d), of Treaty of Amity does not affect the Court's jurisdiction but affords a possible defence on the merits — Treaty of Amity does not preclude application of measures "relating to fissionable materials" under Article XX, paragraph 1 (b) — Similarly, it does not preclude application of measures deemed necessary to protect a State's "essential security interests" under Article XX, paragraph 1 (d) — A decision concerning these matters requires analysis of issues of law and fact that should be left to the merits — Arguments based on these provisions cannot provide basis for preliminary objections but may be presented at the merits stage — Preliminary objections based on Article XX, paragraph 1 (b) and (d), of Treaty of Amity rejected.

violations du traite d'amitié — Fait que le différend s'inscrive dans le contexte de la décision des Etats-Unis de se retirer du plan d'action n'excluant pas que ce différend ait trait à l'interprétation ou à l'application du traité d'amitié — Possibilité qu'un différend se rapporte à certains actes entrant dans le champ de plusieurs instruments — Cour ne pouvant adhérer à l'argument que l'objet des demandes de l'Iran se rapporte exclusivement au plan d'action et non au traité d'amitié — Première exception préliminaire d'incompétence ne pouvant être accueillie.

Seconde exception préliminaire d'incompétence: «mesures concernant les pays tiers» — Cour devant rechercher si les actes dont le demandeur tire grief entrent dans les prévisions du traité contenant la clause compromissoire — Exception préliminaire relative aux «mesures concernant les pays tiers» ne visant pas l'ensemble des demandes de l'Iran mais seulement la majorité d'entre elles — Instance ne prenant pas fin si la Cour devait faire droit à la seconde exception d'incompétence — Désaccord entre les Parties sur la pertinence de la notion de «mesures concernant les pays tiers» — Désaccord entre les Parties sur le champ d'application territorial et la portée des dispositions du traité dont l'Iran invoque la méconnaissance par les Etats-Unis — Certaines mesures contestées n'échappant pas automatiquement au champ d'application du traité d'amitié du simple fait qu'elles visent directement des Etats tiers, leurs ressortissants ou sociétés — Seconde exception préliminaire d'incompétence des Etats-Unis ayant trait à la portée de certaines obligations dont se prévaut le demandeur — Ladite exception soulevant aussi des questions de droit et de fait qui relèvent du fond — Seconde exception préliminaire d'incompétence ne pouvant être accueillie.

*

Recevabilité.

Exception préliminaire d'irrecevabilité de la requête de l'Iran: abus de procédure allégué — Demande fondée sur une base de compétence valable ne pouvant être rejetée pour abus de procédure que dans des circonstances exceptionnelles — Absence de telles circonstances exceptionnelles en l'espèce — Exception préliminaire d'irrecevabilité étant rejetée.

*

Exceptions fondées sur les alinéas b) et d) du paragraphe 1 de l'article XX du traité d'amitié.

Alinéas b) et d) du paragraphe 1 de l'article XX du traité d'amitié n'ayant pas d'incidence sur la compétence de la Cour mais offrant une éventuelle défense au fond — Traité d'amitié ne faisant pas obstacle à l'application de mesures «concernant les substances fissiles» en vertu de l'alinéa b) du paragraphe 1 de l'article XX — Traité ne faisant pas non plus obstacle à l'application de mesures qu'un Etat juge nécessaires à la protection de ses «intérêts vitaux ... sur le plan de la sécurité» en vertu de l'alinéa d) du paragraphe 1 de l'article XX — Décision sur ces points requérant une analyse des questions de droit et de fait qu'il convient d'effectuer au stade de l'examen au fond — Moyens tirés de ces dispositions étant impropres à fonder des exceptions préliminaires mais pouvant être présentés au stade du fond — Exceptions préliminaires soulevées sur la base des alinéas b) et d) du paragraphe 1 de l'article XX du traité d'amitié étant rejetées.

6

JUDGMENT

Present: President YUSUF; *Vice-President* XUE; *Judges* TOMKA, ABRAHAM, BENNOUNA, CANÇADO TRINDADE, GAJA, SEBUTINDE, BHANDARI, ROBINSON, CRAWFORD, GEVORGIAN, SALAM, IWASAWA; *Judges* ad hoc BROWER, MOMTAZ; *Registrar* GAUTIER.

In the case concerning alleged violations of the 1955 Treaty of Amity, Economic Relations, and Consular Rights,

between

the Islamic Republic of Iran,

represented by

Mr. Hamidreza Oloumiyazdi, Head of the Centre for International Legal Affairs of the Islamic Republic of Iran, Associate Professor of Private Law at Allameh Tabataba'i University, Tehran,

as Agent and Advocate;

Mr. Mohammad H. Zahedin Labbaf, Agent of the Islamic Republic of Iran to the Iran-United States Claims Tribunal, Director of the Centre for International Legal Affairs of the Islamic Republic of Iran in The Hague,

as Co-Agent and Counsel;

Mr. Seyed Hossein Sadat Meidani, Legal Adviser of the Ministry of Foreign Affairs of the Islamic Republic of Iran,

as Deputy Agent and Counsel;

Mr. Vaughan Lowe, QC, Emeritus Chichele Professor of Public International Law, University of Oxford, member of the Institut de droit international, Essex Court Chambers, member of the Bar of England and Wales,

Mr. Alain Pellet, Emeritus Professor at the University Paris Nanterre, former Chairman of the International Law Commission, member of the Institut de droit international,

Mr. Jean-Marc Thouvenin, Professor at the University Paris Nanterre, Secretary-General of the Hague Academy of International Law, associate member of the Institut de droit international, member of the Paris Bar, Sygna Partners,

Mr. Samuel Wordsworth, QC, Essex Court Chambers, member of the Bar of England and Wales, member of the Paris Bar,

Mr. Hadi Azari, Legal Adviser to the Centre for International Legal Affairs of the Islamic Republic of Iran, Assistant Professor of Public International Law at Kharazmi University, Tehran,

as Counsel and Advocates;

Mr. Behzad Saberi Ansari, Director General for International Legal Affairs, Ministry of Foreign Affairs of the Islamic Republic of Iran,

H.E. Mr. Alireza Kazemi Abadi, Ambassador Extraordinary and Plenipotentiary of the Islamic Republic of Iran to the Kingdom of the Netherlands,

ARRÊT

Présents: M. YUSUF, *président*; Mme XUE, *vice-présidente*; MM. TOMKA, ABRAHAM, BENNOUNA, CANÇADO TRINDADE, GAJA, Mme SEBUTINDE, MM. BHANDARI, ROBINSON, CRAWFORD, GEVORGIAN, SALAM, IWASAWA, *juges*; MM. BROWER, MOMTAZ, *juges* ad hoc; M. GAUTIER, *greffier.*

En l'affaire relative à des violations alléguées du traité d'amitié, de commerce et de droits consulaires de 1955,

entre

la République islamique d'Iran,

représentée par

M. Hamidreza Oloumiyazdi, président du centre des affaires juridiques internationales de la République islamique d'Iran, professeur associé de droit privé à l'Université Allameh Tabataba'i à Téhéran,

comme agent et avocat;

M. Mohammad H. Zahedin Labbaf, agent de la République islamique d'Iran auprès du Tribunal des réclamations irano-américaines, directeur du centre des affaires juridiques internationales de la République islamique d'Iran à La Haye,

comme coagent et conseil;

M. Seyed Hossein Sadat Meidani, conseiller juridique au ministère des affaires étrangères de la République islamique d'Iran,

comme agent adjoint et conseil;

M. Vaughan Lowe, QC, professeur émérite de droit international public (chaire Chichele) à l'Université d'Oxford, membre de l'Institut de droit international, Essex Court Chambers, membre du barreau d'Angleterre et du pays de Galles,

M. Alain Pellet, professeur émérite de l'Université Paris Nanterre, ancien président de la Commission du droit international, membre de l'Institut de droit international,

M. Jean-Marc Thouvenin, professeur à l'Université Paris Nanterre, secrétaire général de l'Académie de droit international de La Haye, membre associé de l'Institut de droit international, membre du barreau de Paris, Sygna Partners,

M. Samuel Wordsworth, QC, Essex Court Chambers, membre du barreau d'Angleterre et du pays de Galles, membre du barreau de Paris,

M. Hadi Azari, conseiller juridique auprès du centre des affaires juridiques internationales de la République islamique d'Iran, professeur adjoint de droit international public à l'Université Kharazmi à Téhéran,

comme conseils et avocats;

M. Behzad Saberi Ansari, directeur général chargé des affaires juridiques internationales, ministère des affaires étrangères de la République islamique d'Iran,

S. Exc. M. Alireza Kazemi Abadi, ambassadeur extraordinaire et plénipotentiaire de la République islamique d'Iran auprès du Royaume des Pays-Bas,

Mr. Mohsen Izanloo, Deputy in Legal Affairs, Centre for International Legal Affairs of the Islamic Republic of Iran, Associate Professor of Law at University of Tehran,

as Senior Legal Advisers;

Mr. Luke Vidal, member of the Paris Bar, Sygna Partners,

Mr. Sean Aughey, Essex Court Chambers, member of the Bar of England and Wales,

Ms Philippa Webb, Professor at King's College London, Twenty Essex Chambers, member of the Bar of England and Wales, member of the Bar of the State of New York,

Mr. Jean-Rémi de Maistre, PhD candidate, Centre de droit international de Nanterre (CEDIN),

Mr. Romain Piéri, member of the Paris Bar, Sygna Partners,

as Counsel;

Mr. Seyed Mohammad Asbaghi Namini, Acting Director, Department of International Claims, Centre for International Legal Affairs of the Islamic Republic of Iran,

Mr. Mahdad Fallah Assadi, Legal Adviser to the Centre for International Legal Affairs of the Islamic Republic of Iran,

Mr. Mohsen Sharifi, Acting Head, Department of Litigations and Private International Law, Ministry of Foreign Affairs of the Islamic Republic of Iran,

Mr. Yousef Nourikia, Second Counsellor, Embassy of the Islamic Republic of Iran in the Netherlands,

Mr. Alireza Ranjbar, Legal Adviser to the Centre for International Legal Affairs of the Islamic Republic of Iran,

Mr. Seyed Reza Rafiey, Legal Expert, Department of Litigations and Private International Law, Ministry of Foreign Affairs of the Islamic Republic of Iran,

Mr. Soheil Golchin, Legal Expert, Department of Litigations and Private International Law, Ministry of Foreign Affairs of the Islamic Republic of Iran,

Mr. Mahdi Khalili Torghabeh, Legal Expert, Ministry of Foreign Affairs of the Islamic Republic of Iran,

as Legal Advisers,

and

the United States of America,

represented by

Mr. Marik A. String, Acting Legal Adviser, United States Department of State,

as Agent, Counsel and Advocate (until 28 January 2021);

Mr. Richard C. Visek, Acting Legal Adviser, United States Department of State,

as Agent (from 28 January 2021);

Mr. Steven F. Fabry, Deputy Legal Adviser, United States Department of State,

as Co-Agent and Counsel;

M. Mohsen Izanloo, adjoint chargé des affaires juridiques, centre des affaires juridiques internationales de la République islamique d'Iran, professeur associé de droit à l'Université de Téhéran,

comme conseillers juridiques principaux ;

M. Luke Vidal, membre du barreau de Paris, Sygna Partners,

M. Sean Aughey, Essex Court Chambers, membre du barreau d'Angleterre et du pays de Galles,

Mme Philippa Webb, professeure au King's College de Londres, Twenty Essex Chambers, membre du barreau d'Angleterre et du pays de Galles, membre du barreau de l'Etat de New York,

M. Jean-Rémi de Maistre, doctorant, centre de droit international de Nanterre (CEDIN),

M. Romain Piéri, membre du barreau de Paris, Sygna Partners,

comme conseils ;

M. Seyed Mohammad Asbaghi Namini, directeur par intérim, département des réclamations internationales, centre des affaires juridiques internationales de la République islamique d'Iran,

M. Mahdad Fallah Assadi, conseiller juridique auprès du centre des affaires juridiques internationales de la République islamique d'Iran,

M. Mohsen Sharifi, chef par intérim, département du contentieux et du droit international privé, ministère des affaires étrangères de la République islamique d'Iran,

M. Yousef Nourikia, deuxième conseiller, ambassade de la République islamique d'Iran aux Pays-Bas,

M. Alireza Ranjbar, conseiller juridique auprès du centre des affaires juridiques internationales de la République islamique d'Iran,

M. Seyed Reza Rafiey, expert juridique, département du contentieux et du droit international privé, ministère des affaires étrangères de la République islamique d'Iran,

M. Soheil Golchin, expert juridique, département du contentieux et du droit international privé, ministère des affaires étrangères de la République islamique d'Iran,

M. Mahdi Khalili Torghabeh, expert juridique, ministère des affaires étrangères de la République islamique d'Iran,

comme conseillers juridiques,

et

les Etats-Unis d'Amérique,

représentés par

M. Marik A. String, conseiller juridique par intérim, département d'Etat des Etats-Unis d'Amérique,

comme agent, conseil et avocat (jusqu'au 28 janvier 2021) ;

M. Richard C. Visek, conseiller juridique par intérim, département d'Etat des Etats-Unis d'Amérique,

comme agent (à partir du 28 janvier 2021) ;

M. Steven F. Fabry, conseiller juridique adjoint, département d'Etat des Etats-Unis d'Amérique,

comme coagent et conseil ;

8

Mr. Paul B. Dean, Legal Counselor, Embassy of the United States of America in the Netherlands,

Ms Lara Berlin, Deputy Legal Counselor, Embassy of the United States of America in the Netherlands,

as Deputy Agents and Counsel;

Sir Daniel Bethlehem, QC, Twenty Essex Chambers, member of the Bar of England and Wales,

Ms Laurence Boisson de Chazournes, Professor of International Law at the University of Geneva, member of the Institut de droit international,

Ms Kimberly A. Gahan, Assistant Legal Adviser, United States Department of State,

Ms Lisa J. Grosh, Assistant Legal Adviser, United States Department of State,

as Counsel and Advocates;

Mr. Donald Earl Childress III, Counselor on International Law, United States Department of State,

Ms Maegan L. Conklin, Assistant Legal Adviser, United States Department of State,

Mr. John D. Daley, Deputy Assistant Legal Adviser, United States Department of State,

Mr. John I. Blanck, Attorney Adviser, United States Department of State,

Mr. Jonathan E. Davis, Attorney Adviser, United States Department of State,

Mr. Joshua B. Gardner, Attorney Adviser, United States Department of State,

Mr. Matthew S. Hackell, Attorney Adviser, United States Department of State,

Mr. Nathaniel E. Jedrey, Attorney Adviser, United States Department of State,

Mr. Robert L. Nightingale, Attorney Adviser, United States Department of State,

Ms Catherine L. Peters, Attorney Adviser, United States Department of State,

Mr. David B. Sullivan, Attorney Adviser, United States Department of State,

Ms Margaret E. Sedgewick, Attorney Adviser, United States Department of State,

as Counsel;

Mr. Guillaume Guez, Assistant, Faculty of Law of the University of Geneva,

Mr. John R. Calopietro, Paralegal Supervisor, United States Department of State,

Ms Anjail B. Al-Uqdah, Paralegal, United States Department of State,

Ms Katherine L. Murphy, Paralegal, United States Department of State,

Ms Catherine I. Gardner, Administrative Assistant, Embassy of the United States of America in the Netherlands,

as Assistants,

M. Paul B. Dean, conseiller juridique, ambassade des Etats-Unis d'Amérique aux Pays-Bas,

Mme Lara Berlin, conseillère juridique adjointe, ambassade des Etats-Unis d'Amérique aux Pays-Bas,

comme agents adjoints et conseils;

sir Daniel Bethlehem, QC, Twenty Essex Chambers, membre du barreau d'Angleterre et du pays de Galles,

Mme Laurence Boisson de Chazournes, professeure de droit international à l'Université de Genève, membre de l'Institut de droit international,

Mme Kimberly A. Gahan, conseillère juridique adjointe, département d'Etat des Etats-Unis d'Amérique,

Mme Lisa J. Grosh, conseillère juridique adjointe, département d'Etat des Etats-Unis d'Amérique,

comme conseils et avocats;

M. Donald Earl Childress III, conseiller en droit international, département d'Etat des Etats-Unis d'Amérique,

Mme Maegan L. Conklin, conseillère juridique adjointe, département d'Etat des Etats-Unis d'Amérique,

M. John D. Daley, conseiller juridique adjoint de deuxième classe, département d'Etat des Etats-Unis d'Amérique,

M. John I. Blanck, avocat conseil, département d'Etat des Etats-Unis d'Amérique,

M. Jonathan E. Davis, avocat conseil, département d'Etat des Etats-Unis d'Amérique,

M. Joshua B. Gardner, avocat conseil, département d'Etat des Etats-Unis d'Amérique,

M. Matthew S. Hackell, avocat conseil, département d'Etat des Etats-Unis d'Amérique,

M. Nathaniel E. Jedrey, avocat conseil, département d'Etat des Etats-Unis d'Amérique,

M. Robert L. Nightingale, avocat conseil, département d'Etat des Etats-Unis d'Amérique,

Mme Catherine L. Peters, avocate conseil, département d'Etat des Etats-Unis d'Amérique,

M. David B. Sullivan, avocat conseil, département d'Etat des Etats-Unis d'Amérique,

Mme Margaret E. Sedgewick, avocate conseil, département d'Etat des Etats-Unis d'Amérique,

comme conseils;

M. Guillaume Guez, assistant, faculté de droit de l'Université de Genève,

M. John R. Calopietro, coordinateur de l'assistance juridique, département d'Etat des Etats-Unis d'Amérique,

Mme Anjail B. Al-Uqdah, assistante juridique, département d'Etat des Etats-Unis d'Amérique,

Mme Katherine L. Murphy, assistante juridique, département d'Etat des Etats-Unis d'Amérique,

Mme Catherine I. Gardner, assistante administrative, ambassade des Etats-Unis d'Amérique aux Pays-Bas,

comme assistants,

THE COURT,

composed as above,

after deliberation,

delivers the following Judgment:

1. On 16 July 2018, the Islamic Republic of Iran (hereinafter "Iran") filed in the Registry of the Court an Application instituting proceedings against the United States of America (hereinafter the "United States") with regard to alleged violations of the Treaty of Amity, Economic Relations, and Consular Rights, which was signed by the two States in Tehran on 15 August 1955 and entered into force on 16 June 1957 (hereinafter the "Treaty of Amity" or the "1955 Treaty").

2. In its Application, Iran seeks to found the Court's jurisdiction on Article 36, paragraph 1, of the Statute of the Court and on Article XXI, paragraph 2, of the 1955 Treaty.

3. On 16 July 2018, Iran also submitted a Request for the indication of provisional measures, referring to Article 41 of the Statute and to Articles 73, 74 and 75 of the Rules of Court.

4. The Registrar immediately communicated to the Government of the United States the Application, in accordance with Article 40, paragraph 2, of the Statute of the Court, and the Request for the indication of provisional measures, in accordance with Article 73, paragraph 2, of the Rules of Court. He also notified the Secretary-General of the United Nations of the filing of the Application and the Request for the indication of provisional measures by Iran.

5. In addition, by a letter dated 25 July 2018, the Registrar informed all Member States of the United Nations of the filing of the above-mentioned Application and Request for the indication of provisional measures.

6. Pursuant to Article 40, paragraph 3, of the Statute, the Registrar notified the Member States of the United Nations, through the Secretary-General, and any other State which is entitled to appear before the Court, of the filing of the Application, by transmission of the printed bilingual text of that document.

7. On 18 July 2018, the Registrar informed both Parties that the Member of the Court of the nationality of the United States, pursuant to Article 24, paragraph 1, of the Statute, had notified the President of the Court of her intention not to participate in the decision of the case. In accordance with Article 31 of the Statute and Article 37, paragraph 1, of the Rules of Court, the United States chose Mr. Charles Brower to sit as judge *ad hoc* in the case.

8. Since the Court included upon the Bench no judge of Iranian nationality, Iran proceeded to exercise the right conferred upon it by Article 31 of the Statute to choose a judge *ad hoc* to sit in the case; it chose Mr. Djamchid Momtaz.

9. On 23 July 2018, the President of the Court, acting in conformity with Article 74, paragraph 4, of the Rules of Court, addressed an urgent communication to the Secretary of State of the United States, calling upon the Government of the United States "to act in such a way as will enable any order the Court may make on the request for provisional measures to have its appropriate effects". A copy of that letter was transmitted to the Agent of Iran.

La Cour,

ainsi composée,

après délibéré en chambre du conseil,

rend l'arrêt suivant:

1. Le 16 juillet 2018, la République islamique d'Iran (ci-après l'«Iran») a déposé au Greffe de la Cour une requête introductive d'instance contre les Etats-Unis d'Amérique (ci-après les «Etats-Unis») au sujet de violations alléguées du traité d'amitié, de commerce et de droits consulaires signé par les deux Etats à Téhéran le 15 août 1955 et entré en vigueur le 16 juin 1957 (ci-après le «traité d'amitié» ou le «traité de 1955»).

2. Dans sa requête, l'Iran entend fonder la compétence de la Cour sur le paragraphe 1 de l'article 36 du Statut de celle-ci et sur le paragraphe 2 de l'article XXI du traité de 1955.

3. Le 16 juillet 2018, l'Iran a également présenté une demande en indication de mesures conservatoires, se référant à l'article 41 du Statut de la Cour et aux articles 73, 74 et 75 de son Règlement.

4. Le greffier a immédiatement communiqué au Gouvernement des Etats-Unis la requête, conformément au paragraphe 2 de l'article 40 du Statut de la Cour, et la demande en indication de mesures conservatoires, conformément au paragraphe 2 de l'article 73 du Règlement. Il a en outre informé le Secrétaire général de l'Organisation des Nations Unies du dépôt par l'Iran de cette requête et de cette demande.

5. Par lettre en date du 25 juillet 2018, le greffier a également informé tous les Etats Membres de l'Organisation des Nations Unies du dépôt de la requête et de la demande susvisées.

6. Conformément au paragraphe 3 de l'article 40 du Statut, le greffier a informé les Etats Membres de l'Organisation des Nations Unies, par l'entremise du Secrétaire général, et tout autre Etat admis à ester devant la Cour du dépôt de la requête en leur transmettant le texte bilingue imprimé de celle-ci.

7. Le 18 juillet 2018, le greffier a informé les deux Parties que, en application du paragraphe 1 de l'article 24 du Statut, le membre de la Cour de nationalité américaine avait fait part au président de la Cour de son intention de ne pas participer au jugement de l'affaire. Conformément à l'article 31 du Statut et au paragraphe 1 de l'article 37 du Règlement de la Cour, les Etats-Unis ont désigné M. Charles Brower pour siéger en qualité de juge *ad hoc* en l'affaire.

8. La Cour ne comptant sur le siège aucun juge de nationalité iranienne, l'Iran s'est prévalu du droit que lui confère l'article 31 du Statut de procéder à la désignation d'un juge *ad hoc* pour siéger en l'affaire; il a désigné M. Djamchid Momtaz.

9. Le 23 juillet 2018, le président de la Cour, agissant en vertu des pouvoirs que lui confère le paragraphe 4 de l'article 74 du Règlement, a adressé au secrétaire d'Etat des Etats-Unis une communication urgente dans laquelle il exhortait le Gouvernement américain à «agir de manière que toute ordonnance de la Cour sur la demande en indication de mesures conservatoires puisse avoir les effets voulus». Copie de cette lettre a été transmise à l'agent de l'Iran.

10. By an Order of 3 October 2018, the Court, having heard the Parties, indicated the following provisional measures:

"(1) The United States of America, in accordance with its obligations under the 1955 Treaty of Amity, Economic Relations, and Consular Rights, shall remove, by means of its choosing, any impediments arising from the measures announced on 8 May 2018 to the free exportation to the territory of the Islamic Republic of Iran of

(i) medicines and medical devices;
(ii) foodstuffs and agricultural commodities; and
(iii) spare parts, equipment and associated services (including warranty, maintenance, repair services and inspections) necessary for the safety of civil aviation;

(2) The United States of America shall ensure that licences and necessary authorizations are granted and that payments and other transfers of funds are not subject to any restriction in so far as they relate to the goods and services referred to in point (1);

(3) Both Parties shall refrain from any action which might aggravate or extend the dispute before the Court or make it more difficult to resolve."

(*I.C.J. Reports 2018 (II)*, p. 652, para. 102.)

11. By an Order dated 10 October 2018, the Court fixed 10 April 2019 and 10 October 2019, as the respective time-limits for the filing of a Memorial by Iran and a Counter-Memorial by the United States.

12. In a letter dated 19 February 2019, Iran requested the Court to "exercise its authority, under Article 78 of the Rules, to call on the USA to explain, as a matter of urgency, the specific steps that have been and are being taken to implement the Court's Order of 3 October 2018".

13. Following this communication, the Court requested the United States to provide, by 4 June 2019, information on its implementation of the provisional measures indicated by the Court in its Order of 3 October 2018 and Iran to furnish, by the same date, any information it might have in that regard. This information was submitted by both Parties within the time-limit fixed for that purpose. By letters dated 19 June 2019, the Parties were informed that the Court had taken due note of the responses provided by them, and that it considered that any issues relating to the implementation of the provisional measures may be addressed at a later stage, if the case proceeded to the merits.

14. By a letter dated 1 April 2019, the Co-Agent of Iran requested the Court to extend the time-limit for the filing of the Memorial by one and a half months, and indicated the reasons for that request. On receipt of that letter, the Deputy-Registrar, referring to Article 44, paragraph 3, of the Rules of Court, transmitted a copy thereof to the Agent of the United States. By a letter dated 5 April 2019, the Agent of the United States indicated that her Government had no objection to the extension of the time-limit requested by Iran.

15. By an Order dated 8 April 2019, the President of the Court extended to 24 May 2019 and 10 January 2020, the respective time-limits for the filing of the Memorial by Iran and a Counter-Memorial by the United States. The Memorial of Iran was filed within the time-limit thus extended.

16. On 23 August 2019, within the time-limit prescribed by Article 79, paragraph 1, of the Rules of Court of 14 April 1978 as amended on 1 February 2001,

10. Par ordonnance en date du 3 octobre 2018, la Cour, ayant entendu les Parties, a indiqué les mesures conservatoires suivantes :

« 1) Les Etats-Unis d'Amérique, conformément à leurs obligations au titre du traité d'amitié, de commerce et de droits consulaires conclu en 1955, doivent, par les moyens de leur choix, supprimer toute entrave que les mesures annoncées le 8 mai 2018 mettent à la libre exportation vers le territoire de la République islamique d'Iran

i) de médicaments et de matériel médical ;
ii) de denrées alimentaires et de produits agricoles ; et
iii) des pièces détachées, des équipements et des services connexes (notamment le service après-vente, l'entretien, les réparations et les inspections) nécessaires à la sécurité de l'aviation civile ;

2) Les Etats-Unis d'Amérique doivent veiller à ce que les permis et autorisations nécessaires soient accordés et à ce que les paiements et autres transferts de fonds ne soient soumis à aucune restriction dès lors qu'il s'agit de l'un des biens et services visés au point 1) ;

3) Les deux Parties doivent s'abstenir de tout acte qui risquerait d'aggraver ou d'étendre le différend dont la Cour est saisie ou d'en rendre la solution plus difficile. » (*C.I.J. Recueil 2018 (II)*, p. 652, par. 102.)

11. Par ordonnance en date du 10 octobre 2018, la Cour a fixé au 10 avril 2019 et au 10 octobre 2019, respectivement, les dates d'expiration des délais pour le dépôt du mémoire de l'Iran et du contre-mémoire des Etats-Unis.

12. Dans une lettre en date du 19 février 2019, l'Iran a prié la Cour d'« exercer le pouvoir qu'elle t[enait] de l'article 78 du Règlement pour inviter les Etats-Unis d'Amérique à rendre compte, d'urgence, des dispositions spécifiques qu'ils [avaie]nt prises ou pren[ai]ent … en vue de donner effet à l'ordonnance rendue le 3 octobre 2018 ».

13. Comme suite à cette communication, la Cour a prié les Etats-Unis de fournir, le 4 juin 2019 au plus tard, des renseignements sur les dispositions prises par eux pour mettre en œuvre les mesures conservatoires indiquées dans son ordonnance du 3 octobre 2018, et l'Iran de communiquer, dans le même délai, toute information qu'il pouvait avoir à ce sujet. Les deux Parties ont transmis ces informations dans le délai imparti à cet effet. Par lettres en date du 19 juin 2019, elles ont été informées que la Cour avait pris bonne note de leurs réponses et qu'elle estimait que tout problème ayant trait à la mise en œuvre des mesures conservatoires pourrait être résolu à un stade ultérieur, si l'affaire venait à être examinée au fond.

14. Par lettre en date du 1er avril 2019, le coagent de l'Iran a prié la Cour de proroger d'un mois et demi le délai pour le dépôt du mémoire, en précisant les raisons de cette demande. Dès réception de cette lettre, le greffier adjoint, se référant au paragraphe 3 de l'article 44 du Règlement, en a fait tenir copie à l'agent des Etats-Unis. Par lettre en date du 5 avril 2019, l'agent des Etats-Unis a indiqué que son gouvernement n'avait pas d'objection à la prorogation de délai sollicitée par l'Iran.

15. Par ordonnance en date du 8 avril 2019, le président de la Cour a reporté au 24 mai 2019 et au 10 janvier 2020, respectivement, les dates d'expiration des délais pour le dépôt du mémoire de l'Iran et du contre-mémoire des Etats-Unis. Le mémoire de l'Iran a été déposé dans le délai ainsi prorogé.

16. Le 23 août 2019, dans le délai prescrit au paragraphe 1 de l'article 79 du Règlement de la Cour du 14 avril 1978 tel que modifié le 1er février 2001, les

the United States raised certain preliminary objections (see paragraph 38 below). Consequently, by an Order of 26 August 2019, the President of the Court, noting that, by virtue of Article 79, paragraph 5, of the Rules, the proceedings on the merits were suspended, fixed 23 December 2019 as the time-limit within which Iran could present a written statement of its observations and submissions on the preliminary objections raised by the United States. Iran filed its written statement within the time-limit so prescribed and the case became ready for hearing with respect to the preliminary objections.

17. Pursuant to Article 53, paragraph 2, of the Rules of Court, the Court, after ascertaining the views of the Parties, decided that copies of the written pleadings and documents annexed thereto would be made accessible to the public on the opening of the oral proceedings.

18. Public hearings on the preliminary objections raised by the United States were held by video link from 14 to 21 September 2020, at which the Court heard the oral arguments and replies of:

For the United States: Mr. Marik A. String,
Sir Daniel Bethlehem,
Ms Lisa J. Grosh,
Ms Kimberly A. Gahan,
Ms Laurence Boisson de Chazournes.

For Iran: Mr. Hamidreza Oloumiyazdi,
Mr. Vaughan Lowe,
Mr. Samuel Wordsworth,
Mr. Jean-Marc Thouvenin,
Mr. Alain Pellet.

*

19. In the Application, the following claims were made by Iran:

"Iran respectfully requests the Court to adjudge, order and declare that:

(a) The USA, through the 8 May and announced further sanctions referred to in the present Application, with respect to Iran, Iranian nationals and companies, has breached its obligations to Iran under Articles IV (1), VII (1), VIII (1), VIII (2), IX (2) and X (1) of the Treaty of Amity;

(b) The USA shall, by means of its own choosing, terminate the 8 May sanctions without delay;

(c) The USA shall immediately terminate its threats with respect to the announced further sanctions referred to in the present Application;

(d) The USA shall ensure that no steps shall be taken to circumvent the decision to be given by the Court in the present case and will give a guarantee of non-repetition of its violations of the Treaty of Amity;

(e) The USA shall fully compensate Iran for the violation of its international legal obligations in an amount to be determined by the Court at a subsequent stage of the proceedings. Iran reserves the right to submit and present to the Court in due course a precise evaluation of the compensation owed by the USA."

Etats-Unis ont soulevé certaines exceptions préliminaires (voir paragraphe 38 ci-dessous). En conséquence, par ordonnance en date du 26 août 2019, le président de la Cour, notant que, en vertu du paragraphe 5 de l'article 79 du Règlement, la procédure sur le fond était suspendue, a fixé au 23 décembre 2019 la date d'expiration du délai dans lequel l'Iran pourrait présenter un exposé écrit contenant ses observations et conclusions sur les exceptions préliminaires soulevées par les Etats-Unis. L'Iran a déposé son exposé écrit dans le délai ainsi prescrit et l'affaire s'est trouvée en état pour ce qui est des exceptions préliminaires.

17. Conformément au paragraphe 2 de l'article 53 de son Règlement, la Cour, après avoir consulté les Parties, a décidé que des exemplaires des pièces de procédure et des documents y annexés seraient rendus accessibles au public à l'ouverture de la procédure orale.

18. Des audiences publiques sur les exceptions préliminaires soulevées par les Etats-Unis se sont tenues par liaison vidéo du 14 au 21 septembre 2020, au cours desquelles ont été entendus en leurs plaidoiries et réponses :

Pour les Etats-Unis : M. Marik A. String,
sir Daniel Bethlehem,
Mme Lisa J. Grosh,
Mme Kimberly A. Gahan,
Mme Laurence Boisson de Chazournes.

Pour l'Iran : M. Hamidreza Oloumiyazdi,
M. Vaughan Lowe,
M. Samuel Wordsworth,
M. Jean-Marc Thouvenin,
M. Alain Pellet.

*

19. Dans la requête, les demandes ci-après ont été présentées par l'Iran :

« [L]'Iran prie respectueusement la Cour de dire et juger que :

a) les Etats-Unis d'Amérique, du fait des sanctions du 8 mai et des autres sanctions annoncées qui sont décrites dans la présente requête et qui ciblent l'Iran, les Iraniens et les sociétés iraniennes, ont manqué aux obligations leur incombant envers l'Iran en application des articles IV (paragraphe 1), VII (paragraphe 1), VIII (paragraphes 1 et 2), IX (paragraphe 2) et X (paragraphe 1) du traité d'amitié ;

b) les Etats-Unis d'Amérique doivent, par les moyens de leur choix, mettre fin sans délai aux sanctions du 8 mai ;

c) les Etats-Unis d'Amérique doivent immédiatement cesser de menacer d'imposer les autres sanctions annoncées qui sont décrites dans la présente requête ;

d) les Etats-Unis d'Amérique doivent veiller à ce que rien ne soit fait pour contourner la décision que la Cour rendra dans la présente affaire et donner une garantie de non-répétition de leurs violations du traité d'amitié ;

e) les Etats-Unis d'Amérique doivent verser à l'Iran, à raison de leur manquement à leurs obligations juridiques internationales, une indemnisation intégrale dont le montant sera déterminé par la Cour à un stade ultérieur de la procédure. L'Iran se réserve le droit de soumettre et de présenter à la Cour en temps utile une évaluation précise du montant de l'indemnisation due par les Etats-Unis d'Amérique. »

20. In the written proceedings on the merits, the following submissions were presented on behalf of the Government of Iran in its Memorial:

"Iran respectfully requests the Court to adjudge, order and declare that:

(a) The United States, through the measures that were implemented pursuant to or in connection with the U.S. Presidential Memorandum of 8 May 2018 and announced further measures, with respect to Iran, Iranian nationals and companies, has breached its obligations to Iran under Articles IV (1), IV (2), V (1), VII (1), VIII (1), VIII (2), IX (2), IX (3) and X (1) of the Treaty of Amity;

(b) The United States shall, by means of its own choosing, terminate the measures that were implemented pursuant to or in connection with the U.S. Presidential Memorandum of 8 May 2018 and announced further measures without delay;

(c) The United States shall immediately terminate its threats with respect to announced further sanctions;

(d) The United States shall ensure that no steps shall be taken to circumvent the decision to be given by the Court in the present case and will give a guarantee of non-repetition of its violations of the Treaty of Amity;

(e) The United States shall fully compensate Iran for the violation of its international legal obligations in an amount to be determined by the Court at a subsequent stage of the proceedings. Iran reserves the right to submit and present to the Court in due course a precise evaluation of the compensation owed by the United States."

21. In the preliminary objections, the following submissions were presented on behalf of the Government of the United States:

"[T]he United States requests that the Court:

(a) Dismiss Iran's claims in their entirety as outside the Court's jurisdiction.

(b) Dismiss Iran's claims in their entirety as inadmissible.

(c) Dismiss Iran's claims in their entirety as precluded by Article XX, paragraph 1 (b) of the Treaty of Amity.

(d) Dismiss Iran's claims in their entirety as precluded by Article XX, paragraph 1 (d) of the Treaty of Amity.

(e) Dismiss as outside the Court's jurisdiction all claims, brought under any provision of the Treaty of Amity, that are predicated on third country measures."

22. In the written statement of its observations and submissions on the preliminary objections, the following submissions were presented on behalf of the Government of Iran:

"Iran respectfully requests that the Court:

(a) reject and dismiss the Preliminary Objections of the United States of America; and

(b) adjudge and declare:

20. Au cours de la procédure écrite sur le fond, les conclusions ci-après ont été présentées au nom du Gouvernement de l'Iran dans le mémoire:

«[L]'Iran prie respectueusement la Cour de dire et juger que:

a) les Etats-Unis, du fait des mesures mises en œuvre conformément au mémorandum présidentiel en date du 8 mai 2018, ou en lien avec celui-ci, et des autres mesures annoncées, qui ciblent l'Iran, les Iraniens et les sociétés iraniennes, ont manqué aux obligations leur incombant envers l'Iran en application des articles IV (paragraphes 1 et 2), V (paragraphe 1), VII (paragraphe 1), VIII (paragraphes 1 et 2), IX (paragraphes 2 et 3) et X (paragraphe 1) du traité d'amitié;

b) les Etats-Unis doivent, par les moyens de leur choix, mettre fin sans délai aux mesures mises en œuvre conformément au mémorandum présidentiel en date du 8 mai 2018, ou en lien avec celui-ci, et aux autres mesures annoncées;

c) les Etats-Unis doivent immédiatement cesser de menacer d'imposer les autres sanctions annoncées;

d) les Etats-Unis doivent veiller à ce que rien ne soit fait pour contourner la décision que la Cour rendra dans la présente affaire et donner une garantie de non-répétition de leurs violations du traité d'amitié;

e) les Etats-Unis doivent verser à l'Iran, à raison de leur manquement à leurs obligations juridiques internationales, une indemnisation intégrale dont le montant sera déterminé par la Cour à un stade ultérieur de la procédure. L'Iran se réserve le droit de soumettre et de présenter à la Cour en temps utile une évaluation précise du montant de l'indemnisation due par les Etats-Unis.»

21. Les conclusions ci-après ont été présentées au nom du Gouvernement des Etats-Unis dans les exceptions préliminaires:

«[L]es Etats-Unis d'Amérique demandent à la Cour de:

a) rejeter dans leur intégralité les demandes de l'Iran comme échappant à sa compétence;

b) rejeter dans leur intégralité les demandes de l'Iran comme étant irrecevables;

c) rejeter dans leur intégralité les demandes de l'Iran comme étant exclues par l'alinéa b) du paragraphe 1 de l'article XX du traité d'amitié;

d) rejeter dans leur intégralité les demandes de l'Iran comme étant exclues par l'alinéa d) du paragraphe 1 de l'article XX du traité d'amitié;

e) rejeter comme échappant à sa compétence toutes les demandes, quelle que soit la disposition du traité d'amitié invoquée à l'appui, qui ont pour objet des mesures concernant les Etats tiers.»

22. Les conclusions ci-après ont été présentées au nom du Gouvernement de l'Iran dans l'exposé écrit contenant ses observations et conclusions sur les exceptions préliminaires:

«[L]'Iran prie respectueusement la Cour de:

a) rejeter et écarter les exceptions préliminaires des Etats-Unis d'Amérique; et de

b) dire et juger que:

13

(i) that the Court has jurisdiction over the entirety of the claims presented by Iran; and

(ii) that Iran's claims are admissible."

23. At the oral proceedings on the preliminary objections, the following submissions were presented by the Parties:

On behalf of the Government of the United States,

at the hearing of 18 September 2020:

"For the reasons explained during these hearings and any other reasons
the Court might deem appropriate, the United States of America requests
that the Court uphold the U.S. preliminary objections set forth in its written
submission and at this hearing and decline to entertain the case. Specifically,
the United States of America requests that the Court:

(a) Dismiss Iran's claims in their entirety as outside the Court's jurisdiction.

(b) Dismiss Iran's claims in their entirety as inadmissible.

(c) Dismiss Iran's claims in their entirety as precluded by Article XX, paragraph 1 *(b)* of the Treaty of Amity.

(d) Dismiss Iran's claims in their entirety as precluded by Article XX, paragraph 1 *(d)* of the Treaty of Amity.

(e) Dismiss as outside the Court's jurisdiction all claims, brought under
any provision of the Treaty of Amity, that are predicated on third
country measures."

On behalf of the Government of Iran,

at the hearing of 21 September 2020:

"The Islamic Republic of Iran respectfully requests that the Court:

(a) reject and dismiss the Preliminary Objections of the United States of
America; and

(b) adjudge and declare:

(i) that the Court has jurisdiction over the entirety of the claims presented by Iran; and

(ii) that Iran's claims are admissible."

* * *

I. FACTUAL BACKGROUND

24. In the present proceedings, Iran alleges violations by the
United States of the Treaty of Amity, which was signed by the Parties on
15 August 1955 and entered into force on 16 June 1957 (see paragraph 1
above). It is not disputed by the Parties that on the date of the filing of
the Application, namely, on 16 July 2018, the Treaty of Amity was in
force. In accordance with Article XXIII, paragraph 3, of the Treaty of
Amity, "[e]ither High Contracting Party may, by giving one year's written
notice to the other High Contracting Party, terminate the present Treaty

i) la Cour a compétence pour connaître de l'intégralité des demandes présentées par l'Iran ; et que

ii) les demandes de l'Iran sont recevables. »

23. Lors de la procédure orale sur les exceptions préliminaires, les conclusions ci-après ont été présentées par les Parties :

Au nom du Gouvernement des Etats-Unis,

à l'audience du 18 septembre 2020 :

« Pour les raisons exposées à l'audience, et toute autre raison que la Cour pourrait juger appropriée, les Etats-Unis d'Amérique prient la Cour de retenir les exceptions préliminaires soulevées dans leurs écritures et plaidoiries et de refuser de connaître de l'affaire. En particulier, les Etats-Unis d'Amérique prient la Cour de :

a) rejeter dans leur intégralité les demandes de l'Iran comme échappant à sa compétence ;

b) rejeter dans leur intégralité les demandes de l'Iran comme étant irrecevables ;

c) rejeter dans leur intégralité les demandes de l'Iran comme étant exclues par l'alinéa *b)* du paragraphe 1 de l'article XX du traité d'amitié ;

d) rejeter dans leur intégralité les demandes de l'Iran comme étant exclues par l'alinéa *d)* du paragraphe 1 de l'article XX du traité d'amitié ;

e) rejeter comme échappant à sa compétence toutes les demandes, quelle que soit la disposition du traité d'amitié invoquée à l'appui, qui ont pour objet des mesures concernant les Etats tiers. »

Au nom du Gouvernement de l'Iran,

à l'audience du 21 septembre 2020 :

« La République islamique d'Iran prie respectueusement la Cour de :

a) rejeter et écarter les exceptions préliminaires des Etats-Unis d'Amérique ; et de

b) dire et juger que :

i) la Cour a compétence pour connaître de l'intégralité des demandes présentées par l'Iran ; et que

ii) les demandes de l'Iran sont recevables. »

* * *

I. Contexte factuel

24. Dans la présente instance, l'Iran avance que les Etats-Unis ont violé le traité d'amitié, signé par les Parties le 15 août 1955 et entré en vigueur le 16 juin 1957 (voir paragraphe 1 ci-dessus). Il n'est pas contesté par les Parties que, à la date du dépôt de la requête, soit le 16 juillet 2018, le traité d'amitié était en vigueur. Aux termes du paragraphe 3 de l'article XXIII dudit traité, « [c]hacune des Hautes Parties contractantes pourra mettre fin [au] Traité à la fin de la période initiale de dix ans ou à tout moment après l'expiration de cette période, en donnant par écrit à

at the end of the initial ten-year period or at any time thereafter". By a diplomatic Note dated 3 October 2018 addressed by the United States Department of State to the Ministry of Foreign Affairs of Iran, the United States, in accordance with Article XXIII, paragraph 3, of the Treaty of Amity, gave "notice of the termination of the Treaty".

25. As regards the events forming the factual background of the case, the Court recalls that Iran is a party to the Treaty on the Non-Proliferation of Nuclear Weapons of 1 July 1968. According to Article III of this Treaty, each non-nuclear-weapon State party undertakes to accept safeguards, as set forth in an agreement to be negotiated and concluded with the International Atomic Energy Agency (hereinafter the "IAEA" or "Agency"), for the exclusive purpose of verification of the fulfilment of its obligations assumed under the Treaty "with a view to preventing diversion of nuclear energy from peaceful uses to nuclear weapons or other nuclear explosive devices". The Agreement between Iran and the Agency for the Application of Safeguards in Connection with the Treaty on the Non-Proliferation of Nuclear Weapons has been in force since 15 May 1974. In a report dated 6 June 2003, the IAEA Director General stated that Iran had "failed to meet its obligations under its Safeguards Agreement with respect to the reporting of nuclear material, the subsequent processing and use of that material and the declaration of facilities where the material was stored and processed". In its resolution GOV/2006/14 of 4 February 2006, the Agency's Board of Governors recalled

> "Iran's many failures and breaches of its obligations to comply with its NPT Safeguards Agreement and the absence of confidence that Iran's nuclear programme is exclusively for peaceful purposes resulting from the history of concealment of Iran's nuclear activities, the nature of those activities and other issues arising from the Agency's verification of declarations made by Iran since September 2002"

and requested the Director General to report the matter to the Security Council of the United Nations.

26. On 29 March 2006, the President of the Security Council made a statement on behalf of the Council in which he referred to the Security Council's serious concern regarding "Iran's decision to resume enrichment-related activities, including research and development". He further noted that the Security Council underlined "the particular importance of re-establishing full and sustained suspension" of these activities, "to be verified by the IAEA".

27. On 31 July 2006, the Security Council, acting under Article 40 of Chapter VII of the Charter of the United Nations, adopted resolution 1696 (2006), in which it noted, with serious concern, Iran's decision "to resume enrichment-related activities" and demanded "in this context, that Iran shall suspend all enrichment-related and reprocessing activities, including research and development, to be verified by the IAEA". The

l'autre Haute Partie contractante un préavis d'un an». Par une note diplomatique en date du 3 octobre 2018 adressée au ministère iranien des affaires étrangères par le département d'Etat «américain, les Etats-Unis, conformément au paragraphe 3 de l'article XXIII du traité d'amitié, ont notifi[ié] … qu'ils mett[aient] fin au traité».

25. En ce qui concerne les événements constituant le contexte factuel de l'affaire, la Cour rappelle que l'Iran est partie au traité sur la non-prolifération des armes nucléaires du 1er juillet 1968. Aux termes de l'article III de ce traité, tout Etat partie non doté d'armes nucléaires s'engage à accepter des garanties, énoncées dans un accord qui doit être négocié et conclu avec l'Agence internationale de l'énergie atomique (ci-après l'«AIEA» ou l'«Agence»), à seule fin de vérifier l'exécution des obligations assumées par ledit Etat au titre du traité, «en vue d'empêcher que l'énergie nucléaire ne soit détournée de ses utilisations pacifiques vers des armes nucléaires ou d'autres dispositifs explosifs nucléaires». L'accord entre l'Iran et l'Agence relatif à l'application de garanties dans le cadre du traité sur la non-prolifération des armes nucléaires est en vigueur depuis le 15 mai 1974. Dans un rapport en date du 6 juin 2003, le directeur général de l'AIEA déclarait que l'Iran «ne s'[était] pas acquitté des obligations qui lui incombent en vertu de son accord de garanties en ce qui concerne la déclaration des matières nucléaires, leur traitement et utilisations ultérieurs et la déclaration des installations où ces matières sont entreposées et traitées». Dans sa résolution GOV/2006/14 du 4 février 2006, le conseil des gouverneurs de l'Agence a rappelé les

«nombreux manquements de l'Iran et ses infractions à son obligation de se conformer aux dispositions de son accord de garanties TNP et l'absence de confiance dans le caractère exclusivement pacifique du programme nucléaire iranien résultant des dissimulations passées des activités nucléaires de ce pays, de la nature de ces activités et d'autres questions découlant de la vérification par l'Agence des déclarations faites par l'Iran depuis septembre 2002»

et a demandé au directeur général de faire rapport sur la question au Conseil de sécurité de l'Organisation des Nations Unies.

26. Le 29 mars 2006, le président du Conseil de sécurité a fait, au nom de ce dernier, une déclaration dans laquelle il faisait part de la vive inquiétude du Conseil face à la décision de l'Iran «de reprendre les activités liées à l'enrichissement, y compris des activités de recherche-développement». Il ajoutait que, comme l'avait souligné le Conseil, il était «particulièrement important que l'Iran rétablisse la suspension complète et durable» de ces activités, cette suspension devant «être vérifiée par l'AIEA».

27. Le 31 juillet 2006, le Conseil de sécurité, agissant en vertu de l'article 40 du chapitre VII de la Charte des Nations Unies, a adopté la résolution 1696 (2006), dans laquelle il notait avec une vive inquiétude que l'Iran avait «décidé de reprendre ses activités liées à l'enrichissement», et exigeait que l'Iran «dans ce contexte … suspende, sous vérification de l'AIEA, toutes ses activités liées à l'enrichissement et au retraitement, y

Security Council further expressed its intention, in the event of non-compliance by Iran, to adopt appropriate measures under Article 41 of Chapter VII of the Charter of the United Nations, "to persuade Iran to comply with [the] resolution and the requirements of the IAEA".

28. On 23 December 2006, the Security Council, acting under Article 41 of Chapter VII of the Charter of the United Nations, adopted resolution 1737 (2006), in which it noted, with serious concern, *inter alia*, that Iran had not established "full and sustained suspension of all enrichment-related and reprocessing activities as set out in resolution 1696 (2006)". The Security Council expressed its determination "to give effect to its decisions by adopting appropriate measures to persuade Iran to comply with resolution 1696 (2006) and with the requirements of the IAEA, and also to constrain Iran's development of sensitive technologies in support of its nuclear and missile programmes". Thus, in resolution 1737 (2006), the Security Council decided that Iran must suspend "all enrichment-related and reprocessing activities, including research and development, to be verified by the IAEA", as well as "work on all heavy water-related projects, including the construction of a research reactor moderated by heavy water, also to be verified by the IAEA". It further decided that all States must take the necessary measures to prevent the supply, sale or transfer of all items, materials, equipment, goods and technology which could contribute to Iran's nuclear-related activities. Subsequently, the Security Council adopted further resolutions on the Iranian nuclear issue, namely, resolutions 1747 (2007), 1803 (2008), 1835 (2008), 1929 (2010) and 2224 (2015).

29. On 26 July 2010, the Council of the European Union adopted Decision 2010/413/CFSP and, on 23 March 2012, Regulation No. 267/2012 concerning nuclear-related "restrictive measures against Iran", banning arms exports, restricting financial transactions, imposing the freezing of assets and restricting travel for certain individuals.

30. The United States, by Executive Orders 13574 of 23 May 2011, 13590 of 21 November 2011, 13622 of 30 July 2012, 13628 of 9 October 2012 (Sections 5 to 7, and 15) and 13645 of 3 June 2013, imposed a number of nuclear-related "additional sanctions" with regard to various sectors of Iran's economy.

31. On 14 July 2015, China, France, Germany, the Russian Federation, the United Kingdom and the United States, with the High Representative of the European Union for Foreign Affairs and Security Policy, and Iran concluded the Joint Comprehensive Plan of Action (hereinafter the "JCPOA") concerning the nuclear programme of Iran. The declared purpose of that instrument was to ensure the exclusively peaceful nature of Iran's nuclear programme and to produce "the comprehensive lifting of all UN Security Council sanctions as well as multilateral and national sanctions related to Iran's nuclear programme".

compris la recherche-développement». Le Conseil déclarait en outre son intention, pour le cas où l'Iran n'obtempérerait pas, d'adopter, en vertu de l'article 41 du chapitre VII de la Charte des Nations Unies, toutes autres mesures qui pourraient être requises «pour persuader l'Iran de se conformer à [sa] résolution et aux exigences de l'AIEA».

28. Le 23 décembre 2006, le Conseil de sécurité, agissant en vertu de l'article 41 du chapitre VII de la Charte des Nations Unies, a adopté la résolution 1737 (2006), dans laquelle il constatait avec une vive inquiétude que, notamment, l'Iran n'avait pas «suspendu intégralement et durablement toutes activités liées à l'enrichissement et au retraitement visées dans la résolution 1696 (2006)». Le Conseil se disait résolu à «donner effet à ses décisions en adoptant des mesures propres à convaincre l'Iran de se conformer à la résolution 1696 (2006) et aux exigences de l'AIEA, et à faire obstacle à la mise au point par l'Iran de technologies sensibles à l'appui de ses programmes nucléaires et de missiles». Ainsi, dans la résolution 1737 (2006), il a décidé que l'Iran devait suspendre «[t]outes activités liées à l'enrichissement et au retraitement, y compris la recherche-développement, sous vérification de l'AIEA» ainsi que «[l]es travaux sur tous projets liés à l'eau lourde, y compris la construction d'un réacteur modéré à l'eau lourde, également sous vérification de l'AIEA». Il a également décidé que tous les Etats devaient prendre les mesures nécessaires pour prévenir la fourniture, la vente ou le transfert de tous articles, matières, équipements, biens et technologies susceptibles de contribuer aux activités de l'Iran en matière nucléaire. Par la suite, le Conseil de sécurité a adopté d'autres résolutions sur la question nucléaire iranienne, à savoir les résolutions 1747 (2007), 1803 (2008), 1835 (2008), 1929 (2010) et 2224 (2015).

29. Le 26 juillet 2010, le Conseil de l'Union européenne a adopté la décision 2010/413/PESC et, le 23 mars 2012, le règlement (UE) n° 267/2012 concernant «l'adoption de mesures restrictives à l'encontre de l'Iran», liées au nucléaire, qui interdit l'exportation d'armes, restreint les opérations financières, impose le gel des avoirs et limite les déplacements de certaines personnes.

30. Les Etats-Unis, au moyen des décrets 13574 du 23 mai 2011, 13590 du 21 novembre 2011, 13622 du 30 juillet 2012, 13628 du 9 octobre 2012 (articles 5 à 7, et 15) et 13645 du 3 juin 2013, ont imposé un certain nombre de «sanctions supplémentaires» liées au nucléaire visant divers secteurs de l'économie iranienne.

31. Le 14 juillet 2015, l'Allemagne, la Chine, les Etats-Unis, la Fédération de Russie, la France et le Royaume-Uni, avec le haut représentant de l'Union européenne pour les affaires étrangères et la politique de sécurité, ont conclu avec l'Iran le plan d'action global commun (ci-après le «plan d'action») concernant le programme nucléaire iranien. L'objectif déclaré de cet instrument était de garantir la nature exclusivement pacifique du programme nucléaire iranien et d'entraîner «la levée de toutes les sanctions imposées par le Conseil de sécurité des Nations Unies et des sanctions multilatérales ou nationales relatives [audit] programme».

32. On 20 July 2015, the Security Council adopted resolution 2231 (2015), whereby it endorsed the JCPOA and urged its "full implementation on the timetable established [therein]". In the same resolution, the Security Council provided, in particular, for the termination under certain conditions of provisions of previous Security Council resolutions on the Iranian nuclear issue and set out measures of implementation of the JCPOA. Annex A to Security Council resolution 2231 (2015) reproduced the text of the JCPOA.

33. The JCPOA describes, in particular, the steps to be taken by Iran within a set time frame, regarding agreed limitations on all uranium enrichment and uranium enrichment-related activities and addresses the co-operation of Iran with the IAEA. It provides for the termination of all sanctions adopted by the Security Council and the European Union, respectively, as well as the cessation of the implementation of certain United States sanctions (as described in Annex II to the JCPOA) concerning, in particular, the financial and banking system, investments, the petrochemical industry, the energy, shipping, shipbuilding and automotive sectors, and trade in commodities. Finally, the JCPOA contains an "Implementation Plan" as well as provisions regarding the resolution of disputes. These provisions establish a procedure to be used, should one of the participants complain that another participant is not meeting its commitments under the JCPOA.

34. On 16 January 2016, the President of the United States issued Executive Order 13716 revoking or amending a certain number of earlier Executive Orders on "nuclear-related sanctions" imposed on Iran or Iranian nationals.

35. On 8 May 2018, the President of the United States issued a National Security Presidential Memorandum announcing the end of the participation of the United States in the JCPOA and directing the reimposition of "sanctions lifted or waived in connection with the JCPOA". In the Memorandum, the President of the United States indicated that Iranian or Iran-backed forces were engaging in military activities in the surrounding region and that Iran remained a State sponsor of terrorism. He further stated that Iran had publicly declared that it would deny the IAEA access to military sites and that, in 2016, Iran had twice violated the JCPOA's heavy-water stockpile limits. The Presidential Memorandum determined that it was in the national interest of the United States to reimpose sanctions "as expeditiously as possible", and "in no case later than 180 days" from the date of the Memorandum.

36. Simultaneously, the United States Department of the Treasury's Office of Foreign Assets Control announced that "sanctions" would be reimposed in two steps. Upon expiry of a period of 90 days, the United States would reimpose a certain number of measures concerning, in particular, financial transactions, trade in metals, the importation of Iranian-origin carpets and foodstuffs, and the export to Iran of commer-

32. Le 20 juillet 2015, par sa résolution 2231 (2015), le Conseil de sécurité a approuvé le plan d'action et appelé instamment à son « application intégrale conformément au calendrier qu'il prévoit ». Par la même résolution, le Conseil de sécurité a décidé notamment de lever, sous certaines conditions, un certain nombre de dispositions de ses résolutions antérieures sur la question du nucléaire iranien et a défini les mesures à prendre pour la mise en application du plan d'action. Le texte du plan d'action est reproduit à l'annexe A de la résolution 2231 (2015).

33. Le plan d'action décrit, en particulier, les dispositions à prendre par l'Iran, selon un calendrier arrêté, pour tenir compte des restrictions convenues concernant l'enrichissement de l'uranium et toutes les activités qui y sont liées, ainsi que les modalités de la coopération de l'Iran avec l'AIEA. Il prévoit que soient levées toutes les sanctions imposées respectivement par le Conseil de sécurité et l'Union européenne, et que cesse également l'application de certaines sanctions imposées par les Etats-Unis (décrites à l'annexe II du plan d'action), notamment dans les domaines de la banque et de la finance, des investissements, de l'industrie pétrochimique, de l'énergie, du transport maritime, de la construction navale et automobile, et du commerce de produits. Enfin, le plan d'action contient un « plan d'application » ainsi que des dispositions concernant le règlement des différends. Ces dispositions établissent la procédure à suivre dans l'hypothèse où l'un des participants se plaindrait qu'un autre participant ne respecte pas ses engagements au titre du plan d'action.

34. Le 16 janvier 2016, le président des Etats-Unis a promulgué le décret 13716 par lequel étaient abrogés ou modifiés plusieurs décrets antérieurs portant sur les « sanctions liées au nucléaire » qui avaient été imposées à l'Iran ou à ses ressortissants.

35. Le 8 mai 2018, le président des Etats-Unis a publié un mémorandum sur la sécurité nationale par lequel il mettait fin à la participation des Etats-Unis au plan d'action et ordonnait le rétablissement des « sanctions qui avaient été levées ou auxquelles il avait été renoncé dans le cadre [dudit] plan d'action ». Dans ce mémorandum, le président faisait observer que des forces iraniennes ou appuyées par l'Iran se livraient à des activités militaires dans la région alentour, et que l'Iran continuait d'être un Etat soutenant le terrorisme. Il ajoutait que l'Iran avait publiquement annoncé que l'accès de ses sites militaires serait refusé aux représentants de l'AIEA, et qu'en 2016 il n'avait pas respecté, à deux reprises, les quotas imposés par le plan d'action pour l'accumulation d'eau lourde. Le mémorandum présidentiel concluait qu'il était dans l'intérêt national des Etats-Unis de rétablir les sanctions « aussi rapidement que possible » et « au plus tard dans un délai de 180 jours » à compter de la date qu'il portait.

36. Simultanément, l'Office of Foreign Assets Control (l'autorité américaine chargée du contrôle des avoirs étrangers) du département du trésor américain a annoncé que le rétablissement des « sanctions » se ferait en deux étapes. A l'expiration d'un délai de 90 jours, les Etats-Unis rétabliraient un certain nombre de mesures visant, notamment, les opérations financières, le commerce des métaux, l'importation de tapis et de denrées

cial passenger aircraft and related parts. Upon expiry of a period of 180 days, the United States would reimpose additional measures.

37. On 6 August 2018, the President of the United States issued Executive Order 13846 reimposing "certain sanctions" on Iran, its nationals and companies. Earlier Executive Orders implementing the commitments of the United States under the JCPOA were revoked.

*

38. The United States has raised five preliminary objections. The first two relate to the jurisdiction of the Court *ratione materiae* to entertain the case on the basis of Article XXI, paragraph 2, of the Treaty of Amity. The third contests the admissibility of Iran's Application by reason of an alleged abuse of process and on grounds of judicial propriety. The last two are based on subparagraphs *(b)* and *(d)* of Article XX, paragraph 1, of the Treaty of Amity. Although, according to the Respondent, they relate neither to the jurisdiction of the Court nor to the admissibility of the Application, the Respondent requests a decision upon them before any further proceedings on the merits.

The Court will begin by considering issues related to its jurisdiction.

II. JURISDICTION OF THE COURT *RATIONE MATERIAE* UNDER ARTICLE XXI OF THE TREATY OF AMITY

39. The United States contests the Court's jurisdiction to entertain the Application of Iran. It submits that the dispute before the Court falls outside the scope *ratione materiae* of Article XXI, paragraph 2, of the Treaty of Amity, the basis of jurisdiction invoked by Iran, which provides that:

> "Any dispute between the High Contracting Parties as to the interpretation or application of the present Treaty, not satisfactorily adjusted by diplomacy, shall be submitted to the International Court of Justice, unless the High Contracting Parties agree to settlement by some other pacific means."

40. According to the Respondent, the dispute which Iran seeks to bring before the Court falls outside the scope of the above-mentioned compromissory clause for two reasons which, in its view, are alternative in nature.

First, the United States contends that "the true subject matter of this case is a dispute as to the application of the JCPOA, an instrument entirely distinct from the Treaty of Amity, with no relationship thereto".

alimentaires d'origine iranienne et l'exportation vers l'Iran d'aéronefs de transport commercial de passagers et de pièces détachées connexes. A l'expiration d'un délai de 180 jours, les Etats-Unis rétabliraient des mesures supplémentaires.

37. Le 6 août 2018, le président des Etats-Unis a promulgué le décret 13846 qui rétablissait «certaines sanctions» contre l'Iran, ses ressortissants et sociétés. De précédents décrets par lesquels étaient mis en œuvre les engagements pris par les Etats-Unis dans le cadre du plan d'action étaient abrogés.

*

38. Les Etats-Unis ont soulevé cinq exceptions préliminaires. Les deux premières se rapportent à la compétence *ratione materiae* de la Cour pour connaître de l'affaire sur le fondement du paragraphe 2 de l'article XXI du traité d'amitié. La troisième tend à contester la recevabilité de la requête de l'Iran en raison d'un abus de procédure allégué et pour des motifs d'«opportunité judiciaire». Les deux dernières sont fondées sur les alinéas *b)* et *d)* du paragraphe 1 de l'article XX du traité d'amitié. Bien que, selon le défendeur, elles ne se rapportent ni à la compétence de la Cour ni à la recevabilité de la requête, celui-ci demande qu'il y soit statué avant toute poursuite de la procédure sur le fond.

La Cour commencera par examiner les questions relatives à sa compétence.

II. COMPÉTENCE *RATIONE MATERIAE* DE LA COUR EN VERTU DE L'ARTICLE XXI DU TRAITÉ D'AMITIÉ

39. Les Etats-Unis contestent la compétence de la Cour pour connaître de la requête de l'Iran. Ils soutiennent que le différend soumis à la Cour n'entre pas dans le champ d'application *ratione materiae* du paragraphe 2 de l'article XXI du traité d'amitié, qui est la base de compétence invoquée par l'Iran, aux termes duquel:

«Tout différend qui pourrait s'élever entre les Hautes Parties contractantes quant à l'interprétation ou à l'application du présent Traité et qui ne pourrait pas être réglé d'une manière satisfaisante par la voie diplomatique sera porté devant la Cour internationale de Justice, à moins que les Hautes Parties contractantes ne conviennent de le régler par d'autres moyens pacifiques.»

40. Selon le défendeur, le différend que l'Iran entend soumettre à la Cour n'entre pas dans le champ d'application de la clause compromissoire précitée pour deux raisons, qui ont, selon lui, un caractère alternatif.

En premier lieu, les Etats-Unis soutiennent que «l'objet véritable de la présente affaire est un différend relatif à l'application du plan d'action, instrument qui est totalement distinct [du traité d'amitié] et qui n'a aucun

Therefore, in the Respondent's view, the subject-matter of the dispute which Iran seeks to have settled by the Court is not "the interpretation or application of the . . . Treaty" within the meaning of the second paragraph of Article XXI, as cited above.

Secondly, the United States argues that the vast majority of the measures challenged by Iran fall outside the scope *ratione materiae* of the Treaty of Amity, because they principally concern trade and transactions between Iran and third countries, or their companies and nationals, and not between Iran and the United States, or their companies and nationals.

41. The Court will begin by examining the first of these two objections, which, if well founded, would cause all of Iran's claims to be excluded from the Court's jurisdiction; then, if necessary, it will consider the second objection, which concerns only the majority, and not the entirety, of the claims at issue.

1. First Preliminary Objection to Jurisdiction: The Subject-Matter of the Dispute

42. According to the United States, the dispute that Iran seeks to bring before the Court has arisen out of the United States' decision of 8 May 2018 to cease participation in the JCPOA and thereby to reimpose the sanctions that it had lifted under that instrument. The United States maintains that, by its Application, Iran in fact seeks the restoration of the sanctions relief provided by the United States when it was a participant in the JCPOA. The dispute thus exclusively pertains to the United States' decisions relating to the JCPOA; the case is inextricably bound up in the latter and has no real relationship to the Treaty of Amity.

43. The United States contends that the foregoing is evidenced by the text of the diplomatic Note of 11 June 2018, by which Iran claims to have notified the United States of the existence of the dispute now before the Court. The United States observes that, in that Note, Iran complains of the "unlawful decision of the Government of the United States, made on 8 May 2018, 'to re-impose the United States sanctions lifted or waived in connection with the JCPOA'", without even mentioning the Treaty of Amity. According to the United States, a second Note from Iran, dated 19 June 2018, also focuses exclusively on the United States' decision to cease participation in the JCPOA and to reimpose the previously lifted sanctions.

44. The United States notes that Iran brought its claims regarding the alleged wrongfulness, under the Treaty of Amity, of the measures that it is challenging only when these were reinstated as a result of the United States' withdrawal from the JCPOA, even though the measures in question had been in force prior to the adoption of the JCPOA — in some cases for decades — without Iran invoking the Treaty of Amity to challenge their imposition.

rapport avec lui». En conséquence, selon le défendeur, le différend que l'Iran cherche à faire trancher par la Cour n'a pas pour objet «l'interprétation ou … l'application du … Traité» au sens du paragraphe 2 de l'article XXI précité.

En second lieu, les Etats-Unis soutiennent que la grande majorité des mesures contestées par l'Iran ne relèvent pas *ratione materiae* du traité d'amitié, parce que les mesures en question concernent principalement le commerce et les transactions entre l'Iran et des pays tiers, ou leurs sociétés et ressortissants, et non entre l'Iran et les Etats-Unis, ou leurs sociétés et ressortissants.

41. La Cour examinera d'abord la première de ces deux exceptions, qui, si elle était fondée, aurait pour résultat de faire échapper à sa compétence la totalité des demandes de l'Iran, puis, si besoin est, elle se penchera sur la seconde, qui ne vise que la majorité, et non la totalité, des demandes en cause.

1. *Première exception préliminaire d'incompétence:* *l'objet du différend*

42. Selon les Etats-Unis, le différend que l'Iran prétend soumettre à la Cour est né de la décision des Etats-Unis, en date du 8 mai 2018, de ne plus participer au plan d'action et de rétablir, en conséquence, les sanctions qu'ils avaient levées en vertu dudit plan. Les Etats-Unis soutiennent que, par sa requête à la Cour, l'Iran cherche en réalité à obtenir la remise en vigueur de la levée des sanctions à laquelle les Etats-Unis avaient procédé lorsqu'ils participaient encore au plan d'action. Le différend porte donc exclusivement sur les décisions prises par les Etats-Unis relativement au plan d'action; l'affaire est liée à ce dernier de manière inextricable, elle ne présente en revanche aucun rapport réel avec le traité d'amitié.

43. Les Etats-Unis affirment voir une preuve de ce qui précède dans le libellé de la note diplomatique du 11 juin 2018, par laquelle l'Iran prétend avoir notifié aux Etats-Unis l'existence du différend présentement soumis à la Cour. Dans cette note, relèvent les Etats-Unis, l'Iran se plaint de la «décision illicite du Gouvernement des Etats-Unis, annoncée le 8 mai 2018, de «rétablir toutes les sanctions américaines qui [avaient] été levées ou abandonnées en application du plan d'action»», sans même mentionner le traité d'amitié. Une seconde note de l'Iran en date du 19 juin 2018 est également axée, selon les Etats-Unis, sur — et exclusivement sur — leur décision de cesser de participer au plan d'action et de rétablir les sanctions précédemment levées.

44. Les Etats-Unis relèvent que l'Iran n'a dénoncé la prétendue illicéité, au regard du traité d'amitié, des mesures qu'il conteste que lorsque celles-ci ont été rétablies par suite du retrait des Etats-Unis du plan d'action, alors que les mesures en question avaient été en vigueur avant l'adoption de ce plan — pour certaines depuis des décennies — sans que l'Iran en conteste l'imposition au regard du traité d'amitié.

19

45. Equally telling, in the United States' view, is the fact that Iran is challenging before the Court only the reimposition of the sanctions that had been lifted under the JCPOA. The Respondent points out that the JCPOA provided for the suspension or removal only of "multilateral and national sanctions related to Iran's nuclear programme", and that, as a result, the other measures aimed at Iran which had been put in place by the United States before the adoption of the JCPOA continued to apply during the period in which the latter was implemented.

46. All the foregoing demonstrates, in the view of the Respondent, that the true subject-matter of the dispute relates exclusively to the JCPOA. According to the United States, the JCPOA is a multilateral political arrangement which does not create legally binding obligations. Moreover, it does not contain any clause giving the Court jurisdiction to entertain a dispute arising between two or more JCPOA participants.

*

47. Iran rejects the arguments raised by the United States in support of the first preliminary objection to jurisdiction. It asserts that the subject-matter of the dispute that it has submitted to the Court is indeed the interpretation and application of the Treaty of Amity, and that the dispute thus falls squarely within the scope of the Treaty's compromissory clause.

48. According to Iran, its Application wholly and exclusively concerns violations of the Treaty of Amity. The measures that it challenges constitute violations of the Treaty of Amity, whether or not they are also associated with, or adopted against the background of, the JCPOA. The question is simply whether, as the Applicant maintains, those measures are inconsistent with the Treaty, without there being any need to determine whether or not they also breach the JCPOA.

49. Iran adds that the fact that the JCPOA makes no reference to the settlement of disputes by the Court is irrelevant, given that the subject-matter of the dispute now before the Court is compliance with the Treaty of Amity, not the JCPOA. Although the JCPOA does in fact contain a specific dispute settlement mechanism, nothing suggests that this mechanism might have the effect of removing from the jurisdiction of the Court any dispute relating to measures which, while falling within the scope of a clause conferring jurisdiction on the Court, might also be relevant to the JCPOA.

50. Finally, in response to the United States' argument that Iran did not challenge the imposition of the disputed measures before the JCPOA was adopted or during the negotiation leading up to its adoption, the Applicant replies that it did in fact protest against the United States' measures, which it considers to be contrary to international law. It adds that it is for each State to determine at what point the circumstances warrant pursuing its rights through judicial means rather than continuing only to

45. Egalement révélateur, selon les Etats-Unis, est le fait que l'Iran ne conteste devant la Cour que la réimposition des sanctions qui avaient été levées en vertu du plan d'action. Le défendeur souligne que le plan d'action prévoyait la suspension ou la suppression des seules « sanctions multilatérales ou nationales relatives au programme nucléaire de l'Iran », et que, par conséquent, les autres mesures visant l'Iran qui avaient été mises en vigueur par les Etats-Unis avant l'adoption du plan d'action ont continué à produire effet pendant la période d'application dudit plan.

46. Tout ce qui précède démontre, selon le défendeur, que l'objet réel du différend se rapporte exclusivement au plan d'action. Selon les Etats-Unis, ce dernier est un arrangement politique multilatéral qui ne crée aucune obligation juridiquement contraignante. De surcroît, il ne comporte aucune clause conférant à la Cour compétence pour connaître d'un différend qui s'élèverait entre deux ou plusieurs de ses participants.

*

47. L'Iran rejette les arguments soulevés par les Etats-Unis à l'appui de la première exception préliminaire d'incompétence. Il soutient que le différend qu'il soumet à la Cour a bien pour objet l'interprétation et l'application du traité d'amitié, et qu'il entre donc pleinement dans le champ de la clause compromissoire du traité.

48. Selon l'Iran, sa requête a entièrement et exclusivement trait à des violations du traité d'amitié. Les mesures qu'il conteste constituent des violations du traité d'amitié, qu'elles soient ou non également associées au plan d'action, ou adoptées avec celui-ci en arrière-plan. La question est simplement de savoir si, comme le soutient le demandeur, ces mesures contreviennent au traité, point n'étant besoin de rechercher si elles sont aussi contraires au plan d'action.

49. L'Iran ajoute que le fait que le plan d'action ne fasse pas référence au règlement des différends par la Cour est dépourvu de pertinence, le différend présentement soumis à la Cour ayant pour objet le respect du traité d'amitié, non du plan d'action. S'il est vrai que le plan d'action comporte un mécanisme spécifique de règlement des différends, rien ne permet de considérer que ce mécanisme aurait pour effet de soustraire à la compétence de la Cour tout différend relatif à des mesures qui, entrant dans le champ d'une clause attribuant compétence à la Cour, seraient également susceptibles d'être rattachées au plan d'action.

50. Enfin, à l'argument des Etats-Unis tiré de ce que l'Iran n'aurait pas contesté l'imposition des mesures litigieuses avant l'adoption du plan ou pendant la négociation ayant conduit à son adoption, le demandeur répond qu'il a bel et bien protesté contre les mesures américaines, qu'il tient pour contraires au droit international. Il ajoute qu'il appartient à chaque Etat de déterminer à quel moment les circonstances justifient qu'il fasse valoir ses droits par la voie judiciaire et non plus seulement par la

seek a diplomatic settlement, which is what the Applicant has done in this instance by deciding to bring the present dispute before the Court.

* *

51. The Court notes that the Parties do not contest that there is a dispute between them, but they disagree as to whether this dispute concerns the interpretation and application of the Treaty of Amity, as Iran claims, or exclusively the JCPOA, as the United States contends. In the latter case, the dispute would fall outside the scope *ratione materiae* of the compromissory clause of the Treaty of Amity.

52. As the Court has consistently recalled, while it is true that, in accordance with Article 40, paragraph 1, of the Statute, the applicant must indicate to the Court what it considers to be the "subject of the dispute", it is for the Court to determine, taking account of the parties' submissions, the subject-matter of the dispute of which it is seised (see *Fisheries Jurisdiction (Spain v. Canada), Jurisdiction of the Court, Judgment, I.C.J. Reports 1998*, pp. 447-449, paras. 29-32). As it stated in the *Nuclear Tests* cases:

> "[I]t is the Court's duty to isolate the real issue in the case and to identify the object of the claim. It has never been contested that the Court is entitled to interpret the submissions of the parties, and in fact is bound to do so; this is one of the attributes of its judicial functions." (*Nuclear Tests (Australia v. France), Judgment, I.C.J. Reports 1974*, p. 262, para. 29; *Nuclear Tests (New Zealand v. France), Judgment, I.C.J. Reports 1974*, p. 466, para. 30.)

53. The Court's determination of the subject-matter of the dispute is made "on an objective basis" (*Obligation to Negotiate Access to the Pacific Ocean (Bolivia v. Chile), Preliminary Objection, Judgment, I.C.J. Reports 2015 (II)*, p. 602, para. 26), "while giving particular attention to the formulation of the dispute chosen by the Applicant" (*Fisheries Jurisdiction (Spain v. Canada), Jurisdiction of the Court, Judgment, I.C.J. Reports 1998*, p. 448, para. 30). To identify the subject-matter of the dispute, the Court bases itself on the application, as well as on the written and oral pleadings of the parties. In particular, it takes account of the facts that the applicant identifies as the basis for its claim (*Obligation to Negotiate Access to the Pacific Ocean (Bolivia v. Chile), Preliminary Objection, Judgment, I.C.J. Reports 2015 (II)*, pp. 602-603, para. 26).

54. In the present case, according to the submissions presented in its Application and its Memorial, Iran essentially seeks to have the Court declare that the measures reimposed pursuant to the United States' decision expressed in the Presidential Memorandum of 8 May 2018 are in breach of various obligations of the United States under the Treaty of Amity, and consequently to have the situation prior to that decision restored. The United States contests that the impugned measures

recherche d'un règlement diplomatique, ce que le demandeur a fait en l'espèce en décidant de porter le présent différend devant la Cour.

* *

51. La Cour relève que les Parties ne contestent pas qu'il existe entre elles un différend, mais elles divergent sur la question de savoir si ce différend porte sur l'interprétation et l'application du traité d'amitié, comme le soutient l'Iran, ou exclusivement sur le plan d'action, comme l'affirment les Etats-Unis. Dans ce dernier cas, le différend n'entrerait pas dans le champ d'application *ratione materiae* de la clause compromissoire du traité d'amitié.

52. Ainsi que la Cour l'a constamment rappelé, s'il est vrai que le demandeur doit, conformément au paragraphe 1 de l'article 40 du Statut, lui indiquer ce qui constitue selon lui l'«objet du différend», c'est à elle qu'il appartient de déterminer, compte tenu des conclusions des parties, quel est l'objet du différend dont elle est saisie (voir *Compétence en matière de pêcheries (Espagne c. Canada), compétence de la Cour, arrêt, C.I.J. Recueil 1998*, p. 447-449, par. 29-32). Comme elle l'a indiqué dans les affaires des *Essais nucléaires*:

«C'est ... le devoir de la Cour de circonscrire le véritable problème en cause et de préciser l'objet de la demande. Il n'a jamais été contesté que la Cour est en droit et qu'elle a même le devoir d'interpréter les conclusions des parties; c'est l'un des attributs de sa fonction judiciaire.» (*Essais nucléaires (Australie c. France), arrêt, C.I.J. Recueil 1974*, p. 262, par. 29; *Essais nucléaires (Nouvelle-Zélande c. France), arrêt, C.I.J. Recueil 1974*, p. 466, par. 30.)

53. La détermination par la Cour de l'objet du différend se fait «sur une base objective» (*Obligation de négocier un accès à l'océan Pacifique (Bolivie c. Chili), exception préliminaire, arrêt, C.I.J. Recueil 2015 (II)*, p. 602, par. 26), «en consacrant une attention particulière à la formulation du différend utilisée par le demandeur» (*Compétence en matière de pêcheries (Espagne c. Canada), compétence de la Cour, arrêt, C.I.J. Recueil 1998*, p. 448, par. 30). Pour identifier l'objet du différend, la Cour se fonde sur la requête, ainsi que sur les exposés écrits et oraux des parties. Elle tient notamment compte des faits que le demandeur invoque à l'appui de sa demande (*Obligation de négocier un accès à l'océan Pacifique (Bolivie c. Chili), exception préliminaire, arrêt, C.I.J. Recueil 2015 (II)*, p. 602-603, par. 26).

54. Dans la présente espèce, l'Iran cherche en substance, aux termes des conclusions présentées dans sa requête et son mémoire, à obtenir que la Cour déclare que les mesures remises en vigueur en vertu de la décision des Etats-Unis exprimée dans le mémorandum présidentiel du 8 mai 2018 sont contraires à diverses obligations incombant aux Etats-Unis au titre du traité d'amitié, et que soit rétablie en conséquence la situation antérieure à cette décision. Les Etats-Unis contestent que les mesures criti-

constitute violations of the Treaty of Amity. Hence there exists an opposition of views which amounts to a dispute relating to the Treaty of Amity.

55. It is true that this dispute arose in a particular political context, that of the United States' decision to withdraw from the JCPOA. However, as the Court has had occasion to observe:

> "[L]egal disputes between sovereign States by their very nature are likely to occur in political contexts, and often form only one element in a wider and longstanding political dispute between the States concerned. Yet never has the view been put forward before that, because a legal dispute submitted to the Court is only one aspect of a political dispute, the Court should decline to resolve for the parties the legal questions at issue between them." (*United States Diplomatic and Consular Staff in Tehran (United States of America v. Iran), Judgment, I.C.J. Reports 1980*, p. 20, para. 37.)

56. The fact that the dispute between the Parties has arisen in connection with and in the context of the decision of the United States to withdraw from the JCPOA does not in itself preclude the dispute from relating to the interpretation or application of the Treaty of Amity (cf. *Oil Platforms (Islamic Republic of Iran v. United States of America), Preliminary Objection, Judgment, I.C.J. Reports 1996 (II)*, pp. 811-812, para. 21). Certain acts may fall within the ambit of more than one instrument and a dispute relating to those acts may relate to the "interpretation or application" of more than one treaty or other instrument. To the extent that the measures adopted by the United States following its decision to withdraw from the JCPOA might constitute breaches of certain obligations under the Treaty of Amity, those measures relate to the interpretation or application of that Treaty.

57. Even if it were true, as the Respondent contends, that a judgment of the Court upholding Iran's claims under the Treaty of Amity would result in the restoration of the situation which existed when the United States was still participating in the JCPOA, it nonetheless would not follow that the dispute brought before the Court by Iran concerns the JCPOA and not the Treaty of Amity.

58. The Court notes that the United States has made clear that it does not assert that the existence of a connection between the dispute and its decision to withdraw from the JCPOA suffices in itself to preclude the Court from finding that it has jurisdiction over Iran's claims under the Treaty of Amity, or that jurisdiction under the Treaty is precluded solely because the dispute is part of a broader context that includes the JCPOA.

59. The Respondent's argument is that the very subject-matter of Iran's claims in this case relates exclusively to the JCPOA, and not to the Treaty of Amity. The Court does not see how it could support such an analysis without misrepresenting Iran's claims as formulated by the

quées constituent des violations du traité d'amitié. Il en résulte une opposition de points de vue qui caractérise un différend portant sur le traité d'amitié.

55. Il est vrai que ce différend a pris naissance dans un contexte politique particulier, celui de la décision des Etats-Unis de se retirer du plan d'action. Mais, comme la Cour a eu l'occasion de le souligner:

> «[L]es différends juridiques entre Etats souverains ont, par leur nature même, toutes chances de surgir dans des contextes politiques et ne représentent souvent qu'un élément d'un différend politique plus vaste et existant de longue date entre les Etats concernés. Nul n'a cependant jamais prétendu que, parce qu'un différend juridique soumis à la Cour ne constitue qu'un aspect d'un différend politique, la Cour doit se refuser à résoudre dans l'intérêt des parties les questions juridiques qui les opposent.» (*Personnel diplomatique et consulaire des Etats-Unis à Téhéran (Etats-Unis d'Amérique c. Iran), arrêt, C.I.J. Recueil 1980*, p. 20, par. 37.)

56. Le fait que le différend entre les Parties soit né à l'occasion et dans le contexte de la décision des Etats-Unis de se retirer du plan d'action n'exclut pas, par lui-même, que ce différend ait trait à l'interprétation ou à l'application du traité d'amitié (cf. *Plates-formes pétrolières (République islamique d'Iran c. Etats-Unis d'Amérique), exception préliminaire, arrêt, C.I.J. Recueil 1996 (II)*, p. 811-812, par. 21). Certains actes peuvent entrer dans le champ de plusieurs instruments et un différend relatif à ces actes peut avoir trait «à l'interprétation ou à l'application» de plusieurs traités ou autres instruments. Pour autant qu'elles puissent constituer des manquements à certaines obligations découlant du traité d'amitié, les mesures que les Etats-Unis ont adoptées après leur décision de se retirer du plan d'action se rapportent à l'interprétation ou à l'application de ce traité.

57. Même s'il était exact, comme l'affirme le défendeur, qu'un arrêt de la Cour faisant droit aux demandes présentées par l'Iran sur le fondement du traité d'amitié aboutirait à rétablir la situation qui existait à l'époque où les Etats-Unis participaient encore au plan d'action, il n'en résulterait pas pour autant que le différend soumis à la Cour par l'Iran porte sur le plan d'action et non sur le traité d'amitié.

58. La Cour prend note de ce que les Etats-Unis ont précisé qu'ils ne prétendent pas que l'existence d'un rapport entre le différend et leur décision de se retirer du plan d'action suffit en elle-même à empêcher la Cour de se déclarer compétente pour connaître des demandes de l'Iran fondées sur le traité d'amitié, ni que la compétence prévue par le traité est exclue pour la seule raison que le différend s'inscrit dans un contexte plus large englobant le plan d'action.

59. L'argument du défendeur est que l'objet précis des demandes de l'Iran en l'espèce a exclusivement trait au plan d'action et non au traité d'amitié. La Cour ne voit pas comment elle pourrait adhérer à une telle analyse sans dénaturer les demandes de l'Iran, telles que le demandeur les

Applicant. The Court's "duty to isolate the real issue in the case and to identify the object of the claim" (see paragraph 52 above) does not permit it to modify the object of the submissions, especially when they have been clearly and precisely formulated. In particular, the Court cannot infer the subject-matter of a dispute from the political context in which the proceedings have been instituted, rather than basing itself on what the applicant has requested of it.

60. For the reasons set out above, the Court cannot uphold the first preliminary objection to jurisdiction raised by the United States.

2. *Second Preliminary Objection to Jurisdiction:* *"Third Country Measures"*

61. The United States contends that, even if the actual subject-matter of the dispute were the application of the Treaty of Amity and not of the JCPOA, the Court would lack jurisdiction to entertain the vast majority of Iran's claims, as those claims relate to measures which principally concern trade or transactions between Iran and third countries, or between their nationals and companies. According to the Respondent, the Treaty of Amity is applicable only to trade between the two States parties, or their nationals and companies, and not to trade between one of them and a third country, or their nationals and companies.

62. According to the United States, the vast majority of the measures implemented or reinstated under the Memorandum of 8 May 2018 concern the trade or transactions of Iran (or its companies and nationals) with third countries (or their companies and nationals). Indeed, the measures aimed directly at "U.S. persons" (within the specific meaning in which this category of person is defined by the JCPOA), seeking to prohibit such persons from carrying out certain operations with Iran or Iranian entities, had not been lifted by the JCPOA; they were therefore not reinstated by the Memorandum of 8 May 2018 and its implementing measures. Consequently, according to the United States, since Iran is only challenging before the Court the lawfulness of the "8 May measures" under the Treaty of Amity, it is thus complaining of measures of which the vast majority do not affect the commercial or financial relations between the United States and Iran, but between Iran and third countries, or between their companies and nationals. According to the Respondent, such measures, which it characterizes as "third country measures", fall outside the scope of the Treaty of Amity.

63. More specifically, the United States explains that the disputed measures can be divided into four categories, according to their purpose: (i) the reimposition of certain sanctions provisions under United States statutes that had been waived pursuant to the JCPOA; (ii) the reinstatement, through issuance of Executive Order 13846, of certain sanctions authorities that were previously terminated; (iii) the relisting of certain persons on the Department of the Treasury's Specially Designated

a formulées. Le «devoir de la Cour de circonscrire le véritable problème en cause et de préciser l'objet de la demande» (voir paragraphe 52 ci-dessus) ne lui permet pas de modifier l'objet des conclusions, surtout lorsque celles-ci ont été formulées de manière claire et précise. En particulier, la Cour ne peut pas déduire l'objet du différend du contexte politique dans lequel l'instance a été introduite, plutôt que de se fonder sur ce que le requérant lui demande.

60. Pour les motifs qui précèdent, la Cour ne saurait accueillir la première exception d'incompétence soulevée par les Etats-Unis.

2. Seconde exception préliminaire d'incompétence : les «mesures concernant les pays tiers»

61. Les Etats-Unis soutiennent que, même si l'objet réel du différend était l'application du traité d'amitié et non du plan d'action, la Cour n'aurait pas compétence pour connaître de la grande majorité des demandes de l'Iran, car ces demandes se rapportent à des mesures qui concernent principalement le commerce ou les transactions entre l'Iran et des pays tiers, ou leurs ressortissants et sociétés. Or, selon le défendeur, le traité d'amitié n'est applicable qu'aux échanges commerciaux entre les deux Etats parties, ou leurs ressortissants et sociétés, et non aux échanges entre l'un d'entre eux et un Etat tiers, ou leurs ressortissants et sociétés.

62. Selon les Etats-Unis, les mesures mises en vigueur ou rétablies en application du mémorandum du 8 mai 2018 visent dans leur grande majorité le commerce ou les transactions de l'Iran (ou de ses sociétés et ressortissants) avec des pays tiers (ou leurs sociétés et ressortissants). En effet, les mesures visant directement les «personnes relevant de la juridiction des Etats-Unis» (au sens particulier dans lequel cette catégorie de personnes est définie par le plan d'action) et tendant à interdire à de telles personnes d'effectuer certaines opérations avec l'Iran ou des entités iraniennes n'avaient pas été levées par le plan d'action ; elles n'ont donc pas été rétablies par l'effet du mémorandum du 8 mai 2018 et de ses actes d'application. Il en résulte, selon les Etats-Unis, que puisque l'Iran ne conteste devant la Cour que la licéité des «mesures du 8 mai» au regard du traité d'amitié, il tire ainsi grief de mesures qui, dans leur grande majorité, ne touchent pas aux relations commerciales ou financières entre les Etats-Unis et l'Iran, mais entre l'Iran et des pays tiers, ou leurs sociétés et ressortissants. Selon le défendeur, de telles mesures, qu'il qualifie de «mesures concernant les pays tiers», n'entrent pas dans le champ d'application du traité d'amitié.

63. Plus précisément, les Etats-Unis exposent que les mesures en litige peuvent être classées en quatre catégories, selon leur objet : i) la remise en vigueur de certaines dispositions législatives américaines régissant les sanctions qui avaient été levées en application du plan d'action ; ii) la remise en vigueur, par la promulgation du décret 13846, de certains instruments de sanction précédemment abrogés ; iii) la réinscription de certaines personnes sur la liste SDN («liste de personnes physiques ou

Nationals and Blocked Persons List or SDN List (which identifies natural or legal persons from specially designated countries or subject to a block on assets); and (iv) the revocation of certain licensing actions related to carpets, foodstuffs, commercial passenger aircraft and parts, and activities of foreign entities owned or controlled by United States natural or legal persons.

The Respondent contends that the measures in the first three categories are "third country measures" which do not fall within the scope of the Treaty of Amity. It states that its second objection to jurisdiction is not directed at Iran's claims relating to measures in the fourth category.

64. As regards the first three categories of measures, and in particular those involving the reimposition of certain statutory provisions governing sanctions which had been withdrawn under the JCPOA, the United States points out that the latter specified that "[t]he sanctions that the United States will cease to apply . . . pursuant to its commitment under Section 4 are those directed towards non-U.S. persons". The JCPOA also clarified that "U.S. persons and U.S.-owned or -controlled foreign entities will continue to be generally prohibited from conducting transactions of the type permitted pursuant to this JCPOA, unless authorised to do so by the U.S. Department of the Treasury". The United States argues that, as a result, leaving aside the limited fourth category referred to in paragraph 63 above, the only sanctions that were lifted during the period of application of the JCPOA were those aimed at third States or their companies and nationals, and that it was only such "third country measures" that were reinstated after 8 May 2018.

65. According to the Respondent, the same applies to the provisions resulting from Executive Order 13846, which reinstated certain earlier Executive Orders that had been terminated or amended in connection with the implementation of the JCPOA. The sanctions reimposed by Executive Order 13846 are those directed at non-United States persons.

66. Lastly, regarding the return of certain persons and assets to the United States Department of the Treasury's SDN List, the Respondent maintains that the relisting of more than 400 individuals or entities principally affected the nationals and companies of third countries by prohibiting those nationals or companies, on pain of sanctions, from supplying goods and services to Iranian persons included in the list.

67. Having so characterized the measures challenged by Iran in these proceedings, the United States argues that such measures do not fall within the terms of any of the provisions of the Treaty of Amity, which contains no clause that might require the United States either to take or to refrain from taking any measures in respect of trade or transactions between Iran and a third country. In particular, according to the United States, such measures do not fall within the terms of any of the

morales issues de pays spécialement désignés ou visées par le gel d'avoirs») du département du trésor américain; et iv) la révocation de certaines mesures d'autorisation concernant les tapis, les denrées alimentaires, les aéronefs de transport commercial de passagers ou leurs pièces détachées, ainsi que les activités d'entités étrangères détenues ou contrôlées par une personne physique ou morale américaine.

Le défendeur soutient que les mesures des trois premières catégories sont des «mesures concernant les pays tiers», qui ne relèvent pas du champ d'application du traité d'amitié. Il précise que sa seconde exception d'incompétence ne vise pas les demandes de l'Iran qui sont relatives aux mesures de la quatrième catégorie.

64. En ce qui concerne les trois premières catégories de mesures, et notamment celles qui consistent dans la remise en vigueur de certaines dispositions législatives régissant les sanctions qui avaient été abandonnées en application du plan d'action, les Etats-Unis soulignent que ce dernier spécifiait que «les sanctions que les Etats-Unis cesseront d'appliquer ... conformément à l'engagement pris dans la présente section 4, sont celles qui visent les personnes ne relevant pas de l[eur] juridiction». Le plan d'action précisait en outre qu'«[i]l restera généralement interdit aux personnes relevant de la juridiction des Etats-Unis et aux entités étrangères détenues ou contrôlées par elles d'effectuer des opérations du type qu'autorise le présent plan d'action, à moins d'y être autorisées par le ... département du trésor des Etats-Unis». En conséquence, soutiennent les Etats-Unis, abstraction faite de la quatrième catégorie limitée mentionnée au paragraphe 63 ci-dessus, les seules sanctions levées pendant la période d'application du plan d'action étaient celles qui visaient des Etats tiers ou leurs sociétés et ressortissants, et ce sont seulement de telles «mesures concernant des pays tiers» qui ont été rétablies après le 8 mai 2018.

65. Il en va de même, selon le défendeur, des dispositions résultant du décret 13846, qui a remis en vigueur certains décrets antérieurs qui avaient été abrogés ou modifiés dans le cadre de la mise en œuvre du plan d'action. Les sanctions rétablies par le décret 13846 visent des personnes ne relevant pas de la juridiction des Etats-Unis.

66. Enfin, s'agissant de la réinscription de certaines personnes et de certains biens sur la liste SDN du département du trésor américain, le défendeur souligne que la réinscription sur ladite liste de plus de 400 individus ou entités a principalement touché les ressortissants et sociétés de pays tiers en interdisant à ces ressortissants ou sociétés, sous peine de sanctions, de fournir des biens et des services à des personnes iraniennes inscrites sur la liste.

67. Ayant ainsi caractérisé les mesures contestées par l'Iran dans la présente instance, les Etats-Unis soutiennent que de telles mesures n'entrent dans les prévisions d'aucune des dispositions du traité d'amitié, qui ne contient aucune clause qui imposerait aux Etats-Unis soit de prendre soit de s'abstenir de prendre des mesures à l'égard du commerce ou des transactions entre l'Iran et un pays tiers. En particulier, selon les Etats-Unis, de telles mesures n'entrent dans les prévisions d'aucune des

provisions of the Treaty of Amity which Iran claims to have been violated, namely Articles IV (paras. 1 and 2), V (para. 1), VII (para. 1), VIII (paras. 1 and 2), IX (paras. 2 and 3) and X (para. 1).

68. The United States maintains that Article IV, paragraph 2, and Article V, paragraph 1, are expressly limited to conduct that occurs within the territory of the United States. Likewise, according to the Respondent, Iran is incorrect in claiming that Article VII, paragraph 1, which prohibits restrictions on the transfer of funds, could apply to the United States' measures that affect payments to or from third countries, and not merely to or from the territory of Iran.

69. With regard to Article VIII, paragraphs 1 and 2, which set forth certain obligations relating to the exportation and importation of products, the United States considers that these provisions concern only products of Iran destined for import to the territory of the United States or products of the United States destined for export to Iran. For similar reasons, according to the United States, the measures concerning third States fall outside the scope of Article IX, paragraphs 2 and 3, which require each party to accord certain treatment to the companies and nationals of the other party in matters of importation and exportation, and in respect of the ability of companies to obtain marine insurance. Lastly, the United States points out that Article X, paragraph 1, which provides that "[b]etween the territories of the two High Contracting Parties there shall be freedom of commerce and navigation", contains an "important territorial limitation" and therefore does not apply to goods that are subject to intermediate transactions with third countries.

*

70. Iran challenges the concept of "third country measures" which underlies the United States' second preliminary objection to jurisdiction. According to Iran, this is not only an invention on the part of the Respondent, but above all a concept that is misleading, since in reality all the United States' measures at issue in this case are specifically targeted at Iran and Iranian nationals and companies, not at third States or their nationals and companies. Iran cites as evidence of this, in particular, the words of the United States Department of the Treasury of 5 November 2018, which described the measures at issue as "the toughest U.S. sanctions ever imposed on Iran, [which] will target critical sectors of Iran's economy".

71. Taking the example of Article X, paragraph 1, of the Treaty of Amity, which protects "freedom of commerce" "[b]etween the territories of the two High Contracting Parties", Iran points out that it matters little whether an obstruction to that freedom takes the form of the withdrawal by the United States of a licence permitting an American company to sell products to an Iranian company (a measure which the Respondent does

dispositions du traité d'amitié dont l'Iran allègue la violation, à savoir les articles IV (par. 1 et 2), V (par. 1), VII (par. 1), VIII (par. 1 et 2), IX (par. 2 et 3) et X (par. 1).

68. Selon les Etats-Unis, le paragraphe 2 de l'article IV et le paragraphe 1 de l'article V sont expressément limités au comportement à tenir sur le territoire des Etats-Unis. De même, selon le défendeur, c'est à tort que l'Iran affirme que le paragraphe 1 de l'article VII, qui interdit les restrictions en matière de transfert de fonds, pourrait s'appliquer à des mesures américaines touchant les paiements à destination ou en provenance d'un pays tiers, et non pas seulement à destination ou en provenance du territoire iranien.

69. En ce qui concerne les paragraphes 1 et 2 de l'article VIII, qui énoncent certaines obligations relatives à l'exportation et à l'importation de produits, les Etats-Unis estiment que ces dispositions concernent exclusivement soit des produits d'Iran destinés à l'importation vers le territoire des Etats-Unis, soit des produits des Etats-Unis destinés à l'exportation vers l'Iran. Pour des raisons similaires, les mesures concernant les Etats tiers n'entrent pas, selon les Etats-Unis, dans le champ d'application des paragraphes 2 et 3 de l'article IX, qui imposent à chaque partie d'accorder un certain traitement aux sociétés et ressortissants de l'autre partie s'agissant des questions d'importation ou d'exportation, et en ce qui concerne la capacité des sociétés de souscrire une assurance maritime. Enfin, les Etats-Unis relèvent que le paragraphe 1 de l'article X, selon lequel « il y aura liberté de commerce et de navigation entre les territoires des deux Hautes Parties contractantes », contient une « limitation territoriale importante » et ne s'applique donc pas aux biens faisant l'objet de transactions intermédiaires avec des pays tiers.

*

70. L'Iran récuse la théorie des « mesures concernant les pays tiers » qui sous-tend la seconde exception préliminaire d'incompétence des Etats-Unis. Il s'agit, selon l'Iran, non seulement d'une pure invention du défendeur, mais surtout d'une théorie trompeuse, parce qu'en réalité toutes les mesures américaines en cause dans la présente affaire ciblent précisément l'Iran et ses sociétés ou ressortissants, et non les Etats tiers ou leurs sociétés et ressortissants. L'Iran en veut pour preuve, notamment, la déclaration du département du trésor américain du 5 novembre 2018, qui a qualifié les mesures en cause de « sanctions américaines les plus sévères jamais imposées à l'Iran, qui vont viser des secteurs stratégiques de l'économie iranienne ».

71. Prenant l'exemple du paragraphe 1 de l'article X du traité d'amitié, qui protège la « liberté de commerce ... entre les territoires des deux Hautes Parties contractantes », l'Iran souligne qu'il importe peu qu'une entrave à cette liberté prenne la forme du retrait par les Etats-Unis d'une autorisation permettant à une société américaine de vendre des produits à une société iranienne (mesure dont le défendeur ne conteste pas qu'elle

not contest falls within the scope of the Treaty), or of a United States' sanction on a third State bank or other business that prevents the Iranian company from paying for or physically acquiring the products sold by the American company (which would be a so-called "third country measure").

72. Iran maintains that its Application is based on certain provisions of the Treaty of Amity interpreted in accordance with the rules codified in the Vienna Convention on the Law of Treaties. The Applicant emphasizes that the ordinary meaning of the text is of key importance and that the context must also be taken into account. In this respect, Iran acknowledges that certain provisions of the Treaty of Amity contain territorial limitations. But the very fact that this is the case in certain provisions is seen by Iran as providing an important part of the context for the interpretation of those provisions where such limitations are absent, since the obvious inference is that such absence is deliberate.

73. Having considered each of the Treaty provisions which it claims that the United States has violated, namely — according to the Application — Articles IV (para. 1), VII (para. 1), VIII (paras. 1 and 2), IX (para. 2) and X (para. 1), together with — under the terms of the Memorial — Articles IV (para. 2), V (para. 1) and IX (para. 3), Iran requests the Court to determine whether, on the basis of the relevant facts which it alleges, there could exist a violation of one or more of those provisions by the United States' measures which it is contesting. According to Iran, the "relevant facts" are in particular: that the object and effect of the United States' measures, including the "third country measures", is to deprive Iranian nationals and companies of their property and enterprises or to harm such property and enterprises on a large scale; that Iranian nationals and companies operating in the key sectors of Iran's economy are being deliberately targeted by the United States' measures; and that the sanctions are destroying the economy and currency of Iran, driving millions of people into poverty.

74. Reviewing the various provisions of the Treaty which it claims have been violated, Iran concludes that "the violations of the Treaty of 1955 pleaded by Iran . . . fall within the provisions of the Treaty and [that], as a consequence, the dispute is one which the Court has jurisdiction *ratione materiae* to entertain, pursuant to Article XXI, paragraph 2", thus echoing the terms of the well-known statement of the Court in the *Oil Platforms* case.

* *

75. The Court recalls that, according to its well-established jurisprudence, in order to determine its jurisdiction *ratione materiae* under a compromissory clause concerning disputes relating to the interpretation or application of a treaty, it cannot limit itself to noting that one of the parties maintains that such a dispute exists, and the other denies it. It must ascertain whether the acts of which the applicant complains fall within

entre dans le champ d'application du traité), ou d'une sanction américaine frappant une banque ou une autre entreprise d'un Etat tiers qui empêche la société iranienne de payer ou d'acquérir physiquement les produits vendus par la société américaine (qui serait une prétendue « mesure concernant un pays tiers »).

72. L'Iran soutient que sa requête repose sur certaines dispositions du traité d'amitié interprétées conformément aux règles codifiées dans la convention de Vienne sur le droit des traités. Le demandeur souligne que le sens ordinaire du texte revêt une importance primordiale et que le contexte doit également être pris en considération. A cet égard, l'Iran admet que certaines des dispositions du traité d'amitié contiennent des limitations territoriales. Mais le fait même que tel soit le cas de certaines dispositions constitue, selon l'Iran, un élément de contexte important aux fins de l'interprétation de celles qui ne comportent pas de semblables limitations, puisque la déduction évidente est que cette absence est délibérée.

73. Sur la base d'un examen de chacune des dispositions du traité dont il invoque la violation par les Etats-Unis, à savoir — selon la requête — les articles IV (par. 1), VII (par. 1), VIII (par. 1 et 2), IX (par. 2) et X (par. 1), auxquels s'ajoutent — aux termes du mémoire — les articles IV (par. 2), V (par. 1) et IX (par. 3), l'Iran invite la Cour à déterminer si, au vu des faits pertinents qu'il allègue, il pourrait exister une violation d'une ou plusieurs de ces dispositions par les mesures américaines qu'il conteste. Selon l'Iran, les « faits pertinents » sont notamment les suivants : le fait que les mesures américaines, y compris celles « concernant les pays tiers », ont pour objet et pour effet de priver les sociétés et ressortissants iraniens de leurs biens et entreprises ou de porter atteinte à ceux-ci à une grande échelle, le fait que les sociétés et ressortissants d'Iran exerçant une activité dans les secteurs essentiels de l'économie iranienne sont délibérément ciblés par les mesures des Etats-Unis et le fait que les sanctions détruisent l'économie et la monnaie de l'Iran, poussant des millions de personnes dans la pauvreté.

74. Passant en revue les diverses dispositions du traité dont il allègue la violation, l'Iran conclut que « les violations du traité de 1955 alléguées par [lui] entrent ... dans les prévisions de ce traité et [que], par suite, le différend est de ceux dont [la Cour] est compétente pour connaître *ratione materiae* par application du paragraphe 2 de l'article XXI », pour reprendre les termes de l'énoncé bien connu de la Cour dans l'affaire des *Plates-formes pétrolières*.

* *

75. La Cour rappelle que, selon une jurisprudence bien établie, pour déterminer si elle a compétence *ratione materiae* au titre d'une clause compromissoire visant les différends concernant l'interprétation ou l'application d'un traité, elle ne peut se borner à constater que l'une des parties soutient qu'il existe un tel différend et que l'autre le nie. Elle doit rechercher si les actes dont le demandeur tire grief entrent dans les prévi-

the provisions of the treaty containing the compromissory clause. This may require the interpretation of the provisions that define the scope of the treaty (see *Immunities and Criminal Proceedings (Equatorial Guinea* v. *France), Preliminary Objections, Judgment, I.C.J. Reports 2018 (I)*, p. 308, para. 46; *Oil Platforms (Islamic Republic of Iran* v. *United States of America), Preliminary Objection, Judgment, I.C.J. Reports 1996 (II)*, p. 810, para. 16).

76. The Court observes that the "third country measures" objection does not concern all of Iran's claims, but only the majority of them. Indeed, the Respondent stated that one of the four categories into which it divides the measures put in place or reimposed pursuant to the Presidential Memorandum of 8 May 2018 (see paragraph 63 above) cannot be characterized as "third country measures" and is therefore not included in the second preliminary objection to jurisdiction. This fourth category consists of the revocation of certain licensing actions which had made it possible to engage in certain commercial or financial transactions with Iran during the period of implementation of the JCPOA. According to the Respondent, the licences in question, which were revoked pursuant to the Memorandum of 8 May 2018, benefited "U.S. persons" and their withdrawal is not included in the objection now under consideration.

77. It follows that even if the Court were to uphold the second objection to jurisdiction — and assuming that it does not accept any of the other preliminary objections, each of which concerns all of Iran's claims — the proceedings would not be terminated. They would in any event have to continue to the merits in respect of the category of measures challenged by Iran which, according to the United States, are not "third country measures".

The Court notes, however, that, as regards this category, the United States has declared that it "reserves the right to argue that some or all of Iran's claims based on the revocation of particular licensing actions are outside the scope of the Treaty" at a later stage in the proceedings, should they continue.

78. The Court observes that the Parties are in disagreement about the relevance of the concept of "third country measures" and about the effects that should follow from the application of such a concept in this case. While, according to the United States, the Court should find that it lacks jurisdiction to entertain most of Iran's claims, since the vast majority of the measures complained of by the Applicant are directed against "non-U.S." persons, companies or entities, Iran, on the other hand, contends that the concept of "third country measures" is irrelevant. It is only necessary, according to the Applicant, to examine each category of measures at issue in order to determine whether they fall within the scope of the various provisions of the Treaty of Amity which it claims to have been violated.

sions du traité contenant la clause compromissoire. Il peut ainsi se révéler nécessaire d'interpréter les dispositions qui définissent le champ d'application du traité (voir *Immunités et procédures pénales (Guinée équatoriale c. France), exceptions préliminaires, arrêt, C.I.J. Recueil 2018 (I)*, p. 308, par. 46; *Plates-formes pétrolières (République islamique d'Iran c. Etats-Unis d'Amérique), exception préliminaire, arrêt, C.I.J. Recueil 1996 (II)*, p. 810, par. 16).

76. La Cour constate que l'exception préliminaire relative aux «mesures concernant les pays tiers» ne vise pas l'ensemble des demandes de l'Iran, mais seulement la majorité d'entre elles. En effet, le défendeur a précisé que l'une des quatre catégories entre lesquelles on peut classer, selon lui, les mesures mises en vigueur ou rétablies en vertu du mémorandum présidentiel du 8 mai 2018 (voir paragraphe 63 ci-dessus) échappe à la qualification de «mesures concernant les pays tiers» et n'est donc pas couverte par la seconde exception préliminaire d'incompétence. Il s'agit de la quatrième catégorie, qui est constituée par la révocation de certaines mesures d'autorisation qui, pendant la période de mise en œuvre du plan d'action, permettaient d'effectuer certaines transactions commerciales ou financières avec l'Iran. Les autorisations en cause, qui ont été supprimées en application du mémorandum du 8 mai 2018, bénéficiaient à des «personnes relevant de la juridiction des Etats-Unis», selon le défendeur, et leur retrait n'est pas couvert par l'exception présentement examinée.

77. Il en résulte que même si la Cour devait faire droit à la seconde exception d'incompétence — et à supposer qu'elle n'accueille aucune des autres exceptions préliminaires, dont chacune vise la totalité des demandes de l'Iran — l'instance ne prendrait pas fin. Elle devrait de toute façon se poursuivre sur le fond en ce qui concerne la catégorie de mesures contestées par l'Iran qui n'ont pas, selon les Etats-Unis, le caractère de «mesures concernant les pays tiers».

La Cour note, toutefois, qu'en ce qui concerne cette catégorie les Etats-Unis ont déclaré «se réserver le droit de faire valoir que tout ou partie des demandes de l'Iran ayant pour objet la révocation de certaines mesures d'autorisation ne relèvent pas du champ d'application du traité», au stade ultérieur de la procédure, si la présente instance devait atteindre un tel stade.

78. La Cour relève que les Parties sont en désaccord sur la pertinence de la notion de «mesures concernant les pays tiers», et sur les effets qui devraient résulter de l'application d'une telle notion au cas d'espèce. Alors que selon les Etats-Unis la Cour devrait se déclarer incompétente pour connaître de la plus grande partie des demandes de l'Iran, puisque la grande majorité des mesures critiquées par le demandeur sont dirigées contre des personnes, entreprises ou entités «ne relevant pas de la juridiction des Etats-Unis», l'Iran soutient au contraire que la notion de «mesures concernant les pays tiers» est dépourvue de pertinence. Il faudrait seulement, selon le demandeur, examiner chacune des catégories de mesures en cause afin de déterminer si elles entrent dans le champ d'application des diverses dispositions du traité d'amitié dont il allègue la violation.

79. Moreover, the Parties disagree on the interpretation of the provisions of the Treaty which Iran claims to have been breached by the United States, as regards their territorial scope and their ambit. According to Iran, the provisions that do not contain an express territorial limitation must be interpreted generally as being applicable to activities exercised in all places, whereas, according to the United States, it follows from the object and purpose of the Treaty of Amity that it is concerned only with the protection of commercial and investment activities of one Party, or of its nationals or companies, on the territory of the other or in the context of trade between them. Furthermore, Iran maintains that the Treaty prohibits the United States from impairing the rights guaranteed to Iran and Iranian nationals and companies, not only through measures applied directly to those nationals or companies, or to "U.S. persons" in their relations with Iran, but also through measures directed in the first instance against a third party, whose real aim is however to prevent Iran, its nationals and its companies from enjoying their rights under the Treaty. The United States contests this view.

80. The Court observes that all the measures of which Iran complains — those put in place or reinstated as a result of the Presidential Memorandum of 8 May 2018 — are intended to weaken Iran's economy. Indeed, on the basis of the official statements of the United States' authorities themselves, Iran, its nationals and its companies are the target of what the Respondent describes as "third country measures", as well as of the measures aimed directly against Iranian entities and of those against "U.S. persons" which are intended to prohibit them from engaging in transactions with Iran, its nationals or its companies.

However, it cannot be inferred from the above that all the measures at issue are capable of constituting breaches of the United States' obligations under the Treaty of Amity. What is decisive in this regard is whether each of the measures — or category of measures — under consideration is of such a nature as to impair the rights of Iran under the various provisions of the Treaty of Amity which the Applicant claims to have been violated.

81. Conversely, the fact that some of the measures challenged — whether or not they are "the vast majority", as the United States maintains — directly target third States or the nationals or companies of third States does not suffice for them to be automatically excluded from the ambit of the Treaty of Amity. Only through a detailed examination of each of the measures in question, of their reach and actual effects, can the Court determine whether they affect the performance of the United States' obligations arising out of the provisions of the Treaty of Amity invoked by Iran, taking account of the meaning and scope of those various provisions.

82. In sum, the Court considers that the second preliminary objection of the United States relates to the scope of certain obligations relied upon

79. Les Parties sont, d'autre part, en désaccord sur l'interprétation des dispositions du traité dont l'Iran invoque la méconnaissance par les Etats-Unis, en ce qui concerne leur champ d'application territorial et leur portée. Selon l'Iran, les dispositions qui ne comportent pas de limitation expresse quant à leur champ d'application territorial doivent être généralement interprétées comme applicables aux activités exercées en tout lieu, tandis que, selon les Etats-Unis, il résulte de l'objet et du but du traité d'amitié que celui-ci ne se rapporte qu'à la protection des activités de commerce et d'investissement d'une Partie, ou de ses ressortissants ou sociétés, sur le territoire de l'autre, ou dans le cadre des échanges entre l'une et l'autre. Par ailleurs, l'Iran soutient que le traité interdit aux Etats-Unis de porter atteinte aux droits qu'il garantit à l'Iran et aux sociétés ou ressortissants iraniens non seulement par des mesures s'appliquant directement à ces ressortissants ou sociétés, ou à des personnes américaines dans leurs relations avec l'Iran, mais aussi par des mesures dirigées en premier lieu contre une tierce partie mais dont la finalité réelle est d'empêcher l'Iran, ses sociétés et ses ressortissants, de bénéficier des droits que le traité leur garantit. Les Etats-Unis contestent ce point de vue.

80. La Cour constate que l'ensemble des mesures dont se plaint l'Iran — celles qui ont été mises en vigueur ou rétablies en conséquence du mémorandum présidentiel du 8 mai 2018 — visent à affaiblir l'économie iranienne. En effet, sur la base des déclarations officielles des autorités américaines elles-mêmes, l'Iran, ses ressortissants et ses sociétés sont la cible des mesures que le défendeur qualifie de «mesures concernant les pays tiers», tout autant que de celles qui visent directement des entités iraniennes ou des «personnes relevant de la juridiction des Etats-Unis» en vue de leur interdire d'effectuer des transactions avec l'Iran, ses ressortissants ou sociétés.

On ne saurait pour autant en déduire que toutes les mesures en cause sont susceptibles de constituer des manquements aux obligations des Etats-Unis en vertu du traité d'amitié. Ce qui est déterminant à cet égard, c'est de savoir si chacune des mesures — ou catégorie de mesures — considérées est de nature à porter atteinte aux droits garantis à l'Iran par les diverses dispositions du traité d'amitié dont le demandeur invoque la violation.

81. Inversement, le fait que certaines mesures contestées — qu'elles soient ou non «la grande majorité», comme le soutiennent les Etats-Unis — visent directement les Etats tiers, ou des ressortissants ou sociétés d'Etats tiers, ne suffit pas à les faire échapper automatiquement au champ d'application du traité d'amitié. Seul un examen détaillé de chacune des mesures en question, de sa portée et de ses effets concrets peut permettre à la Cour de déterminer si elle affecte l'exécution des obligations des Etats-Unis résultant des dispositions du traité d'amitié invoquées par l'Iran, compte tenu du sens et de la portée de ces diverses dispositions.

82. En somme, la Cour considère que la seconde exception préliminaire des Etats-Unis se rapporte à la portée de certaines obligations dont

by the Applicant in the present case and raises legal and factual questions which are properly a matter for the merits (cf. *Application of the International Convention for the Suppression of the Financing of Terrorism and of the International Convention on the Elimination of All Forms of Racial Discrimination (Ukraine v. Russian Federation), Preliminary Objections, Judgment, I.C.J. Reports 2019 (II)*, p. 586, para. 63). If the case were to proceed to the merits, such matters would be decided by the Court at that stage, on the basis of the arguments advanced by the Parties.

83. In light of the above, the Court finds that the second preliminary objection to jurisdiction raised by the United States cannot be upheld.

*

84. For all the reasons set out above, the Court finds that it has jurisdiction *ratione materiae* to entertain the Application of Iran on the basis of Article XXI, paragraph 2, of the 1955 Treaty of Amity.

III. ADMISSIBILITY OF IRAN'S APPLICATION

85. The United States submits, in the alternative, a preliminary objection to the admissibility of Iran's Application. In its view, all claims brought by Iran are inadmissible because they would amount to an abuse of process and would raise questions of judicial propriety.

86. The Respondent observes that there is no comprehensive definition in the Court's jurisprudence of what type of conduct constitutes an abuse of process; what is considered an abuse will vary depending on the circumstances of the case. The United States contends that, while the notion of abuse of process may be tied to the principle of good faith, an analysis of whether a State has acted or is acting in good or bad faith is not necessarily required. The Respondent recalls that the Court may decline to hear a case where there exists clear evidence that the conduct of the applicant State amounts to an abuse of process.

87. The United States maintains that in the present case there are exceptional circumstances that warrant the dismissal by the Court of the entirety of the case on account of an abuse of process. The Respondent contends that through this case Iran is seeking to obtain "an illegitimate advantage" in respect of its nuclear activities and aims to bring "political and psychological pressure on the United States". As with regard to its first objection to the Court's jurisdiction, the United States argues that the dispute exclusively concerns the JCPOA. It asserts that, by bringing this case to the Court, Iran is seeking relief from the sanctions that had been lifted under the JCPOA and that had been reinstated subsequently. The United States points out that political mechanisms were set forth under the JCPOA to address the non-performance by a participant of its

se prévaut le demandeur dans la présente espèce et soulève des questions de droit et de fait qui relèvent du fond (voir *Application de la convention internationale pour la répression du financement du terrorisme et de la convention internationale sur l'élimination de toutes les formes de discrimination raciale (Ukraine c. Fédération de Russie), exceptions préliminaires, arrêt, C.I.J. Recueil 2019 (II)*, p. 586, par. 63). Si l'affaire devait se poursuivre au fond, c'est à ce stade que de telles questions seraient tranchées par la Cour sur la base des arguments avancés par les Parties.

83. Compte tenu de ce qui précède, la Cour conclut que la seconde exception préliminaire d'incompétence soulevée par les Etats-Unis ne saurait être accueillie.

*

84. La Cour conclut de l'ensemble des motifs précédents qu'elle a compétence *ratione materiae* pour connaître de la requête de l'Iran sur le fondement du paragraphe 2 de l'article XXI du traité d'amitié de 1955.

III. RECEVABILITÉ DE LA REQUÊTE DE L'IRAN

85. A titre subsidiaire, les Etats-Unis soulèvent une exception préliminaire relative à la recevabilité de la requête du demandeur. Selon eux, l'ensemble des demandes présentées par l'Iran sont irrecevables en ce qu'elles procéderaient d'un abus de procédure et soulèveraient des questions d'«opportunité judiciaire».

86. Le défendeur fait observer que la jurisprudence de la Cour n'offre pas de définition exhaustive de ce qui constitue un abus de procédure, un tel comportement devant s'apprécier à la lumière des circonstances de l'espèce. Les Etats-Unis affirment que, si la notion d'abus de procédure peut certes être rattachée au principe de bonne foi, il n'est pas nécessairement requis d'examiner si l'Etat en cause agit ou a agi de bonne ou de mauvaise foi. Ils rappellent que la Cour peut refuser de statuer en présence d'éléments attestant clairement que le comportement du demandeur procède d'un abus de procédure.

87. Les Etats-Unis soutiennent que la présente affaire fait apparaître des circonstances exceptionnelles justifiant que la Cour s'en dessaisisse dans son intégralité à raison d'un abus de procédure. Selon eux, l'Iran cherche, par cette instance, à obtenir un «avantage illégitime» relativement à ses activités nucléaires ainsi qu'à exercer «une pression politique et psychologique» à leur égard. Ainsi que pour leur première exception d'incompétence de la Cour, les Etats-Unis font valoir que le différend concerne exclusivement le plan d'action. Ils avancent que, en saisissant la Cour, l'Iran cherche à faire lever les sanctions qui ont été rétablies après avoir été levées antérieurement en application du plan d'action. Ils signalent que les participants au plan d'action ont prévu des mécanismes politiques pour régler l'éventuelle inexécution, par l'un d'entre eux, de ses

commitments, but that the participants did not consent to the jurisdiction of the Court to resolve disputes under that instrument. The Respondent contends that, were the case to proceed to the merits and the Court to grant the relief Iran has requested, the Applicant would obtain the lifting of a specific set of nuclear-related sanctions, which "formed the heart of the bargain in the JCPOA". Iran could be granted relief from United States' nuclear-related sanctions without being bound to uphold its own commitments under the JCPOA. In light of these circumstances, which in the view of the Respondent are exceptional, the Application should be held inadmissible.

88. Moreover, the United States contends that the Court has the inherent power to decline to exercise its jurisdiction in order to protect the integrity of its judicial function. In the Respondent's view, it would be "reasonable, necessary and appropriate" for that purpose for the Court to declare the present case inadmissible. By hearing a case that raises questions deeply entangled with the JCPOA, the Court could compromise its judicial integrity. The United States contends that, if the Court were to grant Iran relief from nuclear-related sanctions, it would be placed "at odds with its inherently judicial function".

*

89. Iran points out that the Court has had to consider arguments based on abuse of process in the past, but has stated that an abuse could occur only under exceptional circumstances which have never been found to exist. Iran argues that the threshold for an abuse of process is very high and may be reached only if supported by clear evidence.

90. In the present case, Iran contends that there are no exceptional circumstances that would justify the Court pronouncing an abuse of process. In Iran's view, it is normal that a dispute brought under a treaty has political implications. Responding to the United States' contention that Iran would obtain an "illegitimate advantage" if the Court were to pronounce in its favour, and that the case is really about the JCPOA and not the Treaty of Amity, Iran recalls that the Court has already considered similar contentions in other cases and concluded that the relevant circumstances did not constitute an abuse of process. The Applicant argues that asserting its rights under a treaty in force between the Parties cannot be illegitimate. Moreover, it maintains that access to judicial recourse cannot be barred simply because of the "risk of influencing the execution of another international instrument".

91. Iran further argues that, by exercising its jurisdiction in the present case, the Court would not compromise the integrity of its judicial function. It points out that the United States has not defined the conditions under which the Court should declare a case inadmissible for consider-

engagements, mais n'ont pas consenti à la compétence de la Cour pour régler les différends qui pourraient en résulter. Les Etats-Unis affirment que, si la Cour en venait à connaître de l'affaire au fond et à faire droit aux demandes de l'Iran, celui-ci obtiendrait la levée d'un ensemble défini de sanctions liées au nucléaire « qui étaient au cœur du marché conclu dans le cadre du plan d'action ». L'Iran pourrait ainsi échapper aux sanctions imposées par les Etats-Unis dans le domaine du nucléaire sans être tenu d'honorer ses propres engagements au titre du plan d'action. Compte tenu de ces circonstances qui, de l'avis du défendeur, sont exceptionnelles, la requête devrait être déclarée irrecevable.

88. En outre, les Etats-Unis soutiennent que la Cour a le pouvoir inhérent de refuser d'exercer sa juridiction afin de préserver l'intégrité de sa fonction judiciaire. De leur point de vue, il serait « raisonnable, nécessaire et indiqué » à cet égard que la Cour déclare l'instance irrecevable. En acceptant de connaître d'une affaire soulevant des questions qui s'enchevêtrent profondément avec le plan d'action, elle pourrait, selon eux, compromettre son intégrité judiciaire. Les Etats-Unis ajoutent que, en permettant à l'Iran d'obtenir la levée des sanctions liées au nucléaire, la Cour se placerait « dans une position incompatible avec sa fonction intrinsèquement judiciaire ».

*

89. L'Iran souligne que la Cour, lorsqu'elle a été appelée par le passé à examiner des moyens fondés sur un abus de procédure, a conclu qu'un tel abus ne pouvait se produire que dans des circonstances exceptionnelles, qu'elle n'a encore jamais rencontrées. Il ajoute que le seuil à partir duquel peut être établie l'existence d'un abus de procédure est très élevé et ne peut être atteint qu'en présence d'éléments de preuve clairs.

90. En l'espèce, l'Iran soutient qu'il n'existe pas de circonstances exceptionnelles sur la base desquelles la Cour serait fondée à constater un abus de procédure. De son point de vue, il est normal qu'un différend relatif à un traité ait des implications politiques. En réponse aux arguments des Etats-Unis, qui affirment qu'une décision en sa faveur lui conférerait un « avantage illégitime » et que l'affaire porte véritablement sur le plan d'action et non sur le traité d'amitié, l'Iran rappelle que la Cour a déjà été saisie de prétentions analogues dans d'autres instances, où elle a conclu que les circonstances en cause n'étaient pas constitutives d'un abus de procédure. Le demandeur soutient qu'il ne saurait être illégitime de faire valoir des droits qu'il tient d'un traité en vigueur entre le défendeur et lui-même. Il affirme en outre que le simple « risque d'interférer avec l'exécution d'un autre instrument international » ne saurait faire obstacle à l'accès à la justice.

91. L'Iran soutient également que la Cour, en exerçant sa juridiction en l'espèce, ne compromettrait pas l'intégrité de sa fonction judiciaire. Il fait observer que les Etats-Unis n'ont pas défini les conditions dans lesquelles la Cour devrait déclarer une instance irrecevable pour des considé-

ations of judicial propriety. Iran argues that for the Court to decide not to exercise its jurisdiction, there must exist circumstances "of such a nature that they are capable of preventing or hindering the capacity of the Court to address the specific legal and factual subject-matter" of the case. According to Iran, whether the dispute is entangled with the JCPOA, and whether there exists a risk of granting an "illegitimate advantage" to Iran, are not valid reasons for questioning the integrity of the judicial process. Iran argues that none of the claims it presents actually requires the Court to make any legal finding on the JCPOA; the fact that the JCPOA constitutes part of the factual background has no impact on the Court's exercise of its judicial function.

* *

92. The objection to admissibility raised by the United States is based on the contention that "Iran's claims amount to an abuse of process and would work an injustice that would raise serious questions of judicial propriety". This is because "Iran has invoked the Treaty [of Amity] in a case involving a dispute that solely concerns the application of the JCPOA". The Court notes that the United States did not address its objection to the admissibility of Iran's Application during the oral hearings, but expressly maintained that objection.

93. As the Court observed in *Immunities and Criminal Proceedings (Equatorial Guinea* v. *France)*, "[i]t is only in exceptional circumstances that the Court should reject a claim based on a valid title of jurisdiction on the ground of abuse of process" (*Preliminary Objections, Judgment, I.C.J. Reports 2018 (I)*, p. 336, para. 150). The Court has specified that there has to be "clear evidence" that the Applicant's conduct amounts to an abuse of process (for analogous statements, see *Certain Iranian Assets (Islamic Republic of Iran* v. *United States of America), Preliminary Objections, Judgment, I.C.J. Reports 2019 (I)*, pp. 42-43, para. 113; *Jadhav (India* v. *Pakistan), Judgment, I.C.J. Reports 2019 (II)*, p. 433, para. 49).

94. In the present case, the Court has already ascertained that the dispute submitted by the Applicant concerns alleged breaches of obligations under the Treaty of Amity and not the application of the JCPOA (see paragraph 60 above). The Court has also found that the compromissory clause included in the Treaty of Amity provides a valid basis for its jurisdiction with regard to the Applicant's claims (see paragraph 84 above). If the Court eventually found on the merits that certain obligations under the Treaty of Amity have indeed been breached, this would not imply giving Iran any "illegitimate advantage" with regard to its nuclear programme, as contended by the United States. Such a finding would rest on an examination by the Court of the treaty provisions that are encompassed within its jurisdiction.

rations d'«opportunité judiciaire». Il avance que, pour que la Cour décide de ne pas exercer sa juridiction, «les circonstances de l'affaire en question doivent être par nature susceptibles [de l']empêcher d'examiner les points de droit et de fait précis [que soulève l'affaire], ou d'entraver sa capacité d'examen». Selon lui, l'éventuel enchevêtrement du différend avec le plan d'action et la possibilité que lui-même se voie conférer un «avantage illégitime» ne sont pas des raisons valables de mettre en jeu l'intégrité de la procédure judiciaire. L'Iran fait valoir qu'aucune des demandes qu'il présente n'exige de la Cour qu'elle se prononce en droit sur le plan d'action; ce dernier fait certes partie du contexte factuel, mais il n'a aucune incidence sur l'exercice par la Cour de sa fonction judiciaire.

* *

92. L'exception d'irrecevabilité soulevée par les Etats-Unis repose sur l'argument que «les demandes de l'Iran procèdent d'un abus de procédure et engendreraient, s'il y était donné suite, une injustice soulevant de graves questions d'«opportunité judiciaire»», et ce parce que «[l]'Iran invoque le traité [d'amitié] dans une affaire relative à un différend qui concerne exclusivement l'application du plan d'action». La Cour note que les Etats-Unis n'ont pas traité leur exception d'irrecevabilité de la requête de l'Iran lors de la procédure orale, mais qu'ils l'ont néanmoins expressément maintenue.

93. Ainsi que la Cour l'a fait observer dans l'affaire relative aux *Immunités et procédures pénales (Guinée équatoriale c. France)*, «[s]eules des circonstances exceptionnelles peuvent justifier que la Cour rejette pour abus de procédure une demande fondée sur une base de compétence valable» (*exceptions préliminaires, arrêt, C.I.J. Recueil 2018 (I)*, p. 336, par. 150). La Cour a précisé qu'il devait y avoir des «éléments attestant clairement» que le comportement du demandeur procède d'un abus de procédure (pour des déclarations allant dans le même sens, voir *Certains actifs iraniens (République islamique d'Iran c. Etats-Unis d'Amérique), exceptions préliminaires, arrêt, C.I.J. Recueil 2019 (I)*, p. 42-43, par. 113; *Jadhav (Inde c. Pakistan), arrêt, C.I.J. Recueil 2019 (II)*, p. 433, par. 49).

94. En l'espèce, la Cour a déjà établi que le différend soumis par le demandeur porte sur des manquements allégués aux obligations découlant du traité d'amitié et non sur l'application du plan d'action (voir paragraphe 60 ci-dessus). La Cour a également conclu que la clause compromissoire contenue dans le traité d'amitié permet d'établir valablement sa compétence à l'égard des prétentions du demandeur (voir paragraphe 84 ci-dessus). Si, au stade du fond, elle en venait à conclure qu'il y a effectivement eu manquement à certaines obligations découlant du traité d'amitié, cela n'impliquerait pas d'accorder à l'Iran un quelconque «avantage illégitime» relativement à son programme nucléaire, comme l'affirment les Etats-Unis. Une telle conclusion reposerait sur l'examen, par la Cour, des dispositions conventionnelles qui relèvent de sa compétence.

95. In the view of the Court, there are no exceptional circumstances that would justify considering Iran's Application inadmissible on the ground of abuse of process. In particular, the fact that Iran only challenged the consistency with the Treaty of Amity of the measures that had been lifted in conjunction with the JCPOA and then reinstated in May 2018, without discussing other measures affecting Iran and its nationals or companies, may reflect a policy decision. However, as was noted in *Border and Transborder Armed Actions (Nicaragua* v. *Honduras)*, the Court's judgment "cannot concern itself with the political motivation which may lead a State at a particular time, or in particular circumstances, to choose judicial settlement" (*Jurisdiction and Admissibility, Judgment, I.C.J. Reports 1988*, p. 91, para. 52). In any event, the fact that most of Iran's claims concern measures that had been lifted in conjunction with the JCPOA and were later reinstated does not indicate that the submission of these claims constitutes an abuse of process.

96. In light of the foregoing, the Court finds that the objection to the admissibility of the Application raised by the United States must be rejected.

IV. OBJECTIONS ON THE BASIS OF ARTICLE XX, PARAGRAPH 1 *(B)* AND *(D)*, OF THE TREATY OF AMITY

97. The United States maintains that Article 79 (now Article 79*bis*) of the Rules of Court sets out three types of preliminary objections, namely objections to the jurisdiction of the Court, objections to the admissibility of the Application, and any "other objection the decision upon which is requested before any further proceedings on the merits". The Respondent contends that the Court has recognized in the past that an objection may fall into this last category and may have an exclusively preliminary character even if it touches on certain aspects of the merits.

98. The United States submits that in the present case its objections based on Article XX, paragraph 1 *(b)* and *(d)* — which provide that the Treaty of Amity does not preclude the application of measures "relating to fissionable materials" or that are necessary to protect a State's "essential security interests" — fall into this third category of objections under Article 79 of the Rules of Court and are of an exclusively preliminary character. The Respondent argues that a determination on these objections can be made on the basis of the facts already before the Court, without deciding on the merits of the case and without prejudging Iran's claims. According to the United States, even though in its jurisprudence the Court has decided that objections based on Article XX, paragraph 1, of the Treaty of Amity were defences on the merits to be considered at a subsequent phase, in the present case the Court should examine them as a preliminary matter, in particular because they are "severable from the merits of Iran's claims". In the "interests of fairness, procedural economy,

95. De l'avis de la Cour, il n'existe pas de circonstances exceptionnelles pouvant justifier de conclure à l'irrecevabilité de la requête de l'Iran pour abus de procédure. En particulier, le fait que le demandeur ait seulement contesté la conformité avec le traité d'amitié des mesures qui avaient été levées dans le cadre du plan d'action puis rétablies en mai 2018, sans invoquer d'autres mesures ayant une incidence sur ses ressortissants et sociétés et lui-même, peut traduire un choix de politique. Cependant, ainsi qu'elle l'a fait observer dans l'affaire relative à des *Actions armées frontalières et transfrontalières (Nicaragua c. Honduras)*, la Cour, pour se prononcer, «n'a pas à s'interroger sur les motivations d'ordre politique qui peuvent amener un Etat, à un moment donné ou dans des circonstances déterminées, à choisir le règlement judiciaire» (*compétence et recevabilité, arrêt, C.I.J. Recueil 1988*, p. 91, par. 52.). En tout état de cause, si la plupart des demandes de l'Iran concernent les mesures qui avaient été levées dans le cadre du plan d'action puis rétablies par la suite, cela n'indique pas pour autant que la présentation desdites demandes constitue un abus de procédure.

96. Compte tenu de ce qui précède, la Cour conclut que l'exception d'irrecevabilité de la requête soulevée par les Etats-Unis doit être rejetée.

IV. Exceptions fondées sur les alinéas *b)* et *d)* du paragraphe 1 de l'article XX du traité d'amitié

97. Les Etats-Unis soutiennent que l'article 79 (à présent l'article 79*bis*) du Règlement de la Cour prévoit trois types d'exceptions préliminaires, soit l'exception d'incompétence de la Cour, l'exception d'irrecevabilité de la requête et «toute autre exception sur laquelle le défendeur demande une décision avant que la procédure sur le fond se poursuive». Ils avancent que la Cour a reconnu par le passé qu'une exception pouvait relever de la dernière catégorie et avoir un caractère exclusivement préliminaire même si elle effleurait certains aspects du fond de l'affaire.

98. Les Etats-Unis affirment que, en l'espèce, leurs exceptions fondées sur les alinéas *b)* et *d)* du paragraphe 1 de l'article XX, aux termes desquels le traité d'amitié n'empêche pas l'adoption de mesures «concernant les substances fissiles» ou nécessaires à la protection «des intérêts vitaux de [l']Etat concerné] sur le plan de la sécurité», relèvent de cette troisième catégorie d'exceptions prévue à l'article 79 du Règlement de la Cour et ont un caractère exclusivement préliminaire. Le défendeur soutient que les faits qui ont déjà été présentés à la Cour permettent à celle-ci de se prononcer sur ces exceptions sans statuer sur le fond ni préjuger les demandes de l'Iran. Selon les Etats-Unis, même si la Cour, dans sa jurisprudence, a jugé que les exceptions soulevées en vertu du paragraphe 1 de l'article XX du traité d'amitié constituaient des moyens de défense au fond devant être traités à un stade ultérieur de la procédure, en l'espèce elle devrait les examiner à titre préliminaire, notamment parce que cet examen «peut être dissocié de celui du bien-fondé des demandes de

and the sound administration of justice", the United States maintains that the Court should render an early decision on these questions.

99. The United States argues that both objections cover the entirety of Iran's claims. It maintains, therefore, that a decision on the objections should be made at the preliminary stage of the proceedings.

100. In the United States' view, all measures at issue in this case can be categorized as "nuclear-related"; therefore, they are all covered by Article XX, paragraph 1 *(b)*, of the Treaty of Amity. The United States contends that, in light of the text and context of this provision, the phrase "relating to fissionable materials" gives a party a considerable degree of discretion for taking "a full range of measures developed and adopted to control and prevent proliferation of sensitive nuclear materials", and not only measures regulating direct trade in fissionable materials.

101. The United States notes that the present case is concerned solely with the measures reinstated on 8 May 2018, which were those that had been lifted with the adoption of the JCPOA. The Respondent indicates that all of those measures were categorized by JCPOA participants, including Iran, as "national sanctions related to Iran's nuclear programme". In the Respondent's opinion, for Article XX, paragraph 1 *(b)*, to apply, it is irrelevant that the measures were reimposed for both nuclear and non-nuclear related security reasons.

102. Additionally, the United States contends that the measures at issue fall within Article XX, paragraph 1 *(d)*, of the Treaty of Amity. The Respondent argues that the notion of essential security interests referred to in this provision is broad; to reach the required threshold, measures do not need to be taken in relation to an armed attack, or with regard to matters considered by the Security Council as a threat to international peace and security. The United States contends that "wide discretion" and "substantial deference" must be granted to the State invoking subparagraph *(d)* in determining whether national security is at stake and what measures are necessary.

103. In the present case, the United States indicates that in light of "Iran's ongoing record of violent and destabilizing acts", measures were necessary to protect the Respondent's essential security interests. The decision to reimpose sanctions was taken at the highest level of government, on the basis of an evaluation of Iran's nuclear ambitions, as well as other Iranian policies that were of concern for the United States, such as those related to the financing of terrorism.

*

104. Iran argues that the Respondent's objections that are based on Article XX, paragraph 1, do not fall within the objections mentioned in Article 79 of the Rules of Court. Iran acknowledges that some prelimi-

l'Iran». Les Etats-Unis avancent que, «dans l'intérêt de l'équité, de l'économie de procès et de la bonne administration de la justice», la Cour devrait statuer sans attendre sur ces questions.

99. Les Etats-Unis font valoir que les deux exceptions couvrent l'ensemble des demandes de l'Iran, ce qui, selon eux, justifie qu'elles soient tranchées au stade préliminaire de la procédure.

100. De l'avis des Etats-Unis, toutes les mesures en litige peuvent être considérées comme «liées au nucléaire»; elles relèvent donc de l'alinéa b) du paragraphe 1 de l'article XX du traité d'amitié. Le défendeur soutient que, à la lumière du libellé et du contexte de cette disposition, la formule «concernant les substances fissiles» confère à une partie un pouvoir discrétionnaire considérable pour prendre «toute une série de mesures élaborées et adoptées pour contrôler et prévenir la prolifération de substances nucléaires sensibles», et pas seulement des mesures réglementant le commerce direct des substances fissiles.

101. Les Etats-Unis font observer que la présente affaire concerne exclusivement les mesures rétablies le 8 mai 2018, soit celles qui avaient été levées par suite de l'adoption du plan d'action. Ils ajoutent que toutes ces mesures ont été définies par les participants à ce plan, y compris le demandeur, comme des «sanctions ... nationales relatives au programme nucléaire de l'Iran». Selon eux, le fait que les mesures aient été rétablies pour des raisons de sécurité qui n'étaient pas toutes liées au nucléaire est sans incidence sur l'application de l'alinéa b) du paragraphe 1 de l'article XX.

102. En outre, les Etats-Unis avancent que les mesures en cause relèvent de l'alinéa d) du paragraphe 1 de l'article XX du traité d'amitié. Ils affirment que la notion d'intérêts vitaux sur le plan de la sécurité qui figure dans cette disposition est large; il n'est pas nécessaire que les mesures, pour satisfaire au critère requis, soient prises en réponse à une agression armée ou relativement à des questions que le Conseil de sécurité aurait qualifiées de menace pour la paix et la sécurité internationales. Les Etats-Unis soutiennent qu'il y a lieu d'accorder à l'Etat invoquant l'alinéa d) un «large pouvoir discrétionnaire» pour décider si sa sécurité nationale est en jeu et déterminer les mesures à prendre, et d'attacher une «grande déférence» à la décision ainsi prise.

103. En l'espèce, les Etats-Unis indiquent que, face aux «actes constants de violence et de déstabilisation» de l'Iran, des mesures s'imposaient pour la protection de leurs intérêts vitaux sur le plan de la sécurité. La décision de rétablir les sanctions a été prise au plus haut niveau de leur administration, après une évaluation des ambitions nucléaires de l'Iran ainsi que d'autres politiques iraniennes qui étaient préoccupantes pour les Etats-Unis, notamment celles se rapportant au financement du terrorisme.

*

104. L'Iran avance que les exceptions soulevées par le défendeur sur le fondement du paragraphe 1 de l'article XX n'entrent pas dans les prévisions de l'article 79 du Règlement de la Cour. Il reconnaît qu'il peut être difficile

nary objections may not be easily classified as either pertaining to the jurisdiction of the Court or to the admissibility of the Application, but this does not mean that there exists a "third category" of preliminary objections which may include objections pertaining to the merits. Iran argues that, in order to be dealt with at this stage, "an objection must be jurisdictional in nature without touching upon the substance of the merits of the case". It maintains that the position of the United States, which argues that its objections do not affect the Court's jurisdiction but are nonetheless "preliminary in nature", is contradictory; in Iran's view, a preliminary objection can only be aimed at preventing the Court from exercising its jurisdiction. Iran argues that whether subparagraphs *(b)* and *(d)* of Article XX, paragraph 1, of the Treaty of Amity cover the entirety of its claims is irrelevant in determining the nature of the objections: these objections remain defences on the merits, whether they cover all of Iran's submissions or not.

105. Iran contends that there is no reason for the Court to depart from its findings in the case concerning *Certain Iranian Assets*, in which it concluded that "subparagraphs *(c)* and *(d)* of Article XX, paragraph 1, do not restrict its jurisdiction but merely afford the Parties a defence on the merits". Moreover, the Applicant submits that an extensive factual analysis would be necessary to decide on the objections based on subparagraphs *(b)* and *(d)* of Article XX, paragraph 1, and that such an analysis can only be conducted at the merits stage; it is "unsuitable and improper" at the present stage. Indeed, the facts and arguments in support of these objections are substantially the same as the ones forming the basis of the case on the merits. The Applicant submits that if the Court were to pronounce at this stage on the defences of Article XX, paragraph 1, Iran's rights would form the very subject-matter of the decision. Moreover, in the Applicant's view, at this stage of the proceedings the Court does not have in its possession all the necessary factual elements to make a determination on the objections raised on the basis of Article XX, paragraph 1 *(b)* and *(d)*.

106. Iran also points out that subparagraph *(b)* must be interpreted in light of the object and purpose of the Treaty and that therefore it only applies to trade, investment or other economic activities in relation to fissionable materials. Measures related to nuclear activity broadly speaking are not covered by Article XX, paragraph 1 *(b)*. In the present case, Iran contends that none of the measures in dispute concerns fissionable materials or their radioactive by-products.

107. In relation to subparagraph *(d)*, Iran maintains that the concerns of the United States with regard to its essential security interests did not justify implementing the measures at hand. The Applicant recalls that it is the Court's role to assess the probative value of the arguments put forward by the Respondent and to determine whether there exist reasonable grounds for the United States to consider that the imposition of the sanctions in dispute was necessary and proportional to protect its security interests. In the present case, Iran contends that the measures reimposed by the United States cannot be considered as necessary in order to protect its essential security

de classer certaines exceptions préliminaires comme se rapportant à la compétence de la Cour ou à la recevabilité de la requête, mais cela ne signifie
pas, selon lui, qu'il existe une « troisième catégorie » d'exceptions préliminaires dans laquelle pourraient entrer celles se rapportant au fond. L'Iran
fait valoir que, pour pouvoir être examinée au stade préliminaire, « l'exception doit intrinsèquement concerner la compétence, sans effleurer les questions de substance qui constituent le fond du différend ». Il tient pour
contradictoire la position des Etats-Unis, qui soutiennent que leurs exceptions, sans avoir d'incidence sur la compétence de la Cour, n'en revêtent pas
moins un « caractère préliminaire » ; selon lui, une exception préliminaire ne
peut avoir pour objet que d'empêcher la Cour d'exercer sa juridiction. Pour
l'Iran, il importe peu, pour déterminer la nature des exceptions soulevées,
que les alinéas *b)* et *d)* du paragraphe 1 de l'article XX du traité d'amitié
couvrent l'intégralité de ses prétentions : ces exceptions demeurent un moyen
de défense au fond, qu'elles couvrent ou non l'intégralité des demandes.

105. L'Iran avance que la Cour n'a aucune raison de s'écarter des
conclusions auxquelles elle est parvenue en l'affaire relative à *Certains actifs
iraniens*, à savoir que « les alinéas *c)* et *d)* du paragraphe 1 de l'article XX
ne restreignent pas sa compétence mais offrent seulement aux Parties une
défense au fond ». De plus, il soutient que, pour se prononcer sur les exceptions fondées sur les alinéas *b)* et *d)* du paragraphe 1 de l'article XX, la
Cour devrait procéder à une analyse factuelle approfondie, laquelle ne peut
avoir lieu qu'au stade de l'examen au fond, n'ayant « ni de place ni de pertinence » au stade actuel. En effet, les faits et moyens invoqués à l'appui de
ces exceptions sont essentiellement les mêmes que ceux qui sous-tendent le
fond de l'affaire. Le demandeur avance que, si la Cour devait se prononcer
dès à présent sur les moyens de défense tirés du paragraphe 1 de l'article XX, ses propres droits deviendraient l'objet même de la décision. En
outre, il estime que, au stade actuel de la procédure, la Cour ne dispose pas
de tous les éléments factuels dont elle aurait besoin pour statuer sur les
exceptions fondées sur les alinéas *b)* et *d)* du paragraphe 1 de l'article XX.

106. L'Iran fait en outre remarquer que l'alinéa *b)* doit être interprété
à la lumière de l'objet et du but du traité, et qu'il ne vise donc que le commerce, l'investissement et les autres activités économiques se rapportant
aux substances fissiles. Les mesures liées à l'activité nucléaire au sens large
n'entrent pas dans les prévisions de l'alinéa *b)* du paragraphe 1 de l'article XX. Selon l'Iran, en l'espèce, aucune des mesures en litige ne concerne
les substances fissiles ou leurs sous-produits radioactifs.

107. S'agissant de l'alinéa *d)*, l'Iran soutient que les préoccupations des
Etats-Unis quant à leurs intérêts vitaux sur le plan de la sécurité ne justifiaient pas les mesures qui ont été prises. Le demandeur rappelle que c'est
à la Cour qu'il revient d'apprécier la valeur probante des moyens invoqués
en défense et de déterminer si les Etats-Unis avaient des motifs raisonnables de juger nécessaire et proportionnée, aux fins de protéger leurs intérêts en matière de sécurité, l'imposition des sanctions en litige. En l'espèce,
l'Iran affirme que les mesures rétablies par les Etats-Unis ne sauraient être
considérées comme nécessaires à la protection des intérêts vitaux de cet

interests. According to the Applicant, the invocation of Article XX, paragraph 1 *(d)*, by the United States is "unfounded and abusive".

* *

108. Article XX, paragraph 1, of the Treaty of Amity reads as follows:

"1. The present Treaty shall not preclude the application of measures:

. . . .

(b) relating to fissionable materials, the radio-active by-products thereof, or the sources thereof;

. . . .

(d) necessary to fulfill the obligations of a High Contracting Party for the maintenance or restoration of international peace and security, or necessary to protect its essential security interests."

109. The Court recalls that in the *Oil Platforms* case *(Islamic Republic of Iran* v. *United States of America)*, it found that "Article XX, paragraph 1 *(d)*, [of the Treaty of Amity] does not restrict its jurisdiction in the present case, but is confined to affording the Parties a possible defence on the merits" *(Preliminary Objection, Judgment, I.C.J. Reports 1996 (II)*, p. 811, para. 20). A similar view was expressed in the case concerning *Certain Iranian Assets (Islamic Republic of Iran* v. *United States of America)* *(Preliminary Objections, Judgment, I.C.J. Reports 2019 (I)*, p. 25, para. 45), where the Court noted that the interpretation given to Article XX, paragraph 1, with regard to subparagraph *(d)* also applies to subparagraph *(c)*, which concerns measures "regulating the production of or traffic in arms, ammunition and implements of war". The Court observed that in this respect "there are no relevant grounds on which to distinguish [subparagraph *(c)*] from Article XX, paragraph 1, subparagraph *(d)*" *(ibid.*, p. 25, para. 46). The Court finds that there are equally no relevant grounds for a distinction with regard to subparagraph *(b)*, which may only afford a possible defence on the merits.

110. The Parties do not dispute that arguments based on Article XX of the Treaty of Amity do not affect either the Court's jurisdiction or the admissibility of the Application. However, the Respondent argues that objections formulated on the basis of Article XX, paragraph 1 *(b)* and *(d)*, may be presented as preliminary according to Article 79 of the Rules of Court as "other objection[s] the decision upon which is requested before any further proceedings on the merits". For the following reasons, the two objections raised by the United States on the basis of Article XX, paragraph 1 *(b)* and *(d)*, cannot be considered as preliminary. A decision concerning these matters requires an analysis of issues of law and fact that should be left to the stage of the examination of the merits.

Etat sur le plan de la sécurité. Selon lui, l'invocation par les Etats-Unis de l'alinéa *d)* du paragraphe 1 de l'article XX est «infondée et abusive».

* *

108. Le paragraphe 1 de l'article XX du traité d'amitié est ainsi libellé:

«1. Le présent Traité ne fera pas obstacle à l'application de mesures:

. . . .

b) Concernant les substances fissiles, les sous-produits radioactifs desdites substances et les matières qui sont la source de substances fissiles;

. . . .

d) Ou nécessaires à l'exécution des obligations de l'une ou l'autre des Hautes Parties contractantes relatives au maintien ou au rétablissement de la paix et de la sécurité internationales ou à la protection des intérêts vitaux de cette Haute Partie contractante sur le plan de la sécurité.»

109. La Cour rappelle que, en l'affaire des *Plates-formes pétrolières (République islamique d'Iran c. Etats-Unis d'Amérique)*, elle a conclu que «le paragraphe 1 *d)* de l'article XX [du traité d'amitié] ne restrei[gnait] pas sa compétence dans [ladite] affaire, mais offr[ait] seulement aux Parties une défense au fond ... le cas échéant» (*exception préliminaire, arrêt, C.I.J. Recueil 1996 (II)*, p. 811, par. 20). Elle a exprimé un point de vue analogue en l'affaire relative à *Certains actifs iraniens (République islamique d'Iran c. Etats-Unis d'Amérique)* (*exceptions préliminaires, arrêt, C.I.J. Recueil 2019 (I)*, p. 25, par. 45), dans laquelle elle a dit que l'interprétation qu'elle donnait du paragraphe 1 de l'article XX, s'agissant de l'alinéa *d)*, s'appliquait également à l'alinéa *c)*, lequel concerne les mesures «[r]églementant la production ou le commerce des armes, des munitions et du matériel de guerre». Elle a fait observer qu'il n'existait à cet égard «aucune raison pertinente pour ... distinguer [l'alinéa *c)*] de l'alinéa *d)* du paragraphe 1 de l'article XX» (*ibid.*, p. 25, par. 46). La Cour estime qu'il n'existe pas davantage de raison pertinente pour distinguer l'alinéa *b)*, lequel offre seulement une éventuelle défense au fond.

110. Les Parties ne contestent pas que les moyens tirés de l'article XX du traité d'amitié n'ont pas d'incidence sur la compétence de la Cour ou sur la recevabilité de la requête. Le défendeur avance cependant que les exceptions qu'il fonde sur les alinéas *b)* et *d)* du paragraphe 1 de l'article XX peuvent être tenues pour préliminaires au sens de l'article 79 du Règlement de la Cour, en ce qu'elles constituent chacune une «autre exception sur laquelle [il] demande une décision avant que la procédure sur le fond se poursuive». Pour les raisons exposées ci-après, les deux exceptions soulevées par les Etats-Unis sur le fondement des alinéas *b)* et *d)* du paragraphe 1 de l'article XX ne peuvent être considérées comme préliminaires. Pour statuer sur ces points, il est nécessaire de procéder à une analyse des questions de droit et de fait qu'il convient d'effectuer au stade de l'examen au fond.

111. The Applicant contends that subparagraph *(b)*, which refers to measures "relating to fissionable materials, the radio-active by-products thereof, or the sources thereof", should be interpreted as addressing only measures such as those specifically concerning the exportation or importation of fissionable materials. It was however argued by the Respondent that subparagraph *(b)* applies to all measures of whatever content addressing Iran's nuclear programme, because they may all be said to relate to the use of fissionable materials. The question of the meaning to be given to subparagraph *(b)* and that of its implications for the present case do not have a preliminary character and will have to be examined as part of the merits.

112. The same applies to measures taken by the United States allegedly because they are deemed "necessary to protect its essential security interests" and are therefore argued to be comprised in the category of measures that are outlined in subparagraph *(d)*. The analysis of this objection would raise the question of the existence of such essential security interests and may require an assessment of the reasonableness and necessity of the measures in so far as they affect the obligations under the Treaty of Amity (see *Military and Paramilitary Activities in and against Nicaragua (Nicaragua* v. *United States of America), Merits, Judgment, I.C.J. Reports 1986*, p. 117, para. 224). Such an assessment can be conducted only at the stage of the examination of the merits.

113. For the foregoing reasons, the arguments raised by the Respondent with regard to Article XX, paragraph 1 *(b)* and *(d)*, of the Treaty of Amity cannot provide a basis for preliminary objections, but may be presented at the merits stage. Therefore, the preliminary objections raised by the United States based on these provisions must be rejected.

* * *

114. For these reasons,

The Court,

(1) Unanimously,

Rejects the preliminary objection to its jurisdiction raised by the United States of America according to which the subject-matter of the dispute does not relate to the interpretation or application of the Treaty of Amity, Economic Relations, and Consular Rights of 1955;

(2) Unanimously,

Rejects the preliminary objection to its jurisdiction raised by the United States of America relating to the measures concerning trade or transactions between the Islamic Republic of Iran (or Iranian nationals and companies) and third countries (or their nationals and companies);

111. Le demandeur soutient que l'alinéa *b)*, qui fait référence aux mesures «[c]oncernant les substances fissiles, les sous-produits radioactifs desdites substances et les matières qui sont la source de substances fissiles», doit être interprété comme se rapportant uniquement à des mesures telles que celles concernant spécifiquement l'exportation ou l'importation des substances fissiles. Toutefois, selon le défendeur, l'alinéa *b)* s'applique à toutes les mesures, quelle qu'en soit la teneur, qui visent le programme nucléaire de l'Iran, dès lors qu'elles peuvent toutes être considérées comme visant l'utilisation de substances fissiles. La question de l'interprétation à donner de l'alinéa *b)* et celle des effets qu'il produit en l'espèce n'ont pas un caractère préliminaire et devront être examinées au stade du fond.

112. Il en va de même des mesures que les Etats-Unis disent avoir prises parce qu'ils les jugeaient «nécessaires ... à la protection [de leurs] intérêts vitaux ... sur le plan de la sécurité» et dont ils affirment qu'elles entrent par conséquent dans la catégorie énoncée à l'alinéa *d)*. L'examen de l'exception fondée sur ce motif soulèverait la question de l'existence de tels intérêts vitaux sur le plan de la sécurité et pourrait requérir une évaluation du caractère raisonnable et nécessaire des mesures en ce qu'elles ont une incidence sur les obligations découlant du traité d'amitié (voir *Activités militaires et paramilitaires au Nicaragua et contre celui-ci (Nicaragua c. Etats-Unis d'Amérique), fond, arrêt, C.I.J. Recueil 1986*, p. 117, par. 224). Une telle évaluation ne peut être effectuée qu'au stade de l'examen au fond.

113. Pour les raisons qui précèdent, les moyens que le défendeur tire des alinéas *b)* et *d)* du paragraphe 1 de l'article XX du traité d'amitié ne sauraient fonder des exceptions préliminaires, mais peuvent être présentés au stade du fond. Par conséquent, les exceptions préliminaires soulevées par les Etats-Unis sur la base de ces dispositions doivent être rejetées.

* * *

114. Par ces motifs,

La Cour,

1) A l'unanimité,

Rejette l'exception préliminaire d'incompétence soulevée par les Etats-Unis d'Amérique selon laquelle l'objet du différend ne concerne pas l'interprétation ou l'application du traité d'amitié, de commerce et de droits consulaires de 1955;

2) A l'unanimité,

Rejette l'exception préliminaire d'incompétence soulevée par les Etats-Unis d'Amérique relative aux mesures qui concernent le commerce ou les transactions entre la République islamique d'Iran (ou ses ressortissants et sociétés) et des pays tiers (ou leurs ressortissants et sociétés);

(3) By fifteen votes to one,

Rejects the preliminary objection to the admissibility of the Application raised by the United States of America;

IN FAVOUR: *President* Yusuf; *Vice-President* Xue; *Judges* Tomka, Abraham, Bennouna, Cançado Trindade, Gaja, Sebutinde, Bhandari, Robinson, Crawford, Gevorgian, Salam, Iwasawa; *Judge* ad hoc Momtaz;

AGAINST: *Judge* ad hoc Brower;

(4) By fifteen votes to one,

Rejects the preliminary objection raised by the United States of America on the basis of Article XX, paragraph 1 *(b)*, of the Treaty of Amity, Economic Relations, and Consular Rights of 1955;

IN FAVOUR: *President* Yusuf; *Vice-President* Xue; *Judges* Tomka, Abraham, Bennouna, Cançado Trindade, Gaja, Sebutinde, Bhandari, Robinson, Crawford, Gevorgian, Salam, Iwasawa; *Judge* ad hoc Momtaz;

AGAINST: *Judge* ad hoc Brower;

(5) Unanimously,

Rejects the preliminary objection raised by the United States of America on the basis of Article XX, paragraph 1 *(d)*, of the Treaty of Amity, Economic Relations, and Consular Rights of 1955;

(6) By fifteen votes to one,

Finds, consequently, that it has jurisdiction, on the basis of Article XXI, paragraph 2, of the Treaty of Amity, Economic Relations, and Consular Rights of 1955, to entertain the Application filed by the Islamic Republic of Iran on 16 July 2018, and that the said Application is admissible.

IN FAVOUR: *President* Yusuf; *Vice-President* Xue; *Judges* Tomka, Abraham, Bennouna, Cançado Trindade, Gaja, Sebutinde, Bhandari, Robinson, Crawford, Gevorgian, Salam, Iwasawa; *Judge* ad hoc Momtaz;

AGAINST: *Judge* ad hoc Brower.

Done in English and in French, the English text being authoritative, at the Peace Palace, The Hague, this third day of February, two thousand and twenty-one, in three copies, one of which will be placed in the archives of the Court and the others transmitted to the Government of the Islamic Republic of Iran and the Government of the United States of America, respectively.

(Signed) Abdulqawi Ahmed YUSUF,
President.

(Signed) Philippe GAUTIER,
Registrar.

3) Par quinze voix contre une,

Rejette l'exception préliminaire d'irrecevabilité de la requête soulevée par les Etats-Unis d'Amérique;

POUR: M. Yusuf, *président*; Mme Xue, *vice-présidente*; MM. Tomka, Abraham, Bennouna, Cançado Trindade, Gaja, Mme Sebutinde, MM. Bhandari, Robinson, Crawford, Gevorgian, Salam, Iwasawa, *juges*; M. Momtaz, *juge* ad hoc;

CONTRE: M. Brower, *juge* ad hoc;

4) Par quinze voix contre une,

Rejette l'exception préliminaire soulevée par les Etats-Unis d'Amérique sur le fondement de l'alinéa *b)* du paragraphe 1 de l'article XX du traité d'amitié, de commerce et de droits consulaires de 1955;

POUR: M. Yusuf, *président*; Mme Xue, *vice-présidente*; MM. Tomka, Abraham, Bennouna, Cançado Trindade, Gaja, Mme Sebutinde, MM. Bhandari, Robinson, Crawford, Gevorgian, Salam, Iwasawa, *juges*; M. Momtaz, *juge* ad hoc;

CONTRE: M. Brower, *juge* ad hoc;

5) A l'unanimité,

Rejette l'exception préliminaire soulevée par les Etats-Unis d'Amérique sur le fondement de l'alinéa *d)* du paragraphe 1 de l'article XX du traité d'amitié, de commerce et de droits consulaires de 1955;

6) Par quinze voix contre une,

Dit, en conséquence, qu'elle a compétence, en vertu du paragraphe 2 de l'article XXI du traité d'amitié, de commerce et de droits consulaires de 1955, pour connaître de la requête introduite par la République islamique d'Iran le 16 juillet 2018, et que ladite requête est recevable.

POUR: M. Yusuf, *président*; Mme Xue, *vice-présidente*; MM. Tomka, Abraham, Bennouna, Cançado Trindade, Gaja, Mme Sebutinde, MM. Bhandari, Robinson, Crawford, Gevorgian, Salam, Iwasawa, *juges*; M. Momtaz, *juge* ad hoc;

CONTRE: M. Brower, *juge* ad hoc.

Fait en anglais et en français, le texte anglais faisant foi, au Palais de la Paix, à La Haye, le trois février deux mille vingt et un, en trois exemplaires, dont l'un restera déposé aux archives de la Cour et les autres seront transmis respectivement au Gouvernement de la République islamique d'Iran et au Gouvernement des Etats-Unis d'Amérique.

Le président,
(Signé) Abdulqawi Ahmed YUSUF.

Le greffier,
(Signé) Philippe GAUTIER.

Judge TOMKA appends a declaration to the Judgment of the Court; Judge *ad hoc* BROWER appends a separate, partly concurring and partly dissenting, opinion to the Judgment of the Court.

(Initialled) A.A.Y.
(Initialled) Ph.G.

M. le juge TOMKA joint une déclaration à l'arrêt; M. le juge *ad hoc* BROWER joint à l'arrêt l'exposé de son opinion individuelle, en partie concordante et en partie dissidente.

(Paraphé) A.A.Y.
(Paraphé) Ph.G.

DECLARATION OF JUDGE TOMKA

[Original English Text]

Second preliminary objection — Jurisdiction ratione materiae *— Question whether "third country measures" fall within the scope of the Treaty of Amity — Court departing radically from the approach set out in its prior case law relating to the same bilateral treaty.*

1. The way the Court has treated the second preliminary objection raised by the United States calls for some observations.

2. According to this objection, Iran's claims brought under the provisions of the Treaty of Amity that are predicated on "third country measures" fall outside the Court's jurisdiction which, according to the Applicant, is based on Article XXI, paragraph 2, of the bilateral Treaty of Amity concluded by the Parties in 1955.

The United States specified that its objection on "third country measures" concerns three categories of measures, namely those relating to

(i) the reimposition of certain sanctions provisions under United States statutes that had been waived pursuant to the Joint Comprehensive Plan of Action (these provisions concern sanctions against non-US persons that engage in trade with Iran or Iranian companies and nationals);

(ii) the reinstatement, through issuance of Executive Order 13846, of certain sanctions authorities that were previously terminated (they concern sanctions against non-US persons that engage in trade with Iran or Iranian companies and nationals); and

(iii) the relisting of certain persons on the Department of the Treasury's Specially Designated Nationals and Blocked Persons List (or SDN List, which identifies natural or legal persons from specially designated countries or subject to a block on assets).

3. The Respondent argues that the Treaty of Amity "was not intended to, and does not, impose obligations on the United States concerning trade or transactions between Iran and a third country or between their nationals and companies"[1]. In the Respondent's view, therefore, Iran's claims that the United States breached its obligations under the Treaty of Amity by adopting measures concerning trade or transactions between Iran and a third country (or their nationals and

---

[1] Preliminary Objections submitted by the United States of America (hereinafter "POUS"), pp. 94-95, para. 7.3.

DÉCLARATION DE M. LE JUGE TOMKA

[Texte original en français]

Deuxième exception préliminaire — Détermination de la compétence ratione materiae *— Question de savoir si les «mesures concernant les pays tiers» relèvent du champ d'application du traité d'amitié — Démarche suivie en l'espèce s'écartant radicalement de celle précédemment suivie par la Cour s'agissant du même traité bilatéral.*

1. La manière dont la Cour a traité la deuxième exception préliminaire soulevée par les Etats-Unis appelle quelques observations.

2. D'après cette exception, les demandes que l'Iran formule relativement à des «mesures concernant les pays tiers» sur la base des dispositions du traité d'amitié bilatéral que les Parties ont conclu en 1955 échappent à la compétence de la Cour, qui, selon le demandeur, est fondée sur le paragraphe 2 de l'article XXI dudit traité.

Les Etats-Unis ont précisé que leur exception relative aux «mesures concernant les pays tiers» se rapportait à trois catégories de mesures, à savoir celles qui ont trait à

i) la remise en vigueur de certaines dispositions législatives américaines régissant les sanctions qui avaient été levées en application du plan d'action global commun (ces dispositions frappent de sanctions les personnes non américaines qui nouent des relations commerciales avec l'Iran ou ses sociétés et ressortissants);

ii) la remise en vigueur, par la promulgation du décret 13846, de certains instruments de sanction précédemment abrogés (qui frappent de sanctions les personnes non américaines qui nouent des relations commerciales avec l'Iran ou ses sociétés et ressortissants); et

iii) la réinscription de certaines personnes sur la liste SDN du département du trésor américain (soit la liste de personnes physiques ou morales issues de pays spécialement désignés ou visées par le gel d'avoirs).

3. Selon le défendeur, le traité d'amitié «n'a ni pour objet ni pour effet d'imposer aux Etats-Unis des obligations relativement au commerce ou aux transactions entre l'Iran et un pays tiers, ou entre les sociétés ou ressortissants iraniens et ceux d'un pays tiers»[1]. Le défendeur a ainsi plaidé que les demandes de l'Iran consistant à alléguer que les Etats-Unis avaient manqué aux obligations leur incombant en vertu du traité d'amitié en adoptant des mesures relatives au commerce ou aux transactions entre

---

[1] Exceptions préliminaires des Etats-Unis d'Amérique (ci-après, «EPEU»), p. 94-95, par. 7.3.

companies), must be dismissed at a preliminary stage as outside the Court's jurisdiction[2].

4. Iran, in its Application, claims that these measures constitute breaches of the United States' obligations under Article IV, paragraph 1, Article VII, paragraph 1, Article VIII, paragraphs 1 and 2, Article IX, paragraph 2, and Article X, paragraph 1, of the Treaty of Amity. In its Memorial, Iran further expands this list of allegedly breached obligations by adding those under Article IV, paragraph 2, and Article IX, paragraph 3, of the Treaty of Amity.

5. Although the Parties devoted much attention, both in their written pleadings[3] and during the hearings[4], to the analysis of these provisions, the Court refrains from analysing and interpreting them and, after a short discussion, in some seven paragraphs, concludes that "the second preliminary objection of the United States relates to the scope of certain obligations relied on by the Applicant . . . and raises legal and factual questions which are properly a matter for the merits" (Judgment, para. 82). The Court states that "such matters would be decided . . . at [the merits] stage, on the basis of the arguments advanced by the Parties" (ibid.). To determine "the scope of certain obligations relied on by the Applicant" is nothing else than to interpret the provisions of the Treaty invoked by Iran as a source of such alleged obligations. The Court has been provided with sufficient information and arguments by both Parties in order to resolve this interpretative issue already at this stage of the proceedings.

6. However, the approach taken by the Court today radically departs from the one it adopted in 1996 when it had to determine its jurisdiction *ratione materiae* under the same Treaty between the same Parties[5]. In that case, Iran alleged that the acts complained of breached the United States' obligations under Article I, Article IV, paragraph 1, and Article X, paragraph 1, of the Treaty of Amity and the Court, therefore, had jurisdiction *ratione materiae* to entertain the case[6]. The United States, for its part, argued that Iran's claims bore no relation to the Treaty of Amity[7].

---

[2] POUS, pp. 94-95, para. 7.3.

[3] *Ibid.*, pp. 94-117, in particular pp. 106-117, paras. 7.26-7.64; Observations and Submissions on the US Preliminary Objections Submitted by the Islamic Republic of Iran, pp. 17-60, in particular, pp. 25-60, paras. 3.15-3.101.

[4] CR 2020/10, pp. 34-48, paras. 1-47; CR 2020/11, pp. 27-41, paras. 1-46, and pp. 42-54, paras. 3-46; CR 2020/12, pp. 25-26, paras. 17-21, and pp. 27-34, paras. 3-32; CR 2020/13, pp. 24-29, paras. 14-26, and pp. 30-36, paras. 4-29.

[5] *Oil Platforms (Islamic Republic of Iran v. United States of America), Preliminary Objection, Judgment, I.C.J. Reports 1996 (II)*, p. 812, paras. 22 *et seq.*

[6] *Ibid.*

[7] *Ibid.*, p. 809, para. 14, and p. 812, para. 22.

l'Iran et un pays tiers, ou entre les sociétés ou ressortissants iraniens et ceux d'un pays tiers, devaient être rejetées au stade préliminaire comme échappant à la compétence de la Cour[2].

4. Dans sa requête introductive d'instance, l'Iran fait valoir que de telles mesures constituent des violations, par les Etats-Unis, d'obligations leur incombant au titre du paragraphe 1 de l'article IV, du paragraphe 1 de l'article VII, des paragraphes 1 et 2 de l'article VIII, du paragraphe 2 de l'article IX et du paragraphe 1 de l'article X du traité d'amitié. Dans son mémoire, l'Iran élargit davantage la liste des obligations prétendument violées par le défendeur en ajoutant celles découlant du paragraphe 2 de l'article IV et du paragraphe 3 de l'article IX du traité d'amitié.

5. Bien que les Parties aient consacré une grande attention à l'examen de ces dispositions dans leurs pièces de procédure écrite[3] et lors de la procédure orale[4], la Cour s'abstient de les étudier ou de les interpréter et conclut, après une brève analyse de sept paragraphes, que «la seconde exception préliminaire des Etats-Unis se rapporte à la portée de certaines obligations dont se prévaut le demandeur ... et soulève des questions de droit et de fait qui relèvent du fond» (arrêt, par. 82). La Cour indique que «de telles questions ser[o]nt tranchées ... [au stade du fond] sur la base des arguments avancés par les Parties» *(ibid.)*. Mais déterminer «la portée de certaines obligations dont se prévaut le demandeur» n'est rien d'autre qu'interpréter les dispositions du traité invoquées par l'Iran à titre de fondement des obligations alléguées. Les Parties ont fourni à la Cour suffisamment d'informations et d'arguments afin que celle-ci soit en mesure de résoudre ce problème d'interprétation à ce stade de la procédure.

6. Cependant, la démarche suivie par la Cour en l'espèce s'écarte radicalement de celle qu'elle avait suivie en 1996 afin de déterminer si elle avait compétence *ratione materiae* au titre du même traité entre les mêmes Parties[5]. Dans l'affaire en question, l'Iran alléguait que les actions qu'il reprochait aux Etats-Unis étaient de nature à porter atteinte aux obligations de ceux-ci au titre de l'article premier, du paragraphe 1 de l'article IV et du paragraphe 1 de l'article X du traité d'amitié et que, par suite, la Cour était compétente *ratione materiae* pour connaître de sa requête[6]. Les Etats-Unis soutenaient pour leur part que la requête iranienne était sans aucun rapport avec le traité d'amitié[7].

---

[2] EPEU, p. 94-95, par. 7.3.

[3] *Ibid.*, p. 94-117, voir en particulier p. 106-117, par. 7.26-7.64 ; Observations et conclusions de la République islamique d'Iran sur les exceptions préliminaires des Etats-Unis d'Amérique, p. 17-60, voir en particulier p. 25-60, par. 3.15-3.101.

[4] CR 2020/10, p. 34-48, par. 1-47 ; CR 2020/11, p. 27-41, par. 1-46, et p. 42-54, par. 3-46 ; CR 2020/12, p. 25-26, par. 17-21, et p. 27-34, par. 3-32 ; CR 2020/13, p. 24-29, par. 14-26, et p. 30-36, par. 4-29.

[5] *Plates-formes pétrolières (République islamique d'Iran c. Etats-Unis d'Amérique), exception préliminaire, arrêt, C.I.J. Recueil 1996 (II)*, p. 812, par. 22 et suiv.

[6] *Ibid.*

[7] *Ibid.*, p. 809, par. 14, et p. 812, par. 22.

7. In its 1996 Judgment, the Court devoted no less than 27 paragraphs to a detailed analysis of Article I, Article IV, paragraph 1, and Article X, paragraph 1, of the Treaty, inquiring whether the acts complained of were capable of falling within the scope of the provisions invoked by the Applicant. It concluded that "the destruction [of the platforms] was capable of having . . . an adverse effect upon the freedom of commerce as guaranteed by Article X, paragraph 1, of the Treaty of 1955"[8]. Already at the jurisdictional phase of the case, the Court arrived at the conclusion that Article I and Article IV, paragraph 1, of the Treaty could not form a basis for the Court's jurisdiction[9].

8. The Court recently followed the same approach to the analysis of various provisions of the Treaty of Amity, invoked by Iran in support of its claims, in the 2019 Judgment on preliminary objections in the *Certain Iranian Assets* case[10]. When it turned to the consideration of the second preliminary objection raised by the United States, the Court analysed Article IV, paragraph 2, Article XI, paragraph 4, Article III, paragraph 2, Article IV, paragraph 1, and Article X, paragraph 1, of the Treaty of Amity[11].

9. In the present case, by contrast, the Court avoids analysing the articles relied on by Iran when it alleges that the United States' measures, which target third countries (and their nationals or companies) because they maintain trade, commercial or financial relations with Iran (and its nationals or companies), are in breach of the United States' obligations under the Treaty of Amity.

10. The legal question which the Court should have determined at the present stage of the proceedings is whether the Treaty of Amity provides Iran (and its nationals or companies) with a right not to have its trade, commercial or financial relations with third States (and their nationals or companies) interfered with by the United States' measures, or, in other words, whether the United States have obligations under the provisions invoked by Iran not to interfere with these trade, commercial or financial relations. In order to answer this question, the Court should have analysed the text of the provisions of the Treaty, relied on by Iran, in light of the Treaty's object and purpose. Without going into the detail, one may just recall the preamble of the Treaty, which sets out the object and purpose of the Treaty. The preamble specifies, in particular, that the United States and Iran concluded the Treaty with the desire to "encourag[e] mutually beneficial trade and investments and closer economic inter-

---

[8] *Oil Platforms (Islamic Republic of Iran v. United States of America), Preliminary Objection, Judgment, I.C.J. Reports 1996 (II)*, p. 820, para. 51.

[9] *Ibid.*, p. 815, para. 31, and p. 816, para. 36.

[10] *Certain Iranian Assets (Islamic Republic of Iran v. United States of America), Preliminary Objections, Judgment, I.C.J. Reports 2019 (I)*, p. 7.

[11] *Ibid.*, pp. 25-35, paras. 48-80.

7. Dans son arrêt de 1996, la Cour a consacré pas moins de 27 paragraphes à un examen détaillé de l'article premier, du paragraphe 1 de l'article IV et du paragraphe 1 de l'article X du traité d'amitié, recherchant si les actes dont le demandeur tirait grief étaient susceptibles d'entrer dans les prévisions des dispositions invoquées par celui-ci. La Cour a conclu que la «destruction [des plates-formes pétrolières iraniennes] était susceptible … de porter atteinte à la liberté de commerce telle que garantie par le paragraphe 1 de l'article X du traité de 1955»[8]. Dès la phase juridictionnelle de l'affaire, la Cour a ainsi conclu que l'article premier et le paragraphe 1 de l'article IV du traité d'amitié ne pouvaient fonder sa compétence[9].

8. La Cour a récemment suivi la même démarche lors de son examen de plusieurs dispositions du traité d'amitié, invoquées par l'Iran à l'appui de ses demandes, dans son arrêt de 2019 sur les exceptions préliminaires rendu en l'affaire relative à *Certains actifs iraniens*[10]. Lorsque la Cour s'est penchée sur la seconde exception préliminaire soulevée par les Etats-Unis, elle a examiné le paragraphe 2 de l'article IV, le paragraphe 4 de l'article XI, le paragraphe 2 de l'article III, le paragraphe 1 de l'article IV et le paragraphe 1 de l'article X du traité d'amitié[11].

9. Par contraste, la Cour s'abstient en l'espèce d'examiner les dispositions invoquées par l'Iran pour soutenir que les mesures adoptées par les Etats-Unis, qui visent des pays tiers, ou leurs sociétés ou ressortissants, au motif qu'ils entretiennent des relations économiques, commerciales ou financières avec l'Iran, ou avec les sociétés ou ressortissants iraniens, sont contraires aux obligations incombant aux Etats-Unis au titre du traité d'amitié.

10. La question juridique qui aurait dû être tranchée par la Cour à ce stade de la procédure était celle de savoir si le traité d'amitié conférait à l'Iran, ou aux sociétés ou ressortissants iraniens, un droit de conduire, sans ingérence sous la forme de mesures des Etats-Unis, des relations économiques, commerciales ou financières avec un Etat tiers, ou les sociétés ou ressortissants d'un Etat tiers; ou, pour le dire autrement, celle de savoir si les Etats-Unis étaient dans l'obligation, en vertu des dispositions invoquées par l'Iran, de ne pas interférer avec ces relations économiques, commerciales ou financières. Pour répondre à cette question, la Cour aurait dû se livrer à une analyse des dispositions invoquées par l'Iran, lues à la lumière de l'objet et du but du traité. Sans entrer dans les détails, il suffit de rappeler ici le préambule du traité, dont ressortent son objet et son but. Le préambule précise en particulier qu'au moment où les Etats-Unis et l'Iran conclurent le traité ils étaient animés du désir «d'encourager les

---

[8] *Plates-formes pétrolières (République islamique d'Iran c. Etats-Unis d'Amérique)*, *exception préliminaire, arrêt, C.I.J. Recueil 1996 (II)*, p. 820, par. 51.

[9] *Ibid.*, p. 815, par. 31 et p. 816, par. 36.

[10] *Certains actifs iraniens (République islamique d'Iran c. Etats-Unis d'Amérique)*, *exceptions préliminaires, arrêt, C.I.J. Recueil 2019 (I)*, p. 7.

[11] *Ibid.*, p. 25-35, par. 48-80.

course generally *between their peoples*"[12]. What was required from the Court was to interpret the text of the various articles of the Treaty of Amity invoked by Iran in order to determine whether Iran's claims are capable of falling within these provisions. The Court received detailed submissions by both Parties on the interpretation of these provisions.

11. Instead of answering the above question, which captures the substance of the United States' second preliminary objection, the Court rejects it (Judgment, para. 83). But, at the same time, the Court leaves open the possibility for the Parties to argue "legal and factual questions" raised by the second preliminary objection (*ibid.*, para. 82). It is almost as though the Court considers that the objection does not possess an exclusively preliminary character. However, that is not the Court's conclusion. It simply rejects the objection.

12. If, at the merits stage of the proceedings, the Court comes to the conclusion that the provisions relied on by Iran do not provide it (and its nationals or companies) with a right not to have its trade, commercial or financial relations with third States (and their nationals or companies) interfered with, the logical conclusion should be that Iran's claims do not fall within those provisions and therefore the Court lacks jurisdiction. However, such a conclusion is foreclosed by today's Judgment rejecting the second preliminary objection. In such hypothesis, the Court would be left with only one option — to conclude that there was no breach of the provisions invoked since they do not provide for the right claimed by Iran.

13. I cannot share the approach adopted by the Court in this case, which is inconsistent with the approach it took in 1996 and 2019 in cases concerning the same Treaty. As my learned colleagues have stated in the past: "Consistency is the essence of judicial reasoning. This is especially true . . . with regard to closely related cases."[13]

14. As the issues of applicability of particular provisions of the Treaty to the claims advanced by Iran will be reargued, upon the Court's invitation, during the merits stage, I do not consider it appropriate for me to disclose my position at this stage with respect to each of the provisions relied on by Iran.

(Signed) Peter TOMKA.

---

[12] Emphasis added.

[13] *Legality of Use of Force (Serbia and Montenegro v. United Kingdom), Preliminary Objections, Judgment, I.C.J. Reports 2004 (III)*, joint declaration of Vice-President Ranjeva, Judges Guillaume, Higgins, Kooijmans, Al-Khasawneh, Buergenthal and Elaraby, p. 1353, para. 3.

échanges et les investissements mutuellement profitables et l'établissement de relations économiques plus étroites *entre leurs peuples*»[12]. La Cour aurait dû interpréter les diverses dispositions invoquées par l'Iran afin de rechercher si les demandes de ce dernier étaient susceptibles d'entrer dans leurs prévisions. La Cour disposait d'observations détaillées des deux Parties quant à l'interprétation de ces dispositions.

11. Au lieu de répondre à la question susmentionnée, qui reprend en substance la deuxième exception préliminaire soulevée par les Etats-Unis, la Cour a décidé de rejeter celle-ci (arrêt, par. 83). Mais elle laisse en même temps aux Parties la possibilité de débattre des «questions de droit et de fait» soulevées par cette deuxième exception (*ibid.*, par. 82). La Cour paraît presque considérer que l'exception ne présente pas un caractère exclusivement préliminaire. Toutefois, telle n'est pas sa conclusion; la Cour se contente de rejeter ladite exception.

12. Si, au stade de l'examen au fond, la Cour parvient à la conclusion que les dispositions invoquées par l'Iran ne confèrent pas à ce dernier (ou aux sociétés ou ressortissants iraniens) un droit de conduire des relations économiques, commerciales ou financières avec un Etat tiers (ou les sociétés ou ressortissants d'un Etat tiers) sans ingérence de la part des Etats-Unis, la suite logique d'une telle conclusion devrait être que les demandes de l'Iran n'entrent pas dans les prévisions de ces dispositions et donc échappent à la compétence de la Cour. Or, une telle conclusion est rendue impossible par le présent arrêt rejetant la seconde exception préliminaire. En pareille hypothèse, la Cour n'aurait d'autre solution que de conclure qu'il n'y a eu aucune violation des dispositions invoquées puisque celles-ci ne prévoient pas le droit allégué par l'Iran.

13. Je ne peux souscrire à la démarche suivie par la Cour en l'espèce, qui est contraire à celle qu'elle avait suivie dans ses arrêts en 1996 puis en 2019 au sujet du même traité d'amitié. Ainsi que mes éminents collègues ont pu le souligner dans le passé: «La cohérence est l'essence même des motivations judiciaires et cela est spécialement vrai ... s'agissant d'affaires connexes»[13].

14. Puisque la question de l'applicabilité de certaines dispositions du traité aux demandes avancées par l'Iran demeure ouverte et que les Parties auront la possibilité de faire à nouveau valoir leurs arguments sur ce point au stade du fond, ainsi que la Cour les a invitées à le faire, je n'estime pas opportun de me prononcer sur chacune des dispositions invoquées par l'Iran à ce stade.

(Signé) Peter TOMKA.

---

[12] Les italiques sont de moi.

[13] *Licéité de l'emploi de la force (Serbie-et-Monténégro c. Royaume-Uni), exceptions préliminaires, arrêt, C.I.J. Recueil 2004 (III)*, déclaration commune de M. le juge Ranjeva, vice-président, et de M. le juge Guillaume, de Mme la juge Higgins, et de MM. les juges Kooijmans, Al-Khasawneh, Buergenthal et Elaraby, p. 1353, par. 3.

SEPARATE, PARTLY CONCURRING AND PARTLY DISSENTING, OPINION OF JUDGE *AD HOC* BROWER

Agreement with the Court's findings concerning the preliminary objections to jurisdiction and the preliminary objection based on Article XX, paragraph 1 (d), of the Treaty of Amity — Disagreement with the Court's findings that Iran's Application is admissible and that the United States' preliminary objection based on Article XX, paragraph 1 (b), should be rejected — Iran's Application constitutes an abuse of process in that it seeks from the Court a judgment legally binding the United States to carry out its undertakings under the non-legally binding JCPOA — The Court devotes scant analysis to this issue and continues its long-standing practice of failing to clarify the content of the abuse of rights principle — The United States' objection under Article XX, paragraph 1 (b), of the Treaty of Amity should have been treated as a legitimate preliminary objection and should have been addressed at this stage of the proceedings — The language of this provision and the Parties' own statements indicate the applicability of Article XX, paragraph 1 (b), to the sanctions at issue in this case — The Court does not perform the standard analysis under Article 31 of the Vienna Convention on the Law of Treaties — Such an analysis confirms the applicability of Article XX, paragraph 1 (b), and that the United States' objection under this provision should have been accepted.

1. While I have joined the unanimous Judgment of the Court in so far as it rejects the United States' two preliminary objections to the jurisdiction of the Court, as well as its preliminary objection based on Article XX, paragraph 1 *(d)*, of the Treaty of Amity, Economic Relations, and Consular Rights (hereinafter the "Treaty of Amity"), I diverge from the Judgment in so far as it (1) finds the Application of the Islamic Republic of Iran to be admissible and (2) declines to accept the United States' preliminary objection based on Article XX, paragraph 1 *(b)*[1].

---

[1] The reader of the Judgment to which this opinion is attached will notice that I joined unanimous votes in favour of rejecting the United States' two preliminary objections to the Court's jurisdiction at paragraph 114 (1) and (2) but voted against paragraph 114 (6), by which the Court, in a single paragraph, found both that it has jurisdiction to entertain the Application, with which I had agreed in paragraph 114 (1) and (2), and "that the said Application is admissible", which conclusion I had rejected in paragraph 114 (3).

I voted against paragraph 114 (6) as I had been placed in the same impossible position as Judge Parra-Aranguren had been in *Gabčíkovo-Nagymaros Project*:

"A substantial number of Judges, myself among them, asked for a separate vote on each of the two issues included in paragraph 2, point D, of the operative part of

OPINION INDIVIDUELLE, EN PARTIE CONCORDANTE ET EN PARTIE DISSIDENTE, DE M. LE JUGE *AD HOC* BROWER

[Traduction]

Accord avec les conclusions de la Cour relatives aux exceptions préliminaires d'incompétence et à l'exception préliminaire fondée sur l'alinéa d) *du paragraphe 1 de l'article XX du traité d'amitié — Désaccord avec les conclusions de la Cour quant à la recevabilité de la requête de l'Iran et au rejet de l'exception préliminaire des Etats-Unis fondée sur l'alinéa* b) *du paragraphe 1 de l'article XX — Requête de l'Iran constituant un abus de procédure en ce qu'elle tend à obtenir de la Cour un arrêt juridiquement contraignant imposant aux Etats-Unis de s'acquitter de leurs engagements au titre du plan d'action non juridiquement contraignant — Cour n'analysant guère cette question et perpétuant sa pratique de longue date consistant à s'abstenir de préciser la teneur du principe de l'abus de droit — Exception des Etats-Unis fondée sur l'alinéa* b) *du paragraphe 1 de l'article XX du traité d'amitié devant être considérée comme une exception préliminaire légitime et traitée au présent stade de la procédure — Libellé de cette disposition et déclarations des Parties elles-mêmes militant en faveur de l'application de l'alinéa* b) *du paragraphe 1 de l'article XX aux sanctions en cause en l'espèce — Cour n'effectuant pas l'analyse standard prévue à l'article 31 de la convention de Vienne sur le droit des traités — Pareille analyse confirmant l'applicabilité de l'alinéa* b) *du paragraphe 1 de l'article XX et l'opportunité de retenir l'exception soulevée par les Etats-Unis sur ce fondement.*

1. Si j'ai souscrit à la décision unanime de la Cour dans la mesure où celle-ci rejette les deux exceptions préliminaires d'incompétence des Etats-Unis d'Amérique (ci-après les «Etats-Unis»), ainsi que leur exception préliminaire fondée sur l'alinéa *d)* du paragraphe 1 de l'article XX du traité d'amitié, de commerce et de droits consulaires (ci-après le «traité d'amitié»), je suis toutefois en désaccord avec la Cour en ce qu'elle 1) conclut à la recevabilité de la requête de la République islamique d'Iran (ci-après l'«Iran») et 2) ne retient pas l'exception préliminaire des Etats-Unis fondée sur l'alinéa *b)* du paragraphe 1 de l'article XX[1].

---

[1] On notera, à la lecture de l'arrêt auquel se rapporte la présente opinion, que je me suis joint aux votes unanimes en faveur du rejet des deux exceptions préliminaires d'incompétence de la Cour soulevées par les Etats-Unis, aux points 1) et 2) du dispositif (par. 114), mais que j'ai voté contre le point 6), par lequel la Cour, dans un même paragraphe, juge à la fois qu'elle a compétence pour connaître de la requête, conclusion à laquelle je me suis rallié aux points 1) et 2), et «que ladite requête est recevable», conclusion que j'ai rejetée au point 3).

J'ai voté contre le point 6) du dispositif (par. 114) parce que je me trouvais placé dans la même situation impossible que M. le juge Parra-Aranguren en l'affaire relative au *Projet Gabčíkovo-Nagymaros*:

«Un nombre important de juges, dont j'étais, a demandé un vote distinct sur les deux questions de l'alinéa 2 D du dispositif de l'arrêt. Toutefois, la majorité a

I. INADMISSIBILITY DUE TO ABUSE OF PROCESS

A. The Abuse

2. I believe that the present Application indeed is inadmissible as an abuse of process in that it seeks from this Court a legally binding judgment compelling the United States to rescind forever only those sanctions that it had suspended pursuant to the Joint Comprehensive Plan of Action (hereinafter the "JCPOA" or the "Plan") but by action of 8 May 2018 reimposed following its withdrawal from the non-legally binding JCPOA[2]. Were the Court to grant Iran the relief it seeks, the United States would be legally bound to previously non-legally binding terms of the JCPOA while the Applicant would remain free not to comply with the JCPOA, as indeed it has admitted to doing already[3], thereby gaining an illegitimate or illicit advantage.

3. Most unfortunately, in finding the Application to be admissible, the Court has devoted to its discussion of this issue only five paragraphs (92-96) of the 114 comprising the Judgment, in which paragraphs it has said very little. Interestingly, it begins (para. 92) by "not[ing] that the United States did not address its objection to the admissibility of Iran's Application during the oral hearings, but expressly maintained that objection", seeming to intimate that the United States' decision to concentrate

---

the Judgment. However, the majority decided, severely curtailing freedom of expression, to force a single vote on both questions, based upon obscure reasons which are supposed to be covered by the confidentiality of the deliberations of the Court." (*Gabčíkovo-Nagymaros Project (Hungary/Slovakia), Judgment, I.C.J. Reports 1997*, dissenting opinion of Judge Parra-Aranguren, p. 231, para. 21.)

Faced with a choice between "In Favour" or "Against" — either one of which was half right and half wrong — I voted "Against". I note that the operative part of the Court's Judgment of 11 July 1996 in the *Genocide* case, which, like the present one, dealt with preliminary objections to jurisdiction and admissibility, included separate subparagraphs containing the Court's findings on jurisdiction and admissibility, and therefore did not place any judge in an impossible position (*Application of the Convention on the Prevention and Punishment of the Crime of Genocide (Bosnia and Herzegovina v. Yugoslavia), Preliminary Objections, Judgment, I.C.J. Reports 1996 (II)*, p. 623, para. 47). The same approach could and should have been followed in the present case.

[2] The United States has repeatedly affirmed in the context of these proceedings that the JCPOA is a non-legally binding political instrument. See e.g. Preliminary Objections of the United States of America (POUS), paras. 5.28-5.29. Iran has not contradicted this view, despite referring to the United States' position on several occasions. See Observations and Submissions on the US Preliminary Objections Submitted by the Islamic Republic of Iran, para. 4.13; CR 2020/13, p. 18, para. 30 (Lowe).

[3] See e.g. POUS, Ann. 102, Letter from M. Javad Zarif, Minister of Foreign Affairs of the Islamic Republic of Iran, to Federica Mogherini, EU High Representative for Foreign Affairs and Security Policy (8 May 2019), p. 2 (noting that Iran had decided "to cease performing its commitments in part" under the JCPOA, including commitments related to the size of its uranium stockpile).

I. IRRECEVABILITÉ POUR ABUS DE PROCÉDURE

A. L'abus

2. J'estime en effet que la présente requête est irrecevable pour abus de procédure en ce qu'elle tend à obtenir de la Cour un arrêt juridiquement contraignant qui imposerait aux Etats-Unis d'annuler pour toujours les seules sanctions qu'ils avaient suspendues en application du plan d'action global commun à long terme (ci-après le «plan d'action») puis réimposées par leur décision du 8 mai 2018 à la suite de leur retrait dudit plan d'action, un instrument non juridiquement contraignant[2]. Si la Cour devait accorder à l'Iran le remède qu'il sollicite, les Etats-Unis se trouveraient juridiquement liés par un instrument auparavant non juridiquement contraignant, tandis que le demandeur resterait libre de ne pas s'y conformer, ce qu'il admet d'ailleurs déjà faire[3], obtenant ainsi un avantage illégitime ou illicite.

3. Il est fort regrettable qu'en concluant à la recevabilité de la requête la Cour n'ait consacré à l'examen de cette question que cinq des 114 paragraphes que compte l'arrêt: les paragraphes 92 à 96, dans lesquels elle se montre très laconique. Point intéressant, la Cour commence (par. 92) par «note[r] que les Etats-Unis n'ont pas traité leur exception d'irrecevabilité de la requête de l'Iran lors de la procédure orale, mais qu'ils l'ont néanmoins expressément maintenue», laissant entendre que le fait que le défen-

---

décidé d'imposer un vote unique sur les deux questions, limitant considérablement la liberté d'expression, au nom d'obscures raisons, censément couvertes par le secret des délibérations de la Cour.» (*Projet Gabčíkovo-Nagymaros (Hongrie/Slovaquie), arrêt, C.I.J. Recueil 1997*, opinion dissidente de M. le juge Parra-Aranguren, p. 231, par. 21.)

Contraint de choisir entre «pour» ou «contre», chaque option étant à moitié juste et à moitié fausse, j'ai voté «contre». Je relève que dans le dispositif de l'arrêt qu'elle a rendu le 11 juillet 1996 en l'affaire relative à l'*Application de la convention pour la prévention et la répression du crime de génocide (Bosnie-Herzégovine c. Yougoslavie)*, qui, comme en l'espèce, portait sur des exceptions préliminaires d'incompétence et d'irrecevabilité, la Cour a exprimé à des alinéas distincts ses conclusions relatives à la compétence et celles relatives à la recevabilité, et n'a donc placé aucun juge dans une situation impossible (*exceptions préliminaires, arrêt, C.I.J. Recueil 1996 (II)*, p. 623, par. 47). La même approche aurait pu et dû être suivie en l'espèce.

[2] Les Etats-Unis ont affirmé à maintes reprises au cours de la présente instance que le plan d'action était un instrument politique non contraignant juridiquement. Voir, par exemple, exceptions préliminaires des Etats-Unis d'Amérique (EPEU), par. 5.28-5.29. L'Iran n'a pas contredit ce point de vue, bien qu'il se soit référé en plusieurs occasions à la position américaine. Voir observations et conclusions de la République islamique d'Iran sur les exceptions préliminaires des Etats-Unis d'Amérique, par. 4.13; CR 2020/13, p. 18, par. 30 (Lowe).

[3] Voir, par exemple, EPEU, annexe 102, Letter from M. Javad Zarif, Minister of Foreign Affairs of the Islamic Republic of Iran, to Federica Mogherini, EU High Representative for Foreign Affairs and Security Policy (8 mai 2019), p. 2 (où l'Iran indique avoir décidé qu'était justifié de sa part «le non-respect ... d'une partie de ses propres engagements» au titre du plan d'action, y compris en ce qui concernait le volume de ses stocks d'uranium).

its limited time in the "virtually" conducted oral proceedings on other arguments could be a relevant factor in assessing the merits of the issue. It then proceeds to cite (para. 93) various earlier Court cases to the effect that "[i]t is only in exceptional circumstances that the Court should reject a claim based on a valid title of jurisdiction on the ground of abuse of process" and that "there has to be 'clear evidence' that the Applicant's conduct amounts to an abuse of process". The Judgment then jumps to the conclusion (para. 94), without making any assessment relating to "exceptional circumstances" or "clear evidence", that

> "[i]f the Court eventually found on the merits that certain obligations under the Treaty of Amity have indeed been breached, this would not imply giving Iran any 'illegitimate advantage' with regard to its nuclear programme, as contended by the United States".

Does the Court's approach in these paragraphs not simply suggest that so long as the Court finds that it has jurisdiction, it can never find that an applicant's invocation of such jurisdiction constitutes an abuse of process? Finally, the Judgment (para. 95) states that the fact that "most of Iran's claims concern measures that had been lifted in conjunction with the JCPOA and were later reinstated", and hence exclude the many other sanctions that have been applied to it by the United States for decades[4], may simply "reflect a policy decision" and does not constitute an abuse of process. I submit that the Court, in brushing off as a "policy decision" the fact that Iran's Application concentrates exclusively on the nuclear-related sanctions suspended by the JCPOA and later reinstated by the Respondent, leaving all of the many other sanctions against it untouched, has avoided actually analysing the import of Iran's strategy, instead hastily turning a blind eye to Iran's obvious abuse of the Court's jurisdiction.

---

[4] The United States notes, without contradiction from Iran, that it has since 1987 maintained various measures which "generally prohibit transactions involving U.S. persons or non-U.S. persons acting within U.S. jurisdiction (such as a U.S. branch of a foreign bank, or U.S.-incorporated subsidiaries of a foreign company) and Iran" (POUS, para. 2.26). These measures have included sanctions designed to address "non-nuclear issues of concern" such as international terrorism, ballistic missile activities and human rights abuses, and which were excluded from the scope of the JCPOA (*ibid.*, para. 2.17).

The JCPOA itself indicates that the sanctions the United States would lift in accordance with that instrument were only those "directed towards non-U.S. persons" and that "U.S. persons and U.S.-owned or -controlled foreign entities will continue to be generally prohibited from conducting transactions of the type permitted pursuant to this JCPOA, unless authorised to do so by [OFAC]"; see Memorial of the Islamic Republic of Iran (MI), Annexes, Vol. I, Ann. 10, JCPOA, p. 131, note 6.

deur ait décidé de consacrer à d'autres arguments le temps limité dont il disposait lors des audiences conduites «virtuellement» pourrait constituer un facteur pertinent aux fins de l'examen au fond de la question. La Cour poursuit en citant (par. 93) plusieurs de ses affaires antérieures pour rappeler que «[s]eules des circonstances exceptionnelles peuvent justifier [qu'elle] rejette pour abus de procédure une demande fondée sur une base de compétence valable» et qu'il doit «y avoir des «éléments attestant clairement» que le comportement du demandeur procède d'un abus de procédure». La Cour en vient directement à dire (par. 94), sans s'être livrée à la moindre appréciation des «circonstances exceptionnelles» ou des «éléments attestant clairement», que,

«[s]i, au stade du fond, elle en venait à conclure qu'il y a effectivement eu manquement à certaines obligations découlant du traité d'amitié, cela n'impliquerait pas d'accorder à l'Iran un quelconque «avantage illégitime» relativement à son programme nucléaire, comme l'affirment les Etats-Unis».

L'approche suivie dans ces paragraphes ne laisse-t-elle pas simplement entendre que la Cour, dès lors qu'elle juge avoir compétence, ne peut jamais conclure que l'invocation de cette compétence par un demandeur constitue un abus de procédure? Enfin, il est dit dans l'arrêt (par. 95) que le fait que «la plupart des demandes de l'Iran concernent les mesures qui avaient été levées dans le cadre du plan d'action puis rétablies par la suite», et excluent donc les nombreuses autres sanctions que les Etats-Unis imposent à ce pays depuis des décennies[4], pourrait simplement «traduire un choix de politique» et ne constitue pas un abus de procédure. Je soutiens que la Cour, en écartant comme un «choix de politique» le fait que la requête de l'Iran se concentre exclusivement sur les sanctions liées au nucléaire suspendues par le plan d'action puis réimposées ultérieurement par le défendeur, laissant de côté les nombreuses autres sanctions dont le pays fait l'objet, a évité d'analyser vraiment l'importance de la stratégie de l'Iran, s'empressant de ne pas voir que celui-ci invoquait abusivement sa compétence.

---

[4] Les Etats-Unis relèvent, et l'Iran ne les contredit pas, que sont en vigueur depuis 1987 diverses mesures «interdis[ant] de manière générale toute transaction faisant intervenir des personnes américaines, ou non américaines mais sous juridiction américaine (comme la succursale américaine d'une banque étrangère ou la filiale immatriculée aux Etats-Unis d'une société étrangère) et l'Iran» (EPEU, par. 2.26). Au nombre de ces mesures figurent des sanctions visant à répondre à des «sujets de préoccupation étrangers au nucléaire», tels que le terrorisme international, les activités en matière de missiles balistiques et les violations des droits de l'homme, et qui ont été exclues du champ d'application du plan d'action (*ibid.*, par. 2.17).

Il est indiqué dans le plan d'action lui-même que les Etats-Unis ne lèveraient conformément à cet instrument que les sanctions «qui visent des personnes ne relevant pas de la juridiction des Etats-Unis» et qu'«[i]l restera généralement interdit aux personnes relevant de la juridiction des Etats-Unis et aux entités étrangères détenues ou contrôlées par elles d'effectuer des opérations du type qu'autorise le présent Plan d'action, à moins d'y être autorisées par l'[OFAC]» (voir mémoire de la République islamique d'Iran (MI), annexes, vol. I, annexe 10, Plan d'action, p. 131, note de bas de page 6).

B. *Abuse of Process as "the Holy Grail"*

4. The reality is that abuse of process has become the holy grail of international law as applied by the Court and its predecessor, the Permanent Court of International Justice (hereinafter the "PCIJ"), i.e. something in which this Court fervently believes, but the actual shape, substance and content of which the Court never has ascertained. As Judge Donoghue wrote in her dissenting opinion in *Immunities and Criminal Proceedings*: "I am not aware of any authoritative definition of ['abuse of process'] in the context of international adjudication"[5]. Indeed, neither the Court nor the PCIJ ever has come to grips with the concept of abuse of process, doubtless due to the total absence anywhere of a definitive description or inventory of its contents. I doubt not that this is the reason that in the 95 years since the concept was first addressed judicially neither this Court nor its predecessor ever has applied it to adjudge an application to be inadmissible, despite their various mentions of it.

5. A review of the nonagenarian judicial history of the concept of abuse of process illustrates why its life has remained, like that of an abandoned infant who never has been adopted, fostered or taken in hand by anyone, utterly devoid of substantive development. The first mention of the originating concept of "abuse of rights"[6] in the international law context was by Arturo Ricci-Busatti, one of the ten members of the Advisory Committee of Jurists producing the draft Statute of the PCIJ in 1920[7]. Six years later, the PCIJ in *Certain German Interests* addressed the concept, in rejecting Poland's claim, that Germany had "misused" a substantive right, noting that Germany's action "was not designed to procure . . . an illicit advantage and to deprive [Poland] of an advantage to which [it] was entitled"[8]. Still later, in 1932, the PCIJ in the *Free Zones* case referred to the concept, likewise rejecting its application[9].

---

[5] *Immunities and Criminal Proceedings (Equatorial Guinea v. France), Preliminary Objections, Judgment, I.C.J. Reports 2018 (I)*, dissenting opinion of Judge Donoghue, p. 381, para. 3.

[6] Prior to the Court's 2018 Judgment in *Immunities and Criminal Proceedings*, it had not drawn a clear distinction in its jurisprudence between the concepts of "abuse of rights" and "abuse of process", the latter apparently having developed out of the former. The Court has explained that the "basic concept of an abuse may be the same" under either concept (*ibid.*, p. 335, para. 146).

[7] Permanent Court of International Justice, Advisory Committee of Jurists, *Procès-Verbaux of the Proceedings of the Committee June 16th–July 24th 1920 with Annexes*, pp. 314-315, statement of Mr. Ricci-Busatti.

[8] *Certain German Interests in Polish Upper Silesia, Merits, Judgment No. 7, 1926, P.C.I.J., Series A, No. 7*, pp. 37-38.

[9] *Free Zones of Upper Savoy and the District of Gex, Judgment, 1932, P.C.I.J., Series A/B, No. 46*, p. 167.

B. L'abus de procédure en tant que « graal »

4. La réalité est que l'abus de procédure est devenu le graal du droit international, dans l'application qu'en font la Cour et sa devancière la Cour permanente de Justice internationale (CPJI), c'est-à-dire quelque chose en quoi la Cour de céans croit avec ferveur, mais dont elle n'a jamais déterminé la forme, la substance et la teneur réelles. Dans son opinion dissidente en l'affaire relative aux *Immunités et procédures pénales*, Mme la juge Donoghue a ainsi déclaré n'avoir «connaissance d'aucune définition de l'[«abus de procédure»] faisant autorité dans le contexte de la justice internationale»[5]. De fait, ni la Cour ni la CPJI ne se sont jamais attaquées à la notion d'abus de procédure, sans nul doute parce que l'on ne trouve nulle part de description ou d'inventaire définitivement arrêtés de son contenu. Je suis persuadé que telle est la raison pour laquelle, au cours des 95 années qui se sont écoulées depuis que la notion a pour la première fois été traitée sur le plan judiciaire, ni la Cour ni sa devancière ne l'ont jamais appliquée pour déclarer qu'une requête était irrecevable, bien qu'elles en aient fait mention en diverses occasions.

5. Un examen de son histoire judiciaire quasi centenaire permet de comprendre pourquoi la notion d'abus de procédure a traversé le temps sans connaître le moindre développement matériel, tel un enfant abandonné qui n'a jamais été adopté, placé ou pris en charge par quiconque. La première mention de la notion naissante d'«abus de droit»[6] dans le contexte du droit international émanait d'Arturo Ricci-Busatti, l'un des dix membres du comité consultatif de juristes ayant élaboré le projet de Statut de la CPJI en 1920[7]. Six ans plus tard, en l'affaire relative à *Certains intérêts allemands*, la CPJI, avant de rejeter la demande de la Pologne, a examiné l'hypothèse que l'Allemagne avait commis «un abus» d'un droit substantiel, relevant que l'acte accompli par la seconde «n'était pas destiné à procurer … un avantage illicite et à priver [la première] d'un avantage auquel elle aurait droit»[8]. Plus tard encore, en 1932, la CPJI s'est de nouveau référée à cette notion dans l'affaire des *Zones franches*, se refusant là aussi à l'appliquer[9].

---

[5] *Immunités et procédures pénales (Guinée équatoriale c. France), exceptions préliminaires, arrêt, C.I.J. Recueil 2018 (I)*, opinion dissidente de Mme la juge Donoghue, p. 381, par. 3.

[6] Avant son arrêt de 2018 en l'affaire relative aux *Immunités et procédures pénales*, la Cour n'avait pas établi, dans sa jurisprudence, de distinction claire entre les notions d'«abus de droit» et d'«abus de procédure», la seconde s'étant apparemment développée à partir de la première. Elle a expliqué que «la notion fondamentale d'abus [étai]t peut-être la même» dans les deux cas (*ibid.*, p. 335, par. 146).

[7] Cour permanente de Justice internationale, comité consultatif de juristes, *Procès-verbaux des séances du comité, 16 juin-24 juillet 1920, avec annexes*, p. 314-315, déclaration de M. Ricci-Busatti.

[8] *Certains intérêts allemands en Haute-Silésie polonaise, fond, arrêt n° 7, 1926, C.P.J.I. série A n° 7*, p. 37-38.

[9] *Zones franches de la Haute-Savoie et du Pays de Gex, arrêt, 1932, C.P.J.I. série A/B n° 46*, p. 167.

6. This Court's own dealings with the concept of "abuse of rights", and its gradual recognition of the concept of "abuse of process" as a fraternal twin of the former, began in 1951 with the *Fisheries* case. In that case the Court considered the United Kingdom's complaints regarding the way in which Norway had delimited its territorial sea. The Court alluded to the concept of "abuse of rights" when stating that it would not confine itself to examining Norway's delimitation of its territorial waters along only one sector of the coast, "except in a case of manifest abuse"[10]. Prior to this, however, as well as later, interspersed opinions or declarations of individual judges formed a combination of background music to, and support for the application of, the concept of abuse of rights and eventually abuse of process. Indeed, Judge Alvarez's earlier (1950) dissenting opinion in the advisory proceeding *Competence of the General Assembly for the Admission of a State to the United Nations* straightforwardly urged adoption by the Court of the "abuse of rights" principle:

> "This concept is relatively recent in private law, but it is already generally accepted. Even before the first World War, some publicists had asked that it should be extended to international law. Because of the new conditions that have arisen in the life of peoples, it is necessary to-day to find a place for this concept, and the International Court of Justice must take its share in this evolution."[11]

In the *Ambatielos* case in 1953, the Court dealt with the first plea made to it expressly based on abuse of process. The United Kingdom argued that Greece was responsible for "undue delay and abuse of the process of the Court" in that only in 1951 had it made its application to the Court, which it could have done 25 years earlier, in 1926. The Court rejected that defence, stating that Greece had not done "anything improper in instituting proceedings [when it did] in conformity with the relevant provisions of the Statute and Rules of Court"[12]. Following that, in 1966, Judge Forster in his dissenting opinion to the Judgment in the *South West Africa* cases argued, given that the League of Nations Mandatory for German South West Africa (today Namibia), i.e. South Africa, had full power over the territory subject to the Mandate, "the discretionary power cannot cover acts performed for a purpose different from that stipulated in the Mandate. Such acts would be an abuse of power *[détournement de pouvoir]*."[13]

---

[10] *Fisheries (United Kingdom* v. *Norway), Judgment, I.C.J. Reports 1951*, p. 142.

[11] *Competence of the General Assembly for the Admission of a State to the United Nations, Advisory Opinion, I.C.J. Reports 1950*, dissenting opinion of Judge Alvarez, p. 15.

[12] *Ambatielos (Greece* v. *United Kingdom), Merits, Judgment, I.C.J. Reports 1953*, pp. 13-14 and 23.

[13] *South West Africa (Ethiopia* v. *South Africa; Liberia* v. *South Africa), Second Phase, Judgment, I.C.J. Reports 1966*, dissenting opinion of Judge Forster, p. 481.

6. C'est en 1951, dans l'affaire des *Pêcheries*, que la Cour de céans a commencé à s'intéresser à son tour à la notion d'«abus de droit» et à reconnaître progressivement celle d'«abus de procédure» comme en étant la fausse jumelle. Dans cette affaire, la Cour devait examiner les griefs du Royaume-Uni relatifs à la manière dont la Norvège avait délimité sa mer territoriale. Elle a fait allusion à la notion d'«abus de droit» lorsqu'elle a précisé qu'elle ne se bornerait pas à examiner la délimitation par la Norvège de ses eaux territoriales le long d'un seul secteur de la côte, «[r]éserve faite d'un cas d'abus manifeste»[10]. Avant cela, toutefois, de même qu'après, les opinions ou déclarations sporadiques de certains juges ont à la fois accompagné et appuyé l'application de la notion d'abus de droit puis d'abus de procédure. De fait, antérieurement (en 1950), dans l'opinion dissidente qu'il a jointe à l'avis consultatif relatif à la *Compétence de l'Assemblée générale pour l'admission d'un Etat aux Nations Unies*, M. le juge Alvarez avait directement exhorté la Cour à adopter le principe de l'«abus de droit»:

> «Cette notion n'a été introduite qu'à une date relativement récente dans le droit privé, mais elle est déjà généralement acceptée. Dès avant la dernière guerre mondiale, quelques publicistes avaient demandé qu'elle soit admise dans le droit des gens. En raison des nouvelles conditions de la vie des peuples, il faut faire place aujourd'hui à ladite notion, et la Cour internationale de Justice doit y contribuer.»[11]

En 1953, dans l'affaire *Ambatielos*, la Cour a traité pour la première fois une défense expressément fondée sur un abus de procédure. Le Royaume-Uni affirmait que la Grèce était responsable d'un «retard injustifié et [d'un] abus de la procédure de la Cour» en ce qu'elle avait attendu 1951 pour déposer sa requête, alors qu'elle aurait pu le faire 25 ans plus tôt, en 1926. La Cour a rejeté ce moyen, précisant que la Grèce n'avait nullement «suivi une procédure inappropriée en introduisant [au moment où elle l'avait fait] une instance ... conformément aux dispositions pertinentes du Statut et du Règlement de la Cour»[12]. Par la suite, en 1966, M. le juge Forster a affirmé, dans l'opinion dissidente qu'il a jointe à l'arrêt rendu dans les affaires du *Sud-Ouest africain*, que, puisque le mandataire de la Société des Nations pour le Sud-Ouest africain allemand (aujourd'hui la Namibie), c'est-à-dire l'Afrique du Sud, avait les pleins pouvoirs sur le territoire faisant l'objet du mandat, «le pouvoir discrétionnaire ne couvr[ait] point les actes faits dans un but différent de celui qui se trouv[ait] défini au Mandat. De tels agissements constitueraient un détournement de pouvoir.»[13]

---

[10] *Pêcheries (Royaume-Uni c. Norvège)*, arrêt, *C.I.J. Recueil 1951*, p. 142.

[11] *Compétence de l'Assemblée générale pour l'admission d'un Etat aux Nations Unies*, avis consultatif, *C.I.J. Recueil 1950*, opinion dissidente de M. le juge Alvarez, p. 15.

[12] *Ambatielos (Grèce c. Royaume-Uni), fond, arrêt, C.I.J. Recueil 1953*, p. 13-14 et 23.

[13] *Sud-Ouest africain (Ethiopie c. Afrique du Sud; Libéria c. Afrique du Sud)*, deuxième phase, arrêt, *C.I.J. Recueil 1966*, opinion dissidente de M. le juge Forster, p. 481.

7. In 1991 the Court next addressed, in *Arbitral Award of 31 July 1989*, an application that the respondent sought to have declared inadmissible expressly on the basis of its plea that the application was an "abuse of process". The applicant, Guinea-Bissau, argued that an arbitral award won against it by the respondent, Senegal, was invalid due to the fact that the President of the arbitral tribunal, himself a member of the majority that had rendered the award, had appended to it a declaration that contradicted the award. Senegal, however, maintained that

> "that declaration is not part of the Award, and therefore . . . any attempt by Guinea-Bissau to make use of it for that purpose 'must be regarded as an abuse of process aimed at depriving Senegal of the rights belonging to it under the Award'. Senegal also contends that the remedies sought are disproportionate to the grounds invoked and that the proceedings have been brought for the purpose of delaying the final solution of the dispute." [14]

The Court rejected Senegal's claim of inadmissibility, however, stating

> "that Guinea-Bissau's Application has been properly presented in the framework of its right to have recourse to the Court in the circumstances of the case. Accordingly, it does not accept Senegal's contention that Guinea-Bissau's Application, or the arguments used in support of it, amount to an abuse of process." [15]

One year later, and 29 years ago, in 1992, the Court itself raised the issue of "abuse of process" unprompted for the first time in *Certain Phosphate Lands in Nauru*. Australia had argued that "Nauru has failed to act consistently and in good faith" and on that basis urged that "the Court in exercise of its discretion, and in order to uphold judicial propriety should . . . decline to hear the Nauruan claims" [16]. The Court responded as follows:

> "[T]he Application by Nauru has been properly submitted in the framework of the remedies open to it. At the present stage, the Court is not called upon to weigh the possible consequences of the conduct of Nauru with respect to the merits of the case. It need merely note that such conduct does not amount to an abuse of process." [17]

---

[14] *Arbitral Award of 31 July 1989 (Guinea-Bissau v. Senegal), Judgment, I.C.J. Reports 1991*, p. 63, para. 26.

[15] *Ibid.*, para. 27.

[16] *Certain Phosphate Lands in Nauru (Nauru v. Australia), Preliminary Objections, Judgment, I.C.J. Reports 1992*, p. 255, para. 37.

[17] *Ibid.*, para. 38.

7. Puis, en 1991, la Cour a examiné, en l'affaire relative à la *Sentence arbitrale du 31 juillet 1989*, une requête que le défendeur entendait faire déclarer irrecevable au motif exprès qu'elle constituait un «abus de procédure». Le demandeur, la Guinée-Bissau, affirmait qu'une sentence arbitrale qui avait donné gain de cause au Sénégal n'était pas valable du fait que le président du tribunal arbitral, lui-même membre de la majorité, y avait joint une déclaration qui la contredisait. Le Sénégal soutenait quant à lui ceci:

«[C]ette déclaration ne fait pas partie de la sentence et … en conséquence toute tentative de la Guinée-Bissau pour utiliser cette déclaration dans un tel but «doit être qualifiée d'abus de procédure, abus visant à priver le Sénégal des droits qui lui reviennent aux termes de la sentence». Le Sénégal soutient aussi qu'il y a disproportion entre les moyens invoqués et les conclusions présentées et que l'instance a été introduite à l'effet de retarder la solution définitive du litige.»[14]

La Cour a toutefois rejeté la thèse de l'irrecevabilité avancée par le Sénégal, précisant

«que la requête de la Guinée-Bissau a[vait] été présentée de manière appropriée dans le cadre des voies de droit qui lui [étaie]nt ouvertes devant la Cour dans les circonstances de l'espèce. En conséquence, la Cour ne saurait accueillir la thèse du Sénégal selon laquelle la requête de la Guinée-Bissau ou les moyens qu'elle fait valoir à l'appui de celle-ci équivaudraient à un abus de procédure.»[15]

Un an plus tard, il y a donc 29 ans, en 1992, la Cour a elle-même soulevé la question de l'«abus de procédure», pour la première fois à sa propre initiative, en l'affaire de *Certaines terres à phosphates à Nauru*. L'Australie affirmait que «Nauru a[vait] agi sans constance ni bonne foi» et exhortait sur cette base la Cour, «dans l'exercice de son pouvoir discrétionnaire et pour servir la bonne règle judiciaire, [à] refuser de connaître des demandes de Nauru»[16]. La Cour a répondu comme suit:

«[L]a requête de Nauru a été présentée de manière appropriée dans le cadre des voies de droit qui lui sont ouvertes. La Cour n'a pas à ce stade à apprécier les conséquences éventuelles du comportement de Nauru sur le fond de l'affaire. Il lui suffit de constater que ce comportement n'équivaut pas à un abus de procédure.»[17]

---

[14] *Sentence arbitrale du 31 juillet 1989 (Guinée-Bissau c. Sénégal), arrêt, C.I.J. Recueil 1991*, p. 63, par. 26.

[15] *Ibid.*, par. 27.

[16] *Certaines terres à phosphates à Nauru (Nauru c. Australie), exceptions préliminaires, arrêt, C.I.J. Recueil 1992*, p. 255, par. 37.

[17] *Ibid.*, par. 38.

8. Notwithstanding having dealt with two cases in succession in which the respondent, and then the Court itself, had invoked the concept of "abuse of process" *expressis verbis*, in 1996, in the *Application of the Convention on the Prevention and Punishment of the Crime of Genocide* case, the Court returned to addressing "abuse of rights"[18]. Bosnia and Herzegovina argued that Yugoslavia abused its rights by presenting wholly artificial preliminary objections in an attempt to play for time by unjustifiably delaying the proceedings, although, it should be noted, Bosnia's counsel in fact did refer to "abuse [. . .] [of] the procedure of the Court"[19], citing the Court's Judgment in the *Certain Phosphate Lands in Nauru* case[20], in which, as noted above, the Court rendered its decision based on its analysis of "abuse of process". Nevertheless, in dealing a few years later with the *Aerial Incident of 10 August 1999*, the Court continued to speak of "abuse of rights", Pakistan having claimed that India had been guilty of such an abuse when it included, in its declaration accepting the Court's compulsory jurisdiction under Article 36 (2) of the Court's Statute, a reservation excluding from such acceptance disputes with States which are or have been a member of the "Commonwealth of Nations". In finding the application admissible, the Court concluded as follows:

> "[The Court cannot] accept Pakistan's argument that India's reservation was a discriminatory act constituting an abuse of right because the only purpose of this reservation was to prevent Pakistan from bringing an action against India before the Court. It notes in the first place that the reservation refers generally to States which are or have been members of the Commonwealth. It would add . . . that States are in any event free to limit the scope *ratione personae* which they wish to give to their acceptance of the compulsory jurisdiction of the Court."[21]

In its 2004 Judgment in *Avena and Other Mexican Nationals*, the Court dealt with an objection that the respondent (the United States) characterized as relating to an "abuse of the Court's jurisdiction"[22]. The abuse was said to stem from the fact that Mexico had invited the Court to make "far-reaching and unsustainable findings concerning the United States criminal justice systems"[23]. The Court rejected this objection, finding that it was not barred from enquiring into the conduct of criminal proceedings

---

[18] *Application of the Convention on the Prevention and Punishment of the Crime of Genocide (Bosnia and Herzegovina* v. *Yugoslavia), Preliminary Objections, Judgment, I.C.J. Reports 1996 (II)*, p. 622, para. 46.

[19] CR 1996/8, p. 65, para. 16 (Pellet).

[20] *Ibid.*, pp. 66-67, para. 17 (Pellet).

[21] *Aerial Incident of 10 August 1999 (Pakistan* v. *India), Jurisdiction of the Court, Judgment, I.C.J. Reports 2000*, p. 30, para. 40.

[22] *Avena and Other Mexican Nationals (Mexico* v. *United States of America), Judgment, I.C.J. Reports 2004 (I)*, p. 30, para. 27.

[23] *Ibid.*

8. Alors qu'elle avait traité deux affaires successives dans lesquelles la notion d'«abus de procédure» avait été expressément invoquée, par le défendeur puis par elle-même, la Cour est revenue à la notion d'«abus de droit» en 1996, en l'affaire relative à l'*Application de la convention pour la prévention et la répression du crime de génocide*[18]. Dans cette instance, la Bosnie-Herzégovine alléguait que la Yougoslavie avait abusé de ses droits en soulevant des exceptions préliminaires purement artificielles et dilatoires à la seule fin de retarder indûment la procédure, même si — et cela mérite d'être précisé — le conseil de la Bosnie parlait en réalité d'«abu[s] de la procédure de la Cour»[19], se référant à l'arrêt que celle-ci avait rendu en l'affaire de *Certaines terres à phosphates à Nauru*[20] sur le fondement, ainsi qu'il a été rappelé précédemment, d'une analyse de l'«abus de procédure». Dans l'affaire de l'*Incident aérien du 10 août 1999* dont elle a eu à connaître quelques années plus tard, la Cour a continué à parler d'«abus de droit», tel étant le grief que le Pakistan tirait du fait que l'Inde eût assorti sa déclaration d'acceptation de juridiction obligatoire faite en vertu du paragraphe 2 de l'article 36 du Statut de la Cour d'une réserve qui en excluait les différends avec un Etat membre, actuel ou passé, du «Commonwealth de nations». La Cour a conclu à la recevabilité de la requête en expliquant ce qui suit:

> «La Cour ne saurait ... accepter l'argument du Pakistan selon lequel la réserve indienne en question serait un acte discriminatoire constitutif d'abus de droit au motif que cette réserve aurait pour seule fin d'empêcher le Pakistan d'engager une action contre l'Inde devant la Cour. Elle constatera tout d'abord que ladite réserve vise en termes généraux les Etats membres ou anciens membres du Commonwealth. Elle ajoutera que ... les Etats sont en tout état de cause libres de limiter la portée qu'ils entendent donner *ratione personae* à leur acceptation de la juridiction obligatoire de la Cour.»[21]

Dans l'arrêt qu'elle a rendu en 2004 en l'affaire *Avena et autres ressortissants mexicains*, la Cour a examiné une exception que les Etats-Unis d'Amérique, en leur qualité de défendeur, soulevaient sur le fondement de ce qu'ils appelaient un «abu[s] de la compétence de la Cour»[22], découlant, selon eux, du fait que le Mexique invitait la Cour à formuler «des conclusions indéfendables et lourdes de conséquences sur [leurs] systèmes de justice pénale»[23]. La Cour a rejeté cette exception, estimant que rien

---

[18] *Application de la convention pour la prévention et la répression du crime de génocide (Bosnie-Herzégovine c. Yougoslavie), exceptions préliminaires, arrêt, C.I.J. Recueil 1996 (II)*, p. 622, par. 46.

[19] CR 1996/8, p. 65, par. 16 (Pellet).

[20] *Ibid.*, p. 66-67, par. 17 (Pellet).

[21] *Incident aérien du 10 août 1999 (Pakistan c. Inde), compétence de la Cour, arrêt, C.I.J. Recueil 2000*, p. 30, par. 40.

[22] *Avena et autres ressortissants mexicains (Mexique c. Etats-Unis d'Amérique), arrêt, C.I.J. Recueil 2004 (I)*, p. 30, par. 27.

[23] *Ibid.*

in United States courts, and the degree to which it might do so was a matter for the merits of the case[24]. While the United States did not use the terms "abuse of rights" or "abuse of process", and while it presented this objection as going to the Court's jurisdiction rather than as an objection to the admissibility of Mexico's claims, the objection nonetheless could be considered an abuse of process objection, relating as it did to an alleged abuse of the Court's procedures. While 14 years passed before the Court again was seised of a case in which either "abuse of rights" or "abuse of process" was in issue, it is worth noting that such abuses continued to be subject to acknowledgment and acceptance as a basis for dismissal of an application. Thus Judge Keith's declaration in *Certain Questions of Mutual Assistance in Criminal Matters* in 2008, while agreeing with the decision of the Court, expressed a preference for different reasoning, specifically that the acts in issue constituted "an abuse of power or a *détournement de pouvoir* — an exercise of the power for wrong reasons and a thwarting of the purpose of the Convention", compliance with which was in issue[25].

9. After the aforementioned 14-year gap in Court cases dealing with either "abuse of rights" or "abuse of process", there has been a flurry of activity regarding such abuses in four cases decided starting in 2018. The first was *Immunities and Criminal Proceedings*, in which France argued that "Equatorial Guinea's conduct was an abuse of rights and that its seisin of the Court was an abuse of process"[26]. In this case, the Court spelled out for the first time the difference between the two abuses:

> "In the case law of the Court and its predecessor, a distinction has been drawn between abuse of rights and abuse of process. Although the basic concept of an abuse may be the same, the consequences of an abuse of rights or an abuse of process may be different.[27]
>
> . . . .

---

[24] *Avena and Other Mexican Nationals (Mexico v. United States of America), Judgment, I.C.J. Reports 2004 (I)*, p. 30, para. 28.

[25] *Certain Questions of Mutual Assistance in Criminal Matters (Djibouti v. France), Judgment, I.C.J. Reports 2008*, declaration of Judge Keith, p. 280, para. 7.

[26] *Immunities and Criminal Proceedings (Equatorial Guinea v. France), Preliminary Objections, Judgment, I.C.J. Reports 2018 (I)*, p. 334, para. 139.

[27] *Ibid.*, p. 335, para. 146.

ne lui interdisait d'examiner le déroulement de procédures pénales engagées devant les juridictions américaines, et que la question de savoir
jusqu'où elle pouvait pousser cet examen relevait du fond de l'affaire[24].
Même si les Etats-Unis n'avaient pas employé les termes « abus de droit »
ou « abus de procédure », et même s'ils présentaient leur exception comme
se rapportant non pas à la recevabilité des demandes du Mexique mais à
la compétence de la Cour, ce moyen pouvait être considéré comme
concernant un abus de procédure, puisque c'est bien sur un abus allégué
des procédures de la Cour qu'il se fondait. Il convient de noter que si
14 années se sont écoulées avant que la Cour soit de nouveau saisie d'une
affaire mettant en jeu l'« abus de droit » ou l'« abus de procédure », ces
notions sont néanmoins restées susceptibles d'être acceptées et retenues
comme motif de rejet d'une requête. Ainsi, dans la déclaration qu'il a
jointe à l'arrêt de 2008 en l'affaire relative à *Certaines questions concernant l'entraide judiciaire en matière pénale*, M. le juge Keith, tout en sous-
crivant à la décision de la Cour, s'est dit favorable à un raisonnement
différent. Selon lui, les actes en question constituaient « un excès de pouvoir ou un détournement de pouvoir », qu'il définissait comme « un exercice du pouvoir pour des motifs erronés … contraire au but de la
convention [d'entraide judiciaire en matière pénale entre Djibouti et la
France] », instrument dont le respect était en cause[25].

9. Après l'intervalle susmentionné de 14 ans sans aucune affaire impliquant un « abus de droit » ou un « abus de procédure », ces questions sont
revenues dans l'actualité de la Cour, qui a été amenée à s'y intéresser dans
quatre instances à compter de 2018. La première est celle relative aux *Immunités et procédures pénales*, dans laquelle la France faisait valoir que « le
comportement de la Guinée équatoriale proc[édait] d'un abus de droit et
que la saisine de la Cour constitu[ait] un abus de procédure »[26]. C'est dans
cette affaire que la Cour a, pour la première fois, différencié les deux notions :

> « Dans la jurisprudence de la Cour et de sa devancière, une distinc-
> tion a été établie entre abus de droit et abus de procédure. Si la
> notion fondamentale d'abus est peut-être la même, les conséquences
> qu'emportent, d'une part, l'abus de droit, et de l'autre, l'abus de pro-
> cédure, peuvent varier.[27]

. . . .

---

[24] *Avena et autres ressortissants mexicains (Mexique c. Etats-Unis d'Amérique), arrêt,
C.I.J. Recueil 2004 (I)*, p. 30, par. 28.
[25] *Certaines questions concernant l'entraide judiciaire en matière pénale (Djibouti
c. France), arrêt, C.I.J. Recueil 2008*, déclaration de M. le juge Keith, p. 280, par. 7.
[26] *Immunités et procédures pénales (Guinée équatoriale c. France), exceptions préliminaires, arrêt, C.I.J. Recueil 2018 (I)*, p. 334, par. 139.
[27] *Ibid.*, p. 335, par. 146.

> An abuse of process goes to the procedure before a court or tribunal and can be considered at the preliminary phase of these proceedings.[28]
>
> . . . .
>
> As to the abuse of rights . . . it will be for each Party to establish both the facts and the law on which it seeks to rely at the merits phase of the case. The Court considers that abuse of rights cannot be invoked as a ground of inadmissibility when the establishment of the right in question is properly a matter for the merits. Any argument in relation to abuse of rights will be considered at the stage of the merits."[29]

It is this case in which for the first time a judge of the Court, namely Judge Donoghue, as noted in paragraph 4 above, concluded in her dissenting opinion that the application should have been dismissed at the preliminary stage as being an abuse of process, and therefore inadmissible.

Particularly in light of Judge Donoghue's dissenting opinion, it is troubling that even then the Court did not see itself compelled to do more in dismissing France's abuse of process objection than intone the by now ritual but opaque catch-phrases "clear evidence" and "exceptional circumstances":

> "In this case, the Court does not consider that Equatorial Guinea, having established a valid title of jurisdiction, should be barred at the threshold without clear evidence that its conduct could amount to an abuse of process. Such evidence has not been presented to the Court. It is only in exceptional circumstances that the Court should reject a claim based on a valid title of jurisdiction on the ground of abuse of process. The Court does not consider the present case to be one of those circumstances."[30]

It is as though the Court is determined to continue 95 years of enshrouding the principle of abuse of process in mystery, leaving consequently unedified litigants wondering whether the Court itself knows its substance, let alone the threshold for its application. The Court thus would do well to clarify both the principle and the evidentiary condition for its acceptance.

10. Hard on the heels of the Court's Judgment in *Immunities and Criminal Proceedings* came its Judgment dismissing the United States' preliminary objections to jurisdiction and admissibility in *Certain Iranian Assets*. In that case, the United States sought dismissal, *inter alia*, on the basis of

---

[28] *Immunities and Criminal Proceedings (Equatorial Guinea* v. *France), Preliminary Objections, Judgment, I.C.J. Reports 2018 (I)*, p. 336, para. 150.

[29] *Ibid.*, p. 337, para. 151.

[30] *Ibid.*, p. 336, para. 150.

Un abus de procédure se rapporte à la procédure engagée devant une cour ou un tribunal et peut être examiné au stade préliminaire de ladite procédure.[28]

. . . .

En ce qui concerne l'abus de droit …, il reviendra à chacune des Parties d'établir les faits ainsi que les moyens de droit qu'elle entend faire prévaloir au stade du fond de l'affaire. La Cour est d'avis que l'abus de droit ne peut être invoqué comme cause d'irrecevabilité alors que l'établissement du droit en question relève du fond de l'affaire. Tout argument relatif à un abus de droit sera examiné au stade du fond de la présente affaire.»[29]

C'est dans cette affaire-là également qu'un membre de la Cour — Mᵐᵉ la juge Donoghue, ainsi qu'il a été dit au paragraphe 4 — a pour la première fois conclu, dans son opinion dissidente, que la requête aurait dû être rejetée au stade préliminaire au motif qu'elle constituait un abus de procédure et était donc irrecevable.

Il est troublant, compte tenu en particulier de cette opinion dissidente, de constater que même alors la Cour a jugé bon de rejeter l'exception d'abus de procédure soulevée par la France en se contentant de réciter le mantra des «éléments attestant clairement» et des «circonstances exceptionnelles», expressions désormais rituelles quoiqu'opaques.

«En la présente affaire, la Cour ne considère pas que la Guinée équatoriale, qui a établi une base de compétence valable, devrait voir sa demande rejetée à un stade préliminaire s'il n'existe pas d'éléments attestant clairement que son comportement pourrait procéder d'un abus de procédure. Or, pareils éléments n'ont pas été présentés à la Cour. Seules des circonstances exceptionnelles peuvent justifier que la Cour rejette pour abus de procédure une demande fondée sur une base de compétence valable. La Cour estime ne pas être en présence de telles circonstances en l'espèce.»[30]

La Cour semble résolue à entretenir le mystère qui enveloppe depuis 95 ans le principe de l'abus de procédure, maintenant dans le flou les Etats comparaissant devant elle, qui se demandent alors si elle-même sait ce que recouvre ce principe ou, *a fortiori*, à quel moment il devient applicable. La Cour aurait donc tout intérêt à préciser tant le principe lui-même que les critères requis pour qu'il trouve à s'appliquer.

10. Juste après avoir rendu son arrêt sur les *Immunités et procédures pénales*, la Cour en a rendu un autre, en l'affaire relative à *Certains actifs iraniens*, par lequel elle rejetait les exceptions préliminaires d'incompétence et d'irrecevabilité soulevées par les Etats-Unis. Dans cette instance,

---

[28] *Immunités et procédures pénales (Guinée équatoriale c. France), exceptions préliminaires, arrêt, C.I.J. Recueil 2018 (I)*, p. 336, par. 150.
[29] *Ibid.*, p. 337, par. 151.
[30] *Ibid.*, p. 336, par. 150.

what it came to term an "abuse of process"[31] in that "the fundamental conditions underlying the [1955] Treaty of Amity [, Economic Relations, and Consular Rights between the United States and Iran] no longer exist" and "Iran's attempt to found the Court's jurisdiction on the Treaty does not seek to vindicate interests protected by the Treaty, but rather to embroil the Court in a broader strategic dispute"[32]. As usual when addressing claims of "abuse of process", the Court devoted only 3 of the 126 paragraphs in its Judgment to its dismissal[33]. Referring to its Judgments in *Immunities and Criminal Proceedings* as well as in *Certain Phosphate Lands in Nauru*, the Court limited itself to the by now standard phrases that to find an application inadmissible on such a basis requires "exceptional circumstances" and "clear evidence", neither of which standards has ever been defined by the Court, let alone — as Judge Donoghue pointed out in her dissenting opinion in *Immunities and Criminal Proceedings* — the Court ever having defined "abuse of process" itself. (While I myself approved the dismissal of the United States' plea of abuse of process in *Certain Iranian Assets*, the facts of the present case are so far different from those of that case as to have commanded my view favouring dismissal of the Application in the present case as inadmissible on the ground of abuse of process.)

11. Less than seven months after *Certain Iranian Assets*, the Court was confronted by Pakistan's claim that India's application should be held to be inadmissible due to claimed abuses of process. In dismissing those claims of abuse of process, the Court rehearsed the "exceptional circumstances" and "clear evidence" pronouncements of *Certain Iranian Assets* and *Immunities and Criminal Proceedings*, while at the same time, however, considering the substance of Pakistan's claimed abuses of process and finding them not to be true[34].

C. *The Court's Judgment Disincentivizes States from Agreeing to Non-legally Binding Dispute Settlement*

12. I reiterate that for this Court even to entertain the possibility, by not declaring the pending Application inadmissible as an abuse of process, of becoming the instrument of a grossly "illegitimate" advantage to the Applicant by forcing upon the Respondent a legally binding Judgment requiring the Respondent to honour undertakings it had made in

---

[31] *Certain Iranian Assets (Islamic Republic of Iran* v. *United States of America), Preliminary Objections, Judgment, I.C.J. Reports 2019 (I)*, pp. 40-41, paras. 100-101; CR 2018/28, p. 35, para. 2 (Bethlehem).

[32] *Ibid.*, p. 42, para. 107.

[33] *Ibid.*, pp. 42-43, paras. 113-115.

[34] *Jadhav (India* v. *Pakistan), Judgment, I.C.J. Reports 2019 (II)*, pp. 431-433, paras. 40-50.

le défendeur lui demandait de rejeter la requête au motif, notamment, de ce qu'il en est venu à appeler un «abus de procédure»[31], arguant que «les conditions fondamentales sous-jacentes au traité [d'amitié, de commerce et de droits consulaires signé entre les Etats-Unis et l'Iran en 1955] n'exist[aient] plus», et que «la tentative de l'Iran consistant à fonder la compétence de la Cour sur le traité ne vis[ait] pas à protéger des droits sanctionnés par le traité, mais plutôt à impliquer la Cour dans un différend stratégique plus large»[32]. Comme elle le fait habituellement lorsqu'elle examine des allégations d'«abus de procédure», la Cour n'a consacré que 3 des 126 paragraphes de son arrêt au rejet de cette demande[33]. Renvoyant aux décisions rendues dans l'affaire relative aux *Immunités et procédures pénales* et dans celle de *Certaines terres à phosphates à Nauru*, elle s'est contentée d'énoncer la formule désormais consacrée selon laquelle elle ne peut conclure à l'irrecevabilité d'une requête pour abus de procédure que dans des «circonstances exceptionnelles» et s'il existe des «éléments attestant clairement» ledit abus. Or, la Cour n'a jamais défini ces deux critères ni même la notion d'«abus de procédure» proprement dite, ainsi que Mme la juge Donoghue l'a souligné dans son opinion dissidente en l'affaire relative aux *Immunités et procédures pénales*. (Si, en l'affaire relative à *Certains actifs iraniens*, j'ai moi-même souscrit au rejet de la thèse américaine de l'abus de procédure, les faits de la présente instance sont tellement différents que force m'est de considérer que ce même motif justifie l'irrecevabilité de la requête en l'espèce.)

11. Moins de sept mois après *Certains actifs iraniens*, la Cour a été amenée à se prononcer sur une exception soulevée par le Pakistan à la recevabilité d'une requête de l'Inde sur le fondement d'abus de procédure allégués. Pour rejeter cette demande, la Cour a répété les énoncés relatifs aux «circonstances exceptionnelles» et aux «éléments attestant clairement» formulés dans *Certains actifs iraniens* et *Immunités et procédures pénales*, mais elle a toutefois examiné la teneur des allégations d'abus de procédure du Pakistan avant de les juger infondées[34].

C. *L'arrêt de la Cour dissuade les Etats d'accepter le règlement des différends par des moyens juridiquement non contraignants*

12. Je tiens à souligner une nouvelle fois que le simple fait pour la Cour d'avoir envisagé la possibilité, en se refusant à déclarer irrecevable pour abus de procédure la requête déposée en la présente affaire, de contribuer à donner un avantage manifestement «illégitime» au demandeur en imposant au défendeur un arrêt juridiquement contraignant qui

---

[31] *Certains actifs iraniens (République islamique d'Iran c. Etats-Unis d'Amérique)*, *exceptions préliminaires, arrêt, C.I.J. Recueil 2019 (I)*, p. 40-41, par. 100-101 ; CR 2018/28, p. 35, par. 2 (Bethlehem).

[32] *Ibid.*, p. 42, par. 107.

[33] *Ibid.*, p. 42-43, par. 113-115.

[34] *Jadhav (Inde c. Pakistan), arrêt, C.I.J. Recueil 2019 (II)*, p. 431-433, par. 40-50.

the non-legally binding JCPOA, which legally it was free to exit, as it did, while leaving the Applicant free to ignore that political instrument, as its Foreign Minister officially broadcast months ago that it already had been doing, is in sharp discord with the Parties' search for a peaceful resolution of their differences in the form of the JCPOA. As the principal judicial organ of the United Nations, the Court, in confronting a claim that a pending application is inadmissible, should be heedful of the Charter of the United Nations, in particular of its Chapter I, Articles 1 (1) ("take effective . . . measures for the prevention and removal of threats to the peace") and 2 (3) ("All Members shall settle their international disputes by peaceful means in such a manner that international peace and security, and justice, are not endangered"). In fulfilment of those shared obligations, the parties to the JCPOA chose to do so by means of a political instrument that is, and was, not legally binding. As the Respondent noted in its preliminary objections (para. 5.28), the JCPOA was agreed by the parties as a non-legally binding instrument because it "facilitated an expedient and expeditious resolution that could clear various international political hurdles and also address important domestic legal and political considerations". The failure of this Court to find the present Application inadmissible, added to its and its predecessor's 95 years of treating the concept of abuse of process with what may fairly be described as acute neglect, most definitely must disincentivize States from seeking to fulfil their obligations under the Charter of the United Nations by means that are not legally binding, which, as was the case with the present Parties, may often be the only means, due to domestic constitutional and political considerations, of complying with that Charter.

D. The Uncertain Future of Abuse of Process

13. Thus the concept of "abuse of process" continues, at age 95, to be the holy grail of international law as addressed by the Court, a storied mystery without dimensions, shape or content, with undefined "standards" for its application, which, as a result, though periodically discussed (more so recently), never ever has been invoked successfully before either this Court or the PCIJ. This "precedent" of perpetual absence of any application of the principle of abuse of process doubtless will continue unless and until this Court gives it substance, in the form of a delineation of its contents, totally absent until now, and, in addition, a sharper outline of what are the "exceptional circumstances" and "clear

l'obligerait à honorer des engagements pris dans un cadre qui, lui, ne l'est pas — le plan d'action — et dont il était libre, d'un point de vue juridique, de se retirer, comme il l'a fait, alors que le demandeur pour sa part resterait libre de ne tenir aucun compte de cet instrument politique (ce qu'il fait depuis des mois, ainsi que son ministre des affaires étrangères l'a officiellement confirmé), ce simple fait est en contradiction flagrante avec la volonté des Parties de parvenir à une résolution pacifique de leurs divergences au moyen du plan d'action. En tant qu'organe judiciaire principal de l'Organisation des Nations Unies, la Cour se doit, lorsqu'elle se prononce sur une exception d'irrecevabilité visant une requête dont elle est saisie, de garder à l'esprit les dispositions de la Charte des Nations Unies, en particulier, au chapitre I, le paragraphe 1 de l'article 1 («prendre des mesures ... efficaces en vue de prévenir et d'écarter les menaces à la paix») et le paragraphe 3 de l'article 2 («Les Membres de l'Organisation règlent leurs différends internationaux par des moyens pacifiques, de telle manière que la paix et la sécurité internationales ainsi que la justice ne soient pas mises en danger»). Pour s'acquitter de ces obligations communes, les parties au plan d'action ont choisi de recourir à un instrument politique qui n'est pas — ni alors ni aujourd'hui — juridiquement contraignant. Si elles l'ont voulu non contraignant, c'est, ainsi que le défendeur l'a expliqué dans ses exceptions préliminaires (par. 5.28), parce que cet instrument «facilit[ait] l'obtention d'une solution pratique et rapide ... perm[ettant] de lever divers obstacles politiques internationaux tout en tenant compte d'importantes considérations internes sur les plans juridique et politique». Le refus de la Cour de conclure en l'espèce à l'irrecevabilité de la requête, conjugué à ce qui ressemble fort à un désintérêt profond, manifesté par sa devancière et elle-même depuis 95 ans, à l'égard de la notion d'abus de procédure, aura sans nul doute pour effet de décourager les Etats de s'efforcer de s'acquitter des obligations qui leur incombent au titre de la Charte des Nations Unies par des moyens juridiquement non contraignants, lesquels sont parfois, comme c'était le cas pour les Parties ici en présence, les seuls dont ils disposent pour y parvenir, en raison de considérations internes d'ordre constitutionnel et politique.

D. L'avenir incertain de l'abus de procédure

13. Ainsi, 95 ans après sa naissance, la notion d'«abus de procédure» demeure le graal du droit international, dans le traitement qu'en fait la Cour, à savoir un concept légendaire et mystérieux, dénué de dimensions, de forme et de contenu, assorti de «critères» d'application non définis, et dont l'invocation n'a en conséquence jamais abouti, ni devant la Cour ni devant la CPJI, quoique le sujet soit régulièrement débattu (en particulier ces derniers temps). Nul doute que le «précédent» que constitue la non-application perpétuelle de l'abus de procédure se poursuivra tant que la Cour n'aura pas donné corps à ce principe, par une délimitation de son contenu, totalement inexistante à ce jour, et par une définition plus pré-

evidence" required to sustain a claim of inadmissibility on that basis. Unless these steps are taken and the nonagenarian "precedent" of non-application of the "principle" of abuse of process continues into the future, the words of Benjamin Disraeli, speaking on 22 February 1848, may be its fate: "A precedent embalms a principle."[35]

II. ARTICLE XX 1 *(B)*

A. *Distinctions among Paragraphs 1* (a), (b), (c) *and* (d)

14. To date, the Court has been unable to discern any distinction among paragraphs 1 *(a)*, *(b)*, *(c)* and *(d)* of Article XX of the Treaty of Amity, which article provides as follows:

> "1. The present Treaty shall not preclude the application of measures:
>
> *(a)* regulating the importation or exportation of gold or silver;
> *(b)* relating to fissionable materials, the radio-active by-products thereof, or the sources thereof;
>
> *(c)* regulating the production of or traffic in arms, ammunition and implements of war, or traffic in other materials carried on directly or indirectly for the purpose of supplying a military establishment; and
> *(d)* necessary to fulfill the obligations of a High Contracting Party for the maintenance or restoration of international peace and security, or necessary to protect its essential security interests."

I have agreed, both here, and in *Certain Iranian Assets*, that a defence based on Article XX, paragraph 1 *(d)*, indeed is to be heard at the merits phase, as the Court previously had ruled in the *Oil Platforms* case, relying both there and in *Certain Iranian Assets* (para. 45) on its Judgment in *Military and Paramilitary Activities in and against Nicaragua*. It seemed to me then, and seems to me now, obvious, given the allegations on which the United States has relied in regard to that defence, that a decision as to whether "measures . . . [have been] necessary to protect its essential security interests", which defence is not self-judging, involves such a multitude of factors to be considered as to require that it be addressed at the merits stage.

---

[35] B. Disraeli, "Speech on the Expenditures of the Country (February 22, 1848)", in J. Bartlett, *Familiar Quotations*, 13th ed., 1955, p. 512b.

cise des critères relatifs aux «circonstances exceptionnelles» et «éléments attestant clairement» qui sont requis pour conclure à l'irrecevabilité d'une demande sur ce fondement. Si la Cour ne fait pas cela, et si ce «précédent» nonagénaire de la non-application du «principe» de l'abus de procédure se poursuit, celui-ci pourrait bien connaître le sort que décrivait Benjamin Disraeli, le 22 février 1848, lorsqu'il disait qu'«[u]n précédent immortalise un principe»[35].

II. Alinéa *b)* du paragraphe 1 de l'article XX

A. *Distinctions entre les alinéas* a), b), c) *et* d) *du paragraphe 1*

14. La Cour n'a, à ce jour, pas été en mesure d'établir la moindre distinction entre les alinéas *a)*, *b)*, *c)* et *d)* du paragraphe 1 de l'article XX du traité d'amitié, qui se lit comme suit:

> «1. Le présent Traité ne fera pas obstacle à l'application de mesures:
>
> *a)* Réglementant l'importation ou l'exportation de l'or ou de l'argent;
> *b)* Concernant les substances fissiles, les sous-produits radioactifs desdites substances et les matières qui sont la source de substances fissiles;
> *c)* Réglementant la production ou le commerce des armes, des munitions et du matériel de guerre, ou le commerce d'autres produits lorsqu'il a pour but direct ou indirect d'approvisionner des unités militaires;
> *d)* Ou nécessaires à l'exécution des obligations de l'une ou l'autre des Hautes Parties contractantes relatives au maintien ou au rétablissement de la paix et de la sécurité internationales ou à la protection des intérêts vitaux de cette Haute Partie contractante sur le plan de la sécurité.»

J'ai, dans la présente affaire comme dans celle relative à *Certains actifs iraniens*, souscrit à l'idée qu'un moyen tiré de l'alinéa *d)* du paragraphe 1 de l'article XX relevait du fond, conformément à ce qu'avait conclu la Cour en l'affaire des *Plates-formes pétrolières* en se référant à l'arrêt relatif aux *Activités militaires et paramilitaires au Nicaragua et contre celui-ci*, précédent qu'elle a également cité dans *Certains actifs iraniens* (par. 45). Tant dans cette instance-là que dans la présente espèce, il me semble évident, au vu des allégations présentées par les Etats-Unis à l'appui de ce moyen, qu'une décision quant à l'opportunité de «mesures … nécessaires … à la protection des intérêts vitaux [américains] … sur le plan de la sécurité» — défense qui n'a pas un caractère discrétionnaire — implique un si grand nombre d'éléments qu'elle ne peut être examinée qu'au stade du fond.

---

[35] B. Disraeli, «Speech on the Expenditures of the Country (February 22, 1848)» dans J. Bartlett, *Familiar Quotations*, 13e éd., 1955, p. 512b.

15. In *Certain Iranian Assets*, the United States invoked also Article XX, paragraph 1 *(c)*[36], the Court's rejection of which lacked articulated analysis. After stating in its Judgment (para. 45), in respect of paragraph 1 *(d)*, that "[t]he Court sees no reason in the present case to depart from its earlier findings", the Court proceeded (paras. 46-47) to dispose of paragraph 1 *(c)* as follows:

> "In the Court's opinion, this same interpretation also applies to Article XX, paragraph 1, subparagraph *(c)*, of the Treaty since, in this regard, there are no relevant grounds on which to distinguish it from Article XX, paragraph 1, subparagraph *(d)*.
>
> The Court concludes from the foregoing that subparagraphs *(c)* and *(d)* of Article XX, paragraph 1, do not restrict its jurisdiction but merely afford the Parties a defence on the merits."[37]

In fairness, in *Certain Iranian Assets*, I, too, did not distinguish between paragraphs 1 *(c)* and *(d)*. Inasmuch as the claim in that case was for damages to the extent that Iranian assets subject to United States jurisdiction were being paid out to successful United States plaintiffs in United States court cases against Iran in which Iran defaulted, and given the language of paragraph 1 *(c)*, at least in that situation, clearly in my view, like paragraph 1 *(d)*, for the reasons I have expressed above regarding paragraph 1 *(d)*, it required consideration at the merits stage[38].

16. Paragraph 1 *(b)* should, however, have been treated in the present case as a legitimately preliminary objection due to its language and the statements of both Parties that repeatedly have tracked its language in relation to exactly the limited category of sanctions that is the subject of the present Application. To begin, the present Judgment addressed paragraph 1 *(b)* and *(d)* together, rehearsing (para. 109) its ritual references to *Oil Platforms* and *Certain Iranian Assets*, noting that in the latter Judgment "the Court noted that the interpretation given to Article XX, paragraph 1, with regard to subparagraph *(d)* also applies to subparagraph *(c)*" and that "[t]he Court observed that in this respect 'there are no relevant grounds on which to distinguish [subparagraph *(c)*] from Article XX, paragraph 1, subparagraph *(d)*'". This lack of analysis was continued in the next sentence: "The Court finds that there are equally no relevant grounds for a distinction with regard to subparagraph *(b)*, which may only afford a possible defence on the merits." The Court then did take

---

[36] *Certain Iranian Assets (Islamic Republic of Iran* v. *United States of America), Preliminary Objections, Judgment, I.C.J. Reports 2019 (I)*, p. 23, para. 38.

[37] *Ibid.*, p. 25, paras. 46-47.

[38] Subsection *(a)*, unlike the others, appears never to have been a subject of consideration by the Court.

15. Dans l'affaire relative à *Certains actifs iraniens*, les Etats-Unis avaient aussi invoqué l'alinéa *c)* du paragraphe 1 de l'article XX[36], mais ce moyen avait été écarté, dans l'arrêt, sans faire l'objet d'une analyse détaillée. Ainsi, ayant indiqué au sujet de l'alinéa *d)* du paragraphe 1 (par. 45) qu'elle «ne vo[yait] aucune raison en l'espèce de s'écarter de ses conclusions antérieures», la Cour a, s'agissant de l'alinéa *c)*, énoncé ce qui suit (par. 46-47):

> «De l'avis de la Cour, cette même interprétation s'applique également à l'alinéa *c)* du paragraphe 1 de l'article XX du traité dès lors qu'il n'existe, à cet égard, aucune raison pertinente pour le distinguer de l'alinéa *d)* du paragraphe 1 de l'article XX.
>
> La Cour conclut de ce qui précède que les alinéas *c)* et *d)* du paragraphe 1 de l'article XX ne restreignent pas sa compétence mais offrent seulement aux Parties une défense au fond.»[37]

Pour être tout à fait honnête, en l'affaire relative à *Certains actifs iraniens*, je n'ai pas moi-même cru devoir distinguer les alinéas *c)* et *d)* du paragraphe 1. Dans la mesure où la demande portait alors sur des dommages découlant du fait que des actifs iraniens relevant de la juridiction des Etats-Unis avaient été saisis au profit de demandeurs américains en exécution de décisions prononcées par défaut contre l'Iran dans des procédures engagées devant les juridictions américaines, et compte tenu du libellé de l'alinéa *c)*, j'étais d'avis que cette disposition, au moins dans cette situation, exigeait clairement d'être examinée au stade du fond, comme l'alinéa *d)* et pour les raisons exposées ci-dessus[38].

16. Dans la présente affaire, en revanche, l'alinéa *b)* du paragraphe 1 aurait dû être considéré comme fondant une exception ayant un caractère réellement préliminaire, compte tenu de son libellé et des nombreuses déclarations dans lesquelles l'une et l'autre des Parties en reprennent expressément les termes pour désigner précisément les sanctions limitées objet de la requête. Pour commencer, les alinéas *b)* et *d)* sont examinés conjointement dans l'arrêt, qui répète (au paragraphe 109) les formules rituelles de l'affaire des *Plates-formes pétrolières* et de celle relative à *Certains actifs iraniens* en rappelant que, dans l'arrêt rendu dans la seconde, la Cour avait «dit que l'interprétation qu'elle donnait du paragraphe 1 de l'article XX, s'agissant de l'alinéa *d)*, s'appliquait également à l'alinéa *c)*» et «fait observer qu'il n'existait à cet égard «aucune raison pertinente pour ... distinguer [l'alinéa *c)*] de l'alinéa *d)*»». Sans fournir davantage d'analyse, la Cour estime, dans la phrase suivante, «qu'il n'existe pas

---

[36] *Certains actifs iraniens (République islamique d'Iran c. Etats-Unis d'Amérique), exceptions préliminaires, arrêt, C.I.J. Recueil 2019 (I)*, p. 23, par. 38.

[37] *Ibid.*, p. 25, par. 46-47.

[38] L'alinéa *a)*, contrairement aux autres, semble n'avoir jamais donné lieu à un examen par la Cour.

one stab at explaining why paragraph 1 *(b)* must be heard at the merits phase[39]:

> "The Applicant contends that subparagraph *(b)*, which refers to measures 'relating to fissionable materials, the radio-active by-products thereof, or the sources thereof', should be interpreted as addressing only measures such as those specifically concerning the exportation or importation of fissionable materials. It was however argued by the Respondent that subparagraph *(b)* applies to all measures of whatever content addressing Iran's nuclear programme, because they may all be said to relate to the use of fissionable materials. The question of the meaning to be given to subparagraph *(b)* and that of its implications for the present case do not have a preliminary character and will have to be examined as part of the merits." (Judgment, para. 111.)

B. Iranian Declarations that the Sanctions to which It Objects Are "Nuclear-related" Eliminate any Possible Dispute as to whether such Sanctions Are "relating to Fissionable Materials"

17. The Court's decision in this regard is regrettable in that it ignores both the plain language of paragraph 1 *(b)* and the statements made by both Parties, individually, collectively and in the text of the JPCOA itself confirming that the limited sanctions that are the object of the Application in fact are "relating to fissionable materials, the radio-active by-products thereof, or the sources thereof".

18. The term "relating to" could hardly be broader, unlike "regulating" in paragraph 1 *(a)* and *(c)* and "necessary to protect its essential security interests" in paragraph 1 *(d)*. The *Oxford English Dictionary* provides two relevant definitions of the phrase "to relate" when coupled with the preposition "to". The first is "to have reference to; to refer to". The second is "to have some connection with; to stand in relation to"[40]. Neither of these definitions is suggestive of any need to establish a fully organic, Siamese-twins-like connection between a particular measure and fissionable materials. To the contrary, a looser connection between a measure and "fissionable materials" could not be imagined. It is understandable that the Treaty of Amity would afford the Parties such broad

---

[39] In *Certain Iranian Assets*, the Court did not declare the United States' invocation of subparagraph *(c)* not to be of a preliminary character but stated only that it would "merely afford the Parties a defence on the merits" (*(Islamic Republic of Iran* v. *United States of America), Preliminary Objections, Judgment, I.C.J. Reports 2019 (I)*, p. 25, para. 47). Thus, the Court's approach with respect to *(b)* in the present Judgment is novel.

[40] "Relate, v.", *OED Online*, Oxford University Press, accessed in September 2020.

davantage de raison pertinente pour distinguer l'alinéa *b)*, lequel offre seulement une éventuelle défense au fond», puis tente une fois d'expliquer en quoi il y a lieu d'examiner cette disposition au stade du fond[39] :

> «Le demandeur soutient que l'alinéa *b)*, qui fait référence aux mesures «[c]oncernant les substances fissiles, les sous-produits radioactifs desdites substances et les matières qui sont la source de substances fissiles», doit être interprété comme se rapportant uniquement à des mesures telles que celles concernant spécifiquement l'exportation ou l'importation des substances fissiles. Toutefois, selon le défendeur, l'alinéa *b)* s'applique à toutes les mesures, quelle qu'en soit la teneur, qui visent le programme nucléaire de l'Iran, dès lors qu'elles peuvent toutes être considérées comme visant l'utilisation de substances fissiles. La question de l'interprétation à donner de l'alinéa *b)* et celle des effets qu'il produit en l'espèce n'ont pas un caractère préliminaire et devront être examinées au stade du fond.» (Arrêt, par. 111.)

B. Dès lors que l'Iran déclare contester des sanctions « liées au nucléaire », il ne peut y avoir de différend sur le point de savoir si lesdites sanctions « concernent les substances fissiles »

17. La décision de la Cour à cet égard est regrettable en ce qu'elle méconnaît à la fois les termes clairs de l'alinéa *b)* du paragraphe 1 de l'article XX et les déclarations faites par les deux Parties, individuellement, collectivement et dans le texte même du plan d'action, dont la teneur confirme que le groupe limité de sanctions objet de la requête «[c]oncern[e] les substances fissiles, les sous-produits radioactifs desdites substances et les matières qui sont la source de substances fissiles».

18. Le terme «concerner» pourrait difficilement avoir un sens plus large, contrairement à celui de «réglementer» qui figure aux alinéas *a)* et *c)* du paragraphe 1 et à l'expression «nécessaires ... à la protection des intérêts vitaux ... sur le plan de la sécurité» à l'alinéa *d)* du même paragraphe. Le dictionnaire de langue anglaise *Oxford English Dictionary* donne deux acceptions pertinentes du verbe *« to relate to »*, qui correspond à «concerner» dans la traduction française du traité : la première est *« to have reference to; to refer to »* (avoir trait à, se rapporter à) et la seconde est *« to have some connection with; to stand in relation to »* (avoir un rapport avec, être lié à)[40]. Aucune de ces acceptions ne permet de penser qu'une mesure donnée et les substances fissiles doivent être unies par

---

[39] Dans l'affaire relative à *Certains actifs iraniens (République islamique d'Iran c. Etats-Unis d'Amérique)*, la Cour n'a pas dit que l'invocation par les Etats-Unis de l'alinéa *c)* était dépourvue de caractère préliminaire, se contentant d'indiquer que cette disposition «offr[ait] seulement aux Parties une défense au fond» (*exceptions préliminaires, arrêt, C.I.J. Recueil 2019 (I)*, p. 25, par. 47). La logique suivie par la Cour dans le présent arrêt à l'égard de l'alinéa *b)* est donc inédite.

[40] «*Relate*, v.», *OED Online* (Oxford University Press), consulté en septembre 2020.

flexibility with regard to fissionable materials, given that issues of nuclear proliferation were at the time of the Treaty of Amity's conclusion in 1955 (and remain today) highly sensitive and critical to international peace and security. Sanctions measures are considered to be an important non-proliferation tool, as is evidenced by several United Nations Security Council resolutions aimed at Iran's nuclear programme and which authorized sanctions against Iran[41].

19. It cannot be denied that "fissionable materials" fundamentally means nuclear substances, nuclear processing and power generation facilities, and nuclear weapons[42]. Anything "nuclear-related" necessarily is "relating to fissionable materials". A plethora of official Iranian and American statements confirm that the narrow category of sanctions addressed by the Application are "nuclear-related". During the provisional measures phase, Iran's Agent recalled that, on 8 May 2018, the United States announced its intention to "reinstat[e] U.S. nuclear sanctions on the Iranian regime"[43]. The United States President's remarks on that date indeed began with the statement: "I want to update the world on our efforts to prevent Iran from acquiring a nuclear weapon", and concluded: "it is clear to me that we cannot prevent an Iranian nuclear bomb" under the JCPOA[44]. Thus, the very 8 May 2018 decision that is the *fons et origo* of Iran's claims in these proceedings evidently "related to" concerns regarding nuclear proliferation in Iran. This is further confirmed by the text of the JCPOA itself, as well as statements made by the participants at the time the JCPOA was finalized. Paragraph v of the JCPOA's preamble states that the Plan "will produce the comprehensive lifting of . . . national sanctions *related to Iran's nuclear programme*"[45]. Paragraph 24 of the JCPOA goes on to state that "[t]he E3/EU and the United States specify in Annex II a full and complete list *of all nuclear-related sanctions or restrictive measures* and will lift them in accordance with Annex V"[46]. In Section 4 of Annex II to the JCPOA, the United States "commits to cease the application of, and to seek such legislative action as may be appropriate to terminate, or modify to effectuate the termination of, *all nuclear-related sanctions* as specified in Sections 4.1-

---

[41] These include resolutions 1747 (2007), 1803 (2008) and 1929 (2010).

[42] The *Oxford English Dictionary* defines the word "fissionable" as "[c]apable of undergoing nuclear fission": "fissionable, adj.", *OED Online*, Oxford University Press, accessed in September 2020.

[43] CR 2018/16, p. 19, para. 3 (Mohebi).

[44] Application instituting proceedings submitted by the Islamic Republic of Iran, Ann. 3: Remarks by President Trump on the Joint Comprehensive Plan of Action, 8 May 2018, pp. 1-2.

[45] MI, annexes, Vol. I, Ann. 10, JCPOA, preamble, para. v, p. 97; emphasis added.

[46] *Ibid.*, JCPOA, para. 24, p. 104; emphasis added.

un lien intrinsèque absolu, telles des sœurs siamoises. Au contraire, ce lien est le plus distant que l'on puisse imaginer. Il est compréhensible que le traité d'amitié ait voulu laisser aux Parties une telle souplesse s'agissant des substances fissiles, puisqu'à l'époque où ce traité a été conclu, en 1955, les questions de prolifération nucléaire étaient extrêmement sensibles et cruciales pour la paix et la sécurité internationales (et le sont toujours aujourd'hui). Les mesures punitives sont considérées comme un outil important contre la prolifération nucléaire, comme en témoignent plusieurs résolutions du Conseil de sécurité des Nations Unies visant le programme nucléaire iranien et autorisant des sanctions contre l'Iran[41].

19. L'on ne saurait nier que les termes « substances fissiles » évoquent principalement les substances nucléaires et leur traitement, les centrales nucléaires et les armes nucléaires[42]. Toutes choses « liées au nucléaire » sont nécessairement des choses « [c]oncernant les substances fissiles ». D'innombrables déclarations officielles iraniennes et américaines confirment que les sanctions de la catégorie restreinte de sanctions visée par la requête de l'Iran sont « liées au nucléaire ». Au stade des mesures conservatoires, l'agent de l'Iran a rappelé que, le 8 mai 2018, les Etats-Unis avaient annoncé leur intention de « rétablir les sanctions nucléaires imposées au régime iranien »[43]. De fait, le président américain commence la déclaration qu'il a faite ce jour-là en ces termes : « je souhaiterais aujourd'hui informer le monde de nos efforts pour empêcher l'Iran d'acquérir l'arme nucléaire », et la conclut comme suit : « il m'apparaît clairement que ce n'est pas dans le cadre [du plan d'action] que nous pouvons empêcher une bombe nucléaire iranienne »[44]. Ainsi, la décision du 8 mai 2018, qui constitue le *fons et origo* des demandes de l'Iran en l'espèce, « concernait » elle-même, à l'évidence, des préoccupations au sujet de la prolifération nucléaire en Iran. Le texte du plan d'action le confirme également, tout comme des déclarations faites par les participants lorsque cet instrument a été parachevé. Au point v de son préambule, le plan d'action annonce qu'il « entraînera la levée de toutes les sanctions … nationales *relatives au programme nucléaire de l'Iran* »[45]. Au paragraphe 24, il indique que « [l]e groupe E3/EU et les Etats-Unis fournissent, dans l'annexe II, une liste complète et détaillée *de toutes les sanctions et mesures restrictives liées aux activités nucléaires* qu'ils lèveront conformément à l'annexe V »[46]. A la section 4 de l'annexe II du plan d'action, les Etats-Unis « s'engagent à cesser d'appliquer *toutes les sanctions liées au*

---

[41] Dont les résolutions 1747 (2007), 1803 (2008) et 1929 (2010).

[42] Selon l'*Oxford English Dictionary*, le terme « fissile » (« *fissionable*, adj. ») désigne ce qui est susceptible de subir la fission nucléaire. *OED Online* (Oxford University Press), consulté en septembre 2020.

[43] CR 2018/16, p. 19, par. 3 (Mohebi).

[44] Requête introductive d'instance de la République islamique d'Iran, annexe 3, remarques du président Trump sur le *Joint Comprehensive Plan of Action*, 8 mai 2018, p. 1-2.

[45] MI, annexes, vol. I, annexe 10, Plan d'action, préambule, point v, p. 97 ; les italiques sont de moi.

[46] *Ibid.*, Plan d'action, par. 24, p. 104 ; les italiques sont de moi.

4.9 below"[47]. Thus, both the United States and Iran accepted the text of an agreement that stipulated, multiple times and in clear terms, that the sanctions the United States would suspend were "related to" Iran's nuclear programme. In July 2015, just as the JCPOA was finalized, the European Union's High Representative and the Iranian Foreign Minister issued a joint statement in which they announced that they had "reached an agreement on the Iranian nuclear issue"[48]. The Joint Statement went on to note that the JCPOA "includes Iran's own long-term plan with agreed *limitations on Iran's nuclear program*, and will produce the comprehensive lifting of all UN Security Council sanctions as well as multilateral and *national sanctions related to Iran's nuclear programme*"[49].

C. Iran Has Admitted in These very Proceedings that the Sanctions It Attacks Are "Nuclear-related"

20. Similar acknowledgments of the "nuclear-related" nature of the United States sanctions can be found in the context of these proceedings themselves. During the provisional measures stage of the proceedings, Iran's Agent stated as follows:

"Let me recall the factual background of the decision of the United States *to reimpose and to aggravate nuclear-related sanctions* and restrictive measures. These *'nuclear-related' sanctions*, Mr. President, which Iran has always considered as unlawful, had been built up by the United States, first back in 1996 and then in 2006 and afterwards, through a series of legislative and executive acts targeting entire economic sectors as well as several Iranian individuals."[50]

In its Memorial, Iran recognizes that "the JCPOA lifted sanctions whose motivation was related to an alleged Iranian military nuclear programme"[51]. In Chapter II of its Memorial, Iran states that it will describe "in detail the *re-imposed 'nuclear-related sanctions'* in order to clarify their purpose, scope, specific terms, and implementation"[52]. In its observations and submissions on the United States' preliminary objections, Iran states straightforwardly that:

---

[47] MI, Annexes, Ann. 10, JCPOA, Ann. II, Sec. 4, p. 131; emphasis added.

[48] POUS, Ann. 118, Joint Statement by EU High Representative Federica Mogherini and Iranian Foreign Minister M. Javad Zarif, 14 July 2015, p. 1.

[49] *Ibid.*, p. 2; emphasis added.

[50] CR 2018/16, p. 21, para. 10 (Mohebi); emphasis added.

[51] MI, para. 9.21.

[52] *Ibid.*, para. 2.4; emphasis added.

nucléaire énoncées dans les sections 4.1 à 4.9 ... et à s'efforcer d'obtenir des mesures législatives appropriées ou la modification des textes en vigueur pour y mettre fin»[47]. Ainsi, tant les Etats-Unis que l'Iran ont accepté le texte d'un accord qui dispose, à maintes reprises et en des termes clairs, que les sanctions américaines qui vont être levées sont des sanctions «[c]oncernant» le programme nucléaire iranien. Dans une déclaration conjointe publiée en juillet 2015, au moment où le plan d'action venait d'être mis au point, la haute représentante de l'Union européenne pour les affaires étrangères et la politique de sécurité et le ministre iranien des affaires étrangères ont annoncé être «parvenus à un accord sur la question nucléaire iranienne»[48]. Ils ajoutaient dans cette déclaration que le plan d'action intégrait «le propre plan à long terme de l'Iran, avec des *restrictions au programme nucléaire iranien* arrêtées d'un commun accord, et entraînera[it] la levée de toutes les sanctions imposées par le Conseil de sécurité des Nations Unies et des sanctions multilatérales ou *nationales relatives au programme nucléaire de l'Iran*»[49].

C. *L'Iran a lui-même admis pendant la procédure que les sanctions contestées étaient «liées au nucléaire»*

20. L'on trouve dans le contexte même de la présente instance d'autres exemples de la reconnaissance par l'Iran de la nature «lié[e] au nucléaire» des sanctions américaines. Au stade des mesures conservatoires, l'agent de l'Iran a déclaré ce qui suit:

> «Permettez-moi de rappeler le contexte factuel de la décision des Etats-Unis *de rétablir et durcir* les mesures restrictives et *les sanctions contre le nucléaire iranien. Ces «sanctions liées»* au nucléaire, Monsieur le président, que l'Iran a toujours jugées illicites, ont été multipliées par les Etats-Unis, d'abord en 1996, puis en 2006 et au-delà, au moyen d'une série de textes adoptés par les pouvoirs législatif et exécutif pour cibler des secteurs entiers de l'économie iranienne ainsi que de nombreux ressortissants iraniens.»[50]

Dans son mémoire, l'Iran reconnaît que «le plan d'action a levé des sanctions qui avaient été motivées par l'existence d'un prétendu programme militaire nucléaire iranien»[51]. Au chapitre II de cet exposé écrit, il annonce qu'il «décrira de façon détaillée les *«sanctions liées au nucléaire» telles qu'elles ont été rétablies*, afin d'en clarifier le but, la portée, les modalités particulières et la mise en œuvre»[52]. Dans ses observations et conclusions sur les exceptions préliminaires des Etats-Unis, l'Iran dit sans détour que

---

[47] MI, annexes, annexe 10, Plan d'action, annexe II, sect. 4, p. 131; les italiques sont de moi.

[48] EPEU, annexe 118, Joint Statement by EU High Representative Federica Mogherini and Iranian Foreign Minister M. Javad Zarif, 14 juillet 2015, p. 1.

[49] *Ibid.*, p. 2; les italiques sont de moi.

[50] CR 2018/16, p. 21, par. 10 (Mohebi); les italiques sont de moi.

[51] MI, par. 9.21.

[52] *Ibid.*, par. 2.4; les italiques sont de moi.

"The Application filed by Iran in the present case deals with questions based on legal considerations: namely, whether the United States, *by reimposing nuclear-related sanctions after the 8 May 2018* [sic], has breached its legal obligations under a valid international treaty, the Treaty of Amity."[53]

D. Court Precedents Accept Statements against Interest *"as a Form of Admission"*

21. As the Court stated in *Military and Paramilitary Activities in and against Nicaragua*,

"[t]he material before the Court . . . includes statements by representatives of States, sometimes at the highest political level. Some of these statements were made before official organs of the State or of an international or regional organization, and appear in the official records of those bodies. Others, made during press conferences or interviews, were reported by the local or international press. The Court takes the view that statements of this kind, emanating from high-ranking official political figures, sometimes indeed of the highest rank, are of particular probative value when they acknowledge facts or conduct unfavourable to the State represented by the person who made them. They may then be construed as a form of admission."[54]

As described above, in the present case, the "nuclear-related" nature of the sanctions at issue in this case has been acknowledged not only in official statements of high-ranking Iranian officials, but in the text of the JCPOA itself and in discussions of that instrument. Furthermore, such statements were also made by Iran's Agent himself during the very first hearing in this case, as well as repeatedly in Iran's Memorial submitted in this proceeding and in its observations and submissions on the United States' preliminary objections. These statements thus constitute admissions against interest[55].

E. Application of the Vienna Convention on the Law of Treaties

22. The Court has not referred in respect of this issue to the Vienna Convention on the Law of Treaties (hereinafter the "VCLT").

---

[53] Observations and Submissions on the US Preliminary Objections Submitted by the Islamic Republic of Iran, para. 4.34 *(b)*; emphasis added.

[54] *Military and Paramilitary Activities in and against Nicaragua (Nicaragua* v. *United States of America), Merits, Judgment, I.C.J. Reports 1986*, p. 41, para. 64; see also *Armed Activities on the Territory of the Congo (Democratic Republic of the Congo* v. *Uganda), Judgment, I.C.J. Reports 2005*, p. 206, para. 78.

[55] "Admission", *Black's Law Dictionary* (11th ed., 2019) (defining an admission against interest as "[a] person's statement acknowledging a fact that is harmful to the person's position, [especially] as a litigant").

« [l]a requête déposée par l'Iran en l'espèce soulève des questions fondées sur des considérations juridiques, qui consistent à savoir si, *en rétablissant des sanctions liées au nucléaire après le 8 mai 2018* [sic], les Etats-Unis ont manqué aux obligations juridiques qui leur incombaient au titre d'un instrument international valide, le traité d'amitié » [53].

D. *Dans la jurisprudence de la Cour, les déclarations contraires aux intérêts de leur auteur sont acceptées « comme une sorte d'aveu »*

21. Ainsi que l'a dit la Cour dans l'affaire des *Activités militaires et paramilitaires au Nicaragua et contre celui-ci,*

« [l]e dossier soumis à la Cour contient … des déclarations de représentants d'Etats, parfois du plus haut niveau dans la hiérarchie politique. Certaines de ces déclarations ont été faites devant des organes officiels de l'Etat ou d'une organisation régionale ou internationale et figurent dans les comptes rendus officiels de ces institutions. D'autres, prononcées lors de conférences de presse ou d'interviews, ont été rapportées par la presse écrite locale ou internationale. La Cour considère que des déclarations de cette nature, émanant de personnalités politiques officielles de haut rang, parfois même du rang le plus élevé, possèdent une valeur probante particulière lorsqu'elles reconnaissent des faits ou des comportements défavorables à l'Etat que représente celui qui les a formulées. Elles s'analysent alors en une sorte d'aveu. » [54]

Comme il a été dit plus haut, en l'espèce, la nature « lié[e] au nucléaire » des sanctions en cause a été reconnue non seulement dans les déclarations officielles de hauts représentants iraniens, mais également dans le texte même du plan d'action et dans les commentaires portant sur cet instrument. En outre, l'agent de l'Iran en personne a fait des déclarations semblables à la toute première audience en l'affaire, et on en trouve plusieurs autres dans le mémoire et dans les observations et conclusions sur les exceptions préliminaires des Etats-Unis que l'Iran a soumis en la présente instance. Ces déclarations constituent ainsi un aveu tacite [55].

E. *Application de la convention de Vienne sur le droit des traités*

22. Pour examiner la question, la Cour ne s'est pas référée à la convention de Vienne sur le droit des traités (ci-après la « convention de Vienne »).

---

[53] Observations et conclusions de la République islamique d'Iran sur les exceptions préliminaires des Etats-Unis d'Amérique, par. 4.34 *b*) ; les italiques sont de moi.

[54] *Activités militaires et paramilitaires au Nicaragua et contre celui-ci (Nicaragua c. Etats-Unis d'Amérique), fond, arrêt, C.I.J. Recueil 1986,* p. 41, par. 64 ; voir aussi *Activités armées sur le territoire du Congo (République démocratique du Congo c. Ouganda), arrêt, C.I.J. Recueil 2005,* p. 206, par. 78.

[55] *« Admission against interest »,* ce que le dictionnaire juridique de langue anglaise *Black's Law Dictionary* (11e éd., 2019) définit comme « une déclaration par laquelle une personne reconnaît un fait qui lui est défavorable [en particulier] s'il a la qualité de plaideur ».

I suggest that reference to its Article 31 would have been in order. In my view, application of Article 31 (1), interpreting Article XX, paragraph 1 *(b),* of the Treaty of Amity "in good faith in accordance with the ordinary meaning to be given to the terms of the treaty in their context and in the light of its object and purpose" should have led to the conclusion that the United States' preliminary objection based on paragraph 1 *(b)* requires the dismissal of the Application. The "ordinary meaning" of "relating to fissionable materials" could not be in doubt. The Treaty of Amity's context included nothing listed in Article 31 (2) of the VCLT other than the Treaty of Amity's "text, including its preamble and annexes", of which latter there are none. The Treaty of Amity's preamble, which sets the "object and purpose" intended to be reflected in its articles, reads as follows:

> "The United States of America and Iran, *desirous of* emphasizing the friendly relations which have long prevailed between their peoples, of reaffirming the high principles in the regulation of human affairs to which they are committed, of *encouraging mutually beneficial trade and investments and closer economic intercourse generally between their peoples*, and of regulating consular relations, have resolved to conclude, on the basis of reciprocal equality of treatment, a Treaty of Amity, Economic Relations, and Consular Rights" (emphasis added).

The fact that the Treaty of Amity's preamble, for present purposes, focuses on "encouraging mutually beneficial trade and investments and closer economic intercourse generally between their peoples" and, overall, is — as I noted in my separate opinion in *Certain Iranian Assets* (para. 19) — "essentially commercial in nature", in no way is inconsistent with the Treaty of Amity's inclusion of provisions such as paragraph 1 *(b)*, and also *(d)*, which provide the two States parties a "safe exit" from their mutual commerce, if and when serious issues arise that militate against continuation of such commerce or dictate the need for its limitation. Unlike paragraph 1 *(d)*, however, given its language, paragraph 1 *(b)* is subject to being decided as a preliminary matter. Alone, the "context" of the terms of the Treaty of Amity itself is significant. In that sense, paragraph 1 of Article XX itself is contextually material, in that the scope of "relating to fissionable materials" in paragraph 1 *(b)* obviously is quite different from that of "regulating" either "the importation or exportation of gold or silver" in paragraph 1 *(a)* or "the production of or traffic in arms", etc. in paragraph 1 *(c)*, to say nothing of "necessary to protect its essential security interests" in paragraph 1 *(d)*. Nothing in the VCLT's Article 31 (3) *(a)* or *(c)* is applicable here, nor is Article 31 (4).

Or, je suis d'avis qu'il y avait lieu d'en appliquer l'article 31. Selon moi, si l'on avait interprété l'alinéa *b)* du paragraphe 1 de l'article XX du traité d'amitié «de bonne foi suivant le sens ordinaire à attribuer aux termes du traité dans leur contexte et à la lumière de son objet et de son but», conformément au paragraphe 1 de l'article 31 de la convention de Vienne, force aurait été de conclure que l'exception préliminaire des Etats-Unis fondée sur ledit alinéa *b)* emportait rejet de la requête. Le «sens ordinaire» des termes «[c]oncernant les substances fissiles» ne pouvait faire aucun doute. Quant au contexte du traité d'amitié, il ne comprenait, parmi les éléments énoncés au paragraphe 2 de l'article 31 de la convention de Vienne, que «le texte, préambule et annexes inclus» (ces dernières étant inexistantes) du traité. Le préambule, qui énonce «l'objet et le but» qu'entendent refléter les articles du traité d'amitié, se lit comme suit :

> «Les Etats-Unis d'Amérique et l'Iran, *animés* du désir de dévelop-per les relations amicales qui unissent depuis longtemps leurs deux peuples, de réaffirmer dans la direction des affaires humaines les principes supérieurs auxquels ils sont attachés, *d'encourager les échanges et les investissements mutuellement profitables et l'établisse-ment de relations économiques plus étroites entre leurs peuples* et de régler leurs relations consulaires, ont décidé de conclure, sur la base de l'égalité réciproque de traitement, un Traité d'amitié, de com-merce et de droits consulaires». (Les italiques sont de moi.)

Aux fins de l'espèce, le fait que le traité d'amitié, dans son préambule, insiste sur la volonté d'«encourager les échanges et les investissements mutuellement profitables et l'établissement de relations économiques plus étroites entre leurs peuples», et soit globalement «de nature essentielle-ment commerciale», comme je l'ai fait observer dans mon opinion indivi-duelle en l'affaire relative à *Certains actifs iraniens* (par. 19), n'est nullement incompatible avec l'existence de dispositions telles que l'ali-néa *b)* du paragraphe 1, et aussi l'alinéa *d)*, qui offrent aux deux Etats parties une «issue de secours» pour sortir de leurs relations commerciales si surgissaient des problèmes sérieux exigeant de limiter, voire de ne pas poursuivre, ces relations. Cependant, contrairement à l'alinéa *d)*, l'ali-néa *b)* du paragraphe 1 est, par son libellé, susceptible d'être examiné à un stade préliminaire. Le «contexte» des termes du traité d'amitié est à lui seul significatif. En ce sens, le paragraphe 1 de l'article XX lui-même est un élément de contexte pertinent en ce que les termes «[c]oncernant les substances fissiles» figurant à son alinéa *b)* ont à l'évidence une portée assez différente de celle de la notion de «[r]églement[ation]», qu'il s'agisse de réglementer «l'importation ou l'exportation de l'or ou de l'argent», comme prévu à l'alinéa *a)*, ou «la production ou le commerce des armes» et autres, comme prévu à l'alinéa *c)*, sans parler de l'expression «néces-saires ... à la protection des intérêts vitaux ... sur le plan de la sécurité» à l'alinéa *d)* du même paragraphe 1. Les alinéas *a)* ou *c)* du paragraphe 3 de l'article 31 de la convention de Vienne ne sont en rien applicables ici, et le paragraphe 4 ne l'est pas davantage.

23. What is left as regards application of the VCLT are Article 31 (3) *(b)*, "[a]ny subsequent practice in the application of the treaty which establishes the agreement of the parties regarding its interpretation", and Article 32, "supplementary means of interpretation", which include, but are not limited to, the *travaux préparatoires*, of which nothing relevant to paragraph 1 *(b)* has been submitted, and "the circumstances of [the treaty's] conclusion". As to those "circumstances", one can note again that even at the time the Treaty of Amity was concluded in 1955, issues of nuclear proliferation were highly sensitive and critical to international peace and security. Certainly, the United States would have wished effectively to reserve the right to take "measures", otherwise violative of the Treaty of Amity, in order to suppress possible nuclear proliferation, and to which Iran at that time easily would have agreed. It was the height of the Cold War, in which period a number of mutual defence treaties and other regional alliances were formed. Indeed, it is well known that precisely in 1955, President Eisenhower, as President of the United States, and his Secretary of State, John Foster Dulles, promoted and supported in many ways the formation that very year, on 24 February, of the Middle East Treaty Organization (METO), known as the Baghdad Pact, the member States of which were Iran, Iraq, Pakistan, Turkey and the United Kingdom, which later became the Central Treaty Organization (hereinafter "CENTO"). The Treaty of Amity was signed on 15 August 1955, just six months later[56]. CENTO terminated in 1979, the year of the Islamic Revolution in Iran. Given that "supplementary means of interpretation" are not defined, the many statements set forth above of authorized representatives of Iran and the United States, as well as the language of the JCPOA itself, to the effect that precisely those sanctions that are the subject of the Application are "nuclear-related", should have settled the meaning of paragraph 1 *(b)* and led to the dismissal of the present Application.

(Signed) Charles N. BROWER.

---

[56] See "CENTO", *Digest of International Law*, Vol. 12, Washington, DC: US Government Printing Office, 1971, p. 886.

23. Il ne reste, aux fins de l'application de la convention de Vienne, que l'élément prévu à l'alinéa *b)* du paragraphe 3 de l'article 31, à savoir l'éclairage qu'offre «toute pratique ultérieurement suivie dans l'application du traité par laquelle est établi l'accord des parties à l'égard de l'interprétation du traité», et les «[m]oyens complémentaires d'interprétation» prévus à l'article 32, qui comprennent, sans s'y limiter, les travaux préparatoires, lesquels n'apportent rien de pertinent pour analyser l'alinéa *b)* du paragraphe 1 de l'article XX du traité d'amitié, et les «circonstances dans lesquelles le traité a été conclu». A propos de ces dernières, il convient de rappeler une fois de plus que, même à l'époque où le traité d'amitié a été conclu, en 1955, les questions de prolifération nucléaire étaient extrêmement sensibles et cruciales pour la paix et la sécurité internationales. Nul doute que les Etats-Unis auront effectivement souhaité se réserver le droit de prendre des «mesures», contraires au traité d'amitié dans d'autres circonstances, pour mettre un terme à une possible prolifération nucléaire, et que l'Iran à l'époque y aura volontiers consenti. C'était au plus fort de la guerre froide, à une période où étaient conclus nombre de traités et autres alliances régionales de défense mutuelle. De fait, il est notoire que c'est précisément en 1955 que le président des Etats-Unis, le général Eisenhower, et son secrétaire d'Etat, John Foster Dulles, ont encouragé et soutenu de diverses manières la formation, le 24 février, du traité d'organisation du Moyen-Orient, connu sous le nom de pacte de Bagdad, dont les Etats membres étaient l'Iran, l'Iraq, le Pakistan, le Royaume-Uni et la Turquie, et qui devint par la suite l'Organisation du traité central (ou CENTO d'après son acronyme anglais). Le traité d'amitié fut signé le 15 août 1955, juste six mois plus tard[56]. Le CENTO prit fin en 1979, année de la révolution islamique en Iran. Les «[m]oyens complémentaires d'interprétation» n'étant pas définis, les nombreuses déclarations de représentants autorisés de l'Iran et des Etats-Unis que j'ai mentionnées plus haut, ainsi que le langage du plan d'action lui-même, qui indiquent tous que ce sont précisément les sanctions objet de la requête qui sont «liées au nucléaire», pouvaient servir à déterminer le sens de l'alinéa *b)* du paragraphe 1 et auraient dû avoir conduit au rejet de ladite requête.

(Signé) Charles N. BROWER.

---

[56] Voir «CENTO», *Digest of International Law*, vol. 12, Washington, DC, US Government Printing Office, 1971, p. 886.

COUR INTERNATIONALE DE JUSTICE

RECUEIL DES ARRÊTS,
AVIS CONSULTATIFS ET ORDONNANCES

VIOLATIONS ALLÉGUÉES
DU TRAITÉ D'AMITIÉ, DE COMMERCE
ET DE DROITS CONSULAIRES DE 1955

(RÉPUBLIQUE ISLAMIQUE D'IRAN c. ÉTATS-UNIS
D'AMÉRIQUE)

ORDONNANCE DU 3 FÉVRIER 2021

2021

INTERNATIONAL COURT OF JUSTICE

REPORTS OF JUDGMENTS,
ADVISORY OPINIONS AND ORDERS

ALLEGED VIOLATIONS
OF THE 1955 TREATY OF AMITY, ECONOMIC
RELATIONS, AND CONSULAR RIGHTS

(ISLAMIC REPUBLIC OF IRAN v. UNITED STATES
OF AMERICA)

ORDER OF 3 FEBRUARY 2021

Mode officiel de citation:

*Violations alléguées du traité d'amitié, de commerce
et de droits consulaires de 1955 (République islamique d'Iran c. Etats-Unis
d'Amérique), ordonnance du 3 février 2021,
C.I.J. Recueil 2021*, p. 68

Official citation:

*Alleged Violations of the 1955 Treaty of Amity, Economic Relations,
and Consular Rights (Islamic Republic of Iran v. United States
of America), Order of 3 February 2021,
I.C.J. Reports 2021*, p. 68

| Nº de vente | |
| Sales number: | **1216** |

ISSN 0074-4441
ISBN 978-92-1-003877-5

3 FÉVRIER 2021

ORDONNANCE

VIOLATIONS ALLÉGUÉES
DU TRAITÉ D'AMITIÉ, DE COMMERCE
ET DE DROITS CONSULAIRES DE 1955

(RÉPUBLIQUE ISLAMIQUE D'IRAN c. ÉTATS-UNIS
D'AMÉRIQUE)

———————

ALLEGED VIOLATIONS
OF THE 1955 TREATY OF AMITY, ECONOMIC
RELATIONS, AND CONSULAR RIGHTS

(ISLAMIC REPUBLIC OF IRAN v. UNITED STATES
OF AMERICA)

3 FEBRUARY 2021

ORDER

COUR INTERNATIONALE DE JUSTICE

ANNÉE 2021

2021
3 février
Rôle général
n° 175

3 février 2021

VIOLATIONS ALLÉGUÉES DU TRAITÉ D'AMITIÉ, DE COMMERCE ET DE DROITS CONSULAIRES DE 1955

(RÉPUBLIQUE ISLAMIQUE D'IRAN c. ÉTATS-UNIS D'AMÉRIQUE)

ORDONNANCE

Présents: M. Yusuf, *président*; Mᵐᵉ Xue, *vice-présidente*; MM. Tomka, Abraham, Bennouna, Mᵐᵉ Sebutinde, MM. Bhandari, Robinson, Gevorgian, Salam, Iwasawa, *juges*; MM. Brower, Momtaz, *juges* ad hoc; M. Gautier, *greffier*.

La Cour internationale de Justice,

Ainsi composée,

Après délibéré en chambre du conseil,

Vu l'article 48 du Statut de la Cour et le paragraphe 5 de l'article 79*ter* de son Règlement,

Vu la requête déposée au Greffe de la Cour le 16 juillet 2018, par laquelle la République islamique d'Iran (ci-après l'«Iran») a introduit une instance contre les Etats-Unis d'Amérique (ci-après les «Etats-Unis») au sujet d'un différend concernant de prétendues violations par les Etats-Unis du traité d'amitié, de commerce et de droits consulaires signé par les deux Etats à Téhéran le 15 août 1955 et entré en vigueur le 16 juin 1957 (ci-après le «traité d'amitié»),

Vu l'ordonnance du 10 octobre 2018, par laquelle la Cour a fixé au 10 avril 2019 et au 10 octobre 2019, respectivement, les dates d'expiration

INTERNATIONAL COURT OF JUSTICE

YEAR 2021

3 February 2021

2021
3 February
General List
No. 175

ALLEGED VIOLATIONS
OF THE 1955 TREATY OF AMITY, ECONOMIC
RELATIONS, AND CONSULAR RIGHTS

(ISLAMIC REPUBLIC OF IRAN *v.* UNITED STATES
OF AMERICA)

ORDER

Present: President YUSUF; *Vice-President* XUE; *Judges* TOMKA, ABRAHAM, BENNOUNA, SEBUTINDE, BHANDARI, ROBINSON, GEVORGIAN, SALAM, IWASAWA; *Judges* ad hoc BROWER, MOMTAZ; *Registrar* GAUTIER.

The International Court of Justice,

Composed as above,

After deliberation,

Having regard to Article 48 of the Statute of the Court and to Article 79*ter*, paragraph 5, of the Rules of Court,

Having regard to the Application filed in the Registry of the Court on 16 July 2018, whereby the Islamic Republic of Iran (hereinafter "Iran") instituted proceedings against the United States of America (hereinafter the "United States") with regard to a dispute concerning alleged violations by the United States of the Treaty of Amity, Economic Relations, and Consular Rights, which was signed by the two States in Tehran on 15 August 1955 and entered into force on 16 June 1957 (hereinafter the "Treaty of Amity"),

Having regard to the Order of 10 October 2018, whereby the Court fixed 10 April 2019 and 10 October 2019 as the respective time-limits for

4

du délai pour le dépôt du mémoire de l'Iran et du contre-mémoire des Etats-Unis,

Vu l'ordonnance du 8 avril 2019, par laquelle le président de la Cour a reporté au 24 mai 2019 et au 10 janvier 2020, respectivement, les dates d'expiration des délais pour le dépôt du mémoire de l'Iran et du contre-mémoire des Etats-Unis,

Vu le mémoire de l'Iran déposé dans le délai ainsi prorogé,

Vu les exceptions préliminaires soulevées par le Gouvernement des Etats-Unis le 23 août 2019;

Considérant que le dépôt des exceptions préliminaires des Etats-Unis a eu pour effet, en vertu des dispositions du paragraphe 5 de l'article 79 du Règlement du 14 avril 1978, tel qu'amendé le 1er février 2001, de suspendre la procédure sur le fond;

Considérant que la Cour, par son arrêt en date du 3 février 2021, a déclaré qu'elle avait compétence, en vertu du paragraphe 2 de l'article XXI du traité d'amitié, pour connaître de la requête déposée par l'Iran le 16 juillet 2018, et que ladite requête était recevable,

Fixe au 20 septembre 2021 la date d'expiration du délai pour le dépôt du contre-mémoire des Etats-Unis d'Amérique;

Réserve la suite de la procédure.

Fait en français et en anglais, le texte français faisant foi, au Palais de la Paix, à La Haye, le trois février deux mille vingt et un, en trois exemplaires, dont l'un restera déposé aux archives de la Cour et les autres seront transmis respectivement au Gouvernement de la République islamique d'Iran et au Gouvernement des Etats-Unis d'Amérique.

Le président,
(Signé) Abdulqawi Ahmed YUSUF.

Le greffier,
(Signé) Philippe GAUTIER.

5

the filing of a Memorial by Iran and a Counter-Memorial by the United States,

Having regard to the Order of 8 April 2019, whereby the President of the Court extended to 24 May 2019 and 10 January 2020, the respective time-limits for the filing of a Memorial by Iran and a Counter-Memorial by the United States,

Having regard to the Memorial of Iran filed within the time-limit thus extended,

Having regard to the preliminary objections raised by the Government of the United States on 23 August 2019;

Whereas, under the provisions of Article 79, paragraph 5, of the Rules of Court of 14 April 1978, as amended on 1 February 2001, the filing of preliminary objections by the United States had the effect of suspending the proceedings on the merits;

Whereas, by its Judgment of 3 February 2021, the Court found that it had jurisdiction, on the basis of Article XXI, paragraph 2, of the Treaty of Amity, to entertain the Application filed by Iran on 16 July 2018, and that the said Application was admissible,

Fixes 20 September 2021 as the time-limit for the filing of the Counter-Memorial of the United States of America; and

Reserves the subsequent procedure for further decision.

Done in French and in English, the French text being authoritative, at the Peace Palace, The Hague, this third day of February, two thousand and twenty-one, in three copies, one of which will be placed in the archives of the Court and the others transmitted to the Government of the Islamic Republic of Iran and the Government of the United States of America, respectively.

(Signed) Abdulqawi Ahmed YUSUF,
President.

(Signed) Philippe GAUTIER,
Registrar.

ISBN 978-92-1-003877-5

INTERNATIONAL COURT OF JUSTICE

REPORTS OF JUDGMENTS,
ADVISORY OPINIONS AND ORDERS

APPLICATION
OF THE INTERNATIONAL CONVENTION
ON THE ELIMINATION OF ALL FORMS
OF RACIAL DISCRIMINATION

(QATAR *v.* UNITED ARAB EMIRATES)

PRELIMINARY OBJECTIONS

JUDGMENT OF 4 FEBRUARY 2021

2021

COUR INTERNATIONALE DE JUSTICE

RECUEIL DES ARRÊTS,
AVIS CONSULTATIFS ET ORDONNANCES

APPLICATION
DE LA CONVENTION INTERNATIONALE
SUR L'ÉLIMINATION DE TOUTES LES FORMES
DE DISCRIMINATION RACIALE

(QATAR *c.* ÉMIRATS ARABES UNIS)

EXCEPTIONS PRÉLIMINAIRES

ARRÊT DU 4 FÉVRIER 2021

Official citation:

*Application of the International Convention
on the Elimination of All Forms of Racial Discrimination
(Qatar v. United Arab Emirates), Preliminary Objections, Judgment,
I.C.J. Reports 2021*, p. 71

———————

Mode officiel de citation :

*Application de la convention internationale
sur l'élimination de toutes les formes de discrimination raciale
(Qatar c. Emirats arabes unis), exceptions préliminaires, arrêt,
C.I.J. Recueil 2021*, p. 71

	Sales number	
ISSN 0074-4441	N° de vente:	**1221**
ISBN 978-92-1-003883-6		

4 FEBRUARY 2021

JUDGMENT

APPLICATION
OF THE INTERNATIONAL CONVENTION
ON THE ELIMINATION OF ALL FORMS
OF RACIAL DISCRIMINATION

(QATAR *v.* UNITED ARAB EMIRATES)

PRELIMINARY OBJECTIONS

———————

APPLICATION
DE LA CONVENTION INTERNATIONALE
SUR L'ÉLIMINATION DE TOUTES LES FORMES
DE DISCRIMINATION RACIALE

(QATAR c. ÉMIRATS ARABES UNIS)

EXCEPTIONS PRÉLIMINAIRES

4 FÉVRIER 2021

ARRÊT

71

TABLE OF CONTENTS

4

TABLE DES MATIÈRES

INTERNATIONAL COURT OF JUSTICE

YEAR 2021

2021
4 February
General List
No. 172

4 February 2021

APPLICATION
OF THE INTERNATIONAL CONVENTION
ON THE ELIMINATION OF ALL FORMS
OF RACIAL DISCRIMINATION

(QATAR *v.* UNITED ARAB EMIRATES)

PRELIMINARY OBJECTIONS

Factual background.
Measures announced by the United Arab Emirates ("UAE") on 5 June 2017 — Severance of diplomatic relations with Qatar — Entry ban — Travel bans — Expulsion order — Closure by UAE of airspace and seaports — Additional measures relating to Qatari media corporations and speech in support of Qatar — Communication of Qatar submitted to the Committee on the Elimination of Racial Discrimination ("CERD Committee") on 8 March 2018 — Decisions on jurisdiction and admissibility of inter-State communication given by the CERD Committee on 27 August 2019 — CERD Committee rejects preliminary exceptions raised by the UAE — Appointment of an ad hoc *Conciliation Commission.*

*

Jurisdictional basis invoked and preliminary objections raised.
Article 22 of the International Convention on the Elimination of All Forms of Racial Discrimination ("CERD") — Preliminary objection to jurisdiction ratione materiae *— Preliminary objection based on alleged failure to satisfy procedural preconditions of Article 22 of CERD.*

*

5

COUR INTERNATIONALE DE JUSTICE

ANNÉE 2021

2021
4 février
Rôle général
n° 172

4 février 2021

APPLICATION
DE LA CONVENTION INTERNATIONALE
SUR L'ÉLIMINATION DE TOUTES LES FORMES
DE DISCRIMINATION RACIALE

(QATAR c. ÉMIRATS ARABES UNIS)

EXCEPTIONS PRÉLIMINAIRES

Contexte factuel.
Mesures annoncées par les Emirats arabes unis le 5 juin 2017 — Rupture des relations diplomatiques avec le Qatar — Interdiction de séjour — Interdictions d'entrée — Décision d'expulsion — Fermeture de l'espace aérien et des ports maritimes par les Emirats arabes unis — Mesures additionnelles concernant les médias qatariens et les expressions de soutien au Qatar — Communication du Qatar adressée le 8 mars 2018 au Comité pour l'élimination de la discrimination raciale (ci-après le « Comité de la CIEDR ») — Décisions rendues le 27 août 2019 par le Comité de la CIEDR sur sa compétence et la recevabilité de la communication — Rejet par le Comité de la CIEDR des exceptions préliminaires soulevées par les Emirats arabes unis — Constitution d'une commission de conciliation ad hoc.

*

Base de compétence invoquée et exceptions préliminaires soulevées.
Article 22 de la convention sur l'élimination de toutes les formes de discrimination raciale (ci-après la « CIEDR ») — Exception préliminaire d'incompétence ratione materiae *— Exception préliminaire fondée sur le non-respect allégué des conditions procédurales préalables prévues à l'article 22 de la CIEDR.*

*

5

Subject-matter of the dispute.
Applicant required to indicate subject-matter of dispute in its application —
Court itself determines subject-matter of dispute on objective basis.
Qatar makes three claims of racial discrimination — First claim arising out of
travel bans and expulsion order — Second claim arising from restrictions on
Qatari media corporations — Third claim that measures taken result in "indirect
discrimination" on the basis of Qatari national origin.

Claim arising out of travel bans and expulsion order — Qatar's contention that
express reference to Qatari nationals constitutes discrimination on basis of current
nationality — UAE's argument that such differentiation based on nationality does
not violate CERD — Parties hold opposing views on whether the term "national
origin" in Article 1, paragraph 1, of CERD encompasses current nationality.

Claim arising from restrictions on Qatari media corporations — Disagreement
on whether measures directly targeted those corporations in a racially discrimina-
tory manner.
Claim of "indirect discrimination" against persons of Qatari national origin —
Qatar's assertion that expulsion order and travel bans give rise to "indirect dis-
crimination" — Qatar's allegations that restrictions on media corporations and
limitations on freedom of expression result in "indirect discrimination" — UAE's
contention that claim was not presented in Application — Rules of Court do not
preclude Qatar from refining the legal arguments presented in its Application or
advancing new arguments — Parties hold opposing views over Qatar's claim that
UAE has engaged in "indirect discrimination".

Conclusion that the Parties disagree in respect of Qatar's three claims that
UAE has violated its obligations under CERD — Parties' disagreements in respect
of these claims form the subject-matter of the dispute.

*

First preliminary objection: jurisdiction ratione materiae.
Question whether term "national origin" encompasses current nationality —
Interpretation of "national origin" in Article 1, paragraph 1, of CERD on the
basis of Article 31 and 32 of the Vienna Convention on the Law of Treaties —
Ordinary meaning of term "national origin" does not encompass current national-
ity — Context in which term used in CERD, in particular paragraphs 2 and 3 of
Article 1, supports ordinary meaning — Ordinary meaning also supported by
object and purpose of CERD — The term "national origin", in accordance with its
ordinary meaning, read in its context and in light of object and purpose of CERD,
does not encompass current nationality — Travaux préparatoires *confirm this*
interpretation — Practice of the CERD Committee — General Recommenda-
tion XXX — Careful consideration by Court of position taken by CERD Committee
therein — Court's conclusion reached using relevant rules of treaty interpretation —
Jurisprudence of regional human rights courts of little help — Conclusion that the

Objet du différend.

Demandeur tenu d'indiquer l'objet du différend dans sa requête — Cour établissant elle-même objectivement l'objet du différend.

Trois chefs de discrimination raciale avancés par le Qatar — Premier chef se rapportant aux interdictions d'entrée et à la décision d'expulsion — Deuxième chef ayant trait aux restrictions imposées à des sociétés de médias qatariennes — Troisième chef consistant à affirmer que les mesures prises entraînent une « discrimination indirecte » fondée sur l'origine nationale qatarienne.

Chef se rapportant aux interdictions d'entrée et à la décision d'expulsion — Affirmation du Qatar selon laquelle la mention expresse des nationaux qatariens constitue une discrimination sur la base de la nationalité actuelle — Argument des Emirats arabes unis selon lequel une telle distinction opérée sur le fondement de la nationalité n'emporte pas violation de la CIEDR — Parties s'opposant sur la question de savoir si l'expression « origine nationale » figurant au paragraphe 1 de l'article premier de la CIEDR englobe la nationalité actuelle.

Chef ayant trait aux restrictions imposées à des sociétés de médias qatariennes — Divergence sur la question de savoir si ces sociétés étaient directement visées par les mesures dans le sens d'une discrimination raciale.

Chef de « discrimination indirecte » à l'encontre de personnes d'origine nationale qatarienne — Assertion du Qatar selon laquelle la décision d'expulsion et les interdictions d'entrée entraînent une « discrimination indirecte » — Allégations du Qatar selon lesquelles les restrictions imposées aux sociétés de médias et les entraves faites à la liberté d'expression entraînent une « discrimination indirecte » — Affirmation des Emirats arabes unis selon laquelle cette demande n'a pas été présentée dans la requête — Règlement de la Cour n'interdisant pas au Qatar d'affiner l'argumentation juridique présentée dans sa requête ou d'avancer de nouveaux moyens — Parties s'opposant sur la question de savoir si, comme l'allègue le Qatar, les Emirats arabes unis se sont livrés à une « discrimination indirecte ».

Conclusion selon laquelle les Parties sont en désaccord au sujet des trois demandes du Qatar imputant aux Emirats arabes unis un manquement aux obligations leur incombant en vertu de la CIEDR — Désaccords entre les Parties sur ces chefs de demande constituant l'objet du différend.

*

Première exception préliminaire : compétence ratione materiae.

Question de savoir si l'expression « origine nationale » englobe la nationalité actuelle — Interprétation de l'expression « origine nationale » figurant au paragraphe 1 de l'article premier de la CIEDR fondée sur les articles 31 et 32 de la convention de Vienne sur le droit des traités — Sens ordinaire de l'expression « origine nationale » n'englobant pas la nationalité actuelle — Contexte dans lequel l'expression est employée dans la CIEDR, notamment les paragraphes 2 et 3 de l'article premier, confortant le sens ordinaire — Sens ordinaire étant également confirmé par l'objet et le but de la CIEDR — Expression « origine nationale », selon son sens ordinaire, lue dans son contexte et à la lumière de l'objet et du but de la convention, n'englobant pas la nationalité actuelle — Travaux préparatoires confirmant cette interprétation — Pratique du Comité de la CIEDR — Recommandation générale XXX — Examen attentif par la Cour de la position adoptée dans celle-ci par le Comité de la CIEDR — Cour étant parvenue à sa conclusion

6

term "national origin" does not encompass current nationality — First claim consequently does not fall within scope of CERD.

Question whether measures imposed on Qatari media corporations come within scope of CERD — Convention concerns only individuals or groups of individuals — Reference to "institutions" in Article 2, paragraph 1 (a), does not include media corporations — Second claim, which relates to media corporations, does not fall within scope of CERD.

Question whether "indirect discrimination" falls within scope of CERD — Whether measures capable of falling within scope of CERD if, by their purpose or effect, they result in racial discrimination against persons on the basis of their Qatari national origin — Collateral or secondary effects on persons born in Qatar or of Qatari parents, or on family members of Qatari citizens residing in the UAE, do not constitute discrimination under CERD — Measures of which Qatar complains do not entail, either by their purpose or by their effect, racial discrimination under CERD — Court does not have jurisdiction to entertain third claim, which relates to "indirect discrimination".

*

First preliminary objection upheld — No need to consider second preliminary objection.

JUDGMENT

Present: President YUSUF; *Vice-President* XUE; *Judges* TOMKA, ABRAHAM, BENNOUNA, CANÇADO TRINDADE, DONOGHUE, GAJA, SEBUTINDE, BHANDARI, ROBINSON, CRAWFORD, GEVORGIAN, SALAM, IWASAWA; *Judges* ad hoc COT, DAUDET; *Registrar* GAUTIER.

In the case concerning the application of the International Convention on the Elimination of All Forms of Racial Discrimination,

between

the State of Qatar,

represented by

Mr. Mohammed Abdulaziz Al-Khulaifi, Legal Adviser to H.E. the Deputy Prime Minister and Minister for Foreign Affairs of the State of Qatar, Dean of the College of Law, Qatar University,

as Agent;

en recourant aux règles pertinentes d'interprétation des traités — Utilité limitée de la jurisprudence des cours régionales des droits de l'homme — Conclusion selon laquelle l'expression «origine nationale» n'englobe pas la nationalité actuelle — Première demande n'entrant donc pas dans le champ d'application de la CIEDR.

Question de savoir si les mesures imposées à des sociétés de médias qatariennes entrent dans le champ d'application de la CIEDR — Convention ne s'appliquant qu'aux individus ou groupes d'individus — Référence aux «institutions» faite à l'alinéa a) du paragraphe 1 de l'article 2 n'incluant pas les sociétés de médias — Deuxième demande, relative aux sociétés de médias, n'entrant pas dans le champ d'application de la CIEDR.

Question de savoir si la «discrimination indirecte» entre dans le champ de la CIEDR — Question de savoir si les mesures sont susceptibles d'entrer dans le champ d'application de la CIEDR, pour autant que, par leur but ou par leur effet, elles entraînent une discrimination raciale à l'encontre de personnes au motif de leur origine nationale qatarienne — Effets collatéraux ou secondaires sur des personnes nées au Qatar ou de parents qatariens, ou sur des proches de ressortissants qatariens résidant aux Emirats arabes unis, n'étant pas constitutifs de discrimination au sens de la CIEDR — Mesures dont le Qatar tire grief n'opérant pas, par leur but ou par leur effet, une discrimination raciale au regard de la CIEDR — Cour n'ayant pas compétence pour connaître de la troisième demande, relative à la «discrimination indirecte».

*

Première exception préliminaire retenue — Examen de la seconde exception préliminaire n'étant pas nécessaire.

ARRÊT

Présents: M. Yusuf, *président;* Mme Xue, *vice-présidente;* MM. Tomka, Abraham, Bennouna, Cançado Trindade, Mme Donoghue, M. Gaja, Mme Sebutinde, MM. Bhandari, Robinson, Crawford, Gevorgian, Salam, Iwasawa, *juges;* MM. Cot, Daudet, *juges* ad hoc; M. Gautier, *greffier.*

En l'affaire relative à l'application de la convention internationale sur l'élimination de toutes les formes de discrimination raciale,

entre

l'Etat du Qatar,

représenté par

    M. Mohammed Abdulaziz Al-Khulaifi, conseiller juridique auprès de S. Exc. le vice-premier ministre et ministre des affaires étrangères de l'Etat du Qatar, doyen de la faculté de droit de l'Université du Qatar,

comme agent;

7

Mr. Vaughan Lowe, QC, Emeritus Chichele Professor of Public International Law, University of Oxford, member of the Institut de droit international, Essex Court Chambers, member of the Bar of England and Wales,

Mr. Pierre Klein, Professor of International Law, Université libre de Bruxelles,

Ms Catherine Amirfar, Debevoise & Plimpton LLP, member of the Bar of the State of New York,

Mr. Lawrence H. Martin, Foley Hoag LLP, member of the Bars of the District of Columbia and the Commonwealth of Massachusetts,

Mr. Nico Schrijver, Professor of International Law, Leiden University, member of the Institut de droit international,

as Counsel and Advocates;

H.E. Mr. Abdullah bin Hussein Al-Jaber, Ambassador of the State of Qatar to the Kingdom of the Netherlands,

Mr. Ahmad Al-Mana, Ministry of Foreign Affairs of the State of Qatar,

Mr. Jassim Al-Kuwari, Ministry of Foreign Affairs of the State of Qatar,

Mr. Nasser Al-Hamad, Ministry of Foreign Affairs of the State of Qatar,

Ms Hanadi Al-Shafei, Ministry of Foreign Affairs of the State of Qatar,

Ms Hessa Al-Dosari, Ministry of Foreign Affairs of the State of Qatar,

Ms Sara Al-Saadi, Ministry of Foreign Affairs of the State of Qatar,

Ms Amna Al-Nasser, Ministry of Foreign Affairs of the State of Qatar,

Mr. Ali Al-Hababi, Embassy of the State of Qatar in the Netherlands,

Mr. Rashed Al-Naemi, Embassy of the State of Qatar in the Netherlands,

Mr. Abdulla Al-Mulla, Ministry of Foreign Affairs of the State of Qatar,

as Advisers;

Mr. Pemmaraju Sreenivasa Rao, Special Adviser in the Office of the Attorney General of the State of Qatar, former member of the International Law Commission, member of the Institut de droit international,

Mr. Surya Subedi, QC (Hon.), Professor of International Law, University of Leeds, member of the Institut de droit international, Three Stone Chambers, member of the Bar of England and Wales,

Ms Loretta Malintoppi, 39 Essex Chambers, Singapore, member of the Bar of Rome,

Mr. Pierre d'Argent, Professor of International Law, Université catholique de Louvain, member of the Institut de droit international, Foley Hoag LLP, member of the Bar of Brussels,

Mr. Constantinos Salonidis, Foley Hoag LLP, member of the Bars of the State of New York and Greece,

Ms Floriane Lavaud, Debevoise & Plimpton LLP, member of the Bars of the State of New York and Paris, Solicitor of the Senior Courts of England and Wales,

Mr. Ioannis Konstantinidis, Assistant Professor of International Law, College of Law, Qatar University,

Mr. Ali Abusedra, Legal Counsel, Ministry of Foreign Affairs of the State of Qatar,

Ms Merryl Lawry-White, Debevoise & Plimpton LLP, member of the Bar of the State of New York, Solicitor Advocate of the Senior Courts of England and Wales,

M. Vaughan Lowe, QC, professeur émérite de droit international public à l'Université d'Oxford, titulaire de la chaire Chichele, membre de l'Institut de droit international, Essex Court Chambers, membre du barreau d'Angleterre et du pays de Galles,

M. Pierre Klein, professeur de droit international à l'Université libre de Bruxelles,

Mme Catherine Amirfar, cabinet Debevoise & Plimpton LLP, membre du barreau de l'Etat de New York,

M. Lawrence H. Martin, cabinet Foley Hoag LLP, membre des barreaux du district de Columbia et de l'Etat du Massachusetts,

M. Nico Schrijver, professeur de droit international à l'Université de Leyde, membre de l'Institut de droit international,

comme conseils et avocats;

S. Exc. M. Abdullah bin Hussein Al-Jaber, ambassadeur de l'Etat du Qatar auprès du Royaume des Pays-Bas,

M. Ahmad Al-Mana, ministère des affaires étrangères de l'Etat du Qatar,

M. Jassim Al-Kuwari, ministère des affaires étrangères de l'Etat du Qatar,

M. Nasser Al-Hamad, ministère des affaires étrangères de l'Etat du Qatar,

Mme Hanadi Al-Shafei, ministère des affaires étrangères de l'Etat du Qatar,

Mme Hessa Al-Dosari, ministère des affaires étrangères de l'Etat du Qatar,

Mme Sara Al-Saadi, ministère des affaires étrangères de l'Etat du Qatar,

Mme Amna Al-Nasser, ministère des affaires étrangères de l'Etat du Qatar,

M. Ali Al-Hababi, ambassade de l'Etat du Qatar aux Pays-Bas,

M. Rashed Al-Naemi, ambassade de l'Etat du Qatar aux Pays-Bas,

M. Abdulla Al-Mulla, ministère des affaires étrangères de l'Etat du Qatar,

comme conseillers;

M. Pemmaraju Sreenivasa Rao, conseiller spécial auprès du bureau du procureur général de l'Etat du Qatar, ancien membre de la Commission du droit international, membre de l'Institut de droit international,

M. Surya Subedi, QC (Hon.), professeur de droit international à l'Université de Leeds, membre de l'Institut de droit international, Three Stone Chambers, membre du barreau d'Angleterre et du pays de Galles,

Mme Loretta Malintoppi, 39 Essex Chambers (Singapour), membre du barreau de Rome,

M. Pierre d'Argent, professeur de droit international à l'Université catholique de Louvain, membre de l'Institut de droit international, cabinet Foley Hoag LLP, membre du barreau de Bruxelles,

M. Constantinos Salonidis, cabinet Foley Hoag LLP, membre des barreaux de l'Etat de New York et de Grèce,

Mme Floriane Lavaud, cabinet Debevoise & Plimpton LLP, membre des barreaux de l'Etat de New York et de Paris, *solicitor* près les juridictions supérieures d'Angleterre et du pays de Galles,

M. Ioannis Konstantinidis, professeur adjoint de droit international à la faculté de droit de l'Université du Qatar,

M. Ali Abusedra, conseiller juridique, ministère des affaires étrangères de l'Etat du Qatar,

Mme Merryl Lawry-White, cabinet Debevoise & Plimpton LLP, membre des barreaux de l'Etat de New York et de Paris, *solicitor advocate* près les juridictions supérieures d'Angleterre et du pays de Galles,

8

Ms Ashika Singh, Debevoise & Plimpton LLP, member of the Bar of the State of New York,

Ms Julianne Marley, Debevoise & Plimpton LLP, member of the Bar of the State of New York,

Ms Rhianna Hoover, Debevoise & Plimpton LLP, member of the Bar of the State of New York,

Mr. Joseph Klingler, Foley Hoag LLP, member of the Bars of the State of New York and the District of Columbia,

Mr. Peter Tzeng, Foley Hoag LLP, member of the Bars of the State of New York and the District of Columbia,

as Counsel;

Ms Mary-Grace McEvoy, Debevoise & Plimpton LLP,

Mr. Andrew Wharton, Debevoise & Plimpton LLP,

Mr. Jacob Waltner, Debevoise & Plimpton LLP,

as Assistants,

and

the United Arab Emirates,

represented by

H.E. Ms Hissa Abdullah Ahmed Al-Otaiba, Ambassador of the United Arab Emirates to the Kingdom of the Netherlands,

as Agent;

H.E. Mr. Abdalla Hamdan AlNaqbi, Director of International Law Department, Ministry of Foreign Affairs and International Co-operation of the United Arab Emirates,

H.E. Ms Lubna Qassim Al Bastaki, Deputy Permanent Representative of the Permanent Mission of the United Arab Emirates to the United Nations Office and other international organizations in Geneva,

Mr. Scott Sheeran, Senior Legal Adviser to the Minister of State for Foreign Affairs, Ministry of Foreign Affairs and International Co-operation of the United Arab Emirates, Barrister and Solicitor of the High Court of New Zealand,

as Representatives and Advocates;

Sir Daniel Bethlehem, QC, Barrister, Twenty Essex Chambers, member of the Bar of England and Wales,

Mr. Mathias Forteau, Professor, University Paris Nanterre,

as Counsel and Advocates;

Mr. Abdulla Al Jasmi, Head of the Multilateral Treaties and Agreements Section, International Law Department, Ministry of Foreign Affairs and International Co-operation of the United Arab Emirates,

Mr. Mohamed Salim Ali Alowais, Head of the International Organizations and Courts Section, Embassy of the United Arab Emirates in the Netherlands,

Ms Majd Abdelqadir Mohamed Abdalla, Senior Legal Researcher, Multilateral Treaties and Agreements Section, International Law Department, Ministry of Foreign Affairs and International Co-operation of the United Arab Emirates,

9

Mme Ashika Singh, cabinet Debevoise & Plimpton LLP, membre du barreau de l'Etat de New York,

Mme Julianne Marley, cabinet Debevoise & Plimpton LLP, membre du barreau de l'Etat de New York,

Mme Rhianna Hoover, cabinet Debevoise & Plimpton LLP, membre du barreau de l'Etat de New York,

M. Joseph Klingler, cabinet Foley Hoag LLP, membre des barreaux de l'Etat de New York et du district de Columbia,

M. Peter Tzeng, cabinet Foley Hoag LLP, membre des barreaux de l'Etat de New York et du district de Columbia,

comme conseils;

Mme Mary-Grace McEvoy, cabinet Debevoise & Plimpton LLP,

M. Andrew Wharton, cabinet Debevoise & Plimpton LLP,

M. Jacob Waltner, cabinet Debevoise & Plimpton LLP,

comme assistants,

et

les Emirats arabes unis,

représentés par

S. Exc. Mme Hissa Abdullah Ahmed Al-Otaiba, ambassadrice des Emirats arabes unis auprès du Royaume des Pays-Bas,

comme agente;

S. Exc. M. Abdalla Hamdan AlNaqbi, directeur du département de droit international, ministère des affaires étrangères et de la coopération internationale des Emirats arabes unis,

S. Exc. Mme Lubna Qassim Al Bastaki, représentante permanente adjointe de la mission permanente des Emirats arabes unis auprès de l'Office des Nations Unies et des autres organisations internationales à Genève,

M. Scott Sheeran, conseiller juridique principal auprès du ministre d'Etat aux affaires étrangères, ministère des affaires étrangères et de la coopération internationale des Emirats arabes unis, *barrister* et *solicitor* près la High Court de Nouvelle-Zélande,

comme représentants et avocats;

sir Daniel Bethlehem, QC, *barrister*, Twenty Essex Chambers, membre du barreau d'Angleterre et du pays de Galles,

M. Mathias Forteau, professeur à l'Université Paris Nanterre,

comme conseils et avocats;

M. Abdulla Al Jasmi, chef de la section des traités et accords multilatéraux, département de droit international, ministère des affaires étrangères et de la coopération internationale des Emirats arabes unis,

M. Mohamed Salim Ali Alowais, chef de la section des organisations et juridictions internationales, ambassade des Emirats arabes unis aux Pays-Bas,

Mme Majd Abdelqadir Mohamed Abdalla, chercheuse en droit principale, section des traités et accords multilatéraux, département de droit international, ministère des affaires étrangères et de la coopération internationale des Emirats arabes unis,

Mr. Rashed Jamal Ibrahim Ibrahim Azzam, Legal Researcher for International Relations, International Law Department, Ministry of Foreign Affairs and International Co-operation of the United Arab Emirates,

as Representatives;

Ms Caroline Balme, Legal Adviser to the Minister of State for Foreign Affairs, Ministry of Foreign Affairs and International Co-operation of the United Arab Emirates,

Mr. Paolo Busco, Legal Adviser to the Minister of State for Foreign Affairs, Ministry of Foreign Affairs and International Co-operation of the United Arab Emirates, member of the Italian Bar, registered European lawyer with the Bar of England and Wales,

Mr. Charles L. O. Buderi, Partner, Curtis, Mallet-Prevost, Colt & Mosle LLP, London, member of the Bars of the District of Columbia and the State of California,

Mr. Simon Olleson, Barrister, Twenty Essex Chambers, member of the Bar of England and Wales,

Ms Luciana T. Ricart, LLM, New York University School of Law, Partner, Curtis, Mallet-Prevost, Colt & Mosle LLP, London, member of the Buenos Aires Bar Association and Solicitor of the Senior Courts of England and Wales,

Mr. Hal Shapiro, Partner, Akin Gump Strauss Hauer & Feld LLP, Washington, DC,

as Counsel;

Ms Patricia Jimenez Kwast, international law and dispute settlement consultant, DPhil candidate, University of Oxford,

as Assistant Counsel,

THE COURT,

composed as above,

after deliberation,

delivers the following Judgment:

1. On 11 June 2018, the State of Qatar (hereinafter referred to as "Qatar") filed in the Registry of the Court an Application instituting proceedings against the United Arab Emirates (hereinafter referred to as the "UAE") with regard to alleged violations of the International Convention on the Elimination of All Forms of Racial Discrimination of 21 December 1965 (hereinafter "CERD" or the "Convention").

2. In its Application, Qatar seeks to found the Court's jurisdiction on Article 36, paragraph 1, of the Statute of the Court and on Article 22 of CERD.

3. On 11 June 2018, Qatar also submitted a Request for the indication of provisional measures, referring to Article 41 of the Statute and to Articles 73, 74 and 75 of the Rules of Court.

4. The Registrar immediately communicated to the Government of the UAE the Application, in accordance with Article 40, paragraph 2, of the Statute of the Court, and the Request for the indication of provisional measures, in accor-

M. Rashed Jamal Ibrahim Ibrahim Azzam, chercheur en droit dans le domaine des relations internationales, département de droit international, ministère des affaires étrangères et de la coopération internationale des Emirats arabes unis,

comme représentants;

Mme Caroline Balme, conseillère juridique auprès du ministre d'Etat aux affaires étrangères, ministère des affaires étrangères et de la coopération internationale des Emirats arabes unis,

M. Paolo Busco, conseiller juridique auprès du ministre d'Etat aux affaires étrangères, ministère des affaires étrangères et de la coopération internationale des Emirats arabes unis, membre du barreau d'Italie, inscrit en qualité de *registered European lawyer* au barreau d'Angleterre et du pays de Galles,

M. Charles L. O. Buderi, associé, cabinet Curtis, Mallet-Prevost, Colt & Mosle LLP, Londres, membre des barreaux du district de Columbia et de l'Etat de Californie,

M. Simon Olleson, *barrister*, Twenty Essex Chambers, membre du barreau d'Angleterre et du pays de Galles,

Mme Luciana T. Ricart, LLM, faculté de droit de l'Université de New York, associée, cabinet Curtis, Mallet-Prevost, Colt & Mosle LLP, Londres, membre du barreau de Buenos Aires et *solicitor* près les juridictions supérieures d'Angleterre et du pays de Galles,

M. Hal Shapiro, associé, cabinet Akin Gump Strauss Hauer & Feld LLP, Washington, DC,

comme conseils;

Mme Patricia Jimenez Kwast, consultante en droit international et en règlement des différends, doctorante, Université d'Oxford,

comme conseil adjointe,

La Cour,

ainsi composée,

après délibéré en chambre du conseil,

rend l'arrêt suivant:

1. Le 11 juin 2018, l'Etat du Qatar (ci-après le «Qatar») a déposé au Greffe de la Cour une requête introductive d'instance contre les Emirats arabes unis à raison de violations alléguées de la convention internationale du 21 décembre 1965 sur l'élimination de toutes les formes de discrimination raciale (ci-après la «CIEDR» ou la «convention»).

2. Dans sa requête, le Qatar entend fonder la compétence de la Cour sur le paragraphe 1 de l'article 36 du Statut de celle-ci et sur l'article 22 de la CIEDR.

3. Le 11 juin 2018, le Qatar a également présenté une demande en indication de mesures conservatoires, en application de l'article 41 du Statut de la Cour et des articles 73, 74 et 75 de son Règlement.

4. Le greffier a immédiatement communiqué au Gouvernement des Emirats arabes unis la requête, conformément au paragraphe 2 de l'article 40 du Statut de la Cour, et la demande en indication de mesures conservatoires, conformé-

dance with Article 73, paragraph 2, of the Rules of Court. He also notified the Secretary-General of the United Nations of the filing of the Application and the Request for the indication of provisional measures by Qatar.

5. In addition, by a letter dated 13 June 2018, the Registrar informed all Member States of the United Nations of the filing of the above-mentioned Application and Request for the indication of provisional measures.

6. Pursuant to Article 40, paragraph 3, of the Statute of the Court, the Registrar notified the Member States of the United Nations, through the Secretary-General, of the filing of the Application, by transmission of the printed bilingual text thereof.

7. Since the Court included upon the Bench no judge of the nationality of either Party, each Party proceeded to exercise the right conferred upon it by Article 31, paragraph 3, of the Statute to choose a judge *ad hoc* to sit in the case. Qatar chose Mr. Yves Daudet and the UAE Mr. Jean-Pierre Cot.

8. By its Order of 23 July 2018, the Court, having heard the Parties, indicated the following provisional measures:

> "(1) The United Arab Emirates must ensure that
>
> (i) families that include a Qatari, separated by the measures adopted by the United Arab Emirates on 5 June 2017, are reunited;
>
> (ii) Qatari students affected by the measures adopted by the United Arab Emirates on 5 June 2017 are given the opportunity to complete their education in the United Arab Emirates or to obtain their educational records if they wish to continue their studies elsewhere; and
>
> (iii) Qataris affected by the measures adopted by the United Arab Emirates on 5 June 2017 are allowed access to tribunals and other judicial organs of the United Arab Emirates;
>
> (2) Both Parties shall refrain from any action which might aggravate or extend the dispute before the Court or make it more difficult to resolve."
> (*I.C.J. Reports 2018 (II)*, pp. 433-434, para. 79.)

9. Pursuant to Article 43, paragraph 1, of the Rules of Court, the Registrar addressed to States parties to CERD the notifications provided for in Article 63, paragraph 1, of the Statute. In addition, in accordance with Article 69, paragraph 3, of the Rules of Court, the Registrar addressed to the United Nations, through its Secretary-General, the notifications provided for in Article 34, paragraph 3, of the Statute.

10. By an Order dated 25 July 2018, the President of the Court fixed 25 April 2019 and 27 January 2020 as the respective time-limits for the filing in the case of a Memorial by Qatar and a Counter-Memorial by the UAE.

11. On 22 March 2019, the UAE, referring to Article 41 of the Statute and Articles 73, 74 and 75 of the Rules of Court, also submitted a Request for the indication of provisional measures, in order to "preserve the UAE's procedural rights" and "prevent Qatar from further aggravating or extending the dispute between the Parties pending a final decision in th[e] case".

12. The Deputy-Registrar immediately communicated a copy of the said Request to the Government of Qatar. He also notified the Secretary-General of the United Nations of the filing of the UAE's Request for the indication of provisional measures.

ment au paragraphe 2 de l'article 73 du Règlement. Il a également informé le Secrétaire général de l'Organisation des Nations Unies du dépôt par le Qatar de cette requête et de cette demande.

5. En outre, par lettre en date du 13 juin 2018, le greffier en a informé tous les Etats Membres de l'Organisation des Nations Unies.

6. Conformément au paragraphe 3 de l'article 40 du Statut de la Cour, le greffier a informé les Etats Membres de l'Organisation des Nations Unies en leur transmettant, par l'entremise du Secrétaire général, le texte bilingue imprimé de la requête.

7. La Cour ne comptant sur le siège aucun juge de la nationalité de l'une ou l'autre Partie, chacune d'elles s'est prévalue du droit que lui confère le paragraphe 3 de l'article 31 du Statut de désigner un juge *ad hoc* pour siéger en l'affaire. Le Qatar a désigné M. Yves Daudet et les Emirats arabes unis, M. Jean-Pierre Cot.

8. Par son ordonnance du 23 juillet 2018, la Cour, ayant entendu les Parties, a indiqué les mesures conservatoires suivantes:

« 1) Les Emirats arabes unis doivent veiller à ce que

i) les familles qataro-émiriennes séparées par suite des mesures adoptées par les Emirats arabes unis le 5 juin 2017 soient réunies;

ii) les étudiants qatariens affectés par les mesures adoptées par les Emirats arabes unis le 5 juin 2017 puissent terminer leurs études aux Emirats arabes unis ou obtenir leur dossier scolaire ou universitaire s'ils souhaitent étudier ailleurs; et

iii) les Qatariens affectés par les mesures adoptées par les Emirats arabes unis le 5 juin 2017 puissent avoir accès aux tribunaux et autres organes judiciaires de cet Etat;

2) Les deux Parties doivent s'abstenir de tout acte qui risquerait d'aggraver ou d'étendre le différend dont la Cour est saisie ou d'en rendre le règlement plus difficile. » (*C.I.J. Recueil 2018 (II)*, p. 433-434, par. 79.)

9. Conformément au paragraphe 1 de l'article 43 du Règlement, le greffier a adressé aux Etats parties à la CIEDR la notification prévue au paragraphe 1 de l'article 63 du Statut. En outre, conformément au paragraphe 3 de l'article 69 du Règlement, il a adressé à l'Organisation des Nations Unies, par l'entremise de son Secrétaire général, la notification prévue au paragraphe 3 de l'article 34 du Statut.

10. Par ordonnance en date du 25 juillet 2018, le président de la Cour a fixé au 25 avril 2019 et au 27 janvier 2020, respectivement, les dates d'expiration des délais pour le dépôt en l'affaire d'un mémoire par le Qatar et d'un contre-mémoire par les Emirats arabes unis.

11. Le 22 mars 2019, les Emirats arabes unis, se référant à l'article 41 du Statut et aux articles 73, 74 et 75 du Règlement, ont présenté eux aussi une demande en indication de mesures conservatoires, afin de «sauvegarder leurs droits procéduraux» et d'«empêcher le Qatar d'aggraver ou d'étendre encore le différend entre les Parties avant l'arrêt définitif».

12. Le greffier adjoint a immédiatement communiqué copie de ladite demande au Gouvernement du Qatar. Il a également informé le Secrétaire général de l'Organisation des Nations Unies du dépôt par les Emirats arabes unis de cette demande.

13. Qatar filed its Memorial in the case on 25 April 2019, within the time-limit fixed by the President of the Court.

14. On 30 April 2019, within the time-limit prescribed by Article 79, paragraph 1, of the Rules of Court of 14 April 1978 as amended on 1 February 2001, the UAE presented preliminary objections to the jurisdiction of the Court and the admissibility of the Application. Consequently, by an Order of 2 May 2019, having noted that, by virtue of Article 79, paragraph 5, of the Rules of Court of 14 April 1978 as amended on 1 February 2001, the proceedings on the merits were suspended, the President of the Court fixed 30 August 2019 as the time-limit within which Qatar could present a written statement of its observations and submissions on the preliminary objections raised by the UAE.

15. By its Order of 14 June 2019, the Court, having heard the Parties, rejected the Request for the indication of provisional measures submitted by the UAE on 22 March 2019.

16. Qatar filed a written statement of its observations and submissions on the preliminary objections raised by the UAE on 30 August 2019, within the time-limit fixed by the President of the Court.

17. By a letter dated 3 September 2019, the Registrar, acting pursuant to Article 69, paragraph 3, of the Rules of Court, transmitted to the Secretary-General of the United Nations copies of the written proceedings filed thus far in the case, and asked whether the Organization intended to present observations in writing under that provision in relation to the preliminary objections raised by the UAE. By a letter dated 27 September 2019, the Under-Secretary-General for Legal Affairs of the United Nations stated that the Organization did not intend to submit any observations in writing within the meaning of Article 69, paragraph 3, of the Rules of Court.

18. By a letter dated 19 August 2020, the Agent of the UAE, referring to Article 56 of the Rules of Court and Practice Directions IX and IX*bis*, expressed the wish of her Government to produce three new documents. By a letter dated 24 August 2020, the Agent of Qatar informed the Court that his Government consented to the production of the three new documents by the UAE and expressed the wish of his Government also to produce four new documents under Article 56, paragraph 1, of the Rules of Court. By a letter dated 26 August 2020, the Agent of the UAE informed the Court that her Government had no objection to the production of the four new documents by Qatar. Accordingly, the documents submitted by both Parties were added to the case file.

19. Pursuant to Article 53, paragraph 2, of its Rules, the Court, after ascertaining the views of the Parties, decided that copies of the pleadings and the documents annexed would be made accessible to the public on the opening of the oral proceedings, with the exception of Annexes 163, 165-243, 247-263, 265-271 and Exhibit B of Annex 272 of Qatar's Memorial, and Exhibit A of Annex 272-A of Qatar's Written Statement on the Preliminary Objections of the UAE.

20. Public hearings on the preliminary objections raised by the UAE were held by video link from 31 August 2020 to 7 September 2020, at which the Court heard the oral arguments and replies of:

For the UAE: H.E. Ms Hissa Abdullah Ahmed Al-Otaiba,
H.E. Mr. Abdalla Hamdan AlNaqbi,
Ms Lubna Qassim Al Bastaki,
Sir Daniel Bethlehem,

13. Le Qatar a déposé son mémoire en l'affaire le 25 avril 2019, dans le délai fixé par le président de la Cour.

14. Le 30 avril 2019, dans le délai prescrit au paragraphe 1 de l'article 79 du Règlement du 14 avril 1978, tel qu'amendé le 1er février 2001, les Emirats arabes unis ont présenté des exceptions préliminaires d'incompétence de la Cour et d'irrecevabilité de la requête. En conséquence, par ordonnance du 2 mai 2019, le président de la Cour a noté que, en vertu des dispositions du paragraphe 5 de ce même article, la procédure sur le fond était suspendue, et fixé au 30 août 2019 la date d'expiration du délai dans lequel le Qatar pouvait présenter un exposé écrit contenant ses observations et conclusions sur les exceptions préliminaires soulevées par les Emirats arabes unis.

15. Par son ordonnance du 14 juin 2019, la Cour, ayant entendu les Parties, a rejeté la demande en indication de mesures conservatoires soumise par les Emirats arabes unis le 22 mars 2019.

16. Le Qatar a déposé un exposé écrit contenant ses observations et conclusions sur les exceptions préliminaires soulevées par les Emirats arabes unis le 30 août 2019, dans le délai fixé par le président de la Cour.

17. Par lettre en date du 3 septembre 2019, le greffier, en application du paragraphe 3 de l'article 69 du Règlement, a transmis au Secrétaire général de l'Organisation des Nations Unies des exemplaires des écritures déposées jusqu'alors en l'affaire, en le priant de lui faire savoir si l'Organisation entendait présenter, en vertu de cette disposition, des observations écrites concernant les exceptions préliminaires soulevées par les Emirats arabes unis. Par lettre en date du 27 septembre 2019, le Secrétaire général adjoint aux affaires juridiques de l'Organisation des Nations Unies a indiqué que l'Organisation n'entendait présenter aucune observation écrite au sens du paragraphe 3 de l'article 69 du Règlement.

18. Par lettre en date du 19 août 2020, l'agente des Emirats arabes unis, se référant à l'article 56 du Règlement et aux instructions de procédure IX et IX*bis*, a exprimé le souhait de son gouvernement de produire trois nouveaux documents. Par lettre en date du 24 août 2020, l'agent du Qatar a informé la Cour que son gouvernement consentait à ce que les Emirats arabes unis produisent les trois documents en question, et exprimé le souhait de celui-ci de produire à son tour quatre nouveaux documents, en vertu du paragraphe 1 de l'article 56 du Règlement. Par lettre en date du 26 août 2020, l'agente des Emirats arabes unis a informé la Cour que son gouvernement ne s'opposait pas à ce que l'Etat du Qatar produise les quatre documents en question. En conséquence, les documents présentés par les deux Parties ont été versés au dossier de l'affaire.

19. Conformément au paragraphe 2 de l'article 53 du Règlement, la Cour a décidé, après avoir consulté les Parties, que des exemplaires des pièces de procédure et des documents annexés seraient rendus accessibles au public à l'ouverture de la procédure orale, à l'exception des annexes 163, 165-243, 247-263, 265-271, de la pièce B de l'annexe 272 du mémoire du Qatar et de la pièce A de l'annexe 272-A de l'exposé écrit du Qatar sur les exceptions préliminaires soulevées par les Emirats arabes unis.

20. Des audiences publiques sur les exceptions préliminaires soulevées par les Emirats arabes unis ont été tenues par liaison vidéo du 31 août au 7 septembre 2020, au cours desquelles ont été entendus en leurs plaidoiries et réponses:

Pour les Emirats arabes unis: S. Exc. Mme Hissa Abdullah Ahmed Al-Otaiba,
S. Exc. M. Abdalla Hamdan AlNaqbi,
Mme Lubna Qassim Al Bastaki,
sir Daniel Bethlehem,

Mr. Scott Sheeran,
Mr. Mathias Forteau.

For Qatar: Mr. Mohammed Abdulaziz Al-Khulaifi,
Mr. Pierre Klein,
Ms Catherine Amirfar,
Mr. Lawrence H. Martin,
Mr. Nico Schrijver,
Mr. Vaughan Lowe.

*

21. In the Application, the following claims were made by Qatar:

"65. Qatar, in its own right and as *parens patriae* of its citizens, respectfully requests the Court to adjudge and declare that the UAE, through its State organs, State agents, and other persons and entities exercising governmental authority, and through other agents acting on its instructions or under its direction and control, has violated its obligations under Articles 2, 4, 5, 6, and 7 of the CERD by taking, *inter alia*, the following unlawful actions:

(a) Expelling, on a collective basis, all Qataris from, and prohibiting the entry of all Qataris into, the UAE on the basis of their national origin;

(b) Violating other fundamental rights, including the rights to marriage and choice of spouse, freedom of opinion and expression, public health and medical care, education and training, property, work, participation in cultural activities, and equal treatment before tribunals;

(c) Failing to condemn and instead encouraging racial hatred against Qatar and Qataris and failing to take measures that aim to combat prejudices, including by *inter alia*: criminalizing the expression of sympathy toward Qatar and Qataris; allowing, promoting, and financing an international anti-Qatar public and social-media campaign; silencing Qatari media; and calling for physical attacks on Qatari entities; and

(d) Failing to provide effective protection and remedies to Qataris to seek redress against acts of racial discrimination through UAE courts and institutions.

66. Accordingly, Qatar respectfully requests the Court to order the UAE to take all steps necessary to comply with its obligations under CERD and, *inter alia*:

(a) Immediately cease and revoke the discriminatory measures, including but not limited to the directives against 'sympathizing' with Qataris, and any other national laws that discriminate *de jure* or *de facto* against Qataris on the basis of their national origin;

M. Scott Sheeran,
M. Mathias Forteau.

Pour le Qatar: M. Mohammed Abdulaziz Al-Khulaifi,
M. Pierre Klein,
Mme Catherine Amirfar,
M. Lawrence H. Martin,
M. Nico Schrijver,
M. Vaughan Lowe.

*

21. Dans sa requête, le Qatar a formulé les demandes suivantes:

«65. Le Qatar, en son nom propre et en qualité de *parens patriae* des Qatariens, prie respectueusement la Cour de dire et juger que les Emirats arabes unis, par l'intermédiaire de leurs organes et agents et d'autres personnes et entités exerçant la puissance publique, ainsi que par l'intermédiaire d'autres agents agissant sur leurs instructions ou sous leur direction et leur contrôle, ont manqué aux obligations que leur imposent les articles 2, 4, 5, 6 et 7 de la CIEDR en prenant notamment les mesures illicites suivantes:

a) en expulsant collectivement tous les Qatariens et en interdisant à tous les Qatariens d'entrer sur le territoire émirien, au motif de leur origine nationale;

b) en violant d'autres droits fondamentaux, dont le droit de se marier et de choisir son conjoint, le droit à la liberté d'opinion et d'expression, le droit à la santé et aux soins médicaux, le droit à l'éducation et à la formation professionnelle, le droit à la propriété, le droit au travail, le droit de prendre part aux activités culturelles et le droit à un traitement égal devant les tribunaux;

c) en s'abstenant de condamner, voire en encourageant, la haine raciale contre le Qatar et les Qatariens, et en s'abstenant de prendre des mesures destinées à lutter contre les préjugés, notamment en incriminant toute expression de sympathie à l'égard du Qatar et des Qatariens, en autorisant, en promouvant et en finançant une campagne internationale visant à dresser l'opinion publique et les médias sociaux contre le Qatar, en réduisant les médias qatariens au silence et en appelant à des attaques contre des entités qatariennes; et

d) en s'abstenant de protéger les Qatariens contre les actes de discrimination raciale et de leur offrir des voies de recours efficaces leur permettant d'obtenir réparation de tels actes devant les tribunaux et autres organismes émiriens.

66. En conséquence, le Qatar prie respectueusement la Cour d'ordonner aux Emirats arabes unis de prendre toutes les dispositions requises pour s'acquitter des obligations que leur impose la CIEDR, et notamment:

a) de suspendre et de révoquer immédiatement les mesures discriminatoires actuellement en vigueur, dont, mais pas seulement, les directives interdisant de «sympathiser» avec des Qatariens et toute autre législation nationale discriminatoire *de jure* ou *de facto* à l'égard des Qatariens au motif de leur origine nationale;

(b) Immediately cease all other measures that incite discrimination (including media campaigns and supporting others to propagate discriminatory messages) and criminalize such measures;

(c) Comply with its obligations under the CERD to condemn publicly racial discrimination against Qataris, pursue a policy of eliminating racial discrimination, and adopt measures to combat such prejudice;

(d) Refrain from taking any further measures that would discriminate against Qataris within its jurisdiction or control;

(e) Restore rights of Qataris to, *inter alia*, marriage and choice of spouse, freedom of opinion and expression, public health and medical care, education and training, property, work, participation in cultural activities, and equal treatment before tribunals, and put in place measures to ensure those rights are respected;

(f) Provide assurances and guarantees of non-repetition of the UAE's illegal conduct; and

(g) Make full reparation, including compensation, for the harm suffered as a result of the UAE's actions in violation of the CERD."

22. In the written proceedings on the merits, the following submissions were presented on behalf of the Government of Qatar in its Memorial:

"On the basis of the facts and legal arguments presented in this Memorial, Qatar, in its own right and as *parens patriae* of its citizens, respectfully requests the Court:

1. To adjudge and declare that the UAE, by the acts and omissions of its organs, agents, persons, and entities exercising governmental authority, and through other agents acting on its instructions or under its direction and control, is responsible for violations of the CERD, namely Articles 2 (1), 4, 5, 6 and 7, including by:

(a) expelling, on a collective basis, all Qataris from the UAE;

(b) applying the Absolute Ban and Modified Travel Ban in violation of fundamental rights that must be guaranteed equally to all under the CERD, regardless of national origin, including the rights to family, freedom of opinion and expression, education and training, property, work, and equal treatment before tribunals;

(c) engaging in, sponsoring, supporting, and otherwise encouraging racial discrimination, including racially discriminatory incitement against Qataris, most importantly by criminalizing 'sympathy' with Qatar and orchestrating, funding, and actively promoting a campaign of hatred against Qatar and Qataris, and thereby failing to nullify laws and regulations that have the effect of creating or perpetuating racial discrimination, to take 'all appropriate' measures to combat the spread of prejudice and negative stereotypes, and to promote tolerance, understanding and friendship; and

b) de suspendre immédiatement toutes autres mesures incitant à la discrimination (y compris les campagnes médiatiques et le soutien à la diffusion de messages à caractère discriminatoire) et d'incriminer de telles mesures ;

c) de s'acquitter des obligations qui leur sont faites par la CIEDR de condamner publiquement la discrimination raciale à l'égard des Qatariens, de poursuivre une politique tendant à éliminer la discrimination raciale et de prendre des mesures pour lutter contre semblables préjugés ;

d) de s'abstenir de prendre toute autre mesure susceptible d'être discriminatoire à l'égard des Qatariens relevant de leur juridiction ou se trouvant sous leur contrôle ;

e) de rétablir les Qatariens dans leurs droits, notamment le droit de se marier et de choisir son conjoint, le droit à la liberté d'opinion et d'expression, le droit à la santé et aux soins médicaux, le droit à l'éducation et à la formation professionnelle, le droit à la propriété, le droit au travail, le droit de prendre part aux activités culturelles et le droit à un traitement égal devant les tribunaux, et de mettre en œuvre des mesures pour garantir le respect de ces droits ;

f) de donner des garanties et assurances de non-répétition de leur conduite illicite ; et

g) de réparer intégralement, notamment par une indemnisation, le préjudice résultant de leurs actes commis en violation de la CIEDR. »

22. Au cours de la procédure écrite sur le fond, les conclusions ci-après ont été présentées au nom du Gouvernement du Qatar dans le mémoire :

« Sur la base des faits et des arguments juridiques exposés dans le présent mémoire, le Qatar, en son nom propre et en qualité de *parens patriae* des Qatariens, prie respectueusement la Cour :

1. De dire et juger que les Emirats arabes unis, par les actes et omissions de leurs organes et agents et de personnes et d'entités exerçant la puissance publique, ainsi que par l'intermédiaire d'autres agents agissant sur leurs instructions ou sous leur direction et leur contrôle, ont enfreint le paragraphe 1 de l'article 2 et les articles 4, 5, 6 et 7 de la CIEDR, notamment :

   a) en expulsant collectivement tous les Qatariens du territoire émirien ;

   b) en appliquant l'interdiction formelle d'entrée et sa version modifiée en violation des droits fondamentaux qui doivent être accordés à tous de la même manière au titre de la CIEDR, indépendamment de l'origine nationale, dont le droit à la famille, le droit à la liberté d'opinion et d'expression, le droit à l'éducation et à la formation professionnelle, le droit à la propriété, le droit au travail et le droit à un traitement égal devant les tribunaux ;

   c) en se livrant à des actes de discrimination raciale, en soutenant, en appuyant et en encourageant celle-ci de toute autre manière, notamment en incitant à la discrimination raciale à l'encontre des Qatariens, plus particulièrement en incriminant toute expression de « sympathie » à l'égard du Qatar et en organisant, en finançant et en promouvant activement une campagne de haine contre le Qatar et les Qatariens, négligeant ainsi d'annuler les lois et dispositions réglementaires ayant pour effet de créer la discrimination raciale et de la perpétuer, de prendre « toutes les mesures appropriées » pour lutter contre la propagation des préjugés et des stéréotypes négatifs et de promouvoir la tolérance, l'entente et l'amitié ; et

14

(d) failing to provide access to effective protection and remedies to Qataris to seek redress against acts of racial discrimination under the CERD through UAE tribunals or institutions, including the right to seek reparation;

2. To adjudge and declare that the UAE has violated the Court's Order on Provisional Measures of 23 July 2018;

3. And further to adjudge and declare that the UAE is obligated to cease its ongoing violations, make full reparation for all material and moral damage caused by its internationally wrongful acts and omissions under the CERD, and offer assurances and guarantees of non-repetition.

4. Accordingly, the Court is respectfully requested to order that the UAE:

(a) immediately cease its ongoing internationally wrongful acts and omissions in contravention of Articles 2 (1), 4, 5, 6, and 7 of the Convention as requested in Chapter VII;

(b) provide full reparation for the harm caused by its actions, including *(i)* restitution by lifting the ongoing Modified Travel Ban as it applies to Qataris collectively based on their national origin; *(ii)* financial compensation for the material and moral damage suffered by Qatar and Qataris, in an amount to be quantified in a separate phase of these proceedings; and *(iii)* satisfaction in the forms of a declaration of wrongfulness and an apology to Qatar and the Qatari people, as requested in Chapter VII; and

(c) provide Qatar with assurances and guarantees of non-repetition in written form as requested in Chapter VII."

23. In the preliminary objections, the following submissions were presented on behalf of the Government of the UAE:

"239. On the basis of each of the three independent preliminary objections explained above, the United Arab Emirates respectfully requests the Court to adjudge and declare that the Court lacks jurisdiction over Qatar's Application of 11 June 2018 and that the Application is inadmissible.

240. The United Arab Emirates reserves the right to amend and supplement this submission in accordance with the provisions of the Statute and the Rules of Court. The United Arab Emirates also reserves the right to submit further objections to the jurisdiction of the Court and to the admissibility of Qatar's claims if the case were to proceed to any subsequent phase."

24. In the written statement of its observations and submissions on the preliminary objections, the following submissions were presented on behalf of the Government of Qatar:

"For the reasons described above, Qatar respectfully requests that the Court:

1. Reject the Preliminary Objections presented by the UAE;

d) en privant les Qatariens de la possibilité de se prévaloir, sur le fondement de la CIEDR, d'une protection et de voies de recours effectives, devant les tribunaux et autres organismes émiriens, contre les actes de discrimination raciale, notamment du droit de demander réparation à raison de tels actes ;

2. De dire et juger que les Emirats arabes unis ont violé l'ordonnance en indication de mesures conservatoires rendue par la Cour le 23 juillet 2018 ;

3. De dire et juger au surplus que les Emirats arabes unis sont tenus de cesser les violations auxquelles ils se livrent actuellement, de réparer l'intégralité du préjudice moral et matériel causé par leurs actes et omissions internationalement illicites au regard de la CIEDR, et d'offrir des assurances et des garanties de non-répétition.

4. En conséquence, la Cour est respectueusement priée d'ordonner aux Emirats arabes unis :

    a) de cesser immédiatement les actes et omissions internationalement illicites par lesquels ils contreviennent au paragraphe 1 de l'article 2 et aux articles 4, 5, 6 et 7 de la CIEDR, comme il est demandé au chapitre VII ;

    b) de réparer intégralement les dommages causés par leurs actes, au moyen notamment *i)* de la restitution, en levant l'interdiction d'entrée dans sa version modifiée en ce qu'elle s'applique collectivement aux Qatariens au motif de leur origine nationale ; *ii)* d'une indemnisation visant à réparer le préjudice matériel et moral subi par le Qatar et les Qatariens, dont le montant sera déterminé lors d'une phase distincte de la présente procédure ; et *iii)* d'une satisfaction prenant la forme d'une déclaration d'illicéité et d'excuses présentées au Qatar et aux Qatariens, comme il est demandé au chapitre VII ; et

    c) d'offrir au Qatar des assurances et des garanties écrites de non-répétition, comme il est demandé au chapitre VII. »

23. Les conclusions ci-après ont été présentées au nom du Gouvernement des Emirats arabes unis dans les exceptions préliminaires :

« 239. Sur le fondement de chacune des trois exceptions préliminaires indépendantes exposées ci-dessus, les Emirats arabes unis prient respectueusement la Cour de dire et juger qu'elle n'est pas compétente pour connaître de la requête du Qatar datée du 11 juin 2018 et que ladite requête est irrecevable.

240. Les Emirats arabes unis se réservent le droit de modifier et de compléter la présente conclusion conformément aux dispositions du Statut et du Règlement de la Cour. Ils se réservent également le droit de présenter de nouvelles exceptions à la compétence de la Cour et à la recevabilité des demandes du Qatar si l'affaire devait passer à une phase ultérieure de la procédure. »

24. Les conclusions ci-après ont été présentées au nom du Gouvernement du Qatar dans l'exposé écrit contenant ses observations et conclusions sur les exceptions préliminaires :

« Pour les raisons exposées ci-dessus, le Qatar prie respectueusement la Cour :

1. de rejeter les exceptions préliminaires soulevées par les Emirats arabes unis ;

2.   Hold that it has jurisdiction to hear the claims presented by Qatar as set out in the Memorial, and that these claims are admissible; and

3.   Proceed to hear those claims on the merits."

25. At the oral proceedings on the preliminary objections, the following submissions were presented by the Parties:

On behalf of the Government of the UAE,

at the hearing of 4 September 2020:

"The United Arab Emirates respectfully requests the Court to adjudge and declare that the Court lacks jurisdiction to address the claims brought by the State of Qatar by its Application dated 11 June 2018."

On behalf of the Government of Qatar,

at the hearing of 7 September 2020:

"In accordance with Article 60 of the Rules of Court, for the reasons explained in our Written Statement of 30 August 2019 and during these hearings, Qatar respectfully asks the Court to:

(a) Reject the Preliminary Objections presented by the UAE;

(b) Hold that it has jurisdiction to hear the claims presented by Qatar as set out in its Application and Memorial; and
(c) Proceed to hear those claims on the merits;
(d) Or, in the alternative, reject the Second Preliminary Objection presented by the UAE and hold, in accordance with the provisions of Article 79*ter*, paragraph 4, of the Rules of Court, that the First Preliminary Objection submitted by the UAE does not possess an exclusively preliminary character."

* * *

I. INTRODUCTION

A. Factual Background

26. On 5 June 2017, the UAE issued a statement (hereinafter the "5 June 2017 statement") which provided, in relevant part, that

"based on the insistence of the State of Qatar to continue to undermine the security and stability of the region and its failure to honour international commitments and agreements, it has been decided to take the following measures that are necessary for safeguarding the interests of the [Gulf Cooperation Council] States in general and those of the brotherly Qatari people in particular:

. . . .

2. de juger qu'elle est compétente pour connaître des demandes présentées par le Qatar dans son mémoire et que lesdites demandes sont recevables ; et

3. de procéder à l'examen au fond de ces demandes. »

25. A l'issue de la procédure orale sur les exceptions préliminaires, les conclusions ci-après ont été présentées par les Parties :

Au nom du Gouvernement des Emirats arabes unis,

à l'audience du 4 septembre 2020 :

« Les Emirats arabes unis prient respectueusement la Cour de dire et juger qu'elle n'est pas compétente pour connaître des demandes formulées par l'Etat du Qatar dans sa requête en date du 11 juin 2018. »

Au nom du Gouvernement du Qatar,

à l'audience du 7 septembre 2020 :

« Se référant à l'article 60 du Règlement de la Cour, pour les raisons indiquées dans son exposé écrit en date du 30 août 2019 et à l'audience, le Qatar prie respectueusement la Cour :

a) de rejeter les exceptions préliminaires soulevées par les Emirats arabes unis ;

b) de juger qu'elle est compétente pour connaître des demandes formulées par le Qatar dans sa requête et son mémoire ; et

c) de procéder à l'examen au fond de ces demandes ;

d) ou, à titre subsidiaire, de rejeter la deuxième exception préliminaire soulevée par les Emirats arabes unis et de juger, conformément aux dispositions du paragraphe 4 de l'article 79*ter* du Règlement de la Cour, que la première exception préliminaire présentée par les Emirats arabes unis n'a pas un caractère exclusivement préliminaire. »

*
*   *

I. INTRODUCTION

A. *Contexte factuel*

26. Le 5 juin 2017, les Emirats arabes unis ont publié une déclaration (ci-après la « déclaration du 5 juin 2017 ») qui, dans sa partie pertinente, indiquait ce qui suit :

« [E]tant donné que l'Etat du Qatar persiste à compromettre la sécurité et la stabilité de la région et à ne pas respecter les obligations et accords auxquels il a souscrit sur le plan international, les Emirats arabes unis ont adopté les mesures suivantes, nécessaires pour préserver les intérêts des Etats membres du [Conseil de coopération du Golfe] en général et ceux de leurs frères qatariens en particulier :

. . . .

   2. Preventing Qatari nationals from entering the UAE or crossing
its point of entry, giving Qatari residents and visitors in the UAE
14 days to leave the country for precautionary security reasons.
The UAE nationals are likewise banned from traveling to or stay-
ing in Qatar or transiting through its territories."

The Gulf Cooperation Council (hereinafter the "GCC") is an intergovernmental political and economic union of which Qatar and the UAE
were founding members in 1981, along with the Kingdom of Bahrain, the
State of Kuwait, the Sultanate of Oman and the Kingdom of Saudi Arabia.

27. In addition, the 5 June 2017 statement announced the severance of
diplomatic relations with Qatar, in support of actions taken by the
Kingdom of Bahrain and the Kingdom of Saudi Arabia, giving Qatari
diplomats 48 hours to leave the UAE. It also proclaimed the "[c]losure of
UAE airspace and seaports for all Qataris in 24 hours and banning [of]
all Qatari means of transportation, coming to or leaving the UAE, from
crossing, entering or leaving the UAE territories".

28. The 5 June 2017 statement explained:

   "The UAE is taking these decisive measures as a result of the Qatari
authorities' failure to abide by the Riyadh Agreement on returning
GCC diplomats to Doha and its Complementary Arrangement
in 2014, and Qatar's continued support, funding and hosting of terror
groups, primarily Islamic Brotherhood, and its sustained endeavours
to promote the ideologies of Daesh and Al Qaeda across its direct
and indirect media in addition to Qatar's violation of the statement
issued at the US-Islamic Summit in Riyadh on May 21st, 2017 on
countering terrorism in the region and considering Iran a state sponsor of terrorism. The UAE measures are taken as well based on Qatari
authorities' hosting of terrorist elements and meddling in the affairs
of other countries as well as their support of terror groups — policies
which are likely to push the region into a stage of unpredictable consequences."

29. According to an announcement posted on the website of the Ministry of Foreign Affairs and International Co-operation of the UAE on
11 June 2017, the President of the UAE had "instructed the authorities
concerned to take into consideration the humanitarian circumstances of
Emirati-Qatari joint families". The announcement further provided that
"the Ministry of the Interior ha[d] set up a telephone line . . . to receive
such cases and take appropriate measures to help them". In a statement

2. Il est interdit aux ressortissants qatariens d'entrer sur le territoire des Emirats arabes unis ou de franchir ses points d'entrée, et ceux qui s'y trouvent en qualité de résident ou de visiteur doivent le quitter dans un délai de 14 jours par mesure de sécurité préventive. De même, il est interdit aux ressortissants des Emirats arabes unis de voyager ou de séjourner au Qatar, ou de transiter par son territoire.»

Le Conseil de coopération du Golfe (ci-après le «CCG») est une union intergouvernementale politique et économique, dont le Qatar et les Emirats arabes unis ont été des membres fondateurs en 1981, aux côtés du Royaume de Bahreïn, de l'Etat du Koweït, du Sultanat d'Oman et du Royaume d'Arabie saoudite.

27. En outre, la déclaration du 5 juin 2017 annonçait la rupture des relations diplomatiques avec le Qatar, à l'appui de certaines mesures prises par le Royaume de Bahreïn et le Royaume d'Arabie saoudite, donnant aux diplomates qatariens un délai de 48 heures pour quitter le pays. Elle proclamait également que l'«espace aérien et les ports maritimes des Emirats arabes unis ser[aie]nt fermés à tous les Qatariens dans un délai de 24 heures, aucun moyen de transport qatarien en provenance ou à destination des Emirats arabes unis ne p[ouvan]t entrer sur le territoire émirien ni y transiter ou en sortir».

28. La déclaration du 5 juin 2017 précisait ce qui suit:

«Les Emirats arabes unis prennent ces mesures radicales en conséquence du non-respect, par les autorités qatariennes, de l'accord de Riyad et de ses dispositions complémentaires de 2014, prévoyant le retour à Doha des diplomates des Etats membres du CCG, ainsi qu'au vu du soutien, du financement et de l'accueil que le Qatar persiste à offrir à des groupes terroristes, principalement les Frères musulmans, et de sa constance à promouvoir les idéologies de Daech et d'Al-Qaida par ses médias directs et indirects, et encore en raison de la violation par le Qatar de la déclaration publiée à l'issue du sommet islamo-américain du 21 mai 2017 à Riyad consacré à la lutte contre le terrorisme dans la région et à la désignation de l'Iran comme «Etat soutenant le terrorisme». Ces mesures sont également prises en raison du fait que les autorités qatariennes accueillent des éléments terroristes, s'ingèrent dans les affaires d'autres pays et soutiennent des groupes terroristes — toutes politiques qui entraîneront probablement pour la région des conséquences impossibles à prévoir.»

29. Selon une annonce placée le 11 juin 2017 sur le site Internet du ministère émirien des affaires étrangères et de la coopération internationale, le président des Emirats arabes unis avait «donné pour instruction aux autorités concernées de tenir compte de la situation humanitaire des familles émiro-qatariennes». L'annonce précisait également que «le ministère de l'intérieur a[vait] mis en place une ligne téléphonique … afin d'être informé de ces situations et de prendre les mesures appropriées

dated 5 July 2018, the Ministry of Foreign Affairs and International Co-operation of the UAE specified that

"[s]ince its announcement on June 5, 2017 . . . the UAE has instituted a requirement for all Qatari citizens overseas to obtain prior permission for entry into the UAE. Permission may be granted for a limited-duration period, at the discretion of the UAE [G]overnment."

The statement added that

"Qatari citizens already resident in the UAE need not apply for permission to continue residence in the UAE. However, all Qatari citizens resident in the UAE are encouraged to obtain prior permission for re-entry into UAE territory. All applications for entry clearance may be made through the telephone hotline announced on June 11, 2017."

30. The UAE took certain additional measures relating to Qatari media and speech in support of Qatar. In this regard, on 6 June 2017, the Attorney General of the UAE issued a statement indicating that expressions of sympathy for the State of Qatar or objections to the measures taken by the UAE against the Qatari Government were considered crimes punishable by imprisonment and a fine. The UAE blocked several websites operated by Qatari companies, including those run by Al Jazeera Media Network. On 6 July 2017, the Abu Dhabi Department of Economic Development issued a circular prohibiting the broadcasting of certain television channels operated by Qatari companies.

31. On 8 March 2018, Qatar deposited a communication with the Committee on the Elimination of Racial Discrimination (hereinafter the "CERD Committee") under Article 11 of the Convention, requesting that the UAE take all necessary steps to end the measures enacted and implemented since 5 June 2017. According to Article 11, paragraph 1, of CERD, "[i]f a State Party considers that another State Party is not giving effect to the provisions of this Convention, it may bring the matter to the attention of the Committee". The UAE, through its responses dated 29 November 2018, 14 January 2019 and 19 March 2019, requested "the Committee to dismiss Qatar's Article 11 Communication for lack [of] jurisdiction and/or lack of admissibility".

32. On 11 June 2018, Qatar filed an Application in the Registry of the Court instituting the present proceedings (see paragraph 1 above).
33. In its decision on jurisdiction with regard to Qatar's inter-State communication, dated 27 August 2019, the CERD Committee con-

pour venir en aide aux intéressés». Dans une déclaration en date du 5 juillet 2018, le ministère émirien des affaires étrangères et de la coopération internationale précisait ce qui suit:

«Depuis leur annonce du 5 juin 2017 …, les Emirats arabes unis ont établi une condition imposant à tous les ressortissants qatariens de l'étranger d'obtenir une autorisation préalable pour pouvoir entrer sur le sol émirien. Une telle autorisation peut être accordée pour une durée limitée, à la discrétion du Gouvernement émirien.»

La déclaration se poursuivait ainsi:

«[L]es ressortissants qatariens résidant déjà aux Emirats arabes unis ne sont pas tenus de demander l'autorisation de continuer à y résider. Toutefois, il est conseillé à tous les ressortissants qatariens résidant aux Emirats arabes unis d'obtenir une autorisation préalable avant de retourner sur le territoire émirien. Toutes les demandes d'admission peuvent être déposées par l'intermédiaire du service d'assistance téléphonique d'urgence dont la mise en service a été annoncée le 11 juin 2017.»

30. Les Emirats arabes unis ont pris un certain nombre de mesures additionnelles, concernant les médias qatariens et les expressions de soutien au Qatar. A cet égard, le 6 juin 2017, le procureur général des Emirats arabes unis a publié une déclaration dans laquelle il indiquait que les expressions de sympathie pour l'Etat du Qatar ou de désapprobation des mesures prises par les Emirats arabes unis à l'encontre du Gouvernement qatarien étaient considérées comme des infractions passibles d'une peine d'emprisonnement et d'une amende. Les Emirats arabes unis ont bloqué plusieurs sites Internet exploités par des sociétés qatariennes, dont ceux du réseau de médias Al Jazeera. Le 6 juillet 2017, le département du développement économique d'Abou Dhabi a publié une circulaire interdisant la diffusion de certaines chaînes de télévision dirigées par des sociétés qatariennes.

31. Le 8 mars 2018, le Qatar a adressé au Comité pour l'élimination de la discrimination raciale (ci-après le «Comité de la CIEDR») une communication au titre de l'article 11 de la convention par laquelle il demandait que les Emirats arabes unis prennent toutes les dispositions nécessaires pour mettre un terme aux mesures adoptées et appliquées depuis le 5 juin 2017. Aux termes du paragraphe 1 de l'article 11 de la CIEDR, «[s]i un Etat partie estime qu'un autre Etat également partie n'applique pas les dispositions de la … Convention, il peut appeler l'attention du Comité sur la question». Les Emirats arabes unis, par leurs réponses en date des 29 novembre 2018, 14 janvier 2019 et 19 mars 2019, ont prié «le Comité de rejeter la communication soumise par le Qatar en vertu de l'article 11 pour défaut de compétence et irrecevabilité».

32. Le 11 juin 2018, le Qatar a déposé au Greffe de la Cour une requête introduisant la présente instance (voir le paragraphe 1 ci-dessus).

33. Statuant sur sa compétence pour connaître de la communication interétatique du Qatar, le 27 août 2019, le Comité de la CIEDR a conclu

cluded that "it ha[d] jurisdiction to examine the exceptions of inadmissibility raised by the Respondent State" (Decision on the jurisdiction of the Committee over the inter-State communication submitted by Qatar against the UAE dated 27 August 2019, UN doc. CERD/C/99/3, para. 60). In its decision on the admissibility of the inter-State communication, also dated 27 August 2019, the CERD Committee concluded as follows:

> "64. In respect of the inter-state communication submitted on 8 March 2018 by Qatar against the United Arab Emirates, the Committee rejects the exceptions raised by the Respondent State concerning the admissibility of the inter-state communication.
> 65. The Committee requests its Chairperson to appoint, in accordance with article 12 (1) of the Convention, the members of an *ad hoc* Conciliation Commission, which shall make its good offices available to the States concerned with a view to an amicable solution of the matter on the basis of the States parties' compliance with the Convention." (Decision on the admissibility of the inter-State communication submitted by Qatar against the UAE dated 27 August 2019, UN doc. CERD/C/99/4, paras. 64-65.)

34. By a Note Verbale dated 27 April 2020, addressed by the Permanent Mission of the UAE in Geneva to the Office of the High Commissioner for Human Rights, the Permanent Mission "note[d] with appreciation the [Office's] Note Verbale of 9 April 2020 advising that the *ad hoc* Conciliation Commission has been appointed by the Chair of the Committee, and has been effective since 1 March 2020".

B. The Jurisdictional Basis Invoked and the Preliminary Objections Raised

35. Qatar asserts that the Court has jurisdiction over its Application pursuant to Article 22 of CERD, which provides:

> "Any dispute between two or more States Parties with respect to the interpretation or application of this Convention, which is not settled by negotiation or by the procedures expressly provided for in this Convention, shall, at the request of any of the parties to the dispute, be referred to the International Court of Justice for decision, unless the disputants agree to another mode of settlement."

36. Qatar and the UAE are parties to CERD. Qatar acceded to this Convention on 22 July 1976 without entering any reservation. The UAE did so on 20 June 1974 without entering any reservation relevant to the present proceedings.

37. Qatar contends that there is a dispute between the Parties with respect to the interpretation and application of CERD and that the Par-

qu'«il [étai]t compétent pour examiner les exceptions d'irrecevabilité soulevées par les Emirats arabes unis» (décision sur la compétence du Comité
pour connaître de la communication interétatique présentée par le Qatar
contre les Emirats arabes unis en date du 27 août 2019, Nations Unies,
doc. CERD/C/99/3, par. 60). Dans sa décision sur la recevabilité de la
communication interétatique du Qatar, également datée du 27 août 2019,
le Comité s'est prononcé en ces termes :

> «64. Le Comité rejette les exceptions soulevées par l'Etat défen-
> deur concernant la recevabilité de la communication interétatique
> visant les Emirats arabes unis que le Qatar a présentée le 8 mars
> 2018.
> 65. Le Comité demande à son président de désigner, conformé-
> ment au paragraphe 1 de l'article 12 de la Convention, les membres
> d'une commission de conciliation *ad hoc*, qui mettra ses bons offices
> à la disposition des Etats concernés afin de parvenir à une solution
> amiable de la question fondée sur le respect de la Convention.»
> (Décision sur la recevabilité de la communication interétatique sou-
> mise par le Qatar contre les Emirats arabes unis en date du 27 août
> 2019, Nations Unies, doc. CERD/C/99/4, par. 64-65.)

34. Dans sa note verbale du 27 avril 2020 adressée au Haut-Commissariat des Nations Unies aux droits de l'homme, la mission permanente des
Emirats arabes unis a «pr[is] acte, avec satisfaction, de la note verbale [du
Haut-Commissariat] en date du 9 avril 2020 indiquant que la commission
de conciliation *ad hoc* avait été constituée par le président du Comité et
était en fonction depuis le 1er mars 2020».

B. Base de compétence invoquée
et exceptions préliminaires soulevées

35. Le Qatar affirme que la Cour est compétente pour connaître de sa
requête en vertu de l'article 22 de la CIEDR, qui se lit comme suit :

> «Tout différend entre deux ou plusieurs Etats parties touchant
> l'interprétation ou l'application de la présente Convention, qui
> n'aura pas été réglé par voie de négociation ou au moyen des procé-
> dures expressément prévues par ladite Convention, sera porté, à la
> requête de toute partie au différend, devant la Cour internationale de
> Justice pour qu'elle statue à son sujet, à moins que les parties au
> différend ne conviennent d'un autre mode de règlement.»

36. Le Qatar et les Emirats arabes unis sont parties à la CIEDR. Le
Qatar y a adhéré le 22 juillet 1976 et n'a pas formulé de réserve. Les Emirats arabes unis y ont adhéré le 20 juin 1974 et n'ont pas formulé de
réserve qui soit pertinente aux fins de la présente procédure.

37. Le Qatar soutient qu'il existe un différend entre les Parties quant à
l'interprétation et à l'application de la CIEDR, différend que celles-ci ne

ties have been unable to settle this dispute despite Qatar's attempts to negotiate with the UAE.

38. At the present stage of these proceedings, the UAE asks the Court to adjudge and declare that the Court lacks jurisdiction to address the claims brought by Qatar on the basis of two preliminary objections. In its first preliminary objection, the UAE maintains that the Court lacks jurisdiction *ratione materiae* over the dispute between the Parties because the alleged acts do not fall within the scope of CERD. In its second preliminary objection, the UAE asserts that Qatar failed to satisfy the procedural preconditions of Article 22 of CERD.

39. The Court notes that, in its written pleadings, the UAE had also included an objection to admissibility on the ground that Qatar's claims constitute an abuse of process. However, during the oral proceedings, counsel for the UAE stated that it was not pursuing an allegation of abuse of process at this stage of the proceedings.

40. Before addressing the preliminary objections of the UAE, the Court will determine the subject-matter of the dispute.

II. SUBJECT-MATTER OF THE DISPUTE

41. Pursuant to Article 40, paragraph 1, of the Statute and Article 38, paragraph 1, of the Rules of Court, an applicant is required to indicate the subject of a dispute in its application. The Rules of Court also require that an application "specify the precise nature of the claim, together with a succinct statement of the facts and grounds on which the claim is based" (Article 38, paragraph 2, of the Rules of Court). A Memorial "shall contain a statement of the relevant facts, a statement of law, and the submissions" (Article 49, paragraph 1, of the Rules of Court).

42. It is for the Court itself to determine on an objective basis the subject-matter of the dispute between the parties, by isolating the real issue in the case and identifying the object of the applicant's claims. In doing so, the Court examines the application, as well as the written and oral pleadings of the parties, while giving particular attention to the formulation of the dispute chosen by the applicant. It takes account of the facts that the applicant presents as the basis for its claims. The matter is one of substance, not of form (*Application of the International Convention for the Suppression of the Financing of Terrorism and of the International Convention on the Elimination of All Forms of Racial Discrimination (Ukraine v. Russian Federation), Preliminary Objections, Judgment, I.C.J. Reports 2019 (II)*, p. 575, para. 24; *Immunities and Criminal Proceedings (Equatorial Guinea v. France), Preliminary Objections, Judgment, I.C.J. Reports 2018 (I)*, pp. 308-309, para. 48).

* *

sont pas parvenues à régler bien qu'il ait, pour sa part, tenté de négocier avec les Emirats arabes unis.

38. Au présent stade de la procédure, les Emirats arabes unis prient la Cour de dire et juger qu'elle n'est pas compétente pour connaître des demandes formulées par le Qatar eu égard à deux exceptions préliminaires. Dans le cadre de la première, ils avancent que la Cour n'a pas compétence *ratione materiae* à l'égard du différend opposant les Parties, parce que les faits allégués n'entrent pas dans le champ d'application de la CIEDR. Dans le cadre de la seconde, ils affirment que le Qatar n'a pas satisfait aux conditions procédurales préalables prévues à l'article 22 de la CIEDR.

39. La Cour note que, dans leurs écritures, les Emirats arabes unis avaient aussi soulevé une exception d'irrecevabilité, arguant que les demandes du Qatar étaient constitutives d'un abus de procédure. A l'audience, le conseil des Emirats arabes unis a toutefois indiqué qu'ils ne maintenaient pas d'allégation d'abus de procédure à ce stade.

40. Avant de se pencher sur les exceptions préliminaires des Emirats arabes unis, la Cour déterminera quel est l'objet du différend.

II. Objet du différend

41. Conformément au paragraphe 1 de l'article 40 du Statut de la Cour et au paragraphe 1 de l'article 38 de son Règlement, le demandeur est tenu d'indiquer dans sa requête l'objet du différend. Le Règlement de la Cour prescrit aussi que la requête doit «indique[r] ... la nature précise de la demande et cont[enir] un exposé succinct des faits et moyens sur lesquels cette demande repose» (paragraphe 2 de l'article 38 du Règlement). Le mémoire, quant à lui, «contient un exposé des faits sur lesquels la demande est fondée, un exposé de droit et les conclusions» (paragraphe 1 de l'article 49 du Règlement).

42. Il appartient à la Cour d'établir objectivement ce sur quoi porte le différend entre les parties en circonscrivant le véritable problème en cause et en précisant l'objet des griefs du demandeur. La Cour examine à cet effet la requête, ainsi que les exposés écrits et oraux des parties, tout en consacrant une attention particulière à la formulation du différend utilisée par le demandeur. Elle tient compte des faits que celui-ci invoque à l'appui de ses demandes. Il s'agit là d'une question de fond, et non de forme (*Application de la convention internationale pour la répression du financement du terrorisme et de la convention internationale sur l'élimination de toutes les formes de discrimination raciale (Ukraine c. Fédération de Russie), exceptions préliminaires, arrêt, C.I.J. Recueil 2019 (II)*, p. 575, par. 24; *Immunités et procédures pénales (Guinée équatoriale c. France), exceptions préliminaires, arrêt, C.I.J. Recueil 2018 (I)*, p. 308-309, par. 48).

* *

43. According to the Applicant, its "Application concerns a legal dispute between Qatar and the UAE regarding the UAE's deliberate and flagrant violations of the CERD". It claims that "[t]he UAE has enacted and implemented a series of discriminatory measures directed at Qataris based expressly on their national origin — measures that remain in effect to this day".

44. Qatar further characterizes the subject-matter of the dispute in the written statement of its observations and submissions on the preliminary objections as follows:

"As Qatar explained in its Application, Memorial, and during the provisional measures phase of the proceedings, Qatar's claims are based on acts and omissions of the UAE that discriminate against Qataris on the basis of national origin and in violation of Articles 2, 4, 5, 6, and 7 of the CERD. These acts and omissions include, in particular, the collective expulsion of Qataris from the UAE pursuant to its 5 June Directive (the 'Expulsion Order'); the absolute ban on entry to the UAE by Qataris (the 'Absolute Travel Ban'), which was later modified by the imposition of a 'hotline' and website procedure that continue to restrict Qataris' entry into the UAE on an arbitrary and discriminatory basis (the 'Modified Travel Ban'); and the enactment of measures encouraging anti-Qatari hate propaganda and prejudice, and suppressing Qatari media and speech deemed to support Qatar (including, respectively, the 'Anti-Qatari Incitement Campaign', the 'Anti-Sympathy Law', and the 'Block on Qatari Media')."

45. Qatar states that the measures it describes as the "expulsion order" and the "travel bans", by their express reference to Qatari nationals, discriminate against Qataris on the basis of their current nationality. It points out that the definition of "racial discrimination" contained in Article 1, paragraph 1, of CERD includes discrimination on the basis of national origin. Qatar maintains that "nationality" is encompassed within the phrase "national origin".

46. Qatar also alleges that the UAE directly targeted Qatari media corporations by blocking access to their websites and broadcasts in all or part of the UAE's territory. It maintains that these measures were imposed "on racially discriminatory grounds" and that CERD extends to racial discrimination against "institutions", which it considers to include corporations.

21

43. Le demandeur affirme que sa «requête a trait à un différend juridique entre le Qatar et les Emirats arabes unis concernant des violations délibérées et flagrantes de la CIEDR». Il soutient que «[l]es Emirats arabes unis ont adopté et appliqué un ensemble de mesures discriminatoires, toujours en vigueur à ce jour, qui ciblent les Qatariens au motif exprès de leur origine nationale».

44. Dans l'exposé écrit contenant ses observations et conclusions sur les exceptions préliminaires, le Qatar définit dans les termes suivants l'objet du différend:

> «Comme le Qatar l'a exposé dans sa requête et son mémoire, ainsi qu'au cours de la phase de la procédure consacrée aux mesures conservatoires, ses demandes reposent sur des actes et des omissions des Emirats arabes unis qui font subir aux Qatariens des discriminations fondées sur l'origine nationale, et ce, en violation des articles 2, 4, 5, 6 et 7 de la CIEDR. Au nombre de ces actes et omissions figurent notamment l'expulsion collective des Qatariens hors du territoire émirien en application de la directive du 5 juin des Emirats arabes unis (ci-après la «décision d'expulsion»); l'interdiction formelle d'entrée sur le territoire émirien opposée aux Qatariens (ci-après l'«interdiction formelle d'entrée»), laquelle a ultérieurement été modifiée par l'imposition d'une procédure fondée sur un «service d'assistance téléphonique» et un site Internet qui continue de limiter de manière arbitraire et discriminatoire l'entrée des Qatariens sur le territoire émirien (ci-après l'«interdiction d'entrée dans sa version modifiée»); et la promulgation de mesures favorisant la propagande de haine et les partis pris contre les Qatariens, et revenant à museler les médias qatariens ainsi qu'à interdire les expressions supposées de soutien au Qatar (qui incluent, respectivement, la «campagne visant à alimenter l'hostilité envers les Qatariens», la «loi contre les expressions de sympathie» et le «blocage des médias qatariens»).»

45. Le Qatar affirme que les mesures qu'il présente comme la «décision d'expulsion» et les «interdictions d'entrée», en tant qu'elles visent expressément les nationaux qatariens, font subir aux Qatariens une discrimination sur la base de leur nationalité actuelle, et souligne que la définition de la «discrimination raciale» donnée au paragraphe 1 de l'article premier de la CIEDR inclut la discrimination fondée sur l'origine nationale. Or, selon lui, l'expression «origine nationale» comprend la notion de «nationalité».

46. Le Qatar affirme aussi que les Emirats arabes unis ont directement pris pour cible des sociétés de médias qatariennes en bloquant, sur tout ou partie du territoire émirien, l'accès à leurs sites Internet et la diffusion de leurs émissions. Il soutient que les mesures prises à cet effet l'ont été pour des «motifs qui relèvent de la discrimination raciale» et que le champ d'application de la CIEDR s'étend à la discrimination raciale pratiquée contre les «institutions», lesquelles couvrent, selon lui, les sociétés.

47. Qatar also points out that CERD applies to measures that are not framed as distinctions on the basis of a protected ground but have in fact the purpose or effect of racial discrimination. It maintains that, regardless of whether the measures imposed by the UAE are explicitly based on Qatari nationality, they have the purpose or effect of nullifying or impairing the rights and freedoms of persons of Qatari national origin, in the sense of their Qatari heritage and culture. It contends that such measures give rise to "indirect discrimination".

48. As one part of its claim of indirect discrimination, Qatar asserts that the measures which discriminate on the basis of current Qatari nationality violate the UAE's obligations under CERD for another independent reason, "because they have an unjustifiable disparate impact on individuals of Qatari origin, in the sense of their heritage and culture".

49. As further support for its claim of indirect discrimination, Qatar maintains that a number of measures imposed by the UAE encourage anti-Qatari propaganda and suppress speech deemed to be in support of Qatar. It refers to the ban on Qatari media corporations as well as a 6 June 2017 announcement of the Attorney General of the UAE which stated that persons "expressing sympathy, bias or affection for" the State of Qatar or "objecting to the . . . measures . . . taken [by the UAE] against the Qatari [G]overnment" are considered to have committed crimes punishable by imprisonment and a fine (see paragraph 30 above). Qatar contends that, although this statement refers to the "Qatari Government", it is "clearly understood as a reference to Qatar *qua* State and Qatar *qua* Qataris". Additionally, Qatar alleges that the UAE has attempted to incite discrimination against Qataris, referring to statements in social and traditional media by persons it identifies as officials of the UAE, which it considers to be attributable to the UAE.

50. Qatar points out that the UAE's measures are not exclusively addressed to Qataris on the basis of their current nationality and asserts that it has from the beginning framed its case to include a claim of unjustifiable disparate impact. It alleges that the measures imposed by the UAE penalize persons of Qatari national origin based on their identification with Qatari national traditions and culture, their Qatari accent or their Qatari dress. It further alleges that these measures discriminate against persons who are not Qatari citizens on the basis of their cultural identification as "Qataris".

*

47. Le Qatar souligne également que la CIEDR s'applique à des mesures dont le propos n'est pas d'imposer des distinctions fondées sur l'un des motifs prohibés, mais qui ont, de fait, pour but ou pour effet d'opérer une discrimination raciale. Selon lui, les mesures imposées par les Emirats arabes unis, qu'elles soient ou non fondées expressément sur la nationalité qatarienne, ont pour but ou pour effet de détruire ou de compromettre les droits et les libertés de personnes d'origine nationale qatarienne, au sens de leur héritage et de leur culture — ce qui, selon le Qatar, donne lieu à une «discrimination indirecte».

48. Sous le chef de discrimination indirecte, le Qatar argue que les mesures faisant subir aux Qatariens une discrimination sur la base de leur nationalité actuelle emportent également violation des obligations incombant aux Emirats arabes unis en vertu de la CIEDR pour un autre motif, indépendant, en ceci «qu'elles ont une incidence distincte injustifiable sur les personnes d'origine qatarienne, au sens de leur héritage et de leur culture».

49. A l'appui de son allégation de discrimination indirecte, le demandeur affirme en outre qu'un certain nombre de mesures imposées par les Emirats arabes unis tendent à encourager la propagande contre les Qatariens ou à interdire les expressions supposées de soutien au Qatar. Il se réfère aux restrictions imposées à des sociétés de médias qatariennes ainsi qu'à une annonce faite le 6 juin 2017 par le procureur général des Emirats arabes unis, qui indiquait que les personnes «exprimant de la sympathie, un parti pris ou de l'amitié pour» l'Etat du Qatar ou «une désapprobation de[s] ... mesures ... prises [par les Emirats arabes unis] à [l']égard [du Gouvernement qatarien]» seraient réputées avoir commis une infraction passible d'une peine d'emprisonnement et d'une amende (voir le paragraphe 30 ci-dessus). Selon lui, bien que cette déclaration désigne le «Gouvernement qatarien», «l'on comprend aisément qu'elle vise le Qatar en tant qu'Etat et le Qatar tel qu'incarné par les Qatariens». De plus, le Qatar avance que les Emirats arabes unis ont cherché à inciter à la discrimination contre les Qatariens; il fait fond sur des déclarations, relayées par les médias sociaux ou traditionnels, de personnes qu'il présente comme des représentants de l'Etat émirien, auquel il attribue de ce fait ces propos.

50. Le Qatar souligne que les mesures prises par les Emirats arabes unis ne visent pas les Qatariens sur la seule base de leur nationalité actuelle et affirme avoir d'emblée expressément avancé, entre autres demandes, celle fondée sur une incidence distincte injustifiable. Il allègue que les mesures en question pénalisent les personnes d'origine qatarienne identifiées comme telles en tant qu'elles partagent les traditions et la culture nationales qatariennes, parlent avec l'accent qatarien ou encore portent l'habit qatarien. Il soutient encore que ces mesures opèrent une discrimination à l'égard de non-ressortissants de l'Etat du Qatar sur le fondement de leur identification culturelle en tant que «Qatariens».

*

51. The UAE asserts that the subject-matter of the dispute is alleged discrimination on the basis of current Qatari nationality, a term that, in its view, is distinct from "national origin". It contends that claims arising from the measures that Qatar describes as the "expulsion order" and the "travel bans" are founded on differential treatment of persons based on their Qatari nationality.

52. The UAE maintains that Qatar seeks to blur the distinction between the terms "nationality" and "national origin" by using the two terms interchangeably and by referring obliquely to "Qataris" in its written and oral pleadings.

53. The UAE acknowledges that it has imposed restrictions on websites of some Qatari media corporations, stating that it did so on the basis of content restrictions, pursuant to UAE law. It considers that measures that address corporations do not fall within the definition of racial discrimination contained in CERD and thus that Qatar's claims with respect to the measures to restrict transmissions of Qatari media corporations are outside the scope of CERD.

54. The UAE also maintains that the restrictions on Qatari media and the other facts that Qatar invokes in support of its allegations of incitement and suppression of free speech, even if established, are not indicative of a claim of racial discrimination, but rather must be assessed in the context of the UAE's conviction that Qatar supports terrorism, extremism and intervention. It points out that Qatar itself frames its allegation of incitement by accusing the UAE of "media attacks on Qatar" and the dissemination of false reports "accusing Qatar of support for terrorism". It notes that the 6 June 2017 statement of the Attorney General of the UAE relates to persons who express support for the State of Qatar, not to persons of Qatari national origin.

55. The UAE accepts that disguised discrimination against members of a protected group would fall within the scope of CERD. However, it contends that, in the present case, the subject-matter of the dispute is limited to alleged direct discrimination on the basis of current nationality and does not extend to "indirect discrimination" because this is not the case that Qatar has pleaded. According to the UAE, Qatar has introduced legal arguments relating to "indirect discrimination" because its claim of direct discrimination on the basis of national origin does not withstand scrutiny.

* *

51. Les Emirats arabes unis affirment que le différend a pour objet la pratique alléguée d'une discrimination fondée sur la nationalité actuelle qatarienne, étant précisé que, selon eux, le terme «nationalité» est distinct de l'expression «origine nationale». Ils font valoir que les demandes liées aux mesures que le Qatar présente comme la «décision d'expulsion» et les «interdictions d'entrée» renvoient au traitement différencié qui aurait été réservé à des personnes sur la base de leur nationalité qatarienne.

52. Les Emirats arabes unis maintiennent que le Qatar cherche à brouiller la distinction entre «nationalité» et «origine nationale» en utilisant ces termes de manière interchangeable et en faisant référence de manière équivoque aux «Qatariens» dans ses exposés écrits et oraux.

53. Les Emirats arabes unis reconnaissent avoir imposé des restrictions aux sites Internet de certaines sociétés de médias qatariennes, mais affirment l'avoir fait en raison de considérations liées au contenu de ces sites, et en conformité avec leur droit interne. Selon eux, les mesures visant les sociétés ne sont pas couvertes par la définition de la discrimination raciale énoncée dans la CIEDR et, dès lors, les demandes du Qatar relatives aux dispositions prises en vue de restreindre la capacité de diffusion de sociétés de médias qatariennes sont exclues du champ d'application de la convention.

54. Les Emirats arabes unis plaident en outre que l'imposition de restrictions à certains médias qatariens et les autres faits invoqués par le Qatar à l'appui de ses allégations d'incitation et d'atteinte à la liberté d'expression, même avérés, ne tendent nullement à accréditer la thèse d'une discrimination raciale. Selon eux, ces faits sont, bien plutôt, à apprécier eu égard à leur conviction que le Qatar promeut le terrorisme, l'extrémisme et l'ingérence. Les Emirats arabes unis relèvent que, s'agissant de l'allégation d'incitation, le demandeur lui-même l'a formulée en termes d'«attaques menées à l'encontre du Qatar dans les médias» et de diffusion de fausses nouvelles dans lesquelles «le Qatar est accus[é] de soutien au terrorisme». Ils notent de même que la déclaration de leur procureur général en date du 6 juin 2017 vise les personnes exprimant leur soutien à l'Etat du Qatar, et non les personnes d'origine nationale qatarienne.

55. Les Emirats arabes unis admettent que la pratique d'une discrimination déguisée contre les membres d'un groupe protégé entrerait dans les prévisions de la CIEDR. Ils soutiennent toutefois que, dans le cas d'espèce, l'objet du différend est limité à une allégation de discrimination directe fondée sur la nationalité actuelle, et qu'il ne s'étend pas à la «discrimination indirecte», que le Qatar n'a pas plaidée. Selon eux, le Qatar a introduit des arguments juridiques en rapport avec la «discrimination indirecte», conscient que sa demande relative à une discrimination directe fondée sur l'origine nationale ne résisterait pas à l'examen de la Cour.

* *

56. As can be seen from Qatar's characterization of the subject-matter of the dispute (see paragraph 44 above), Qatar makes three claims of racial discrimination. The first is its claim arising out of the "travel bans" and "expulsion order", which make express reference to Qatari nationals. The second is its claim arising from the restrictions on Qatari media corporations. Qatar's third claim is that the measures taken by the UAE, including the measures on which Qatar bases its first and second claims, result in "indirect discrimination" on the basis of Qatari national origin. In order to determine the subject-matter of the dispute, the Court will consider these three claims in turn.

57. As noted above (see paragraph 45), Qatar states that the "expulsion order" and the "travel bans", by their express reference to Qatari nationals, discriminate against Qataris on the basis of their current nationality. The UAE acknowledges that these measures differentiate between Qataris and other persons on the basis of their current nationality, but does not agree that the measures violate its obligations under CERD. The Parties' characterization of the basis for the challenged measures is consistent with the text of the measures themselves, which refer, *inter alia*, to "Qatari residents and visitors", "Qatari nationals", "Qataris", "Qatari citizens" and "travellers holding Qatari passports".

58. As to Qatar's first claim, taking into account Qatar's characterization of these measures and the facts on which it relies in support of its claim that the measures that it describes as the "expulsion order" and the "travel bans" discriminate against Qataris on the basis of their current nationality, in violation of the UAE's obligations under CERD, as well as the characterization by the Respondent, the Court considers that the Parties hold opposing views over this claim.

59. With regard to Qatar's second claim, the Court has noted that the UAE does not deny that it imposed measures to restrict broadcasting and internet programming by certain Qatari media corporations. The Parties disagree, however, on whether those measures directly targeted these media corporations in a racially discriminatory manner, in violation of the UAE's obligations under CERD.

60. As to its third claim, as noted above, Qatar maintains that the subject-matter of the dispute encompasses Qatar's assertion that the "expulsion order" and the "travel bans" give rise to "indirect discrimination" against persons of Qatari national origin, independent of the claim of racial discrimination on the basis of current nationality. The UAE, however,

56. De la manière dont il définit l'objet du différend (voir le paragraphe 44 ci-dessus), il appert que le Qatar avance trois chefs de discrimination raciale. Le premier se rapporte à la «décision d'expulsion» et aux «interdictions d'entrée», qui visent expressément les nationaux qatariens, le second, aux restrictions imposées à des sociétés de médias qatariennes. En outre, le Qatar avance un troisième chef, affirmant que les mesures prises par les Emirats arabes unis, y compris celles sur lesquelles le Qatar fonde ses premier et deuxième chefs de discrimination, entraînent une «discrimination indirecte» fondée sur l'origine nationale qatarienne. Afin de déterminer l'objet du différend, la Cour examinera successivement ces trois demandes.

57. Ainsi qu'il a été noté plus haut (voir le paragraphe 45), le Qatar affirme que la «décision d'expulsion» et les «interdictions d'entrée», en tant qu'elles visent expressément les nationaux qatariens, font subir aux Qatariens une discrimination sur la base de leur nationalité actuelle. Les Emirats arabes unis reconnaissent que ces mesures établissent une distinction entre les Qatariens et les non-Qatariens sur le fondement de leur nationalité actuelle, mais contestent qu'elles emportent violation des obligations qu'ils tiennent de la CIEDR. La qualification par les Parties du fondement de la pratique dénoncée cadre avec le libellé des mesures elles-mêmes, qui fait référence, notamment, aux «Qatariens [ayant la] qualité de résident ou de visiteur», aux «nationaux qatariens», aux «Qatariens», aux «ressortissants qatariens» et aux «voyageurs détenteurs d'un passeport qatarien».

58. S'agissant de la première demande du Qatar, compte tenu de la manière dont ce dernier qualifie les mesures en cause et des faits qu'il invoque en ce qui concerne la demande selon laquelle les mesures qu'il présente comme la «décision d'expulsion» et les «interdictions d'entrée» font subir aux Qatariens une discrimination sur la base de leur nationalité actuelle, en violation des obligations incombant aux Emirats arabes unis en vertu de la CIEDR, et compte tenu aussi de la manière dont le défendeur qualifie ces mesures, la Cour considère que les Parties ont, sur cette demande, des vues opposées.

59. S'agissant de la deuxième demande du Qatar, la Cour a déjà noté que les Emirats arabes unis ne démentaient pas avoir imposé des mesures tendant à restreindre la diffusion, à la radio, à la télévision et sur Internet, des émissions de certaines sociétés de médias qatariennes. Les Parties divergent toutefois sur la question de savoir si celles-ci étaient directement visées par lesdites mesures dans le sens d'une discrimination raciale, en violation des obligations incombant aux Emirats arabes unis en vertu de la CIEDR.

60. Dans sa troisième demande, ainsi qu'il a été noté plus haut, le Qatar soutient que l'objet du différend englobe son affirmation selon laquelle, indépendamment du fait qu'il ait plaidé la discrimination raciale fondée sur la nationalité actuelle, la «décision d'expulsion» et les «interdictions d'entrée» entraînent en tout état de cause une «discrimination indirecte»

maintains that this claim of "indirect discrimination" is not part of the case presented in Qatar's Application.

61. The Court observes that the subject-matter of a dispute is not limited by the precise wording that an applicant State uses in its application. The Rules of Court provide an applicant State with some latitude to develop the allegations in its application, so long as it does not "transform the dispute brought before the Court by the application into another dispute which is different in character" (*Land and Maritime Boundary between Cameroon and Nigeria (Cameroon* v. *Nigeria), Preliminary Objections, Judgment, I.C.J. Reports 1998*, pp. 318-319, paras. 98 and 99).

62. Qatar's Application did not expressly set out Qatar's contention that the "travel bans" and "expulsion order" give rise to "indirect discrimination" against Qataris on a basis other than nationality. Qatar explains that it developed this argument in its Memorial in response to arguments made by the UAE during the provisional measures phase of the case. In addition, Qatar's Request for the indication of provisional measures, filed on the same day as the Application, requested the Court to order that the UAE cease "all conduct that could result, directly or indirectly, in any form of racial discrimination against Qatari individuals and entities".

63. The Court considers that the Rules of Court do not preclude Qatar from refining the legal arguments presented in its Application or advancing new arguments in response to those made by the UAE, thereby making explicit the contention that the measures that Qatar describes as the "travel bans" and "expulsion order" give rise to "indirect discrimination" against persons of Qatari national origin, in violation of the UAE's obligations under CERD.

64. The Court turns next to Qatar's other allegations of "indirect discrimination" against persons of Qatari national origin. Qatar brings these allegations on the basis of the restrictions on Qatari media corporations and other measures that, in its view, attack freedom of expression, incite anti-Qatari sentiment, and criminalize speech deemed to be in favour of Qatar or critical of the UAE's policies towards Qatar, as well as statements by the UAE or its officials that express or condone anti-Qatari hate speech and propaganda.

65. The Court notes that Qatar made specific references in its Application to the 6 June 2017 statement by the Attorney General of the UAE, the restrictions on Qatari media corporations, the UAE's "media defamation" campaign against Qatar and alleged statements by UAE officials fostering anti-Qatari sentiment.

contre les personnes d'origine nationale qatarienne. Pour les Emirats arabes unis, en revanche, la demande relative à la « discrimination indirecte » ne relève pas de la cause plaidée par le Qatar dans sa requête.

61. La Cour fait observer que l'objet d'un différend n'est pas limité par les termes expressément utilisés par l'Etat demandeur dans sa requête. En vertu de son Règlement, l'Etat demandeur jouit d'une certaine latitude pour développer les allégations qu'il a formulées dans sa requête, pour autant que « le différend [qu'il a ainsi] porté devant la Cour ne se trouve pas transformé en un autre différend dont le caractère ne serait pas le même » (*Frontière terrestre et maritime entre le Cameroun et le Nigéria (Cameroun c. Nigéria), exceptions préliminaires, arrêt, C.I.J. Recueil 1998*, p. 318-319, par. 98 et 99).

62. Le Qatar, dans sa requête, n'a pas expressément soutenu que les « interdictions d'entrée » et la « décision d'expulsion » seraient à l'origine d'une « discrimination indirecte » à l'encontre des Qatariens sur le fondement d'un élément autre que la nationalité. Il a depuis expliqué avoir développé cet argument dans son mémoire en réponse aux moyens formulés par les Emirats arabes unis au stade des mesures conservatoires. Par ailleurs, dans sa demande en indication de mesures conservatoires, déposée le même jour que la requête, le Qatar avait prié la Cour de prescrire aux Emirats arabes unis de cesser « de commettre tout acte pouvant entraîner, directement ou indirectement, une forme quelconque de discrimination raciale à l'égard de Qatariens ou d'entités du Qatar ».

63. La Cour considère que son Règlement n'interdit pas au Qatar d'affiner l'argumentation juridique présentée dans sa requête ou d'avancer de nouveaux arguments en réponse à celle avancée par les Emirats arabes unis, avec pour effet d'expliciter l'argument selon lequel les mesures qu'il présente comme les « interdictions d'entrée » et la « décision d'expulsion » sont à l'origine d'une « discrimination indirecte » à l'encontre des personnes d'origine nationale qatarienne, en violation des obligations incombant aux Emirats arabes unis en vertu de la CIEDR.

64. La Cour en vient aux autres allégations de « discrimination indirecte » dont auraient, selon le Qatar, été victimes les personnes d'origine nationale qatarienne. Le Qatar formule ces allégations en se référant aux restrictions imposées à des sociétés de médias qatariennes, et à d'autres mesures dont il prétend qu'elles seraient constitutives d'atteintes à la liberté d'expression ou reviendraient à inciter à l'hostilité envers les Qatariens et à incriminer les expressions supposées de soutien à son égard ou de critiques des dispositions émiriennes le visant, ou encore à des déclarations des Emirats arabes unis ou de responsables émiriens reprenant ou cautionnant un discours et une propagande hostiles aux Qatariens.

65. La Cour relève que le Qatar a fait spécifiquement référence, dans sa requête, à la déclaration du procureur général des Emirats arabes unis en date du 6 juin 2017, aux restrictions imposées à des sociétés de médias qatariennes, à la campagne de « diffamation … dans les médias » et à ce qu'il présente comme des déclarations de responsables émiriens tendant à alimenter l'hostilité envers les Qatariens.

66. The Parties address these contentions in their written and oral pleadings. Although Qatar acknowledges that the statement by the Attorney General of the UAE refers to criminal penalties for supporting the Qatari Government, not Qataris, it asserts that the risk of criminal penalties has a chilling effect and potentially alienates Qataris from their Emirati friends and family. It introduces several witness statements to substantiate its claims. In support of its contention that the UAE has fostered anti-Qatari sentiment, Qatar attaches to its Memorial a number of social media posts from persons it describes as UAE officials in which the authors criticize Qatar. Qatar claims that these statements formed part of a wider media campaign directed against it. It asserts that this criticism of Qatar has resulted in hate messages directed towards persons of Qatari national origin. Qatar also claims that the restrictions on Qatari media corporations have interfered with the free expression of Qatari ideas and culture in a broader sense and have contributed to the climate of fear which persons of Qatari national origin are said to have experienced as a result of the other measures that the UAE has taken.

67. The UAE does not dispute that its Attorney General made the statement to which Qatar objects. It acknowledges that it has made "adverse comments directed towards the State of Qatar and its behaviour" and that "others within its territory may have made similar comments against the State of Qatar". It does not accept, however, that such comments about another State can give rise to a claim of racial discrimination under CERD. The UAE also refutes Qatar's allegations of certain instances in which individuals claim to have been arrested, mistreated or to have suffered other negative consequences in the UAE for expressing sympathy with Qatar and adds that in any case the persons concerned are not of Qatari nationality or alleged to be of Qatari national origin. The UAE also argues that, by invoking the restrictions on Qatari media corporations in support of its claim of "indirect discrimination", Qatar has presented a new argument that does not form part of the case pleaded in its Application.

68. In its Application, Qatar alleges that the restrictions imposed on Qatari media corporations violate the freedom of expression of Qataris (see paragraphs 64-65 above). As the Court previously noted (see paragraph 63 above), the Rules of Court do not preclude Qatar from refining the legal arguments presented in its Application or advancing new arguments.

66. Les Parties traitent de ces affirmations dans leurs exposés écrits et oraux. Si le Qatar reconnaît que la déclaration du procureur général des Emirats arabes unis fait état de sanctions pénales encourues en cas de soutien au Gouvernement du Qatar, et non aux Qatariens, il plaide que le fait de s'exposer à pareilles sanctions a un effet dissuasif pour les Qatariens, quand il ne risque pas de les éloigner de leurs amis et de leurs proches émiriens. Il produit à cet égard plusieurs témoignages destinés à étayer son propos. Pour accréditer la thèse selon laquelle les Emirats arabes unis ont alimenté l'hostilité envers les Qatariens, le Qatar joint à son mémoire un certain nombre de messages, critiques à son endroit, publiés sur les réseaux sociaux et émanant de personnes qu'il présente comme des responsables émiriens. Le Qatar prétend que ces déclarations s'inscrivaient dans une campagne médiatique de plus grande envergure à son encontre. Il affirme que les critiques dont il a fait l'objet dans ce cadre ont offert un terreau propice à l'expression de messages haineux contre les personnes d'origine nationale qatarienne. Il soutient également que les restrictions imposées à des sociétés de médias qatariennes ont porté atteinte à la liberté de mettre en avant les idées et la culture qatariennes dans un sens plus large, et ont contribué au climat de peur dont les personnes d'origine nationale qatarienne auraient souffert en conséquence d'autres mesures prises par les Emirats arabes unis.

67. Les Emirats arabes unis ne contestent pas que leur procureur général ait fait la déclaration dont il est tiré grief. Ils reconnaissent que celui-ci a formulé «des commentaires hostiles visant l'Etat du Qatar et son comportement» et que «d'autres, sur leur territoire, [o]nt pu faire des commentaires analogues, hostiles à l'Etat qatarien». Ils n'admettent pas en revanche que pareils commentaires à propos d'un Etat puissent donner lieu à une allégation de discrimination raciale au titre de la CIEDR. Les Emirats arabes unis rejettent par ailleurs les allégations du Qatar concernant certains cas où des individus prétendent avoir été arrêtés, soumis à des mauvais traitements ou autrement pénalisés sur le territoire émirien pour avoir exprimé leur sympathie à l'égard du Qatar, et ajoutent que, en tout état de cause, les intéressés ne sont pas de nationalité qatarienne ni n'ont été présentés comme étant d'origine nationale qatarienne. Les Emirats arabes unis soutiennent également que, en invoquant les restrictions imposées aux sociétés de médias qatariennes à l'appui de son chef de «discrimination indirecte», le Qatar a présenté un nouvel argument qui ne relève pas de la cause plaidée dans sa requête.

68. Dans sa requête, le Qatar soutient que les restrictions imposées aux sociétés de médias qatariennes violent la liberté d'expression des Qatariens (voir les paragraphes 64-65 ci-dessus). Ainsi que la Cour l'a indiqué précédemment (voir le paragraphe 63 ci-dessus), le Règlement n'interdit pas au Qatar d'affiner l'argumentation juridique présentée dans sa requête ou d'avancer de nouveaux arguments.

69. Taking into account the Application and the written and oral pleadings, as well as the facts asserted by Qatar, the Court considers that the Parties hold opposing views over Qatar's claim that the UAE has engaged in "indirect discrimination" against persons of Qatari national origin, in violation of its obligations under CERD.

70. In view of the preceding analysis, the Court concludes that the Parties disagree in respect of Qatar's three claims that the UAE has violated its obligations under CERD: first, the claim that the measures that Qatar describes as the "expulsion order" and the "travel bans", by their express references to Qatari nationals, discriminate against Qataris on the basis of their current nationality; secondly, the claim that the UAE imposed racially discriminatory measures on certain Qatari media corporations; and thirdly, the claim that the UAE has engaged in "indirect discrimination" against persons of Qatari national origin by taking these measures and other measures summarized in paragraph 64. The Parties' disagreements in respect of these claims form the subject-matter of the dispute.

III. First Preliminary Objection: Jurisdiction *Ratione Materiae*

71. The Court will now consider whether it has jurisdiction *ratione materiae* over the dispute under Article 22 of CERD.

72. In order to determine whether the dispute is one with respect to the interpretation or application of CERD, under its Article 22, the Court will examine whether each of the above claims falls within the scope of CERD (*Application of the International Convention for the Suppression of the Financing of Terrorism and of the International Convention on the Elimination of All Forms of Racial Discrimination (Ukraine v. Russian Federation), Preliminary Objections, Judgment, I.C.J. Reports 2019 (II)*, p. 595, paras. 94-95). The Court will address Qatar's claims in the order mentioned above (see paragraph 70).

73. The Court observes that, as far as the first claim of Qatar is concerned, the Parties disagree on whether the term "national origin" in Article 1, paragraph 1, of the Convention encompasses current nationality. In respect of the second claim of Qatar, the Parties disagree on whether the scope of the Convention extends to Qatari media corporations. Finally, in respect of the third claim, the Parties disagree on whether the measures of which Qatar complains give rise to "indirect discrimination" against Qataris on the basis of their national origin. The Court will examine each of these questions with a view to ascertaining whether it has jurisdiction *ratione materiae* in the present case.

69. Compte tenu de la requête et des exposés écrits et oraux des Parties, ainsi que des faits avancés par le Qatar, la Cour estime que les Parties s'opposent sur la question de savoir si, comme l'allègue le Qatar, les Emirats arabes unis se sont livrés à une « discrimination indirecte » contre les personnes d'origine nationale qatarienne, en violation des obligations leur incombant en vertu de la CIEDR.

70. Au vu de l'analyse qui précède, la Cour conclut que les Parties sont en désaccord au sujet des trois demandes du Qatar imputant aux Emirats arabes unis un manquement aux obligations leur incombant en vertu de la CIEDR, en ceci que : premièrement, les mesures que le Qatar présente comme la « décision d'expulsion » et les « interdictions d'entrée », en tant qu'elles visent expressément les nationaux qatariens, font subir aux Qatariens une discrimination sur la base de leur nationalité actuelle ; deuxièmement, les Emirats arabes unis ont imposé à certaines sociétés de médias qatariennes des mesures constitutives de discrimination raciale ; et, troisièmement, les Emirats arabes unis ont fait subir aux personnes d'origine nationale qatarienne une « discrimination indirecte » par l'effet desdites mesures, ainsi que d'autres mentionnées au paragraphe 64. Les désaccords entre les Parties au sujet de ces chefs de demande constituent l'objet du différend.

III. Première exception préliminaire : compétence *RATIONE MATERIAE*

71. La Cour recherchera à présent si elle a compétence *ratione materiae* pour connaître du différend en vertu de l'article 22 de la CIEDR.

72. Aux fins de déterminer si le différend est de ceux touchant l'interprétation ou l'application de la CIEDR, au titre de son article 22, la Cour examinera si les demandes susvisées entrent dans le champ d'application de la convention (*Application de la convention internationale pour la répression du financement du terrorisme et de la convention internationale sur l'élimination de toutes les formes de discrimination raciale (Ukraine c. Fédération de Russie), exceptions préliminaires, arrêt, C.I.J. Recueil 2019 (II)*, p. 595, par. 94-95). Elle les analysera tour à tour selon l'ordre indiqué plus haut (voir le paragraphe 70 ci-dessus).

73. La Cour observe, à propos de la première demande du Qatar, que les Parties divergent sur la question de savoir si l'expression « origine nationale » figurant au paragraphe 1 de l'article premier de la convention englobe la nationalité actuelle. Concernant la deuxième demande du Qatar, les Parties divergent sur la question de savoir si le champ d'application de la convention s'étend aux sociétés de médias qatariennes. Enfin, s'agissant de la troisième demande, les Parties divergent sur la question de savoir si les mesures dont le Qatar tire grief entraînent, à l'égard des Qatariens, une « discrimination indirecte » sur la base de leur origine nationale. La Cour se penchera sur chacune de ces questions en vue de déterminer si elle a compétence *ratione materiae* en la présente espèce.

A. The Question whether the Term "National Origin" Encompasses Current Nationality

74. Qatar is of the view that the term "national origin", in the definition of racial discrimination in Article 1, paragraph 1, of the Convention, encompasses current nationality and that the measures of which Qatar complains thus fall within the scope of CERD. The UAE argues that the term "national origin" does not include current nationality and that the Convention does not prohibit differentiation based on the current nationality of Qatari citizens, as complained of by Qatar in this case. Thus, the Parties hold opposing views on the meaning and scope of the term "national origin" in Article 1, paragraph 1, of the Convention, which reads:

"In this Convention, the term 'racial discrimination' shall mean any distinction, exclusion, restriction or preference based on race, colour, descent, or national or ethnic origin which has the purpose or effect of nullifying or impairing the recognition, enjoyment or exercise, on an equal footing, of human rights and fundamental freedoms in the political, economic, social, cultural or any other field of public life."

* *

75. In order to determine its jurisdiction *ratione materiae* in this case, the Court will interpret CERD and specifically the term "national origin" in Article 1, paragraph 1, thereof by applying the rules on treaty interpretation enshrined in Articles 31 and 32 of the Vienna Convention on the Law of Treaties (hereinafter the "Vienna Convention"). Although that Convention is not in force between the Parties and is not, in any event, applicable to treaties concluded before it entered into force, such as CERD, it is well established that Articles 31 and 32 of the Vienna Convention reflect rules of customary international law (*Application of the International Convention for the Suppression of the Financing of Terrorism and of the International Convention on the Elimination of All Forms of Racial Discrimination (Ukraine v. Russian Federation), Preliminary Objections, Judgment, I.C.J. Reports 2019 (II)*, p. 598, para. 106; *Immunities and Criminal Proceedings (Equatorial Guinea v. France), Preliminary Objections, Judgment, I.C.J. Reports 2018 (I)*, pp. 320-321, para. 91; *Question of the Delimitation of the Continental Shelf between Nicaragua and Colombia beyond 200 Nautical Miles from the Nicaraguan Coast (Nicaragua v. Colombia), Preliminary Objections, Judgment, I.C.J. Reports 2016 (I)*, p. 116, para. 33).

76. The Court will interpret the term "national origin" by reference, first, to the elements set out in Article 31 of the Vienna Convention,

A. La question de savoir si l'expression « origine nationale »
englobe la nationalité actuelle

74. Le Qatar considère que l'expression «origine nationale», dans la définition de la discrimination raciale figurant au paragraphe 1 de l'article premier de la convention, englobe la nationalité actuelle, et que les mesures dont il tire grief entrent ainsi dans les prévisions de la CIEDR. Les Emirats arabes unis font valoir que l'expression «origine nationale» n'inclut pas la nationalité actuelle et que la convention n'interdit pas la différenciation fondée sur la nationalité actuelle des ressortissants qatariens, dont se plaint le Qatar en la présente espèce. Ainsi, les Parties ont des vues opposées quant au sens et à la portée de l'expression «origine nationale» figurant au paragraphe 1 de l'article premier de la convention, qui se lit comme suit:

> «Dans la présente Convention, l'expression «discrimination raciale» vise toute distinction, exclusion, restriction ou préférence fondée sur la race, la couleur, l'ascendance ou l'origine nationale ou ethnique, qui a pour but ou pour effet de détruire ou de compromettre la reconnaissance, la jouissance ou l'exercice, dans des conditions d'égalité, des droits de l'homme et des libertés fondamentales dans les domaines politique, économique, social et culturel ou dans tout autre domaine de la vie publique.»

* *

75. Aux fins de déterminer si elle a compétence *ratione materiae* en l'espèce, la Cour interprétera la CIEDR et, en particulier, l'expression «origine nationale» figurant au paragraphe 1 de son article premier. Elle appliquera, pour ce faire, les règles d'interprétation des traités, telles qu'elles sont consacrées aux articles 31 et 32 de la convention de Vienne sur le droit des traités (ci-après la «convention de Vienne»). Bien que cette convention ne soit pas en vigueur entre les Parties et qu'en tout état de cause elle ne couvre pas les traités conclus avant son entrée en vigueur, tels que la CIEDR, il est constant que les articles 31 et 32 de cet instrument reflètent des règles de droit international coutumier (*Application de la convention internationale pour la répression du financement du terrorisme et de la convention internationale sur l'élimination de toutes les formes de discrimination raciale (Ukraine c. Fédération de Russie), exceptions préliminaires, arrêt, C.I.J. Recueil 2019 (II)*, p. 598, par. 106; *Immunités et procédures pénales (Guinée équatoriale c. France), exceptions préliminaires, arrêt, C.I.J. Recueil 2018 (I)*, p. 320-321, par. 91; *Question de la délimitation du plateau continental entre le Nicaragua et la Colombie au-delà de 200 milles marins de la côte nicaraguayenne (Nicaragua c. Colombie), exceptions préliminaires, arrêt, C.I.J. Recueil 2016 (I)*, p. 116, par. 33).

76. La Cour procédera à l'interprétation de l'expression «origine nationale» par référence, en premier lieu, aux éléments contenus à l'article 31

which states the general rule of treaty interpretation. Only then will the Court turn to the supplementary means of interpretation provided for in Article 32 in order to confirm the meaning resulting from that process, or to remove ambiguity or obscurity, or to avoid a manifestly absurd or unreasonable result (*Immunities and Criminal Proceedings (Equatorial Guinea* v. *France), Preliminary Objections, Judgment, I.C.J. Reports 2018 (I)*, p. 321, para. 91; *Application of the Convention on the Prevention and Punishment of the Crime of Genocide (Bosnia and Herzegovina* v. *Serbia and Montenegro), Judgment, I.C.J. Reports 2007 (I)*, pp. 109-110, para. 160).

77. The Court will also examine the practice of the CERD Committee and of regional human rights courts. In their pleadings, the Parties expressed different opinions on that practice in relation to the interpretation of the term "national origin" in Article 1, paragraph 1, of the Convention. The Court recalls that, in its jurisprudence, it has taken into account the practice of committees established under human rights conventions, as well as the practice of regional human rights courts, in so far as this was relevant for the purposes of interpretation (*Ahmadou Sadio Diallo (Republic of Guinea* v. *Democratic Republic of the Congo), Compensation, Judgment, I.C.J. Reports 2012 (I)*, p. 331, para. 13; pp. 334-335, para. 24; p. 337, para. 33, and pp. 339-340, para. 40; *Questions relating to the Obligation to Prosecute or Extradite (Belgium* v. *Senegal), Judgment, I.C.J. Reports 2012 (II)*, pp. 457-458, para. 101; *Ahmadou Sadio Diallo (Republic of Guinea* v. *Democratic Republic of the Congo), Merits, Judgment, I.C.J. Reports 2010 (II)*, pp. 663-664, para. 66; *Legal Consequences of the Construction of a Wall in the Occupied Palestinian Territory, Advisory Opinion, I.C.J. Reports 2004 (I)*, p. 179, para. 109, and pp. 192-193, para. 136).

1. The term "national origin" in accordance with its ordinary meaning, read in its context and in the light of the object and purpose of CERD

78. The Court recalls that Article 31, paragraph 1, of the Vienna Convention provides that "[a] treaty shall be interpreted in good faith in accordance with the ordinary meaning to be given to the terms of the treaty in their context and in the light of its object and purpose". The Court's interpretation must take account of all these elements considered as a whole (*Maritime Delimitation in the Indian Ocean (Somalia* v. *Kenya), Preliminary Objections, Judgment, I.C.J. Reports 2017*, p. 29, para. 64).

* *

79. According to the UAE, the ordinary meaning of the term "national origin" does not encompass current nationality, because the latter concept refers to a legal relationship with a State in the sense of citizenship, whereas national origin denotes "an association with a nation of people, not a State". In the Respondent's view, the five authentic texts of "the

de la convention de Vienne, qui pose la règle générale en matière d'interprétation des traités. Ce n'est que dans un second temps que la Cour se penchera sur les moyens complémentaires d'interprétation prévus à l'article 32, pour confirmer le sens ainsi établi, éliminer une ambiguïté, un point obscur ou éviter un résultat manifestement absurde ou déraisonnable (*Immunités et procédures pénales (Guinée équatoriale c. France), exceptions préliminaires, arrêt, C.I.J. Recueil 2018 (I)*, p. 321, par. 91; *Application de la convention pour la prévention et la répression du crime de génocide (Bosnie-Herzégovine c. Serbie-et-Monténégro), arrêt, C.I.J. Recueil 2007 (I)*, p. 109-110, par. 160).

77. La Cour examinera également la pratique du Comité de la CIEDR et celle des cours régionales des droits de l'homme. Dans leurs exposés, les Parties ont exprimé des opinions différentes quant auxdites pratiques pour ce qui est de l'interprétation de l'expression «origine nationale» figurant au paragraphe 1 de l'article premier de la convention. La Cour rappelle que, dans sa jurisprudence, elle a pris en compte la pratique des comités établis en vertu de conventions relatives aux droits de l'homme, ainsi que la pratique des cours régionales des droits de l'homme, dans la mesure où celle-ci était pertinente aux fins de l'interprétation (*Ahmadou Sadio Diallo (République de Guinée c. République démocratique du Congo), indemnisation, arrêt, C.I.J. Recueil 2012 (I)*, p. 331, par. 13; p. 334-335, par. 24; p. 337, par. 33, et p. 339-340, par. 40; *Questions concernant l'obligation de poursuivre ou d'extrader (Belgique c. Sénégal), arrêt, C.I.J. Recueil 2012 (II)*, p. 457-458, par. 101; *Ahmadou Sadio Diallo (République de Guinée c. République démocratique du Congo), fond, arrêt, C.I.J. Recueil 2010 (II)*, p. 663-664, par. 66; *Conséquences juridiques de l'édification d'un mur dans le territoire palestinien occupé, avis consultatif, C.I.J. Recueil 2004 (I)*, p. 179, par. 109, et p. 192-193, par. 136).

1. L'expression «origine nationale» selon son sens ordinaire, lue dans son contexte et à la lumière de l'objet et du but de la CIEDR

78. La Cour rappelle que, selon le paragraphe 1 de l'article 31 de la convention de Vienne, «[u]n traité doit être interprété de bonne foi suivant le sens ordinaire à attribuer aux termes du traité dans leur contexte et à la lumière de son objet et de son but». L'interprétation faite par la Cour doit prendre en compte l'ensemble de ces éléments considérés comme un tout (*Délimitation maritime dans l'océan Indien (Somalie c. Kenya), exceptions préliminaires, arrêt, C.I.J. Recueil 2017*, p. 29, par. 64).

* *

79. Selon les Emirats arabes unis, le sens ordinaire de l'expression «origine nationale» n'englobe pas la nationalité actuelle, cette dernière renvoyant au lien de rattachement juridique à un Etat au sens de citoyenneté, alors que l'origine nationale désigne «le lien avec une nation et non pas avec un Etat». Pour le défendeur, les cinq textes de la convention faisant

Convention confirm that the drafters drew a distinction between the term "national origin", as used in Article 1, paragraph 1, and Article 5 of the Convention, and "nationality", as used in Article 1, paragraph 3, of the Convention. In its view, the definition of racial discrimination in the Convention refers only to characteristics that are inherent and immutable, namely race, colour, descent, or national or ethnic origin. Nationality, on the other hand, is a legal bond that can change over time. Lastly, the Respondent considers that the Convention's title and Preamble confirm that it does not prohibit differentiation on the basis of an individual's current nationality, since it concerns racial discrimination. According to the Respondent, the Preamble reaffirms the overall aim of bringing racial discrimination to an end and makes no mention of discrimination based on current nationality. It thus argues that the term "national origin" as used in Article 1, paragraph 1, of CERD is "an individual's permanent association with a particular nation of people" and does not include nationality in the sense of citizenship.

80. In Qatar's view, discrimination based on a person's current nationality falls within the prohibition of racial discrimination provided for in Article 1, paragraph 1, of the Convention. According to the Applicant, the term "national origin" refers to a person belonging to a nation by birth, or to the country from which he or she originates, as well as a person's current nationality or national affiliation. It contends that this term, as reproduced in the different languages of the Convention, does not refer only to the immutable characteristics of a person. Qatar further contends that paragraphs 2 and 3 of Article 1, which exclude from the scope of the Convention any differentiation between citizens and non-citizens and at the same time prohibit discrimination against any particular nationality, would be deprived of any *effet utile* if current nationality were not covered by the term "national origin". Relying on the Preamble, the Applicant argues that it was the drafters' intention that the Convention would not remain static but would form a comprehensive network of protections which would apply to racial discrimination, however it manifests, across different countries, contexts and time periods. According to the Applicant, excluding current nationality from the definition of racial discrimination would permit States to put in place any discriminatory policy targeting individuals or groups with the characteristics expressly mentioned in Article 1, paragraph 1, of the Convention. The adoption of such policies could be justified officially by sole reference to current nationality rather than to the characteristics in question. The Applicant thus concludes that the exclusion of nationality-based discrimination from the scope of the Convention would lead to absurd results wholly at odds with its purpose.

* *

foi confirment que les rédacteurs ont établi une distinction entre l'expression «origine nationale», employée au paragraphe 1 de l'article premier et à l'article 5, et le terme «nationalité», figurant au paragraphe 3 de l'article premier de la convention. Selon lui, la définition de la discrimination raciale figurant dans la convention ne vise que des caractéristiques inhérentes à la personne et immuables, à savoir la race, la couleur, l'ascendance ou l'origine nationale ou ethnique. La nationalité, en revanche, est un lien juridique susceptible de changer au fil du temps. Enfin, le défendeur considère que l'intitulé et le préambule de la convention confirment que celle-ci n'interdit pas la différenciation fondée sur la nationalité actuelle de l'individu, puisqu'elle concerne la discrimination raciale. Selon lui, le préambule réaffirme l'objectif général consistant à mettre fin à la discrimination raciale sans mentionner la discrimination fondée sur la nationalité actuelle. Le défendeur soutient, en conséquence, que l'expression «origine nationale», telle qu'employée au paragraphe 1 de l'article premier de la CIEDR, désigne «l'appartenance immuable de l'individu à une nation déterminée» et qu'elle n'inclut pas la nationalité au sens de citoyenneté.

80. Pour le Qatar, la discrimination fondée sur la nationalité actuelle d'une personne relève de l'interdiction de la discrimination raciale prévue au paragraphe 1 de l'article premier de la convention. Selon le demandeur, l'expression «origine nationale» comprend l'appartenance d'une personne à une nation, à la naissance, ou au pays dont elle est originaire, ainsi que sa nationalité ou son affiliation nationale actuelle. Il avance que cette expression, telle qu'elle est reproduite dans les différentes langues de la convention, ne vise pas seulement les caractéristiques immuables de la personne. Le Qatar ajoute que les paragraphes 2 et 3 de l'article premier, qui excluent du champ d'application de la convention toute différenciation selon qu'il s'agit de ressortissants ou de non-ressortissants, tout en interdisant la discrimination à l'égard d'une nationalité particulière, seraient dépourvus de tout effet utile si la nationalité actuelle n'était pas couverte par l'expression «origine nationale». En se fondant sur le préambule, le demandeur fait valoir que les rédacteurs entendaient que la convention ne reste pas immuable, mais constitue un réseau étendu de protections qui s'appliquerait à la discrimination raciale quelle que soit sa forme, dans différents pays, contextes et époques. Selon le demandeur, le fait d'exclure la nationalité actuelle de la définition de la discrimination raciale permettrait aux Etats de mettre en place n'importe quelle politique discriminatoire visant des personnes ou des groupes sur la base des éléments expressément mentionnés au paragraphe 1 de l'article premier de la convention. Il suffirait, selon lui, que l'adoption de ces politiques soit justifiée officiellement par référence non aux caractéristiques en question mais à la seule nationalité actuelle. En conséquence, le demandeur conclut que le fait d'exclure la discrimination fondée sur la nationalité du champ d'application de la convention conduirait à des résultats absurdes et totalement contraires au but de celle-ci.

* *

30

81. As the Court has recalled on many occasions, "[i]nterpretation must be based above all upon the text of the treaty" (*Territorial Dispute (Libyan Arab Jamahiriya/Chad), Judgment, I.C.J. Reports 1994*, p. 22, para. 41). The Court observes that the definition of racial discrimination in the Convention includes "national or ethnic origin". These references to "origin" denote, respectively, a person's bond to a national or ethnic group at birth, whereas nationality is a legal attribute which is within the discretionary power of the State and can change during a person's lifetime (*Nottebohm (Liechtenstein v. Guatemala), Second Phase, Judgment, I.C.J. Reports 1955*, pp. 20 and 23). The Court notes that the other elements of the definition of racial discrimination, as set out in Article 1, paragraph 1, of the Convention, namely race, colour and descent, are also characteristics that are inherent at birth.

82. The Court will next turn to the context in which the term "national origin" is used in the Convention, in particular paragraphs 2 and 3 of Article 1, which provide that:

"2. This Convention shall not apply to distinctions, exclusions, restrictions or preferences made by a State Party to this Convention between citizens and non-citizens.

3. Nothing in this Convention may be interpreted as affecting in any way the legal provisions of States Parties concerning nationality, citizenship or naturalization, provided that such provisions do not discriminate against any particular nationality."

83. The Court considers that these provisions support the interpretation of the ordinary meaning of the term "national origin" as not encompassing current nationality. While according to paragraph 3, the Convention in no way affects legislation concerning nationality, citizenship or naturalization, on the condition that such legislation does not discriminate against any particular nationality, paragraph 2 provides that any "distinctions, exclusions, restrictions or preferences" between citizens and non-citizens do not fall within the scope of the Convention. In the Court's view, such express exclusion from the scope of the Convention of differentiation between citizens and non-citizens indicates that the Convention does not prevent States parties from adopting measures that restrict the right of non-citizens to enter a State and their right to reside there — rights that are in dispute in this case — on the basis of their current nationality.

84. The Court will now examine the object and purpose of the Convention. The Court has frequently referred to the preamble of a convention to determine its object and purpose (*Certain Iranian Assets (Islamic*

81. Ainsi que la Cour l'a rappelé à maintes reprises, «l'interprétation doit être fondée avant tout sur le texte du traité lui-même» (*Différend territorial (Jamahiriya arabe libyenne/Tchad), arrêt, C.I.J. Recueil 1994*, p. 22, par. 41). La Cour observe que la définition de la discrimination raciale figurant dans la convention inclut l'«origine nationale ou ethnique». Ces références à l'«origine» désignent, respectivement, le rattachement de la personne à un groupe national ou ethnique à sa naissance, alors que la nationalité est un attribut juridique qui relève du pouvoir discrétionnaire de l'Etat et qui peut changer au cours de l'existence de la personne (*Nottebohm (Liechtenstein c. Guatemala), deuxième phase, arrêt, C.I.J. Recueil 1955*, p. 20 et 23). La Cour relève que les autres éléments de la définition de la discrimination raciale, telle qu'énoncée au paragraphe 1 de l'article premier de la convention, à savoir la race, la couleur et l'ascendance, sont également des caractéristiques inhérentes à la personne à la naissance.

82. La Cour examinera ensuite le contexte dans lequel l'expression «origine nationale» est employée dans la convention, notamment les paragraphes 2 et 3 de l'article premier qui prévoient ceci:

«2. La présente Convention ne s'applique pas aux distinctions, exclusions, restrictions ou préférences établies par un Etat partie à la Convention selon qu'il s'agit de ses ressortissants ou de non-ressortissants.

3. Aucune disposition de la présente Convention ne peut être interprétée comme affectant de quelque manière que ce soit les dispositions législatives des Etats parties à la Convention concernant la nationalité, la citoyenneté ou la naturalisation, à condition que ces dispositions ne soient pas discriminatoires à l'égard d'une nationalité particulière.»

83. La Cour considère que ces dispositions viennent conforter l'interprétation selon laquelle le sens ordinaire de l'expression «origine nationale» n'englobe pas la nationalité actuelle. En effet, tandis que, selon le paragraphe 3, la convention n'affecte d'aucune façon les législations concernant la nationalité, la citoyenneté ou la naturalisation, à condition que ces législations ne soient pas discriminatoires à l'égard d'une nationalité particulière, le paragraphe 2 soustrait au champ d'application de la convention toutes «distinctions, exclusions, restrictions ou préférences» établies entre ressortissants et non-ressortissants. Selon la Cour, pareille exclusion expresse du champ de la CIEDR des différences de traitement entre ressortissants et non-ressortissants indique que la convention n'empêche pas les Etats parties d'adopter des mesures qui restreignent les droits des non-ressortissants d'entrer sur leur territoire et d'y résider, au motif de leur nationalité actuelle, droits qui sont en cause dans la présente affaire.

84. La Cour en vient maintenant à l'objet et au but de la convention. Elle s'est souvent référée au préambule d'une convention pour en déterminer l'objet et le but (*Certains actifs iraniens (République islamique*

Republic of Iran v. *United States of America), Preliminary Objections, Judgment, I.C.J. Reports 2019 (I)*, p. 28, para. 57, and p. 38, para. 91; *Whaling in the Antarctic (Australia* v. *Japan: New Zealand intervening), Judgment, I.C.J. Reports 2014*, p. 251, para. 56; *Questions relating to the Obligation to Prosecute or Extradite (Belgium* v. *Senegal), Judgment, I.C.J. Reports 2012 (II)*, p. 449, para. 68).

85. It is recalled in the Preamble of CERD that

"the United Nations has condemned colonialism and all practices of segregation and discrimination associated therewith, in whatever form and wherever they exist, and that the Declaration on the Granting of Independence to Colonial Countries and Peoples of 14 December 1960 (General Assembly resolution 1514 (XV)) has affirmed and solemnly proclaimed the necessity of bringing them to a speedy and unconditional end".

86. The Court notes that CERD was drafted against the backdrop of the 1960s decolonization movement, for which the adoption of resolution 1514 (XV) of 14 December 1960 was a defining moment (*Legal Consequences of the Separation of the Chagos Archipelago from Mauritius in 1965, Advisory Opinion, I.C.J. Reports 2019 (I)*, p. 132 para. 150). By underlining that "any doctrine of superiority based on racial differentiation is scientifically false, morally condemnable, socially unjust and dangerous, and that there is no justification for racial discrimination, in theory or in practice, anywhere", the Preamble to the Convention clearly sets out its object and purpose, which is to bring to an end all practices that seek to establish a hierarchy among social groups as defined by their inherent characteristics or to impose a system of racial discrimination or segregation. The aim of the Convention is thus to eliminate all forms and manifestations of racial discrimination against human beings on the basis of real or perceived characteristics as of their origin, namely at birth.

87. CERD, whose universal character is confirmed by the fact that 182 States are parties to it, thus condemns any attempt to legitimize racial discrimination by invoking the superiority of one social group over another. Therefore, it was clearly not intended to cover every instance of differentiation between persons based on their nationality. Differentiation on the basis of nationality is common and is reflected in the legislation of most States parties.

88. Consequently, the term "national origin" in Article 1, paragraph 1, of CERD, in accordance with its ordinary meaning, read in its context and in the light of the object and purpose of the Convention, does not encompass current nationality.

d'Iran c. Etats-Unis d'Amérique), exceptions préliminaires, arrêt, C.I.J. Recueil 2019 (I), p. 28, par. 57, et p. 38, par. 91 ; *Chasse à la baleine dans l'Antarctique (Australie c. Japon ; Nouvelle-Zélande (intervenant)), arrêt, C.I.J. Recueil 2014*, p. 251, par. 56 ; *Questions concernant l'obligation de poursuivre ou d'extrader (Belgique c. Sénégal), arrêt, C.I.J. Recueil 2012 (II)*, p. 449, par. 68).

85. Dans son préambule, la CIEDR rappelle que

> « les Nations Unies ont condamné le colonialisme et toutes les pratiques de ségrégation et de discrimination dont il s'accompagne, sous quelque forme et en quelque endroit qu'ils existent, et que la Déclaration sur l'octroi de l'indépendance aux pays et aux peuples coloniaux, du 14 décembre 1960 [résolution 1514 (XV) de l'Assemblée générale], a affirmé et solennellement proclamé la nécessité d'y mettre rapidement et inconditionnellement fin ».

86. La Cour relève que la CIEDR a été élaborée alors que se développait le mouvement des années 1960 en faveur de la décolonisation, dont la résolution 1514 (XV) du 14 décembre 1960 a constitué un moment décisif (*Effets juridiques de la séparation de l'archipel des Chagos de Maurice en 1965, avis consultatif, C.I.J. Recueil 2019 (I)*, p. 132, par. 150). En effet, en mettant l'accent sur le fait que « toute doctrine de supériorité fondée sur la différenciation entre les races est scientifiquement fausse, moralement condamnable et socialement injuste et dangereuse et que rien ne saurait justifier, où que ce soit, la discrimination raciale, ni en théorie ni en pratique », le préambule de la convention a clairement formulé l'objet et le but de celle-ci, qui consiste à mettre un terme à toutes les pratiques qui cherchent à instaurer des hiérarchies entre des groupes sociaux, définis par des caractéristiques qui leur sont inhérentes, ou à imposer un système de discrimination ou de ségrégation raciales. La convention se fixe ainsi pour objectif l'élimination de toutes les formes et de toutes les manifestations de discrimination raciale visant les personnes humaines en raison de leurs caractéristiques, réelles ou supposées, à l'origine, soit à la naissance.

87. C'est ainsi que la CIEDR, dont la vocation universelle est attestée par le fait que 182 Etats y sont parties, condamne toute tentative de légitimer la discrimination raciale par l'invocation de la supériorité d'un groupe social par rapport à un autre. Dès lors, elle n'était manifestement pas destinée à régir tous les cas de différenciation entre les personnes en fonction de leur nationalité. Les différenciations fondées sur la nationalité sont fréquentes et inscrites dans la législation de la plupart des Etats parties.

88. Par conséquent, l'expression « origine nationale » figurant au paragraphe 1 de l'article premier de la CIEDR, selon son sens ordinaire, lue dans son contexte et à la lumière de l'objet et du but de la convention, n'englobe pas la nationalité actuelle.

2. The term "national origin" in the light of the travaux préparatoires *as a supplementary means of interpretation*

89. In light of the conclusion above, the Court need not resort to supplementary means of interpretation. However, the Court notes that both Parties have carried out a detailed analysis of the *travaux préparatoires* of the Convention in support of their respective positions on the meaning and scope of the term "national origin" in Article 1, paragraph 1, of the Convention. Considering this fact and the Court's practice of confirming, when it deems it appropriate, its interpretation of the relevant texts by reference to the *travaux préparatoires* (see, for example, *Application of the International Convention on the Elimination of All Forms of Racial Discrimination (Georgia v. Russian Federation), Preliminary Objections, Judgment, I.C.J. Reports 2011 (I)*, p. 128, para. 142, and pp. 129-130, para. 147), the Court will examine the *travaux préparatoires* of CERD in the present case.

* *

90. According to the UAE, the various drafts of the definition of racial discrimination considered by the negotiators of the Convention did not refer to nationality in the political-legal sense of the term. The Respondent recalls that the amendment jointly proposed by the United States of America and France in the course of the work of the Third Committee of the United Nations General Assembly (hereinafter the "Third Committee"), according to which "the expression 'national origin' does not mean 'nationality' or 'citizenship'", was withdrawn in favour of an amendment adopted as the final text of Article 1. The Respondent adds that this withdrawal was justified by the insertion of paragraphs 2 and 3 into the text of Article 1, which the two countries considered "entirely acceptable".

91. Qatar, for its part, asserts that the drafters of the Convention sought a broad and comprehensive definition of racial discrimination, which would leave no vulnerable group without protection, and they did not intend to exclude nationality-based discrimination from its scope. According to the Applicant, the fact that the proposed amendments seeking to exclude nationality from the scope of the term "national origin" in the definition of racial discrimination were not adopted confirms that this term encompasses current nationality. As regards the joint amendment of the United States of America and France, which was withdrawn in favour of the current wording of Article 1, Qatar considers that it was in any event limited in scope, since it sought to prevent non-citizens from availing themselves of certain rights reserved for citizens and in no way sought to exclude differentiation based on current nationality from the scope of the Convention. Thus, in Qatar's view, the *travaux préparatoires* confirm that the scope of the Convention extends to discrimination based on cur-

2. L'expression « origine nationale » à la lumière des travaux préparatoires comme moyen complémentaire d'interprétation

89. Au vu de la conclusion qui précède, il n'est pas nécessaire pour la Cour de recourir à des moyens complémentaires d'interprétation. Cela étant, la Cour constate que les deux Parties ont procédé à une analyse détaillée des travaux préparatoires de la CIEDR pour conforter leurs thèses respectives quant au sens et à la portée de l'expression « origine nationale » figurant au paragraphe 1 de l'article premier de la convention. Compte tenu de ce fait et de la pratique de la Cour consistant, lorsqu'elle l'estime approprié, à confirmer son interprétation des textes pertinents par référence aux travaux préparatoires (voir, par exemple, *Application de la convention internationale sur l'élimination de toutes les formes de discrimination raciale (Géorgie c. Fédération de Russie), exceptions préliminaires, arrêt, C.I.J. Recueil 2011 (I)*, p. 128, par. 142, et p. 129-130, par. 147), la Cour examinera les travaux préparatoires de la CIEDR en la présente espèce.

* *

90. Selon les Emirats arabes unis, les différents projets relatifs à la définition de la discrimination raciale examinés par les négociateurs de la convention ne visaient pas la nationalité au sens politico-juridique du terme. Le défendeur rappelle que l'amendement proposé conjointement par les Etats-Unis d'Amérique et la France dans le cadre des travaux de la Troisième Commission de l'Assemblée générale des Nations Unies (ci-après la « Troisième Commission »), selon lequel « l'expression « origine nationale » ne désigne ni la « nationalité » ni la « citoyenneté »», a été retiré en faveur d'un amendement qui allait être adopté comme texte final de l'article premier. Le défendeur ajoute que ce retrait était justifié par l'introduction, dans le texte de l'article premier, des paragraphes 2 et 3, ce qui, pour les deux pays, était « tout à fait acceptable ».

91. Le Qatar, de son côté, affirme que les rédacteurs de la convention visaient une définition large et exhaustive de la discrimination raciale, qui ne laisserait aucun groupe vulnérable sans protection, et n'entendaient pas exclure la discrimination fondée sur la nationalité de son champ d'application. Selon le demandeur, les propositions d'amendement à la définition de la discrimination raciale, qui tendaient à exclure la nationalité de la portée de l'expression « origine nationale », n'ont pas été retenues, ce qui confirme que cette expression englobe la nationalité actuelle. En ce qui concerne l'amendement conjoint des Etats-Unis d'Amérique et de la France, qui a été retiré en faveur du libellé actuel de l'article premier, le Qatar considère que cet amendement avait de toute façon une portée limitée puisqu'il entendait empêcher les non-ressortissants de se prévaloir de certains droits réservés aux ressortissants et ne visait aucunement à exclure la différenciation fondée sur la nationalité actuelle du champ d'application de la convention. Ainsi, pour le Qatar, les travaux prépara-

rent nationality, in particular where, as in the present case, a State singles out an entire group of non-citizens for discriminatory treatment.

* *

92. The Court recalls that the Convention was drafted in three stages: first, as part of the work of the Sub-Commission on Prevention of Discrimination and Protection of Minorities (hereinafter the "Sub-Commission"), then within the Commission on Human Rights (hereinafter the "Commission") and, finally, within the Third Committee.

93. In the view of the Court, the definition of racial discrimination contained in the various drafts demonstrates that the drafters did in fact have in mind the differences between national origin and nationality. The Sub-Commission discussed at length the question whether the definition should refer solely to national origin or should also include nationality. Although some members were in favour of including the term "nationality" in the first draft definition of racial discrimination, this was only for specific cases of States composed of different nationalities. Indeed, several members of the Sub-Commission were of the opinion that the Convention should not seek to eliminate all differentiation based on nationality in the political-legal sense of the term, since in all countries a distinction was made between nationals and aliens. As a result, the draft presented by the Sub-Commission to the Commission did not refer to current nationality as a basis of racial discrimination:

"In this Convention the term 'racial discrimination' shall mean any distinction, exclusion, restriction or preference based on race, colour, national or ethnic origin (and in the case of States composed of different nationalities discrimination based on such difference) which has the purpose or effect of nullifying or impairing the recognition, enjoyment or exercise, on an equal footing, of human rights and fundamental freedoms in political, economic, social, cultural or any other field of public life set forth *inter alia* in the Universal Declaration of Human Rights." ("Draft International Convention on the Elimination of All Forms of Racial Discrimination", annexed to the *Report of the Sixteenth Session of the Sub-Commission on Prevention of Discrimination and Protection of Minorities to the Commission on Human Rights*, 13-31 January 1964, UN doc. E/CN.4/873, E/CN.4/Sub.2/241, 11 February 1964, p. 46.)

94. The Court notes that the question of the scope of the term "national origin" arose again during the work of the Commission. The Court

toires confirment que le champ d'application de la convention s'étend à la discrimination fondée sur la nationalité actuelle, en particulier, comme c'est le cas en l'espèce, lorsqu'un Etat cible un groupe entier de non-ressortissants en lui infligeant un traitement discriminatoire.

* *

92. La Cour rappelle que la convention a été élaborée en trois étapes, d'abord dans le cadre des travaux de la Sous-Commission de la lutte contre les mesures discriminatoires et de la protection des minorités (ci-après la «Sous-Commission»), ensuite au sein de la Commission des droits de l'homme (ci-après la «Commission»), et enfin au sein de la Troisième Commission.

93. Selon la Cour, la définition de la discrimination raciale contenue dans les différents projets démontre que les rédacteurs avaient bien à l'esprit les différences entre l'origine nationale et la nationalité. Les membres de la Sous-Commission ont longuement débattu de la question de savoir si la définition devait se référer seulement à l'origine nationale ou si elle devait également inclure la nationalité. Si certains membres se sont exprimés en faveur de l'inclusion du terme «nationalité» dans le projet initial de définition de la discrimination raciale, ce n'était que pour le cas spécifique des Etats composés de nationalités différentes. En effet, plusieurs membres de la Sous-Commission étaient d'avis que la convention ne devait pas viser l'élimination de toute différenciation fondée sur la nationalité au sens politico-juridique puisque, dans tous les pays, une distinction était établie entre les nationaux et les étrangers. Dès lors, le projet présenté par la Sous-Commission à la Commission ne visait pas la nationalité actuelle en tant que fondement de la discrimination raciale:

> «Dans la présente Convention, l'expression «discrimination raciale» vise toute distinction, exclusion, restriction ou préférence fondée sur la race, la couleur, l'origine nationale ou ethnique (et dans le cas des Etats composés de nationalités différentes la discrimination fondée sur cette différence), qui a pour but ou pour effet de détruire ou d'altérer la reconnaissance, la jouissance ou l'exercice, dans des conditions d'égalité, des droits de l'homme et des libertés fondamentales dans les domaines politique, économique, social et culturel ou dans tout autre domaine de la vie publique, énoncés notamment dans la Déclaration universelle des droits de l'homme.» («Projet de convention internationale sur l'élimination de toutes les formes de discrimination raciale», en annexe au *Rapport de la Sous-Commission de la lutte contre les mesures discriminatoires et de la protection des minorités à la Commission des droits de l'homme sur les travaux de sa seizième session*, 13-31 janvier 1964, Nations Unies, doc. E/CN.4/873, E/CN.4/Sub.2/241, 14 février 1964, p. 49.)

94. La Cour constate que la question de la portée de l'expression «origine nationale» s'est posée à nouveau dans le cadre des travaux de la

observes that it is clear from the Commission's discussions that the expression "national origin" refers not to nationality but to country of origin (United Nations, *Commission on Human Rights, Report on the Twentieth Session, 17 February-18 March 1964*, doc. E/3878, E/CN.4/874, pp. 24-25, para. 85). Accordingly, the draft Convention presented by the Commission to the Third Committee contained the following definition of racial discrimination, which sought to exclude nationality from the scope of the term "national origin":

> "In this Convention the term 'racial discrimination' shall mean any distinction, exclusion, restriction or preference based on race, colour, [national] or ethnic origin which has the purpose or effect of nullifying or impairing the recognition, enjoyment or exercise, on an equal footing, of human rights and fundamental freedoms in the political, economic, social, cultural or any other field of public [life]. [In this paragraph the expression 'national origin' does not cover the status of any person as a citizen of a given State.]" (*Ibid.*, p. 111; see also United Nations, *Commission on Human Rights, Twentieth Session, Summary Record of the 810th Meeting*, 13 March 1964, doc. E/CN.4/SR.810, 15 May 1964, p. 5.)

95. It emerges from the discussions within the Third Committee that, although it was ultimately decided to retain the term "national origin" in the text of the Convention, this decision was made only in so far as the term refers to persons of foreign origin who are subject to racial discrimination in their country of residence on the grounds of that origin. Several delegations noted that national origin differs from current nationality.

96. In the Court's view, the fact that the amendment of the United States of America and France was not retained (see paragraph 90 above) cannot support the Applicant's position that the term "national origin" encompasses current nationality (see United Nations, *Official Records of the General Assembly, Twentieth Session, Third Committee*, "Draft International Convention on the Elimination of All Forms of Racial Discrimination", doc. A/6181, 18 December 1965, pp. 12-14, paras. 30-37). Although the amendment was withdrawn, this was done in order to arrive at a compromise formula that would enable the text of the Convention to be finalized, by adding paragraphs 2 and 3 to Article 1 (see the compromise amendment presented by Ghana, India, Kuwait, Lebanon, Mauritania, Morocco, Nigeria, Poland and Senegal, UN doc. A/C.3/L.1238). As the Court has noted (see paragraphs 82-83 above), paragraphs 2 and 3 of Article 1 provide that the Convention will not apply to differentiation between citizens and non-citizens and will not affect States' legislation on nationality, thus fully addressing the concerns expressed by certain delegations, including those of the United States of America and France, regarding the scope of the term "national origin" (see the explanations

Commission. Selon elle, il ressort clairement des débats tenus au sein de celle-ci que l'expression « origine nationale » se réfère non pas à la nationalité mais au pays d'origine (Nations Unies, *Commission des droits de l'homme, Rapport sur la vingtième session, 17 février-18 mars 1964*, doc. E/3878, E/CN.4/874, p. 23, par. 85). C'est ainsi que le projet de convention présenté par la Commission à la Troisième Commission contenait la définition suivante de la discrimination raciale, qui visait à exclure la nationalité de la portée de l'expression « origine nationale » :

> « Dans la présente Convention, l'expression « discrimination raciale » vise toute distinction, exclusion, restriction ou préférence fondée sur la race, la couleur ou l'origine [nationale] ethnique, qui a pour but ou pour effet de détruire ou d'altérer la reconnaissance, la jouissance ou l'exercice, dans des conditions d'égalité, des droits de l'homme et des libertés fondamentales dans les domaines politique, économique, social et culturel ou dans tout autre domaine de la vie publique. [Dans ce paragraphe, l'expression « origine nationale » ne désigne pas le statut conféré à une personne par sa qualité de citoyen d'un Etat donné.] » (*Ibid.*, p. 107 ; voir aussi Nations Unies, *Commission des droits de l'homme, vingtième session, compte rendu analytique de la 810e séance, tenue le 13 mars 1964*, doc. E/CN.4/ SR.810, 15 mai 1964, p. 5.)

95. Il ressort des débats au sein de la Troisième Commission que, s'il a été décidé finalement de conserver l'expression « origine nationale » dans le texte de la convention, ce n'est que dans la mesure où elle vise des personnes d'origine étrangère qui font l'objet, dans leur pays de résidence, d'une discrimination en raison de cette origine. Plusieurs délégations ont souligné que l'origine nationale se distinguait de la nationalité actuelle.

96. Selon la Cour, le fait que l'amendement des Etats-Unis d'Amérique et de la France n'ait pas été retenu (voir le paragraphe 90 ci-dessus) ne saurait conforter la thèse plaidée par le demandeur, selon laquelle l'expression « origine nationale » englobe la nationalité actuelle (voir Nations Unies, *Compte rendu de l'Assemblée générale, vingtième session, Troisième Commission*, « Projet de convention internationale sur l'élimination de toutes les formes de discrimination raciale », doc. A/6181, 18 décembre 1965, p. 12-14, par. 30-37). En effet, si cet amendement a été retiré, c'était pour parvenir à une formule de compromis qui permettrait de finaliser le texte de la convention, par l'ajout des paragraphes 2 et 3 à l'article premier (voir l'amendement de compromis présenté par le Ghana, l'Inde, le Koweït, le Liban, le Maroc, la Mauritanie, le Nigéria, la Pologne et le Sénégal, Nations Unies, doc. A/C.3/L.1238). Ainsi que la Cour l'a relevé (voir les paragraphes 82-83 ci-dessus), les paragraphes 2 et 3 de l'article premier disposent que la convention ne s'appliquera pas à la différenciation entre ressortissants et non-ressortissants et qu'elle n'affectera pas la législation des Etats en matière de nationalité, répondant ainsi pleinement aux préoccupations exprimées par certaines délégations, y com-

provided by Lebanon in presenting the compromise amendment, United Nations, *Official Records of the General Assembly, Twentieth Session, Third Committee, Summary Record of the 1307th Meeting, held on 18 October 1965*, doc. A/C.3/SR.1307, p. 95, para. 1 (Lebanon)).

97. The Court concludes that the *travaux préparatoires* as a whole confirm that the term "national origin" in Article 1, paragraph 1, of the Convention does not include current nationality.

3. The practice of the CERD Committee

98. With regard to the practice of the CERD Committee, the UAE argues that the Committee's opinions and general recommendations do not constitute subsequent practice or agreement of States parties to CERD regarding the interpretation of the Convention. In particular, the Respondent considers that General Recommendation XXX concerning discrimination against non-citizens, adopted by the CERD Committee in 2004, does not constitute an interpretation based on the practice of States parties and that, in any event, it is not intended as a general prohibition of all differential treatment based on nationality. The Respondent further considers that, according to that text, any differential treatment between different groups of non-citizens must be assessed "in the light of the objectives and purposes of the Convention". Finally, as regards the decisions on jurisdiction and admissibility delivered by the CERD Committee in respect of the communication submitted by Qatar, the Respondent contends that these decisions are in no way binding on the Court and their reasoning with regard to the interpretation of the term "national origin" is insufficient. It adds that these decisions, whereby the Committee held that measures based on the current nationality of Qatari citizens fell within the scope of the Convention, are based on a single criterion, i.e. the Committee's "constant practice", which is inconsistent with the rules of treaty interpretation as reflected in Articles 31 and 32 of the Vienna Convention.

99. Qatar, for its part, requests that the Court ascribe great weight to the CERD Committee's interpretations of the Convention, in keeping with its jurisprudence relating to committees established under other human rights conventions. The Applicant asserts that the CERD Committee, as the guardian of the Convention, has developed a constant practice whereby differentiation based on nationality is capable of constituting racial discrimination within the meaning of the Convention. It notes, in particular, that the CERD Committee found that it was competent to entertain Qatar's communication concerning the same measures of which it complains in the present case, considering that they were capable of falling within the scope *ratione materiae* of the Convention. Thus, accord-

pris les Etats-Unis d'Amérique et la France, quant à la portée de l'expression « origine nationale » (voir les explications du Liban, présentant l'amendement de compromis, Nations Unies, *Compte rendu de l'Assemblée générale, vingtième session, Troisième Commission, compte rendu analytique de la 1307ᵉ séance, tenue le 18 octobre 1965*, doc. A/C.3/ SR.1307, p. 101, par. 1 (Liban)).

97. En conclusion, la Cour est d'avis que l'ensemble des travaux préparatoires confirme que l'expression « origine nationale » figurant au paragraphe 1 de l'article premier de la convention n'inclut pas la nationalité actuelle.

3. *La pratique du Comité de la CIEDR*

98. S'agissant de la pratique du Comité de la CIEDR, les Emirats arabes unis font valoir que les opinions et les recommandations générales de celui-ci ne constituent pas une pratique ou un accord ultérieurs des Etats parties à la CIEDR à l'égard de l'interprétation de la convention. En particulier, le défendeur considère que la recommandation générale XXX concernant la discrimination contre les non-ressortissants, adoptée par le Comité de la CIEDR en 2004, ne constitue pas une interprétation fondée sur la pratique des Etats parties et que, de toute façon, elle ne vise pas l'interdiction générale de toute différenciation de traitement fondée sur la nationalité. Le défendeur ajoute que, selon ce texte, toute différence de traitement entre les différents groupes de non-ressortissants doit être appréciée « à la lumière des objectifs et des buts de la convention ». Enfin, pour ce qui est des décisions sur la compétence et sur la recevabilité rendues par le Comité de la CIEDR dans le cadre de la communication soumise par le Qatar, le défendeur soutient que celles-ci ne lient aucunement la Cour et ne sont pas suffisamment motivées en ce qui concerne l'interprétation de l'expression « origine nationale ». Il ajoute que ces décisions, par lesquelles le Comité a estimé que les mesures fondées sur la nationalité actuelle des ressortissants qatariens entraient dans le champ d'application de la convention, ne reposent que sur un seul critère, à savoir celui de la « pratique constante » du Comité, ce qui n'est pas conforme aux règles d'interprétation des traités telles que reflétées aux articles 31 et 32 de la convention de Vienne.

99. Le Qatar, pour sa part, prie la Cour d'accorder une grande considération aux interprétations de la convention par le Comité de la CIEDR, à l'instar de ce qu'elle a fait dans sa jurisprudence relative aux comités établis dans le cadre d'autres conventions des droits de l'homme. Le demandeur fait valoir que le Comité de la CIEDR, en tant que gardien de la convention, a développé une pratique constante selon laquelle la différenciation fondée sur la nationalité est susceptible de constituer une discrimination raciale au sens de la convention. Il relève, en particulier, que le Comité de la CIEDR s'est déclaré compétent pour connaître de la communication du Qatar concernant les mêmes mesures dont il tire grief en la présente espèce, considérant que celles-ci étaient susceptibles d'entrer

ing to Qatar, differentiation based on nationality can constitute racial discrimination within the meaning of the Convention, in so far as it does not pursue a legitimate aim and is not proportional to the achievement of that aim.

* *

100. The CERD Committee, in its General Recommendation XXX, considered that

> "differential treatment based on citizenship or immigration status will constitute discrimination if the criteria for such differentiation, judged in the light of the objectives and purposes of the Convention, are not applied pursuant to a legitimate aim, and are not proportional to the achievement of this aim".

The Committee, a body of independent experts established specifically to supervise the application of CERD, relied on this General Recommendation when it found that it was competent to examine Qatar's communication against the UAE and that this communication was admissible (Decision on the admissibility of the inter-State communication submitted by Qatar against the UAE dated 27 August 2019, UN doc. CERD/C/99/4, paras. 53-63).

101. The Court recalls that, in its Judgment on the merits in the *Diallo* case, to which reference is made in paragraph 77 above, it indicated that it should "ascribe great weight" to the interpretation of the International Covenant on Civil and Political Rights — which it was called upon to apply in that case — adopted by the Human Rights Committee (*Ahmadou Sadio Diallo (Republic of Guinea* v. *Democratic Republic of the Congo), Merits, Judgment, I.C.J. Reports 2010 (II)*, p. 664, para. 66). In this regard, it also affirmed, however, that it was "in no way obliged, in the exercise of its judicial functions, to model its own interpretation of the Covenant on that of the Committee" *(ibid.)*. In the present case concerning the interpretation of CERD, the Court has carefully considered the position taken by the CERD Committee, which is specified in paragraph 100 above, on the issue of discrimination based on nationality. By applying, as it is required to do (see paragraph 75 above), the relevant customary rules on treaty interpretation, it came to the conclusion indicated in paragraph 88 above, on the basis of the reasons set out above.

4. *The jurisprudence of regional human rights courts*

102. Lastly, both Parties referred in their written and oral pleadings to the jurisprudence of regional human rights courts in their arguments on the meaning and scope of the term "national origin". In this respect, Qatar invokes the jurisprudence of the European Court of Human Rights, the Inter-American Court of Human Rights and the African Commission

dans le champ *ratione materiae* de la convention. Ainsi, selon le Qatar, une différenciation fondée sur la nationalité peut constituer une discrimination raciale au sens de la convention, dans la mesure où elle ne poursuit pas un but légitime et n'est pas proportionnée à la réalisation de ce but.

* *

100. Le Comité de la CIEDR, dans sa recommandation générale XXX, a considéré que

« l'application d'un traitement différent fondé sur le statut quant à la citoyenneté ou à l'immigration constitue une discrimination si les critères de différenciation, jugés à la lumière des objectifs et des buts de la convention, ne visent pas un but légitime et ne sont pas proportionnés à l'atteinte de ce but ».

Le Comité, organe d'experts indépendants spécialement établi en vue de superviser l'application de la CIEDR, s'est appuyé sur cette recommandation générale lorsqu'il s'est déclaré compétent pour examiner la communication du Qatar contre les Emirats arabes unis et qu'il a déclaré cette communication recevable (décision sur la recevabilité de la communication interétatique soumise par le Qatar contre les Emirats arabes unis en date du 27 août 2019, Nations Unies, doc. CERD/C/99/4, par. 53-63).

101. La Cour rappelle que, dans l'arrêt qu'elle a rendu sur le fond en l'affaire *Diallo*, à laquelle il est fait référence au paragraphe 77 ci-dessus, elle a indiqué qu'elle devait « accorder une grande considération » à l'interprétation du Pacte international relatif aux droits civils et politiques — qu'elle était appelée à appliquer en ladite affaire — telle qu'adoptée par le Comité des droits de l'homme (*Ahmadou Sadio Diallo (République de Guinée c. République démocratique du Congo), fond, arrêt, C.I.J. Recueil 2010 (II)*, p. 664, par. 66). A cet égard, elle a également affirmé qu'elle n'était « aucunement tenue, dans l'exercice de ses fonctions judiciaires, de conformer sa propre interprétation du Pacte à celle du Comité » *(ibid.)*. En la présente espèce, qui concerne l'interprétation de la CIEDR, la Cour a examiné attentivement la position du Comité de la CIEDR, présentée au paragraphe 100 ci-dessus, s'agissant de la discrimination fondée sur la nationalité. En se fondant, comme elle doit le faire (voir le paragraphe 75 ci-dessus), sur les règles coutumières pertinentes en matière d'interprétation des traités, elle est parvenue à la conclusion indiquée au paragraphe 88 ci-dessus, pour les motifs exposés plus haut.

4. La jurisprudence des cours régionales des droits de l'homme

102. Enfin, les deux Parties se sont référées, dans leurs exposés écrits et oraux, à la jurisprudence des cours régionales des droits de l'homme dans leurs thèses concernant le sens et la portée de l'expression « origine nationale ». A cet égard, le Qatar évoque la jurisprudence de la Cour européenne des droits de l'homme, de la Cour interaméricaine des droits de

on Human and Peoples' Rights, which, it contends, have interpreted the term national origin as including nationality. Moreover, the Applicant refers to this jurisprudence to reiterate that discrimination consists in a difference in treatment without legitimate justification and without a reasonable relationship of proportionality with the aim to be achieved, which in its view is true of the measures at issue in this case. The Applicant adds that the elements of the definition of discrimination adopted by the CERD Committee are exactly the same as those applied in regional human rights instruments and in general international law, and entail an examination of the legitimacy and proportionality of the measures.

103. The UAE disputes the relevance of the jurisprudence of regional human rights courts for the purpose of interpreting the Convention. In its view, the concept of discrimination that has prevailed in general international human rights law has no bearing on the interpretation of CERD, which is concerned solely with racial discrimination.

* *

104. It is for the Court, in the present case, to determine the scope of CERD, which exclusively concerns the prohibition of racial discrimination on the basis of race, colour, descent, or national or ethnic origin. The Court notes that the regional human rights instruments on which the jurisprudence of the regional courts is based concern respect for human rights without distinction of any kind among their beneficiaries. The relevant provisions of these conventions are modelled on Article 2 of the Universal Declaration of Human Rights of 10 December 1948, according to which

"[e]veryone is entitled to all the rights and freedoms set forth in this Declaration, without distinction of any kind, such as race, colour, sex, language, religion, political or other opinion, national or social origin, property, birth or other status" (see also Article 14 of the European Convention on Human Rights, entitled "Prohibition of discrimination"; Article 1 of the American Convention on Human Rights; and Article 2 of the African Charter on Human and Peoples' Rights).

While these legal instruments all refer to "national origin", their purpose is to ensure a wide scope of protection of human rights and fundamental freedoms. The jurisprudence of regional human rights courts based on those legal instruments is therefore of little help for the interpretation of the term "national origin" in CERD.

l'homme et de la Commission africaine des droits de l'homme et des peuples, lesquelles, selon lui, ont interprété l'expression « origine nationale » comme incluant la nationalité. Le demandeur se réfère en outre à cette jurisprudence pour réitérer que la discrimination consiste en une différence de traitement qui est dépourvue de motif légitime et qui ne présente pas de lien de proportionnalité raisonnable avec l'objectif poursuivi, ce qui est, selon lui, le cas en ce qui concerne les mesures en cause en la présente espèce. Le demandeur ajoute que les éléments de la définition de la discrimination retenus par le Comité de la CIEDR sont exactement les mêmes que ceux qui ont été appliqués dans le cadre des instruments régionaux des droits de l'homme ou en droit international général, à savoir l'examen de la légitimité et de la proportionnalité des mesures.

103. Les Emirats arabes unis contestent la pertinence de la jurisprudence des cours régionales des droits de l'homme aux fins de l'interprétation de la convention. Ils considèrent que la conception de la discrimination qui a prévalu dans le cadre du droit international général des droits de l'homme n'est pas pertinente pour interpréter la CIEDR, laquelle vise uniquement la discrimination raciale.

* *

104. Il revient à la Cour, en la présente espèce, de déterminer le champ d'application de la CIEDR, qui vise exclusivement l'interdiction de la discrimination fondée sur la race, la couleur, l'ascendance ou l'origine nationale ou ethnique. La Cour relève que les conventions régionales relatives aux droits de l'homme, sur lesquelles se fonde la jurisprudence des cours régionales, concernent le respect de droits de l'homme sans distinction aucune entre leurs bénéficiaires. Les dispositions pertinentes de ces conventions reprennent à leur compte l'article 2 de la Déclaration universelle des droits de l'homme du 10 décembre 1948, selon lequel

> « [c]hacun peut se prévaloir de tous les droits et de toutes les libertés proclamés dans la présente Déclaration, sans distinction aucune, notamment de race, de couleur, de sexe, de langue, de religion, d'opinion politique ou de toute autre opinion, d'origine nationale ou sociale, de fortune, de naissance ou de toute autre situation » (voir aussi l'article 14 de la convention européenne des droits de l'homme, intitulé « Interdiction de discrimination » ; l'article premier de la convention américaine relative aux droits de l'homme ; et l'article 2 de la Charte africaine des droits de l'homme et des peuples).

Si ces instruments juridiques mentionnent tous l'« origine nationale », leur finalité est d'assurer la portée étendue de la protection des droits de l'homme et des libertés fondamentales. La jurisprudence des cours régionales des droits de l'homme fondée sur les instruments juridiques précités n'est donc guère utile pour l'interprétation de l'expression « origine nationale » figurant dans la CIEDR.

5. Conclusion on the interpretation of the term "national origin"

105. In light of the above, the Court finds that the term "national origin" in Article 1, paragraph 1, of the Convention does not encompass current nationality. Consequently, the measures complained of by Qatar in the present case as part of its first claim, which are based on the current nationality of its citizens, do not fall within the scope of CERD.

B. The Question whether the Measures Imposed by the UAE on certain Qatari Media Corporations Come within the Scope of the Convention

106. In its second claim, Qatar complains that the measures imposed on certain media corporations in the UAE have infringed the right to freedom of opinion and expression of Qataris. According to the Applicant, the UAE has blocked access to news websites and television stations operated by Qatari corporations, including Al Jazeera. In particular, Qatar submits that the effect of closing down Qatari media channels has been to silence sources of independent information that might have mitigated the racially discriminatory messages disseminated as part of anti-Qatari hate speech and propaganda. The Applicant submits that the block on Qatari media has not only directly targeted Qatari corporations, but has also infringed the freedom of expression of Qatari ideas and culture and contributed to the climate of fear experienced by Qataris as a result of their Qatari identity being targeted.

107. The UAE considers that the Applicant's claims in respect of Qatari media corporations do not fall within the scope of the Convention. It submits that corporations are not covered by the Convention, which applies only to natural persons. The UAE further submits that while corporations may have a nationality, they do not have a national origin. In respect of the allegations made by Qatar, the UAE argues that it has a regulatory framework for media activities, which provides for certain content restrictions that allow the authorities to block the websites of media corporations. It is pursuant to this regulatory framework, which applies to all media corporations operating in the UAE, that the Respondent has blocked certain websites of Qatari media corporations.

* *

108. For the present purposes, the Court will examine only whether the measures concerning certain Qatari media corporations, which according to Qatar have been imposed in a racially discriminatory manner, fall

5. Conclusion quant à l'interprétation de l'expression « origine nationale »

105. A la lumière de ce qui précède, la Cour conclut que l'expression « origine nationale » figurant au paragraphe 1 de l'article premier de la convention n'englobe pas la nationalité actuelle. Dès lors, les mesures dont le Qatar tire grief en l'espèce dans le cadre de sa première demande, fondées sur la nationalité actuelle de ses ressortissants, n'entrent pas dans le champ d'application de la CIEDR.

B. La question de savoir si les mesures imposées par les Emirats arabes unis à certaines sociétés de médias qatariennes entrent dans le champ d'application de la convention

106. Dans le cadre de sa deuxième demande, le Qatar se plaint de ce que les mesures imposées à certaines sociétés de médias aux Emirats arabes unis ont porté atteinte au droit à la liberté d'opinion et d'expression des Qatariens. Selon le demandeur, les Emirats arabes unis ont bloqué l'accès à des sites d'information et à des chaînes de télévision gérés par des sociétés qatariennes, dont Al Jazeera. En particulier, le Qatar soutient que la fermeture de chaînes qatariennes a eu pour effet de réduire au silence des sources d'information indépendantes qui auraient pu atténuer les messages constitutifs de discrimination raciale diffusés à l'appui d'un discours et d'une propagande hostiles aux Qatariens. Le demandeur plaide que le blocage des médias qatariens, s'il visait directement les sociétés qatariennes, a également porté atteinte à la libre expression des idées et de la culture qatariennes, et a contribué au climat de peur dont les Qatariens ont souffert du fait que leur identité qatarienne a été prise pour cible.

107. Les Emirats arabes unis considèrent que les demandes du Qatar relatives aux sociétés de médias qatariennes n'entrent pas dans le champ d'application de la convention. Ils soutiennent que les sociétés ne sont pas protégées par la convention, laquelle ne s'applique qu'aux personnes physiques. Les Emirats arabes unis plaident encore que, si les sociétés peuvent posséder une nationalité, elles sont en revanche dépourvues d'origine nationale. S'agissant des allégations formulées par le Qatar, les Emirats arabes unis font valoir qu'ils disposent d'un cadre réglementaire régissant les activités des médias et que ce cadre prévoit certaines restrictions de contenu permettant aux autorités de bloquer l'accès aux sites Internet de sociétés de médias. C'est conformément audit cadre réglementaire, applicable à l'ensemble des sociétés de médias opérant sur le territoire émirien, que le défendeur a bloqué l'accès à certains sites Internet exploités par des sociétés de médias qatariennes.

* *

108. Pour les besoins de la présente procédure, la Cour se contentera de rechercher si les mesures concernant certaines sociétés de médias qatariennes, constitutives, selon le Qatar, de discrimination raciale, entrent

within the scope of the Convention. As to the alleged "indirect discrimination" resulting from the effect of the media block on persons of Qatari national origin, the Court will examine that aspect in its analysis of Qatar's third claim. The Court notes that the Convention concerns only individuals or groups of individuals. This is clear from the various substantive provisions of CERD, which refer to "certain racial or ethnic groups or individuals" (Article 1, paragraph 4), "race or group of persons" (Article 4 *(a)*), or "individuals or groups of individuals" (Article 14, paragraph 1), as well as its Preamble which refers to racial "discrimination between human beings". While under Article 2, paragraph 1 *(a)*, of the Convention, "[e]ach State Party undertakes to engage in no act or practice of racial discrimination against persons, groups of persons or institutions", the Court considers that this reference to "institutions" does not include media corporations such as those in the present case. Read in its context and in the light of the object and purpose of the Convention, the term "institutions" refers to collective bodies or associations, which represent individuals or groups of individuals. Thus, the Court concludes that Qatar's second claim relating to Qatari media corporations does not fall within the scope of the Convention.

C. The Question whether the Measures that Qatar Characterizes as "Indirect Discrimination" against Persons of Qatari National Origin Fall within the Scope of the Convention

109. Qatar submits that the "expulsion order" and "travel bans", as well as other measures taken by the UAE, have had the purpose and effect of discriminating "indirectly" against persons of Qatari national origin in the historical-cultural sense, namely persons of Qatari birth and heritage, including their spouses, their children and persons otherwise linked to Qatar. According to Qatar, a measure may be considered as "based on" one of the grounds listed in Article 1 if, by its effect, it implicates a protected group. It adds that the Convention prohibits both direct discrimination, where a measure expressly distinguishes on the basis of one of the grounds of racial discrimination, and "indirect discrimination", where a measure results in such a distinction by its effect. As part of the latter claim, Qatar complains of official statements critical of Qatar, including the 6 June 2017 statement of the Attorney General of the UAE, which mentioned criminal penalties for any expression of sympathy towards Qatar. Qatar adds that the UAE has failed to comply with CERD by encouraging and failing to supress anti-Qatari hate speech and propaganda. The Applicant emphasizes that its complaints are based not on a minimal difference in the treatment of Qatari citizens in the area of immigration controls, but on comprehensive, serious and co-ordinated

dans le champ d'application de la convention. S'agissant de la «discrimination indirecte» qu'auraient subie les personnes d'origine nationale qatarienne en raison de l'effet du blocage des médias, la Cour examinera cet aspect lorsqu'elle analysera la troisième demande du Qatar. La Cour relève que la convention concerne uniquement des individus ou des groupes d'individus. C'est ce qui ressort clairement de ses dispositions de fond, qui mentionnent «certains groupes raciaux ou ethniques ou ... individus» (paragraphe 4 de l'article premier), «toute race ou tout groupe de personnes» (alinéa *a)* de l'article 4), ou encore des «personnes ou ... groupes de personnes» (paragraphe 1 de l'article 14), ainsi que, dans son préambule, «la discrimination [raciale] entre les êtres humains». Bien qu'aux termes de l'alinéa *a)* du paragraphe 1 de l'article 2, «[c]haque Etat partie s'engage à ne se livrer à aucun acte ou pratique de discrimination raciale contre des personnes, groupes de personnes ou institutions et à faire en sorte que toutes les autorités publiques et institutions publiques, nationales et locales, se conforment à cette obligation», la Cour estime que cette référence aux «institutions» n'inclut pas les sociétés de médias telles que visées en la présente espèce. Lu dans son contexte et à la lumière de l'objet et du but de la convention, le terme «institutions» renvoie aux organes collectifs ou aux associations, qui représentent des individus ou des groupes d'individus. En conséquence, la Cour conclut que la deuxième demande du Qatar, relative aux sociétés de médias qatariennes, n'entre pas dans le champ d'application de la convention.

C. La question de savoir si les mesures que le Qatar qualifie de «discrimination indirecte» à l'encontre des personnes d'origine nationale qatarienne entrent dans le champ de la convention

109. Le Qatar soutient que la «décision d'expulsion» et les «interdictions d'entrée», ainsi que d'autres mesures prises par les Emirats arabes unis, ont eu pour but et pour effet d'opérer une «discrimination indirecte» à l'égard des personnes d'origine nationale qatarienne, au sens historico-culturel, à savoir les personnes qatariennes de naissance et d'héritage, y compris leurs conjoints, leurs enfants et les personnes qui seraient autrement liées au Qatar. Selon le Qatar, une mesure peut être considérée comme «fondée sur» l'un des motifs prévus à l'article premier dès lors que, par son effet, elle concerne un groupe protégé. Il ajoute que la convention interdit aussi bien la discrimination directe, à savoir le cas où une mesure opère expressément une distinction fondée sur l'un des motifs de discrimination raciale énoncés, que la «discrimination indirecte», à savoir celui où une mesure a pour effet pareille distinction. Dans le cadre de cette dernière demande, le Qatar tire grief de déclarations officielles critiques à son endroit, notamment de la déclaration du procureur général des Emirats arabes unis en date du 6 juin 2017, dans laquelle celui-ci évoque des sanctions pénales en cas d'expression d'un soutien au Qatar. Le Qatar ajoute que les Emirats arabes unis ont manqué aux obligations que leur impose la CIEDR en encourageant et en s'abstenant de réprimer

discriminatory acts resulting in discrimination against persons of Qatari national origin in the historical-cultural sense, in particular on the basis of their traditions, culture, accent or dress.

110. According to the UAE, there is no question of "indirect" racial discrimination in the present case. It adds that this is not how Qatar presented its complaints in its Application instituting proceedings or in its offer to negotiate dated 25 April 2018, which concerned allegedly discriminatory policies directed at Qatari citizens and companies on the sole basis of their Qatari nationality in violation of CERD. It further states that the notion of "indirect discrimination", in the context of the present Convention, is more specific than in other human rights treaties, since it refers solely to measures which are not discriminatory at face value but are discriminatory in fact and effect. The UAE observes that the 6 June 2017 statement by its Attorney General was made in the context of existing legislation, i.e. Federal Decree-Law No. 5 on Combating Cybercrimes dated 13 August 2012, and that there was no criminalizing of sympathy for Qatar. The UAE submits that the various allegations relating to its failure to suppress statements critical of Qatar or the actions of its Government, even if they were true, do not fall within the scope *ratione materiae* of the Convention since it does not constitute racial discrimination on the grounds of race, colour, descent, or national or ethnic origin.

* *

111. The Court recalls that it has already found that the "expulsion order" and "travel bans" of which Qatar complains as part of its first claim do not fall within the scope of CERD, since these measures are based on the current nationality of Qatari citizens, and that such differentiation is not covered by the term "national origin" in Article 1, paragraph 1, of the Convention (see paragraph 105 above). The Court will now turn to the question whether these and any other measures as alleged by Qatar are capable of falling within the scope of the Convention, if, by their purpose or effect, they result in racial discrimination against certain persons on the basis of their Qatari national origin.

112. The Court first observes that, according to the definition of racial discrimination in Article 1, paragraph 1, of CERD, a restriction may con-

les discours et la propagande hostiles aux Qatariens. Le demandeur souligne que ses griefs reposent non pas sur une différence mineure de traitement à l'encontre des ressortissants qatariens en matière de contrôle de l'immigration, mais sur des actes de discrimination généralisés, graves et coordonnés, qui ont pour effet d'entraîner une discrimination à l'égard des personnes d'origine nationale qatarienne, au sens historico-culturel, notamment au motif de leurs traditions, de leur culture, de leur accent ou de leurs vêtements.

110. Selon les Emirats arabes unis, il n'est pas question d'une discrimination raciale « indirecte » en la présente espèce. Ils ajoutent que ce n'est pas ainsi que le Qatar avait formulé ses griefs dans sa requête introductive d'instance, ni dans son offre de négocier en date du 25 avril 2018, qui portait sur des politiques prétendument discriminatoires visant des ressortissants et entreprises qatariens sur le seul fondement de leur nationalité qatarienne, en violation de la CIEDR. Il ajoute que la notion de « discrimination indirecte », dans le cadre de la présente convention, est plus spécifique que dans d'autres traités relatifs aux droits de l'homme, puisqu'elle ne vise que des mesures dont il n'apparaît pas d'emblée qu'elles sont discriminatoires mais qui le sont dans les faits et dans leurs effets. Les Emirats arabes unis font remarquer que la déclaration de leur procureur général en date du 6 juin 2017 s'inscrivait dans le contexte de la législation en vigueur, à savoir le décret-loi fédéral n° 5 sur la lutte contre la cybercriminalité en date du 13 août 2012, et qu'il ne s'agissait nullement d'ériger en infraction l'expression d'une sympathie envers le Qatar. Ils soutiennent que les diverses allégations relatives à leur inaction face aux propos critiquant le Qatar ou l'action de son gouvernement, même à en admettre le bien-fondé, n'entrent pas dans le champ *ratione materiae* de la convention puisque cette inaction n'est pas constitutive de discrimination raciale pour des motifs fondés sur la race, la couleur, l'ascendance ou l'origine nationale ou ethnique.

* *

111. La Cour rappelle qu'elle a déjà conclu que la « décision d'expulsion » et les « interdictions d'entrée » dont le Qatar tire grief, dans le cadre de sa première demande, n'entrent pas dans le champ d'application de la CIEDR puisque ces mesures sont fondées sur la nationalité actuelle des ressortissants qatariens et que la différenciation opérée à ce titre ne relève pas de l'expression « origine nationale » figurant au paragraphe 1 de l'article premier de la convention (voir le paragraphe 105 ci-dessus). La Cour se penchera à présent sur la question de savoir si ces mesures ou toutes autres mesures alléguées par le Qatar sont susceptibles d'entrer dans le champ d'application de la convention, pour autant que, par leur but ou par leur effet, elles entraînent une discrimination raciale à l'encontre de certaines personnes au motif de leur origine nationale qatarienne.

112. La Cour observe tout d'abord que, selon la définition de la discrimination raciale figurant au paragraphe 1 de l'article premier de la

stitute racial discrimination if it "has the purpose or effect of nullifying or impairing the recognition, enjoyment or exercise, on an equal footing, of human rights and fundamental freedoms in the political, economic, social, cultural or any other field of public life". Thus, the Convention prohibits all forms and manifestations of racial discrimination, whether arising from the purpose of a given restriction or from its effect. In the present case, while the measures based on current Qatari nationality may have collateral or secondary effects on persons born in Qatar or of Qatari parents, or on family members of Qatari citizens residing in the UAE, this does not constitute racial discrimination within the meaning of the Convention. In the Court's view, the various measures of which Qatar complains do not, either by their purpose or by their effect, give rise to racial discrimination against Qataris as a distinct social group on the basis of their national origin. The Court further observes that declarations criticizing a State or its policies cannot be characterized as racial discrimination within the meaning of CERD. Thus, the Court concludes that, even if the measures of which Qatar complains in support of its "indirect discrimination" claim were to be proven on the facts, they are not capable of constituting racial discrimination within the meaning of the Convention.

113. It follows from the above that the Court does not have jurisdiction *ratione materiae* to entertain Qatar's third claim, since the measures complained of therein by that State do not entail, either by their purpose or by their effect, racial discrimination within the meaning of Article 1, paragraph 1, of the Convention.

D. General Conclusion

114. In light of the above, the Court concludes that the first preliminary objection raised by the UAE must be upheld. Having found that it does not have jurisdiction *ratione materiae* in the present case under Article 22 of the Convention, the Court does not consider it necessary to examine the second preliminary objection raised by the UAE. In accordance with its jurisprudence, when its jurisdiction is challenged on diverse grounds, the Court is "free to base its decision on the ground which in its judgment is more direct and conclusive" (*Aerial Incident of 10 August 1999 (Pakistan v. India), Jurisdiction of the Court, Judgment, I.C.J. Reports 2000*, p. 24, para. 26; *Aegean Sea Continental Shelf (Greece v. Turkey), Judgment, I.C.J. Reports 1978*, p. 17, para. 40; *Certain Norwegian Loans (France v. Norway), Judgment, I.C.J. Reports 1957*, p. 25).

* * *

CIEDR, une restriction peut être constitutive de discrimination raciale dès lors qu'elle «a pour but ou pour effet de détruire ou de compromettre la reconnaissance, la jouissance ou l'exercice, dans des conditions d'égalité, des droits de l'homme et des libertés fondamentales dans les domaines politique, économique, social et culturel ou dans tout autre domaine de la vie publique». La convention interdit ainsi toutes les formes et toutes les manifestations de discrimination raciale, qu'elles découlent du but d'une restriction donnée ou de son effet. En la présente espèce, bien que les mesures fondées sur la nationalité actuelle des ressortissants qatariens puissent produire des effets collatéraux ou secondaires sur des personnes nées au Qatar ou de parents qatariens, ou sur des proches de ressortissants qatariens résidant aux Emirats arabes unis, il ne s'agit pas là d'une discrimination raciale au sens de la convention. Selon la Cour, les mesures dont le Qatar tire grief n'entraînent pas, par leur but ou par leur effet, une discrimination raciale à l'égard des Qatariens en tant que groupe social distinct au motif de leur origine nationale. La Cour observe en outre que les déclarations critiquant un Etat ou sa politique ne sauraient être assimilées à une discrimination raciale au sens de la CIEDR. En conséquence, la Cour conclut que, quand bien même les mesures dont le Qatar tire grief dans le cadre de son allégation de «discrimination indirecte» seraient avérées, elles ne peuvent être constitutives de discrimination raciale au sens de la convention.

113. Il découle de ce qui précède que la Cour n'est pas compétente *ratione materiae* pour connaître de la troisième demande du Qatar, dès lors que les mesures dont il tire grief n'opèrent pas, par leur but ou par leur effet, une discrimination raciale au sens du paragraphe 1 de l'article premier de la convention.

D. Conclusion générale

114. A la lumière de ce qui précède, la Cour conclut que la première exception préliminaire soulevée par les Emirats arabes unis doit être retenue. Ayant décidé qu'elle n'a pas compétence *ratione materiae* en la présente espèce au titre de l'article 22 de la convention, la Cour ne juge pas nécessaire d'examiner la seconde exception préliminaire soulevée par les Emirats arabes unis. Conformément à sa jurisprudence, lorsque sa compétence est contestée pour différents motifs, la Cour est «libre de baser sa décision sur le motif qui, selon elle, est plus direct et décisif» (*Incident aérien du 10 août 1999 (Pakistan c. Inde), compétence de la Cour, arrêt, C.I.J. Recueil 2000*, p. 24, par. 26; *Plateau continental de la mer Egée (Grèce c. Turquie), arrêt, C.I.J. Recueil 1978*, p. 17, par. 40; *Certains emprunts norvégiens (France c. Norvège), arrêt, C.I.J. Recueil 1957*, p. 25).

* * *

115. For these reasons,

THE COURT,

(1) By eleven votes to six,

Upholds the first preliminary objection raised by the United Arab Emirates;

IN FAVOUR: *Vice-President* Xue; *Judges* Tomka, Abraham, Bennouna, Donoghue, Gaja, Crawford, Gevorgian, Salam; *Judges* ad hoc Cot, Daudet;

AGAINST: *President* Yusuf; *Judges* Cançado Trindade, Sebutinde, Bhandari, Robinson, Iwasawa;

(2) By eleven votes to six,

Finds that it has no jurisdiction to entertain the Application filed by the State of Qatar on 11 June 2018.

IN FAVOUR: *Vice-President* Xue; *Judges* Tomka, Abraham, Bennouna, Donoghue, Gaja, Crawford, Gevorgian, Salam; *Judges* ad hoc Cot, Daudet;

AGAINST: *President* Yusuf; *Judges* Cançado Trindade, Sebutinde, Bhandari, Robinson, Iwasawa.

Done in English and in French, the English text being authoritative, at the Peace Palace, The Hague, this fourth day of February, two thousand and twenty-one, in three copies, one of which will be placed in the archives of the Court and the others transmitted to the Government of the State of Qatar and the Government of the United Arab Emirates, respectively.

(Signed) Abdulqawi Ahmed YUSUF,
President.

(Signed) Philippe GAUTIER,
Registrar.

President YUSUF appends a declaration to the Judgment of the Court; Judges SEBUTINDE, BHANDARI and ROBINSON append dissenting opinions to the Judgment of the Court; Judge IWASAWA appends a separate opinion to the Judgment of the Court; Judge *ad hoc* DAUDET appends a declaration to the Judgment of the Court.

(Initialled) A.A.Y.
(Initialled) Ph.G.

115. Par ces motifs,

LA COUR,

1) Par onze voix contre six,

Retient la première exception préliminaire soulevée par les Emirats arabes unis;

POUR: Mme Xue, *vice-présidente*; MM. Tomka, Abraham, Bennouna, Mme Donoghue, MM. Gaja, Crawford, Gevorgian, Salam, *juges*; MM. Cot, Daudet, *juges* ad hoc;

CONTRE: M. Yusuf, *président*; M. Cançado Trindade, Mme Sebutinde, MM. Bhandari, Robinson, Iwasawa, *juges*;

2) Par onze voix contre six,

Dit qu'elle n'a pas compétence pour connaître de la requête déposée par l'Etat du Qatar le 11 juin 2018.

POUR: Mme Xue, *vice-présidente*; MM. Tomka, Abraham, Bennouna, Mme Donoghue, MM. Gaja, Crawford, Gevorgian, Salam, *juges*; MM. Cot, Daudet, *juges* ad hoc;

CONTRE: M. Yusuf, *président*; M. Cançado Trindade, Mme Sebutinde, MM. Bhandari, Robinson, Iwasawa, *juges*.

Fait en anglais et en français, le texte anglais faisant foi, au Palais de la Paix, à La Haye, le quatre février deux mille vingt et un, en trois exemplaires, dont l'un restera déposé aux archives de la Cour et les autres seront transmis respectivement au Gouvernement de l'Etat du Qatar et au Gouvernement des Emirats arabes unis.

Le président,
(Signé) Abdulqawi Ahmed YUSUF.

Le greffier,
(Signé) Philippe GAUTIER.

M. le président YUSUF joint une déclaration à l'arrêt; Mme la juge SEBUTINDE joint à l'arrêt l'exposé de son opinion dissidente; MM. les juges BHANDARI et ROBINSON joignent à l'arrêt les exposés de leur opinion dissidente; M. le juge IWASAWA joint à l'arrêt l'exposé de son opinion individuelle; M. le juge *ad hoc* DAUDET joint une déclaration à l'arrêt.

(Paraphé) A.A.Y.
(Paraphé) Ph.G.

43

111

DECLARATION OF PRESIDENT YUSUF

Majority frames subject-matter of dispute in manner totally disconnected from Applicant's written and oral pleadings — This leads to mischaracterization of subject-matter of dispute — Subject-matter of dispute concerns alleged measures of racial discrimination on basis of "national origin", not current nationality — Majority should have applied long-standing jurisprudence in identifying subject-matter of dispute — No need for factual assessment of measures complained of by Qatar — Issues of fact are a matter for the merits — Whether "Qataris" form distinct national origin and effects of impugned measures may only be addressed at the merits stage — At this stage Court must only satisfy itself that such measures are "capable of having an adverse effect" on enjoyment of rights protected under Convention — They appear to have that effect in the present circumstances.

I. INTRODUCTION

1. I disagree with the conclusions of the Court and the reasoning of the majority on two interrelated issues dealt with in the Judgment: *(a)* the determination of the subject-matter of the dispute; and *(b)* the jurisdiction *ratione materiae* of the Court with regard to what is referred to as "indirect discrimination".

2. On the first issue, the entire reasoning of the Judgment turns on the concept of "nationality", without taking adequately into consideration Qatar's claims regarding racial discrimination on the basis of "national origin". By focusing almost exclusively on the question of nationality, the formulation of the object of the claim chosen by the Applicant is ignored, leading to the mischaracterization of the subject-matter of the dispute. As discussed below, this approach is inconsistent with the jurisprudence of the Court on the determination of the subject-matter of the dispute.

3. Secondly, apart from the fact that the above mischaracterization results in an erroneous conclusion on the jurisdiction of the Court, the majority also finds that some of the measures complained of by Qatar, which are referred to as "indirect discrimination" in the Judgment, do not fall within the provisions of the International Convention on the Elimination of All Forms of Racial Discrimination (hereinafter "CERD" or the "Convention"), even if they have the purpose or effect of nullifying or impairing the rights and freedoms of persons of Qatari national origin. There is, however, no meaningful analysis in the Judgment to support such a statement.

44

DÉCLARATION DE M. LE JUGE YUSUF, PRÉSIDENT

[Traduction]

Objet du différend, tel que formulé par la majorité, dépourvu de tout lien avec les exposés écrits et oraux du demandeur, et donc interprété erronément — Objet portant en réalité sur des mesures alléguées de discrimination raciale fondées sur l'«origine nationale», et non sur la nationalité actuelle — Regret que la majorité n'ait pas suivi la jurisprudence bien établie de la Cour pour déterminer l'objet du différend — Nul besoin d'analyser les faits relatifs aux mesures contestées par le Qatar — Questions de fait relevant du fond — Question de savoir si les « Qatariens» forment un groupe ayant une origine nationale distincte ne pouvant être examinée qu'au stade du fond, de même que les effets des mesures contestées — Au présent stade, mission de la Cour consistant simplement à vérifier si les mesures en cause étaient «susceptibles de porter atteinte» à la jouissance de droits protégés par la convention — Pareil effet vraisemblable dans les circonstances de l'espèce.

I. INTRODUCTION

1. Je désapprouve les conclusions de la Cour et le raisonnement tenu par la majorité au sujet de deux questions connexes traitées dans l'arrêt, à savoir *a)* la détermination de l'objet du différend et *b)* la compétence *ratione materiae* de la Cour quant à ce qui est qualifié de «discrimination indirecte».

2. S'agissant de la première question, le raisonnement tenu dans l'arrêt repose entièrement sur la notion de «nationalité», sans tenir dûment compte des allégations du Qatar faisant état d'une discrimination raciale fondée sur l'«origine nationale». En se concentrant presque exclusivement sur la question de la nationalité, la majorité a fait abstraction de la manière dont le demandeur avait choisi de formuler l'objet du différend, dont elle a ainsi fait une interprétation erronée. Comme je vais l'exposer ci-dessous, cette démarche n'est pas conforme à la jurisprudence de la Cour concernant la détermination de l'objet du différend.

3. Ensuite, outre le fait que cette interprétation erronée la conduit à décliner à tort la compétence de la Cour, la majorité déclare que certaines des mesures contestées par le Qatar, qui sont qualifiées de «discrimination indirecte» dans l'arrêt, ne tombent pas sous le coup de la convention internationale sur l'élimination de toutes les formes de discrimination raciale (ci-après la «CIEDR» ou la «convention»), même si elles ont pour but ou pour effet de détruire ou de compromettre les droits et les libertés de personnes d'origine nationale qatarienne. La majorité ne présente toutefois pas de véritable analyse dans l'arrêt à l'appui de cette déclaration.

II. The Subject-Matter of the Dispute

4. Qatar has consistently claimed that the measures adopted on 5 June 2017 by the United Arab Emirates (hereinafter the "UAE") against Qataris amount to a "distinction, exclusion, restriction or preference based on . . . national . . . origin" both in purpose and in effect within the meaning of Article 1, paragraph 1, of CERD. In its Application (AQ), Qatar argued that "[t]he UAE has enacted and implemented a series of discriminatory measures directed at Qataris based expressly on their national origin" (AQ, para. 3; see also paras. 34, 44, 54, 58, 62-63, 65 *(a)* and 66 *(a)*); that the "blanket expulsion of Qataris from the UAE and the ban on entry by Qataris into the UAE discriminate against Qataris on the basis of national origin" (*ibid.*, para. 59); that "[t]he UAE has also enacted various measures interfering with rights to property based on Qatari national origin" (*ibid.*, para. 44; see also para. 63); and that "[t]he UAE has . . . unlawfully targeted Qataris on the basis of their national origin" (*ibid.*, para. 54).

5. Similar statements are made by the Applicant in its Memorial (MQ) and in its Written Statement (WSQ), clarifying that its claims were predicated on "national origin" both in purpose and in effect (MQ, paras. 1.2, 1.8, 1.11-1.13, 1.15, 1.23, 1.25, 3.5, 3.21, 3.24 and 3.86 to 3.113), and alleging that the measures adopted by the UAE were "discriminatory in both purpose and effect, by intentionally targeting and having a disproportionately negative impact on persons of Qatari 'national origin' in the historical-cultural sense, irrespective of their present nationality" (WSQ, para. 1.18). Moreover, during the oral proceedings, Qatar explained that it "has from the beginning framed its case as one of discrimination 'based on' national origin, including in the sense of intentional targeting and of disparate impact" (CR 2020/7, p. 45, para. 40 (Amirfar)).

6. Instead of paying particular attention to the above formulation of the dispute by the Applicant, as the Court has always done in determining the subject-matter of the dispute, the majority frames the subject-matter of the dispute in a manner totally disconnected from the Applicant's written and oral pleadings. For example, after quoting paragraph 2.6 of Qatar's Written Statement, which refers to acts and omissions of the UAE that "discriminate against Qataris on the basis of national origin" (paragraph 44 of the Judgment), the Judgment surprisingly states that "[a]s can be seen from Qatar's characterization of the subject-matter of the dispute (see paragraph 44 above), Qatar makes three claims of racial discrimination" (paragraph 56 of the Judgment). The Judgment then proceeds to make an artificial classification of Qatar's claims, the first category of which is purportedly a "claim arising out of the 'travel bans' and 'expulsion order', which make express reference to Qatari nationals" *(ibid.)*. However, the text of Qatar's Written Statement, quoted in para-

II. L'OBJET DU DIFFÉREND

4. Le Qatar a toujours soutenu que les mesures anti-qatariennes adoptées le 5 juin 2017 par les Emirats arabes unis traduisaient, tant par leur but que par leur effet, une « distinction, exclusion, restriction ou préférence fondée sur … l'origine nationale » au sens du paragraphe 1 de l'article premier de la CIEDR. Dans sa requête (RQ), il plaidait que « [l]es Emirats arabes unis [avaient] adopté et appliqué un ensemble de mesures discriminatoires … qui cibl[ai]ent les Qatariens au motif exprès de leur origine nationale » (RQ, par. 3 ; voir également par. 34, 44, 54, 58, 62-63, 65 *a)* et 66 *a)*) ; que « l'interdiction faite à tous les Qatariens d'entrer sur le territoire des Emirats arabes unis et l'expulsion générale de tous ceux qui s'y trouvaient [était] discriminatoire, dès lors que le motif en [était] leur origine nationale » (*ibid.*, par. 59) ; que « [l]es Emirats arabes unis [avaient] également adopté diverses mesures entravant l'exercice du droit à la propriété des Qatariens au motif de leur origine nationale » (*ibid.*, par. 44 ; voir également par. 63) ; et qu'« ils [avaient] pris illicitement pour cible les Qatariens au motif de leur origine nationale » (*ibid.*, par. 54).

5. Le Qatar a fait des déclarations similaires dans son mémoire (MQ) et dans son exposé écrit (EEQ), où il a précisé que l'« origine nationale » était au cœur de sa thèse s'agissant à la fois du but et de l'effet des mesures émiriennes (MQ, par. 1.2, 1.8, 1.11-1.13, 1.15, 1.23, 1.25, 3.5, 3.21, 3.24 et 3.86 à 3.113), et où il a allégué que lesdites mesures étaient « discriminatoires du point de vue de leur but autant que de leur effet, en ce qu'elles vis[ai]ent délibérément et frapp[ai]ent de manière disproportionnée les personnes d'« origine nationale » qatarienne — au sens historico-culturel de ce terme —, indépendamment de leur nationalité actuelle » (EEQ, par. 1.18). Il a également précisé à l'audience qu'il avait « axé d'emblée sa thèse sur une discrimination « fondée sur » l'origine nationale, y compris au sens d'une prise pour cible intentionnelle et de conséquences disparates » (CR 2020/7, p. 45, par. 40 (Amirfar)).

6. Au lieu d'accorder une attention particulière à cette formulation du différend adoptée par le demandeur, comme la Cour l'a toujours fait lorsqu'il s'agissait de déterminer l'objet d'un litige, la majorité reformule l'objet du différend d'une manière qui n'a absolument aucun lien avec les exposés écrits et oraux du demandeur. Ainsi, après avoir cité le paragraphe 2.6 de l'exposé écrit du Qatar, où il est fait référence à des actes et à des omissions des Emirats arabes unis qui « font subir aux Qatariens des discriminations fondées sur l'origine nationale » (arrêt, par. 44), la majorité ajoute de manière étonnante dans l'arrêt que, « [d]e la manière dont il [a] défini[] l'objet du différend (voir le paragraphe 44 ci-dessus), il appert que le Qatar avance trois chefs de discrimination raciale » (*ibid.*, par. 56). Est ensuite opérée une classification artificielle des prétentions du Qatar, le premier chef de discrimination supposé « se rapport[ant] à la « décision d'expulsion » et aux « interdictions d'entrée », qui visent expressément les nationaux qatariens » *(ibid.)*. Pourtant, le passage de l'exposé écrit du

graph 44 of the Judgment, and to which reference is made in paragraph 56, does not mention even once the word "nationality", while it clearly explains that the alleged acts and omissions of the UAE discriminate against Qataris "on the basis of national origin". Nor does this text provide a basis for the classification of Qatar's claims into the three categories indicated in the Judgment.

7. It is true that Qatar argued in its pleadings that the concept of "national origin" in Article 1, paragraph 1, of CERD encompasses discrimination based on nationality. Qatar based such interpretation on General Recommendation XXX of the CERD Committee, which reads as follows:

> "Under the Convention, differential treatment based on citizenship or immigration status will constitute discrimination if the criteria for such differentiation, judged in the light of the objectives and purposes of the Convention, are not applied pursuant to a legitimate aim, and are not proportional to the achievement of this aim." (CERD Committee, General Recommendation XXX on Discrimination against Non-Citizens, UN doc. CERD/C/64/Misc.11/rev.3 (2005), para. 4.)

8. In General Recommendation XXX, the CERD Committee seems to suggest that a measure that seeks to differentiate between individuals on the basis of their current nationality might, deliberately or inadvertently, have a disproportionately adverse impact on a group of people having a common "national or ethnic origin", taking into account the objective underlying that measure and the criteria chosen for differentiation, or may not be applied pursuant to a legitimate aim, in which case it would constitute discrimination under CERD.

9. The Court may endorse such interpretation or may decide, as the majority appears to favour in the present Judgment, that the term "national origin" cannot encompass measures predicated on current nationality. In either case, it cannot be held, on the basis of the written and oral pleadings of the Applicant, that the claims of Qatar mostly relate to racial discrimination on grounds of current nationality, and that consequently they fall outside the scope of the Convention as such. The content of those pleadings clearly indicates otherwise.

10. The insistence of the majority on characterizing the subject-matter of the dispute in a manner which does not take into consideration the actual formulation put forward by the Applicant in its written and oral pleadings departs from a long-standing jurisprudence of the Court referred to in paragraph 42 of the Judgment itself. According to this jurisprudence, it is for the Court to determine on an objective basis the subject-matter of the dispute between the Parties, "while giving particular attention to the formulation of the dispute chosen by the applicant" (*Obligation to Negotiate Access to the Pacific Ocean (Bolivia* v. *Chile), Preliminary Objection, Judgment, I.C.J. Reports 2015 (II)*, p. 602, para. 26; *Territorial and Maritime Dispute (Nicaragua* v. *Colombia), Preliminary Objections, Judgment, I.C.J. Reports*

Qatar qui est cité au paragraphe 44 de l'arrêt et auquel renvoie le paragraphe 56 ne mentionne pas une seule fois la « nationalité », mais indique clairement que les actes et omissions allégués des Emirats arabes unis font subir aux Qatariens des discriminations « fondées sur l'origine nationale ». Ce passage ne justifie pas davantage de classer les prétentions du Qatar selon les trois chefs dénombrés dans l'arrêt.

7. Il est vrai que, au cours de la procédure, le Qatar a plaidé que la notion d'« origine nationale » figurant au paragraphe 1 de l'article premier de la CIEDR pouvait s'appliquer à une discrimination opérée sur la base de la nationalité. Il a fondé cette interprétation sur la recommandation générale XXX du Comité de la CIEDR, qui se lit comme suit :

> « Aux termes de la Convention, l'application d'un traitement différent fondé sur le statut quant à la citoyenneté ou à l'immigration constitue une discrimination si les critères de différenciation, jugés à la lumière des objectifs et des buts de la Convention, ne visent pas un but légitime et ne sont pas proportionnés à l'atteinte de ce but. » (Comité de la CIEDR, recommandation générale XXX concernant la discrimination contre les non-ressortissants, Nations Unies, doc. CERD/C/64/Misc.11/rev.3 (2005), par. 4.)

8. Dans sa recommandation générale XXX, le Comité de la CIEDR semble laisser entendre qu'une mesure visant à différencier des personnes au motif de leur nationalité actuelle peut, de manière délibérée ou non, léser de manière disproportionnée un groupe de personnes ayant la même « origine nationale ou ethnique », selon l'objectif sous-jacent et les critères de différenciation, ou peut ne pas viser un but légitime, constituant de ce fait une discrimination proscrite par la CIEDR.

9. La Cour est libre d'approuver cette interprétation ou de décider, comme la majorité semble avoir préféré le faire dans le présent arrêt, que l'expression « origine nationale » ne peut englober la nationalité actuelle. Mais quoi qu'elle décide, elle ne peut déclarer, sur la base des exposés écrits et oraux du demandeur, que les griefs de celui-ci portent pour l'essentiel sur une discrimination raciale fondée sur la nationalité actuelle et débordent donc, en tant que tels, le cadre de la convention. Le contenu des exposés du demandeur indique clairement le contraire.

10. L'obstination de la majorité à présenter l'objet du différend d'une manière qui ne tient aucun compte de la formulation réellement adoptée par le demandeur lors des procédures écrite et orale marque une rupture avec la jurisprudence bien établie de la Cour qui est invoquée dans l'arrêt lui-même au paragraphe 42. Selon cette jurisprudence, il appartient à la Cour de définir, sur une base objective, l'objet du différend qui oppose les parties, « tout en consacrant une attention particulière à la formulation du différend utilisée par le demandeur » (*Obligation de négocier un accès à l'océan Pacifique (Bolivie c. Chili), exception préliminaire, arrêt, C.I.J. Recueil 2015 (II)*, p. 602, par. 26 ; *Différend territorial et maritime (Nicaragua c. Colombie), exceptions préliminaires, arrêt, C.I.J. Recueil 2007 (II)*,

2007 (II), p. 848, para. 38; *Fisheries Jurisdiction (Spain* v. *Canada), Jurisdiction of the Court, Judgment, I.C.J. Reports 1998*, p. 448, para. 30).

11. Had the majority applied this jurisprudence to the present case, it would have come to the conclusion that the subject-matter of the dispute relates to "the interpretation or application" of CERD, and that Qatar's claims fall squarely within the scope of Article 1, paragraph 1, of the Convention, since those claims concern alleged measures of racial discrimination on grounds of "national origin".

III. THE JURISDICTION OF THE COURT WITH REGARD TO "INDIRECT DISCRIMINATION"

12. According to the artificial classification of Qatar's claims mentioned above (para. 6), the only claim that is described as relating to discrimination on grounds of national origin is the so-called claim of "indirect discrimination", as opposed to "direct" discrimination on the basis of nationality; a distinction which has no basis in the text of the Convention. However, even in the case of this claim, the majority concludes that,

> "In the present case, while the measures based on current Qatari nationality may have collateral or secondary effects on persons born in Qatar or of Qatari parents, or on family members of Qatari citizens residing in the UAE, this does not constitute racial discrimination within the meaning of the Convention. In the Court's view, the various measures of which Qatar complains do not, either by their purpose or by their effect, give rise to racial discrimination against Qataris as a distinct social group on the basis of their national origin. The Court further observes that declarations criticizing a State or its policies cannot be characterized as racial discrimination within the meaning of CERD. Thus, the Court concludes that, even if the measures of which Qatar complains in support of its 'indirect discrimination' claim were to be proven on the facts, they are not capable of constituting racial discrimination within the meaning of the Convention." (Paragraph 112 of the Judgment.)

The reasons of my disagreement with this sweeping statement are set out below.

13. First, it is rather odd to find in a judgment on preliminary objections an attempt at a factual assessment of whether the measures complained of actually constitute racial discrimination under CERD. In a very recent judgment of the Court dealing also with jurisdiction *ratione materiae* under CERD, it was clearly stated as follows:

> "In order to determine whether it has jurisdiction *ratione materiae* under CERD, the Court does not need to satisfy itself that the meas-

p. 848, par. 38 ; *Compétence en matière de pêcheries (Espagne c. Canada), compétence de la Cour, arrêt, C.I.J. Recueil 1998*, p. 448, par. 30).

11. Si elle avait suivi cette jurisprudence en la présente affaire, la majorité serait parvenue à la conclusion que l'objet du différend concernait «l'interprétation ou l'application» de la CIEDR, et que les griefs du Qatar relevaient pleinement du paragraphe 1 de l'article premier de la convention puisqu'ils se rapportaient à des mesures alléguées de discrimination raciale fondées sur l'«origine nationale».

III. La compétence de la Cour à l'égard de la «discrimination indirecte»

12. Suivant la classification artificielle des prétentions du Qatar qui a été mentionnée plus haut (au paragraphe 6), la seule allégation qui ferait intervenir une discrimination fondée sur l'origine nationale est celle qualifiée de «discrimination indirecte», par opposition à la discrimination «directe» fondée sur la nationalité ; or une telle distinction ne trouve aucune justification dans le texte de la convention. Toujours est-il que, même dans le cas de cette allégation, la majorité conclut ce qui suit :

> «En la présente espèce, bien que les mesures fondées sur la nationalité actuelle des ressortissants qatariens puissent produire des effets collatéraux ou secondaires sur des personnes nées au Qatar ou de parents qatariens, ou sur des proches de ressortissants qatariens résidant aux Emirats arabes unis, il ne s'agit pas là d'une discrimination raciale au sens de la convention. Selon la Cour, les mesures dont le Qatar tire grief n'entraînent pas, par leur but ou par leur effet, une discrimination raciale à l'égard des Qatariens en tant que groupe social distinct au motif de leur origine nationale. La Cour observe en outre que les déclarations critiquant un Etat ou sa politique ne sauraient être assimilées à une discrimination raciale au sens de la CIEDR. En conséquence, la Cour conclut que, quand bien même les mesures dont le Qatar tire grief dans le cadre de son allégation de «discrimination indirecte» seraient avérées, elles ne peuvent être constitutives de discrimination raciale au sens de la convention.» (Paragraphe 112 de l'arrêt.)

Les raisons de mon désaccord avec cette conclusion par trop générale sont les suivantes.

13. Tout d'abord, il est quelque peu étrange que, dans un arrêt sur des exceptions préliminaires, la Cour entreprenne une analyse factuelle dans le but de savoir si les mesures incriminées constituent effectivement une discrimination raciale prohibée par la CIEDR. Dans une très récente décision concernant également sa compétence *ratione materiae* au titre de la CIEDR, la Cour a clairement dit ceci :

> «Aux fins de déterminer si elle a compétence *ratione materiae* au titre de la CIEDR, la Cour n'a pas besoin de s'assurer que les mesures

ures of which Ukraine complains actually constitute 'racial discrimination' within the meaning of Article 1, paragraph 1, of CERD. Nor does the Court need to establish whether, and, if so, to what extent, certain acts may be covered by Article 1, paragraphs 2 and 3, of CERD. Both determinations concern issues of fact, largely depending on evidence regarding the purpose or effect of the measures alleged by Ukraine, and are thus properly a matter for the merits, should the case proceed to that stage." (*Application of the International Convention for the Suppression of the Financing of Terrorism and of the International Convention on the Elimination of All Forms of Racial Discrimination (Ukraine* v. *Russian Federation), Preliminary Objections, Judgment, I.C.J. Reports 2019 (II),* p. 595, para. 94.)

In the present case, however, issues of fact, which are normally a matter for the merits, appear to be summarily dismissed in a single paragraph at the jurisdictional stage of the proceedings.

14. Secondly, the majority offers no meaningful analysis to support the above-mentioned statement. The question whether or not the term "Qatari" is to be understood solely as synonymous to "current nationality" or as indicating "national origin", or both, and whether as a consequence measures targeting "Qataris" come within the ambit of Article 1 of CERD, is a question of fact that should be addressed at the merits stage. In this connection, it is to be noted that the majority does not even acknowledge — let alone examine — the Expert Report adduced by the Applicant to establish that "Qataris" form, apart from a legal nationality, a socio-cultural national group distinct from the Emiratis (cf. MQ, paras. 3.94-3.112; MQ, Vol. VI, Ann. 162, Expert Report of Dr. J. E. Peterson dated 9 April 2019, paras. 28-30; WSQ, para. 2.121).

15. Thirdly, the "Court's view" cannot simply be asserted. It needs to be based on legal and factual analysis. This is not the case here. The fact that Article 1, paragraph 1, of CERD distinguishes between "purpose" and "effect" suggests that, under CERD, discrimination may also derive from the collateral effects of the measure on a particular group, without having to establish a discriminatory purpose or intent. As the CERD Committee observed in its General Recommendation XIV,

"particular actions may have varied purposes. In seeking to determine whether an action has an effect contrary to the Convention, [the Committee] will look to see whether that action has an unjustifiable disparate impact upon a group distinguished by race, colour, descent, or national or ethnic origin." (CERD Committee, General Recommendation XIV on Article 1, Paragraph 1, of the Convention, UN doc. A/48/18 (1993), p. 115, para. 2.)

dont l'Ukraine tire grief constituent effectivement une « discrimination raciale » au sens du paragraphe 1 de l'article premier de la CIEDR. Elle n'a pas non plus à établir si, et, dans l'affirmative, dans quelle mesure, certains actes pourraient être couverts par les paragraphes 2 et 3 de l'article premier de la convention. Ces deux questions portent sur des points de fait, largement tributaires des éléments de preuve relatifs au but ou à l'effet des mesures alléguées par l'Ukraine, et relèvent donc de l'examen au fond si l'affaire devait se poursuivre jusqu'à ce stade. » (*Application de la convention internationale pour la répression du financement du terrorisme et de la convention internationale sur l'élimination de toutes les formes de discrimination raciale (Ukraine c. Fédération de Russie), exceptions préliminaires, arrêt, C.I.J. Recueil 2019 (II)*, p. 595, par. 94.)

Or, dans la présente affaire, des allégations de fait qui relèvent normalement du fond semblent avoir été écartées de manière sommaire dans un seul paragraphe, au stade de la procédure concernant la compétence.

14. Ensuite, la majorité ne présente pas de véritable analyse à l'appui de sa déclaration précitée. La question de savoir si le terme « Qatarien » doit être réputé renvoyer uniquement à la « nationalité actuelle » ou à l'« origine nationale », ou encore aux deux, et si les mesures visant les « Qatariens » tombent par conséquent sous le coup de l'article premier de la CIEDR est une question de fait qui devait être examinée au stade du fond. A ce propos, il convient de noter que la majorité ne prend même pas acte (et donne encore moins d'analyse) du rapport d'expert produit par le demandeur à l'effet d'établir que, outre la nationalité au sens juridique, les « Qatariens » forment un groupe socioculturel distinct de celui des Emiriens (cf. MQ, par. 3.94-3.112 ; MQ, vol. VI, annexe 162, rapport d'expert de M. J. E. Peterson en date du 9 avril 2019, par. 28-30 ; EEQ, par. 2.121).

15. Troisièmement, la conclusion à tirer « selon la Cour » ne peut être formulée sans autre explication. Elle doit être fondée sur une analyse du droit et des faits. Il n'y en a aucune ici. Le fait que le paragraphe 1 de l'article premier de la CIEDR fasse une distinction entre le « but » et l'« effet » donne à penser que, d'après la convention, la discrimination peut également découler des effets collatéraux de la mesure prise à l'égard d'un groupe particulier, sans qu'il soit nécessaire d'établir l'existence d'un but ou d'une intention discriminatoire. Comme le Comité de la CIEDR l'a fait observer dans sa recommandation générale XIV :

> « certaines mesures peuvent avoir plusieurs objectifs. Pour savoir si une mesure a un effet contraire à la Convention, [le Comité] se demandera si elle a une conséquence distincte abusive sur un groupe différent par la race, la couleur, l'ascendance ou l'origine nationale ou ethnique. » (Comité de la CIEDR, Recommandation générale XIV concernant le paragraphe 1 de l'article premier de la Convention, Nations Unies, doc. A/48/18 (1993), p. 135, par. 2.)

16. Thus, a measure may amount to *de facto* racial discrimination when it has a disproportionate effect on a group of people having a common "national or ethnic origin", regardless of whether that measure was intended to target a particular "nationality". This is essentially a question of fact and may only be established after having heard both Parties in the merits phase. It cannot be used at this stage of the proceedings to justify a finding that the measures complained of by Qatar fall outside of the scope of the jurisdiction of the Court, particularly when they are alleged to have the purpose or effect of nullifying or impairing the rights and freedoms of persons of Qatari national origin.

17. The determination of the jurisdiction of the Court *ratione materiae* does not require the Court to satisfy itself at this preliminary stage that the measures complained of by the Applicant constitute racial discrimination within the meaning of Article 1, paragraph 1, of the Convention. What matters is whether the measures complained of by Qatar "are capable of having an adverse effect on the enjoyment of certain rights protected under CERD" (*Application of the International Convention for the Suppression of the Financing of Terrorism and of the International Convention on the Elimination of All Forms of Racial Discrimination (Ukraine v. Russian Federation), Preliminary Objections, Judgment, I.C.J. Reports 2019 (II)*, p. 595, para. 96; see also *Oil Platforms (Islamic Republic of Iran v. United States of America), Preliminary Objection, Judgment, I.C.J. Reports 1996 (II)*, p. 820, para. 51).

18. It is my view that the measures complained of by Qatar were capable of having such an adverse effect on persons of Qatari national origin, and that the Court should have left the examination of the actual effect of these measures for the merits stage.

(*Signed*) Abdulqawi Ahmed YUSUF.

---

16. Partant, une mesure peut constituer une discrimination raciale *de facto* lorsqu'elle a un effet disproportionné sur un groupe de personnes ayant une même « origine nationale ou ethnique », indépendamment du point de savoir si cette mesure était conçue pour cibler une « nationalité » particulière. Il s'agit là essentiellement d'une question de fait qui ne pouvait être tranchée qu'après examen des thèses des deux Parties au fond. Elle ne pouvait être utilisée au stade de la compétence comme justification pour conclure que les mesures contestées par le Qatar échappaient à la compétence de la Cour, *a fortiori* lorsque lesdites mesures sont supposées avoir pour but ou pour effet de détruire ou de compromettre les droits et les libertés de personnes d'origine nationale qatarienne.

17. Pour déterminer si elle avait compétence *ratione materiae*, la Cour n'avait pas à rechercher à ce stade préliminaire si les mesures dont le demandeur tirait grief constituaient une discrimination raciale au sens du paragraphe 1 de l'article premier de la convention. L'important était de savoir si ces mesures étaient « susceptibles de porter atteinte à la jouissance de certains droits protégés par la CIEDR » (*Application de la convention internationale pour la répression du financement du terrorisme et de la convention internationale sur l'élimination de toutes les formes de discrimination raciale (Ukraine c. Fédération de Russie), exceptions préliminaires, arrêt, C.I.J. Recueil 2019 (II)*, p. 595, par. 96; voir également *Plates-formes pétrolières (République islamique d'Iran c. Etats-Unis d'Amérique), exception préliminaire, arrêt, C.I.J. Recueil 1996 (II)*, p. 820, par. 51).

18. Je suis d'avis que les mesures mises en cause par le Qatar étaient effectivement susceptibles de porter atteinte aux droits de personnes d'origine nationale qatarienne et que la Cour aurait dû réserver au stade du fond l'examen de l'effet concret de ces mesures.

(Signé) Abdulqawi Ahmed Yusuf.

DISSENTING OPINION OF JUDGE SEBUTINDE

*The first preliminary objection of the UAE does not, in the circumstances of the present case, have an exclusively preliminary character and should be joined to the merits, pursuant to the provisions of Article 79*ter, *paragraph 4, of the Rules of Court — In particular, the question of whether or not the measures taken by the UAE against Qatar and Qataris on 5 June 2017 had "the purpose or effect of racial discrimination" within the meaning of Article 1, paragraph 1, of the CERD, is a delicate and complex one that can only be determined after a detailed examination of the evidence and arguments of the Parties during the merits stage — Secondly, the preconditions referred to in Article 22 of the CERD are in the alternative and are not cumulative — The wording of Article 22 of the CERD does not expressly require a party to exhaust the CERD procedures before that party can unilaterally seise the Court — Both Parties acknowledge that the CERD Committee and the Court have related but fundamentally distinct roles relating to resolving disputes between States parties to the CERD — The Committee's role is conciliatory and recommendatory, while that of the Court is legal and binding — Accordingly, the second preliminary objection should be rejected as there is nothing incompatible about Qatar pursuing the two procedures in parallel — Thirdly, according to the Court's well-established jurisprudence, a claim based upon a valid title of jurisdiction cannot be challenged on grounds of "abuse of process" unless the high threshold of "exceptional circumstances" has been met — The UAE has not met that threshold — Qatar's Application is therefore admissible and the third preliminary objection of the UAE should be rejected.*

I. Introduction

1. I have not voted with the majority in paragraph 115, as I disagree with the Court's conclusion in paragraphs 113 and 114 of the Judgment. In my respectful view, the first preliminary objection of the United Arab Emirates (hereinafter the "UAE") does not, in the circumstances of the present case, have an exclusively preliminary character and should be joined to the merits, pursuant to the provisions of Article 79*ter*, paragraph 4, of the Rules of Court (as amended on 21 October 2019). That provision requires that: "After hearing the parties, the Court shall decide upon a preliminary question or uphold or reject a preliminary objection. *The Court may however declare that, in the circumstances of the case, a question or objection does not possess an exclusively preliminary character.*" (Emphasis added.)

OPINION DISSIDENTE DE Mme LA JUGE SEBUTINDE

[Traduction]

Première exception préliminaire soulevée par les Emirats arabes unis n'ayant pas, dans les circonstances de l'espèce, un caractère exclusivement préliminaire et devant être jointe au fond, conformément aux dispositions du paragraphe 4 de l'article 79ter du Règlement de la Cour — Question de savoir si les mesures prises le 5 juin 2017 par les Emirats arabes unis contre le Qatar et les Qatariens avaient ou non «pour but ou pour effet d'opérer une discrimination raciale», au sens du paragraphe 1 de l'article premier de la CIEDR, ayant notamment un caractère délicat et complexe, et ne pouvant être tranchée qu'après examen minutieux des éléments de preuve et des arguments présentés par les Parties au stade du fond — Conditions préalables énoncées à l'article 22 de la CIEDR formant en outre une alternative et n'étant donc pas cumulatives — Texte de l'article 22 de la CIEDR n'exigeant pas expressément qu'une partie épuise les procédures prévues par la convention avant de pouvoir saisir unilatéralement la Cour — Parties reconnaissant toutes deux que le Comité de la CIEDR et la procédure devant la Cour ont des rôles liés mais fondamentalement différents s'agissant de résoudre des différends entre Etats parties à la CIEDR — Comité œuvrant à la conciliation et émettant des recommandations, et Cour rendant des décisions de nature juridique et contraignante — Procédures pouvant par conséquent être poursuivies l'une et l'autre en parallèle par le Qatar sans être incompatibles — Jurisprudence bien établie de la Cour consistant de surcroît à rejeter toute contestation pour «abus de procédure» d'une demande fondée sur un titre de compétence valable hormis s'il est satisfait au critère exigeant des «circonstances exceptionnelles» — Emirats arabes unis n'ayant pas satisfait à ce critère — Requête du Qatar étant donc recevable et troisième exception préliminaire des Emirats arabes unis devant être rejetée.

I. Introduction

1. Je n'ai pas voté avec la majorité de la Cour s'agissant de la conclusion énoncée aux paragraphes 113 et 114 de l'arrêt. Je soutiens respectueusement que la première exception préliminaire soulevée par les Emirats arabes unis n'avait pas, dans les circonstances de l'espèce, un caractère exclusivement préliminaire et aurait dû être jointe au fond, conformément aux dispositions du paragraphe 4 de l'article 79*ter* du Règlement (tel qu'amendé le 21 octobre 2019), qui prescrit que «[l]a Cour, après avoir entendu les parties, tranche la question préliminaire ou retient ou rejette l'exception préliminaire. *Elle peut toutefois déclarer que, dans les circonstances de l'espèce, une question ou une exception n'a pas un caractère exclusivement préliminaire.*» (Les italiques sont de moi.)

2. In my view, the majority should not have rushed to conclude that Qatar's claims fall outside the scope of the International Convention on the Elimination of All Forms of Racial Discrimination (hereinafter "the CERD") based on the pleadings of the Parties at this early stage of the proceedings, but should have carefully examined the evidence during the merits stage, before reaching a conclusion one way or the other. In particular, the question of whether or not the measures taken by the UAE against Qatar and Qataris on 5 June 2017 had "the purpose or effect of racial discrimination" within the meaning of Article 1, paragraph 1, of the CERD, is a delicate and complex one that can only be determined after a detailed examination of the evidence and arguments of the Parties during the merits stage. Because of the approach taken by the majority, it is regrettable that the other objections raised by the UAE were also not considered. In this dissenting opinion, I endeavour to show why the first preliminary objection of the UAE does not, in the circumstances of the present case, have an exclusively preliminary character and should instead, be joined to the merits. I also opine on the other preliminary objections raised by the UAE.

II. The Submissions of the Parties

A. Qatar's Claims and Requests

3. Qatar in its own right and as *parens patriae* of its citizens, respectfully requests the Court to adjudge and declare that the UAE through its State organs, State agents and other persons and entities exercising governmental authority, and through other agents acting on its instructions or under its direction and control, has violated its obligations under Articles 2, 4, 5, 6 and 7 of the CERD by taking, *inter alia*, the following unlawful actions:

(a) Expelling on a collective basis, all Qataris from, and prohibiting the entry of all Qataris into, the UAE on the basis of their national origin;
(b) Violating other fundamental rights, including the rights to marriage and choice of spouse, freedom of opinion and expression, public health and medical care, education and training, property, work, participation in cultural activities, and equal treatment before tribunals;

(c) Failing to condemn and instead encouraging racial hatred against Qatar and Qataris and failing to take measures that aim to combat

2. De mon point de vue, la majorité aurait dû se garder de conclure hâtivement que les demandes du Qatar n'entraient pas dans le champ d'application de la convention internationale sur l'élimination de toutes les formes de discrimination raciale (ci-après la «CIEDR» ou la «convention») en se fondant sur les exposés des Parties à ce stade précoce de la procédure et aurait dû, au contraire, examiner soigneusement les éléments de preuve au stade du fond avant de parvenir à une quelconque conclusion. En particulier, la question de savoir si les mesures prises le 5 juin 2017 par les Emirats arabes unis contre le Qatar et les Qatariens avaient ou non «pour but ou pour effet d'opérer une discrimination raciale», au sens du paragraphe 1 de l'article premier de la CIEDR, est délicate et complexe, et ne pouvait être tranchée qu'après un examen minutieux des éléments de preuve et des arguments présentés par les Parties au stade du fond. Il est regrettable que, du fait de l'approche adoptée par la majorité, les autres exceptions soulevées par les Emirats arabes unis n'aient pas été elles aussi examinées. Dans la présente opinion dissidente, je m'emploierai à montrer pourquoi la première exception préliminaire des Emirats arabes unis n'a pas, dans les circonstances de l'espèce, un caractère exclusivement préliminaire et devait au contraire être jointe au fond. Je formulerai également mon opinion sur les autres exceptions préliminaires soulevées par les Emirats arabes unis.

II. LES CONCLUSIONS DES PARTIES

A. Les griefs et demandes du Qatar

3. Le Qatar, en son nom propre et en qualité de *parens patriae* des Qatariens, priait respectueusement la Cour de dire et juger que les Emirats arabes unis, par l'intermédiaire de leurs organes et agents et d'autres personnes et entités exerçant la puissance publique, ainsi que par l'intermédiaire d'autres agents agissant sur leurs instructions ou sous leur direction et leur contrôle, avaient manqué aux obligations que leur imposent les articles 2, 4, 5, 6 et 7 de la CIEDR en prenant notamment les mesures illicites suivantes:

a) en expulsant collectivement tous les Qatariens et en interdisant à tous les Qatariens d'entrer sur le territoire émirien, au motif de leur origine nationale;

b) en violant d'autres droits fondamentaux, dont le droit de se marier et de choisir son conjoint, le droit à la liberté d'opinion et d'expression, le droit à la santé et aux soins médicaux, le droit à l'éducation et à la formation professionnelle, le droit à la propriété, le droit au travail, le droit de prendre part aux activités culturelles et le droit à un traitement égal devant les tribunaux;

c) en s'abstenant de condamner, voire en encourageant la haine raciale contre le Qatar et les Qatariens, et en s'abstenant de prendre des

prejudices, including by, *inter alia*, criminalizing the expression of sympathy towards Qatar and Qataris; allowing, promoting, and financing an international anti-Qatar public and social-media campaign; silencing Qatari media; and calling for physical attacks on Qatari entities; and

(d) Failing to provide effective protection and remedies to Qataris to seek redress against acts of racial discrimination through UAE courts and institutions[1].

4. Accordingly, Qatar respectfully requests the Court to order the UAE to take all steps necessary to comply with its obligations under the CERD and, *inter alia:*

(a) Immediately cease and revoke the discriminatory measures, including but not limited to the directives against "sympathizing" with Qataris, and any other national laws that discriminate *de jure* or *de facto* against Qataris on the basis of their national origin;

(b) Immediately cease all other measures that incite discrimination (including media campaigns and supporting others to propagate discriminatory messages) and criminalize such measures;

(c) Comply with its obligations under the CERD to condemn publicly racial discrimination against Qataris, pursue a policy of eliminating racial discrimination, and adopt measures to combat such prejudice;

(d) Refrain from taking any further measures that would discriminate against Qataris within its jurisdiction or control;

(e) Restore rights of Qataris to, *inter alia*, marriage and choice of spouse, freedom of opinion and expression, public health and medical care, education and training, property, work, participation in cultural activities, and equal treatment before tribunals, and put in place measures to ensure those rights are respected;

(f) Provide assurances and guarantees of non-repetition of the UAE's illegal conduct; and

(g) Make full reparation, including compensation, for the harm suffered as a result of the UAE's actions in violation of the CERD[2].

---

[1] Application of Qatar, pp. 58 and 60, para. 65.
[2] *Ibid.*, p. 60, para. 66.

mesures destinées à lutter contre les préjugés, notamment en incriminant toute expression de sympathie à l'égard du Qatar et des Qatariens, en autorisant, en promouvant et en finançant une campagne internationale visant à dresser l'opinion publique et les médias sociaux contre le Qatar, en réduisant les médias qatariens au silence et en appelant à des attaques contre des entités qatariennes; et

d) en s'abstenant de protéger les Qatariens contre les actes de discrimination raciale et de leur offrir des voies de recours efficaces leur permettant d'obtenir réparation de tels actes devant les tribunaux et autres organismes émiriens [1].

4. En conséquence, le Qatar priait respectueusement la Cour d'ordonner aux Emirats arabes unis de prendre toutes les dispositions requises pour s'acquitter des obligations que leur impose la CIEDR, et notamment:

a) de suspendre et de révoquer immédiatement les mesures discriminatoires actuellement en vigueur, dont, mais pas seulement, les directives interdisant de «sympathiser» avec des Qatariens, et toute autre législation nationale discriminatoire *de jure* ou *de facto* à l'égard des Qatariens au motif de leur origine nationale;

b) de suspendre immédiatement toutes autres mesures incitant à la discrimination (y compris les campagnes médiatiques et le soutien à la diffusion de messages à caractère discriminatoire) et d'incriminer de telles mesures;

c) de s'acquitter des obligations qui leur sont faites par la convention de condamner publiquement la discrimination raciale à l'égard des Qatariens, de poursuivre une politique tendant à éliminer la discrimination raciale et de prendre des mesures pour lutter contre semblables préjugés;

d) de s'abstenir de prendre toute autre mesure susceptible d'être discriminatoire à l'égard des Qatariens relevant de leur juridiction ou se trouvant sous leur contrôle;

e) de rétablir les Qatariens dans leurs droits, notamment le droit de se marier et de choisir son conjoint, le droit à la liberté d'opinion et d'expression, le droit à la santé et aux soins médicaux, le droit à l'éducation et à la formation professionnelle, le droit à la propriété, le droit au travail, le droit de prendre part aux activités culturelles et le droit à un traitement égal devant les tribunaux, et de mettre en œuvre des mesures pour garantir le respect de ces droits;

f) de donner des garanties et assurances de non-répétition de leur conduite illicite; et

g) de réparer intégralement, notamment par une indemnisation, le préjudice résultant de leurs actes commis en violation de la convention [2].

---

[1] Requête du Qatar, p. 59 et 61, par. 65.
[2] *Ibid.*, p. 61, par. 66.

5. In its Memorial, Qatar in its own right and as *parens patriae* of its citizens, respectfully requests the Court to adjudge and declare that the UAE, by the acts and omissions of its organs, agents, persons, and entities exercising governmental authority, and through other agents acting on its instructions or under its direction and control, is responsible for violating its obligations under Articles 2, 4, 5, 6 and 7 of the CERD, including by:

(a) expelling, on a collective basis, all Qataris from the UAE;

(b) applying the Absolute Ban and Modified Travel Ban in violation of fundamental rights that must be guaranteed equally to all under the CERD, regardless of national origin, including the rights to family, freedom of opinion and expression, education and training, property, work, and equal treatment before tribunals;

(c) engaging in, sponsoring, supporting, and otherwise encouraging racial discrimination, including racially discriminatory incitement against Qataris, most importantly by criminalizing "sympathy" with Qatar and orchestrating, funding, and actively promoting a campaign of hatred against Qatar and Qataris, and thereby failing to nullify laws and regulations that have the effect of creating or perpetuating racial discrimination, to take "all appropriate" measures to combat the spread of prejudice and negative stereotypes, and to promote tolerance, understanding and friendship; and

(d) failing to provide access to effective protection and remedies to Qataris to seek redress against acts of racial discrimination under the CERD through UAE tribunals or institutions, including the right to seek reparation.

6. Qatar further requests the Court to adjudge and declare that the UAE has violated the Court's Order on Provisional Measures of 23 July 2018; and that the UAE is obligated to cease its ongoing violations, make full reparations for all material and moral damage caused by its internationally wrongful acts and omissions under the CERD, and offer assurances and guarantees of non-repetition.

7. Accordingly Qatar requests the Court to order that the UAE:

(a) Immediately cease its ongoing internationally wrongful acts and omissions in contravention of Articles 2 (1), 4, 5, 6 and 7 of the CERD;

5. Dans son mémoire, le Qatar, en son nom propre et en qualité de *parens patriae* des Qatariens, priait respectueusement la Cour de dire et juger que les Emirats arabes unis, par les actes et omissions de leurs organes et agents et de personnes et d'entités exerçant la puissance publique, ainsi que par l'intermédiaire d'autres agents agissant sur leurs instructions ou sous leur direction et leur contrôle, avaient manqué aux obligations qui leur incombent au titre des articles 2, 4, 5, 6 et 7 de la CIEDR, notamment:

a) en expulsant collectivement tous les Qatariens du territoire émirien;

b) en appliquant l'interdiction formelle d'entrée et sa version modifiée en violation des droits fondamentaux qui doivent être accordés à tous de la même manière au titre de la convention, indépendamment de l'origine nationale, dont le droit à la famille, le droit à la liberté d'opinion et d'expression, le droit à l'éducation et à la formation professionnelle, le droit à la propriété, le droit au travail et le droit à un traitement égal devant les tribunaux;

c) en se livrant à des actes de discrimination raciale, en soutenant, en appuyant et en encourageant celle-ci de toute autre manière, notamment en incitant à la discrimination raciale à l'encontre des Qatariens, plus particulièrement en incriminant toute expression de « sympathie » à l'égard du Qatar et en organisant, en finançant et en promouvant activement une campagne de haine contre le Qatar et les Qatariens, négligeant ainsi d'annuler les lois et dispositions réglementaires ayant pour effet de créer la discrimination raciale et de la perpétuer, de prendre « toutes les mesures appropriées » pour lutter contre la propagation des préjugés et des stéréotypes négatifs et de promouvoir la tolérance, l'entente et l'amitié; et

d) en privant les Qatariens de la possibilité de se prévaloir, sur le fondement de la convention, d'une protection et de voies de recours effectives, devant les tribunaux et autres organismes émiriens, contre les actes de discrimination raciale, notamment du droit de demander réparation à raison de tels actes.

6. Le Qatar priait également la Cour de dire et juger que les Emirats arabes unis avaient violé l'ordonnance en indication de mesures conservatoires rendue le 23 juillet 2018; et qu'ils étaient tenus de cesser les violations auxquelles ils se livraient, de réparer l'intégralité du préjudice moral et matériel causé par leurs actes et omissions internationalement illicites au regard de la CIEDR, et d'offrir des assurances et des garanties de non-répétition.

7. En conséquence, le Qatar priait la Cour d'ordonner aux Emirats arabes unis:

a) de cesser immédiatement les actes et omissions internationalement illicites par lesquels ils contrevenaient au paragraphe 1 de l'article 2 et aux articles 4, 5, 6 et 7 de la CIEDR;

(b) Provide full reparation for the harm caused by its actions, including (i) restitution by lifting the ongoing Modified Travel Ban as it applies to Qataris collectively based on their national origin; (ii) financial compensation for the material and moral damage suffered by Qatar and Qataris, in an amount to be quantified in a separate phase of these proceedings; and (iii) satisfaction in the forms of a declaration of wrongfulness and an apology to Qatar and the Qatari people, as requested; and

(c) Provide Qatar with assurances and guarantees of non-repetition in written form.

B. *The Preliminary Objections of the UAE*

8. The UAE raised three preliminary objections against the jurisdiction of the Court and the admissibility of Qatar's claims, namely that:

(a) The dispute between the Parties falls outside the scope *ratione materiae* of the CERD since the measures of the UAE were directed at Qatari citizens on the basis of their "nationality" and not "national origin"[3];

(b) Qatar has not fulfilled the procedural preconditions of negotiation and the Committee on the Elimination of Racial Discrimination (hereinafter the "CERD Committee") procedures prescribed in Articles 11 to 13 of the CERD before resorting to judicial settlement by the Court, as required by Article 22 of the CERD[4]; and

(c) Qatar's initiation of parallel proceedings before the Court in respect of the same dispute whilst the Article 11 procedure was pending before the CERD Committee renders Qatar's Application inadmissible[5].

III. THE COURT'S JURISDICTION UNDER ARTICLE 22 OF THE CERD

9. Article 22 of the CERD provides as follows:

"Any dispute between two or more States Parties with respect to the interpretation or application of this Convention, *which is not settled by negotiation or by the procedures* expressly provided for in this Convention shall, at the request of any of the parties to the dispute,

---

[3] Preliminary Objections of the United Arab Emirates, Part III.
[4] *Ibid.*, Part IV.
[5] *Ibid.*, Part V.

b) de réparer intégralement les dommages causés par leurs actes, au moyen notamment i) de la restitution, en levant l'interdiction d'entrée dans sa version modifiée en ce qu'elle s'applique collectivement aux Qatariens au motif de leur origine nationale; ii) d'une indemnisation visant à réparer le préjudice matériel et moral subi par le Qatar et les Qatariens, dont le montant serait déterminé lors d'une phase distincte de la présente procédure; et iii) d'une satisfaction prenant la forme d'une déclaration d'illicéité et d'excuses présentées au Qatar et aux Qatariens; et

c) d'offrir au Qatar des assurances et des garanties écrites de non-répétition.

B. *Les exceptions préliminaires des Emirats arabes unis*

8. Les Emirats arabes unis ont soulevé trois exceptions préliminaires à la compétence de la Cour et à la recevabilité des demandes du Qatar, au motif que:

a) le différend entre les Parties n'entrait pas dans le champ d'application *ratione materiae* de la CIEDR, les mesures adoptées par les Emirats arabes unis visant les ressortissants qatariens sur la base de leur «nationalité» et non de leur «origine nationale»[3];

b) le Qatar n'avait pas satisfait aux conditions procédurales préalables de négociation ni dûment suivi les procédures devant le Comité de la CIEDR prévues aux articles 11 à 13 de la convention avant de recourir au règlement judiciaire par la Cour, comme prescrit à l'article 22[4]; et

c) l'introduction, par le Qatar, d'une instance parallèle devant la Cour concernant le même différend, alors que la procédure prévue à l'article 11 était pendante devant le Comité, rendait irrecevable la requête du Qatar[5].

III. LA COMPÉTENCE DE LA COUR AU TITRE DE L'ARTICLE 22 DE LA CIEDR

9. L'article 22 de la CIEDR dispose ce qui suit:

«Tout différend entre deux ou plusieurs Etats parties touchant l'interprétation ou l'application de la présente Convention *qui n'aura pas été réglé par voie de négociation ou au moyen des procédures* expressément prévues par ladite Convention sera porté, à la requête

---

[3] Exceptions préliminaires des Emirats arabes unis, partie III.
[4] *Ibid.*, partie IV.
[5] *Ibid.*, partie V.

be referred to the International Court of Justice for decision, *unless the disputants agree to another mode of settlement*." (Emphasis added.)

10. In light of the written and oral arguments raised by the Parties, a determination of whether or not the Court has jurisdiction *ratione materiae* to entertain the claims of Qatar pursuant to Article 22 of the CERD depends on the determination of the following factors, namely:

(a) What is the subject-matter of the dispute between Qatar and the UAE?
(b) Does the dispute concern the interpretation or application of the CERD within the meaning of Article 22 of that Convention *or* do Qatar's claims actually fall outside the scope of the CERD by virtue of the exceptions contemplated in Article 1, paragraphs 2 or 3?
(c) If so, did Qatar comply with the procedural requirements stipulated in Article 22 of CERD or alternatively did the Parties agree to another mode of settling their dispute, before seising the Court?
(d) Lastly, are the claims of Qatar admissible?

I will briefly examine each of these in turn, starting with the first.

A. *The Subject-Matter of the Dispute between Qatar and the UAE*

11. Article 40, paragraph 1, of the Statute of the Court, and Article 38, paragraph 1, of the Rules of Court require an applicant to indicate the "subject of the dispute" and to specify the "precise nature of the claim"[6]. Furthermore, it is for the Court itself to determine, on an objective basis, the subject-matter of the dispute, isolating the real issue in the case and identifying the object of the claim[7]. The Court does this by examining the dispute as formulated in the application, including the basis that the applicant identifies as the basis of jurisdiction, as well as the written and oral pleadings of the parties[8].

---

[6] *Obligation to Negotiate Access to the Pacific Ocean (Bolivia v. Chile), Preliminary Objection, Judgment, I.C.J. Reports 2015 (II)*, p. 602, para. 25; *Application of the International Convention for the Suppression of the Financing of Terrorism and of the International Convention on the Elimination of All Forms of Racial Discrimination (Ukraine v. Russian Federation), Preliminary Objections, Judgment, I.C.J. Reports 2019 (II)*, p. 575, para. 24.
[7] *Obligation to Negotiate Access to the Pacific Ocean (Bolivia v. Chile), Preliminary Objection, Judgment, I.C.J. Reports 2015 (II)*, p. 602, para. 26.
[8] See *ibid.*, pp. 602-603, para. 26: "the Court bases itself . . . on the application, as well as the written and oral pleadings of the parties. In particular, it takes account of the facts that the Applicant identifies as the basis for its claim (see *Nuclear Tests (Australia v. France), Judgment, I.C.J. Reports 1974*, p. 263, para. 30; *Nuclear Tests (New Zealand v. France), Judgment, I.C.J. Reports 1974*, p. 467, para. 31; *Fisheries Jurisdiction (Spain v. Canada), Jurisdiction of the Court, Judgment, I.C.J. Reports 1998*, p. 449, para. 31; pp. 449-450, para. 33)."

de toute partie au différend, devant la Cour internationale de Justice pour qu'elle statue à son sujet, *à moins que* les parties au différend ne conviennent d'*un autre mode de règlement.*» (Les italiques sont de moi.)

10. A la lumière des exposés écrits et oraux des Parties, la Cour, pour déterminer si elle a ou non compétence *ratione materiae* pour connaître des demandes du Qatar en vertu de l'article 22 de la CIEDR, doit tenir compte des facteurs suivants:

a) Quel est l'objet du différend entre le Qatar et les Emirats arabes unis?

b) Le différend concerne-t-il l'interprétation ou l'application de la CIEDR au sens de l'article 22 *ou* les demandes du Qatar sortent-elles du champ d'application de la convention par le jeu des exceptions prévues aux paragraphes 2 et 3 de l'article premier?

c) Si tel est le cas, le Qatar s'est-il conformé aux exigences procédurales visées à l'article 22 ou, subsidiairement, les Parties ont-elles convenu d'un autre mode de règlement de leur différend avant de saisir la Cour?

d) Enfin, les demandes du Qatar sont-elles recevables?

J'examinerai brièvement ces points l'un après l'autre, en commençant par le premier.

A. *Objet du différend entre le Qatar et les Emirats arabes unis*

11. Aux termes du paragraphe 1 de l'article 40 du Statut de la Cour et du paragraphe 1 de l'article 38 de son Règlement, le demandeur est tenu d'indiquer dans sa requête l'«objet du différend» et de spécifier la «nature précise de la demande»[6]. En outre, la Cour doit elle-même définir, sur une base objective, l'objet du différend, en circonscrivant le véritable problème en cause et en précisant l'objet de la demande[7]. A cet effet, la Cour examine le différend tel qu'il est formulé dans la requête, y compris le chef de compétence invoqué par le demandeur, ainsi que les exposés écrits et oraux des parties[8].

---

[6] *Obligation de négocier un accès à l'océan Pacifique (Bolivie c. Chili), exception préliminaire, arrêt, C.I.J. Recueil 2015 (II)*, p. 602, par. 25; *Application de la convention internationale pour la répression du financement du terrorisme et de la convention internationale sur l'élimination de toutes les formes de discrimination raciale (Ukraine c. Fédération de Russie), exceptions préliminaires, arrêt, C.I.J. Recueil 2019 (II)*, p. 575, par. 24.

[7] *Obligation de négocier un accès à l'océan Pacifique (Bolivie c. Chili), exception préliminaire, arrêt, C.I.J. Recueil 2015 (II)*, p. 602, par. 26.

[8] Voir *ibid.*, p. 602-603, par. 26: «[L]a Cour se fonde sur la requête, ainsi que sur les exposés écrits et oraux des parties. Elle tient notamment compte des faits que le demandeur invoque à l'appui de sa demande (voir *Essais nucléaires (Australie c. France), arrêt, C.I.J. Recueil 1974*, p. 263, par. 30; *Essais nucléaires (Nouvelle-Zélande c. France), arrêt, C.I.J. Recueil 1974*, p. 467, par. 31; *Compétence en matière de pêcheries (Espagne c. Canada), compétence de la Cour, arrêt, C.I.J. Recueil 1998*, p. 449, par. 31; p. 449-450, par. 33).»

12. Taking into account the dispute as formulated in Qatar's Application, the object of Qatar's claims, the jurisdictional basis upon which those claims are based, and the written and oral pleadings of the Parties, the subject-matter of the dispute is whether the UAE by taking the measures that it did on 5 June 2017 and subsequently, against Qatar and Qataris, violated its obligations under the CERD.

B. Whether the Dispute Falls within the Scope Ratione Materiae *of the CERD*

13. In order to determine whether or not the dispute in the present case concerns the interpretation or application of the CERD, the Court must determine whether the acts complained of by Qatar (namely, the measures taken by the UAE on 5 June 2017 against Qataris living in the UAE) fall within the scope *ratione materiae* of Article 1, paragraph 1, of the CERD; *or alternatively*, whether those acts fall outside the scope of the CERD by virtue of the exceptions stipulated in Article 1 paragraphs 2 or 3, as argued by the UAE.

14. The Court has stated in *Oil Platforms*[9] and in *Certain Iranian Assets*[10] that, in order to determine the Court's jurisdiction *ratione materiae* under a jurisdictional clause concerning disputes relating to the interpretation or application of a treaty, it is necessary to ascertain whether the acts of which the applicant complains "fall within the provisions" of the treaty containing the clause. At the jurisdictional stage of the proceedings, a detailed examination by the Court of the alleged wrongful acts of the respondent or of the plausibility of the applicant's claims is not warranted. The Court's task, as reflected in Article 79 of the Rules of Court, is to consider the questions of law and fact that are relevant to the objection to its jurisdiction[11].

15. In the present case, the Court has already stated in its provisional measures Order of 23 July 2018 that:

"27. In the Court's view, the acts referred to by Qatar, in particular the statement of 5 June 2017 — which allegedly targeted Qataris on the basis of their national origin — whereby the UAE announced that Qataris were to leave its territory within 14 days and that they would

---

[9] *Oil Platforms (Islamic Republic of Iran* v. *United States of America), Preliminary Objection, Judgment, I.C.J. Reports 1996 (II)*, pp. 809-810, para. 16.

[10] *Certain Iranian Assets (Islamic Republic of Iran* v. *United States of America), Preliminary Objections, Judgment, I.C.J. Reports 2019 (I)*, p. 23, para. 36.

[11] *Application of the International Convention for the Suppression of the Financing of Terrorism and of the International Convention on the Elimination of All Forms of Racial Discrimination (Ukraine* v. *Russian Federation), Preliminary Objections, Judgment, I.C.J. Reports 2019 (II)*, p. 584, paras. 57-58.

12. Vu le différend tel qu'il est formulé dans la requête, l'objet des demandes du Qatar, le chef de compétence sur lequel celles-ci reposent, ainsi que les exposés écrits et oraux des Parties, l'objet du différend réside dans la question de savoir si les Emirats arabes unis, par les mesures qu'ils ont prises le 5 juin 2017 et ultérieurement contre le Qatar et les Qatariens, ont manqué aux obligations que leur impose la CIEDR.

B. Le différend entre-t-il dans le champ d'application ratione materiae de la CIEDR?

13. Pour pouvoir se prononcer sur la question de savoir si le différend en l'espèce concerne ou non l'interprétation ou l'application de la CIEDR, la Cour devait déterminer si les actes dont le Qatar tire grief (à savoir les mesures mises en place par les Emirats arabes unis le 5 juin 2017 à l'encontre des Qatariens résidant aux Emirats arabes unis) entrent dans le champ d'application *ratione materiae* du paragraphe 1 de l'article premier de la CIEDR; *ou, subsidiairement*, si ces actes sortent du champ d'application de la CIEDR par le jeu des exceptions prévues aux paragraphes 2 et 3 de l'article premier, comme le soutiennent les Emirats arabes unis.

14. La Cour a déclaré, dans l'affaire des *Plates-formes pétrolières*[9] et dans celle relative à *Certains actifs iraniens*[10], que, pour déterminer si elle a compétence *ratione materiae* au titre d'une clause compromissoire visant les différends concernant l'interprétation ou l'application d'un traité, il lui faut rechercher si les actes dont le demandeur tire grief «entrent dans les prévisions» du traité contenant la clause. Au stade de la compétence, un examen approfondi, par la Cour, des actes illicites reprochés au défendeur ou de la plausibilité des griefs du demandeur ne se justifie pas. La tâche de la Cour, telle que définie à l'article 79 de son Règlement, est d'examiner les points de droit et de fait pertinents au regard de l'exception d'incompétence soulevée[11].

15. En l'espèce, la Cour s'est déjà prononcée dans son ordonnance en indication de mesures conservatoires dans les termes suivants:

«27. De l'avis de la Cour, les actes dont le Qatar fait état, en particulier l'annonce par les Emirats arabes unis, aux termes de la déclaration du 5 juin 2017 — qui aurait ciblé les Qatariens au motif de leur origine nationale —, selon laquelle les Qatariens devaient quitter

---

[9] *Plates-formes pétrolières (République islamique d'Iran c. Etats-Unis d'Amérique), exception préliminaire, arrêt, C.I.J. Recueil 1996 (II)*, p. 809-810, par. 16.

[10] *Certains actifs iraniens (République islamique d'Iran c. Etats-Unis d'Amérique), exceptions préliminaires, arrêt, C.I.J. Recueil 2019 (I)*, p. 23, par. 36.

[11] *Application de la convention internationale pour la répression du financement du terrorisme et de la convention internationale sur l'élimination de toutes les formes de discrimination raciale (Ukraine c. Fédération de Russie), exceptions préliminaires, arrêt, C.I.J. Recueil 2019 (II)*, p. 584, par. 57-58.

be prevented from entry, and the alleged restrictions that ensued, including upon their right to marriage and choice of spouse, to education as well as to medical care and to equal treatment before tribunals, are capable of falling within the scope of CERD *ratione materiae*. The Court considers that, while the Parties differ on the question whether the expression 'national . . . origin' mentioned in Article 1, paragraph 1, of CERD encompasses discrimination based on the 'present nationality' of the individual, the Court need not decide at this stage of the proceedings, in view of what is stated above, which of these diverging interpretations of the Convention is the correct one.

28. The Court finds that the above-mentioned elements are sufficient at this stage to establish the existence of a dispute between the Parties concerning the interpretation or application of CERD."[12]

At this stage, I see no reason for the Court to depart from its earlier position.

C. Alternatively, whether Qatar's Claims Fall outside the Scope of the CERD by Virtue of the Exceptions Contemplated in Article 1, Paragraphs 2 or 3

16. Article 1 (1) of the CERD defines "racial discrimination" to mean:

"any distinction, exclusion, restriction or preference based on race, colour, descent, or *national* or ethnic *origin* which has the purpose or effect of nullifying or impairing the recognition, enjoyment or exercise, on an equal footing, of human rights and fundamental freedoms in the political, economic, social, cultural or any other field of public life" (emphasis added).

17. Article 1 (2) of the CERD provides that the Convention:

"shall not apply to distinctions, exclusions, restrictions or preferences made by a State Party to this Convention between citizens and non-citizens".

18. Article 1 (3) of the CERD provides that:

"Nothing in this Convention may be interpreted as affecting in any way the legal provisions of States Parties concerning nationality,

---

[12] *Application of the International Convention on the Elimination of All Forms of Racial Discrimination (Qatar v. United Arab Emirates), Provisional Measures, Order of 23 July 2018, I.C.J. Reports 2018 (II)*, p. 417, paras. 27-28.

le territoire dans un délai de 14 jours avec interdiction d'y revenir, et les restrictions présumées qui s'en sont suivies, notamment l'entrave à l'exercice de leur droit de se marier et de choisir leur conjoint, leur droit à l'éducation, leur droit aux soins médicaux et leur droit à un traitement égal devant les tribunaux, sont susceptibles d'entrer dans le champ d'application *ratione materiae* de la CIEDR. La Cour considère que, si les Parties s'opposent sur le point de savoir si la discrimination fondée sur l'«origine nationale», telle que visée au paragraphe 1 de l'article premier de la CIEDR, englobe la discrimination fondée sur la «nationalité actuelle» des intéressés, point n'est besoin, au vu de ce qui précède, qu'elle décide à ce stade de la procédure laquelle de ces interprétations divergentes de la convention est correcte.

28. La Cour conclut que les éléments susmentionnés suffisent, à ce stade, à établir l'existence entre les Parties d'un différend touchant l'interprétation ou l'application de la CIEDR.»[12]

Je ne vois aucune raison, au stade actuel de la procédure, qui justifie que la Cour s'écarte de sa position antérieure.

C. Subsidiairement, les demandes du Qatar sortent-elles du champ d'application de la CIEDR par le jeu des exceptions énoncées aux paragraphes 2 ou 3 de l'article premier?

16. Le paragraphe 1 de l'article premier de la convention définit la «discrimination raciale» comme:

«toute distinction, exclusion, restriction ou préférence fondée sur la race, la couleur, l'ascendance ou l'*origine nationale* ou ethnique, qui a pour but ou pour effet de détruire ou de compromettre la reconnaissance, la jouissance ou l'exercice, dans des conditions d'égalité, des droits de l'homme et des libertés fondamentales dans les domaines politique, économique, social et culturel ou dans tout autre domaine de la vie publique» (les italiques sont de moi).

17. Le paragraphe 2 de l'article premier dispose que la CIEDR

«ne s'applique pas aux distinctions, exclusions, restrictions ou préférences établies par un Etat partie à la Convention selon qu'il s'agit de ses ressortissants ou de non-ressortissants».

18. Le paragraphe 3 de l'article premier prévoit que

«[a]ucune disposition de la présente Convention ne peut être interprétée comme affectant de quelque manière que ce soit les disposi-

---

[12] *Application de la convention internationale sur l'élimination de toutes les formes de discrimination raciale (Qatar c. Emirats arabes unis), mesures conservatoires, ordonnance du 23 juillet 2018, C.I.J. Recueil 2018 (II)*, p. 417, par. 27 et 28.

citizenship or naturalization, provided that such provisions do not discriminate against any particular nationality."

19. The Court has stated in *Ukraine* v. *Russia* that in order to determine whether it has jurisdiction *ratione materiae* under the CERD, it does not need to satisfy itself that the measures of which the applicant complains actually constitute "racial discrimination" within the meaning of Article 1, paragraph 1, of the CERD; nor does the Court need to establish if and to what extent, certain acts may be covered by Article 1, paragraphs 2 and 3, of the CERD. Both determinations concern issues of fact, largely depending on evidence regarding the purpose or effect of the measures alleged by the applicant, and are thus properly a matter for the merits, should the case proceed to that stage. At the current stage of the proceedings, the Court only needs to ascertain whether the measures complained of by Qatar target a protected group on the basis of national or ethnic origin and whether those measures are capable of negatively affecting the enjoyment of rights protected under the Convention[13].

20. In the present case, Qatar maintains that Qataris are a protected people of a distinct historical-cultural national origin and has submitted expert evidence to support this contention, which the UAE has not rebutted[14]. Qatar further maintains that the measures taken by the Respondent against its nationals "had the purpose and effect" of racial discrimination of Qatari nationals within the meaning of Article 1, paragraph 1, of the CERD. This evidence should, of course, be examined and verified on the merits, rather than at this jurisdictional stage of the proceedings. In my view, there is a thin line between "Qatari national origin" and "Qatari nationality or citizenship" and this line is particularly blurred by the circumstances of the case. As earlier stated, the question of whether or not the measures taken by the UAE against Qatar and Qataris on 5 June 2017 had "the purpose or effect of racial discrimination" within the meaning of Article 1, paragraph 1, of the CERD, is a delicate and complex one that can only be determined after a detailed examination of the evidence and arguments of the Parties during the merits stage. In the present Judgment, the majority simply carried out an academic discussion of the terms "current nationality" and "national origin" but has clearly not examined the detailed evidence adduced by the Applicant in support

---

[13] *Application of the International Convention for the Suppression of the Financing of Terrorism and of the International Convention on the Elimination of All Forms of Racial Discrimination (Ukraine* v. *Russian Federation), Preliminary Objections, Judgment, I.C.J. Reports 2019 (II)*, p. 595, paras. 94-95.
[14] Memorial of Qatar, Vol. I, pp. 131-134, paras. 3.96-3.100 and Vol. VI, Ann. 162, Expert Report of Dr. J. E. Peterson of 9 April 2019, in which he documents the Qataris as "a distinct people, as a group of individuals who belong to a long-standing historical-cultural community defined by a distinct heritage, particular family or tribal affiliations, shared national traditions and culture, and geographic ties to the peninsular of Qatar".

tions législatives des Etats parties à la Convention concernant la nationalité, la citoyenneté ou la naturalisation, à condition que ces dispositions ne soient pas discriminatoires à l'égard d'une nationalité particulière ».

19. La Cour a dit, en l'affaire *Ukraine c. Fédération de Russie*, qu'aux fins de déterminer si elle a compétence *ratione materiae* au titre de la CIEDR, elle n'a pas besoin de s'assurer que les mesures dont le demandeur tire grief constituent effectivement une « discrimination raciale » au sens du paragraphe 1 de l'article premier de la convention ; elle n'a pas non plus à établir si, et dans quelle mesure, certains actes pourraient être couverts par les paragraphes 2 et 3 du même article. Ces deux questions portent sur des points de fait, largement tributaires des éléments de preuve relatifs au but ou à l'effet des mesures alléguées par le demandeur, et relèvent donc de l'examen au fond, si l'affaire doit se poursuivre jusqu'à ce stade. Au stade actuel de la présente procédure, la Cour devait seulement déterminer si les mesures dont le Qatar tire grief ciblent un groupe protégé sur la base de l'origine nationale ou ethnique et si elles sont susceptibles de porter atteinte à la jouissance de droits protégés par la convention [13].

20. En la présente instance, le Qatar soutient que les Qatariens constituent un peuple protégé ayant une origine nationale historico-culturelle distincte et il a présenté des rapports d'experts à l'appui de cette affirmation, que les Emirats arabes unis n'ont pas réfutés [14]. Le Qatar fait également valoir que les mesures prises par le défendeur à l'encontre de ses ressortissants « ont eu pour but et pour effet » d'opérer une discrimination raciale à l'égard des nationaux qatariens au sens du paragraphe 1 de l'article premier de la CIEDR. De toute évidence, ces éléments de preuve devaient faire l'objet d'un examen et d'une vérification au fond, plutôt qu'au stade actuel de la procédure. Selon moi, la distinction est ténue entre « origine nationale qatarienne » et « nationalité ou citoyenneté qatarienne », et elle est rendue particulièrement floue par les circonstances de l'espèce. Comme il a été dit précédemment, la question de savoir si les mesures prises par les Emirats arabes unis contre le Qatar et les Qatariens le 5 juin 2017 avaient ou non « pour but ou pour effet d'opérer une discrimination raciale » au sens du paragraphe 1 de l'article premier de la CIEDR est délicate et complexe, et ne peut être tranchée qu'après un examen minutieux des éléments de preuve et des arguments avancés par les Parties, au stade du fond. Dans le présent arrêt, la majorité s'est bor-

---

[13] *Application de la convention internationale pour la répression du financement du terrorisme et de la convention internationale sur l'élimination de toutes les formes de discrimination raciale (Ukraine c. Fédération de Russie), exceptions préliminaires, arrêt, C.I.J. Recueil 2019 (II)*, p. 595, par. 94 et 95.
[14] Mémoire du Qatar, vol. I, p. 131-134, par. 3.96-3.100, et vol. VI, annexe 162, rapport d'expert de M. J. E. Peterson en date du 9 avril 2019, contenant une description documentée des Qatariens, « peuple distinct ... groupe de personnes qui appartiennent à une communauté historico-culturelle existant de longue date, définie par un héritage distinct, des appartenances familiales ou tribales particulières, des traditions nationales et une culture partagées, et des liens géographiques avec la péninsule du Qatar ».

of its claim of "indirect discrimination" before reaching the conclusion in paragraphs 113 and 114 of the Judgment.

21. At an earlier stage of these proceedings, the Court, when examining the plausibility of the rights claimed by Qatar, noted that:

> "on the basis of the evidence presented to it by the Parties, . . . the measures adopted by the UAE on 5 June 2017 appear to have targeted only Qataris and not other non-citizens residing in the UAE. Furthermore, the measures were directed to all Qataris residing in the UAE, regardless of individual circumstances. Therefore, it appears that some of the acts of which Qatar complains may constitute acts of racial discrimination as defined by the Convention. Consequently, the Court finds that at least some of the rights asserted by Qatar under Article 5 of CERD are plausible. This is the case, for example, with respect to the alleged racial discrimination in the enjoyment of rights such as the right to marriage and to choice of spouse, the right to education, as well as freedom of movement, and access to justice." [15]

22. At this jurisdictional stage of the proceedings, I see no reason to depart from the Court's earlier finding that at least some of the acts of which Qatar complains are capable of constituting acts of racial discrimination as defined by the Convention. Qatar's claims therefore fall within the scope *ratione materiae* of CERD. In this regard, I am of the considered view that the approach of the majority whereby the jurisdiction *ratione materiae* of the Court turns on a theoretical definition or analysis of the term "national origin" without taking into account the facts and evidence adduced by Qatar in support of its claims (see paragraphs 75 to 105) is not in the interests of justice. Similarly, the issues discussed in paragraphs 109 to 110 pertaining to the measures that Qatar characterizes as "indirect discrimination" are issues that should have been properly examined during the merits stage in light of the facts, evidence and arguments of the Parties, before drawing the conclusion that these claims fall outside the scope *ratione materiae* of the Court's jurisdiction.

23. Regarding the UAE's preliminary objection based on its argument that Qatar's claims fall under the exceptions stipulated under Article 1 (2)

---

[15] *Application of the International Convention on the Elimination of All Forms of Racial Discrimination (Qatar v. United Arab Emirates), Provisional Measures, Order of 23 July 2018, I.C.J. Reports 2018 (II)*, p. 427, para. 54.

née à mener un débat académique sur les termes «nationalité actuelle» et «origine nationale» et n'a manifestement pas examiné les éléments de preuve détaillés produits par le demandeur à l'appui de son grief de «discrimination indirecte» avant de parvenir à la conclusion énoncée aux paragraphes 113 et 114.

21. A un stade antérieur de la procédure, alors qu'elle examinait la plausibilité des droits revendiqués par le Qatar, la Cour avait noté ce qui suit:

> «au vu des éléments de preuve que les Parties ont produits ... les mesures adoptées par les Emirats arabes unis le 5 juin 2017 visaient uniquement les Qatariens et non les autres non-ressortissants résidant sur le territoire des Emirats arabes unis. [La Cour] observe également que ces mesures étaient dirigées à l'encontre de tous les Qatariens résidant aux Emirats arabes unis, sans considération de la situation individuelle des personnes concernées. Il appert donc que certains des actes dont le Qatar tire grief peuvent constituer des actes de discrimination raciale au sens de la convention. En conséquence, la Cour conclut qu'au moins certains des droits revendiqués par le Qatar au titre de l'article 5 de la CIEDR sont plausibles. Tel est le cas, par exemple, s'agissant de la discrimination raciale prétendument subie dans l'exercice de droits tels que le droit de se marier et de choisir son conjoint, le droit à l'éducation, ainsi que le droit à la liberté de circulation et le droit d'accès à la justice.»[15]

22. Au stade actuel de la compétence, je ne vois aucune raison de s'écarter de la conclusion antérieure de la Cour, selon laquelle au moins certains des actes dont le Qatar tire grief sont susceptibles de constituer des actes de discrimination raciale au sens de la CIEDR. Les demandes du Qatar entrent donc dans le champ d'application *ratione materiae* de la convention. A cet égard, je suis d'avis, après mûre réflexion, que l'approche adoptée par la majorité, qui revient à subordonner la compétence *ratione materiae* de la Cour à une définition ou à une analyse théorique de l'expression «origine nationale» sans prendre en considération les faits et éléments de preuve présentés par le Qatar pour étayer ses demandes (voir les paragraphes 71 à 105), ne sert pas les intérêts de la justice. De la même façon, les questions examinées aux paragraphes 109 et 110 concernant les mesures que le Qatar qualifie de «discrimination indirecte» sont des questions qu'il convenait d'examiner au stade du fond, à la lumière des faits, des éléments de preuve et des arguments des Parties, avant de pouvoir conclure que les demandes du Qatar excèdent la portée *ratione materiae* de la compétence de la Cour.

23. Pour ce qui concerne l'exception préliminaire soulevée par les Emirats arabes unis au motif que les griefs du Qatar relèvent des exceptions

---

[15] *Application de la convention internationale sur l'élimination de toutes les formes de discrimination raciale (Qatar c. Emirats arabes unis), mesures conservatoires, ordonnance du 23 juillet 2018, C.I.J. Recueil 2018 (II)*, p. 427, par. 54.

and therefore outside the scope *ratione materiae* of the CERD, I am of the considered view that this objection does not possess an exclusively preliminary character and can only be properly determined after a detailed examination of the evidence during the merits stage.

24. This brings me to the second preliminary objection of the UAE, namely that Qatar did not fulfil the procedural requirements of Article 22 of the CERD before seising the Court.

D. *Whether Qatar Fulfilled the Procedural Requirements of Article 22 of the CERD or, Alternatively, whether the Parties Agreed to another Mode of Settling Their Dispute, before Seising the Court*

25. In order to answer this question, the Court must address whether Qatar satisfied one of the procedural requirements stipulated in Article 22 before seising the Court. *Alternatively*, in the event that Qatar chose more than one mode of dispute settlement (namely, negotiations, CERD procedures and judicial settlement), the Court must determine whether the Applicant is obliged to exhaust negotiations and the CERD procedures before seising the Court.

26. Both Parties agree that the Court's jurisdiction pursuant to Article 22 of the CERD is limited to disputes *"not settled by negotiation or by the procedures expressly provided for in [the] Convention"*. The Parties also agree that they have not agreed to *"another mode of [dispute] settlement"*. It is settled jurisprudence in *Ukraine* v. *Russia* that the preconditions referred to in Article 22 are in the alternative and are not cumulative[16]. The Court in that case stated as follows:

> "110. The Court therefore considers that 'negotiation' and the 'procedures expressly provided for in [the] Convention' are two means to achieve the same objective, namely to settle a dispute by agreement. Both negotiation and the CERD Committee procedure rest on the States parties' willingness to seek an agreed settlement of their dispute. It follows that should negotiation and the CERD Committee procedure be considered cumulative, States would have to try to negotiate an agreed solution to their dispute and, after negotiation has not been successful, take the matter before the CERD Committee for further negotiation, again in order to reach an agreed solution. The

---

[16] *Application of the International Convention for the Suppression of the Financing of Terrorism and of the International Convention on the Elimination of All Forms of Racial Discrimination (Ukraine* v. *Russian Federation), Preliminary Objections, Judgment, I.C.J. Reports 2019 (II)*, pp. 599-600, paras. 110-113.

prévues au paragraphe 2 de l'article premier et qu'ils n'entrent donc pas dans le champ d'application *ratione materiae* de la CIEDR, ma position mûrement réfléchie est par conséquent que cette exception n'a pas un caractère exclusivement préliminaire et qu'elle ne peut être dûment tranchée qu'après un examen détaillé des éléments de preuve au stade du fond.

24. J'en viens maintenant à la deuxième exception préliminaire soulevée par les Emirats arabes unis, à savoir que le Qatar n'a pas satisfait aux exigences procédurales prévues par l'article 22 de la CIEDR avant de saisir la Cour.

D. Le Qatar s'est-il conformé aux exigences procédurales de l'article 22 de la CIEDR ou, subsidiairement, les Parties ont-elles convenu d'un autre mode de règlement de leur différend avant de le porter devant la Cour?

25. Afin de répondre à cette question, la Cour doit rechercher si le Qatar a satisfait à l'une des conditions procédurales énoncées à l'article 22 avant de saisir la Cour. *Subsidiairement*, dans l'éventualité où le Qatar aurait opté pour plusieurs modes de règlement (négociations, procédures prévues par la CIEDR et règlement judiciaire), la Cour doit déterminer si, préalablement à sa saisine, le demandeur était tenu d'épuiser les voies de négociation et les procédures prévues par la CIEDR.

26. Les deux Parties admettent que la compétence conférée à la Cour par l'article 22 de la CIEDR se limite aux différends «qui n'aur[ont] pas été réglé[s] par voie de négociation ou au moyen des procédures expressément prévues par ladite Convention». Elles reconnaissent également n'avoir pas convenu d'«un autre mode de règlement». Selon la jurisprudence établie par l'affaire *Ukraine c. Fédération de Russie*, les conditions préalables énoncées à l'article 22 forment une alternative et ne sont pas cumulatives[16]. Dans cette instance-là, la Cour s'était prononcée en ces termes:

> «110. La Cour estime dès lors que la «négociation» et les «procédures expressément prévues par [la] Convention» constituent deux moyens de parvenir au même objectif, à savoir le règlement d'un différend par voie d'accord. La négociation et la procédure sous les auspices du Comité reposent l'une et l'autre sur la volonté des Etats parties de rechercher un accord pour régler leur différend. Il s'ensuit que, si elles devaient être tenues pour des conditions cumulatives, les Etats devraient tenter de négocier en vue de convenir d'un règlement de leur différend puis, après l'échec de leurs négociations, porter la question devant le Comité en vue d'engager une nouvelle négociation

---

[16] *Application de la convention internationale pour la répression du financement du terrorisme et de la convention internationale sur l'élimination de toutes les formes de discrimination raciale (Ukraine c. Fédération de Russie), exceptions préliminaires, arrêt, C.I.J. Recueil 2019 (II)*, p. 599-600, par. 110-113.

Court considers that the context of Article 22 of CERD does not support this interpretation. In the view of the Court, the context of Article 22 rather indicates that it would not be reasonable to require States parties which have already failed to reach an agreed settlement through negotiations to engage in an additional set of negotiations in accordance with the modalities set out in Articles 11 to 13 of CERD.

111. The Court considers that Article 22 of CERD must also be interpreted in light of the object and purpose of the Convention. Article 2, paragraph 1, of CERD provides that States parties to CERD undertake to eliminate racial discrimination 'without delay'. Articles 4 and 7 provide that States parties undertake to eradicate incitement to racial discrimination and to combat prejudices leading to racial discrimination by adopting 'immediate and positive measures' and 'immediate and effective measures' respectively. The preamble to CERD further emphasizes the States' resolve to adopt all measures for eliminating racial discrimination 'speedily'. The Court considers that these provisions show the States parties' aim to eradicate all forms of racial discrimination effectively and promptly. In the Court's view, the achievement of such aims could be rendered more difficult if the procedural preconditions under Article 22 were cumulative.

112. The Court notes that both Parties rely on the *travaux préparatoires* of CERD in support of their respective arguments concerning the alternative or cumulative character of the procedural preconditions under Article 22 of the Convention. Since the alternative character of the procedural preconditions is sufficiently clear from an interpretation of the ordinary meaning of the terms of Article 22 in their context, and in light of the object and purpose of the Convention, the Court is of the view that there is no need for it to examine the *travaux préparatoires* of CERD.

113. The Court concludes that Article 22 of CERD imposes alternative preconditions to the Court's jurisdiction. Since the dispute between the Parties was not referred to the CERD Committee, the Court will only examine whether the Parties attempted to negotiate a settlement to their dispute."

27. In the present case, the Parties did pursue the procedures before the CERD Committee and the Conciliation Commission pursuant to Articles 11 to 13 of the CERD. The question is therefore whether Qatar should have exhausted the preconditions of bilateral negotiations and of conciliation before the CERD Committee, before resorting to judicial settlement.

28. It will also be recalled that Qatar founded the Court's jurisdiction on the basis of the failed bilateral negotiations envisaged under Article 22, rather than on the exhaustion of the CERD procedures initiated by Qatar

visant, là encore, à convenir d'un règlement. La Cour estime que pareille interprétation n'est pas étayée par le contexte de l'article 22 de la CIEDR, dont il ressort plutôt qu'il ne serait pas raisonnable d'imposer aux Etats parties ayant déjà échoué dans leur tentative de règlement par voie de négociation d'engager une nouvelle série de négociations conformément aux modalités prévues aux articles 11 à 13 de la CIEDR.

111. La Cour estime que l'article 22 de la CIEDR doit également être interprété à la lumière de l'objet et du but de la convention. Au paragraphe 1 de l'article 2 de la CIEDR, les Etats parties s'engagent à éliminer la discrimination raciale «sans retard». Aux articles 4 et 7, ils s'engagent à éliminer toute incitation à la discrimination raciale et à lutter contre les préjugés conduisant à une telle discrimination en adoptant «immédiatement des mesures positives», selon la première de ces dispositions, et des «mesures immédiates et efficaces», aux termes de la seconde. Le préambule de la CIEDR met encore en exergue la détermination des Etats à prendre toutes les mesures néces- saires pour l'élimination «rapide» de la discrimination raciale. La Cour considère, au regard de ces dispositions, que les Etats parties avaient pour objectif d'éliminer effectivement et rapidement toutes les formes de discrimination raciale. Or un tel objectif pourrait, de l'avis de la Cour, être plus difficile à atteindre si les conditions procédurales préalables énoncées à l'article 22 étaient cumulatives.

112. La Cour relève que les deux Parties invoquent les travaux préparatoires de la CIEDR à l'appui de leurs arguments respectifs concernant le caractère alternatif ou cumulatif des conditions procé- durales préalables énoncées à l'article 22 de cet instrument. Le carac- tère alternatif des conditions procédurales préalables ressortant suffisamment clairement de l'interprétation du sens ordinaire des termes de l'article 22 lus dans leur contexte et à la lumière de l'objet et du but de la convention, la Cour est d'avis que point n'est besoin pour elle d'examiner les travaux préparatoires de la CIEDR.

113. La Cour conclut que l'article 22 de la CIEDR subordonne sa compétence au respect de conditions préalables de caractère alterna- tif. Le Comité de la CIEDR n'ayant pas été saisi du différend entre les Parties, la Cour recherchera seulement si celles-ci ont tenté d'en négocier le règlement.»

27. Dans la présente instance, les Parties ont bien engagé les procédures devant le Comité et la commission de conciliation prévues par les articles 11 et 13 de la CIEDR. La question est donc de savoir si le Qatar aurait d'abord dû épuiser, comme condition préalable, les voies des négo- ciations bilatérales et de la conciliation devant le Comité avant de recou- rir au règlement judiciaire.

28. Il est également rappelé que le Qatar a fondé la compétence de la Cour sur l'échec des négociations bilatérales visées à l'article 22, et non sur l'épuisement de la procédure prévue à l'article 11 qu'il a initiée le

on 8 March 2018[17] pursuant to Article 11. Regarding the precondition of bilateral negotiations, the Court has in the present case already found in its provisional measures Order of 23 July 2018 as follows:

> "37. The Court notes that it has not been challenged by the Parties that issues relating to the measures taken by the UAE in June 2017 have been raised by representatives of Qatar on several occasions in international fora, including at the United Nations, in the presence of representatives of the UAE. For example, during the thirty-seventh session of the United Nations Human Rights Council in February 2018, the Minister for Foreign Affairs of Qatar referred to 'the violations of human rights caused by the unjust blockade and the unilateral coercive measures imposed on [his] country that have been confirmed by the . . . report of the Office of the United Nations High Commissioner for Human Rights Technical Mission', while the UAE — along with Bahrain, Saudi Arabia and Egypt — issued a joint statement 'in response to [the] remarks' made by the Minister for Foreign Affairs of Qatar.

> 38. The Court further notes that, in a letter dated 25 April 2018 and addressed to the Minister of State for Foreign Affairs of the UAE, the Minister of State for Foreign Affairs of Qatar referred to the alleged violations of CERD arising from the measures taken by the UAE beginning on 5 June 2017 and stated that 'it [was] necessary to enter into negotiations in order to resolve these violations and the effects thereof within no more than two weeks'. The Court considers that the letter contained an offer by Qatar to negotiate with the UAE with regard to the latter's compliance with its substantive obligations under CERD. In light of the foregoing, and given the fact that the UAE did not respond to that formal invitation to negotiate, the Court is of the view that the issues raised in the present case had not been resolved by negotiations at the time of the filing of the Application."[18]

29. Qatar clearly satisfied the precondition of bilateral negotiation before seising the Court. In view of the above, the Court should determine whether in fact Qatar was obliged to exhaust the other procedures expressly provided for in the Convention before seising the Court.

---

[17] On 8 March 2018, Qatar filed a communication with the CERD Committee requesting that the UAE take all necessary steps to end the measures enacted and implemented since 5 June 2017 (see paragraph 31 of the Judgment).

[18] *Application of the International Convention on the Elimination of All Forms of Racial Discrimination (Qatar v. United Arab Emirates), Provisional Measures, Order of 23 July 2018, I.C.J. Reports 2018 (II)*, p. 420, paras. 37-38.

8 mars 2018[17]. Pour ce qui est de la condition de négociations bilatérales préalables, la Cour a, en l'espèce, déjà conclu ce qui suit dans son ordonnance en indication de mesures conservatoires :

> « 37. La Cour note que les Parties n'ont pas contesté que des questions relatives aux mesures que les Emirats arabes unis ont prises au mois de juin 2017 ont été soulevées par des représentants du Qatar à plusieurs reprises dans des enceintes internationales, y compris l'Organisation des Nations Unies, en présence de représentants des Emirats arabes unis. Ainsi, au cours de la trente-septième session du Conseil des droits de l'homme des Nations Unies, en février 2018, le ministre qatarien des affaires étrangères s'est référé aux « violations des droits de l'homme causées par le blocus injuste et les mesures coercitives unilatérales imposées à [son] pays, qui ont été confirmées par le … rapport de la mission technique du Haut-Commissariat des Nations Unies aux droits de l'homme », et les Emirats arabes unis ont, de concert avec Bahreïn, l'Arabie saoudite et l'Egypte, publié une déclaration conjointe « en réponse aux observations » formulées par le ministre qatarien.
>
> 38. La Cour observe en outre que, dans une lettre datée du 25 avril 2018 et adressée au ministre d'Etat des affaires étrangères des Emirats arabes unis, le ministre d'Etat des affaires étrangères du Qatar, se référant aux violations alléguées résultant des mesures prises par les Emirats arabes unis à partir du 5 juin 2017, a déclaré qu'« il [était] nécessaire d'engager des négociations afin de mettre un terme à ces violations et à leurs effets dans un délai ne dépassant pas deux semaines ». Elle considère que cette lettre contenait une offre du Qatar de négocier avec les Emirats arabes unis au sujet du respect, par ces derniers, des obligations de fond que leur impose la CIEDR. Au vu de ce qui précède, et étant donné que le défendeur n'a pas répondu à cette invitation formelle de négocier, la Cour est d'avis que les questions soulevées en la présente espèce n'avaient pas pu être réglées par voie de négociation au moment du dépôt de la requête. »[18]

29. Il est clair que le Qatar a satisfait à la condition de négociations bilatérales préalables avant de saisir la Cour. Au vu de ce qui précède, la Cour devait déterminer si le Qatar avait effectivement l'obligation d'épuiser les autres procédures expressément prévues par la CIEDR.

---

[17] Le 8 mars 2018, le Qatar a soumis au Comité pour l'élimination de la discrimination raciale une communication par laquelle il demandait que les Emirats arabes unis prennent toutes les dispositions nécessaires pour mettre un terme aux mesures adoptées et appliquées depuis le 5 juin 2017 (voir le paragraphe 31 de l'arrêt).

[18] *Application de la convention internationale sur l'élimination de toutes les formes de discrimination raciale (Qatar c. Emirats arabes unis), mesures conservatoires, ordonnance du 23 juillet 2018, C.I.J. Recueil 2018 (II)*, p. 420, par. 37-38.

E. *Whether Qatar Was Obligated to Exhaust the Conciliation Commission Procedures before Seising the Court*

30. It is not disputed that Qatar referred its claims against the UAE to the CERD Committee before seising the Court. The CERD Committee in turn referred the Parties' dispute to the Conciliation Commission and to date the processes before that Commission are ongoing and have not been concluded. Both Parties claim that they are fully engaged in those processes "in good faith". Unlike the bilateral negotiations referred to in the earlier part of Article 22 of the CERD, the procedures before the Conciliation Commission are tripartite and conciliatory. In its oral arguments, the UAE maintained that Qatar was obligated to first exhaust the processes before the Conciliation Commission before seising the Court. Citing the principles of *lis pendens*[19] and *electa una via*[20], the UAE argues that there remains the possibility of the two processes (conciliation and judicial settlement) yielding contradictory outcomes, and that therefore Qatar should have waited "to determine whether or not the Conciliation Commission procedures had resulted in a settlement of the dispute" before pursuing judicial settlement[21].

31. The wording of Article 22 of the CERD does not expressly require a party to exhaust the CERD procedures before that party can unilaterally seise the Court. The wording of that Article cannot be compared, for example, to Article IV of the Pact of Bogotá, which provides that: "Once any pacific procedure had been initiated, whether by agreement between the parties or in fulfillment of the present Treaty or a previous pact, *no other procedure may be commenced until that procedure is concluded.*" (Emphasis added.)

32. Both Parties acknowledge that the CERD Committee and the proceedings before the Court have related but fundamentally distinct roles relating to resolving disputes between States parties to the CERD. The Committee's role is conciliatory and recommendatory, while that of the Court is legal and binding. Accordingly, there is nothing incompatible about Qatar pursuing the two procedures in parallel.

33. Furthermore, the Court stated in its provisional measures Order of 23 July 2018, regarding the second precondition of "*other procedures expressly provided for in the Convention*" as follows:

> "39. . . . . It is recalled that, according to Article 11 of the Convention, '[if] a State Party considers that another State Party is not giving

---

[19] Meaning "a doctrine under which one purchasing an interest in property involved in a pending suit does so subject to the adjudication of the rights of the parties to the suit".

[20] Meaning "he who has chosen one means of dispute settlement, cannot have recourse to another".

[21] CR 2020/6, pp. 53-67, paras. 1-32 (Forteau).

E. Le Qatar était-il tenu d'épuiser les procédures
devant la commission de conciliation avant de saisir la Cour?

30. Il n'est pas contesté que le Qatar a porté devant le Comité de la CIEDR, avant de les soumettre à la Cour, ses griefs à l'égard des Emirats arabes unis. Le Comité a, à son tour, renvoyé le différend opposant les Parties à la commission de conciliation et, à ce jour, cette procédure est toujours en cours. Les Parties affirment toutes deux qu'elles y participent pleinement et «de bonne foi». Contrairement aux négociations bilatérales auxquelles il est fait référence au début de l'article 22 de la CIEDR, les procédures devant la commission de conciliation sont tripartites et conciliatoires. Dans leurs plaidoiries, les Emirats arabes unis ont soutenu que le Qatar avait l'obligation d'épuiser d'abord les procédures devant la commission avant toute saisine de la Cour. Invoquant la litispendance[19] et le principe *electa una via*[20], ils ont fait valoir que la possibilité demeurait que les deux voies (conciliation et règlement judiciaire) débouchent sur des conclusions contradictoires et que, partant, le Qatar aurait dû attendre «de savoir si ces procédures [avaient] ou non permis de régler [l]e différend» avant de rechercher un règlement judiciaire[21].

31. Le texte de l'article 22 de la CIEDR ne requiert pas expressément qu'une partie ait épuisé les procédures prévues par la convention pour pouvoir saisir unilatéralement la Cour. Le libellé de cette disposition ne peut être comparé, par exemple, à l'article IV du pacte de Bogotá, qui dispose que, «[l]orsque l'une des procédures pacifiques [a] été entamée, soit en vertu d'un accord entre les parties, soit en exécution du présent Traité, ou d'un pacte antérieur, *il ne p[eut] être recouru à aucune autre avant l'épuisement de celle déjà entamée*» (les italiques sont de moi).

32. Les deux Parties reconnaissent que le Comité de la CIEDR et la procédure devant la Cour ont des rôles liés mais fondamentalement différents s'agissant de résoudre des différends entre des Etats parties à la convention. Le Comité œuvre à la conciliation et émet des recommandations, tandis que la Cour rend des décisions de nature juridique et contraignante. Par conséquent, ces deux procédures peuvent être suivies en parallèle par le Qatar sans être incompatibles.

33. En outre, dans son ordonnance en indication de mesures conservatoires, au sujet de la seconde condition ayant trait aux *«procédures expressément prévues par la convention»*, la Cour a déclaré ce qui suit:

«39. La Cour … rappelle que, aux termes de l'article 11 de cet instrument, «[s]i un Etat partie estime qu'un autre Etat également par-

---

[19] Principe qui veut que quiconque acquiert des intérêts dans un bien faisant l'objet d'une procédure judiciaire pendante le fait sous réserve de la décision qui sera rendue sur les droits des parties à la ladite procédure.

[20] Principe qui veut que quiconque a opté pour un mode donné de règlement d'un différend ne peut en utiliser un autre.

[21] CR 2020/6, p. 53-67, par. 1-32 (Forteau).

effect to the provisions of this Convention', the matter may be brought to the attention of the CERD Committee. The Court notes that Qatar deposited, on 8 March 2018, a communication with the CERD Committee under Article 11 of the Convention. It observes, *however, that Qatar does not rely on this communication for the purposes of showing prima facie jurisdiction in the present case.* Although the Parties disagree as to whether negotiations and recourse to the procedures referred to in Article 22 of CERD constitute alternative or cumulative preconditions to be fulfilled before the seisin of the Court, the Court is of the view that it need not make a pronouncement on the issue at this stage of the proceedings (see *Application of the International Convention for the Suppression of the Financing of Terrorism and of the International Convention on the Elimination of All Forms of Racial Discrimination (Ukraine* v. *Russian Federation), Provisional Measures, Order of 19 April 2017, I.C.J. Reports 2017*, pp. 125-126, para. 60). Nor does it consider it necessary, for the present purposes, to decide whether any *electa una via* principle or *lis pendens* exception are applicable in the present situation.

40. The Court thus finds, in view of all the foregoing, that the procedural preconditions under Article 22 of CERD for its seisin appear, at this stage, to have been complied with."[22] (Emphasis added.)

34. In my view therefore, Qatar was not obligated to exhaust the Conciliation Commission processes before seising the Court. I would therefore dismiss the second preliminary objection of the UAE. This brings me to the third preliminary objection of the UAE, namely whether Qatar's claims are inadmissible on grounds of alleged abuse of process by Qatar.

F. Whether Qatar's Claims Are Inadmissible on the Grounds that Qatar Has Committed Abuse of Process

35. During the oral proceedings the UAE abandoned its third preliminary objection pertaining to "abuse of process"[23]. However, according to the Court's well-established jurisprudence, a claim based upon a valid title of jurisdiction cannot be challenged on grounds of "abuse of process" unless the high threshold of "exceptional circumstances" has been met. In my view, Qatar's alleged abuse of process should not be easily assumed in the absence of clear proof of any exceptional circumstances

---

[22] *Application of the International Convention on the Elimination of All Forms of Racial Discrimination (Qatar* v. *United Arab Emirates), Provisional Measures, Order of 23 July 2018, I.C.J. Reports 2018 (II)*, pp. 420-421, paras. 39-40.
[23] Oral argument by Sir Daniel Bethlehem.

tie n'applique pas les dispositions de la présente convention », il peut appeler l'attention du Comité pour l'élimination de la discrimination raciale sur la question. La Cour note que le Qatar a, le 8 mars 2018, adressé au Comité une communication au titre de l'article 11 de la convention. Elle observe *toutefois que le demandeur ne se fonde pas sur cette communication aux fins de démontrer que la Cour a compétence* prima facie *en la présente espèce.* Quoique les Parties soient en désaccord sur le point de savoir si les négociations et le recours aux procédures visées à l'article 22 de la CIEDR constituent des conditions préalables alternatives ou cumulatives auxquelles il doit être satisfait avant toute saisine de la Cour, cette dernière est d'avis qu'elle n'a pas à se prononcer sur cette question à ce stade de la procédure (voir *Application de la convention internationale pour la répression du financement du terrorisme et de la convention internationale sur l'élimination de toutes les formes de discrimination raciale (Ukraine c. Fédération de Russie), mesures conservatoires, ordonnance du 19 avril 2017, C.I.J. Recueil 2017*, p. 125-126, par. 60). La Cour n'estime pas non plus nécessaire, aux fins du présent examen, de déterminer si un principe *electa una via* ou une exception de litispendance seraient applicables dans le cas d'espèce.

40. Au vu de l'ensemble des éléments exposés ci-dessus, la Cour estime que les conditions procédurales préalables à sa saisine énoncées à l'article 22 de la CIEDR apparaissent, à ce stade, avoir été remplies. »[22] (Les italiques sont de moi.)

34. J'estime par conséquent que le Qatar n'était pas tenu d'épuiser les procédures devant la commission de conciliation avant de saisir la Cour. J'aurais donc rejeté la deuxième exception préliminaire des Emirats arabes unis. Cela m'amène à la troisième exception préliminaire des Emirats arabes unis, autrement dit à la question de savoir si les demandes du Qatar sont irrecevables parce que celui-ci aurait commis un abus de procédure.

F. *Les demandes du Qatar sont-elles irrecevables pour abus de procédure ?*

35. A l'audience, les Emirats arabes unis ont renoncé à leur troisième exception préliminaire relative à un « abus de procédure »[23]. Quoi qu'il en soit, selon la jurisprudence bien établie de la Cour, une demande fondée sur un titre de compétence valable ne peut être contestée pour « abus de procédure » que dans des « circonstances exceptionnelles », ce qui est un critère exigeant. Selon moi, il ne faut pas présumer à la légère que le Qatar a commis un abus de procédure en l'absence d'éléments prouvant claire-

---

[22] *Application de la convention internationale sur l'élimination de toutes les formes de discrimination raciale (Qatar c. Emirats arabes unis), mesures conservatoires, ordonnance du 23 juillet 2018, C.I.J. Recueil 2018 (II)*, p. 420-421, par. 39-40.

[23] Plaidoirie de sir Daniel Bethlehem.

pointing to such abuse. Qatar's claims are admissible and the third preliminary objection should have been rejected.

IV. Conclusion

36. In conclusion, the first preliminary objection of the UAE does not possess an exclusively preliminary character and should be joined to the merits. The second and third preliminary objections of the UAE should be dismissed and the Court should find that it has jurisdiction and that Qatar's claims are admissible.

(Signed) Julia Sebutinde.

ment que des circonstances exceptionnelles permettent de conclure à un tel abus. Les demandes du Qatar sont recevables et la troisième exception préliminaire aurait dû être rejetée.

IV. Conclusion

36. En conclusion, la première exception préliminaire des Emirats arabes unis n'a pas un caractère exclusivement préliminaire et aurait dû être jointe au fond. La Cour aurait dû rejeter les deuxième et troisième exceptions préliminaires des Emirats arabes unis et conclure qu'elle a compétence et que les demandes du Qatar sont recevables.

(Signé) Julia Sebutinde.

DISSENTING OPINION OF JUDGE BHANDARI

The subject-matter of the dispute — Article 22 of CERD and the Court's jurisdiction ratione materiae — *Interpreting the term "national origin" contained in Article 1, paragraph 1, of CERD pursuant to the customary rules on treaty interpretation — The term "national origin" under Article 1, paragraph 1, of CERD encompasses current nationality — The provisions which form the context of Article 1, paragraph 1, of CERD in light of the object and purpose of CERD — The* travaux préparatoires *of CERD and the exclusion of amendments which had the effect of excluding nationality from the purview of "national origin" in Article 1, paragraph 1, of CERD — The CERD Committee and its General Recommendation XXX.*

1. Regrettably I disagree with the finding in the Judgment which upholds the first preliminary objection raised by the United Arab Emirates (hereinafter "UAE") and finds that the Court has no jurisdiction to entertain the Application filed by the State of Qatar (hereinafter "Qatar"). In my view, the discriminatory measures allegedly promulgated by the UAE against Qatar and Qatari nationals are capable of falling within the scope of the International Convention on the Elimination of All Forms of Racial Discrimination of 21 December 1965 (hereinafter "CERD" or the "Convention"). With great respect to the views expressed in the Judgment, I endeavour to explain the reasoning behind my decision not to concur with the majority.

A. Subject-Matter of the Dispute between Qatar and the UAE

2. The case of Qatar is based on a series of measures taken by the UAE against Qatar, Qatari nationals and individuals of Qatari national origin on 5 June 2017 and the days that followed[1]. These measures, which were accompanied by the severing of diplomatic relations with Qatar, fell within the following categories:

(a) requirement that all Qatari residents and visitors leave the UAE in 14 days, as well as a ban on Qatari nationals from entering the UAE. This was subsequently modified to a requirement of permission for entry of Qatari nationals into the UAE;

---

[1] Application of Qatar, p. 6, para. 3.

OPINION DISSIDENTE DE M. LE JUGE BHANDARI

[Traduction]

Objet du différend — Article 22 de la CIEDR et compétence ratione materiae *de la Cour — Interprétation de l'expression «origine nationale» figurant au paragraphe 1 de l'article premier de la CIEDR selon les règles coutumières d'interprétation des traités — Origine nationale au sens du paragraphe 1 de l'article premier de la CIEDR incluant la nationalité actuelle — Dispositions constituant le contexte du paragraphe 1 de l'article premier de la CIEDR à la lumière de l'objet et du but de cet instrument — Travaux préparatoires de la CIEDR et rejet d'amendements visant à exclure la nationalité de l'«origine nationale» au paragraphe 1 de l'article premier de la CIEDR — Comité de la CIEDR et sa recommandation générale XXX.*

1. J'ai le regret d'être en désaccord avec l'arrêt en ce qu'il retient la première exception préliminaire soulevée par les Emirats arabes unis et conclut que la Cour n'a pas compétence pour connaître de la requête déposée par l'Etat du Qatar (ci-après le «Qatar»). Selon moi, les mesures discriminatoires que le Qatar reproche aux Emirats arabes unis d'avoir prises contre les nationaux qatariens et lui-même sont susceptibles d'entrer dans les prévisions de la convention internationale du 21 décembre 1965 sur l'élimination de toutes les formes de discrimination raciale (ci-après la «CIEDR» ou la «convention»). Je vais essayer d'expliquer les raisons qui sous-tendent ma décision de ne pas me rallier aux vues de la majorité, pour lesquelles j'ai néanmoins le plus grand respect.

A. L'OBJET DU DIFFÉREND ENTRE LE QATAR ET LES ÉMIRATS ARABES UNIS

2. Le Qatar tire grief d'une série de mesures que les Emirats arabes unis ont prises à son égard, ainsi qu'à l'égard de ses nationaux et des personnes d'«origine nationale» qatarienne, le 5 juin 2017 et les jours suivants[1]. Ces mesures, accompagnées de la rupture des relations diplomatiques avec le Qatar, étaient de trois sortes:

a) Obligation pour tous les résidents et visiteurs qatariens de quitter les Emirats arabes unis dans un délai de 14 jours, et interdiction aux nationaux qatariens d'y entrer — par la suite modifiée en obligation, pour les nationaux qatariens, d'obtenir l'autorisation d'entrer aux Emirats arabes unis;

---

[1] Requête du Qatar, p. 7, par. 3.

(b) closure of land borders, airspace and seaports of the UAE to all Qatari nationals and Qatari means of transportation; and

(c) suppression of Qatari media outlets and speech deemed to support Qatar, and the enactment of measures "perpetuating, condoning, and encouraging anti-Qatari hate propaganda"[2].

3. It is recalled that the Court is to objectively determine the subject-matter of the dispute while giving particular attention to the formulation of the dispute chosen by the Applicant, identifying the object of those claims, and taking into consideration the written and oral pleadings of the Parties[3]. Accordingly, the disagreement between Qatar and the UAE, with respect to the UAE's alleged violation of obligations under CERD fall under three heads of claims which form the subject-matter of the dispute as follows:

(a) the first is the claim by Qatar that the "travel bans" and "expulsion order" by their express reference to Qatari nationals and Qatari residents and visitors discriminate against Qataris on the basis of their national origin;

(b) the second is the claim by Qatar arising out of the restrictions on Qatari media corporations; and

(c) the third is the claim by Qatar that, through these measures, the UAE has engaged in "indirect discrimination" against persons of Qatari national origin.

4. The jurisdiction of the Court in the present case is based on Article 22 of CERD. As per the test for jurisdiction *ratione materiae* laid down by the Court in its previous cases, the Court needs to determine whether it can be established that the "alleged violations . . . are capable of falling within the provisions of the [CERD] and whether, as a consequence . . . the dispute is one which the Court has jurisdiction to entertain"[4]. In order to invoke the Court's jurisdiction under Article 22 of CERD, the discriminatory measures allegedly promulgated by the UAE must fall within one of the prohibited categories of "racial discrim-

---

[2] Memorial of Qatar (MQ), Vol. I, para. 1.7.

[3] *Obligation to Negotiate Access to the Pacific Ocean (Bolivia v. Chile), Preliminary Objection, Judgment, I.C.J. Reports 2015 (II)*, p. 602, para. 26; *Nuclear Tests (Australia v. France), Judgment, I.C.J. Reports 1974*, p. 263, para. 30; *Nuclear Tests (New Zealand v. France), Judgment, I.C.J. Reports 1974*, p. 467, para. 31; *Fisheries Jurisdiction (Spain v. Canada), Jurisdiction of the Court, Judgment, I.C.J. Reports 1998*, p. 449, para. 31, and pp. 449-450, para. 33.

[4] *Immunities and Criminal Proceedings (Equatorial Guinea v. France), Preliminary Objections, Judgment, I.C.J. Reports 2018 (I)*, p. 308, para. 46, and p. 324, para. 106; *Oil Platforms (Islamic Republic of Iran v. United States of America), Preliminary Objection, Judgment, I.C.J. Reports 1996 (II)*, pp. 809-810, para. 16.

b) Fermeture des frontières terrestres, de l'espace aérien et des ports maritimes à tous les nationaux qatariens ainsi qu'aux moyens de transport qatariens; et

c) Blocage des médias qatariens et censure de toute expression présumée favorable au Qatar, et adoption de mesures «destinées à perpétuer, cautionner et encourager la propagande haineuse contre les Qatariens»[2].

3. Il est rappelé que la Cour doit définir objectivement ce sur quoi porte le différend, en accordant une attention particulière à la manière dont celui-ci est présenté par le demandeur, en précisant l'objet des griefs formulés par ce dernier, et en tenant compte des exposés écrits et oraux des Parties[3]. Il apparaît ainsi que le désaccord entre le Qatar et les Emirats arabes unis, s'agissant du manquement présumé de ces derniers aux obligations découlant de la CIEDR, concerne les trois chefs de demande suivants qui forment l'objet du différend:

a) Le premier est le grief que le Qatar tire du fait que les «interdictions d'entrée» et la «décision d'expulsion», en faisant expressément référence aux nationaux qatariens et aux résidents et visiteurs qatariens, constituent une discrimination à l'égard des Qatariens fondée sur leur origine nationale;

b) Le deuxième est le grief que le Qatar tire des restrictions visant les médias qatariens; et

c) Le troisième est le grief que le Qatar tire du fait que, par ces mesures, les Emirats arabes unis exercent une «discrimination indirecte» contre les personnes d'origine nationale qatarienne.

4. La compétence de la Cour dans la présente affaire est fondée sur l'article 22 de la CIEDR. Conformément au critère requis pour établir sa compétence *ratione materiae*, tel qu'elle l'a énoncé dans des affaires précédentes, la Cour doit rechercher s'il peut être établi que «les violations ... alléguées ... entrent ou non dans les prévisions [de la convention] et si, par suite, le différend est de ceux dont [elle] est compétente pour connaître»[4]. Pour que l'article 22 de la CIEDR trouve à s'appliquer en l'espèce, il faut que les mesures discriminatoires reprochées aux Emirats arabes unis relèvent de l'une des formes prohibées de «discrimination

---

[2] Mémoire du Qatar (MQ), vol. I, par. 1.7.

[3] *Obligation de négocier un accès à l'océan Pacifique (Bolivie c. Chili), exception préliminaire, arrêt, C.I.J. Recueil 2015 (II)*, p. 602, par. 26; *Essais nucléaires (Australie c. France), arrêt, C.I.J. Recueil 1974*, p. 263, par. 30; *Essais nucléaires (Nouvelle-Zélande c. France), arrêt, C.I.J. Recueil 1974*, p. 467, par. 31; *Compétence en matière de pêcheries (Espagne c. Canada), compétence de la Cour, arrêt, C.I.J. Recueil 1998*, p. 449, par. 31, et p. 449-450, par. 33.

[4] *Immunités et procédures pénales (Guinée équatoriale c. France), exceptions préliminaires, arrêt, C.I.J. Recueil 2018 (I)*, p. 308, par. 46, et p. 324, par. 106; *Plates-formes pétrolières (République islamique d'Iran c. Etats-Unis d'Amérique), exception préliminaire, arrêt, C.I.J. Recueil 1996 (II)*, p. 809-810, par. 16.

ination", as defined under Article 1, paragraph 1, of CERD, which provides:

> "In this Convention, the term 'racial discrimination' shall mean any distinction, exclusion, restriction or preference based on race, colour, descent, or national or ethnic origin which has the purpose or effect of nullifying or impairing the recognition, enjoyment or exercise, on an equal footing, of human rights and fundamental freedoms in the political, economic, social, cultural or any other field of public life."

5. Qatar has consistently claimed that the alleged acts of the UAE amount to a "distinction, exclusion, restriction or preference based on . . . national . . . origin" within the meaning of Article 1, paragraph 1, of CERD[5] and thus within the compromissory clause contained in Article 22 of CERD. The UAE, on the other hand, argues there is a crucial jurisdictional flaw in the case, that these measures differentiate between individuals on the basis of their current nationality, which is not included within the scope of the term "national origin" in Article 1, paragraph 1, of CERD[6]. In its first preliminary objection to the jurisdiction of the Court, the UAE argues that the dispute falls outside of the scope *ratione materiae* of CERD.

6. Accordingly, at this preliminary stage, the Court is called upon to interpret whether the term "national origin", as contained in Article 1, paragraph 1, of CERD, encompasses current nationality.

B. The Term "National Origin" under Article 1, Paragraph 1, of CERD in Accordance with Its Ordinary Meaning

7. The customary international law on the rules of treaty interpretation as codified in the Vienna Convention on the Law of Treaties (hereinafter the "VCLT") is applicable to the interpretation of the terms of CERD. Article 31, paragraph 1, of the VCLT stipulates that "[a] treaty shall be interpreted in good faith in accordance with the ordinary meaning to be given to the terms of the treaty in their context and in the light of its object and purpose"[7].

8. The majority takes the following position regarding the ordinary meaning of the term "national origin" in paragraph 81 of the Judgment:

> "the definition of racial discrimination in the Convention includes 'national or ethnic origin'. These references to 'origin' denote, respec-

---

[5] CR 2020/7, p. 33, para. 36 (Klein); CR 2020/7, p. 40, para. 26 (Amirfar).
[6] CR 2020/6, p. 52, para. 56 (Sheeran).
[7] United Nations, *Treaty Series*, Vol. 1155, p. 340.

raciale », telle que définie au paragraphe 1 de l'article premier de la CIEDR qui dispose ce qui suit :

« Dans la présente Convention, l'expression « discrimination raciale » vise toute distinction, exclusion, restriction ou préférence fondée sur la race, la couleur, l'ascendance ou l'origine nationale ou ethnique, qui a pour but ou pour effet de détruire ou de compromettre la reconnaissance, la jouissance ou l'exercice, dans des conditions d'égalité, des droits de l'homme et des libertés fondamentales dans les domaines politique, économique, social et culturel ou dans tout autre domaine de la vie publique. »

5. Le Qatar n'a cessé d'affirmer que les actes qu'il reproche aux Emirats arabes unis équivalent à une « distinction, exclusion, restriction ou préférence fondée sur ... l'origine nationale » au sens du paragraphe 1 de l'article premier de la CIEDR [5] et permettent donc de faire jouer la clause compromissoire contenue à l'article 22 de la convention. Les Emirats arabes unis affirment quant à eux qu'un vice fondamental entache ce moyen de compétence car leurs mesures distinguent des individus en fonction de leur nationalité actuelle, laquelle n'entre pas, selon eux, dans la portée de l'expression « origine nationale » au sens du paragraphe 1 de l'article premier [6]. Par leur première exception d'incompétence de la Cour, ils soutiennent que le différend échappe au champ d'application *ratione materiae* de la CIEDR.

6. A ce stade préliminaire, la Cour était donc appelée à interpréter l'expression « origine nationale » figurant au paragraphe 1 de l'article premier de la CIEDR afin de déterminer si elle englobe la nationalité actuelle.

B. L'EXPRESSION « ORIGINE NATIONALE » AU PARAGRAPHE 1 DE L'ARTICLE PREMIER DE LA CIEDR LUE DANS SON SENS ORDINAIRE

7. Les règles coutumières internationales d'interprétation des traités, telles que codifiées par la convention de Vienne sur le droit des traités (ci-après la « convention de Vienne »), sont pertinentes pour interpréter les termes de la CIEDR. Le paragraphe 1 de l'article 31 de la convention de Vienne dispose qu'« [u]n traité doit être interprété de bonne foi suivant le sens ordinaire à attribuer aux termes du traité dans leur contexte et à la lumière de son objet et de son but » [7].

8. La majorité donne l'interprétation suivante, au paragraphe 81 de l'arrêt, du sens ordinaire de l'expression « origine nationale » :

« la définition de la discrimination raciale figurant dans la convention inclut l'« origine nationale ou ethnique ». Ces références à l'« origine »

---

[5] CR 2020/7, p. 33, par. 36 (Klein) ; CR 2020/7, p. 40, par. 26 (Amirfar).
[6] CR 2020/6, p. 52, par. 56 (Sheeran).
[7] Nations Unies, *Recueil des traités*, vol. 1155, p. 362.

tively, a person's bond to a national or ethnic group at birth, whereas nationality is a legal attribute which is within the discretionary power of the State and can change during a person's lifetime. . . The Court notes that the other elements of the definition of racial discrimination, as set out in Article 1, paragraph 1, of the Convention, namely race, colour and descent, are also characteristics that are inherent at birth."

9. In its attempt to distinguish between "nationality" and "national origin", the majority highlights the immutable nature of the meaning of "national origin" and frames it in opposition to the transient nature of the meaning of "nationality". In doing so, the majority attempts to allude that the two terms are fundamentally disparate. As a result of this approach, the Judgment insufficiently delineates the ordinary meaning of the term "national origin" and thereby reaches no real consensus on its meaning for the reasons set out below.

10. The term "national origin" presents an amalgamation of the words "national" and "origin". The ordinary meaning attributable to these two words, read conjunctively, would have led to a more harmonious interpretation of its meaning as Article 31, paragraph 1, of the VCLT stipulates. When the ordinary meaning of the words "national" and "origin" are analysed to determine the meaning of the term "national origin", it is evident that the term is capable of being construed in both of the ways argued by the Parties. It can either carry the meaning attributed to it by Qatar, that is of nationality and of "relat[ing] to the country or nation where a person is from"[8], or that argued by the UAE, that is of an "association with a nation of people, not a State", which is distinct from nationality[9]. As a general proposition, in my view, the definitions of the two words indicate that "national origin" refers to a person's belonging to a country or nation. Belonging in this sense may be long standing or historical, and defined by ancestry or descent, or it may be confirmed by the legal status of nationality or national affiliation. Thus, current nationality, even if considered in a purely legal sense to be within the discretion of the State and subject to change over a person's lifetime, is in any event encompassed within the broader term "national origin". Since there is no doubt that these terms coincide, it is difficult to simply distinguish one from the other solely on the basis relied upon in paragraph 81 of the Judgment.

11. Furthermore, the Judgment's attempt to distinguish between "nationality" and "national origin" becomes more complex and difficult to differentiate on the basis of immutability in the context of countries

---

[8] MQ, Vol. I, para. 3.30.
[9] Preliminary Objections of the United Arab Emirates, para. 76.

désignent, respectivement, le rattachement de la personne à un groupe national ou ethnique à sa naissance, alors que la nationalité est un attribut juridique qui relève du pouvoir discrétionnaire de l'Etat et qui peut changer au cours de l'existence de la personne... La Cour relève que les autres éléments de la définition de la discrimination raciale, telle qu'énoncée au paragraphe 1 de l'article premier de la convention, à savoir la race, la couleur et l'ascendance, sont également des caractéristiques inhérentes à la personne à la naissance.»

9. Pour essayer de distinguer la «nationalité» et l'«origine nationale», la majorité insiste sur le caractère immuable de ce que désigne l'«origine nationale», en l'opposant au caractère transitoire de ce que désigne la «nationalité». Ce faisant, la majorité veut donner à entendre que les deux termes sont fondamentalement différents. Par cette approche, la Cour ne définit pas suffisamment le sens ordinaire de l'expression «origine nationale» et ne parvient pas à un véritable consensus sur sa signification, pour les raisons que j'exposerai ci-après.

10. L'expression «origine nationale» est un amalgame d'«origine» et de «nationale». Une lecture de ces deux termes pris ensemble et dans leur sens ordinaire, comme le recommande le paragraphe 1 de l'article 31 de la convention de Vienne, aurait permis de parvenir à une interprétation plus consensuelle. Si l'on analyse le sens ordinaire des termes «origine» et «nationale» pour déterminer ce que signifie l'«origine nationale», il apparaît clairement que cette expression se prête aux deux interprétations avancées par les Parties. Elle peut avoir le sens que lui attribue le Qatar, pour qui elle désigne la nationalité et «a trait au pays ou à la nation d'où une personne est originaire»[8], aussi bien que celui que lui donnent les Emirats arabes unis, selon lesquels elle «dénote l'appartenance à une nation de personnes et non à un Etat», ce qui est distinct de la nationalité[9]. A mon avis, d'une manière générale, il ressort des deux définitions que l'«origine nationale» fait référence à l'appartenance d'une personne à un pays ou une nation. L'appartenance dans ce sens peut être ancienne ou historique, et procéder des ancêtres ou ascendants, ou bien être confirmée par le statut juridique de la nationalité ou le rattachement à une nation. Ainsi, la nationalité actuelle, même considérée d'un point de vue purement juridique comme relevant du pouvoir discrétionnaire de l'Etat et susceptible de changer au cours de l'existence d'un individu, est de toute façon incluse dans l'expression plus large d'«origine nationale». Dès lors que ces deux termes coïncident indubitablement, il est difficile de distinguer simplement l'un de l'autre par le seul critère sur lequel se fonde la Cour au paragraphe 81 de l'arrêt.

11. En outre, la distinction que l'arrêt tente d'établir entre la «nationalité» et l'«origine nationale» sur la base de l'immuabilité devient plus complexe et difficile dans le contexte de pays où la nationalité s'acquiert

---

[8] MQ, vol. I, par. 3.30.
[9] Exceptions préliminaires des Emirats arabes unis, par. 76.

where nationality is based on *jus sanguinis*. Where nationality follows a *jus sanguinis* model, as is the case in many Gulf States, nationality coincides with national origin. Under the *jus sanguinis* model, in Qatar, "nationality is conferred by parentage — and naturalization is rare . . . the vast majority of Qatari nationals, including those affected by the measures, were born Qatari nationals and are Qatari in the sense of heritage — in other words, of Qatari 'national origin'"[10]. Nationality in this context is as immutable as "national origin" and is a characteristic that is inherent at birth contrary to the Court's assertion in paragraph 81. When the UAE adopted measures targeting "Qatari residents and visitors" and "Qatari nationals", they inevitably also affected persons of Qatari national origin since Qatari nationals are primarily persons of Qatari heritage.

C. The Context of Article 1, Paragraph 1, of CERD

12. The ordinary meaning of a term in a treaty is to be determined in light of its context and not in the abstract[11]. Under Article 31, paragraph 2, of the VCLT, the context for interpretation purposes includes, the text of the treaty, its preamble and annexes. In its contextual reading of the term "national origin", in light of the object and purpose of CERD, in paragraph 83 of the Judgment, the Court begins its reasoning by acknowledging that any legislation concerning nationality, citizenship or naturalization by States parties would not be affected by the provisions of CERD provided that they do not discriminate against any particular nationality (Article 1, paragraph 3, of CERD). However, in its conclusion on this point, the Judgment seems to rely solely on the broader terminology found in Article 1, paragraph 2, of CERD which expressly excludes "from the scope of the Convention . . . differentiation between citizens and non-citizens". Consequently, to the exclusion of the prohibition of discrimination "against any particular nationality" in Article 1, paragraph 3, of CERD, the Judgment concludes that

> "such express exclusion from the scope of the Convention of differentiation between citizens and non-citizens indicates that the Convention does not prevent States parties from adopting measures that restrict the right of non-citizens to enter a State and their right to reside there — rights that are in dispute in this case — on the basis of their current nationality" (para. 83).

---

[10] MQ, Vol. I, para. 1.25.
[11] VCLT, Art. 31, para. 1, *Yearbook of the International Law Commission*, 1966, Vol. II, p. 221.

par le droit du sang. Lorsqu'elle suit la règle du *jus sanguinis*, comme c'est le cas dans nombre de pays du Golfe, la nationalité coïncide avec l'origine nationale. En vertu du droit du sang, au Qatar, « la nationalité ... est conférée par filiation — et les naturalisations sont rares ... l'immense majorité des ressortissants qatariens, y compris ceux qui subissent les effets des mesures, sont nés qatariens et sont qatariens au sens de leur héritage culturel — en d'autres termes, ils sont d'« origine nationale » qatarienne »[10]. La nationalité dans un tel contexte est aussi immuable que l'« origine nationale » et est une caractéristique inhérente à la naissance, contrairement à ce que dit la Cour au paragraphe 81. Lorsqu'ils ont adopté des mesures visant les « résidents et visiteurs qatariens » et les « nationaux qatariens », les Emirats arabes unis ont inévitablement touché également les personnes d'origine nationale qatarienne puisque les nationaux qatariens sont essentiellement qatariens par héritage.

C. Le contexte du paragraphe 1 de l'article premier de la CIEDR

12. Le sens ordinaire d'un terme dans un traité doit être établi à la lumière de son contexte et non pas dans l'abstrait[11]. Selon le paragraphe 2 de l'article 31 de la convention de Vienne, le contexte, aux fins de l'interprétation, comprend le texte du traité, son préambule et ses annexes. Dans sa lecture contextuelle de l'expression « origine nationale », à la lumière de l'objet et du but de la CIEDR, la Cour, au paragraphe 83 de l'arrêt, commence son raisonnement en reconnaissant que les dispositions de la convention ne sauraient avoir d'incidence sur la législation des Etats parties en matière de nationalité, citoyenneté ou naturalisation, pour autant que cette législation ne soit pas discriminatoire à l'égard d'une nationalité particulière (paragraphe 3 de l'article premier de la CIEDR). Cependant, dans sa conclusion sur ce point, l'arrêt semble se fonder uniquement sur le langage plus large du paragraphe 2 de l'article premier de la convention, affirmant que celui-ci soustrait expressément « du champ de la CIEDR des différences de traitement entre ressortissants et non-ressortissants ». Ainsi, au mépris de l'interdiction de toute forme de discrimination « à l'égard d'une nationalité particulière » énoncée au paragraphe 3 de l'article premier, l'arrêt conclut que

> « pareille exclusion expresse du champ de la CIEDR des différences de traitement entre ressortissants et non-ressortissants indique que la convention n'empêche pas les Etats parties d'adopter des mesures qui restreignent les droits des non-ressortissants d'entrer sur leur territoire et d'y résider, au motif de leur nationalité actuelle, droits qui sont en cause dans la présente affaire » (par. 83).

---

[10] MQ, vol. I, par. 1.25.
[11] Convention de Vienne, art. 31, par. 1; *Annuaire de la Commission du droit international*, 1966, vol. II, p. 221.

13. I find it difficult to concur with a contextual reading that allows differentiation between citizens and non-citizens, as well as particular groups of non-citizens on the basis of their current nationality. If one is to pay close attention to Article 1, paragraphs 2 and 3, of CERD — the provisions which form the context of Article 1, paragraph 1, of CERD — they do not seem to envisage broad and unqualified distinctions to be drawn between citizens and non-citizens.

14. Article 1, paragraph 1, of CERD provides a broad definition of racial discrimination which includes discrimination based on "national origin". The plain text of CERD makes it clear that this definition is to protect against "all forms" of racial discrimination. Article 1, paragraph 2, in functional terms, establishes an exception to the broader principle contained in Article 1, paragraph 1, of CERD, by permitting a distinction to be drawn between citizens and non-citizens. However, this exception is limited by the object and purpose of the Convention, as made clear in its preamble and operative provisions, to eliminate racial discrimination in all its forms and manifestations. This object and purpose cannot be furthered if States are permitted to draw broad and unqualified distinctions as have been drawn by the UAE through its measures vis-à-vis Qataris, Qatari nationals, residents and visitors. Second, Article 1, paragraph 3, establishes a further exception to Article 1, paragraph 1. Article 1, paragraph 3, while implicating the treatment of non-citizens, clarifies that a State can dictate how, in particular, non-citizens acquire or lose its nationality; however, it reinforces the aforesaid reading of the Convention through the explicit indication in its proviso that "such provisions [should] not discriminate against any particular nationality".

15. Therefore, the context makes it clear that — even though nationality-based distinctions are specifically permitted by paragraphs 2 and 3 of Article 1 which permit distinctions between citizens and non-citizens — it cautions that even in making such permitted distinctions, "such provisions [should] not discriminate against any particular nationality" when considering non-citizens *inter se*. In my view, only such an interpretation would be consistent with the object and purpose of CERD to "eliminat[e] racial discrimination throughout the world in all its forms and manifestations". To interpret "national origin" as entirely excluding nationality-based discrimination would, on the other hand, lead to absurd results.

D. The *Travaux Préparatoires* of CERD

16. When interpretation under Article 31 of the VCLT leaves the meaning ambiguous or obscure, or leads to manifestly absurd or unreasonable results, Article 32 of the VCLT provides that "[r]ecourse may be had to

13. J'éprouve quelque difficulté à souscrire à une lecture contextuelle qui autorise une différence de traitement entre ressortissants et non-ressortissants, ou à l'égard de certains groupes donnés de non-ressortissants, sur la base de leur nationalité actuelle. Une lecture attentive des paragraphes 2 et 3 de l'article premier de la CIEDR — qui constituent le contexte du paragraphe 1 — révèle que ces dispositions n'envisagent pas l'hypothèse de distinctions larges et imprécises entre ressortissants et non-ressortissants.

14. Le paragraphe 1 de l'article premier de la CIEDR donne une large définition de la discrimination raciale, dans laquelle est incluse la discrimination fondée sur l'«origine nationale». Le texte même de la convention indique sans équivoque qu'il s'agit de protéger contre «toutes les formes» de discrimination raciale. Le paragraphe 2 prévoit, en termes pratiques, une exception au principe plus large énoncé au paragraphe 1, en autorisant une distinction entre ressortissants et non-ressortissants. Cependant, cette exception est limitée par le but et l'objet de la convention, tel qu'il ressort clairement du préambule et des dispositions opérationnelles, et qui est d'éliminer la discrimination raciale dans toutes ses formes et manifestations. Ce but et cet objet ne pourraient être poursuivis si les Etats étaient autorisés à établir des distinctions larges et imprécises comme l'ont fait les Emirats arabes unis avec leurs mesures visant les Qatariens, les nationaux qatariens, et les résidents et visiteurs qatariens. De plus, le paragraphe 3 de l'article premier prévoit une autre exception au paragraphe 1 du même article. Il envisage un traitement réservé aux non-ressortissants, en indiquant qu'un Etat peut décider comment, notamment, ces derniers acquièrent ou perdent sa nationalité; mais il ajoute une condition explicite qui vient confirmer l'interprétation susmentionnée de la convention, à savoir que pareilles décisions ne peuvent être «discriminatoires à l'égard d'une nationalité particulière».

15. Ainsi, il ressort clairement du contexte que même si des distinctions fondées sur la nationalité sont explicitement permises par les paragraphes 2 et 3 de l'article premier, qui autorisent une différenciation entre ressortissants et non-ressortissants, les dispositions établissant ces distinctions autorisées ne doivent pas être «discriminatoires à l'égard d'une nationalité particulière» parmi les non-ressortissants eux-mêmes. A mon sens, seule cette interprétation serait cohérente avec le but et l'objet de la CIEDR qui sont «d'éliminer … toutes les formes et toutes les manifestations de discrimination raciale dans toutes les parties du monde». A l'inverse, comprendre l'expression «origine nationale» comme excluant toute discrimination fondée sur la nationalité conduirait à un résultat absurde.

D. Les travaux préparatoires de la CIEDR

16. Lorsqu'une interprétation effectuée selon les préceptes de l'article 31 de la convention de Vienne laisse le sens ambigu ou obscur, ou conduit à un résultat manifestement absurde ou déraisonnable, il est possible,

supplementary means of interpretation, including the preparatory work of the treaty and the circumstances of its conclusion". The Judgment, in paragraph 96, in reference to the amendment submitted by France and the United States of America and the subsequent withdrawal of the amendment, states that this

> "was done in order to arrive at a compromise formula that would enable the text of the Convention to be finalized, by adding paragraphs 2 and 3 to Article 1 . . . As the Court has noted . . . paragraphs 2 and 3 of Article 1 provide that the Convention will not apply to differentiation between citizens and non-citizens and will not affect States' legislation on nationality, thus fully addressing the concerns expressed by certain delegations, including those of the United States of America and France, regarding the scope of the term 'national origin'".

17. The *travaux préparatoires* makes it clear that the term "national origin" should have a wider application than that envisaged by the majority in paragraph 96. The Judgment does not touch upon the fact that the nine-power compromise proposal, highlighted in this paragraph, was the result of the deliberate exclusion of certain proposed amendments which had the effect of excluding nationality from the purview of "national origin". The debate on the term "national origin" indicates that the drafters of the Convention leaned towards rejecting the approach of excluding differential treatment on the basis of nationality from the purview of Article 1, paragraph 1, of CERD. The delegate of the United States of America for instance stated that "[n]ational origin differed from nationality in that national origin related to the past — the previous nationality or geographical region of the individual or his ancestors — while nationality related to the present status"[12]. The delegate of France explained the specific meaning attributed to the word "nationality" in French legal terminology; that it was strictly understood to "cover all that concerned the rules governing the acquisition or loss of nationality and the rights derived therefrom"[13]. In the Third Committee of the United Nations General Assembly, the delegate of France, along with the United States of America, suggested an amendment which excluded the word nationality from the purview of the term "national origin". If that joint amendment had been adopted, Article 1, paragraph 2, would have read as follows:

> "[i]n this Convention the expression 'national origin' does not mean, 'nationality' or 'citizenship', and the Convention shall therefore not

---

[12] United Nations, *Official Records of the General Assembly, Twentieth Session, Third Committee, Summary Record of the 1304th session* (14 October 1965), doc. A/C.3/SR.1304, p. 85, para. 23.
[13] *Ibid., Summary Record of the 1299th session* (11 October 1965), doc. A/C.3/SR.1299, p. 60, para. 37.

comme le prévoit l'article 32, de faire «appel à des moyens complémentaires d'interprétation, et notamment aux travaux préparatoires et aux circonstances dans lesquelles le traité a été conclu». Se référant à un amendement qui avait été proposé par la France et les Etats-Unis d'Amérique lors des travaux préparatoires puis retiré, la Cour, au paragraphe 96 de l'arrêt, explique que la proposition visait à

> «parvenir à une formule de compromis qui permettrait de finaliser le texte de la convention, par l'ajout des paragraphes 2 et 3 à l'article premier… Ainsi que la Cour l'a relevé [ces deux paragraphes] disposent que la convention ne s'appliquera pas à la différenciation entre ressortissants et non-ressortissants et qu'elle n'affectera pas la législation des Etats en matière de nationalité, répondant ainsi pleinement aux préoccupations exprimées par certaines délégations, y compris les Etats-Unis d'Amérique et la France, quant à la portée de l'expression «origine nationale»»».

17. Les travaux préparatoires confirment clairement que l'expression «origine nationale» devrait avoir une application plus large que celle que lui attribue la majorité au paragraphe 96. L'arrêt omet de préciser que la formule de compromis proposée par neuf Etats à laquelle il est fait référence faisait suite au rejet délibéré de certains amendements visant à exclure la nationalité de l'«origine nationale». Le débat qu'a suscité cette expression à la Troisième Commission de l'Assemblée générale montre que les rédacteurs de la CIEDR étaient plutôt opposés à l'approche consistant à exclure du champ d'application du paragraphe 1 de l'article premier les différences de traitement fondées sur la nationalité. La représentante des Etats-Unis d'Amérique a déclaré par exemple que l'«origine nationale se distingue de la nationalité en ce sens qu'elle est un héritage du passé: elle indique la nationalité antérieure de l'individu ou de ses ancêtres, ou la région géographique dont ils venaient, alors que la nationalité a trait à la situation actuelle»[12]. Le représentant de la France a précisé la signification particulière de la «nationalité» dans la terminologie juridique française, expliquant que ce terme s'entend strictement comme «tout ce qui se rapporte aux règles d'acquisition ou de perte de nationalité et aux droits qui en découlent»[13]. Conjointement avec la délégation américaine, il a proposé un amendement visant à exclure la «nationalité» de la portée de l'expression «origine nationale». Si cet amendement avait été adopté, le paragraphe 2 de l'article premier de la CIEDR se lirait comme suit:

> «[d]ans la présente Convention, l'expression «origine nationale» ne désigne ni la «nationalité» ni la «citoyenneté»; la Convention

---

[12] Nations Unies, *Documents officiels de l'Assemblée générale, vingtième session, Troisième Commission, compte rendu analytique de la 1304ᵉ séance* (14 octobre 1965), doc. A/C.3/SR.1304, p. 91, par. 23.

[13] *Ibid., compte rendu analytique de la 1299ᵉ séance* (11 octobre 1965), doc. A/C.3/SR.1299, p. 62, par. 37.

be applicable to distinctions, exclusions, restrictions, or preferences based on differences of nationality of citizenship"[14].

The amendments proposed were all withdrawn subsequently in favour of a compromise which formed the final text of paragraphs 1, 2, and 3 of Article 1 of CERD.

18. Certain arguments during the debates of the Commission on Human Rights highlights the compromise that the meaning of "national origin" represents. The delegate of Lebanon argued that "[t]he convention should apply to nationals, non-nationals, and all ethnic groups, but it should not bind States parties to afford the same political rights to non-nationals as they normally granted to nationals"[15]. The delegate of India proposed the deletion of the words "the right of everyone" in Article V, instead of altering the definition of "national origin". This was for the purpose of leaving it for the States to decide for themselves whether the same guarantees were to be afforded to aliens and nationals[16].

19. The drafter's rejection of the approach that excluded nationality-based discrimination in Article 1, paragraph 1, indicates that CERD's inclusion of "national origin" protects against discrimination on the basis of current nationality. The rejection of the amendment proposed by France and the United States of America, which narrowed the definition of racial discrimination in Article 1, paragraph 1, indicates that the drafters adopted an approach whereby citizens and non-citizens were to be guaranteed the same rights, notwithstanding certain exceptions outlined in Article 1, paragraph 2, and Article 1, paragraph 3. It is particularly telling that this compromise was accepted by France and the United States of America as "entirely acceptable". Such acceptance coupled with a reading of the *travaux préparatoires* as a whole makes it clear that the compromise does not indicate that nationality was to be left out of the scope of "national origin"; in fact, it only seems to allow States to reserve certain rights to their citizens.

20. In light of the foregoing, in my view, the ordinary meaning of the term "national origin" encompasses one's nationality, including current nationality. The ordinary meaning in its context in light of CERD's object

---

[14] *Op. cit.* note 12 *supra*, Annexes, Report of the Third Committee — Draft International Convention on the Elimination of All Forms of Racial Discrimination, doc. A/6181, 18 December 1965, p. 12, para. 32.

[15] United Nations, *Official Records of the Economic and Social Council, Commission on Human Rights, Twentieth Session, Summary Record of the 809th Session* (13 March 1964), doc. E/CN.4/SR.809, 14 May 1964, p. 5.

[16] United Nations, *Official Records of the General Assembly, Twentieth Session, Third Committee, Summary Record of the 1299th Session* (11 October 1965), doc. A/C.3/SR.1299, p. 59, para. 30.

ne s'applique donc pas aux distinctions, exclusions, restrictions ou préférences fondées sur des différences de nationalité ou de citoyenneté »[14].

Par la suite, les amendements proposés furent tous retirés au profit d'une formule de compromis qui devint le texte final des paragraphes 1, 2, et 3 de l'article premier.

18. Certains arguments avancés au cours des débats de la Commission des droits de l'homme montrent que le sens de l'« origine nationale » est bien le fruit d'un compromis. La représentante du Liban avait fait valoir que « [l]a convention devrait s'appliquer aux ressortissants, aux non-ressortissants et à tous les groupes ethniques, mais … ne devrait pas obliger les Etats parties à accorder aux non-ressortissants des droits politiques identiques à ceux qu'ils accordent normalement à leurs ressortissants »[15]. Le représentant de l'Inde avait proposé de supprimer les termes « le droit de chacun » à l'article V plutôt que de modifier la définition de l'« origine nationale », afin de laisser les Etats libres de décider eux-mêmes s'il convient d'accorder les mêmes garanties aux étrangers et aux ressortissants[16].

19. Si les rédacteurs ont rejeté l'approche visant à exclure du paragraphe 1 de l'article premier la discrimination fondée sur la nationalité, cela signifie qu'en incluant l'« origine nationale » dans la CIEDR ils entendaient offrir une protection contre la discrimination fondée sur la nationalité actuelle. Le rejet de l'amendement proposé par la France et les Etats-Unis d'Amérique, qui restreignait la définition de la discrimination raciale donnée au paragraphe 1 de l'article premier, révèle que l'intention des rédacteurs était de garantir les mêmes droits aux citoyens et aux non-citoyens, nonobstant certaines exceptions prévues aux paragraphes 2 et 3. Il est particulièrement révélateur que ce compromis ait emporté l'adhésion de la France et des Etats-Unis d'Amérique comme étant « entièrement acceptable ». Cette acceptation, conjuguée aux travaux préparatoires pris dans leur ensemble, montre clairement que le compromis ne traduit pas une volonté de soustraire la nationalité à la portée de l'« origine nationale » ; en réalité, il semble viser seulement à permettre aux Etats de réserver certains droits à leurs ressortissants.

20. Compte tenu de ce qui précède, je suis d'avis que le sens ordinaire de l'expression « origine nationale » englobe la nationalité, en ce compris la nationalité actuelle. Le sens ordinaire de cette expression dans son

---

[14] *Op. cit. supra* note 12, annexes, rapport de la Troisième Commission, projet de convention internationale sur l'élimination de toutes les formes de discrimination raciale, doc. A/6181, 18 décembre 1965, p. 12, par. 32.

[15] Nations Unies, *Conseil économique et social, Commission des droits de l'homme, vingtième session, compte rendu analytique de la 809ᵉ séance* (13 mars 1964), doc. E/CN.4/SR.809, 14 mai 1964, p. 5.

[16] Nations Unies, *Documents officiels de l'Assemblée générale, vingtième session, Troisième Commission, compte rendu analytique de la 1299ᵉ séance* (11 octobre 1965), doc. A/C.3/SR.1299, p. 62, par. 30.

and purpose to eliminate "all forms" of racial discrimination converges to confirm that the term "national origin" encompasses current nationality. An interpretation that categorically excludes current nationality would undermine this object and purpose. Considering the fundamental ambiguity resulting from the approach adopted by the majority to determine the ordinary meaning, the *travaux préparatoires* reinforces the conclusion that CERD's definition of racial discrimination should have a wide application. The *travaux préparatoires* thus confirms the ordinary meaning of "national origin" as encompassing current nationality.

E. The CERD Committee and Its General Recommendation XXX, Paragraph 4

21. In relation to the CERD Committee and its General Recommendation XXX, paragraph 4, the majority cites the Court's observation in *Ahmadou Sadio Diallo (Republic of Guinea* v. *Democratic Republic of the Congo), Merits, Judgment, I.C.J. Reports 2010 (II)*, p. 664, para. 66 (hereinafter *"Diallo"*) that it is "in no way obliged, in the exercise of its judicial functions, to model its own interpretation of the Covenant on that of the Committee" and does not take into account the observation that it "should ascribe great weight" to interpretations by the independent body established for the purpose of supervising the application of the treaty concerned. The Judgment provides no compelling reason as to why it has chosen to depart from the reasoning in *Diallo* in this dispute, despite the fact that the CERD Committee remains "the guardian of the Convention" — an assertion that both Parties appear to agree on. The functions carried out by the CERD Committee and the manner in which they are carried, as well as the composition of the Committee and its members offer insights as to why the majority should have taken account of General Recommendation XXX, paragraph 4.

22. The CERD Committee's primary function is to analyse and comment on reports submitted to it by States parties pursuant to Article 9, paragraph 1, of CERD. In reporting under Article 9, paragraph 1, of CERD, each State party undertakes to submit a report on the legislative, judicial, administrative or other measures which it has adopted in relation to its obligations under CERD. Each dialogue with a State party is followed by a set of concluding observations by the Committee which may contain statements of concern and recommendations for further action. This framework allows the CERD Committee to establish certain rules in dialogue, which include the establishment of the CERD's rules of procedure, and the translation of general principles and rights enshrined in the Convention into rules applicable to problems faced in implementation. Under Article 14 of CERD, once a State declares that it recognizes the competence of the CERD Committee, it may receive and consider communications from individuals or groups of individuals within the jurisdic-

contexte, à la lumière de l'objet et du but de la CIEDR qui sont d'éliminer « toutes les formes » de discrimination raciale, milite en faveur de l'inclusion de la nationalité actuelle dans l'« origine nationale ». Une interprétation l'excluant catégoriquement irait à l'encontre de cet objet et de ce but. Sachant que l'approche suivie par la majorité pour déterminer le sens ordinaire de l'expression génère une ambiguïté fondamentale, les travaux préparatoires corroborent l'idée qu'il convient de donner une large application à la définition de la discrimination raciale contenue dans la CIEDR. Ces travaux préparatoires viennent donc confirmer que le sens ordinaire de l'expression « origine nationale » englobe la nationalité actuelle.

E. Le comité de la CIEDR et le paragraphe 4 de sa recommandation générale XXX

21. Au sujet du paragraphe 4 de la recommandation générale XXX du Comité de la CIEDR, la majorité rappelle l'observation faite en l'affaire *Ahmadou Sadio Diallo (République de Guinée c. République démocratique du Congo)* (ci-après l'affaire « *Diallo* »), à savoir que la Cour n'est « aucunement tenue, dans l'exercice de ses fonctions judiciaires, de conformer sa propre interprétation du Pacte à celle du Comité » (*fond, arrêt, C.I.J. Recueil 2010 (II)*, p. 664, par. 66), mais omet de tenir compte d'une autre observation de la Cour quant à la nécessité d'« accorder une grande considération » à l'interprétation que donne l'organe indépendant chargé de superviser la mise en œuvre du traité concerné. La Cour ne donne dans le présent arrêt aucune raison impérieuse justifiant qu'elle ait choisi en l'espèce de s'écarter du raisonnement suivi en l'affaire *Diallo*, alors qu'elle rappelle que le Comité de la CIEDR demeure le « gardien de la convention » — comme semblent en convenir les deux Parties. Les fonctions dévolues au Comité et la manière dont elles sont exercées, ainsi que la composition de cet organe, sont autant d'éléments qui expliquent pourquoi la majorité aurait dû tenir compte du paragraphe 4 de la recommandation générale XXX.

22. La fonction première du Comité de la CIEDR est d'examiner et de commenter les rapports soumis par les Etats parties en application du paragraphe 1 de l'article 9 de la convention. Conformément à cette disposition, chaque Etat partie s'engage à rendre compte des mesures d'ordre législatif, judiciaire, administratif ou autre qu'il prend pour s'acquitter de ses obligations au titre de la convention. Après chaque dialogue avec un Etat partie, le Comité publie un ensemble d'observations finales dans lequel il exprime ses préoccupations et ses recommandations sur la suite à donner. Il dispose ainsi d'un cadre pour dialoguer avec les Etats parties, constitué notamment par l'ensemble de règles énoncées dans le règlement intérieur, et pour transposer les principes généraux et les droits consacrés dans la convention en règles applicables aux problèmes rencontrés dans la mise en œuvre de celle-ci. En vertu de l'article 14 de la CIEDR, tout Etat qui déclare reconnaître la compétence du Comité autorise ce dernier à recevoir et examiner des communications émanant de particuliers ou de

tion of that State claiming to be victims of a violation by that State of rights set forth in the Convention. The State is thereby obliged to revise its law or practice in light of the Committee's findings. Through this framework of consistent dialogue with States, the CERD Committee is engaged in the development of consistent interpretations of CERD. Moreover, in the performance of its tasks, the CERD Committee has sought to act judicially since its very first meeting in 1970[17]. Furthermore, as per Article 8, paragraph 1, of CERD, the CERD Committee comprises of 18 experts, who are individuals of "high moral standing and acknowledged impartiality" and "who shall serve in their personal capacity". These individuals fall into the category of the "most highly qualified publicists" in this field. General Recommendation XXX, paragraph 4, of the CERD Committee therefore offers a consistent interpretation of CERD by the most highly qualified publicists because of which it should have been ascribed great weight in the Court's Judgment.

23. The Judgment further insufficiently addresses the jurisprudence of the Court which indicates the Court's willingness to take into account the work of United Nations supervisory bodies of human rights treaties in its judgments in the past. While reference to external precedents is not a common feature of the Court's case law, there is evidence of a change[18]. The clearest endorsement of such a supervisory body in the jurisprudence of the Court is contained in its 2010 merits Judgment in *Diallo*, p. 692, para. 165, subparas. 2 and 3. In *Diallo*, while finding that the Democratic Republic of the Congo had violated provisions of the International Covenant on Civil and Political Rights, 1966 (hereinafter the "ICCPR") and the African Charter on Human and Peoples' Rights, 1981 (hereinafter the "ACHPR"), the Court specifically pointed out that its interpretation of the provisions of the ICCPR and the ACHPR was "fully corroborated by the jurisprudence of the Human Rights Committee established by the [ICCPR] to ensure compliance with that instrument by the States parties"[19]. Subsequently, in the same Judgment, the Court noted that,

> "[a]lthough the Court is in no way obliged, in the exercise of its judicial functions, to model its own interpretation of the Covenant on that of the Committee, it believes that it should ascribe great weight

---

[17] M. Banton, "Decision-taking in the Committee on the Elimination of Racial Discrimination", *The Future of UN Human Rights Treaty Monitoring*, P. Alston, J. Crawford (eds.), Cambridge University Press, 2000, pp. 55-57.

[18] *Application of the Convention on the Prevention and Punishment of the Crime of Genocide (Bosnia and Herzegovina v. Serbia and Montenegro), Judgment, I.C.J. Reports 2007 (I)*, p. 43; *Legal Consequences of the Construction of a Wall in the Occupied Palestinian Territory, Advisory Opinion, I.C.J. Reports 2004 (I)*, p. 179, para. 109; *Armed Activities on the Territory of the Congo (Democratic Republic of the Congo v. Uganda), Judgment, I.C.J. Reports 2005*, p. 244, para. 219; *Ahmadou Sadio Diallo (Republic of Guinea v. Democratic Republic of the Congo), Merits, Judgment, I.C.J. Reports 2010 (II)*, p. 663, para. 66.

[19] *Ahmadou Sadio Diallo (Republic of Guinea v. Democratic Republic of the Congo), Merits, Judgment, I.C.J. Reports 2010 (II)*, p. 663, para. 66.

groupes de particuliers relevant de la juridiction dudit Etat qui s'estiment victimes de violation, par cet Etat, des droits protégés par la convention. L'Etat concerné sera alors tenu de revoir sa législation ou sa pratique à la lumière des conclusions du Comité. A travers ce dialogue régulier avec les Etats, le Comité de la CIEDR contribue au développement d'interprétations homogènes de la convention. En outre, depuis sa toute première session en 1970, il a cherché à agir judiciairement dans l'exercice de ses fonctions [17]. De plus, conformément au paragraphe 1 de l'article 8 de la CIEDR, il se compose de 18 experts «connus pour leur haute moralité et leur impartialité» qui «siègent à titre individuel». Ces experts entrent dans la catégorie des «publicistes les plus qualifiés» dans leur domaine. Par conséquent, le paragraphe 4 de la recommandation générale XXX reflète une interprétation cohérente de la convention donnée par les publicistes les plus qualifiés, et la Cour aurait dû, pour cette raison, lui accorder une grande considération dans son arrêt.

23. L'arrêt ne s'intéresse pas non plus suffisamment à la jurisprudence de la Cour, qui témoigne pourtant de la volonté de cette dernière d'être attentive aux travaux des organes de suivi des traités relatifs aux droits de l'homme de l'Organisation des Nations Unies, ainsi que le montrent des décisions passées. Bien que la Cour n'ait guère coutume de se référer à des précédents autres que les siens, un changement à cet égard est manifeste [18]. C'est dans son arrêt de 2010 sur le fond en l'affaire *Diallo* qu'elle exprime le plus clairement son adhésion aux travaux d'un tel organe de suivi. Dans cette instance, où elle a conclu que la République démocratique du Congo avait violé des dispositions du Pacte international relatif aux droits civils et politiques de 1966 (ci-après le «Pacte») et de la Charte africaine des droits de l'homme et des peuples de 1981 (voir *fond, arrêt, C.I.J. Recueil 2010 (II)*, p. 692, par. 165, points 2) et 3) du dispositif), la Cour a précisé que son interprétation de ces deux textes était «pleinement corroborée par la jurisprudence du Comité des droits de l'homme institué par le Pacte en vue de veiller au respect de cet instrument par les Etats parties» [19]. Et d'ajouter:

«Bien que la Cour ne soit aucunement tenue, dans l'exercice de ses fonctions judiciaires, de conformer sa propre interprétation du Pacte à celle du Comité, elle estime devoir accorder une grande considéra-

---

[17] M. Banton, «Decision-taking in the Committee on the Elimination of Racial Discrimination», *The Future of UN Human Rights Treaty Monitoring*, P. Alston, J. Crawford (dir. publ.), Cambridge University Press, 2000, p. 55-57.

[18] *Application de la convention pour la prévention et la répression du crime de génocide (Bosnie-Herzégovine c. Serbie-et-Monténégro), arrêt, C.I.J. Recueil 2007 (I)*, p. 43; *Conséquences juridiques de l'édification d'un mur dans le territoire palestinien occupé, avis consultatif, C.I.J. Recueil 2004 (I)*, p. 179, par. 109; *Activités armées sur le territoire du Congo (République démocratique du Congo c. Ouganda), arrêt, C.I.J. Recueil 2005*, p. 244, par. 219; *Ahmadou Sadio Diallo (République de Guinée c. République démocratique du Congo), fond, arrêt, C.I.J. Recueil 2010 (II)*, p. 663, par. 66.

[19] *Ahmadou Sadio Diallo (République de Guinée c. République démocratique du Congo), fond, arrêt, C.I.J. Recueil 2010 (II)*, p. 663, par. 66.

to the interpretation adopted by this independent body that was established specifically to supervise the application of that treaty"[20].

24. I am therefore obliged to conclude that, since the Court ascribed great weight to the interpretations of the ICCPR by the Human Rights Committee, the body of independent experts that monitors the implementation of the ICCPR by its States parties; there is no compelling reason for the Court not to have attached "great weight" to General Recommendation XXX, paragraph 4, of the CERD Committee, the independent body of experts established specifically to supervise the application of CERD. The necessity to consider General Recommendation XXX, paragraph 4, of the CERD Committee is reinforced by the observation in *Diallo* that "[t]he point here is to achieve the necessary clarity and the essential consistency of international law, as well as legal security, to which both the individuals with guaranteed rights and the States obliged to comply with treaty obligations are entitled"[21].

25. Furthermore, in *Legal Consequences of the Construction of a Wall in the Occupied Palestinian Territory, Advisory Opinion, I.C.J. Reports 2004 (I)*, pp. 179-180, paras. 109-112 — (hereinafter *"Construction of a Wall"*) — while quoting from Human Rights Committee General Comment 27, paragraph 14, the Court stated that, the restrictions to the freedom of movement in Article 12, paragraph 3, of the ICCPR, "[a]s the Human Rights Committee put it", "must conform to the principle of proportionality" and "must be the least intrusive instrument amongst those which might achieve the desired result"[22]. The Court thereby acknowledged that the derogatory measure in question had to be proportionate to the achievement of a legitimate aim. The principle of proportionality is found in all global and regional human rights instruments[23]. It is also enshrined in the national constitutions of numerous States. It is generally couched in terms of requiring a justification from States for derogation from a fundamental human right or freedom. Such derogation ought to serve a legitimate aim and should be proportional to the achievement of that aim. General Recommendation XXX, paragraph 4, reflects this widely accepted principle. Considering its widespread acceptance, including in the Court's own jurisprudence in *Construction of a Wall*, there appears to be no reason to disregard its application in the present case.

---

[20] See note 19 *supra*.

[21] *Ibid.*

[22] *Legal Consequences of the Construction of a Wall in the Occupied Palestinian Territory, Advisory Opinion, I.C.J. Reports 2004 (I)*, p. 193, para. 136.

[23] European Convention on Human Rights, Arts. 8 (2) and 15; ICCPR, Arts. 12, 19 (2) *(b)*, 21 and 22; International Covenant on Economic, Social and Cultural Rights, Article 8 (1) *(a)* and *(c)*; Inter-American Convention on Human Rights, Arts. 13 (2) *(b)*, 15, 16, 22; African Charter on Human and Peoples' Rights, Arts. 11, 12 (2) and 29.

tion à l'interprétation adoptée par cet organe indépendant, spécialement établi en vue de superviser l'application de ce traité. »[20]

24. Force m'est donc de conclure que, si la Cour a accordé une grande considération aux interprétations du Pacte par le Comité des droits de l'homme, qui est l'organe formé d'experts indépendants chargé de veiller au respect de cet instrument par les Etats parties, aucune raison impérieuse ne justifie qu'elle n'ait pas accordé de même « une grande considération » au paragraphe 4 de la recommandation générale XXX du Comité de la CIEDR, qui est l'organe indépendant établi spécialement pour superviser la mise en œuvre de la convention. La nécessité de faire cas du paragraphe 4 de la recommandation générale XXX est confirmée également par une autre observation de la Cour en l'affaire *Diallo*, à savoir qu'« [i]l en va de la nécessaire clarté et de l'indispensable cohérence du droit international ; il en va aussi de la sécurité juridique, qui est un droit pour les personnes privées bénéficiaires des droits garantis comme pour les Etats tenus au respect des obligations conventionnelles »[21].

25. En outre, dans l'avis consultatif sur les *Conséquences juridiques de l'édification d'un mur dans le territoire palestinien occupé* (*C.I.J. Recueil 2004 (I)*, p. 179-180, par. 109-112, ci-après l'« *Avis consultatif sur le mur* »), la Cour, citant le paragraphe 14 de l'observation générale n° 27 du Comité des droits de l'homme, a déclaré que les restrictions à la liberté de circulation envisagées au paragraphe 2 de l'article 12 du Pacte devaient, « [p]our reprendre la formulation retenue par le Comité », « être conformes au principe de la proportionnalité » et « constituer le moyen le moins perturbateur parmi ceux qui pourraient permettre d'obtenir le résultat recherché »[22]. La Cour reconnaissait ainsi que la mesure dérogatoire en cause devait être proportionnelle à l'objectif légitime poursuivi. Le principe de proportionnalité se retrouve dans tous les instruments régionaux et universels de protection des droits de l'homme[23]. Il est également consacré dans la constitution de nombreux Etats. En général, il se traduit par une obligation pour les Etats de justifier toute dérogation à un droit fondamental ou à une liberté fondamentale de la personne humaine. Pareille dérogation doit servir un objectif légitime et être proportionnée à la réalisation dudit objectif. Le paragraphe 4 de la recommandation générale XXX reflète ce principe largement accepté. Dès lors que ce principe est amplement reconnu, y compris par la Cour dans sa propre jurisprudence, dans l'*Avis consultatif sur le mur*, il ne semble y avoir aucune raison de ne pas l'appliquer en l'espèce.

---

[20] Voir *supra* note 19.

[21] *Ibid.*

[22] *Conséquences juridiques de l'édification d'un mur dans le territoire palestinien occupé, avis consultatif, C.I.J. Recueil 2004 (I)*, p. 193, par. 136.

[23] Convention européenne des droits de l'homme, art. 8 (par. 2) et 15 ; Pacte international relatif aux droits civils et politiques, art. 12, 19 (par. 2 *b)*), 21 et 22 ; Pacte international relatif aux droits économiques, sociaux et culturels, art. 8 (par. 1 *a)* et *c)*) ; Convention américaine relative aux droits de l'homme, art. 13 (par. 2 *b)*), 15, 16 et 22 ; Charte africaine des droits de l'homme et des peuples, art. 11, 12 (par. 2) et 29.

26. I will proceed to make some observations on the relevance of General Recommendation XXX, paragraph 4, to the claims made by Qatar and the Court's jurisdiction *ratione materiae* under Article 22 of CERD.

27. The CERD Committee adopted General Recommendation XXX on 1 October 2002. General Recommendation XXX, paragraph 4, provides that differential treatment will "constitute discrimination if the criteria for such differentiation, judged in the light of the objectives and purposes of the Convention, are not applied pursuant to a legitimate aim, and are not proportional to the achievement of this aim". Therefore, even if nationality-based discrimination were to be interpreted as falling within the meaning of "national origin", the beneficial treatment of some categories of non-nationals by a State would not necessarily violate Article 1, paragraph 1, of CERD, provided these beneficial rights were granted to some nationalities pursuant to the legitimate aim of regional integration or friendly relations and were proportionate to the achievement of that aim. Such differential treatment would be unlikely to fall afoul of the restriction against nationality-based discrimination. To interpret "national origin" so that it entirely excludes nationality-based discrimination would, on the other hand, lead to incongruent results.

28. The UAE announced a series of measures with specific application to Qataris on the basis of their nationality and with the specific purpose of using such measures to "induc[e] Qatar to comply with its obligations under international law". Accordingly, if nationality is determined to be a prohibited basis of discrimination under Article 1, paragraph 1, of CERD, distinctions on this basis are capable of falling within the provisions of CERD, when they do not fulfil "a legitimate aim, and are not proportional to the achievement of this aim". The stated purpose of using such measures to induce compliance with unrelated treaty obligations appears neither legitimate nor proportionate, given the fundamental human rights claimed to have been affected. The alleged acts by the UAE thus disproportionately affect Qatari nationals and satisfy the conditions for exercise of the Court's jurisdiction *ratione materiae* under Article 22 of CERD.

29. In light of the foregoing, in my considered opinion, CERD encompasses discrimination against a particular group of non-nationals on the basis of their current nationality, within the prohibition on discrimination based on "national origin" in Article 1, paragraph 1. As such, the measures adopted by the UAE which disproportionately affected individuals of Qatari nationality by explicitly discriminating against "Qatari nationals" and "Qatari residents and visitors" — in particular through the "expulsion order" and the "travel bans", which form the first claim of Qatar, are capable of falling within the scope of CERD. Furthermore, the majority fails to identify that the 5 June 2017 statement affects "all Qatari residents and visitors". Leaving aside "visitors", "residents" is broad

26. Je ferai à présent quelques observations sur la pertinence du paragraphe 4 de la recommandation générale XXX au regard des demandes du Qatar et de la compétence *ratione materiae* de la Cour au titre de l'article 22 de la CIEDR.

27. Le Comité de la CIEDR a adopté la recommandation générale XXX le 1er octobre 2002. Il y indique, au paragraphe 4, qu'un traitement différent «constitue une discrimination si les critères de différenciation, jugés à la lumière des objectifs et des buts de la Convention, ne visent pas un but légitime et ne sont pas proportionnés à l'atteinte de ce but». Par conséquent, même si l'on assimile la discrimination fondée sur la nationalité à celle qui est motivée par l'«origine nationale», le traitement préférentiel réservé par un Etat à certaines catégories de non-ressortissants n'est pas nécessairement contraire au paragraphe 1 de l'article premier de la CIEDR, dès lors que ces droits préférentiels sont accordés à certaines nationalités dans la poursuite d'un but légitime d'intégration régionale ou de relations amicales intrarégionales et sont proportionnés à la réalisation de ce but. Il est peu probable qu'une telle différence de traitement soit incompatible avec l'interdiction de la discrimination fondée sur la nationalité. Interpréter l'expression «origine nationale» comme excluant entièrement la discrimination fondée sur la nationalité conduirait, à l'inverse, à un résultat absurde.

28. Les Emirats arabes unis ont annoncé qu'ils prenaient une série de mesures s'appliquant spécifiquement aux Qatariens sur la base de leur nationalité, dans le but précis de «convaincre le Qatar de se conformer à ses obligations de droit international». Il s'ensuit que, si l'on considère la nationalité comme un motif de discrimination interdit par le paragraphe 1 de l'article premier de la CIEDR, les distinctions opérées sur ce fondement peuvent entrer dans les prévisions de la convention dès lors qu'elles ne visent pas «un but légitime et ne sont pas proportionné[e]s à l'atteinte de ce but». L'objectif déclaré des mesures en question, qui était de rappeler le Qatar à des obligations conventionnelles sans rapport avec la CIEDR, ne semble pas légitime ni proportionné au regard des droits fondamentaux de la personne humaine qui s'en sont trouvés bafoués selon le Qatar. Les actes reprochés aux Emirats arabes unis ont donc une incidence disproportionnée sur les nationaux qatariens et justifient que la Cour exerce sa compétence *ratione materiae* au titre de l'article 22 de la CIEDR.

29. Au vu de ce qui précède, je suis d'avis, après mûre réflexion, que la CIEDR s'applique aussi à toute discrimination qui viserait une catégorie donnée de non-ressortissants en raison de leur nationalité actuelle, en tant que forme de discrimination fondée sur l'«origine nationale» interdite par le paragraphe 1 de l'article premier. Dès lors, les mesures des Emirats arabes unis qui frappent de manière disproportionnée les personnes de nationalité qatarienne en étant explicitement discriminatoires à l'égard des «nationaux qatariens» et des «résidents et visiteurs qatariens», en particulier la «décision d'expulsion» et les «interdictions d'entrée» qui constituent le premier grief du Qatar, sont susceptibles d'entrer dans les prévisions de la convention. De plus, la majorité omet de relever que la déclaration du

enough to include not only Qatari nationals but also people of Qatari national origin. If the measures were to only affect Qatari nationals, the measures would have mentioned so explicitly. However, such terminology is not to be found. Thus, even from this perspective the measures are capable of falling within the protective scope of CERD.

30. Article 1, paragraph 1, of CERD defines "racial discrimination" as distinctions with either the "purpose or effect" of impairing the enjoyment of human rights. It is noted that the majority of Qatari nationals are defined by their Qatari heritage, ancestry or descent. The Qataris, in the sense of constituting a historical-cultural community undoubtedly fall within the scope of "national origin" as contained in Article 1, paragraph 1, of CERD. The ordinary meaning, in its context and in light of the object and purpose of CERD, and the *travaux préparatoires* of CERD also support this finding. As such, the discriminatory effect of the measures which forms the third claim of indirect discrimination, are capable of falling within the provisions of CERD. This is particularly so in relation to the adverse media coverage and the anti-Qatari propaganda that Qatar alleges. The effect of such broadcasts against Qatari nationals impair the enjoyment of rights by individuals of Qatari national origin. The attempt to limit these measures to nationality alone is untenable.

31. While a full assessment of these claims would appear more appropriate at the merits stage of the proceedings, at the jurisdictional stage, there is a sufficient basis to reject the first preliminary objection of the UAE.

CONCLUSION

32. In my view, Qatar's submission that the term "national origin" encompasses differential treatment on the basis of current nationality is correct and, as a consequence, the dispute concerns the interpretation or application of CERD; the UAE's case, which is grounded on its objections to the jurisdiction *ratione materiae* of the Court, on the basis that the contested measures do not fall within the scope of application of CERD, should therefore fail. Consequently, the Court has jurisdiction to entertain the Application filed by Qatar, on 11 June 2018, pursuant to the compromissory clause contained in Article 22 of CERD. The majority ought to have rejected the first preliminary objection of the UAE.

(Signed) Dalveer BHANDARI.

5 juin 2017 vise les Qatariens se trouvant aux Emirats arabes unis «en qualité de résident ou de visiteur». Abstraction faite du terme «visiteur», celui de «résident» est suffisamment large pour inclure non seulement les nationaux qatariens mais également les personnes d'origine nationale qatarienne. Si les mesures ne devaient viser que les nationaux qatariens, elles le diraient explicitement. Or, on ne trouve rien de tel dans leur libellé. Ainsi, même de ce point de vue, les mesures sont susceptibles de relever du champ d'application de la protection prévue par la CIEDR.

30. Le paragraphe 1 de l'article premier de la CIEDR définit la «discrimination raciale» comme toute distinction ayant «pour but ou pour effet» de compromettre la jouissance des droits de l'homme. Il a été expliqué que la majorité des nationaux qatariens étaient définis par leur héritage qatarien — leurs ancêtres ou ascendants qatariens. Les Qatariens, au sens de communauté historico-culturelle, partagent sans aucun doute l'«origine nationale» prévue au paragraphe 1 de l'article premier. Le sens ordinaire de cette expression, lue dans son contexte et à la lumière de l'objet et du but de la convention, ainsi que de ses travaux préparatoires, confirme également cette conclusion. Ainsi, par leur effet discriminatoire, les mesures qui motivent le troisième grief de discrimination indirecte du Qatar sont susceptibles de relever de la CIEDR. Il en va ainsi en particulier de la couverture médiatique contemptrice et de la propagande contre les Qatariens que dénonce le Qatar. L'effet produit par ces discours hostiles aux nationaux qatariens empêche les personnes d'«origine nationale» qatarienne de jouir de leurs droits. Il est impossible de prétendre que les mesures qui en sont la cause sont fondées sur la seule nationalité.

31. Les griefs du Qatar requièrent certes un examen approfondi au stade du fond de la procédure, mais au stade de l'établissement de la compétence, il existe un fondement suffisant pour rejeter la première exception préliminaire des Emirats arabes unis.

CONCLUSION

32. A mon sens, le Qatar soutient à raison que l'expression «origine nationale» s'applique également aux différences de traitement fondées sur la nationalité actuelle, et le présent différend concerne donc l'interprétation ou l'application de la CIEDR ; la thèse des Emirats arabes unis, qui contestent la compétence *ratione materiae* de la Cour au motif que les mesures en cause n'entrent pas dans le champ d'application de la convention, ne saurait donc prospérer. Il s'ensuit que la Cour est compétente pour connaître de la requête dont le Qatar l'a saisie le 11 juin 2018 en vertu de la clause compromissoire contenue à l'article 22 de la CIEDR. La majorité aurait dû rejeter la première exception préliminaire des Emirats arabes unis.

(Signé) Dalveer BHANDARI.

146

DISSENTING OPINION OF JUDGE ROBINSON

1. I disagree with the finding in paragraph 115 of the Judgment upholding the first preliminary objection of the United Arab Emirates ("UAE")
and the finding that the Court has no jurisdiction to entertain the Application filed by Qatar.
2. It is settled that for the Court to have jurisdiction to entertain the
Application, the violations of which Qatar complains must fall within the
provisions of the International Convention on the Elimination of All
Forms of Racial Discrimination (hereinafter the "Convention" or
"CERD")[1].

FIRST PRELIMINARY OBJECTION

3. In paragraph 56 of the Judgment the Court refers to Qatar's characterization of the dispute as follows:

"[t]he first is its claim arising out of the 'travel bans' and 'expulsion
order', which make express reference to Qatari nationals. The second
is its claim arising from the restrictions on Qatari media corporations.
Qatar's third claim is that the measures taken by the UAE, including
the measures on which Qatar bases its first and second claims, result
in 'indirect discrimination' on the basis of Qatari national origin."

4. The majority has wrongly concluded that the claims arising from the
first and third measures do not fall within the provisions of the Convention.

A. The First Claim

5. Article 1 of CERD reads as follows:

"1. In this Convention, the term 'racial discrimination' shall mean
any distinction, exclusion, restriction or preference based on race,
colour, descent, or national or ethnic origin which has the purpose or
effect of nullifying or impairing the recognition, enjoyment or exercise, on an equal footing, of human rights and fundamental freedoms

---

[1] *Oil Platforms (Islamic Republic of Iran* v. *United States of America), Preliminary
Objection, Judgment, I.C.J. Reports 1996 (II)*, p. 810, para. 16.

OPINION DISSIDENTE DE M. LE JUGE ROBINSON

[Traduction]

1. Je ne souscris pas à la décision énoncée au paragraphe 115 de l'arrêt de retenir la première exception préliminaire soulevée par les Emirats arabes unis, ni à la conclusion selon laquelle la Cour n'a pas compétence pour connaître de la requête déposée par le Qatar.

2. Il est établi que, pour que la Cour ait compétence pour se prononcer sur la requête, les violations reprochées par le Qatar doivent entrer dans les prévisions de la convention internationale sur l'élimination de toutes les formes de discrimination raciale (ci-après la «convention» ou la «CIEDR»)[1].

Première exception préliminaire

3. Au paragraphe 56 de l'arrêt, la Cour évoque comme suit la manière dont le Qatar a défini l'objet du différend:

> «[l]e premier [chef de discrimination raciale] se rapporte à la «décision d'expulsion» et aux «interdictions d'entrée», qui visent expressément les nationaux qatariens, le second, aux restrictions imposées à des sociétés de médias qatariennes. En outre, le Qatar avance un troisième chef, affirmant que les mesures prises par les Emirats arabes unis, y compris celles sur lesquelles le Qatar fonde ses premier et deuxième chefs de discrimination, entraînent une «discrimination indirecte» fondée sur l'origine nationale qatarienne.»

4. La majorité a conclu à tort que les griefs découlant des mesures faisant l'objet des première et troisième demandes du Qatar n'entraient pas dans les prévisions de la convention.

A. Première demande

5. L'article premier de la CIEDR est libellé comme suit:

> «1. Dans la présente Convention, l'expression «discrimination raciale» vise toute distinction, exclusion, restriction ou préférence fondée sur la race, la couleur, l'ascendance ou l'origine nationale ou ethnique, qui a pour but ou pour effet de détruire ou de compromettre la reconnaissance, la jouissance ou l'exercice, dans des condi-

---

[1] *Plates-formes pétrolières (République islamique d'Iran c. Etats-Unis d'Amérique), exception préliminaire, arrêt, C.I.J. Recueil 1996 (II)*, p. 810, par. 16.

in the political, economic, social, cultural or any other field of public life.

2. This Convention shall not apply to distinctions, exclusions, restrictions or preferences made by a State Party to this Convention between citizens and non-citizens.

3. Nothing in this Convention may be interpreted as affecting in any way the legal provisions of States Parties concerning nationality, citizenship, or naturalization, provided that such provisions do not discriminate against any particular nationality."

The meaning of the term "national origin" in Article 1 (1) of the Convention

6. The dispute between the Parties concerns the question whether the term "national origin" in the definition of racial discrimination in Article 1 (1) of CERD excludes or encompasses differences of treatment based on nationality. Qatar is correct in its argument that the term "national origin" encompasses differences of treatment based on nationality.

7. By virtue of customary international law, the provisions of Article 1 of the Convention must be interpreted in good faith in accordance with their ordinary meaning in their context and in light of the object and purpose of the Convention. According to the ordinary meaning of the words "national" and "origin", the term "national origin" refers to a person's historical relationship with a country where the people to which that person belongs are living. This relationship may extend for a short period or for a relatively long period. In some cases, the person may, while living in another country and having the citizenship of that country, retain citizenship of the country with which he also has a historical relationship. In other cases, he may not. There is nothing in the ordinary meaning of the term "national origin" that would render it inapplicable to a person's current nationality. The majority has argued as a general proposition that, while nationality is changeable, national origin is a characteristic acquired at birth and for that reason is immutable. As a general proposition, the validity of this statement is questionable. It is too stark in its presentation of the difference between nationality and national origin and does not reflect the nuances distinguishing one from the other.

8. National origin refers not only to the place from which one's forebears came; it may also refer to the place where one was born. For that reason, it is clear that national origin can encompass nationality because the place where one was born can give rise to both one's nationality as well as one's national origin. The directive of 5 June 2017 referred not only to Qatari nationals but also to Qatari residents and visitors in the UAE and the Qatari people, the latter categories clearly referring to

tions d'égalité, des droits de l'homme et des libertés fondamentales dans les domaines politique, économique, social et culturel ou dans tout autre domaine de la vie publique.

2. La présente Convention ne s'applique pas aux distinctions, exclusions, restrictions ou préférences établies par un Etat partie à la Convention selon qu'il s'agit de ses ressortissants ou de non-ressortissants.

3. Aucune disposition de la présente Convention ne peut être interprétée comme affectant de quelque manière que ce soit les dispositions législatives des Etats parties à la Convention concernant la nationalité, la citoyenneté ou la naturalisation, à condition que ces dispositions ne soient pas discriminatoires à l'égard d'une nationalité particulière.»

Sens de l'expression «origine nationale» figurant au paragraphe 1 de l'article premier de la convention

6. Le différend entre les Parties portait sur la question de savoir si l'expression «origine nationale» figurant dans la définition de la discrimination raciale énoncée au paragraphe 1 de l'article premier de la CIEDR excluait ou englobait les différences de traitement fondées sur la nationalité. Le Qatar soutenait à bon droit que pareilles différences de traitement étaient bel et bien englobées.

7. En vertu du droit international coutumier, les dispositions de l'article premier de la convention doivent être interprétées de bonne foi suivant le sens ordinaire à attribuer à leurs termes dans leur contexte et à la lumière de l'objet et du but de la convention. Selon le sens ordinaire des termes «origine» et «nationale», l'expression «origine nationale» renvoie au lien de rattachement historique d'une personne au pays dans lequel vit le peuple auquel elle appartient. Ce lien peut s'inscrire sur une durée plus ou moins longue. Dans certains cas, la personne peut, tout en vivant dans un autre pays et en étant ressortissante de ce pays, conserver la citoyenneté du pays avec lequel elle a également un lien de rattachement historique. Dans d'autres cas, cela n'est pas possible. Le sens ordinaire de l'expression «origine nationale» ne permet en rien d'affirmer que celle-ci ne peut s'appliquer à la nationalité actuelle d'une personne. La majorité se range à l'idée générale que la nationalité peut changer mais que l'origine nationale est une caractéristique innée et donc immuable. La validité d'une telle affirmation est contestable en ce qu'elle distingue trop nettement et sans nuances la nationalité de l'origine nationale.

8. L'origine nationale ne renvoie pas seulement au pays dont sont originaires les ancêtres; elle peut également faire référence au lieu de naissance. Ainsi, il est clair que l'origine nationale peut englober la nationalité car du lieu de naissance peuvent découler aussi bien la nationalité que l'origine nationale. La directive du 5 juin 2017 visait non seulement les nationaux qatariens, mais également les Qatariens se trouvant aux Emirats arabes unis en qualité de résident ou de visiteur, ainsi que le peuple

national origin. As a matter of fact, the vast majority of persons who acquire nationality on the basis of *jus sanguinis* will spend the rest of their lives holding that nationality. In Qatar and the UAE, nationality is acquired on the basis of *jus sanguinis*. Therefore, a person who acquires nationality on the basis of *jus sanguinis* will, more likely than not, retain that nationality along with his national origin. In that sense, that person's nationality would seem to be just as unchangeable as his national origin.

9. The majority has relied on the Court's Judgment in *Nottebohm (Liechtenstein* v. *Guatemala), Second Phase, Judgment, I.C.J. Reports 1955*, p. 20, to support its reasoning that nationality is subject to the discretion of the State. However, that case, decided in 1955, reflects a substantially State-centred approach to international law that has been affected by subsequent developments in human rights law. For example, it is now generally accepted that a State is not entirely free to deprive a person of his nationality where this act would render the person stateless.

10. The ordinary meaning of the term "national origin" must be read in its context and in light of the Convention's object and purpose.

11. As far as context is concerned, the exceptional régime in Article 1 (2) providing for distinctions between citizens and non-citizens is only intelligible on the basis that the definition of racial discrimination in Article 1 (1) also covers such distinctions; if those distinctions were not part of the definition that includes discrimination on the basis of national origin, there would be no need to provide for the exception in this paragraph. There is no merit in the UAE's submission that the paragraph was inserted "for the avoidance of doubt"; the drafters inserted the paragraph because they considered it necessary, since nationality was encompassed by national origin. Article 1 (2) therefore must be seen as carving out from Article 1 (1) an exceptional régime relating to distinctions that a Contracting Party may make between citizens and non-citizens; in effect, Article 1 (2) allows States parties to derogate from the prohibition of discrimination in Article 1 (1) by measures that distinguish between citizens and non-citizens. While Article 1 (3) allows States to adopt legal provisions that distinguish between nationals and non-nationals, importantly it requires that those provisions must not discriminate against a particular nationality. In that regard, it is noteworthy that Qatar alleges that the UAE's measures discriminate against persons of the specific nationality of Qatar. As far as the aim of the Convention is concerned, its Preamble and operative provisions make clear that its purpose is to eliminate racial discrimination in *all* its forms, an objective that would not be achieved if States were left entirely free to discriminate between citizens and non-citizens. Interpreting "national origin" in the Convention as encompassing nationality is therefore consistent with the Convention's object and purpose. Consequently, the ordinary meaning of the term "national origin" when read in its context and in light of the Con-

qatarien, ces dernières catégories faisant clairement référence à l'origine nationale. De fait, l'immense majorité des personnes qui acquièrent une nationalité selon la règle du *jus sanguinis* restent détentrices de cette nationalité à vie. Au Qatar et aux Emirats arabes unis, l'acquisition de la nationalité est fondée sur la loi du sang. Une personne ayant ainsi acquis sa nationalité la conservera donc, selon toute vraisemblance, en sus de son origine nationale. En ce sens, il semblerait que la nationalité soit alors tout aussi immuable que l'origine nationale.

9. La majorité invoque l'arrêt rendu par la Cour en l'affaire *Nottebohm (Liechtenstein c. Guatemala)* (*deuxième phase, arrêt, C.I.J. Recueil 1955*, p. 20) à l'appui de son raisonnement selon lequel la nationalité relève du pouvoir discrétionnaire de l'Etat. Or cette affaire, sur laquelle la Cour a statué en 1955, reflète une conception du droit international alors largement axée sur l'Etat mais qui a ensuite été marquée par l'évolution du droit des droits de l'homme. Ainsi, il est à présent généralement admis qu'un Etat n'a pas toute latitude pour déchoir un individu de sa nationalité dès lors que cette mesure fait de l'intéressé un apatride.

10. Le sens ordinaire de l'expression «origine nationale» doit être interprété dans son contexte et à la lumière de l'objet et du but de la convention.

11. Pour ce qui est du contexte, le régime exceptionnel énoncé au paragraphe 2 de l'article premier prévoyant des distinctions selon qu'il s'agit de ressortissants ou de non-ressortissants n'a de sens que si la définition de la discrimination raciale figurant au paragraphe 1 de l'article premier recouvre également de telles distinctions; si ces distinctions n'étaient pas comprises dans la définition qui inclut la discrimination fondée sur l'origine nationale, il n'y aurait pas lieu de prévoir l'exception visée au paragraphe 2. L'argument des Emirats arabes unis selon lequel ce paragraphe a été ajouté pour «éviter tout doute» n'avait aucun fondement; les rédacteurs ont intégré ce paragraphe parce qu'ils le jugeaient nécessaire, la nationalité étant englobée dans l'origine nationale. Le paragraphe 2 de l'article premier doit donc être considéré comme établissant, sur la base du paragraphe 1, un régime exceptionnel lié aux distinctions qu'une partie contractante pourrait faire entre ressortissants et non-ressortissants; il permet en fait aux Etats parties de déroger à l'interdiction de la discrimination énoncée au paragraphe 1 de l'article premier en adoptant des mesures qui établissent une distinction entre ressortissants et non-ressortissants. Si le paragraphe 3 de l'article premier autorise les Etats à adopter des dispositions législatives qui introduisent une différenciation entre nationaux et non-nationaux, il est important de noter qu'il impose également que ces dispositions ne soient pas discriminatoires à l'encontre d'une nationalité particulière. A cet égard, il mérite d'être relevé que le Qatar soutenait que les mesures mises en œuvre par les Emirats arabes unis opéraient une discrimination à l'encontre des personnes ayant spécifiquement la nationalité qatarienne. Pour ce qui est de l'objectif de la convention, il ressort clairement du préambule et du dispositif que celle-ci vise à éliminer *toute* forme de discrimination raciale, objectif qui ne serait pas atteint

vention's object and purpose encompasses differences of treatment based on nationality.

The Travaux Préparatoires

12. Recourse may be had to the *travaux préparatoires* to confirm the ordinary meaning of the term "national origin" set out above. The *travaux préparatoires* show that during the discussion in the United Nations Third Committee of what ultimately became Article 1 (1), some members understood the term "national origin" to include nationality or understood it as equated with the word "nationality". On the other hand, some delegations argued that the inclusion of the term "national origin" might oblige States to give to non-citizens in their territory rights that would normally be reserved for their own citizens. To take account of the latter concern, France and the United States proposed an amendment, the effect of which was to exclude "nationality" from the definition of "national origin". However, this proposal met with strong opposition and was withdrawn. A nine-power compromise proposal was made and accepted, resulting in the addition to Article 1 of paragraphs 2 and 3. France and the United States indicated that the compromise proposal was "entirely acceptable". The acceptance of the compromise proposal indubitably indicated the rejection of the exclusion of nationality from the concept of national origin. The majority attempts to make much of the fact that the proposal was a compromise. Of course, the text of paragraph 2 is a compromise, but its meaning is clear. It reflects the agreement reached between the position of those States, such as France and the United States, that the Convention should not prevent States parties from distinguishing between citizens and non-citizens, and the position of those States who were concerned that the term "national origin" should not be construed narrowly and restrictively. The entire Committee therefore accepted the compromise that the term "national origin" would encompass current nationality, but would leave States with the ability to reserve certain rights to their citizens. The *travaux préparatoires* therefore confirm the interpretation resulting from the ordinary meaning of the term "national origin".

The work of the CERD Committee and General Recommendation XXX

13. On 1 October 2002, 32 years after its establishment, the CERD Committee adopted General Recommendation XXX, paragraph 4 of which provides that

si les Etats avaient entière latitude pour opérer une discrimination entre ressortissants et non-ressortissants. L'interprétation selon laquelle l'expression « origine nationale » dans la convention englobe la nationalité est donc conforme au but et à l'objet de l'instrument. Par conséquent, le sens ordinaire de l'expression « origine nationale », interprété dans son contexte et à la lumière de l'objet et du but de la convention, englobe les différences de traitement fondées sur la nationalité.

Travaux préparatoires

12. Il peut être fait appel aux travaux préparatoires pour confirmer le sens ordinaire de l'expression « origine nationale » exposé ci-dessus. Il ressort des travaux que, lors de l'examen, par la Troisième Commission de l'Assemblée générale des Nations Unies, du texte qui allait devenir le paragraphe 1 de l'article premier, certains membres interprétaient l'expression « origine nationale » comme englobant la nationalité ou comme étant équivalente au terme « nationalité ». D'autres délégations considéraient, en revanche, qu'inclure l'expression « origine nationale » pourrait obliger les Etats à accorder aux non-ressortissants sur leur territoire des droits qui seraient normalement réservés à leurs ressortissants. Afin de prendre en compte cette dernière préoccupation, la France et les Etats-Unis avaient proposé un amendement visant à exclure le terme « nationalité » de la définition de l'« origine nationale ». Cette proposition avait toutefois suscité une vive opposition et avait été retirée. Un compromis avait été conjointement proposé par neuf puissances et accepté, ce qui avait résulté en l'ajout des paragraphes 2 et 3. La France et les Etats-Unis avaient jugé la proposition de compromis « tout à fait acceptable ». L'acceptation du compromis indiquait sans équivoque le rejet de l'exclusion de la nationalité du concept d'origine nationale. La majorité cherche à faire grand cas du fait que la proposition était un compromis. Certes, le texte du paragraphe 2 est issu d'un compromis, mais son sens est clair. Il reflète l'entente trouvée entre la position de certains Etats, comme la France et les Etats-Unis, selon laquelle la convention ne devrait pas empêcher les Etats parties d'opérer une distinction entre ressortissants et non-ressortissants, et la position d'autres Etats préoccupés par le fait que l'expression « origine nationale » ne devrait pas être interprétée de façon étroite et restrictive. La Commission dans son ensemble avait donc accepté le compromis selon lequel l'expression « origine nationale » engloberait la nationalité actuelle, tout en laissant aux Etats la possibilité de réserver certains droits à leurs ressortissants. Les travaux confirment donc l'interprétation découlant du sens ordinaire de l'expression « origine nationale ».

Travaux du Comité de la CIEDR et recommandation générale XXX

13. Le 1er octobre 2002, 32 ans après sa création, le Comité de la CIEDR a adopté la recommandation générale XXX, dont le paragraphe 4 prévoit que

"differential treatment based on citizenship or immigration status will constitute discrimination if the criteria for such differentiation, judged in light of the objectives and purposes of the Convention, are not applied pursuant to a legitimate aim and are not proportional to the achievement of this aim".

This recommendation replaced General Recommendation XI of 1993. Qatar embraces General Recommendation XXX, paragraph 4, because, in its view, the UAE's measures had a disproportionate impact on Qataris. The UAE on the other hand argues that this recommendation does not reflect the law and should not be followed by the Court. The matter is of some importance because the Court has in the past taken account of the work of the United Nations supervisory bodies of human rights treaties. While the Court is not bound by the recommendations of such bodies, in *Ahmadou Sadio Diallo*, it indicated that it would attach "great weight" to the interpretations of the International Covenant on Civil and Political Rights (hereinafter the "ICCPR") by the Human Rights Committee[2]. The contribution, made by the CERD Committee to the protection of human rights by its monitoring of the implementation of the Convention, cannot be questioned. There is no reason why the Court should not attach great weight to the recommendations of the CERD Committee (which is properly seen as the guardian of the Convention), if they are not in conflict with international human rights law or general international law. This approach will promote the achievement of the clarity, consistency and legal security which the Court referred to in *Ahmadou Sadio Diallo*[3]. It is regrettable that, in this case, the Court did not follow the CERD Committee's recommendation. Notably, the majority did not offer any explanation for not following it.

14. Paragraph 4 of Recommendation XXX reflects the tug between State power and the stress placed in international law after World War II on the fundamental rights of the individual. The paragraph seeks to strike a balance between measures taken by a State in the exercise of its sovereign powers and the extent to which those measures may properly derogate from a fundamental human right. The principle of proportionality is applied in the implementation of all the major global and regional human rights instruments; it is also applied by the multitude of States, which have, in their national constitutions and laws, provisions relating to the protection of fundamental rights and freedoms that have been influenced by the Universal Declaration of Human Rights and the European Convention on Human Rights. The principle of proportionality is applied by all regional human rights courts. My own view is that the principle may very well reflect a rule of customary international law. It is a principle

---

[2] *Ahmadou Sadio Diallo (Republic of Guinea* v. *Democratic Republic of Congo)*, *Merits, Judgment, I.C.J. Reports 2010 (II)*, pp. 663-664, para. 66.
[3] *Ibid.*

« l'application d'un traitement différent fondé sur le statut quant à la citoyenneté ou à l'immigration constitue une discrimination si les critères de différenciation, jugés à la lumière des objectifs et des buts de la convention, ne visent pas un but légitime et ne sont pas proportionnés à l'atteinte de ce but ».

Cette recommandation a remplacé la recommandation XI de 1993. Le Qatar souscrit au paragraphe 4 de la recommandation XXX parce que, selon lui, les mesures prises par les Emirats arabes unis ont eu des incidences disproportionnées sur les Qatariens. Pour les Emirats arabes unis, cette recommandation ne reflète pas le droit et ne devrait pas être suivie par la Cour. La question revêt une certaine importance, la Cour ayant, par le passé, tenu compte des travaux des organes onusiens de surveillance des traités relatifs aux droits de l'homme. Bien que la Cour ne soit pas tenue de se conformer aux recommandations de tels organes, elle a indiqué dans l'arrêt rendu en l'affaire *Ahmadou Sadio Diallo* qu'elle accorderait une « grande considération » à l'interprétation adoptée par le Comité des droits de l'homme institué par le Pacte international relatif aux droits civils et politiques[2]. La contribution que le Comité de la CIEDR a apportée à la protection des droits de l'homme par son suivi de l'application de la convention est indéniable. La Cour n'a aucune raison de ne pas attacher une grande importance aux recommandations du Comité (qui est considéré à juste titre comme le gardien de la convention) si celles-ci ne sont pas contraires au droit international des droits de l'homme ou au droit international général. Une telle approche permet de promouvoir la clarté, la cohérence et la sécurité juridique prônées par la Cour dans son arrêt en l'affaire *Ahmadou Sadio Diallo*[3]. Il est déplorable que la Cour n'ait pas suivi la recommandation du Comité de la CIEDR en l'espèce, et il convient de relever que la majorité ne s'en est pas expliquée.

14. Le paragraphe 4 de la recommandation XXX traduit le tiraillement entre le pouvoir de l'Etat et l'insistance sur les droits fondamentaux de la personne dans le droit international à la suite de la Seconde Guerre mondiale. Il vise à assurer un équilibre entre le respect des mesures prises par un Etat dans l'exercice de ses pouvoirs souverains et la mesure dans laquelle celles-ci peuvent légitimement limiter la portée d'un droit de l'homme fondamental. Le principe de proportionnalité est appliqué dans la mise en œuvre de tous les grands instruments internationaux et régionaux relatifs aux droits de l'homme et par les nombreux Etats dont les constitutions et les lois internes contiennent des dispositions concernant la protection des libertés et droits fondamentaux inspirées de la Déclaration universelle des droits de l'homme et de la convention européenne des droits de l'homme. Ce principe est également appliqué par toutes les cours régionales des droits de l'homme. J'estime pour ma part qu'il pourrait bien refléter une règle de droit interna-

---

[2] *Ahmadou Sadio Diallo (République de Guinée c. République démocratique du Congo)*, fond, arrêt, *C.I.J. Recueil 2010 (II)*, p. 663-664, par. 66.
[3] *Ibid.*

that is applied in the interpretation and application of human rights instruments even though the word "proportionality" may not be found in those instruments. The principle requires States to justify a derogation from a fundamental human right by showing that the derogatory measure serves a legitimate aim and is proportional to the achievement of that aim. As the Court itself held in its Advisory Opinion in *Legal Consequences of the Construction of a Wall in the Occupied Palestinian Territories* in its interpretation of Article 12 (3) of the ICCPR, the derogation must be the least restrictive measure needed to achieve that aim[4]. Once the Court is satisfied that measures taken by a State in the implementation of Articles 1 (2) and 1 (3) are properly seen as raising a question of derogation from the prohibition of racial discrimination under Article 1, it must, if it is to be consistent with the development of the *corpus* of international human rights law since 1945, apply the principle of proportionality in order to determine whether that question arises. Such a question, if it arises, falls within the provisions of the Convention and would be an important aspect of the dispute relating to its interpretation or application.

15. If the Convention is interpreted as not requiring the application of the principle of proportionality set out in paragraph 4 of General Recommendation XXX, it would be an outlier among the number of human rights treaties that have been adopted since World War II. Moreover, the Committee's recommendation is wholly consistent with the purpose of the Convention to eliminate all forms of racial discrimination, since it confirms that States are not free to adopt measures that disproportionately discriminate against persons on the basis of their nationality. The effect of the recommendation is not to prevent States from adopting measures that differentiate between citizens and non-citizens. It only prohibits measures that cannot be justified on the basis that they serve a legitimate aim and are proportional to the achievement of that aim.

16. In the circumstances of this case and in the context of Article 1 (2) and (3) of the Convention, it was open to the UAE to adopt measures distinguishing between United Arab Emirates' citizens and the citizens of other States, including those of Qatar. However, in adopting those measures, the UAE was obliged to ensure that the measures served a legitimate aim and were proportionate to the achievement of that aim. Qatar has argued that Qataris were disproportionately targeted by the measures. Moreover, although Article 1 (3) allows a State to adopt measures providing for distinctions on the basis of nationality, it specifically

---

[4] *Legal Consequences of the Construction of a Wall in the Occupied Palestinian Territory, Advisory Opinion, I.C.J. Reports 2004 (I)*, pp. 192-193, para. 136.

tional coutumier. Ce principe est en effet appliqué dans l'interprétation et la mise en œuvre des instruments relatifs aux droits de l'homme, même si le terme «proportionnalité» lui-même n'y figure pas nécessairement. Selon ce principe, les Etats sont tenus de justifier toute dérogation à un droit de l'homme fondamental en apportant la preuve que la mesure dérogatoire sert un but légitime et qu'elle est proportionnée à la réalisation de ce but. Ainsi que l'a dit la Cour elle-même dans son avis consultatif sur les *Conséquences juridiques de l'édification d'un mur dans le territoire palestinien occupé*, dans lequel elle a donné son interprétation du paragraphe 3 de l'article 12 du Pacte international relatif aux droits civils et politiques, la dérogation doit constituer la mesure la moins restrictive nécessaire pour atteindre ce but[4]. Une fois que la Cour tient pour établi que les mesures prises par un Etat dans le cadre de la mise en œuvre des paragraphes 2 et 3 de l'article premier de la convention sont considérées à juste titre comme soulevant une question de dérogation à l'interdiction de la discrimination raciale prévue par l'article premier, elle doit, si elle veut s'inscrire dans la droite ligne de l'évolution du corpus du droit international des droits de l'homme depuis 1945, appliquer le principe de proportionnalité afin de déterminer si cette question se pose ou non. Une telle question, si elle venait à se poser, relèverait des dispositions de la convention et constituerait un aspect important du différend relatif à son interprétation ou son application.

15. Interpréter la convention comme ne nécessitant pas l'application du principe de proportionnalité énoncé au paragraphe 4 de la recommandation générale XXX revient à considérer qu'elle fait figure d'exception parmi les instruments relatifs aux droits de l'homme adoptés depuis la fin de la Seconde Guerre mondiale. Qui plus est, la recommandation du Comité cadre parfaitement avec le but de la convention, à savoir l'élimination de toutes les formes de discrimination raciale, puisqu'elle confirme que les Etats ne sont pas libres d'adopter des mesures de nature à faire subir à des personnes une discrimination disproportionnée sur le fondement de leur nationalité. L'effet de la recommandation n'est pas d'empêcher les Etats d'adopter des mesures faisant une distinction entre ressortissants et non-ressortissants. La recommandation n'interdit que les mesures qui ne peuvent être justifiées par le fait qu'elles servent un but légitime et sont proportionnées à la réalisation de ce but.

16. Dans les circonstances de l'espèce et dans le contexte des paragraphes 2 et 3 de l'article premier de la convention, il était loisible aux Emirats arabes unis d'adopter des mesures établissant une distinction entre les ressortissants émiriens et ceux d'Etats tiers, y compris le Qatar. Toutefois, en adoptant de telles mesures, les Emirats arabes unis étaient tenus de veiller à ce que celles-ci poursuivent un but légitime et soient proportionnées à la réalisation de ce but. Or le Qatar a fait valoir que les mesures prises visaient d'une façon disproportionnée les Qatariens. En outre, si le paragraphe 3 de l'article premier autorise un Etat à adopter

---

[4] *Conséquences juridiques de l'édification d'un mur dans le territoire palestinien occupé,* avis consultatif, *C.I.J. Recueil 2004 (I)*, p. 192-193, par. 136.

provides that such measures must not discriminate against a particular nationality.

17. Paragraph 4 of General Recommendation XXX becomes relevant in light of Qatar's claim that the measures disproportionately targeted persons of Qatari citizenship. As noted before, the principle of proportionality becomes applicable once a treaty or national law provides for what is in effect a derogation from a fundamental human right. In the particular context of this case therefore, Qatar's claim that the measures disproportionately affected Qataris on the basis of their nationality, which is encompassed by the term "national origin", falls within the provisions of the Convention.

18. In light of the foregoing, Qatar's first claim falls within the provisions of CERD.

B. The Second Claim

19. I am in agreement with the finding of the majority that Qatar's claim relating to discrimination against media corporations does not fall within the provisions of the Convention.

C. The Third Claim

20. According to the Convention, the term "racial discrimination" refers to a restrictive measure that is based on race, colour, descent, or national or ethnic origin, which has the purpose or effect of impairing the enjoyment, on an equal footing, of fundamental human rights. However, as Judge Crawford stated in his declaration in *Ukraine* v. *Russian Federation*,

> "[t]he definition of 'racial discrimination' in Article 1 of CERD does not require that the restriction in question be based expressly on racial or other grounds enumerated in the definition; it is enough that it directly implicates such a group on one or more of these grounds"[5].

Qatar relies on this analysis by Judge Crawford in order to distinguish between a restrictive measure that is based expressly on one of the protected grounds (direct discrimination) and one that, although not based expressly on one of those grounds, nonetheless directly implicates a group on one of the protected grounds. Translated to the circumstances of this

---

[5] *Application of the International Convention for the Suppression of the Financing of Terrorism and of the International Convention on the Elimination of All Forms of Racial Discrimination (Ukraine* v. *Russian Federation), Provisional Measures, Order of 19 April 2017, I.C.J. Reports 2017*, declaration of Judge Crawford, p. 215, para. 7.

des mesures établissant des distinctions sur le fondement de la nationalité, il dispose expressément que pareilles mesures ne doivent pas être discriminatoires à l'égard d'une nationalité particulière.

17. Le paragraphe 4 de la recommandation générale XXX acquiert une pertinence toute particulière à la lumière du grief du Qatar selon lequel les mesures prises visaient d'une façon disproportionnée les ressortissants du Qatar. Comme observé plus haut, le principe de proportionnalité devient applicable dès lors qu'un traité ou une législation nationale contient une disposition qui est, en réalité, une dérogation à un droit de l'homme fondamental. Par conséquent, dans le contexte particulier de la présente affaire, le grief du Qatar selon lequel les mesures prises ont eu une incidence disproportionnée sur les Qatariens en raison de leur nationalité, notion que recouvre l'expression « origine nationale », entrait dans les prévisions de la convention.

18. Compte tenu de ce qui précède, la première demande du Qatar entrait dans les prévisions de la convention.

B. Deuxième demande

19. Je souscris à la conclusion de la majorité selon laquelle la demande du Qatar relative à la discrimination à l'encontre de sociétés de médias n'entre pas dans les prévisions de la convention.

C. Troisième demande

20. Au sens de la convention, la « discrimination raciale » s'entend d'une mesure restrictive fondée sur la race, la couleur, l'ascendance ou l'origine nationale ou ethnique, ayant pour but ou pour effet de compromettre la jouissance, dans des conditions d'égalité, de droits de l'homme fondamentaux. Toutefois, comme M. le juge Crawford l'a déclaré en l'affaire *Ukraine c. Fédération de Russie,*

> « [l]a définition de la « discrimination raciale » figurant à l'article premier de la CIEDR n'exige pas que la restriction apportée soit expressément fondée sur les motifs raciaux ou autres qui y sont énumérés ; il suffit que cette restriction affecte directement un groupe pour un ou plusieurs de ces motifs »[5].

Le Qatar a invoqué l'analyse du juge Crawford pour distinguer une mesure restrictive fondée expressément sur l'un des motifs prohibés (la discrimination directe) d'une mesure qui, bien que n'étant pas fondée expressément sur l'un des motifs prohibés, concerne directement un groupe pour l'un de ces motifs. Selon le Qatar, s'il n'était pas d'emblée

---

[5] *Application de la convention internationale pour la répression du financement du terrorisme et de la convention internationale sur l'élimination de toutes les formes de discrimination raciale (Ukraine c. Fédération de Russie), mesures conservatoires, ordonnance du 19 avril 2017, C.I.J. Recueil 2017*, déclaration de M. le juge Crawford, p. 215, par. 7.

case, Qatar's submission is that although the UAE's measures do not on their face refer to persons of Qatari national origin, as a matter of fact by their effect they directly implicate persons of Qatari national origin. Qatar describes this as indirect discrimination. Although Qatar has framed this part of its case as one of indirect discrimination, in my view, since labels such as "indirect discrimination" are very often misleading, it is better to concentrate on the essence of Qatar's claim.

21. Some comments on indirect discrimination are appropriate. First, the label "indirect discrimination" may be misleading because, for the so-called indirect discrimination to occur, the measures in question must by their effect directly implicate persons in the protected group. In this case, the measures directly implicate persons of Qatari national origin. There is nothing that is indirect in the way the measures by their effect implicate persons of Qatari national origin. Second, the kind of treatment described by Qatar as indirect discrimination occurs frequently in the practice of States. Third, another drawback with the label "indirect discrimination" is that it would seem to suggest or imply that indirect discrimination is inferior to what is called direct discrimination, and for that reason, there may be a tendency to undervalue indirect discrimination. This tendency is evident in paragraph 112 of the Judgment where the majority speaks of "collateral or secondary effects" of the measures. Fourth, the kind of restriction that gives rise to indirect discrimination is frequently disguised discrimination; the discrimination may be difficult to detect because, on its face, the restrictive measure is not based expressly on racial or other grounds.

22. For all these reasons, it is regrettable that the majority did not address Qatar's third claim in a satisfactory manner.

23. The substance of Qatar's third claim is that while the travel ban, the expulsion order and the restrictions on media corporations do not, on their face, purport to discriminate against Qataris on the basis of their national origin — that is, are not based expressly on national origin — by their effect, they constitute discrimination on that basis.

24. It must be emphasized that Qatar's third claim operates independently of its claim that the measures discriminated against Qataris by reason of their nationality; Qatar argues that by reason of their effect the measures also discriminate against Qataris because of their cultural links with Qatar and, therefore, by reason of their Qatari national origin. The examples given by Qatar of how Qataris have been impacted by the measures are a classical illustration of discrimination based on national origin; they show precisely how Qataris were impacted by the measures by reason of their cultural ties with Qatar as a nation. It follows, therefore, that Qatar's third claim, based as it is on the effect of the measures on Qataris as persons of Qataris national origin, is not affected by the majority's finding in paragraph 105 that "the measures complained of by Qatar

apparent que les mesures émiriennes visaient les personnes d'origine nationale qatarienne, elles les concernaient de fait directement, par leur effet, ce qui constituait une discrimination indirecte. Même s'il s'agit là d'un volet de la thèse plaidée par le Qatar, je considère que la qualification de « discrimination indirecte » prête très souvent à confusion et qu'il est préférable de se concentrer sur l'essence de la demande du Qatar.

21. Il est opportun de formuler certaines observations au sujet de la discrimination indirecte. En premier lieu, la qualification de « discrimination indirecte » peut prêter à confusion car, pour que la discrimination indirecte soit avérée, les mesures en cause doivent, par leur effet, concerner directement des personnes appartenant au groupe protégé. En l'espèce, elles concernaient directement des personnes d'origine nationale qatarienne. Il n'y a rien d'indirect dans la façon dont les mesures concernaient, par leur effet, ces personnes. En deuxième lieu, les traitements qualifiés par le Qatar de discrimination indirecte sont fréquents dans la pratique des Etats. En troisième lieu, la qualification de « discrimination indirecte » a ceci de fâcheux qu'elle semble indiquer ou impliquer un niveau de gravité inférieur à celui de la discrimination directe, ce qui pourrait porter d'aucuns à sous-estimer la discrimination indirecte. Une telle tendance est manifeste au paragraphe 112 de l'arrêt, dans lequel la majorité évoque les « effets collatéraux ou secondaires » des mesures. En quatrième lieu, les restrictions donnant lieu à une discrimination indirecte constituent souvent une discrimination déguisée ; la discrimination peut alors être difficile à déceler, les mesures restrictives n'étant pas, à première vue, expressément fondées sur des motifs raciaux ou autres.

22. Pour toutes ces raisons, il est regrettable que la majorité n'ait pas traité la troisième demande du Qatar de manière satisfaisante.

23. Le Qatar, dans sa troisième demande, faisait essentiellement valoir que les interdictions d'entrée, la décision d'expulsion et les restrictions imposées à des sociétés de médias n'étaient pas, à première vue, censées opérer une discrimination à l'encontre des Qatariens sur le fondement de leur origine nationale (en d'autres termes, elles n'étaient pas expressément fondées sur l'origine nationale), mais étaient, par leur effet, constitutives de discrimination sur ce fondement.

24. Il convient de souligner que la troisième demande du Qatar était dissociée du grief selon lequel les mesures prises ont fait subir aux Qatariens une discrimination en raison de leur nationalité ; le Qatar soutenait que ces mesures, par leur effet, opéraient également une discrimination à l'encontre des Qatariens en raison des liens culturels qu'ils entretenaient avec le Qatar, et donc, de leur origine nationale qatarienne. Les exemples donnés par le Qatar au sujet de l'incidence desdites mesures sur les Qatariens étaient des cas classiques de discrimination fondée sur l'origine nationale ; ils montraient précisément en quoi les Qatariens avaient subi les effets des mesures en cause en raison de leurs liens culturels avec le Qatar en tant qu'Etat. Il s'ensuit que la troisième demande du Qatar, fondée sur l'effet des mesures sur les Qatariens en tant que personnes

in the present case as part of its first claim, which are based on the current nationality of its citizens, do not fall within the scope of CERD". Qatar's third claim is that the measures that are based on national origin, a protected ground in the Convention, fall within the provisions of the Convention.

25. Qatar's examples of how the UAE's measures as a matter of fact directly implicated persons of Qatari national origin on the basis of identification with Qatari national traditions and culture, their dress and accent include the following:

"(i) As a general matter, Qatar argues that the measures target and discriminate against 'Qataris' as a historical-cultural community and not merely as holders of a Qatari passport. In this regard, Qatar cites the statement of a person, not a Qatari national who had lived in Qatar for over 60 years and who was denied entry into the UAE because, as he stated, 'the immigration officer saw me as Qatari because of the way I was dressed'; on the other hand, his travel companions who were not wearing traditional Qatari dress were allowed to enter. That person stresses that prior to the measures he had travelled to and from the UAE on many occasions without experiencing any problem at the border.

(ii) Another person who identifies completely as Qatari, but is not a Qatari citizen relates that he was subjected to interrogation by the UAE's officials merely because his passport showed that he was born in Qatar."

There is merit in Qatar's argument that the treatment to which these persons were subjected at the border on the basis of their national origin resulted from the travel ban which targeted Qataris. Consequently, the obligation under the Convention not to discriminate against persons on the basis of their national origin was engaged and the treatment falls within the provisions of the Convention.

26. Despite these clear examples of how the measures discriminate by their effect on persons of Qatari national origin, the majority concluded that they do not constitute racial discrimination within the meaning of the Convention. In paragraph 112 of the Judgment the majority makes a statement of questionable validity. It states that

"[i]n the present case, while the measures based on current Qatari nationality may have collateral or secondary effects on persons born in Qatar or of Qatari parents, or on family members of Qatari

d'origine nationale qatarienne, n'est pas affectée par la conclusion de la majorité, au paragraphe 105 de l'arrêt, selon laquelle «les mesures dont le Qatar tire grief en l'espèce dans le cadre de sa première demande, fondées sur la nationalité actuelle de ses ressortissants, n'entrent pas dans le champ d'application de la CIEDR». Le Qatar, dans sa troisième demande, soutenait que les mesures fondées sur l'origine nationale, l'un des motifs de discrimination prohibés par la convention, entraient dans les prévisions de celle-ci.

25. Pour illustrer comment les mesures émiriennes impliquaient de fait directement des personnes d'origine nationale qatarienne au motif qu'elles s'identifiaient aux traditions et à la culture nationales qatariennes, portaient l'habit qatarien ou parlaient avec l'accent qatarien, le Qatar a donné, entre autres, les exemples suivants :

«i) De façon générale, le Qatar affirmait que les mesures ciblaient les «Qatariens» et étaient discriminatoires à leur encontre en ce qu'elles les visaient en tant que communauté historico-culturelle, et non comme simples détenteurs d'un passeport qatarien. A cet égard, il a cité le témoignage d'un individu non qatarien vivant au Qatar depuis plus de 60 ans qui avait déclaré s'être vu interdire l'entrée sur le sol émirien au motif que, selon ses dires, «l'agent des services de l'immigration l'a[vait] cru qatarien en raison de [s]on apparence vestimentaire»; ses compagnons de voyage, quant à eux, qui ne portaient pas l'habit traditionnel qatarien, avaient été autorisés à entrer sur le territoire. Cet individu soulignait que, avant l'adoption de ces mesures, il était entré ou sorti des Emirats arabes unis à de nombreuses reprises sans rencontrer aucun problème à la frontière;

ii) un autre individu, qui se considérait comme totalement qatarien mais n'était pas ressortissant de l'Etat du Qatar, avait rapporté avoir été soumis à des interrogatoires par les agents émiriens pour le simple fait que son passeport indiquait qu'il était né au Qatar.»

L'argument du Qatar selon lequel le traitement réservé à ces personnes à la frontière au motif de leur origine nationale était la conséquence des interdictions d'entrée sur le territoire qui visaient les Qatariens est fondé. L'obligation imposée par la convention de ne pas opérer de discrimination à l'encontre de personnes au motif de leur origine nationale peut donc être invoquée et ce traitement entre dans les prévisions de la convention.

26. En dépit de ces exemples évidents de la façon dont les mesures ont, par leur effet, opéré une discrimination à l'égard des personnes d'origine nationale qatarienne, la majorité a conclu qu'elles n'étaient pas constitutives de discrimination raciale au sens de la convention. Au paragraphe 112 de l'arrêt, la majorité fait une déclaration dont la validité est contestable, à savoir que

«[e]n la présente espèce, bien que les mesures fondées sur la nationalité actuelle des ressortissants qatariens puissent produire des effets collatéraux ou secondaires sur des personnes nées au Qatar ou de

citizens residing in the UAE, this does not constitute racial discrimination within the meaning of the Convention".

This finding is questionable because in this part of its case Qatar is not complaining about the measures that are based on current Qatari nationality. As the majority itself noted in paragraph 60 of the Judgment: in setting out Qatar's complaint, Qatar's case in relation to what it describes as indirect discrimination is independent of its complaint about the measures on the basis of nationality; Qatar has made it clear that this part of its case is based on national origin, which is one of the protected grounds in the definition of racial discrimination. The second comment that may be made on this finding relates to the regrettable reference to the "collateral or secondary effects" of the measures. The finding is regrettable because it suggests that what Qatar describes as indirect discrimination is equivalent to what the majority describes as the collateral or secondary effects of the measures. As noted before, the essence of Qatar's third claim is that these measures directly implicate Qataris on the basis of their national origin. There is nothing collateral or secondary about the impact of the measures on Qataris on the basis of their national origin. Moreover, in this statement the majority seems to be referring to the collateral or secondary effects of the measures on persons of Qatari national origin; however, this is not at all clear from its reference to those effects on "persons born in Qatar or of Qatari parents, or on family members of Qatari citizens residing in the UAE", since that categorization of persons could also refer to persons of Qatari nationality.

27. The majority does not seek to substantiate its finding by way of reason; it proceeds by way of assertion by simply stating that "the various measures of which Qatar complains do not, either by their purpose or their effect, give rise to racial discrimination against Qataris as a distinct social group on the basis of their national origin" (paragraph 112 of the Judgment). It is not clear what the majority means by racial discrimination against Qataris as a "distinct social group". It certainly could not mean that the majority does not accept that Qataris constitute a distinct social group, since uncontradicted evidence was given by Qatar through its expert, Mr. John Peterson, that Qataris constitute such a group. If the majority accepts that Qataris constitute a distinct social group, then certainly cogent evidence has been provided to illustrate the discriminatory effect of the measures on Qataris as such a group, and therefore, on the basis of their national origin. For what could be more illustrative of the distinctiveness of the social group to which a person belongs than his dress and speech and, if this cultural linkage is exploited for discriminatory reasons as a result of the travel ban, why is that treatment not capable of constituting racial discrimination on the basis of national origin? The majority is silent as to a reason but strong in its oracular declaration

parents qatariens, ou sur des proches de ressortissants qatariens résidant aux Emirats arabes unis, il ne s'agit pas là d'une discrimination raciale au sens de la convention ».

Cette conclusion est discutable car, dans ce volet de la thèse qu'il plaidait, le Qatar ne tirait pas grief des mesures fondées sur la nationalité qatarienne actuelle. Comme la majorité elle-même l'a noté au paragraphe 60 de l'arrêt en exposant les griefs du Qatar, la cause plaidée par le Qatar s'agissant de ce qu'il décrivait comme une discrimination indirecte était indépendante de son grief relatif aux mesures fondées sur la nationalité. Le Qatar avait clairement indiqué que ce volet de sa demande était fondé sur l'origine nationale, qui constitue l'un des motifs prohibés aux termes de la définition de la discrimination raciale. On peut ensuite faire observer, au sujet de cette conclusion, la regrettable référence faite aux « effets collatéraux ou secondaires » des mesures, regrettable en ce qu'elle suggère que ce que le Qatar a décrit comme une discrimination indirecte équivaut à ce que la majorité décrit comme des effets collatéraux ou secondaires. Ainsi qu'il a été noté plus haut, l'essence de la troisième demande du Qatar est que ces mesures concernaient directement les Qatariens, sur le fondement de leur origine nationale. L'incidence de telles mesures sur les Qatariens n'a rien de collatéral ou de secondaire. En outre, par cette affirmation, la majorité semble faire référence aux effets collatéraux ou secondaires des mesures sur les personnes d'origine nationale qatarienne ; cependant, cela est loin d'être clair lorsqu'elle mentionne ces effets sur « des personnes nées au Qatar ou de parents qatariens, ou sur des proches de ressortissants qatariens résidant aux Emirats arabes unis », étant donné que cette catégorisation pourrait également renvoyer aux personnes de nationalité qatarienne.

27. La majorité ne cherche pas à étayer sa conclusion par une argumentation raisonnée ; par une simple affirmation, elle énonce, au paragraphe 112 de l'arrêt, que « les mesures dont le Qatar tire grief n'entraînent pas, par leur but ou par leur effet, une discrimination raciale à l'égard des Qatariens en tant que groupe social distinct au motif de leur origine nationale ». Ce qu'entend la majorité par une discrimination raciale à l'égard des Qatariens « en tant que groupe social distinct » n'est pas clair. Assurément, elle ne peut vouloir dire par là qu'elle n'admet pas que les Qatariens constituent un groupe social distinct, étant donné que le Qatar a présenté des éléments de preuve non contestés en ce sens par l'intermédiaire de son expert, M. John Peterson. Si la majorité admet que les Qatariens constituent un groupe social distinct, il ne fait alors aucun doute que des preuves convaincantes ont été apportées pour illustrer l'effet discriminatoire des mesures sur les Qatariens en tant que groupe, et donc au motif de leur origine nationale. Quoi de plus éloquent, en effet, pour illustrer le caractère distinctif du groupe social auquel appartient une personne, que ses vêtements ou son accent ? Et si ce lien culturel est exploité aux fins d'opérer une discrimination suite à l'interdiction d'entrée sur le territoire, pourquoi ce traitement ne peut-il pas constituer une discrimination raciale

that "the measures of which Qatar complains . . . are not capable of constituting racial discrimination within the meaning of the Convention". In its reasoning, the majority does not even pause to identify and examine the factual circumstances cited by Qatar as giving rise to discrimination by effect on the basis of national origin. If there is an inherent element in these measures that renders them incapable of resulting in discrimination by effect on the basis of national origin, the majority has not identified it.

28. In sum, Qatar's claim that the measures by their effect discriminated against Qataris on the basis of their national origin falls within the provisions of the Convention.

CONCLUSION

29. In light of the foregoing, the first preliminary objection should have been rejected as the dispute between the Parties concerns the interpretation or application of the Convention, and the Court should have found that it has jurisdiction *ratione materiae* under Article 22 of CERD in respect of the Qatar's first and third claims in its first preliminary objection.

(Signed) Patrick L. ROBINSON.

au motif de l'origine nationale? La majorité n'apporte aucune explication, mais elle assène avec force l'affirmation sibylline selon laquelle «les mesures dont le Qatar tire grief ... ne peuvent être constitutives de discrimination raciale au sens de la convention». La majorité ne marque même pas une pause dans son raisonnement pour déterminer et examiner les circonstances factuelles qui, selon le Qatar, entraînent, par leur effet, une discrimination sur le fondement de l'origine nationale. Si toutefois les mesures en cause comportaient un élément inhérent empêchant qu'elles donnent lieu, par leur effet, à pareille discrimination, la majorité n'a pas précisé quel était cet élément.

28. En résumé, le grief du Qatar selon lequel les mesures, par leur effet, ont opéré une discrimination à l'égard des Qatariens au motif de leur origine nationale entrait dans les prévisions de la convention.

CONCLUSION

29. Compte tenu de ce qui précède, la première exception préliminaire aurait dû être rejetée, le différend entre les Parties touchant l'interprétation ou l'application de la convention, et la Cour aurait dû se déclarer compétente *ratione materiae* en vertu de l'article 22 de la CIEDR à l'égard des première et troisième demandes du Qatar.

(Signé) Patrick L. ROBINSON.

SEPARATE OPINION OF JUDGE IWASAWA

Non-citizens are entitled to human rights under international law — The jurisdiction of the Court is limited to disputes with respect to the interpretation or application of CERD — For the Court to have jurisdiction, the measures of which the Applicant complains must be capable of constituting racial discrimination within the meaning of CERD — The term "national origin" in Article 1, paragraph 1, of CERD does not encompass current nationality — If differentiation of treatment based on nationality has the "purpose or effect" of discrimination based on "national origin", it is capable of constituting racial discrimination within the meaning of CERD — International human rights courts and bodies have embraced and developed the notion of indirect discrimination — The Court does not have all the facts necessary to make determinations on the Applicant's claim of indirect discrimination — The issues raised constitute the very subject-matter of the dispute on the merits — The Court should have declared that the first preliminary objection does not possess an exclusively preliminary character.

1. The Court finds that the term "national origin" in Article 1, paragraph 1, of the International Convention on the Elimination of All Forms of Racial Discrimination (hereinafter "CERD" or the "Convention") does not encompass current nationality (Judgment, para. 105). The Court also examines whether the measures taken by the UAE discriminate indirectly against Qataris on the basis of their "national origin", and holds that "even if the measures of which Qatar complains in support of its 'indirect discrimination' claim were to be proven on the facts, they are not capable of constituting racial discrimination within the meaning of the Convention" (*ibid.*, para. 112). Accordingly, the Court concludes that the first preliminary objection raised by the UAE, that the dispute falls outside the scope *ratione materiae* of CERD, must be upheld (*ibid.*, para. 114).

2. I agree that the term "national origin" in Article 1, paragraph 1, of CERD does not encompass current nationality. However, I do not agree with the Court's analysis and its conclusion regarding Qatar's claim of indirect discrimination. The UAE's objection, inasmuch as it relates to Qatar's claim of indirect discrimination, raises issues that require a detailed examination by the Court at the merits stage. The Court therefore should have declared that the first preliminary objection of the UAE does not possess an exclusively preliminary character.

3. This opinion is structured as follows. I shall first review the position of non-citizens under international law. I will explain that since human

OPINION INDIVIDUELLE DE M. LE JUGE IWASAWA

[Traduction]

Non-ressortissants fondés à jouir des droits de l'homme conférés par le droit international — Compétence de la Cour étant limitée aux différends touchant l'interprétation ou l'application de la CIEDR — Mesures dont le demandeur tire grief devant être susceptibles de constituer une discrimination raciale au sens de la CIEDR pour fonder la compétence de la Cour — Expression « origine nationale » figurant au paragraphe 1 de l'article premier de la CIEDR n'englobant pas la nationalité actuelle — Différence de traitement fondée sur la nationalité ayant « pour but ou pour effet » d'opérer une discrimination fondée sur l'« origine nationale » étant susceptible de constituer une discrimination raciale au sens de la CIEDR — Juridictions et organes internationaux chargés des droits de l'homme ayant adopté et développé la notion de discrimination indirecte — Cour ne disposant pas de tous les faits nécessaires pour se prononcer sur l'allégation de discrimination indirecte formulée par le demandeur — Questions soulevées constituant l'objet même du différend sur le fond — Cour ayant dû dire que la première exception n'avait pas un caractère exclusivement préliminaire.

1. La Cour estime que l'expression « origine nationale » figurant au paragraphe 1 de l'article premier de la convention internationale sur l'élimination de toutes les formes de discrimination raciale (ci-après la « CIEDR » ou la « convention ») n'englobe pas la nationalité actuelle (arrêt, par. 105). Examinant en outre la question de savoir si les mesures imposées par les Emirats arabes unis constituent à l'égard des Qatariens une discrimination indirecte fondée sur leur « origine nationale », elle considère que, « quand bien même les mesures dont le Qatar tire grief dans le cadre de son allégation de « discrimination indirecte » seraient avérées, elles ne peuvent être constitutives de discrimination raciale au sens de la convention » (*ibid.*, par. 112). La Cour en conclut que la première exception préliminaire soulevée par les Emirats arabes unis, à savoir que le différend n'entre pas dans le champ *ratione materiae* de la CIEDR, doit être retenue (*ibid.*, par. 114).

2. Si je conviens que l'expression « origine nationale » employée au paragraphe 1 de l'article premier de la CIEDR n'englobe pas la nationalité actuelle, je ne rejoins pas l'analyse ni la conclusion de la Cour concernant la demande du Qatar relative à la discrimination indirecte. L'exception préliminaire des Emirats arabes unis, en ce qu'elle se rapportait à cette demande, soulevait des questions qui auraient nécessité un examen approfondi par la Cour au stade du fond. La Cour aurait donc dû dire que la première exception préliminaire des Emirats arabes unis ne présentait pas un caractère exclusivement préliminaire.

3. La présente opinion est structurée comme suit. Dans la première partie, j'examinerai le statut des non-ressortissants en droit international.

rights are inalienable rights of everyone, non-citizens are also entitled to human rights under international law. In the second Section, I will first show that, because the jurisdiction of the Court in the present case is limited to the interpretation or application of CERD, in order for the Court to have jurisdiction, the measures taken by the UAE must be capable of constituting "racial discrimination" under CERD. Secondly, I shall explain the reasoning for my view that current nationality is not encompassed within the term "national origin" in Article 1, paragraph 1, of CERD. Thirdly, I shall discuss the notion of indirect discrimination and describe how differentiation of treatment based on current nationality can have the "purpose or effect" of discriminating on the basis of a prohibited ground listed in Article 1, paragraph 1, of CERD. Finally, I shall explain the reasons why the Court should have declared that the first preliminary objection of the UAE does not possess an exclusively preliminary character.

I. Human Rights of Non-Citizens under International Law

4. The protection of the rights of non-citizens has a long history in international law, which pre-dates the protections accorded to States' own nationals. In the nineteenth and early twentieth centuries, an international minimum standard of treatment of aliens developed in international law. By contrast, international law at that time contained few rules regulating States' treatment of their own nationals, which was traditionally considered to be part of the internal affairs of States.

5. At the Paris Peace Conference held in 1919-1920, proposals were made to include in the Covenant of the League of Nations clauses on freedom of religion and racial equality. These proposals were ultimately defeated, and the Covenant failed to stipulate even minimum rules concerning human rights. Instead, a number of mostly Central and Eastern European States concluded treaties or made declarations committing themselves to protect minorities within their territories. In addition, the International Labour Organization, which was established in 1919, began adopting conventions on the rights of workers. Thus, while some efforts were made in the interwar period to protect human rights under international law, this protection was extended only to certain rights or covered only a limited number of States.

6. In 1945, this situation changed dramatically with the adoption of the Charter of the United Nations. The Charter was revolutionary in that it

91

J'expliquerai que, étant donné que les droits de l'homme sont des droits inaliénables que chacun possède, les non-ressortissants peuvent aussi s'en prévaloir en vertu du droit international. Dans la seconde partie, je montrerai tout d'abord que, la compétence de la Cour en l'espèce étant limitée aux différends touchant l'interprétation ou l'application de la CIEDR, il faut, pour qu'elle puisse s'exercer, que les mesures prises par les Emirats arabes unis soient susceptibles d'être constitutives de «discrimination raciale» au sens de la convention. J'exposerai ensuite les motifs pour lesquels, selon moi, la nationalité actuelle n'est pas comprise dans l'expression «origine nationale» employée au paragraphe 1 de l'article premier de la CIEDR. Après cela, j'aborderai la notion de discrimination indirecte et je décrirai comment une différence de traitement fondée sur la nationalité actuelle peut avoir «pour but ou pour effet» d'opérer une discrimination sur le fondement d'un motif prohibé au titre du paragraphe 1 de l'article premier de la CIEDR. Enfin, j'expliquerai les raisons pour lesquelles la Cour aurait dû déclarer que la première exception préliminaire des Emirats arabes unis ne présentait pas un caractère exclusivement préliminaire.

I. Les droits de l'homme des non-ressortissants en droit international

4. Le droit international protège depuis longtemps les droits des non-ressortissants, cette protection préexistant à celles accordées par les Etats à leurs propres nationaux. Du XIXe siècle au début du XXe siècle, une norme minimale internationale en matière de traitement des étrangers s'est fait jour en droit international. Celui-ci ne contenait alors que peu de règles régissant le traitement par les Etats de leurs propres nationaux, traditionnellement considéré comme relevant des affaires internes des Etats.

5. Lors de la conférence de la paix de Paris tenue en 1919-1920, il fut proposé d'inclure dans le Pacte de la Société des Nations des dispositions sur la liberté de religion et l'égalité raciale. Ces propositions ayant finalement été rejetées, aucune règle, pas même des plus basiques, n'a été inscrite dans le pacte concernant les droits de l'homme. A défaut, un certain nombre d'Etats, principalement d'Europe centrale et orientale, conclurent des traités ou formulèrent des déclarations par lesquelles ils s'engageaient à protéger les minorités sur leur territoire. En outre, l'Organisation internationale du Travail, créée en 1919, adopta ses premières conventions sur les droits des travailleurs. Si certains efforts furent faits pendant la période de l'entre-deux-guerres pour inclure la protection des droits de l'homme dans le droit international, force est de constater que cette protection se limitait alors à certains droits ou ne s'appliquait qu'à un nombre limité de pays.

6. En 1945, la donne changea radicalement avec l'adoption de la Charte des Nations Unies, traité révolutionnaire en ceci que le développement et

not only included the promotion and encouragement of respect for human rights as one of the purposes of the Organization, but also declared that human rights were guaranteed for "all without distinction" (Art. 1, para. 3, and Art. 55 *(c)*). The adoption of the Charter marked the beginning of a process of continual expansion of international human rights law.

7. In 1948, the General Assembly of the United Nations adopted the Universal Declaration of Human Rights (hereinafter the "UDHR"), which set out a catalogue of human rights to be protected by States under the Charter. Influenced by the idea of natural rights, it provided that "*[a]ll human beings* are born free and equal in dignity and rights" (Art. 1; emphasis added) and that "*[e]veryone* is entitled to all the rights and freedoms set forth in this Declaration, *without distinction of any kind, such as* race, colour, sex, language, religion, political or other opinion, national or social origin, property, birth or *other status*" (Art. 2; emphasis added). From the phrase "such as", it is clear that the list of prohibited grounds of discrimination in Article 2 of the UDHR is illustrative, and not exhaustive. Moreover, the list includes the catch-all term "other status". Thus, even though nationality is not expressly mentioned in the list of prohibited grounds, it may be concluded that discrimination based on nationality is prohibited by the UDHR and that non-citizens are also entitled to the human rights enshrined therein.

8. In 1966, the General Assembly adopted the International Covenant on Economic, Social and Cultural Rights (hereinafter the "ICESCR") and the International Covenant on Civil and Political Rights (hereinafter the "ICCPR"). The ICCPR provides in Article 2, paragraph 1, that

> "[e]ach State Party . . . undertakes to respect and to ensure to *all individuals* . . . the rights recognized in the present Covenant, *without distinction of any kind, such as* race, colour, sex, language, religion, political or other opinion, national or social origin, property, birth or *other status*" (emphasis added).

Article 26 of the ICCPR, a self-standing non-discrimination clause, contains comparable language. As with the UDHR, it may be concluded that, in principle, non-citizens are entitled to the human rights provided for in the ICCPR, and that the States parties are prohibited from discriminating on the basis of nationality.

9. The wording used by the ICESCR is slightly different. Article 2, paragraph 2, provides that the States parties "undertake to guarantee that the rights enunciated in the present Covenant will be exercised without discrimination of any kind *as to* race, colour, sex, language, religion,

l'encouragement du respect des droits de l'homme figuraient parmi les buts de l'Organisation, mais également parce que les droits de l'homme y étaient garantis pour «tous sans distinction» (art. 1, par. 3, et art. 55 c)). L'adoption de la Charte marqua le début d'une expansion du droit international des droits de l'homme, qui se poursuivit par la suite.

7. En 1948, l'Assemblée générale des Nations Unies adopta la Déclaration universelle des droits de l'homme, qui énumérait les droits de l'homme devant être protégés par les Etats en vertu de la Charte. Inspirée de la doctrine des droits naturels, celle-ci disposait que «*[t]ous les êtres humains* naissent libres et égaux en dignité et en droits» (article premier; les italiques sont de moi) et que «*[c]hacun* peut se prévaloir de tous les droits et de toutes les libertés proclamés dans la … Déclaration, *sans distinction aucune, notamment* de race, de couleur, de sexe, de langue, de religion, d'opinion politique ou de toute autre opinion, d'origine nationale ou sociale, de fortune, de naissance ou de *toute autre situation*» (art. 2; les italiques sont de moi). Il ressort clairement de l'utilisation du terme «notamment» que la liste de motifs de discrimination prohibés figurant à l'article 2 de la déclaration est illustrative et non exhaustive. Par ailleurs, la liste contient l'expression «toute autre situation», qui revêt une portée générale. Ainsi, même si la nationalité n'est pas expressément mentionnée dans la liste des motifs proscrits, on peut conclure que la discrimination fondée sur la nationalité est prohibée par la Déclaration universelle des droits de l'homme et que les non-ressortissants jouissent également des droits de l'homme consacrés par cet instrument.

8. En 1966, l'Assemblée générale adopta le Pacte international relatif aux droits économiques, sociaux et culturels et le Pacte international relatif aux droits civils et politiques. Ce dernier prévoit, au paragraphe 1 de son article 2, que

«[l]es Etats parties … s'engagent à respecter et à garantir à *tous les individus* … les droits reconnus dans le … Pacte, *sans distinction aucune, notamment* de race, de couleur, de sexe, de langue, de religion, d'opinion politique ou de toute autre opinion, d'origine nationale ou sociale, de fortune, de naissance ou de *toute autre situation*» (les italiques sont de moi).

L'article 26 du même instrument, clause de non-discrimination autonome, contient des dispositions similaires. Comme c'est le cas pour la Déclaration universelle des droits de l'homme, on peut conclure que, en principe, les non-ressortissants peuvent se prévaloir des droits de l'homme garantis par le Pacte international relatif aux droits civils et politiques et qu'il est interdit aux Etats parties d'opérer une discrimination fondée sur la nationalité.

9. La formulation employée dans le Pacte international relatif aux droits économiques, sociaux et culturels diffère légèrement. Le paragraphe 2 de l'article 2 prévoit ainsi que les Etats parties «s'engagent à garantir que les droits … énoncés [dans le Pacte] seront exercés sans dis-

political or other opinion, national or social origin, property, birth or *other status*" (emphasis added). The words "as to" are more restrictive than the words "such as" used in the UDHR and the ICCPR. Nevertheless, because the list of prohibited grounds of discrimination, like those in the UDHR and the ICCPR, contains the catch-all term "other status", it may be concluded that this list is also illustrative, and not exhaustive. Moreover, Article 2, paragraph 3, provides that "[d]eveloping countries . . . may determine to what extent they would guarantee the economic rights recognized in the present Covenant to non-nationals". Interpreting this clause *a contrario*, it may be concluded that the human rights provided for in the ICESCR are also guaranteed in principle to non-nationals.

10. Regional conventions on human rights likewise contain non-discrimination clauses, such as Article 14 of the European Convention on Human Rights and Articles 1 and 24 of the American Convention on Human Rights. The lists of prohibited grounds of discrimination in these clauses also contain catch-all terms: "other status" in Article 14 of the European Convention and "other social condition" in Article 1 of the American Convention. Thus, these lists of prohibited grounds are equally considered to be illustrative, and not exhaustive. Accordingly, like the international conventions discussed above, regional conventions are understood to protect the rights of non-citizens.

11. The international human rights bodies and courts established by these treaties to monitor their implementation by States have confirmed that non-citizens are entitled to the human rights provided for therein and that discrimination based on nationality is prohibited.

12. With regard to the ICCPR, in 1986 the Human Rights Committee adopted General Comment No. 15 on *the position of aliens under the Covenant*, in which it affirmed that "[i]n general, the rights set forth in the Covenant apply to everyone . . . irrespective of his or her nationality", and that "the general rule is that each one of the rights of the Covenant must be guaranteed without discrimination between citizens and aliens"[1].

13. Subsequently, in a number of individual communication cases, the Human Rights Committee has held that discrimination based on nationality is prohibited by Article 26 of the ICCPR. In *Gueye et al.* v. *France*,

---

[1] Human Rights Committee, General Comment No. 15 on the position of aliens under the Covenant, 22 July 1986, paras. 1-2.

crimination aucune *fondée sur* la race, la couleur, le sexe, la langue, la religion, l'opinion politique ou toute autre opinion, l'origine nationale ou sociale, la fortune, la naissance ou *toute autre situation*» (les italiques sont de moi). L'expression «fondée sur» a un sens plus restrictif que le terme «notamment» utilisé dans la Déclaration universelle des droits de l'homme et dans le Pacte international relatif aux droits civils et politiques. Néanmoins, étant donné que la liste des motifs de discrimination prohibés, comme ceux qui figurent dans la déclaration et dans le pacte, contient l'expression de portée générale «toute autre situation», on peut conclure que cette liste est également illustrative et non exhaustive. De plus, le paragraphe 3 de l'article 2 dispose que «[l]es pays en voie de développement ... peuvent déterminer dans quelle mesure ils garantiront les droits économiques reconnus dans le ... Pacte à des non-ressortissants». Si l'on interprète cette clause *a contrario*, on peut conclure que les droits de l'homme énoncés dans le Pacte international relatif aux droits économiques, sociaux et culturels sont également garantis, en principe, aux non-nationaux.

10. Les conventions régionales relatives aux droits de l'homme prévoient elles aussi des clauses de non-discrimination, telles que l'article 14 de la convention européenne des droits de l'homme ou les articles 1 et 24 de la convention américaine relative aux droits de l'homme. Parmi les motifs de discrimination prohibés qui sont énumérés dans ces dispositions figurent également des expressions de portée générale: «ou toute autre situation» dans l'article 14 de la convention européenne, et «toute autre condition sociale» dans l'article 1 de la convention américaine. Ces listes de motifs prohibés sont donc également considérées comme illustratives et non exhaustives. En conséquence, de même que les conventions internationales examinées ci-dessus, les conventions régionales doivent être interprétées comme protégeant les droits des non-ressortissants.

11. Les juridictions et organes internationaux chargés des droits de l'homme que ces instruments ont établis pour contrôler leur mise en œuvre par les Etats ont confirmé que les non-ressortissants jouissaient des droits de l'homme ainsi protégés et que la discrimination fondée sur la nationalité était interdite.

12. S'agissant du Pacte international relatif aux droits civils et politiques, le Comité des droits de l'homme a adopté, en 1986, l'observation générale n° 15 sur *la situation des étrangers au regard du Pacte*, dans laquelle il affirmait que, «[e]n général, les droits énoncés dans le Pacte s'appliquent à toute personne ... quelle que soit sa nationalité» et que «la règle générale est que chacun des droits énoncés dans le Pacte doit être garanti, sans discrimination entre les citoyens et les étrangers»[1].

13. Par la suite, le Comité des droits de l'homme s'est prononcé sur un certain nombre de communications individuelles et a jugé que la discrimination fondée sur la nationalité était prohibée par l'article 26 du Pacte

---

[1] Comité des droits de l'homme, observation générale n° 15: Situation des étrangers au regard du Pacte, 22 juillet 1986, par. 1-2.

retired soldiers of Senegalese nationality who had served in the French Army prior to the independence of Senegal claimed that France was in breach of Article 26 because the pensions they received were inferior to those enjoyed by retired soldiers of French nationality. The Committee considered that this practice constituted discrimination based on nationality in violation of Article 26[2]. The Committee also found violations of Article 26 in a number of cases brought against the Czech Republic. These cases concerned Czech nationals who had fled Czechoslovakia under communist pressure and had their property confiscated under the legislation then applicable. The Czech Restitution Act of 1991 provided for restitution of property or compensation, but only if a person was a citizen of the Czech and Slovak Republic and was a permanent resident in its territory. Persons who lost Czech citizenship after leaving the country submitted communications to the Committee, claiming that they had been discriminated against because of their lack of citizenship. The Committee found the condition of citizenship unreasonable and discriminatory, in violation of Article 26 of the ICCPR[3].

14. The Committee on Economic, Social and Cultural Rights (hereinafter the "CESCR") has similarly confirmed that the ICESCR applies to non-citizens. In General Comment No. 20 of 2009, the CESCR declared that "[t]he ground of nationality should not bar access to Covenant rights", while noting that this was "without prejudice to the application of art. 2, para. 3, of the Covenant". It confirmed that "[t]he Covenant rights apply to everyone including non-nationals"[4].

15. The monitoring bodies established by regional conventions on human rights have taken the same position. The European Court of Human Rights (hereinafter the "ECtHR") has held that discrimination based on nationality is prohibited by the European Convention on

---

[2] Human Rights Committee, *Gueye et al.* v. *France*, 3 April 1989, Communication No. 196/1985, para. 9.4.

[3] E.g. Human Rights Committee, *Simunek et al.* v. *Czech Republic*, 19 July 1995, Communication No. 516/1992, para. 11.6; *Adam* v. *Czech Republic*, 23 July 1996, Communication No. 586/1994, para. 12.6; *Blazek et al.* v. *Czech Republic*, 12 July 2001, Communication No. 857/1999, para. 5.8; *Des Fours Walderode* v. *Czech Republic*, 30 October 2001, Communication No. 747/1997, para. 8.4. See also Human Rights Committee, *Karakurt* v. *Austria*, 4 April 2002, Communication No. 965/2000, para. 8.4 (finding a distinction between aliens made solely on the basis of their different nationalities concerning their capacity to stand for election to a works council to be discrimination in violation of Article 26).

[4] CESCR, General Comment No. 20 on non-discrimination in economic, social and cultural rights (Art. 2, para. 2, of the International Covenant on Economic, Social and Cultural Rights), 18 May 2009, para. 30.

international relatif aux droits civils et politiques. En l'affaire *Gueye et consorts c. France*, des militaires à la retraite de nationalité sénégalaise qui avaient servi dans l'armée française avant l'indépendance du Sénégal ont présenté une plainte reprochant à la France d'avoir enfreint l'article 26 au motif que les allocations de retraite qu'ils percevaient étaient inférieures à celles dont bénéficiaient les militaires à la retraite de nationalité française. Le Comité a estimé que cette pratique constituait une discrimination fondée sur la nationalité, en violation de l'article 26[2]. Le Comité a également constaté des violations de l'article 26 dans un certain nombre d'affaires portées devant lui contre la République tchèque. Ces affaires concernaient des ressortissants tchèques qui avaient fui la Tchécoslovaquie sous le joug communiste et avaient vu leurs biens confisqués selon la législation alors en vigueur. En vertu de la loi tchèque de 1991 relative à la restitution des biens, pour prétendre à une restitution ou à une indemnisation, le requérant devait être citoyen de la République fédérale tchèque et slovaque et avoir le statut de résident permanent sur son territoire. Plusieurs personnes ayant perdu la citoyenneté tchèque après avoir quitté le pays ont soumis des communications au Comité, arguant qu'elles avaient subi une discrimination en raison de leur absence de citoyenneté. Le Comité a jugé que la condition de la citoyenneté avait un caractère déraisonnable et discriminatoire, et constituait une violation de l'article 26 du Pacte[3].

14. Le Comité des droits économiques, sociaux et culturels a également confirmé que le Pacte international relatif aux droits économiques, sociaux et culturels s'appliquait aux non-ressortissants. Dans son observation générale n° 20 de 2009, il a en effet déclaré que «[l]e motif de la nationalité ne doit pas empêcher l'accès aux droits consacrés par le Pacte», tout en soulignant que «[l]es droits visés par le Pacte s'appliquent à chacun, y compris les non-ressortissants»[4].

15. Les organes de contrôle institués par les conventions régionales relatives aux droits de l'homme ont adopté la même position. La Cour européenne des droits de l'homme (ci-après la «CEDH») a jugé que la discrimination fondée sur la nationalité était prohibée par la convention

---

[2] Comité des droits de l'homme, *Gueye et consorts c. France*, 3 avril 1989, communication n° 196/1985, par. 9.4.

[3] Voir, par exemple, Comité des droits de l'homme, *Simunek et consorts c. République tchèque*, 19 juillet 1995, communication n° 516/1992, par. 11.6; *Adam c. République tchèque*, 23 juillet 1996, communication n° 586/1994, par. 12.6; *Blazek et consorts c. République tchèque*, 12 juillet 2001, communication n° 857/1999, par. 5.8; *Des Fours Walderode c. République tchèque*, 30 octobre 2001, communication n° 747/1997, par. 8.4. Voir aussi Comité des droits de l'homme, *Karakurt c. Autriche*, 4 avril 2002, communication n° 965/2000, par. 8.4 (où le Comité a jugé, dans le contexte d'une candidature à une élection de comité d'entreprise, que le fait d'opérer une distinction entre étrangers sur la base de leurs différentes nationalités constituait une discrimination constitutive d'une violation de l'article 26).

[4] Comité des droits économiques, sociaux et culturels, observation générale n° 20: La non-discrimination dans l'exercice des droits économiques, sociaux et culturels (art. 2, par. 2 du Pacte international relatif aux droits économiques, sociaux et culturels), 18 mai 2009, par. 30.

Human Rights[5]. So has the Inter-American Court of Human Rights (hereinafter the "IACtHR") with regard to the American Convention on Human Rights[6].

16. Furthermore, the General Assembly of the United Nations adopted in 1985 the Declaration on the Human Rights of Individuals Who Are not Nationals of the Country in which They Live (resolution 40/144), which lists rights applicable to individuals present in States of which they are not nationals. A substantial number of the rights mentioned therein replicate provisions contained in the International Bill of Human Rights (the UDHR, the ICESCR and the ICCPR), emphasizing their applicability to non-citizens, albeit using somewhat different wording. This declaration provides further evidence that non-citizens are entitled to most of the human rights contained in these instruments.

17. While it is clear that non-citizens are entitled to human rights under international law, international law does allow States to draw distinctions between citizens and non-citizens in respect of certain rights, such as political rights and the right to enter a country. For example, Article 25 of the ICCPR provides that "[e]very citizen" shall have the right to take part in the conduct of public affairs, to vote and to be elected, and to have access to public service; and Article 12, paragraph 4, states that no one shall be arbitrarily deprived of the right to enter "his own country". In General Comment No. 15 of 1986, the Human Rights Committee acknowledged that "some of the rights recognized in the Covenant are expressly applicable only to citizens"[7].

18. In addition, international law allows States to draw distinctions between citizens and non-citizens in time of public emergency. Article 4, paragraph 1, of the ICCPR permits States, in time of public emergency, to take measures derogating from their obligations under the Covenant, provided such measures do not involve discrimination on the ground of "race, colour, sex, language, religion or social origin". Neither "nationality" nor "other status" is included in this list. Since Article 4, paragraph 2, makes certain rights non-derogable even in time of public emergency, no one, including non-citizens, can be deprived of these non-derogable rights. With regard to the other rights, however, States are not prohibited from

---

[5] E.g. ECtHR, *Andrejeva* v. *Latvia*, Grand Chamber, judgment of 18 February 2009, No. 55707/00, para. 87; *Biao* v. *Denmark*, Grand Chamber, judgment of 24 May 2016, No. 38590/10, para. 93.

[6] E.g. IACtHR, *Juridical Condition and Rights of Undocumented Migrants*, advisory opinion of 17 September 2003, OC-18/03, para. 118; *Rights and Guarantees of Children in the Context of Migration and/or in Need of International Protection*, advisory opinion of 19 August 2014, OC-21/14, para. 53.

[7] Human Rights Committee, General Comment No. 15, *supra* note 1, para. 2.

européenne des droits de l'homme[5]. La Cour interaméricaine des droits de l'homme s'est prononcée dans le même sens à propos de la convention américaine relative aux droits de l'homme[6].

16. En outre, l'Assemblée générale des Nations Unies a adopté en 1985 la Déclaration sur les droits de l'homme des personnes qui ne possèdent pas la nationalité du pays dans lequel elles vivent (résolution 40/144), qui énumère les droits applicables aux individus qui se trouvent dans des Etats dont ils ne sont pas ressortissants. Bon nombre de ces droits sont inspirés des dispositions figurant dans la Charte internationale des droits de l'homme (la Déclaration universelle des droits de l'homme, le Pacte international relatif aux droits économiques, sociaux et culturels et le Pacte international relatif aux droits civils et politiques), et il est souligné que la protection de ces droits sera assurée aux non-ressortissants, quoiqu'ils soient désignés quelque peu différemment. La déclaration de 1985 apporte une preuve supplémentaire que les non-ressortissants jouissent de la plupart des droits de l'homme énoncés dans les instruments susmentionnés.

17. S'il est clair que les non-ressortissants bénéficient des droits de l'homme conférés par le droit international, celui-ci autorise toutefois les Etats à opérer des distinctions entre ressortissants et non-ressortissants concernant certains droits, tels que les droits politiques et le droit d'entrer sur leur territoire. L'article 25 du Pacte international relatif aux droits civils et politiques prévoit ainsi que «tout citoyen» a le droit de prendre part à la direction des affaires publiques, de voter et d'être élu, et d'accéder aux fonctions publiques; le paragraphe 4 de l'article 12 énonce également que nul ne peut être arbitrairement privé du droit d'entrer «dans son propre pays». Dans son observation générale n° 15, le Comité des droits de l'homme a constaté que «certains des droits reconnus dans le Pacte ne sont expressément applicables qu'aux citoyens»[7].

18. En outre, le droit international autorise les Etats à opérer des distinctions entre ressortissants et non-ressortissants en cas de danger public exceptionnel. Selon le paragraphe 1 de l'article 4 du Pacte, les Etats peuvent, dans un tel cas, prendre des mesures dérogeant aux obligations prévues par le Pacte, sous réserve que ces mesures n'entraînent pas une discrimination fondée sur «la race, la couleur, le sexe, la langue, la religion ou l'origine sociale». Ni «la nationalité» ni «toute autre situation» ne figurent dans cette liste. Etant donné que le paragraphe 2 de l'article 4 interdit de déroger à certains droits, même en cas de danger public exceptionnel, nul ne peut être privé de ces droits inaliénables, y compris les non-

---

[5] Voir, par exemple, CEDH, *Andrejeva c. Lettonie*, Grande Chambre, arrêt du 18 février 2009, requête n° 55707/00, par. 87; *Biao c. Danemark*, Grande Chambre, arrêt du 24 mai 2016, requête n° 38590/10, par. 93.

[6] Voir, par exemple, Cour interaméricaine des droits de l'homme, *Juridical Condition and Rights of Undocumented Migrants*, avis consultatif OC-18/03 du 17 septembre 2003, par. 118; *Rights and Guarantees of Children in the Context of Migration and/or in Need of International Protection*, avis consultatif OC-21/14 du 19 août 2014, par. 53.

[7] Comité des droits de l'homme, observation générale n° 15, voir note 1 ci-dessus, par. 2.

introducing restrictions that apply only to non-citizens in time of public emergency.

19. Furthermore, even in respect of the rights to which non-citizens are entitled under international law, States are not prohibited from making certain distinctions based on nationality. The monitoring bodies established by the international and regional human rights treaties use similar frameworks to determine whether a distinction constitutes discrimination. A differentiation of treatment is considered to constitute discrimination, unless the criteria for such a differentiation are reasonable and objective; in other words, unless it pursues a legitimate aim and there is a reasonable relationship of proportionality between the means employed and the aim sought to be achieved[8]. This general framework also applies to the question of whether particular distinctions based on nationality constitute discrimination. Thus, for instance, preferential treatment given to certain groups of non-citizens by virtue of international agreements may be considered reasonable and objective and therefore would not constitute discrimination[9].

20. The Committee on the Elimination of Racial Discrimination (hereinafter the "CERD Committee"), in its General Recommendation XXX on *discrimination against non-citizens*, took note of the aforementioned protections that international law provides to non-citizens[10]. Article 1, paragraph 2, of CERD provides that "[t]his Convention shall not apply to distinctions, exclusions, restrictions or preferences made by a State Party to this Convention between citizens and non-citizens". In the General Recommendation, the Committee stressed that "Article 1, paragraph 2 . . . should not be interpreted to detract in any way from the rights and freedoms recognized and enunciated in particular in [the UDHR, the ICESCR and the ICCPR]"[11]. Similarly, the Committee noted:

"Although some of [the rights listed in Article 5 of CERD], such as the right to participate in elections, to vote and to stand for elec-

---

[8] E.g. Human Rights Committee, General Comment No. 18 on non-discrimination, 9 November 1989, para. 13; ECtHR, *Biao* v. *Denmark*, *supra* note 5, para. 90; IACtHR, *Proposed Amendments to the Naturalization Provision of the Constitution of Costa Rica*, advisory opinion of 19 January 1984, OC-4/84, para. 57.

[9] E.g. Human Rights Committee, *van Oord* v. *Netherlands*, 23 July 1997, Communication No. 658/1995, para. 8.5; ECtHR, *C.* v. *Belgium*, judgment of 7 August 1996, No. 21794/93, para. 38.

[10] CERD Committee, General Recommendation XXX on discrimination against non-citizens, 5 August 2004.

[11] *Ibid.*, para. 2. This paragraph essentially repeats what the Committee had already affirmed in 1993. CERD Committee, General Recommendation XI on non-citizens, 9 March 1993, para. 3.

ressortissants. Pour ce qui est des autres droits, en revanche, rien n'interdit aux Etats d'introduire des restrictions qui s'appliquent uniquement aux non-ressortissants en cas de danger public exceptionnel.

19. De surcroît, même s'agissant des droits conférés aux non-ressortissants par le droit international, il n'est pas interdit aux Etats d'établir certaines distinctions fondées sur la nationalité. Les organes de contrôle institués par les instruments internationaux et régionaux des droits de l'homme ont recours à des cadres similaires pour déterminer si une distinction donnée constitue ou non une discrimination. Une différence de traitement est considérée comme constitutive de discrimination, à moins que les critères qui fondent la différenciation soient raisonnables et objectifs; en d'autres termes, à moins qu'elle poursuive un but légitime ou qu'il y ait un rapport raisonnable de proportionnalité entre les moyens employés et le but visé[8]. Ce cadre général s'applique également à la question de savoir si des distinctions particulières fondées sur la nationalité constituent une discrimination. Ainsi, un traitement préférentiel accordé à certains groupes de non-ressortissants en vertu d'accords internationaux peut être considéré raisonnable et objectif, et ne constitue donc pas une discrimination[9].

20. Le Comité pour l'élimination de la discrimination raciale (ci-après le «Comité de la CIEDR»), dans sa recommandation générale XXX concernant la discrimination contre les non-ressortissants, a pris note des protections susmentionnées que le droit international accorde à ces derniers[10]. Aux termes du paragraphe 2 de l'article premier de la CIEDR, celle-ci «ne s'applique pas aux distinctions, exclusions, restrictions ou préférences établies par un Etat partie à la Convention selon qu'il s'agit de ses ressortissants ou de non-ressortissants». Dans la recommandation générale, le Comité a souligné que «[l]e paragraphe 2 de l'article premier doit être interprété de manière à éviter … de diminuer de quelque façon que ce soit les droits et libertés reconnus et énoncés en particulier dans la Déclaration universelle des droits de l'homme, le Pacte international relatif aux droits économiques, sociaux et culturels et le Pacte international relatif aux droits civils et politiques»[11]. De façon similaire, le Comité a fait observer ce qui suit:

«Quoique certains de[s] droits [énumérés à l'article 5 de la CIEDR], tels que le droit de participer aux élections, de voter et d'être candi-

---

[8] Voir, par exemple, Comité des droits de l'homme, observation générale n° 18: Non-discrimination, 9 novembre 1989, par. 13; CEDH, *Biao c. Danemark*, voir note 5 ci-dessus, par. 90; Cour interaméricaine des droits de l'homme, *Proposed Amendments to the Naturalization Provision of the Constitution of Costa Rica*, avis consultatif du 19 janvier 1984, OC-4/84, par. 57.

[9] Voir, par exemple, Comité des droits de l'homme, *van Oord c. Pays-Bas*, 23 juillet 1997, communication n° 658/1995, par. 8.5; CEDH, *C. c. Belgique*, arrêt du 7 août 1996, requête n° 21794/93, par. 38.

[10] Comité de la CIEDR, recommandation générale XXX concernant la discrimination contre les non-ressortissants, 5 août 2004.

[11] *Ibid.*, par. 2. Pour l'essentiel, ce paragraphe répète ce que le Comité avait déjà affirmé en 1993. Recommandation générale XI concernant les non-ressortissants, 9 mars 1993, par. 3.

tion, may be confined to citizens, human rights are, in principle, to be enjoyed by all persons. States parties are under an obligation to guarantee equality between citizens and non-citizens in the enjoyment of these rights to the extent recognized under international law."[12]

21. As I will explain in more detail below, the present dispute concerns solely "the interpretation and application of [CERD]" and not other rules of international law. The Court has no jurisdiction to make determinations as to whether the measures taken by the UAE comply with other rules of international law.

II. "RACIAL DISCRIMINATION" UNDER THE INTERNATIONAL CONVENTION ON THE ELIMINATION OF ALL FORMS OF RACIAL DISCRIMINATION

1. The Court Has Jurisdiction with respect to the Interpretation or Application of the International Convention on the Elimination of All Forms of Racial Discrimination

22. The present dispute has been brought to the Court pursuant to Article 22 of CERD. According to this clause, the Court's jurisdiction is limited to disputes "with respect to the interpretation or application of this Convention". In order to determine whether the present dispute is one with respect to the interpretation or application of CERD, the Court needs to examine whether Qatar's claims fall within the scope of CERD (Judgment, para. 72). For Qatar's claims to fall within the scope of CERD, the measures of which it complains must be capable of constituting "racial discrimination" within the meaning of CERD. Accordingly, whether the measures at issue are capable of constituting racial discrimination under CERD is critically important in the present case. If they are not, the Court has no jurisdiction, irrespective of whether the same measures could constitute discrimination based on nationality under other rules of international law.

23. Just as it has done before this Court, the UAE raised before the CERD Committee the objection that its dispute with Qatar falls outside the scope ratione materiae of CERD. In accordance with Rule 91 of its Rules of Procedure, the Committee dealt with the preliminary issue of its competence ratione materiae as a question of admissibility[13]. For this Court, however, this objection raises an issue of jurisdiction. If the measures taken by the UAE are not capable of constituting racial discrimina-

---

[12] CERD Committee, General Recommendation XXX, *supra* note 10, para. 3.

[13] CERD Committee, Decision on the jurisdiction of the inter-State communication submitted by Qatar against the United Arab Emirates, dated 27 August 2019, UN doc. CERD/C/99/3, para. 57.

dat, puissent être réservés aux ressortissants, les droits de l'homme doivent être, en principe, exercés par tous. Les Etats parties sont tenus de garantir un exercice égal de ces droits par les ressortissants et les non-ressortissants dans toute la mesure prévue par le droit international.»[12]

21. Comme je l'expliquerai plus en détail ci-après, le présent différend concerne uniquement «l'interprétation et l'application de [la CIEDR]» et non d'autres règles du droit international. La Cour n'a pas compétence pour se prononcer sur la question de savoir si les mesures prises par les Emirats arabes unis respectent les autres règles du droit international.

II. La «discrimination raciale» au sens de la convention internationale sur l'élimination de toutes les formes de discrimination raciale

1. La Cour est compétente à l'égard des différends touchant l'interprétation ou l'application de la convention internationale sur l'élimination de toutes les formes de discrimination raciale

22. Le présent différend a été porté devant la Cour en application de l'article 22 de la CIEDR, selon lequel la compétence de la Cour est limitée aux différends «touchant l'interprétation ou l'application de la … Convention». Afin de déterminer si le présent différend est de ceux qui concernent l'interprétation ou l'application de la CIEDR, la Cour doit examiner si les demandes du Qatar entrent dans le champ d'application de celle-ci (arrêt, par. 72). Pour que cela soit le cas, il faut que les mesures dont le Qatar tire grief soient susceptibles d'être constitutives de «discrimination raciale» au sens de la convention. En conséquence, la question de savoir si les mesures en cause sont susceptibles de constituer une discrimination raciale au titre de la CIEDR est d'une importance capitale en l'espèce. Dans la négative, la Cour n'a pas compétence, que ces mesures soient ou non susceptibles de constituer une discrimination fondée sur la nationalité en vertu d'autres règles du droit international.

23. Tout comme ils l'ont fait devant la Cour, les Emirats arabes unis ont objecté devant le Comité de la CIEDR que le différend qui les opposait au Qatar excédait la portée *ratione materiae* de la convention. Conformément à l'article 91 du règlement intérieur du Comité de la CIEDR, celui-ci a traité l'exception d'incompétence *ratione materiae* comme une question de recevabilité[13]. Pour la Cour, cependant, cette exception pose une question de compétence. Si les mesures prises par les Emirats arabes

---

[12] Comité de la CIEDR, recommandation générale XXX, voir note 10 ci-dessus, par. 3.

[13] Nations Unies, Comité de la CIEDR, décision sur la compétence du Comité pour connaître de la communication interétatique présentée par le Qatar contre les Emirats arabes unis, 27 août 2019, doc. CERD/C/99/3, par. 57.

tion under CERD, the dispute falls outside the jurisdiction *ratione materiae* of the Court.

24. Article 1, paragraph 1, of CERD defines "racial discrimination" as follows:

> "In this Convention, the term 'racial discrimination' shall mean any distinction, exclusion, restriction or preference based on race, colour, descent, or national or ethnic origin which has the purpose or effect of nullifying or impairing the recognition, enjoyment or exercise, on an equal footing, of human rights and fundamental freedoms in the political, economic, social, cultural or any other field of public life."

25. The definition of "racial discrimination" under this provision has two elements. First, the measures must constitute a distinction, exclusion, restriction or preference which has the purpose or effect of nullifying or impairing the recognition, enjoyment or exercise of human rights. In other words, they must entail differential treatment. Secondly, the differential treatment must be based on one of the prohibited grounds, namely, "race, colour, descent, or national or ethnic origin".

26. As noted by the Court, it is not disputed that the "expulsion order" and the "travel bans", as well as the "measures to restrict broadcasting and internet programming by certain Qatari media corporations", constitute differential treatment (Judgment, paras. 57 and 59). It is, however, disputed whether these measures are "based on" one of the grounds listed in Article 1, paragraph 1, of CERD and are thus capable of constituting racial discrimination.

27. In its first preliminary objection, the UAE maintains that the Court lacks jurisdiction *ratione materiae* over the present dispute because the alleged acts differentiate on the basis of "current nationality" and do not fall within the scope of CERD. Article 1, paragraph 1, of CERD, unlike the non-discrimination provisions of the other human rights instruments discussed above, contains neither a phrase like "such as" before the list of prohibited grounds, nor a catch-all term like "other status". The wording of Article 1, paragraph 1, therefore clearly indicates that the list of prohibited grounds is exhaustive, and not illustrative. In order for differential treatment to constitute "racial discrimination", it must be based on one of the specified prohibited grounds: "race, colour, descent, or national or ethnic origin". "Nationality" is not included in the list. Nonetheless, Qatar argues that the term "national origin" encompasses nationality, including present nationality, while the UAE disagrees. The Court examines this issue in detail and concludes that "national origin" does not encompass current nationality (Judgment, paras. 74-105). I agree with

unis ne sont pas susceptibles d'être constitutives de discrimination raciale en vertu de la CIEDR, le différend échappe à la compétence *ratione materiae* de la Cour.

24. Le paragraphe 1 de l'article premier de la CIEDR définit la « discrimination raciale » comme suit :

> « Dans la présente Convention, l'expression « discrimination raciale » vise toute distinction, exclusion, restriction ou préférence fondée sur la race, la couleur, l'ascendance ou l'origine nationale ou ethnique, qui a pour but ou pour effet de détruire ou de compromettre la reconnaissance, la jouissance ou l'exercice, dans des conditions d'égalité, des droits de l'homme et des libertés fondamentales dans les domaines politique, économique, social et culturel ou dans tout autre domaine de la vie publique. »

25. La définition de la « discrimination raciale » telle qu'elle figure dans cette disposition comporte deux aspects. Premièrement, les mesures doivent constituer une distinction, une exclusion, une restriction ou une préférence ayant pour but ou pour effet de détruire ou de compromettre la reconnaissance, la jouissance ou l'exercice des droits de l'homme. En d'autres termes, elles doivent entraîner un traitement différencié. Deuxièmement, la différence de traitement doit être fondée sur l'un des motifs prohibés, à savoir « la race, la couleur, l'ascendance ou l'origine nationale ou ethnique ».

26. Comme la Cour l'a relevé, il n'est pas contesté que la « décision d'expulsion » et les « interdictions d'entrée », ainsi que les « mesures tendant à restreindre la diffusion, à la radio, à la télévision et sur Internet, des émissions de certaines sociétés de médias qatariennes », constituent un traitement différencié (arrêt, par. 57 et 59). La question qui se pose, en revanche, est celle de savoir si ces mesures sont ou non « fondées sur » l'un des motifs énumérés au paragraphe 1 de l'article premier de la CIEDR, et sont donc susceptibles d'être constitutives de discrimination raciale.

27. Dans leur première exception préliminaire, les Emirats arabes unis soutiennent que la Cour n'a pas compétence *ratione materiae* pour connaître du présent différend car les mesures en cause opèrent une différenciation fondée sur la « nationalité actuelle » et n'entrent donc pas dans le champ d'application de la convention. Le paragraphe 1 de l'article premier de la CIEDR, contrairement aux dispositions relatives à la non-discrimination des autres instruments des droits de l'homme examinés plus haut, ne fait pas précéder l'énumération des motifs prohibés d'un terme tel que « notamment », et ne contient pas non plus d'expression de portée générale comme « toute autre situation ». Le libellé du paragraphe 1 de l'article premier indique donc clairement que la liste des motifs de discrimination prohibés est exhaustive et non illustrative. Pour que la différence de traitement soit constitutive de « discrimination raciale », elle doit être fondée sur l'un des motifs prohibés spécifiés, à savoir « la race, la couleur, l'ascendance ou l'origine nationale ou ethnique ». La « nationalité » ne figure pas sur cette liste. Néanmoins, le Qatar avance que l'ex-

this conclusion of the Court. The next Section of this opinion will explain my reasoning, including additional reasons to those provided by the Court.

2. "Nationality" and "National Origin"

28. The prohibited grounds listed in Article 1, paragraph 1 — "race, colour, descent, or national or ethnic origin" — are inherent, immutable and permanent characteristics of individuals. "National origin" is not listed independently, but together with "ethnic origin" as "national or ethnic origin". Thus, the text indicates a close relationship between the terms "national origin" and "ethnic origin". Read in its ordinary meaning in this context, "national origin" can be understood as referring to the country or cultural group (nation) from which a person originates.

29. "Nationality", on the other hand, is a legal bond a State creates with certain persons whom it accepts as its nationals. It is a person's legal status as a citizen of a State. Nationality is an alterable condition and is fundamentally different in nature from the characteristics of individuals listed in Article 1, paragraph 1, which are inherent, immutable and permanent. This crucial difference suggests that nationality is not encompassed within any of the prohibited grounds listed in Article 1, paragraph 1, including "national origin".

30. Article 1, paragraph 1, must also be read in the context of the Convention's other provisions. Paragraph 2 of Article 1 provides that "[t]his Convention shall not apply to distinctions, exclusions, restrictions or preferences made by a State Party to this Convention between citizens and non-citizens", and paragraph 3 provides that "[n]othing in this Convention may be interpreted as affecting in any way the legal provisions of States Parties concerning nationality, citizenship or naturalization, *provided that such provisions do not discriminate against any particular nationality*" (emphasis added). It is reasonable to consider that this proviso was inserted in paragraph 3 because CERD does not otherwise prohibit discrimination based on nationality. Furthermore, in Article 5, States parties undertake to guarantee the right of everyone to equality before the law in the enjoyment of the listed rights, which include rights that are typically reserved for citizens, such as political rights.

pression «origine nationale» englobe la nationalité, y compris la nationalité actuelle, argument auquel s'opposent les Emirats arabes unis. Après un examen approfondi de cette question, la Cour conclut que l'expression «origine nationale» n'englobe pas la nationalité actuelle (arrêt, par. 74-105). Je souscris à cette conclusion de la Cour. La section suivante de la présente opinion exposera mon raisonnement et avancera notamment des motifs supplémentaires en sus de ceux énoncés par la Cour.

2. *« Nationalité » et « origine nationale »*

28. Les motifs prohibés énumérés au paragraphe 1 de l'article premier — «la race, la couleur, l'ascendance ou l'origine nationale ou ethnique» — sont des caractéristiques inhérentes aux personnes, immuables et permanentes. L'«origine nationale» ne figure pas séparément dans cette liste, mais est incluse conjointement avec l'«origine ethnique», selon la formulation «origine nationale ou ethnique». Le texte indique donc une relation étroite entre les expressions «origine nationale» et «origine ethnique». Lue dans son sens ordinaire et dans ce contexte, l'expression «origine nationale» peut être interprétée comme faisant référence au pays ou au groupe culturel (nation) dont une personne est originaire.

29. La «nationalité», en revanche, est un lien juridique qu'instaure un Etat avec les personnes qu'il reconnaît comme étant des nationaux. Il s'agit du statut légal d'un individu en tant que citoyen d'un Etat. La nationalité est une condition modifiable qui diffère fondamentalement, par sa nature, des caractéristiques énumérées au paragraphe 1 de l'article premier, lesquelles sont inhérentes, immuables et permanentes. Cette différence cruciale donne à penser que la nationalité n'est pas englobée dans les motifs prohibés dont la liste figure au paragraphe 1 de l'article premier, en ce compris l'«origine nationale».

30. Le paragraphe 1 de l'article premier doit également être lu dans le contexte des autres dispositions de la convention. Ainsi, le paragraphe 2 du même article dispose que «[l]a présente Convention ne s'applique pas aux distinctions, exclusions, restrictions ou préférences établies par un Etat partie à la Convention selon qu'il s'agit de ses ressortissants ou de non-ressortissants», et le paragraphe 3 prévoit qu'«[a]ucune disposition de la présente Convention ne peut être interprétée comme affectant de quelque manière que ce soit les dispositions législatives des Etats parties à la Convention concernant la nationalité, la citoyenneté ou la naturalisation, *à condition que ces dispositions ne soient pas discriminatoires à l'égard d'une nationalité particulière*» (les italiques sont de moi). On peut raisonnablement considérer que cette condition a été incorporée au paragraphe 3 car aucune autre disposition de la convention n'interdisait la discrimination fondée sur la nationalité. En outre, aux termes de l'article 5, les Etats parties s'engagent à garantir le droit de chacun à l'égalité devant la loi dans la jouissance des droits énoncés dans cette disposition, parmi lesquels figurent des droits qui sont généralement réservés aux citoyens, tels que les droits politiques.

31. Qatar argues that since paragraphs 2 and 3 of Article 1 are exceptions to the definition established in paragraph 1, they imply that nationality is a prohibited ground under the definition in paragraph 1. However, paragraphs 2 and 3 rather convey the drafters' intent to exclude differential treatment based on nationality from the scope of the Convention and to make sure that the Convention does not prevent States parties from regulating questions of nationality. They are not exceptions to paragraph 1, but instead clarify that the definition of racial discrimination in paragraph 1 should not be read to encompass distinctions based on nationality.

32. Interpreting "national origin" as not encompassing nationality is also consistent with CERD's object and purpose of eliminating racial discrimination "in all its forms and manifestations" (Preamble; see also Arts. 2 and 5). Although nationality is not encompassed within "national origin", Article 1, paragraph 1, still prohibits differential treatment based on nationality when it has the "purpose or effect" of discriminating on the basis of "national origin" (see Section II (3) below).

33. The *travaux préparatoires* of CERD confirm that the drafters did not intend nationality to constitute a ground of racial discrimination. The Court analyses the *travaux préparatoires* in detail (Judgment, paras. 89-97). I would draw attention to the following two points in particular. First, the definition of racial discrimination prepared by the Commission on Human Rights and presented to the Third Committee of the General Assembly in 1964 contained the following sentence: "[In this paragraph the expression 'national origin' does not cover the status of any person as a citizen of a given State.]" (See Judgment, para. 94.) Secondly, in the course of the work of the Third Committee, France and the United States of America proposed an amendment that would have provided that "the expression 'national origin' does not mean 'nationality' or 'citizenship'" and that the Convention was not applicable to distinctions "based on differences of nationality or citizenship" [14]. In withdrawing this proposal, the French delegate stated that the alternative text, which was eventually adopted as Article 1, was "entirely acceptable" to both France and the United States (see *ibid.*, paras. 90 and 96). The CERD Committee has also accepted that "the *travaux préparatoires* of the Convention show that in the different stages of the elaboration of the Convention . . . the ground 'national origin' was understood as not covering 'nationality' or 'citizenship'" [15].

---

[14] United Nations, *Official Records of the General Assembly, Twentieth Session, Third Committee*, "Draft International Convention on the Elimination of All Forms of Racial Discrimination", UN doc. A/6181, 18 December 1965, p. 12, para. 32.

[15] CERD Committee, Decision on the admissibility of the inter-State communication submitted by Qatar against Saudi Arabia, dated 27 August 2019, UN doc. CERD/C/99/6, para. 12.

31. D'après le Qatar, les paragraphes 2 et 3 de l'article premier énoncent des exceptions à la définition établie au paragraphe 1 et impliquent que la nationalité est un motif de discrimination prohibé selon celle-ci. Or les paragraphes 2 et 3 traduisent plutôt une volonté, de la part des rédacteurs, d'exclure de la portée de la convention les différences de traitement fondées sur la nationalité et de veiller à ce que la convention n'empêche pas les Etats parties de réglementer les questions de nationalité. Ils n'énoncent pas des exceptions au paragraphe 1, mais précisent que la définition de la discrimination raciale figurant dans cette disposition ne doit pas être interprétée comme englobant les distinctions opérées sur la base de la nationalité.

32. Interpréter l'expression « origine nationale » comme n'englobant pas la nationalité est également compatible avec l'objet et le but de la CIEDR, à savoir l'élimination de « toutes les formes et de toutes les manifestations » de discrimination raciale (préambule ; voir aussi les articles 2 et 5). Bien que la nationalité ne soit pas incluse dans l'expression « origine nationale », le paragraphe 1 de l'article premier n'en interdit pas moins toute différenciation de traitement fondée sur la nationalité lorsqu'elle a « pour but ou pour effet » d'opérer une discrimination sur la base de l'« origine nationale » (voir la section II.3 ci-dessous).

33. Les travaux préparatoires de la CIEDR, dont la Cour fait un examen approfondi, confirment que l'intention des rédacteurs n'était pas d'inclure la nationalité parmi les motifs de discrimination raciale (arrêt, par. 89-97). Je tiens à cet égard à appeler l'attention sur deux points en particulier. Premièrement, la définition de la discrimination raciale établie par la Commission des droits de l'homme et figurant dans le projet de convention présenté à la Troisième Commission de l'Assemblée générale en 1964 contenait la phrase suivante : « [Dans ce paragraphe, l'expression « origine nationale » ne désigne pas le statut conféré à une personne par sa qualité de citoyen d'un Etat donné.] » (Voir arrêt, par. 94.) Deuxièmement, au cours des travaux de la Troisième Commission, la France et les Etats-Unis d'Amérique avaient proposé un amendement disposant que « l'expression « origine nationale » ne désign[ait] ni la « nationalité » ni la « citoyenneté » » et que la convention n'était pas applicable aux distinctions « fondées sur des différences de nationalité ou de citoyenneté »[14]. Lors du retrait de cette proposition, le représentant français avait déclaré que l'autre texte, qui sera finalement adopté comme libellé de l'article premier, était « tout à fait acceptable » pour les deux pays (voir *ibid.*, par. 90 et 96). Le Comité de la CIEDR a également reconnu qu'« il ressort des travaux préparatoires de la Convention que, à aucune des étapes de l'élaboration de cet instrument … la notion d'« origine nationale » n'a été considérée comme recouvrant la nationalité ou la citoyenneté »[15].

---

[14] Nations Unies, *Compte rendu de l'Assemblée générale, vingtième session, Troisième Commission*, « Projet de convention internationale sur l'élimination de toutes les formes de discrimination raciale », doc. A/6181, 18 décembre 1965, p. 12, par. 32.

[15] Nations Unies, Comité de la CIEDR, décision sur la recevabilité de la communication interétatique présentée par le Qatar contre l'Arabie saoudite, 27 août 2019, doc. CERD/C/99/6, par. 12.

34. An additional reason to distinguish "national origin" from "nationality" relates to the different levels of scrutiny that are required in reviewing the lawfulness of differential treatment under each ground. Racial discrimination is one of the most invidious forms of discrimination. Differentiation of treatment based on a prohibited ground listed in Article 1, paragraph 1, of CERD is inherently suspect and must meet the most rigorous scrutiny. For example, the ECtHR has held that "[w]here the difference in treatment is based on race, colour or ethnic origin, the notion of objective and reasonable justification must be interpreted as strictly as possible" [16]. The ECtHR has gone so far as to affirm that "[n]o difference in treatment based exclusively or to a decisive extent on a person's ethnic origin is capable of being justified in a contemporary democratic society" [17]. In this way, if the difference in treatment is based on "race, colour, descent, or national or ethnic origin", States bear a very heavy burden in demonstrating that the difference pursues a legitimate aim and that there is a reasonable relationship of proportionality between the means employed and the aim sought to be achieved. The scrutiny must be most rigorous and the threshold must be very high.

35. When the difference in treatment is based on nationality, the level of scrutiny required is different. Since non-citizens normally have no right to vote or be elected, and thus are unable to protect their interests through the political process, rigorous scrutiny is warranted for distinctions based on nationality. However, because States are entitled to make distinctions between citizens and non-citizens in respect of some rights or in certain circumstances, the level of scrutiny required need not be as rigorous as in cases of distinctions based on "race, colour, descent, or national or ethnic origin". The ECtHR has declared that "very weighty reasons would have to be put forward before it could regard a difference of treatment based exclusively on the ground of nationality as compatible with the Convention" [18]. While that threshold remains high, the scrutiny required by the ECtHR is not as rigorous and the threshold is not as high as for cases of distinctions based on "race, colour, descent, or national or ethnic origin" [19].

---

[16] ECtHR, *D. H. and Others* v. *Czech Republic*, Grand Chamber, judgment of 13 November 2007, No. 57325/00, para. 196.

[17] ECtHR, *Biao* v. *Denmark*, *supra* note 5, para. 94.

[18] ECtHR, *Andrejeva* v. *Latvia*, *supra* note 5, para. 87; *Biao* v. *Denmark*, *supra* note 5, para. 93.

[19] See also ECtHR, *Biao* v. *Denmark*, *supra* note 5, joint dissenting opinion of Judges Villiger, Mahoney and Kjølbro, para. 30 ("a wide margin of appreciation is afforded to member States in relation to differences in treatment on the basis of 'other status' [in this case, length of nationality], as opposed to 'national' or 'ethnic' origin").

34. La distinction entre «origine nationale» et «nationalité» se justifie également par les différents degrés d'exigence requis pour se prononcer sur la licéité d'un traitement différencié au titre de chacun de ces deux motifs. La discrimination raciale est l'une des formes de discrimination les plus odieuses. Les différences de traitement fondées sur l'un des motifs prohibés énoncés au paragraphe 1 de l'article premier de la CIEDR sont intrinsèquement problématiques et doivent faire l'objet d'un examen des plus rigoureux. Par exemple, la CEDH a jugé que, «[e]n cas de différence de traitement fondée sur la race, la couleur ou l'origine ethnique, la notion de justification objective et raisonnable doit être interprétée de manière aussi stricte que possible»[16], et est allée jusqu'à affirmer qu'«[a]ucune différence de traitement fondée exclusivement ou dans une mesure déterminante sur l'origine ethnique d'un individu ne peut passer pour justifiée dans une société démocratique contemporaine»[17]. Ainsi, si une différence de traitement est basée sur «la race, la couleur, l'ascendance ou l'origine nationale ou ethnique», les Etats doivent assumer la très lourde tâche de démontrer que cette différenciation poursuit un but légitime et qu'il existe un rapport raisonnable de proportionnalité entre les moyens employés et le but visé. L'examen doit être des plus rigoureux et satisfaire à un critère très élevé.

35. Lorsque la différence de traitement est fondée sur la nationalité, le degré d'exigence requis est différent. Etant donné que les non-ressortissants ne jouissent généralement pas du droit de voter ou d'être élu et ne sont donc pas en mesure de protéger leurs intérêts par le biais du processus politique, un examen rigoureux s'impose. Cependant, les Etats étant autorisés à établir des distinctions entre ressortissants et non-ressortissants en ce qui concerne certains droits ou dans certaines circonstances, il n'est pas nécessaire d'appliquer un degré d'exigence aussi rigoureux que lorsque les distinctions sont fondées sur «la race, la couleur, l'ascendance ou l'origine nationale ou ethnique». La CEDH a déclaré que «seules des considérations très fortes p[ouvai]ent l'amener à estimer compatible avec la Convention une différence de traitement exclusivement fondée sur la nationalité»[18]. Si l'examen doit toujours satisfaire à un critère élevé, le degré d'exigence requis par la CEDH n'est toutefois pas aussi rigoureux, et le critère pas aussi élevé, que dans le cas de distinctions fondées sur «la race, la couleur, l'ascendance ou l'origine nationale ou ethnique»[19].

---

[16] CEDH, *D. H. et autres c. République tchèque*, Grande Chambre, arrêt du 13 novembre 2007, requête n° 57325/00, par. 196.

[17] CEDH, *Biao c. Danemark*, voir note 5 ci-dessus, par. 94.

[18] CEDH, *Andrejeva c. Lettonie*, voir note 5 ci-dessus, par. 87; *Biao c. Danemark*, voir note 5 ci-dessus, par. 93.

[19] Voir aussi CEDH, *Biao c. Danemark*, voir note 5 ci-dessus, opinion dissidente commune aux juges Villiger, Mahoney et Kjølbro, par. 30 («les Etats bénéficient d'une ample marge d'appréciation en matière de différences de traitement fondées sur une «autre situation» [en l'occurrence l'ancienneté de la nationalité], ce qui n'est pas le cas s'agissant de différences de traitement fondées sur l'origine «nationale» ou «ethnique»»).

36. As noted in the Judgment, the Court has taken into account in its jurisprudence the practice of bodies and courts established by international and regional human rights conventions, in so far as it is relevant for the purposes of interpretation (Judgment, para. 77). In the present case, however, the Court considers the jurisprudence of regional human rights courts to be "of little help for the interpretation of the term 'national origin' in CERD", because the purpose of the regional instruments "is to ensure a wide scope of protection of human rights and fundamental freedoms" (*ibid.*, para. 104). CERD prohibits *racial* discrimination and certainly differs from general human rights conventions, which prohibit many kinds of discrimination. Nevertheless, the general prohibition of discrimination includes the prohibition of *racial* discrimination and the other human rights conventions also list "national origin" among the prohibited grounds of discrimination. Therefore, the practice of bodies and courts established by international and regional human rights conventions is relevant to the interpretation of Article 1 of CERD.

37. Interpreting the term "national origin" in Article 1, paragraph 1, of CERD as not encompassing nationality is consistent with the interpretation of similar language in other human rights conventions by these bodies and courts. As noted above (see Section I), international human rights conventions usually contain non-discrimination provisions with a list of prohibited grounds of discrimination that includes "national origin" but not "nationality". In interpreting these provisions, these bodies and courts typically distinguish "nationality" from "national origin" and do not consider the former to be encompassed by the latter.

38. Non-discrimination provisions of the core human rights treaties adopted by the United Nations do not contain nationality among the prohibited grounds of discrimination, except for the International Convention on the Protection of the Rights of Migrant Workers and Members of Their Families, which lists "nationality" separately from and in addition to "national origin" as a prohibited ground (Arts. 1 and 7). In interpreting that Convention, the Committee on the Protection of the Rights of All Migrant Workers and Members of Their Families has explicitly treated "national origin" and "citizenship status" as two distinct grounds of discrimination[20].

---

[20] E.g. Joint General Comment No. 3 (2017) of the Committee on the Protection of the Rights of All Migrant Workers and Members of Their Families and No. 22 (2017) of the Committee on the Rights of the Child on the general principles regarding the human rights of children in the context of international migration, 16 November 2017, para. 3.

36. Comme il est dit dans l'arrêt, la Cour a pris en compte, dans sa jurisprudence, la pratique des organes et juridictions établis en vertu de conventions internationales et régionales relatives aux droits de l'homme, dans la mesure où celle-ci était pertinente aux fins de l'interprétation (arrêt, par. 77). En l'espèce, cependant, la Cour estime que la jurisprudence des juridictions régionales des droits de l'homme «n'est ... guère utile pour l'interprétation de l'expression «origine nationale» figurant dans la CIEDR», parce que la finalité des instruments régionaux «est d'assurer la portée étendue de la protection des droits de l'homme et des libertés fondamentales» (*ibid.*, par. 104). La CIEDR proscrit la discrimination *raciale* et diffère à l'évidence des conventions générales relatives aux droits de l'homme, qui interdisent de nombreux types de discrimination. Cependant, l'interdiction générale de discrimination inclut celle de la discrimination *raciale* et les autres conventions relatives aux droits de l'homme citent également l'«origine nationale» parmi les motifs de discrimination prohibés. Par conséquent, la pratique des organes et juridictions établis en vertu de conventions internationales et régionales relatives aux droits de l'homme est pertinente aux fins de l'interprétation de l'article premier de la CIEDR.

37. Interpréter l'expression «origine nationale» figurant au paragraphe 1 de l'article premier de la CIEDR comme ne recouvrant pas la nationalité est également compatible avec l'interprétation qu'ont fait ces organes et juridictions de formulations similaires utilisées dans d'autres conventions relatives aux droits de l'homme. Ainsi qu'il a été noté plus haut (voir la section I), les conventions internationales relatives aux droits de l'homme contiennent généralement des dispositions relatives à la non-discrimination énumérant des motifs de discrimination prohibés, parmi lesquels figure l'«origine nationale», mais pas la «nationalité». Lorsqu'ils interprètent ces dispositions, ces organes et juridictions distinguent généralement la «nationalité» de l'«origine nationale» et ne considèrent pas que cette dernière englobe la première.

38. Les dispositions relatives à la non-discrimination contenues dans les instruments fondamentaux des droits de l'homme adoptés par les Nations Unies ne mentionnent pas la nationalité parmi les motifs prohibés de discrimination, exception faite de la convention internationale sur la protection des droits de tous les travailleurs migrants et des membres de leur famille, qui cite, parmi les motifs proscrits, la «nationalité» et l'«origine nationale» (art. 1 et 7). En interprétant cette convention, le Comité pour la protection des droits de tous les travailleurs migrants et des membres de leur famille a expressément traité l'«origine nationale» et le «statut au regard de la citoyenneté» comme deux motifs de discrimination distincts[20].

---

[20] Voir, par exemple, observation générale conjointe n° 3 (2017) du Comité pour la protection des droits de tous les travailleurs migrants et des membres de leur famille et n° 22 (2017) du Comité des droits de l'enfant sur les principes généraux relatifs aux droits de l'homme des enfants dans le contexte des migrations internationales, 16 novembre 2017, par. 3.

39. Similarly, the Human Rights Committee does not view the term "national origin", as used in the ICCPR, as encompassing nationality. Rather, it has taken the position that nationality falls within the term "other status", which is listed along with "national origin" among the prohibited grounds of discrimination in Article 26 of the ICCPR. In *Gueye et al.* v. *France*, the case concerning the pensions of retired French soldiers of Senegalese nationality (see paragraph 13 above), the Committee held that there was discrimination based on nationality, while finding "no evidence to support the allegation that the State party has engaged in *racially* discriminatory practices *vis-à-vis* the authors". In doing so, the Committee expressly stated that a differentiation by reference to nationality "falls within the reference to 'other status' in . . . article 26"[21].

40. *Karakurt* v. *Austria*, another case before the Human Rights Committee, is even more illuminating. The case involved a claim by a Turkish national that a labour law of Austria which barred non-Austrian nationals from holding positions on works councils violated his rights under Article 26 of the ICCPR. Upon its ratification of the ICCPR, Austria entered a reservation that "Article 26 is understood to mean that it does not exclude different treatment of Austrian nationals and aliens, as is also permissible under article 1, paragraph 2, of [CERD]". The Committee considered that it was precluded by this reservation from examining the claim of the author of the communication in so far as it related to the distinction between Austrian nationals and non-nationals, but that it was not precluded from examining the author's claim relating to the distinction made by Austria between nationals of the European Economic Area (EEA) and non-EEA nationals. Two members disagreed with the first conclusion of the Committee. They maintained that Austria's intention was to harmonize its obligations under the ICCPR with those under CERD. Hence, in their view, "the Committee [was] precluded from assessing whether a distinction made between Austrian nationals and aliens amounts to such discrimination on grounds of 'race, colour, descent or national or ethnic origin'". They contended, however, that nationality was not a ground of racial discrimination under CERD and, therefore, that the Committee was not barred by the Austrian reservation from examining the author's claim on the distinction between Austrian nationals and non-nationals. For them, "Article 1, paragraph 2, of [CERD] makes it clear that citizenship is not covered by the notion of 'national origin'". By contrast, "distinctions based on citizenship fall under the notion of 'other status' in article 26 and not under any of the grounds of discrimination covered by article 1, paragraph 1, of [CERD]". They con-

---

[21] Human Rights Committee, *Gueye et al.* v. *France*, *supra* note 2, para. 9.4; emphasis added.

39. De même, le Comité des droits de l'homme ne considère pas que l'expression «origine nationale», telle qu'elle est utilisée dans le Pacte international relatif aux droits civils et politiques, englobe la nationalité. Au lieu de cela, il a adopté la position selon laquelle la nationalité est visée par l'expression «toute autre situation», qui figure, au même titre que l'«origine nationale», parmi les motifs de discrimination prohibés énoncés à l'article 26 du Pacte international relatif aux droits civils et politiques. Dans l'affaire *Gueye et consorts c. France* concernant les allocations de retraite versées à d'anciens militaires de l'armée française de nationalité sénégalaise (voir le paragraphe 13 ci-dessus), le Comité a jugé qu'il y avait eu discrimination sur la base de la nationalité, tout en concluant que «rien ne venait étayer l'allégation selon laquelle l'Etat partie s'était livré à des pratiques de discrimination *raciale à l'encontre* des auteurs». Le Comité a, par ailleurs, expressément indiqué que la différenciation sur le fondement de la nationalité «[étai]t visée par l'expression «toute autre situation» figurant à l'article 26»[21].

40. L'affaire *Karakurt c. Autriche*, également portée devant le Comité des droits de l'homme, est plus éclairante encore. Cette instance concernait un ressortissant turc ayant soumis une plainte au motif que la législation autrichienne du travail, en interdisant aux non-ressortissants autrichiens d'occuper des postes au sein des comités d'entreprise, portait atteinte à ses droits en vertu de l'article 26 du Pacte. Or, lors de la ratification du Pacte, l'Autriche avait émis une réserve, précisant que «[l]'article 26 [étai]t interprété comme n'excluant pas la distinction de traitement selon qu'il s'agit de ressortissants autrichiens ou de ressortissants étrangers, permise en vertu du paragraphe 2 de l'article 1 de la [CIEDR]». Le Comité a estimé qu'il ne pouvait, du fait de cette réserve, examiner la plainte en ce qu'elle concernait la distinction entre ressortissants autrichiens et non-ressortissants, mais que rien ne l'empêchait d'en connaître s'agissant de la distinction établie par l'Autriche entre les ressortissants de pays membres de l'Espace économique européen (EEE) et les non-ressortissants de l'EEE. Deux membres du Comité, en désaccord avec la première constatation du Comité, avaient soutenu que l'intention de l'Autriche était d'harmoniser ses obligations découlant du Pacte avec celles qui lui incombaient en vertu de la CIEDR. Partant, selon eux, «le Comité se vo[ya]it empêché d'apprécier si une distinction faite entre ressortissants autrichiens et étrangers [était] assimilable à une discrimination fondée sur «la race, la couleur, l'ascendance ou l'origine nationale ou ethnique»», ajoutant que la nationalité ne relevait pas des motifs de discrimination raciale visés par la CIEDR et que, en conséquence, la réserve de l'Autriche ne faisait pas obstacle à la compétence du Comité à connaître de la plainte de l'auteur concernant la distinction entre ressortissants et non-ressortissants autrichiens. D'après eux, «le paragraphe 2 de l'article premier de [la CIEDR] indique clairement que la nationalité n'est pas

---

[21] Comité des droits de l'homme, *Gueye et consorts c. France*, voir note 2 ci-dessus, par. 9.4; les italiques sont de moi.

cluded that "the Austrian reservation to article 26 does not affect the Committee's competence to examine whether a distinction made between citizens and aliens amounts to prohibited discrimination under article 26 of the Covenant on other grounds than those covered also by [CERD]"[22].

41. The CESCR, like the Human Rights Committee, has taken the view that "national origin", which is listed among the prohibited grounds of discrimination in Article 2, paragraph 2, of the ICESCR, "refers to a person's State, nation, or place of origin"[23], and that nationality falls within "other status"[24].

42. As previously noted, regional conventions on human rights also contain non-discrimination provisions with lists of prohibited grounds of discrimination, which are recognized to be illustrative, and the monitoring courts and bodies established by these conventions have confirmed that the human rights provided for therein also apply to non-citizens (see paragraphs 10 and 15 above). These courts and bodies usually do not consider nationality as falling within "national origin". For example, in *Luczak* v. *Poland*, the ECtHR stated that "a difference in treatment on the basis of nationality . . . falls within the non-exhaustive list of prohibited grounds of discrimination in Article 14"[25].

43. The CERD Committee has confirmed in its jurisprudence that differentiation of treatment based on nationality does not per se constitute "racial discrimination" under CERD. In *Diop* v. *France*, a Senegalese citizen claimed that France was in violation of CERD because his application for membership of the Bar of Nice had been rejected for the reason that he was not a French national. The Committee found no violation, stating that "the refusal to admit [the author] to the Bar was based on the

---

[22] Human Rights Committee, *Karakurt* v. *Austria, supra* note 3, individual opinion by Committee Members Sir Nigel Rodley and Mr. Martin Scheinin (partly dissenting).

[23] CESCR, General Comment No. 20, *supra* note 4, para. 24.

[24] *Ibid.*, paras. 15 and 30.

[25] ECtHR, *Luczak* v. *Poland*, Fourth Section, judgment of 27 November 2007, No. 77782/01, para. 46. See also ECtHR, *Andrejeva* v. *Latvia, supra* note 5, paras. 87-92 (examining under Article 14 of the European Convention a distinction based on the "sole criterion" of nationality without any reference to national origin). For the IACtHR, see e.g. *Juridical Condition and Rights of Undocumented Migrants, supra* note 6, para. 101 (listing "nationality" separately from "national . . . origin").

englobée dans la notion d'«origine nationale»», mais «les distinctions fondées sur la nationalité relèvent de la notion «toute autre situation» visée à l'article 26 et non des motifs de discrimination visés au paragraphe 1 de l'article premier de la [CIEDR]». Et de conclure que «la réserve de l'Autriche à l'article 26 n'influe pas sur la compétence du Comité à déterminer si une distinction faite entre nationaux et étrangers constitue une discrimination proscrite au sens de l'article 26 du Pacte mais fondée sur des motifs autres que ceux visés également dans la [CIEDR]»[22].

41. Le Comité des droits économiques, sociaux et culturels, tout comme le Comité des droits de l'homme, est d'avis que l'«origine nationale», qui figure parmi les motifs de discrimination prohibés énoncés au paragraphe 2 de l'article 2 du Pacte international relatif aux droits économiques, sociaux et culturels, «renvoie au pays, à la nation ou au lieu d'origine d'un individu»[23], et que la nationalité entre dans la catégorie «toute autre situation»[24].

42. Ainsi qu'il a été indiqué plus haut, les conventions régionales relatives aux droits de l'homme prévoient également des clauses de non-discrimination, dans lesquelles figurent des listes de motifs de discrimination prohibés, considérées comme illustratives, et les juridictions et organes de contrôle que ces instruments ont établis ont confirmé que les droits de l'homme y énoncés s'appliquent également aux non-ressortissants (voir les paragraphes 10 et 15 ci-dessus). En règle générale, ces juridictions et organes ne considèrent pas que la nationalité relève de l'«origine nationale». Ainsi, dans l'affaire *Luczak c. Pologne*, la CEDH a déclaré qu'«une différence de traitement fondée sur la nationalité ... est l'un des motifs de discrimination prohibés par l'article 14, qui en dresse une liste non exhaustive»[25].

43. Le Comité de la CIEDR a confirmé, dans sa jurisprudence, que les différences de traitement fondées sur la nationalité ne constituent pas, en elles-mêmes, une «discrimination raciale» au sens de la CIEDR. Dans l'affaire *Diop c. France*, un ressortissant sénégalais affirmait être victime d'une violation, par la France, de la CIEDR au motif que sa demande d'inscription au tableau de l'ordre des avocats de Nice avait été rejetée parce qu'il ne possédait pas la nationalité française. Le Comité a conclu

---

[22] Comité des droits de l'homme, *Karakurt c. Autriche*, voir note 3 ci-dessus, opinion individuelle (en partie dissidente) de sir Nigel Rodley et M. Martin Scheinin, membres du Comité.

[23] Comité des droits économiques, sociaux et culturels, observation générale n° 20, voir note 4 ci-dessus, par. 24.

[24] *Ibid.*, par. 15 et 30.

[25] CEDH, *Luczak c. Pologne*, quatrième section, arrêt du 27 novembre 2007, requête n° 77782/01, par. 46. Voir aussi CEDH, *Andrejeva c. Lettonie*, voir note 5 ci-dessus, par. 87-92 (où est examinée, en vertu de l'article 14 de la convention européenne, une distinction fondée sur «le seul et unique critère» de la nationalité sans que soit aucunement mentionnée l'origine nationale). Pour la Cour interaméricaine des droits de l'homme, voir, par exemple, *Juridical Condition and Rights of Undocumented Migrants*, voir note 6 ci-dessus, par. 101 (où figurent séparément dans la liste des motifs «nationalité» et «origine ... nationale»).

fact that he was not of French nationality, not on any of the grounds enumerated in article 1, paragraph 1"[26]. Similarly, in *Quereshi* v. *Denmark*, the CERD Committee held that it could not conclude that the Danish authorities had reached an inappropriate conclusion in determining that offensive statements made at a party about "foreigners" did not amount to an act of racial discrimination, because "a general reference to foreigners does not at present single out a group of persons . . . on the basis of a specific race, ethnicity, colour, descent or national or ethnic origin"[27].

44. For the reasons given by the Court (Judgment, paras. 74-105) and the reasons set out above, I am of the view that current nationality is not encompassed within "national origin" under Article 1, paragraph 1, of CERD and, therefore, that differentiation of treatment based on current nationality does not per se constitute "racial discrimination" within the meaning of CERD.

45. In accordance with Article 22 of CERD, the Court has jurisdiction only if the challenged measures are capable of constituting "racial discrimination" within the meaning of CERD. The next Section turns to examine whether differential treatment based on nationality, although it does not per se constitute racial discrimination under CERD, can nonetheless have the purpose or effect of discrimination on the basis of one of the prohibited grounds listed in Article 1, paragraph 1, of CERD and thus constitute racial discrimination indirectly.

3. Distinctions Based on "Nationality" Can Have the Purpose or Effect of Discrimination Based on "National Origin"

46. With regard to Qatar's claim of indirect discrimination, the majority of the Court considers that "even if the measures of which Qatar complains in support of its 'indirect discrimination' claim were to be proven on the facts, they are not capable of constituting racial discrimination" (Judgment, para. 112), and concludes that the first preliminary objection of the UAE must therefore be upheld (*ibid.*, para. 114). I respectfully disagree. Qatar's claim of indirect discrimination requires a detailed examination at the merits stage. The Court should have declared that the first preliminary objection of the UAE does not possess an exclusively preliminary character.

---

[26] CERD Committee, *Diop* v. *France*, 18 March 1991, Communication No. 2/1989, para. 6.6.

[27] CERD Committee, *Quereshi* v. *Denmark*, 9 March 2005, Communication No. 33/2003, para. 7.3. See also CERD Committee, *P. S. N.* v. *Denmark*, 8 August 2007, Communication No. 36/2006, para. 6.4.

qu'il n'y avait pas eu violation, déclarant que « le refus d'inscrire [l'auteur] au barreau reposait sur le fait qu'il n'avait pas la nationalité française, et non sur l'un quelconque des motifs énumérés au paragraphe 1 de l'article premier »[26]. De la même façon, dans l'affaire *Quereshi c. Danemark*, le Comité de la CIEDR a jugé ne pas être en mesure d'établir que les autorités danoises s'étaient fourvoyées en concluant que les propos injurieux tenus à l'égard des « étrangers » lors du congrès d'un parti ne constituaient pas un acte de discrimination raciale, « une allusion générale aux étrangers ne désign[ant] pas à l'heure actuelle un groupe spécifique de personnes ... défini par une race, une appartenance ethnique, une couleur, une ascendance ou une origine nationale ou ethnique spécifiques »[27].

44. Pour les raisons indiquées par la Cour (arrêt, par. 74-105) et les motifs exposés ci-dessus, j'estime que la nationalité actuelle n'est pas englobée dans l'« origine nationale » visée au paragraphe 1 de l'article premier de la CIEDR et que les différences de traitement fondées sur la nationalité actuelle ne constituent pas, en elles-mêmes, une « discrimination raciale » au sens de la CIEDR.

45. Selon l'article 22 de la CIEDR, la Cour n'a compétence que si les mesures contestées sont susceptibles de constituer une « discrimination raciale » au sens de la convention. Dans la section qui suit, j'examinerai la question de savoir si les différences de traitement fondées sur la nationalité, bien que non constitutives, en elles-mêmes, de discrimination raciale au sens de la CIEDR, peuvent avoir pour but ou pour effet d'opérer une discrimination sur la base de l'un des motifs prohibés énumérés au paragraphe 1 de l'article premier de la CIEDR et constituer ainsi une discrimination raciale.

3. Les distinctions fondées sur la « nationalité » peuvent avoir pour but ou pour effet d'opérer une discrimination sur la base de l'« origine nationale »

46. En ce qui concerne la discrimination indirecte, la majorité de la Cour considère que, « quand bien même les mesures dont le Qatar tire grief dans le cadre de son allégation de « discrimination indirecte » seraient avérées, elles ne peuvent être constitutives de discrimination raciale » (arrêt, par. 112) et conclut que la première exception préliminaire soulevée par les Emirats arabes unis doit donc être retenue (*ibid.*, par. 114). Je conteste respectueusement cette conclusion. L'allégation de discrimination indirecte formulée par le Qatar nécessite un examen approfondi au stade du fond. La Cour aurait dû dire que la première exception préliminaire présentée par les Emirats arabes unis n'avait pas un caractère exclusivement préliminaire.

---

[26] Comité de la CIEDR, *Diop c. France*, 18 mars 1991, communication n° 2/1989, par. 6.6.

[27] Comité de la CIEDR, *Quereshi c. Danemark*, 9 mars 2005, communication n° 33/2003, par. 7.3. Voir aussi Comité de la CIEDR, *P. S. N. c. Danemark*, 8 août 2007, communication n° 36/2006, par. 6.4.

47. I shall start by examining the notion of indirect discrimination as embraced and developed by international human rights courts and bodies and the role it plays under CERD. Then, in the next Section, I will explain why Qatar's claim of indirect discrimination should have been examined in detail at the merits stage.

48. The definition of racial discrimination in Article 1, paragraph 1, of CERD sets out two conditions. First, there must be a distinction, exclusion, restriction or preference "based on race, colour, descent, or national or ethnic origin". Secondly, the differential treatment must have the "purpose or effect" of nullifying or impairing the recognition, enjoyment or exercise, on an equal footing, of human rights and fundamental freedoms in the political, economic, social, cultural or any other field of public life.

49. If differentiation of treatment based on nationality has the "purpose or effect" of discrimination based on one of the prohibited grounds listed in Article 1, paragraph 1, it is capable of constituting "racial discrimination" within the meaning of the Convention. The object and purpose of CERD is to eliminate racial discrimination "in all its forms and manifestations" (Preamble; see also Arts. 2 and 5). Ensuring that differentiation of treatment based on nationality does not have the "purpose or effect" of discriminating based on any of the prohibited grounds in Article 1, paragraph 1, is consistent with, and indeed required by, the object and purpose of the Convention.

50. Judge Crawford has acknowledged that "[a restriction] may constitute racial discrimination if it has the 'effect' of impairing the enjoyment or exercise, on an equal footing, of the rights articulated in CERD"[28]. Likewise, Judges Tomka, Gaja and Gevorgian observed in their joint declaration appended to the Court's first provisional measures Order in the present case that "[d]ifferences of treatment of persons of a specific nationality may target persons who also have a certain ethnic origin and therefore would come under the purview of CERD"[29].

51. International human rights courts and bodies, including the CERD Committee, have embraced and developed the notion of indirect discrimination. If a rule, measure or policy that is apparently neutral has an unjustifiable disproportionate prejudicial impact on a certain protected

---

[28] *Application of the International Convention for the Suppression of the Financing of Terrorism and of the International Convention on the Elimination of All Forms of Racial Discrimination (Ukraine v. Russian Federation), Provisional Measures, Order of 19 April 2017, I.C.J. Reports 2017*, declaration of Judge Crawford, p. 215, para. 7.

[29] *Application of the International Convention on the Elimination of All Forms of Racial Discrimination (Qatar v. United Arab Emirates), Provisional Measures, Order of 23 July 2018, I.C.J. Reports 2018 (II)*, joint declaration of Judges Tomka, Gaja and Gevorgian, p. 437, para. 6.

47. J'examinerai d'abord la notion de discrimination indirecte telle qu'elle a été adoptée et développée par les juridictions et organes internationaux chargés des droits de l'homme et sa définition selon la CIEDR. Dans la section suivante, j'exposerai les raisons pour lesquelles le grief de discrimination indirecte formulé par le Qatar aurait dû être examiné en détail au stade du fond.

48. La définition de la discrimination raciale énoncée au paragraphe 1 de l'article premier de la CIEDR établit deux conditions. Premièrement, il doit s'agir d'une distinction, exclusion, restriction ou préférence «fondée sur la race, la couleur, l'ascendance ou l'origine nationale ou ethnique». Deuxièmement, la différence de traitement doit avoir «pour but ou pour effet» de détruire ou de compromettre la reconnaissance, la jouissance ou l'exercice, dans des conditions d'égalité, des droits de l'homme et des libertés fondamentales dans les domaines politique, économique, social et culturel ou dans tout autre domaine de la vie publique.

49. Si une différence de traitement fondée sur la nationalité a «pour but ou pour effet» d'opérer une discrimination sur la base de l'un des motifs prohibés figurant au paragraphe 1 de l'article premier, elle est susceptible de constituer une «discrimination raciale» au sens de la convention. La CIEDR a pour but et pour effet l'élimination «de toutes les formes et de toutes les manifestations» de discrimination raciale (préambule; voir aussi art. 2 et 5). Veiller à ce qu'une différence de traitement fondée sur la nationalité n'a pas «pour but ou pour effet» d'opérer une discrimination sur la base de l'un des motifs prohibés énumérés au paragraphe 1 de l'article premier est compatible avec l'objet et le but de la convention, et exigé par celle-ci.

50. Comme l'a reconnu M. le juge Crawford, «une restriction peut être constitutive d'une discrimination raciale si elle a pour «effet» d'entraver la jouissance ou l'exercice, sur un pied d'égalité, des droits énoncés dans la CIEDR»[28]. De façon similaire, MM. les juges Tomka, Gaja et Gevorgian ont fait observer, dans leur déclaration commune jointe à la première ordonnance en indication de mesures conservatoires en l'espèce, que «[d]es différences de traitement appliquées à des personnes d'une nationalité donnée p[ouvai]ent également obéir à certaines raisons liées à l'origine ethnique et donc tomber sous le coup de la CIEDR»[29].

51. La notion de discrimination indirecte a été largement adoptée et développée par les juridictions et organes internationaux chargés des droits de l'homme, y compris le Comité de la CIEDR. Toute règle, mesure ou politique apparemment neutre qui nuit de manière disproportionnée et

---

[28] *Application de la convention internationale pour la répression du financement du terrorisme et de la convention internationale sur l'élimination de toutes les formes de discrimination raciale (Ukraine c. Fédération de Russie), mesures conservatoires, ordonnance du 19 avril 2017, C.I.J. Recueil 2017*, déclaration de M. le juge Crawford, p. 215, par. 7.

[29] *Application de la convention internationale sur l'élimination de toutes les formes de discrimination raciale (Qatar c. Emirats arabes unis), mesures conservatoires, ordonnance du 23 juillet 2018, C.I.J. Recueil 2018 (II)*, déclaration commune de MM. les juges Tomka, Gaja et Gevorgian, p. 437, par. 6.

group, it constitutes discrimination notwithstanding that it is not specifically aimed at that group. The analysis of disproportionate impact requires a comparison between different groups. The context and circumstances in which the differentiation was introduced must be taken into account in determining whether the measure amounts to discrimination.

52. The CERD Committee has recognized in its practice the need to address not only direct but also indirect discrimination. In its 1993 General Recommendation XIV on *article 1, paragraph 1, of the Convention*, the Committee stated that "[i]n seeking to determine whether an action has an effect contrary to the Convention, it will look to see whether that action has an unjustifiable disparate impact upon a group distinguished by race, colour, descent, or national or ethnic origin"[30]. In *L. R. et al.* v. *Slovakia*, it recalled that

> "the definition of racial discrimination in article 1 expressly extends beyond measures which are explicitly discriminatory, to encompass measures which are not discriminatory at face value but are discriminatory in fact and effect, that is, if they amount to indirect discrimination. In assessing such indirect discrimination, the Committee must take full account of the particular context and circumstances of the petition, as by definition indirect discrimination can only be demonstrated circumstantially."[31]

53. The other human rights treaty bodies have likewise embraced the notion of indirect discrimination. The Human Rights Committee has recalled that

> "article 26 prohibits both direct and indirect discrimination, the latter notion being related to a rule or measure that may be neutral on its face without any intent to discriminate but which nevertheless results in discrimination because of its exclusive or disproportionate adverse effect on a certain category of persons"[32].

The CESCR has declared that "[b]oth direct and indirect forms of differential treatment can amount to discrimination under article 2, para-

---

[30] CERD Committee, General Recommendation XIV on article 1, paragraph 1, of the Convention, 17 March 1993, para. 2.

[31] CERD Committee, *L. R. et al.* v. *Slovakia*, 7 March 2005, Communication No. 31/2003, para. 10.4. See also CERD Committee, General Recommendation XXXII on the meaning and scope of special measures in the International Convention on the Elimination of All Forms Racial Discrimination, August 2009, para. 7.

[32] Human Rights Committee, *Derksen* v. *Netherlands*, 1 April 2004, Communication No. 976/2001, para. 9.3. See also Human Rights Committee, *Althammer et al.* v. *Austria*, 8 August 2003, Communication No. 998/2001, para. 10.2.

injustifiable à un groupe protégé constitue une discrimination, quand bien même elle ne viserait pas spécifiquement ce groupe. Pour apprécier si cette incidence est disproportionnée, il est nécessaire de procéder à une comparaison entre différents groupes. Le contexte et les circonstances dans lesquels la différenciation a été mise en œuvre doivent être pris en compte pour déterminer si la mesure en question est constitutive de discrimination.

52. Le Comité de la CIEDR a reconnu, dans sa pratique, la nécessité de traiter non seulement de la discrimination directe, mais également de la discrimination indirecte. Dans sa recommandation générale XIV de 1993, concernant *le paragraphe 1 de l'article premier de la convention*, le Comité a dit que «[p]our savoir si une mesure a un effet contraire à la Convention, il se demandera si elle a une conséquence distincte abusive sur un groupe différent par la race, la couleur, l'ascendance ou l'origine nationale ou ethnique»[30]. Dans l'affaire *L. R. et consorts c. République slovaque*, il a rappelé ceci :

> «[L]a définition de la discrimination raciale donnée à l'article premier n'englobe pas seulement les mesures qui sont explicitement discriminatoires, mais aussi les mesures qui ne sont pas discriminatoires à première vue mais le sont dans les faits et dans leurs effets, c'est-à-dire des mesures qui représentent une discrimination indirecte. Pour évaluer l'existence d'une discrimination indirecte, le Comité doit prendre pleinement en compte les circonstances et le contexte particuliers entourant la requête, puisque, par définition, la discrimination indirecte ne peut être démontrée que par des preuves indirectes.»[31]

53. Les autres organes conventionnels des droits de l'homme ont également souscrit à la notion de discrimination indirecte. Comme l'a rappelé le Comité des droits de l'homme,

> «l'article 26 interdit la discrimination tant directe qu'indirecte, cette dernière notion caractérisant une règle ou une mesure qui semble neutre a priori ou dénuée de toute intention discriminatoire mais qui peut néanmoins entraîner une discrimination du fait de son effet négatif, exclusif ou disproportionné, sur une certaine catégorie de personnes»[32].

Selon le Comité des droits économiques, sociaux et culturels, «[c]ertaines formes directes ou indirectes de traitement différencié peuvent être consti-

---

[30] Comité de la CIEDR, recommandation générale XIV concernant le paragraphe 1 de l'article premier de la convention, 17 mars 1993, par. 2.

[31] Comité de la CIEDR, *L. R. et consorts. c. République slovaque*, 7 mars 2005, communication n° 31/2003, par. 10.4. Voir aussi Comité de la CIEDR, recommandation générale XXXII, signification et portée des mesures spéciales dans la convention internationale sur l'élimination de toutes les formes de discrimination raciale, août 2009, par. 7.

[32] Comité des droits de l'homme, *Derksen c. Pays-Bas*, 1er avril 2004, communication n° 976/2001, par. 9.3. Voir aussi Comité des droits de l'homme, *Althammer et consorts c. Autriche*, 8 août 2003, communication n° 998/2001, par. 10.2.

graph 2, of the Covenant", defining indirect discrimination as "laws, policies or practices which appear neutral at face value, but have a disproportionate impact on the exercise of Covenant rights as distinguished by prohibited grounds of discrimination"[33]. Similarly, the Committee on the Elimination of Discrimination against Women has declared that "States parties shall ensure that there is neither direct nor indirect discrimination against women", and explained when indirect discrimination occurs[34].

54. Regional human rights courts have accepted the notion of indirect discrimination as well. For example, the ECtHR has stated that "a policy or measure that has disproportionately prejudicial effects on a particular group may be considered discriminatory, regardless of whether the policy or measure is specifically aimed at that group"[35]. Similarly, the IACtHR has considered that

"a violation of the right to equality and non-discrimination also occurs in situations and cases of indirect discrimination reflected in the disproportionate impact of norms, actions, policies or other measures that, even when their formulation is or appears to be neutral, or their scope is general and undifferentiated, have negative effects on certain vulnerable groups"[36].

55. The CERD Committee has applied the notion of indirect discrimination in the context of the treatment of non-citizens. In *B. M. S.* v. *Australia*, the Committee examined a quota system introduced by Australia that limited the number of doctors trained abroad who were permitted to pass the first stage of the medical examination process to be registered as a doctor in that country. The Committee held that it could not reach the conclusion that "the system works to the detriment of persons of a particular race or national origin" and therefore found that the facts as submitted did not disclose a violation of CERD. It nonetheless recommended to Australia to take measures and improve the transparency of the medical registration procedure to ensure that "the system is in no way discriminatory towards foreign candidates irrespective of their race

---

[33] CESCR, General Comment No. 20, *supra* note 4, para. 10.

[34] Committee on the Elimination of Discrimination against Women, General Recommendation No. 28 on the core obligations of States parties under article 2 of the Convention on the Elimination of All Forms of Discrimination against Women, 19 October 2010, para. 16.
[35] ECtHR, First Section, *J.D. and A* v. *the United Kingdom*, judgment of 24 October 2019, Nos. 32949/17 and 34614/17, para. 85.
[36] IACtHR, *Nadege Dorzema et al.* v. *Dominican Republic*, judgment of 24 October 2012, para. 235.

tutives de discrimination au regard du paragraphe 2 de l'article 2 [du Pacte]», définissant la discrimination indirecte comme s'entendant «de lois, de politiques ou de pratiques qui semblent neutres a priori mais qui ont un effet discriminatoire disproportionné sur l'exercice des droits consacrés par le Pacte eu égard à des motifs de discrimination interdits»[33]. De la même manière, le Comité pour l'élimination de la discrimination à l'égard des femmes a déclaré que «[les Etats parties] d[evai]ent veiller à ce qu'il n'y ait ni discrimination directe ni discrimination indirecte [à l'égard des femmes]», et expliqué dans quels cas se produit la discrimination indirecte[34].

54. Les juridictions régionales des droits de l'homme ont également admis la notion de discrimination indirecte. La CEDH a ainsi déclaré qu'«une mesure ou politique ayant des effets préjudiciables disproportionnés sur un groupe donné peut être considérée comme discriminatoire, qu'elle vise spécifiquement ou non ce groupe»[35]. De même, de l'avis de la Cour interaméricaine des droits de l'homme,

> «une violation du droit à l'égalité et à la non-discrimination se produit également dans les situations et les cas de discrimination indirecte, reflétée dans l'effet disproportionné de normes, d'actions, de politiques ou de mesures qui, quand bien même leur formulation est neutre ou semble l'être, ou leur portée est générale et n'opère pas de distinction, ont des effets négatifs sur certains groupes vulnérables»[36].

55. Le Comité de la CIEDR a appliqué la notion de discrimination indirecte dans le contexte du traitement réservé aux non-ressortissants. Dans l'affaire *B. M. S. c. Australie*, le Comité a examiné un système de quota, mis en place par le Gouvernement australien, limitant le nombre de médecins formés à l'étranger qui étaient autorisés à aller au-delà de la première épreuve des examens de passage en vue de devenir médecin agréé dans ce pays. Ayant estimé que les éléments produits ne permettaient pas de conclure que «le système désavantage[ait] des personnes d'une race ou d'une origine nationale particulière», le Comité a jugé que les faits, tels qu'ils lui avaient été communiqués, ne faisaient pas apparaître de violation de la CIEDR. Il a néanmoins recommandé à l'Australie de prendre des mesures et d'améliorer la transparence de la procédure

---

[33] Comité des droits économiques, sociaux et culturels, observation générale no 20, voir note 4 ci-dessus, par. 10.

[34] Comité pour l'élimination de la discrimination à l'égard des femmes, recommandation générale no 28 concernant les obligations fondamentales des Etats parties découlant de l'article 2 de la convention sur l'élimination de toutes les formes de discrimination à l'égard des femmes, 19 octobre 2010, par. 16.

[35] CEDH, *J.D. et A c. Royaume Uni*, première section, arrêt du 24 octobre 2019, requêtes nos 32949/17 et 34614/17, par. 85.

[36] Cour interaméricaine des droits de l'homme, *Nadege Dorzema* et al. v. *Dominican Republic*, arrêt du 24 octobre 2012, par. 235.

or national or ethnic origin"[37]. In addition, the Committee has consistently asked States parties to report on the status of non-citizens, particularly migrants and refugees, who often belong to a single ethnic group and are susceptible to racial discrimination based on one of the prohibited grounds listed in Article 1, paragraph 1, of CERD. It has rejected an interpretation of Article 1, paragraph 2, that would "absolv[e] States parties from any obligation to report on matters relating to legislation on foreigners", affirming that "States parties are under an obligation to report fully upon legislation on foreigners and its implementation"[38]. After considering reports submitted by States parties, the Committee regularly adopts concluding observations that include recommendations on the treatment of non-citizens. These practices of the CERD Committee can be explained by the notion of indirect discrimination. While differentiation of treatment based on nationality does not per se constitute racial discrimination within the meaning of CERD, it constitutes racial discrimination if it has the "purpose or effect" of discrimination based on one of the prohibited grounds in Article 1, paragraph 1.

56. In September 2001, the World Conference against Racism, Racial Discrimination, Xenophobia and Related Intolerance held in Durban, South Africa, adopted a Declaration against Racism, Racial Discrimination, Xenophobia and Related Intolerance (hereinafter the "Durban Declaration"). The Durban Declaration stated that "racism, racial discrimination, *xenophobia* and related intolerance *occur on the grounds of race, colour, descent or national or ethnic origin*" (Durban Declaration, para. 2; emphasis added), and that

> "xenophobia against non-nationals, particularly migrants, refugees and asylum-seekers, constitutes one of the main sources of contemporary racism and . . . human rights violations against members of such groups occur widely in the context of discriminatory, xenophobic and racist practices" (*ibid.*, para. 16).

The drafters of the Durban Declaration considered that xenophobia against non-nationals "constitutes one of the main sources of contemporary racism", presumably because it often has the purpose or effect of discrimination based on "race, colour, descent or national or ethnic origin". Thus, the concern expressed by the Durban Declaration about xenophobia against non-nationals may also be explained by the notion of indirect discrimination.

---

[37] CERD Committee, *B. M. S.* v. *Australia*, 12 March 1999, Communication No. 8/1996, paras. 9.2, 10 and 11.1.
[38] CERD Committee, General Recommendation XI, *supra* note 11, para. 2.

d'agrément de façon à garantir que « le système ne soit en rien discriminatoire à l'égard des candidats étrangers, quelles que soient leur race ou leur origine nationale ou ethnique »[37]. En outre, le Comité n'a eu de cesse de demander aux Etats parties de lui faire rapport sur la situation des non-ressortissants, en particulier des migrants et des réfugiés, qui appartiennent souvent à un seul groupe ethnique et sont susceptibles de subir une discrimination raciale sur la base de l'un des motifs prohibés énumérés au paragraphe 1 de l'article premier de la CIEDR. Il a rejeté une interprétation du paragraphe 2 de cet article qui « dégage[rait] les Etats parties de toute obligation de fournir des informations sur les lois relatives aux étrangers », affirmant que « les Etats parties ont l'obligation de fournir des renseignements complets sur les lois en question et leur application »[38]. Après examen des rapports soumis par les Etats parties, le Comité adopte régulièrement des observations finales qui comprennent des recommandations relatives au traitement des non-ressortissants. Ces pratiques du Comité de la CIEDR peuvent être éclairées par la notion de discrimination indirecte. Si une différence de traitement fondée sur la nationalité ne constitue pas, en elle-même, une discrimination raciale au sens de la CIEDR, elle est constitutive de discrimination raciale si elle a « pour but ou pour effet » d'opérer une discrimination sur la base de l'un des motifs prohibés par le paragraphe 1 de l'article premier.

56. En septembre 2001, la conférence mondiale contre le racisme, la discrimination raciale, la xénophobie et l'intolérance qui y est associée, tenue à Durban en Afrique du Sud, a adopté la déclaration de Durban, selon laquelle « le racisme, la discrimination raciale, *la xénophobie* et l'intolérance qui y est associée *reposent sur des considérations de race, de couleur, d'ascendance ou d'origine nationale ou ethnique* » (déclaration de Durban, par. 2 ; les italiques sont de moi), et

« la xénophobie dont les non-ressortissants, en particulier les migrants, les réfugiés et les demandeurs d'asile, sont l'objet est l'une des grandes sources du racisme contemporain et … les violations des droits fondamentaux de ces groupes relèvent pour la plupart de pratiques discriminatoires, xénophobes et racistes » (*ibid.*, par. 16).

Les rédacteurs de cette déclaration ont considéré que la xénophobie à l'égard des non-ressortissants « [étai]t l'une des grandes sources du racisme contemporain », probablement en raison du fait que, souvent, celle-ci a pour but ou pour effet d'opérer une discrimination fondée sur « la race, la couleur, l'ascendance ou l'origine nationale ou ethnique ». Ainsi, la préoccupation exprimée dans la déclaration de Durban au sujet de la xénophobie contre les non-ressortissants peut également être expliquée par la notion de discrimination indirecte.

---

[37] Comité de la CIEDR, *B. M. S. c. Australie*, 12 mars 1999, communication n° 8/1996, par. 9.2, 10, 11.1.

[38] Comité de la CIEDR, recommandation générale XI, voir note 11 ci-dessus, par. 2.

57. In 2004, influenced by the Durban Declaration, the CERD Committee adopted General Recommendation XXX on *discrimination against non-citizens*[39]. In its paragraph 4, the Committee proclaimed:

> "Under the Convention, differential treatment based on citizenship or immigration status will constitute discrimination if the criteria for such differentiation, judged in the light of the objectives and purposes of the Convention, are not applied pursuant to a legitimate aim, and are not proportional to the achievement of this aim."[40]

The phrase "judged in the light of the objectives and purposes of the Convention" in this context may be understood as referring to situations where differential treatment based on citizenship has the purpose or effect of discriminating on the basis of a prohibited ground listed in Article 1, paragraph 1, of CERD, that is, indirect discrimination.

58. Finally, the notion of indirect discrimination presumably underlies the CERD Committee's decision on the admissibility of the inter-State communication brought by Qatar against the UAE pursuant to Article 11 of CERD. The Committee concluded that the allegations submitted by Qatar "do not fall outside the scope of competence *ratione materiae* of the Convention", relying primarily on its previous practice, in particular paragraph 4 of General Recommendation XXX[41]. As noted above, paragraph 4 can be explained by the notion of indirect discrimination. The Committee may have come to the above conclusion precisely because differentiation based on current nationality is capable of constituting racial discrimination indirectly.

4. The Objection of the UAE Does Not Possess an Exclusively Preliminary Character

59. In accordance with the notion of indirect discrimination explained in the previous Section, if differentiation of treatment based on current nationality has an unjustifiable disproportionate prejudicial impact on an identifiable group distinguished by "race, colour, descent, or national or ethnic origin", it constitutes racial discrimination within the meaning of Article 1, paragraph 1, of CERD.

60. In the present case, Qatar has explicitly acknowledged that "it is on

---

[39] CERD Committee, General Recommendation XXX, *supra* note 10.

[40] *Ibid.*, para. 4. The Committee thus employed the framework it had used for discrimination under Article 1, paragraph 1, to examine differential treatment based on citizenship. See CERD Committee, General Recommendation XIV, *supra* note 30, para. 2.

[41] CERD Committee, Decision on the admissibility of the inter-State communication submitted by Qatar against the United Arab Emirates, dated 27 August 2019, UN doc. CERD/C/99/4, paras. 57-63.

57. En 2004, sous l'influence de la déclaration de Durban, le Comité de la CIEDR a adopté la recommandation générale XXX concernant *la discrimination contre les non-ressortissants*[39]. Au paragraphe 4 de celle-ci, le Comité affirmait ce qui suit :

> «Aux termes de la Convention, l'application d'un traitement différent fondé sur le statut quant à la citoyenneté ou à l'immigration constitue une discrimination si les critères de différenciation, jugés à la lumière des objectifs et des buts de la Convention, ne visent pas un but légitime et ne sont pas proportionnés à l'atteinte de ce but.»[40]

L'expression «jugés à la lumière des objectifs et des buts de la Convention», dans ce contexte, peut s'entendre comme se rapportant aux situations dans lesquelles les différences de traitement fondées sur la nationalité ont pour but ou pour effet d'opérer une discrimination sur la base d'un motif prohibé figurant au paragraphe 1 de l'article premier de la CIEDR, à savoir la discrimination indirecte.

58. Enfin, la notion de discrimination indirecte sous-tend vraisemblablement la décision du Comité de la CIEDR sur la recevabilité de la communication interétatique soumise par le Qatar contre les Emirats arabes unis en application de l'article 11 de la CIEDR. Le Comité, s'appuyant principalement sur sa pratique antérieure, en particulier le paragraphe 4 de la recommandation générale XXX[41], a conclu que les griefs soulevés par le Qatar «ne sort[ai]ent pas du champ de [s]a compétence *ratione materiae*». Comme il a été relevé ci-dessus, le paragraphe 4 peut être analysé à la lumière de la notion de discrimination indirecte. Il se peut que le Comité soit parvenu à cette conclusion précisément parce que le traitement différencié fondé sur la nationalité actuelle est susceptible de constituer indirectement une discrimination raciale.

4. *L'exception soulevée par les Emirats arabes unis n'a pas un caractère exclusivement préliminaire*

59. Conformément à la notion de discrimination indirecte expliquée à la section précédente, si la différence de traitement fondée sur la nationalité actuelle a un effet préjudiciable disproportionné sur un groupe différent par «la race, la couleur, l'ascendance ou l'origine nationale ou ethnique», elle est constitutive de discrimination raciale au sens du paragraphe 1 de l'article premier de la CIEDR.

60. En la présente espèce, le Qatar a explicitement reconnu que «c'est

---

[39] Comité de la CIEDR, recommandation générale XXX, voir note 10 ci-dessus.

[40] *Ibid.*, par. 4. Le Comité a ainsi eu recours au cadre qu'il avait utilisé pour statuer sur la discrimination au titre du paragraphe 1 de l'article premier pour se prononcer sur les différences de traitement fondées sur la citoyenneté. Comité de la CIEDR, recommandation générale XIV, voir note 30 ci-dessus, par. 2.

[41] Nations Unies, Comité de la CIEDR, décision sur la recevabilité de la communication interétatique soumise par le Qatar contre les Emirats arabes unis, 27 août 2019, doc. CERD/C/99/4, par. 57-63.

'national origin' that [it] bases its claims"[42]. It claims that the UAE has engaged in indirect discrimination against persons of Qatari national origin. It does not claim that the measures taken by the UAE were discriminatory on the basis of another protected ground — "race, colour, descent, or ethnic origin". The UAE for its part contends that the measures complained of by Qatar do not constitute indirect discrimination on the basis of national origin. It maintains that no measure was taken, in terms of either purpose or effect, against any person other than those belonging to the group defined by Qatari nationality.

61. The task of the Court, therefore, is to determine whether the measures taken by the UAE on the basis of current nationality have an unjustifiable disproportionate prejudicial effect on an identifiable group distinguished by national origin. In order to make this determination, it is first necessary to identify a group that is distinguished by "national origin" and entitled to protection under CERD. Subsequently, it must be assessed whether the measures have an unjustifiable disproportionate prejudicial impact on that protected group compared to other groups.

62. With regard to the first issue, Qatar contends that Qataris can be distinguished by their "national origin" in the historical-cultural sense, defined by their heritage or descent, family or tribal affiliations, national traditions and culture, and geographic ties to the peninsula of Qatar. It argues that several factors, including dialect or accent, traditional dress and family affiliations, distinguish Qataris from other national communities in the Gulf region. Qatar relies mainly on an expert report in support of this contention[43]. The UAE for its part argues that Qatari and Emirati people share geographical ties, as well as a common ancestry, language, heritage, traditions and culture, to such an extent that they are the same people, albeit with different nationalities. However, it submits no evidence in support of this contention. The UAE accepts that "[d]isguised discrimination would come within the scope of . . . CERD", but maintains that "there is no discrimination, whether open or disguised, direct or indirect, *against a CERD protected group*"[44]. Thus, the very existence of a protected group under CERD is contested by the Parties. Based on the pleadings of the Parties and the evidence submitted, the Court is not in a position to establish whether a CERD protected group can be distinguished by national origin. The materials before the Court do not provide it with all the facts needed to resolve the first issue.

---

[42] CR 2020/9, p. 17, para. 19 (Amirfar).
[43] Memorial of Qatar (MQ), Vol. VI, Ann. 162, Expert Report of Dr. J. E. Peterson, 9 April 2019.
[44] CR 2020/8, p. 14, para. 10 (Bethlehem); emphasis in the original.

sur l'«origine nationale» que le Qatar fonde ses réclamations»[42]. Il soutient que les Emirats arabes unis se sont livrés à une discrimination indirecte à l'égard des personnes d'origine nationale qatarienne. Il ne prétend pas que les mesures adoptées par les Emirats arabes unis étaient discriminatoires au titre d'un autre motif prohibé, à savoir «la race, la couleur, l'ascendance ou l'origine ethnique». Les Emirats arabes unis, pour leur part, affirment que les mesures dont le Qatar tire grief ne constituent pas une discrimination indirecte fondée sur l'origine nationale. Ils soutiennent qu'aucune mesure n'a été prise, pour ce qui est de leur but ou de leur effet, contre un quelconque membre d'un groupe autre que celui défini par la nationalité qatarienne.

61. Il appartient donc à la Cour de déterminer si les mesures prises par les Emirats arabes unis sur le fondement de la nationalité actuelle nuisent de manière disproportionnée et injustifiable à un groupe identifiable différent par l'origine nationale. Pour ce faire, il lui faut d'abord identifier un groupe différent par l'«origine nationale» et bénéficiant d'une protection en vertu de la convention, puis évaluer si les mesures en cause ont un effet préjudiciable disproportionné et injustifiable sur ce groupe protégé par rapport à d'autres groupes.

62. S'agissant de la première question, le Qatar soutient que les Qatariens se distinguent par leur «origine nationale» au sens historico-culturel, définie par leur héritage ou ascendance, leur affiliation familiale ou tribale, leurs traditions et leur culture nationales et leurs liens géographiques avec la péninsule du Qatar. Selon lui, plusieurs facteurs, notamment le dialecte ou l'accent, les vêtements traditionnels ou l'appartenance à certaines familles, distinguent les Qatariens des autres communautés nationales de la région du Golfe. Pour étayer cette affirmation, le Qatar invoque principalement un rapport d'expert[43]. Les Emirats arabes unis, quant à eux, avancent que les Qatariens et les Emiriens partagent des liens géographiques ainsi qu'une hérédité, une langue, un patrimoine, des traditions et une culture communs, à tel point qu'ils constituent le même peuple, même si les nationalités sont différentes. Ils ne produisent toutefois aucun élément de preuve à l'appui de cette affirmation. Les Emirats arabes unis admettent que «[l]a discrimination déguisée relève bien du champ d'application de la CIEDR», mais soutiennent qu'«il n'y a pas de discrimination, qu'elle soit ouverte ou déguisée, directe ou indirecte, *à l'égard d'une catégorie protégée par la CIEDR*»[44]. L'existence même d'un groupe protégé par la CIEDR est donc contestée par les Parties. Sur la base des écritures et plaidoiries des Parties et des éléments de preuve présentés, la Cour n'est pas en mesure de déterminer si un groupe protégé par la CIEDR peut être différent par l'origine nationale. Au vu du dossier de l'affaire, elle ne dispose pas de tous les faits nécessaires pour se prononcer sur la première question.

---

[42] CR 2020/9, p. 17, par. 19 (Amirfar).
[43] Mémoire du Qatar (ci-après «MQ»), vol. VI, annexe 162, rapport d'expert de M. J. E. Peterson, 9 avril 2019.
[44] CR 2020/8, p. 14, par. 10 (Bethlehem); les italiques sont dans l'original.

63. The second issue is whether the challenged measures have an unjustifiable disproportionate prejudicial impact on the protected group compared to other groups. Qatar claims that the measures have a "disproportionate impact" on the rights of Qataris[45]. The UAE for its part contends that the measures are addressed to Qatari nationals, and not persons of Qatari national origin. It maintains that persons of Qatari national origin but not possessing Qatari nationality were neither addressed nor affected by the measures, and that persons of Qatari nationality but possessing some other national origin were nonetheless addressed and affected by the measures.

64. In order for the measures challenged here to constitute indirect discrimination, they must have an unjustifiable disproportionate prejudicial impact on the identified protected group in comparison with other groups. Qatar bears the burden of establishing such a disproportionate impact. On the other hand, the UAE has the burden of demonstrating that the measures were based exclusively on nationality. The context and circumstances in which the differentiation was introduced must be taken into account in determining whether the measures amount to discrimination. The examination of these questions requires extensive factual analysis. In the same way as for the first issue addressed above, the materials before the Court do not provide it with all the facts necessary to address the second issue. Moreover, these issues constitute the very subject-matter of the dispute on the merits, and as such their determination should be left to the merits stage. The Court should rule on them only after the Parties have presented their arguments and evidence at that stage.

65. The majority of the Court considers that "[w]hile in the present case the measures based on current Qatari nationality may have collateral or secondary effects on persons born in Qatar or of Qatari parents, or on family members of Qatari citizens residing in the UAE, this does not constitute racial discrimination within the meaning of the Convention", because they "do not, either by their purpose or by their effect, give rise to racial discrimination against Qataris as a distinct social group on the basis of their national origin". In its view, "even if the measures of which Qatar complains in support of its 'indirect discrimination' claim were to be proven on the facts, they are not capable of constituting racial discrimination within the meaning of the Convention" (Judgment, para. 112). Accordingly, it concludes that the Court "does not have jurisdiction *ratione materiae* to entertain Qatar's [claim of indirect discrimination]" (*ibid.*, para. 113).

66. I disagree with the majority's analysis and its conclusion on Qatar's claim of indirect discrimination. If it were proven on the facts that the measures have an unjustifiable disproportionate prejudicial impact on an

---

[45] MQ, para. 3.109; Written Statement of Qatar on the Preliminary Objections of the United Arab Emirates (WSQ), para. 2.111.

63. La seconde question est celle de savoir si les mesures contestées ont un effet préjudiciable disproportionné et injustifiable sur le groupe protégé par rapport aux autres groupes. Le Qatar allègue que les mesures en cause ont des « incidences disproportionnées » sur les droits des Qatariens[45]. De leur côté, les Emirats arabes unis affirment que ces mesures visent les nationaux qatariens, et non les personnes d'origine nationale qatarienne. Ils soutiennent que les personnes d'origine nationale qatarienne, mais ne détenant pas la nationalité qatarienne, n'ont été ni visées ni touchées par les mesures, contrairement aux personnes de nationalité qatarienne mais possédant une autre origine nationale.

64. Pour que les mesures contestées en l'espèce soient constitutives de discrimination indirecte, elles doivent avoir un effet préjudiciable disproportionné et injustifiable sur le groupe protégé identifié par rapport aux autres groupes. S'il incombe au Qatar de prouver un tel effet disproportionné, c'est aux Emirats arabes unis qu'il revient de démontrer que ces mesures étaient fondées exclusivement sur la nationalité. Le contexte et les circonstances dans lesquels la différenciation a été mise en œuvre doivent être pris en compte pour déterminer si la mesure en cause est constitutive de discrimination. L'examen de ces questions requiert une analyse factuelle approfondie. De même que, pour la première question traitée ci-dessus, les faits dont dispose la Cour ne lui permettent pas de se prononcer sur la seconde question. En outre, ces questions constituent l'objet même du différend au fond, et c'est donc au stade du fond qu'elles devraient être tranchées. La Cour ne devrait statuer à leur sujet qu'après la présentation des arguments et des éléments de preuve de chaque Partie à ce stade ultérieur.

65. La majorité de la Cour est d'avis que, « [e]n la présente espèce, bien que les mesures fondées sur la nationalité actuelle des ressortissants qatariens puissent produire des effets collatéraux ou secondaires sur des personnes nées au Qatar ou de parents qatariens, ou sur des proches de ressortissants qatariens résidant aux Emirats arabes unis, il ne s'agit pas là d'une discrimination raciale au sens de la convention » parce qu'elles « n'entraînent pas, par leur but ou par leur effet, une discrimination raciale à l'égard des Qatariens en tant que groupe social distinct au motif de leur origine nationale ». Selon elle, « quand bien même les mesures dont le Qatar tire grief dans le cadre de son allégation de « discrimination indirecte » seraient avérées, elles ne peuvent être constitutives de discrimination raciale au sens de la convention » (arrêt, par. 112). Elle conclut en conséquence que la Cour « n'est pas compétente *ratione materiae* pour connaître de la ... demande du Qatar [relative à la discrimination indirecte] » (*ibid.*, par. 113).

66. Je suis en désaccord avec l'analyse de la majorité et avec sa conclusion concernant la demande du Qatar relative à la discrimination indirecte. S'il était avéré que les mesures ont un effet préjudiciable

---

[45] MQ, par. 3.109 ; exposé écrit du Qatar [sur les exceptions préliminaires soulevées par les Emirats arabes unis] (ci-après « EEQ »), par. 2.111.

identifiable group distinguished by national origin and that they were not based exclusively on nationality, the measures would constitute racial discrimination within the meaning of the Convention, in accordance with the notion of indirect discrimination. The majority provides little analysis in support of its conclusion that while the measures based on current Qatari nationality may have "collateral or secondary effects" on Qataris, they do not, "either by their purpose or by their effect", give rise to racial discrimination against Qataris "as a distinct social group on the basis of their national origin". By drawing that conclusion, the majority has in effect determined the dispute on the merits at the preliminary objections stage.

67. In the case concerning the *Application of the International Convention for the Suppression of the Financing of Terrorism and of the International Convention on the Elimination of All Forms of Racial Discrimination (Ukraine v. Russian Federation)*, the Court pointed out that, at the preliminary objections stage, it only needs to ascertain whether the challenged measures are capable of affecting the rights protected by CERD, and that it does not need to satisfy itself that the measures actually constitute racial discrimination within the meaning of Article 1, paragraph 1, of CERD, or to what extent certain acts may be covered by Article 1, paragraphs 2 and 3, of CERD. The Court explained that "[both of these] determinations concern issues of fact, largely depending on evidence regarding the purpose or effect of the measures alleged . . . and are thus properly a matter for the merits"[46]. The same is true for Qatar's claim of indirect discrimination in the present case.

68. It is also a relevant consideration that Qatar developed its claim of indirect discrimination significantly during the preliminary objections stage. In the Court's first provisional measures Order in the present case, five judges took the view that nationality was not encompassed within the term "national origin"[47]. Judges Tomka, Gaja and Gevorgian observed in addition that "[the] possibility [of indirect discrimination] has not been suggested by Qatar"[48]. During the oral proceedings on the preliminary objections in the present case, the UAE contended that "nowhere is [the] indirect discrimination claim referred to in Qatar's Application" and that

---

[46] *Application of the International Convention for the Suppression of the Financing of Terrorism and of the International Convention on the Elimination of All Forms of Racial Discrimination (Ukraine v. Russian Federation), Preliminary Objections, Judgment, I.C.J. Reports 2019 (II)*, p. 595, para. 94; emphasis added.

[47] *Application of the International Convention on the Elimination of All Forms of Racial Discrimination (Qatar v. United Arab Emirates), Provisional Measures, Order of 23 July 2018, I.C.J. Reports 2018 (II)*, joint declaration of Judges Tomka, Gaja and Gevorgian, p. 436, paras. 4-5; dissenting opinion of Judge Crawford, p. 475, para. 1; dissenting opinion of Judge Salam, pp. 481-483, paras. 2-7.

[48] *Ibid.*, joint declaration of Judges Tomka, Gaja and Gevorgian, p. 437, para. 6.

disproportionné et injustifiable sur un groupe identifiable différent par l'origine nationale, et qu'elles n'étaient pas exclusivement basées sur la nationalité, les mesures constitueraient une discrimination raciale au sens de la convention, relevant de la notion de discrimination indirecte. La majorité ne propose pas d'analyse approfondie pour appuyer sa conclusion selon laquelle, bien que les mesures fondées sur la nationalité actuelle des ressortissants qatariens puissent produire «des effets collatéraux ou secondaires» sur les Qatariens, elles n'entraînent pas, «par leur but ou par leur effet», une discrimination raciale à l'égard des Qatariens «en tant que groupe social distinct au motif de [l']origine nationale». En tirant cette conclusion, la majorité a, de fait, tranché le différend au fond au stade des exceptions préliminaires.

67. Comme elle l'a fait observer en l'affaire relative à l'*Application de la convention internationale pour la répression du financement du terrorisme et de la convention internationale sur l'élimination de toutes les formes de discrimination raciale (Ukraine c. Fédération de Russie)*, la Cour, au stade des exceptions préliminaires, doit seulement déterminer si les mesures contestées sont susceptibles de porter atteinte aux droits protégés par la CIEDR, et n'a pas besoin de s'assurer que ces mesures constituent effectivement une «discrimination raciale» au sens du paragraphe 1 de l'article premier de la CIEDR, ni dans quelle mesure certains actes pourraient être couverts par les paragraphes 2 et 3 de l'article premier de la convention. La Cour a expliqué que «[c]es deux questions port[ai]ent sur des points de fait, largement tributaires des éléments de preuve relatifs au but ou à l'effet des mesures alléguées … et rel[evai]ent donc de l'examen au fond»[46]. Il en va de même de la demande du Qatar relative à la discrimination indirecte en l'espèce.

68. Il convient également de tenir compte du fait que le Qatar a considérablement étoffé son allégation de discrimination indirecte lors de la phase des exceptions préliminaires. Dans la première ordonnance en indication de mesures conservatoires rendue par la Cour en l'espèce, cinq juges ont émis l'avis que l'expression «origine nationale» n'englobait pas la nationalité[47]. MM. les juges Tomka, Gaja et Gevorgian ont souligné en outre que la «possibilité [de discrimination indirecte] … n'a … pas été évoquée par le Qatar»[48]. Durant la procédure orale sur les exceptions préliminaires en l'espèce, les Emirats arabes unis ont soutenu que «le

---

[46] *Application de la convention internationale pour la répression du financement du terrorisme et de la convention internationale sur l'élimination de toutes les formes de discrimination raciale (Ukraine c. Fédération de Russie), exceptions préliminaires, arrêt, C.I.J. Recueil 2019 (II)*, p. 595, par. 94; les italiques sont de moi.

[47] *Application de la convention internationale sur l'élimination de toutes les formes de discrimination raciale (Qatar c. Emirats arabes unis), mesures conservatoires, ordonnance du 23 juillet 2018, C.I.J. Recueil 2018 (II)*, voir note 29 ci-dessus, déclaration commune de MM. les juges Tomka, Gaja et Gevorgian, p. 436, par. 4-5; opinion dissidente de M. le juge Crawford, p. 475, par. 1; opinion dissidente de M. le juge Salam, p. 481-483, par. 2-7.

[48] *Ibid.*, déclaration commune de MM. les juges Tomka, Gaja et Gevorgian, p. 437, par. 6.

"to try and patch a leaky argument, Qatar's counsel asserted . . . that Qatar's is an indirect discrimination claim"[49]. It should be noted, however, that in its Application, Qatar did refer to discrimination *"de jure* or *de facto"* on the basis of national origin and that in its Request for the indication of provisional measures, it requested that the Court order the UAE to cease and desist from any and all conduct that could result, "directly or indirectly", in any form of racial discrimination against Qatari individuals and entities[50]. In its Memorial, Qatar also contended that the UAE's measures had a discriminatory "effect" on Qataris[51]. Nevertheless, it is true that the Applicant significantly developed its arguments on indirect discrimination at the preliminary objections stage, in its Written Statement[52] and in particular in its oral pleadings. The Court properly points out in this regard that "the subject-matter of a dispute is not limited by the precise wording that an applicant State uses in its application" (Judgment, para. 61), and that "the Rules of Court do not preclude Qatar from refining the legal arguments presented in its Application or advancing new arguments" (*ibid.*, paras. 63 and 68).

69. It is nonetheless important to keep in mind that in preliminary objection proceedings, the parties have only one chance to exchange written submissions. After Qatar submitted its Written Statement in response to the UAE's Preliminary Objections, the UAE had no further opportunity to refute in writing the arguments made by the Applicant therein, including those pertaining to the claim of indirect discrimination. During the oral proceedings, the Parties did exchange arguments on indirect discrimination, but only to a limited extent and not thoroughly. Qatar's claim of indirect discrimination should have been examined in detail by the Court at the merits stage, after being fully apprised of the relevant facts, evidence and arguments of the Parties.

70. Under Article 79*ter*, paragraph 4, of the Rules of Court, when it is called upon to rule on a preliminary objection, the Court shall uphold or reject it, or "declare that, in the circumstances of the case, [it] does not possess an exclusively preliminary character".

71. The Court has previously expressed its view on the resolution of preliminary objections as follows:

"In principle, a party raising preliminary objections is entitled to have these objections answered at the preliminary stage of the pro-

---

[49] CR 2020/8, p. 28, para. 25 (Sheeran).
[50] Application of Qatar, p. 60, para. 66; Request for the indication of provisional measures of Qatar, para. 19.
[51] MQ, Chap. III, Sec. I.B.2.
[52] WSQ, Chap. II, Sec. III.

Qatar ne fai[sai]t nullement état de discrimination indirecte dans sa requête» et que, «pour tenter de remettre à flot un argument qui prend l'eau de toutes parts, le conseil du Qatar ... affirm[ait] ... que la discrimination dénoncée par le Qatar [étai]t de nature indirecte»[49]. Il convient cependant de noter que, dans sa requête, le Qatar avait, de fait, mentionné une discrimination *« de jure* ou *de facto »* au motif de l'origine nationale et que, dans sa demande en indication de mesures conservatoires, il avait prié la Cour d'ordonner aux Emirats arabes unis de cesser et de s'abstenir de commettre tout acte pouvant entraîner, «directement ou indirectement», une forme quelconque de discrimination raciale à l'égard de Qatariens ou d'entités du Qatar[50]. Dans son mémoire, le Qatar a également affirmé que les mesures prises par les Emirats arabes unis avaient un «effet» discriminatoire sur les Qatariens[51]. Pour autant, il est vrai que le demandeur a développé son argumentation sur la discrimination indirecte de façon significative au stade des exceptions préliminaires, notamment dans son exposé écrit[52] et, plus encore, dans ses plaidoiries. A cet égard, la Cour fait remarquer, fort à propos, que «l'objet d'un différend n'est pas limité par les termes expressément utilisés par l'Etat demandeur dans sa requête» (arrêt, par. 61) et que le «Règlement [de la Cour] n'interdit pas au Qatar d'affiner l'argumentation juridique présentée dans sa requête ou d'avancer de nouveaux arguments» (*ibid.*, par. 63 et 68).

69. Il importe cependant de garder à l'esprit que, lors de la phase des exceptions préliminaires, les parties n'ont qu'une seule occasion de confronter leurs vues dans le cadre d'écritures. Après le dépôt par le Qatar de son exposé écrit en réponse aux exceptions préliminaires soulevées par les Emirats arabes unis, ces derniers n'avaient pas la possibilité de réfuter par écrit les arguments qu'y avançait le demandeur, y compris ceux ayant trait à la discrimination indirecte. A l'audience, les Parties ont présenté l'une et l'autre leurs arguments à cet égard, mais seulement dans une mesure limitée et pas de manière approfondie. La demande du Qatar relative à la discrimination indirecte aurait dû être examinée en détail par la Cour au stade du fond, une fois celle-ci pleinement informée des faits, éléments de preuve et arguments pertinents des Parties.

70. Aux termes du paragraphe 4 de l'article 79*ter* du Règlement de la Cour, lorsque celle-ci est appelée à statuer sur une exception préliminaire, elle la retient ou la rejette, ou elle peut «déclarer que, dans les circonstances de l'espèce, [cette] exception n'a pas un caractère exclusivement préliminaire».

71. La Cour a exprimé antérieurement sa position au sujet de l'examen des exceptions préliminaires comme suit:

«En principe, une partie qui soulève des exceptions préliminaires a droit à ce qu'il y soit répondu au stade préliminaire de la procédure,

---

[49] CR 2020/8, p. 28, par. 25 (Sheeran).
[50] Requête du Qatar, p. 61, par. 66; demande en indication de mesures conservatoires du Qatar, par. 19.
[51] MQ, chap. III, sect. I.B.2.
[52] EEQ, chap. II, sect. III.

ceedings *unless the Court does not have before it all facts necessary to decide the questions raised or if answering the preliminary objection would determine the dispute, or some elements thereof, on the merits.*[53]

In the present case, the Court does not have before it all facts necessary to decide the two issues raised in relation to Qatar's claim of indirect discrimination. They are precisely the issues that should be examined in detail by the Court at the merits stage. Furthermore, while the UAE's objection contains "both preliminary aspects and other aspects relating to the merits", it is "inextricably interwoven with the merits"[54]. Thus, the present case fulfils the criteria laid down by the Court for finding that a preliminary objection does not possess an exclusively preliminary character.

72. For the reasons set out above, the Court should have declared that, in the circumstances of the present case, the first preliminary objection of the UAE does not have an exclusively preliminary character.

73. This conclusion is in line with the final submissions that the Applicant made at the end of the oral pleadings. It asked the Court to "*(a)* Reject the Preliminary Objections presented by the UAE; . . . *(d)* Or, in the alternative, reject the Second Preliminary Objection . . . and hold . . . that the First Preliminary Objection . . . does not possess an exclusively preliminary character"[55]. Qatar's claim of indirect discrimination should have been examined in detail by the Court at the merits stage, on the basis of facts and evidence submitted by the Parties. The conclusion drawn in paragraph 72 above should not be interpreted as prejudging in any way the potential findings of the Court on the merits.

(Signed) IWASAWA Yuji.

---

[53] *Territorial and Maritime Dispute (Nicaragua v. Colombia), Preliminary Objections, Judgment, I.C.J. Reports 2007 (II)*, p. 852, para. 51; emphasis added.

[54] See *Questions of Interpretation and Application of the 1971 Montreal Convention arising from the Aerial Incident at Lockerbie (Libyan Arab Jamahiriya v. United States of America), Preliminary Objections, Judgment, I.C.J. Reports 1998*, pp. 133-134, para. 49; *Questions of Interpretation and Application of the 1971 Montreal Convention arising from the Aerial Incident at Lockerbie (Libyan Arab Jamahiriya v. United Kingdom), Preliminary Objections, Judgment, I.C.J. Reports 1998*, pp. 28-29, para. 50.

[55] CR 2020/9, p. 45, para. 9 (Al-Khulaifi).

sauf si la Cour ne dispose pas de tous les éléments nécessaires pour se prononcer sur les questions soulevées ou si le fait de répondre à l'exception préliminaire équivaudrait à trancher le différend, ou certains de ses éléments, au fond. » [53]

Dans la présente affaire, la Cour ne dispose pas de tous les éléments nécessaires pour se prononcer sur les deux questions que soulève l'allégation de discrimination indirecte formulée par le Qatar. Il s'agit là précisément de questions qui devraient être examinées en détail par la Cour au stade du fond. En outre, si l'exception des Emirats arabes unis comporte « à la fois des aspects préliminaires et des aspects de fond », elle est « inextricablement liée [au fond] » [54]. La présente espèce satisfait donc aux critères établis par la Cour pour déterminer qu'une exception préliminaire n'a pas un caractère exclusivement préliminaire.

72. Pour les raisons exposées ci-dessus, la Cour aurait dû dire que, dans les circonstances de la présente espèce, la première exception préliminaire des Emirats arabes unis ne présentait pas un caractère exclusivement préliminaire.

73. Cette conclusion concorde avec les conclusions finales formulées par le demandeur à la fin de ses plaidoiries, dans lesquelles il priait la Cour « *a)* de rejeter les exceptions préliminaires soulevées par les Emirats arabes unis ; ... *d)* ou, à titre subsidiaire, de rejeter la deuxième exception préliminaire ... et de juger ... que la première exception préliminaire ... n'a pas un caractère exclusivement préliminaire » [55]. La demande du Qatar relative à la discrimination indirecte aurait dû être examinée en détail par la Cour au stade du fond, sur la base des faits et des éléments de preuve présentés par les Parties. La conclusion énoncée ci-dessus au paragraphe 72 ne devrait pas être interprétée comme préjugeant d'une quelconque manière celles auxquelles la Cour aurait pu parvenir sur le fond.

(Signé) IWASAWA Yuji.

---

[53] *Différend territorial et maritime (Nicaragua c. Colombie), exceptions préliminaires, arrêt, C.I.J. Recueil 2007 (II)*, p. 852, par. 51 ; les italiques sont de moi.

[54] Voir *Questions d'interprétation et d'application de la convention de Montréal de 1971 résultant de l'incident aérien de Lockerbie (Jamahiriya arabe libyenne c. Etats-Unis d'Amérique), exceptions préliminaires, arrêt, C.I.J. Recueil 1998*, p. 133-134, par. 49 ; *Questions d'interprétation et d'application de la convention de Montréal de 1971 résultant de l'incident aérien de Lockerbie (Jamahiriya arabe libyenne c. Royaume-Uni), exceptions préliminaires, arrêt, C.I.J. Recueil 1998*, p. 28-29, par. 50.

[55] CR 2020/9, p. 45, par. 9 (Al-Khulaifi).

DÉCLARATION DE M. LE JUGE *AD HOC* DAUDET

Efforts du Qatar en vue d'un règlement judiciaire — Seconde exception préliminaire non examinée par la Cour — Article 22 de la CIEDR — Rôle du Comité de la CIEDR — Accord avec le raisonnement et la décision de la Cour sur la première exception préliminaire — Distinction entre «origine nationale» et «nationalité» — Incompétence ratione materiae *— Intérêt du caractère obligatoire de l'ordonnance en indication de mesures conservatoires — Caractère exclusivement préliminaire de la première exception — Procédure de conciliation — Règlement diplomatique du litige.*

1. La Cour a déjà eu à connaître du contexte factuel dans lequel se situe la présente affaire (voir arrêt, par. 26 et suiv.) non seulement à l'occasion de son ordonnance en indication de mesures conservatoires à la demande du Qatar (*Application de la convention internationale sur l'élimination de toutes les formes de discrimination raciale (Qatar c. Emirats arabes unis), mesures conservatoires, ordonnance du 23 juillet 2018, C.I.J. Recueil 2018 (II)*, p. 406) mais aussi dans le cadre de ses arrêts du 14 juillet 2020 relatifs à l'*Appel concernant la compétence du Conseil de l'OACI en vertu de l'article 84 de la convention relative à l'aviation civile internationale (Arabie saoudite, Bahreïn, Egypte et Emirats arabes unis c. Qatar)* et l'*Appel concernant la compétence du Conseil de l'OACI en vertu de l'article II, section 2, de l'accord de 1944 relatif au transit des services aériens internationaux (Bahreïn, Egypte et Emirats arabes unis c. Qatar)* (*C.I.J. Recueil 2020*, p. 93-95 et 184-186, par. 21-26). C'est dire que le Qatar a eu à cœur de chercher à régler pacifiquement et par les voies de droit un différend aux conséquences particulièrement lourdes pour lui l'opposant à ses voisins de la région du Golfe à la suite des violations alléguées par ces derniers, à son encontre, des accords de Riyad de 2013 et 2014, et de son prétendu soutien au terrorisme international.

2. La saisine de la Cour n'était pas possible par la voie du compromis à l'évidence exclu par les Parties; quant à la déclaration de l'article 36, paragraphe 2, du Statut de la Cour, aucune d'elles n'y avait souscrit. Restait la formule de la clause compromissoire inscrite dans un traité. L'article 22 de la CIEDR répondant à cette condition, cette convention est apparue comme étant la seule base possible de compétence pour fonder la requête du Qatar. Mais en l'espèce sa mise en œuvre n'allait pas de soi et les Emirats arabes unis ne s'y sont pas trompés en déposant des exceptions préliminaires d'incompétence de la Cour.

3. Les deux exceptions préliminaires plaidées par les Emirats arabes unis (qui en avaient initialement déposé trois) étaient indépendantes l'une de l'autre. Selon sa jurisprudence rappelée au paragraphe 114 de son arrêt, la Cour ayant retenu la première, elle n'a pas estimé néces-

DECLARATION OF JUDGE *AD HOC* DAUDET

[Translation]

> *Qatar's efforts towards a judicial settlement — Second preliminary objection not examined by the Court — Article 22 of CERD — Role of the CERD Committee — Agreement with the Court's reasoning and decision on the first preliminary objection — Distinction between "national origin" and "nationality" — Lack of jurisdiction* ratione materiae *— Importance of the binding nature of orders indicating provisional measures — Exclusively preliminary character of the first objection — Conciliation procedure — Diplomatic settlement of the dispute.*

1. The Court has already had occasion to review the factual background of the present case (see Judgment, paras. 26 *et seq.*), not only at the time of its Order on the provisional measures requested by Qatar (*Application of the International Convention on the Elimination of All Forms of Racial Discrimination (Qatar v. United Arab Emirates), Provisional Measures, Order of 23 July 2018, I.C.J. Reports 2018 (II)*, p. 406), but also in connection with its Judgments of 14 July 2020 in the cases concerning *Appeal relating to the Jurisdiction of the ICAO Council under Article 84 of the Convention on International Civil Aviation (Bahrain, Egypt, Saudi Arabia and United Arab Emirates v. Qatar)* and *Appeal relating to the Jurisdiction of the ICAO Council under Article II, Section 2, of the 1944 International Air Services Transit Agreement (Bahrain, Egypt and United Arab Emirates v. Qatar) (I.C.J. Reports 2020*, pp. 93-95 and 184-186, paras. 21-26). It is clear that Qatar has been committed to finding a peaceful and judicial settlement to its dispute with its Gulf neighbours, a dispute with particularly serious repercussions for it, which arose as a result of its neighbours' alleged violations of the 2013 and 2014 Riyadh Agreements, to the detriment of Qatar, and of Qatar's purported support for international terrorism.

2. It was not possible to seise the Court by way of special agreement, which had evidently been ruled out by the Parties; and none of the Parties had made the declaration provided for under Article 36, paragraph 2, of the Court's Statute. That left the option of a compromissory clause included in a treaty. Since Article 22 of CERD contained such a clause, the Convention emerged as the only possible title of jurisdiction that could serve as a basis for Qatar's Application. However, its implementation was not self-evident in this instance and the UAE did not err in filing preliminary objections to the Court's jurisdiction.

3. The two preliminary objections presented by the UAE (which had originally raised three) were independent of each other. In keeping with the jurisprudence of the Court recalled in paragraph 114 of its Judgment, having upheld the first objection, the Court did not consider it necessary

saire d'examiner la seconde relative à la procédure de l'article 22 de la CIEDR.

4. Si elle avait traité de cette exception, je me serais prononcé en faveur de son rejet. Au vu des éléments du dossier, j'estime en effet que le Qatar a poussé la négociation préalable requise pour saisir la Cour internationale de Justice jusqu'à un point où sa poursuite est apparue vaine et conduisait à une «impasse» (*Application de la convention internationale sur l'élimination de toutes les formes de discrimination raciale (Qatar c. Emirats arabes unis), mesures conservatoires, ordonnance du 23 juillet 2018, C.I.J. Recueil 2018 (II)*, p. 419, par. 36; *Application de la convention internationale sur l'élimination de toutes les formes de discrimination raciale (Géorgie c. Fédération de Russie), exceptions préliminaires, arrêt, C.I.J. Recueil 2011 (I)*, p. 130, par. 150). La réalisation de cette seule condition préalable suffisait à établir la compétence de la Cour puisque l'autre condition préalable inscrite à l'article 22, à savoir l'utilisation des procédures prévues par la CIEDR en ses articles 11 à 13, ne présente pas un caractère cumulatif avec la première mais bien alternatif, ainsi qu'en a récemment décidé la Cour (*Application de la convention internationale pour la répression du financement du terrorisme et de la convention internationale sur l'élimination de toutes les formes de discrimination raciale (Ukraine c. Fédération de Russie), exceptions préliminaires, arrêt, C.I.J. Recueil 2019 (II)*, p. 600, par. 113).

5. Le Qatar a pourtant eu recours à cette deuxième procédure de l'article 22 débouchant sur une conciliation. Il l'a fait avant même de saisir la Cour et de manière indépendante de cette saisine puisqu'elle n'en constituait pas une condition préalable déjà remplie par l'échec des négociations, en sorte que les deux procédures, devant la Cour et devant les organes de la CIEDR, se sont poursuivies de manière parallèle. Les Emirats arabes unis, qui ont retiré à l'audience leur troisième exception préliminaire par laquelle cet «abus de procédure» du Qatar devait conduire à «l'irrecevabilité des demandes» de celui-ci (exceptions préliminaires des Emirats arabes unis, vol. I, par. 238), ont néanmoins plaidé que le Qatar aurait dû surseoir à la saisine de la Cour tant que la procédure de conciliation de la CIEDR n'était pas achevée.

6. Les différends portés devant la Cour ne sont jamais mineurs — et certainement pas celui-ci, qui dure depuis le 5 juin 2017. Le désir des deux Parties qu'il prenne fin ne fait pas de doute, mais on peut comprendre le souci particulier du Qatar que ce soit au plus tôt. Je vois donc dans la poursuite de ces deux procédures parallèles un moyen d'y aider et je ne perçois pas d'inconvénient et moins encore d'irrégularité à cette situation dès lors que les procédures se déroulent devant deux organes différents et avec des effets différents. Dans un cas, la Cour, «organe judiciaire principal des Nations Unies», qui rend aujourd'hui un arrêt ayant le caractère de *res judicata*, dans l'autre, un organe de conciliation qui peut, sur la base du droit international, offrir une solution à un différend soumise à la libre acceptation des Parties. La Cour s'étant aujourd'hui déclarée incompétente, et le Comité de la CIEDR ayant, le 17 août 2019, accepté de

to examine the second one, relating to the procedure under Article 22 of CERD.

4. If the Court had addressed that objection, I would have voted in favour of its dismissal. Indeed, in light of the evidence in the case file, I am of the view that Qatar had pursued the prior negotiations required to seise the International Court of Justice to a point where their continuation appeared futile and headed towards "deadlock[]" (*Application of the International Convention on the Elimination of All Forms of Racial Discrimination (Qatar* v. *United Arab Emirates), Provisional Measures, Order of 23 July 2018, I.C.J. Reports 2018 (II)*, p. 419, para. 36; *Application of the International Convention on the Elimination of All Forms of Racial Discrimination (Georgia* v. *Russian Federation), Preliminary Objections, Judgment, I.C.J. Reports 2011 (I)*, p. 130, para. 150). The fulfilment of this precondition alone was sufficient to establish the Court's jurisdiction, since the other precondition contained in Article 22, i.e. recourse to the procedures provided for in Articles 11 to 13 of CERD, is not cumulative but an alternative to the first, as recently determined by the Court (*Application of the International Convention for the Suppression of the Financing of Terrorism and of the International Convention on the Elimination of All Forms of Racial Discrimination (Ukraine* v. *Russian Federation), Preliminary Objections, Judgment, I.C.J. Reports 2019 (II)*, p. 600, para. 113).

5. Qatar did, however, have recourse to the second procedure under Article 22, which led to a conciliation process. It did so even before it seised the Court, and independently of that seisin, for which such recourse was not a prerequisite, the precondition for seising the Court having already been satisfied by the failure of negotiations; this resulted in two sets of proceedings — one before the Court and one before the CERD bodies — taking place in parallel. The UAE, which during the hearings withdrew its third preliminary objection that Qatar's "abuse of process" should cause its "claims [to be] inadmissible" (Preliminary Objections of the United Arab Emirates, Vol. I, para. 238), nonetheless argued that Qatar should have refrained from seising the Court until the conciliation process under CERD had ended.

6. The disputes brought before the Court are never minor, and this one, which began on 5 June 2017, is certainly no exception. There is no doubt that both Parties wish it to come to an end, but it is understandable that Qatar in particular should want to do so as soon as possible. I thus regard its pursuit of parallel proceedings as a way of facilitating this, and I see nothing problematic, much less irregular, in this situation, since the proceedings are taking place before two different bodies and have different effects. On the one hand, there is the Court, the "principal judicial organ of the United Nations", which today rendered a *res judicata* judgment; on the other, there is a conciliation body which may, on the basis of international law, offer a solution to the dispute which the Parties are free to accept. While the Court found today that it lacks jurisdiction, the CERD Committee determined on 27 August 2019 that Qatar's claim based on

recevoir la demande du Qatar fondée sur l'article 11 de la convention et de constituer une commission de conciliation prévue à l'article 12. Celle-ci est entrée en fonctions le 1er mai 2020, il est donc désormais possible que la commission de conciliation de la CIEDR trouve une solution, tout en ayant à l'esprit la décision de la Cour.

7. La Cour s'est déclarée incompétente en retenant la première exception préliminaire des Emirats arabes unis. Je regrette infiniment que, de ce fait, elle ne puisse trancher ce différend et, peut-être, donner au Qatar la possibilité d'être rétabli dans ses droits dont, personnellement, je pense qu'il a été privé par les Emirats arabes unis.

8. J'ai néanmoins voté en faveur de l'incompétence de la Cour car je partage totalement les motifs de l'arrêt. En particulier, la position exprimée par la Cour dans son interprétation de l'article premier, paragraphe 1, de la CIEDR aboutissant à considérer que «l'origine nationale» qui s'y trouve inscrite est distincte de la «nationalité» qui n'y figure pas, que l'origine nationale n'englobe pas la nationalité et que les deux notions ne sont pas équivalentes ou interchangeables, ni dans l'esprit ni dans la lettre. J'ai partagé ce point de vue car j'ai estimé en toute conscience que telle était l'interprétation correcte en droit de l'article premier, paragraphe 1, et que cette considération prévalait donc sur toute autre.

9. Je rappelle toutefois que, par l'ordonnance de 2018 (*Application de la convention internationale sur l'élimination de toutes les formes de discrimination raciale (Qatar c. Emirats arabes unis), mesures conservatoires, ordonnance du 23 juillet 2018, C.I.J. Recueil 2018 (II)*, p. 433, par. 79) en faveur de laquelle j'ai voté, la Cour a indiqué les mesures conservatoires les plus importantes parmi celles qui ont été demandées par le Qatar. Or, depuis l'arrêt de principe *LaGrand ((Allemagne c. Etats-Unis d'Amérique), arrêt, C.I.J. Recueil 2001*, p. 506, par. 109) suivi par une jurisprudence constante (voir *Activités armées sur le territoire du Congo (République démocratique du Congo c. Ouganda), arrêt, C.I.J. Recueil 2005*, p. 258, par. 263; *Certaines activités menées par le Nicaragua dans la région frontalière (Costa Rica c. Nicaragua), mesures conservatoires, ordonnance du 8 mars 2011, C.I.J. Recueil 2011 (I)*, p. 26-27, par. 84; *Application de la convention internationale sur l'élimination de toutes les formes de discrimination raciale (Qatar c. Emirats arabes unis), mesures conservatoires, ordonnance du 23 juillet 2018, C.I.J. Recueil 2018 (II)*, p. 433, par. 77), l'ordonnance de la Cour indiquant des mesures conservatoires a un caractère obligatoire. Cette situation a donc permis au Qatar d'être rétabli dans une partie importante de ses droits, sous réserve de la bonne exécution de l'ordonnance par les Emirats arabes unis.

10. Je me suis aussi longuement interrogé sur la question de savoir si la question de l'interprétation de l'article premier, paragraphe 1, avait ou non un caractère exclusivement préliminaire. On peut souvent trouver des liens, plus ou moins distendus, entre la compétence et le fond. L'interprétation de ce qui détermine la compétence nécessite fréquemment d'analyser des éléments de fait ou de preuve qui relèvent du fond, la question

Article 11 of the Convention is admissible and decided to form a Conciliation Commission as provided for by Article 12. The Commission took
up its functions on 1 May 2020, and may now, therefore, find a solution
bearing in mind the Court's decision.

7. The Court found that it lacks jurisdiction by upholding the UAE's
first preliminary objection. I deeply regret that it is therefore unable to
settle this dispute and perhaps enable Qatar to recover the rights of which
I myself believe it has been deprived by the UAE.

8. Nevertheless, I voted in favour of the finding that the Court lacks
jurisdiction, because I fully agree with the reasoning set out in the Judgment. This includes, in particular, the position expressed by the Court in
its interpretation of Article 1, paragraph 1, of CERD, whereby it considered that "national origin", which appears in the Convention, is different
from "nationality", which does not; that national origin does not encompass nationality; and that the two notions are not equivalent or interchangeable, neither in letter nor in spirit. I supported this position because
I believed, in good conscience, that it was the correct legal interpretation
of Article 1, paragraph 1, and that this consideration took precedence
over any other.
9. I would nonetheless recall that, by its 2018 Order (*Application of the
International Convention on the Elimination of All Forms of Racial Discrimination (Qatar* v. *United Arab Emirates), Provisional Measures, Order
of 23 July 2018, I.C.J. Reports 2018 (II)*, p. 433, para. 79), which I supported, the Court indicated the most important of the provisional measures requested by Qatar. Since the Court's landmark ruling in *LaGrand
((Germany* v. *United States of America), Judgment, I.C.J. Reports 2001*,
p. 506, para. 109), subsequently well established in its jurisprudence (see
*Armed Activities on the Territory of the Congo (Democratic Republic of
the Congo* v. *Uganda), Judgment, I.C.J. Reports 2005*, p. 258, para. 263;
*Certain Activities Carried Out by Nicaragua in the Border Area (Costa
Rica* v. *Nicaragua), Provisional Measures, Order of 8 March 2011,
I.C.J. Reports 2011 (I)*, pp. 26-27, para. 84; *Application of the International Convention on the Elimination of All Forms of Racial Discrimination
(Qatar* v. *United Arab Emirates), Provisional Measures, Order of 23 July
2018, I.C.J. Reports 2018 (II)*, p. 433, para. 77), the Court's orders on
provisional measures have had binding effect. This situation has therefore
enabled Qatar to recover many of its rights, subject to the proper implementation of the Order by the UAE.

10. I also carefully considered the question whether the interpretation
of Article 1, paragraph 1, possessed an exclusively preliminary character.
It is often possible to find links of varying strength between jurisdiction
and the merits. Interpreting what determines jurisdiction frequently
entails analysing facts or evidence pertaining to the merits, in which event
the question raised does not have an exclusively preliminary character.

posée ne revêtant alors pas un caractère exclusivement préliminaire. Tel ne me semble pas être ici le cas. La nationalité est une notion bien connue en droit international et la définir par rapport à l'origine nationale pour dire si, en inscrivant l'une et pas l'autre à l'article premier, paragraphe 1, de la CIEDR, on entend ou non les deux à la fois est une question purement juridique et abstraite à laquelle, pour y répondre, il n'est pas besoin d'examiner quoi que ce soit au fond. J'ai donc estimé qu'il y aurait un artifice à considérer que la question n'avait pas un caractère exclusivement préliminaire.

11. Au total, par conséquent, la décision de la Cour est à mes yeux parfaitement fondée du point de vue juridique. Pour rigoureuse qu'elle puisse sembler, elle est la simple et seule possible application du droit international. Bien évidemment, je ne la lis pas comme une justification des actions entreprises par les Emirats arabes unis à l'encontre du Qatar dont nombre d'entre elles constituent des violations des droits de l'homme selon plusieurs conventions internationales. Mais en l'espèce, la CIEDR était celle qui, sans comporter de réserves des deux Etats, contenait une clause compromissoire permettant de saisir la Cour. Elle seule pouvait donc être invoquée comme je l'ai dit ci-dessus (par. 2). Il aurait alors éventuellement appartenu à la commission de conciliation de proposer une solution à la suite de l'arrêt de la Cour.

12. Cette possibilité avait d'ailleurs reçu l'assentiment des Emirats arabes unis dont l'ambassadeur déclarait lors de l'audience de clôture: «We will engage in good faith with the Conciliation Commission even if you find in our favour on the issue of nationality» (CR 2020/8, p. 42, par. 8 (AlNaqbi)).

13. Cependant, quelques semaines plus tard, un processus de réconciliation a été initié entre les pays du Golfe. On se réjouira que tous les différends doivent ainsi se régler pacifiquement au moment même où la Cour rend son arrêt qui, faut-il le rappeler, ne concerne que sa compétence, sans examen du fond d'un différend dont l'extinction par les Etats eux-mêmes est annoncée dans le cadre d'une sérénité retrouvée.

(Signé) Yves DAUDET.

That does not seem to be the case here. Nationality is a well-known concept in international law, and defining it in relation to national origin for the purposes of determining whether the inclusion of one term and not the other in Article 1, paragraph 1, of CERD should be understood as incorporating both, is a purely legal and abstract question which can be answered without any examination on the merits. I thus considered that it would be artificial to regard the question as not having an exclusively preliminary character.

11. In conclusion, therefore, the Court's decision is, in my view, perfectly well founded in law. Strict though it may seem, it is quite simply the only possible application of international law. Needless to say, I do not see in it a justification for the UAE's actions against Qatar, many of which constitute human rights violations under several international conventions. In the present case, however, it was CERD which, without any reservations from either State, contained a compromissory clause allowing for the Court to be seised. It was thus CERD alone that could be invoked, as I mentioned above (para. 2). It might subsequently have been for the Conciliation Commission to propose a solution following the delivery of the Court's Judgment.

12. Indeed, that possibility had been agreed to by the UAE, whose Ambassador stated at the close of the hearings: "We will engage in good faith with the Conciliation Commission even if you find in our favour on the issue of nationality" (CR 2020/8, p. 42, para. 8 (AlNaqbi)).

13. However, a few weeks later, a reconciliation process was initiated between the Gulf countries. We can take heart that all their disagreements are thus expected to be resolved peacefully even as the Court is delivering its Judgment, which, it should be recalled, addresses only its jurisdiction, without examining the merits of a dispute which the States themselves declare, in an atmosphere of new-found serenity, will soon be over.

(Signed) Yves Daudet.

INTERNATIONAL COURT OF JUSTICE

REPORTS OF JUDGMENTS,
ADVISORY OPINIONS AND ORDERS

ARBITRAL AWARD OF 3 OCTOBER 1899

(GUYANA *v.* VENEZUELA)

ORDER OF 8 MARCH 2021

2021

COUR INTERNATIONALE DE JUSTICE

RECUEIL DES ARRÊTS,
AVIS CONSULTATIFS ET ORDONNANCES

SENTENCE ARBITRALE DU 3 OCTOBRE 1899

(GUYANA c. VENEZUELA)

ORDONNANCE DU 8 MARS 2021

Official citation:

Arbitral Award of 3 October 1899
(Guyana v. *Venezuela), Order of 8 March 2021,*
I.C.J. Reports 2021, p. 188

———————

Mode officiel de citation:

Sentence arbitrale du 3 octobre 1899
(Guyana c. Venezuela), ordonnance du 8 mars 2021,
C.I.J. Recueil 2021, p. 188

Sales number	
N° de vente:	**1222**

ISSN 0074-4441
ISBN 978-92-1-003884-3

8 MARCH 2021

ORDER

ARBITRAL AWARD OF 3 OCTOBER 1899

(GUYANA *v.* VENEZUELA)

————

SENTENCE ARBITRALE DU 3 OCTOBRE 1899

(GUYANA c. VENEZUELA)

8 MARS 2021

ORDONNANCE

INTERNATIONAL COURT OF JUSTICE

YEAR 2021

2021
8 March
General List
No. 171

8 March 2021

ARBITRAL AWARD OF 3 OCTOBER 1899

(GUYANA *v.* VENEZUELA)

ORDER

Present: *President* DONOGHUE; *Vice-President* GEVORGIAN; *Judges* TOMKA, ABRAHAM, BENNOUNA, CANÇADO TRINDADE, YUSUF, XUE, SEBUTINDE, BHANDARI, ROBINSON, CRAWFORD, SALAM, IWASAWA, NOLTE; *Judge* ad hoc CHARLESWORTH; *Registrar* GAUTIER.

The International Court of Justice,

Composed as above,

After deliberation,

Having regard to Article 48 of the Statute of the Court and to Articles 44 and 79*ter*, paragraph 5, of the Rules of Court,

Having regard to the Application filed in the Registry of the Court on 29 March 2018, whereby the Government of the Co-operative Republic of Guyana (hereinafter "Guyana") instituted proceedings against the Bolivarian Republic of Venezuela (hereinafter "Venezuela") with respect to a dispute concerning "the legal validity and binding effect of the Award regarding the Boundary between the Colony of British Guiana and the United States of Venezuela, of 3 October 1899",

Having regard to the fact that, on 18 June 2018, at a meeting held by the President of the Court with the representatives of the Parties, the Vice-President of Venezuela, H.E. Ms Delcy Rodríguez Gómez, stated that her Government considered that the Court manifestly lacked juris-

COUR INTERNATIONALE DE JUSTICE

ANNÉE 2021

2021
8 mars
Rôle général
n° 171

8 mars 2021

SENTENCE ARBITRALE DU 3 OCTOBRE 1899

(GUYANA c. VENEZUELA)

ORDONNANCE

Présents: Mme Donoghue, *présidente*; M. Gevorgian, *vice-président*; MM. Tomka, Abraham, Bennouna, Cançado Trindade, Yusuf, Mmes Xue, Sebutinde, MM. Bhandari, Robinson, Crawford, Salam, Iwasawa, Nolte, *juges*; Mme Charlesworth, *juge* ad hoc; M. Gautier, *greffier*.

La Cour internationale de Justice,

Ainsi composée,

Après délibéré en chambre du conseil,

Vu l'article 48 du Statut de la Cour et les articles 44 et 79*ter*, paragraphe 5, de son Règlement,

Vu la requête enregistrée au Greffe de la Cour le 29 mars 2018, par laquelle le Gouvernement de la République coopérative du Guyana (ci-après dénommée «Guyana») a introduit une instance contre la République bolivarienne du Venezuela (ci-après dénommée «Venezuela»), relativement à un différend concernant «la validité juridique et l'effet contraignant de la sentence arbitrale du 3 octobre 1899 relative à la frontière entre la colonie de la Guyane britannique et les Etats-Unis du Venezuela»,

Notant que, le 18 juin 2018, lors d'une réunion que le président de la Cour a tenue avec les représentants des Parties, la vice-présidente du Venezuela, S. Exc. Mme Delcy Rodríguez Gómez, a déclaré que son gouvernement estimait que la Cour n'avait manifestement pas compétence

4

diction to hear the case and that Venezuela had decided not to participate in the proceedings, and handed to the President of the Court a letter dated 18 June 2018 from the President of Venezuela, H.E. Mr. Nicolás Maduro Moros, communicating the position of Venezuela,

Having regard to the Order dated 19 June 2018, by which the Court held, pursuant to Article 79, paragraph 2, of the Rules of Court of 14 April 1978 as amended on 1 February 2001, that in the circumstances of the case, it was necessary first of all to resolve the question of its jurisdiction, and that this question should accordingly be separately determined before any proceedings on the merits, and fixed 19 November 2018 and 18 April 2019 as the respective time-limits for the filing of a Memorial by Guyana and a Counter-Memorial by Venezuela on the question of jurisdiction,

Having regard to the Memorial of Guyana on the question of the jurisdiction of the Court, which was filed within the time-limit thus fixed,

Having regard to the fact that Venezuela did not file a Counter-Memorial, but that on 28 November 2019, it submitted to the Court a document entitled "Memorandum of the Bolivarian Republic of Venezuela on the Application filed before the International Court of Justice by the Cooperative Republic of Guyana on March 29th, 2018",

Having regard to a letter dated 10 February 2020, whereby Venezuela indicated that it did not intend to attend the oral proceedings on the question of the jurisdiction of the Court,

Having regard to a public hearing held on 30 June 2020 by video link, at which Guyana presented its oral arguments and submissions on the question of the jurisdiction of the Court;

Whereas, by its Judgment dated 18 December 2020, the Court found that it has jurisdiction to entertain the Application filed by Guyana on 29 March 2018 in so far as it concerns the validity of the Arbitral Award of 3 October 1899 and the related question of the definitive settlement of the land boundary dispute between Guyana and Venezuela;

Whereas time-limits now have to be fixed for the written proceedings on the merits;

Whereas, at a meeting held by video link by the President of the Court with the representatives of the Parties on 26 February 2021, pursuant to Article 31 of the Rules of Court, Guyana requested a period of nine months, from the date of the Order fixing the time-limits, for the preparation of its Memorial;

Whereas, at the same meeting, Venezuela expressed its disagreement with the Judgment rendered by the Court on 18 December 2020, arguing that the "Agreement to Resolve the Controversy between Venezuela and the United Kingdom of Great Britain and Northern Ireland over the Frontier between Venezuela and British Guiana" signed at Geneva on

pour connaître de l'affaire et que le Venezuela avait décidé de ne pas prendre part à l'instance, et a remis au président de la Cour une lettre du président du Venezuela, S. Exc. M. Nicolás Maduro Moros, communiquant la position du Venezuela,

Vu l'ordonnance en date du 19 juin 2018, par laquelle la Cour a estimé, en application de l'article 79, paragraphe 2, du Règlement du 14 avril 1978, tel qu'amendé le 1er février 2001, que, dans les circonstances de l'espèce, il était nécessaire de régler en premier lieu la question de sa compétence, et qu'en conséquence il devait être statué séparément, avant toute procédure sur le fond, sur cette question, et a fixé au 19 novembre 2018 et au 18 avril 2019, respectivement, les dates d'expiration du délai pour le dépôt d'un mémoire du Guyana et d'un contre-mémoire du Venezuela sur ladite question,

Vu le mémoire du Guyana sur la question de la compétence de la Cour déposé dans le délai ainsi fixé,

Rappelant que le Venezuela n'a pas présenté de contre-mémoire, mais qu'il a, le 28 novembre 2019, adressé à la Cour un document intitulé «Mémorandum de la République bolivarienne du Venezuela sur la requête déposée par la République coopérative du Guyana auprès de la Cour internationale de Justice le 29 mars 2018»,

Vu la lettre en date du 10 février 2020, par laquelle le Venezuela a indiqué qu'il n'avait pas l'intention de prendre part à la procédure orale sur la question de la compétence de la Cour,

Une audience publique s'étant tenue par liaison vidéo le 30 juin 2020, à laquelle le Guyana a présenté ses plaidoiries et conclusions sur la question de la compétence de la Cour;

Considérant que, par son arrêt en date du 18 décembre 2020, la Cour a dit qu'elle avait compétence pour connaître de la requête déposée par le Guyana le 29 mars 2018 dans la mesure où elle se rapporte à la validité de la sentence arbitrale du 3 octobre 1899 et à la question connexe du règlement définitif du différend concernant la frontière terrestre entre le Guyana et le Venezuela;

Considérant qu'il convient donc à présent de fixer des délais pour la procédure écrite sur le fond;

Considérant que, lors d'une réunion tenue le 26 février 2021 par liaison vidéo entre la présidente de la Cour et les représentants des Parties, conformément à l'article 31 du Règlement de la Cour, le Guyana a demandé à disposer d'une période de neuf mois, à compter de la date de l'ordonnance de fixation des délais, pour la préparation de son mémoire;

Considérant que, lors de cette même réunion, le Venezuela a manifesté son désaccord avec l'arrêt rendu par la Cour le 18 décembre 2020, faisant valoir que l'«Accord tendant à régler le différend entre le Venezuela et le Royaume-Uni de Grande-Bretagne et d'Irlande du Nord relatif à la frontière entre le Venezuela et la Guyane britannique», signé à Genève le

5

17 February 1966 could not afford a basis for the Court's jurisdiction as it provided that the controversy had to be amicably resolved in a manner acceptable to both parties;

Whereas Venezuela further indicated that it has not yet decided on its position in relation to the proceedings and that, in light of the alleged serious implications of the Court's Judgment of 18 December 2020 for its sovereignty, it was required by its Constitution to conduct popular consultations on the matter, which would require a significant amount of time, and that it also faced a number of other difficulties in preparing its pleading; and whereas Venezuela therefore requested a period of twelve to eighteen months for the preparation of its Counter-Memorial;

Whereas, in reply to the views expressed by Venezuela, Guyana indicated that a period of twelve months for the filing of each Party's written pleading would also be acceptable;

Taking into account the views of the Parties,

Fixes the following time-limits for the filing of written pleadings on the merits:

8 March 2022 for the Memorial of the Co-operative Republic of Guyana;

8 March 2023 for the Counter-Memorial of the Bolivarian Republic of Venezuela; and

Reserves the subsequent procedure for further decision.

Done in English and in French, the English text being authoritative, at the Peace Palace, The Hague, this eighth day of March, two thousand and twenty-one, in three copies, one of which will be placed in the archives of the Court and the others transmitted to the Government of the Co-operative Republic of Guyana and the Government of the Bolivarian Republic of Venezuela, respectively.

(Signed) Joan E. DONOGHUE,
President.

(Signed) Philippe GAUTIER,
Registrar.

———————

17 février 1966, ne pouvait fonder la compétence de la Cour puisqu'il prévoyait que le différend devrait être résolu à l'amiable, d'une manière acceptable pour les deux parties;

Considérant que le Venezuela a également indiqué qu'il n'avait pas encore décidé de la position à adopter à l'égard de la procédure et que, compte tenu des graves conséquences qu'avait, selon lui, l'arrêt du 18 décembre 2020 pour sa souveraineté, il était tenu, au regard de sa Constitution, de procéder à des consultations populaires sur la question, qui nécessiteraient un laps de temps important, et qu'il rencontrait en outre un certain nombre d'autres difficultés dans l'élaboration de ses écritures; et qu'il a donc demandé à se voir accorder un délai de douze à dix-huit mois pour la préparation de son contre-mémoire;

Considérant que, en réponse aux vues exprimées par le Venezuela, le Guyana a indiqué qu'un délai de douze mois pour le dépôt, par chaque Partie, de ses écritures, serait également acceptable;

Compte tenu des vues des Parties,

Fixe comme suit les dates d'expiration des délais pour le dépôt de pièces sur le fond:

Pour le mémoire de la République coopérative du Guyana, le 8 mars 2022;

Pour le contre-mémoire de la République bolivarienne du Venezuela, le 8 mars 2023;

Réserve la suite de la procédure.

Fait en anglais et en français, le texte anglais faisant foi, au Palais de la Paix, à La Haye, le huit mars deux mille vingt et un, en trois exemplaires, dont l'un restera déposé aux archives de la Cour et les autres seront transmis respectivement au Gouvernement de la République coopérative du Guyana et au Gouvernement de la République bolivarienne du Venezuela.

La présidente,
(Signé) Joan E. DONOGHUE.

Le greffier,
(Signé) Philippe GAUTIER.

ISBN 978-92-1-003884-3

COUR INTERNATIONALE DE JUSTICE

RECUEIL DES ARRÊTS,
AVIS CONSULTATIFS ET ORDONNANCES

DÉLIMITATION TERRESTRE ET MARITIME
ET SOUVERAINETÉ SUR DES ÎLES

(GABON/GUINÉE ÉQUATORIALE)

ORDONNANCE DU 7 AVRIL 2021

2021

INTERNATIONAL COURT OF JUSTICE

REPORTS OF JUDGMENTS,
ADVISORY OPINIONS AND ORDERS

LAND AND MARITIME DELIMITATION
AND SOVEREIGNTY OVER ISLANDS

(GABON/EQUATORIAL GUINEA)

ORDER OF 7 APRIL 2021

Mode officiel de citation :

*Délimitation terrestre et maritime et souveraineté sur des îles
(Gabon/Guinée équatoriale), ordonnance du 7 avril 2021,
C.I.J. Recueil 2021, p. 192*

———————

Official citation:

*Land and Maritime Delimitation and Sovereignty over Islands
(Gabon/Equatorial Guinea), Order of 7 April 2021,
I.C.J. Reports 2021, p. 192*

ISSN 0074-4441
ISBN 978-92-1-003885-0

N⁰ de vente
Sales number: **1223**

7 AVRIL 2021

ORDONNANCE

DÉLIMITATION TERRESTRE ET MARITIME
ET SOUVERAINETÉ SUR DES ÎLES

(GABON/GUINÉE ÉQUATORIALE)

———————

LAND AND MARITIME DELIMITATION
AND SOVEREIGNTY OVER ISLANDS

(GABON/EQUATORIAL GUINEA)

7 APRIL 2021

ORDER

COUR INTERNATIONALE DE JUSTICE

2021
7 avril
Rôle général
n° 179

ANNÉE 2021

7 avril 2021

DÉLIMITATION TERRESTRE ET MARITIME ET SOUVERAINETÉ SUR DES ÎLES

(GABON/GUINÉE ÉQUATORIALE)

ORDONNANCE

Présents : Mme Donoghue, *présidente* ; M. Gevorgian, *vice-président* ; MM. Tomka, Abraham, Bennouna, Cançado Trindade, Yusuf, Mmes Xue, Sebutinde, MM. Bhandari, Robinson, Crawford, Salam, Iwasawa, Nolte, *juges* ; M. Gautier, *greffier.*

La Cour internationale de Justice,

Ainsi composée,

Après délibéré en chambre du conseil,

Vu les articles 40 et 48 du Statut de la Cour et les articles 39, 40, 44, 46 et 48 de son Règlement,

Vu le « compromis entre la République gabonaise et la République de Guinée équatoriale » conclu le 15 novembre 2016 (ci-après le « compromis ») ;

Considérant que, en vertu de l'article premier du compromis,

« [l]a Cour est priée de dire si les titres juridiques, traités et conventions internationales invoqués par les Parties font droit dans les relations entre la République gabonaise et la République de Guinée équatoriale s'agissant de la délimitation de leurs frontières maritime et terrestre communes et de la souveraineté sur les îles Mbanié, Cocotiers et Conga » ;

INTERNATIONAL COURT OF JUSTICE

YEAR 2021

7 april 2021

2021
7 April
General List
No. 179

LAND AND MARITIME DELIMITATION AND SOVEREIGNTY OVER ISLANDS

(GABON/EQUATORIAL GUINEA)

ORDER

Present: President DONOGHUE; *Vice-President* GEVORGIAN; *Judges* TOMKA, ABRAHAM, BENNOUNA, CANÇADO TRINDADE, YUSUF, XUE, SEBUTINDE, BHANDARI, ROBINSON, CRAWFORD, SALAM, IWASAWA, NOLTE; *Registrar* GAUTIER.

The International Court of Justice,

Composed as above,

After deliberation,

Having regard to Articles 40 and 48 of the Statute of the Court and Articles 39, 40, 44, 46 and 48 of the Rules of Court,

Having regard to the "Special Agreement between the Gabonese Republic and the Republic of Equatorial Guinea" concluded on 15 November 2016 (hereinafter the "Special Agreement");

Whereas, under Article 1 of the Special Agreement,

"[t]he Court is requested to determine whether the legal titles, treaties and international conventions invoked by the Parties have the force of law in the relations between the Gabonese Republic and the Republic of Equatorial Guinea in so far as they concern the delimitation of their common maritime and land boundaries and sovereignty over the islands of Mbanié/Mbañe, Cocotiers/Cocoteros and Conga";

4

Considérant que l'article 6 du compromis dispose que «[l]e présent compromis sera notifié au greffier de la Cour par l'une ou l'autre des Parties dans les meilleurs délais après son entrée en vigueur»;

Considérant que, la République de Guinée équatoriale ayant procédé à la notification officielle du compromis le 5 mars 2021, la Cour est à présent saisie du différend décrit ci-dessus;

Considérant que, conformément au paragraphe 3 de l'article 40 du Règlement de la Cour, le Gouvernement de la République gabonaise a fait savoir à la Cour qu'il avait nommé comme agent S. Exc. Mme Marie-Madeleine Mborantsuo et comme coagents M. Guy Rossatanga-Rignault, M. Guillaume Pambou Tchivounda, S. Exc M. Serge Thierry Mickoto Chavagne et S. Exc. Mme Liliane Massala, et que le Gouvernement de la République de Guinée équatoriale a informé la Cour qu'il avait pour sa part désigné S. Exc. M. Carmelo Nvono Nca en qualité d'agent;

Considérant que, aux termes du paragraphe 1 de l'article 3 du compromis, les Parties

«conviennent, sans préjudice de la charge de la preuve, que le nombre et l'ordre de présentation des pièces de procédure seront régis par les dispositions suivantes:

a) Une des Parties dépose la première pièce de procédure au plus tard sept mois après la date de notification du présent compromis au greffier de la Cour;

b) L'autre Partie dépose la deuxième pièce de procédure au plus tard sept mois après avoir reçu du greffier communication de la première pièce de procédure en copie certifiée conforme;

c) La Partie qui a déposé la première pièce de procédure dépose la troisième pièce de procédure au plus tard cinq mois après avoir reçu du greffier communication de la deuxième pièce de procédure en copie certifiée conforme;

d) La Partie qui a déposé la deuxième pièce de procédure dépose la quatrième pièce de procédure au plus tard cinq mois après avoir reçu du greffier communication de la troisième pièce de procédure en copie certifiée conforme»;

Considérant que, au cours d'une réunion que la présidente de la Cour a tenue par liaison vidéo avec les agents des Parties le 30 mars 2021, conformément à l'article 31 du Règlement, l'agent de la République gabonaise a indiqué que son gouvernement était d'avis que la République de Guinée équatoriale serait mieux disposée à déposer la première pièce de procédure et que la République gabonaise déposerait la deuxième pièce; et que l'agent de la République de Guinée équatoriale a fait savoir que son gouvernement acceptait de déposer la première pièce;

Compte tenu de l'accord des Parties,

Fixe comme suit les dates d'expiration des délais pour le dépôt des premières pièces de la procédure écrite:

Whereas Article 6 of the Special Agreement provides that "[t]his Special Agreement shall be notified to the Registrar of the Court by either Party as soon as possible after it enters into force";

Whereas, as a consequence of the official notification of the Special Agreement by the Republic of Equatorial Guinea on 5 March 2021, the Court is now seised of the dispute described above;

Whereas, in accordance with Article 40, paragraph 3, of the Rules of Court, the Government of the Gabonese Republic notified the Court of the appointment of H.E. Ms Marie-Madeleine Mborantsuo as Agent and Mr. Guy Rossatanga-Rignault, Mr. Guillaume Pambou Tchivounda, H.E. Mr. Serge Thierry Mickoto Chavagne and H.E. Ms Liliane Massala as Co-Agents; and whereas, for its part, the Government of the Republic of Equatorial Guinea notified the Court of the appointment of H.E. Mr. Carmelo Nvono Nca as Agent;

Whereas, pursuant to Article 3, paragraph 1, of the Special Agreement, the Parties

"agree, without prejudice to the burden of proof, that the number and order of pleadings will be governed by the following provisions:

(a) One Party will file the first pleading no later than seven months after the date on which this Special Agreement is notified to the Registrar of the Court.

(b) The other Party will file the second pleading no later than seven months after receiving from the Registrar a certified copy of the first pleading.

(c) The Party that filed the first pleading will file the third pleading no later than five months after receiving from the Registrar a certified copy of the second pleading.

(d) The Party that filed the second pleading will file the fourth pleading no later than five months after receiving from the Registrar a certified copy of the third pleading";

Whereas, at a meeting held by video link by the President of the Court with the Agents of the Parties on 30 March 2021 pursuant to Article 31 of the Rules of Court, the Agent of the Gabonese Republic indicated that her Government was of the opinion that the Republic of Equatorial Guinea would be better placed to file the first pleading, and that the Gabonese Republic would file the second pleading; and whereas the Agent of the Republic of Equatorial Guinea noted that his Government agreed to file the first pleading;

Taking account of the agreement of the Parties,

Fixes the following time-limits for the filing of the initial written pleadings in the case:

5

Pour le mémoire de la République de Guinée équatoriale, le 5 octobre 2021 ;

Pour le contre-mémoire de la République gabonaise, le 5 mai 2022 ;

Réserve la suite de la procédure.

Fait en français et en anglais, le texte français faisant foi, au Palais de la Paix, à La Haye, le sept avril deux mille vingt et un, en trois exemplaires, dont l'un restera déposé aux archives de la Cour et les autres seront transmis respectivement au Gouvernement de la République gabonaise et au Gouvernement de la République de Guinée équatoriale.

La présidente,
(Signé) Joan E. DONOGHUE.

Le greffier,
(Signé) Philippe GAUTIER.

5 October 2021 for the Memorial of the Republic of Equatorial Guinea;

5 May 2022 for the Counter-Memorial of the Gabonese Republic; and

Reserves the subsequent procedure for further decision.

Done in French and in English, the French text being authoritative, at the Peace Palace, The Hague, this seventh day of April, two thousand and twenty-one, in three copies, one of which will be placed in the archives of the Court and the others transmitted to the Government of the Gabonese Republic and the Government of the Republic of Equatorial Guinea.

(Signed) Joan E. DONOGHUE,
President.

(Signed) Philippe GAUTIER,
Registrar.

_____

ISBN 978-92-1-003885-0

INTERNATIONAL COURT OF JUSTICE

REPORTS OF JUDGMENTS,
ADVISORY OPINIONS AND ORDERS

APPLICATION OF THE INTERNATIONAL CONVENTION FOR THE SUPPRESSION OF THE FINANCING OF TERRORISM AND OF THE INTERNATIONAL CONVENTION ON THE ELIMINATION OF ALL FORMS OF RACIAL DISCRIMINATION

(UKRAINE *v.* RUSSIAN FEDERATION)

ORDER OF 28 JUNE 2021

2021

COUR INTERNATIONALE DE JUSTICE

RECUEIL DES ARRÊTS,
AVIS CONSULTATIFS ET ORDONNANCES

APPLICATION DE LA CONVENTION INTERNATIONALE POUR LA RÉPRESSION DU FINANCEMENT DU TERRORISME ET DE LA CONVENTION INTERNATIONALE SUR L'ÉLIMINATION DE TOUTES LES FORMES DE DISCRIMINATION RACIALE

(UKRAINE c. FÉDÉRATION DE RUSSIE)

ORDONNANCE DU 28 JUIN 2021

Sales number	
Nᵒ de vente:	**1224**

ISSN 0074-4441
ISBN 978-92-1-003886-7

28 JUNE 2021

ORDER

APPLICATION OF THE INTERNATIONAL
CONVENTION FOR THE SUPPRESSION
OF THE FINANCING OF TERRORISM
AND OF THE INTERNATIONAL CONVENTION
ON THE ELIMINATION OF ALL FORMS
OF RACIAL DISCRIMINATION

(UKRAINE *v*. RUSSIAN FEDERATION)

———————

APPLICATION DE LA CONVENTION
INTERNATIONALE POUR LA RÉPRESSION
DU FINANCEMENT DU TERRORISME
ET DE LA CONVENTION INTERNATIONALE
SUR L'ÉLIMINATION DE TOUTES LES FORMES
DE DISCRIMINATION RACIALE

(UKRAINE c. FÉDÉRATION DE RUSSIE)

28 JUIN 2021

ORDONNANCE

INTERNATIONAL COURT OF JUSTICE

2021
28 June
General List
No. 166

YEAR 2021

28 June 2021

APPLICATION OF THE INTERNATIONAL CONVENTION FOR THE SUPPRESSION OF THE FINANCING OF TERRORISM AND OF THE INTERNATIONAL CONVENTION ON THE ELIMINATION OF ALL FORMS OF RACIAL DISCRIMINATION

(UKRAINE *v.* RUSSIAN FEDERATION)

ORDER

The President of the International Court of Justice,

Having regard to Article 48 of the Statute of the Court and to Article 44, paragraphs 3 and 4, of the Rules of Court,

Having regard to the Order dated 8 November 2019, whereby the Court fixed 8 December 2020 as the time-limit for the filing of the Counter-Memorial of the Russian Federation, as well as to the Orders dated 13 July 2020 and 20 January 2021, whereby the Court, at the request of the Respondent, extended that time-limit first until 8 April 2021 and then until 8 July 2021;

Whereas, by a letter dated 17 June 2021, the Agent of the Russian Federation, Mr. Grigory Lukiyantsev, requested the Court to further extend by one month the time-limit for the filing of the Counter-Memorial, explaining that two key individuals involved in the preparation of that pleading had been diagnosed with COVID-19 and were temporarily prevented from working because of the severe effects of the virus; and

COUR INTERNATIONALE DE JUSTICE

ANNÉE 2021

28 juin 2021

2021
28 juin
Rôle général
n° 166

APPLICATION DE LA CONVENTION INTERNATIONALE POUR LA RÉPRESSION DU FINANCEMENT DU TERRORISME ET DE LA CONVENTION INTERNATIONALE SUR L'ÉLIMINATION DE TOUTES LES FORMES DE DISCRIMINATION RACIALE

(UKRAINE c. FÉDÉRATION DE RUSSIE)

ORDONNANCE

La présidente de la Cour internationale de Justice,

Vu l'article 48 du Statut de la Cour et les paragraphes 3 et 4 de l'article 44 de son Règlement,

Vu l'ordonnance du 8 novembre 2019, par laquelle la Cour a fixé au 8 décembre 2020 la date d'expiration du délai pour le dépôt du contre-mémoire de la Fédération de Russie, ainsi que les ordonnances des 13 juillet 2020 et 20 janvier 2021, par lesquelles elle a, à la demande du défendeur, reporté cette date d'abord au 8 avril 2021 puis au 8 juillet 2021 ;

Considérant que, par lettre du 17 juin 2021, M. Grigory Lukiyantsev, agent de la Fédération de Russie, a demandé que le délai fixé pour le dépôt du contre-mémoire soit à nouveau prorogé d'un mois, en expliquant que deux collaborateurs essentiels à la préparation de cette pièce avaient été diagnostiqués positifs à la COVID-19 et étaient temporairement empêchés de travailler en raison des effets sévères du virus ; et que,

4

whereas, upon receipt of this letter, the Registrar transmitted a copy thereof to the Agent of Ukraine, in accordance with Article 44, paragraph 3, of the Rules of Court;

Whereas, by a letter dated 23 June 2021, the Agent of Ukraine, Mr. Yevhenii Yenin, stated that, in light of the circumstances mentioned in the letter of the Agent of the Russian Federation, his Government did not object to a further one-month extension of the time-limit for the filing of the Counter-Memorial;

Taking into account the views of the Parties,

Extends to 9 August 2021 the time-limit for the filing of the Counter-Memorial of the Russian Federation; and

Reserves the subsequent procedure for further decision.

Done in English and in French, the English text being authoritative, at the Peace Palace, The Hague, this twenty-eighth day of June, two thousand and twenty-one, in three copies, one of which will be placed in the archives of the Court and the others transmitted to the Government of Ukraine and the Government of the Russian Federation, respectively.

(Signed) Joan E. DONOGHUE,
President.

(Signed) Philippe GAUTIER,
Registrar.

dès réception de ladite lettre, le greffier en a transmis copie à l'agent de l'Ukraine, conformément au paragraphe 3 de l'article 44 du Règlement;

Considérant que, par lettre du 23 juin 2021, M. Yevhenii Yenin, agent de l'Ukraine, a indiqué que, au vu des circonstances mentionnées dans la lettre de l'agent de la Fédération de Russie, son gouvernement ne s'opposait pas à une nouvelle prorogation d'un mois pour le dépôt du contre-mémoire;

Compte tenu des vues des Parties,

Reporte au 9 août 2021 la date d'expiration du délai pour le dépôt du contre-mémoire de la Fédération de Russie;

Réserve la suite de la procédure.

Fait en anglais et en français, le texte anglais faisant foi, au Palais de la Paix, à La Haye, le vingt-huit juin deux mille vingt et un, en trois exemplaires, dont l'un restera déposé aux archives de la Cour et les autres seront transmis respectivement au Gouvernement de l'Ukraine et au Gouvernement de la Fédération de Russie.

La présidente,
(Signé) Joan E. DONOGHUE.

Le greffier,
(Signé) Philippe GAUTIER.

5

ISBN 978-92-1-003886-7

COUR INTERNATIONALE DE JUSTICE

RECUEIL DES ARRÊTS,
AVIS CONSULTATIFS ET ORDONNANCES

VIOLATIONS ALLÉGUÉES DU TRAITÉ D'AMITIÉ, DE COMMERCE ET DE DROITS CONSULAIRES DE 1955

(RÉPUBLIQUE ISLAMIQUE D'IRAN c. ÉTATS-UNIS D'AMÉRIQUE)

ORDONNANCE DU 21 JUILLET 2021

2021

INTERNATIONAL COURT OF JUSTICE

REPORTS OF JUDGMENTS,
ADVISORY OPINIONS AND ORDERS

ALLEGED VIOLATIONS OF THE 1955 TREATY OF AMITY, ECONOMIC RELATIONS, AND CONSULAR RIGHTS

(ISLAMIC REPUBLIC OF IRAN v. UNITED STATES OF AMERICA)

ORDER OF 21 JULY 2021

ISSN 0074-4441
ISBN 978-92-1-003887-4

N° de vente
Sales number: **1225**

21 JUILLET 2021

ORDONNANCE

VIOLATIONS ALLÉGUÉES
DU TRAITÉ D'AMITIÉ, DE COMMERCE
ET DE DROITS CONSULAIRES DE 1955

(RÉPUBLIQUE ISLAMIQUE D'IRAN c. ÉTATS-UNIS
D'AMÉRIQUE)

———

ALLEGED VIOLATIONS
OF THE 1955 TREATY OF AMITY, ECONOMIC
RELATIONS, AND CONSULAR RIGHTS

(ISLAMIC REPUBLIC OF IRAN v. UNITED STATES
OF AMERICA)

21 JULY 2021

ORDER

COUR INTERNATIONALE DE JUSTICE

ANNÉE 2021

2021
21 juillet
Rôle général
n° 175

21 juillet 2021

VIOLATIONS ALLÉGUÉES DU TRAITÉ D'AMITIÉ, DE COMMERCE ET DE DROITS CONSULAIRES DE 1955

(RÉPUBLIQUE ISLAMIQUE D'IRAN c. ÉTATS-UNIS D'AMÉRIQUE)

ORDONNANCE

Présents : M. Gevorgian, *vice-président, faisant fonction de président en l'affaire* ; MM. Tomka, Abraham, Bennouna, Cançado Trindade, Yusuf, Mmes Xue, Sebutinde, MM. Bhandari, Robinson, Salam, Iwasawa, Nolte, *juges* ; MM. Brower, Momtaz, *juges* ad hoc ; M. Gautier, *greffier*.

La Cour internationale de Justice,

Ainsi composée,

Après délibéré en chambre du conseil,

Vu l'article 48 du Statut de la Cour et le paragraphe 3 de l'article 44 de son Règlement,

Vu l'ordonnance du 3 février 2021, par laquelle la Cour a fixé au 20 septembre 2021 la date d'expiration du délai pour le dépôt du contre-mémoire des Etats-Unis d'Amérique ;

Considérant que, par une lettre datée du 9 juin 2021, l'agent des Etats-Unis d'Amérique a prié la Cour de proroger jusqu'au 21 décembre 2021 le délai pour le dépôt du contre-mémoire, expliquant qu'au cours des trois mois précédents les Etats-Unis d'Amérique avaient mené d'intenses négociations « au sujet de la possibilité qu'eux-mêmes et l'Iran se conforment de nouveau à leurs engagements respectifs au titre du plan

INTERNATIONAL COURT OF JUSTICE

YEAR 2021

21 July 2021

2021
21 July
General List
No. 175

ALLEGED VIOLATIONS OF THE 1955 TREATY OF AMITY, ECONOMIC RELATIONS, AND CONSULAR RIGHTS

(ISLAMIC REPUBLIC OF IRAN *v.* UNITED STATES OF AMERICA)

ORDER

Present: Vice-President GEVORGIAN, *Acting President*; *Judges* TOMKA, ABRAHAM, BENNOUNA, CANÇADO TRINDADE, YUSUF, XUE, SEBUTINDE, BHANDARI, ROBINSON, SALAM, IWASAWA, NOLTE; *Judges* ad hoc BROWER, MOMTAZ; *Registrar* GAUTIER.

The International Court of Justice,

Composed as above,

After deliberation,

Having regard to Article 48 of the Statute of the Court and to Article 44, paragraph 3, of the Rules of Court,

Having regard to the Order dated 3 February 2021, whereby the Court fixed 20 September 2021 as the time-limit for the filing of the Counter-Memorial of the United States of America;

Whereas, by a letter dated 9 June 2021, the Agent of the United States of America requested the Court to extend to 21 December 2021 the time-limit for the filing of the Counter-Memorial, explaining that over the past three months, the United States of America had been engaged in negotiations regarding "the potential for a mutual return to compliance by both the United States and Iran with their respective commitments

4

d'action global commun à long terme », et que le résultat desdites négociations avait « une incidence directe et importante » sur le contenu du contre-mémoire ; considérant que l'agent a ajouté que des intervenants clés œuvrant à l'élaboration du contre-mémoire participaient aussi aux négociations, ce qui posait des difficultés pratiques pour faire avancer la rédaction de cette pièce ; et considérant que, dès réception de la lettre, le greffier en a fait tenir copie à l'agent de la République islamique d'Iran, conformément au paragraphe 3 de l'article 44 du Règlement de la Cour ;

Considérant que, par une lettre datée du 22 juin 2021, le coagent de la République islamique d'Iran a fait part du désaccord de son gouvernement concernant la demande de prorogation de délai susmentionnée, déclarant que le résultat des négociations n'avait pas d'incidence sur la procédure devant la Cour et faisant observer que les difficultés d'ordre pratique invoquées par l'agent des Etats-Unis d'Amérique n'étaient pas justifiées étant donné que cet Etat disposait du mémoire de la République islamique d'Iran depuis plus de deux ans ; et considérant que le coagent s'est déclaré préoccupé par le fait que toute prorogation du délai conduirait à un « déséquilibre entre les Parties en ce qui concerne le temps dont elles aur[aie]nt bénéficié pour élaborer » leurs pièces de procédure écrite respectives ;

Compte tenu des vues des Parties,

Reporte au 22 novembre 2021 la date d'expiration du délai pour le dépôt du contre-mémoire des Etats-Unis d'Amérique ;

Réserve la suite de la procédure.

Fait en français et en anglais, le texte français faisant foi, au Palais de la Paix, à La Haye, le vingt et un juillet deux mille vingt et un, en trois exemplaires, dont l'un restera déposé aux archives de la Cour et les autres seront transmis respectivement au Gouvernement de la République islamique d'Iran et au Gouvernement des Etats-Unis d'Amérique.

Le vice-président,
(Signé) Kirill GEVORGIAN.

Le greffier,
(Signé) Philippe GAUTIER.

5

under the Joint Comprehensive Plan of Action", and that the outcome of these negotiations had "direct and substantial bearing" on the content of the Counter-Memorial; whereas, the Agent added that key individuals working on the preparation of the Counter-Memorial had also been involved in the negotiations, resulting in practical challenges for the drafting of the Counter-Memorial; and whereas, upon receipt of this letter, the Registrar transmitted a copy thereof to the Agent of the Islamic Republic of Iran, in accordance with Article 44, paragraph 3, of the Rules of Court;

Whereas, by a letter dated 22 June 2021, the Co-Agent of the Islamic Republic of Iran expressed the disagreement of his Government with the request for an extension of the time-limit, stating that the outcome of the negotiations had no bearing on the current proceedings before the Court and noting that the practical challenges referred to by the Agent of the United States of America could not be invoked in view of the fact that the United States of America had had the Memorial of the Islamic Republic of Iran at its disposal for more than two years; and whereas the Co-Agent expressed concern that any extension of the time-limit would lead to an "imbalance between the Parties on the time used for the preparation" of their respective written pleadings;

Taking into account the views of the Parties,

Extends to 22 November 2021 the time-limit for the filing of the Counter-Memorial of the United States of America; and

Reserves the subsequent procedure for further decision.

Done in French and in English, the French text being authoritative, at the Peace Palace, The Hague, this twenty-first day of July, two thousand and twenty-one, in three copies, one of which will be placed in the archives of the Court and the others transmitted to the Government of the Islamic Republic of Iran and the Government of the United States of America, respectively.

(Signed) Kirill GEVORGIAN,
Vice-President.

(Signed) Philippe GAUTIER,
Registrar.

5

ISBN 978-92-1-003887-4

INTERNATIONAL COURT OF JUSTICE

REPORTS OF JUDGMENTS,
ADVISORY OPINIONS AND ORDERS

APPLICATION OF THE INTERNATIONAL CONVENTION FOR THE SUPPRESSION OF THE FINANCING OF TERRORISM AND OF THE INTERNATIONAL CONVENTION ON THE ELIMINATION OF ALL FORMS OF RACIAL DISCRIMINATION

(UKRAINE *v.* RUSSIAN FEDERATION)

ORDER OF 8 OCTOBER 2021

2021

COUR INTERNATIONALE DE JUSTICE

RECUEIL DES ARRÊTS,
AVIS CONSULTATIFS ET ORDONNANCES

APPLICATION DE LA CONVENTION INTERNATIONALE POUR LA RÉPRESSION DU FINANCEMENT DU TERRORISME ET DE LA CONVENTION INTERNATIONALE SUR L'ÉLIMINATION DE TOUTES LES FORMES DE DISCRIMINATION RACIALE

(UKRAINE c. FÉDÉRATION DE RUSSIE)

ORDONNANCE DU 8 OCTOBRE 2021

Official citation:

*Application of the International Convention for the Suppression
of the Financing of Terrorism and of the International Convention
on the Elimination of All Forms of Racial Discrimination
(Ukraine v. Russian Federation), Order of 8 October 2021,
I.C.J. Reports 2021*, p. 202

––––––––––––

Mode officiel de citation:

*Application de la convention internationale pour la répression
du financement du terrorisme et de la convention internationale
sur l'élimination de toutes les formes de discrimination raciale
(Ukraine c. Fédération de Russie), ordonnance du 8 octobre 2021,
C.I.J. Recueil 2021*, p. 202

ISSN 0074-4441
ISBN 978-92-1-003888-1

Sales number	
N° de vente:	**1226**

Printed in France/Imprimé en France

8 OCTOBER 2021

ORDER

APPLICATION OF THE INTERNATIONAL
CONVENTION FOR THE SUPPRESSION
OF THE FINANCING OF TERRORISM
AND OF THE INTERNATIONAL CONVENTION
ON THE ELIMINATION OF ALL FORMS
OF RACIAL DISCRIMINATION

(UKRAINE *v.* RUSSIAN FEDERATION)

———

APPLICATION DE LA CONVENTION
INTERNATIONALE POUR LA RÉPRESSION
DU FINANCEMENT DU TERRORISME
ET DE LA CONVENTION INTERNATIONALE
SUR L'ÉLIMINATION DE TOUTES LES FORMES
DE DISCRIMINATION RACIALE

(UKRAINE c. FÉDÉRATION DE RUSSIE)

8 OCTOBRE 2021

ORDONNANCE

INTERNATIONAL COURT OF JUSTICE

2021
8 October
General List
No. 166

YEAR 2021

8 October 2021

APPLICATION OF THE INTERNATIONAL CONVENTION FOR THE SUPPRESSION OF THE FINANCING OF TERRORISM AND OF THE INTERNATIONAL CONVENTION ON THE ELIMINATION OF ALL FORMS OF RACIAL DISCRIMINATION

(UKRAINE *v.* RUSSIAN FEDERATION)

ORDER

Present: President DONOGHUE; *Judges* TOMKA, ABRAHAM, BENNOUNA, YUSUF, XUE, SEBUTINDE, BHANDARI, ROBINSON, SALAM, IWASAWA, NOLTE; *Registrar* GAUTIER.

The International Court of Justice,

Composed as above,

After deliberation,

Having regard to Article 48 of the Statute of the Court and to Articles 31, 44, 45, paragraph 2, 48 and 49 of the Rules of Court,

Having regard to the Application filed in the Registry of the Court on 16 January 2017, whereby Ukraine instituted proceedings against the Russian Federation with respect to a dispute concerning alleged violations by the latter of its obligations under the International Convention for the Suppression of the Financing of Terrorism of 9 December 1999

COUR INTERNATIONALE DE JUSTICE

ANNÉE 2021

8 octobre 2021

2021
8 octobre
Rôle général
n° 166

APPLICATION DE LA CONVENTION INTERNATIONALE POUR LA RÉPRESSION DU FINANCEMENT DU TERRORISME ET DE LA CONVENTION INTERNATIONALE SUR L'ÉLIMINATION DE TOUTES LES FORMES DE DISCRIMINATION RACIALE

(UKRAINE c. FÉDÉRATION DE RUSSIE)

ORDONNANCE

Présents: Mme DONOGHUE, *présidente*; MM. TOMKA, ABRAHAM, BENNOUNA, YUSUF, Mmes XUE, SEBUTINDE, MM. BHANDARI, ROBINSON, SALAM, IWASAWA, NOLTE, *juges*; M. GAUTIER, *greffier*.

La Cour internationale de Justice,

Ainsi composée,

Après délibéré en chambre du conseil,

Vu l'article 48 de son Statut et les articles 31, 44, 45, paragraphe 2, 48 et 49 de son Règlement,

Vu la requête enregistrée au Greffe de la Cour le 16 janvier 2017, par laquelle l'Ukraine a introduit une instance contre la Fédération de Russie concernant un différend relatif à des violations alléguées, par cette dernière, des obligations lui incombant au regard de la convention internationale du 9 décembre 1999 pour la répression du financement du

and the International Convention on the Elimination of All Forms of Racial Discrimination of 21 December 1965,

Having regard to the Request for the indication of provisional measures submitted by Ukraine on 16 January 2017 and to the Order of 19 April 2017 by which the Court indicated certain provisional measures,

Having regard to the Order dated 12 May 2017, whereby the President of the Court fixed 12 June 2018 and 12 July 2019 as the respective time-limits for the filing of a Memorial by Ukraine and a Counter-Memorial by the Russian Federation,

Having regard to the Memorial of Ukraine filed within the time-limit thus fixed,

Having regard to the preliminary objections to the jurisdiction of the Court and to the admissibility of the Application raised by the Russian Federation on 12 September 2018, which had the effect, under Article 79, paragraph 5, of the Rules of Court, of suspending the proceedings on the merits,

Having regard to the Judgment of 8 November 2019, whereby the Court declared that it had jurisdiction to rule on the Application filed by Ukraine on 16 January 2017 and that the said Application was admissible,

Having regard to the Order dated 8 November 2019, whereby the Court fixed 8 December 2020 as the time-limit for the filing of the Counter-Memorial of the Russian Federation, to the Orders dated 13 July 2020 and 20 January 2021, whereby the Court, at the request of the Respondent, extended that time-limit first until 8 April 2021 and then until 8 July 2021, as well as the Order dated 28 June 2021, whereby the President of the Court, at the request of the Respondent, extended to 9 August 2021 the time-limit for the filing of the Counter-Memorial by the Russian Federation,

Having regard to the Counter-Memorial of the Russian Federation filed within the time-limit thus extended;

Whereas, at a meeting held by the President of the Court with the representatives of the Parties by video link on 30 September 2021, pursuant to Article 31 of the Rules of Court, the Co-Agent of Ukraine indicated that a Reply was necessary in order to respond, in particular, to the numerous factual allegations and legal arguments raised in the Counter-Memorial; whereas the Co-Agent of Ukraine stated, however, that his Government wished the case to proceed as expeditiously as possible in view of the urgency of the subject-matter; whereas he accordingly requested, on behalf of Ukraine, a period of nine months for the preparation of a Reply, from the date of the filing of the Counter-Memorial, and proposed that the same period of time be accorded for the preparation by the Respondent of a Rejoinder; and whereas, at the same meeting, the Agents of the Russian Federation stated that their Government was also

terrorisme et de la convention internationale du 21 décembre 1965 sur l'élimination de toutes les formes de discrimination raciale,

Vu la demande en indication de mesures conservatoires présentée par l'Ukraine le 16 janvier 2017 et l'ordonnance du 19 avril 2017 par laquelle la Cour a indiqué des mesures conservatoires,

Vu l'ordonnance du 12 mai 2017, par laquelle le président de la Cour a fixé au 12 juin 2018 et au 12 juillet 2019, respectivement, les dates d'expiration des délais pour le dépôt du mémoire de l'Ukraine et du contre-mémoire de la Fédération de Russie,

Vu le mémoire déposé par l'Ukraine dans le délai ainsi fixé,

Vu les exceptions préliminaires d'incompétence de la Cour et d'irrecevabilité de la requête soulevées par la Fédération de Russie le 12 septembre 2018, qui ont eu pour effet, en vertu du paragraphe 5 de l'article 79 du Règlement, de suspendre la procédure sur le fond,

Vu l'arrêt du 8 novembre 2019, par lequel la Cour a dit qu'elle avait compétence pour se prononcer sur la requête déposée par l'Ukraine le 16 janvier 2017 et que ladite requête était recevable,

Vu l'ordonnance du 8 novembre 2019, par laquelle la Cour a fixé au 8 décembre 2020 la date d'expiration du délai pour le dépôt du contre-mémoire de la Fédération de Russie, et les ordonnances du 13 juillet 2020 et du 20 janvier 2021, par lesquelles la Cour, à la demande du défendeur, a reporté ladite date, d'abord au 8 avril 2021, puis au 8 juillet 2021, ainsi que l'ordonnance du 28 juin 2021, par laquelle la présidente de la Cour, à la demande du défendeur, a reporté au 9 août 2021 la date d'expiration du délai pour le dépôt du contre-mémoire de la Fédération de Russie,

Vu le contre-mémoire déposé par la Fédération de Russie dans le délai ainsi prorogé;

Considérant que, au cours d'une réunion que la présidente de la Cour a tenue avec les représentants des Parties par liaison vidéo le 30 septembre 2021, en application de l'article 31 du Règlement, le coagent de l'Ukraine a indiqué qu'une réplique était nécessaire pour répondre, notamment, aux multiples allégations factuelles et arguments juridiques avancés dans le contre-mémoire; qu'il a toutefois déclaré que son gouvernement souhaitait que cette affaire soit examinée dans les meilleurs délais étant donné le caractère urgent de son objet; qu'il a sollicité en conséquence, au nom de l'Ukraine, un délai de neuf mois à partir de la date du dépôt du contre-mémoire pour l'élaboration d'une réplique, et a proposé qu'un délai identique soit accordé au défendeur pour la préparation d'une duplique; qu'à ladite réunion, les agents de la Fédération de Russie ont déclaré que leur gouvernement estimait également que la tenue d'un second tour d'écri-

of the opinion that a second round of written pleadings was warranted but indicated that longer time-limits were required for the preparation of a Rejoinder, in light of the wide-ranging scope and complexity of the case and the extensive evidentiary material presented; and whereas the Agents of the Russian Federation accordingly requested that their Government be given a period of twelve months for the preparation of a Rejoinder;

Taking into account the views of the Parties,

Authorizes the submission of a Reply by Ukraine and a Rejoinder by the Russian Federation;

Fixes the following time-limits for the filing of those written pleadings:

8 April 2022 for the Reply of Ukraine;

8 December 2022 for the Rejoinder of the Russian Federation; and

Reserves the subsequent procedure for further decision.

Done in English and in French, the English text being authoritative, at the Peace Palace, The Hague, this eighth day of October, two thousand and twenty-one, in three copies, one of which will be placed in the archives of the Court and the others transmitted to the Government of Ukraine and the Government of the Russian Federation, respectively.

(Signed) Joan E. DONOGHUE,
President.

(Signed) Philippe GAUTIER,
Registrar.

---

tures était justifiée, mais ont indiqué que la préparation d'une duplique réclamait un délai plus long, étant donné la vaste portée de l'affaire et sa complexité, ainsi que le grand nombre d'éléments de preuve présentés ; et qu'ils ont demandé, en conséquence, qu'un délai de douze mois soit accordé à leur gouvernement pour l'élaboration d'une duplique ;

Compte tenu des vues des Parties,

Autorise la présentation d'une réplique par l'Ukraine et d'une duplique par la Fédération de Russie ;

Fixe comme suit les dates d'expiration des délais pour le dépôt des pièces de la procédure écrite :

Pour la réplique de l'Ukraine, le 8 avril 2022 ;

Pour la duplique de la Fédération de Russie, le 8 décembre 2022 ;

Réserve la suite de la procédure.

Fait en anglais et en français, le texte anglais faisant foi, au Palais de la Paix, à La Haye, le huit octobre deux mille vingt et un, en trois exemplaires, dont l'un restera déposé aux archives de la Cour et les autres seront transmis respectivement au Gouvernement de l'Ukraine et au Gouvernement de la Fédération de Russie.

La présidente,
(Signé) Joan E. DONOGHUE.

Le greffier,
(Signé) Philippe GAUTIER.

6

ISBN 978-92-1-003888-1

INTERNATIONAL COURT OF JUSTICE

REPORTS OF JUDGMENTS,
ADVISORY OPINIONS AND ORDERS

MARITIME DELIMITATION IN THE INDIAN OCEAN

(SOMALIA *v.* KENYA)

JUDGMENT OF 12 OCTOBER 2021

2021

COUR INTERNATIONALE DE JUSTICE

RECUEIL DES ARRÊTS,
AVIS CONSULTATIFS ET ORDONNANCES

DÉLIMITATION MARITIME DANS L'OCÉAN INDIEN

(SOMALIE c. KENYA)

ARRÊT DU 12 OCTOBRE 2021

Official citation:

Maritime Delimitation in the Indian Ocean
(Somalia v. *Kenya), Judgment,*
I.C.J. Reports 2021, p. 206

———————

Mode officiel de citation:

Délimitation maritime dans l'océan Indien
(Somalie c. Kenya), arrêt,
C.I.J. Recueil 2021, p. 206

ISSN 0074-4441
ISBN 978-92-1-003891-1

Sales number	
N° de vente:	**1229**

12 OCTOBER 2021

JUDGMENT

MARITIME DELIMITATION
IN THE INDIAN OCEAN

(SOMALIA *v.* KENYA)

———————

DÉLIMITATION MARITIME
DANS L'OCÉAN INDIEN

(SOMALIE c. KENYA)

12 OCTOBRE 2021

ARRÊT

TABLE OF CONTENTS

TABLE DES MATIÈRES

INTERNATIONAL COURT OF JUSTICE

YEAR 2021

2021
12 October
General List
No. 161

12 October 2021

MARITIME DELIMITATION
IN THE INDIAN OCEAN

(SOMALIA *v.* KENYA)

Geographical and historical background — Somalia and Kenya adjacent States on coast of East Africa — 1927/1933 treaty arrangement between Italy and United Kingdom concerning boundaries of their territories in East Africa — Somalia and Kenya gaining independence in 1960 and 1963, respectively — Both States parties to United Nations Convention on the Law of the Sea (UNCLOS) — Both States having filed submissions with Commission on the Limits of the Continental Shelf (CLCS) to obtain recommendations on outer limits of continental shelf beyond 200 nautical miles — CLCS yet to issue recommendations.

*

Overview of the positions of the Parties — Somalia arguing for unadjusted equidistance line through all maritime areas — Kenya contending maritime boundary already agreed as Somalia acquiesced to boundary following parallel of latitude.

*

Whether Somalia acquiesced to maritime boundary following parallel of latitude.

Maritime delimitation to be effected by agreement or recourse to third party possessing competence — Agreement on maritime boundary usually in written form but other forms possible — Essential question being existence of shared understanding between States concerning boundary — High threshold for proof that maritime boundary established by acquiescence or tacit agreement — Court to examine whether compelling evidence that Kenya's claim to maritime boundary maintained consistently, consequently calling for response from Somalia, and clearly and consistently accepted by Somalia.

COUR INTERNATIONALE DE JUSTICE

ANNÉE 2021

12 octobre 2021

2021
12 octobre
Rôle général
n° 161

DÉLIMITATION MARITIME DANS L'OCÉAN INDIEN

(SOMALIE c. KENYA)

Contexte géographique et historique — Somalie et Kenya étant deux Etats d'Afrique de l'Est dont les côtes sont adjacentes — Arrangement conventionnel de 1927/1933 entre l'Italie et le Royaume-Uni concernant les frontières de leurs territoires en Afrique de l'Est — Somalie et Kenya ayant obtenu leur indépendance en 1960 et 1963, respectivement — Etats étant tous deux parties à la convention des Nations Unies sur le droit de la mer (la CNUDM) — Etats ayant tous deux déposé une demande auprès de la Commission des limites du plateau continental (la Commission des limites) afin d'obtenir des recommandations sur la limite extérieure du plateau continental au-delà de 200 milles marins — Commission des limites n'ayant encore formulé aucune recommandation.

*

Aperçu général des positions des Parties — Somalie revendiquant une ligne d'équidistance non ajustée traversant tous les espaces maritimes — Kenya soutenant qu'il existe déjà une frontière maritime convenue, la Somalie ayant acquiescé à une frontière qui suit le parallèle.

*

Question de savoir si la Somalie a acquiescé à une frontière maritime longeant le parallèle.
Délimitation maritime devant être effectuée par voie d'accord ou en recourant à une instance tierce dotée de compétence — Accord établissant une frontière maritime étant généralement exprimé par écrit, mais pouvant prendre d'autres formes — Question essentielle étant celle de savoir s'il existe une manière commune, de la part des Etats intéressés, d'envisager la délimitation de la frontière — Preuve requise pour démontrer que la frontière maritime a été établie par acquiescement ou accord tacite ayant été fixée à un seuil élevé — Cour devant rechercher s'il existe des éléments de preuve convaincants établissant que la revendication par le Kenya d'une frontière maritime a été maintenue de façon constante, appelant par conséquent une réponse de la Somalie, et a été acceptée de manière claire et constante par celle-ci.

5

Whether claim of Kenya to a boundary at the parallel of latitude maintained consistently — Kenyan proclamations of 1979 and 2005 asserting boundary along parallel of latitude — Legislation of Kenya referring to boundary on median or equidistance line — Notes Verbales of Kenya in 2007 and 2008 asking Somalia to confirm agreement to boundary at parallel of latitude — 2009 Submission of Kenya to CLCS and 2009 Memorandum of Understanding (MOU) between both States recognizing existence of disputed maritime boundaries — 2014 negotiations between Parties and diplomatic correspondence of Kenya in 2014-2015 also suggesting boundary not yet agreed — No compelling evidence that claim of Kenya to boundary at parallel of latitude maintained consistently and consequently called for response from Somalia.

Whether Somalia clearly and consistently accepted claim of Kenya to a boundary at the parallel of latitude — Position of Parties during Third United Nations Conference on the Law of the Sea not indicating rejection by Somalia of equidistance as possible method of achieving equitable solution — No indication that Somalia accepted claim of Kenya during bilateral negotiations in 1980-1981 — Somalia's Maritime Law of 1988 providing for boundary in territorial sea following "a straight line towards the sea from the land as indicated on the enclosed charts" — Phrase unclear and not possible to determine its meaning without charts mentioned — 2009 MOU and Somalia's 2009 submission of preliminary information to the CLCS, 2009 letter to UN Secretary-General and 2014 objection to the consideration by CLCS of Kenya's submission all referring to unsettled maritime boundary dispute — Context of civil war depriving Somalia of fully operational government and administration between 1991 and 2005 to be taken into account — No clear and consistent acceptance by Somalia of maritime boundary at parallel of latitude.

Practice of Parties between 1979 and 2014 concerning naval patrols, fisheries, marine scientific research and oil concessions also not showing clear and consistent acceptance by Somalia of maritime boundary at parallel of latitude.

No compelling evidence that Somalia acquiesced to maritime boundary claimed by Kenya — Consequently no agreed maritime boundary between Parties at parallel of latitude.

*

Maritime delimitation.
Applicable Law — UNCLOS.
Starting-point of maritime boundary — Concordant views of the Parties — Land boundary terminus defined in 1927/1933 treaty arrangement constituting starting-point of maritime boundary.
Delimitation of territorial sea — Article 15 UNCLOS — Identification of base points appropriate to geography of coasts — Disproportionate effect of tiny features — Court selecting base points solely on solid land on mainland coasts — Median line constructed constituting boundary in territorial sea.

Question de savoir si la revendication par le Kenya d'une frontière suivant le parallèle a été maintenue de manière constante — Proclamations kényanes de 1979 et 2005 affirmant que la frontière suit le parallèle — Législation du Kenya faisant référence à une ligne médiane ou d'équidistance — Notes verbales kényanes de 2007 et 2008 demandant à la Somalie de confirmer son acceptation du parallèle comme constituant la frontière — Demande soumise par le Kenya à la Commission des limites en 2009 et mémorandum d'accord signé par les deux Etats en 2009 reconnaissant l'existence de frontières maritimes litigieuses — Négociations tenues en 2014 entre les Parties et correspondance diplomatique du Kenya en 2014-2015 semblant également indiquer que la frontière ne faisait pas encore l'objet d'un accord — Absence d'éléments de preuve convaincants montrant que la revendication par le Kenya d'une frontière suivant le parallèle a été maintenue de façon constante et appelait par conséquent une réponse de la part de la Somalie.

Question de savoir si la Somalie a accepté de manière claire et constante la revendication par le Kenya d'une frontière suivant le parallèle — Positions des Parties lors de la troisième conférence des Nations Unies sur le droit de la mer n'indiquant pas que la Somalie ait rejeté l'équidistance comme méthode possible pour parvenir à une solution équitable — Rien n'indiquant que la Somalie ait accepté la revendication du Kenya au cours des négociations bilatérales de 1980-1981 — Loi maritime somalienne de 1988 prévoyant que la frontière dans la mer territoriale suit « une ligne droite s'étendant vers le large, comme indiqué sur les croquis joints » — Membre de phrase manquant de clarté et sens impossible à déterminer en l'absence des croquis mentionnés — Mémorandum d'accord de 2009 et informations préliminaires soumises en 2009 par la Somalie à la Commission des limites, lettre adressée en 2009 au Secrétaire général de l'ONU et objection élevée en 2014 à l'examen de la demande du Kenya par la Commission des limites faisant tous référence à un différend frontalier maritime non réglé — Contexte de guerre civile ayant privé la Somalie d'un gouvernement et d'une administration pleinement opérationnels entre 1991 et 2005 devant être pris en considération — Absence d'acceptation claire et constante de la part de la Somalie d'une frontière maritime suivant le parallèle.

Pratique des Parties entre 1979 et 2014 concernant les patrouilles navales, la pêche, la recherche scientifique marine et les concessions pétrolières n'établissant pas non plus que la Somalie a accepté de manière claire et constante une frontière maritime longeant le parallèle.

Absence d'éléments de preuve convaincants montrant que la Somalie a acquiescé à la frontière maritime revendiquée par le Kenya — Partant, absence de frontière maritime convenue entre les Parties le long du parallèle.

*

Délimitation maritime.
Droit applicable — CNUDM.
Point de départ de la frontière maritime — Concordance de vues des Parties — Point terminal de la frontière terrestre défini dans l'arrangement conventionnel de 1927/1933 constituant le point de départ de la frontière maritime.
Délimitation de la mer territoriale — Article 15 de la CNUDM — Détermination de points de base adaptés à la géographie des côtes — Effet disproportionné de minuscules formations — Cour ne retenant que des points de base situés sur la terre ferme des côtes continentales — Ligne médiane construite constituant la frontière dans la mer territoriale.

6

Delimitation of exclusive economic zone and continental shelf within 200 nautical miles — Articles 74 and 83 UNCLOS — Three-stage methodology developed by Court — No reason to use other methodology in present case.

Identification of relevant coasts and relevant area — Relevant coasts being those whose projections overlap — Court using 200 nautical miles radial projections to identify relevant coasts of Somalia and Kenya — Relevant area being that in which potential entitlements of parties overlap — Relevant area in present case constituted by overlap of 200-nautical-mile radial projections from land boundary terminus.

First stage — Construction of a provisional equidistance line — Identification of appropriate base points — Provisional equidistance line constructed from end-point boundary in territorial sea to 200 nautical miles from starting-point of maritime boundary.
Second stage — Whether relevant circumstances calling for adjustment of provisional equidistance line — Current security situation in Somalia and in adjacent maritime spaces not justifying adjustment — No adjustment needed to ensure equitable access to fisheries resources — No de facto *boundary justifying adjustment — Question whether use of equidistance line producing cut-off effect for Kenya as result of configuration of coastline — Need to consider broader geographical configuration — Cut-off of Kenya's maritime entitlements due to concavity of coastline from Somalia to Tanzania — Pemba Island accentuating cut-off effect — Need to adjust the provisional equidistance line by shifting it north — Adjusted line following geodetic line with initial azimuth 114° until intersection with 200-nautical-mile limit from coast of Kenya.*

Third stage — Verification of absence of significant disproportion between ratio lengths relevant coasts and ratio respective shares of Parties in relevant area — No significant disproportionality in present case — Adjusted line achieving equitable solution.
Question of delimitation of continental shelf beyond 200 nautical miles — Both Parties having filed submissions with CLCS and fulfilled obligations under Article 76 UNCLOS — Awaiting recommendations of CLCS to delineate outer limits of continental shelf — Lack of delineation of outer limits not in and of itself impediment to delimitation of extended continental shelf between States with adjacent coasts — Essential step in delimitation being determination of existence of entitlements to extended continental shelf and overlap of such entitlements — Both Parties claiming continental shelf up to 350 nautical miles on basis of scientific evidence, claims of Parties overlapping — Neither Party questioning existence or extent of other Party entitlement to continental shelf beyond 200 nautical miles — Both Parties requesting Court to delimit maritime boundary up to outer limit of continental shelf — Court proceeding with delimitation — Court extending geodetic line used for delimitation of exclusive economic zone and continental shelf within 200 nautical miles — Maritime boundary continuing along line up to outer limits of continental shelves to be established on basis of future recommendations of CLCS or up to area where rights of third States potentially affected.

7

Délimitation de la zone économique exclusive et du plateau continental en deçà de 200 milles marins — Articles 74 et 83 de la CNUDM — Méthode en trois étapes mise au point par la Cour — Aucune raison de recourir à une autre méthode en l'espèce.

Détermination des côtes pertinentes et de la zone pertinente — Côtes pertinentes étant celles dont les projections se chevauchent — Cour utilisant des projections radiales de 200 milles marins pour déterminer les côtes pertinentes de la Somalie et du Kenya — Zone pertinente étant celle dans laquelle les droits potentiels des parties se chevauchent — Zone pertinente en l'espèce étant constituée par le chevauchement des projections radiales de 200 milles marins à partir du point terminal de la frontière terrestre.

Première étape — Construction d'une ligne d'équidistance provisoire — Détermination des points de base appropriés — Ligne d'équidistance provisoire construite à partir de l'extrémité de la frontière dans la mer territoriale jusqu'à 200 milles marins du point de départ de la frontière maritime.

Deuxième étape — Question de savoir si des circonstances pertinentes appellent un ajustement de la ligne d'équidistance provisoire — Situation actuelle en matière de sécurité en Somalie et dans les espaces maritimes adjacents n'imposant pas d'ajustement — Pas d'ajustement nécessaire pour assurer un accès équitable aux ressources halieutiques — Absence de frontière de facto *justifiant un ajustement — Question de savoir si l'utilisation d'une ligne d'équidistance produit un effet d'amputation au détriment du Kenya en raison de la configuration du littoral — Nécessité de prendre en considération un contexte géographique plus large — Amputation des droits maritimes du Kenya due à la concavité de la côte de la Somalie à la Tanzanie — Ile de Pemba accentuant l'effet d'amputation — Nécessité d'ajuster la ligne d'équidistance provisoire en la déplaçant vers le nord — Ligne ajustée suivant une ligne géodésique ayant un azimut initial de 114° jusqu'à l'intersection avec la limite des 200 milles marins de la côte du Kenya.*

Troisième étape — Vérification de l'absence de disproportion marquée entre le rapport des longueurs des côtes pertinentes et le rapport des espaces attribués aux Parties dans la zone pertinente — Absence de disproportion marquée en l'espèce — Ligne ajustée aboutissant à une solution équitable.

Question de la délimitation du plateau continental au-delà de 200 milles marins — Parties ayant toutes deux présenté des demandes à la Commission des limites et satisfait aux obligations leur incombant au regard de l'article 76 de la CNUDM — Attente des recommandations de la Commission des limites aux fins de la délinéation de la limite extérieure du plateau continental — Absence de délinéation de la limite extérieure ne faisant pas en soi obstacle à la délimitation du plateau continental étendu entre Etats ayant des côtes adjacentes — Etape essentielle de la délimitation consistant à déterminer s'il existe des droits à un plateau continental étendu et si ceux-ci se chevauchent — Parties revendiquant toutes deux un plateau continental s'étendant jusqu'à 350 milles marins sur la base de preuves scientifiques, revendications qui se chevauchent — Aucune des Parties ne contestant l'existence ou l'étendue du droit de l'autre Partie à un plateau continental au-delà de 200 milles marins — Parties priant toutes deux la Cour de délimiter la frontière maritime jusqu'à la limite extérieure du plateau continental — Cour procédant à la délimitation — Cour prolongeant la ligne géodésique utilisée pour la délimitation de la zone économique exclusive et du plateau continental en deçà de 200 milles marins — Frontière maritime se prolongeant le long de cette ligne jusqu'aux limites extérieures des plateaux continentaux, qui devront être tracées sur la base des futures recommandations de la Commission des limites, ou jusqu'à la zone où les droits d'Etats tiers sont susceptibles d'être affectés.

7

Possible grey area of limited size — Not necessary to pronounce on applicable legal régime in the present case.

*

Alleged violations by Kenya of its international obligations — Not established that Kenya's maritime activities in disputed area not made in good faith — No violation of Somalia's sovereignty or sovereign rights and jurisdiction — No evidence that Kenya's activities jeopardized or hampered reaching of final agreement on delimitation — No violation of Article 74, paragraph 3, or Article 83, paragraph 3, of UNCLOS — Responsibility of Kenya not engaged.

JUDGMENT

Present: President DONOGHUE; *Vice-President* GEVORGIAN; *Judges* TOMKA, ABRAHAM, BENNOUNA, YUSUF, XUE, SEBUTINDE, BHANDARI, ROBINSON, SALAM, IWASAWA, NOLTE; *Judge* ad hoc GUILLAUME; *Registrar* GAUTIER.

In the case concerning maritime delimitation in the Indian Ocean,

between

the Federal Republic of Somalia,

represented by

H.E. Mr. Mahdi Mohammed Gulaid, Deputy Prime Minister of the Federal Republic of Somalia,

as Agent;

H.E. Mr. Ali Said Faqi, Ambassador of the Federal Republic of Somalia to the Kingdom of Belgium, the Kingdom of the Netherlands and the Grand Duchy of Luxembourg,

as Co-Agent;

Mr. Mohamed Omar Ibrahim, Senior Adviser to the President of the Federal Republic of Somalia,

as Assistant Deputy Agent;

Mr. Paul S. Reichler, Attorney at Law, Foley Hoag LLP, member of the Bars of the United States Supreme Court and the District of Columbia,

Mr. Alain Pellet, Professor Emeritus of the University Paris Nanterre, former Chairman of the International Law Commission, member of the Institut de droit international,

Mr. Philippe Sands, QC, Professor of International Law, University College London, Barrister, Matrix Chambers, London,

Ms Alina Miron, Professor of International Law, University of Angers,

Mr. Edward Craven, Barrister, Matrix Chambers, London,

as Counsel and Advocates;

Possible zone grise de taille limitée — Nul besoin, en l'espèce, de se prononcer sur le régime juridique qui y serait applicable.

*

Allégations de violations par le Kenya de ses obligations internationales — Fait que les activités maritimes du Kenya dans la zone litigieuse n'aient pas été menées de bonne foi n'étant pas établi — Absence de violation de la souveraineté ou des droits souverains et de la juridiction de la Somalie — Rien n'indiquant que les activités du Kenya ont compromis ou entravé la conclusion d'un accord définitif sur la délimitation — Absence de violation du paragraphe 3 de l'article 74 ou du paragraphe 3 de l'article 83 de la CNUDM — Responsabilité du Kenya n'étant pas engagée.

ARRÊT

Présents : Mme DONOGHUE, *présidente* ; M. GEVORGIAN, *vice-président* ; MM. TOMKA, ABRAHAM, BENNOUNA, YUSUF, Mmes XUE, SEBUTINDE, MM. BHANDARI, ROBINSON, SALAM, IWASAWA, NOLTE, *juges* ; M. GUILLAUME, *juge* ad hoc ; M. GAUTIER, *greffier.*

En l'affaire relative à la délimitation maritime dans l'océan Indien,

entre

la République fédérale de Somalie,

représentée par

S. Exc. M. Mahdi Mohammed Gulaid, vice-premier ministre de la République fédérale de Somalie,

comme agent ;

S. Exc. M. Ali Said Faqi, ambassadeur de la République fédérale de Somalie auprès du Royaume de Belgique, du Royaume des Pays-Bas et du Grand-Duché de Luxembourg,

comme coagent ;

M. Mohamed Omar Ibrahim, conseiller juridique principal auprès du président de la République fédérale de Somalie,

comme agent adjoint en second ;

M. Paul S. Reichler, avocat au cabinet Foley Hoag LLP, membre des barreaux de la Cour suprême des Etats-Unis d'Amérique et du district de Columbia,

M. Alain Pellet, professeur émérite de l'Université Paris Nanterre, ancien président de la Commission du droit international, membre de l'Institut de droit international,

M. Philippe Sands, QC, professeur de droit international au University College London, avocat, Matrix Chambers (Londres),

Mme Alina Miron, professeur de droit international à l'Université d'Angers,

M. Edward Craven, avocat, Matrix Chambers (Londres),

comme conseils et avocats ;

8

Mr. Lawrence H. Martin, Attorney at Law, Foley Hoag LLP, member of the Bars of the United States Supreme Court, the District of Columbia and the Commonwealth of Massachusetts,

Mr. Yuri Parkhomenko, Attorney at Law, Foley Hoag LLP, member of the Bar of the District of Columbia,

Mr. Nicholas M. Renzler, Attorney at Law, Foley Hoag LLP, member of the Bars of the United States Supreme Court, the District of Columbia and the State of New York,

Mr. Benjamin Salas Kantor, Attorney at Law, Foley Hoag LLP, member of the Bar of the Supreme Court of the Republic of Chile,

Mr. Ysam Soualhi, Researcher, Centre Jean Bodin (CJB), University of Angers,

as Counsel;

H.E. Mr. Abukar Dahir Osman, Permanent Representative of the Federal Republic of Somalia to the United Nations,

Mr. Sulayman Mohamed Mohamoud, Attorney General of the Federal Republic of Somalia,

H.E. Mr. Yusuf Garaad Omar, Special Envoy of the President of the Federal Republic of Somalia for the Red Sea and the Gulf of Aden,

Mr. Osmani Elmi Guled, Solicitor General of the Federal Republic of Somalia,

Mr. Ahmed Ali Dahir, former Attorney General of the Federal Republic of Somalia,

Mr. Kamil Abdullahi Mohammed, Legal Adviser, Office of the Attorney General of the Federal Republic of Somalia,

Mr. Abdiqani Yasin Mohamed, Personal Assistant of the Deputy Prime Minister of the Federal Republic of Somalia,

as Advisers;

Mr. Scott Edmonds, Cartographer, International Mapping,

Ms Vickie Taylor, Cartographer, International Mapping,

as Technical Advisers,

and

the Republic of Kenya,

represented by

The Honourable Paul Kihara Kariuki, Attorney General of the Republic of Kenya,

as Agent;

H.E. Mr. Lawrence Lenayapa, Ambassador of the Republic of Kenya to the Kingdom of the Netherlands,

as Co-Agent,

THE COURT,

composed as above,

after deliberation,

delivers the following Judgment:

M. Lawrence H. Martin, avocat au cabinet Foley Hoag LLP, membre des barreaux de la Cour suprême des Etats-Unis d'Amérique, du district de Columbia et du Commonwealth du Massachusetts,

M. Yuri Parkhomenko, avocat au cabinet Foley Hoag LLP, membre du barreau du district de Columbia,

M. Nicholas M. Renzler, avocat au cabinet Foley Hoag LLP, membre des barreaux de la Cour suprême des Etats-Unis d'Amérique, du district de Columbia et de l'Etat de New York,

M. Benjamin Salas Kantor, avocat au cabinet Foley Hoag LLP, membre du barreau de la Cour suprême de la République du Chili,

M. Ysam Soualhi, chercheur au Centre Jean Bodin (CJB) de l'Université d'Angers,

comme conseils ;

S. Exc. M. Abukar Dahir Osman, représentant permanent de la République fédérale de Somalie auprès de l'Organisation des Nations Unies,

M. Sulayman Mohamed Mohamoud, *Attorney General* de la République fédérale de Somalie,

S. Exc. M. Yusuf Garaad Omar, envoyé spécial du président de la République fédérale de Somalie pour la mer Rouge et le golfe d'Aden,

M. Osmani Elmi Guled, *Solicitor General* de la République fédérale de Somalie,

M. Ahmed Ali Dahir, ancien *Attorney General* de la République fédérale de Somalie,

M. Kamil Abdullahi Mohammed, conseiller juridique, bureau de l'*Attorney General* de la République fédérale de Somalie,

M. Abdiqani Yasin Mohamed, assistant personnel du vice-premier ministre de la République fédérale de Somalie,

comme conseillers ;

M. Scott Edmonds, cartographe, International Mapping,

Mme Vickie Taylor, cartographe, International Mapping,

comme conseillers techniques,

et

la République du Kenya,

représentée par

l'honorable Paul Kihara Kariuki, *Attorney General* de la République du Kenya,

comme agent ;

S. Exc. M. Lawrence Lenayapa, ambassadeur de la République du Kenya auprès du Royaume des Pays-Bas,

comme coagent,

La Cour,

ainsi composée,

après délibéré en chambre du conseil,

rend l'arrêt suivant :

9

1. On 28 August 2014, the Government of the Federal Republic of Somalia (hereinafter "Somalia") filed in the Registry of the Court an Application instituting proceedings against the Republic of Kenya (hereinafter "Kenya") concerning a dispute in relation to "the establishment of the single maritime boundary between Somalia and Kenya in the Indian Ocean delimiting the territorial sea, exclusive economic zone . . . and continental shelf, including the continental shelf beyond 200 nautical miles".

In its Application, Somalia sought to found the jurisdiction of the Court on the declarations made, pursuant to Article 36, paragraph 2, of the Statute of the Court, by Somalia on 11 April 1963 and by Kenya on 19 April 1965.

2. In accordance with Article 40, paragraph 2, of the Statute, the Registrar immediately communicated the Application to the Government of Kenya. He also notified the Secretary-General of the United Nations of the filing of the Application by Somalia.

3. By a letter dated 14 November 2014, the Registrar informed all Member States of the United Nations of the filing of the Application.

4. In conformity with Article 40, paragraph 3, of the Statute, the Registrar later notified the Member States of the United Nations, through the Secretary-General, of the filing of the Application, by transmission of the printed bilingual text.

5. Since the Court included upon the Bench no judge of Kenyan nationality, Kenya proceeded to exercise its right conferred by Article 31, paragraph 2, of the Statute to choose a judge *ad hoc* to sit in the case; it chose Mr. Gilbert Guillaume.

6. By an Order of 16 October 2014, the President of the Court fixed 13 July 2015 as the time-limit for the filing of the Memorial of Somalia and 27 May 2016 for the filing of the Counter-Memorial of Kenya. Somalia filed its Memorial within the time-limit so prescribed.

7. On 7 October 2015, within the time-limit set by Article 79, paragraph 1, of the Rules of Court of 14 April 1978 (as amended on 1 February 2001), Kenya raised preliminary objections to the jurisdiction of the Court and to the admissibility of the Application. In an Order of 9 October 2015, the Court noted that, by virtue of Article 79, paragraph 5, of the Rules of Court of 14 April 1978 (as amended on 1 February 2001), the proceedings on the merits were suspended. Consequently, taking account of Practice Direction V, it fixed, by the same Order, 5 February 2016 as the time-limit for the presentation by Somalia of a written statement of its observations and submissions on the preliminary objections raised by Kenya. Somalia filed such a statement within the time-limit so prescribed, and the case became ready for hearing in respect of the preliminary objections.

8. Pursuant to the instructions of the Court under Article 43, paragraph 1, of the Rules of Court, the Registrar addressed to States parties to the United Nations Convention on the Law of the Sea (hereinafter "UNCLOS" or the "Convention") the notifications provided for in Article 63, paragraph 1, of the Statute. In addition, the Registrar addressed to the European Union, which is also party to that Convention, the notification provided for in Article 43, paragraph 2, of the Rules of Court, and asked that organization whether or not it intended to furnish observations under that provision. In response, the Director-General of the Legal Service of the European Commission indicated that the European Commission, acting on behalf of the European Union, did not intend to submit observations in the case.

1. Le 28 août 2014, le Gouvernement de la République fédérale de Somalie (dénommée ci-après la «Somalie») a déposé au Greffe de la Cour une requête introductive d'instance contre la République du Kenya (dénommée ci-après le «Kenya») au sujet d'un différend portant sur «l'établissement de la frontière maritime unique séparant la Somalie et le Kenya dans l'océan Indien et délimitant la mer territoriale, la zone économique exclusive ... et le plateau continental, y compris la partie de celui-ci qui s'étend au-delà de la limite des 200 milles marins».

Dans sa requête, la Somalie entendait fonder la compétence de la Cour sur les déclarations faites par elle-même le 11 avril 1963 et par le Kenya le 19 avril 1965 en vertu du paragraphe 2 de l'article 36 du Statut de la Cour.

2. Conformément au paragraphe 2 de l'article 40 du Statut, le greffier a immédiatement communiqué la requête au Gouvernement du Kenya. Il a également informé le Secrétaire général de l'Organisation des Nations Unies du dépôt par la Somalie de cette requête.

3. Par lettre du 14 novembre 2014, le greffier a informé tous les Etats Membres de l'Organisation des Nations Unies du dépôt de la requête.

4. Conformément au paragraphe 3 de l'article 40 du Statut, le greffier a par la suite informé les Etats Membres de l'Organisation des Nations Unies, par l'entremise du Secrétaire général, du dépôt de la requête en leur transmettant le texte bilingue imprimé de celle-ci.

5. La Cour ne comptant sur le siège aucun juge de nationalité kényane, le Kenya s'est prévalu du droit que lui confère le paragraphe 2 de l'article 31 du Statut de procéder à la désignation d'un juge *ad hoc* pour siéger en l'affaire; il a désigné M. Gilbert Guillaume.

6. Par ordonnance du 16 octobre 2014, le président de la Cour a fixé au 13 juillet 2015 et au 27 mai 2016, respectivement, les dates d'expiration des délais pour le dépôt d'un mémoire par la Somalie et d'un contre-mémoire par le Kenya. La Somalie a déposé son mémoire dans le délai ainsi prescrit.

7. Le 7 octobre 2015, dans le délai fixé au paragraphe 1 de l'article 79 du Règlement de la Cour du 14 avril 1978 (tel qu'amendé le 1er février 2001), le Kenya a soulevé des exceptions préliminaires d'incompétence de la Cour et d'irrecevabilité de la requête. Par ordonnance du 9 octobre 2015, la Cour a constaté que la procédure sur le fond était suspendue en application du paragraphe 5 de l'article 79 du Règlement du 14 avril 1978 (tel qu'amendé le 1er février 2001). En conséquence, et compte tenu de l'instruction de procédure V, elle a, par cette même ordonnance, fixé au 5 février 2016 la date d'expiration du délai dans lequel la Somalie pourrait présenter un exposé écrit contenant ses observations et conclusions sur les exceptions préliminaires soulevées par le Kenya. La Somalie a déposé son exposé dans le délai ainsi prescrit, et l'affaire s'est alors trouvée en état pour ce qui est des exceptions préliminaires.

8. Sur les instructions données par la Cour en vertu du paragraphe 1 de l'article 43 de son Règlement, le greffier a adressé aux Etats parties à la convention des Nations Unies sur le droit de la mer (dénommée ci-après «CNUDM» ou la «convention») la notification prévue au paragraphe 1 de l'article 63 du Statut. Il a en outre adressé à l'Union européenne, qui est aussi partie à la convention, la notification prévue au paragraphe 2 de l'article 43 du Règlement, en demandant à cette organisation de lui faire savoir si elle entendait présenter des observations en vertu de la disposition précitée. En réponse, le directeur général du service juridique de la Commission européenne a indiqué que celle-ci, agissant au nom de l'Union européenne, n'avait pas l'intention de présenter des observations en l'espèce.

9. By a communication dated 21 January 2016, the Government of the Republic of Colombia, referring to Article 53, paragraph 1, of the Rules of Court, asked to be furnished with copies of the pleadings and documents annexed in the case. Having ascertained the views of the Parties in accordance with that same provision, and having taken into account the objection raised by one Party, the Court decided that it would not be appropriate to grant that request. By a letter dated 17 March 2016, the Registrar duly communicated that decision to the Government of Colombia and to the Parties.

10. Public hearings on the preliminary objections raised by Kenya were held from 19 to 23 September 2016. By its Judgment of 2 February 2017 (hereinafter the "2017 Judgment"), the Court rejected the preliminary objections raised by Kenya, and found that it had jurisdiction to entertain the Application filed by Somalia on 28 August 2014 and that the Application was admissible.

11. By an Order of 2 February 2017, the Court fixed 18 December 2017 as the time-limit for the filing of the Counter-Memorial of Kenya. That pleading was filed within the time-limit thus prescribed.

12. By an Order of 2 February 2018, the Court authorized the submission of a Reply by Somalia and a Rejoinder by Kenya, and fixed 18 June 2018 and 18 December 2018 as the respective time-limits for the filing of those pleadings. The Reply and Rejoinder were filed within the time-limits thus prescribed.

13. By letters dated 26 February 2019, the Parties were informed that the hearings on the merits would take place from 9 to 13 September 2019. By a letter dated 2 September 2019, received under cover of a Note Verbale dated 3 September 2019, Kenya requested the Court to postpone the hearings by 12 months. By a letter dated 4 September 2019, Somalia responded that it considered the request "manifestly unjustified, harmful to the judicial process and the peaceful resolution of a longstanding dispute, and highly prejudicial to [it]". By letters dated 5 September 2019, the Parties were notified that the Court had decided to postpone the opening of the hearings to 4 November 2019.

By a letter dated 16 September 2019, Kenya requested the Court to reconsider its decision of 5 September 2019 and postpone the oral proceedings until September 2020. By a letter dated 19 September 2019, Somalia argued that there was no basis for the Court to reconsider its decision. By a letter dated 23 September 2019, Kenya reiterated its request. On 3 October 2019, the Vice-President of the Court, Acting President in the case, met the representatives of the Parties in order to ascertain their views with regard to the question of the postponement of the oral proceedings. By letters dated 16 October 2019, the Parties were informed that the Court had decided to postpone the opening of the hearings to 8 June 2020.

14. By a letter dated 23 April 2020, Kenya requested an indefinite postponement of the oral proceedings in light of the COVID-19 pandemic. By a letter dated 1 May 2020, Somalia opposed the further postponement of the oral proceedings. By letters dated 19 May 2020, the Parties were informed that the Court had decided to postpone the hearings to the week of 15 March 2021, and a detailed schedule for the hearings was provided to them.

15. By letters dated 23 December 2020, the Parties were informed that, in light of the restrictions in place across the globe as a result of the COVID-19 pandemic, the hearings due to open on 15 March 2021 would be held by video link. A modified detailed schedule was transmitted to them at the same time.

9. Par une communication en date du 21 janvier 2016, le Gouvernement de la République de Colombie, se référant au paragraphe 1 de l'article 53 du Règlement, a demandé à recevoir des exemplaires des pièces de procédure et documents annexés produits en l'espèce. Ayant consulté les Parties conformément à la disposition susvisée, et ayant tenu compte de l'objection élevée par l'une d'elles, la Cour a décidé qu'il n'était pas approprié d'accéder à cette demande. Par lettre datée du 17 mars 2016, le greffier a dûment communiqué cette décision au Gouvernement colombien et aux Parties.

10. Des audiences publiques sur les exceptions préliminaires soulevées par le Kenya ont été tenues du 19 au 23 septembre 2016. Par son arrêt du 2 février 2017 (ci-après l'«arrêt de 2017»), la Cour a rejeté les exceptions préliminaires soulevées par le Kenya, et dit qu'elle avait compétence pour connaître de la requête déposée par la Somalie le 28 août 2014 et que ladite requête était recevable.

11. Par ordonnance du 2 février 2017, la Cour a fixé au 18 décembre 2017 la date d'expiration du délai pour le dépôt du contre-mémoire du Kenya. Cette pièce a été déposée dans le délai ainsi fixé.

12. Par ordonnance du 2 février 2018, la Cour a autorisé la présentation d'une réplique par la Somalie et d'une duplique par le Kenya, et fixé au 18 juin 2018 et au 18 décembre 2018, respectivement, les dates d'expiration des délais pour le dépôt de ces pièces. La réplique et la duplique ont été déposées dans les délais ainsi prescrits.

13. Par lettres en date du 26 février 2019, les Parties ont été informées que les audiences sur le fond se tiendraient du 9 au 13 septembre 2019. Par lettre datée du 2 septembre 2019, reçue sous le couvert d'une note verbale datée du 3 septembre 2019, le Kenya a prié la Cour de reporter la procédure orale de 12 mois. Par lettre datée du 4 septembre 2019, la Somalie a répondu qu'elle considérait cette demande «manifestement injustifiée, nuisible à la procédure judiciaire ainsi qu'au règlement pacifique de ce différend existant de longue date, et hautement préjudiciable à [son endroit]». Par lettres en date du 5 septembre 2019, les Parties ont été informées que la Cour avait décidé de reporter l'ouverture de la procédure orale au 4 novembre 2019.

Par lettre datée du 16 septembre 2019, le Kenya a demandé à la Cour de reconsidérer sa décision du 5 septembre 2019 et de reporter la procédure orale au mois de septembre 2020. Par lettre datée du 19 septembre 2019, la Somalie a fait valoir que rien ne justifiait que la Cour revienne sur sa décision. Par lettre datée du 23 septembre 2019, le Kenya a réitéré sa demande. Le 3 octobre 2019, la vice-présidente de la Cour, faisant fonction de président en l'espèce, a rencontré les représentants des Parties afin de recueillir leurs vues s'agissant de la question du report de la procédure orale. Par lettres en date du 16 octobre 2019, les Parties ont été informées que la Cour avait décidé de reporter l'ouverture de la procédure orale au 8 juin 2020.

14. Par lettre datée du 23 avril 2020, le Kenya a demandé que la procédure orale soit reportée *sine die* en raison de la pandémie de COVID-19. Par lettre datée du 1er mai 2020, la Somalie s'est opposée à tout nouveau report de la procédure orale. Par lettres en date du 19 mai 2020, les Parties ont été informées de la décision de la Cour de reporter la procédure orale à la semaine du 15 mars 2021 et un calendrier détaillé des audiences leur a été communiqué.

15. Par lettres en date du 23 décembre 2020, les Parties ont été informées que, compte tenu des restrictions en vigueur dans le monde entier du fait de la pandémie de COVID-19, les audiences devant s'ouvrir le 15 mars 2021 se tiendraient par liaison vidéo. Un nouveau calendrier détaillé leur a également été communiqué.

16. By a letter dated 28 January 2021, Kenya, referring to "serious difficulties in preparing for the hearing due to the ongoing global COVID-19 pandemic" and expressing concerns about proceeding with hearings by video link, requested "that the hearing be postponed until such a time as the pandemic conditions would have subsided". By a letter dated 3 February 2021, Somalia objected to this request. Further communications on the subject were exchanged between the Parties. By letters dated 12 February 2021, the Parties were informed that the Court had decided to maintain the hearings as scheduled, starting on 15 March 2021, in a hybrid format, with some judges attending the oral proceedings in person in the Great Hall of Justice and others participating remotely by video link, and with the representatives of the Parties to the case participating either in person or by video link.

17. On 5 March 2021, Kenya presented a request to produce "new documentation and evidence". Enclosed with Kenya's letter were Appendix 1, accompanied by two annexes, and Appendix 2, consisting of eight volumes with annexes. Kenya's letter stated that Volume I of Appendix 2 explained "the nature and relevance of the new and additional evidence". By a letter dated 9 March 2021, Somalia informed the Court that it did not object to the production of the materials that Kenya wished to submit, except for Volume I of Appendix 2. With respect to Volume I of Appendix 2, Somalia indicated, however, that it would withdraw its objection if it were given the opportunity to respond to it.

18. By letters dated 11 March 2021, the Parties were informed that, in light of the absence of an objection on the part of Somalia and pursuant to Article 56, paragraph 1, of the Rules of Court, the documents contained in Appendix 1 and in Volumes II to VIII of Appendix 2 could be produced and would form part of the case file. Having considered the views of the Parties and the particular circumstances of the case, the Court decided to authorize the production of Volume I of Appendix 2 (hereinafter "Appendix 2") by Kenya, on the understanding that Somalia would have the opportunity to comment thereon during the hearings. In addition, the Court decided that if Somalia wished to comment in writing on the materials that were produced by Kenya and to submit documents in support of its comments, it should do so no later than 22 March 2021. Somalia commented on these materials during the hearings and filed written comments on 22 March 2021.

19. By a letter dated 11 March 2021 and received in the Registry on 12 March 2021, the Agent of Kenya informed the Court that his Government would not be participating in the hearings in the case and indicated the reasons for that decision. The Agent requested the opportunity to address the Court orally before the commencement of the hearings and to submit a "position paper", a copy of which was enclosed with his letter. By a letter dated 12 March 2021, Somalia objected to the two requests made by the Agent of Kenya. By letters dated 15 March 2021, the Parties were informed that the Court had decided not to grant either of the two requests made by Kenya.

20. By a letter dated 15 March 2021, the Co-Agent of Kenya stated that "while affirming that it [would] not participate in the hearings on the merits, Kenya wishe[d] to inform the Court that it nevertheless intend[ed] to utilize thirty minutes out of the time allocated to it on the 18th March, 2021, to orally address the Court". Somalia responded by a letter of the same date, stating that it welcomed Kenya's decision to participate in the hearings. By letters dated 16 March 2021, the Parties were informed that the Court was prepared to give Kenya the opportunity to address it on 18 March 2021 (during the session originally scheduled for Kenya's oral pleadings), for the purpose of Kenya's partici-

16. Par lettre datée du 28 janvier 2021, le Kenya, invoquant «d'importantes difficultés dans la préparation des audiences en raison de la pandémie actuelle de COVID-19» et exprimant des inquiétudes quant à la tenue d'audiences par liaison vidéo, a sollicité «un report des audiences jusqu'à ce que la situation sanitaire se soit améliorée». Par lettre datée du 3 février 2021, la Somalie s'est opposée à cette demande. Les Parties ont échangé d'autres communications sur la question. Par lettres en date du 12 février 2021, elles ont été informées que la Cour avait décidé de tenir les audiences aux dates prévues, à compter du 15 mars 2021, sous forme hybride, certains juges y assistant en personne dans la grande salle de justice et d'autres y participant à distance par liaison vidéo; les représentants des Parties pouvaient y participer soit en personne, soit par liaison vidéo.

17. Le 5 mars 2021, le Kenya a présenté une demande tendant à produire de «nouveaux documents et éléments de preuve». A sa lettre étaient joints un appendice 1, assorti de deux annexes, et un appendice 2, constitué de huit volumes avec des annexes. Dans sa lettre, le Kenya indiquait que le premier volume de l'appendice 2 contenait des explications quant à «la nature et à la pertinence des éléments de preuve additionnels». Par lettre datée du 9 mars 2021, la Somalie a fait savoir à la Cour qu'elle ne s'opposait pas à la production des pièces que le Kenya souhaitait soumettre, à l'exception du premier volume de l'appendice 2. S'agissant de celui-ci, elle s'est toutefois déclarée disposée à lever son objection, à condition de se voir offrir la possibilité d'y répondre.

18. Par lettres en date du 11 mars 2021, les Parties ont été informées que, en l'absence d'objection de la part de la Somalie et conformément au paragraphe 1 de l'article 56 du Règlement, les documents contenus dans l'appendice 1 et dans les volumes II à VIII de l'appendice 2 pouvaient être produits et seraient versés au dossier. Compte tenu des vues des Parties et des circonstances propres au cas d'espèce, la Cour a décidé d'autoriser la production par le Kenya du premier volume de l'appendice 2 (dénommé ci-après l'«appendice 2»), étant entendu que la Somalie aurait la possibilité de présenter des observations y relatives au cours des audiences. Elle a en outre décidé que, si la Somalie souhaitait formuler des observations écrites au sujet des pièces produites par le Kenya et soumettre des documents à l'appui de ses observations, il lui faudrait le faire le 22 mars 2021 au plus tard. La Somalie a présenté des observations sur ces pièces pendant les audiences et déposé des observations écrites le 22 mars 2021.

19. Par lettre datée du 11 mars 2021 et reçue au Greffe le 12 mars 2021, l'agent du Kenya a informé la Cour que son gouvernement ne participerait pas aux audiences et donné les raisons de cette décision. Il a demandé à pouvoir s'adresser à la Cour avant l'ouverture des audiences et soumettre un exposé écrit de la position du Kenya, dont un exemplaire était joint à sa lettre. Par lettre datée du 12 mars 2021, la Somalie s'est opposée aux deux demandes formulées par l'agent du Kenya. Par lettres en date du 15 mars 2021, les Parties ont été informées que la Cour avait décidé de ne pas accéder aux deux demandes du Kenya.

20. Par lettre datée du 15 mars 2021, le coagent du Kenya a indiqué que, «[t]out en réaffirmant qu'il ne participera[it] pas à la procédure orale sur le fond, [le Kenya] t[enai]t à informer la Cour qu'il entend[ait] cependant utiliser 30 minutes du temps qui lui [étai]t alloué le 18 mars 2021 pour s'adresser oralement à elle». La Somalie a répondu par lettre datée du même jour, déclarant qu'elle se félicitait de la décision du Kenya de participer aux audiences. Par lettres en date du 16 mars 2021, les Parties ont été informées que la Cour était disposée à accorder au Kenya la possibilité de s'adresser à elle le 18 mars 2021 (au cours de la séance initialement prévue pour les plaidoiries de celui-ci), afin

pation in the oral proceedings and the presentation of its contentions on the merits of the case. By a letter dated 17 March 2021, Kenya indicated that it would "not utilize the opportunity provided by the Court" to participate in the oral proceedings on 18 March 2021.

21. By a letter dated 18 March 2021, Kenya submitted four new documents "for the Court's information and consideration". By a letter dated 22 March 2021, Somalia argued that these documents were neither new nor critical and were of no probative value in support of Kenya's arguments. By letters dated 23 March 2021, the Parties were informed that the Court had decided that these four new documents and Somalia's observations thereon would be included in the case file.

22. Pursuant to Article 53, paragraph 2, of its Rules, the Court, after ascertaining the views of the Parties, decided that copies of the pleadings and documents annexed would be made accessible to the public on the opening of the oral proceedings. It also decided that the additional materials submitted by Kenya prior to and during the hearings and the written comments of Somalia thereon (see paragraphs 17, 18 and 21 above) would be made public.

23. Public hearings were held from 15 to 18 March 2021, at which the Court heard the oral arguments of:

For Somalia: H.E. Mr. Mahdi Mohammed Gulaid,
Mr. Alain Pellet,
Mr. Philippe Sands,
Ms Alina Miron,
Mr. Paul S. Reichler,
Mr. Edward Craven,
Mr. Mohamed Omar Ibrahim.

24. At the hearings, a Member of the Court put a question to Somalia, to which a reply was given in writing, in accordance with Article 61, paragraph 4, of the Rules of Court. Pursuant to Article 72 of the Rules of Court, Kenya was invited to submit any comments that it might wish to make on Somalia's reply, but no such comments were made.

*

25. In the Application, the following claims were presented by Somalia:

"The Court is asked to determine, on the basis of international law, the complete course of the single maritime boundary dividing all the maritime areas appertaining to Somalia and to Kenya in the Indian Ocean, including in the continental shelf beyond 200 [nautical miles].

Somalia further requests the Court to determine the precise geographical co-ordinates of the single maritime boundary in the Indian Ocean."

26. In the written proceedings, the following submissions were presented by the Parties:

On behalf of the Government of Somalia,

in the Memorial:

"On the basis of the facts and law set forth in this Memorial, Somalia respectfully requests the Court:

de lui permettre de prendre part à la procédure orale et d'exposer ses arguments sur le fond de l'affaire. Par lettre datée du 17 mars 2021, le Kenya a indiqué qu'il «ne fera[it] pas usage de la possibilité que lui a[vait] accordée la Cour» de participer à la procédure orale le 18 mars 2021.

21. Par lettre datée du 18 mars 2021, le Kenya a présenté à la Cour quatre nouveaux documents «pour information et examen». Par lettre datée du 22 mars 2021, la Somalie a fait valoir que ces documents n'étaient ni nouveaux ni cruciaux, et qu'ils ne venaient nullement étayer les arguments avancés par le Kenya. Par lettres en date du 23 mars 2021, les Parties ont été informées que la Cour avait décidé de verser au dossier les quatre nouveaux documents, ainsi que les observations de la Somalie y relatives.

22. Conformément au paragraphe 2 de l'article 53 de son Règlement, la Cour, après avoir consulté les Parties, a décidé que des exemplaires des pièces de procédure et documents annexés seraient rendus accessibles au public à l'ouverture de la procédure orale. Elle a également décidé que les nouvelles pièces présentées par le Kenya avant et pendant les audiences, ainsi que les observations écrites de la Somalie sur celles-ci (voir paragraphes 17, 18 et 21 ci-dessus), seraient rendues publiques.

23. Des audiences publiques ont été tenues du 15 au 18 mars 2021, au cours desquelles ont été entendus en leurs plaidoiries:

Pour la Somalie: S. Exc. M. Mahdi Mohammed Gulaid,
M. Alain Pellet,
M. Philippe Sands,
Mme Alina Miron,
M. Paul S. Reichler,
M. Edward Craven,
M. Mohamed Omar Ibrahim.

24. A l'audience, un membre de la Cour a posé une question à la Somalie, qui y a répondu par écrit, conformément au paragraphe 4 de l'article 61 du Règlement. En application de l'article 72 du Règlement, le Kenya a été invité à présenter toute observation qu'il souhaitait formuler sur la réponse de la Somalie, mais il n'en a fait aucune.

*

25. Dans la requête, les demandes ci-après ont été présentées par la Somalie:

«La Cour est priée de déterminer, sur la base du droit international, l'intégralité du tracé de la frontière maritime unique départageant l'ensemble des espaces maritimes relevant de la Somalie et du Kenya dans l'océan Indien, y compris sur le plateau continental au-delà de 200 milles marins.

La Somalie demande en outre à la Cour de déterminer les coordonnées géographiques précises de la frontière maritime unique dans l'océan Indien.»

26. Au cours de la procédure écrite, les conclusions ci-après ont été présentées par les Parties:

Au nom du Gouvernement de la Somalie,

dans le mémoire:

«Compte tenu des éléments de fait et de droit mentionnés dans le présent mémoire, la Somalie prie respectueusement la Cour:

13

1. To determine the complete course of the maritime boundary between Somalia and Kenya in the Indian Ocean, including in the continental shelf beyond 200 [nautical miles], on the basis of international law.
2. To determine the maritime boundary between Somalia and Kenya in the Indian Ocean on the basis of the following geographical coordinates:

Point No.	Latitude	Longitude
1 [land boundary terminus]	1° 39′ 44.07″ S	41° 33′ 34.57″ E
2	1° 40′ 05.92″ S	41° 34′ 05.26″ E
3	1° 41′ 11.45″ S	41° 34′ 06.12″ E
4	1° 43′ 09.34″ S	41° 36′ 33.52″ E
5	1° 43′ 53.72″ S	41° 37′ 48.21″ E
6	1° 44′ 09.28″ S	41° 38′ 13.26″ E
7 (intersection with 12 M limit)	1° 47′ 54.60″ S	41° 43′ 36.04″ E
8	2° 19′ 01.09″ S	42° 28′ 10.27″ E
9	2° 30′ 56.65″ S	42° 46′ 18.90″ E
10 (intersection with 200 M limit)	3° 34′ 57.05″ S	44° 18′ 49.83″ E
11 (intersection with 350 M limit)	5° 00′ 25.71″ S	46° 22′ 33.36″ E

3. To adjudge and declare that Kenya, by its conduct in the disputed area, has violated its international obligations to respect the sovereignty, and sovereign rights and jurisdiction of Somalia, and is responsible under international law to make full reparation to Somalia, including *inter alia* by making available to Somalia all seismic data acquired in areas that are determined by the Court to be subject to the sovereignty and/or sovereign rights and jurisdiction of Somalia, and to repair in full all damage that has been suffered by Somalia by the payment of appropriate compensation.

(All points referenced are referred to WGS 84.)"

in the Reply:

"On the basis of the facts and law set forth in its Memorial and this Reply, Somalia respectfully requests the Court:

1. To reject Submissions 1 and 2 of Kenya's Counter-Memorial.

1. De déterminer, sur la base du droit international, l'intégralité du tracé de la frontière maritime entre la Somalie et le Kenya dans l'océan Indien, y compris sur le plateau continental au-delà de 200 milles marins.
2. D'établir que la frontière maritime entre la Somalie et le Kenya dans l'océan Indien suit une ligne reliant les points dont les coordonnées géographiques sont les suivantes :

Point n°	Latitude	Longitude
1 [terminus de la frontière terrestre]	1° 39′ 44,07″ S	41° 33′ 34,57″ E
2	1° 40′ 05,92″ S	41° 34′ 05,26″ E
3	1° 41′ 11,45″ S	41° 34′ 06,12″ E
4	1° 43′ 09,34″ S	41° 36′ 33,52″ E
5	1° 43′ 53,72″ S	41° 37′ 48,21″ E
6	1° 44′ 09,28″ S	41° 38′ 13,26″ E
7 (intersection avec la limite des 12 milles marins)	1° 47′ 54,60″ S	41° 43′ 36,04″ E
8	2° 19′ 01,09″ S	42° 28′ 10,27″ E
9	2° 30′ 56,65″ S	42° 46′ 18,90″ E
10 (intersection avec la limite des 200 milles marins)	3° 34′ 57,05″ S	44° 18′ 49,83″ E
11 (intersection avec la limite des 350 milles marins)	5° 00′ 25,71″ S	46° 22′ 33,36″ E

3. De dire et juger que, par son comportement dans la zone litigieuse, le Kenya a violé ses obligations internationales concernant la souveraineté ainsi que les droits et la juridiction souverains de la Somalie, et que, en vertu du droit international, il est tenu de remédier à l'ensemble du préjudice subi par la Somalie, entre autres en communiquant à celle-ci toutes les données sismiques recueillies dans les zones dont la Cour aura jugé qu'elles relèvent de la souveraineté et/ou des droits et de la juridiction souverains de la Somalie, et de réparer l'intégralité du préjudice subi par celle-ci, sous forme du versement d'indemnités appropriées.
(Toutes les coordonnées géographiques ont été établies sur la base du système géodésique WGS 84.) »

dans la réplique :

« Compte tenu des éléments de fait et de droit mentionnés dans son mémoire et dans la présente réplique, la Somalie prie respectueusement la Cour :

1. De rejeter les points 1 et 2 des conclusions présentées dans le contre-mémoire du Kenya.

14

2. To determine the complete course of the maritime boundary between Somalia and Kenya in the Indian Ocean, including in the continental shelf beyond 200 [nautical miles], on the basis of international law.

3. To determine the maritime boundary between Somalia and Kenya in the Indian Ocean on the basis of the following geographical coordinates:

Point No.	Latitude	Longitude
1 [land boundary terminus]	1° 39′ 44.07″ S	41° 33′ 34.57″ E
2	1° 40′ 05.92″ S	41° 34′ 05.26″ E
3	1° 41′ 11.45″ S	41° 34′ 06.12″ E
4	1° 43′ 09.34″ S	41° 36′ 33.52″ E
5	1° 43′ 53.72″ S	41° 37′ 48.21″ E
6	1° 44′ 09.28″ S	41° 38′ 13.26″ E
7 (intersection with 12 M limit)	1° 47′ 54.60″ S	41° 43′ 36.04″ E
8	2° 19′ 01.09″ S	42° 28′ 10.27″ E
9	2° 30′ 56.65″ S	42° 46′ 18.90″ E
10 (intersection with 200 M limit)	3° 34′ 57.05″ S	44° 18′ 49.83″ E
11 (intersection with the 350 M limit)	5° 00′ 25.71″ S	46° 22′ 33.36″ E

4. To adjudge and declare that Kenya, by its conduct in the disputed area, has violated its international obligations and is responsible under international law to make full reparation to Somalia, including *inter alia* by making available to Somalia all seismic, geologic, bathymetric and other technical data acquired in areas that are determined by the Court to be subject to the sovereignty and/or sovereign rights and jurisdiction of Somalia, and to repair in full all damage that has been suffered by Somalia by the payment of appropriate compensation.

(All points referenced are referred to WGS 84.)"

On behalf of the Government of Kenya,
in the Counter-Memorial:

"On the basis of the facts and law set forth in this Counter-Memorial, Kenya respectfully requests the Court to:

1. Dismiss the requests in paragraphs 2 and 3 of the Submissions at pages 147 and 148 of Somalia's Memorial dated 13 July 2015.

15

2. De déterminer, sur la base du droit international, l'intégralité du tracé de la frontière maritime entre la Somalie et le Kenya dans l'océan Indien, y compris sur le plateau continental au-delà de 200 milles marins.

3. D'établir que la frontière maritime entre la Somalie et le Kenya dans l'océan Indien suit une ligne reliant les points dont les coordonnées géographiques sont les suivantes :

Point n°	Latitude	Longitude
1 [terminus de la frontière terrestre]	1° 39′ 44,07″ S	41° 33′ 34,57″ E
2	1° 40′ 05,92″ S	41° 34′ 05,26″ E
3	1° 41′ 11,45″ S	41° 34′ 06,12″ E
4	1° 43′ 09,34″ S	41° 36′ 33,52″ E
5	1° 43′ 53,72″ S	41° 37′ 48,21″ E
6	1° 44′ 09,28″ S	41° 38′ 13,26″ E
7 (intersection avec la limite des 12 milles marins)	1° 47′ 54,60″ S	41° 43′ 36,04″ E
8	2° 19′ 01,09″ S	42° 28′ 10,27″ E
9	2° 30′ 56,65″ S	42° 46′ 18,90″ E
10 (intersection avec la limite des 200 milles marins)	3° 34′ 57,05″ S	44° 18′ 49,83″ E
11 (intersection avec la limite des 350 milles marins)	5° 00′ 25,71″ S	46° 22′ 33,36″ E

4. De dire et juger que, par son comportement dans la zone litigieuse, le Kenya a violé ses obligations internationales, et que, en vertu du droit international, il est tenu de remédier à l'intégralité du préjudice subi par la Somalie, entre autres en communiquant à celle-ci toutes les données sismiques, géologiques, bathymétriques et toutes autres données techniques recueillies dans les zones dont la Cour aura jugé qu'elles relèvent de la souveraineté et/ou des droits et de la juridiction souverains de la Somalie, et de réparer l'intégralité du préjudice subi par celle-ci, sous forme du versement d'indemnités appropriées.

(Toutes les coordonnées géographiques ont été établies sur la base du système géodésique WGS 84.)»

Au nom du Gouvernement du Kenya,

dans le contre-mémoire :

«Compte tenu des éléments de fait et de droit exposés dans le présent contre-mémoire, le Kenya prie respectueusement la Cour :

1. De rejeter les demandes formulées aux points 2 et 3 des conclusions de la Somalie, telles qu'elles figurent aux pages 147 et 148 du mémoire en date du 13 juillet 2015.

2.   Adjudge and declare that the maritime boundary between Somalia and
     Kenya in the Indian Ocean shall follow the parallel of latitude at
     1° 39′ 43.2″ S, extending from Primary Beacon 29 (1° 39′ 43.2″ S) to the
     outer limit of the continental shelf."

in the Rejoinder:

"On the basis of the facts and law set forth in this Rejoinder, Kenya
respectfully requests the Court to:

1.   Dismiss the requests in paragraphs 1, 3 and 4 of [the Submissions in]
     the Reply of Somalia.
2.   Adjudge and declare that the maritime boundary between Somalia and
     Kenya in the Indian Ocean shall follow the parallel of latitude at
     1° 39′ 43.2″ S, extending from Primary Beacon 29 (1° 39′ 43.2″ S) to the
     outer limit of the continental shelf."

27. At the oral proceedings, the following submissions were presented on
behalf of the Government of Somalia at the hearing of 18 March 2021:

"On the basis of its Memorial of 7 July 2015, its Reply of 18 June 2018,
and its oral pleadings, Somalia respectfully requests the Court:

1.   To reject Submissions 1 and 2 of Kenya's Rejoinder of 18 December
     2018.
2.   To determine the complete course of the maritime boundary between
     Somalia and Kenya in the Indian Ocean, including in the continental
     shelf beyond 200 [nautical miles], on the basis of international law.
3.   To determine the maritime boundary between Somalia and Kenya in
     the Indian Ocean on the basis of the following geographical coordinates
     (all points referenced are referred to WGS 84):

Point No.	Latitude	Longitude
1 [land boundary terminus]	1° 39′ 44.07″ S	41° 33′ 34.57″ E
2	1° 40′ 05.92″ S	41° 34′ 05.26″ E
3	1° 41′ 11.45″ S	41° 34′ 06.12″ E
4	1° 43′ 09.34″ S	41° 36′ 33.52″ E
5	1° 43′ 53.72″ S	41° 37′ 48.21″ E
6	1° 44′ 09.28″ S	41° 38′ 13.26″ E
7 (intersection with 12 M limit)	1° 47′ 54.60″ S	41° 43′ 36.04″ E
8	2° 19′ 01.09″ S	42° 28′ 10.27″ E
9	2° 30′ 56.65″ S	42° 46′ 18.90″ E
10 (intersection with 200 M limit)	3° 34′ 57.05″ S	44° 18′ 49.83″ E
11 (intersection with 350 M limit)	5° 00′ 25.71″ S	46° 22′ 33.36″ E

2. De dire et juger que la frontière maritime entre la Somalie et le Kenya dans l'océan Indien suit le parallèle situé par 1° 39′ 43,2″ de latitude sud, à partir de la borne principale n° 29 (située par 1° 39′ 43,2″ de latitude sud) jusqu'à la limite extérieure du plateau continental.»

dans la duplique:

«Compte tenu des éléments de fait et de droit exposés dans la présente duplique, le Kenya prie respectueusement la Cour:

1. De rejeter les demandes formulées aux points 1, 3 et 4 [des conclusions] de la réplique de la Somalie.
2. De dire et juger que la frontière maritime entre la Somalie et le Kenya dans l'océan Indien suit le parallèle situé par 1° 39′ 43,2″ de latitude sud, à partir de la borne principale n° 29 (située par 1° 39′ 43,2″ de latitude sud) jusqu'à la limite extérieure du plateau continental.»

27. Lors de la procédure orale, les conclusions ci-après ont été présentées au nom du Gouvernement de la Somalie à l'audience du 18 mars 2021:

«Sur la base des arguments formulés dans son mémoire du 7 juillet 2015 et sa réplique du 18 juin 2018, ainsi qu'à l'audience, la Somalie prie respectueusement la Cour:

1. De rejeter les conclusions 1 et 2 de la duplique du Kenya en date du 18 décembre 2018.
2. De déterminer, sur la base du droit international, l'intégralité du tracé de la frontière maritime entre la Somalie et le Kenya dans l'océan Indien, y compris sur le plateau continental au-delà de 200 milles marins.
3. D'établir la frontière maritime entre la Somalie et le Kenya dans l'océan Indien sur la base des coordonnées géographiques suivantes (toutes exprimées selon le système de référence WGS 84):

Point n°	Latitude	Longitude
1 [terminus de la frontière terrestre]	1° 39′ 44,07″ S	41° 33′ 34,57″ E
2	1° 40′ 05,92″ S	41° 34′ 05,26″ E
3	1° 41′ 11,45″ S	41° 34′ 06,12″ E
4	1° 43′ 09,34″ S	41° 36′ 33,52″ E
5	1° 43′ 53,72″ S	41° 37′ 48,21″ E
6	1° 44′ 09,28″ S	41° 38′ 13,26″ E
7 (intersection avec la limite des 12 milles marins)	1° 47′ 54,60″ S	41° 43′ 36,04″ E
8	2° 19′ 01,09″ S	42° 28′ 10,27″ E
9	2° 30′ 56,65″ S	42° 46′ 18,90″ E
10 (intersection avec la limite des 200 milles marins)	3° 34′ 57,05″ S	44° 18′ 49,83″ E
11 (intersection avec la limite des 350 milles marins)	5° 00′ 25,71″ S	46° 22′ 33,36″ E

4.   To adjudge and declare that Kenya, by its conduct in the disputed area, has violated its international obligations and is responsible under international law to make full reparation to Somalia, including *inter alia* by making available to Somalia all seismic, geologic, bathymetric and other technical data acquired in areas that are determined by the Court to be subject to the sovereignty and/or sovereign rights and jurisdiction of Somalia."

28. Since Kenya did not participate in the oral proceedings, no formal submissions were presented on behalf of its Government at the hearings.

*   *   *

29. The Court regrets Kenya's decision not to participate in the oral proceedings held in March 2021. Nevertheless, the Court had extensive information about Kenya's views, having received its Counter-Memorial and Rejoinder, as well as numerous volumes containing additional evidence and arguments it submitted to the Court in March 2021 (see paragraphs 17, 18 and 21 above).

30. The Court recalls that the oral proceedings were conducted in a hybrid format, in accordance with Article 59, paragraph 2, of the Rules of Court and on the basis of the Court's Guidelines for the parties on the organization of hearings by video link, adopted on 13 July 2020 and communicated to the Parties on 12 February 2021. Prior to the opening of the hybrid hearings, the Parties were invited to participate in comprehensive technical tests, and Somalia did so. During the oral proceedings, a number of judges were present in the Great Hall of Justice, while others joined the proceedings via video link, allowing them to view and hear the speaker and see any demonstrative exhibits displayed. Each Party was permitted to have up to four representatives present in the Great Hall of Justice at any one time and was offered the use of an additional room in the Peace Palace from which members of the delegation were able to participate via video link. Members of the delegations were also given the opportunity to participate via video link from other locations of their choice.

*   *   *

I. GEOGRAPHICAL AND HISTORICAL BACKGROUND

31. Somalia and Kenya are adjacent States on the coast of East Africa. Somalia is located in the Horn of Africa. It borders Kenya to the south-west, Ethiopia to the west and Djibouti to the north-west. Somalia's coastline faces the Gulf of Aden to the north and the Indian Ocean to the east. Kenya, for its part, shares a land boundary with Somalia to the north-east, Ethiopia to the north, South Sudan to the north-west,

4. De dire et juger que, par son comportement dans la zone litigieuse, le Kenya a violé ses obligations internationales et que, en vertu du droit international, il est tenu de remédier à l'intégralité du préjudice subi par la Somalie, notamment en communiquant à celle-ci toutes les données sismiques, géologiques, bathymétriques et autres données techniques recueillies dans les zones dont la Cour aura jugé qu'elles relèvent de la souveraineté et/ou des droits et de la juridiction souverains de la Somalie.»

28. Le Kenya n'ayant pas pris part à la procédure orale, aucune conclusion officielle n'a été présentée au nom de son gouvernement à l'audience.

* * *

29. La Cour regrette que le Kenya ait décidé de ne pas participer à la procédure orale tenue en mars 2021. Elle disposait néanmoins d'informations détaillées concernant les vues de celui-ci, dont elle avait reçu le contre-mémoire et la duplique, ainsi que les nombreux volumes contenant des éléments de preuve et arguments supplémentaires qu'il lui avait soumis en mars 2021 (voir paragraphes 17, 18 et 21 ci-dessus).

30. La Cour rappelle que la procédure orale a été menée sous forme hybride, conformément au paragraphe 2 de l'article 59 de son Règlement et sur la base de ses directives à l'intention des parties concernant l'organisation d'audiences par liaison vidéo, adoptées le 13 juillet 2020 et communiquées aux Parties le 12 février 2021. Avant l'ouverture des audiences hybrides, les Parties ont été invitées à prendre part à des essais techniques complets, ce que la Somalie a fait. Pendant la procédure orale, plusieurs juges étaient présents dans la grande salle de justice tandis que les autres y participaient par liaison vidéo, ce qui leur permettait de voir et d'entendre l'intervenant, ainsi que de voir toutes les pièces présentées. Chaque Partie était autorisée à ce que quatre de ses représentants au maximum soient présents en même temps dans la grande salle de justice, une salle supplémentaire du Palais de la Paix étant en outre mise à sa disposition, où les membres de sa délégation pouvaient prendre part aux audiences par liaison vidéo. Ces derniers avaient également la possibilité d'y participer par liaison vidéo en tout autre lieu de leur choix.

* * *

I. Contexte géographique et historique

31. La Somalie et le Kenya sont deux Etats d'Afrique de l'Est dont les côtes sont adjacentes. Située dans la corne de l'Afrique, la Somalie partage une frontière avec le Kenya au sud-ouest, l'Ethiopie à l'ouest et Djibouti au nord-ouest. Sa côte septentrionale donne sur le golfe d'Aden et sa côte orientale, sur l'océan Indien. Le Kenya, quant à lui, partage une frontière terrestre avec la Somalie au nord-est, l'Ethiopie au nord, le Sou-

Uganda to the west and Tanzania to the south. Its coastline faces the Indian Ocean (see sketch-map No. 1 below, p. 221).

32. On 15 July 1924, Italy and the United Kingdom concluded a treaty regulating certain questions concerning the boundaries of their respective territories in East Africa, including what Somalia describes as "the Italian colony of Jubaland", located in present-day Somalia, and the British colony of Kenya. By an Exchange of Notes dated 16 and 26 June 1925, the boundary between the Italian and British colonial territories was redefined in its southernmost section. Between 1925 and 1927, a joint British-Italian commission surveyed and demarcated the boundary. Following the completion of this exercise, the commission recorded its decisions in an Agreement signed by British and Italian representatives on 17 December 1927 (hereinafter the "1927 Agreement"). That Agreement was formally confirmed by an Exchange of Notes of 22 November 1933 between the British and Italian Governments. The Court will collectively refer to the 1927 Agreement and this Exchange of Notes as the "1927/1933 treaty arrangement". Somalia and Kenya gained their independence in 1960 and 1963, respectively.

33. Both Parties signed UNCLOS on 10 December 1982. Kenya and Somalia ratified it on 2 March 1989 and 24 July 1989, respectively, and the Convention entered into force for them on 16 November 1994.

34. Both Somalia and Kenya have filed submissions with the Commission on the Limits of the Continental Shelf (hereinafter the "CLCS" or the "Commission") in order to obtain its recommendations on matters related to the establishment of the outer limits of their continental shelves beyond 200 nautical miles, in accordance with Article 76, paragraph 8, of UNCLOS. While they previously objected to the consideration by the Commission of each other's submissions, these objections were subsequently withdrawn. As of the date of the present Judgment, the Commission has yet to issue its recommendations in respect of the Parties' submissions.

II. OVERVIEW OF THE POSITIONS OF THE PARTIES

35. The Parties have adopted fundamentally different approaches to the delimitation of the maritime areas. Somalia argues that no maritime boundary exists between the two States and asks the Court to plot a boundary line using the equidistance/special circumstances method (for the delimitation of the territorial sea) and the equidistance/relevant circumstances method (for the maritime areas beyond the territorial sea). In its view, an unadjusted equidistance line throughout all maritime areas achieves the equitable result required by international law. Kenya, for its part, contends that there is already an agreed maritime boundary between the Parties, because Somalia has acquiesced to a boundary that follows the parallel of latitude at 1° 39′ 43.2″ S (hereinafter "the parallel of latitude"). Kenya further contends that the Parties have considered this to be

dan du Sud au nord-ouest, l'Ouganda à l'ouest et la Tanzanie au sud. Son littoral donne sur l'océan Indien (voir le croquis n° 1 ci-après, p. 221).

32. Le 15 juillet 1924, l'Italie et le Royaume-Uni ont conclu un traité régissant certaines questions concernant les frontières de leurs territoires respectifs en Afrique de l'Est, y compris ce que le demandeur qualifie de « colonie italienne du Jubaland », située dans l'actuelle Somalie, et la colonie britannique du Kenya. Le segment le plus au sud de la frontière entre les territoires coloniaux italien et britannique a été redéfini par un échange de notes datées des 16 et 26 juin 1925. Entre 1925 et 1927, une commission mixte italo-britannique a procédé au levé et à la démarcation de la frontière. A l'issue de cette opération, la commission a consigné ses décisions dans un accord signé par les représentants britannique et italien le 17 décembre 1927 (dénommé ci-après l'« accord de 1927 »). Cet accord a été confirmé officiellement par un échange de notes du 22 novembre 1933 entre les Gouvernements britannique et italien. La Cour désignera ci-après l'ensemble constitué de l'accord de 1927 et de cet échange de notes par l'expression « arrangement conventionnel de 1927/1933 ». La Somalie et le Kenya ont accédé à l'indépendance en 1960 et en 1963, respectivement.

33. Le Kenya et la Somalie ont tous deux signé la CNUDM le 10 décembre 1982. Ils l'ont ratifiée le 2 mars 1989 et le 24 juillet 1989, respectivement, et la convention est entrée en vigueur à leur égard le 16 novembre 1994.

34. La Somalie et le Kenya ont tous deux déposé une demande auprès de la Commission des limites du plateau continental (dénommée ci-après la « Commission des limites » ou la « Commission ») afin d'obtenir les recommandations de celle-ci sur les questions concernant la fixation de la limite extérieure de leur plateau continental au-delà de 200 milles marins, conformément au paragraphe 8 de l'article 76 de la CNUDM. Bien que chacun des deux Etats se soit d'abord opposé à ce que la Commission examine la demande de l'autre, ces objections ont été levées par la suite. A la date du présent arrêt, la Commission n'a encore formulé aucune recommandation concernant les demandes des Parties.

II. Aperçu des positions des Parties

35. Les Parties ont adopté des approches fondamentalement différentes en matière de délimitation des espaces maritimes. La Somalie affirme qu'il n'existe aucune frontière maritime entre les deux Etats et prie la Cour de tracer une ligne en employant les méthodes équidistance/circonstances spéciales (pour la délimitation de la mer territoriale) et équidistance/circonstances pertinentes (pour la délimitation des espaces situés au-delà de la mer territoriale). Selon elle, une ligne d'équidistance non ajustée traversant tous les espaces maritimes aboutit au résultat équitable requis par le droit international. Le Kenya, pour sa part, soutient qu'il existe déjà une frontière maritime convenue entre les Parties, la Somalie ayant acquiescé à une frontière qui suit le parallèle passant par 1° 39′ 43,2″ de latitude sud (dénommé ci-après « le parallèle »). Il ajoute que les Parties ont jugé qu'il

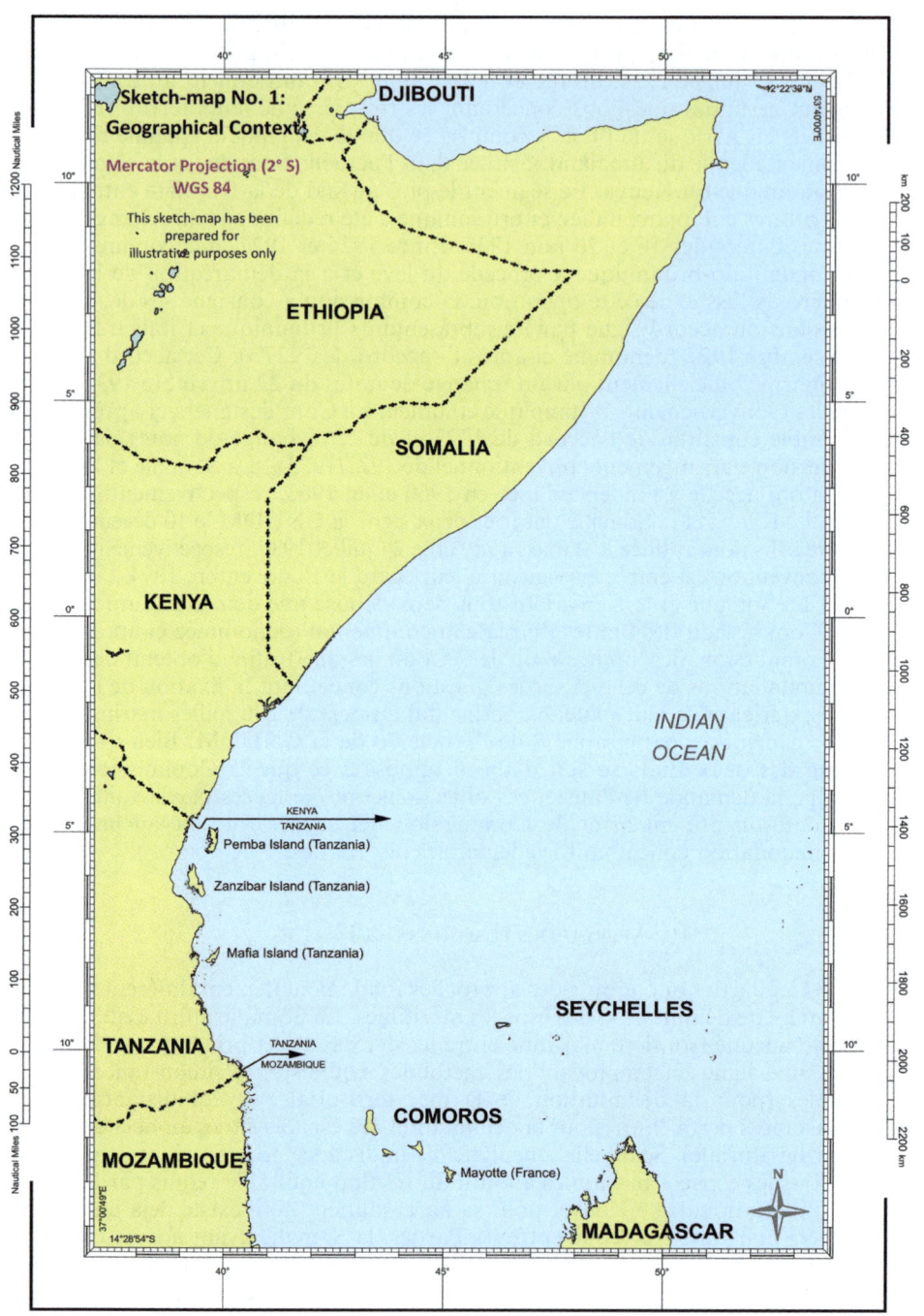

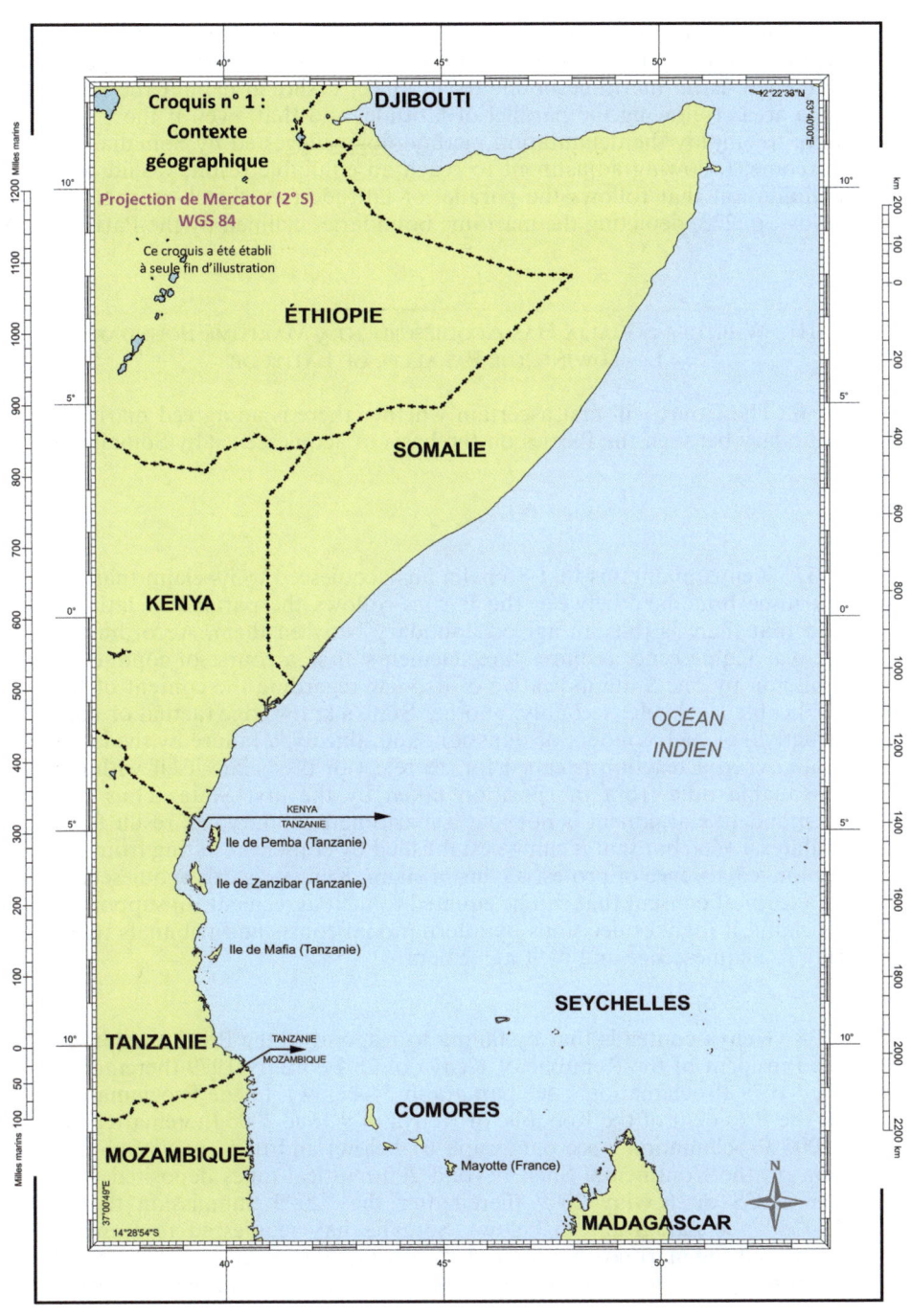

Croquis n° 1 :
Contexte
géographique

Projection de Mercator (2° S)
WGS 84

Ce croquis a été établi
à seule fin d'illustration

DJIBOUTI

ÉTHIOPIE

SOMALIE

KENYA

OCÉAN
INDIEN

KENYA
TANZANIE

Ile de Pemba (Tanzanie)

Ile de Zanzibar (Tanzanie)

Ile de Mafia (Tanzanie)

SEYCHELLES

TANZANIE

TANZANIE
MOZAMBIQUE

COMORES

MOZAMBIQUE

Mayotte (France)

MADAGASCAR

N

an equitable delimitation, in light of both the geographical context and regional practice. Kenya submits that, even if the Court were to conclude that there is no maritime boundary in place, it should delimit the maritime areas following the parallel of latitude, and that, even if the Court were to employ the delimitation methodology suggested by Somalia, the outcome, following adjustment to reach an equitable result, would be a delimitation that follows the parallel of latitude (see sketch-map No. 2 below, p. 223, depicting the maritime boundaries claimed by the Parties).

III. WHETHER SOMALIA HAS ACQUIESCED TO A MARITIME BOUNDARY
FOLLOWING THE PARALLEL OF LATITUDE

36. The Court will first ascertain whether there is an agreed maritime boundary between the Parties on the basis of acquiescence by Somalia.

* *

37. Kenya maintains that Somalia has acquiesced to its claim that the maritime boundary between the Parties follows the parallel of latitude and that there is thus an agreed boundary between them. According to Kenya, acquiescence requires three elements: first, a course of conduct or omission by one State indicative of its view regarding the content of the applicable legal rule; secondly, another State's knowledge (actual or constructive) of such conduct or omission; and, thirdly, a failure by the latter State, when a reaction is called for, to reject or dissociate itself within a reasonable time from the position taken by the first State. Thus, the Respondent's argument is not that a maritime boundary can result from unilateral acts, but that it can be established by consent resulting from the prolonged absence of protest against a claim. Kenya regards acquiescence as a form of consent that can be equated to tacit agreement. In support of its claim, it invokes decisions by international courts and tribunals referring to acquiescence and tacit agreement.

38. Kenya contends that by failing to respond to the Proclamation by the President of the Republic of Kenya of 28 February 1979 (hereinafter the "1979 Proclamation"; see paragraph 54 below), to the Proclamation by the President of the Republic of Kenya of 9 June 2005 (hereinafter the "2005 Proclamation"; see paragraph 61 below) and to Kenya's Submission on the Continental Shelf beyond 200 nautical miles deposited with the CLCS on 6 May 2009 (hereinafter the "2009 Submission to the CLCS"; see paragraph 65 below), Somalia has acquiesced to Kenya's claim that the maritime boundary between the Parties follows the parallel of latitude. In Kenya's view, a reaction is called for where there has been

s'agissait là d'une délimitation équitable au regard tant du contexte géographique que de la pratique régionale. Il avance que, quand bien même la Cour en viendrait à conclure qu'il n'existe pas encore de frontière maritime, elle devrait délimiter les espaces maritimes en suivant le parallèle, et que, même si elle employait la méthode de délimitation proposée par la Somalie, cela aboutirait, après ajustement afin de parvenir à un résultat équitable, à une délimitation suivant ce parallèle (voir le croquis n° 2 ci-après, p. 223, sur lequel sont représentées les frontières maritimes revendiquées par les Parties).

III. Question de savoir si la Somalie a acquiescé à une frontière maritime longeant le parallèle

36. La Cour recherchera tout d'abord s'il existe, sur la base d'un acquiescement de la Somalie, une frontière maritime convenue entre les Parties.

* *

37. Le Kenya soutient que la Somalie a acquiescé à sa prétention selon laquelle la frontière maritime entre les Parties longe le parallèle, et qu'il existe donc entre elles une frontière convenue. Selon lui, l'acquiescement suppose la présence de trois éléments: premièrement, un comportement ou une omission de la part d'un Etat qui soit indicatif de ses vues quant au contenu de la règle de droit applicable; deuxièmement, la connaissance (effective ou présumée) qu'un autre Etat a de ce comportement ou de cette omission; et, troisièmement, le fait que cet autre Etat a manqué, dans un délai raisonnable, de rejeter la position prise par le premier Etat ou de s'en dissocier, alors qu'une réaction de sa part était requise. L'argument du défendeur n'est donc pas qu'une frontière maritime peut découler d'actes unilatéraux, mais qu'elle peut être établie par un consentement résultant de l'absence prolongée de protestation contre une revendication. Le Kenya considère l'acquiescement comme une forme de consentement pouvant être assimilée à un accord tacite. A l'appui de son argument, il invoque des décisions de juridictions internationales faisant référence à l'acquiescement et à l'accord tacite.

38. Le défendeur affirme que, en ne répondant pas à la proclamation du président de la République du Kenya en date du 28 février 1979 (dénommée ci-après la «proclamation de 1979»; voir paragraphe 54 ci-après), à la proclamation du président de la République du Kenya en date du 9 juin 2005 (dénommée ci-après la «proclamation de 2005»; voir paragraphe 61 ci-après) et à la demande concernant la limite du plateau continental au-delà de 200 milles marins soumise par le Kenya à la Commission des limites le 6 mai 2009 (dénommée ci-après la «demande soumise à la Commission des limites en 2009»; voir paragraphe 65 ci-après), la Somalie a acquiescé à la revendication kényane d'une frontière maritime entre les

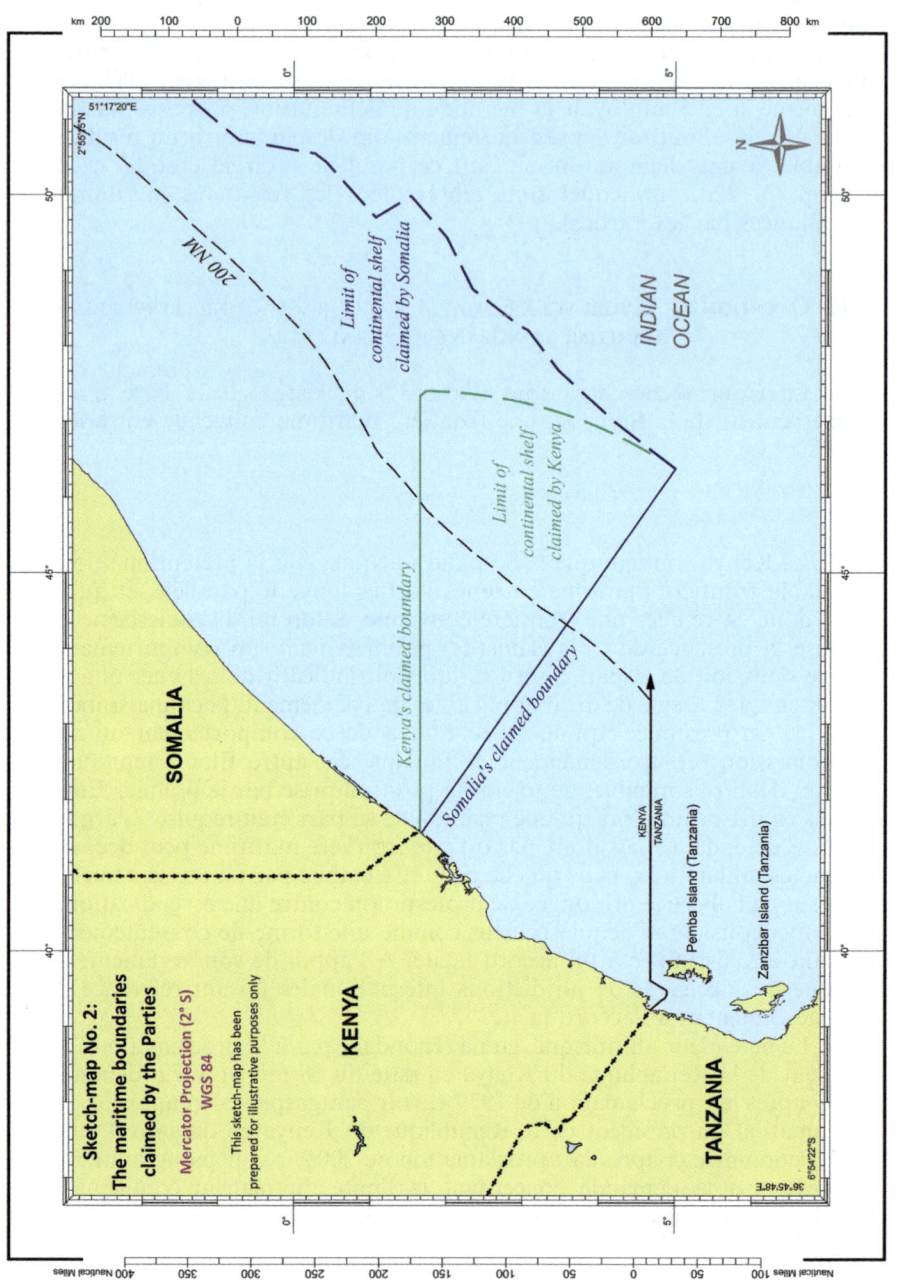

Sketch-map No. 2:
The maritime boundaries
claimed by the Parties

Mercator Projection (2° S)
WGS 84

This sketch-map has been
prepared for illustrative purposes only

21

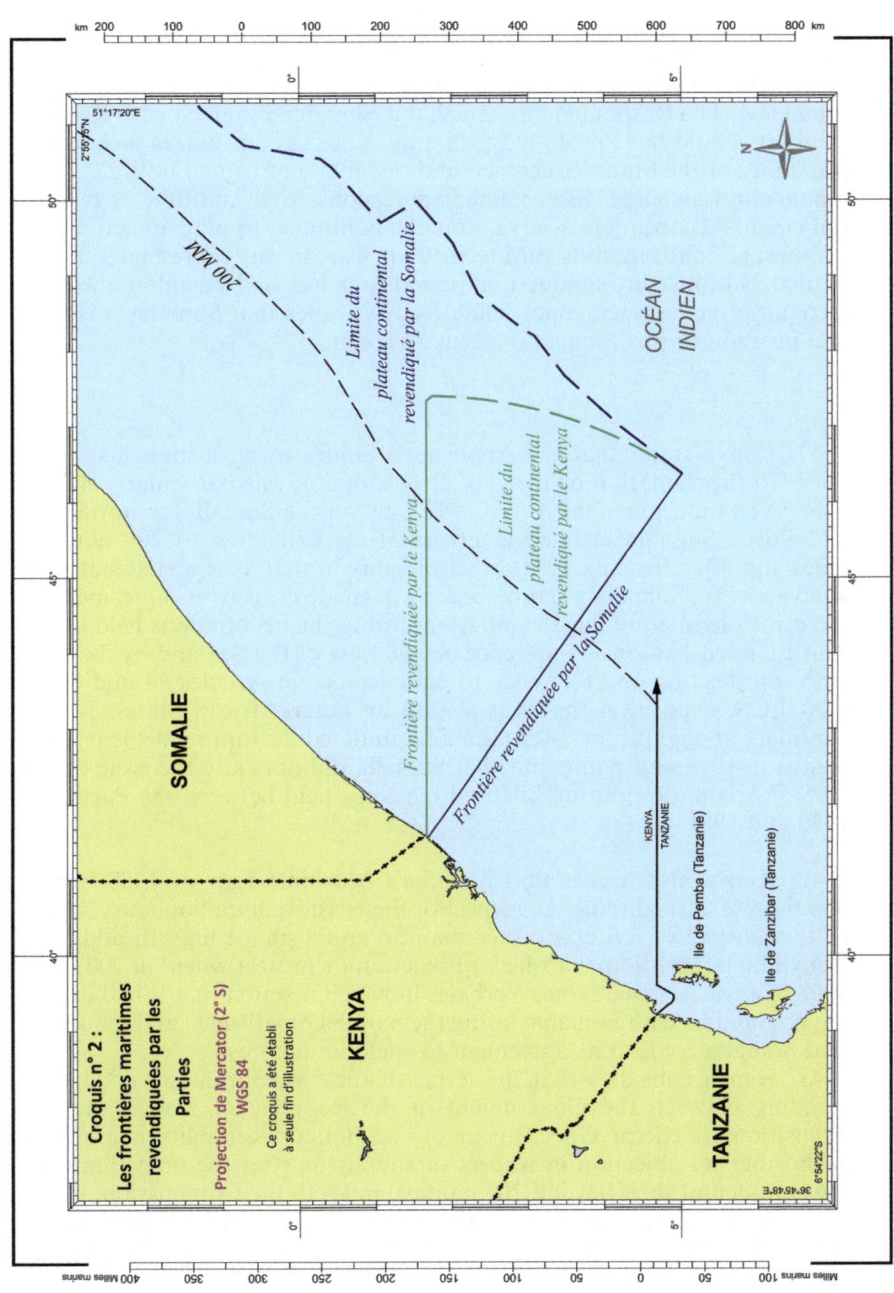

Croquis n° 2 :
Les frontières maritimes revendiquées par les Parties

Projection de Mercator (2° S)
WGS 84

Ce croquis a été établi
à seule fin d'illustration

an express, official and public notification, through formal United Nations procedures, of a State's position concerning maritime delimitation and the sovereign rights of adjacent coastal States. It argues that the absence of protest in such circumstances constitutes acquiescence under international law. The Respondent asserts that if Somalia disagreed with Kenya's claim, it should have protested promptly, since circumstances such as the proximity of the States concerned and the giving of formal notice call for a quick and, in some cases, immediate response to a maritime or territorial claim. According to Kenya, Somalia continued to play an active role in international relations during its civil war; it was represented at the United Nations throughout this period and has had an internationally recognized government since 2000. Kenya argues that Somalia was thus in a position to protest against Kenya's claim.

39. Kenya states that the Applicant's failure to react immediately to the 1979 Proclamation or the 2005 Proclamation was particularly significant given that, pursuant to the 1972 Law on the Somali Territorial Sea and Ports, Somalia claimed a territorial sea extending to 200 nautical miles and, therefore, its claim of sovereignty in that area was at stake. In Kenya's view, Somalia's acquiescence was made clear by its agreement to the principle of equitable delimitation during the negotiations held at the Third United Nations Conference on the Law of the Sea and by its insistence on deleting any reference to equidistance in Articles 74 and 83 of UNCLOS, a position that was shared by other African States. Kenya considers it significant that Somalia initiated a rapprochement with Kenya in 1978 and points out that Somalia did not raise the issue of the 1979 Proclamation during bilateral meetings held between the Parties in 1980 and 1981.

40. Kenya also argues that Somalia's Maritime Law of 1988, which mentions a "straight line" in respect of the territorial sea boundary, refers to the parallel of latitude rather than an equidistance line. In addition, Kenya highlights Somalia's lack of reaction or protest when, in 2007 and 2008, Kenya sent two Notes Verbales in which it stated that it had drawn the boundaries with Somalia "using the parallel of latitude" and requested that Somalia confirm its agreement to such boundaries.

41. Kenya considers that the terms of the "Memorandum of Understanding between the Government of the Republic of Kenya and the Transitional Federal Government of the Somali Republic to grant to each other no-objection in respect of submissions on the outer limits of the continental shelf beyond 200 nautical miles to the Commission on the Limits of the Continental Shelf" (hereinafter the "MOU"), signed by the Parties in 2009, are consistent with Somalia's acquiescence. In Kenya's view, the Court has already found that the MOU does not concern the delimitation of the maritime boundary between the Parties and was

Parties longeant le parallèle. Selon le défendeur, lorsqu'un Etat a notifié publiquement, expressément et officiellement sa position concernant la délimitation maritime et les droits souverains d'Etats dont les côtes sont adjacentes dans le cadre de procédures formelles de l'Organisation des Nations Unies, une telle notification appelle une réaction. Le Kenya avance que, dans ces conditions, l'absence de protestation emporte acquiescement en droit international. Il affirme que, si elle était en désaccord avec la prétention kényane, la Somalie aurait dû protester rapidement, car des circonstances telles que la proximité des Etats intéressés et l'existence d'une notification officielle appellent une réaction rapide et, dans certains cas, immédiate à une revendication maritime ou territoriale. Selon le Kenya, la Somalie a continué de jouer un rôle actif dans les relations internationales durant la guerre civile qui l'a ravagée ; elle était représentée à l'Organisation des Nations Unies tout au long de cette période, et a un gouvernement reconnu au niveau international depuis 2000. Le défendeur avance que la Somalie était donc en mesure de protester contre la prétention kényane.

39. Le Kenya affirme que l'absence de réaction immédiate du demandeur à la proclamation de 1979 ou à celle de 2005 était particulièrement éloquente étant donné que, aux termes de sa loi de 1972 relative à la mer territoriale et aux ports, la Somalie revendiquait une mer territoriale s'étendant jusqu'à 200 milles marins, de sorte que la souveraineté dont elle se prévalait dans cette zone était en jeu. Selon le Kenya, l'acquiescement de la Somalie a été clairement établi du fait que celle-ci a souscrit au principe de délimitation équitable au cours des négociations tenues dans le cadre de la troisième conférence des Nations Unies sur le droit de la mer et insisté pour que soit supprimée toute référence à l'équidistance dans les articles 74 et 83 de la CNUDM, position partagée par d'autres Etats africains. Le Kenya juge révélateur que la Somalie ait amorcé un rapprochement avec lui en 1978 et souligne qu'elle n'a pas soulevé la question de la proclamation de 1979 au cours des réunions bilatérales que les Parties ont tenues en 1980 et 1981.

40. Le Kenya avance également que la loi maritime somalienne de 1988, qui mentionne une «ligne droite» en ce qui concerne la limite de la mer territoriale, renvoie au parallèle et non à une ligne d'équidistance. Il souligne en outre que la Somalie n'a pas réagi ni protesté lorsque, en 2007 et 2008, il lui a adressé deux notes verbales pour lui indiquer qu'il avait tracé leur frontière commune «en recourant au parallèle» et lui demander de confirmer son accord à cet égard.

41. Le défendeur considère que les dispositions du «Mémorandum d'accord entre le Gouvernement de la République du Kenya et le Gouvernement fédéral de transition de la République somalienne, par lequel chacun s'engage à ne pas objecter aux communications de l'autre à la Commission des limites du plateau continental sur les limites extérieures du plateau continental au-delà de 200 milles marins» (dénommé ci-après le «mémorandum d'accord» ou le «mémorandum»), signé par les Parties en 2009, sont compatibles avec l'acquiescement de la Somalie. Selon lui, la Cour a déjà conclu que ce mémorandum ne concernait pas la délimita-

intended merely to allow them to make their CLCS submissions before the relevant deadline. It adds that the reference in the MOU to an unsettled maritime boundary "dispute" concerns only the delimitation of the outer continental shelf and simply recognizes that the Parties have not yet negotiated a formal agreement.

42. Kenya contends that a letter sent by the Prime Minister of Somalia to the Secretary-General of the United Nations on 19 August 2009 did not contain a claim to an "equidistant maritime boundary" or a protest against Kenya's maritime boundary claim. It asserts that Somalia's first objection to Kenya's claim was expressed in a letter sent by the Minister for Foreign Affairs and International Cooperation of Somalia to the Secretary-General on 4 February 2014. Kenya argues that its consent to negotiate a formal delimitation agreement does not imply that Somalia has not acquiesced to its claim.

43. Furthermore, Kenya refers to "additional evidence" concerning other conduct of the Parties between 1979 and 2014, which, in its view, "confirms" Somalia's acceptance of the parallel of latitude as the maritime boundary. Kenya asserts that its naval patrols and interceptions, as well as both Parties' conduct concerning fisheries, marine scientific research and offshore oil exploration blocks, have all been consistent with Kenya's claim. The Respondent maintains that its conduct would have called for a reaction from the Applicant, if Somalia had considered that Kenya had encroached on its maritime areas. In this regard, Kenya has submitted a number of maps, reports and other documents issued by various entities. It contends that the maps submitted by Somalia are irrelevant, either because they do not purport to show the official position of the Parties or because they are speculative or of unknown provenance.

*

44. Somalia notes that Article 15, Article 74 and Article 83 of UNCLOS make clear that delimitation is to be effected by agreement. It recognizes that a maritime boundary may be established by an agreement that is not in written form, but contends that a maritime boundary cannot be established by unilateral acts. In this regard, Somalia maintains that Kenya has not explained how acquiescence differs from tacit agreement. According to Somalia, even if acquiescence could be invoked as a principle of delimitation, Kenya would have to prove a prolonged and consistent course of conduct indicating its own view on the location of the maritime boundary, as well as a very definite course of conduct by Somalia showing its intention clearly and consistently to accept Kenya's claim. Somalia argues that lack of protest against a notification of a claim cannot automatically amount to an acceptance of that claim.

tion maritime entre les Parties et avait pour seul but de leur permettre de soumettre leurs demandes à la Commission des limites dans le délai imparti. Le Kenya ajoute que la référence faite, dans le mémorandum, à un «différend» frontalier maritime non réglé n'a trait qu'à la délimitation du plateau continental étendu et constitue une simple constatation de ce que les Parties n'ont pas encore négocié d'accord formel.

42. Le Kenya soutient que la lettre adressée au Secrétaire général de l'Organisation des Nations Unies par le premier ministre somalien le 19 août 2009 ne contenait ni revendication d'une «frontière maritime équidistante», ni protestation contre la frontière maritime revendiquée par lui. Selon le défendeur, la première objection de la Somalie à la prétention du Kenya figurait dans une lettre du 4 février 2014 adressée au Secrétaire général par le ministre somalien des affaires étrangères et de la coopération internationale. Le Kenya avance que son consentement à négocier un accord formel de délimitation ne signifie pas que la Somalie n'a pas acquiescé à la prétention qu'il a formulée.

43. Le défendeur se réfère en outre à des «éléments de preuve additionnels» concernant d'autres comportements que les Parties ont eus entre 1979 et 2014 et qui «confirment» selon lui l'acceptation par la Somalie du parallèle comme constituant la frontière maritime. Il soutient que les patrouilles navales et interceptions en mer qu'il a effectuées, ainsi que le comportement des deux Parties en ce qui concerne la pêche, la recherche scientifique marine et l'octroi de blocs d'exploration pétrolière au large, vont tous dans le sens de la revendication kényane. Il maintient que son comportement aurait appelé une réaction de la Somalie si celle-ci avait considéré qu'il avait empiété sur ses espaces maritimes. A cet égard, le Kenya a soumis un certain nombre de cartes, rapports et autres documents publiés par diverses entités. Il affirme que les cartes déposées par la Somalie sont dénuées de pertinence, soit parce qu'elles n'ont pas vocation à illustrer la position officielle des Parties, soit parce qu'elles relèvent de la spéculation ou sont d'origine inconnue.

*

44. La Somalie note que l'article 15, l'article 74 et l'article 83 de la CNUDM indiquent clairement que la délimitation doit être effectuée par voie d'accord. Selon elle, une frontière maritime peut être établie par un accord ne revêtant pas une forme écrite, mais ne saurait l'être par des actes unilatéraux. A cet égard, la Somalie soutient que le Kenya n'a pas expliqué en quoi l'acquiescement se distinguait de l'accord tacite. D'après elle, même s'il était possible d'invoquer l'acquiescement comme principe de délimitation, le Kenya devrait démontrer qu'il a adopté, de manière durable et constante, un comportement exprimant ses propres vues sur l'emplacement de la frontière maritime, et établir l'existence d'un comportement parfaitement net de la part de la Somalie traduisant l'intention de celle-ci d'accepter, de manière claire et constante, la prétention kényane. La Somalie avance que l'absence de protestation contre la notification d'une revendication ne peut automatiquement valoir acceptation de celle-ci.

45. Somalia maintains that Kenya's own public statements and positions directly contradict its contention that the Parties have already delimited their maritime boundary along the parallel of latitude. In this regard, Somalia refers to Kenya's 2009 Submission to the CLCS, Kenyan domestic law, Kenya's statements to the United Nations, official Kenyan reports and presentations, the terms of the 2009 MOU, the record of the bilateral negotiations between the Parties and Kenya's pleadings before the Court in support of its preliminary objections. The Applicant adds that other States and international organizations have recognized that the maritime boundary between the Parties remains to be delimited.

46. Somalia further maintains that, in any event, it did not wait until 2014 before protesting against Kenya's claim. It contends that it articulated its claim to an equidistance line in 1974 during the Third United Nations Conference on the Law of the Sea and that this claim was embodied in its Maritime Law of 1988. Somalia asserts that "[t]he Somali language does not contain a word precisely equivalent to 'equidistance line' in English" and that the phrase "a straight line toward the sea from the land" in Article 4, paragraph 6, of the 1988 Law "was intended to be equivalent to an equidistance line". The Applicant also contends that it is unreasonable and unrealistic to expect a State that was ravaged by civil war and had no functioning government to have lodged formal diplomatic protests against a purported claim to a boundary line, stressing that it protested against Kenya's claim "once it resumed having a functioning government after the long civil war". In this regard, it draws attention to the letter sent by its Prime Minister to the Secretary-General of the United Nations on 19 August 2009, which stated, *inter alia*, that the continental shelf between Somalia and Kenya had not yet been delimited. Somalia adds that its opposition to a maritime boundary at the parallel of latitude, as well as its protests against Kenya's award of offshore concessions for maritime areas north of the equidistance line, were reflected in news reports published in 2012 and in a 2013 report of the Monitoring Group on Somalia and Eritrea pursuant to Security Council resolution 2060 (2012).

47. With respect to other conduct of the Parties referred to by Kenya, Somalia argues that "maritime *effectivités*" cannot be invoked in themselves to support the existence of a maritime boundary. In Somalia's view, Kenya's purported displays of authority in the disputed area were in any event sporadic, infrequent and recent, and were undertaken at a time when, on account of civil war, there was no functioning Somali government able to monitor such activities or exercise effective control over them. Somalia considers that the maps, reports and documents adduced by the Respondent provide no support for the existence of a maritime boundary as claimed by Kenya. It refers to other maps, asserting that they either depict an equidistant maritime boundary or show Kenya's

45. La Somalie soutient que les déclarations faites publiquement par le Kenya lui-même, tout comme les positions qu'il a adoptées, contredisent directement son affirmation selon laquelle les Parties ont déjà délimité leur frontière maritime le long du parallèle. A cet égard, elle renvoie à la demande que le Kenya a soumise à la Commission des limites en 2009, au droit kényan, aux déclarations du Kenya devant l'Organisation des Nations Unies, aux rapports et présentations officiels du Kenya, aux dispositions du mémorandum d'accord de 2009, au compte rendu des négociations bilatérales entre les Parties et aux thèses soutenues par le Kenya devant la Cour à l'appui de ses exceptions préliminaires. Elle ajoute que d'autres Etats et organisations internationales ont reconnu que la frontière maritime entre les Parties restait à délimiter.

46. La Somalie soutient en outre que, en tout état de cause, elle n'a pas attendu 2014 pour protester contre la prétention du Kenya. Elle affirme avoir revendiqué une ligne d'équidistance en 1974, au cours de la troisième conférence des Nations Unies sur le droit de la mer, et traduit cette revendication dans sa loi maritime de 1988. Elle déclare que, «[e]n somali, il n'existe pas d'équivalent précis de l'expression «ligne d'équidistance»» et que le membre de phrase «une ligne droite s'étendant vers le large», qui figure au paragraphe 6 de l'article 4 de ladite loi, «était censé correspondre à une ligne d'équidistance». La Somalie affirme aussi qu'il n'est ni raisonnable ni réaliste d'attendre d'un Etat ravagé par une guerre civile et dépourvu de gouvernement opérationnel qu'il émette des protestations diplomatiques formelles contre une prétendue revendication de frontière, et souligne qu'elle a protesté contre la prétention du Kenya «dès qu'elle a de nouveau eu un gouvernement opérationnel après la longue guerre civile». Elle appelle à cet égard l'attention sur la lettre que son premier ministre a adressée au Secrétaire général de l'Organisation des Nations Unies le 19 août 2009 pour lui indiquer, notamment, que le plateau continental entre les deux Etats n'avait pas encore été délimité. Elle ajoute que son opposition à une frontière maritime longeant le parallèle et ses protestations contre l'octroi par le Kenya de concessions dans des espaces maritimes situés au nord de la ligne d'équidistance ont été mentionnées dans des articles de presse publiés en 2012 et dans un rapport de 2013 du Groupe de contrôle pour la Somalie et l'Erythrée établi conformément à la résolution n° 2060 (2012) du Conseil de sécurité.

47. Quant aux autres comportements des Parties auxquels se réfère le Kenya, la Somalie avance que des «effectivités maritimes» ne peuvent être invoquées en tant que telles pour établir l'existence d'une frontière maritime. Selon elle, les prétendues manifestations d'autorité du Kenya dans la zone litigieuse étaient de toute façon sporadiques, peu fréquentes et récentes, et dataient d'une époque où, en raison de la guerre civile, la Somalie n'avait pas de gouvernement opérationnel capable de surveiller ces activités ou d'exercer un contrôle effectif à leur égard. La Somalie considère que les cartes, rapports et autres documents produits par le défendeur n'étayent pas l'existence d'une frontière maritime telle que revendiquée par le Kenya. Elle renvoie à d'autres cartes qui, selon elle,

northernmost concession blocks following a course that closely resembles an equidistance line. The Applicant contends that, in any event, even the consistent conduct of two States over a long period of time is not sufficient evidence of an agreement.

* *

48. The Court recalls that both Kenya and Somalia are parties to UNCLOS. For the delimitation of the territorial sea, Article 15 of the Convention provides for the use of a median line "failing agreement between [the two States] to the contrary", unless "it is necessary by reason of historic title or other special circumstances to delimit the territorial seas of the two States in a [different] way". The delimitation of the exclusive economic zone and the continental shelf is governed by Article 74, paragraph 1, and Article 83, paragraph 1, of the Convention, respectively. The Court has noted that "[t]he texts of these provisions are identical, the only difference being that Article 74 refers to the exclusive economic zone and Article 83 to the continental shelf" (*Maritime Dispute (Peru v. Chile), Judgment, I.C.J. Reports 2014*, p. 65, para. 179). They establish that delimitation "shall be effected by agreement on the basis of international law".

49. The Court reiterates that maritime delimitation between States with opposite or adjacent coasts must be effected by means of an agreement between them, and that, where such an agreement has not been achieved, delimitation should be effected by recourse to a third party possessing the necessary competence (*Delimitation of the Maritime Boundary in the Gulf of Maine Area (Canada/United States of America), Judgment, I.C.J. Reports 1984*, p. 299, para. 112 (1)). Maritime delimitation cannot be effected unilaterally by either of the States concerned (*ibid.*; *Continental Shelf (Tunisia/Libyan Arab Jamahiriya), Judgment, I.C.J. Reports 1982*, p. 66, para. 87; *Fisheries (United Kingdom v. Norway), Judgment, I.C.J. Reports 1951*, p. 132).

50. An agreement establishing a maritime boundary is usually expressed in written form. The Court considers, however, that the "agreement" referred to in Article 15, Article 74, paragraph 1, and Article 83, paragraph 1, of the Convention may take other forms as well. The essential question is whether there is a "shared understanding" between the States concerned regarding their maritime boundaries (see *Maritime Dispute (Peru v. Chile), Judgment, I.C.J. Reports 2014*, p. 23, para. 43, and p. 31, para. 69). The Court notes that both Parties recognize that the delimitation of maritime boundaries requires such a shared understanding.

51. The jurisprudence relating to acquiescence and tacit agreement may be of assistance when examining whether there exists an agreement that is not in written form regarding the maritime boundary between two States. In this regard, the Court recalls that "acquiescence is equivalent to tacit recognition manifested by unilateral conduct which the other party may

représentent une frontière maritime équidistante ou montrent que les blocs de concession du Kenya les plus septentrionaux suivent un tracé ressemblant fort à une ligne d'équidistance. Elle soutient que, quoi qu'il en soit, même le comportement constant de deux Etats sur une longue période ne suffit pas à démontrer l'existence d'un accord.

* *

48. La Cour rappelle que le Kenya et la Somalie sont tous deux parties à la CNUDM. Aux fins de la délimitation de la mer territoriale, l'article 15 de la convention prévoit l'utilisation d'une ligne médiane « sauf accord contraire entre » les deux Etats, à moins que, « en raison de l'existence de titres historiques ou d'autres circonstances spéciales, il [soi]t nécessaire de délimiter autrement [leur] mer territoriale ». La délimitation de la zone économique exclusive et celle du plateau continental sont régies par le paragraphe 1 de l'article 74 et le paragraphe 1 de l'article 83 de la convention, respectivement. La Cour a noté que « [l]e libellé de ces dispositions [étai]t identique, à cette différence près que l'article 74 concern[ait] la zone économique exclusive et l'article 83, le plateau continental » (*Différend maritime (Pérou c. Chili), arrêt, C.I.J. Recueil 2014*, p. 65, par. 179). Conformément à ces dispositions, la délimitation « est effectuée par voie d'accord conformément au droit international ».

49. La Cour réaffirme que la délimitation maritime entre des Etats dont les côtes sont adjacentes ou se font face doit être réalisée au moyen d'un accord entre eux et que, au cas où ils ne sont pas parvenus à un tel accord, il convient d'effectuer cette délimitation en recourant à une instance tierce dotée de la compétence nécessaire pour ce faire (*Délimitation de la frontière maritime dans la région du golfe du Maine (Canada/Etats-Unis d'Amérique), arrêt, C.I.J. Recueil 1984*, p. 299, par. 112 1)). La délimitation maritime ne peut être effectuée unilatéralement par l'un ou l'autre des Etats intéressés (*ibid.*; *Plateau continental (Tunisie/Jamahiriya arabe libyenne), arrêt, C.I.J. Recueil 1982*, p. 66, par. 87; *Pêcheries (Royaume-Uni c. Norvège), arrêt, C.I.J. Recueil 1951*, p. 132).

50. Un accord qui établit une frontière maritime est généralement exprimé par écrit. La Cour considère toutefois que l'« accord » mentionné à l'article 15, au paragraphe 1 de l'article 74 et au paragraphe 1 de l'article 83 de la convention peut aussi prendre d'autres formes. La question essentielle est celle de savoir s'il existe « une manière commune [, de la part des Etats intéressés,] d'envisager la délimitation » de leurs frontières maritimes (voir *Différend maritime (Pérou c. Chili), arrêt, C.I.J. Recueil 2014*, p. 23, par. 43, et p. 31, par. 69). La Cour note que les deux Parties reconnaissent que cette manière commune est nécessaire à la délimitation des frontières maritimes.

51. La jurisprudence relative à l'acquiescement et à l'accord tacite peut aider à apprécier s'il existe un accord ne revêtant pas une forme écrite au sujet de la frontière maritime entre deux Etats. A cet égard, la Cour rappelle que « l'acquiescement équiva[ut] à une reconnaissance tacite manifestée par un comportement unilatéral que l'autre partie peut interpréter

interpret as consent" (*Delimitation of the Maritime Boundary in the Gulf of Maine Area (Canada/United States of America), Judgment, I.C.J. Reports 1984*, p. 305, para. 130; see also *Land, Island and Maritime Frontier Dispute (El Salvador/Honduras: Nicaragua intervening), Judgment, I.C.J. Reports 1992*, p. 577, para. 364). If the circumstances are such that the conduct of the other State calls for a response, within a reasonable period, the absence of a reaction may amount to acquiescence (*Sovereignty over Pedra Branca/Pulau Batu Puteh, Middle Rocks and South Ledge (Malaysia/Singapore), Judgment, I.C.J. Reports 2008*, pp. 50-51, para. 121; *Temple of Preah Vihear (Cambodia* v. *Thailand), Merits, Judgment, I.C.J. Reports 1962*, p. 23). This is based on the principle *"[q]ui tacet consentire videtur si loqui debuisset ac potuisset" (ibid.)*. In determining whether a State's conduct calls for a response from another State, it is important to consider whether the State has consistently maintained that conduct (*Fisheries (United Kingdom* v. *Norway), Judgment, I.C.J. Reports 1951*, pp. 138-139). In evaluating the absence of a reaction, duration may be a significant factor (see e.g. *Sovereignty over Pedra Branca/Pulau Batu Puteh, Middle Rocks and South Ledge (Malaysia/Singapore), Judgment, I.C.J. Reports 2008*, pp. 95-96, paras. 274-276; *Land, Island and Maritime Frontier Dispute (El Salvador/Honduras: Nicaragua intervening), Judgment, I.C.J. Reports 1992*, pp. 408-409, para. 80; *Temple of Preah Vihear (Cambodia* v. *Thailand), Merits, Judgment, I.C.J. Reports 1962*, p. 32).

52. The Court has set a high threshold for proof that a maritime boundary has been established by acquiescence or tacit agreement. It has emphasized that since "[t]he establishment of a permanent maritime boundary is a matter of grave importance", "[e]vidence of a tacit legal agreement must be compelling" (*Territorial and Maritime Dispute between Nicaragua and Honduras in the Caribbean Sea (Nicaragua* v. *Honduras), Judgment, I.C.J. Reports 2007 (II)*, p. 735, para. 253; see also *Maritime Dispute (Peru* v. *Chile), Judgment, I.C.J. Reports 2014*, pp. 38-39, para. 91; *Delimitation of the Maritime Boundary in the Atlantic Ocean (Ghana/Côte d'Ivoire), Judgment, ITLOS Reports 2017*, p. 70, para. 212). Acquiescence "presupposes clear and consistent acceptance" of another State's position (*Delimitation of the Maritime Boundary in the Gulf of Maine Area (Canada/United States of America), Judgment, I.C.J. Reports 1984*, p. 309, para. 145). To date, the Court has recognized the existence of a tacit agreement delimiting a maritime boundary in only one case, in which the parties had "acknowledge[d] in a binding international agreement that a maritime boundary already exist[ed]" (*Maritime Dispute (Peru* v. *Chile), Judgment, I.C.J. Reports 2014*, p. 38, para. 90). In the present case, the Court will use the criteria it has identified in earlier cases and examine whether there is compelling evidence that Kenya's claim to a maritime boundary at the parallel of latitude was maintained consistently and, consequently, called for a response from Somalia. It will then consider whether there is compelling evidence that Somalia clearly and consistently accepted the boundary claimed by Kenya.

comme un consentement» (*Délimitation de la frontière maritime dans la région du golfe du Maine (Canada/Etats-Unis d'Amérique), arrêt, C.I.J. Recueil 1984*, p. 305, par. 130; voir également *Différend frontalier terrestre, insulaire et maritime (El Salvador/Honduras; Nicaragua (intervenant)), arrêt, C.I.J. Recueil 1992*, p. 577, par. 364). Si les circonstances sont telles que le comportement de l'autre Etat appelle une réponse dans un délai raisonnable, l'absence de réaction peut valoir acquiescement (*Souveraineté sur Pedra Branca/Pulau Batu Puteh, Middle Rocks et South Ledge (Malaisie/Singapour), arrêt, C.I.J. Recueil 2008*, p. 50-51, par. 121; *Temple de Préah Vihéar (Cambodge c. Thaïlande), fond, arrêt, C.I.J. Recueil 1962*, p. 23), sur le fondement du principe «*[q]ui tacet consentire videtur si loqui debuisset ac potuisset*» (*ibid.*). Afin de déterminer si le comportement d'un Etat appelle une réponse d'un autre Etat, il convient de rechercher si l'Etat a persisté dans ce comportement de manière constante (*Pêcheries (Royaume-Uni c. Norvège), arrêt, C.I.J. Recueil 1951*, p. 138-139). Dans l'appréciation de l'absence de réaction, le temps peut être un facteur important (voir, par exemple, *Souveraineté sur Pedra Branca/Pulau Batu Puteh, Middle Rocks et South Ledge (Malaisie/Singapour), arrêt, C.I.J. Recueil 2008*, p. 95-96, par. 274-276; *Différend frontalier terrestre, insulaire et maritime (El Salvador/Honduras; Nicaragua (intervenant)), arrêt, C.I.J. Recueil 1992*, p. 408-409, par. 80; *Temple de Préah Vihéar (Cambodge c. Thaïlande), fond, arrêt, C.I.J. Recueil 1962*, p. 32).

52. La Cour a fixé à un seuil élevé la preuve requise pour démontrer qu'une frontière maritime a été établie par acquiescement ou accord tacite. Elle a souligné que, étant donné que «[l]'établissement d'une frontière maritime permanente [étai]t une question de grande importance», «[l]es éléments de preuve attestant l'existence d'un accord tacite d[evai]ent être convaincants» (*Différend territorial et maritime entre le Nicaragua et le Honduras dans la mer des Caraïbes (Nicaragua c. Honduras), arrêt, C.I.J. Recueil 2007 (II)*, p. 735, par. 253; voir également *Différend maritime (Pérou c. Chili), arrêt, C.I.J. Recueil 2014*, p. 38-39, par. 91; *Délimitation de la frontière maritime dans l'océan Atlantique (Ghana/Côte d'Ivoire), arrêt, TIDM Recueil 2017*, p. 70, par. 212). L'acquiescement «suppose … une acceptation claire et constante» de la position d'un autre Etat (*Délimitation de la frontière maritime dans la région du golfe du Maine (Canada/Etats-Unis d'Amérique), arrêt, C.I.J. Recueil 1984*, p. 309, par. 145). A ce jour, la Cour n'a constaté l'existence d'un accord tacite délimitant une frontière maritime que dans une seule affaire, dans laquelle les parties avaient «reconn[u], dans le cadre d'un accord international contraignant, qu'une frontière maritime exist[ait] déjà» (*Différend maritime (Pérou c. Chili), arrêt, C.I.J. Recueil 2014*, p. 38, par. 90). En la présente espèce, elle utilisera les critères qu'elle a définis dans de précédentes affaires et examinera s'il existe des éléments de preuve convaincants montrant que la revendication par le Kenya d'une frontière maritime longeant le parallèle a été maintenue de manière constante et appelait par conséquent une réponse de la Somalie. Elle recherchera ensuite s'il existe des éléments de preuve convaincants montrant que la Somalie a accepté de manière claire et constante la frontière revendiquée par le Kenya.

53. In this respect, the Parties present arguments regarding Kenya's 1979 Proclamation, 2005 Proclamation, 2009 Submission to the CLCS and their respective domestic laws. They also refer to other conduct of the Parties in the period between 1979 and 2014. The Court will examine these arguments in turn.

*

54. In the 1979 Proclamation, the President of Kenya declared:

"1. That notwithstanding any rule of law or any practice which may hitherto have been observed in relation to Kenya or the waters beyond or adjacent to the territorial Sea of Kenya, the Exclusive Economic Zone of the Republic of Kenya extend[s] across the sea to a distance of two hundred nautical miles measured from the appropriate baseline from where the territorial sea is measured as indicated in the Map annexed to this Proclamation. Without prejudice to the foregoing, the Exclusive Economic Zone of Kenya shall:

(a) in respect of its southern territorial waters boundary with the United Republic of Tanzania be an eastern latitude north of Pemba island to start at a point obtained by the northern intersection of two arcs one from the Kenya Lighthouse at Mpunguti ya Juu, and the other from Pemba island Lighthouse at Ras Kigomasha.

(b) in respect of its northern territorial waters boundary with [the] Somali Republic be on eastern latitude South of Diua Damasciaca Island being latitude 1° 38′ South.

2. That this Proclamation shall not affect or be in derogation of the vested rights of the Republic of Kenya over the Continental Shelf as defined in the Continental Shelf Act 197[5].

3. All States shall, subject to the applicable laws and regulations of Kenya, enjoy in the Exclusive Economic Zone the freedom of navigation and overflight and of the laying of sub-marine cables and pipelines and other internationally lawful recognized uses of the sea related to navigation and communication.

4. That the scope and regime of the Exclusive Economic Zone shall be as defined in the schedule attached to this Proclamation."

55. This Proclamation was transmitted by the Secretary-General to the Permanent Missions of the Member States of the United Nations on 19 July 1979.

56. The 1979 Proclamation was concerned with Kenya's exclusive economic zone. It stated that "the Exclusive Economic Zone of Kenya shall . . . in respect of its northern territorial waters boundary with [Somalia] be on . . . latitude 1° 38′ South".

53. A cet égard, les Parties présentent des arguments concernant la proclamation de 1979 du Kenya, sa proclamation de 2005 et la demande qu'il a soumise à la Commission des limites en 2009, ainsi que leurs lois nationales respectives. Elles se réfèrent aussi à d'autres comportements qu'elles ont eus entre 1979 et 2014. La Cour examinera ces arguments tour à tour.

*

54. Dans la proclamation de 1979, le président du Kenya a déclaré ce qui suit:

« 1. Nonobstant toute règle de droit ou toute pratique pouvant avoir été observée jusqu'ici en ce qui concerne le Kenya ou les eaux situées au-delà de sa mer territoriale ou adjacentes à celle-ci, la zone économique exclusive de la République du Kenya s'étend en mer jusqu'à une distance de deux cents milles marins par rapport à la ligne de base appropriée à partir de laquelle est mesurée la mer territoriale, comme indiqué sur la carte jointe à la présente proclamation. Sans préjudice de ce qui précède, la zone économique exclusive du Kenya :

a) à la frontière méridionale des eaux territoriales avec la République-Unie de Tanzanie, longe vers l'est le parallèle passant au nord de l'île de Pemba et commençant en un point obtenu par l'intersection septentrionale de deux arcs, partant l'un du phare kényan de Mpunguti ya Juu et l'autre, du phare de Ras Kigomasha sur l'île de Pemba ;

b) à la frontière septentrionale des eaux territoriales avec la République somalienne, longe vers l'est le parallèle passant au sud de l'île de Diua Damasciaca par un point situé par 1° 38′ de latitude sud.

2. La présente proclamation ne contrevient ni ne déroge aux droits acquis de la République du Kenya sur le plateau continental, tels que définis dans la loi de 197[5] relative au plateau continental.

3. Tous les Etats jouissent dans la zone économique exclusive, sous réserve des droits et réglementations applicables du Kenya, des libertés de navigation et de survol et de la liberté de poser des câbles et pipelines sous-marins, ainsi que de la liberté d'utiliser la mer à d'autres fins internationalement licites se rapportant à la navigation et aux communications.

4. L'étendue et le régime de la zone économique exclusive sont définis dans l'annexe jointe à la présente proclamation. »

55. Cette proclamation a été transmise aux missions permanentes des Etats Membres de l'Organisation des Nations Unies par le Secrétaire général le 19 juillet 1979.

56. La proclamation de 1979 portait sur la zone économique exclusive du Kenya. Il y était indiqué que celle-ci, « à la frontière septentrionale des eaux territoriales avec la République somalienne, longe[ait] le parallèle passant … par un point situé par 1° 38′ de latitude sud ».

57. The Court notes that Kenya's Territorial Waters Act of 1972 had established in its Section 2, subsection 1, that "[e]xcept as provided in subsection (4) of this section the breadth of the territorial waters of the Republic of Kenya shall be twelve nautical miles". Subsection 4 had stated that "[o]n the coastline adjacent to neighbouring States the breadth of the territorial sea shall extend to a Median Line". The Territorial Waters Act was revised in 1977, but the text of Section 2, subsection 4, remained the same. The Act remained in force when the 1979 Proclamation was issued. The Court thus observes that Kenya was not consistently claiming a maritime boundary with Somalia at a parallel of latitude in all maritime areas.

58. On 25 August 1989, shortly after ratifying UNCLOS, Kenya adopted the Maritime Zones Act (hereinafter the "1989 Maritime Zones Act"), which is still in force. In respect of the delimitation of the territorial sea, that Act employs similar terms to Kenya's Territorial Waters Act of 1972. Section 3, subsection 4, of the 1989 Maritime Zones Act provides:

> "On the coastline adjacent to neighbouring states, the breadth of the territorial waters shall extend to [a line] every point of which is equidistant from the nearest points on the baselines from which the breadth of the territorial waters of each of [the] respective states is measured."

As regards the delimitation of the exclusive economic zone, Section 4, subsection 4, of the Act provides that "[t]he northern boundary of the exclusive economic zone with Somalia shall be delimited by notice in the *Gazette* by the Minister pursuant to an agreement between Kenya and Somalia on the basis of international law".

59. Kenya contends that Section 3, subsection 4, of the 1989 Maritime Zones Act merely reflects the terms of Article 15 of UNCLOS, which, it explains, applies "the median line in the territorial sea as a provisional method 'failing agreement' on delimitation". It considers that the provision is without prejudice to the parallel of latitude boundary adopted in the 1979 Proclamation and maintains that Kenyan legislation neither asserts nor requires territorial sea delimitation based on a median line. Kenya further argues that Section 4, subsection 4, of the 1989 Maritime Zones Act simply recognizes that, notwithstanding the 1979 Proclamation, a formal agreement has not been concluded with Somalia in respect of the boundary of the exclusive economic zone.

60. The Court considers that Kenya's position is at odds with the text of the 1989 Maritime Zones Act, which refers neither to the 1979 Proclamation nor to a boundary at the parallel of latitude, for either the territorial sea or the exclusive economic zone. In respect of the exclusive economic zone, the text of Section 4, subsection 4, of the 1989 Maritime Zones Act provides that the northern boundary of the exclusive economic

57. La Cour note que la loi kényane de 1972 relative aux eaux territoriales avait établi, au paragraphe 1 de son article 2, que, «[s]ous réserve des dispositions du paragraphe 4 [dudit] article, la largeur des eaux territoriales du Kenya [étai]t de douze milles marins». Le paragraphe 4 disposait que, «[s]ur la côte adjacente aux Etats voisins, la mer territoriale s'étend[ait] jusqu'à une ligne médiane». Bien que la loi relative aux eaux territoriales ait été révisée en 1977, le libellé du paragraphe 4 de son article 2 est demeuré inchangé. Ladite loi est restée en vigueur lorsque la proclamation de 1979 a été publiée. La Cour observe donc que le Kenya n'a pas revendiqué de manière constante une frontière maritime avec la Somalie longeant un parallèle dans toutes les zones maritimes.

58. Le 25 août 1989, peu après avoir ratifié la CNUDM, le Kenya a adopté la loi relative aux espaces maritimes (ci-après, la «loi de 1989 relative aux espaces maritimes»), qui est toujours en vigueur. En ce qui concerne la délimitation de la mer territoriale, les termes de cette loi sont semblables à ceux de la loi de 1972 relative aux eaux territoriales. Le paragraphe 4 de l'article 3 de la loi de 1989 relative aux espaces maritimes est libellé comme suit:

> «Sur la côte adjacente aux Etats voisins, les eaux territoriales s'étendront jusqu'à [une ligne] dont tous les points sont équidistants des points les plus proches des lignes de base à partir desquelles est mesurée la largeur des eaux territoriales de chacun des deux Etats.»

En ce qui concerne la délimitation de la zone économique exclusive, le paragraphe 4 de l'article 4 de la loi prévoit que «[l]a frontière septentrionale de la zone économique exclusive avec la Somalie sera délimitée par avis ministériel publié au Journal officiel conformément à un accord entre [celle-ci et] le Kenya ... fondé sur le droit international».

59. Le Kenya soutient que le paragraphe 4 de l'article 3 de la loi de 1989 relative aux espaces maritimes se borne à reprendre les termes de l'article 15 de la CNUDM, lequel, précise-t-il, prévoit l'utilisation de «la ligne médiane dans la mer territoriale comme méthode provisoire «à défaut d'accord» sur la délimitation». Il considère que cette disposition n'exclut nullement la frontière longeant le parallèle adoptée dans la proclamation de 1979, et soutient que sa législation ne prévoit ni n'exige que la mer territoriale soit délimitée sur la base de la ligne médiane. Il avance également que le paragraphe 4 de l'article 4 de la loi de 1989 relative aux espaces maritimes indique simplement que, nonobstant la proclamation de 1979, aucun accord formel relatif à la limite de la zone économique exclusive n'avait été conclu avec la Somalie.

60. La Cour considère que la position du Kenya n'est pas compatible avec le texte de la loi de 1989 relative aux espaces maritimes, qui ne fait référence ni à la proclamation de 1979 ni à une frontière longeant le parallèle, que ce soit au sujet de la mer territoriale ou de la zone économique exclusive. S'agissant de cette dernière, le paragraphe 4 de l'article 4 de la loi prévoit que la frontière septentrionale de la zone économique exclusive

zone with Somalia shall be delimited pursuant to "an agreement between Kenya and Somalia". These words stand in contrast to the text of Section 4, subsection 3, which provides that the southern boundary with Tanzania shall be "on an easterly latitude", employing similar terms to those found in the 1979 Proclamation. Section 4, subsection 4, thus implies that, unlike the situation of the boundary between Kenya and Tanzania, Kenya considered in 1989 that there was no agreement with Somalia on their maritime boundary. The Act refers instead to an agreement to be concluded and published in the future. It was therefore reasonable for Somalia to understand Kenya's position to be that an agreement was to be negotiated and concluded at a later date.

61. Kenya's 2005 Proclamation replaced the 1979 Proclamation, while generally reaffirming its terms. With regard to the exclusive economic zone, the 2005 Proclamation modified the parallel of latitude claimed as the boundary with Somalia. Paragraph 1 of the 2005 Proclamation, in its relevant part, reads as follows:

> "Without prejudice to the foregoing, the Exclusive Economic Zone of Kenya shall:
>
> . . . .
>
> (b) In respect of its northern territorial waters boundary with [the] Somali Republic be on eastern latitude South of Diua Dama-scia[ca] Island being latitude 1° 39′ 34″ degrees south."

The Proclamation included two schedules, which contained co-ordinates defining the "area of the territorial waters" and the "Exclusive Economic Zone" of Kenya. In the first schedule, the northernmost point of the outer limit of Kenya's territorial sea is on the parallel of latitude. This implied that, for Kenya, the boundary of its territorial sea with Somalia also followed the same parallel of latitude. According to Kenya, the parallel of latitude was adjusted from the one in the 1979 Proclamation for greater accuracy, so that it coincided with the tangent to the southernmost islet of Diua Damasciaca.

62. On 25 April 2006, the Secretary-General notified the Member States of the United Nations and the States parties to UNCLOS that, in accordance with Article 16, paragraph 2, and Article 75, paragraph 2, of the Convention, Kenya had deposited two lists of geographical co-ordinates of points, as contained in the 2005 Proclamation. The 2005 Proclamation was subsequently published in the *Law of the Sea Bulletin* No. 61.

63. Kenya has also drawn the Court's attention to two Notes Verbales from the Ministry of Foreign Affairs of Kenya to the Ministry of Foreign Affairs of the Transitional Federal Government of Somalia, dated 26 September 2007 and 4 July 2008. In the Note Verbale of 26 September 2007, which concerned the process of delineation of the outer limits of its continental shelf, Kenya claimed that the maritime boundaries between the two countries "have been drawn using the parallel of latitude[], in accordance with Articles 74, 83 of the UNCLOS" and requested Somalia to

avec la Somalie sera délimitée «conformément à un accord entre [celle-ci et] le Kenya». Cette formulation contraste avec le texte du paragraphe 3 du même article, qui prévoit que, au sud, la frontière de la zone économique exclusive avec la Tanzanie longe «vers l'est» un parallèle, employant des termes analogues à ceux de la proclamation de 1979. Le paragraphe 4 de l'article 4 implique donc que, en 1989, le Kenya considérait que, contrairement au cas de sa frontière avec la Tanzanie, il n'existait aucun accord avec la Somalie concernant leur frontière maritime. La loi renvoie d'ailleurs à un accord devant être conclu et publié à l'avenir. Par conséquent, la Somalie pouvait raisonnablement penser que la position du Kenya était qu'un accord devait être négocié et conclu à une date ultérieure.

61. La proclamation kényane de 2005 a remplacé celle de 1979, dont elle réaffirme les termes de manière générale. S'agissant de la zone économique exclusive, cette proclamation a modifié le parallèle revendiqué comme constituant la frontière avec la Somalie. La partie pertinente de son paragraphe 1 se lit comme suit:

> «Sans préjudice de ce qui précède, la zone économique exclusive du Kenya:
>
> . . . .
>
> *b)* à la frontière septentrionale des eaux territoriales avec la République somalienne, longe vers l'est le parallèle passant au sud de l'île Diua Damasciaca en un point situé par 1° 39′ 34″ de latitude sud.»

La proclamation était assortie de deux annexes, dans lesquelles étaient indiquées les coordonnées définissant la «zone des eaux territoriales» et la «zone économique exclusive» du Kenya. Dans la première annexe, le point le plus septentrional de la limite extérieure de la mer territoriale du Kenya se situe sur le parallèle. Cela impliquait que, pour le Kenya, la frontière de sa mer territoriale avec la Somalie longeait elle aussi ce parallèle. Selon le Kenya, le parallèle a été ajusté par rapport à celui qui était décrit dans la proclamation de 1979 par souci de précision, afin qu'il coïncide avec la tangente à l'îlot le plus méridional de Diua Damasciaca.

62. Le 25 avril 2006, le Secrétaire général a informé les Etats Membres de l'Organisation des Nations Unies et les Etats parties à la CNUDM que, conformément au paragraphe 2 de l'article 16 et au paragraphe 2 de l'article 75 de cet instrument, le Kenya avait déposé deux listes de coordonnées géographiques de points qui figuraient dans la proclamation de 2005. Cette proclamation a par la suite été publiée dans le *Bulletin du droit de la mer* n° 61.

63. Le Kenya a également appelé l'attention de la Cour sur deux notes verbales, en date du 26 septembre 2007 et du 4 juillet 2008, adressées par son ministère des affaires étrangères à celui du Gouvernement fédéral de transition de la Somalie. Dans la première, qui portait sur le processus de délinéation des limites extérieures de son plateau continental, le Kenya soutenait que la frontière maritime entre les deux pays avait «été tracée suivant le parallèle, conformément aux articles 74 et 83 de la CNUDM», et priait la Somalie de confirmer que «le Gouvernement fédéral de transi-

confirm "that the Transitional Federal Government agrees with the way the maritime boundaries between the two countries are drawn . . . as deposited with the United Nations by the Government of the Republic of Kenya". The aide-memoire attached to the Note Verbale stated that "the boundaries between our two countries have not been defined". In the Note Verbale of 4 July 2008, Kenya asked the Government of Somalia "to state its position to the Government of the Republic of Kenya that the Transitional Federal Government of Somalia agrees with the maritime boundaries between the two countries as drawn and deposited with the United Nations by the Government of the Republic of Kenya".

64. The Court observes that the Notes Verbales did not characterize the maritime boundary claimed by Kenya as an agreed boundary, but rather invited Somalia to confirm its agreement. It has not been shown that Somalia provided such confirmation.

65. In its 2009 Submission to the CLCS, Kenya states that the maritime space over which it exercises sovereignty, sovereign rights and jurisdiction was determined on the basis of the provisions of UNCLOS, "as implemented by the following legislation and proclamations: the Territorial Waters Act, 1972; the Maritime Zones Act, 1989, Cap. 371; and, the Presidential Proclamation of 9 June 2005 . . . in respect of Kenya's territorial sea and exclusive economic zone". It also states that "the outer edge of the continental margin appurtenant to Kenya's land territory extends beyond 200 [nautical miles] measured from the territorial sea baseline". The lists of co-ordinates and the maps included by Kenya in its submission show a single maritime boundary with Somalia at a parallel of latitude, extending beyond 200 nautical miles to the claimed outer limit of its continental shelf.

66. The Court notes that Kenya's 2009 Submission to the CLCS was made for the purpose of delineating the outer limits of its continental shelf, which is a process distinct from the delimitation of the continental shelf (*Territorial and Maritime Dispute (Nicaragua* v. *Colombia), Judgment, I.C.J. Reports 2012 (II)*, p. 668, para. 125). In this regard, Kenya's submission indicates that "Kenya has overlapping maritime claims with the adjacent coastal States of Somalia to the north and with the United Republic of Tanzania to the south" and mentions that Kenya and Somalia had signed the 2009 MOU agreeing that they would not object to each other's submissions to the CLCS. The MOU provides that

"[t]he submissions made before the Commission and the recommendations approved by the Commission thereon shall not prejudice the positions of the two coastal States with respect to the maritime dispute between them and shall be without prejudice to the future delimitation of maritime boundaries in the area under dispute".

67. As previously noted by the Court in the 2017 Judgment, the terms of the MOU suggest "that the two States recognize that they have a 'mar-

tion ... [en] accept[ait] le tracé ..., tel que ... communiqué à l'ONU par le Gouvernement de la République du Kenya». L'aide-mémoire joint à la note verbale indiquait que la «frontière ... entre [les] deux pays n'a[vait] pas été définie». Dans la seconde note verbale, le Kenya demandait au Gouvernement fédéral de transition de la Somalie «d'indiquer au Gouvernement de la République du Kenya qu'il accept[ait] la frontière maritime entre les deux pays telle qu'elle a[vait] été tracée par le Kenya puis déposée auprès de l'Organisation des Nations Unies».

64. La Cour relève que, dans ces notes verbales, la frontière maritime revendiquée par le Kenya n'était pas qualifiée de frontière convenue, mais que la Somalie était invitée à confirmer son acceptation. Or, il n'a pas été démontré que la Somalie ait communiqué pareille confirmation.

65. Dans la demande qu'il a soumise à la Commission des limites en 2009, le Kenya affirme que les espaces maritimes sur lesquels il exerce sa souveraineté, ses droits souverains et sa juridiction ont été déterminés sur la base des dispositions de la CNUDM, «telles que mises en application par les lois et proclamations suivantes: la loi de 1972 relative aux eaux territoriales, la loi de 1989 relative aux espaces maritimes (chap. 371) et la proclamation présidentielle du 9 juin 2005 ... concernant la mer territoriale et la zone économique exclusive du Kenya». Il affirme également que «le rebord externe de la marge continentale relevant de son territoire terrestre s'étend au-delà de 200 milles marins de la ligne de base de la mer territoriale». Les listes de coordonnées et les cartes figurant dans la demande du Kenya représentent une frontière maritime unique avec la Somalie longeant un parallèle et s'étendant au-delà de 200 milles marins jusqu'à la limite extérieure revendiquée de son plateau continental.

66. La Cour note que la demande soumise par le Kenya à la Commission des limites en 2009 avait pour objectif la délinéation de la limite extérieure de son plateau continental, processus distinct de la délimitation de celui-ci (*Différend territorial et maritime (Nicaragua c. Colombie), arrêt, C.I.J. Recueil 2012 (II)*, p. 668, par. 125). A cet égard, le défendeur y précise que «certaines de [ses] revendications maritimes ... se chevauchent avec celles des Etats côtiers adjacents, la Somalie au nord et la République-Unie de Tanzanie au sud» et y mentionne que lui-même et la Somalie ont signé le mémorandum d'accord de 2009 par lequel chacun a accepté de ne pas objecter aux communications de l'autre à la Commission. Ce mémorandum prévoit ce qui suit:

«Les communications formulées devant la Commission et les recommandations approuvées par cette dernière à cet égard n'influenceront pas la position adoptée par les deux Etats côtiers concernant le différend maritime qui les oppose et seront sans préjudice de la future délimitation des frontières maritimes dans la zone en litige.»

67. Comme la Cour l'a relevé dans l'arrêt de 2017, le texte du mémorandum d'accord laisse entendre «que les deux Etats reconnaissent l'exis-

itime dispute' that is 'unresolved'" (*I.C.J. Reports 2017*, p. 32, para. 72) and identify the "area under dispute" as that "in which the claims of the two Parties to the continental shelf overlap, without differentiating between the shelf within and beyond 200 nautical miles" (*ibid.*, p. 35, para. 84). They also suggest that "the Parties intended to acknowledge the usual course that delimitation would take . . . namely engaging in negotiations with a view to reaching agreement" (*ibid.*, p. 40, para. 97). In this connection, the MOU provides that "[t]he delimitation of maritime boundaries in the areas under dispute . . . shall be agreed between the two coastal States on the basis of international law".

68. The Court observes that Kenya's 2009 Submission to the CLCS also alludes to the lack of agreement between the Parties on the maritime boundary in the exclusive economic zone. In respect of the boundary with Tanzania, the submission explains that "[a]n agreement is in place between Kenya and Tanzania concerning the delimitation of maritime boundaries". However, in respect of the boundary with Somalia, the submission states that the exclusive economic zone boundary "shall be delimited by notice in the *Gazette* by the Minister pursuant to an agreement between Kenya and Somalia on the basis of international law", thus employing the same terms as Section 4, subsection 4, of the 1989 Maritime Zones Act. The submission also notes the existence of an "unsettled boundary line between Kenya and Somalia". From these terms, it was reasonable for Somalia to maintain its understanding that an agreement had yet to be negotiated and concluded.

69. On 26 and 27 March 2014, at the request of the Kenyan Government, the Parties met in Nairobi to engage in negotiations on maritime delimitation. The mere fact that these negotiations took place suggests that the Parties recognized the need to delimit the maritime boundary between them (see *Delimitation of the Maritime Boundary in the Atlantic Ocean (Ghana/Côte d'Ivoire), Judgment, ITLOS Reports 2017*, p. 73, paras. 221-222, and p. 78, para. 243). This is confirmed by the Parties' joint report on the negotiations, which states that they considered "several options and methods including bisector, perpendicular, median and parallel of latitude", but that they "could not reach a consensus on the potential maritime boundary line acceptable to both countries to be adopted". Nowhere does the report imply that there already was an agreed maritime boundary between the Parties.

70. Finally, the Court observes that Kenya's recognition that no agreement on the maritime boundary with Somalia has been reached was also reflected in its two Notes Verbales to the Secretary-General from the Permanent Mission of Kenya to the United Nations, dated 24 October 2014 and 4 May 2015, and in its statements made to the Court during the preliminary objections phase of the case.

71. In light of the foregoing, the Court concludes that Kenya has not consistently maintained its claim that the parallel of latitude constitutes the single maritime boundary with Somalia. Kenya's claim was contra-

tence entre eux d'un «différend maritime» qui n'est pas «encore résol[u]»»
(*C.I.J. Recueil 2017*, p. 32, par. 72), et définit la «zone en litige» comme
celle «où leurs prétentions à un plateau continental entr[]ent en concur-
rence, sans faire de distinction entre la portion du plateau située en deçà
de 200 milles marins et la portion située au-delà» (*ibid.*, p. 35, par. 84). Il
semble aussi indiquer que «les Parties entendaient faire référence à la
manière dont se déroule généralement la délimitation ..., [à savoir par]
l'ouverture de négociations visant à aboutir à un accord» (*ibid.*, p. 40,
par. 97). A cet égard, le mémorandum prévoit que «[l]a délimitation des
frontières maritimes dans la zone en litige ... fera l'objet d'un accord
entre les deux Etats côtiers sur la base du droit international».

68. La Cour observe que la demande que le Kenya a soumise à la Commission des limites en 2009 fait aussi allusion à l'absence d'accord entre les
Parties sur la frontière maritime dans la zone économique exclusive. Pour
ce qui est de la frontière avec la Tanzanie, il est précisé que «[l]e Kenya et
[cette dernière] ont conclu un accord de délimitation des frontières maritimes». Quant à celle avec la Somalie, la demande indique que la zone
économique exclusive «sera délimitée par avis ministériel publié au Journal officiel, conformément à un accord entre [les deux Etats] fondé sur le
droit international», reprenant ainsi les termes du paragraphe 4 de l'article 4 de la loi de 1989 relative aux espaces maritimes. Enfin, il est noté
qu'il existe une «ligne frontière non réglée entre [le Kenya] et la Somalie».
Il était donc raisonnable pour la Somalie, en se fondant sur ces termes, de
continuer de penser qu'un accord devait encore être négocié et conclu.

69. Les 26 et 27 mars 2014, à la demande du Gouvernement kényan, les
Parties se sont réunies à Nairobi pour engager des négociations sur la délimitation maritime, donnant par ce simple fait à entendre qu'elles recon-
naissaient la nécessité de délimiter la frontière maritime entre elles (voir
*Délimitation de la frontière maritime dans l'océan Atlantique (Ghana/Côte
d'Ivoire), arrêt, TIDM Recueil 2017*, p. 73, par. 221-222, et p. 78, par. 243).
C'est ce que confirme le compte rendu établi conjointement à l'issue des
négociations, dans lequel elles indiquent avoir examiné «plusieurs options
et méthodes, notamment l'utilisation d'une bissectrice, d'une perpendiculaire, d'une ligne médiane et d'un parallèle», mais n'être «pas parvenues à
s'entendre sur une ligne de délimitation maritime susceptible d'être adoptée par les deux pays». Rien dans ce document ne laisse supposer qu'il
existait déjà une frontière maritime convenue entre les Parties.

70. Enfin, la Cour observe que la reconnaissance par le Kenya de ce
qu'aucun accord sur la frontière maritime n'avait été conclu avec la
Somalie ressort également des deux notes verbales en date des 24 octobre
2014 et 4 mai 2015 que sa mission permanente auprès de l'Organisation
des Nations Unies a adressées au Secrétaire général, ainsi que des déclarations qu'il a faites à la Cour pendant la phase de l'affaire consacrée aux
exceptions préliminaires.

71. A la lumière de ce qui précède, la Cour conclut que le Kenya n'a pas
maintenu de façon constante sa prétention selon laquelle le parallèle constitue la frontière maritime unique avec la Somalie. La prétention du Kenya

dicted by its Territorial Waters Act of 1972, which remained in force in 1979, its 1989 Maritime Zones Act and its 2009 Submission to the CLCS. Under these circumstances, it was reasonable for Somalia to understand that its maritime boundary with Kenya in the territorial sea, in the exclusive economic zone and on the continental shelf would be established by an agreement to be negotiated and concluded in the future. The Court thus concludes that there is no compelling evidence that Kenya's claim and related conduct were consistently maintained and, consequently, called for a response from Somalia.

*

72. The Court recalls that Kenya's claim of acquiescence is based on Somalia's alleged acceptance of a maritime boundary at the parallel of latitude, in particular through its prolonged absence of protest. The Court will address this argument of Kenya, bearing in mind the conclusion drawn above (see paragraph 71).

73. Kenya has emphasized that it issued the 1979 Proclamation while the Parties were actively participating in the negotiations held at the Third United Nations Conference on the Law of the Sea and that Somalia's lack of reaction should be assessed in light of the positions it took in that context. Discussions during the Conference on the question of the delimitation of maritime areas resulted in the adoption of Article 15, Article 74, paragraph 1, and Article 83, paragraph 1, of UNCLOS. The Court notes that the latter two provisions reflect the view held by both Kenya and Somalia during the negotiations that the delimitation of the exclusive economic zone and the continental shelf between States with adjacent or opposite coasts should be effected by agreement "in order to achieve an equitable solution". These provisions, however, do not set forth a specific method of delimitation and it cannot be inferred from the Parties' positions during the Conference that Somalia rejected equidistance as a possible method of achieving an equitable solution.

74. In the years immediately following Kenya's 1979 Proclamation, the Parties engaged in discussions on a variety of issues regarding their bilateral relations, such as trade and exploitation of marine resources. However, there is no indication that Somalia accepted Kenya's claim to a boundary along a parallel of latitude during that period. In this regard, Kenya has submitted minutes of a meeting held between the Vice-Presidents of the two States on 6 May 1980, but these minutes make no mention of any discussion of the Parties' maritime boundaries or the 1979 Proclamation. The same is true of other evidence submitted by Kenya in relation to meetings held between the Parties in 1981.

est en effet contredite par la loi de 1972 relative aux eaux territoriales, qui est restée en vigueur en 1979, la loi de 1989 relative aux espaces maritimes et la demande soumise par le Kenya à la Commission des limites en 2009. Dans ces conditions, la Somalie pouvait raisonnablement penser que sa frontière maritime avec le Kenya dans la mer territoriale, la zone économique exclusive et sur le plateau continental serait établie par un accord qui serait négocié et conclu ultérieurement. La Cour constate donc l'absence d'éléments de preuve convaincants montrant que la revendication du Kenya et son comportement y afférent ont été maintenus de manière constante et appelaient par conséquent une réaction de la part de la Somalie.

*

72. La Cour rappelle que la prétention du Kenya en faveur d'un acquiescement est fondée sur l'allégation selon laquelle la Somalie aurait accepté une frontière maritime longeant le parallèle, notamment en raison d'une absence prolongée de protestation à cet égard. La Cour examinera cet argument du défendeur en tenant compte de la conclusion à laquelle elle est parvenue ci-dessus (voir paragraphe 71).

73. Le Kenya a souligné qu'il avait publié la proclamation de 1979 alors que les Parties participaient activement aux négociations de la troisième conférence des Nations Unies sur le droit de la mer et que l'absence de réaction de la Somalie devait être appréciée à la lumière des positions prises par celle-ci dans ce contexte. Les discussions portant sur la question de la délimitation des espaces maritimes qui se sont tenues au cours de la conférence ont abouti à l'adoption de l'article 15, du paragraphe 1 de l'article 74 et du paragraphe 1 de l'article 83 de la CNUDM. La Cour note que ces deux dernières dispositions reflètent les vues que le Kenya comme la Somalie ont exprimées au cours des négociations, à savoir que la délimitation de la zone économique exclusive et celle du plateau continental entre des Etats dont les côtes sont adjacentes ou se font face devaient être effectuées par voie d'accord «pour parvenir à une solution équitable». Ces dispositions ne prévoient toutefois pas de méthode de délimitation particulière et l'on ne saurait déduire des positions exposées par les Parties au cours de la conférence que la Somalie a rejeté l'équidistance comme méthode possible pour parvenir à une solution équitable.

74. Dans les premières années ayant suivi la proclamation kényane de 1979, les Parties ont entamé des discussions portant sur diverses questions relatives à leurs relations bilatérales, telles que le commerce et l'exploitation des ressources marines. Rien n'indique cependant que la Somalie ait alors accepté la revendication du Kenya d'une frontière longeant un parallèle. A cet égard, le défendeur a soumis le procès-verbal d'une réunion tenue le 6 mai 1980 entre les vice-présidents des deux Etats, mais ce document ne fait pas mention d'une quelconque discussion portant sur la frontière maritime entre les Parties ou sur la proclamation de 1979. Il en va de même des autres éléments de preuve produits par le Kenya en ce qui concerne les réunions tenues par les Parties en 1981.

75. Until 1989, Somalia did not claim an exclusive economic zone or define its continental shelf. Article 1, paragraph 1, of the 1972 Law on the Somali Territorial Sea and Ports defined Somalia's territorial sea as extending to 200 nautical miles, without including any provision pertaining to its delimitation. Shortly before ratifying UNCLOS, Somalia adopted the Maritime Law of 1988, approved by Law No. 5 on 26 January 1989. Article 7 of the Maritime Law provides that Somalia's exclusive economic zone shall extend to 200 nautical miles, and Article 8 defines its continental shelf both within and beyond 200 nautical miles. The Maritime Law does not refer to the delimitation of either of these areas. Article 4 defines Somalia's territorial sea as extending to 12 nautical miles and addresses the issue of its delimitation with Kenya, providing in the relevant part of paragraph 6:

"If there is no multilateral treaty, the Somali Democratic Republic shall consider that the border between the Somali Democratic Republic and the Republic of Djibouti and the Republic of Kenya is a straight line toward the sea from the land as indicated on the enclosed charts."

76. Somalia has not produced the charts mentioned in the provision, explaining that they may have been lost or destroyed during the civil war. It maintains that "the phrase 'straight line toward the sea' was intended to be equivalent to an equidistance line". Kenya contends that, although the meaning of this phrase is unclear, taking Somalia's contemporary practice into account, it should be interpreted as a reference to the parallel of latitude.

77. The Court notes that Article 4, paragraph 6, of the Maritime Law also refers to the delimitation of maritime areas in relation to the Republic of Yemen, employing the phrase "a median line". The phrase "a straight line toward the sea from the land" is not clear and, without the charts mentioned, its meaning cannot be determined. Kenya submits a number of documents, including the Mining Code of the Somali Democratic Republic of 1984 and several maps, which, in its view, support its interpretation of this phrase. The text of the Mining Code, adopted prior to the Maritime Law of 1988, does not serve to clarify the meaning given by the latter to the phrase "a straight line toward the sea from the land". Article 58 of the Mining Code concerns only the establishment of concession blocks in Somali territory. The Mining Code did not itself regulate Somalia's maritime boundaries. Similarly, the maps submitted by Kenya depict only oil concession blocks. As the Court will further explain below (see paragraphs 86 and 87), such blocks, in and of themselves, cannot be taken to indicate the existence of a maritime boundary.

78. Somalia did not react immediately to the 2005 Proclamation. However, its view was made clear on several occasions in 2009. As noted above (see paragraph 67), the MOU concluded that year between the Par-

75. Jusqu'en 1989, la Somalie n'a pas revendiqué de zone économique exclusive ni défini son plateau continental. Le paragraphe 1 de l'article premier de la loi somalienne de 1972 relative à la mer territoriale et aux ports indiquait que la mer territoriale de la Somalie s'étendait jusqu'à 200 milles marins, mais n'apportait aucune précision quant à sa délimitation. Peu avant de ratifier la CNUDM, la Somalie a adopté la loi maritime de 1988, dont la loi n° 5 du 26 janvier 1989 a porté approbation. L'article 7 de cette loi maritime prévoit que la zone économique exclusive s'étend jusqu'à 200 milles marins, et l'article 8 définit le plateau continental tant en deçà qu'au-delà de 200 milles marins, sans que le texte mentionne la délimitation de l'un ou l'autre de ces espaces. L'article 4 prévoit que la mer territoriale de la Somalie s'étend jusqu'à 12 milles marins et traite de la question de la délimitation avec le Kenya, la partie pertinente de son paragraphe 6 se lisant comme suit:

« En l'absence de traité international, la République démocratique de Somalie considérera que ses frontières maritimes avec la République de Djibouti, d'une part, et la République du Kenya, d'autre part, suivent chacune une ligne droite s'étendant vers le large, comme indiqué sur les croquis joints. »

76. La Somalie n'a pas produit les croquis mentionnés dans cette disposition, expliquant qu'ils pouvaient avoir été égarés ou détruits au cours de la guerre civile. Elle soutient que «le membre de phrase «une ligne droite s'étendant vers le large» était censé correspondre à une ligne d'équidistance». Le Kenya affirme que, bien que le sens de ce membre de phrase ne soit pas clair, il convient, compte tenu de la pratique qui était celle de la Somalie à l'époque, de l'interpréter comme une référence au parallèle.

77. La Cour note que le paragraphe 6 de l'article 4 de la loi maritime fait également référence à la délimitation des espaces maritimes en ce qui concerne la République du Yémen, employant alors l'expression «une ligne médiane». Le membre de phrase «une ligne droite s'étendant vers le large» n'est effectivement pas clair et, en l'absence des croquis mentionnés, il est impossible d'en déterminer le sens. Le Kenya produit plusieurs documents, dont le code minier de la République démocratique de Somalie de 1984, ainsi que plusieurs cartes qui, selon lui, étayent l'interprétation qu'il fait de ces termes. Le texte du code minier, adopté avant la loi maritime de 1988, ne permet pas de clarifier le sens que le membre de phrase en question revêt dans celle-ci. L'article 58 du code minier ne vise que la constitution de blocs de concession sur le territoire somalien. Ce code ne régissait pas en soi les frontières maritimes de la Somalie. De même, les cartes soumises par le Kenya ne représentent que des blocs de concession pétrolière. Ainsi que la Cour le précisera ci-après (voir paragraphes 86 et 87), ces blocs ne peuvent être considérés en eux-mêmes comme indiquant l'existence d'une frontière maritime.

78. La Somalie n'a pas réagi immédiatement à la proclamation de 2005. Elle a cependant clairement précisé ses vues à plusieurs reprises en 2009. Comme il est noté ci-dessus (voir paragraphe 67), le mémorandum

ties refers to an unsettled maritime dispute. Somalia's 2009 submission of preliminary information to the CLCS reproduces the text of the MOU and indicates that "[u]nresolved questions remain in relation to [the] bilateral delimitation of the continental shelf with neighbouring States". In addition, in a letter dated 19 August 2009 and addressed to the Secretary-General of the United Nations, the Prime Minister of Somalia maintained that "[t]he delimitation of the continental shelf . . . has not yet been settled", further stating that

> "[i]t would appear that Kenya claims an area extending up to the latitude of the point where the land border reaches the coast, while, instead, in accordance with the international law of the sea, an equidistance line normally constitutes the point of departure for the delimitation of the continental shelf between two States with adjacent coasts. Somalia bases itself on the latter view".

Furthermore, as noted by the Court in the 2017 Judgment, in 2014 Somalia "objected to the consideration by the CLCS of Kenya's submission on the ground that there existed a maritime boundary dispute between itself and Kenya" (*I.C.J. Reports 2017*, p. 14, para. 19). Somalia withdrew its objection in 2015, noting that the dispute had been submitted to the Court.

79. Finally, the Court cannot ignore the context of the civil war that afflicted Somalia, depriving it of a fully operational government and administration between 1991 and 2005. These circumstances were public and notorious (see e.g. Security Council, Report of the Secretary-General on the protection of Somali natural resources and waters, UN doc. S/2011/661, 25 October 2011, para. 22), and they were also recognized by Kenya in the previous phase of the proceedings. This context needs to be taken into account in evaluating the extent to which Somalia was in a position to react to Kenya's claim during this period.

80. For the foregoing reasons, the Court considers that the conduct of Somalia between 1979 and 2014 in relation to its maritime boundary with Kenya, as examined above, in particular its alleged absence of protest against Kenya's claim, does not establish Somalia's clear and consistent acceptance of a maritime boundary at the parallel of latitude.

*

81. Kenya also argues that other conduct of the Parties between 1979 and 2014 confirms Somalia's acceptance of a maritime boundary at the parallel of latitude. Kenya refers, in particular, to the Parties' practice concerning naval patrols, fisheries, marine scientific research and oil concessions (see paragraph 43 above). The Court will now consider this argument of Kenya.

d'accord conclu cette année-là entre les Parties fait référence à un différend maritime non réglé. Les informations préliminaires soumises par la Somalie à la Commission des limites en 2009 reproduisent le texte du mémorandum d'accord et indiquent qu'«il subsist[ait] des questions non résolues concernant la délimitation bilatérale du plateau continental avec certains Etats voisins». En outre, dans une lettre en date du 19 août 2009 adressée au Secrétaire général de l'Organisation des Nations Unies, le premier ministre somalien a soutenu que «[l]a délimitation du plateau continental n'[étai]t pas réglée», avant d'ajouter ce qui suit:

> «Il semblerait que le Kenya revendique une zone s'étendant jusqu'à la latitude du point où la frontière terrestre rencontre la côte alors que, selon le droit international de la mer, c'est normalement une ligne d'équidistance qui constitue le point de départ de la délimitation du plateau continental entre deux Etats dont les côtes sont adjacentes. La Somalie se fonde sur cette dernière méthode.»

De plus, comme la Cour l'a relevé dans l'arrêt de 2017, la Somalie, en 2014, «objectait à l'examen, par la Commission des limites, de la demande du Kenya, au motif qu'il existait entre [les deux Etats] un différend relatif à la frontière maritime» (*C.I.J. Recueil 2017*, p. 14, par. 19). La Somalie a retiré son objection en 2015, observant que le différend avait été soumis à la Cour.

79. Enfin, la Cour ne saurait méconnaître le contexte de la guerre civile qui a affligé la Somalie, la privant d'un gouvernement et d'une administration pleinement opérationnels entre 1991 et 2005. Cette situation était notoire (voir, par exemple, Conseil de sécurité, rapport du Secrétaire général sur la protection des ressources naturelles et des eaux territoriales de la Somalie, Nations Unies, doc. S/2011/661, 25 octobre 2011, par. 22), et le Kenya l'a également reconnue au cours de la phase précédente de la procédure. Il convient de tenir compte de ce contexte pour apprécier dans quelle mesure la Somalie pouvait réagir à la prétention kényane durant cette période.

80. Pour les raisons qui précèdent, la Cour considère que le comportement de la Somalie entre 1979 et 2014 concernant sa frontière maritime avec le Kenya, tel qu'examiné ci-dessus, notamment son absence alléguée de protestation contre la prétention de celui-ci, n'établit pas qu'elle a accepté de manière claire et constante une frontière maritime longeant le parallèle.

*

81. Le défendeur soutient en outre que d'autres comportements adoptés par les Parties entre 1979 et 2014 confirment que la Somalie a accepté une frontière maritime longeant le parallèle. Le Kenya se réfère notamment à la pratique des Parties en ce qui concerne les patrouilles navales, la pêche, la recherche scientifique marine et les concessions pétrolières (voir paragraphe 43 ci-dessus). La Cour se penchera à présent sur cet argument du Kenya.

82. The Court recalls that, in the context of a maritime delimitation dispute, as for territorial disputes, the date on which the dispute crystallized is of significance. Acts occurring after such date are in principle irrelevant to the determination of a maritime boundary and cannot be taken into consideration, "having been carried out by a State which, already having claims to assert in a legal dispute, could have taken those actions strictly with the aim of buttressing those claims" (*Territorial and Maritime Dispute between Nicaragua and Honduras in the Caribbean Sea (Nicaragua* v. *Honduras), Judgment, I.C.J. Reports 2007 (II)*, pp. 697-698, para. 117; see also *Sovereignty over Pedra Branca/Pulau Batu Puteh, Middle Rocks and South Ledge (Malaysia/Singapore), Judgment, I.C.J. Reports 2008*, pp. 27-28, para. 32; *Sovereignty over Pulau Ligitan and Pulau Sipadan (Indonesia/Malaysia), Judgment, I.C.J. Reports 2002*, p. 682, para. 135).

83. Kenya argues that there was no dispute between the Parties until 2014. However, when it submitted its preliminary objections in 2015, it stated that "[i]t was only in 2009 that Somalia first disputed Kenya's 1979 EEZ maritime boundary". Somalia, for its part, argues that the Parties have been engaged in a maritime boundary dispute since the 1970s. The Court recalls that the MOU concluded by the Parties in 2009 and Kenya's 2009 Submission to the CLCS indicate that a maritime dispute existed between them as of 2009 (see paragraphs 66-68 above). Somalia has not provided the Court with sufficient evidence to conclude that the dispute emerged before 2009. Accordingly, the Court considers that the Parties' activities after 2009 cannot be taken into consideration for the purpose of determining the maritime boundary.

84. In light of the foregoing, the Court will examine the conduct of the Parties referred to by Kenya. The Court begins by considering the evidence of naval patrols. Maps depicting and logs recording Kenya's naval patrols and interceptions in the territorial sea show that some law enforcement activities were conducted by Kenya north of the equidistance line claimed by Somalia. Occasionally, however, they were also conducted north of the parallel of latitude that it claims as the maritime boundary. Kenya's naval patrols and interceptions were thus not necessarily consistent with its maritime boundary claim. Moreover, one of the maps submitted by Kenya is marked "secret" and the remaining evidence does not establish that Somalia had knowledge of these activities.

85. The evidence on fisheries and marine scientific research activities also does not support Kenya's claim. Kenya submitted a fishing licence it had granted to a French vessel on 20 June 2011 for the period between July 2011 and June 2012, which included co-ordinates for fishing areas north of the equidistance line. There is no evidence, however, that Somalia had knowledge of these activities, which, in any event, took place

82. La Cour rappelle que, dans le cadre d'un différend portant sur la délimitation maritime, comme en matière de différends territoriaux, la date à laquelle le différend en cause s'est cristallisé est importante. Les actes postérieurs à cette date sont en principe dénués de pertinence pour la détermination d'une frontière maritime et ne peuvent être pris en considération, «en tant qu'ils sont le fait d'un Etat qui, ayant déjà à faire valoir certaines revendications dans le cadre d'un différend juridique, pourrait avoir accompli les actes en question dans le seul but d'étayer celles-ci» (*Différend territorial et maritime entre le Nicaragua et le Honduras dans la mer des Caraïbes (Nicaragua c. Honduras), arrêt, C.I.J. Recueil 2007 (II)*, p. 697-698, par. 117; voir également *Souveraineté sur Pedra Branca/Pulau Batu Puteh, Middle Rocks et South Ledge (Malaisie/Singapour), arrêt, C.I.J. Recueil 2008*, p. 27-28, par. 32; *Souveraineté sur Pulau Ligitan et Pulau Sipadan (Indonésie/Malaisie), arrêt, C.I.J. Recueil 2002*, p. 682, par. 135).

83. Le Kenya avance qu'il n'existait pas de différend entre les Parties jusqu'en 2014. Cependant, lorsqu'il a soulevé des exceptions préliminaires en 2015, il a précisé que «[c]e n'[étai]t qu'en 2009 que la Somalie a[vait] contesté pour la première fois la limite de la zone économique exclusive [qu'il avait] établie ... en 1979». La Somalie soutient pour sa part qu'un différend frontalier maritime oppose les Parties depuis les années 1970. La Cour rappelle que le mémorandum d'accord conclu par les Parties en 2009 et la demande soumise par le Kenya à la Commission des limites en 2009 indiquent qu'un différend maritime existait entre les deux Etats depuis 2009 (voir paragraphes 66-68 ci-dessus). La Somalie ne lui a pas présenté suffisamment d'éléments de preuve pour lui permettre de conclure que le différend était né avant 2009. En conséquence, la Cour considère que les activités des Parties postérieures à 2009 ne peuvent être prises en considération aux fins de la détermination de la frontière maritime.

84. Compte tenu de ce qui précède, la Cour examinera le comportement des Parties auquel se réfère le défendeur. Elle commencera par étudier les éléments relatifs aux patrouilles navales. Les cartes décrivant les patrouilles navales et les interceptions effectuées par le Kenya dans la mer territoriale, ainsi que les livres de bord dans lesquels ces opérations sont consignées, montrent que ce dernier exerçait certaines activités de maintien de l'ordre au nord de la ligne d'équidistance revendiquée par la Somalie. Cela étant, ces activités étaient aussi occasionnellement exercées au nord du parallèle que le défendeur revendique comme frontière maritime. Les patrouilles navales et les interceptions en mer effectuées par le Kenya ne cadraient donc pas nécessairement avec cette revendication. De plus, l'une des cartes soumises par le défendeur porte la mention «secret» et les autres éléments de preuve n'établissent pas que la Somalie ait eu connaissance de ces activités.

85. Les éléments de preuve relatifs à la pêche et à la recherche scientifique marine n'étayent pas davantage la revendication du Kenya. Ce dernier a produit un permis de pêche qu'il avait accordé à un navire français le 20 juin 2011 pour la période allant de juillet 2011 à juin 2012 et dans lequel figuraient des coordonnées de zones de pêche situées au nord de la ligne d'équidistance. Il n'est cependant pas établi que la Somalie avait connais-

after 2009. Kenya also submitted a report issued by the Ministry of Fisheries and Marine Transport of Somalia for the period 1987-1988, which referred to the positions studied in a survey conducted by the Intergovernmental Oceanographic Commission (hereinafter the "IOC") of UNESCO. However, this report includes no indication of any maritime boundary. Similarly, a map published by the Ministry of Fisheries of Somalia and reproduced in a 1987 report of the United Nations Environment Programme does not depict the boundary of Somalia's southernmost fishery region or its maritime boundary with Kenya. It therefore cannot be concluded from this map that Somalia considered the maritime boundary to be established at the parallel of latitude. Other documents submitted by Kenya as evidence — including a map produced by the IOC, an offshore trawling survey of Kenya conducted by the Food and Agriculture Organization of the United Nations and the United Nations Development Programme, and a technical paper reflecting the results of a survey programme conducted in co-operation with Norwegian agencies — were not produced by the Parties and thus cannot be taken to reflect their official positions.

86. As regards oil concessions, the Parties have referred to a number of maps produced by third parties, as well as by Kenyan and Somali institutions. Kenya has also referred to the terms of Somalia's Mining Code (see paragraph 77 above) and Petroleum Law. The Court notes that the Parties have established offshore oil concession blocks employing different lines since the 1970s. However, the Parties have referred only to limited practice that took place before 2009, such as a series of contracts concluded since 2000 in relation to the oil concession block identified by Kenya as Block L-5 and the drilling of the first exploratory well slightly north of the equidistance line claimed by Somalia, between December 2006 and January 2007. For the most part, the Parties have referred to practice after 2009, which, for the reasons previously explained (see paragraphs 82 and 83 above), is irrelevant to the determination of the maritime boundary.

87. The Court notes Kenya's argument that the conduct of the Parties, including with respect to oil concessions, reflects the existence of a *de facto* maritime boundary. Even assuming that the limited evidence of practice before 2009 could be taken to suggest that a *de facto* line along the parallel of latitude may have been used by the Parties for the location of oil concession blocks, at least for some time, the Court observes that this may have been "simply the manifestation of the caution exercised by the Parties in granting their concessions" (*Sovereignty over Pulau Ligitan and Pulau Sipadan (Indonesia/Malaysia), Judgment, I.C.J. Reports 2002*, p. 664, para. 79). The Court also recalls that a *de facto* line "might in certain circumstances correspond to the existence of an agreed legal boundary or might be more in the nature of a provisional line or of a line for a specific, limited purpose, such as sharing a scarce resource" (*Territo-*

sance de ces activités qui, en tout état de cause, étaient postérieures à 2009. Le Kenya a également produit un rapport émanant du ministère somalien de la pêche et du transport maritime pour la période 1987-1988, dans lequel il était fait référence aux positions analysées dans le cadre d'une étude conduite par la Commission océanographique intergouvernementale de l'UNESCO (dénommée ci-après la «COI»). Or, ce rapport ne contient pas la moindre indication d'une quelconque frontière maritime. De même, une carte publiée par le ministère somalien de la pêche et reproduite dans un rapport de 1987 du Programme des Nations Unies pour l'environnement ne représente pas non plus la limite de la région de pêche la plus méridionale de la Somalie ou la frontière maritime de celle-ci avec le Kenya: elle ne permet donc pas de conclure que la Somalie considérait que la frontière maritime était établie le long du parallèle. D'autres documents soumis par le Kenya à titre de preuve — dont une carte produite par la COI, une étude sur le chalutage au large du Kenya menée par l'Organisation des Nations Unies pour l'alimentation et l'agriculture et le Programme des Nations Unies pour le développement et un mémoire technique reflétant les résultats d'un programme d'études mené en coopération avec des agences norvégiennes — ne sont pas l'œuvre des Parties et ne sauraient donc être considérés comme reflétant leurs positions officielles.

86. En ce qui concerne les concessions pétrolières, le Kenya et la Somalie se sont référés à un certain nombre de cartes produites par des tiers, ainsi que par leurs propres institutions. Le défendeur a également mentionné les termes du code minier somalien (voir paragraphe 77 ci-dessus) et de la loi somalienne sur le pétrole. La Cour relève que, depuis les années 1970, les Parties ont établi des blocs de concession pétrolière en mer en utilisant différentes lignes. Elles n'ont toutefois fait état que d'une pratique limitée avant 2009, dont une série de contrats conclus à partir de 2000 qui portent sur le bloc de concession pétrolière dénommé «bloc L-5» par le Kenya et le forage du premier puits d'exploration légèrement au nord de la ligne d'équidistance revendiquée par la Somalie entre décembre 2006 et janvier 2007. Pour l'essentiel, les Parties se sont référées à la pratique postérieure à 2009, qui, pour les raisons exposées précédemment (voir paragraphes 82 et 83 ci-dessus), est dénuée de pertinence aux fins de la détermination de la frontière maritime.

87. La Cour note l'argument du Kenya selon lequel le comportement des Parties, y compris en matière de concessions pétrolières, reflète l'existence d'une frontière maritime *de facto*. Même à supposer que les preuves limitées de la pratique antérieure à 2009 puissent être considérées comme portant à penser qu'une ligne *de facto* longeant le parallèle a pu être utilisée par les Parties pour déterminer l'emplacement de blocs de concession pétrolière, au moins pendant un certain temps, la Cour fait observer que cela pouvait «ne constituer qu'une manifestation de la prudence des Parties dans l'octroi de leurs concessions» (*Souveraineté sur Pulau Ligitan et Pulau Sipadan (Indonésie/Malaisie), arrêt, C.I.J. Recueil 2002*, p. 664, par. 79). Elle rappelle également qu'une ligne *de facto* «pourrait dans certaines circonstances correspondre à l'existence d'une frontière convenue en droit ou revêtir davantage le caractère d'une ligne provisoire ou d'une ligne à voca-

rial and Maritime Dispute between Nicaragua and Honduras in the Caribbean Sea (Nicaragua v. *Honduras), Judgment, I.C.J. Reports 2007 (II),* p. 735, para. 253). The Court considers that "proof of the existence of a maritime boundary requires more than the demonstration of longstanding oil practice or adjoining oil concession limits" (*Delimitation of the Maritime Boundary in the Atlantic Ocean (Ghana/Côte d'Ivoire), Judgment, ITLOS Reports 2017*, p. 71, para. 215).

88. For the reasons set out above, the Court considers that other conduct of the Parties between 1979 and 2014 does not confirm that Somalia has clearly and consistently accepted a maritime boundary at the parallel of latitude.

*

89. In conclusion, the Court finds that there is no compelling evidence that Somalia has acquiesced to the maritime boundary claimed by Kenya and that, consequently, there is no agreed maritime boundary between the Parties at the parallel of latitude. Kenya's claim in this respect must therefore be rejected.

IV. MARITIME DELIMITATION

90. In view of the conclusion just reached, the Court will now turn to the delimitation of the maritime areas appertaining to Somalia and Kenya.

91. In its Application, Somalia requested the Court to determine, on the basis of international law, the complete course of the single maritime boundary dividing all the maritime areas appertaining to Somalia and to Kenya in the Indian Ocean, including the continental shelf beyond 200 nautical miles (see paragraph 25 above).

A. Applicable Law

92. Both Somalia and Kenya are parties to UNCLOS (see paragraph 33 above). The provisions of the Convention must therefore be applied by the Court in determining the course of the maritime boundary between the two States.

B. Starting-Point of the Maritime Boundary

93. Although the Parties initially proffered divergent views on the appropriate approach to defining the starting-point of the maritime boundary, those views evolved in the course of the proceedings and are now by and large concordant.

94. According to Somalia, the construction of the maritime boundary line begins with the identification of the land boundary terminus, which it

tion spécifique, limitée, telle que le partage d'une ressource rare» (*Différend territorial et maritime entre le Nicaragua et le Honduras dans la mer des Caraïbes (Nicaragua c. Honduras), arrêt, C.I.J. Recueil 2007 (II)*, p. 735, par. 253). La Cour considère que le fait de «démontrer l'existence d'une pratique pétrolière de longue date ou de concessions pétrolières contiguës ne suffit pas à prouver l'existence d'une frontière maritime» (*Délimitation de la frontière maritime dans l'océan Atlantique (Ghana/Côte d'Ivoire), arrêt, TIDM Recueil 2017*, p. 71, par. 215).

88. Pour les raisons exposées ci-dessus, la Cour considère que les autres comportements des Parties entre 1979 et 2014 ne confirment pas que la Somalie a accepté, de manière claire et constante, une frontière maritime longeant le parallèle.

*

89. En conclusion, la Cour constate qu'il n'existe pas d'éléments de preuve convaincants montrant que la Somalie a acquiescé à la frontière maritime revendiquée par le Kenya et que, partant, il n'existe pas de frontière maritime convenue entre les Parties longeant le parallèle. La prétention du Kenya à cet égard doit donc être rejetée.

IV. DÉLIMITATION MARITIME

90. Compte tenu de la conclusion à laquelle elle vient de parvenir, la Cour se penchera à présent sur la délimitation des espaces maritimes relevant de la Somalie et du Kenya.

91. Dans sa requête, la Somalie a prié la Cour de déterminer, sur la base du droit international, l'intégralité du tracé de la frontière maritime unique départageant l'ensemble des espaces maritimes relevant de la Somalie et du Kenya dans l'océan Indien, y compris sur le plateau continental au-delà de 200 milles marins (voir paragraphe 25 ci-dessus).

A. Droit applicable

92. La Somalie et le Kenya sont tous deux parties à la CNUDM (voir paragraphe 33 ci-dessus). Ce sont donc les dispositions de cet instrument que la Cour doit appliquer pour déterminer le tracé de la frontière maritime entre les deux Etats.

B. Point de départ de la frontière maritime

93. Si les vues initialement présentées par les Parties divergeaient quant à la méthode appropriée pour définir le point de départ de la frontière maritime, elles ont évolué en cours d'instance et se rejoignent désormais dans une large mesure.

94. Selon la Somalie, pour construire la frontière maritime, il faut commencer par déterminer le point terminal de la frontière terrestre, que le

locates at 1° 39′ 44.07″ S and 41° 33′ 34.57″ E. To locate the land boundary
terminus, Somalia first explains that the terminal point of the Parties' land
boundary was defined with a high degree of precision in the 1927/1933
treaty arrangement between the two colonial Powers, the United Kingdom
and Italy. Somalia contends that, consistent with the terms of the
1927 Agreement, the final permanent boundary beacon, known as Primary
Beacon No. 29, or "PB 29", at the location known as "Dar Es Salam",
must be connected to the low-water line by means of a straight line, perpendicular to the coast. It submits that the point at which this perpendicular
line intersects the low-water line is the proper starting-point of the maritime
boundary. Somalia situates this point on the low-water line approximately
41 metres south-east of PB 29. Somalia further contends that its approach
to defining the starting-point of the maritime boundary is in conformity
with Article 5 of UNCLOS, which states that the normal baseline for measuring the breadth of the territorial sea is the "low-water line".

95. In its Counter-Memorial and Rejoinder, Kenya made reference to
PB 29 itself as being the appropriate starting-point for the delimitation of
the maritime boundary. It argued against a starting-point located on the
low-water line. The Court, however, notes that subsequently, in Appendix 2, where Kenya discussed how a provisional equidistance line ought
to be constructed, it stated that such a line "begins from [a land boundary
terminus] on the low-water line extending south-east from PB29". Taking
these views into account, the Court can conclude that the Parties agree on
the method for identifying the starting-point of the maritime boundary.

96. As to the exact location of PB 29, Somalia first argued that its
co-ordinates are 1° 39′ 43.3″ S and 41° 33′ 33.49″ E. In its Counter-
Memorial, Kenya replied that the precise co-ordinates of PB 29 are
slightly different, at 1° 39′ 43.2″ S and 41° 33′ 33.19″ E. However, in the
oral proceedings, Somalia indicated that it would be prepared to accept
the co-ordinates proposed by Kenya for PB 29 for the purposes of
identifying the starting-point of the maritime boundary in the Indian
Ocean.

97. As to the exact location of the land boundary terminus, the Parties
have put forward co-ordinates that are approximately the same. The
co-ordinates for the land boundary terminus identified by Kenya by
employing British Admiralty Chart 3362 — namely 1° 39′ 44.0″ S and
41° 33′ 34.4″ E — differ only slightly from the co-ordinates identified by
Somalia using the United States National Geospatial Agency (US NGA)
Nautical Chart 61220 (see paragraph 94 above). During the oral proceedings, Somalia stated that it would "be content with the outcome" regardless of which chart the Court chose to employ.

98. Taking into account the views of the Parties, the Court considers
that the starting-point of the maritime boundary is to be determined by
connecting PB 29 to a point on the low-water line by a straight line that
runs in a south-easterly direction and that is perpendicular to "the general

demandeur situe par 1° 39′ 44,07″ de latitude sud et 41° 33′ 34,57″ de longitude est. S'agissant de l'emplacement de ce point, la Somalie indique tout d'abord qu'il a été fixé avec une grande précision dans le cadre de l'arrangement conventionnel de 1927/1933 conclu entre les deux puissances coloniales de l'époque, à savoir le Royaume-Uni et l'Italie. Elle affirme que, conformément au libellé de l'accord de 1927, la dernière borne frontière permanente, appelée «borne principale n° 29», ou «BP 29», et située à l'emplacement nommé «Dar Es Salam», doit être reliée à la laisse de basse mer au moyen d'une ligne droite perpendiculaire à la côte. Elle soutient que le point où cette ligne perpendiculaire coupe la laisse de basse mer constitue le point de départ approprié de la frontière maritime, qu'elle situe à environ 41 mètres au sud-est de la BP 29. Le demandeur ajoute que cette méthode pour définir le point de départ de la frontière maritime est conforme à l'article 5 de la CNUDM, qui dispose que la ligne de base normale à partir de laquelle est mesurée la largeur de la mer territoriale est la «laisse de basse mer».

95. Dans son contre-mémoire et sa duplique, le Kenya s'est référé à la BP 29 comme étant le point de départ approprié aux fins de la délimitation de la frontière maritime et a contesté que le point de départ se situât sur la laisse de basse mer. Néanmoins, la Cour relève que par la suite, dans l'appendice 2, dans lequel il a abordé la question de la construction d'une ligne d'équidistance provisoire, le Kenya a estimé qu'une telle ligne devait «débute[r] à … [un] point terminal de la frontière terrestre situé sur la laisse de basse mer au sud-est de la BP29». Compte tenu de ces vues, la Cour est à même de conclure que les Parties s'entendent sur la méthode à appliquer pour définir le point de départ de la frontière maritime.

96. S'agissant de l'emplacement exact de la BP 29, la Somalie a initialement fait valoir qu'elle était située par 1° 39′ 43,3″ de latitude sud et 41° 33′ 33,49″ de longitude est. Le Kenya, pour sa part, a répondu dans son contre-mémoire que les coordonnées précises de la BP 29 étaient légèrement différentes, à savoir 1° 39′ 43,2″ de latitude sud et 41° 33′ 33,19″ de longitude est. Or, lors de la procédure orale, la Somalie s'est dite prête à accepter les coordonnées de la BP 29 proposées par le Kenya pour déterminer le point de départ de la frontière maritime dans l'océan Indien.

97. Pour ce qui est de l'emplacement exact du point terminal de la frontière terrestre, les Parties ont présenté des coordonnées relativement semblables. Les coordonnées du point terminal de la frontière terrestre déterminées par le Kenya en utilisant la carte de l'Amirauté britannique n° 3362 — soit 1° 39′ 44,0″ de latitude sud et 41° 33′ 34,4″ de longitude est — ne diffèrent que légèrement de celles qui ont été définies par la Somalie au moyen de la carte marine américaine de la National Geospatial Agency (NGA) n° 61220 (voir paragraphe 94 ci-dessus). Au cours de la procédure orale, la Somalie a déclaré qu'elle «accepterat[it] la décision» de la Cour, quelle que soit la carte que celle-ci choisisse d'utiliser.

98. Compte tenu des vues des Parties, la Cour considère que le point de départ de la frontière maritime doit être déterminé en reliant la BP 29 à un point sur la laisse de basse mer par une ligne droite orientée sud-est et perpendiculaire à «l'orientation générale de la côte à Dar Es Salam»,

trend of the coastline at Dar Es Salam" in accordance with the terms of the 1927/1933 treaty arrangement. On the basis of British Admiralty Chart 3362, the Court determines that the co-ordinates for the starting-point of the maritime boundary are 1° 39′ 44.0″ S and 41° 33′ 34.4″ E[1] (see sketch-map No. 3 below, p. 242).

C. Delimitation of the Territorial Sea

99. The Parties have differing views on the delimitation of the territorial sea. Somalia submits that the delimitation of the territorial sea is to be effected pursuant to Article 15 of the Convention.

100. Article 15 of the Convention, which concerns the delimitation of the territorial sea, provides:

> "Where the coasts of two States are opposite or adjacent to each other, neither of the two States is entitled, failing agreement between them to the contrary, to extend its territorial sea beyond the median line every point of which is equidistant from the nearest points on the baselines from which the breadth of the territorial seas of each of the two States is measured. The above provision does not apply, however, where it is necessary by reason of historic title or other special circumstances to delimit the territorial seas of the two States in a way which is at variance therewith."

101. Somalia maintains that a median line should constitute the maritime boundary between the Parties in the territorial sea.

102. On the basis of US NGA Nautical Chart 61220, and using the CARIS-LOTS software, Somalia has selected various base points on its side of the land boundary terminus which, according to Somalia, influence the location of the median line within 12 nautical miles. Two of these base points are located on the Diua Damasciaca islets. Base point S1 has the geographical co-ordinates 1° 39′ 43.30″ S and 41° 34′ 35.40″ E. For base point S2, Somalia provides the following geographical co-ordinates: 1° 39′ 35.90″ S and 41° 34′ 45.29″ E. The third point, S3, is located on a low-tide elevation off the southern tip of a small peninsula known as Ras Kaambooni, with the co-ordinates 1° 39′ 14.99″ S and 41° 35′ 15.68″ E.

103. On the Kenyan side of the land boundary, Somalia has identified two base points on the most seaward points on the charted low-tide coast. According to Somalia, these points control the median line within the territorial sea. For base point K1, Somalia provides the co-ordinates 1° 42′ 00.06″ S and 41° 32′ 47.38″ E; for base point K2, the co-ordinates are 1° 43′ 04.77″ S and 41° 32′ 37.18″ E.

---

[1] All the co-ordinates given by the Court are by reference to WGS 84 as geodetic datum. All delimitation lines described by the Court are geodetic lines and all azimuths provided are geodetic azimuths based on WGS 84.

conformément à l'arrangement conventionnel de 1927/1933. Sur la base de la carte de l'Amirauté britannique n° 3362, la Cour établit que le point de départ de la frontière maritime est situé par 1° 39' 44,0" de latitude sud et 41° 33' 34,4" de longitude est[1] (voir le croquis n° 3 ci-après, p. 242).

C. Délimitation de la mer territoriale

99. Les Parties ont des vues divergentes quant à la délimitation de la mer territoriale. La Somalie avance que celle-ci doit être effectuée conformément à l'article 15 de la CNUDM.

100. L'article 15 de la convention, qui porte sur la délimitation de la mer territoriale, se lit comme suit:

> « Lorsque les côtes de deux Etats sont adjacentes ou se font face, ni l'un ni l'autre de ces Etats n'est en droit, sauf accord contraire entre eux, d'étendre sa mer territoriale au-delà de la ligne médiane dont tous les points sont équidistants des points les plus proches des lignes de base à partir desquelles est mesurée la largeur de la mer territoriale de chacun des deux Etats. Cette disposition ne s'applique cependant pas dans le cas où, en raison de l'existence de titres historiques ou d'autres circonstances spéciales, il est nécessaire de délimiter autrement la mer territoriale des deux Etats. »

101. La Somalie soutient que la frontière maritime entre les Parties dans la mer territoriale devrait être une ligne médiane.

102. Se fondant sur la carte marine américaine de la NGA n° 61220 et utilisant le logiciel CARIS-LOTS, la Somalie a choisi, de son côté du point terminal de la frontière terrestre, divers points de base qui, selon elle, influent sur l'emplacement de la ligne médiane en deçà de 12 milles marins. Deux de ces points sont situés sur les îlots de Diua Damasciaca: le point S1, ayant pour coordonnées géographiques 1° 39' 43,30" de latitude sud et 41° 34' 35,40" de longitude est; et le point S2, ayant pour coordonnées 1° 39' 35,90" de latitude sud et 41° 34' 45,29" de longitude est. Le troisième point de base, S3, se situe sur un haut-fond découvrant, au large de l'extrémité méridionale d'une petite péninsule du nom de Ras Kaambooni, et a pour coordonnées 1° 39' 14,99" de latitude sud et 41° 35' 15,68" de longitude est.

103. Du côté kényan de la frontière terrestre, la Somalie a défini deux points de base parmi les points situés le plus au large de la côte à basse mer indiqués sur la carte. Selon elle, ils déterminent le tracé de la ligne médiane dans la mer territoriale. Le demandeur situe le point de base K1 par 1° 42' 00,06" de latitude sud et 41° 32' 47,38" de longitude est, et le point de base K2 par 1° 43' 04,77" de latitude sud et 41° 32' 37,18" de longitude est.

---

[1] Les coordonnées indiquées par la Cour sont toutes exprimées selon le système de référence géodésique WGS 84. Les lignes de délimitation décrites sont toutes des lignes géodésiques; les azimuts indiqués sont tous des azimuts géodésiques fondés sur le système WGS 84.

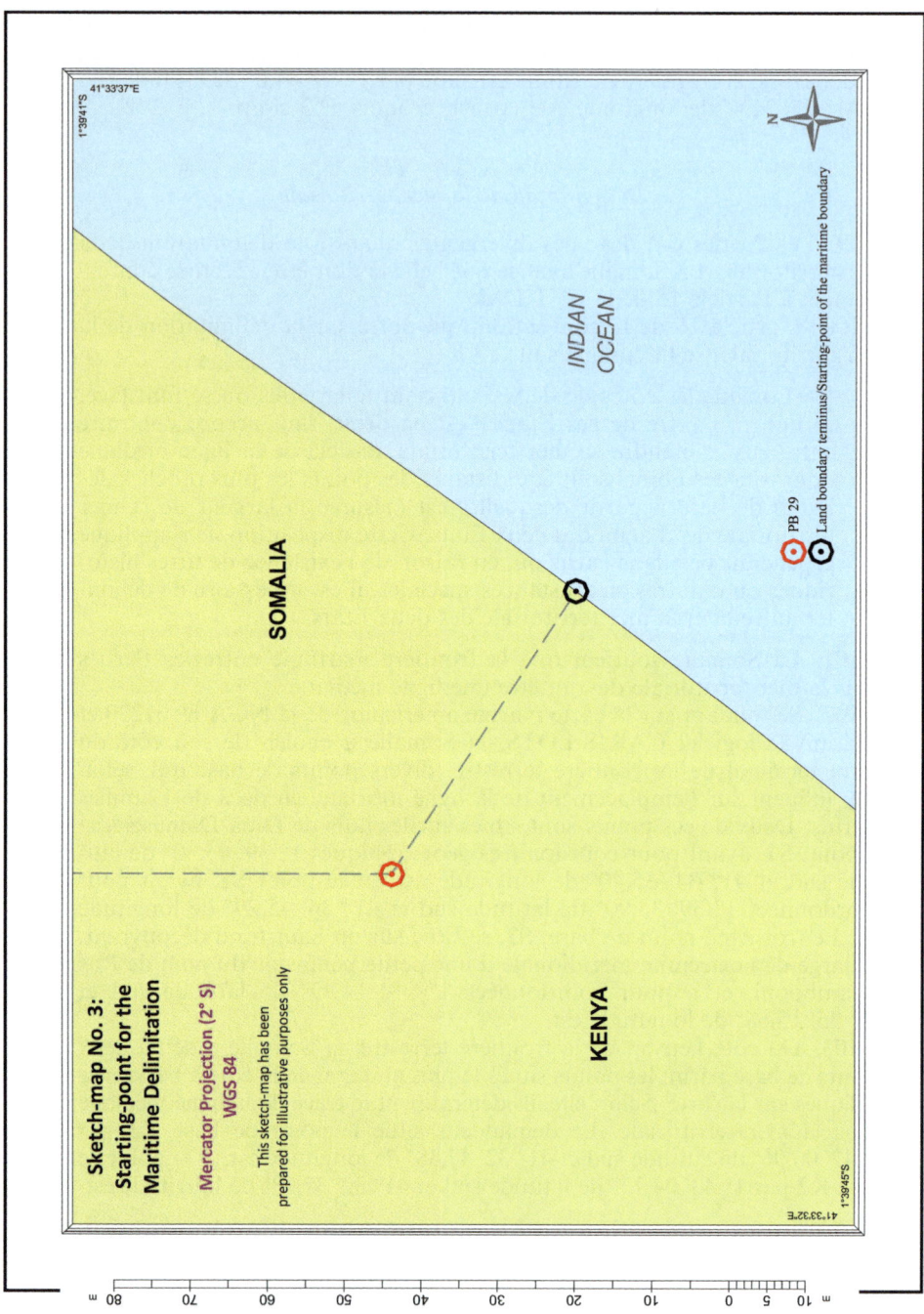

Sketch-map No. 3:
Starting-point for the
Maritime Delimitation

Mercator Projection (2° S)
WGS 84

This sketch-map has been
prepared for illustrative purposes only

SOMALIA

KENYA

INDIAN
OCEAN

PB 29

Land boundary terminus/Starting-point of the maritime boundary

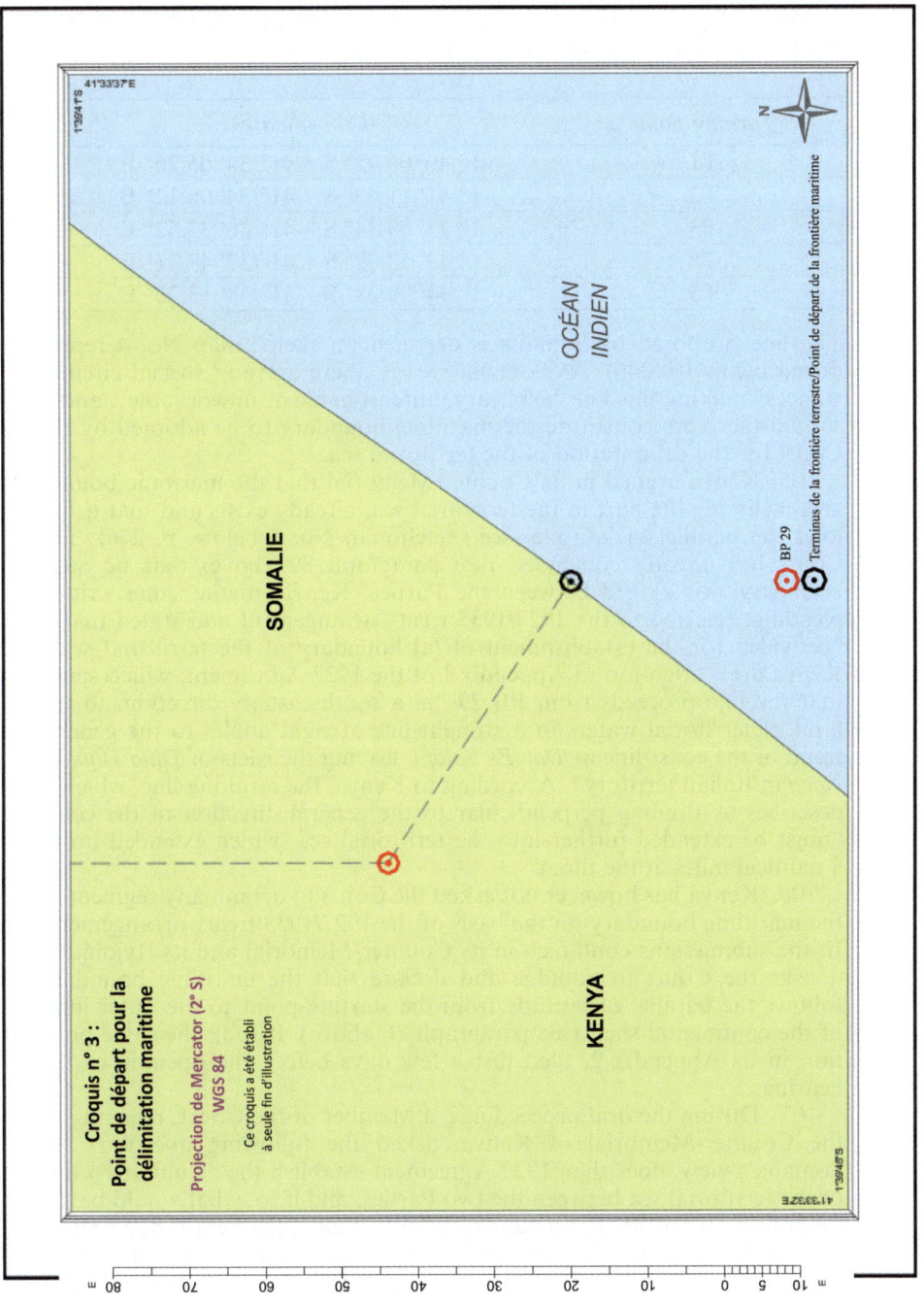

Croquis n° 3 :
Point de départ pour la
délimitation maritime

Projection de Mercator (2° S)
WGS 84

Ce croquis a été établi
à seule fin d'illustration

104. Relying on these base points, Somalia suggests a median line in the territorial sea with five turning points as follows:

Turning point	Co-ordinates
T1	1° 40′ 05.92″ S – 41° 34′ 05.26″ E
T2	1° 41′ 11.45″ S – 41° 34′ 06.12″ E
T3	1° 43′ 09.34″ S – 41° 36′ 33.52″ E
T4	1° 43′ 53.72″ S – 41° 37′ 48.21″ E
T5	1° 44′ 09.28″ S – 41° 38′ 13.26″ E

The line proposed by Somalia is depicted on sketch-map No. 4 reproduced below (p. 246). As Somalia sees it, there are no "special circumstances" making this line "arbitrary, unreasonable or unworkable", and it should therefore constitute the maritime boundary to be adopted by the Court for the delimitation of the territorial sea.

105. Kenya argued in its Counter-Memorial that the maritime boundary, including the part in the territorial sea, already exists and that it follows the parallel of latitude (see sketch-map No. 4 below, p. 246). The Court has already concluded (see paragraph 89 above) that no such boundary was agreed between the Parties. Kenya, in the same written pleading, referred to the 1927/1933 treaty arrangement and stated that it "provided for the establishment of [a] boundary of the territorial sea". Kenya drew attention to Appendix I of the 1927 Agreement, which states that the line proceeds from PB 29 "in a south-easterly direction, to the limit of territorial waters in a straight line at right angles to the general trend of the coast-line at *Dar Es Salam*, leaving the islets of *Diua Damasciaca* in Italian territory". According to Kenya, the resulting line, which it describes as running perpendicular to the general direction of the coast "must be extended further into the territorial sea (which extended up to 3 nautical miles at the time)".

106. Kenya has however not asked the Court to delimit any segment of the maritime boundary on the basis of the 1927/1933 treaty arrangement. In the submissions contained in its Counter-Memorial and its Rejoinder, it asks the Court to adjudge and declare that the maritime boundary follows the parallel of latitude from the starting-point to the outer limit of the continental shelf (see paragraph 26 above). It took the same position in its Appendix 2, filed just a few days before the opening of the hearings.

107. During the oral proceedings, a Member of the Court, referring to the Counter-Memorial of Kenya, asked the following question: "In Somalia's view, does th[e] 1927 Agreement establish the delimitation line of the territorial sea between the two Parties, and if so, what would be the outer limit of this line?" Somalia responded that "[n]either [it] nor Kenya, since their independence and at all times thereafter, has ever claimed that the maritime boundary in the territorial sea follows a line perpendicular

104. Se fondant sur ces points de base, la Somalie propose de tracer une ligne médiane dans la mer territoriale comportant les cinq points d'inflexion suivants:

Point d'inflexion	Coordonnées
P1	1° 40′ 05,92″ S – 41° 34′ 05,26″ E
P2	1° 41′ 11,45″ S – 41° 34′ 06,12″ E
P3	1° 43′ 09,34″ S – 41° 36′ 33,52″ E
P4	1° 43′ 53,72″ S – 41° 37′ 48,21″ E
P5	1° 44′ 09,28″ S – 41° 38′ 13,26″ E

La ligne proposée par la Somalie est représentée sur le croquis n° 4 reproduit ci-après (p. 246). Le demandeur considère qu'il n'existe pas de «circonstances spéciales» qui rendraient cette ligne «arbitraire, déraisonnable ou intenable», et que la Cour devrait donc la retenir comme frontière maritime aux fins de la délimitation de la mer territoriale.

105. Le Kenya, quant à lui, a fait valoir dans son contre-mémoire que la frontière maritime, y compris la partie située dans la mer territoriale, existe déjà et qu'elle suit le parallèle (voir le croquis n° 4 ci-après, p. 246). La Cour a déjà conclu (voir paragraphe 89 ci-dessus) que les Parties n'étaient pas convenues d'une telle frontière. Dans cette même pièce de procédure, le défendeur s'est référé à l'arrangement conventionnel de 1927/1933, affirmant que celui-ci «établissait ... la frontière de la mer territoriale». Il a appelé l'attention sur l'appendice I de l'accord de 1927, selon lequel la ligne s'oriente, à partir de la BP 29, «en direction du sud-est jusqu'à la limite des eaux territoriales en suivant une ligne droite perpendiculaire à l'orientation générale de la côte à *Dar Es Salam*, ce qui laisse les îlots de *Diua Damasciaca* en territoire italien». D'après le défendeur, la ligne qui en résulte, et qui serait perpendiculaire à la direction générale de la côte «doit être prolongée plus avant dans la mer territoriale (qui s'étendait jusqu'à 3 milles marins à l'époque)».

106. Le Kenya n'a cependant pas demandé à la Cour de délimiter quelque segment de la frontière maritime sur la base de l'arrangement conventionnel de 1927/1933. Dans les conclusions qu'il a présentées dans son contre-mémoire et sa duplique, il prie en effet la Cour de dire et juger que la frontière maritime suit le parallèle à partir du point de départ jusqu'à la limite extérieure du plateau continental (voir paragraphe 26 ci-dessus). Il a adopté la même position dans l'appendice 2, déposé quelques jours seulement avant le début des audiences.

107. Au cours des audiences, un membre de la Cour, se référant au contre-mémoire du Kenya, a posé la question suivante: «Est-ce que, selon la Somalie, [l']accord de 1927 établit la ligne de délimitation de la mer territoriale entre les deux Parties et, si tel est le cas, quelle serait la limite extérieure de cette ligne?» La Somalie a répondu que «[n]i [elle-même] ni le Kenya n'[avaie]nt jamais, depuis leur indépendance et à un quelconque moment par la suite, prétendu que la frontière maritime dans la mer terri-

to the coast at Dar es Salam, for any distance". It further added that neither Party accepted nor argued for the 1927 Agreement as binding on them in regard to a maritime boundary, for any distance.

108. Kenya was given an opportunity to comment on Somalia's reply to the question but did not do so.

109. The Court notes that neither Party asks it to confirm the existence of any segment of a maritime boundary or to delimit the boundary in the territorial sea on the basis of the 1927/1933 treaty arrangement. It recalls that in their legislation concerning the territorial sea neither Party has referred to the terms of the 1927/1933 treaty arrangement to indicate the extent of the territorial sea in relation to its adjacent neighbour. Kenya's legislation has referred to a median or equidistance line (see paragraphs 57 and 58 above) and Somalia's Maritime Law of 1988 refers to "a straight line toward the sea from the land as indicated on the enclosed charts" (see paragraphs 75-77 above). The Court further notes that the agenda of the meeting between Somalia and Kenya, held on 26 and 27 March 2014, to discuss the maritime boundary between the two countries, covered all maritime zones, including the territorial sea. The delegations discussed "several options and methods" for determining the maritime boundary, although they could not reach an agreement. In a presentation examining an "Equity-based maritime boundary scenario", which is attached to the joint report on that meeting, Kenya referred to Articles 15, 74 and 83 of the Convention as relevant to maritime delimitation. It emphasized that Article 15 provides for delimitation through a "[m]edian line for [the] *territorial sea* unless there is an agreement to the contrary based on [a] claim by historical title and or *special circumstances*" (emphasis in the original). In light of the above, the Court therefore considers it unnecessary to decide whether the 1927/1933 treaty arrangement had as an objective the delimitation of the boundary in the territorial sea.

110. Kenya criticizes Somalia's choice of US NGA Nautical Chart 61220 for the selection of the base points and maintains that British Admiralty Chart 3362 should be used if a provisional equidistance line is to be constructed in the territorial sea. For the provisional equidistance line in the territorial sea, Kenya has selected the base points K1, K2, K3 and K4 and the base points S1, S2 and S3, with the following co-ordinates:

Base points on Kenya's coast:

Base point	Co-ordinates
K1	1° 39' 51.6" S – 41° 33' 28.4" E
K2	1° 40' 39.6" S – 41° 32' 55.3" E
K3	1° 42' 40.1" S – 41° 32' 41.8" E
K4	1° 43' 12.2" S – 41° 32' 38.5" E

toriale sui[vai]t une ligne perpendiculaire à la côte à Dar es Salam, sur quelque distance que ce soit». Elle a précisé qu'aucun des deux Etats n'acceptait ni ne soutenait que les Parties étaient liées par l'accord de 1927 en ce qui concerne la frontière maritime, et ce, sur quelque distance que ce soit.

108. Le Kenya a eu la possibilité de formuler des observations sur cette réponse de la Somalie mais s'en est abstenu.

109. La Cour note qu'aucune des Parties ne lui demande de confirmer l'existence de quelque segment d'une frontière maritime ou de délimiter la frontière dans la mer territoriale sur la base de l'arrangement conventionnel de 1927/1933. Elle rappelle qu'aucune d'elles, dans sa législation relative à la mer territoriale, ne s'est référée aux termes de cet arrangement pour indiquer l'étendue de sa mer territoriale par rapport à l'Etat voisin dont les côtes sont adjacentes. Dans la législation du Kenya, il est fait référence à une ligne médiane ou d'équidistance (voir paragraphes 57 et 58 ci-dessus) et, dans la loi maritime somalienne de 1988, à «une ligne droite s'étendant vers le large, comme indiqué sur les croquis joints» (voir paragraphes 75-77 ci-dessus). La Cour relève en outre que l'ordre du jour de la réunion que la Somalie et le Kenya ont tenue les 26 et 27 mars 2014 pour discuter de la frontière maritime entre les deux pays couvrait toutes les zones maritimes, y compris la mer territoriale. Les délégations ont examiné «plusieurs options et méthodes» pour déterminer la frontière maritime, mais elles ne sont pas parvenues à un accord. Dans un exposé décrivant un «Scénario de frontière maritime fondé sur l'équité», joint au compte rendu établi conjointement à l'issue de cette réunion, le Kenya a mentionné les articles 15, 74 et 83 de la convention comme étant pertinents aux fins de la délimitation maritime, soulignant que l'article 15 prévoyait le recours à une «ligne médiane pour la *mer territoriale*, sauf accord contraire fondé sur une prétention à un titre historique ou des *circonstances spéciales*» (les italiques sont dans l'original). Au vu de ce qui précède, la Cour considère donc qu'il n'est pas nécessaire de se prononcer sur la question de savoir si l'arrangement conventionnel de 1927/1933 avait pour objet de délimiter la frontière dans la mer territoriale.

110. Le défendeur critique le choix par la Somalie de la carte marine américaine de la NGA n° 61220 pour définir les points de base, et soutient que c'est la carte de l'Amirauté britannique n° 3362 qu'il conviendrait d'utiliser s'il fallait construire une ligne d'équidistance provisoire dans la mer territoriale. A cette fin, le Kenya a retenu les points de base K1, K2, K3 et K4, et les points de base S1, S2 et S3, dont les coordonnées géographiques sont les suivantes:

Points de base sur la côte kényane:

Point de base	Coordonnées
K1	1° 39′ 51,6″ S – 41° 33′ 28,4″ E
K2	1° 40′ 39,6″ S – 41° 32′ 55,3″ E
K3	1° 42′ 40,1″ S – 41° 32′ 41,8″ E
K4	1° 43′ 12,2″ S – 41° 32′ 38,5″ E

Base points on Somalia's coast:

Base point	Co-ordinates
S1	1° 39′ 36.3″ S – 41° 33′ 40.4″ E
S2	1° 39′ 40.9″ S – 41° 34′ 35.4″ E
S3	1° 38′ 57.0″ S – 41° 35′ 21.9″ E

The line that it constructs on this basis lies slightly to the north of the line proposed by Somalia (see sketch-map No. 4 below, p. 246).

111. The Court recalls that the delimitation methodology is based on the geography of the coasts of the two States concerned, and that a median or equidistance line is constructed using base points appropriate to that geography. Although in the identification of base points the Court will have regard to the proposals of the parties, it need not select a particular base point, even if the parties are in agreement thereon, if it does not consider that base point to be appropriate. The Court may select a base point that neither party has proposed (*Maritime Delimitation in the Black Sea (Romania v. Ukraine), Judgment, I.C.J. Reports 2009*, p. 101, paras. 116-117, p. 103, para. 123, p. 104, para. 125, and p. 108, para. 138). The Court further recalls that it "has sometimes been led to eliminate the disproportionate effect of small islands", by not selecting a base point on such small maritime features (*Maritime Delimitation and Territorial Questions between Qatar and Bahrain (Qatar v. Bahrain), Merits, Judgment, I.C.J. Reports 2001*, pp. 104-109, para. 219, referring to *North Sea Continental Shelf (Federal Republic of Germany/Denmark; Federal Republic of Germany/Netherlands), Judgment, I.C.J. Reports 1969*, p. 36, para. 57; see also *Delimitation of the Maritime Boundary in the Bay of Bengal (Bangladesh/Myanmar), Judgment, ITLOS Reports 2012*, p. 47, para. 151). As the Court has stated in the past, there may be situations in which "the equitableness of an equidistance line depends on whether the precaution is taken of eliminating the disproportionate effect of certain 'islets, rocks and minor coastal projections'" (*Continental Shelf (Libyan Arab Jamahiriya/Malta), Judgment, I.C.J. Reports 1985*, p. 48, para. 64).

112. The Court considers that there are serious reasons to question the appropriateness of the base points, as proposed by the Parties, that determine the course of the median line within the territorial sea.

113. The Court notes that the Parties have not selected the same base points for the delimitation of the territorial sea. Kenya has expressed doubts about the use of base points located on unknown low-tide features that have not been confirmed by a field visit. The first two base points that Somalia proposes on its side of the land boundary terminus are located on the Diua Damasciaca islets. They have a significant effect on the course of the median line in the territorial sea, pushing it to the south. Somalia's third base point, off the southern tip of Ras Kaambooni, also has the effect of significantly pushing the course of the median line to the

Points de base sur la côte somalienne:

Point de base	Coordonnées
S1	1° 39' 36,3" S – 41° 33' 40,4" E
S2	1° 39' 40,9" S – 41° 34' 35,4" E
S3	1° 38' 57,0" S – 41° 35' 21,9" E

La ligne qu'il a ainsi tracée se situe légèrement au nord de celle préconisée par la Somalie (voir le croquis n° 4 ci-après, p. 246).

111. La Cour rappelle que la méthode de délimitation est fondée sur la géographie du littoral des deux Etats concernés et qu'une ligne médiane ou d'équidistance est construite à l'aide de points de base appropriés à cette géographie. Bien qu'elle prenne en considération les propositions des parties dans la détermination des points de base, la Cour n'est pas tenue de retenir un point de base particulier, même lorsqu'il y a accord entre les parties à cet égard, si elle ne le considère pas comme étant approprié. La Cour peut choisir un point de base qu'aucune des parties n'a proposé (*Délimitation maritime en mer Noire (Roumanie c. Ukraine), arrêt, C.I.J. Recueil 2009*, p. 101, par. 116-117, p. 103, par. 123, p. 104, par. 125, et p. 108, par. 138). Elle rappelle en outre qu'elle « a parfois été amenée à éliminer l'effet exagéré de petites îles » en ne retenant pas un point de base situé sur une telle formation (*Délimitation maritime et questions territoriales entre Qatar et Bahreïn (Qatar c. Bahreïn), fond, arrêt, C.I.J. Recueil 2001*, p. 104-109, par. 219, se référant à *Plateau continental de la mer du Nord (République fédérale d'Allemagne/Danemark; République fédérale d'Allemagne/Pays-Bas), arrêt, C.I.J. Recueil 1969*, p. 36, par. 57; voir également *Délimitation de la frontière maritime dans le golfe du Bengale (Bangladesh/Myanmar), arrêt, TIDM Recueil 2012*, p. 47, par. 151). Ainsi que la Cour l'a précisé par le passé, il peut y avoir des cas dans lesquels « l'effet équitable d'une ligne d'équidistance dépend de la précaution que l'on aura prise d'éliminer l'effet exagéré de certains îlots, rochers ou légers saillants des côtes » (*Plateau continental (Jamahiriya arabe libyenne/Malte), arrêt, C.I.J. Recueil 1985*, p. 48, par. 64).

112. La Cour considère qu'il existe de sérieuses raisons de douter du caractère approprié des points de base proposés par les Parties pour déterminer le tracé de la ligne médiane dans la mer territoriale.

113. La Cour observe que les Parties n'ont pas retenu les mêmes points de base pour délimiter la mer territoriale. Le Kenya a émis des doutes quant à l'utilisation de points situés sur des formations à marée basse de nature incertaine et qui n'ont pas fait l'objet d'une vérification sur le terrain. Les deux premiers points que la Somalie propose de son côté du point terminal de la frontière terrestre sont situés sur les îlots de Diua Damasciaca et ont un effet important sur le tracé de la ligne médiane dans la mer territoriale, qu'ils orientent vers le sud. Le troisième point de base de la Somalie, situé au large de l'extrémité méridionale de Ras Kaambooni,

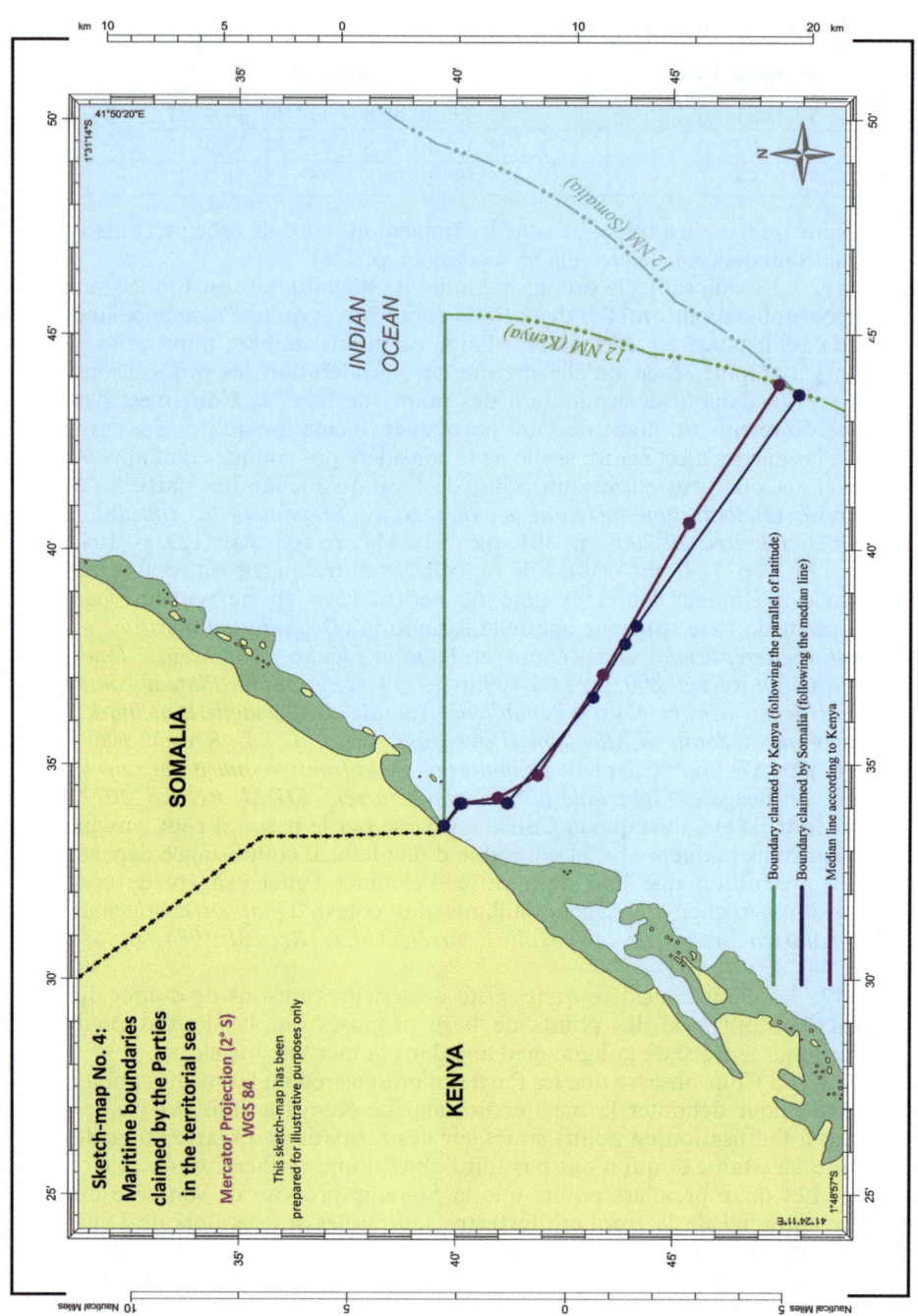

Sketch-map No. 4:
Maritime boundaries
claimed by the Parties
in the territorial sea

Mercator Projection (2° S)
WGS 84

This sketch-map has been
prepared for illustrative purposes only

SOMALIA

KENYA

INDIAN OCEAN

12 NM (Somalia)

12 NM (Kenya)

Boundary claimed by Kenya (following the parallel of latitude)
Boundary claimed by Somalia (following the median line)
Median line according to Kenya

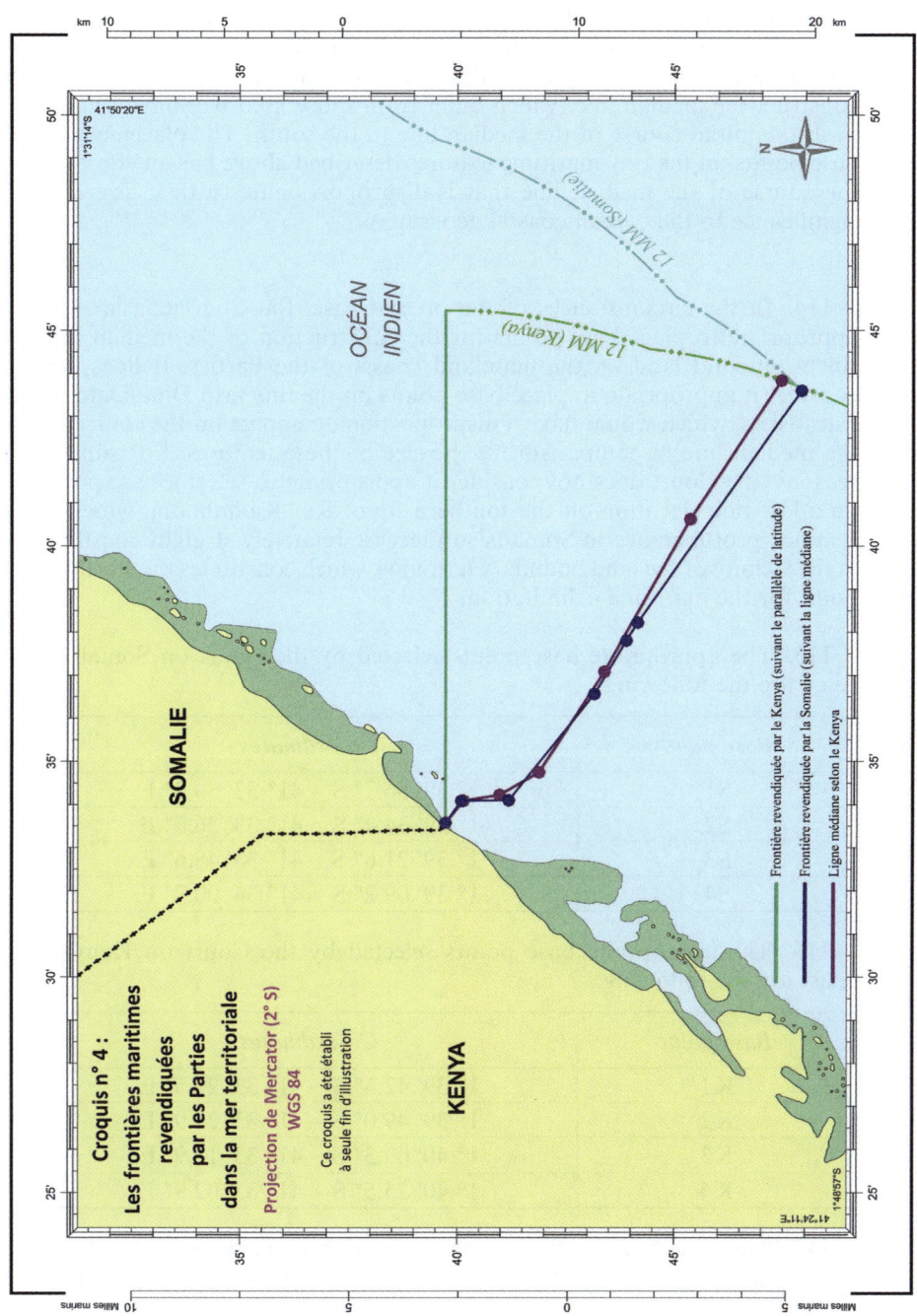

Croquis n° 4 :
Les frontières maritimes
revendiquées
par les Parties
dans la mer territoriale

Projection de Mercator (2° S)
WGS 84

Ce croquis a été établi
à seule fin d'illustration

Frontière revendiquée par le Kenya (suivant le parallèle de latitude)
Frontière revendiquée par la Somalie (suivant la ligne médiane)
Ligne médiane selon le Kenya

south. Kenya maintains that this base point "appears nowhere" when base points are calculated using British Admiralty Chart 3362. On the Somali side of the starting-point, the base points that Kenya would use to construct the median line (which differ from those used by Somalia) also push the initial course of the median line to the south. The placement of base points on the tiny maritime features described above has an effect on the course of the median line that is disproportionate to their size and significance to the overall coastal geography.

114. In the circumstances of the present case, the Court considers it appropriate to place base points for the construction of the median line solely on solid land on the mainland coasts of the Parties. It does not consider it appropriate to place base points on the tiny arid Diua Damasciaca islets, which would have a disproportionate impact on the course of the median line in comparison to the size of these features. For similar reasons, the Court does not consider it appropriate to select a base point on a low-tide elevation off the southern tip of Ras Kaambooni, which is a minor protuberance in Somalia's otherwise relatively straight coastline in the vicinity of the land boundary terminus, which constitutes the starting-point for the maritime delimitation.

115. The appropriate base points selected by the Court on Somalia's coast are the following:

Base point	Co-ordinates
S1	1° 39′ 36.7″ S – 41° 33′ 34.3″ E
S2	1° 39′ 34.4″ S – 41° 33′ 36.6″ E
S3	1° 39′ 21.6″ S – 41° 33′ 48.6″ E
S4	1° 39′ 09.2″ S – 41° 34′ 00.7″ E

116. The appropriate base points selected by the Court on Kenya's coast are the following:

Base point	Co-ordinates
K1	1° 39′ 42.4″ S – 41° 33′ 29.5″ E
K2	1° 39′ 49.0″ S – 41° 33′ 24.9″ E
K3	1° 40′ 09.3″ S – 41° 33′ 12.9″ E
K4	1° 40′ 25.5″ S – 41° 33′ 02.9″ E

117. The resulting line starts from the land boundary terminus at co-ordinates 1° 39′ 44.0″ S and 41° 33′ 34.4″ E and has the following turning points:

a lui aussi pour effet d'orienter nettement le tracé de la ligne médiane vers le sud. Le Kenya soutient que ce point ne se « retrouve nulle part » si les points de base sont établis à partir de la carte de l'Amirauté britannique n° 3362. Les points qu'il utiliserait du côté somalien pour construire la ligne médiane (et qui diffèrent de ceux retenus par la Somalie) orientent également le tracé initial de cette ligne vers le sud. L'établissement de points de base sur les minuscules formations maritimes décrites ci-dessus a, sur le tracé de la ligne médiane, un effet disproportionné par rapport à la taille de celles-ci et à l'importance qu'elles revêtent dans la géographie côtière dans son ensemble.

114. Dans les circonstances de la présente espèce, la Cour estime qu'il convient, aux fins de la construction de la ligne médiane, de ne retenir que des points de base situés sur la terre ferme des côtes continentales des Parties. Elle ne considère pas qu'il soit approprié de retenir des points de base situés sur les minuscules îlots arides de Diua Damasciaca, car cela aurait, au regard de la taille de ces formations, un effet disproportionné sur le tracé de la ligne médiane. Pour des raisons analogues, la Cour ne considère pas approprié de choisir un point de base sur un haut-fond découvrant situé au large de l'extrémité méridionale de Ras Kaambooni, protubérance mineure sur le littoral relativement droit de la Somalie dans les environs du point terminal de la frontière terrestre, lequel constitue le point de départ de la délimitation maritime.

115. Les points de base appropriés retenus par la Cour sur la côte somalienne sont les suivants :

Point de base	Coordonnées
S1	1° 39′ 36,7″ S – 41° 33′ 34,3″ E
S2	1° 39′ 34,4″ S – 41° 33′ 36,6″ E
S3	1° 39′ 21,6″ S – 41° 33′ 48,6″ E
S4	1° 39′ 09,2″ S – 41° 34′ 00,7″ E

116. Les points de base appropriés retenus par la Cour sur la côte kényane sont les suivants :

Point de base	Coordonnées
K1	1° 39′ 42,4″ S – 41° 33′ 29,5″ E
K2	1° 39′ 49,0″ S – 41° 33′ 24,9″ E
K3	1° 40′ 09,3″ S – 41° 33′ 12,9″ E
K4	1° 40′ 25,5″ S – 41° 33′ 02,9″ E

117. La ligne qui en résulte part du point terminal de la frontière terrestre, situé par 1° 39′ 44,0″ de latitude sud et 41° 33′ 34,4″ de longitude est, et comporte les points d'inflexion suivants :

45

Turning point	Co-ordinates
1	1° 40′ 18.3″ S – 41° 34′ 17.4″ E
2	1° 40′ 32.1″ S – 41° 34′ 32.8″ E
3	1° 41′ 12.8″ S – 41° 35′ 22.8″ E
4	1° 41′ 39.0″ S – 41° 36′ 00.9″ E
5	1° 42′ 39.9″ S – 41° 37′ 21.6″ E
6	1° 44′ 01.2″ S – 41° 39′ 02.8″ E

The geographical co-ordinates of the point (Point A) at the distance of 12 nautical miles from the coast are 1° 47′ 39.1″ S and 41° 43′ 46.8″ E. That median line is depicted on sketch-map No. 5 below (p. 249).

118. The Court observes that the course of the median line as described in paragraph 117 corresponds closely to the course of a line "at right angles to the general trend of the coastline", assuming that the 1927/1933 treaty arrangement, in using this phrase, had as an objective to draw a line that continues into the territorial sea, a question that the Court need not decide (see paragraph 109 above).

D. Delimitation of the Exclusive Economic Zone and the Continental Shelf within 200 Nautical Miles

1. Delimitation methodology

119. The Court will now proceed to the delimitation of the exclusive economic zone and the continental shelf within 200 nautical miles from the coasts of the Parties. The relevant provisions of the Convention for this exercise are contained in Article 74 of UNCLOS for the delimitation of the exclusive economic zone and Article 83 for the delimitation of the continental shelf.
Article 74, paragraph 1, provides:

"The delimitation of the exclusive economic zone between States with opposite or adjacent coasts shall be effected by agreement on the basis of international law, as referred to in Article 38 of the Statute of the International Court of Justice, in order to achieve an equitable solution."

Article 83, paragraph 1, reads as follows:

"The delimitation of the continental shelf between States with opposite or adjacent coasts shall be effected by agreement on the basis of international law, as referred to in Article 38 of the Statute of the International Court of Justice, in order to achieve an equitable solution."

120. In substance, these two provisions are identical, thus facilitating the establishment of a single maritime boundary delimiting two distinct

Point d'inflexion	Coordonnées
1	1° 40′ 18,3″ S – 41° 34′ 17,4″ E
2	1° 40′ 32,1″ S – 41° 34′ 32,8″ E
3	1° 41′ 12,8″ S – 41° 35′ 22,8″ E
4	1° 41′ 39,0″ S – 41° 36′ 00,9″ E
5	1° 42′ 39,9″ S – 41° 37′ 21,6″ E
6	1° 44′ 01,2″ S – 41° 39′ 02,8″ E

Les coordonnées géographiques du point (point A) situé à 12 milles marins de la côte sont 1° 47′ 39,1″ de latitude sud et 41° 43′ 46,8″ de longitude est. Cette ligne médiane est représentée sur le croquis n° 5 ci-après (p. 249).

118. La Cour note que la ligne médiane tracée ainsi qu'il est indiqué au paragraphe 117 correspond de très près à une ligne « perpendiculaire à l'orientation générale de la côte », à supposer que l'arrangement conventionnel de 1927/1933 ait eu pour objet, par l'emploi de cette formule, de tracer une ligne se prolongeant dans la mer territoriale, question que la Cour n'a pas à trancher (voir paragraphe 109 ci-dessus).

D. Délimitation de la zone économique exclusive et du plateau continental en deçà de 200 milles marins

1. Méthode de délimitation

119. La Cour procédera à présent à la délimitation de la zone économique exclusive et du plateau continental en deçà de 200 milles marins des côtes des Parties. Les dispositions de la convention applicables à cet exercice sont énoncées à l'article 74 de la CNUDM, pour ce qui est de la délimitation de la zone économique exclusive, et à l'article 83, pour celle du plateau continental.

Le paragraphe 1 de l'article 74 est ainsi libellé :

« La délimitation de la zone économique exclusive entre Etats dont les côtes sont adjacentes ou se font face est effectuée par voie d'accord conformément au droit international tel qu'il est visé à l'article 38 du Statut de la Cour internationale de Justice, afin d'aboutir à une solution équitable. »

Le paragraphe 1 de l'article 83 se lit comme suit :

« La délimitation du plateau continental entre Etats dont les côtes sont adjacentes ou se font face est effectuée par voie d'accord conformément au droit international tel qu'il est visé à l'article 38 du Statut de la Cour internationale de Justice, afin d'aboutir à une solution équitable. »

120. En substance, ces deux dispositions sont identiques, ce qui facilite le tracé d'une frontière unique pour délimiter deux zones maritimes dis-

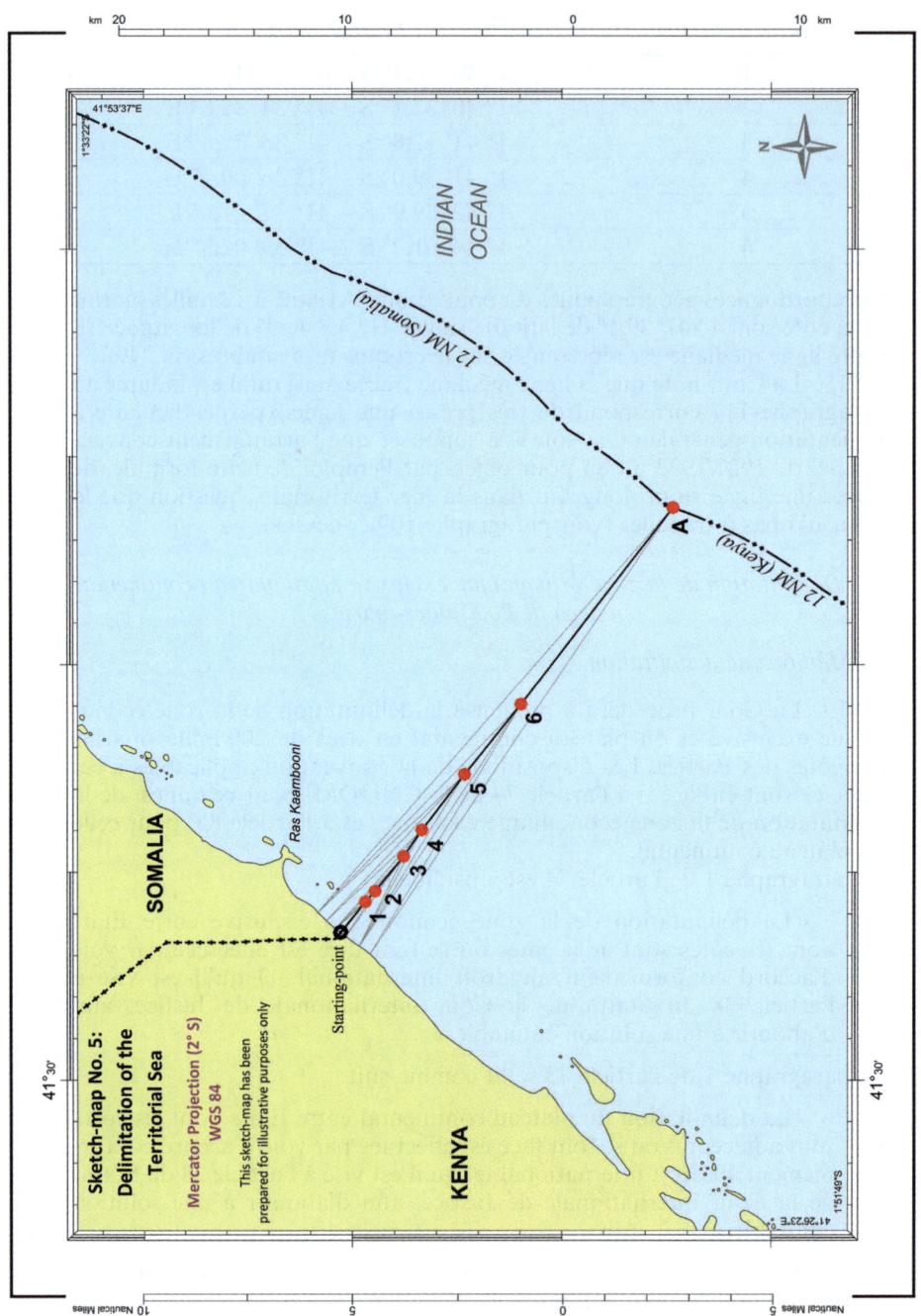

Sketch-map No. 5:
Delimitation of the
Territorial Sea

Mercator Projection (2° S)
WGS 84

This sketch-map has been
prepared for illustrative purposes only

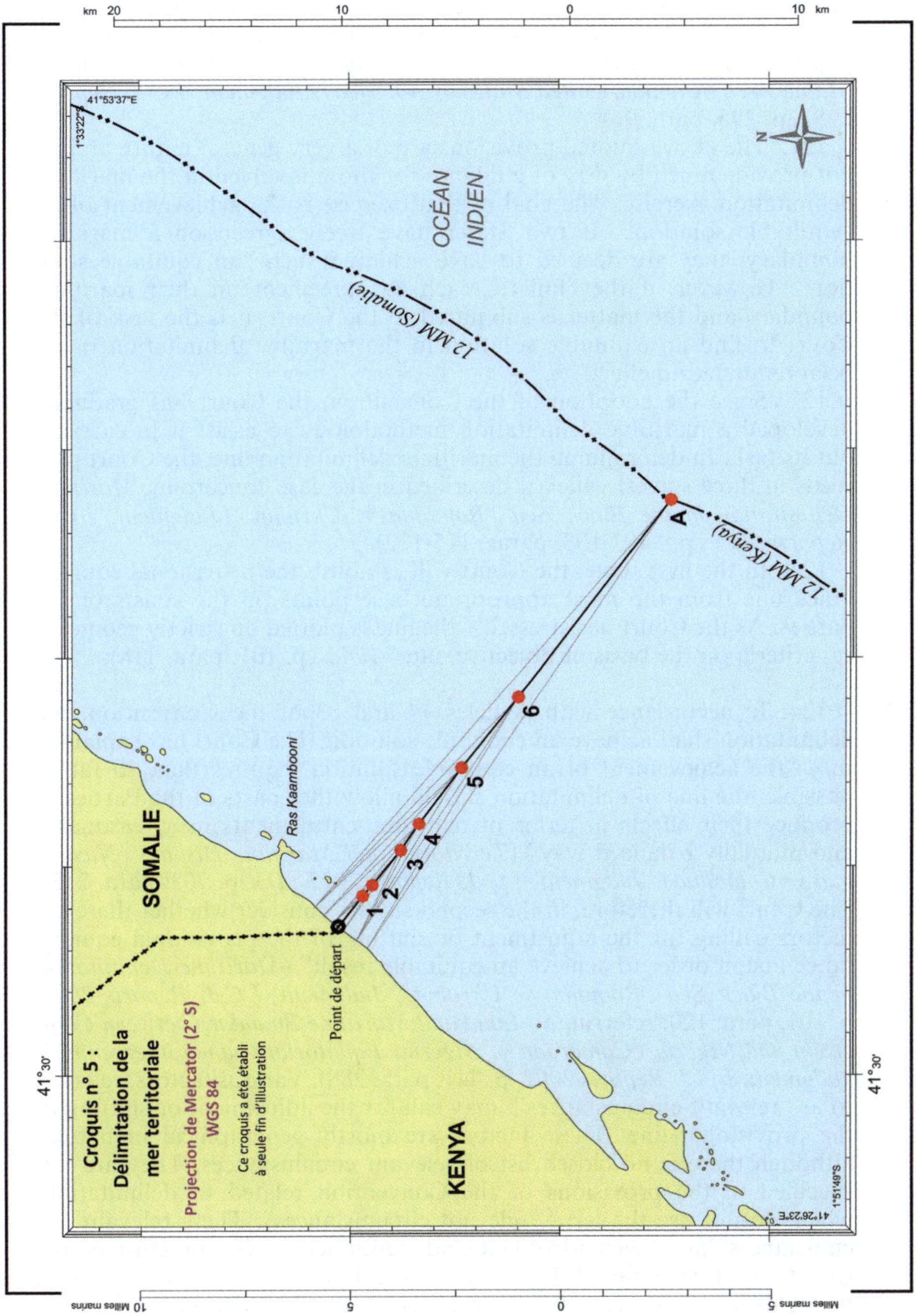

Croquis n° 5 :
Délimitation de la
mer territoriale

Projection de Mercator (2° S)
WGS 84

Ce croquis a été établi
à seule fin d'illustration

SOMALIE

KENYA

OCÉAN
INDIEN

12 MM (Somalie)

12 MM (Kenya)

A

Ras Kaambooni

Point de départ

1 2 3 4 5 6

41°53'37"E

1°33'22"S

41°26'23"E

1°51'49"S

41° 30'

41° 30'

N

km 20   10   0   10 km

Milles marins 5 . . . . . 5 . . . . . 0 . . . . . 5 . . . . . 10 Milles marins

maritime zones with their own specific legal régimes (see e.g. *Continental Shelf (Libyan Arab Jamahiriya/Malta), Judgment, I.C.J. Reports 1985*, p. 33, para. 33; *Delimitation of the Maritime Boundary in the Gulf of Maine Area (Canada/United States of America), Judgment, I.C.J. Reports 1984*, p. 295, para. 96).

121. The above-quoted provisions are of a very general nature and do not provide much by way of guidance for those involved in the maritime delimitation exercise. The goal of that exercise is the achievement of an "equitable solution". If two States have freely agreed on a maritime boundary, they are deemed to have achieved such "an equitable solution". However, if they fail to reach an agreement on their maritime boundary and the matter is submitted to the Court, it is the task of the Court to find an equitable solution in the maritime delimitation it has been requested to effect.

122. Since the adoption of the Convention, the Court has gradually developed a maritime delimitation methodology to assist it in carrying out its task. In determining the maritime delimitation line, the Court proceeds in three stages, which it described in the case concerning *Maritime Delimitation in the Black Sea (Romania v. Ukraine) (Judgment, I.C.J. Reports 2009*, pp. 101-103, paras. 115-122).

123. In the first stage, the Court will establish the provisional equidistance line from the most appropriate base points on the coasts of the parties. As the Court has stressed, "the line is plotted on strictly geometrical criteria on the basis of objective data" (*ibid.*, p. 101, para. 118).

124. In accordance with Articles 74 and 83 of the Convention, the delimitation shall achieve an equitable solution. The Court has explained that "the achievement of an equitable solution requires that, so far as possible, the line of delimitation should allow the coasts of the Parties to produce their effects in terms of maritime entitlements in a reasonable and mutually balanced way" (*Territorial and Maritime Dispute (Nicaragua v. Colombia), Judgment, I.C.J. Reports 2012 (II)*, p. 703, para. 215). The Court will therefore, in the second stage, "consider whether there are factors calling for the adjustment or shifting of the provisional equidistance line in order to achieve an equitable result" (*Maritime Delimitation in the Black Sea (Romania v. Ukraine), Judgment, I.C.J. Reports 2009*, p. 101, para. 120, referring to *Land and Maritime Boundary between Cameroon and Nigeria (Cameroon v. Nigeria: Equatorial Guinea intervening), Judgment, I.C.J. Reports 2002*, p. 441, para. 288). Various factors, referred to as "relevant circumstances", may call for the adjustment or shifting of the provisional line. These factors are mostly geographical in nature, although there is no closed list of relevant circumstances. They are not specified in the provisions of the Convention related to delimitation, which do not use the term "relevant circumstances". These relevant circumstances have been identified and developed in the practice of the Court, the International Tribunal for the Law of the Sea and arbitral tribunals in the context of each case. As observed by the Arbitral Tribu-

tinctes ayant chacune un régime juridique particulier (voir, par exemple, *Plateau continental (Jamahiriya arabe libyenne/Malte), arrêt, C.I.J. Recueil 1985*, p. 33, par. 33; *Délimitation de la frontière maritime dans la région du golfe du Maine (Canada/Etats-Unis d'Amérique), arrêt, C.I.J. Recueil 1984*, p. 295, par. 96).

121. De par leur caractère très général, les dispositions précitées ne donnent guère d'indications pour se livrer à cet exercice de délimitation maritime. Celui-ci vise avant tout à aboutir à une «solution équitable». Lorsque deux Etats sont librement convenus d'une frontière maritime, ils sont réputés être parvenus à une telle solution. Toutefois, s'ils ne parviennent pas à s'entendre sur leur frontière maritime et que la question est soumise à la Cour, c'est à cette dernière qu'il incombe de trouver une solution équitable s'agissant de la délimitation maritime qu'il lui a été demandé d'effectuer.

122. Depuis l'adoption de la convention, la Cour a progressivement mis au point une méthode de délimitation maritime pour l'aider à mener à bien sa tâche. Afin de déterminer la ligne de délimitation, elle procède en trois étapes, qui ont été décrites dans l'affaire relative à la *Délimitation maritime en mer Noire (Roumanie c. Ukraine)* (*arrêt, C.I.J. Recueil 2009*, p. 101-103, par. 115-122).

123. Dans le cadre de la première étape, la Cour établira la ligne d'équidistance provisoire à partir des points de base les plus appropriés sur le littoral des parties. Comme elle l'a souligné, «la ligne est tracée selon des critères strictement géométriques, sur la base de données objectives» (*ibid.*, p. 101, par. 118).

124. Conformément aux dispositions des articles 74 et 83 de la convention, la délimitation doit aboutir à une solution équitable. La Cour a précisé que, «afin d'aboutir à une solution équitable, la ligne de délimitation d[evai]t, autant que faire se peut, permettre aux côtes des Parties de produire leurs effets, en matière de droits à des espaces maritimes, d'une manière raisonnable et équilibrée pour chacune d'entre elles» (*Différend territorial et maritime (Nicaragua c. Colombie), arrêt, C.I.J. Recueil 2012 (II)*, p. 703, par. 215). Lors de la deuxième étape, la Cour «examinera donc ... s'il existe des facteurs appelant un ajustement ou un déplacement de la ligne d'équidistance provisoire afin de parvenir à un résultat équitable» (*Délimitation maritime en mer Noire (Roumanie c. Ukraine), arrêt, C.I.J. Recueil 2009*, p. 101, par. 120, renvoyant à *Frontière terrestre et maritime entre le Cameroun et le Nigéria (Cameroun c. Nigéria; Guinée équatoriale (intervenant)), arrêt, C.I.J. Recueil 2002*, p. 441, par. 288). Divers facteurs, qualifiés de «circonstances pertinentes», peuvent appeler l'ajustement ou le déplacement de la ligne d'équidistance provisoire. Ces facteurs sont principalement de nature géographique, bien qu'il n'existe pas de liste limitative des circonstances pertinentes. Ils ne sont pas précisés dans les dispositions de la convention concernant la délimitation, lesquelles n'utilisent pas l'expression «circonstances pertinentes». Ces circonstances pertinentes ont été définies et étoffées dans le cadre de la pratique de la Cour, du Tribunal international du droit de la mer et de tribunaux arbitraux, dans le contexte de chaque espèce. Ainsi

nal in the case between Barbados and Trinidad and Tobago, the relevant circumstances are "case specific" (*Arbitration between Barbados and the Republic of Trinidad and Tobago, Award of 11 April 2006*, United Nations, *Reports of International Arbitral Awards (RIAA)*, Vol. XXVII, p. 215, para. 242).

125. In the third and final stage, the Court will subject the envisaged delimitation line, either the equidistance line or the adjusted line, to the disproportionality test. The purpose of this test is to assure the Court that there is no marked disproportion between the ratio of the lengths of the relevant coasts of the parties and the ratio of the respective shares of the parties in the relevant area to be delimited by the envisaged line, and thus to confirm that the delimitation achieves an equitable solution as required by the Convention. Whether there is such a marked disproportion is a matter for the Court's appreciation in each case by reference to the overall geography of the area (*Maritime Delimitation in the Black Sea (Romania v. Ukraine), Judgment, I.C.J. Reports 2009*, p. 129, para. 213).

* *

126. Somalia maintains that the three-stage delimitation methodology described above is in the circumstances of this case the only appropriate method for delimiting the maritime boundary between Somalia and Kenya.

127. Kenya argues in its written pleadings that the three-stage methodology is not mandatory. It does not deny that this method may be appropriate to achieve an equitable solution in certain cases; however, in its view, it is not appropriate in the present case. Kenya submits that, in light of the applicable law, the regional geographical context and practice, and the conduct of the Parties, the parallel of latitude is the appropriate methodology to achieve an equitable solution. It contends that, in any event, the parallel of latitude provides for the most equitable delimitation in this case.

* *

128. The Court observes that the three-stage methodology is not prescribed by the Convention and therefore is not mandatory. It has been developed by the Court in its jurisprudence on maritime delimitation as part of its effort to arrive at an equitable solution, as required by Articles 74 and 83 of the Convention. The methodology is based on objective, geographical criteria, while at the same time taking into account any relevant circumstances bearing on the equitableness of the maritime boundary. It has brought predictability to the process of maritime delimitation and has been applied by the Court in a number of past cases (e.g. *Maritime Delimitation in the Black Sea (Romania v. Ukraine), Judgment, I.C.J. Reports 2009*, p. 101, paras. 115 *et seq.*; *Territorial and Maritime Dispute (Nicaragua v. Colombia), Judgment, I.C.J. Reports 2012 (II)*,

que l'a fait observer le tribunal arbitral dans l'affaire concernant la Barbade et Trinité-et-Tobago, les circonstances pertinentes sont «propres à chaque affaire» (*Arbitrage entre la Barbade et la République de Trinité-et-Tobago, sentence du 11 avril 2006*, Nations Unies, *Recueil des sentences arbitrales (RSA)*, vol. XXVII, p. 215, par. 242).

125. Dans le cadre de la troisième et dernière étape, la Cour examinera la ligne de délimitation envisagée, qu'il s'agisse de la ligne d'équidistance ou de la ligne ajustée, à l'aune du critère de proportionnalité. Celui-ci vise à s'assurer qu'il n'y a pas de disproportion marquée entre le rapport des longueurs des côtes pertinentes respectives des parties et le rapport des espaces attribués à elles dans la zone pertinente que doit délimiter la ligne envisagée; il s'agit donc de confirmer que la délimitation aboutit à une solution équitable, ainsi que l'exige la convention. C'est à la Cour qu'il revient d'apprécier, au cas par cas et à la lumière de la géographie de la région dans son ensemble, l'existence ou non d'une disproportion marquée (*Délimitation maritime en mer Noire (Roumanie c. Ukraine), arrêt, C.I.J. Recueil 2009*, p. 129, par. 213).

* *

126. La Somalie soutient que la méthode de délimitation en trois étapes décrite ci-dessus est, dans les circonstances de l'espèce, la seule méthode appropriée pour délimiter la frontière maritime entre elle et le Kenya.

127. Pour sa part, le Kenya avance dans ses écritures que la méthode en trois étapes n'est pas obligatoire. Il ne conteste pas qu'elle puisse être adaptée pour parvenir à une solution équitable dans certains cas, mais elle n'est, selon lui, pas appropriée en l'espèce. Le défendeur affirme que, à la lumière du droit applicable, de la pratique et du contexte géographique régionaux, ainsi que du comportement des Parties, la méthode appropriée pour aboutir à une solution équitable consiste à recourir au parallèle, faisant valoir que celui-ci offre, en tout état de cause, la délimitation la plus équitable en la présente affaire.

* *

128. La Cour observe que la méthode en trois étapes n'est pas prescrite par la CNUDM et qu'elle n'est donc pas obligatoire. C'est elle qui l'a élaborée dans sa jurisprudence en matière de délimitation maritime en vue de parvenir à une solution équitable, ainsi que l'exigent les articles 74 et 83 de la convention. Cette méthode repose sur des critères géographiques objectifs, tout en tenant compte de l'ensemble des circonstances pertinentes ayant une incidence sur le caractère équitable de la frontière maritime. Elle a permis d'apporter de la prévisibilité au processus de délimitation maritime et a été utilisée dans le passé par la Cour dans un certain nombre d'affaires (notamment *Délimitation maritime en mer Noire (Roumanie c. Ukraine), arrêt, C.I.J. Recueil 2009*, p. 101, par. 115 et suiv.; *Différend territorial et maritime (Nicaragua c. Colombie), arrêt,*

p. 695, para. 190; *Maritime Dispute (Peru* v. *Chile), Judgment, I.C.J. Reports 2014*, p. 65, para. 180; *Maritime Delimitation in the Caribbean Sea and the Pacific Ocean (Costa Rica* v. *Nicaragua) and Land Boundary in the Northern Part of Isla Portillos (Costa Rica* v. *Nicaragua), Judgment, I.C.J. Reports 2018 (I)*, p. 190, para. 135). The three-stage methodology for maritime delimitation has also been used by international tribunals (see *Delimitation of the Maritime Boundary in the Bay of Bengal (Bangladesh/Myanmar), Judgment, ITLOS Reports 2012*, p. 67, para. 239; *Bay of Bengal Maritime Boundary Arbitration (Bangladesh* v. *India), Award of 7 July 2014, RIAA*, Vol. XXXII, p. 106, para. 346; *Delimitation of the Maritime Boundary in the Atlantic Ocean (Ghana/Côte d'Ivoire), Judgment, ITLOS Reports 2017*, p. 96, para. 324).

129. The Court will not use the three-stage methodology if there are "factors which make the application of the equidistance method inappropriate" (see *Territorial and Maritime Dispute between Nicaragua and Honduras in the Caribbean Sea (Nicaragua* v. *Honduras), Judgment, I.C.J. Reports 2007 (II)*, p. 741, para. 272), for instance if the construction of an equidistance line from the coasts is not feasible (*ibid.*, p. 745, para. 283). This, however, is not the case in the present circumstances where such a line can be constructed.

130. Moreover, the Court does not consider that the use of the parallel of latitude is the appropriate methodology to achieve an equitable solution, as suggested by Kenya. A boundary along the parallel of latitude would produce a severe cut-off effect on the maritime projections of the southernmost coast of Somalia (see sketch-map No. 2 above, p. 223).

131. The Court therefore sees no reason in the present case to depart from its usual practice of using the three-stage methodology to establish the maritime boundary between Somalia and Kenya in the exclusive economic zone and on the continental shelf.

2. *Relevant coasts and relevant area*

(a) *Relevant coasts*

132. The Court must first identify the relevant coasts of the Parties, namely those coasts whose projections overlap (*Maritime Delimitation in the Black Sea (Romania* v. *Ukraine), Judgment, I.C.J. Reports 2009*, p. 97, para. 99).

133. As regards its own relevant coast, Somalia maintains that it extends for 733 km, from the land boundary terminus with Kenya in the south to the area just south of Cadale, some 92 km north of Mogadishu. Somalia notes that, north of this point its coast arcs gradually away from the area of overlapping entitlements and is therefore no longer relevant to the delimitation with Kenya.

134. Concerning Kenya's relevant coast, Somalia, in its written pleadings, submitted that all of Kenya's coast is relevant except for two sec-

C.I.J. Recueil 2012 (II), p. 695, par. 190; *Différend maritime (Pérou c. Chili), arrêt, C.I.J. Recueil 2014*, p. 65, par. 180; *Délimitation maritime dans la mer des Caraïbes et l'océan Pacifique (Costa Rica c. Nicaragua)* et *Frontière terrestre dans la partie septentrionale d'Isla Portillos (Costa Rica c. Nicaragua), arrêt, C.I.J. Recueil 2018 (I)*, p. 190, par. 135). La méthode de délimitation maritime en trois étapes a également été utilisée par des tribunaux internationaux (voir *Délimitation de la frontière maritime dans le golfe du Bengale (Bangladesh/Myanmar), arrêt, TIDM Recueil 2012*, p. 67, par. 239; *Arbitrage concernant la frontière maritime dans le golfe du Bengale (Bangladesh c. Inde), sentence du 7 juillet 2014, RSA*, vol. XXXII, p. 106, par. 346; *Délimitation de la frontière maritime dans l'océan Atlantique (Ghana/Côte d'Ivoire), arrêt, TIDM Recueil 2017*, p. 96, par. 324).

129. La Cour s'abstiendra toutefois d'utiliser la méthode en trois étapes si «des facteurs peuvent rendre son application inappropriée» (voir *Différend territorial et maritime entre le Nicaragua et le Honduras dans la mer des Caraïbes (Nicaragua c. Honduras), arrêt, C.I.J. Recueil 2007 (II)*, p. 741, par. 272), par exemple s'il est impossible de construire une ligne d'équidistance à partir du littoral (*ibid.*, p. 745, par. 283). Or, tel n'est pas le cas dans les circonstances de l'espèce, pareille ligne pouvant bien être tracée.

130. Par ailleurs, la Cour ne considère pas que l'utilisation du parallèle, comme le propose le Kenya, soit la méthode appropriée pour aboutir à une solution équitable. Une frontière longeant le parallèle produirait un effet d'amputation important sur les projections maritimes de la côte somalienne la plus méridionale (voir le croquis nº 2 ci-dessus, p. 223).

131. La Cour ne voit donc aucune raison, en la présente affaire, de s'écarter de sa pratique habituelle consistant à utiliser la méthode en trois étapes pour déterminer la frontière maritime entre la Somalie et le Kenya dans la zone économique exclusive et sur le plateau continental.

2. *Côtes pertinentes et zone pertinente*

a) *Côtes pertinentes*

132. La Cour doit commencer par déterminer les côtes pertinentes des Parties, c'est-à-dire les côtes dont les projections se chevauchent (*Délimitation maritime en mer Noire (Roumanie c. Ukraine), arrêt, C.I.J. Recueil 2009*, p. 97, par. 99).

133. En ce qui concerne sa propre côte pertinente, la Somalie soutient qu'elle s'étend sur 733 kilomètres à partir du point terminal de la frontière terrestre avec le Kenya au sud jusqu'à la zone située juste au sud de Cadale, à quelque 92 kilomètres au nord de Mogadiscio. Elle précise que, au nord de ce point, sa côte s'infléchit graduellement en s'écartant de la zone de chevauchement des droits et n'est donc plus pertinente aux fins de la délimitation avec le Kenya.

134. Pour ce qui est de la côte pertinente du Kenya, la Somalie, dans ses écritures, a fait valoir que l'intégralité de la côte kényane était perti-

tions facing due south and thus away from the delimitation area, namely the north-eastern extremities of Ungama Bay in the central portion of Kenya's coast and the final section of Kenya's coast as it approaches Tanzania. Excluding these two sections, Somalia concluded that the total length of Kenya's relevant coast is 466 km. At the hearings, however, Somalia agreed that all of Kenya's coast, from the border with Somalia in the north to the border with Tanzania in the south, is relevant, with a length of 511 km (see sketch-map No. 6 below, p. 254).

135. While Kenya accepts that Somalia's relevant coast has a length of 733 km, it nonetheless maintains that, if Somalia's approach, using a radial projection from the land boundary terminus, is applied consistently, the radial projection from the land boundary terminus should extend to 350 nautical miles with the result that Somalia's relevant coast measures only 714 km. It acknowledges, however, that the difference is not significant.

136. Concerning its own relevant coast, Kenya indicates that it generally agrees with Somalia's approach. It states, however, that it would also include a 30 km section of coastline south of Chale Point on its coast, and therefore estimates its relevant coastal length at approximately 511 km following its natural configuration (see sketch-map No. 7 below, p. 255).

137. The Court, using radial projections which overlap within 200 nautical miles (see paragraph 132 above), has identified that the relevant coast of Somalia extends for approximately 733 km and that of Kenya for approximately 511 km (see sketch-map No. 8 below, p. 256).

(b) *Relevant area*

138. The Parties disagree as to the identification of the relevant area. Somalia proceeds in two steps, first drawing 200-nautical-mile envelopes of arcs from the Parties' baselines and identifying the area where those arcs intersect as the area of overlapping potential entitlements, excluding the area south of the agreed Kenya-Tanzania boundary. This produces a total relevant area of 213,863 sq km within 200 nautical miles. Somalia then adds to this area the maritime space beyond 200 nautical miles in which the potential entitlements of the Parties overlap. Although it accepts the role of potential entitlements for the determination of the relevant area, in fact, it limits the relevant area beyond 200 nautical miles in the north by the parallel of latitude drawn from the land boundary terminus. It appears that Somalia has done so on the basis of the claim submitted by Kenya to the CLCS. Somalia considers that this combined area constitutes the totality of the relevant area in the circumstances of the case, thus measuring approximately 319,542 sq km (see sketch-map No. 6 below, p. 254).

nente, hormis deux segments orientés plein sud et ne faisant donc pas face à la zone de délimitation, à savoir les extrémités nord-est de la baie d'Ungama dans la partie centrale de la côte kényane et le dernier segment de la côte kényane à proximité de la Tanzanie. En excluant ces deux segments, la Somalie a conclu que la longueur totale de la côte kényane pertinente était de 466 kilomètres. A l'audience, elle est cependant convenue que la côte kényane dans son intégralité, de la frontière avec la Somalie au nord à celle avec la Tanzanie au sud, était pertinente, et que sa longueur était de 511 kilomètres (voir le croquis n° 6 ci-après, p. 254).

135. Tout en admettant que la côte somalienne pertinente mesure 733 kilomètres, le Kenya soutient que, si l'on applique de manière cohérente l'approche de la Somalie consistant à utiliser une projection radiale à partir du point terminal de la frontière terrestre, cette projection doit s'étendre jusqu'à 350 milles marins, de sorte que la côte pertinente de la Somalie ne mesure que 714 kilomètres. Il reconnaît toutefois qu'il ne s'agit pas là d'une différence importante.

136. Quant à sa propre côte pertinente, le Kenya indique que, d'une manière générale, il souscrit à l'approche de la Somalie. Il déclare cependant qu'il inclurait également un segment de son littoral de 30 kilomètres situé au sud du point Chale, et évalue donc la longueur de sa côte pertinente à environ 511 kilomètres selon sa configuration naturelle (voir le croquis n° 7 ci-après, p. 255).

137. La Cour a, en utilisant des projections radiales qui se chevauchent en deçà de 200 milles marins (voir paragraphe 132 ci-dessus), déterminé que la côte pertinente de la Somalie mesurait environ 733 kilomètres, et celle du Kenya, environ 511 kilomètres (voir le croquis n° 8 ci-après, p. 256).

b) *Zone pertinente*

138. Les Parties sont en désaccord quant à la détermination de la zone pertinente. La Somalie procède en deux étapes. Elle commence par tracer des enveloppes d'arcs de 200 milles marins à partir des lignes de base des Parties et définit la zone où ces arcs se croisent comme étant la zone de chevauchement des droits potentiels, excluant celle située au sud de la frontière convenue entre le Kenya et la Tanzanie. Cela produit une zone pertinente totale de 213 863 kilomètres carrés en deçà de 200 milles marins. La Somalie y ajoute ensuite les espaces maritimes situés au-delà de 200 milles marins dans lesquels les droits potentiels des Parties se chevauchent. Bien qu'elle accepte le rôle que ces derniers jouent pour la détermination de la zone pertinente, elle limite, en fait, la zone pertinente située au-delà de 200 milles marins au nord par le parallèle tracé à partir du point terminal de la frontière terrestre. Il apparaît que, pour ce faire, elle se soit fondée sur la demande soumise par le Kenya à la Commission des limites. La Somalie considère que les deux zones qu'elle a ainsi définies forment ensemble la totalité de la zone pertinente dans les circonstances de l'espèce, couvrant donc environ 319 542 kilomètres carrés (voir le croquis n° 6 ci-après, p. 254).

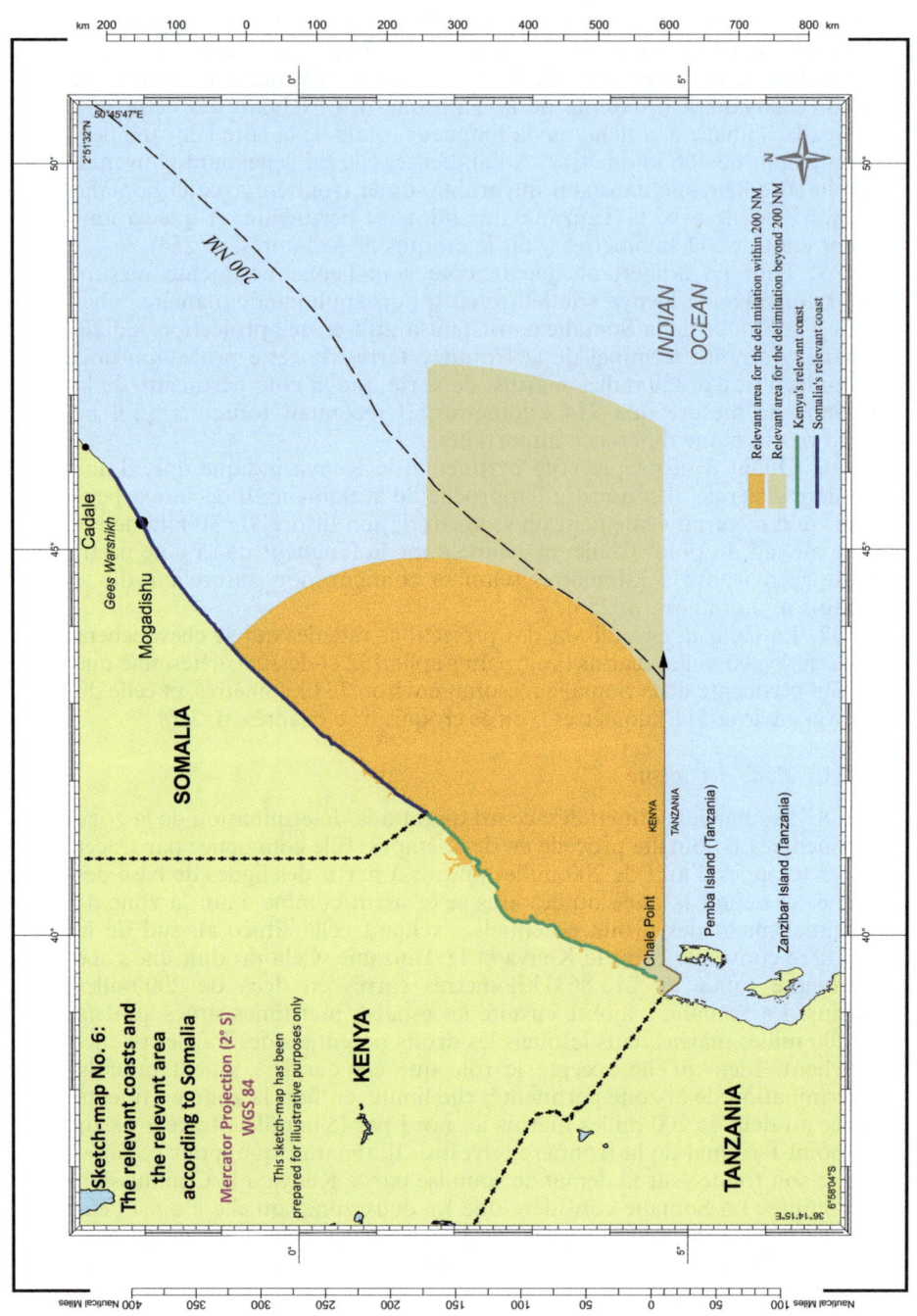

Sketch-map No. 6:
The relevant coasts and
the relevant area
according to Somalia

Mercator Projection (2° S)
WGS 84

This sketch-map has been
prepared for illustrative purposes only

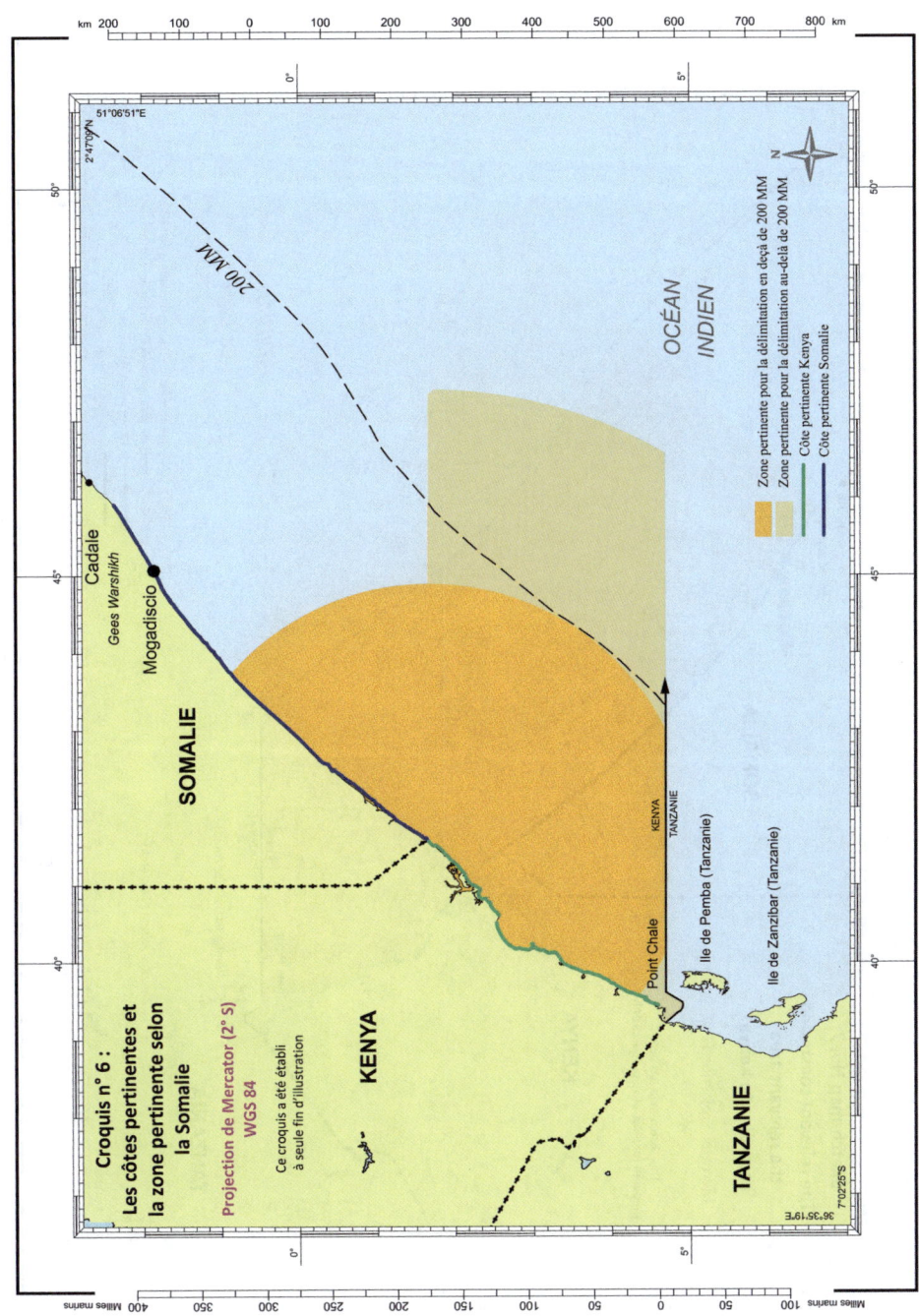

Croquis n° 6 :
Les côtes pertinentes et
la zone pertinente selon
la Somalie

Projection de Mercator (2° S)
WGS 84

Ce croquis a été établi
à seule fin d'illustration

SOMALIE

KENYA

TANZANIE

OCÉAN
INDIEN

Cadale

Gees Warshikh

Mogadiscio

Point Chale

KENYA

TANZANIE

Ile de Pemba (Tanzanie)

Ile de Zanzibar (Tanzanie)

200 MM

Zone pertinente pour la délimitation en deçà de 200 MM
Zone pertinente pour la délimitation au-delà de 200 MM
Côte pertinente Kenya
Côte pertinente Somalie

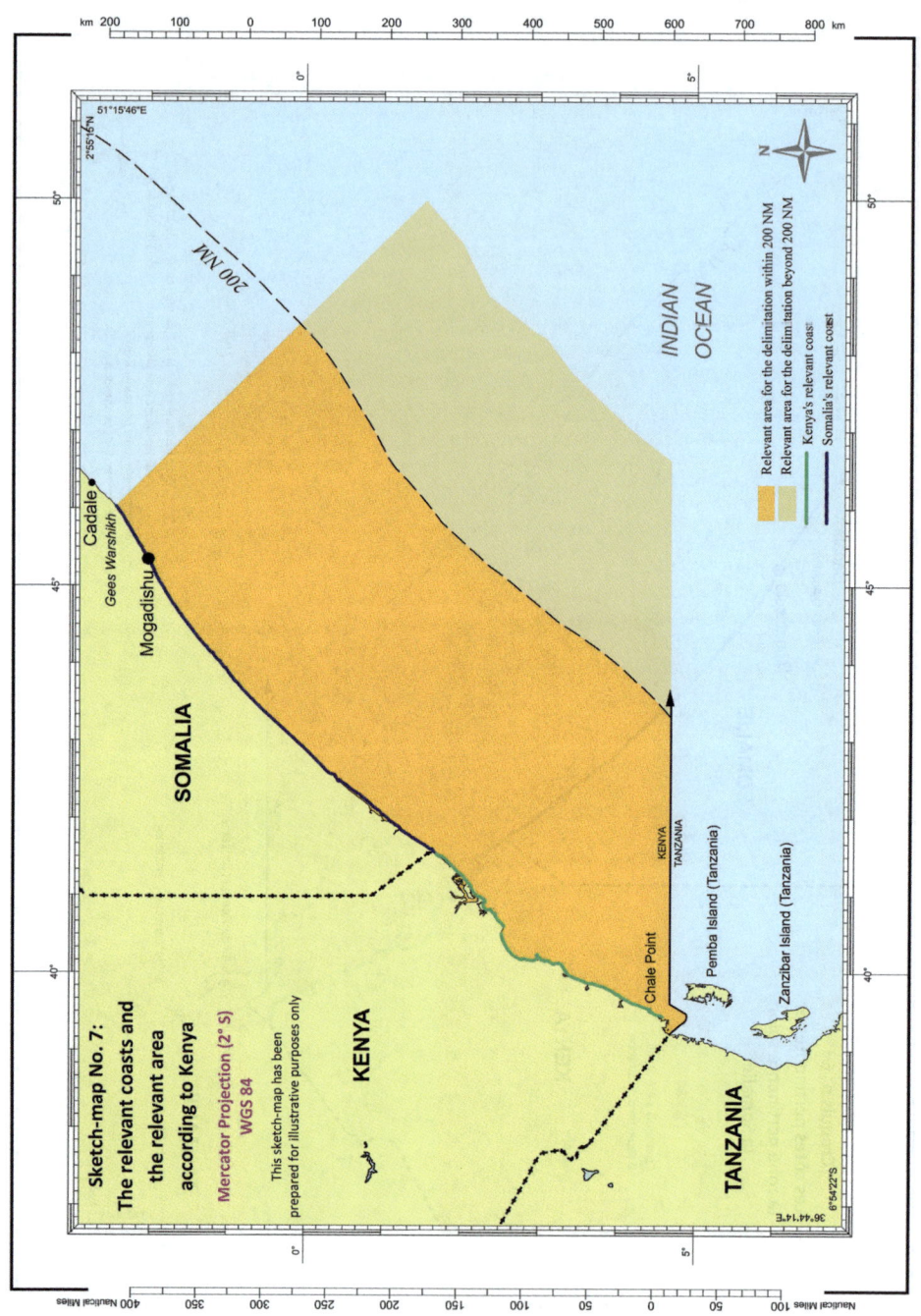

Sketch-map No. 7:
The relevant coasts and
the relevant area
according to Kenya

Mercator Projection (2° S)
WGS 84

This sketch-map has been
prepared for illustrative purposes only

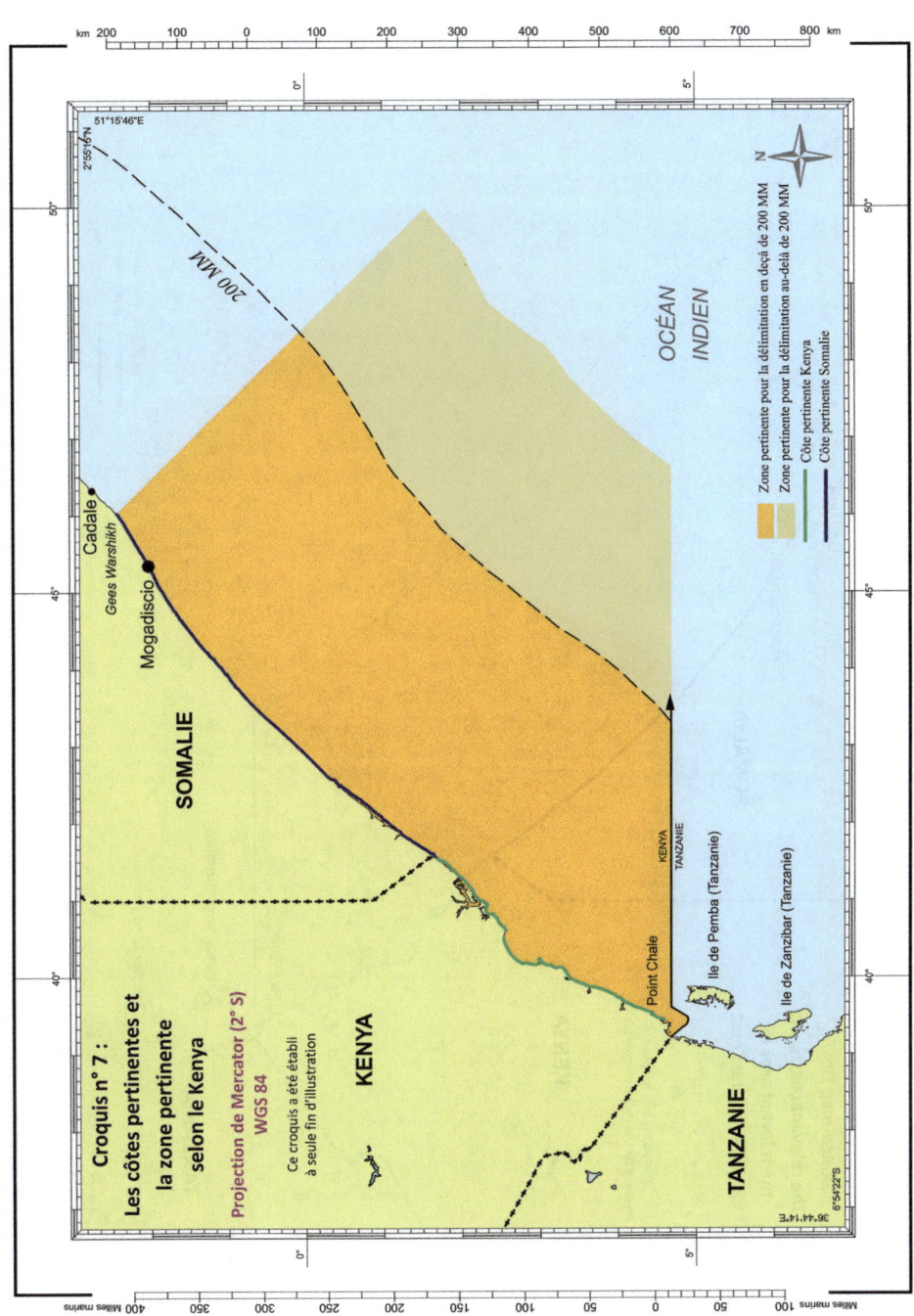

Croquis n° 7 :
Les côtes pertinentes et
la zone pertinente
selon le Kenya

Projection de Mercator (2° S)
WGS 84

Ce croquis a été établi
à seule fin d'illustration

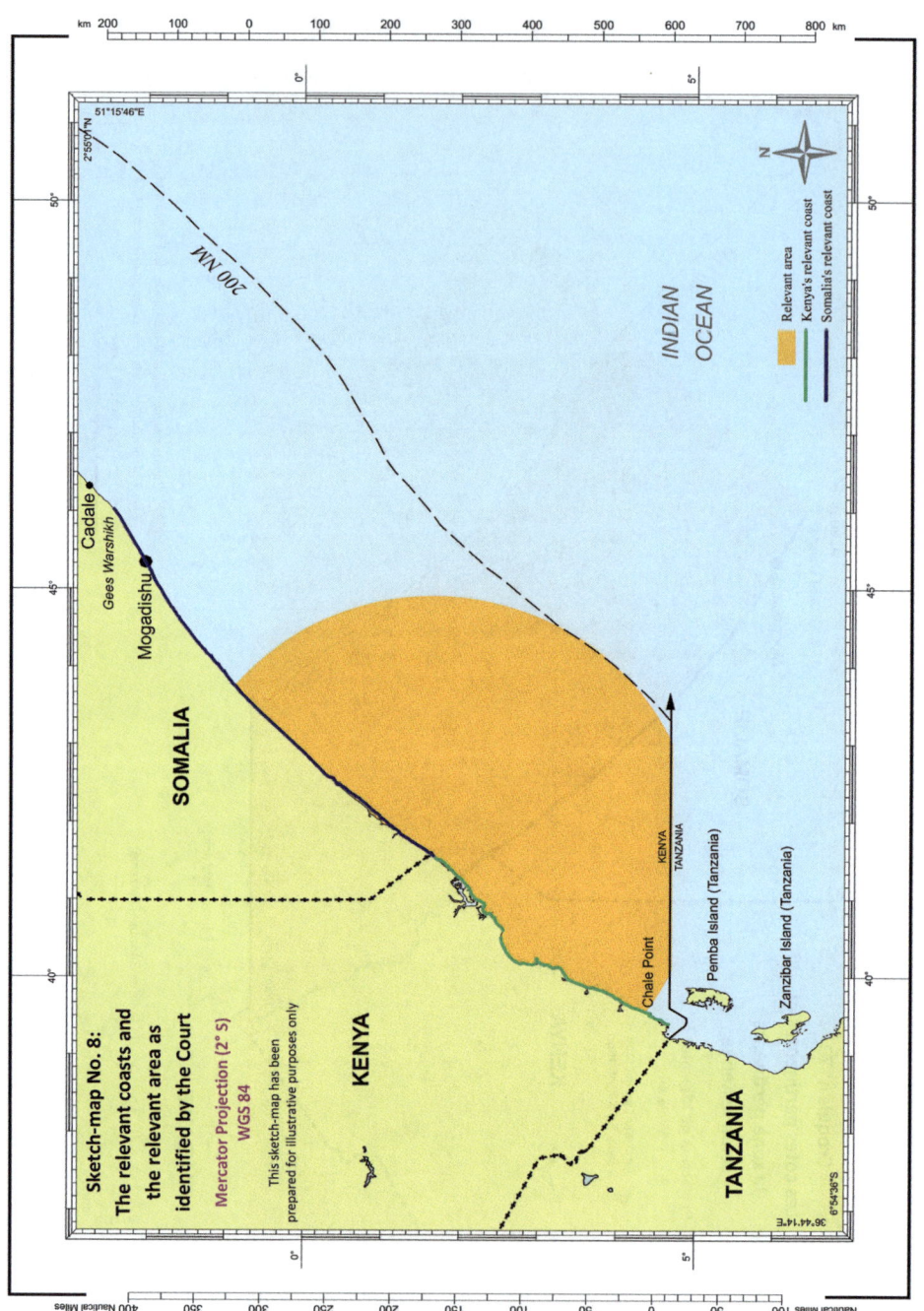

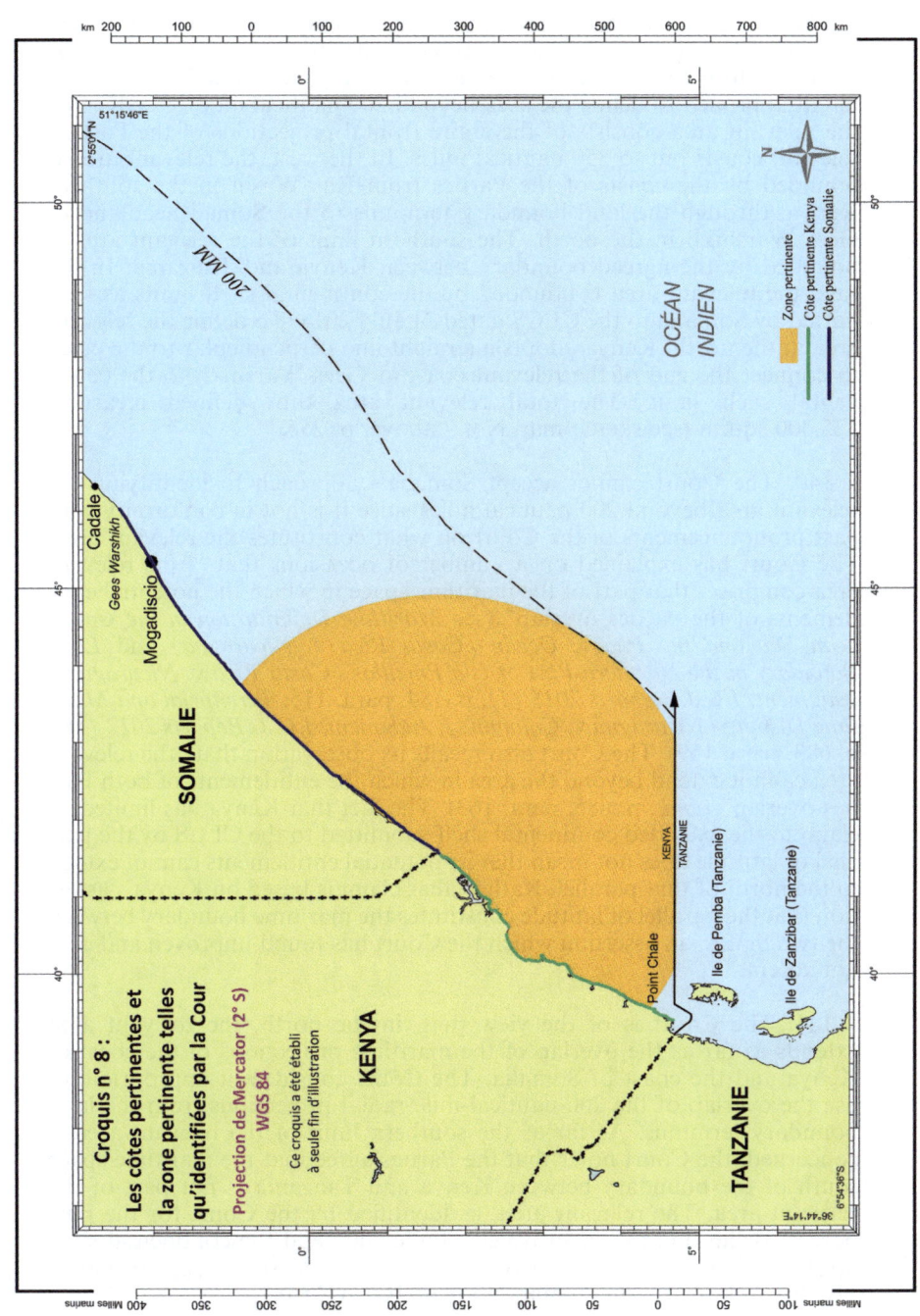

Croquis n° 8 :
Les côtes pertinentes et
la zone pertinente telles
qu'identifiées par la Cour

Projection de Mercator (2° S)
WGS 84

Ce croquis a été établi
à seule fin d'illustration

Zone pertinente
Côte pertinente Kenya
Côte pertinente Somalie

OCÉAN
INDIEN

SOMALIE

KENYA

TANZANIE

Cadale
Gees Warshikh
Mogadiscio

Point Chale

KENYA
TANZANIE

Île de Pemba (Tanzanie)
Île de Zanzibar (Tanzanie)

200 MM

51°15'46"E
2°55'01"N

36°44'14"E
6°54'36"S

139. Kenya rejects Somalia's approach to identifying the relevant area. According to Kenya, Somalia acts inconsistently when it applies one approach to define the relevant area within 200 nautical miles and a different approach to define the area beyond 200 nautical miles. For Kenya, the relevant area consists of the entire frontal projections of the Parties' relevant coasts out to 350 nautical miles. In the west, the relevant area is bounded by the coasts of the Parties from Ras Wasin in the south of Kenya, through the land boundary terminus to the Somali headland of Gees Warshikh in the north. The southern limit of the relevant area is bounded by the agreed boundary between Kenya and Tanzania. In the east, the relevant area is bounded by the continental shelf limits as submitted by Somalia to the CLCS dated 21 July 2014. To define the relevant area in the north, Kenya adopts a straight line perpendicular to the coast to connect the end of the relevant coast at Gees Warshikh to the continental shelf limit. The total relevant area thus defined measures 525,300 sq km (see sketch-map No. 7 above, p. 255).

140. The Court cannot accept Somalia's approach to identifying the relevant area beyond 200 nautical miles since it is not in conformity with past pronouncements of the Court on what constitutes the relevant area. The Court has explained on a number of occasions that "[t]he relevant area comprises that part of the maritime space in which the potential entitlements of the parties overlap" (see *Maritime Delimitation in the Caribbean Sea and the Pacific Ocean (Costa Rica* v. *Nicaragua)* and *Land Boundary in the Northern Part of Isla Portillos (Costa Rica* v. *Nicaragua), Judgment, I.C.J. Reports 2018 (I)*, p. 184, para. 115; *Territorial and Maritime Dispute (Nicaragua* v. *Colombia), Judgment, I.C.J. Reports 2012 (II)*, p. 683, para. 159). The Court also recalls its observation that "the relevant area cannot extend beyond the area in which the entitlements of both Parties overlap" (*ibid.*, p. 685, para. 163). The fact that Kenya has limited its claim to the extended continental shelf submitted to the CLCS by the parallel of latitude does not mean that its potential entitlements cannot extend to the north of that parallel. Rather, that claim is based on Kenya's assertion that the parallel of latitude constitutes the maritime boundary between the two States, an assertion which the Court has found unproven and cannot accept.

141. The Court is of the view that, in the north, the relevant area extends as far as the overlap of the maritime projections of the coast of Kenya and the coast of Somalia. The Court considers it appropriate to use the overlap of the 200-nautical-mile radial projections from the land boundary terminus. As far as the southern limit of the relevant area is concerned, the Court notes that the Parties agree that the maritime space south of the boundary between Kenya and Tanzania is not part of the relevant area. The relevant area, as identified by the Court for the purpose of delimiting the exclusive economic zone and the continental shelf up to 200 nautical miles from the coasts, measures approximately 212,844 sq km (see sketch-map No. 8 above, p. 256).

139. Le Kenya rejette l'approche que la Somalie emploie pour déterminer la zone pertinente. Selon lui, la Somalie fait preuve d'incohérence en appliquant une approche pour définir la zone pertinente située en deçà de 200 milles marins et une approche différente pour définir celle située au-delà de 200 milles marins. Pour le Kenya, la zone pertinente est constituée de l'ensemble des projections frontales des côtes pertinentes des Parties jusqu'à 350 milles marins. A l'ouest, elle est bornée par les côtes des Parties à partir de Ras Wasin dans le sud du Kenya, en passant par le point terminal de la frontière terrestre, et jusqu'au promontoire somalien de Gees Warshikh au nord. Sa limite méridionale est circonscrite par la frontière convenue entre le Kenya et la Tanzanie. A l'est, la zone pertinente est bordée par la limite du plateau continental telle que soumise par la Somalie à la Commission des limites le 21 juillet 2014. Pour la définir au nord, le Kenya adopte une ligne droite perpendiculaire à la côte, allant de l'extrémité de la côte pertinente à Gees Warshikh jusqu'à la limite du plateau continental. La zone pertinente ainsi déterminée s'étend au total sur 525 300 kilomètres carrés (voir le croquis n° 7 ci-dessus, p. 255).

140. La Cour ne peut souscrire à l'approche adoptée par la Somalie pour déterminer la zone pertinente au-delà de 200 milles marins car cette approche n'est pas conforme à ses décisions antérieures définissant ce qui constitue la zone pertinente. La Cour a ainsi précisé à diverses occasions que «[l]a zone pertinente correspond[ait] à la partie de l'espace maritime dans laquelle les droits potentiels des parties se chevauchent» (voir *Délimitation maritime dans la mer des Caraïbes et l'océan Pacifique (Costa Rica c. Nicaragua)* et *Frontière terrestre dans la partie septentrionale d'Isla Portillos (Costa Rica c. Nicaragua), arrêt, C.I.J. Recueil 2018 (I)*, p. 184, par. 115; *Différend territorial et maritime (Nicaragua c. Colombie), arrêt, C.I.J. Recueil 2012 (II)*, p. 683, par. 159). La Cour rappelle en outre qu'elle a fait observer que «la zone pertinente ne p[ouvai]t pas s'étendre au-delà de celle dans laquelle les droits des Parties se chevauchent» (*ibid.*, p. 685, par. 163). Le fait que le Kenya ait circonscrit par le parallèle sa demande d'un plateau continental étendu soumise à la Commission des limites ne signifie pas que ses droits potentiels ne peuvent pas s'étendre au nord de ce parallèle. Cette demande est plutôt fondée sur l'assertion du Kenya selon laquelle le parallèle constitue la frontière maritime entre les deux Etats, assertion que la Cour a jugée non étayée par des éléments de preuve et ne peut accepter.

141. La Cour est d'avis que la zone pertinente s'étend au nord aussi loin que se chevauchent les projections maritimes de la côte du Kenya et de la côte de la Somalie. Elle estime qu'il convient d'utiliser le chevauchement des projections radiales de 200 milles marins à partir du point terminal de la frontière terrestre. En ce qui concerne la limite méridionale de la zone pertinente, elle relève que les Parties conviennent que les espaces maritimes situés au sud de la frontière entre le Kenya et la Tanzanie ne font pas partie de la zone pertinente. La zone pertinente, telle que définie par la Cour aux fins de la délimitation de la zone économique exclusive et du plateau continental jusqu'à 200 milles marins des côtes, mesure environ 212 844 kilomètres carrés (voir le croquis n° 8 ci-dessus, p. 256).

3. Provisional equidistance line

142. The Court must next construct the provisional equidistance line. To do so, it must identify the appropriate base points on the Parties' relevant coasts which will be used for that purpose.

* *

143. Somalia suggests that the base points should be identified by using appropriate software based on the relevant nautical charts. It submits that the software automatically selects those points that generate the equidistance line, that is a line every point of which is equidistant from the nearest points on the Parties' baselines from which the breadth of the territorial sea is measured. Having used the CARIS-LOTS software, based on US NGA Nautical Chart 61220, Somalia has identified two base points on its side of the land boundary terminus and two base points on the Kenyan side. It provides the following geographical co-ordinates for the base points on the Somali side, for base point S3 1° 39' 14.99" S and 41° 35' 15.68" E and for base point S4 1° 35' 37.21" S and 41° 38' 01.00" E. The two base points that Somalia identified on the Kenyan side have the following co-ordinates: base point K2 1° 43' 04.77" S and 41° 32' 37.18" E and base point K3 1° 46' 10.97" S and 41° 30' 45.14" E. It submits that these four base points control the entire course of the equidistance line up to 200 nautical miles from the coast.

144. Kenya contends, in Appendix 2, that Somalia failed to use the most reliable charted data. Kenya criticizes the reliance by Somalia on US NGA Nautical Chart 61220, arguing that it contains no new or independent charted data. Kenya draws the Court's attention to the fact that US NGA Nautical Chart 61220 indicates that its charted data are derived from the relevant British Admiralty or Italian charts. In Kenya's view, the appropriate chart to be used for the selection of base points is British Admiralty Chart 3362, which offers the best available charted data. Based on that chart and using the same CARIS-LOTS software, Kenya identifies the following base points for the construction of the provisional equidistance line:

Base points on Kenya's coast:

Base point	Co-ordinates
K4	1° 43' 12.2" S – 41° 32' 38.5" E
K5	1° 43' 39.0" S – 41° 32' 28.4" E
K6	1° 46' 26.3" S – 41° 30' 36.2" E

3. Ligne d'équidistance provisoire

142. La Cour doit à présent procéder à la construction de la ligne d'équidistance provisoire. Pour ce faire, il lui faut définir les points de base appropriés sur les côtes pertinentes des Parties qui seront utilisés à cet effet.

* *

143. La Somalie indique que les points de base doivent être fixés au moyen d'un logiciel approprié sur la base des cartes marines pertinentes. Elle précise que le logiciel sélectionne automatiquement les points qui génèrent la ligne d'équidistance, à savoir la ligne dont chaque point est équidistant des points les plus proches des lignes de base des Parties à partir desquelles est mesurée la largeur de la mer territoriale. En utilisant le logiciel CARIS-LOTS, et en se fondant sur la carte marine américaine de la NGA n° 61220, la Somalie a défini deux points de base de son côté du point terminal de la frontière terrestre et deux du côté kényan. Les coordonnées fournies pour les points de base du côté somalien sont 1° 39′ 14,99″ de latitude sud et 41° 35′ 15,68″ de longitude est, pour S3, et 1° 35′ 37,21″ de latitude sud et 41° 38′ 01,00″ de longitude est, pour S4 ; celles fournies pour les deux points de base du côté kényan sont 1° 43′ 04,77″ de latitude sud et 41° 32′ 37,18″ de longitude est, pour K2, et 1° 46′ 10,97″ de latitude sud et 41° 30′ 45,14″ de longitude est, pour K3. La Somalie fait valoir que ces quatre points de base déterminent l'intégralité du tracé de la ligne d'équidistance jusqu'à 200 milles marins de la côte.

144. Le Kenya, pour sa part, affirme dans l'appendice 2 que la Somalie n'a pas utilisé les éléments cartographiques les plus fiables. Il critique le choix par la Somalie de la carte marine américaine de la NGA n° 61220, au motif que celle-ci ne contient aucune donnée géographique nouvelle ou indépendante, appelant l'attention de la Cour sur le fait qu'elle a été établie à partir de données provenant des cartes marines britanniques et italiennes pertinentes. Selon lui, la carte qu'il convient d'utiliser pour choisir des points de base est la carte de l'Amirauté britannique n° 3362, car elle offre les meilleurs éléments cartographiques disponibles. Sur la base de cette carte et en utilisant lui aussi le logiciel CARIS-LOTS, le Kenya définit les points de base suivants pour construire la ligne d'équidistance provisoire :

Points de base sur la côte kényane :

Point de base	Coordonnées
K4	1° 43′ 12,2″ S – 41° 32′ 38,5″ E
K5	1° 43′ 39,0″ S – 41° 32′ 28,4″ E
K6	1° 46′ 26,3″ S – 41° 30′ 36,2″ E

Base points on Somalia's coast:

Base point	Co-ordinates
S3	1° 38' 57.0" S – 41° 35' 21.9" E
S4	1° 35' 49.9" S – 41° 38' 1.8" E

Kenya admits that its proposed provisional equidistance line shows only slight differences from that proposed by Somalia.

145. Somalia also pointed out at the hearings that there was very little difference between the two equidistance lines constructed from the base points it had selected or from those selected by Kenya. It concluded that it would be content for the Court to use either US NGA Nautical Chart 61220 or British Admiralty Chart 3362, or any other chart that the Court might consider even more reliable.

* *

146. Taking into account the views of the Parties, the Court considers that it can rely on British Admiralty Chart 3362. It identifies the following base points as appropriate for the construction of the provisional equidistance line within 200 nautical miles of the coasts:

Base points on Somalia's coast:

Base point	Co-ordinates
S4	1° 39' 09.2" S – 41° 34' 00.7" E
S5	1° 38' 24.0" S – 41° 34' 35.8" E
S6	1° 34' 50.2" S – 41° 37' 19.9" E

Base points on Kenya's coast:

Base point	Co-ordinates
K4	1° 40' 25.5" S – 41° 33' 02.9" E
K5	1° 47' 11.4" S – 41° 29' 10.5" E
K6	1° 47' 55.0" S – 41° 28' 49.4" E

The provisional equidistance line constructed on the basis of these base points begins from the endpoint of the maritime boundary in the territorial sea (Point A) and continues until it reaches 200 nautical miles from the starting-point of the maritime boundary, at a point (Point 10') with co-ordinates 3° 31' 41.4" S and 44° 21' 02.5" E (see sketch-map No. 9

Points de base sur la côte somalienne:

Point de base	Coordonnées
S3	1° 38′ 57,0″ S – 41° 35′ 21,9″ E
S4	1° 35′ 49,9″ S – 41° 38′ 1,8″ E

Le Kenya reconnaît que la ligne d'équidistance provisoire qu'il a construite ne diffère guère de celle proposée par la Somalie.

145. A l'audience, la Somalie a elle aussi relevé qu'il n'y avait que très peu de différence entre les lignes d'équidistance construites par les Parties à partir des points de base retenus par chacune d'elles. Le demandeur a précisé qu'il serait dans tous les cas satisfait, que la Cour utilise la carte marine américaine de la NGA n° 61220, la carte de l'Amirauté britannique n° 3362, ou toute autre carte qu'elle estimerait encore plus fiable.

* *

146. Compte tenu des vues exprimées par les Parties, la Cour considère qu'elle peut se fonder sur la carte de l'Amirauté britannique n° 3362. Elle définit les points de base suivants comme étant appropriés aux fins de la construction de la ligne d'équidistance provisoire en deçà de 200 milles marins des côtes:

Points de base sur la côte somalienne:

Point de base	Coordonnées
S4	1° 39′ 09,2″ S – 41° 34′ 00,7″ E
S5	1° 38′ 24,0″ S – 41° 34′ 35,8″ E
S6	1° 34′ 50,2″ S – 41° 37′ 19,9″ E

Points de base sur la côte kényane:

Point de base	Coordonnées
K4	1° 40′ 25,5″ S – 41° 33′ 02,9″ E
K5	1° 47′ 11,4″ S – 41° 29′ 10,5″ E
K6	1° 47′ 55,0″ S – 41° 28′ 49,4″ E

La ligne d'équidistance provisoire tracée suivant ces points de base part de l'extrémité de la frontière maritime dans la mer territoriale (point A) et se poursuit jusqu'à atteindre 200 milles marins du point de départ de la frontière maritime, en un point (point 10′) situé par 3° 31′ 41,4″ de latitude sud et 44° 21′ 02,5″ de longitude est (voir le croquis n° 9 ci-après,

below, p. 261). The turning points between Point A and the 200-nautical-mile limit are the following:

Turning point	Co-ordinates
7	2° 01' 57.8" S – 42° 02' 26.7" E
8	2° 05' 37.1" S – 42° 08' 26.9" E
9	2° 11' 13.0" S – 42° 17' 25.5" E
10	2° 20' 12.3" S – 42° 32' 04.8" E

4. Whether there is a need to adjust the provisional equidistance line

147. The Court will next consider whether there are factors requiring the adjustment or shifting of the provisional equidistance line in order to achieve an equitable solution. Since the cases concerning the *North Sea Continental Shelf (Federal Republic of Germany/Denmark; Federal Republic of Germany/Netherlands)*, such factors have been referred to in the jurisprudence of the Court as relevant circumstances (*Judgment, I.C.J. Reports 1969*, p. 53, para. 101).

* *

148. Somalia sees no reason for adjusting the provisional equidistance line. It maintains that the relevant circumstances that may justify the adjustment of the equidistance line in order to reach an equitable solution are essentially of a geographical nature. Somalia mentions three such circumstances in particular, namely: the cut-off effect of the provisional equidistance line, appreciated within the general geographical context; the cut-off effect of such a line due to concavity of the coast; and the presence of islands in the relevant maritime area. In Somalia's view, there are no such circumstances in the present case. Nor are there any other unusual or anomalous geographical circumstances since the coasts of the Parties are comparatively straight and unremarkable. It contends that the Kenya-Tanzania maritime boundary agreement is *res inter alios acta* for Somalia and that it cannot have any bearing on the delimitation in the present case. It adds that the effect of that boundary agreement can only consist of depriving Kenya of some of its entitlements beyond 200 nautical miles. Somalia concludes that the provisional equidistance line should remain intact since no adjustment is required or justified.

*

149. Kenya, for its part, invokes five circumstances which, it considers, require the adjustment of the provisional equidistance line. In its view, any such adjustment should result in a boundary following the parallel of latitude. First, Kenya contends that the provisional equidistance line would lead to a severe reduction in its coastal projection constituting a

p. 261). Les points d'inflexion entre le point A et la limite des 200 milles marins sont les suivants:

Point d'inflexion	Coordonnées
7	2° 01′ 57,8″ S – 42° 02′ 26,7″ E
8	2° 05′ 37,1″ S – 42° 08′ 26,9″ E
9	2° 11′ 13,0″ S – 42° 17′ 25,5″ E
10	2° 20′ 12,3″ S – 42° 32′ 04,8″ E

4. Question de savoir s'il convient d'ajuster la ligne d'équidistance provisoire

147. La Cour va maintenant rechercher s'il existe des facteurs exigeant un ajustement ou un déplacement de la ligne d'équidistance provisoire afin d'aboutir à une solution équitable. Depuis les affaires du *Plateau continental de la mer du Nord (République fédérale d'Allemagne/ Danemark; République fédérale d'Allemagne/Pays-Bas)*, de tels facteurs ont été qualifiés de circonstances pertinentes dans la jurisprudence de la Cour (*arrêt, C.I.J. Recueil 1969*, p. 53, par. 101).

* *

148. La Somalie ne voit aucune raison d'ajuster la ligne d'équidistance provisoire. Elle affirme que les circonstances pertinentes susceptibles de justifier un tel ajustement afin d'aboutir à une solution équitable sont essentiellement de nature géographique, et en cite en particulier trois: l'effet d'amputation produit par la ligne d'équidistance provisoire au regard du contexte géographique général; l'effet d'amputation dû à la concavité de la côte; et la présence d'îles dans la zone maritime pertinente. Selon la Somalie, aucune de ces circonstances ni aucune autre circonstance géographique inhabituelle ou anormale n'existe en la présente affaire, étant donné que les côtes des Parties sont relativement droites et ordinaires. Le demandeur fait valoir que l'accord sur la frontière maritime conclu entre le Kenya et la Tanzanie est *res inter alios acta* à son égard et qu'il ne saurait donc avoir une quelconque incidence sur la délimitation en l'espèce. Il ajoute que cet accord a pour seul effet de priver le Kenya de certains de ses droits au-delà de 200 milles marins. La Somalie conclut donc que la ligne d'équidistance provisoire devrait demeurer en l'état, aucun ajustement n'étant requis ou justifié.

*

149. Le Kenya, pour sa part, invoque cinq circonstances qui, à ses yeux, exigent que la ligne d'équidistance provisoire soit ajustée. Selon lui, chacun de ces ajustements devrait aboutir à ce que la frontière maritime suive le parallèle. Le défendeur soutient tout d'abord que la ligne d'équidistance provisoire entraînerait une forte réduction de sa projection

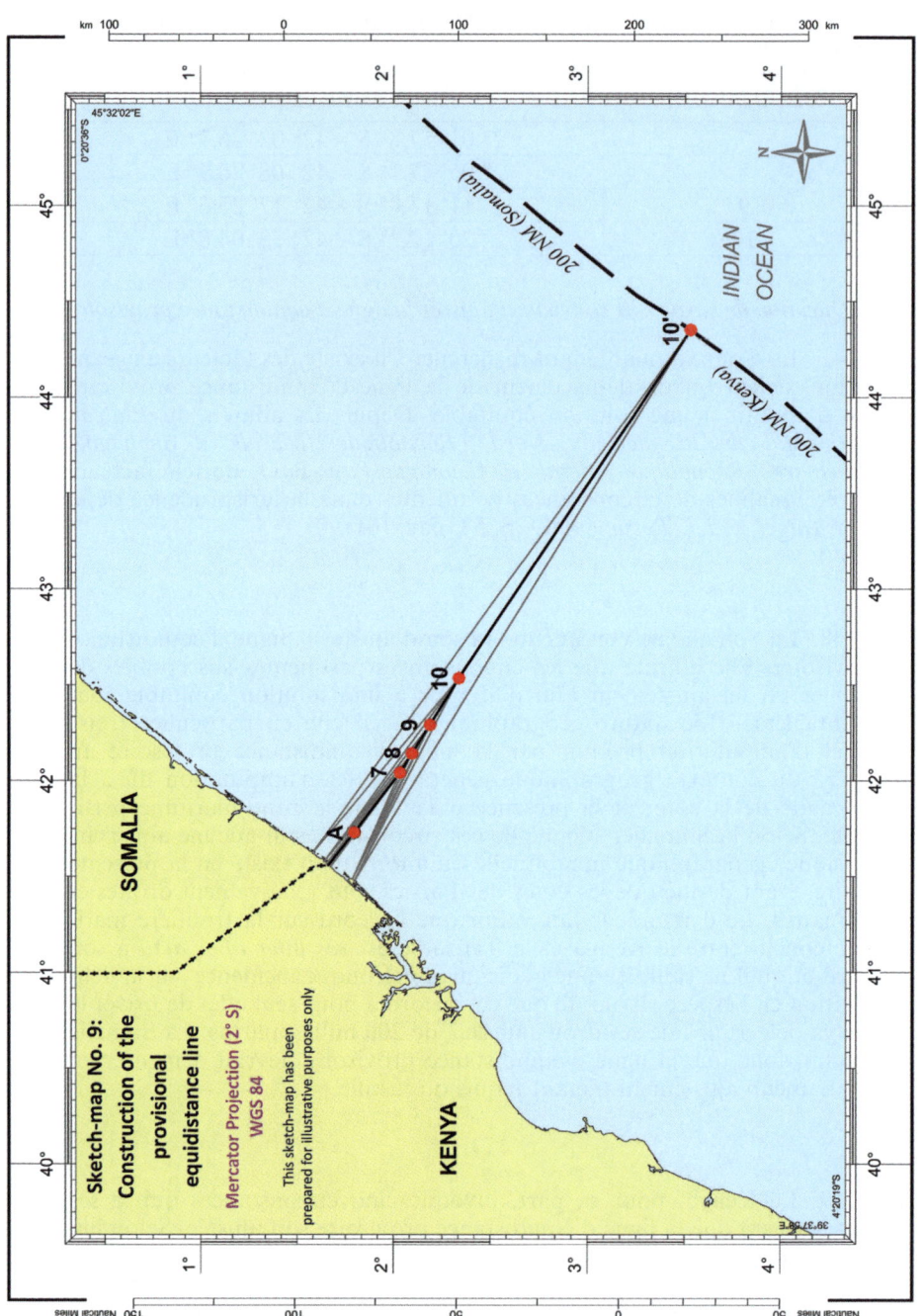

Sketch-map No. 9:
Construction of the
provisional
equidistance line

Mercator Projection (2° S)
WGS 84

This sketch-map has been
prepared for illustrative purposes only

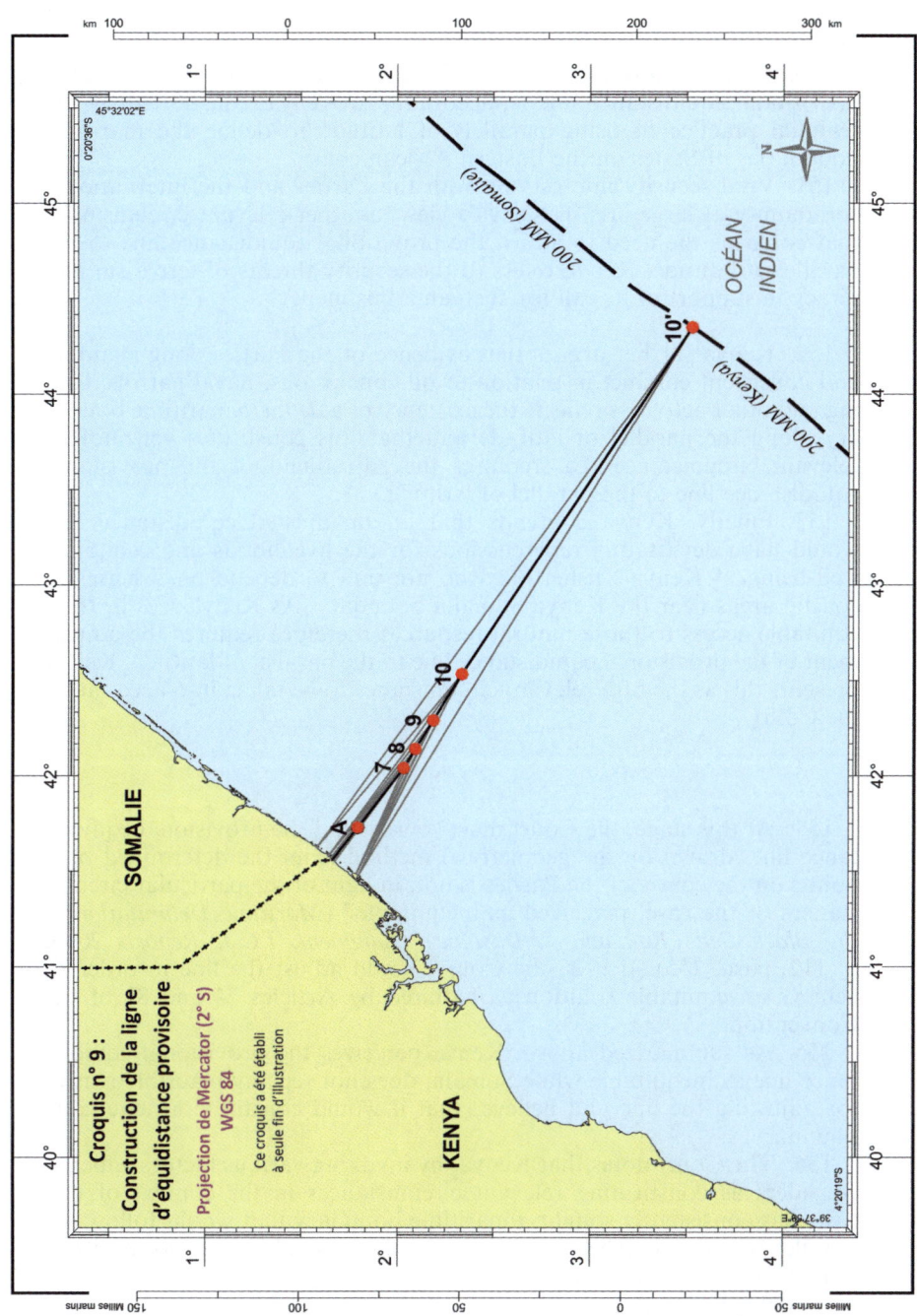

Croquis n° 9 :
Construction de la ligne
d'équidistance provisoire

Projection de Mercator (2° S)
WGS 84

Ce croquis a été établi
à seule fin d'illustration

SOMALIE

KENYA

OCÉAN
INDIEN

200 MM (Somalie)

200 MM (Kenya)

significant, pronounced and unreasonable cut-off effect with respect to its maritime areas.

150. The second relevant circumstance requiring the adjustment of the provisional equidistance line is, according to Kenya, constituted by the regional practice of using parallels of latitude to define the maritime boundaries of States on the Eastern African coast.

151. Vital security interests of both the Parties and the international community at large are, in Kenya's view, another relevant circumstance that confirms the need to adjust the provisional equidistance line to the parallel of latitude. Kenya refers to the security threats of terrorism and piracy in support of its call for such an adjustment.

152. Kenya further argues that evidence of the Parties' long-standing and consistent conduct in relation to oil concessions, naval patrols, fishing and other activities reflects the existence of a *de facto* maritime boundary along the parallel of latitude and that this constitutes yet another relevant circumstance that requires the adjustment of the provisional equidistance line to the parallel of latitude.

153. Finally, Kenya contends that an unadjusted equidistance line would have devastating repercussions for the livelihoods and economic well-being of Kenya's fisherfolk who are said to depend on fisheries in coastal areas near the Kenya-Somalia boundary. As Kenya sees it, their equitable access to those natural resources therefore requires the adjustment of the provisional equidistance line to the parallel of latitude. Kenya presents this as the fifth relevant circumstance to be taken into account by the Court.

* *

154. At this stage, the Court must "verify that the provisional equidistance line, drawn by the geometrical method from the determined base points on the coasts of the Parties is not, in light of the particular circumstances of the case, perceived as inequitable" (*Maritime Delimitation in the Black Sea (Romania v. Ukraine), Judgment, I.C.J. Reports 2009*, p. 112, para. 155). If it is, the Court should adjust the line in order to achieve an equitable solution as required by Articles 74 and 83 of the Convention.

155. As summarized above, Kenya perceives the provisional equidistance line as inequitable while Somalia does not see any plausible reason for adjusting the line and believes that it would constitute an equitable boundary.

156. The Court notes that Kenya, by invoking various factors which it considers as constituting relevant circumstances in the context of this case, has consistently sought a maritime boundary that would follow the parallel of latitude. The Court has already concluded that no maritime boundary between Somalia and Kenya following the parallel of latitude was established in the past. Nor has the Court accepted the methodology

côtière, ce qui constitue une amputation importante, prononcée et déraisonnable de ses espaces maritimes.

150. La deuxième circonstance pertinente qui, selon le Kenya, appelle un ajustement de la ligne d'équidistance provisoire réside dans la pratique régionale consistant à utiliser des parallèles pour définir les frontières maritimes d'Etats sur la côte est de l'Afrique.

151. Certains intérêts vitaux en matière de sécurité concernant les deux Parties et la communauté internationale dans son ensemble constituent, de l'avis du Kenya, une autre circonstance pertinente confirmant la nécessité d'ajuster la ligne d'équidistance provisoire afin qu'elle suive le parallèle. A cet égard, le défendeur invoque les menaces liées au terrorisme et à la piraterie.

152. Le Kenya fait en outre valoir que les éléments qui témoignent du comportement constant observé de longue date par les Parties en matière de concessions pétrolières, de patrouilles navales, de pêche et d'autres activités démontrent l'existence d'une frontière maritime *de facto* suivant le parallèle, et qu'il s'agit là d'une autre circonstance pertinente imposant d'ajuster la ligne d'équidistance provisoire afin qu'elle suive le parallèle.

153. Enfin, le Kenya affirme qu'une ligne d'équidistance non ajustée aurait des conséquences désastreuses pour la subsistance et le développement économique des pêcheurs kényans qui, selon lui, dépendent des zones de pêche situées près de la frontière somalo-kényane. Le défendeur estime que, pour que ces derniers aient un accès équitable à ces ressources naturelles, il y a lieu d'ajuster la ligne d'équidistance provisoire de sorte qu'elle suive le parallèle. Il s'agit là de la cinquième circonstance dont le Kenya considère qu'elle devrait être prise en considération par la Cour.

* *

154. A ce stade, la Cour doit « s'assurer que la ligne d'équidistance provisoire, tracée, selon la méthode géométrique, à partir de points de base déterminés sur les côtes des Parties, n'est pas, à la lumière des circonstances particulières de l'espèce, perçue comme inéquitable » (*Délimitation maritime en mer Noire (Roumanie c. Ukraine), arrêt, C.I.J. Recueil 2009*, p. 112, par. 155). Si tel était le cas, elle devrait ajuster la ligne afin de parvenir à une solution équitable, ainsi que le prescrivent les articles 74 et 83 de la convention.

155. Comme cela a été résumé ci-dessus, le Kenya perçoit la ligne d'équidistance provisoire comme étant inéquitable, tandis que la Somalie ne voit aucune raison plausible justifiant de l'ajuster et considère qu'elle constituerait une frontière équitable.

156. La Cour observe que le Kenya, en invoquant divers facteurs qu'il estime être des circonstances pertinentes dans le contexte de la présente espèce, a invariablement cherché à obtenir une frontière maritime dont le tracé suivrait le parallèle. Elle a déjà conclu qu'aucune frontière maritime longeant le parallèle n'avait été établie par le passé entre la Somalie et le Kenya. Elle n'a pas non plus retenu la méthode fondée sur le parallèle

based on the parallel of latitude for establishing the maritime boundary between the Parties as advocated by Kenya. Kenya would now like to achieve the same result by a major shifting of the provisional equidistance line, changing its south-easterly direction to an exclusively easterly direction. The Court considers that such a shifting of the provisional equidistance line, as argued for by Kenya, would represent a radical adjustment while clearly not achieving an equitable solution. It would severely curtail Somalia's entitlements to the continental shelf and the exclusive economic zone generated by its coast adjacent to that of Kenya. A line thus adjusted would not allow the coasts of the Parties to produce their effects in terms of maritime entitlements in a reasonable and mutually balanced way (*Territorial and Maritime Dispute (Nicaragua* v. *Colombia), Judgment, I.C.J. Reports 2012 (II)*, p. 703, para. 215; *Maritime Delimitation in the Black Sea (Romania* v. *Ukraine), Judgment, I.C.J. Reports 2009*, p. 127, para. 201).

157. The Court will begin by considering those factors, relied on by Kenya, which are non-geographical in nature.

158. As far as the security interests of Kenya are concerned, the Court is fully aware of and does not underestimate the serious threats to security in the region. These threats are certainly of legitimate concern to the States in the region and to the international community at large. The Court notes the efforts of the international community, in particular the United Nations and the African Union, as well as of various countries, including Kenya, to assist Somalia in re-establishing peace and security after many years of internal conflicts. The Court observes that boundaries between States, including maritime boundaries, are aimed at providing permanency and stability. This being so, the Court believes that the current security situation in Somalia and in the maritime spaces adjacent to its coast is not of a permanent nature. The Court is therefore of the view that the current security situation does not justify the adjustment of the provisional equidistance line. Moreover, the Court recalls its statement in a previous case that legitimate security considerations may be a relevant circumstance "if a maritime delimitation was effected particularly near to the coast of a State" (*Territorial and Maritime Dispute (Nicaragua* v. *Colombia), Judgment, I.C.J. Reports 2012 (II)*, p. 706, para. 222). This is not the case here, as the provisional equidistance line does not pass near the coast of Kenya. The Court also recalls that "control over the exclusive economic zone and the continental shelf is not normally associated with security considerations and does not affect rights of navigation" (*ibid.*).

159. Access for Kenya's fisherfolk to natural resources is another factor which Kenya brings to the attention of the Court when arguing for the adjustment of the line. Such a factor can be taken into account by the Court as a relevant circumstance in exceptional cases, in particular if the line would "likely . . . entail catastrophic repercussions for the livelihood and economic well-being of the population of the countries concerned" (*Delimitation of the Maritime Boundary in the Gulf of Maine Area (Canada/*

préconisée par le Kenya pour fixer la frontière maritime entre les Parties. Or, le Kenya souhaiterait à présent obtenir le même résultat en opérant un net déplacement de la ligne d'équidistance provisoire, qui ne serait plus orientée sud-est mais plein est. La Cour considère que pareil déplacement de la ligne d'équidistance provisoire, tel que préconisé par le Kenya, constituerait un ajustement radical et n'aboutirait manifestement pas à une solution équitable. Les droits de la Somalie à un plateau continental et à une zone économique exclusive générés par sa côte adjacente à celle du Kenya s'en trouveraient fortement réduits. Une ligne ainsi ajustée empêcherait les côtes des Parties de produire leurs effets en matière de droits maritimes d'une manière raisonnable et équilibrée pour chacune d'entre elles (*Différend territorial et maritime (Nicaragua c. Colombie), arrêt, C.I.J. Recueil 2012 (II)*, p. 703, par. 215; *Délimitation maritime en mer Noire (Roumanie c. Ukraine), arrêt, C.I.J. Recueil 2009*, p. 127, par. 201).

157. La Cour commencera par examiner les facteurs invoqués par le Kenya qui ne sont pas de nature géographique.

158. S'agissant des intérêts du Kenya en matière de sécurité, la Cour mesure parfaitement les menaces graves qui pèsent sur la sécurité dans la région et ne les sous-estime pas. Ce sont assurément là des préoccupations légitimes que partagent les Etats de la région et toute la communauté internationale. La Cour note les efforts déployés par cette dernière, en particulier par l'Organisation des Nations Unies et l'Union africaine, ainsi que par différents pays, dont le Kenya, pour aider la Somalie à rétablir la paix et la sécurité après de nombreuses années de conflits internes. Elle observe que les frontières entre Etats, y compris les frontières maritimes, visent à apporter pérennité et stabilité. Cela étant, la Cour est d'avis que la situation actuelle en matière de sécurité en Somalie et dans les espaces maritimes adjacents à sa côte n'a rien de permanent et n'impose donc pas d'ajuster la ligne d'équidistance provisoire. En outre, elle rappelle avoir précisé dans une affaire antérieure que des considérations de sécurité légitimes pouvaient constituer des circonstances pertinentes «dans le cas d'une délimitation maritime opérée particulièrement près du littoral d'un Etat» (*Différend territorial et maritime (Nicaragua c. Colombie), arrêt, C.I.J. Recueil 2012 (II)*, p. 706, par. 222). Or, tel n'est pas le cas ici, puisque la ligne d'équidistance provisoire ne passe pas à proximité de la côte du Kenya. La Cour rappelle également que «l'autorité qu'exerce un Etat sur la zone économique exclusive et le plateau continental n'est généralement pas associée à des considérations de sécurité ni n'a d'incidence sur les droits de navigation» *(ibid.)*.

159. Le Kenya a également appelé l'attention de la Cour, à l'appui de l'ajustement de la ligne, sur la question de l'accès des pêcheurs kényans aux ressources naturelles. Un tel facteur peut être considéré comme une circonstance pertinente dans des cas exceptionnels, en particulier lorsque la ligne est «susceptible d'entraîner des répercussions catastrophiques pour la subsistance et le développement économique des populations des pays intéressés» (*Délimitation de la frontière maritime dans la région du*

United States of America), Judgment, I.C.J. Reports 1984, p. 342, para. 237; see also *Maritime Delimitation in the Area between Greenland and Jan Mayen (Denmark* v. *Norway), Judgment, I.C.J. Reports 1993*, pp. 71-72, paras. 75-76). In the *Gulf of Maine* case, the Chamber of the Court did not find that the delimitation line it constructed would have such consequences. On the basis of the evidence before it, the Court is not convinced that the provisional equidistance line would entail such harsh consequences for the population of Kenya in the present case. In any event, as it appears from a map provided by Kenya, 17 out of 19 fish landing sites are located near or at the Lamu Archipelago, and would therefore be unaffected by an equidistance line. Only two landing sites are close to the land boundary terminus. Moreover, in the present case, the Court has to consider the well-being of the populations on both sides of the delimitation line. In light of the foregoing, the Court cannot accept Kenya's argument that the provisional equidistance line would deny Kenya equitable access to fisheries resources that are vital to its population.

160. The Court now turns to another argument put forward by Kenya. It contends that the evidence of the Parties' long-standing and consistent conduct in relation to oil concessions, naval patrols, fishing and other activities reflects the existence of "a *de facto* maritime boundary" along the parallel of latitude which calls for the adjustment of the provisional equidistance line. In the past, summarizing its jurisprudence and that of various arbitral tribunals, the Court stated that:

> "although the existence of an express or tacit agreement between the parties on the siting of their respective oil concessions may indicate a consensus on the maritime areas to which they are entitled, oil concessions and oil wells are not in themselves to be considered as relevant circumstances justifying the adjustment or shifting of the provisional equidistance line. Only if they are based on express or tacit agreement between the parties may they be taken into account." (*Land and Maritime Boundary between Cameroon and Nigeria (Cameroon* v. *Nigeria: Equatorial Guinea intervening), Judgment, I.C.J. Reports 2002*, pp. 447-448, para. 304.)

The same is true for other types of conduct, such as naval patrols or fishing activities. The Court has already concluded that no maritime boundary along the parallel of latitude has been agreed by the Parties (see paragraphs 88 and 89 above). There is no *de facto* maritime boundary between Somalia and Kenya. The Court therefore cannot accept the argument of Kenya that, on the basis of the conduct of the Parties, the provisional equidistance line has to be adjusted so that it coincides with the alleged *de facto* maritime boundary.

161. The Court will now consider the two remaining arguments that, according to Kenya, call for the adjustment of the provisional equidistance

golfe du Maine (Canada/Etats-Unis d'Amérique), arrêt, C.I.J. Recueil 1984, p. 342, par. 237; voir aussi *Délimitation maritime dans la région située entre le Groenland et Jan Mayen (Danemark c. Norvège), arrêt, C.I.J. Recueil 1993*, p. 71-72, par. 75-76). Dans l'affaire du *Golfe du Maine*, la chambre de la Cour n'a pas conclu que la ligne de délimitation qu'elle avait construite entraînerait de telles répercussions. En la présente espèce, la Cour n'est pas convaincue, sur la base des éléments de preuve dont elle dispose, que la ligne d'équidistance provisoire aurait des répercussions aussi néfastes pour la population kényane. En tout état de cause, ainsi que cela appert d'une carte fournie par le Kenya, 17 des 19 débarcadères de pêche se situent près de l'archipel de Lamu ou sur celui-ci, et ne seraient donc pas affectés par une ligne d'équidistance. Seuls deux débarcadères sont proches du point terminal de la frontière terrestre. Qui plus est, la Cour doit en l'espèce prendre en considération le bien-être des populations de part et d'autre de la ligne de délimitation. Compte tenu de ce qui précède, la Cour ne saurait donc accepter l'argument du Kenya selon lequel la ligne d'équidistance provisoire le priverait d'un accès équitable aux ressources halieutiques essentielles à sa population.

160. La Cour examinera à présent un autre argument avancé par le Kenya selon lequel le comportement constant et de longue date des Parties en matière de concessions pétrolières, de patrouilles navales, de pêche et d'autres activités démontre l'existence d'une «frontière maritime *de facto*» longeant le parallèle, ce qui imposerait d'ajuster la ligne d'équidistance provisoire. Résumant sa jurisprudence et celle de divers tribunaux arbitraux, la Cour a eu l'occasion de déclarer ce qui suit:

> «si l'existence d'un accord exprès ou tacite entre les parties sur l'emplacement de leurs concessions pétrolières respectives peut indiquer un consensus sur les espaces maritimes auxquels elles ont droit, les concessions pétrolières et les puits de pétrole ne sauraient en eux-mêmes être considérés comme des circonstances pertinentes justifiant l'ajustement ou le déplacement de la ligne de délimitation provisoire. Ils ne peuvent être pris en compte que s'ils reposent sur un accord exprès ou tacite entre les parties.» (*Frontière terrestre et maritime entre le Cameroun et le Nigéria (Cameroun c. Nigéria; Guinée équatoriale (intervenant)), arrêt, C.I.J. Recueil 2002*, p. 447-448, par. 304.)

Cela s'applique également à d'autres comportements, tels que les patrouilles navales ou les activités halieutiques. La Cour a déjà conclu qu'aucune frontière maritime longeant le parallèle n'avait été convenue entre les Parties (voir paragraphes 88 et 89 ci-dessus). Etant donné qu'il n'existe pas de frontière maritime *de facto* entre la Somalie et le Kenya, elle ne saurait donc retenir l'argument de ce dernier selon lequel, sur la base du comportement des Parties, la ligne d'équidistance provisoire doit être ajustée de manière à la faire coïncider avec la supposée frontière maritime *de facto*.

161. La Cour va maintenant examiner les deux derniers arguments qui, selon le Kenya, justifient l'ajustement de la ligne d'équidistance provi-

line. Kenya submits that the application of an equidistance line would produce a significant cut-off effect with respect to its maritime areas. It also points out that the cut-off effect produced by the equidistance line is severely exacerbated past the 200-nautical-mile limit, essentially to the point that Kenya would be completely cut off from the outer limit of the continental shelf. Kenya further argues that the regional context and practice require the adjustment of the provisional equidistance line.

162. The Court and international tribunals have acknowledged that the use of an equidistance line can produce a cut-off effect, particularly where the coastline is characterized by concavity (e.g. *North Sea Continental Shelf (Federal Republic of Germany/Denmark; Federal Republic of Germany/Netherlands), Judgment, I.C.J. Reports 1969*, p. 17, para. 8, and p. 49, para. 89; *Bay of Bengal Maritime Boundary Arbitration (Bangladesh* v. *India), Award of 7 July 2014, RIAA*, Vol. XXXII, p. 123, para. 408). In 1985, the Court reaffirmed that an equidistance line "may yield a disproportionate result where a coast is . . . markedly concave or convex" (*Continental Shelf (Libyan Arab Jamahiriya/Malta), Judgment, I.C.J. Reports 1985*, p. 44, para. 56). The International Tribunal for the Law of the Sea, while stating that "in the delimitation of the exclusive economic zone and the continental shelf, concavity *per se* is not necessarily a relevant circumstance", has also confirmed that

"when an equidistance line drawn between two States produces a cut-off effect on the maritime entitlement of one of those States, as a result of the concavity of the coast, then an adjustment of that line may be necessary in order to reach an equitable result" (*Delimitation of the Maritime Boundary in the Bay of Bengal (Bangladesh/Myanmar), Judgment, ITLOS Reports 2012*, p. 81, para. 292).

163. Somalia argues that, to the extent that there is any cut-off effect suffered by Kenya, it is solely the result of the agreed maritime boundary between Kenya and Tanzania. The Court considers that any cut-off effect as a result of the Kenya-Tanzania maritime boundary is not a relevant circumstance. The agreements between Kenya and Tanzania are *res inter alios acta* (*Arbitration between Barbados and the Republic of Trinidad and Tobago, Award of 11 April 2006, RIAA*, Vol. XXVII, p. 238, para. 346). They "cannot per se affect the maritime boundary" between Kenya and Somalia (*Maritime Delimitation in the Caribbean Sea and the Pacific Ocean (Costa Rica* v. *Nicaragua)* and *Land Boundary in the Northern Part of Isla Portillos (Costa Rica* v. *Nicaragua), Judgment, I.C.J. Reports 2018 (I)*, p. 187, para. 123). However, the issue to be considered in the present case is whether the use of an equidistance line produces a cut-off effect for Kenya, not as a result of the agreed boundary between Kenya and Tanzania, but as a result of the configuration of the coastline.

164. If the examination of the coastline is limited only to the coasts of Kenya and Somalia, any concavity is not conspicuous. However, examin-

soire. Celui-ci fait valoir que l'application d'une ligne d'équidistance produirait un effet d'amputation important sur ses espaces maritimes. Il ajoute que l'effet d'amputation ainsi produit est considérablement accru au-delà de la limite des 200 milles marins, tant et si bien que le Kenya se trouverait complètement coupé de la limite extérieure du plateau continental. En outre, le Kenya soutient que le contexte et la pratique régionaux exigent l'ajustement de la ligne d'équidistance provisoire.

162. La Cour et certains tribunaux internationaux ont reconnu que l'utilisation d'une ligne d'équidistance pouvait produire un effet d'amputation, en particulier lorsque le littoral est concave (par exemple, *Plateau continental de la mer du Nord (République fédérale d'Allemagne/Danemark ; République fédérale d'Allemagne/Pays-Bas), arrêt, C.I.J. Recueil 1969*, p. 17, par. 8, et p. 49, par. 89; *Arbitrage concernant la frontière maritime dans le golfe du Bengale (Bangladesh c. Inde), sentence du 7 juillet 2014, RSA*, vol. XXXII, p. 123, par. 408). En 1985, la Cour a réaffirmé qu'une ligne d'équidistance «p[ouvai]t donner un résultat disproportionné quand la côte [étai]t ... fortement concave ou convexe» (*Plateau continental (Jamahiriya arabe libyenne/Malte), arrêt, C.I.J. Recueil 1985*, p. 44, par. 56). Le Tribunal international du droit de la mer, tout en observant que, «dans la délimitation de la zone économique exclusive et du plateau continental, la concavité en soi ne constitue pas nécessairement une circonstance pertinente», a également confirmé que,

> «lorsqu'une ligne d'équidistance tracée entre deux Etats produit, en raison de la concavité de sa côte, un effet d'amputation sur l'espace maritime auquel un de ces Etats a droit, l'ajustement de cette ligne peut être nécessaire de façon à aboutir à une solution équitable» (*Délimitation de la frontière maritime dans le golfe du Bengale (Bangladesh/Myanmar), arrêt, TIDM Recueil 2012*, p. 81, par. 292).

163. La Somalie fait valoir que, pour autant que le Kenya subisse quelque effet d'amputation, celui-ci est uniquement dû à la frontière maritime fixée par accord entre le Kenya et la Tanzanie. La Cour considère que tout effet d'amputation résultant de la frontière maritime entre le Kenya et la Tanzanie ne constitue pas une circonstance pertinente. Les accords conclus entre ces deux pays sont *res inter alios acta (Arbitrage entre la Barbade et la République de Trinité-et-Tobago, sentence du 11 avril 2006, RSA*, vol. XXVII, p. 238, par. 346) et «n'ont en [eux]-mêmes pas d'incidence sur la frontière maritime» entre le Kenya et la Somalie (*Délimitation maritime dans la mer des Caraïbes et l'océan Pacifique (Costa Rica c. Nicaragua) et Frontière terrestre dans la partie septentrionale d'Isla Portillos (Costa Rica c. Nicaragua), arrêt, C.I.J. Recueil 2018 (I)*, p. 187, par. 123). La question qu'il convient d'examiner en la présente espèce est toutefois de savoir si l'utilisation d'une ligne d'équidistance produit un effet d'amputation au détriment du Kenya, non pas du fait de la frontière convenue entre ce dernier et la Tanzanie, mais en raison de la configuration du littoral.

164. Si l'examen du littoral est limité aux seules côtes du Kenya et de la Somalie, aucune concavité n'apparaît. Toutefois, l'approche consistant

ing only the coastlines of the two States concerned to assess the extent of any cut-off effect resulting from the geographical configuration of the coastline may be an overly narrow approach. It is true that in the case concerning the *Land and Maritime Boundary between Cameroon and Nigeria (Cameroon* v. *Nigeria: Equatorial Guinea intervening)*, the Court stated that the concavity of the coastline may be a relevant circumstance for the purposes of delimitation "when such concavity lies within the area to be delimited" (*Judgment, I.C.J. Reports 2002*, p. 445, para. 297). How-ever, it is worth recalling the specific context of that case, and in particu-lar the Court's observation that "the concavity of Cameroon's coastline is apparent primarily in the sector where it faces Bioko" *(ibid.)*, an island that is subject to the sovereignty of a third State, namely Equatorial Guinea. Prior to making this statement, the Court had concluded that "[t]he part of the Cameroon coastline . . . fac[ing] Bioko . . . cannot there-fore be treated as facing Nigeria so as to be relevant to the maritime delimitation between Cameroon and Nigeria" (*ibid.*, p. 443, para. 291). The Court's statement thus should not be understood as excluding in all circumstances the consideration of the concavity of a coastline in a broader geographical configuration.

165. Examining the concavity of the coastline in a broader geographi-cal configuration is consistent with the approach taken by this Court and international tribunals. In the two *North Sea Continental Shelf* cases, the Court examined the coasts of three States, with Germany in the middle. The Court described the cut-off effect as follows:

> "in the case of a concave or recessing coast . . . the effect of the use of the equidistance method is to pull the line of the boundary inwards, in the direction of the concavity . . . 'cutting off' the coastal State from the further areas of the continental shelf outside of and beyond this triangle" (*North Sea Continental Shelf (Federal Republic of Germany/ Denmark; Federal Republic of Germany/Netherlands), Judgment, I.C.J. Reports 1969*, p. 17, para. 8).

The Court expressed this view in the context of proceedings that had been joined, while the cases themselves remained separate. The Court noted that "although two separate delimitations [were] in question, they involve[d] — indeed actually g[a]ve rise to — a single situation" (*ibid.*, p. 19, para. 11). The Court emphasized that "[t]he fact that the question of either of these delimitations might have arisen and called for settlement separately in point of time, does not alter the character of the problem with which the Court is actually faced" *(ibid.)*.

166. In both the *Bangladesh/Myanmar* and *Bangladesh* v. *India* cases, even though the issue was that of a boundary between the two respective States, the International Tribunal for the Law of the Sea, in the former case, and the Arbitral Tribunal, in the latter, each looked at the concavity of the coasts of the three States as a whole, with Bangladesh in the mid-

à n'examiner que les côtes des deux Etats intéressés pour évaluer l'ampleur d'un éventuel effet d'amputation résultant de la configuration géographique du littoral peut se révéler trop restrictive. Il est vrai que, dans l'affaire de la *Frontière terrestre et maritime entre le Cameroun et le Nigéria (Cameroun c. Nigéria; Guinée équatoriale (intervenant))*, la Cour a déclaré que la concavité du littoral pouvait constituer une circonstance pertinente aux fins de la délimitation «lorsque cette concavité exist[ait] dans le secteur à délimiter» (*arrêt, C.I.J. Recueil 2002*, p. 445, par. 297). Il convient cependant de rappeler le contexte particulier de cette affaire et notamment l'observation de la Cour selon laquelle «[l]a concavité des côtes camerounaises se manifest[ait] ... essentiellement dans le secteur où elles f[aisaie]nt face à Bioko» *(ibid.)*, île relevant de la souveraineté d'un autre Etat, à savoir la Guinée équatoriale. Avant de faire la déclaration précitée, la Cour avait conclu que «[l]a partie de la côte du Cameroun ... fai[san]t face à Bioko ... ne saurait, par conséquent, être considérée comme faisant face au Nigéria de manière à être pertinente pour la délimitation maritime entre ces deux Etats» *(ibid.*, p. 443, par. 291). La déclaration de la Cour ne devrait donc pas être interprétée comme excluant en toute circonstance que soit prise en considération la concavité d'un littoral dans un contexte géographique plus large.

165. L'examen de la concavité du littoral dans un contexte géographique plus large est conforme à l'approche adoptée par la Cour et des tribunaux internationaux. Dans les deux affaires du *Plateau continental de la mer du Nord*, la Cour s'est ainsi intéressée aux côtes de trois Etats, l'Allemagne étant encadrée par les deux autres. Elle a décrit l'effet d'amputation comme suit:

> «Dans le cas d'une côte concave ou rentrante ... l'application de la méthode de l'équidistance tend à infléchir les lignes de délimitation vers la concavité ..., ce qui ... «ampute» l'Etat riverain des zones de plateau continental situées en dehors du triangle» (*Plateau continental de la mer du Nord (République fédérale d'Allemagne/Danemark; République fédérale d'Allemagne/Pays-Bas), arrêt, C.I.J. Recueil 1969*, p. 17, par. 8).

La Cour s'exprimait alors dans le cadre d'instances qui avaient été jointes, les affaires elles-mêmes demeurant distinctes. Elle a précisé que, «si deux délimitations distinctes [étaie]nt en cause, elles concern[ai]ent — on p[ouvai]t même dire qu'elles cré[ai]ent — une situation unique» *(ibid.*, p. 19, par. 11), soulignant que, «[s]'il [étai]t vrai que les questions relatives à ces deux délimitations auraient pu se présenter et être réglées à des moments différents, cela ne modifi[ait] en rien la nature du problème qui se pos[ait] en fait à la Cour» *(ibid.)*.

166. Dans les affaires *Bangladesh/Myanmar* et *Bangladesh c. Inde*, alors même qu'elles portaient chacune sur la frontière séparant deux Etats, le Tribunal international du droit de la mer, dans la première, et le tribunal arbitral, dans la seconde, ont tous deux étudié la concavité des côtes des trois Etats dans leur ensemble, le Bangladesh se trouvant au centre. En

dle. In *Bangladesh* v. *India*, the Arbitral Tribunal quoted from the Judgment in the *North Sea Continental Shelf* cases, the Award in the *Guinea/Guinea-Bissau* case and the Judgment in the *Bangladesh/Myanmar* case to point out that when there are three adjacent States along a concave coastline, the equidistance method has the "drawback of resulting in the middle country being enclaved by the other two" (*Bay of Bengal Maritime Boundary Arbitration (Bangladesh* v. *India), Award of 7 July 2014, RIAA*, Vol. XXXII, pp. 123-124, paras. 413-416).

167. In the present case, the potential cut-off of Kenya's maritime entitlements should be assessed in a broader geographical configuration. This was also the approach adopted by the Arbitral Tribunal in the *Guinea/Guinea-Bissau* case. It took into consideration "the whole of West Africa" in order to seek "a solution which would take overall account of the shape of its coastline". It noted that "[t]his would mean no longer restricting consideration to a *short coastline* but to a *long coastline*" that included the coastline of Sierra Leone (*Delimitation of the Maritime Boundary between Guinea and Guinea-Bissau, Award of 14 February 1985, International Law Reports*, Vol. 77, p. 683, para. 108, emphasis in the original). It expressed the view that "while the continuous coastline of the two Guineas — or of the three countries when Sierra Leone is included — is generally concave, that of West Africa in general is undoubtedly convex" (*ibid.*). The Tribunal observed that "[i]n order for the delimitation between the two Guineas to be suitable for equitable integration into the existing delimitations of the West African region . . . it is necessary to consider how all these delimitations fit in with the general configuration of the West African coastline" (*ibid.*, p. 684, para. 109). The Tribunal also noted that the overall concavity of the coastline of the two States was "accentuated" if it considered "the presence of Sierra Leone further south", with Guinea situated in the middle between Guinea-Bissau and Sierra Leone (*ibid.*, pp. 681-682, paras. 103-104).

168. The potential cut-off of Kenya's maritime entitlements cannot be properly observed by examining the coasts of Kenya and Somalia in isolation. When the mainland coasts of Somalia, Kenya and Tanzania are observed together, as a whole, the coastline is undoubtedly concave, even more so than the coastline of Guinea-Bissau, Guinea and Sierra Leone considered together, which the Arbitral Tribunal characterized as concave (see paragraph 167 above). Kenya faces a cut-off of its maritime entitlements as the middle State located between Somalia and Tanzania. The presence of Pemba Island, a large and populated island that appertains to Tanzania, accentuates this cut-off effect because of its influence on the course of a hypothetical equidistance line between Kenya and Tanzania (see sketch-map No. 10 below, p. 269).

169. The provisional equidistance line between Somalia and Kenya progressively narrows the coastal projection of Kenya, substantially reducing its maritime entitlements within 200 nautical miles. This cut-off effect occurs as a result of the configuration of the coastline extending

l'affaire *Bangladesh c. Inde*, le tribunal arbitral a cité l'arrêt rendu dans les affaires du *Plateau continental de la mer du Nord*, la sentence rendue en l'affaire *Guinée/Guinée-Bissau* et l'arrêt rendu en l'affaire *Bangladesh/ Myanmar* pour souligner que, lorsque trois Etats limitrophes bordent un littoral concave, la méthode de l'équidistance a l'«inconvénient d'avoir pour résultat que le pays situé au centre est enclavé par les deux autres» (*Arbitrage concernant la frontière maritime dans le golfe du Bengale (Bangladesh c. Inde), sentence du 7 juillet 2014, RSA*, vol. XXXII, p. 123-124, par. 413-416).

167. En la présente espèce, l'amputation potentielle des droits maritimes du Kenya doit être appréciée dans le cadre d'un contexte géographique plus large. Telle a également été l'approche adoptée par le tribunal arbitral constitué en l'affaire *Guinée/Guinée-Bissau*. Celui-ci a pris en considération «l'ensemble de la région de l'Afrique occidentale» en vue de rechercher «une solution tenant compte d'une façon globale de la forme de ses côtes». Il a noté qu'«[i]l s'agi[ssai]t alors non plus de se limiter au *littoral court*, mais de considérer le *littoral long*» incluant celui de la Sierra Leone (*Délimitation de la frontière maritime entre la Guinée et la Guinée-Bissau, sentence arbitrale du 14 février 1985, RSA*, vol. XIX, p. 189, par. 108, les italiques sont dans l'original). Le tribunal a estimé que, «tandis que le littoral continu des deux Guinée — ou des trois pays en comptant la Sierra Leone — [étai]t plutôt concave, celui de l'Afrique de l'Ouest [étai]t incontestablement convexe» *(ibid.)*. Il a observé que, «[p]our que la délimitation entre les deux Guinée soit susceptible d'être insérée équitablement dans les délimitations actuelles de la région ouest-africaine …, il conv[enai]t de voir en quoi l'allure d'ensemble de ces délimitations s'adapt[ait] à la configuration générale de la côte occidentale d'Afrique» (*ibid.*, p. 189, par. 109). Le tribunal a en outre relevé que la concavité générale du littoral des deux Etats «s'accentu[ait]» si l'on tenait compte de «la présence de la Sierra Leone plus au sud», la Guinée étant située entre la Guinée-Bissau et la Sierra Leone (*ibid.*, p. 187, par. 103-104).

168. L'amputation potentielle des droits maritimes du Kenya ne saurait être dûment observée en examinant les côtes du Kenya et de la Somalie de manière isolée. Si les côtes continentales de la Somalie, du Kenya et de la Tanzanie sont considérées ensemble, comme un tout, le littoral ainsi formé apparaît incontestablement concave, et ce, davantage encore que celui constitué par les côtes de la Guinée-Bissau, de la Guinée et de la Sierra Leone, que le tribunal arbitral a considéré comme tel (voir paragraphe 167 ci-dessus). Situé au milieu, entre la Somalie et la Tanzanie, le Kenya subit une amputation de ses droits maritimes. La présence de Pemba, grande île peuplée appartenant à la Tanzanie, accentue cet effet d'amputation en raison de son incidence sur le tracé d'une ligne d'équidistance hypothétique entre la Tanzanie et le Kenya (voir le croquis n° 10 ci-après, p. 269).

169. La ligne d'équidistance provisoire tracée entre la Somalie et le Kenya rétrécit progressivement la projection côtière de ce dernier, réduisant ainsi grandement ses droits maritimes en deçà de 200 milles marins. Cet effet d'amputation est le résultat de la configuration du littoral qui

from Somalia to Tanzania, independently of the boundary line agreed between Kenya and Tanzania, which in fact mitigates that effect in the south, in the exclusive economic zone and on the continental shelf up to 200 nautical miles.

170. The Court recalls its jurisprudence and that of international tribunals according to which an adjustment of the provisional equidistance line is warranted if the cut-off effect is "serious" or "significant" (see *Maritime Delimitation in the Caribbean Sea and the Pacific Ocean (Costa Rica v. Nicaragua)* and *Land Boundary in the Northern Part of Isla Portillos (Costa Rica v. Nicaragua), Judgment, I.C.J. Reports 2018 (I)*, pp. 196-197, para. 156; *Delimitation of the Maritime Boundary in the Atlantic Ocean (Ghana/Côte d'Ivoire), Judgment, ITLOS Reports 2017*, p. 120, para. 425; *Bay of Bengal Maritime Boundary Arbitration (Bangladesh v. India), Award of 7 July 2014, RIAA*, Vol. XXXII, p. 124, para. 417).

171. In the view of the Court, even though the cut-off effect in the present case is less pronounced than in some other cases, it is nonetheless still serious enough to warrant some adjustment to address the substantial narrowing of Kenya's potential entitlements.

172. The Court has affirmed that "the achievement of an equitable solution requires that, so far as possible, the line of delimitation should allow the coasts of the Parties to produce their effects in terms of maritime entitlements in a reasonable and mutually balanced way" (*Territorial and Maritime Dispute (Nicaragua v. Colombia), Judgment, I.C.J. Reports 2012 (II)*, p. 703, para. 215). This is an important standard to be used in making an adjustment to the provisional equidistance line. The Court, however, bears in mind the following principles: "there is . . . no question of refashioning geography, or compensating for the inequalities of nature", "equity does not necessarily imply equality" and "there can be no question of distributive justice" (*Continental Shelf (Libyan Arab Jamahiriya/Malta), Judgment, I.C.J. Reports 1985*, pp. 39-40, para. 46). In other words, an adjustment should not produce an unreasonable result for Somalia.

173. The adjustment of a provisional equidistance line must be assessed on a case-by-case basis. As the Arbitral Tribunal observed in the *Arbitration between Barbados and the Republic of Trinidad and Tobago*, "[t]here are no magic formulas" to be used for the adjustment of a provisional equidistance line (*Award of 11 April 2006, RIAA*, Vol. XXVII, p. 243, para. 373). Rather, it is a result of an overall appreciation of the relevant circumstances by the Court in seeking to achieve an equitable solution. In order to attenuate the cut-off effect described above, the Court considers it reasonable to adjust the provisional equidistance line.

174. In view of the above considerations, the Court believes that it is necessary to shift the line to the north so that, from Point A, it follows a geodetic line with an initial azimuth of 114°. This line would attenuate in a reasonable and mutually balanced way the cut-off effect produced by the unadjusted equidistance line due to the geographical configuration of the coasts of Somalia, Kenya and Tanzania. The resulting line would end

s'étend de la Somalie à la Tanzanie, et ce, indépendamment de la ligne frontière convenue entre cette dernière et le Kenya qui, de fait, atténue ledit effet au sud, dans la zone économique exclusive et sur le plateau continental jusqu'à 200 milles marins.

170. La Cour rappelle sa jurisprudence et celle des tribunaux internationaux, selon laquelle l'ajustement de la ligne d'équidistance provisoire est justifié si l'effet d'amputation est « grave » ou « important » (voir *Délimitation maritime dans la mer des Caraïbes et l'océan Pacifique (Costa Rica c. Nicaragua)* et *Frontière terrestre dans la partie septentrionale d'Isla Portillos (Costa Rica c. Nicaragua), arrêt, C.I.J. Recueil 2018 (I)*, p. 196-197, par. 156; *Délimitation de la frontière maritime dans l'océan Atlantique (Ghana/Côte d'Ivoire), arrêt, TIDM Recueil 2017*, p. 120, par. 425; *Arbitrage concernant la frontière maritime dans le golfe du Bengale (Bangladesh c. Inde), sentence du 7 juillet 2014, RSA*, vol. XXXII, p. 124, par. 417).

171. La Cour est d'avis que, bien que l'effet d'amputation soit moins prononcé en la présente espèce que dans d'autres affaires, il demeure suffisamment grave pour justifier un certain ajustement afin de remédier à l'importante réduction des droits potentiels du Kenya.

172. La Cour a jugé que, « afin d'aboutir à une solution équitable, la ligne de délimitation d[evai]t, autant que faire se peut, permettre aux côtes des Parties de produire leurs effets, en matière de droits à des espaces maritimes, d'une manière raisonnable et équilibrée pour chacune d'entre elles » (*Différend territorial et maritime (Nicaragua c. Colombie), arrêt, C.I.J. Recueil 2012 (II)*, p. 703, par. 215). Il s'agit là d'un critère important qui doit être appliqué au moment d'ajuster la ligne d'équidistance provisoire. La Cour garde cependant à l'esprit les principes selon lesquels « il ne saurait être question de refaire complètement la géographie ni de rectifier les inégalités de la nature »; « l'équité n'implique pas nécessairement l'égalité » et « il ne saurait être question de justice distributive » (*Plateau continental (Jamahiriya arabe libyenne/Malte), arrêt, C.I.J. Recueil 1985*, p. 39-40, par. 46). Autrement dit, l'ajustement ne doit pas conduire à un résultat déraisonnable pour la Somalie.

173. L'ajustement d'une ligne d'équidistance provisoire doit être apprécié au cas par cas. Ainsi que le tribunal arbitral l'a fait observer dans l'*Arbitrage entre la Barbade et la République de Trinité-et-Tobago*, « [i]l n'existe aucune formule magique » pour ajuster une ligne d'équidistance provisoire (*sentence du 11 avril 2006, RSA*, vol. XXVII, p. 243, par. 373); tout ajustement résulte de l'appréciation globale des circonstances pertinentes par la Cour en vue d'aboutir à une solution équitable. Pour atténuer l'effet d'amputation décrit ci-dessus, la Cour considère qu'il est raisonnable d'ajuster la ligne d'équidistance provisoire.

174. Au vu des considérations qui précèdent, la Cour estime qu'il est nécessaire de déplacer la ligne vers le nord de sorte que, à partir du point A, elle suive une ligne géodésique ayant un azimut initial de 114°. Cette ligne atténuerait, d'une manière raisonnable et équilibrée pour chacune des Parties, l'effet d'amputation que produit la ligne d'équidistance non ajustée en raison de la configuration géographique des côtes de la

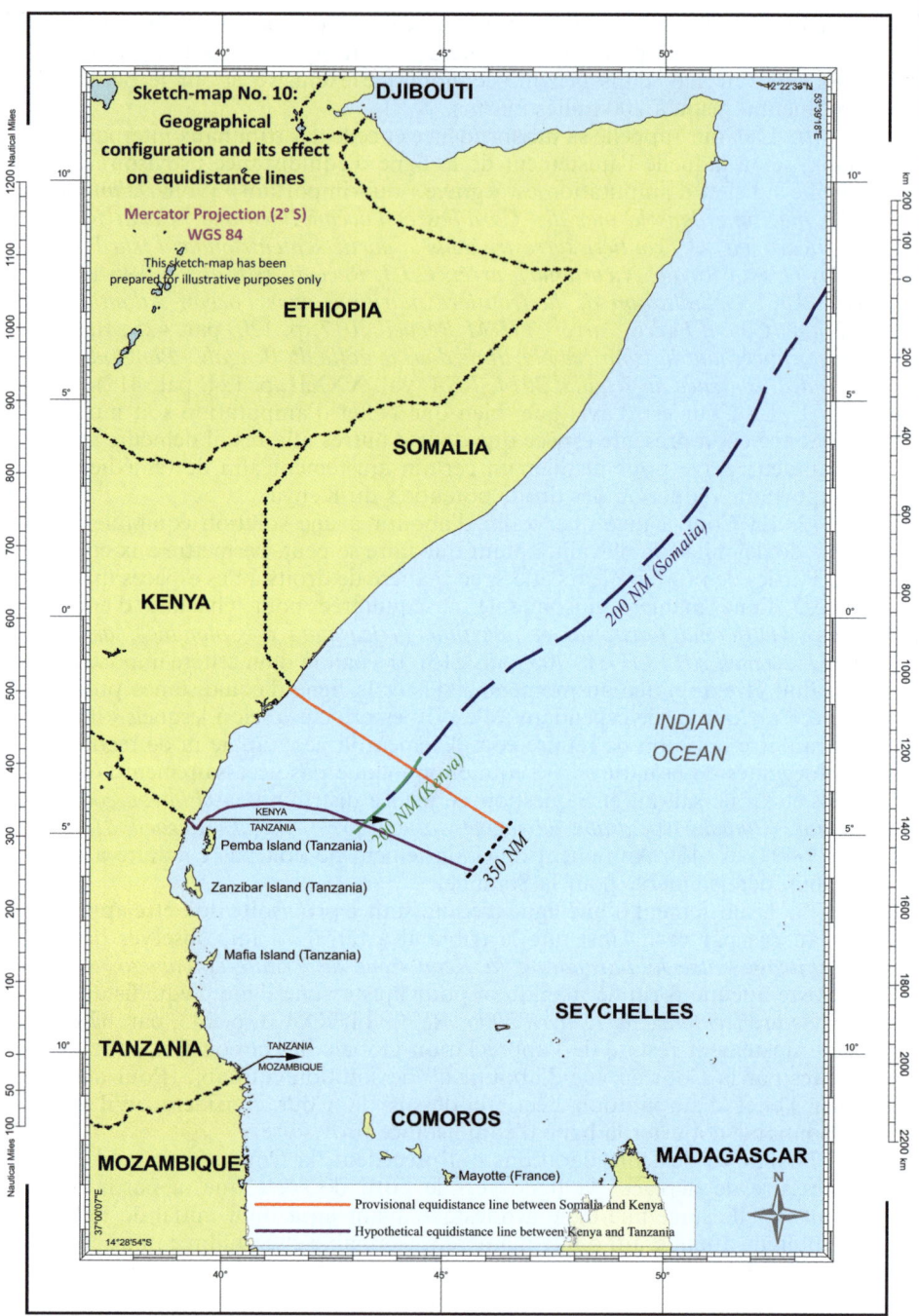

Sketch-map No. 10:
Geographical
configuration and its effect
on equidistance lines

Mercator Projection (2° S)
WGS 84

This sketch-map has been
prepared for illustrative purposes only

——— Provisional equidistance line between Somalia and Kenya
——— Hypothetical equidistance line between Kenya and Tanzania

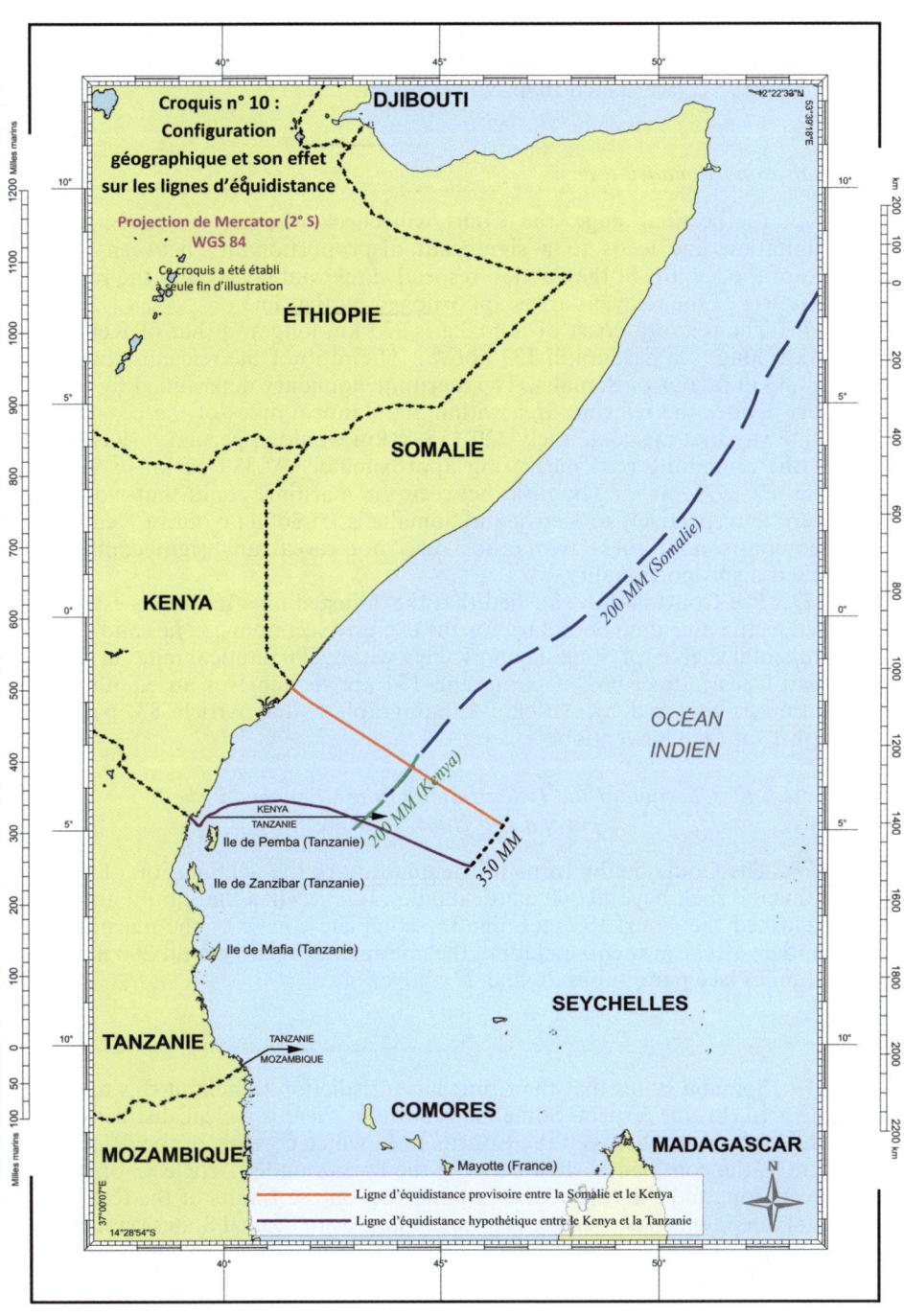

Croquis n° 10 :
Configuration
géographique et son effet
sur les lignes d'équidistance

Projection de Mercator (2° S)
WGS 84

Ce croquis a été établi
à seule fin d'illustration

DJIBOUTI

ÉTHIOPIE

SOMALIE

KENYA

200 MM (Somalie)

OCÉAN
INDIEN

KENYA
TANZANIE

200 MM (Kenya)

Ile de Pemba (Tanzanie)

350 MM

Ile de Zanzibar (Tanzanie)

Ile de Mafia (Tanzanie)

SEYCHELLES

TANZANIE

TANZANIE
MOZAMBIQUE

MOZAMBIQUE

COMORES

MADAGASCAR

Mayotte (France)

N

Ligne d'équidistance provisoire entre la Somalie et le Kenya

Ligne d'équidistance hypothétique entre le Kenya et la Tanzanie

at its intersection with the 200-nautical-mile limit from the coast of Kenya, at a point (Point B) with co-ordinates 3° 4′ 21.3″ S and 44° 35′ 30.7″ E (see sketch-map No. 11 below, p. 271).

5. Disproportionality test

175. In the final stage, the Court will check whether the envisaged delimitation line leads to a significant disproportionality between the ratio of the lengths of the Parties' respective relevant coasts and the ratio of the size of the relevant areas apportioned by that line.

176. The relevant coast of Somalia is 733 km long and that of Kenya 511 km long (see paragraph 137 above). The ratio of the relevant coasts is 1:1.43 in favour of Somalia. The maritime boundary determined by the Court divides the relevant area within 200 nautical miles of the coast in such a way that approximately 120,455 sq km would appertain to Kenya and the remaining part measuring approximately 92,389 sq km would appertain to Somalia. The ratio between the maritime zones that would appertain respectively to Kenya and Somalia is 1:1.30 in favour of Kenya. A comparison of these two ratios does not reveal any significant or marked disproportionality.

177. The Court is thus satisfied that the adjusted line that it has established as the maritime boundary for the exclusive economic zones and the continental shelves of Somalia and Kenya within 200 nautical miles in the Indian Ocean, described in paragraph 174 above, achieves an equitable solution as required by Article 74, paragraph 1, and Article 83, paragraph 1, of the Convention.

E. Question of the Delimitation of the Continental Shelf beyond 200 Nautical Miles

178. The Court finally turns to the question of the delimitation of the continental shelf beyond 200 nautical miles. It is recalled that both Parties have asked the Court to determine the complete course of the maritime boundary between them, including the continental shelf beyond 200 nautical miles (see paragraphs 26 and 27 above).

* *

179. Somalia states that the Court has jurisdiction to delimit this maritime area. In this respect, Somalia argues that there is a clear distinction in the Convention between the Court's task, which consists of the delimitation of the continental shelf between the Parties under Article 83 of the Convention, and the role of the Commission on the Limits of the Continental Shelf, which is to make recommendations to coastal States on matters related to the establishment of the outer limits of their continental shelf under Article 76 of the Convention. Somalia stresses that both

Somalie, du Kenya et de la Tanzanie. La ligne qui en résulte se termine-rait à son intersection avec la limite des 200 milles marins de la côte du Kenya, en un point (point B) situé par 3° 4′ 21,3″ de latitude sud et 44° 35′ 30,7″ de longitude est (voir le croquis nº 11 ci-après, p. 271).

5. *Vérification de l'absence de disproportion*

175. A la dernière étape du processus, la Cour examinera si la ligne de délimitation envisagée aboutit à une disproportion marquée entre le rapport de la longueur des côtes pertinentes respectives des Parties et le rapport de la superficie des espaces attribués dans la zone pertinente par ladite ligne.

176. La côte pertinente de la Somalie mesure 733 kilomètres, et celle du Kenya, 511 kilomètres (voir paragraphe 137 ci-dessus). Le rapport entre les côtes pertinentes est de 1 pour 1,43 en faveur de la Somalie. La frontière maritime déterminée par la Cour divise la zone pertinente en deçà de 200 milles marins du littoral de sorte qu'environ 120 455 kilo-mètres carrés reviendraient au Kenya, tandis que la partie restante, d'en-viron 92 389 kilomètres carrés, reviendrait à la Somalie. Le rapport entre les zones maritimes attribuées à chacun des deux Etats s'établit donc à 1 pour 1,30 en faveur du Kenya. La comparaison entre ces deux rapports ne révèle aucune disproportion significative ou marquée.

177. La Cour considère donc que la ligne ajustée qu'elle a établie en tant que frontière maritime pour les zones économiques exclusives et les plateaux continentaux de la Somalie et du Kenya en deçà de 200 milles marins dans l'océan Indien, décrite au paragraphe 174 ci-dessus, aboutit à une solution équitable, comme le prescrivent les paragraphes 1 des articles 74 et 83 de la convention.

E. *Question de la délimitation du plateau continental au-delà de 200 milles marins*

178. La Cour en vient enfin à la question de la délimitation du plateau continental au-delà de 200 milles marins. Il est rappelé que les deux Par-ties lui ont demandé de déterminer l'intégralité du tracé de la frontière maritime entre elles, y compris dans la partie du plateau continental qui s'étend au-delà de cette distance (voir paragraphes 26 et 27 ci-dessus).

* *

179. La Somalie affirme que la Cour a compétence pour délimiter cette zone maritime. A cet égard, elle soutient que la CNUDM fait clairement la distinction entre la tâche de la Cour, qui consiste à délimiter le plateau continental entre les Parties conformément à l'article 83, et celle de la Com-mission des limites du plateau continental, dont le rôle est d'adresser aux Etats côtiers des recommandations sur les questions concernant la fixation de la limite extérieure de leur plateau continental au-delà de 200 milles marins, conformément à l'article 76. La Somalie souligne que les deux Etats

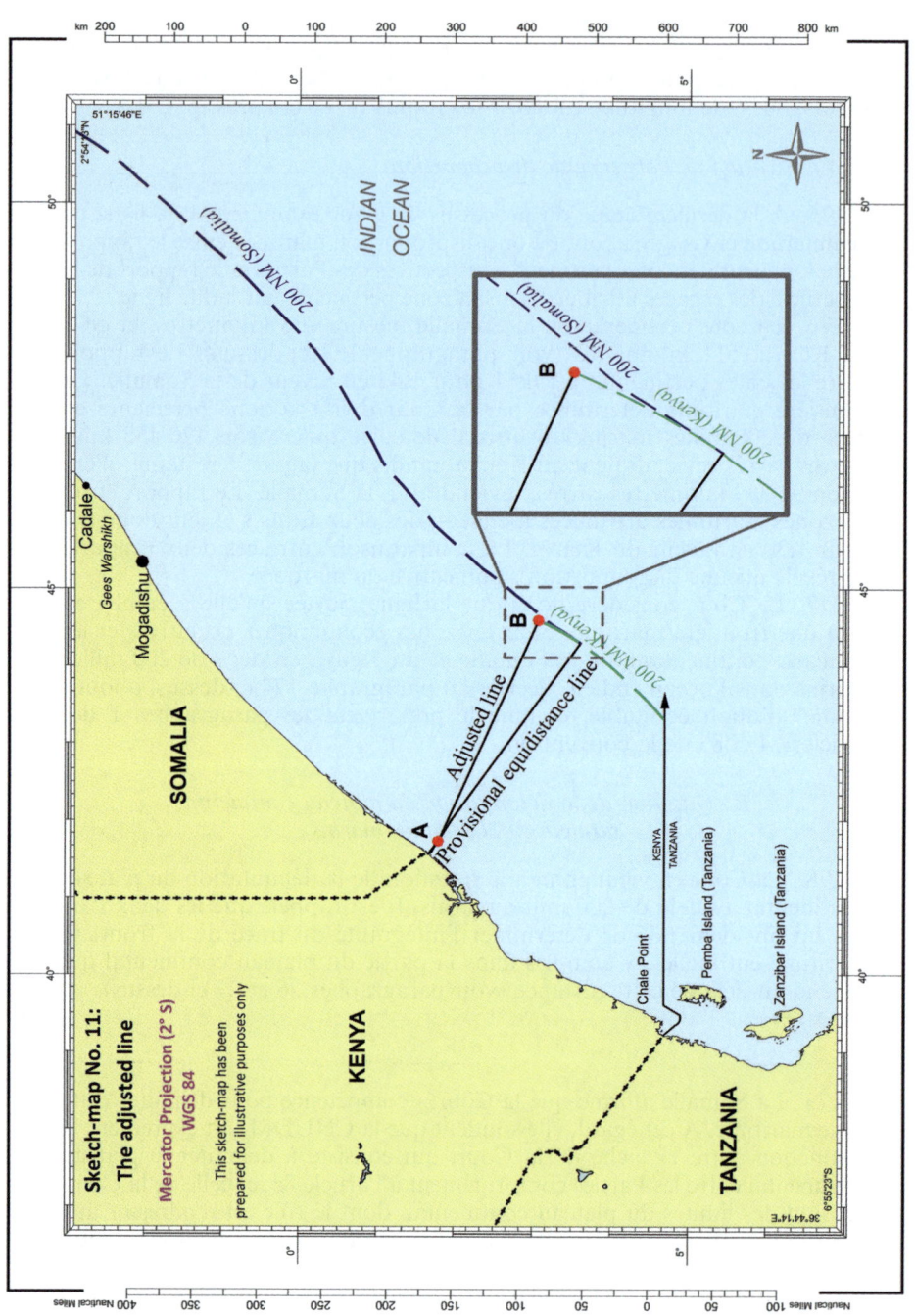

Sketch-map No. 11:
The adjusted line

Mercator Projection (2° S)
WGS 84

This sketch-map has been
prepared for illustrative purposes only

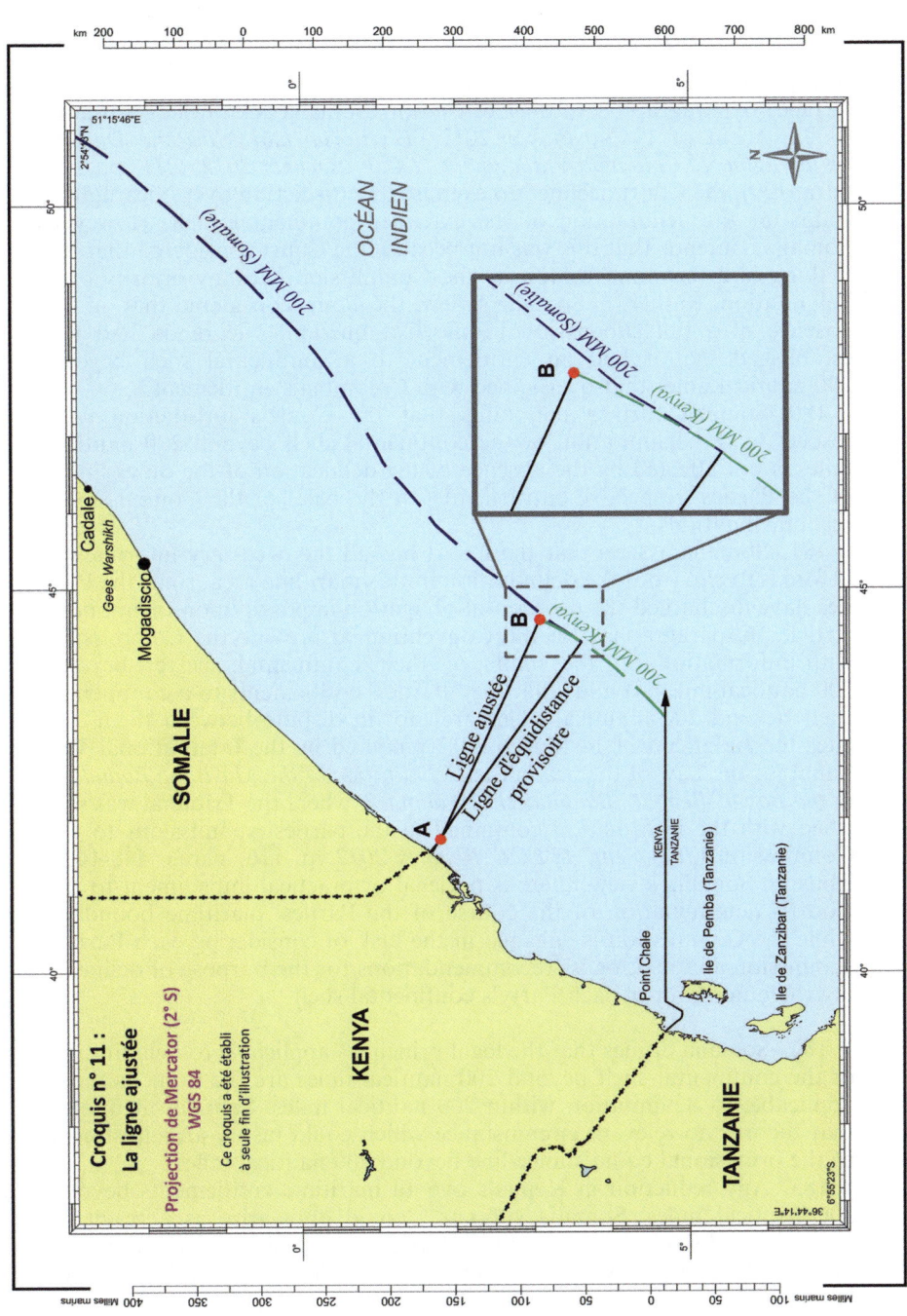

Croquis n° 11 :
La ligne ajustée

Projection de Mercator (2° S)
WGS 84

Ce croquis a été établi
à seule fin d'illustration

Kenya and Somalia have made full submissions to the Commission concerning the extent of their respective continental shelves beyond 200 nautical miles, and therefore that they have fulfilled their obligations under Article 76, paragraph 8, of the Convention. Somalia acknowledges that in its Judgment of 19 November 2012 (*Territorial and Maritime Dispute (Nicaragua v. Colombia), Judgment, I.C.J. Reports 2012 (II)*, p. 669, para. 129), the Court declined to exercise its jurisdiction over Nicaragua's claim for the delimitation of the extended continental shelf. However, Somalia contends that this was not because the Court considered that the making of a recommendation by the Commission had any priority over delimitation. Rather, in Somalia's view, the Court considered that, in the absence of a full submission to the Commission, Nicaragua had not established that it had an entitlement to a continental shelf beyond 200 nautical miles that overlapped with Colombia's entitlement.

180. Somalia further maintains that the Court's jurisdiction with respect to the delimitation of the continental shelf beyond 200 nautical miles is not affected by the absence of the delineation of the outer limits of the Parties' respective entitlements on the basis of the Commission's recommendations.

181. Somalia asserts that the Court has all the necessary information before it to carry out the delimitation in this maritime area, since the Parties have discharged the procedural obligation imposed upon them under Article 76, paragraph 8, of the Convention to provide the Commission with information on the limits of their continental shelves beyond 200 nautical miles. It adds that the "Parties' entitlements to a continental shelf beyond 200 [nautical miles are] not in dispute between them". It cites the Judgment of 14 March 2012 rendered by the International Tribunal for the Law of the Sea in the *Delimitation of the Maritime Boundary in the Bay of Bengal (Bangladesh/Myanmar)*, where the Tribunal was satisfied with the information contained in the parties' submissions to the Commission (*Judgment, ITLOS Reports 2012*, p. 116, paras. 448-449). Thus, in Somalia's view, there is no legal or practical impediment to the Court's determination of the course of the Parties' maritime boundary while the Commission is engaged in the task of considering each Party's submission and making its recommendations for the purpose of delineating the outer limit of each Party's continental shelf.

182. Somalia argues that the legal principles applicable to delimitation of the continental shelf beyond 200 nautical miles are the same as those applicable to delimitation within 200 nautical miles. Somalia maintains that there is no relevant circumstance which could justify an adjustment of the provisional equidistance line beyond 200 nautical miles.

183. Any reduction in Kenya's overall maritime entitlements beyond 200 nautical miles, Somalia submits, "could only arise as a result of Kenya's bilateral agreement with Tanzania, by which Kenya voluntarily divested itself of a very large maritime area south of the negotiated parallel boundary". As Somalia sees it, Kenya "voluntarily shortened its own

ont soumis des demandes complètes à la Commission concernant l'étendue de leurs plateaux continentaux respectifs au-delà de 200 milles marins et, partant, satisfait aux obligations qui leur incombent au regard du paragraphe 8 de l'article 76 de la convention. Le demandeur reconnaît que, dans l'arrêt qu'elle a rendu le 19 novembre 2012 (*Différend territorial et maritime (Nicaragua c. Colombie), arrêt, C.I.J. Recueil 2012 (II)*, p. 669, par. 129), la Cour a refusé d'exercer sa compétence à l'égard de la demande du Nicaragua tendant à ce que soit délimité le plateau continental étendu. Il fait cependant valoir que ce n'était pas parce que la Cour considérait que la formulation d'une recommandation par la Commission revêtît quelque priorité par rapport à la délimitation, mais parce qu'elle estimait que, n'ayant pas soumis une demande complète à la Commission, le Nicaragua n'avait pas établi qu'il pouvait se prévaloir de droits à un plateau continental au-delà de 200 milles marins chevauchant ceux de la Colombie.

180. La Somalie soutient en outre que la compétence de la Cour en ce qui concerne la délimitation du plateau continental au-delà de 200 milles marins n'est pas affectée par l'absence de délinéation de la limite extérieure des droits respectifs des Parties sur la base des recommandations de la Commission.

181. Le demandeur avance que la Cour dispose de tous les éléments nécessaires pour effectuer la délimitation dans cette zone maritime, les Parties s'étant acquittées de l'obligation procédurale, que leur impose le paragraphe 8 de l'article 76 de la CNUDM, consistant à fournir à la Commission des informations sur les limites de leurs plateaux continentaux au-delà de 200 milles marins. Il ajoute que «[l]es droits des Parties concernant le plateau continental au-delà de 200 milles marins ne sont pas en litige entre elles», et cite l'arrêt rendu le 14 mars 2012 en l'affaire de la *Délimitation de la frontière maritime dans le golfe du Bengale (Bangladesh/Myanmar)*, dans lequel le Tribunal international du droit de la mer s'est déclaré satisfait des informations contenues dans les demandes soumises par les parties à la Commission (*arrêt, TIDM Recueil 2012*, p. 116, par. 448-449). Selon la Somalie, rien sur le plan juridique ou pratique ne s'oppose donc à ce que la Cour détermine le tracé de la frontière maritime entre les Parties pendant que la Commission se livre à l'examen des demandes de chacune d'elles et à la formulation de ses recommandations aux fins de la délinéation de la limite extérieure de leurs plateaux continentaux respectifs.

182. La Somalie affirme que les principes juridiques applicables à la délimitation du plateau continental au-delà de 200 milles marins sont identiques à ceux qui s'appliquent en deçà de cette distance. Elle estime qu'il n'existe aucune circonstance pertinente pouvant justifier un ajustement de la ligne d'équidistance au-delà de 200 milles marins.

183. Selon le demandeur, toute réduction globale des droits du défendeur au-delà de 200 milles marins «ne pourrait découler que de l'accord bilatéral conclu entre le Kenya et la Tanzanie, par lequel ce dernier s'est volontairement privé d'un très vaste espace maritime situé au sud de la frontière parallèle négociée entre les deux Etats». La Somalie considère que le Kenya «a

extended continental shelf entitlement by agreement with Tanzania". Somalia further relies on the Award in the *Arbitration between Barbados and the Republic of Trinidad and Tobago (Award of 11 April 2006, RIAA,* Vol. XXVII, p. 238, para. 346) for the proposition that, as a third party in relation to the agreement concluded between Kenya and Tanzania, it cannot be required to "compensate" for Kenya's choice. Therefore, Somalia requests the Court to refrain from making any adjustment of the provisional equidistance line beyond 200 nautical miles.

*

184. In keeping with its view that Somalia has acquiesced in a maritime boundary following the parallel of latitude, Kenya contends that that boundary extends on this same course beyond 200 nautical miles to the outer limits of the continental shelf, as indicated in its 2009 Submission to the CLCS. The Court has already held (paragraph 89 above) that there is no agreed maritime boundary between the Parties at the parallel of latitude through acquiescence.

185. Kenya states that, if the Court were to reject its claim regarding Somalia's acquiescence to a maritime boundary along the parallel of latitude and apply the three-stage methodology, then several relevant circumstances would call for an adjustment of the provisional equidistance line in order to achieve an equitable solution (see paragraphs 149-153 above). Kenya argues that it would suffer from a very significant cut-off effect beyond 200 nautical miles if Somalia's claimed equidistance line were adopted as the maritime boundary. Such a line, Kenya contends, would cut it off from 98 per cent of its potential entitlement to the continental shelf beyond 200 nautical miles and deprive it entirely of any entitlement to the outer limits of the continental shelf at 350 nautical miles from the Kenyan coast. It adds that the situation would be as if the outer continental shelf in this area were generated by the coastal projections of Somalia and Tanzania alone, and Kenya simply did not exist. That cut-off effect has also been invoked by Kenya as a relevant circumstance requiring the adjustment of the provisional equidistance line in the exclusive economic zone and on the continental shelf within 200 nautical miles. Kenya does not ask the Court to treat the maritime boundary agreements between Kenya and Tanzania, and between Tanzania and Mozambique, as opposable to Somalia. Rather, these agreements establish the "regional context" within which the boundary between the Parties must be appraised. According to Kenya, there is no question of being "compensated" for the agreements it has entered into, as Somalia claims. It insists that an equitable maritime delimitation cannot ignore equitable delimitations that were agreed in the past, consistent with the applicable law at the time: this is a matter both of "historical equity" and "common sense".

* *

volontairement limité les portions du plateau continental étendu auxquelles il pouvait prétendre en concluant un accord avec la Tanzanie». Elle s'appuie en outre sur la sentence rendue dans l'*Arbitrage entre la Barbade et la République de Trinité-et-Tobago* (*sentence du 11 avril 2006, RSA*, vol. XXVII, p. 238, par. 346) pour étayer son assertion selon laquelle, en tant que tierce partie à l'égard de l'accord conclu entre le Kenya et la Tanzanie, elle ne saurait être tenue de «fournir une compensation» au Kenya pour son choix. En conséquence, la Somalie demande à la Cour de ne procéder à aucun ajustement de la ligne d'équidistance provisoire au-delà de 200 milles marins.

*

184. Fidèle à sa position selon laquelle la Somalie a acquiescé à une frontière maritime suivant le parallèle, le Kenya soutient que celle-ci se prolonge dans la même direction au-delà de 200 milles marins jusqu'à la limite extérieure du plateau continental, comme il l'a indiqué dans la demande qu'il a soumise à la Commission en 2009. La Cour a déjà conclu (paragraphe 89 ci-dessus) qu'il n'existait pas de frontière maritime longeant le parallèle convenue entre les Parties par voie d'acquiescement.

185. Le Kenya précise que, si la Cour devait rejeter sa prétention relative à l'acquiescement de la Somalie à une frontière maritime longeant le parallèle et appliquer la méthode en trois étapes, plusieurs circonstances pertinentes imposeraient de procéder à un ajustement de la ligne d'équidistance afin de parvenir à une solution équitable (voir paragraphes 149-153 ci-dessus). Il soutient qu'il subirait un effet d'amputation très important au-delà de 200 milles marins si la ligne d'équidistance revendiquée par la Somalie devait être adoptée en tant que frontière maritime. Selon lui, une telle ligne l'amputerait de 98% de ses droits potentiels à un plateau continental au-delà de 200 milles marins, et de tout droit à ce que la limite extérieure de son plateau continental soit établie à 350 milles marins de ses côtes. Et le défendeur d'ajouter que cela reviendrait à ce que le plateau continental étendu dans cette zone soit uniquement généré par les projections côtières de la Somalie et de la Tanzanie, comme si le Kenya n'existait tout simplement pas. Cet effet d'amputation a également été invoqué par le défendeur en tant que circonstance pertinente imposant d'ajuster la ligne d'équidistance provisoire dans la zone économique exclusive et sur le plateau continental en deçà de 200 milles marins. Le Kenya ne demande pas à la Cour de considérer que les accords de frontières maritimes entre lui-même et la Tanzanie et entre celle-ci et le Mozambique sont opposables à la Somalie, mais estime qu'ils établissent le «contexte régional» dans le cadre duquel la frontière entre les Parties doit être appréciée. Selon lui, il n'est nullement question «d'obtenir compensation» pour les accords qu'il a conclus, contrairement à ce qu'affirme la Somalie. Le défendeur soutient qu'une délimitation maritime équitable ne saurait faire fi des délimitations équitables convenues par le passé conformément au droit alors applicable, et qu'il s'agit là d'une question à la fois «d'équité historique» et «de bon sens».

* *

186. The Court held in the 2017 Judgment that it has jurisdiction over the Application filed by Somalia on 28 August 2014 and that the Application is admissible (*I.C.J. Reports 2017*, p. 53, para. 145 (3)). In that Application, Somalia requested the Court to determine the course of the maritime boundary between the Parties in the Indian Ocean, including on the continental shelf beyond 200 nautical miles (*ibid.*, p. 10, para. 11; see also paragraphs 25-27 above).

187. The Court recalls that, as expounded in the case concerning *Territorial and Maritime Dispute between Nicaragua and Honduras in the Caribbean Sea (Nicaragua* v. *Honduras)*, "any claim of continental shelf rights beyond 200 miles [by a State party to UNCLOS] must be in accordance with Article 76 of UNCLOS and reviewed by the Commission on the Limits of the Continental Shelf established thereunder" (*Judgment, I.C.J. Reports 2007 (II)*, p. 759, para. 319).

188. The Court observes that both States have made submissions on the limits of the continental shelf beyond 200 nautical miles to the Commission in accordance with Article 76, paragraph 8, of the Convention. Kenya made its submission to the Commission on 6 May 2009, while Somalia made its own submission on 21 July 2014 and provided an amended Executive Summary on 16 July 2015. In addition, each Party filed an objection to consideration by the Commission of the other's submission. These objections were subsequently withdrawn. The Court notes that both Somalia and Kenya have fulfilled their obligations under Article 76 of the Convention. At the same time, the Commission has yet to consider these submissions and make any recommendations to Somalia and to Kenya on matters related to the establishment of the outer limits of their continental shelves. It is only after such recommendations are made that Somalia and Kenya can establish final and binding outer limits of their continental shelves, in accordance with Article 76, paragraph 8, of UNCLOS.

189. The Court emphasizes that the lack of delineation of the outer limit of the continental shelf is not, in and of itself, an impediment to its delimitation between two States with adjacent coasts, as is the case here. As the International Tribunal for the Law of the Sea observed,

> "the exercise by international courts and tribunals of their jurisdiction regarding the delimitation of maritime boundaries, including that of the continental shelf, is without prejudice to the exercise by the Commission of its functions on matters related to the delineation of the outer limits of the continental shelf" (*Delimitation of the Maritime Boundary in the Bay of Bengal (Bangladesh/Myanmar), Judgment, ITLOS Reports 2012*, p. 100, para. 379).

190. To support the argument that the Court may proceed to the delimitation of the continental shelf beyond 200 nautical miles on the basis of the information contained in the Parties' submissions to the Commission, Somalia avails itself, in particular, of the Judgment in the *Bangladesh/Myanmar* case. It is true that in that Judgment, the Tribunal

186. La Cour a jugé dans l'arrêt de 2017 qu'elle avait compétence pour connaître de la requête déposée par la Somalie le 28 août 2014 et que ladite requête était recevable (*C.I.J. Recueil 2017*, p. 53, par. 145, point 3)). Dans cette requête, la Somalie priait la Cour de déterminer le tracé de la frontière maritime entre les Parties dans l'océan Indien, y compris sur la partie du plateau continental qui s'étend au-delà de 200 milles marins (*ibid.*, p. 10, par. 11 ; voir également paragraphes 25-27 ci-dessus).

187. La Cour rappelle que, ainsi qu'elle l'a précisé dans l'affaire du *Différend territorial et maritime entre le Nicaragua et le Honduras dans la mer des Caraïbes (Nicaragua c. Honduras)*, « toute prétention [d'un Etat partie à la CNUDM] relative à des droits sur le plateau continental au-delà de 200 milles doit être conforme à l'article 76 de la CNUDM et examinée par la Commission des limites du plateau continental constituée en vertu de ce traité » (*arrêt, C.I.J. Recueil 2007 (II)*, p. 759, par. 319).

188. La Cour observe que la Somalie et le Kenya ont tous deux, conformément au paragraphe 8 de l'article 76 de la convention, présenté à la Commission une demande concernant les limites du plateau continental au-delà de 200 milles marins. Le Kenya a soumis sa demande le 6 mai 2009 ; la Somalie l'a fait le 21 juillet 2014, et a communiqué à la Commission une version modifiée du résumé de sa demande le 16 juillet 2015. Chacune des Parties avait en outre élevé une objection à l'examen par la Commission de la demande de l'autre. Ces objections ont par la suite été retirées. La Cour note que les Parties ont l'une et l'autre satisfait aux obligations que leur impose l'article 76 de la CNUDM. La Commission doit cependant encore examiner ces demandes et adresser aux deux Etats des recommandations sur les questions concernant la fixation des limites extérieures de leurs plateaux continentaux. Ce n'est que lorsqu'elle aura formulé ces recommandations que la Somalie et le Kenya pourront établir les limites extérieures définitives et de caractère obligatoire de leurs plateaux continentaux, conformément au paragraphe 8 de l'article 76 de la convention.

189. La Cour souligne que l'absence de délinéation de la limite extérieure du plateau continental ne fait pas, en soi, obstacle à la délimitation de celui-ci entre deux Etats ayant des côtes adjacentes, comme c'est le cas en la présente espèce. Ainsi que le Tribunal international du droit de la mer l'a observé,

« l'exercice par les cours et tribunaux internationaux de leur compétence en matière de délimitation de frontières maritimes, y compris sur le plateau continental, ne préjuge pas … de l'exercice par la Commission de ses fonctions relatives au tracé de la limite extérieure du plateau continental » (*Délimitation de la frontière maritime dans le golfe du Bengale (Bangladesh/Myanmar), arrêt, TIDM Recueil 2012*, p. 100, par. 379).

190. Pour étayer l'argument selon lequel la Cour peut procéder à la délimitation du plateau continental au-delà de 200 milles marins sur la base des informations contenues dans les demandes que les Parties ont soumises à la Commission, la Somalie invoque en particulier l'arrêt rendu en l'affaire *Bangladesh/Myanmar*. Il est vrai que, dans cette décision, le

proceeded to determine the maritime boundary of the continental shelf beyond 200 nautical miles on the basis of the submissions made by Bangladesh and Myanmar to the Commission. The Tribunal was convinced that, in view of the uncontested scientific evidence on the unique nature of the Bay of Bengal and information submitted to it during the proceedings, there was a continuous and substantial layer of sedimentary rocks extending from Myanmar's coast to the area beyond 200 nautical miles. It noted that a "thick layer of sedimentary rocks covers practically the entire floor of the Bay of Bengal" (*Judgment, ITLOS Reports 2012*, p. 115, para. 445). It thus concluded that both parties had entitlements to a continental shelf extending beyond 200 nautical miles (*ibid.*, pp. 115-116, paras. 446 and 449). This being so, the Court notes that, in reaching that conclusion, the Tribunal in that case took particular account of the "unique situation [in the Bay of Bengal], as acknowledged in the course of negotiations at the Third United Nations Conference on the Law of the Sea" (*ibid.*, p. 115, para. 444).

191. The Court observes that the entitlements of the Parties to the continental shelf beyond 200 nautical miles are to be determined by reference to the outer edge of the continental margin, to be ascertained in accordance with Article 76, paragraphs 4 and 5, of UNCLOS (*ibid.*, p. 114, para. 437).

192. Paragraphs 4 and 5 of Article 76 provide:

"4. (a) For the purposes of this Convention, the coastal State shall establish the outer edge of the continental margin wherever the margin extends beyond 200 nautical miles from the baselines from which the breadth of the territorial sea is measured, by either:

(i) a line delineated in accordance with paragraph 7 by reference to the outermost fixed points at each of which the thickness of sedimentary rocks is at least 1 per cent of the shortest distance from such point to the foot of the continental slope; or

(ii) a line delineated in accordance with paragraph 7 by reference to fixed points not more than 60 nautical miles from the foot of the continental slope.

(b) In the absence of evidence to the contrary, the foot of the continental slope shall be determined as the point of maximum change in the gradient at its base.

5. The fixed points comprising the line of the outer limits of the continental shelf on the seabed, drawn in accordance with paragraph 4 (a) (i) and (ii), either shall not exceed 350 nautical miles from the baselines from which the breadth of the territorial sea is measured or shall not exceed 100 nautical miles from the 2,500 metre isobath, which is a line connecting the depth of 2,500 metres."

Tribunal a déterminé la frontière maritime sur le plateau continental au-delà de 200 milles marins sur la base des demandes que le Bangladesh et le Myanmar avaient adressées à la Commission. Les preuves scientifiques incontestées concernant la nature unique du golfe du Bengale et les informations présentées au cours de la procédure l'ont convaincu qu'il existait une couche continue et importante de roches sédimentaires s'étendant de la côte du Myanmar jusqu'à la zone située au-delà de 200 milles marins. Relevant « la présence d'une épaisse couche de roches sédimentaires sur pratiquement l'intégralité des fonds marins du golfe du Bengale » (*arrêt, TIDM Recueil 2012*, p. 115, par. 445), il a conclu que les deux parties avaient un titre sur un plateau continental au-delà de 200 milles marins (*ibid.*, p. 115-116, par. 446 et 449). Cela étant, la Cour observe que, en parvenant à cette conclusion, le Tribunal a spécifiquement tenu compte de la « situation tout à fait particulière [du golfe du Bengale], qui fut reconnue au cours des négociations lors de la troisième conférence des Nations Unies sur le droit de la mer » (*ibid.*, p. 115, par. 444).

191. La Cour observe que les droits des Parties sur le plateau continental au-delà de 200 milles marins doivent être déterminés par référence au rebord externe de la marge continentale, laquelle doit être établie conformément aux paragraphes 4 et 5 de l'article 76 de la CNUDM (*ibid.*, p. 114, par. 437).

192. Les paragraphes 4 et 5 de l'article 76 se lisent comme suit :

« 4. a) Aux fins de la Convention, l'Etat côtier définit le rebord externe de la marge continentale, lorsque celle-ci s'étend au-delà de 200 milles marins des lignes de base à partir desquelles est mesurée la largeur de la mer territoriale, par :

    i) Une ligne tracée conformément au paragraphe 7 par référence aux points fixes extrêmes où l'épaisseur des roches sédimentaires est égale au centième au moins de la distance entre le point considéré et le pied du talus continental ; ou

    ii) Une ligne tracée conformément au paragraphe 7 par référence à des points fixes situés à 60 milles marins au plus du pied du talus continental.

b) Sauf preuve du contraire, le pied du talus continental coïncide avec la rupture de pente la plus marquée à la base du talus.

5. Les points fixes qui définissent la ligne marquant, sur les fonds marins, la limite extérieure du plateau continental, tracée conformément au paragraphe 4, lettre a), i) et ii), sont situés soit à une distance n'excédant pas 350 milles marins des lignes de base à partir desquelles est mesurée la largeur de la mer territoriale, soit à une distance n'excédant pas 100 milles marins de l'isobathe de 2 500 mètres, qui est la ligne reliant les points de 2 500 mètres de profondeur. »

193. The entitlement of a State to the continental shelf beyond 200 nautical miles thus depends on geological and geomorphological criteria, subject to the constraints set out in Article 76, paragraph 5. An essential step in any delimitation is to determine whether there are entitlements, and whether they overlap. The situation in the present case is not the same as that addressed by the International Tribunal for the Law of the Sea in the *Bangladesh/Myanmar* case. In that case, the unique situation in the Bay of Bengal and the negotiation record at the Third United Nations Conference on the Law of the Sea, which threw a particular light upon the parties' contentions on the subject, were sufficient to enable the Tribunal to proceed with the delimitation of the area beyond 200 nautical miles.

194. The Court notes that in their submissions to the Commission both Somalia and Kenya claim on the basis of scientific evidence a continental shelf beyond 200 nautical miles, and that their claims overlap. In most of the area of overlapping claims beyond 200 nautical miles, both Parties claim that their continental shelf extends to a maximum distance of 350 nautical miles. The Court further notes that neither Party questions the existence of the other Party's entitlement to a continental shelf beyond 200 nautical miles or the extent of that claim. Their dispute concerns the boundary delimiting that shelf between them. Both Parties in their submissions — Somalia in those presented at the close of the hearings and Kenya in its Rejoinder — request the Court to delimit the maritime boundary between them in the Indian Ocean up to the outer limit of the continental shelf. For the reasons set out above, the Court will proceed to do so.

195. As regards the relevant circumstances invoked by Kenya for the adjustment of the provisional equidistance line, the Court has already considered them earlier and adjusted the line accordingly in the exclusive economic zone and on the continental shelf up to 200 nautical miles. The Court recalls that both Somalia and Kenya have claimed a continental shelf extending up to 350 nautical miles in the greater part of the area of overlapping claims. Somalia has claimed a continental shelf beyond 200 nautical miles, including in the area between the point OL1, located at the end of the equidistance line it claims as the maritime boundary, at co-ordinates 5° 00′ 25.69″ S and 46° 22′ 33.34″ E, and point OL7, located further north, close to the parallel of latitude, at co-ordinates 2° 00′ 47.69″ S and 49° 26′ 05.09″ E. Kenya has claimed a continental shelf up to 350 nautical miles in the area between the point ECS1, located on the hypothetical line constructed as an extension of the existing boundary with Tanzania at co-ordinates 4° 41′ 00.29″ S and 46° 34′ 36.02″ E, and the point ECS38, located further north at a short distance from the parallel of latitude, at co-ordinates 1° 44′ 21.82″ S and 47° 24′ 13.79″ E. In view of the foregoing, the Court considers it appropriate to extend the geodetic line used for the delimitation of the exclusive economic zone and the continental shelf

193. Le droit d'un Etat à un plateau continental au-delà de 200 milles marins dépend donc de critères géologiques et géomorphologiques, sous réserve des contraintes énoncées au paragraphe 5 de l'article 76. L'une des étapes essentielles dans tout processus de délimitation consiste à déterminer s'il existe des droits, et si ceux-ci se chevauchent. Les circonstances de la présente espèce ne sont pas les mêmes que celles dont le Tribunal international du droit de la mer a eu à connaître dans l'affaire *Bangladesh/Myanmar*. Dans cette affaire, la situation unique du golfe du Bengale et l'historique des négociations tenues lors de la troisième conférence des Nations Unies sur le droit de la mer, qui donnaient un éclairage particulier aux prétentions formulées à ce sujet par les parties, se sont révélés suffisants pour permettre au Tribunal de procéder à la délimitation de la zone située au-delà de 200 milles marins.

194. La Cour relève que, dans les demandes qu'ils ont adressées à la Commission, la Somalie et le Kenya revendiquent tous deux, sur la base d'éléments de preuve scientifiques, un plateau continental s'étendant au-delà de 200 milles marins, et que leurs revendications se chevauchent. Dans la plus grande partie de la zone de chevauchement des revendications au-delà de 200 milles marins, les deux Etats affirment que leur plateau continental s'étend jusqu'à une distance maximale de 350 milles marins. La Cour observe en outre qu'aucune des Parties ne conteste l'existence des droits de l'autre à un plateau continental au-delà de 200 milles marins ni l'étendue de cette revendication ; leur différend porte sur la frontière qui délimite ledit plateau entre elles. Les deux Parties l'ont priée, dans leurs conclusions — la Somalie, à l'issue des audiences, et le Kenya, dans sa duplique —, de délimiter leur frontière maritime dans l'océan Indien jusqu'à la limite extérieure du plateau continental. Pour les raisons exposées ci-dessus, la Cour va se livrer à cette tâche.

195. En ce qui concerne les circonstances pertinentes invoquées par le Kenya pour ajuster la ligne d'équidistance provisoire, la Cour les a déjà examinées plus haut et a ajusté ladite ligne en conséquence dans la zone économique exclusive et sur le plateau continental jusqu'à 200 milles marins. Elle rappelle que les deux Etats revendiquent un plateau continental s'étendant jusqu'à 350 milles marins dans la plus grande partie de la zone de chevauchement des revendications. La Somalie revendique un plateau continental au-delà de 200 milles marins, y compris dans la zone qui se trouve entre le point OL1, situé à l'extrémité de la ligne d'équidistance qu'elle préconise en tant que frontière maritime, par 5° 00′ 25,69″ de latitude sud et 46° 22′ 33,34″ de longitude est, et le point OL7, situé plus au nord, à proximité du parallèle, par 2° 00′ 47,69″ de latitude sud et 49° 26′ 05,09″ de longitude est. Le Kenya revendique un plateau continental s'étendant jusqu'à 350 milles marins dans la zone qui se trouve entre le point ECS1, situé sur la ligne hypothétique tracée dans le prolongement de la frontière existante avec la Tanzanie, par 4° 41′ 00,29″ de latitude sud et 46° 34′ 36,02″ de longitude est, et le point ECS38, situé plus au nord, à une faible distance du parallèle, par 1° 44′ 21,82″ de latitude sud et 47° 24′ 13,79″ de longitude est. Compte tenu de ce qui précède, la Cour

within 200 nautical miles to delimit the continental shelf beyond 200 nautical miles.

196. The Court therefore concludes that the maritime boundary beyond 200 nautical miles continues along the same geodetic line as the adjusted line within 200 nautical miles until it reaches the outer limits of the Parties' continental shelves which are to be delineated by Somalia and Kenya, respectively, on the basis of the recommendations to be made by the Commission or until it reaches the area where the rights of third States may be affected. The direction of that line is depicted on sketch-map No. 12 below (p. 278).

*

197. Depending on the extent of Kenya's entitlement to a continental shelf beyond 200 nautical miles as it may be established in the future on the basis of the Commission's recommendation, the delimitation line might give rise to an area of limited size located beyond 200 nautical miles from the coast of Kenya and within 200 nautical miles from the coast of Somalia, but on the Kenyan side of the delimitation line ("grey area"). This possible grey area is depicted on sketch-map No. 12 (p. 278). Since the existence of this "grey area" is only a possibility, the Court does not consider it necessary, in the circumstances of the present case, to pronounce itself on the legal régime that would be applicable in that area.

V. Alleged Violations by Kenya of Its International Obligations

198. In its final submissions, Somalia requests the Court to "adjudge and declare that Kenya, by its conduct in the disputed area, has violated its international obligations and is responsible under international law to make full reparation to Somalia". Somalia, however, stated during the oral proceedings that it does not insist on compensation for past violations. It asks the Court to order Kenya to cease its wrongful acts and to make available to Somalia the technical data acquired in areas that are determined by the Court to be subject to the sovereignty or sovereign rights and jurisdiction of Somalia.

199. Somalia argues that by its unilateral actions in the disputed area, Kenya has violated Somalia's sovereignty over the territorial sea and its sovereign rights and jurisdiction in the exclusive economic zone and on the continental shelf, as well as the principles enshrined in UNCLOS. Recalling Article 77 of UNCLOS, Somalia maintains that economic activities in a disputed maritime area, including exploration and exploitation, constitute a violation of the exclusive rights of the State whose jurisdiction over that area is recognized following delimitation. It adds that

estime approprié de prolonger la ligne géodésique utilisée pour la délimitation de la zone économique exclusive et du plateau continental en deçà de 200 milles marins afin de délimiter ce dernier au-delà de cette distance.

196. La Cour conclut par conséquent que la frontière maritime au-delà de 200 milles marins se prolonge le long de la même ligne géodésique que la ligne ajustée en deçà de 200 milles marins, jusqu'à ce qu'elle atteigne les limites extérieures des plateaux continentaux des Parties, qui devront être tracées par la Somalie et le Kenya sur la base des recommandations formulées par la Commission, ou jusqu'à ce qu'elle atteigne la zone où les droits d'Etats tiers sont susceptibles d'être affectés. L'orientation de cette ligne est représentée sur le croquis n° 12 ci-après (p. 278).

*

197. En fonction de l'étendue des droits du Kenya à un plateau continental au-delà de 200 milles marins, selon ce qui pourra être déterminé à l'avenir sur la base de la recommandation de la Commission des limites, la ligne de délimitation pourrait engendrer une zone de taille limitée située au-delà de 200 milles marins des côtes du Kenya et en deçà de 200 milles marins de celles de la Somalie, mais du côté kényan de ladite ligne («zone grise»). Cette éventuelle zone grise est représentée sur le croquis n° 12 (p. 278). Etant donné que l'existence de cette «zone grise» n'est qu'une éventualité, la Cour n'estime pas nécessaire, dans les circonstances de la présente espèce, de se prononcer sur le régime juridique qui y serait applicable.

V. Allégations de violations par le Kenya de ses obligations internationales

198. Dans ses conclusions finales, la Somalie prie la Cour de «dire et juger que, par son comportement dans la zone litigieuse, le Kenya a violé ses obligations internationales et que, en vertu du droit international, il est tenu de remédier à l'intégralité du préjudice subi par la Somalie». Elle a toutefois indiqué à l'audience qu'elle n'insistait pas pour obtenir une indemnisation à raison de violations passées. Elle prie la Cour de prescrire au défendeur de mettre fin à ses actes illicites et de communiquer au demandeur les données techniques obtenues dans les zones dont la Cour aura jugé qu'elles relèvent de la souveraineté ou des droits souverains et de la juridiction de la Somalie.

199. La Somalie affirme que, par ses actions unilatérales dans la zone litigieuse, le Kenya a violé sa souveraineté sur la mer territoriale, ses droits souverains et sa juridiction dans la zone économique exclusive et sur le plateau continental, ainsi que les principes consacrés dans la CNUDM. Rappelant l'article 77 de cet instrument, elle fait valoir que les activités économiques menées dans une zone maritime litigieuse, y compris les activités d'exploration et d'exploitation, constituent une violation des droits exclusifs de l'Etat dont la juridiction sur ladite zone est

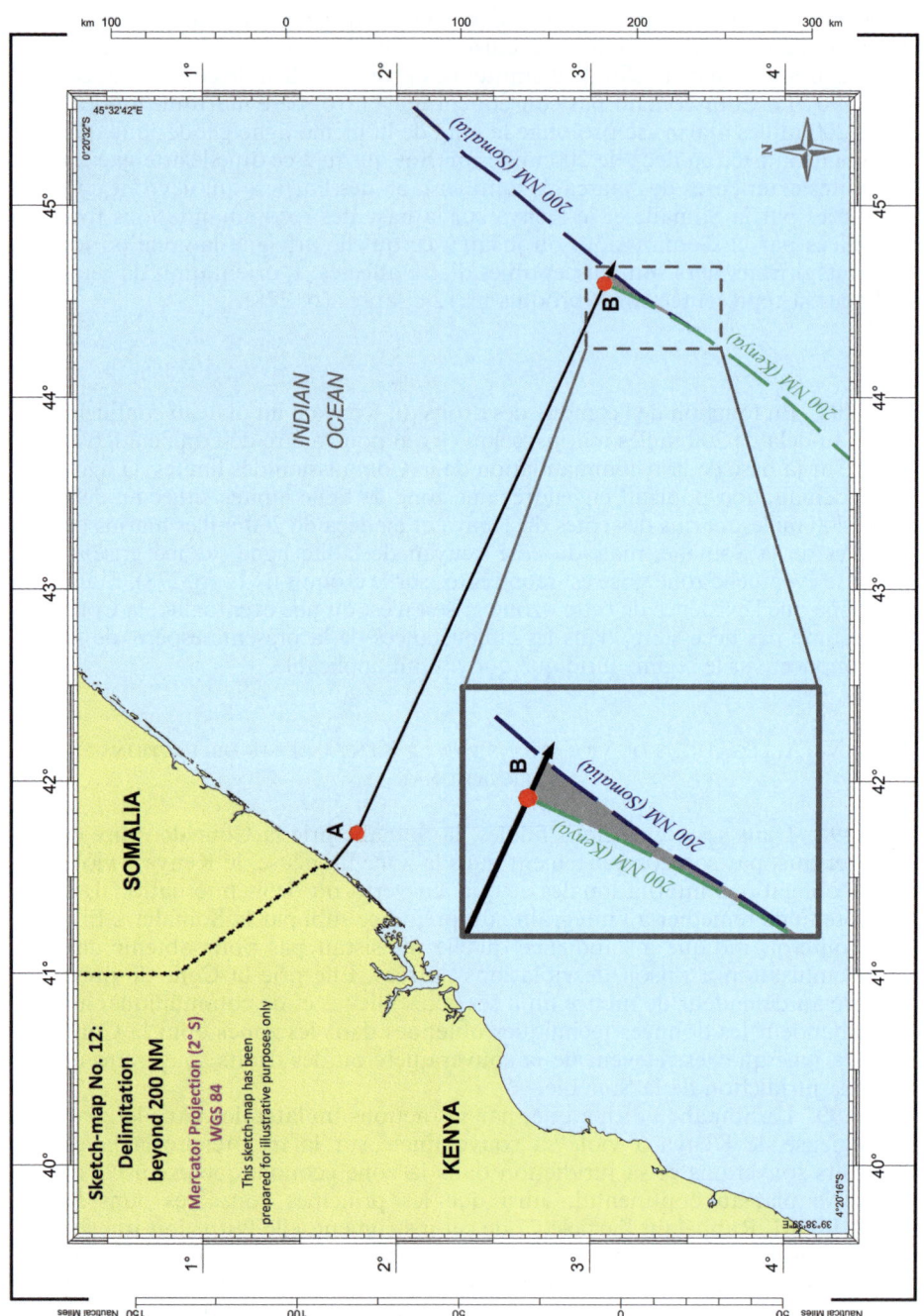

Sketch-map No. 12:
Delimitation
beyond 200 NM

Mercator Projection (2° S)
WGS 84

This sketch-map has been
prepared for illustrative purposes only

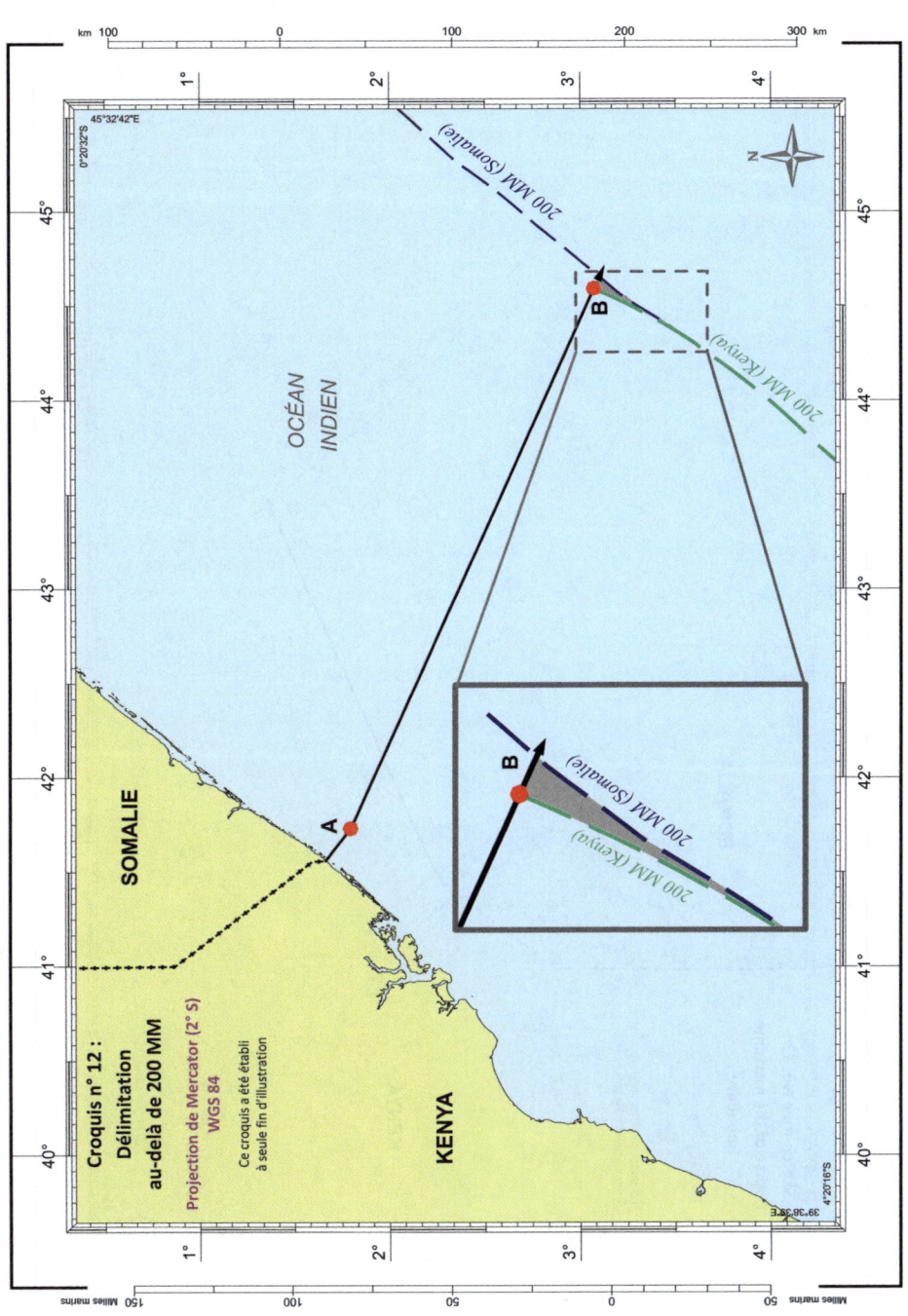

Croquis n° 12 :
Délimitation
au-delà de 200 MM

Projection de Mercator (2° S)
WGS 84

Ce croquis a été établi
à seule fin d'illustration

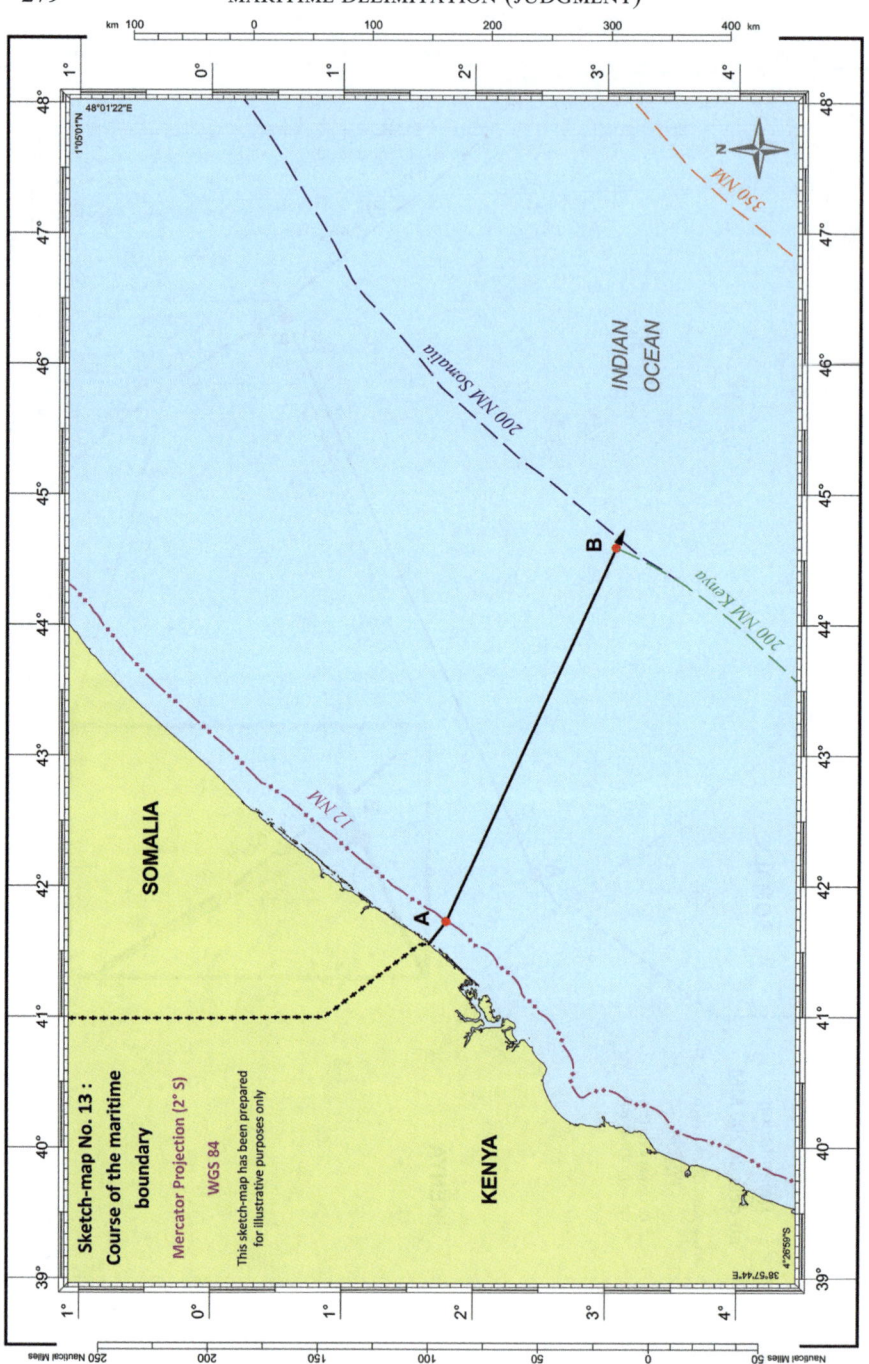

Sketch-map No. 13 :
Course of the maritime
boundary

Mercator Projection (2° S)

WGS 84

This sketch-map has been prepared
for illustrative purposes only

SOMALIA

KENYA

INDIAN
OCEAN

12 NM

200 NM Somalia

200 NM Kenya

350 NM

A

B

48°01'22"E

1°05'01"N

38°57'44"E

4°56'47"S

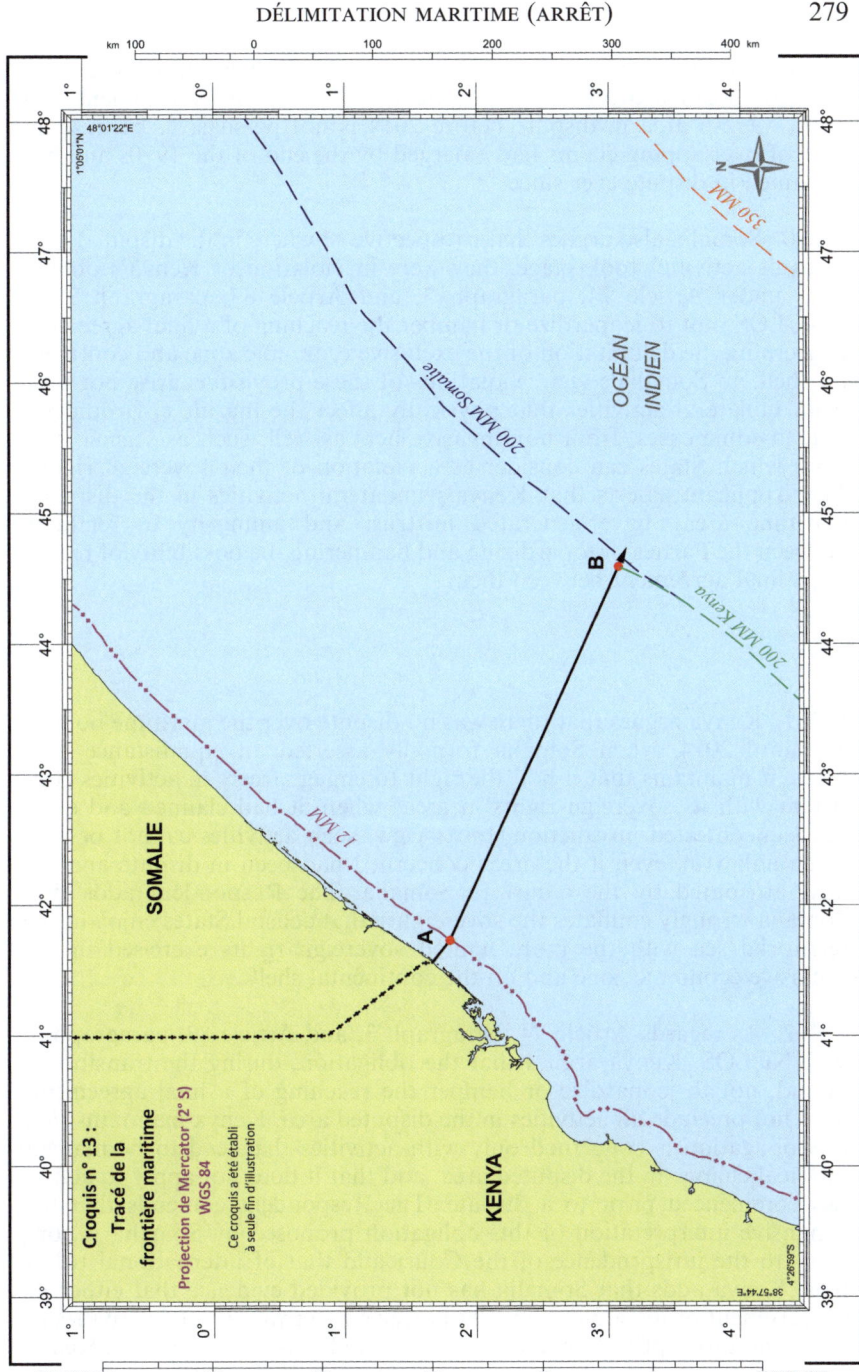

Croquis n° 13 :
Tracé de la
frontière maritime

Projection de Mercator (2° S)
WGS 84

Ce croquis a été établi
à seule fin d'illustration

SOMALIE

KENYA

OCÉAN
INDIEN

200 MM Somalie

350 MM

200 MM Kenya

12 MM

48°01'22"E

38°57'44"E

when it was informed of such activities and was in a position to react, it protested against them. In the Applicant's view, Kenya's argument that there was no area in dispute before 2014 is not persuasive, because an area of overlapping claims had emerged by the end of the 1970s and has remained in dispute ever since.

200. Somalia also argues that irrespective of where in the disputed area Kenya's activities took place, they were in violation of Kenya's obligation, under Article 74, paragraph 3, and Article 83, paragraph 3, of UNCLOS, not to jeopardize or hamper the reaching of a final agreement concerning the delimitation of the exclusive economic zone and continental shelf. In Somalia's view, violations of these provisions arise not only from unilateral activities that physically affect the marine environment, but, in some cases, from non-invasive acts as well, such as seismic surveys, which States can consider as a violation of their sovereign rights. The Applicant asserts that Kenya's unilateral activities in the disputed maritime area "have generated mistrust and animosity in relations between the Parties", jeopardizing and hampering the possibility of reaching a final agreement between them.

*

201. Kenya argues that there was no dispute over the maritime boundary until 2014, when Somalia formally asserted an equidistance line. Thus, it maintains that it had the right to engage freely in activities consistent with its sovereign rights in areas where it had claimed and exercised uncontested jurisdiction. In its view, such activities cannot be said to be unlawful, even if the areas concerned had been in dispute and are now attributed by the Court to Somalia. The Respondent adds that Somalia wrongly conflates the sovereignty that coastal States enjoy in the territorial sea with the more limited sovereign rights exercised in the exclusive economic zone and on the continental shelf.

202. As regards Article 74, paragraph 3, and Article 83, paragraph 3, of UNCLOS, Kenya argues that the obligation, during the transitional period, not to jeopardize or hamper the reaching of a final agreement, does not preclude all activities in the disputed area. Kenya maintains that this obligation is concerned only with activities that lead to permanent physical change in the disputed area, and that it does not apply to activities commenced prior to a dispute. The Respondent contends that the expansive interpretation of this obligation proposed by Somalia is contrary to the jurisprudence of the Court and that of international tribunals. Kenya adds that Somalia has not provided evidence that either its Government or its population ever perceived Kenya's alleged activities as an attempt to deprive Somalia of its rights under international law. Kenya points out that most of the activities referred to by Somalia predate the

reconnue par suite de la délimitation. Elle ajoute que, lorsqu'elle en a été informée et s'est trouvée en situation de réagir, elle a protesté contre ces activités. Selon la Somalie, l'argument du Kenya suivant lequel il n'existait pas de zone litigieuse avant 2014 n'est pas convaincant, étant donné qu'une zone de chevauchement des revendications s'était fait jour à la fin des années 1970 et qu'elle est toujours restée en litige depuis lors.

200. Le demandeur soutient également que, quel que soit le lieu de la zone litigieuse où elles ont été menées, les activités du Kenya constituaient une violation de l'obligation, incombant à celui-ci au regard des paragraphes 3 des articles 74 et 83 de la CNUDM, de ne pas compromettre ou entraver la conclusion d'un accord définitif concernant la délimitation de la zone économique exclusive et du plateau continental. Selon lui, les violations de ces dispositions ne résultent pas seulement d'activités unilatérales ayant des incidences physiques sur le milieu marin, mais aussi, dans certains cas, d'actes non invasifs, tels que des études sismiques, qui peuvent être considérés par les Etats comme une violation de leurs droits souverains. La Somalie avance que les activités unilatérales du Kenya dans la zone maritime litigieuse ont «engendr[é] de la méfiance et de l'animosité dans les relations entre les Parties», compromettant et entravant la possibilité que celles-ci parviennent à un accord définitif.

*

201. Le Kenya affirme qu'il n'existait pas de différend au sujet de la frontière maritime avant 2014, lorsque la Somalie a formellement revendiqué une ligne d'équidistance. Il fait valoir qu'il avait donc le droit de mener librement des activités conformes à ses droits souverains dans des zones dans lesquelles il avait revendiqué et exercé une juridiction incontestée. Selon lui, ces activités ne sauraient être considérées comme illicites, quand bien même les zones en question auraient été litigieuses et seraient aujourd'hui attribuées par la Cour à la Somalie. Le défendeur ajoute que la Somalie confond à tort la souveraineté dont jouit l'Etat côtier dans la mer territoriale avec les droits souverains plus limités qui sont exercés dans la zone économique exclusive et sur le plateau continental.

202. S'agissant des paragraphes 3 des articles 74 et 83 de la CNUDM, le Kenya avance que l'obligation, pendant la période de transition, de ne pas compromettre ou entraver la conclusion d'un accord définitif n'empêche pas toute activité dans la zone litigieuse. Il soutient que cette obligation ne concerne que les activités qui entraînent un changement physique permanent dans la zone litigieuse, et ne s'applique pas à celles qui ont débuté avant qu'un différend se fasse jour. Le défendeur estime que l'interprétation extensive de ladite obligation que fait le demandeur est contraire à la jurisprudence de la Cour et à celle des tribunaux internationaux. Il ajoute que la Somalie n'a fourni aucun élément indiquant que son gouvernement ou sa population aient jamais perçu les activités qu'il aurait menées comme une tentative visant à la priver de ses droits au regard du droit international. Le Kenya souligne que la plupart des acti-

emergence of the dispute in 2014 and that they were transitory in nature. Thus, it argues that Somalia has failed to establish that Kenya authorized any unlawful activities in the disputed area.

* *

203. The Court will first examine the Applicant's argument that, by its unilateral actions in the disputed area, Kenya has violated Somalia's sovereignty over the territorial sea and its sovereign rights and jurisdiction in the exclusive economic zone and on the continental shelf. The Court recalls that Somalia's submission "is made in the context of proceedings regarding a maritime boundary which had not been settled prior to the decision of the Court. The consequence of the Court's Judgment is that the maritime boundary . . . has now been delimited as between the Parties" (*Territorial and Maritime Dispute (Nicaragua v. Colombia), Judgment, I.C.J. Reports 2012 (II)*, p. 718, para. 250). The Court considers that when maritime claims of States overlap, maritime activities undertaken by a State in an area which is subsequently attributed to another State by a judgment "cannot be considered to be in violation of the sovereign rights of the latter if those activities were carried out before the judgment was delivered and if the area concerned was the subject of claims made in good faith by both States" (*Delimitation of the Maritime Boundary in the Atlantic Ocean (Ghana/Côte d'Ivoire), Judgment, ITLOS Reports 2017*, p. 159, para. 592).

204. Somalia complains of surveying and drilling activities conducted or authorized by Kenya in the Lamu Basin, referring in particular to the offshore oil concession blocks identified by Kenya as Blocks L-5, L-13, L-21, L-22, L-23, L-24 and L-26. The Court notes that these concession blocks are located entirely or partially north of the equidistance line claimed by Somalia as the maritime boundary. There is no evidence that Kenya's claims over the area concerned were not made in good faith. Under the circumstances, the Court concludes that it has not been established that Kenya's maritime activities, including those that may have been conducted in parts of the disputed area that have now been attributed to Somalia, were in violation of Somalia's sovereignty or its sovereign rights and jurisdiction.

205. The Court now turns to the Applicant's argument that Kenya's activities were in violation of Article 74, paragraph 3, and Article 83, paragraph 3, of UNCLOS. These paragraphs, which refer to the exclusive economic zone and the continental shelf respectively, read as follows:

"Pending agreement as provided for in paragraph 1, the States concerned, in a spirit of understanding and co-operation, shall make every effort to enter into provisional arrangements of a practical nature and, during this transitional period, not to jeopardize or hamper the reaching of the final agreement. Such arrangements shall be without prejudice to the final delimitation."

vités que mentionne la Somalie sont antérieures à l'émergence du différend en 2014 et qu'elles étaient de nature temporaire. Par conséquent, il
fait valoir que la Somalie n'a pas établi qu'il aurait autorisé quelque activité illicite dans la zone litigieuse.

* *

203. La Cour examinera tout d'abord l'argument du demandeur selon
lequel, par ses actions unilatérales dans la zone litigieuse, le Kenya a violé
la souveraineté de la Somalie sur la mer territoriale ainsi que ses droits
souverains et sa juridiction dans la zone économique exclusive et sur le
plateau continental. Elle rappelle que la demande de la Somalie «est présentée dans le cadre d'une instance concernant une frontière maritime qui
n'a jamais été tracée auparavant [et que le] présent arrêt a pour effet de
fixer la frontière maritime entre les deux Parties» (*Différend territorial et
maritime (Nicaragua c. Colombie), arrêt, C.I.J. Recueil 2012 (II)*, p. 718,
par. 250). La Cour estime que, lorsque les revendications maritimes de
deux Etats se chevauchent, les activités menées par l'un dans une zone
qu'un arrêt attribue par la suite à l'autre «ne peuvent être considérées
comme contrevenant aux droits souverains de ce dernier si elles ont été
menées avant que l'arrêt ait été rendu et alors que la zone concernée faisait l'objet de revendications de bonne foi par les deux Etats» (*Délimitation de la frontière maritime dans l'océan Atlantique (Ghana/Côte d'Ivoire),
arrêt, TIDM Recueil 2017*, p. 159, par. 592).

204. La Somalie tire grief de levés et d'activités de forage menés ou
autorisés par le Kenya dans le bassin de Lamu, se référant en particulier
aux blocs de concession pétrolière désignés par le défendeur comme étant
les blocs L-5, L-13, L-21, L-22, L-23, L-24 et L-26. La Cour note que ces
blocs sont situés entièrement ou partiellement au nord de la ligne d'équidistance revendiquée par la Somalie en tant que frontière maritime. Rien
n'indique que les revendications du Kenya sur la zone en question n'aient
pas été formulées de bonne foi. Dans ces conditions, la Cour conclut qu'il
n'a pas été établi que les activités maritimes du défendeur, y compris
celles qui ont pu être menées dans certaines parties de la zone litigieuse à
présent attribuées à la Somalie, l'aient été en violation de la souveraineté
de cette dernière ou de ses droits souverains et de sa juridiction.

205. La Cour en vient maintenant à l'argument du demandeur selon
lequel les activités du Kenya auraient été menées en violation des paragraphes 3 des articles 74 et 83 de la CNUDM. Ces paragraphes, qui
concernent respectivement la zone économique exclusive et le plateau
continental, se lisent comme suit:

> «En attendant la conclusion de l'accord visé au paragraphe 1, les
> Etats concernés, dans un esprit de compréhension et de coopération,
> font tout leur possible pour conclure des arrangements provisoires de
> caractère pratique et pour ne pas compromettre ou entraver pendant
> cette période de transition la conclusion de l'accord définitif. Les
> arrangements provisoires sont sans préjudice de la délimitation finale.»

206. Under these provisions, States with opposite or adjacent coasts that have not reached an agreement on the delimitation of the exclusive economic zone or continental shelf are under an obligation to "make every effort . . . during this transitional period, not to jeopardize or hamper the reaching of the final agreement". The Court considers that the "transitional period" mentioned in these provisions refers to "the period after the maritime delimitation dispute has been established until a final delimitation by agreement or adjudication has been achieved" (*Delimitation of the Maritime Boundary in the Atlantic Ocean (Ghana/Côte d'Ivoire)*, *Judgment, ITLOS Reports 2017*, p. 168, para. 630). As previously noted (see paragraph 83 above), the Court is of the view that a maritime delimitation dispute between the Parties has been established since 2009. Accordingly, the Court will only examine whether the activities conducted by Kenya after 2009 jeopardized or hampered the reaching of a final agreement on the delimitation of the maritime boundary.

207. The Court observes that Somalia complains of certain activities, including the award of oil concession blocks to private operators and the performance of seismic and other surveys in those blocks, which are of a "transitory character" (see *Aegean Sea Continental Shelf (Greece* v. *Turkey)*, *Interim Protection, Order of 11 September 1976, I.C.J. Reports 1976*, p. 10, para. 30). These activities are not of the kind that could lead to permanent physical change in the marine environment, and it has not been established that they had the effect of jeopardizing or hampering the reaching of a final agreement on the delimitation of the maritime boundary (see *Arbitration regarding the Delimitation of the Maritime Boundary between Guyana and Suriname, Award of 17 September 2007, RIAA*, Vol. XXX, pp. 132-133, paras. 466-467 and 470).

208. Somalia also complains of certain drilling activities, which are of the kind that could lead to permanent physical change in the marine environment. Such activities may alter the status quo between the parties to a maritime dispute and could jeopardize or hamper the reaching of a final agreement (see *ibid.*, p. 137, para. 480). Somalia refers, in particular, to four wells drilled in the offshore Lamu Basin as of 2011, to "sea core" and "seabed core" drilling operations carried out in Block L-22 in 2013 and 2014, and to exploratory drilling in Block L-5 which was "scheduled in 2015". Kenya does not deny having authorized drilling operations in the Lamu Basin, but states that "there was no drilling of seabed core" in Block L-22 in 2014 and that the drilling scheduled in Block L-5 "never took place".

209. The Court notes that a presentation made in 2011 by a commissioner from Kenya's Ministry of Energy refers to offshore drilling operations in the Lamu Basin but only lists wells drilled until 2007. A map included in the Final Report of the Strategic Environmental and Social Assessment of the Petroleum Sector in Kenya, issued in December 2016 by the Ministry of Energy and Petroleum of Kenya, identifies four wells

206. En application de ces dispositions, des Etats dont les côtes sont adjacentes ou se font face et qui ne sont pas parvenus à un accord sur la délimitation de la zone économique exclusive ou du plateau continental sont tenus de faire «tout leur possible ... pour ne pas compromettre ou entraver pendant cette période de transition la conclusion de l'accord définitif». La Cour considère que la «période de transition» mentionnée dans ces dispositions correspond à «la période allant du moment où le différend relatif à la délimitation maritime a été établi à la délimitation finale par voie d'accord ou [de règlement judiciaire ou arbitral]» (*Délimitation de la frontière maritime dans l'océan Atlantique (Ghana/Côte d'Ivoire), arrêt, TIDM Recueil 2017*, p. 168, par. 630). Ainsi que cela a déjà été indiqué (voir paragraphe 83 ci-dessus), la Cour est d'avis qu'un différend en matière de délimitation maritime oppose les Parties depuis 2009. En conséquence, elle se contentera de rechercher si les activités que le Kenya a menées après cette date ont compromis ou entravé la conclusion d'un accord définitif sur la délimitation de la frontière maritime.

207. La Cour observe que la Somalie tire grief de certaines activités, dont l'octroi de blocs de concession pétrolière à des opérateurs privés et la réalisation de levés sismiques et autres dans ces blocs, qui revêtent un «caractère temporaire» (voir *Plateau continental de la mer Egée (Grèce c. Turquie), mesures conservatoires, ordonnance du 11 septembre 1976, C.I.J. Recueil 1976*, p. 10, par. 30). Il ne s'agit pas là d'activités pouvant entraîner un changement physique permanent du milieu marin, et il n'a pas été établi qu'elles ont eu pour effet de compromettre ou d'entraver la conclusion d'un accord définitif sur la délimitation de la frontière maritime (voir *Arbitrage concernant la délimitation de la frontière maritime entre le Guyana et le Suriname, sentence du 17 septembre 2007, RSA*, vol. XXX, p. 132-133; par. 466-467 et 470).

208. La Somalie tire également grief de certaines activités de forage qui, quant à elles, sont de nature à pouvoir entraîner un changement physique permanent du milieu marin. De telles activités sont susceptibles de modifier le *statu quo* entre les parties à un différend maritime et risqueraient de compromettre ou d'entraver la conclusion d'un accord définitif (voir *ibid.*, p. 137, par. 480). La Somalie mentionne en particulier le forage de quatre puits dans le bassin de Lamu à partir de 2011, des opérations de forage carottier «en mer» ou dans les «fonds marins» réalisées dans le bloc L-22 en 2013 et 2014, ainsi qu'un forage exploratoire dans le bloc L-5, qui a été «annoncé ... en 2015». Le Kenya ne conteste pas avoir autorisé des opérations de forage dans le bassin de Lamu, mais affirme qu'«il n'y a pas eu de carottage des fonds marins» dans le bloc L-22 en 2014, et que le forage prévu dans le bloc L-5 n'a «jamais eu lieu».

209. La Cour relève que, dans une présentation faite en 2011 par un commissaire du ministère kényan de l'énergie, il est fait référence à des opérations de forage en mer dans le bassin de Lamu; seuls sont cependant mentionnés des puits forés jusqu'en 2007. Sur une carte contenue dans le rapport final d'évaluation stratégique environnementale et sociale du secteur pétrolier au Kenya, publié en décembre 2016 par le ministère de l'énergie et

drilled in the Lamu Basin after 2009, but all of them are located south of and at a great distance from the equidistance line claimed by Somalia as the maritime boundary. The map does not show any wells drilled after 2009 in the oil concession blocks referred to by Somalia. With respect to the alleged drilling in Block L-22, two documents issued by a private operator state that "sea core drilling operations [were] in progress on the L22 offshore license" in 2013 and that "[o]n the offshore L22 license, sea-bed core drilling operations were carried out in early 2014". However, these documents do not specify the precise location of those operations. As for the alleged drilling in Block L-5, Somalia has not provided the Court with evidence demonstrating that any such drilling operation ever took place. Thus, on the basis of the evidence before it, the Court is not in a position to determine with sufficient certainty that drilling operations that could have led to permanent physical change in the disputed area took place after 2009.

210. The Court further notes that, in 2014, the Parties engaged in negotiations on maritime delimitation (see paragraph 69 above) and that, in 2016, Kenya suspended its activities in the disputed area and offered to enter into provisional arrangements with Somalia.

211. In light of these circumstances, the Court cannot conclude that the activities carried out by Kenya in the disputed area jeopardized or hampered the reaching of a final agreement on the delimitation of the maritime boundary, in violation of Article 74, paragraph 3, or Article 83, paragraph 3, of UNCLOS.

212. For the reasons set out above, the Court finds that Kenya has not violated its international obligations through its maritime activities in the disputed area. Since Kenya's international responsibility is not engaged, the Court need not examine Somalia's request for reparation. Somalia's submission must therefore be rejected.

213. The maritime boundary between the Parties having been determined, the Court expects that each Party will fully respect the sovereignty, sovereign rights and jurisdiction of the other in accordance with international law.

* * *

214. For these reasons,

THE COURT,

(1) Unanimously,

Finds that there is no agreed maritime boundary between the Federal Republic of Somalia and the Republic of Kenya that follows the parallel of latitude described in paragraph 35 above;

du pétrole du Kenya, figurent quatre puits forés dans le bassin de Lamu après 2009, mais tous sont situés au sud et à une distance importante de la ligne d'équidistance revendiquée par la Somalie en tant que frontière maritime. Aucun puits foré après 2009 dans les blocs de concession pétrolière mentionnés par la Somalie n'y est représenté. S'agissant du prétendu forage réalisé dans le bloc L-22, deux documents diffusés par un opérateur privé indiquent que «des forages carottiers en mer [étaie]nt en cours dans la concession L-22» en 2013 et que, «[d]ans la concession L-22, des opérations de forage carottier des fonds marins ont été réalisées au début de l'année 2014». Ces documents n'indiquent toutefois pas les lieux précis où ces opérations ont été réalisées. Quant au prétendu forage dans le bloc L-5, la Somalie n'a fourni à la Cour aucun élément de preuve indiquant qu'une telle opération ait jamais eu lieu. En conséquence, au vu des éléments dont elle dispose, la Cour n'est pas en mesure de déterminer de manière suffisamment certaine que des opérations de forage ayant pu entraîner un changement physique permanent dans la zone litigieuse se sont déroulées après 2009.

210. La Cour observe en outre que, en 2014, les Parties ont entamé des négociations sur la délimitation maritime (voir paragraphe 69 ci-dessus) et que, en 2016, le Kenya a suspendu ses activités dans la zone litigieuse et proposé à la Somalie de conclure des arrangements provisoires.

211. Compte tenu de ces circonstances, la Cour ne peut conclure que les activités menées par le Kenya dans la zone litigieuse ont compromis ou entravé la conclusion d'un accord définitif sur la délimitation de la frontière maritime, en violation du paragraphe 3 de l'article 74 ou du paragraphe 3 de l'article 83 de la CNUDM.

212. Pour les raisons exposées ci-dessus, la Cour conclut que le Kenya n'a pas manqué à ses obligations internationales en raison des activités maritimes auxquelles il s'est livré dans la zone litigieuse. La responsabilité internationale du défendeur n'étant pas engagée, point n'est besoin qu'elle examine la demande de réparation formulée par la Somalie. La conclusion du demandeur doit donc être rejetée.

213. La frontière maritime entre les Parties ayant été déterminée, la Cour attend de chacune d'elles qu'elle respecte pleinement la souveraineté, les droits souverains et la juridiction de l'autre, conformément au droit international.

* * *

214. Par ces motifs,

La Cour,

1) A l'unanimité,

Dit qu'il n'existe pas de frontière maritime convenue entre la République fédérale de Somalie et la République du Kenya longeant le parallèle décrit au paragraphe 35 ci-dessus;

(2) Unanimously,

Decides that the starting-point of the single maritime boundary delimiting the respective maritime areas between the Federal Republic of Somalia and the Republic of Kenya is the intersection of the straight line extending from the final permanent boundary beacon (PB 29) at right angles to the general direction of the coast with the low-water line, at the point with co-ordinates 1° 39' 44.0" S and 41° 33' 34.4" E (WGS 84);

(3) Unanimously,

Decides that, from the starting-point, the maritime boundary in the territorial sea follows the median line described at paragraph 117 above until it reaches the 12-nautical-mile limit at the point with co-ordinates 1° 47' 39.1" S and 41° 43' 46.8" E (WGS 84) (Point A);

(4) By ten votes to four,

Decides that, from the end of the boundary in the territorial sea (Point A), the single maritime boundary delimiting the exclusive economic zone and the continental shelf up to 200 nautical miles between the Federal Republic of Somalia and the Republic of Kenya follows the geodetic line starting with azimuth 114° until it reaches the 200-nautical-mile limit measured from the baselines from which the breadth of the territorial sea of the Republic of Kenya is measured, at the point with co-ordinates 3° 4' 21.3" S and 44° 35' 30.7" E (WGS 84) (Point B);

IN FAVOUR: *President* Donoghue; *Vice-President* Gevorgian; *Judges* Tomka, Bennouna, Xue, Sebutinde, Robinson, Iwasawa, Nolte; *Judge* ad hoc Guillaume;

AGAINST: *Judges* Abraham, Yusuf, Bhandari, Salam;

(5) By nine votes to five,

Decides that, from Point B, the maritime boundary delimiting the continental shelf continues along the same geodetic line until it reaches the outer limits of the continental shelf or the area where the rights of third States may be affected;

IN FAVOUR: *President* Donoghue; *Vice-President* Gevorgian; *Judges* Tomka, Bennouna, Xue, Sebutinde, Iwasawa, Nolte; *Judge* ad hoc Guillaume;

AGAINST: *Judges* Abraham, Yusuf, Bhandari, Robinson, Salam;

(6) Unanimously,

Rejects the claim made by the Federal Republic of Somalia in its final submission number 4.

Done in English and in French, the English text being authoritative, at the Peace Palace, The Hague, this twelfth day of October, two thousand and twenty-one, in three copies, one of which will be placed in the archives

2) A l'unanimité,

Décide que le point de départ de la frontière maritime unique délimitant les espaces maritimes respectifs de la République fédérale de Somalie et de la République du Kenya est situé à l'intersection de la ligne droite partant de la dernière borne frontière permanente (BP 29) à angle droit de la direction générale de la côte avec la laisse de basse mer, au point de coordonnées 1° 39′ 44,0″ de latitude sud et 41° 33′ 34,4″ de longitude est (WGS 84);

3) A l'unanimité,

Décide que, à partir du point de départ, la frontière maritime dans la mer territoriale suit la ligne médiane décrite au paragraphe 117 ci-dessus, jusqu'à ce qu'elle atteigne la limite des 12 milles marins au point situé par 1° 47′ 39,1″ de latitude sud et 41° 43′ 46,8″ de longitude est (WGS 84) (point A);

4) Par dix voix contre quatre,

Décide que, à partir du point où prend fin la frontière dans la mer territoriale (point A), la frontière maritime unique délimitant la zone économique exclusive et le plateau continental en deçà de 200 milles marins entre la République fédérale de Somalie et la République du Kenya suit la ligne géodésique ayant pour azimut initial 114°, jusqu'à ce qu'elle atteigne la limite des 200 milles marins mesurée à partir des lignes de base servant à mesurer la largeur de la mer territoriale de la République du Kenya, au point situé par 3° 4′ 21,3″ de latitude sud et 44° 35′ 30,7″ de longitude est (WGS 84) (point B);

POUR: Mme Donoghue, *présidente*; M. Gevorgian, *vice-président*; MM. Tomka, Bennouna, Mmes Xue, Sebutinde, MM. Robinson, Iwasawa, Nolte, *juges*; M. Guillaume, *juge* ad hoc;

CONTRE: MM. Abraham, Yusuf, Bhandari, Salam, *juges*;

5) Par neuf voix contre cinq,

Décide que, à partir du point B, la frontière maritime délimitant le plateau continental se poursuit le long de la même ligne géodésique jusqu'à ce qu'elle atteigne la limite extérieure du plateau continental ou la zone où les droits d'Etats tiers sont susceptibles d'être affectés;

POUR: Mme Donoghue, *présidente*; M. Gevorgian, *vice-président*; MM. Tomka, Bennouna, Mmes Xue, Sebutinde, MM. Iwasawa, Nolte, *juges*; M. Guillaume, *juge* ad hoc;

CONTRE: MM. Abraham, Yusuf, Bhandari, Robinson, Salam, *juges*;

6) A l'unanimité,

Rejette la demande formulée par la République fédérale de Somalie dans sa conclusion finale numéro 4.

Fait en anglais et en français, le texte anglais faisant foi, au Palais de la Paix à La Haye, le douze octobre deux mille vingt et un, en trois exemplaires, dont l'un restera déposé aux archives de la Cour et dont les autres

of the Court and the others transmitted to the Government of the Federal Republic of Somalia and the Government of the Republic of Kenya, respectively.

(Signed) Joan E. DONOGHUE,
President.

(Signed) Philippe GAUTIER,
Registrar.

President DONOGHUE appends a separate opinion to the Judgment of the Court; Judges ABRAHAM and YUSUF append separate opinions to the Judgment of the Court; Judge XUE appends a declaration to the Judgment of the Court; Judge ROBINSON appends an individual, partly concurring and partly dissenting, opinion to the Judgment of the Court; Judge *ad hoc* GUILLAUME appends a separate opinion to the Judgment of the Court.

(Initialled) J.E.D.
(Initialled) Ph.G.

seront transmis respectivement au Gouvernement de la République fédérale de Somalie et au Gouvernement de la République du Kenya.

La présidente,
(Signé) Joan E. DONOGHUE.

Le greffier,
(Signé) Philippe GAUTIER.

Mme la juge DONOGHUE, présidente, joint à l'arrêt l'exposé de son opinion individuelle; MM. les juges ABRAHAM et YUSUF joignent à l'arrêt les exposés de leur opinion individuelle; Mme la juge XUE joint une déclaration à l'arrêt; M. le juge ROBINSON joint à l'arrêt l'exposé de son opinion individuelle en partie concordante et en partie dissidente; M. le juge *ad hoc* GUILLAUME joint à l'arrêt l'exposé de son opinion individuelle.

(Paraphé) J.E.D.
(Paraphé) Ph.G.

SEPARATE OPINION
OF PRESIDENT DONOGHUE

Reasons for vote in favour of subparagraph (5) of the dispositive paragraph of the Judgment — Both Parties consider that the Court has sufficient information to delimit the outer continental shelf — However, Court has scant evidence regarding any outer continental shelf — Methodology that achieves an equitable delimitation of the 200-nautical-mile zones does not necessarily result in equitable delimitation of the outer continental shelf.

1. I have voted in favour of subparagraph (5) of the dispositive paragraph of the Judgment, pursuant to which the maritime boundary continues beyond 200 nautical miles until it reaches the outer limits of the continental shelf or the area where the rights of third States may be affected. I submit this opinion in order to indicate the reasons why I have cast this vote and why I do so with reluctance.

2. As the Court notes, both Parties have asked the Court to delimit the continental shelf beyond 200 nautical miles from the baselines from which the breadth of the territorial sea is measured (the "outer continental shelf"). Each Party has proposed that the Court do so by extending the boundary line that it proposes — an equidistance line on the part of Somalia and the parallel of latitude on the part of Kenya. The Court can reasonably assume that each Party has called upon the Court to delimit the outer continental shelf in full awareness of the fact that a maritime boundary established by the Court need not follow the course proposed by a party.

3. Each Party also has a comprehensive appreciation of the strength, and potential weaknesses, of its own submission to the Commission on the Limits of the Continental Shelf (the "CLCS" or "the Commission"). Neither Party has questioned the other Party's entitlement to outer continental shelf or the other Party's claim that, in certain parts of the area in which the Parties' claims overlap, such entitlement extends to the 350-nautical-mile constraint set out in Article 76, paragraph 5, of the United Nations Convention on the Law of the Sea ("UNCLOS"). All indications, therefore, are that both Parties consider that the Court has sufficient information to arrive at an equitable delimitation of the outer continental shelf. It is on this basis that I have reached the conclusion that the Court should delimit the outer continental shelf in this case.

4. My hesitancy about the Court's decision to delimit the outer continental shelf in this case stems from the fact that the Court has scant evidence regarding the existence, shape, extent and continuity of any outer continental shelf that might appertain to the Parties. The Court is not

OPINION INDIVIDUELLE
DE Mme LA JUGE DONOGHUE, PRÉSIDENTE

[Traduction]

Raisons de mon vote en faveur du point 5) du dispositif de l'arrêt — Parties considérant l'une et l'autre que la Cour disposait d'informations suffisantes pour délimiter le plateau continental étendu — Cour ne disposant cependant que de peu d'éléments concernant un tel plateau — Méthode qui permet de parvenir à une délimitation équitable des zones en deçà de 200 milles marins ne permettant pas nécessairement d'obtenir une délimitation équitable du plateau continental étendu.

1. J'ai voté en faveur du point 5) du dispositif de l'arrêt, aux termes duquel la frontière maritime se poursuit au-delà de 200 milles marins jusqu'à ce qu'elle atteigne la limite extérieure du plateau continental ou la zone où les droits d'Etats tiers sont susceptibles d'être affectés. Je joins à l'arrêt le présent exposé de mon opinion individuelle afin d'indiquer les raisons pour lesquelles j'ai voté en ce sens et d'expliquer pourquoi je l'ai fait avec réticence.

2. Ainsi que la Cour l'a relevé, les deux Parties l'avaient priée de délimiter le plateau continental au-delà de 200 milles marins des lignes de base à partir desquelles est mesurée la largeur de la mer territoriale (le «plateau continental étendu»). Chacune l'avait invitée à le faire en prolongeant la frontière qu'elle proposait — une ligne d'équidistance pour la Somalie et le parallèle pour le Kenya. La Cour pouvait raisonnablement supposer que les Parties lui avaient demandé de procéder à cette délimitation en ayant conscience de ce qu'une frontière maritime fixée par elle ne suit pas nécessairement le tracé proposé par une partie.

3. De même, chacune des Parties avait parfaitement conscience du bien-fondé comme des éventuelles faiblesses de la demande qu'elle avait soumise à la Commission des limites du plateau continental (la «Commission des limites»). Aucune d'elles n'a mis en doute le droit de l'autre à un plateau continental étendu ni sa position selon laquelle, en certains endroits de la zone de chevauchement des revendications, ce droit s'étendait jusqu'à la limite des 350 milles marins fixée au paragraphe 5 de l'article 76 de la convention des Nations Unies sur le droit de la mer (la «CNUDM»). Tout semblait donc indiquer que les deux Parties considéraient que la Cour disposait d'informations suffisantes pour parvenir à une délimitation équitable du plateau continental étendu. C'est sur cette base que je suis arrivée à la conclusion qu'il convenait de procéder à la délimitation de cette zone en la présente espèce.

4. Mon hésitation quant à la décision d'effectuer cette délimitation est due au fait que la Cour ne disposait que de peu d'éléments concernant l'existence, la forme, l'étendue et la continuité d'un éventuel plateau continental étendu susceptible de relever des Parties. La Cour n'était pas

well positioned to identify, even approximately, any area of overlapping entitlement and thus to arrive at an equitable delimitation of any area of overlap.

5. For avoidance of doubt, I note that my misgivings about the Court's decision to delimit the outer continental shelf are not animated by procedural concerns. The fact that the CLCS has not yet made a recommendation relating to the outer limits of the continental shelf of either State is not in itself an obstacle to equitable delimitation of the outer continental shelf.

6. This case is entirely different from other cases in which a tribunal has delimited the outer continental shelf of two States. In *Delimitation of the Maritime Boundary in the Bay of Bengal (Bangladesh/Myanmar)*, the International Tribunal for the Law of the Sea ("ITLOS") noted that there was "uncontested scientific evidence" that "practically the entire floor of the Bay of Bengal, including areas appertaining to [both Parties]", was covered with a "thick layer of sedimentary rocks" (*Delimitation of the Maritime Boundary in the Bay of Bengal (Bangladesh/Myanmar), Judgment, ITLOS Reports 2012*, p. 115, paras. 445-446). The Annex VII Tribunal in the *Bay of Bengal Maritime Boundary Arbitration between Bangladesh and India* took note of the reasoning of ITLOS and of the maritime delimitation between Bangladesh and Myanmar and concluded that both Bangladesh and India had entitlements to outer continental shelf (*Bay of Bengal Maritime Boundary Arbitration (Bangladesh v. India), Award of 7 July 2014, Reports of International Arbitral Awards*, Vol. XXXII, p. 138, paras. 457-458).

7. In *Ghana/Côte d'Ivoire*, the Special Chamber of ITLOS had the benefit of an affirmative CLCS recommendation in relation to Ghana. It observed that the geological situation of Côte d'Ivoire was "identical" to that of Ghana (*Delimitation of the Maritime Boundary in the Atlantic Ocean (Ghana/Côte d'Ivoire), Judgment, ITLOS Reports 2017*, p. 136, para. 491).

8. In the present case, the Court has no comparable evidence regarding the existence, extent, shape or continuity of any outer continental shelf appertaining to either Party. The Parties submitted to the Court the executive summaries of their submissions to the Commission (although not the submissions themselves). Submissions by States to the CLCS are unilateral assertions made with a view towards maximizing the area of continental shelf that the State can claim. It cannot be assumed that the Commission will adopt any State's submission.

9. My doubts about the Court's decision to delimit the outer continental shelf do not result from the particular course of the boundary that the Court has established. The lack of information about any area of overlapping entitlement would be of concern whether that delimitation had proceeded along the parallel of latitude, as Kenya proposed, along an

bien placée pour déterminer, même approximativement, une éventuelle zone de chevauchement des droits et, partant, pour parvenir à une délimitation équitable d'une telle zone.

5. Pour dissiper toute ambiguïté, je précise que mes doutes quant à la décision de la Cour de délimiter le plateau continental étendu ne découlent pas de considérations de procédure. Le fait que la Commission des limites n'ait pas encore formulé de recommandation sur les limites extérieures du plateau continental des deux Etats ne fait pas obstacle en soi à une délimitation équitable du plateau continental étendu.

6. La présente affaire est entièrement différente d'autres affaires dans lesquelles un tribunal a délimité le plateau continental étendu de deux Etats. Dans l'affaire de la *Délimitation de la frontière maritime dans le golfe du Bengale (Bangladesh/Myanmar)*, le Tribunal international du droit de la mer (le « TIDM ») a ainsi relevé que des « preuves scientifiques non contestées » établissaient « la présence d'une épaisse couche de roches sédimentaires sur pratiquement l'intégralité des fonds marins du golfe du Bengale, y compris des zones relevant du Bangladesh et du Myanmar » (*Délimitation de la frontière maritime dans le golfe du Bengale (Bangladesh/ Myanmar), arrêt, TIDM Recueil 2012*, p. 115, par. 445-446). Le tribunal constitué en application de l'annexe VII de la CNUDM aux fins de l'*Arbitrage concernant la frontière maritime dans le golfe du Bengale entre le Bangladesh et l'Inde* a pris note du raisonnement du TIDM et de la délimitation maritime entre le Bangladesh et le Myanmar pour conclure que le Bangladesh et l'Inde avaient tous les deux des droits à un plateau continental étendu (*Arbitrage concernant la frontière maritime dans le golfe du Bengale (Bangladesh c. Inde), sentence du 7 juillet 2014, Recueil des sentences arbitrales*, vol. XXXII, p. 138, par. 457-458).

7. Dans l'affaire *Ghana/Côte d'Ivoire*, la Chambre spéciale du TIDM avait l'avantage de pouvoir se reposer sur une recommandation favorable de la Commission des limites pour ce qui est du Ghana. Elle a observé que la situation géologique de la Côte d'Ivoire était « identique » à celle du Ghana (*Délimitation de la frontière maritime dans l'océan Atlantique (Ghana/Côte d'Ivoire), arrêt, TIDM Recueil 2017*, p. 136, par. 491).

8. En la présente espèce, la Cour ne disposait pas d'éléments de preuve comparables concernant l'existence, l'étendue, la forme et la continuité d'un éventuel plateau continental étendu relevant de l'une ou l'autre des Parties. Celles-ci lui avaient présenté les résumés des demandes qu'elles avaient soumises à la Commission des limites (mais non les demandes elles-mêmes). Or, les demandes soumises par les Etats à la Commission sont des déclarations unilatérales tendant à étendre au maximum la zone du plateau continental à laquelle ils peuvent prétendre. Il ne peut être tenu pour acquis que la Commission adoptera la demande soumise par un Etat.

9. Mes doutes quant à la décision de la Cour de délimiter le plateau continental étendu ne viennent pas du tracé spécifique de la frontière que celle-ci a retenu. Le manque d'informations sur une éventuelle zone de chevauchement des droits serait problématique dans tous les cas de figure, que la frontière ait suivi le parallèle, comme le proposait le Kenya, qu'elle

equidistance line, as Somalia proposed, or along the adjusted equidistance line established in the Judgment.

10. I also offer a brief observation about the methodology that is appropriate to the delimitation of the outer continental shelf.

11. In relation to delimitation of the 200-nautical-mile zones, the key determinant of an equitable delimitation is normally the coastal configuration of the two States (represented by base points when an equidistance methodology is applied). The area of overlapping entitlement is identified on the basis of the projection in the seaward direction of each party's relevant coast, i.e. "the coast [of each Party] . . . [that] generate[s] projections which overlap with projections from the coast of the other Party" (*Maritime Delimitation in the Black Sea (Romania* v. *Ukraine), Judgment, I.C.J. Reports 2009*, p. 97, para. 99). An equidistance line, constructed using base points on the parties' coasts, provides an initial indication of an equitable apportionment of the area of overlap, to be adjusted if special and/or relevant circumstances so warrant.

12. Beyond 200 nautical miles from the coasts of two adjacent States, on the other hand, any area of overlapping entitlement is not determined by the configuration of the coasts of the two States, but rather by application of the geomorphological and geological criteria set out in Article 76 of UNCLOS. Coastal configuration only becomes relevant to a State's entitlement to outer continental shelf if it has been established (on the basis of the criteria set out in Article 76, paragraph 4, of UNCLOS) that the outer edge of a State's continental margin extends so far as to reach a distance of 350 nautical miles from the baselines from which the breadth of its territorial sea is measured, where the State's entitlement is limited by the 350-nautical-mile constraint contained in Article 76, paragraph 5, of UNCLOS.

13. In delimitation between two adjacent States, it is simple (and therefore inviting) to continue a delimitation line past the 200-nautical-mile limit, using a directional arrow. However, because the juridical basis for entitlement to outer continental shelf is entirely different from the basis for entitlement within 200 nautical miles, it cannot be presumed that a line that achieves an equitable delimitation of the 200-nautical-mile zones will also result in equitable delimitation of overlapping areas of two States' outer continental shelf.

(Signed) Joan E. DONOGHUE.

ait suivi la ligne d'équidistance, comme le préconisait la Somalie, ou qu'elle suive la ligne d'équidistance ajustée déterminée par l'arrêt.

10. Je formulerai également une brève observation sur la méthode qu'il convient de suivre pour délimiter le plateau continental étendu.

11. S'agissant des espaces situés en deçà de 200 milles marins, l'élément déterminant d'une délimitation équitable est normalement la configuration des côtes des deux Etats (représentée par des points de base lorsque la méthode suivie est celle de l'équidistance). La zone de chevauchement des droits est déterminée sur la base de la projection vers le large de la côte pertinente de chaque partie, étant entendu que la côte «doit, pour être considérée comme pertinente ..., générer des projections qui chevauchent celles de la côte de la partie adverse» (*Délimitation maritime en mer Noire (Roumanie c. Ukraine), arrêt, C.I.J. Recueil 2009*, p. 97, par. 99). Une ligne d'équidistance construite à partir de points de base situés sur les côtes des parties offre une première indication de ce que pourrait être une répartition équitable de la zone de chevauchement, sous réserve d'ajustements si des circonstances spéciales ou pertinentes le justifient.

12. Au-delà de 200 milles marins depuis les côtes adjacentes de deux Etats, en revanche, une zone de chevauchement des droits est non pas déterminée par la configuration desdites côtes, mais par application des critères géomorphologiques et géologiques visés à l'article 76 de la CNUDM. La configuration des côtes ne devient pertinente aux fins du droit d'un Etat à un plateau continental étendu que s'il a été établi (sur la base des critères visés au paragraphe 4 de l'article 76 de la CNUDM) que le rebord externe de la marge continentale de cet Etat se situe à une distance pouvant aller jusqu'à 350 milles marins des lignes de base à partir desquelles est mesurée la largeur de sa mer territoriale, lorsque le droit de l'Etat considéré est limité par la restriction à 350 milles marins prévue au paragraphe 5 de l'article 76 de la CNUDM.

13. Dans une délimitation entre deux Etats dont les côtes sont adjacentes, il est facile, et donc tentant, de prolonger la ligne de délimitation au-delà de la limite des 200 milles marins en utilisant une flèche pour en indiquer la direction. Cependant, étant donné que le fondement juridique du droit à un plateau continental étendu est entièrement différent de celui des droits en deçà de 200 milles marins, l'on ne saurait présumer qu'une ligne assurant une délimitation équitable des zones en deçà de 200 milles marins assurera également une délimitation équitable des zones de chevauchement du plateau continental étendu de deux Etats.

(*Signé*) Joan E. Donoghue.

OPINION INDIVIDUELLE DE M. LE JUGE ABRAHAM

1. J'adhère à la plupart des conclusions auxquelles est parvenue la Cour dans le présent arrêt.

2. Je suis d'avis que, comme la Cour le constate au paragraphe 89 de l'arrêt, la Somalie n'a pas acquiescé à la frontière maritime revendiquée par le Kenya, le long du parallèle, et qu'il n'existe pas, par suite, de frontière déjà convenue entre les Parties. En conséquence, j'ai voté en faveur du point 1 du dispositif, qui affirme l'absence d'accord tacite entre les Parties à cet égard.

3. Puisque c'est donc à la Cour qu'il appartenait de procéder elle-même à la délimitation des espaces maritimes relevant respectivement de la Somalie et du Kenya, elle s'y est employée, à mon avis correctement sur la plupart des points.

4. Je n'ai rien à objecter à la manière dont la Cour a fixé le point de départ de la frontière maritime (aux paragraphes 93 à 98). Je n'ai pas non plus de désaccord quant à la section de l'arrêt consacrée à la délimitation de la mer territoriale (par. 99-118). J'approuve le tracé de la ligne médiane dont les coordonnées sont indiquées au paragraphe 117 et qui est représentée sur le croquis n° 5 (p. 249). En conséquence, j'ai voté en faveur des points 2 et 3 du dispositif.

5. En ce qui concerne la délimitation de la zone économique exclusive et du plateau continental en deçà des 200 milles marins, j'approuve pleinement la Cour d'avoir appliqué la méthode dite «en trois étapes», désormais bien établie en jurisprudence, réaffirmant à cette occasion que, si ladite méthode n'est pas obligatoire, elle est néanmoins de règle sauf s'il existe des facteurs spécifiques rendant son application inappropriée dans un cas déterminé — de tels facteurs n'existant pas en l'espèce.

6. Quant à la manière dont la Cour applique au cas d'espèce la méthode en trois étapes, je n'ai aucune critique à émettre en ce qui concerne la première et la troisième étape. La construction de la ligne d'équidistance provisoire (par. 142-146) n'encourt aucun reproche à mes yeux, et j'approuve les coordonnées de cette ligne telles qu'indiquées au paragraphe 146 et son tracé représenté sur le croquis n° 9 (p. 261). J'admets aussi que la ligne de délimitation retenue par la Cour, après ajustement de la ligne d'équidistance provisoire, n'est pas invalidée par le test final visant à vérifier l'absence de disproportion, en ce qu'elle n'entraîne pas de «disproportion marquée» entre le rapport des longueurs des côtes pertinentes respectives des Parties et le rapport des espaces attribués à chacune d'elles dans la zone pertinente.

7. Mon désaccord porte sur la deuxième étape du processus, celle dont l'objet est de rechercher s'il existe des facteurs exigeant un ajustement de

SEPARATE OPINION OF JUDGE ABRAHAM

[Translation]

1. I agree with most of the conclusions reached by the Court in the present Judgment.

2. I am of the opinion that, as the Court notes in paragraph 89 of the Judgment, Somalia has not acquiesced to the maritime boundary claimed by Kenya along the parallel of latitude and that, consequently, there is no boundary that has already been agreed between the Parties. I therefore voted in favour of subparagraph 1 of the operative clause, which states that there is no tacit agreement between the Parties in this regard.

3. Since it was thus for the Court itself to delimit the maritime areas belonging respectively to Somalia and Kenya, it proceeded to do so, in my view correctly on the majority of points.

4. I have no objection to the manner in which the Court fixed the starting-point of the maritime boundary (in paragraphs 93 to 98). Nor do I disagree with the section of the Judgment concerning the delimitation of the territorial sea (paras. 99-118). I agree with the course of the median line, whose co-ordinates are given in paragraph 117 and which is depicted in sketch-map No. 5 (p. 249). I therefore voted in favour of subparagraphs 2 and 3 of the operative clause.

5. As regards the delimitation of the exclusive economic zone and the continental shelf within 200 nautical miles, I fully agree with the Court applying the "three-stage" methodology which is now well established in the jurisprudence, reaffirming on this occasion that while this method is not mandatory, it is nonetheless applied as a rule unless there are specific factors rendering it inappropriate in a given case — there being no such factors in this instance.

6. As for the manner in which the Court applies the three-stage methodology in this case, I have no criticism to make with regard to the first and third stages. The construction of the provisional equidistance line (paras. 142-146) is beyond reproach in my view, and I agree with the co-ordinates of that line as indicated in paragraph 146 and its course as depicted in sketch-map No. 9 (p. 261). I also accept that the delimitation line adopted by the Court, after adjustment of the provisional equidistance line, is not invalidated by the final disproportionality test, since it does not lead to any "significant disproportionality" between the ratio of the lengths of the Parties' respective relevant coasts and the ratio of the relevant areas attributed to each of them.

7. Where I disagree is on the second stage of the process, the purpose of which is to ascertain whether there are factors requiring an adjustment

la ligne d'équidistance provisoire, et, si la réponse est affirmative, de procéder à l'ajustement approprié compte tenu des circonstances pertinentes (par. 147-174). C'est en raison de mon désaccord sur le choix, comme frontière maritime, de la «ligne ajustée» telle qu'elle est figurée sur le croquis n° 11 (p. 271), que j'ai dû, à regret, voter contre le point 4 du dispositif, qui décide du tracé de la frontière maritime unique en deçà des 200 milles marins, et, par voie de conséquence, contre le point 5, qui prolonge cette frontière au-delà des 200 milles marins, le long de la même ligne géodésique, pour délimiter le plateau continental.

8. Avant d'expliquer les raisons de mon désaccord, j'indiquerai brièvement que la manière dont l'arrêt traite les questions spécifiques de droit et de fait qui se rapportent à la détermination de la frontière entre les Parties sur le plateau continental au-delà des 200 milles marins n'appelle aucune objection de ma part, et que j'approuve également le rejet par la Cour (ainsi que les motifs sur lesquels ce rejet est fondé) des conclusions de la Somalie tendant à ce que la Cour déclare que la responsabilité internationale du Kenya est engagée du fait de la violation par ce dernier de certaines obligations internationales (raison pour laquelle j'ai voté en faveur du point 6 du dispositif).

9. Ainsi donc, mon seul désaccord avec l'arrêt — mais il porte sur une question substantielle — concerne l'examen par la Cour des circonstances justifiant — ou non — l'ajustement de la ligne d'équidistance provisoire, examen qui occupe les paragraphes 147 à 174 et constitue la deuxième étape de la méthode traditionnelle.

10. La Cour a estimé qu'un ajustement de la ligne d'équidistance provisoire par un déplacement de cette ligne vers le nord — donc au bénéfice du Kenya — était justifié par la concavité de l'ensemble du littoral de l'Afrique de l'Est, de la Somalie jusqu'à la Tanzanie. Du fait de cette concavité, le Kenya, situé au centre de ce littoral, serait désavantagé si une ligne d'équidistance stricte était utilisée pour établir les frontières maritimes. Plus précisément, si des lignes d'équidistance étaient retenues comme frontières maritimes entre le Kenya et la Somalie d'une part, entre le Kenya et la Tanzanie d'autre part, il en résulterait un effet d'amputation au détriment du Kenya. Le croquis n° 10 (p. 269) est destiné à illustrer cette situation, en montrant que «[l]a ligne d'équidistance provisoire tracée entre la Somalie et le Kenya rétrécit progressivement la projection côtière de ce dernier, réduisant ainsi grandement ses droits maritimes en deçà de 200 milles marins» (par. 169), et ce même si l'on ne tient pas compte de la frontière convenue par voie de traité entre le Kenya et la Tanzanie suivant le parallèle de latitude.

11. Je ne suis pas convaincu.

J'observe d'abord que la Cour, pour déceler une concavité provoquant un effet d'amputation justifiant un ajustement de la ligne d'équidistance, est obligée de s'éloigner significativement des côtes pertinentes, en adoptant une approche que l'on pourrait qualifier de «macrogéographique», c'est-à-dire en examinant la concavité du littoral «dans un contexte géographique plus large» que celui des Etats en cause (par. 164). Or, dans l'affaire

of the provisional equidistance line and, if so, to make an appropriate adjustment taking account of the relevant circumstances (paras. 147-174). It is because I disagree with the choice, as the maritime boundary, of the "adjusted line" depicted in sketch-map No. 11 (p. 271) that I regretfully had to vote against subparagraph 4 of the operative clause, which determines the course of the single maritime boundary within 200 nautical miles, and, consequently, against subparagraph 5, which extends that boundary beyond 200 nautical miles, along the same geodetic line, in order to delimit the continental shelf.

8. Before explaining why I disagree, I will state briefly that I have no objection to the way in which the Judgment deals with the specific questions of law and fact relating to the determination of the boundary between the Parties on the continental shelf beyond 200 nautical miles, and that I also support the Court's rejection (and the reasoning underpinning that rejection) of Somalia's submissions requesting the Court to declare Kenya's international responsibility engaged on account of that State's violation of certain international obligations (which is why I voted in favour of subparagraph 6 of the operative clause).

9. Thus, my sole point of disagreement with the Judgment — though it relates to a matter of substance — concerns the Court's examination of the circumstances warranting — or not — an adjustment of the provisional equidistance line, an examination that is described in paragraphs 147 to 174 and constitutes the second stage of the traditional method.

10. The Court considered that an adjustment of the provisional equidistance line by shifting it to the north — thus to the benefit of Kenya — was justified by the concavity of the East African coastline as a whole, from Somalia to Tanzania. It is argued that, owing to this concavity, Kenya, as a middle State, would be disadvantaged if a strict equidistance line were to be used to establish the maritime boundaries. More specifically, if equidistance lines were adopted as the maritime boundaries between both Kenya and Somalia and Kenya and Tanzania, it would result in a cut-off effect for Kenya. Sketch-map No. 10 (p. 269) is intended to illustrate this situation by showing that "[t]he provisional equidistance line between Somalia and Kenya progressively narrows the coastal projection of Kenya, substantially reducing its maritime entitlements within 200 nautical miles" (para. 169), even if no account is taken of the boundary line agreed by means of a treaty between Kenya and Tanzania along the parallel of latitude.

11. I am not convinced.

I would first observe that, in order to detect a concavity that produces a cut-off effect justifying an adjustment of the equidistance line, the Court is obliged to move a considerable distance away from the relevant coasts, adopting what could be termed a "macro-geographical" approach, i.e. by considering the concavity of the coastline "in a broader geographical configuration" than that of the States concerned (para. 164). Yet, in the case

de la *Frontière terrestre et maritime entre le Cameroun et le Nigéria (Cameroun c. Nigéria; Guinée équatoriale (intervenant))*, la Cour s'est exprimée dans les termes suivants, qui sont à mes yeux on ne peut plus clairs :

> «La Cour ne conteste pas que la concavité des côtes puisse constituer une circonstance pertinente pour la délimitation, ainsi qu'elle l'a estimé dans les affaires du *Plateau continental de la mer du Nord* ou comme l'a estimé le tribunal arbitral dans l'affaire de la *Délimitation de la frontière maritime Guinée/Guinée-Bissau*, que le Cameroun invoque. La Cour rappelle néanmoins qu'il ne peut en aller ainsi que lorsque cette concavité existe dans le secteur à délimiter.» (*Arrêt, C.I.J. Recueil 2002*, p. 445, par. 297.)

Il est difficile, dans la présente affaire, de prétendre que la concavité du littoral existe «dans le secteur à délimiter». Si l'on considère les côtes pertinentes de la Somalie et du Kenya, telles qu'elles apparaissent, par exemple, sur le croquis n° 8 (p. 256) qui précède le paragraphe 141 de l'arrêt, elles ne font apparaître aucune concavité particulière, ce que d'ailleurs l'arrêt reconnaît.

Pour tenter de parer l'objection tirée du précédent *Cameroun c. Nigéria*, qu'il mentionne (quoiqu'il n'en fasse qu'une citation incomplète), l'arrêt souligne «le contexte particulier de cette affaire» (par. 164), mais l'explication qu'il fournit à cet égard n'est guère convaincante.

12. J'admets qu'il est raisonnable, dans certaines affaires, de tenir compte non seulement de la configuration des côtes des deux Etats parties à l'instance, mais aussi de celle des côtes d'un Etat tiers (ou de plusieurs Etats tiers), lorsqu'il est manifeste que ces côtes peuvent avoir, par les projections qu'elles génèrent, des effets importants sur l'équité de la délimitation à opérer entre les deux Etats directement concernés. Tel est le cas lorsque trois Etats limitrophes bordent un littoral concave, le pays situé au centre, pris en étau entre les deux autres, se trouvant privé d'une grande partie de ses espaces maritimes par l'application stricte de la méthode de l'équidistance. En pareille hypothèse, même si l'affaire soumise à la décision judiciaire ou arbitrale n'oppose que deux des trois Etats en cause, il serait difficile au juge ou à l'arbitre de ne pas tenir compte de la configuration des côtes du troisième Etat. La Cour a raison, à cet égard, de citer les précédents constitués par les affaires *Bangladesh/Myanmar* et *Bangladesh c. Inde*, jugées respectivement par le Tribunal international du droit de la mer et un tribunal arbitral (paragraphe 166 de l'arrêt).

13. Mais même si l'on accepte de s'éloigner des côtes directement pertinentes pour prendre une vue générale de la région, en englobant d'un même regard l'ensemble du littoral allant de la Somalie au nord à la Tanzanie, voire au Mozambique, au sud, il saute aux yeux que la situation du Kenya, qui est plus ou moins au centre de cet ensemble, ne présente aucune analogie avec celle du Bangladesh enclavé entre l'Inde et le Myanmar au fond d'un golfe profondément incurvé, ou avec celle des côtes allemandes situées entre les côtes danoises et les côtes néerlandaises, telles que la Cour les a considérées ensemble dans l'affaire du *Plateau continental de la mer du Nord*.

concerning the *Land and Maritime Boundary between Cameroon and Nigeria (Cameroon* v. *Nigeria: Equatorial Guinea intervening)*, the Court made the following statement, which in my view could not be clearer:

> "The Court does not deny that the concavity of the coastline may be a circumstance relevant to delimitation, as it was held to be by the Court in the *North Sea Continental Shelf* cases and as was also so held by the Arbitral Tribunal in the case concerning the *Delimitation of the Maritime Boundary between Guinea and Guinea-Bissau*, decisions on which Cameroon relies. Nevertheless the Court stresses that this can only be the case when such concavity lies within the area to be delimited." (*Judgment, I.C.J. Reports 2002*, p. 445, para. 297.)

It is difficult, in the present case, to claim that the concavity of the coastline lies "within the area to be delimited". An examination of the relevant coasts of Somalia and Kenya — as depicted, for example, in sketch-map No. 8 (p. 256) which precedes paragraph 141 of the Judgment — reveals no particular concavity, which, moreover, the Judgment acknowledges.

In an attempt to counter the objection resulting from the *Cameroon* v. *Nigeria* precedent, which is referred to (although only partially quoted), the Judgment underlines "the specific context of that case" (para. 164), but the explanation it offers in this regard is hardly convincing.

12. I accept that it is reasonable, in some cases, to take account not only of the coastal configuration of the two States parties to the proceedings, but also that of a third State (or several third States), when it is clear that those coasts may, by the projections they generate, have significant effects on the equity of the delimitation to be made between the two States directly concerned. This is the case when there are three adjacent States along a concave coastline, and the middle State, hemmed in by the two other States, finds itself deprived of a large part of its maritime areas by the strict application of the equidistance method. In such a situation, even if the case submitted for judicial or arbitral decision is between only two of the three States concerned, it would be difficult for the court or arbitration body not to take account of the configuration of the third State's coastline. The Court is right, in this regard, to refer to the precedents of the *Bangladesh/Myanmar* and *Bangladesh* v. *India* cases, decided respectively by the International Tribunal for the Law of the Sea and an arbitral tribunal (paragraph 166 of the Judgment).

13. But even if we agree to move away from the directly relevant coasts in order to take a general view of the region, by looking at the coastline as a whole from Somalia, in the north, to Tanzania, or even Mozambique, in the south, it is plain to see that the situation of Kenya, which is located more or less in the middle of this group, is in no way analogous to that of Bangladesh, which is enclaved between India and Myanmar within a deep concave bay, or to that of the German coastline between the Danish and Dutch coasts, such that the Court considered them together in the *North Sea Continental Shelf* case.

Dans la présente affaire, aucune concavité significative n'apparaît dans la configuration des côtes somaliennes au nord du Kenya, ni dans la manière dont les côtes somaliennes et kényanes se prolongent dans une direction générale qui est à peu près la même. Ce sont les côtes de la Tanzanie, et elles seules, situées au sud, qui sont marquées par une certaine concavité.

14. Il est vrai que ce n'est pas la concavité des côtes en elle-même qui constitue le motif déterminant de l'ajustement de la ligne d'équidistance auquel procède la Cour, mais l'effet d'«amputation» qui en résulterait au détriment du Kenya. Mais la jurisprudence est claire et constante en ce sens qu'un effet d'amputation ne suffit pas par lui-même à justifier le déplacement de la ligne d'équidistance provisoire; cela se comprend aisément, dès lors que toute délimitation entre deux Etats dont les projections maritimes se chevauchent crée inévitablement un effet d'amputation au détriment de l'un d'entre eux, et le plus souvent des deux à la fois.

C'est seulement lorsque l'effet d'amputation est «grave» ou «important» qu'il y a lieu de le corriger — ou de l'atténuer — par un ajustement de la ligne d'équidistance, comme cela résulte de la jurisprudence citée à bon droit par la Cour au paragraphe 170 de l'arrêt.

15. Je doute fort que le critère de «gravité» soit satisfait en l'espèce. Le croquis n° 10 (p. 269), qui montre ce que seraient les espaces maritimes dévolus au Kenya si ses frontières maritimes étaient fixées, au nord comme au sud, selon la méthode de l'équidistance, ne fait apparaître selon moi aucune amputation suffisamment grave pour justifier un ajustement de l'ampleur de celui que retient la Cour, qui aboutit à déplacer vers le nord la ligne d'équidistance entre la Somalie et le Kenya à proportion d'environ un tiers de la distance qui sépare cette ligne du parallèle revendiqué par le Kenya, sans fondement juridique valide, comme frontière agréée. En outre, il est flagrant que l'effet d'amputation que subit le Kenya résulte pour l'essentiel de la configuration de ses côtes rapportées à celles de la Tanzanie au sud, et en particulier de la présence de l'île tanzanienne de Pemba que mentionne la Cour au paragraphe 168 de l'arrêt. La Somalie se trouve ainsi privée d'une partie de ses droits maritimes pour une cause qui ne devrait être normalement pertinente que dans le contexte de la délimitation de la frontière maritime entre deux autres Etats.

Les circonstances de la cause ne justifiaient pas, selon moi, l'ajustement auquel la Cour a procédé, si même un quelconque déplacement de la ligne d'équidistance était justifié, et je ne peux pas donner mon adhésion à la solution qu'elle a adoptée.

(*Signé*) Ronny ABRAHAM.

In the present case, there is no conspicuous concavity in the configuration of Somalia's coast to the north of Kenya, or in the way in which the Somalian and Kenyan coastlines extend in broadly the same general direction. It is the coast of Tanzania to the south, and this coast alone, which is somewhat concave.

14. It is true that it is not the concavity of the coasts in itself that motivates the adjustment of the equidistance line carried out by the Court, but the "cut-off" effect it would produce for Kenya. However, the jurisprudence clearly and consistently states that a cut-off effect is not in itself sufficient to justify the shifting of the provisional equidistance line; this is understandable, since any delimitation between two States whose maritime projections overlap inevitably creates a cut-off effect for one of them or, more often than not, both.

It is only when the cut-off effect is "serious" or "significant" that there is cause to correct — or mitigate — it by adjusting the equidistance line, as shown by the jurisprudence rightly cited by the Court in paragraph 170 of the Judgment.

15. I very much doubt that the "serious" criterion is met in this case. Sketch-map No. 10 (p. 269), which shows the maritime areas that would appertain to Kenya if both its northern and southern maritime boundaries were fixed using the equidistance method, does not in my view show a sufficiently serious cut-off to justify an adjustment on the scale of that adopted by the Court, which shifts the equidistance line between Somalia and Kenya northwards by approximately a third of the distance between that line and the parallel of latitude claimed by Kenya, without any valid legal basis, as the agreed boundary. Furthermore, it is patently clear that the cut-off effect for Kenya results mainly from the configuration of its coast in relation to that of Tanzania to the south, and in particular from the presence of the Tanzanian island of Pemba, which the Court mentions in paragraph 168 of the Judgment. Somalia thus finds itself deprived of part of its maritime rights for a cause that should normally be relevant only in the context of the delimitation of a maritime boundary between two other States.

The circumstances of the case did not, in my view, justify the adjustment made by the Court, if indeed any shift in the equidistance line were warranted, and I cannot support the solution that it adopted.

(Signed) Ronny ABRAHAM.

SEPARATE OPINION OF JUDGE YUSUF

Agreement with rejection of acquiescence — Also, with dismissal of application of parallel of latitude — Disagreement with certain aspects of implementation of methodology — Selection of base points for median line in territorial sea deviates from applicable law and jurisprudence of Court — Erroneous adjustment of provisional equidistance line by reference to "broader geographical configuration" — Taking account of extraneous relevant circumstances — Refashioning of geography in search of concavity and elusive cut-off — Incorrect use of the concept of "cut-off" — Flawed reasoning for delimitation within 200 nautical miles extended into delimitation of continental shelf beyond 200 nautical miles — Possible "grey area" may create new problems between Parties.

I. INTRODUCTION

1. I am in agreement with the decision of the Court to reject Kenya's claim that Somalia had acquiesced to a maritime boundary that follows the parallel of latitude described in paragraph 35 of the Judgment.

2. I also concur in the decision of the Court to deny Kenya's request to adjudge and declare that the maritime boundary between Somalia and Kenya in the Indian Ocean shall follow the parallel of latitude at 1° 39′ 43.2″ S. As noted in paragraph 130 of the Judgment, "the Court does not consider that the use of the parallel of latitude is the appropriate methodology to achieve an equitable solution".

3. Consequently, the Court has decided to apply a median line in the territorial sea as prescribed by Article 15 of the United Nations Convention on the Law of the Sea (hereinafter "UNCLOS") and to use its usual three-stage methodology for the establishment of the maritime boundary in the exclusive economic zone (hereinafter "EEZ") and continental shelf. However, the way in which the base points have been selected in the construction of the median line for the territorial sea departs from the provisions of UNCLOS and from the jurisprudence of the Court. I will therefore address this matter in the present opinion.

4. As indicated in my vote against subparagraphs (4) and (5) of the *dispositif*, my main disagreement relates to the manner in which the three-stage methodology has been implemented, particularly with regard to the adjustment of the equidistance line. I could not agree with the unprecedented search for a concavity in a so-called "broader geographical configuration" (cf. paragraphs 164-168 of the Judgment), which has nothing to do

OPINION INDIVIDUELLE DE M. LE JUGE YUSUF

[Traduction]

Accord avec le rejet de l'acquiescement — Accord également avec le refus d'utiliser le parallèle — Désaccord avec certains aspects de l'application de la méthode employée — Choix des points de base pour la ligne médiane dans la mer territoriale n'étant pas conforme au droit applicable et à la jurisprudence de la Cour — Ajustement erroné de la ligne d'équidistance provisoire par référence à un « contexte géographique plus large » — Prise en compte de circonstances pertinentes extérieures — Remodelage de la géographie en quête d'une concavité et d'un insaisissable effet d'amputation — Utilisation incorrecte de la notion d'« amputation » — Raisonnement erroné pour la délimitation en deçà de 200 milles marins étant appliqué par extension à la délimitation du plateau continental au-delà de 200 milles marins — Éventuelle « zone grise » pouvant engendrer de nouveaux problèmes entre les Parties.

I. Introduction

1. Je souscris à la décision de la Cour de rejeter l'affirmation du Kenya selon laquelle la Somalie a acquiescé à une frontière maritime longeant le parallèle décrit au paragraphe 35 de l'arrêt.

2. J'estime également que la Cour a eu raison de ne pas accéder à la demande du Kenya tendant à ce qu'elle dise et juge que la frontière maritime entre les deux Etats dans l'océan Indien doit suivre le parallèle situé par 1° 39′ 43,2″ de latitude sud. Comme elle l'a relevé au paragraphe 130 de son arrêt, «la Cour ne considère pas que l'utilisation du parallèle ... soit la méthode appropriée pour aboutir à une solution équitable».

3. En conséquence, la Cour a décidé de recourir à une ligne médiane dans la mer territoriale comme le prescrit l'article 15 de la convention des Nations Unies sur le droit de la mer (ci-après la «CNUDM») et d'employer son habituelle méthode en trois étapes pour déterminer la frontière maritime dans la zone économique exclusive (ci-après la «ZEE») et sur le plateau continental. La manière dont les points de base ont été choisis pour tracer la ligne médiane dans la mer territoriale n'est cependant conforme ni aux dispositions de la CNUDM, ni à la jurisprudence de la Cour. Je traiterai donc de cette question dans le présent exposé.

4. Comme l'indique mon vote contre les points 4) et 5) du dispositif, mon désaccord porte principalement sur la manière dont la méthode en trois étapes a été appliquée, notamment en ce qui concerne l'ajustement de la ligne d'équidistance. Je ne peux souscrire à la recherche inédite d'une concavité dans un supposé «contexte géographique plus large» (voir paragraphes 164 à 168 de l'arrêt) qui, loin d'avoir un quelconque rapport avec la

with the geography and coastlines of Somalia and Kenya, but can only be understood as an attempt to justify a "judicial refashioning of geography".

5. This is further compounded by a substantial adjustment of the provisional equidistance line constructed for the delimitation of the EEZ and continental shelf, without any reasons given except that it has been done on the basis of an allegedly "serious cut-off" of the coastal projections of Kenya (cf. paragraphs 168 and 171 of the Judgment). However, no such "serious cut-off" can be visualized within 200 nautical miles, even on sketch-map No. 10 of the Judgment entitled "Geographical configuration and its effect on equidistance lines" (p. 269). This is a very regrettable and unprecedented use of the words "serious cut-off" for something different from what they actually mean.

6. The use of a geodetic line based on the incorrectly adjusted equidistance line brings into the delimitation of the area beyond 200 nautical miles the same flawed reasoning used for the area within the 200-nautical-mile zone. This reasoning does not take into account the fact that any "cut-off" effect of Kenya's coastal projections in the outer continental shelf could solely be due to its agreement with Tanzania, which should have no legal effect on the delimitation between Somalia and Kenya. Moreover, the incorrect adjustment of the equidistance line gives rise to what the Judgment refers to as a "possible grey area" on the edge of the 200-nautical-mile delimitation. This "possible grey area", which is depicted in sketch-map No. 12 (p. 278), may also lead in the future to a "Court-created" new problem between the Parties.

7. The reasons for my above reservations and disagreements are further elaborated below.

II. THE CONSTRUCTION OF A MEDIAN LINE IN THE TERRITORIAL SEA

8. The approach taken in the Judgment in the selection of base points for the construction of a median line is questionable for a number of reasons. First, according to Article 15 of UNCLOS, the median line in the territorial sea shall be constructed by reference to "the nearest points on the baselines from which the breadth of the territorial seas of each of the two States is measured"[1]. In this regard, Article 5 of UNCLOS states that, in principle, "the normal baseline for measuring the breadth of the territorial sea is the *low-water line along the coast*" (emphasis added). In *Qatar* v. *Bahrain*, the Court referred to Article 5 of UNCLOS and stated that "under the applicable rules of international law the normal

---

[1] Cf. *Maritime Delimitation and Territorial Questions between Qatar and Bahrain (Qatar* v. *Bahrain), Merits, Judgment, I.C.J. Reports 2001*, p. 94. para. 177; see also *Land and Maritime Boundary between Cameroon and Nigeria (Cameroon* v. *Nigeria: Equatorial Guinea intervening), Judgment, I.C.J. Reports 2002*, p. 442, para. 290.

géographie et le littoral des deux Etats, ne peut être interprétée que comme une tentative de justifier un «remodelage judiciaire de la géographie».

5. Pire encore, la ligne d'équidistance provisoire construite pour délimiter la ZEE et le plateau continental a été sensiblement ajustée sans autre justification que celle d'atténuer un «effet d'amputation» supposément «grave» des projections côtières du Kenya (voir paragraphes 168 et 171 de l'arrêt). Aucune «grave» amputation de ce type n'est pourtant visible en deçà de 200 milles marins, même sur le croquis n° 10 de l'arrêt, intitulé «Configuration géographique et son effet sur les lignes d'équidistance» (p. 269). Il s'agit d'un usage fort regrettable et inédit de l'expression «grave effet d'amputation», employée ici mal à propos.

6. L'utilisation d'une ligne géodésique fondée sur une ligne d'équidistance ajustée de manière inappropriée revient à appliquer le même raisonnement erroné à la délimitation de la zone au-delà de 200 milles marins qu'à celle de la zone en deçà de cette limite. Ce raisonnement ne tient pas compte de ce que tout «effet d'amputation» des projections côtières du Kenya sur le plateau continental étendu ne pourrait découler que de l'accord entre le Kenya et la Tanzanie, accord qui ne devrait avoir aucun effet juridique sur la délimitation entre celui-ci et la Somalie. En outre, l'ajustement inapproprié de la ligne d'équidistance crée ce que l'arrêt désigne comme une «éventuelle zone grise» le long de la limite des 200 milles marins (visible sur le croquis n° 12, p. 278), zone qui pourrait, à l'avenir, engendrer entre les Parties un nouveau problème dont la Cour serait à l'origine.

7. Les raisons des réserves et désaccords que j'ai exprimés dans les paragraphes précédents sont exposées plus en détail ci-après.

II. Construction d'une ligne médiane dans la mer territoriale

8. La manière dont les points de base devant servir à la construction de la ligne médiane ont été choisis par la Cour est discutable pour plusieurs raisons. Premièrement, aux termes de l'article 15 de la CNUDM, la ligne médiane dans la mer territoriale est tracée en utilisant les «points les plus proches des lignes de base à partir desquelles est mesurée la largeur de la mer territoriale de chacun des deux Etats»[1]. A cet égard, l'article 5 de la CNUDM dispose que, en principe, «la ligne de base normale à partir de laquelle est mesurée la largeur de la mer territoriale est la *laisse de basse mer le long de la côte*» (les italiques sont de moi). En l'affaire *Qatar c. Bahreïn*, se référant à la disposition précitée, la Cour a dit que, «selon

---

[1] Voir *Délimitation maritime et questions territoriales entre Qatar et Bahreïn (Qatar c. Bahreïn), fond, arrêt, C.I.J. Recueil 2001*, p. 94, par. 177 ; voir aussi *Frontière terrestre et maritime entre le Cameroun et le Nigéria (Cameroun c. Nigéria ; Guinée équatoriale (intervenant)), arrêt, C.I.J. Recueil 2002*, p. 442, par. 290.

baseline for measuring this breadth is the low-water line along the coast"[2].

9. Similarly, in *Eritrea/Yemen*, the arbitral tribunal rejected Yemen's argument that it should establish the median line boundary from base points on the high-water line, noting that "the use of the low-water line is laid down by a general international rule in the Convention's article 5" and this "accords with long practice and with the well-established customary rule of the law of the sea"[3]. In *Bangladesh* v. *India*, the UNCLOS Annex VII arbitral tribunal referred to *Eritrea/Yemen* and reaffirmed that it would "determine the appropriate base points by reference to the physical geography at the time of the delimitation and to the low-water line of the relevant coasts[4]".

10. Thus, both this Court and other international courts and tribunals have plotted a provisional equidistance or median line in the territorial sea by reference to such base points on the low-water line in accordance with Article 5 of UNCLOS and general international law[5]. It follows that, in accordance with the provisions of UNCLOS, its own jurisprudence and the practice of other courts and tribunals, the Court should have constructed a provisional median line by reference to such base points on the low-water line from which the breadth of the territorial sea is measured. However, the Judgment deviates from this practice without providing adequate reasons for its seemingly random selection of base points.

---

[2] *Maritime Delimitation and Territorial Questions between Qatar and Bahrain (Qatar* v. *Bahrain), Merits, Judgment, I.C.J. Reports 2001*, p. 97, para. 184.

[3] *Second stage of the proceedings between Eritrea and Yemen (Maritime Delimitation), Award of 17 December 1999*, United Nations, *Reports of International Arbitral Awards (RIAA)*, Vol. XXII, p. 338, para. 14, and p. 366, paras. 133-135.

[4] *Bay of Bengal Maritime Boundary Arbitration (Bangladesh* v. *India), Award of 7 July 2014, RIAA*, Vol. XXXII, p. 75, paras. 221-223.

[5] *Delimitation of the Maritime Boundary in the Bay of Bengal (Bangladesh/Myanmar), Judgment, ITLOS Reports 2012*, pp. 47-48, paras. 155-156 ("the Tribunal . . . will draw an equidistance line *from the low-water line* indicated on the Admiralty Chart 817 used by the Parties"); *Arbitration regarding the Delimitation of the Maritime Boundary between Guyana and Suriname, Award of 17 September 2007, RIAA*, Vol. XXX, p. 109, para. 393 ("The Tribunal accepts the *basepoints for the low-water lines* of Suriname and Guyana provided by the Parties that are relevant to the drawing of the equidistance line"); *Arbitration between Barbados and the Republic of Trinidad and Tobago, Decision of 11 April 2006, RIAA*, Vol. XXVII, p. 245, para. 381 ("The line of delimitation then proceeds generally southeasterly as a series of geodetic line segments, each turning point being equidistant *from the low water line* of Barbados and from the nearest turning point or points of the archipelagic baselines of Trinidad and Tobago"); see also *ibid.*, p. 248, Appendix, Technical Report of the Tribunal's Hydrographer, para. 1; *Land and Maritime Boundary between Cameroon and Nigeria (Cameroon* v. *Nigeria: Equatorial Guinea intervening), Judgment, I.C.J. Reports 2002*, p. 443, para. 292; *Maritime Delimitation and Territorial Questions between Qatar and Bahrain (Qatar* v. *Bahrain), Merits, Judgment, I.C.J. Reports 2001*, p. 97, para. 184, pp. 100-101, paras. 201-202 and p. 104, paras. 216 and 219. (All emphases added.)

les règles de droit international applicables, la ligne de base normale à partir de laquelle est mesurée la largeur de la mer territoriale est la laisse de basse mer le long de la côte »[2].

9. De même, en l'affaire *Erythrée/Yémen*, le tribunal arbitral a rejeté l'argument du Yémen selon lequel il devait établir la ligne médiane à partir des points de base situés sur la laisse de haute mer, relevant que « l'utilisation de la laisse de basse mer [étai]t prescrite par une règle internationale générale à l'article 5 de la Convention », ce qui était « conforme à la pratique établie de longue date ainsi qu'à la règle coutumière bien établie du droit de la mer »[3]. En l'affaire *Bangladesh c. Inde*, le tribunal arbitral constitué en application de l'annexe VII de la CNUDM, se référant à l'affaire *Erythrée/Yémen*, a réaffirmé qu'il « choisirait les points de base appropriés par référence à la géographie physique au moment de la délimitation et à la laisse de basse mer des côtes pertinentes »[4].

10. La Cour et d'autres juridictions internationales ont donc tracé des lignes médianes ou d'équidistance provisoires dans la mer territoriale à partir des points de base situés sur la laisse de basse mer, conformément à l'article 5 de la CNUDM et au droit international général[5]. Il s'ensuit que, conformément aux dispositions de la CNUDM, à sa propre jurisprudence et à la pratique d'autres juridictions, la Cour aurait dû, en la présente espèce, construire une ligne médiane provisoire par référence aux points de base situés sur la laisse de basse mer à partir de laquelle est mesurée la largeur de la mer territoriale. Or, elle s'est écartée de cette pratique, semblant avoir choisi des points de base au hasard, sans fournir de justification satisfaisante à cet égard.

---

[2] Voir *Délimitation maritime et questions territoriales entre Qatar et Bahreïn (Qatar c. Bahreïn), fond, arrêt, C.I.J. Recueil 2001*, p. 97, par. 184.

[3] *Seconde étape de la procédure entre l'Erythrée et le Yémen (délimitation maritime), sentence du 17 décembre 1999*, Nations Unies, *Recueil des sentences arbitrales (RSA)*, vol. XXII, p. 338, par. 14, et p. 366, par. 133-135.

[4] *Arbitrage concernant la frontière maritime dans le golfe du Bengale (Bangladesh c. Inde), sentence du 7 juillet 2014, RSA*, vol. XXXII, p. 75, par. 221-223.

[5] *Délimitation de la frontière maritime dans le golfe du Bengale (Bangladesh/Myanmar), arrêt, TIDM Recueil 2012*, p. 47-48, par. 155-156 (« Le Tribunal … tracera une ligne d'équidistance *à partir de la laisse de basse mer* indiquée sur la carte n° 817 de l'Amirauté utilisée par les Parties »); *Arbitrage concernant la délimitation de la frontière maritime entre le Guyana et le Suriname, sentence du 17 septembre 2007, RSA*, vol. XXX, p. 109, par. 393 (« Le Tribunal accepte *les points de base* retenus par les Parties *sur les laisses de basse mer* du Suriname et du Guyana qui sont pertinents pour le tracé de la ligne d'équidistance »); *Arbitrage entre la Barbade et la République de Trinité-et-Tobago, sentence du 11 avril 2006, RSA*, vol. XXVII, p. 245, par. 381 (« La ligne de délimitation s'oriente ensuite dans une direction générale sud-est en une série de segments de ligne géodésique, chaque point d'inflexion se trouvant à égale distance *de la laisse de basse mer* de la Barbade et du ou des points d'inflexion des lignes de base archipélagiques de Trinité-et-Tobago »); voir aussi *ibid.*, p. 248, Appendix, Technical Report of the Tribunal's Hydrographer, par. 1; *Frontière terrestre et maritime entre le Cameroun et le Nigéria (Cameroun c. Nigéria; Guinée équatoriale (intervenant)), arrêt, C.I.J. Recueil 2002*, p. 443, par. 292; *Délimitation maritime et questions territoriales entre Qatar et Bahreïn (Qatar c. Bahreïn), fond, arrêt, C.I.J. Recueil 2001*, p. 97, par. 184, p. 100-101, par. 201-202, et p. 104, par. 216 et 219. (Tous les italiques sont de moi.)

11. Secondly, it is well established that, when the parties agree on a particular point, such as the placement of base points on the coast for the purposes of maritime delimitation, the respective court or tribunal will respect that agreement[6], unless particular reasons warrant a different conclusion. In the present case, both Parties have proposed base points for the construction of the provisional median line, which reflect the geographical reality in the immediate vicinity of the land boundary terminus (hereinafter "LBT"). In its Memorial, Somalia identified three base points on the Somali side, two of which were located on the Diua Damasciaca Islands (S1 and S2), while the third (S3) was located on a low-tide elevation near the southernmost tip of Ras Kaambooni[7]. On the Kenyan side, Somalia identified two base points (K1 and K2) "on the most seaward points on the charted low-tide coast" of Kenya's mainland[8].

12. While Kenya did not originally identify any base points for the construction of the provisional median line, it provided such co-ordinates in the additional document it submitted as Appendix 2, Volume 1 (hereinafter "KAD")[9]. First, Kenya proposed two base points on the mainland in the immediate vicinity of the LBT (K1 and S1), both of which are less than 1 km away from the LBT. On the Somali side, Kenya proposed a base point (S2) on the Diua Damasciaca Islands, and another base point (S3) on the low-water line of Ras Kaambooni. On the Kenyan side, Kenya has — just like Somalia — proposed base points on the low-water line of the mainland's coastline (K3, K4 and K5)[10].

---

[6] Cf. *Maritime Delimitation in the Caribbean Sea and the Pacific Ocean (Costa Rica v. Nicaragua)* and *Land Boundary in the Northern Part of Isla Portillos (Costa Rica v. Nicaragua), Judgment, I.C.J. Reports 2018 (I)*, p. 191, paras. 139-140, and pp. 206-207, para. 173; *Delimitation of the Maritime Boundary in the Bay of Bengal (Bangladesh/ Myanmar), Judgment, ITLOS Reports 2012*, pp. 47-48, paras. 155-156. See also *Arbitration regarding the Delimitation of the Maritime Boundary between Guyana and Suriname, Award of 17 September 2007, RIAA*, Vol. XXX, p. 109, para. 393.
[7] Memorial of Somalia (MS), paras. 5.19-5.20. On the Somali side, Somalia's base points S1 and S2 are located at 1° 39′ 43.30″ S — 41° 34′ 35.40″ E and 1° 39′ 35.90″ S — 41° 34′ 45.29″ E respectively. Base point S3 is located at 1° 39′ 14.99″ S — 41° 35′ 15.68″ E.

[8] MS, paras. 5.19-5.20. On the Kenyan side, Somalia's base point K1 is located at 1° 42′ 00.06″ S — 41° 32′ 47.38″ E. Somalia's base point K2 is located at 1° 43′ 04.77″ S — 41° 32′ 37.18″ E.
[9] Appendix 2 to Application requesting the Court to authorize Kenya to file new documentation and evidence, Vol. 1 (KAD), pp. 188-189. On the Somali side, Kenya's base point S1 is located at 1° 39′ 36.3″ S — 41° 33′ 40.4″ E. Kenya's base point S2 is located at 1° 39′ 40.9″ S — 41° 34′ 35.4″ E. Kenya's base point S3 is located at 1° 38′ 57.0″ S — 41° 35′ 21.9″ E.

[10] KAD, pp. 187-189 and fig. 11. On the Kenyan side, Kenya's base point K1 is located at 1° 39′ 51.6″ S — 41° 33′ 28.4″ E. Kenya's base point K2 is located at 1° 40′ 39.6″ S — 41° 32′ 55.3″ E. Kenya's base point K3 is located at 1° 42′ 40.1″ S — 41° 32′ 41.8″ E. Kenya's base point K4 is located at 1° 43′ 12.2″ S — 41° 32′ 38.5″ E.

11. Deuxièmement, il est bien établi que, lorsque les parties s'accordent sur une question particulière, telle que l'établissement des points de base sur la côte aux fins de la délimitation maritime, la juridiction concernée respecte cet accord[6], à moins qu'une conclusion différente ne s'impose pour certaines raisons. En l'espèce, les Parties avaient toutes deux proposé, pour la construction de la ligne médiane provisoire, des points de base tenant compte de la réalité géographique dans les environs immédiats du point terminal de la frontière terrestre. Dans son mémoire, la Somalie avait défini trois points de base du côté somalien, dont deux étaient situés sur les îlots de Diua Damasciaca (S1 et S2), tandis que le troisième (S3) se trouvait sur un haut-fond découvrant, à proximité de l'extrémité méridionale de Ras Kaambooni[7]. Du côté kényan, la Somalie avait défini deux points de base (K1 et K2) «sur les points les plus proches de la mer sur la côte [kényane] à basse mer indiqués sur la carte»[8].

12. Si le Kenya n'avait initialement défini aucun point de base pour la construction de la ligne médiane provisoire, il a cependant fourni des coordonnées à cet effet dans le document additionnel qu'il a soumis (appendice 2, volume 1, ci-après «DAK»)[9]. Le Kenya a tout d'abord proposé deux points de base sur le continent, dans les environs immédiats (à moins d'un kilomètre) du point terminal de la frontière terrestre (K1 et S1). Du côté somalien, il a proposé un point de base (S2) sur les îlots de Diua Damasciaca et un autre (S3) sur la laisse de basse mer de Ras Kaambooni. Du côté kényan, il a retenu, comme la Somalie, des points de base situés sur la laisse de basse mer le long du littoral continental (K3, K4 et K5)[10].

---

[6] Cf. *Délimitation maritime dans la mer des Caraïbes et l'océan Pacifique (Costa Rica c. Nicaragua)* et *Frontière terrestre dans la partie septentrionale d'Isla Portillos (Costa Rica c. Nicaragua), arrêt, C.I.J. Recueil 2018 (I)*, p. 191, par. 139-140, et p. 206-207, par. 173; *Délimitation de la frontière maritime dans le golfe du Bengale (Bangladesh/Myanmar), arrêt, TIDM Recueil 2012*, p. 47-48, par. 155-156. Voir aussi *Arbitrage concernant la délimitation de la frontière maritime entre le Guyana et le Suriname, sentence du 17 septembre 2007, RSA*, vol. XXX, p. 109, par. 393.

[7] Mémoire de la Somalie (ci-après «MS»), par. 5.19-5.20. Du côté somalien, les points de base S1 et S2 définis par la Somalie sont respectivement situés par 1° 39′ 43,30″ de latitude sud et 41° 34′ 35,40″ de longitude est, et 1° 39′ 35,90″ de latitude sud et 41° 34′ 45,29″ de longitude est. Le point de base S3 est situé par 1° 39′ 14,99″ de latitude sud et 41° 35′ 15,68″ de longitude est.

[8] MS, par. 5.19-5.20. Du côté kényan, les points de base K1 et K2 définis par la Somalie sont respectivement situés par 1° 42′ 00,06″ de latitude sud et 41° 32′ 47,38″ de longitude est, et 1° 43′ 04,77″ de latitude sud et 41° 32′ 37,18″ de longitude est.

[9] Appendice 2 de la demande du Kenya tendant à produire de nouveaux documents et éléments de preuve (ci-après «DAK»), vol. 1, p. 188-189. Du côté somalien, les points de base S1, S2 et S3 définis par le Kenya sont respectivement situés par 1° 39′ 36,3″ de latitude sud et 41° 33′ 40,4″ de longitude est, 1° 39′ 40,9″ de latitude sud et 41° 34′ 35,4″ de longitude est, et 1° 38′ 57,0″ de latitude sud et 41° 35′ 21,9″ de longitude est.

[10] DAK, p. 187-189 et fig. 11. Du côté kényan, les points de base K1, K2, K3 et K4 du Kenya sont respectivement situés par 1° 39′ 51,6″ de latitude sud et 41° 33′ 28,4″ de longitude est, 1° 40′ 39,6″ de latitude sud et 41° 32′ 55,3″ de longitude est, 1°42′ 40,1″ de latitude sud et 41° 32′ 41,8″ de longitude est, et 1° 43′ 12,2″ de latitude sud et 41° 32′ 38,5″ de longitude est.

13. The base points proposed by the Parties for the construction of the provisional median line are largely concordant. Both Somalia and Kenya have placed base points on the Diua Damasciaca Islands and the low-water line of the mainland. Indeed, Kenya's S2 is some 74 metres away from Somalia's S1, and about 342 metres away from Somalia's S2. The distance between Kenya's S3 and Somalia's S3 is approximately 587 metres. Somalia's K2 is just about 775 metres away from Kenya's K3 and 230 metres away from Kenya's K4[11]. As a result, the provisional median lines constructed by both Parties are very similar, as the Parties themselves have acknowledged[12].

14. Notwithstanding the Parties' general agreement on this point, the Judgment disregards the base points proposed by the Parties both on the mainland low-water line and the southernmost tip of Ras Kaambooni, as well as the Diua Damasciaca Islands, and departs both from the provisions of UNCLOS and from the jurisprudence of the Court regarding base points. Instead, a median line is constructed using base points which are located exclusively on the Parties' terra firma (S1 to S4 and K1 to K4) and spread across an artificially straight line on the coast (paragraphs 115-116 of the Judgment). This is justified in the Judgment with the following statement: "Although in the identification of base points the Court will have regard to the proposals of the parties, it need not select a particular base point, even if the parties are in agreement thereon, if it does not consider that base point to be appropriate" (para. 111).

15. It may be true that in the *Black Sea* case, the Court stated that it "should not base itself solely on the choice of base points made by one of those Parties"[13]. The Court, however, did not suggest that it enjoys an unlimited discretion in selecting whichever base points it likes, nor did it elevate the criterion of "appropriateness" or what the Court "consider[s] . . . to be appropriate" (see paragraphs 111-112) to an all-encompassing standard on the basis of which the identification of base points should be made. On the contrary, the Court stated that it "must . . . select base points by reference to the physical geography of the relevant coasts"[14]. In the same vein, the Court stressed that

> "the geometrical nature of the first stage of the delimitation exercise leads it to use as base points those which the geography of the coast identifies as a physical reality at the time of the delimitation. That

---

[11] The distance between the different co-ordinates in this paragraph were calculated using the following software: United States, Federal Communications Commission, "Distance and Azimuths between Two Sets of Coordinates", https://www.fcc.gov/media/radio/distance-and-azimuths.

[12] Cf. CR 2021/3, p. 12, para. 13 (Reichler); KAD, pp. 187-189, para. 369, and figs. 11 and 12.

[13] *Maritime Delimitation in the Black Sea (Romania v. Ukraine), Judgment, I.C.J. Reports 2009*, p. 108, para. 137.

[14] *Ibid.*

13. Les Parties s'accordaient dans une large mesure sur les points de base proposés pour la construction de la ligne médiane provisoire. Elles avaient toutes deux placé de tels points sur les îlots de Diua Damasciaca et sur la laisse de basse mer le long du littoral continental. De fait, le point S2 défini par le Kenya se trouvait à 74 mètres du point S1 de la Somalie, et à environ 342 mètres du point S2 de cette dernière. La distance entre le point S3 du Kenya et celui de la Somalie était d'approximativement 587 mètres. Le point K2 de la Somalie était situé à seulement 775 mètres du point K3 du Kenya et à seulement 230 mètres du point K4 de ce dernier[11]. En conséquence, les lignes médianes provisoires tracées par les Parties étaient fort semblables, comme elles l'ont d'ailleurs elles-mêmes reconnu[12].

14. Alors même que les Parties s'accordaient généralement sur cette question, la Cour n'a pas retenu les points de base qu'elles proposaient, que ce soit sur la ligne de basse mer du littoral continental, à l'extrémité méridionale de Ras Kaambooni ou sur les îlots de Diua Damasciaca, ce qui n'est conforme ni aux dispositions de la CNUDM, ni à sa jurisprudence en la matière. La ligne médiane définie dans l'arrêt a été construite à partir de points de base exclusivement situés sur la terre ferme des Parties (S1 à S4 et K1 à K4), suivant un tracé artificiellement rectiligne sur la côte (paragraphes 115-116 de l'arrêt). Ce choix est justifié de la façon suivante : « [b]ien qu'elle prenne en considération les propositions des parties dans la détermination des points de base, la Cour n'est pas tenue de retenir un point de base particulier, même lorsqu'il y a accord entre les parties à cet égard, si elle ne le considère pas comme étant approprié » (par. 111).

15. S'il est vrai que, en l'affaire de la *mer Noire*, la Cour a dit qu'elle « ne saurait se fonder sur le seul choix par l'une des parties de ces points de base »[13], elle n'a pas pour autant laissé entendre qu'elle aurait toute liberté pour définir les points de base à sa guise, pas plus qu'elle n'a fait du « caractère approprié » ou de « ce qu'elle considère comme approprié » une norme universelle sur laquelle se fonder pour définir lesdits points (voir paragraphes 111 et 112). Elle a au contraire précisé qu'elle était contrainte de « retenir des points de base par référence à la géographie physique des côtes pertinentes »[14]. Dans le même ordre d'idées, la Cour a souligné que

« le caractère géométrique de la première phase de l'opération de délimitation l'am[enait] à retenir comme points de base ceux que la géographie de la côte identifi[ait] en tant que réalité physique au

---

[11] Les distances entre les coordonnées des différents points de base ont été calculées à l'aide du logiciel suivant : United States, Federal Communications Commission, « Distance and Azimuths between Two Sets of Coordinates », https://www.fcc.gov/media/radio/distance-and-azimuths.

[12] Cf. CR 2021/3, p. 12, par. 13 (Reichler) ; DAK, p. 187-189, par. 369, et fig. 11 et 12.

[13] *Délimitation maritime en mer Noire (Roumanie c. Ukraine), arrêt, C.I.J. Recueil 2009*, p. 108, par. 137.

[14] *Ibid.*

geographical reality covers not only the physical elements produced by geodynamics and the movements of the sea, but also any other material factors that are present."[15]

16. Thirdly, it is difficult to understand the decision to ignore the base points proposed by the Parties on the southernmost tip of Ras Kaambooni, a protuberance on the Somali mainland near the LBT. By ignoring Ras Kaambooni, the Judgment has disregarded a material feature in Somalia's coastline which marks a "significant shift" in the direction of its coast. Even more confusingly, while paragraph 114 of the Judgment discounts Ras Kaambooni as a "minor protuberance" for the purposes of a median line, paragraph 146 of the Judgment places base point S6 on a much smaller protuberance in Somalia's coast (opposite the Umfaali islets) for the purposes of constructing a provisional equidistance line in the EEZ and continental shelf. No explanation is given in the Judgment for such an inconsistent selection of base points.

17. Fourthly, this inconsistent approach is further repeated with regard to the base points proposed by the Parties on the Diua Damasciaca Islands, which are equally set aside. According to the Judgment, these islands are "tiny [and] arid" and "would have a disproportionate impact on the course of the median line" (para. 114). Curiously, however, paragraph 146 of the Judgment has placed base points K5 and K6 on Shakani Island off Kenya's main coast, without giving reasons for this manifest inconsistency.

18. The fact that the Diua Damasciaca Islands are "tiny [and] arid" does not, *ipso facto*, preclude the Parties or the Court from selecting appropriate base points thereon as reflected in the past practice of the Court. It should indeed be recalled that the Court has considered appropriate to place base points on small insular features that were located in the immediate vicinity of the coast. This was the case, for example, in the *Black Sea* case, where the Court considered appropriate to use the southeastern tip of Tsyganka Island as a base point, "because in this area of adjacency it [was] the most prominent point on the Ukrainian coast"[16]. In *Nicaragua* v. *Colombia*, the Court also considered that the "islands fringing the Nicaraguan coast" formed part of the "relevant coast" of Nicaragua, and consequently placed the base points on the Edinburgh Reef, Muerto Cay, Miskitos Cays, Ned Thomas Cay, Roca Tyra, Little Corn Island and Great Corn Island[17]. Also, while the Court refrained from placing base points on sandy features that are relatively unstable, it

[15] *Maritime Delimitation in the Black Sea (Romania* v. *Ukraine), Judgment, I.C.J. Reports 2009*, p. 106, para. 131.
[16] *Ibid.*, p. 109, para. 143, and p. 115, sketch-map No. 7.
[17] *Territorial and Maritime Dispute (Nicaragua* v. *Colombia), Judgment, I.C.J. Reports 2012 (II)*, p. 678, para. 145, pp. 698-699, para. 201, and p. 701, sketch-map No. 8.

moment où elle proc[édait] à cette délimitation. Cette réalité géographique recouvre non seulement les facteurs physiques produits par la géodynamique et les mouvements de la mer, mais tout autre facteur matériel existant. »[15]

16. Troisièmement, la décision de ne pas retenir les points de base proposés par les Parties à l'extrémité méridionale de Ras Kaambooni, protubérance située sur le territoire continental somalien près du point terminal de la frontière terrestre, est difficilement compréhensible. Cela revient en effet à écarter une formation géographique de la côte somalienne qui marque un « important changement » de direction du littoral. Plus surprenant encore, la Cour, au paragraphe 114 de l'arrêt, a écarté Ras Kaambooni aux fins du tracé de la ligne médiane au motif qu'il s'agissait d'une « protubérance mineure », alors que, au paragraphe 146, elle a placé le point de base S6 sur une protubérance bien plus petite de la côte somalienne (face aux îlots d'Umfaali) aux fins de la construction de la ligne d'équidistance provisoire dans la ZEE et sur le plateau continental. Aucune explication n'a été fournie pour justifier une telle incohérence.

17. Quatrièmement, de manière tout aussi incohérente, les points de base proposés par les Parties sur les îlots de Diua Damasciaca ont eux aussi été écartés. Selon l'arrêt, ces formations, qui sont « minuscules » et « arides », auraient eu « un effet disproportionné sur le tracé de la ligne médiane » (par. 114). Or, curieusement la Cour a, au paragraphe 146 de l'arrêt, placé les points de base K5 et K6 sur l'île de Shakani, au large de la côte principale du Kenya, sans justifier cette incohérence manifeste.

18. Le caractère « minuscule » et « aride » des îlots de Diua Damasciaca n'empêchait en soi ni les Parties ni la Cour d'y établir des points de base appropriés. Il ressort en effet de la pratique de la Cour que cette dernière a, par le passé, jugé approprié de retenir des points de base sur de petites formations insulaires situées à proximité immédiate de la côte. Tel a par exemple été le cas en l'affaire de la *mer Noire*, dans laquelle la Cour a estimé qu'il convenait de prendre l'extrémité sud-est de l'île de Tsyganka comme point de base, puisqu'il s'agissait, « dans ce secteur d'adjacence, du point le plus avancé vers le large de la côte ukrainienne »[16]. Dans l'affaire *Nicaragua c. Colombie*, ayant également considéré que « les îles adjacentes au littoral nicaraguayen » faisaient partie de la « côte pertinente » du Nicaragua, la Cour a établi des points de base sur le récif d'Edimbourg, la caye de Muerto, les cayes des Miskitos, la caye de Ned Thomas, Roca Tyra, Mangle Chico et Mangle Grande[17]. En outre, bien qu'elle se soit abstenue de placer des points de base sur certaines forma-

---

[15] *Délimitation maritime en mer Noire (Roumanie c. Ukraine), arrêt, C.I.J. Recueil 2009,* p. 106, par. 131.

[16] *Ibid.*, p. 109, par. 143, et p. 115 (croquis n° 7).

[17] *Différend territorial et maritime (Nicaragua c. Colombie), arrêt, C.I.J. Recueil 2012 (II),* p. 678, par. 145, p. 698-699, par. 201, et p. 701 (croquis n° 8).

observed in *Costa Rica* v. *Nicaragua* that it would "construct the provisional median line for delimiting the territorial sea only on the basis of points situated on the natural coast, which may include points placed on islands or rocks" [18].

19. The Judgment's approach in the selection of base points has resulted in a contrived median line, the construction of which appears to have been aimed at producing a line which comes as close as possible to a bisector line, although there is nothing that justifies the use of a bisector for the delimitation of the territorial sea between Somalia and Kenya. Paragraph 118 in the Judgment reinforces this impression. Indeed, this paragraph suggests that the approach adopted by the Court for the construction of the median line may have been dictated by the search for a median line that "corresponds closely to the course of a line 'at right angles to the general trend of the coastline', assuming that the 1927/1933 treaty arrangement, in using this phrase, had as an objective to draw a line that continues into the territorial sea, a question that the Court need not decide".

20. The 1927/1933 land boundary demarcation arrangements concluded between the former colonial Powers (United Kingdom and Italy) have no relevance whatsoever to the dispute between Somalia and Kenya or to the delimitation of their maritime boundaries, because no maritime boundary between them was ever established by such arrangements, nor by the land boundary agreement concluded between the two colonial Powers in 1924, on which the 1927/1933 arrangements are based. As stated by Somalia in its reply to the question posed by a Member of the Court, "[n]either [it] nor Kenya, since their independence and at all times thereafter, has ever claimed that the maritime boundary in the territorial sea follows a line perpendicular to the coast at Dar es Salam, for any distance".

21. The reference to such arrangements in paragraph 118, and the manner in which it is phrased, can only create misunderstandings. That is particularly the case because the Judgment itself, several paragraphs earlier, discounts the relevance of such colonial land demarcation agreements to the maritime boundary, *inter alia*, on the basis of the positions taken by the two neighbouring States both in their national legislation and in their negotiations and statements (see paragraphs 106 to 109). It is indeed concluded at the end of these paragraphs that "the Court therefore considers it unnecessary to decide whether the 1927/1933 treaty arrangement had as an objective the delimitation of the boundary in the territorial sea" (para. 109). Such an objective could not manifestly exist in a land demarcation agreement. What purpose is then served by invoking the same arrangement again in paragraph 118 in connection with the course of the median line as constructed by the Court? None whatsoever, in my view, if not to cast unwarranted doubt on the validity of the posi-

---

[18] *Maritime Delimitation in the Caribbean Sea and the Pacific Ocean (Costa Rica* v. *Nicaragua)* and *Land Boundary in the Northern Part of Isla Portillos (Costa Rica* v. *Nicaragua), Judgment, I.C.J. Reports 2018 (I)*, p. 177, para. 100.

tions sablonneuses relativement instables, la Cour a indiqué, dans *Costa Rica c. Nicaragua*, qu'elle «construira[it] la ligne médiane provisoire dans la mer territoriale sur la seule base de points situés sur la côte naturelle, y compris des points placés sur des îles ou rochers»[18].

19. La manière dont les points de base ont été retenus dans l'arrêt a produit une ligne médiane artificielle, qui semble avoir été construite pour ressembler autant que possible à une bissectrice, alors même que rien ne justifiait le recours à une telle ligne pour la délimitation de la mer territoriale entre la Somalie et le Kenya. Cette impression est confirmée par le paragraphe 118 de l'arrêt, qui donne à penser que, pour construire ladite ligne médiane, la Cour a pu chercher à ce que celle-ci «correspond[e] de très près à une ligne «perpendiculaire à l'orientation générale de la côte», à supposer que l'arrangement conventionnel de 1927/1933 ait eu pour objet, par l'emploi de cette formule, de tracer une ligne se prolongeant dans la mer territoriale, question [qu'elle] n'a pas à trancher».

20. L'arrangement conventionnel de 1927/1933 conclu entre les puissances coloniales de l'époque (Royaume-Uni et Italie) aux fins de la démarcation des frontières terrestres ne présentait absolument aucune pertinence pour le différend entre la Somalie et le Kenya ou la délimitation de leurs frontières maritimes, puisque ces dernières n'ont jamais été établies par cet arrangement ni par l'accord relatif aux frontières terrestres conclu entre ces mêmes puissances en 1924, accord sur lequel ledit arrangement était fondé. Comme l'a affirmé la Somalie dans sa réponse à la question posée par un membre de la Cour, «[n]i [elle-même] ni le Kenya n'[avaie]nt jamais, depuis leur indépendance et à un quelconque moment par la suite, prétendu que la frontière maritime dans la mer territoriale sui[vai]t une ligne perpendiculaire à la côte à Dar es Salam, sur quelque distance que ce [fû]t».

21. La référence audit arrangement dans le paragraphe 118 et la manière dont ce dernier est formulé ne peuvent que prêter à confusion, d'autant que, quelques paragraphes plus haut, la Cour avait estimé, notamment sur la base des positions adoptées par les deux Etats à la fois dans leur législation nationale, dans leurs déclarations et au cours des négociations entre eux, que ces accords coloniaux relatifs à la frontière terrestre n'étaient pas pertinents pour la frontière maritime (voir paragraphes 106 à 109). Elle en avait d'ailleurs conclu «qu'il n'[étai]t pas nécessaire de se prononcer sur la question de savoir si l'arrangement conventionnel de 1927/1933 avait pour objet de délimiter la frontière dans la mer territoriale» (par. 109). Un accord de démarcation terrestre ne pouvant manifestement avoir un tel objet, quel était donc l'intérêt d'invoquer de nouveau cet arrangement au paragraphe 118 au sujet du tracé de la ligne médiane construite par la Cour? Absolument aucun, à mon sens, sinon de jeter inutilement le doute sur la validité des positions prises, et

---

[18] *Délimitation maritime dans la mer des Caraïbes et l'océan Pacifique (Costa Rica c. Nicaragua) et Frontière terrestre dans la partie septentrionale d'Isla Portillos (Costa Rica c. Nicaragua)*, arrêt, C.I.J. Recueil 2018 (I), p. 177, par. 100.

tions taken, and so clearly expressed, by two independent African States in their national legislation following their independence and the consequent exercise of their right to self-determination 60 years ago.

III. DELIMITATION OF THE EEZ AND CONTINENTAL SHELF WITHIN 200 NAUTICAL MILES

22. As pointed out above, I disagree with the flawed reasoning used in the Judgment to justify the adjustment of the provisional equidistance line. It is wrong both as a matter of fact and of law. As a matter of fact, it entails an arbitrary refashioning of the geography by engaging in a search for a purported "concavity" in a so-called "broader geographical configuration" beyond the area of delimitation, which appears to be aimed at achieving preconceived results. As a matter of law, the reasoning deviates not only from the Court's long-standing jurisprudence on the delimitation of the EEZ and continental shelf, but also from that of other international tribunals, without offering any rationalization for doing so. I will address each of these points in turn.

A. Refashioning of Geography in Search of a Concavity and an Elusive Cut-off

23. The Court had hitherto applied its dictum that there should be no question of "a judicial refashioning of geography, which neither the law nor the practice of maritime delimitation authorizes"[19]. It is unfortunate that the Judgment breaks with that tradition. It does so by engaging in a search for a concavity beyond the coasts of the Parties and an elusive cut-off effect that could justify the adjustment of the equidistance line. Thus, it is stated in paragraph 164 that "[i]f the examination of the coastline is limited only to the coasts of Kenya and Somalia, any concavity is not conspicuous". This is quite correct, and the story should have ended there because as was stressed by the Court in *Cameroon* v. *Nigeria*, "the concavity of the coastline may be a circumstance relevant to delimitation", but "this can only be the case when such concavity lies within the area to be delimited"[20]. However, the Judgment then goes on to say: "examining only the coastlines of the two States concerned to assess the extent of any cut-off effect resulting from the geographical configuration of the coastline may be an overly narrow approach". It is not clear why the analysis is suddenly shifted to an assessment of a cut-off effect, or what is exactly meant by "geographical configuration of the coastline" in this context. In

---

[19] *Territorial and Maritime Dispute (Nicaragua v. Colombia), Judgment, I.C.J. Reports 2012 (II)*, p. 699, para. 202; see also *Maritime Delimitation in the Black Sea (Romania v. Ukraine), Judgment, I.C.J. Reports 2009*, p. 110, para. 149.

[20] *Land and Maritime Boundary between Cameroon and Nigeria (Cameroon v. Nigeria: Equatorial Guinea intervening), Judgment, I.C.J. Reports 2002*, p. 445, para. 297.

clairement exprimées, par deux Etats indépendants dans leur législation nationale après leur accession à l'indépendance et l'exercice de leur droit à l'autodétermination qui en a résulté, il y a de cela 60 ans.

III. DÉLIMITATION DE LA ZEE ET DU PLATEAU CONTINENTAL EN DEÇÀ DE 200 MILLES MARINS

22. Comme je l'ai précisé ci-dessus, je ne souscris pas au raisonnement suivi dans l'arrêt pour justifier l'ajustement de la ligne d'équidistance provisoire, qui est erroné tant sur le plan factuel que juridique. Du point de vue des faits, il consiste à procéder à un remodelage arbitraire de la géographie en quête d'une prétendue «concavité» dans un supposé «contexte géographique plus large» au-delà de la zone à délimiter, apparemment dans le but d'aboutir à une solution préconçue. Du point de vue du droit, ce raisonnement s'écarte non seulement de la jurisprudence constante de la Cour en matière de délimitation de la ZEE et du plateau continental, mais aussi de celle d'autres juridictions internationales, et ce, sans la moindre justification. Je traiterai de chacun de ces points tour à tour.

A. Remodelage de la géographie en quête d'une concavité et d'un insaisissable effet d'amputation

23. La Cour avait, jusqu'à présent, appliqué son propre *dictum* selon lequel il ne saurait être question de «refaçonner, par voie judiciaire, la géographie physique, ce que ni le droit ni la pratique en matière de délimitation maritime n'autorisent»[19]. Il est regrettable qu'elle ait, dans le présent arrêt, rompu avec cette tradition en recherchant une concavité au-delà des côtes des Parties et un insaisissable effet d'amputation susceptible de justifier un ajustement de la ligne d'équidistance. Au paragraphe 164, il est ainsi indiqué que, «[s]i l'examen du littoral est limité aux seules côtes du Kenya et de la Somalie, aucune concavité n'apparaît», ce qui est tout à fait juste; il aurait donc fallu s'en tenir là puisque, comme l'a souligné la Cour dans l'affaire *Cameroun c. Nigéria*, «la concavité des côtes p[eut] constituer une circonstance pertinente pour la délimitation» mais «il ne peut en aller ainsi que lorsque cette concavité existe dans le secteur à délimiter»[20]. Or, dans le présent arrêt, la Cour a ajouté que «l'approche consistant à n'examiner que les côtes des deux Etats intéressés pour évaluer l'ampleur d'un éventuel effet d'amputation résultant de la configuration géographique du littoral p[ouvai]t se révéler trop restrictive». On comprend mal pourquoi l'appréciation d'un effet d'amputation s'est ainsi

---

[19] *Différend territorial et maritime (Nicaragua c. Colombie), arrêt, C.I.J. Recueil 2012 (II)*, p. 699, par. 202; voir aussi *Délimitation maritime en mer Noire (Roumanie c. Ukraine), arrêt, C.I.J. Recueil 2009*, p. 110, par. 149.

[20] *Frontière terrestre et maritime entre le Cameroun et le Nigéria (Cameroun c. Nigéria; Guinée équatoriale (intervenant)), arrêt, C.I.J. Recueil 2002*, p. 445, par. 297.

any case, "examining only the coastlines of the two States concerned" is not a narrow approach, but is in conformity with the scope of the jurisdiction of the Court which cannot be extended to the coastlines of third States. Somalia and Kenya requested the Court to delimit their maritime boundary, not that of third States. It is also legally erroneous to look for a concavity outside of the area to be delimited or to try to import it into a geographical area where it does not exist in order to achieve preconceived results.

24. The relevant circumstances that may justify the adjustment of a provisional equidistance line are essentially of a geographical nature. Indeed, the construction or adjustment of an equidistance line is dictated by the particular geography of the area to be delimited. It must faithfully reflect that geography, and that geography only. For such circumstances to be taken into account in order to achieve an equitable solution, they must also arise within the area to be delimited. It is the geographical situation of that area, its coastal configuration, the length of the coast and the presence of any special or unusual maritime features therein that may give rise to relevant circumstances to be taken into account in the construction or adjustment of an equidistance line. The importation of extraneous geographical factors lying beyond the Parties' relevant coasts and the relevant area plainly contradicts the cardinal principle that "the land dominates the sea".

25. The reliance of the Judgment on a so-called "broader geographical configuration", which is not defined anywhere and the scope of which is not clearly indicated, effectively disconnects its analysis from the reality of the geographical circumstances prevailing in the relevant coasts and the relevant area of the maritime dispute between Somalia and Kenya. Moreover, by expanding the scope of enquiry into the coastline of a third State, the Judgment has reduced into irrelevance the role and function of the central concepts of "relevant coasts" and "relevant area" in the three-stage methodology developed over the years by the Court for maritime delimitation, while paying lip service to their use in the present case.

26. Both the meaning of the word "concave" and the concept of "concavity" in maritime delimitation are also misused in the Judgment. First, in order to be described as "concave", a coastline must look indented, hollowed or recessed in the middle, and curve inward like the inside of a bowl. According to the *Oxford English Dictionary*, concave means "having an outline or surface that curves inward like the interior of a circle or sphere". Is there any coastal area which curves inward or looks like the inside of a bowl or the interior of a circle in the coastline of Somalia or Kenya? The answer is negative. The Judgment itself recognizes as much in paragraph 164. However, in an attempt at judicial refashioning of geography, it continues in its relentless, yet unjustified, search of such "concavity" in what it refers to as a "broader geographical configuration".

retrouvée au centre de l'analyse, ni ce que signifie exactement, dans ce contexte, l'expression «configuration géographique du littoral». En tout état de cause, l'approche consistant à «n'examiner que les côtes des deux Etats intéressés» n'est pas restrictive; elle est conforme au champ de la compétence de la Cour, lequel ne saurait être étendu aux côtes d'Etats tiers. La Somalie et le Kenya avaient demandé à la Cour de délimiter leur frontière maritime, et non celle qui les sépare d'autres Etats. De plus, il est juridiquement erroné de rechercher une concavité en dehors de la zone à délimiter ou d'essayer d'en importer une dans une zone géographique où elle n'existe pas afin d'aboutir à une solution préconçue.

24. Les circonstances pertinentes susceptibles de justifier un ajustement de la ligne d'équidistance provisoire sont, pour l'essentiel, de nature géographique. De fait, la construction, ou l'ajustement, d'une telle ligne est dictée par les caractéristiques géographiques propres à la zone à délimiter: il convient de refléter fidèlement cette géographie, et elle seule. Les circonstances à prendre en compte pour aboutir à une solution équitable doivent également se présenter dans ladite zone. C'est la situation géographique de cette zone, à savoir la configuration du littoral, la longueur des côtes et l'éventuelle présence de formations maritimes particulières ou inhabituelles, qui peut être à l'origine de circonstances pertinentes devant être prises en compte pour la construction ou l'ajustement d'une ligne d'équidistance. L'importation de facteurs géographiques extérieurs, situés au-delà des côtes pertinentes des Parties et de la zone pertinente, va clairement à l'encontre du principe fondamental selon lequel «la terre domine la mer».

25. En se référant, dans son arrêt, à un «contexte géographique plus large», qui n'est défini nulle part et dont les limites ne sont pas clairement indiquées, la Cour s'est détachée de la réalité des circonstances géographiques existant sur les côtes et dans la zone pertinentes dans le cadre du différend maritime qui opposait la Somalie et le Kenya. De surcroît, en prenant en compte le littoral d'un Etat tiers, elle a, en la présente espèce, fait fi du rôle et de la fonction des notions de «côtes pertinentes» et de «zone pertinente», qui sont pourtant au cœur de la méthode de délimitation maritime en trois étapes qu'elle a mise au point au fil des années, tout en feignant de les respecter.

26. Le terme «concave» et la notion de «concavité» en matière de délimitation maritime sont en outre employés mal à propos dans l'arrêt. Premièrement, pour être décrite comme «concave», une côte doit être échancrée, creusée ou rentrante en son milieu, incurvée comme l'intérieur d'un bol. L'*Oxford English Dictionary* donne la définition suivante du terme «concave»: «qui présente un contour ou une surface courbe en creux, comme l'intérieur d'un cercle ou d'une sphère». La côte de la Somalie ou du Kenya présente-t-elle quelque zone courbe en creux ou dont la forme évoque l'intérieur d'un bol ou d'un cercle? La réponse est non, ce que la Cour a d'ailleurs reconnu au paragraphe 164. Et pourtant, s'efforçant de refaçonner la géographie par voie judiciaire, elle s'est obstinée dans sa quête injustifiée d'une «concavité», dans ce qu'elle a désigné comme un «contexte géographique plus large».

27. Secondly, a concavity is a geographical given. It either exists or not in the area to be delimited. For it to be acknowledged or taken into account in the context of a maritime delimitation, it must belong to the geographical reality of such an area. It cannot be grafted onto the area by importing it from a "broader geographical configuration", whatever such an expression may mean. The only coastline on which one can find a slight concavity in East Africa is that of Tanzania; but this country is not a party to the dispute before the Court. The coastline of Tanzania has nothing to do with a maritime delimitation between Somalia and Kenya.

28. Nevertheless, it becomes eventually clear in paragraph 168 of the Judgment that it is indeed the Tanzanian coastline that is taken into account in order to justify the existence of a concavity in this part of the East African coast which the three States share. Thus, it is stated in paragraph 168: "The potential cut-off of Kenya's maritime entitlements cannot be properly observed by examining the coasts of Kenya and Somalia in isolation. When the mainland coasts of Somalia, Kenya and Tanzania are observed together, as a whole, the coastline is undoubtedly concave". From this observation, which practically includes the Tanzanian coast into the area to be delimited, contrary to the long-standing practice of the Court, the conclusion is drawn that "Kenya faces a cut-off of its maritime entitlements as the middle State located between Somalia and Tanzania".

29. According to this reasoning, a strict equidistance line would be suitable for the delimitation of the coasts of Kenya and Somalia alone since they show no observable concavity when taken by themselves; but when the coast of Tanzania is taken into account, such an equidistance line would create a disadvantage for Kenya. This means that the Court has to take the coastline of a third State — not party to the dispute or to this case — into account in order to justify this artificial disadvantage which Kenya would suffer if an unadjusted equidistance line were used. However, what is overlooked by this erroneous analysis is that, for a concavity and its potential cut-off effect to be taken into account as a relevant circumstance in the delimitation of maritime areas, it must be rooted in the coastline of one of the Parties. The involvement in the delimitation process of coasts other than those of the Parties will have the effect of extending the area to be delimited to a coastline which has in fact nothing to do with it.

30. As was observed by Judge Koretsky in the *North Sea Continental Shelf* cases, macrogeographical considerations are "entirely irrelevant" in maritime delimitation, "except in the improbable framework of a desire to redraw the political map of one or more regions of the world"[21]. The arbitrary refashioning of geography to achieve preconceived results does

---

[21] *North Sea Continental Shelf (Federal Republic of Germany/Denmark; Federal Republic of Germany/Netherlands), Judgment, I.C.J. Reports 1969*, dissenting opinion of Vice-President Koretsky, p. 162.

27. Deuxièmement, une concavité est une donnée géographique : elle existe, ou non, dans la zone à délimiter. Pour qu'elle soit reconnue ou prise en compte dans le cadre d'une délimitation maritime, elle doit appartenir à la réalité géographique de ladite zone. On ne saurait la greffer dans cette zone à partir d'un « contexte géographique plus large », quel que soit le sens de cette expression. Or, la seule côte qui présente une légère concavité en Afrique de l'Est est celle de la Tanzanie, laquelle n'était pas partie au différend dont la Cour était saisie. La côte tanzanienne n'a rien à voir avec une délimitation maritime entre la Somalie et le Kenya.

28. Il apparaît néanmoins, au paragraphe 168 de l'arrêt, que c'est bel et bien la côte tanzanienne qui a été prise en compte pour justifier l'existence d'une concavité dans la partie du littoral est-africain que partagent ces trois Etats. Ainsi, le paragraphe 168 est libellé comme suit : « L'amputation potentielle des droits maritimes du Kenya ne saurait être dûment observée en examinant les côtes du Kenya et de la Somalie de manière isolée. Si les côtes continentales de la Somalie, du Kenya et de la Tanzanie sont considérées ensemble, comme un tout, le littoral ainsi formé apparaît incontestablement concave. » De cette observation, qui revient quasiment à inclure la côte tanzanienne dans la zone à délimiter, ce qui va à l'encontre de la pratique constante de la Cour, cette dernière a tiré la conclusion que, « [s]itué au milieu, entre la Somalie et la Tanzanie, le Kenya subi[ssai]t une amputation de ses droits maritimes ».

29. Selon ce raisonnement, une ligne d'équidistance stricte aurait été appropriée pour la délimitation des côtes du Kenya et de la Somalie uniquement, puisqu'elles ne présentent à elles seules aucune concavité visible ; dès lors que la côte de la Tanzanie était prise en compte, le Kenya se trouvait cependant désavantagé par une telle ligne. Cela signifie que la Cour devait prendre en compte le littoral d'un Etat tiers — qui n'était partie ni au différend ni à la présente affaire — pour compenser ce préjudice artificiel qui aurait été porté au Kenya si l'on avait utilisé une ligne d'équidistance non ajustée. Ce que cette analyse erronée ignore toutefois, c'est que, pour qu'une concavité et l'effet d'amputation qu'elle est susceptible de produire soient considérés comme une circonstance pertinente aux fins de la délimitation d'une zone maritime, ils doivent trouver leur origine sur la côte d'une des Parties. Le fait de prendre en compte, dans le processus de délimitation, un littoral n'appartenant à aucune d'elles revient à inclure dans la zone à délimiter une côte qui n'y a nullement sa place.

30. Comme l'a fait observer M. Koretsky dans les affaires du *Plateau continental de la mer du Nord*, les considérations macrogéographiques n'ont « absolument aucune pertinence » en matière de délimitation maritime, « sauf dans l'hypothèse improbable où l'on souhaiterait redessiner la carte politique d'une ou de plusieurs régions du monde »[21]. Le remode-

---

[21] *Plateau continental de la mer du Nord (République fédérale d'Allemagne/Danemark ; République fédérale d'Allemagne/Pays-Bas), arrêt, C.I.J. Recueil 1969*, opinion dissidente de M. le juge Koretsky, vice-président, p. 162.

not only distort the concept of relevant circumstances in the usual methodology of the Court for maritime delimitation in the EEZ and continental shelf, but it clearly contradicts its jurisprudence. As was correctly emphasized by the Court in *Cameroon* v. *Nigeria*: "The geographical configuration of the maritime areas that the Court is called upon to delimit is a given. It is not an element open to modification by the Court but a fact on the basis of which the Court must effect the delimitation."[22]

B. The Departure from the Court's Settled Jurisprudence

31. I am equally in disagreement with the Judgment with regard to the adjustment of the equidistance line on the basis of the above-described considerations since, in doing so, it departs from the settled jurisprudence of the Court and of other international tribunals. In the *Continental Shelf (Tunisia/Libyan Arab Jamahiriya)* case, the Court observed that

"[t]he only areas which can be relevant for the determination of the claims of Libya and Tunisia to the continental shelf in front of their respective coasts are those which can be considered as lying either off the Tunisian or off the Libyan coast. These areas form together the area which is relevant to the decision of the dispute."[23]

Similarly, in *Cameroon* v. *Nigeria*, the Court noted that "the maritime boundary between Cameroon and Nigeria can only be determined by reference to points on the coastlines of these two States and not of third States"[24]. In *Costa Rica* v. *Nicaragua*, Costa Rica argued that it found itself in the situation of a "three-State concavity" where the "coastal concavity and the cut-off created by that concavity in conjunction with a notional delimitation with a third State" (Panama) would lead to an inequitable result[25]. The Court rejected this argument observing that

"[t]he overall concavity of Costa Rica's coast and its relations with Panama *cannot justify an adjustment of the equidistance line in its relations with Nicaragua*. When constructing the maritime boundary between the Parties, the relevant issue is whether the seaward projections from Nicaragua's coast create a cut-off for the projections from

---

[22] *Land and Maritime Boundary between Cameroon and Nigeria (Cameroon* v. *Nigeria: Equatorial Guinea intervening), Judgment, I.C.J. Reports 2002*, pp. 443-445, para. 295.

[23] *Continental Shelf (Tunisia/Libyan Arab Jamahiriya), Judgment, I.C.J. Reports 1982*, p. 61, para. 74.

[24] *Land and Maritime Boundary between Cameroon and Nigeria (Cameroon* v. *Nigeria: Equatorial Guinea intervening), Judgment, I.C.J. Reports 2002*, p. 442, para. 291.

[25] *Maritime Delimitation in the Caribbean Sea and the Pacific Ocean (Costa Rica* v. *Nicaragua)* and *Land Boundary in the Northern Part of Isla Portillos (Costa Rica* v. *Nicaragua), Judgment, I.C.J. Reports 2018 (I)*, p. 195, para. 150.

lage arbitraire de la géographie pour aboutir à une solution préconçue non seulement dénature la notion de circonstances pertinentes dans la méthode habituelle de la Cour aux fins de la délimitation maritime dans la ZEE et sur le plateau continental, mais va également, de toute évidence, à l'encontre de sa jurisprudence. Ainsi que la Cour l'a souligné à juste titre dans *Cameroun c. Nigéria*, «[l]a configuration géographique des espaces maritimes qu['elle] est appelée à délimiter est une donnée. Elle ne constitue pas un élément que la Cour pourrait modifier, mais un fait sur la base duquel elle doit opérer la délimitation.»[22]

B. *Rupture avec la jurisprudence bien établie de la Cour*

31. Je souscris d'autant moins à la décision prise concernant l'ajustement de la ligne d'équidistance sur la base des considérations susmentionnées qu'elle revient à rompre avec la jurisprudence bien établie de la Cour et d'autres juridictions internationales. En l'affaire du *Plateau continental (Tunisie/Jamahiriya arabe libyenne)*, celle-ci a ainsi relevé que

«[l]es seules zones qui pu[]ssent intervenir dans la décision sur les prétentions de la Libye et de la Tunisie au plateau continental bordant leurs côtes respectives [étaie]nt celles qui p[ouvai]ent être considérées comme étant au large, soit de la côte tunisienne, soit de la côte libyenne. Prises ensemble elles représent[ai]ent la région à prendre en compte pour la décision.»[23]

De même, dans l'affaire *Cameroun c. Nigéria*, la Cour a noté que «la frontière maritime entre le Cameroun et le Nigéria ne p[ouvai]t être déterminée qu'à partir de points situés sur les côtes de ces deux Etats et non d'Etats tiers»[24]. Dans l'affaire *Costa Rica c. Nicaragua*, le demandeur avait indiqué qu'il se trouvait dans une situation caractérisée par «la présence d'une côte concave et de trois Etats» dans laquelle «[l]a concavité des côtes, ainsi que l'effet d'amputation qui va de pair lorsqu'elle est associée à une hypothétique délimitation avec un Etat tiers» (le Panama), rendrait la délimitation inéquitable[25]. La Cour a rejeté cet argument, observant ce qui suit:

«[l]a concavité générale de la côte du Costa Rica et les relations de celui-ci avec le Panama *ne sauraient justifier un ajustement de la ligne d'équidistance dans ses relations avec le Nicaragua*. Aux fins de l'établissement de la frontière maritime entre les Parties, la question pertinente qui se pose est celle de savoir si, *en raison de la concavité de la côte*

---

[22] *Frontière terrestre et maritime entre le Cameroun et le Nigéria (Cameroun c. Nigéria; Guinée équatoriale (intervenant)), arrêt, C.I.J. Recueil 2002*, p. 443-445, par. 295.
[23] *Plateau continental (Tunisie/Jamahiriya arabe libyenne), arrêt, C.I.J. Recueil 1982*, p. 61, par. 74.
[24] *Frontière terrestre et maritime entre le Cameroun et le Nigéria (Cameroun c. Nigéria; Guinée équatoriale (intervenant)), arrêt, C.I.J. Recueil 2002*, p. 442, par. 291.
[25] *Délimitation maritime dans la mer des Caraïbes et l'océan Pacifique (Costa Rica c. Nicaragua)* et *Frontière terrestre dans la partie septentrionale d'Isla Portillos (Costa Rica c. Nicaragua), arrêt, C.I.J. Recueil 2018 (I)*, p. 195, par. 150.

Costa Rica's coast *as a result of the concavity of that coast.*[26]" (Emphases added.)

32. However, in an attempt to justify the departure from the Court's practice, it is stated in paragraph 167 of the Judgment that "[i]n the present case, the potential cut-off of Kenya's maritime entitlements should be assessed in a broader geographical configuration. This was also the approach adopted by the arbitral tribunal in the *Guinea/Guinea-Bissau* case." It is rather strange that the Court should rely as judicial precedent on an award which considered the equidistance methodology, generally used by the Court, inapplicable to the delimitation of the coasts of Guinea and Guinea-Bissau because of their concavity[27]. More specifically, the award did not treat the concavity of the coastline of a third State in the region — since, in any event, the concavity was located within the relevant coasts of the parties[28] — as a relevant circumstance for the adjustment of the provisional equidistance line. Rather, the tribunal adopted a methodology "looking at the whole of West Africa" as "a *long coastline*", leading "towards a delimitation which [wa]s integrated into the present or future delimitations of the region as a whole"[29].

33. Moreover, as was pointed out by the ITLOS Special Chamber in *Ghana/Côte d'Ivoire*, "the approach taken by that Award was not followed by subsequent international jurisprudence"[30]. Indeed, the Chamber was "not convinced that Côte d'Ivoire c[ould] rely on the jurisprudence of this Arbitral Award [in *Guinea/Guinea-Bissau*] to sustain its reasoning", especially since "the maritime area off the coasts of Guinea and Guinea-Bissau is geographically complex, whereas the coasts of Ghana and Côte d'Ivoire are straight rather than indented"[31], which is the case also of the coasts of Somalia and Kenya. It is therefore difficult to understand why the International Court of Justice would have recourse to such an award, which flies in the face of its own jurisprudence in the delimitation of maritime boundaries through the use of the equidistance line in a three-stage methodology.

34. The other judgments and awards relied upon to justify the adjustment of the equidistance line are similarly either inapposite or have nothing to do with the circumstances of the present case, and do not provide

---

[26] *I.C.J. Reports 2018 (I)*, p. 196, para. 156.

[27] *Delimitation of the Maritime Boundary between Guinea and Guinea-Bissau, Award of 14 February 1985, International Law Reports (ILR)*, Vol. 77, pp. 683-684, para. 108 (noting that its preferred approach "condemns the equidistance method as seen by Guinea-Bissau").

[28] *Ibid.*, pp. 681-683, paras. 103-104 and 108 ("If the coasts of each country are examined separately, it can be seen that the Guinea-Bissau coastline is convex, when the Bijagos are taken into account, and that that of Guinea is concave").

[29] *Ibid.*, pp. 683-684, para. 108; emphasis in the original.

[30] *Delimitation of the Maritime Boundary in the Atlantic Ocean (Ghana/Côte d'Ivoire), Judgment, ITLOS Reports 2017*, p. 89, para. 287.

[31] *Ibid.*

costa-ricienne, les projections maritimes de cette côte sont amputées par celles de la côte nicaraguayenne.»[26] (Les italiques sont de moi.)

32. Pour tenter de justifier cette rupture avec la pratique de la Cour, il est affirmé, au paragraphe 167 du présent arrêt, que, en l'«espèce, l'amputation potentielle des droits maritimes du Kenya doit être appréciée dans le cadre d'un contexte géographique plus large. Telle a également été l'approche adoptée par le tribunal arbitral constitué en l'affaire *Guinée/Guinée-Bissau.*» Il est plutôt étrange que la Cour invoque comme précédent judiciaire une sentence dans laquelle la méthode de l'équidistance, qu'elle a pour habitude d'employer, a été jugée inapplicable aux fins de la délimitation des côtes de la Guinée et de la Guinée-Bissau en raison de leur concavité[27]. Plus précisément, le tribunal n'a pas estimé — étant donné que, en tout état de cause, les côtes pertinentes des parties se caractérisaient elles-mêmes par leur concavité[28] — que la concavité du littoral d'un Etat tiers de la région constituait une circonstance pertinente justifiant un ajustement de la ligne d'équidistance provisoire. En choisissant au contraire une méthode considérant «l'ensemble de la région de l'Afrique occidentale» comme un «*littoral long*», il s'est orienté «vers une délimitation qui s'int[é]gr[ait] aux délimitations actuelles ou futures de la région»[29].

33. En outre, comme l'a signalé la Chambre spéciale du TIDM dans l'affaire *Ghana/Côte d'Ivoire*, «l'approche adoptée dans cette sentence n'a pas été suivie depuis par la jurisprudence internationale»[30]. En effet, la Chambre n'était «pas convaincue que la Côte d'Ivoire puisse s'appuyer sur la jurisprudence de [la] sentence [en l'affaire *Guinée/Guinée-Bissau*] pour étayer son raisonnement», d'autant que «la zone maritime au large de la Guinée et de la Guinée-Bissau [étai]t géographiquement complexe, tandis que les côtes du Ghana et de la Côte d'Ivoire [étaie]nt droites et non échancrées»[31], comme le sont également celles de la Somalie et du Kenya. L'invocation par la Cour d'une sentence allant à l'encontre de sa propre jurisprudence relative à la délimitation des frontières maritimes par l'utilisation d'une ligne d'équidistance dans le cadre d'une méthode en trois étapes est donc difficile à comprendre.

34. De la même manière, les autres arrêts et sentences invoqués dans le présent arrêt pour justifier l'ajustement de la ligne d'équidistance sont dépourvus de pertinence ou n'ont aucun rapport avec les circonstances de

---

[26] *C.I.J. Recueil 2018 (I)*, p. 196, par. 156.

[27] *Délimitation de la frontière maritime entre la Guinée et la Guinée-Bissau, sentence du 14 février 1985, RSA*, vol. XIX, p. 189, par. 108 (notant que son approche de prédilection «condamne l'équidistance telle qu'elle est vue par la Guinée-Bissau»).

[28] *Ibid.*, p. 187-189, par. 103, 104 et 108 («Si l'on examine les côtes de chaque pays séparément, on s'aperçoit que celles de la Guinée-Bissau sont convexes, en tenant compte des Bijagos, et que celles de la Guinée sont concaves»).

[29] *Ibid.*, p. 189, par. 108 (les italiques sont dans l'original).

[30] *Délimitation de la frontière maritime dans l'océan Atlantique (Ghana/Côte d'Ivoire), arrêt, TIDM Recueil 2017*, p. 89, par. 287.

[31] *Ibid.*

authority for taking into account as a relevant circumstance, the coastline of a third State which is not party to these proceedings and which is situated well beyond the relevant coasts and area. First, reference is made to the *North Sea Continental Shelf* cases (para. 165). It may be true that in the *North Sea Continental Shelf* cases, the Court recognized that the marked concavity or convexity of the coastline may amount to an equitable consideration for the adjustment of the equidistance line[32]. But, in that case, the marked concavity and convexity of the coastline existed in the relevant coasts of all three States that were parties to the proceedings; it did not involve the coastlines of a third State far from the relevant area, such as the United Kingdom, Norway or Belgium.

35. Secondly, paragraph 166 refers to the cases of *Bangladesh/Myanmar* and *Bangladesh* v. *India*. Leaving aside the fact that the Bay of Bengal, with its marked concavities and sinuosities, bears no resemblance to the — almost linear — coastlines of Somalia and Kenya, in those cases the respective tribunals limited their enquiry specifically to the coasts of the parties to these proceedings. They did not consider the potential effect of the concavity of the Bay of Bengal vis-à-vis the coasts of third States. As stated by ITLOS in *Bangladesh/Myanmar*, "concavity *per se* is not necessarily a relevant circumstance"[33]. The Tribunal stressed that an adjustment may be necessary "when an equidistance line drawn between two States produces a cut-off effect on the maritime entitlement of one of those States, as a result of the concavity of the coast"[34]; the "coast in question", however, was understood as "the coast of Bangladesh", a party to these proceedings, not the coastline of India, which was not mentioned in the relevant analysis[35].

36. In *Bangladesh* v. *India*, the arbitral tribunal also referred to *Cameroon* v. *Nigeria* and *Bangladesh/Myanmar*, "not[ing] the common view in international jurisprudence that concavity as such does not necessarily constitute a relevant circumstance requiring the adjustment of a provisional equidistance line"[36]. The tribunal stressed that "the existence of a cut-off effect should be established on an objective basis and in a transparent manner", whereas "a decision as to the existence of a cut-off effect must take into account the whole area in which competing claims have

---

[32] *North Sea Continental Shelf (Federal Republic of Germany/Denmark; Federal Republic of Germany/Netherlands), Judgment, I.C.J. Reports 1969*, p. 49, para. 89 *(a)*.

[33] *Delimitation of the Maritime Boundary in the Bay of Bengal (Bangladesh/Myanmar), Judgment, ITLOS Reports 2012*, p. 81, para. 292.

[34] *Ibid.*

[35] *Ibid.*, pp. 81-82, paras. 293 and 297; see also *ibid.*, p. 87, paras. 323 and 325 ("the *coast of Bangladesh* . . . is decidedly concave. This concavity causes the provisional equidistance line to cut across Bangladesh's coastal front" and "The Tribunal . . . takes the position that . . . an adjustment must be made to its provisional equidistance line to abate the cut-off effect of the line on *Bangladesh's concave coast* . . . in light of the coastal *geography of the Parties*") and p. 89, para. 333, referring to the "coasts *of the Parties*". (All emphases added.)

[36] *Bay of Bengal Maritime Boundary Arbitration (Bangladesh v. India), Award of 7 July 2014, RIAA*, Vol. XXXII, p. 120, para. 402.

la présente espèce ; ils n'autorisent pas non plus à considérer comme une circonstance pertinente le littoral d'un Etat tiers qui n'est pas partie à l'affaire et se situe bien au-delà de la zone et des côtes pertinentes. Premièrement, il est fait référence dans l'arrêt aux affaires du *Plateau continental de la mer du Nord* (par. 165), dans lesquelles la Cour a certes reconnu qu'il pourrait être équitable de tenir compte de la forte concavité ou convexité de la côte aux fins de l'ajustement de la ligne d'équidistance[32]. Cette forte concavité ou convexité caractérisait cependant les côtes pertinentes des trois Etats parties à l'instance, et non le littoral d'un Etat tiers éloigné de la zone pertinente, tel que le Royaume-Uni, la Norvège ou la Belgique.

35. Deuxièmement, au paragraphe 166, la Cour se réfère aux affaires *Bangladesh/Myanmar* et *Bangladesh c. Inde*. Outre que les côtes du golfe du Bengale, qui sont fortement concaves et sinueuses, ne présentent aucune similitude avec celles — presque rectilignes — de la Somalie et du Kenya, les tribunaux respectifs se sont, dans ces affaires, uniquement intéressés aux côtes des parties. Ils n'ont pas tenu compte de l'effet potentiel de la concavité du golfe du Bengale sur les côtes d'Etats tiers. Comme l'a indiqué le TIDM dans l'affaire *Bangladesh/Myanmar*, « la concavité en soi ne constitue pas nécessairement une circonstance pertinente »[33]. Le tribunal a précisé qu'un ajustement pouvait être nécessaire « lorsqu'une ligne d'équidistance tracée entre deux Etats produi[sai]t, en raison de la concavité de sa côte, un effet d'amputation sur l'espace maritime auquel un de ces Etats a[vait] droit »[34] ; la « côte en question », cependant, s'entendait de « [celle] du Bangladesh », Etat partie à l'affaire, et non de celle de l'Inde, qui n'était pas mentionnée dans le cadre de cette analyse[35].

36. Dans l'affaire *Bangladesh c. Inde*, le tribunal arbitral, se référant également aux affaires *Cameroun c. Nigéria* et *Bangladesh/Myanmar*, a noté « qu'il [étai]t généralement reconnu, dans la jurisprudence internationale, que la concavité en soi ne constitu[ait] pas nécessairement une circonstance pertinente nécessitant l'ajustement de la ligne d'équidistance provisoire »[36]. Il a souligné que « l'existence d'un effet d'amputation devrait être établie de manière objective et transparente », toute « décision relative à l'existence d'un effet d'amputation d[evan]t prendre en compte

---

[32] *Plateau continental de la mer du Nord (République fédérale d'Allemagne/Danemark ; République fédérale d'Allemagne/Pays-Bas), arrêt, C.I.J. Recueil 1969*, p. 49, par. 89 *a)*.

[33] *Délimitation de la frontière maritime dans le golfe du Bengale (Bangladesh/Myanmar), arrêt, TIDM Recueil 2012*, p. 81, par. 292.

[34] *Ibid.*

[35] *Ibid.*, p. 81-82, par. 293 et 297 ; voir aussi *ibid.*, p. 87, par. 323 et 325 (« la *côte du Bangladesh* ... est manifestement concave. Cette concavité a pour effet de faire passer la ligne d'équidistance provisoire devant la façade côtière du Bangladesh » et « Le Tribunal considère donc [qu'il] est effectivement nécessaire d'ajuster la ligne d'équidistance provisoire afin d'atténuer l'effet d'amputation produit par cette ligne sur la *côte concave du Bangladesh* ... compte tenu de la *géographie de la région* »), et p. 89, par. 333 (se référant aux « côtes *des Parties* ») (tous les italiques sont de moi).

[36] *Arbitrage concernant la frontière maritime dans le golfe du Bengale (Bangladesh c. Inde), sentence du 7 juillet 2014, RSA*, vol. XXXII, p. 120, par. 402.

been made"[37]. In assessing the concavity as a relevant circumstance, the arbitral tribunal examined the projections of the "coast of Bangladesh", which was "manifestly concave", and the projections of the "south-east-facing coasts of India"[38]. It did not take into account the coastlines of Myanmar, which was not mentioned in the relevant analysis.

37. Thirdly, even if it were to be assumed, *arguendo*, that a concavity exists in the area to be delimited, which of course is not the case here, such a concavity would have to be, in the first instance, a marked one; and secondly it would have to produce a severe or serious cut-off effect to be considered as a relevant circumstance. Neither a marked concavity in East Africa, including the Tanzanian coast, nor a serious cut-off or shut-off of the seaward projection of Kenya's maritime boundary can be identified on a map in the instant case within the 200-nautical-mile area. A strict equidistance line between Somalia and Kenya allows the seaward projection of their coasts to proceed in the same general direction, and does not stop or cut off Kenya's potential entitlements (see sketch-map No. 10 in the Judgment, p. 269). Words must have a meaning, and a slight narrowing of the coastal projections of a country cannot be characterized as a "serious cut-off". It is not fitting for a court to claim, as Humpty Dumpty did in *Alice in Wonderland*, that "when I use a word, it means just what I choose it to mean — neither more nor less".

38. Fourthly, as was observed by the arbitral tribunal in *Bangladesh* v. *India*, two criteria must be met for a cut-off produced by a provisional equidistance line to warrant adjustment of the provisional equidistance line:

> "First, the line must prevent a coastal State from extending its maritime boundary as far seaward as international law permits. Second, the line must be such that — if not adjusted — it would fail to achieve the equitable solution required by articles 74 and 83 of the Convention. This requires an assessment of where the disadvantage of the cut-off materializes and of its seriousness." [39]

Neither of these criteria is met in the present case. A cut-off must be capable of causing something to end or to be stopped. However, no such effect is produced by an unadjusted equidistance line between Somalia and Kenya within the 200-nautical-mile zone, whether the Kenya-Tanzania parallel of latitude or a strict equidistance line is used. At 200 nautical miles, the distance between the Kenya-Tanzania parallel of latitude and the unadjusted equidistance line with Somalia would still be, according to

---

[37] *Bay of Bengal Maritime Boundary Arbitration (Bangladesh* v. *India), Award of 7 July 2014, RIAA*, Vol. XXXII, p. 121, para. 404.

[38] *Ibid.*, pp. 121-122, paras. 406-407.

[39] *Ibid.*, p. 124, para. 417; see also *Delimitation of the Maritime Boundary in the Atlantic Ocean (Ghana/Côte d'Ivoire), Judgment, ITLOS Reports 2017*, p. 120, para. 422.

l'ensemble de la zone qui fait l'objet de prétentions concurrentes»[37]. Pour déterminer si la concavité constituait une circonstance pertinente, le tribunal a examiné les projections de la «côte du Bangladesh», qui était «manifestement concave», et celles des «côtes de l'Inde orientées au sud-est»[38], mais il n'a pas pris en compte le littoral du Myanmar, qui n'a pas été mentionné dans le cadre de cette analyse.

37. Troisièmement, même si l'on devait supposer, *arguendo*, qu'il existe une concavité dans la zone à délimiter, ce qui n'est bien évidemment pas le cas ici, cette concavité devrait, avant tout, être prononcée; pour être considérée comme une circonstance pertinente, elle devrait en outre produire un effet d'amputation grave ou important. Or, en la présente espèce, ni une concavité prononcée de la côte est-africaine, y compris celle de la Tanzanie, ni un grave effet d'amputation ou de retranchement de la projection vers le large de la frontière maritime du Kenya n'est visible sur une carte en deçà de 200 milles marins. Une ligne d'équidistance stricte entre la Somalie et le Kenya permettait à leurs côtes de se projeter dans la même direction générale et n'éteignait ni n'amputait les droits potentiels du Kenya (voir le croquis n° 10 dans l'arrêt, p. 269). Les mots ont un sens: une légère réduction de la projection côtière d'un pays ne peut être qualifiée de «grave amputation». Une juridiction ne saurait prétendre, comme le faisait Humpty Dumpty dans *Alice au pays des merveilles*, que «les mots [qu'elle] emploie ont le sens qu'il [lui] plaît de leur accorder — ni plus ni moins».

38. Quatrièmement, comme l'a observé le tribunal arbitral dans l'affaire *Bangladesh c. Inde*, il doit être satisfait à deux critères pour que l'effet d'amputation produit par une ligne d'équidistance provisoire justifie un ajustement de celle-ci:

> «Premièrement, la ligne doit empêcher l'Etat côtier d'étendre sa frontière maritime aussi loin vers le large que le lui permet le droit international. Deuxièmement, la ligne doit être telle que, faute d'être ajustée, elle ferait obstacle à la solution équitable prescrite par les articles 74 et 83 de la Convention. Ceci exige de déterminer à quel endroit l'effet d'amputation engendre un désavantage et quelle en est la gravité.»[39]

Aucun de ces critères n'était rempli en la présente espèce. Un effet d'amputation doit avoir pour résultat de faire cesser ou disparaître quelque chose, ce qui n'était pas le cas d'une ligne d'équidistance non ajustée entre la Somalie et le Kenya en deçà de 200 milles marins, que l'on ait utilisé le parallèle entre le Kenya et la Tanzanie ou une ligne d'équidistance stricte. Au niveau de la limite des 200 milles marins, la distance entre ce parallèle et la ligne d'équidistance non ajustée avec la Somalie aurait toujours été,

---

[37] *Arbitrage concernant la frontière maritime dans le golfe du Bengale (Bangladesh c. Inde)*, sentence du 7 juillet 2014, RSA, vol. XXXII, p. 121, par. 404.

[38] *Ibid.*, p. 121-122, par. 406-407.

[39] *Ibid.*, p. 124, par. 417; voir aussi *Délimitation de la frontière maritime dans l'océan Atlantique (Ghana/Côte d'Ivoire)*, arrêt, *TIDM Recueil 2017*, p. 120, par. 422.

Kenya, about 180 km wide[40]. Thus, an unadjusted equidistance line would not prevent Kenya from extending its maritime boundary "as far seaward as international law permits".

39. Indeed, paragraph 171 recognizes that "the cut-off effect in the present case is less pronounced than in some other cases" but goes on to say that "it is nonetheless still serious enough to warrant some adjustment to address the substantial narrowing of Kenya's potential entitlement". It is not clear what is meant by a "serious enough" cut-off in this context, nor is this notion elaborated in the Judgment. However, its use is not, in any case, consistent either with the ordinary meaning of the word "cut-off" in English nor with international jurisprudence. According to the *Oxford Advanced Learner's Dictionary*, to "cut off" means to "remove something from something larger by cutting", to "block or get in the way of something". The central idea in a "cut-off" in maritime delimitation is to preclude the coastline of a State from projecting seaward as far as international law permits, such that a mere narrowing of a seaward projection would not qualify as a "cut-off".

40. The jurisprudence of the Court and of other international tribunals is quite clear on the meaning and implications of a cut-off in maritime delimitation. The first reference to a "cut-off" in the jurisprudence of the Court was in the *North Sea Continental Shelf* cases, where the Court stated that "in the case of a concave or recessing coast . . . the effect of the use of the equidistance method is to pull the line of the boundary inwards, in the direction of the concavity", causing the area enclosed by the equidistance lines "to take the form approximately of a triangle with its apex to seaward and, as it was put on behalf of the Federal Republic, 'cutting off' the coastal State from the further areas of the continental shelf outside of and beyond this triangle"[41].

41. In *Bangladesh* v. *India*, Bangladesh found itself in a situation similar to the one described in the *North Sea Continental Shelf* cases, consisting of a triangle with its apex to seaward, as a result of a strict application of the provisional equidistance line. The tribunal noted that

> "in the present case, the seaward projections of the west-facing coast of Bangladesh on the north-eastern margins of the Bay of Bengal . . . are affected by the provisional equidistance line. The effect is even more pronounced in respect of the southward projection of the south-facing coast of Bangladesh . . . as far as the area beyond 200 [nautical miles] is concerned. The cut-off effect is evidently more pronounced from point Prov-3 southwards, where the provisional equidistance

---

[40] Cf. Counter-Memorial of Kenya, para. 343 and fig. 3-1; CR 2021/3, p. 19, para. 31 (Reichler).

[41] *North Sea Continental Shelf (Federal Republic of Germany/Denmark; Federal Republic of Germany/Netherlands), Judgment, I.C.J. Reports 1969*, p. 17, para. 8.

selon le Kenya, large d'environ 180 kilomètres[40]. Une ligne d'équidistance non ajustée n'aurait donc pas empêché le Kenya d'étendre sa frontière maritime «aussi loin vers le large que le lui permet[tait] le droit international».

39. De fait, au paragraphe 171, la Cour a reconnu que «l'effet d'amputation [soi]t moins prononcé en la présente espèce que dans d'autres affaires», mais précisé qu'il «demeur[ait] suffisamment grave pour justifier un certain ajustement afin de remédier à l'importante réduction des droits potentiels du Kenya». On ne voit pas bien ce que signifie un effet d'amputation «suffisamment grave» dans ce contexte, et aucune explication n'est fournie à ce sujet. En tout état de cause, la manière dont cette notion est employée dans l'arrêt ne correspond ni au sens ordinaire du terme «amputation» («cut-off», en anglais), ni à son usage dans la jurisprudence internationale. Selon l'*Oxford Advanced Learner's Dictionary*, le verbe «cut off» signifie «couper une partie d'un tout» ou «bloquer quelque chose ou y faire obstacle». En matière de délimitation maritime, l'idée centrale est qu'une «amputation» empêche le littoral d'un Etat de se projeter aussi loin vers le large que le permet le droit international; une simple réduction de cette projection ne constitue donc pas une «amputation».

40. La jurisprudence de la Cour et des autres juridictions internationales est tout à fait claire concernant le sens et les conséquences d'une amputation en matière de délimitation maritime. C'est dans les affaires du *Plateau continental de la mer du Nord* que la Cour s'est référée pour la première fois à cette notion, indiquant que, «[d]ans le cas d'une côte concave ou rentrante … l'application de la méthode de l'équidistance tend à infléchir les lignes de délimitation vers la concavité»: la zone qu'elles encadrent «prend donc la forme d'une sorte de triangle au sommet dirigé vers le large, ce qui, pour reprendre le terme de la République fédérale, «ampute» l'Etat riverain des zones du plateau continental situées en dehors du triangle»[41].

41. En l'affaire *Bangladesh c. Inde*, le Bangladesh s'est trouvé dans une situation semblable à celle décrite dans les affaires du *Plateau continental de la mer du Nord*, à savoir la présence d'un triangle au sommet dirigé vers le large, en raison de l'application stricte de la ligne d'équidistance provisoire. Le tribunal a observé ce qui suit:

«en l'espèce, la ligne d'équidistance provisoire a une incidence sur les projections vers le large des côtes bangladaises orientées à l'ouest sur les marges nord-est du golfe du Bengale… L'effet est encore plus marqué s'agissant de la projection vers le sud de la côte bangladaise orientée au sud … en ce qui concerne la zone située au-delà de 200 milles marins. L'effet d'amputation est manifestement plus prononcé à partir du point Prov-3 en direction du sud, là où la ligne

---

[40] Cf. contre-mémoire du Kenya, par. 343 et fig. 3-1; CR 2021/3, p. 19, par. 31 (Reichler).

[41] *Plateau continental de la mer du Nord (République fédérale d'Allemagne/Danemark; République fédérale d'Allemagne/Pays-Bas), arrêt, C.I.J. Recueil 1969*, p. 17, par. 8.

line bends eastwards to the detriment of Bangladesh, influenced by base point I-2 on the Indian coast and the receding coast of Bangladesh in the inner part of the Bay . . . On the basis of the foregoing, the Tribunal concludes that, as a result of the concavity of the coast, the provisional equidistance line it constructed in fact produces a cut-off effect on the seaward projections of the coast of Bangladesh."[42]

42. Likewise, in the case concerning the *Delimitation of the Maritime Boundary between Guinea and Guinea-Bissau*, the arbitral tribunal stated that

"[w]hen in fact . . . there are three adjacent States along a concave coastline, the equidistance method has the other drawback of resulting in the middle country being enclaved by the other two and thus prevented from extending its maritime territory as far seaward as international law permits"[43].

43. The non-existence of a "cut-off" in the present case — much less a serious one — is further demonstrated by the use of the concept in Article 7, paragraph 6 (on straight baselines), and Article 47, paragraph 5 (on archipelagic baselines), of UNCLOS, which read as follows:

"The system of straight baselines may not be applied by a State in such a manner as to *cut off* the territorial sea of another State from the high seas or an exclusive economic zone."

. . . .

"The system of such baselines shall not be applied by an archipelagic State in such a manner as to *cut off* from the high seas or the exclusive economic zone the territorial sea of another State." (Emphases added.)

44. These provisions reproduce almost verbatim the text of Article 4 (5) of the 1958 Convention on the Territorial Sea and the Contiguous Zone[44]. Originally, the idea of a "cut-off" effect was not envisaged by the International Law Commission's 1956 "Articles concerning the Law of the Sea"[45]. The idea of a "cut-off" in the Convention originates from a Portuguese proposal at the 1958 United Nations Conference on the Law of

---

[42] *Bay of Bengal Maritime Boundary Arbitration (Bangladesh v. India), Award of 7 July 2014, RIAA*, Vol. XXXII, pp. 122-123, paras. 407-408. See also *ibid.*, p. 122, map 6 (Projections from coasts).

[43] *Delimitation of the Maritime Boundary between Guinea and Guinea-Bissau, Award of 14 February 1985, ILR*, Vol. 77, p. 682, para. 104.

[44] Convention on the Territorial Sea and the Contiguous Zone, 1958, United Nations, *Treaty Series (UNTS)*, Vol. 516. Article 4, paragraph 5, reads as follows: "The system of straight baselines may not be applied by a State in such a manner as to cut off from the high seas the territorial sea of another State."

[45] *Yearbook of the International Law Commission*, 1956, Vol. II, pp. 265 *et seq.*

d'équidistance provisoire s'incurve vers l'est au détriment du Bangladesh, sous l'influence du point de base I-2 situé sur la côte indienne et de la côte rentrante du Bangladesh dans la partie intérieure du golfe... A la lumière de ce qui précède, le tribunal conclut que, en raison de la concavité de la côte, la ligne d'équidistance provisoire qu'il a construite produit en réalité un effet d'amputation des projections des côtes du Bangladesh vers le large.»[42]

42. De même, dans l'affaire de la *Délimitation de la frontière maritime entre la Guinée et la Guinée-Bissau*, le tribunal arbitral a fait l'observation suivante:

«Quand en fait il y a ... trois Etats limitrophes le long d'un littoral concave, l'équidistance a cet autre inconvénient d'avoir pour résultat que le pays situé au centre est enclavé par les deux autres et se trouve empêché de projeter son territoire maritime aussi loin vers le large que le lui permettrait le droit international.»[43]

43. L'inexistence d'une «amputation» en la présente espèce — et, *a fortiori*, d'une amputation grave — est également démontrée par la façon dont cette notion est utilisée au paragraphe 6 de l'article 7 (lignes de base droites) et au paragraphe 5 de l'article 47 (lignes de base archipélagiques) de la CNUDM, qui sont respectivement libellés comme suit:

«La méthode des lignes de base droites ne peut être appliquée par un Etat de manière telle que la mer territoriale d'un autre Etat se trouve *coupée* de la haute mer ou d'une zone économique exclusive.»
. . . .
«Un Etat archipel ne peut appliquer la méthode de tracé de ces lignes de base d'une manière telle que la mer territoriale d'un autre Etat se trouve *coupée* de la haute mer ou d'une zone économique exclusive.» (Les italiques sont de moi.)

44. Ces dispositions reproduisent presque *verbatim* le texte du paragraphe 5 de l'article 4 de la convention de 1958 sur la mer territoriale et la zone contiguë[44]. A l'origine, l'idée d'un effet d'«amputation» n'avait pas été envisagée dans les «articles concernant le droit de la mer» de la Commission du droit international[45]. Cette idée provient d'une proposition du Portugal, formulée dans des termes très semblables, à la confé-

---

[42] *Arbitrage concernant la frontière maritime dans le golfe du Bengale (Bangladesh c. Inde), sentence du 7 juillet 2014, RSA*, vol. XXXII, p. 122-123, par. 407-408. Voir aussi *ibid.*, p. 122, map 6 (Projections from coasts).

[43] *Délimitation de la frontière maritime entre la Guinée et la Guinée-Bissau, sentence du 14 février 1985, RSA*, vol. XIX, p. 187, par. 104.

[44] Convention sur la mer territoriale et la zone contiguë, 1958, *Recueil des traités des Nations Unies (RTNU)*, vol. 516. Le paragraphe 5 de l'article 4 se lit comme suit: «Le système des lignes de base droites ne peut être appliqué par un Etat de manière à couper de la haute mer la mer territoriale d'un autre Etat.»

[45] *Annuaire de la Commission du droit international*, 1956, vol. II, p. 265 et suiv.

the Sea, with very similar wording[46]. In explaining its proposal, the delegate of Portugal stated that "it would be absurd if one coastal State were able to deny another coastal State access to the high seas"[47]. These provisions were taken as the basis for UNCLOS III, without much debate as to their substance or content.

45. According to the *Virginia Commentary* on Article 7 of UNCLOS:

> "Paragraph 6 [of Article 7 of UNCLOS] is based on article 4, paragraph 5, of the 1958 Convention, with the addition of the reference to the exclusive economic zone. *Its purpose is to protect the access of a coastal State to any open sea area where it enjoys the freedom of navigation.* The additional reference to the exclusive economic zone in paragraph 6 is justified since the freedom of navigation is exercised also in that zone under article 58, paragraph 1."[48] (Emphasis added.)

46. The question therefore arises whether there is any area in the coastal projections of Somalia and Kenya within 200 nautical miles or beyond it which, because of the use of the equidistance line, takes the form "approximately of a triangle with its apex to seaward", thus cutting off Kenya from further areas of the EEZ or continental shelf beyond this triangle, or which results in Kenya being enclaved. The answer is manifestly negative. Neither a serious cut-off nor an enclavement can be visualized even on sketch-map No. 10 of the Judgment (p. 269), which only shows a slight narrowing of the coastal projections of Kenya that cannot realistically be claimed to cut it off from, or block its access to, any maritime zone within or beyond 200 nautical miles.

47. To conclude, it should be recalled that the Court has repeatedly emphasized in the past the need to "be faithful to the actual geographical situation"[49] in defining the relevant coast and relevant area and to avoid "completely refashioning nature"[50]. The present Judgment engages in

---

[46] *United Nations Conference on the Law of the Sea, Official Records, Vol. III, First Committee (Territorial Sea and Contiguous Zone)*, Summary records of meetings and Annexes, UN doc. A/CONF.13/39, p. 240, doc. A/CONF.13/C.1/L.101, Portugal: proposal (Article 5), second point: "Insert a new paragraph as follows: '4. The system of straight baselines may never be drawn by a State in such a manner as to cut off from the high seas the territorial sea of another State.'"

[47] *Ibid.*, p. 148, para. 27.

[48] S. N. Nandan, S. Rosenne and N. R. Grandy (Volume Eds.), *United Nations Convention on the Law of the Sea, 1982: A Commentary*, Vol. II, 1993, Center for Oceans Law and Policy, University of Virginia, Martinus Nijhoff, Dordrecht, p. 103, para. 7.9 *(h)*.

[49] *Continental Shelf (Libyan Arab Jamahiriya/Malta), Judgment, I.C.J. Reports 1985*, p. 45, para. 57.

[50] *Ibid.* See also *North Sea Continental Shelf (Federal Republic of Germany/Denmark; Federal Republic of Germany/Netherlands), Judgment, I.C.J. Reports 1969*, p. 49, para. 91.

rence des Nations Unies de 1958 sur le droit de la mer[46]. Pour expliquer sa proposition, le représentant portugais avait affirmé qu'il « serait absurde qu'un Etat côtier puisse empêcher un autre Etat côtier d'accéder à la haute mer »[47]. Ces dispositions ont servi de base à la troisième conférence sur le droit de la mer, sans qu'elles n'aient fait l'objet de réels débats sur le fond ou quant à leur teneur.

45. Le commentaire de l'Université de Virginie sur l'article 7 de la CNUDM se lit comme suit :

> « [L]e paragraphe 6 [de l'article 7 de la CNUDM] est fondé sur le paragraphe 5 de l'article 4 de la Convention de 1958, bien qu'il se réfère également à la zone économique exclusive. *Il a pour but de préserver l'accès de tout Etat côtier aux zones de la haute mer dans lesquelles il jouit de la liberté de navigation.* La référence à la zone économique exclusive dans ce paragraphe est justifiée puisque la liberté de navigation s'y exerce aussi en vertu du paragraphe 1 de l'article 58. »[48] (Les italiques sont de moi.)

46. La question se pose donc de savoir si, du fait de l'utilisation de la ligne d'équidistance, l'une des zones de projection côtière de la Somalie ou du Kenya, en deçà ou au-delà de la limite des 200 milles marins, prenait la forme « d'une sorte de triangle au sommet dirigé vers le large », coupant ainsi le Kenya d'autres zones de la ZEE ou du plateau continental situées en dehors du triangle, ou entraînant un enclavement de ce pays. Tel n'était manifestement pas le cas. Aucune amputation grave ni aucun enclavement n'est visible, même sur le croquis n° 10 de l'arrêt (p. 269) ; on y voit seulement une légère réduction des projections côtières du Kenya dont il n'est pas réaliste d'affirmer qu'elle avait pour effet d'amputer ce dernier de quelque zone maritime en deçà ou au-delà de 200 milles marins, ou de l'empêcher d'y accéder.

47. Pour conclure, on rappellera que la Cour a souligné à maintes reprises qu'il convenait de définir la côte pertinente et la zone pertinente en « respect[ant] la situation géographique réelle »[49] et en évitant de « refaire entièrement la nature »[50]. Le présent arrêt procède pourtant à un

---

[46] *Conférence des Nations Unies sur le droit de la mer, Documents officiels, vol. III, Première Commission (Mer territoriale et zone contiguë), comptes rendus analytiques des séances et annexes*, Nations Unies, doc. A/CONF.13/39, p. 240, doc. A/CONF.13/C.1/L.101, Portugal : proposition (article 5), deuxième point : « Insérer un nouveau paragraphe libellé comme suit : « 4. La méthode des lignes de base droites ne doit jamais être appliquée par un Etat de manière telle que la mer territoriale d'un autre Etat se trouve *coupée* de la haute mer. » »

[47] *Ibid.*, p. 148, par. 27.

[48] S. N. Nandan, S. Rosenne et N. R. Grandy (directeurs de volume), *United Nations Convention on the Law of the Sea, 1982 : A Commentary*, vol. II, 1993, Center for Oceans Law and Policy, University of Virginia, Martinus Nijhoff, Dordrecht, p. 103, par. 7.9 *h*).

[49] *Plateau continental (Jamahiriya arabe libyenne/Malte), arrêt, C.I.J. Recueil 1985*, p. 45, par. 57.

[50] *Ibid.* Voir aussi *Plateau continental de la mer du Nord (République fédérale d'Allemagne/Danemark ; République fédérale d'Allemagne/Pays-Bas), arrêt, C.I.J. Recueil 1969*, p. 49, par. 91.

such refashioning by importing into the area to be delimited between Somalia and Kenya, the characteristics of the coastline of a third State, namely the existence of a slight concavity off the coast of Tanzania. The law and methodology hitherto developed by the Court for the purposes of delimitation between adjacent or opposite coasts have given rise to a high degree of predictability and a normative coherence in the interpretation and application of the international law of the sea.

48. This long-standing predictability and coherence risk to be shattered by the incorrect and unprecedented approach used in the adjustment of the equidistance line in the present Judgment by disregarding a cardinal principle of maritime delimitation, that "the land dominates the sea". By introducing into the analysis of the overlapping claims of Somalia and Kenya extraneous coastal configurations and geographical circumstances well beyond the relevant coasts of the Parties, and beyond the relevant area, the Judgment has introduced into the law and process of maritime delimitation considerations which are "strange to its nature"[51] and undermine the reliable methodology developed by the Court.

IV. Delimitation of the Continental Shelf
beyond 200 Nautical Miles

49. I agree that the Court should proceed to a delimitation of the continental shelf beyond 200 nautical miles as requested by both Parties. I disagree, however, with the manner in which the delimitation has been implemented for the following reasons.

50. First, for the same reasons as described above, I disagree with the extension of the same geodetic line that was unjustifiably adjusted within the 200 nautical miles. There was no valid reason to do so. The Court cannot simply assert that a delimitation line should take a certain course without justifying it or giving convincing reasons for it. The narrowing of the coastal projections of Kenya is in fact more pronounced after the 200 nautical miles due to Kenya's maritime delimitation agreement in 2009 with Tanzania. However, this is not specifically mentioned in the Judgment.

51. It should be recalled, in this connection, that in that agreement Kenya deliberately chose the parallel of latitude delimitation instead of an equidistance line in order to gain about 10,000 sq km within 200 nautical miles, which, however, made it lose more than 25,000 sq km of maritime space beyond 200 nautical miles. Thus, if there is a cut-off effect in the area beyond 200 nautical miles, it is purely and simply due to Kenya's choice in 2009. Moreover, the agreement between Kenya and Tanzania

---

[51] *Continental Shelf (Libyan Arab Jamahiriya/Malta), Judgment, I.C.J. Reports 1985,* p. 40, para. 48; *Maritime Delimitation in the Area between Greenland and Jan Mayen (Denmark v. Norway), Judgment, I.C.J. Reports 1993,* p. 63, para. 57.

tel remodelage géographique, en important dans la zone à délimiter entre la Somalie et le Kenya les caractéristiques du littoral d'un Etat tiers, à savoir l'existence d'une légère concavité de la côte tanzanienne. Or, le droit et la méthode appliqués jusqu'ici par la Cour aux fins de la délimitation entre des côtes qui sont adjacentes ou se font face se caractérisaient par un fort degré de prévisibilité et une cohérence normative dans l'interprétation et l'application du droit international de la mer.

48. Cette prévisibilité et cette cohérence bien établies risquent d'être anéanties par l'approche inédite et erronée adoptée dans le présent arrêt pour l'ajustement de la ligne d'équidistance, approche qui fait fi du principe fondamental de la délimitation maritime selon lequel «la terre domine la mer». En tenant compte, dans l'analyse des revendications concurrentes de la Somalie et du Kenya, de caractéristiques côtières extérieures et de circonstances géographiques fort éloignées des côtes pertinentes des Parties, en dehors de la zone pertinente, l'arrêt introduit dans le droit et le processus de la délimitation maritime des considérations «étrangères à [leur] nature»[51], ce qui porte atteinte à la méthode fiable mise au point par la Cour.

IV. DÉLIMITATION DU PLATEAU CONTINENTAL AU-DELÀ DE 200 MILLES MARINS

49. Je conviens que la Cour devait procéder à la délimitation du plateau continental au-delà de 200 milles marins comme l'avaient demandé les deux Parties. Pour les raisons que j'exposerai ci-après, je ne souscris toutefois pas à la manière dont cette délimitation a été établie.

50. Premièrement, pour les mêmes motifs que ceux qui ont été exposés ci-dessus, je ne souscris pas au prolongement de la ligne géodésique qui a été ajustée de façon injustifiable et sans raison valable en deçà de 200 milles marins. La Cour ne peut se contenter d'affirmer qu'une ligne de délimitation doit suivre un certain tracé sans fournir de justification ni de raison convaincante. La réduction des projections côtières du Kenya était effectivement plus marquée au-delà de la limite des 200 milles marins du fait de l'accord de délimitation maritime que cet Etat avait conclu avec la Tanzanie en 2009 ; mais cela n'est pas spécifiquement mentionné dans l'arrêt.

51. Il convient de rappeler à cet égard que, dans cet accord, le Kenya avait délibérément choisi une ligne de délimitation suivant le parallèle plutôt qu'une ligne d'équidistance afin de gagner environ 10 000 kilomètres carrés en deçà de 200 milles marins, ce qui lui a cependant fait perdre plus de 25 000 kilomètres carrés d'espaces maritimes au-delà de cette limite. S'il existait un effet d'amputation dans la zone située au-delà de 200 milles marins, c'était donc purement et simplement à cause du

---

[51] *Plateau continental (Jamahiriya arabe libyenne/Malte), arrêt, C.I.J. Recueil 1985*, p. 40, par. 48 ; *Délimitation maritime dans la région située entre le Groenland et Jan Mayen (Danemark c. Norvège), arrêt, C.I.J. Recueil 1993*, p. 63, par. 57.

cannot have any legal effect for Somalia in accordance with the principle *pacta tertiis nec nocent nec prosunt*. For this reason, Somalia cannot be required to compensate Kenya for the maritime area it surrendered on the basis of its agreement with Tanzania by shifting the equidistance line northwards in its favour as has been done in the Judgment.

52. Secondly, the extension of the adjusted equidistance line beyond 200 nautical miles along the above-mentioned geodetic line also creates a new problem with regard to what the Judgment refers to as the "grey area". It is the erroneous manner in which the adjustment of the equidistance line is made in the present case that produces this "grey area" as depicted in sketch-map No. 12 (p. 278). Although it is stated in the Judgment that such a "grey area" is only a possibility, and therefore the Court "does not consider it necessary . . . to pronounce itself on the legal régime that would be applicable in that area" (para. 197), the mere reference to it and its representation in a sketch-map which is an integral part of the Judgment may create a new and unnecessary controversy between these two neighbouring States in the future.

(Signed) Abdulqawi Ahmed YUSUF.

choix qu'avait fait le Kenya en 2009. De plus, compte tenu du principe *pacta tertiis nec nocent nec prosunt*, l'accord conclu entre ce dernier et la Tanzanie ne pouvait avoir quelque effet juridique sur la Somalie. Aussi ne pouvait-on exiger de celle-ci qu'elle compense la perte, pour le Kenya, d'une zone maritime qu'il avait lui-même cédée dans le cadre de son accord avec la Tanzanie en déplaçant la ligne d'équidistance vers le nord en sa faveur, comme cela a été décidé dans l'arrêt.

52. Deuxièmement, le prolongement de la ligne d'équidistance ajustée au-delà de 200 milles marins le long de la ligne géodésique susmentionnée crée également un nouveau problème lié à ce que l'arrêt qualifie de «zone grise». Cette zone, visible sur le croquis n° 12 (p. 278), apparaît en raison de la manière erronée dont la ligne d'équidistance a été ajustée en la présente espèce. Bien qu'il soit affirmé dans l'arrêt que cette «zone grise» n'est qu'une éventualité et que, partant, la Cour «n'estime pas nécessaire … de se prononcer sur le régime juridique qui y serait applicable» (par. 197), le simple fait qu'elle soit mentionnée et représentée sur un croquis qui fait partie intégrante de l'arrêt pourrait, à l'avenir, engendrer inutilement un nouveau différend entre les deux Etats.

(Signé) Abdulqawi Ahmed YUSUF.

DECLARATION OF JUDGE XUE

1. In the present case, the Court has used the three-stage approach to establish the maritime boundary between Somalia and Kenya in the exclusive economic zone and on the continental shelf within 200 nautical miles. Although this methodology has been applied in a number of cases since the *Black Sea* Judgment (*Maritime Delimitation in the Black Sea (Romania* v. *Ukraine), Judgment, I.C.J. Reports 2009*, p. 61), as this case demonstrates, the question whether its methodological approaches are suitable for all types of maritime delimitation cases requires review.

2. The relevant provisions of the 1982 United Nations Convention on the Law of the Sea (hereinafter "UNCLOS" or the "Convention") on the maritime delimitation of the exclusive economic zone and the continental shelf are contained in Articles 74 and 83. As the Court points out in the Judgment, they are of "a very general nature and do not provide much by way of guidance for those involved in the maritime delimitation exercise" (Judgment, para. 121). In such an exercise, all that is required to do under these provisions is to achieve an equitable solution, either through negotiations or by a third-party settlement. In other words, there is no mandatory methodology provided for under the Convention. This is certainly not an omission, but a deliberate and well-considered choice on the part of the States parties.

3. Historically, there were two main schools of thought among States on the principles for the maritime delimitation of continental shelf: one is the principle of equidistance as expressed in Article 6, paragraph 2, of the 1958 Geneva Convention on the Continental Shelf, the other the equitable principles. Positions taken by States on these two schools varied greatly, given the geographical circumstances of the maritime area in which States find themselves; the equidistance method worked well in some cases, producing an equitable solution, while in others it did not. Therefore, it came as no surprise that the equidistance method was never accepted as a rule in international law that applies to maritime delimitations.

4. In the *North Sea Continental Shelf* cases, the Court, for the first time, was requested to pronounce on the applicable principles and rules of international law for the delimitation of continental shelf. The Court rejected the claims of Denmark and the Netherlands to apply the equidistance method (*North Sea Continental Shelf (Federal Republic of Germany/ Denmark; Federal Republic of Germany/Netherlands), Judgment, I.C.J. Reports 1969*, pp. 45-46, para. 82) and stated that delimitation was to be

DÉCLARATION DE Mme LA JUGE XUE

[Traduction]

1. En la présente espèce, la Cour a utilisé la méthode en trois étapes pour établir la frontière maritime entre la Somalie et le Kenya dans la zone économique exclusive et sur le plateau continental en deçà de 200 milles marins. Bien que cette méthode ait été appliquée dans plusieurs affaires depuis l'arrêt relatif à la *Délimitation maritime en mer Noire (Roumanie c. Ukraine) (arrêt, C.I.J. Recueil 2009*, p. 61), il y a lieu de s'interroger, comme le démontre la présente espèce, sur le point de savoir si les techniques qu'elle recouvre sont adaptées à tous les types d'affaires de délimitation maritime.

2. Les dispositions pertinentes de la convention des Nations Unies sur le droit de la mer de 1982 (ci-après la «CNUDM» ou la «convention») concernant la délimitation de la zone économique exclusive et du plateau continental figurent aux articles 74 et 83. Ainsi que la Cour l'a fait observer dans son arrêt, «[d]e par leur caractère très général, [c]es dispositions … ne donnent guère d'indications pour se livrer à cet exercice de délimitation maritime» (arrêt, par. 121). La seule exigence qu'elles imposent à cet égard est d'aboutir à une solution équitable, par voie de négociations ou de règlement par une tierce partie. Autrement dit, la convention ne prévoit pas de méthode de délimitation obligatoire. Et il ne s'agit assurément pas là d'une omission mais d'un choix délibéré fait en connaissance de cause par les Etats parties à cet instrument.

3. Historiquement, il existe parmi les Etats deux écoles de pensée principales en ce qui concerne les principes applicables à la délimitation maritime du plateau continental : l'une se fonde sur le principe de l'équidistance, tel qu'il est énoncé au paragraphe 2 de l'article 6 de la convention de Genève de 1958 sur le plateau continental, et l'autre, sur les principes équitables. Les Etats ont adopté des positions très différentes à l'égard de ces deux écoles de pensée en fonction des circonstances géographiques de la zone maritime où ils se situaient ; si la méthode de l'équidistance a bien fonctionné dans certains cas, produisant une solution équitable, il n'en a pas été de même dans d'autres. Il n'est donc pas surprenant que cette méthode n'ait jamais été reconnue en tant que règle de droit international s'appliquant aux délimitations maritimes.

4. C'est dans les affaires du *Plateau continental de la mer du Nord* qu'il a été pour la première fois demandé à la Cour de se prononcer sur les principes et règles de droit international applicables à la délimitation du plateau continental. La Cour a rejeté les demandes du Danemark et des Pays-Bas tendant à ce que soit appliquée la méthode de l'équidistance (*Plateau continental de la mer du Nord (République fédérale d'Allemagne/Danemark ; République fédérale d'Allemagne/Pays-Bas), arrêt, C.I.J. Recueil 1969*,

effected in accordance with equitable principles (*North Sea Continental Shelf (Federal Republic of Germany/Denmark; Federal Republic of Germany/Netherlands), Judgment, I.C.J. Reports 1969*, pp. 46-47, para. 85). Among the three parties concerned in the joint cases, their coastlines were comparable in length and equally treated by nature, but they were not straight lines. If the equidistance method were adopted to draw the boundary lines, it would not produce an equitable result. The Court considered that, in doing so, one of the States should enjoy continental shelf rights considerably different from those of its neighbours merely because in the one case the coastline was roughly convex in form and in the other it was markedly concave, although those coastlines were comparable in length (*ibid.*, p. 50, para. 91). To overcome the distorting effect caused by such irregular situations, the Court considered that a balancing was called for in the delimitation. It stated that

> "the element of a reasonable degree of proportionality which a delimitation effected according to equitable principles ought to bring about between the extent of the continental shelf appertaining to the States concerned and the lengths of their respective coastlines, — these being measured according to their general direction in order to establish the necessary balance between States with straight, and those with markedly concave or convex coasts, or to reduce very irregular coastlines to their truer proportions" (*ibid.*, p. 52, para. 98).

5. The equitable principles enunciated by the Court in the *North Sea Continental Shelf* Judgment thus became the guiding principles for maritime delimitation. Subsequently, these principles were reflected in Articles 74 and 83 of UNCLOS, according to which the exercise of delimitation must achieve an equitable solution. A maritime boundary that is established by bilateral negotiations is deemed equitable, as the States concerned agree to accept it as such. In the third-party settlement, how to achieve an equitable solution very much depends on the methodology used. In the ensuing years, the Court through judicial practice has gradually formulated some methodological approaches in the maritime delimitation, taking into account various geographical circumstances. In the *Romania* v. *Ukraine* case, these approaches were synthesized into a general delimitation methodology, which is conveniently called "the three-stage approach" (*Maritime Delimitation in the Black Sea (Romania* v. *Ukraine), Judgment, I.C.J. Reports 2009*, pp. 101-103, paras. 115-122). By going through three stages, the Court will first construct a provisional equidistance line on the base points that are selected on strictly geometrical criteria on the basis of objective data. It will then "consider whether there are factors calling for the adjustment or shifting of the provisional equidistance line in order to achieve an equitable result" (*ibid.*, p. 101, para. 120, referring to *Land and Maritime Boundary between Cameroon and Nigeria (Cameroon* v. *Nigeria: Equatorial Guinea intervening), Judgment, I.C.J. Reports 2002*, p. 441, para. 288). Such factors, referred to as

p. 45-46, par. 82), affirmant que la délimitation devait être effectuée conformément à des principes équitables (*Plateau continental de la mer du Nord (République fédérale d'Allemagne/Danemark; République fédérale d'Allemagne/Pays-Bas), arrêt, C.I.J. Recueil 1969*, p. 46-47, par. 85). Les littoraux des trois parties en cause dans ces affaires jointes étaient de longueurs comparables et pareillement dotés par la nature, mais il ne s'agissait pas de lignes droites. Si la méthode de l'équidistance avait été adoptée pour tracer les lignes frontières, le résultat produit n'aurait pas été équitable. La Cour a considéré que, en appliquant cette méthode, un Etat aurait eu des droits considérablement différents de ceux de ses voisins sur le plateau continental du seul fait que l'un avait une côte de configuration plutôt convexe et l'autre une côte de configuration fortement concave, même si la longueur de ces côtes était comparable (*ibid.*, p. 50, par. 91). Pour pallier l'effet de distorsion causé par ces irrégularités, elle a jugé qu'il y avait lieu d'équilibrer la délimitation en prenant en considération

« le rapport raisonnable qu'une délimitation effectuée selon des principes équitables devrait faire apparaître entre l'étendue du plateau continental relevant des Etats intéressés et la longueur de leurs côtes; on mesurerait ces côtes d'après leur direction générale afin d'établir l'équilibre nécessaire entre les Etats ayant des côtes droites et les Etats ayant des côtes fortement concaves ou convexes ou afin de ramener des côtes très irrégulières à des proportions plus exactes » (*ibid.*, p. 52, par. 98).

5. Les principes équitables énoncés par la Cour dans l'arrêt qu'elle a rendu dans les affaires du *Plateau continental de la mer du Nord* sont ainsi devenus les lignes directrices en matière de délimitation maritime. Ils ont par la suite trouvé leur expression dans les articles 74 et 83 de la CNUDM, selon lesquels l'exercice de délimitation doit aboutir à une solution équitable. Une frontière maritime établie par voie de négociations bilatérales est considérée comme étant équitable, puisque les Etats intéressés sont convenus de la reconnaître comme telle. Dans le cas du règlement par tierce partie, la manière d'aboutir à une solution équitable dépend largement de la méthode utilisée. Dans les années qui ont suivi, la Cour, par sa pratique judiciaire, a progressivement défini certaines techniques de délimitation maritime en prenant en compte diverses circonstances géographiques. Dans l'affaire *Roumanie c. Ukraine*, ces techniques ont été synthétisées en une méthode générale de délimitation appelée par commodité « la méthode en trois étapes » (*Délimitation maritime en mer Noire (Roumanie c. Ukraine), arrêt, C.I.J. Recueil 2009*, p. 101-103, par. 115-122). Dans le cadre de cette méthode, la Cour commence par construire une ligne d'équidistance provisoire reliant des points de base choisis à l'aide de critères strictement géométriques sur la base de données objectives. Elle recherche ensuite « s'il existe des facteurs appelant un ajustement ou un déplacement de la ligne d'équidistance provisoire afin de parvenir à un résultat équitable » (*ibid.*, p. 101, par. 120, renvoyant à *Frontière terrestre et maritime entre le Cameroun et le Nigéria (Cameroun c. Nigéria; Guinée*

"relevant circumstances", are left to the Court to determine, although those accepted so far are mostly geographical circumstances. Finally, the Court will subject the depicted line, adjusted or otherwise, to a disproportionality test to check whether there is any marked disproportion between the ratio of the length of the relevant coasts of the parties and the ratio of the respective shares of the relevant area apportioned by the depicted line to the parties. This test is designed to ensure the equitableness of the outcome of the delimitation.

6. The three-stage approach, notwithstanding its methodological certainty and objectivity, is a practice-based method. At each stage, geographical circumstances of each case are determinative for the purpose of delimitation. For example, what base points should be chosen, and what factors constitute relevant circumstances, must be "case specific", to be determined by the Court in the context of each case (*Arbitration between Barbados and the Republic of Trinidad and Tobago, Award of 11 April 2006, Reports of International Arbitral Awards (RIAA)*, Vol. XXVII, p. 215, para. 242). The three-stage approach is intended to develop objective criteria and standard techniques for the maritime delimitation, but in practice, such criteria and techniques should not be applied mechanically.

7. In the first stage, in order to construct the provisional equidistance line, the first and essential step is to identify the parties' coasts whose seaward projections overlap (*Maritime Delimitation in the Black Sea (Romania v. Ukraine), Judgment, I.C.J. Reports 2009*, pp. 96-97, para. 99). By the Court's jurisprudence, the coast that generates projections overlapping with projections from the coast of the other party is considered as relevant (*ibid.*; *Continental Shelf (Tunisia/Libyan Arab Jamahiriya), Judgment, I.C.J. Reports 1982*, p. 61, para. 75). In the present case, the coastline of the Parties in the area is simply straight, without any particular maritime features or indentations. Being adjacent to each other, the coasts of the Parties are both seaward, abutting the same maritime area and the same continental shelf. In identifying the relevant coasts, the Court, using radial projection, measures that the relevant coast of Somalia extends for approximately 733 km and that of Kenya extends for approximately 511 km. As sketch-map No. 8 in the Judgment (p. 256) illustrates, a substantial portion of the relevant coast of Somalia does not generate entitlements that actually overlap with those from the Kenyan coast. Although radial projection is normally used to identify the relevant coasts, it is questionable to use it under the present circumstances. It overstretches the length of the relevant coasts, particularly that on the Somali side. In the *Costa Rica* v. *Nicaragua* case, some segments of the relevant coast on the Costa Rican side in the Pacific Ocean, namely, from Punta Herradura to Punta Salsipuedes, seem also left out of the identified relevant area (*Maritime Delimitation in the Caribbean Sea and the Pacific Ocean (Costa Rica v. Nicaragua) and Land Boundary in the Northern Part of Isla Portillos (Costa Rica v. Nicaragua), Judgment, I.C.J. Reports 2018 (I)*, pp. 210-214, paras. 181, 184, 185). An examination of

équatoriale (intervenant)), arrêt, *C.I.J. Recueil 2002*, p. 441, par. 288).
C'est à la Cour qu'il appartient de déterminer quels sont ces facteurs,
appelés «circonstances pertinentes», même si la plupart de ceux qui ont
été retenus jusqu'à présent étaient d'ordre géographique. Enfin, la Cour
examine la ligne ainsi établie, ajustée ou non, à l'aune du critère de proportionnalité afin de rechercher s'il existe quelque disproportion marquée
entre le rapport des longueurs des côtes pertinentes des parties et celui des
espaces attribués à chacune d'elles par ladite ligne. Ce critère est conçu
pour garantir le caractère équitable du résultat de la délimitation.

6. Malgré sa fiabilité et son objectivité, la méthode en trois étapes est
fondée sur la pratique. A chacune de ces étapes, les circonstances géographiques de l'affaire en cause sont déterminantes aux fins de la délimitation. Ainsi, les points de base qu'il convient de retenir et les facteurs
constituant des circonstances pertinentes doivent être «propres à chaque
affaire» et déterminés par la Cour dans le contexte de chacune d'elles
(*Arbitrage entre la Barbade et la République de Trinité-et-Tobago, sentence
du 11 avril 2006, Recueil des sentences arbitrales (RSA)*, vol. XXVII,
p. 215, par. 242). Si la méthode en trois étapes vise à établir des critères
objectifs et des techniques habituelles en matière de délimitation maritime, il convient, en pratique, de ne pas les appliquer mécaniquement.

7. Lors de la première étape, afin de construire la ligne d'équidistance
provisoire, il s'agit tout d'abord — et c'est un point essentiel — de définir
les côtes des parties dont les projections vers le large se chevauchent (*Délimitation maritime en mer Noire (Roumanie c. Ukraine)*, arrêt, *C.I.J.
Recueil 2009*, p. 96-97, par. 99). Selon la jurisprudence de la Cour, la côte
considérée comme pertinente est celle qui génère des projections chevauchant celles de la côte de l'autre partie (*ibid.* ; *Plateau continental (Tunisie/
Jamahiriya arabe libyenne)*, arrêt, *C.I.J. Recueil 1982*, p. 61, par. 75). En
la présente espèce, le littoral des Parties dans la zone en cause est purement
et simplement rectiligne, dénué de toute formation maritime ou indentation particulière. Les côtes des Parties étant adjacentes, l'une et l'autre
sont orientées vers le large et bordent les mêmes espaces maritimes et le
même plateau continental. Pour déterminer les côtes pertinentes, la Cour,
utilisant la projection radiale, a calculé que la côte pertinente de la Somalie
s'étendait sur environ 733 kilomètres et celle du Kenya, sur approximativement 511 kilomètres. Comme l'illustre le croquis n° 8 de l'arrêt (p. 256),
une partie substantielle de la côte pertinente de la Somalie ne génère aucun
droit chevauchant effectivement ceux générés par la côte kényane. Bien
que la projection radiale soit en général utilisée pour définir les côtes pertinentes, il est contestable d'y avoir recouru dans le cas présent. Ce type de
projection tend en effet à allonger les côtes pertinentes, et notamment, en
l'occurrence, celle qui est située du côté somalien. Dans les affaires relatives à la *Délimitation maritime dans la mer des Caraïbes et l'océan Pacifique (Costa Rica c. Nicaragua)* et à la *Frontière terrestre dans la partie
septentrionale d'Isla Portillos (Costa Rica c. Nicaragua)*, certains segments
de la côte pertinente costa-ricienne donnant sur l'océan Pacifique, à savoir
entre Punta Herradura et Punta Salsipuedes, semblent également avoir été

the facts, however, tells a different story. Those segments, first of all, fall within approximately 200 nautical miles from the starting-point of the boundary between the parties. The total length of the relevant coast of Costa Rica is measured as 416.4 km. That means there are genuine overlapping entitlements generated from that coast. Second, the reason why it does not abut the relevant area is due to the geographical circumstance of the Nicoya Peninsula. Given the geographical circumstances of that case, the radial projection is the most appropriate methodology to be used.

8. Under the circumstances of the present case, both Parties' coasts are properly seaward, without geographical irregularities. There is no reason to leave out any segments of the coasts unless they do not produce any overlapping entitlements, in which case they should not be identified as the relevant coast in the first place. In the *Ghana/Côte d'Ivoire* case (*Delimitation of the Maritime Boundary in the Atlantic Ocean (Ghana/Côte d'Ivoire), Judgment, ITLOS Reports 2017*, p. 4), the coastal situation between the parties for the maritime delimitation possesses many similarities with that in the present case. The coastline of Ghana and Côte d'Ivoire, two adjacent States, is almost as straight as that of Somalia and Kenya, extending a substantial distance on each side from the land boundary terminus. With regard to Côte d'Ivoire's relevant coast, Côte d'Ivoire claimed that its entire coast was relevant, but Ghana contended that it should extend from the land boundary terminus until the vicinity of Sassandra, a point which is about 350 km west of the land boundary terminus. In explaining its position, Ghana stated:

> "west of [Sassandra] point, the Ivorian coastline is almost entirely beyond 200 M from the maritime entitlements claimed by Ghana . . . there is no overlap with any Ghanaian entitlement with any projections emanating from the western segment of the Ivorian coast, and therefore that western part of Côte d'Ivoire's coast cannot be relevant to the delimitation" (*ibid.*, p. 104, para. 365).

According to Ghana, the relevant coast for Côte d'Ivoire is 308 km, and that for Ghana is 121 km.

9. The Special Chamber of the International Tribunal for the Law of the Sea (hereinafter the "ITLOS Chamber" or "Chamber"), using the equidistance/relevant circumstances methodology, found that

> "[t]he Côte d'Ivoire coast from [the land boundary terminus] until Sassandra generate[d] . . . projections into the maritime area to be delimited. The projections of this part of the coast of Côte d'Ivoire overlap[ped] with projections of the Ghanaian coast and accordingly this part of the Ivorian coast [was] relevant" (*ibid.*, p. 106, para. 377).

exclus de la zone pertinente définie par la Cour (*arrêt, C.I.J. Recueil 2018 (I)*, p. 210-214, par. 181, 184 et 185). Ce n'est cependant pas ce qui ressort de l'examen des faits. Premièrement, ces segments se situaient en deçà de 200 milles marins du point de départ de la frontière entre les parties. La totalité de la côte pertinente du Costa Rica mesurait 416,4 kilomètres de long, ce qui signifie que cette côte générait un véritable chevauchement de droits. Deuxièmement, si elle ne bordait pas la zone pertinente, c'était à cause de la circonstance géographique que constituait la péninsule de Nicoya. Compte tenu des circonstances géographiques de cette affaire, la projection radiale était la méthode la plus appropriée.

8. En la présente espèce, les côtes des deux Parties sont bien orientées vers le large et n'offrent aucune irrégularité géographique. Il n'y avait donc pas lieu d'en exclure certains segments sauf s'ils ne produisaient pas de droits chevauchant ceux de l'autre Partie, auquel cas ils n'auraient pas même dû être considérés comme composant la côte pertinente. Dans l'affaire *Ghana/Côte d'Ivoire* (*Délimitation de la frontière maritime dans l'océan Atlantique (Ghana/Côte d'Ivoire), arrêt, TIDM Recueil 2017*, p. 4), la situation côtière des parties aux fins de la délimitation maritime offrait de nombreuses similitudes avec celle de la présente espèce. Le littoral du Ghana et de la Côte d'Ivoire, deux Etats adjacents, est presque aussi rectiligne que celui de la Somalie et du Kenya, et s'étend sur une distance considérable de part et d'autre du point terminal de la frontière terrestre. S'agissant de la côte ivoirienne pertinente, la Côte d'Ivoire soutenait que l'intégralité de sa côte était pertinente, le Ghana considérant quant à lui qu'elle devait s'étendre à partir du point terminal de la frontière terrestre jusqu'au voisinage de Sassandra, point situé à environ 350 kilomètres à l'ouest du point terminal de la frontière terrestre. Pour expliquer sa position, le Ghana a précisé ce qui suit:

«à l'ouest de ce point, la côte ivoirienne est presqu[e] entièrement située à plus de 200 milles des zones maritimes revendiquées par le Ghana … il n'y a pas de chevauchement des droits ghanéens avec les projections émanant de ce segment occidental de la côte ivoirienne, et par conséquent … cette partie occidentale de la côte ivoirienne ne peut pas être pertinente pour la délimitation» (*ibid.*, p. 104, par. 365).

D'après le Ghana, la côte pertinente de la Côte d'Ivoire était de 308 kilomètres et la sienne, de 121 kilomètres.

9. La Chambre spéciale du Tribunal international du droit de la mer (ci-après la «Chambre du TIDM» ou la «Chambre»), utilisant la méthode de l'équidistance/des circonstances pertinentes, a conclu en ces termes:

«[l]a partie de la côte ivoirienne, qui, à partir du point [terminal de la frontière terrestre], s'étire … jusqu'à Sassandra, génère … des projections sur la zone maritime à délimiter. Les projections de cette partie de la côte ivoirienne chevauchent les projections de la côte ghanéenne, ce qui fait que cette partie de la côte ivoirienne est pertinente.» (*Ibid.*, p. 106, par. 377.)

With regard to Côte d'Ivoire's coast west of Sassandra, the Chamber was of the view that that part of the coast did not have a projection to the sea in a way that overlapped with the disputed area, and therefore did not constitute part of the relevant coast (see *Ghana/Côte d'Ivoire* case (*Delimitation of the Maritime Boundary in the Atlantic Ocean (Ghana/Côte d'Ivoire), Judgment, ITLOS Reports 2017*, p. 107, sketch-map No. 2, reproduced below, p. 317). It emphasized that "what the relevant coast is — or, in other words, which seaward projection of the coast creates an overlap — is determined by the *geographic reality* of that coast" (*ibid.*, p. 106, para. 378; emphasis added). Accordingly, the Chamber decided that the length of the relevant Ghanaian coast was approximately 139 km and that of Côte d'Ivoire 352 km (*ibid.*, para. 379). On the basis of this identification, the Chamber determined the relevant area (see *ibid.*, p. 109, sketch-map No. 3, reproduced below, p. 318). This finding of the Chamber, in my view, properly reflects the technical nexus between the relevant coasts and the relevant area for the purposes of the delimitation. It should be the geographic reality and genuine overlapping entitlements that determine which part of a coast is relevant.

10. The problem with the radial projection in this case also exists in the relevant area identified by the Court, which, in my view, does not encompass the entire potential overlapping entitlements of the Parties in this case. In their submissions to the Court, both Parties have requested the Court to determine the complete course of the maritime boundary between Somalia and Kenya in the Indian Ocean, including in the continental shelf beyond 200 nautical miles. Based on its finding that both Parties had made submissions on the limits of the continental shelf beyond 200 nautical miles to the Commission on the Limits of Continental Shelf (hereinafter the "CLCS") in accordance with Article 76, paragraph 8, of UNCLOS, before the present proceedings and, as the matter stands, neither of them questions the existence of the other Party's entitlement to a continental shelf beyond 200 nautical miles or the extent of that claim, the Court decides to proceed to the delimitation of the continental shelf beyond 200 nautical miles. With regard to the absence of the recommendations of the CLCS on the establishment of the outer limits of the continental shelves, the Court emphasizes that "the lack of delineation of the outer limit of the continental shelf is not, in and of itself, an impediment to its delimitation between two States with adjacent coasts" (Judgment, para. 189). However, this decision of the Court is not reflected in the relevant area identified by the Court, which does not comprise the potential overlapping entitlements of the Parties beyond 200 nautical miles.

11. Once the Court decides to go ahead with the delimitation of the boundary in the outer continental shelf, even with care, it means that the relevant area should include the continental shelf beyond 200 nautical miles. With the radial projection methodology, it is difficult to proceed to identifying the relevant coasts and the relevant area that includes the potential overlapping entitlements in the continental shelf beyond

En ce qui concerne le segment de la côte ivoirienne situé à l'ouest de Sassandra, la Chambre était d'avis qu'il ne générait pas de projection chevauchant la zone contestée et ne faisait donc pas partie de la côte pertinente (voir *Ghana/Côte d'Ivoire* (*Délimitation de la frontière maritime dans l'océan Atlantique (Ghana/Côte d'Ivoire), arrêt, TIDM Recueil 2017*, p. 107, croquis n° 2 reproduit ci-après, p. 317). Elle a souligné que «ce qu'[étai]t la côte pertinente, ou, en d'autres termes, quelle projection côtière gén[érait] un chevauchement, [étai]t déterminé par la *réalité géographique* de la côte» (*ibid.*, p. 106, par. 378; les italiques sont de moi). En conséquence, la Chambre a décidé que la longueur de la côte pertinente ghanéenne était d'environ 139 kilomètres et celle de la Côte d'Ivoire, de 352 kilomètres (*ibid.*, par. 379), et défini la zone pertinente sur cette base (voir *ibid.*, p. 109, croquis n° 3 reproduit ci-après, p. 318). Cette conclusion de la Chambre reflète bien, selon moi, le lien technique qui unit les côtes pertinentes et la zone pertinente aux fins de la délimitation. C'est la réalité géographique et le véritable chevauchement des droits qui devraient déterminer quelle partie d'une côte est pertinente.

10. Le problème posé par la projection radiale en la présente espèce se rencontre également dans la zone pertinente définie par la Cour, qui, selon moi, n'englobe pas la totalité des espaces où se chevauchent les droits potentiels des Parties. Dans les conclusions qu'ils avaient présentées à la Cour, la Somalie et le Kenya l'avaient priée de déterminer l'intégralité du tracé de leur frontière maritime dans l'océan Indien, y compris sur le plateau continental au-delà de 200 milles marins. Ayant constaté que, avant que ne soit introduite la présente instance, les Parties avaient chacune soumis à la Commission des limites du plateau continental (ci-après la «Commission des limites» ou la «Commission») une demande relative à la limite du plateau continental au-delà de 200 milles marins, conformément au paragraphe 8 de l'article 76 de la CNUDM, et qu'aucune d'elles ne contestait l'existence du droit de l'autre Partie à un tel plateau ni l'étendue de cette revendication, la Cour a décidé de procéder à la délimitation du plateau continental au-delà de ladite limite. La Commission n'ayant pas encore formulé de recommandation concernant le tracé de la limite extérieure du plateau continental, la Cour a souligné que «l'absence de délinéation de la limite extérieure du plateau continental ne fai[sai]t pas, en soi, obstacle à la délimitation de celui-ci entre deux Etats ayant des côtes adjacentes» (arrêt, par. 189). Cette conclusion de la Cour ne trouve cependant pas son expression dans la zone pertinente que celle-ci a définie, laquelle ne comprend pas les espaces de chevauchement des droits potentiels des Parties au-delà de 200 milles marins.

11. Dès lors que la Cour décide de procéder, même prudemment, à la délimitation de la frontière sur le plateau continental étendu, la zone pertinente doit comprendre le plateau continental au-delà de 200 milles marins. Or, en employant la méthode de la projection radiale, il est difficile de déterminer les côtes pertinentes et la zone pertinente de manière à y inclure le chevauchement des droits potentiels sur ce plateau, étant donné

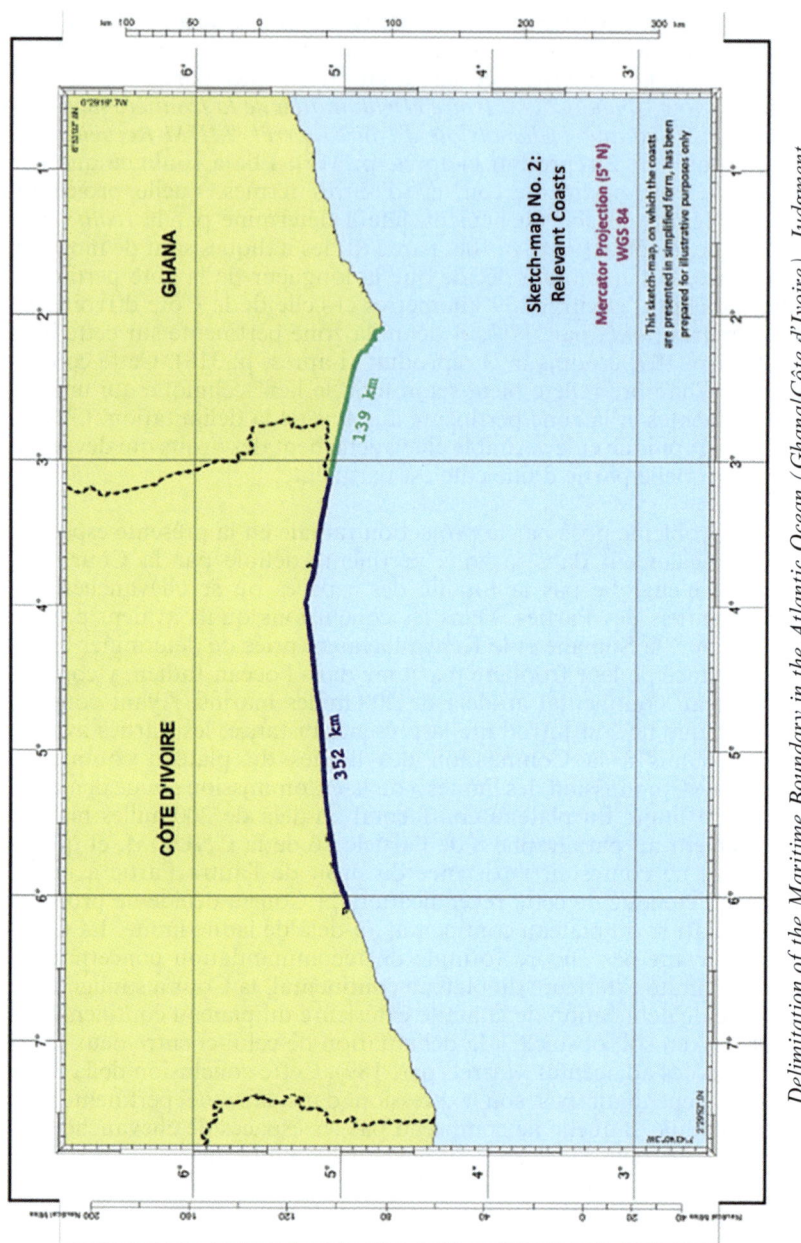

*Delimitation of the Maritime Boundary in the Atlantic Ocean (Ghana/Côte d'Ivoire), Judgment,
ITLOS Reports 2017, p. 107, sketch-map No. 2*

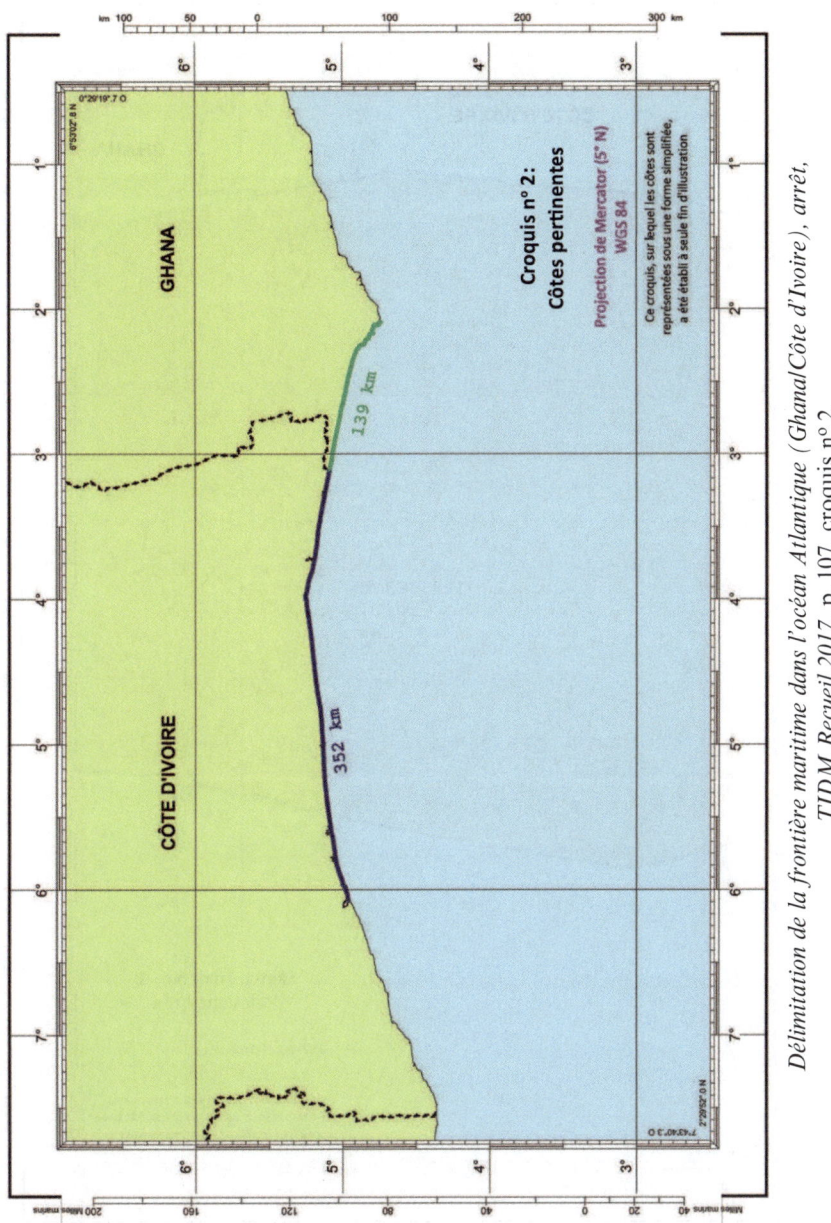

Croquis n° 2:
Côtes pertinentes

Projection de Mercator (5° N)
WGS 84

Ce croquis, sur lequel les côtes sont
représentées sous une forme simplifiée,
a été établi à seule fin d'illustration

*Délimitation de la frontière maritime dans l'océan Atlantique (Ghana/Côte d'Ivoire), arrêt,
TIDM Recueil 2017, p. 107, croquis n° 2*

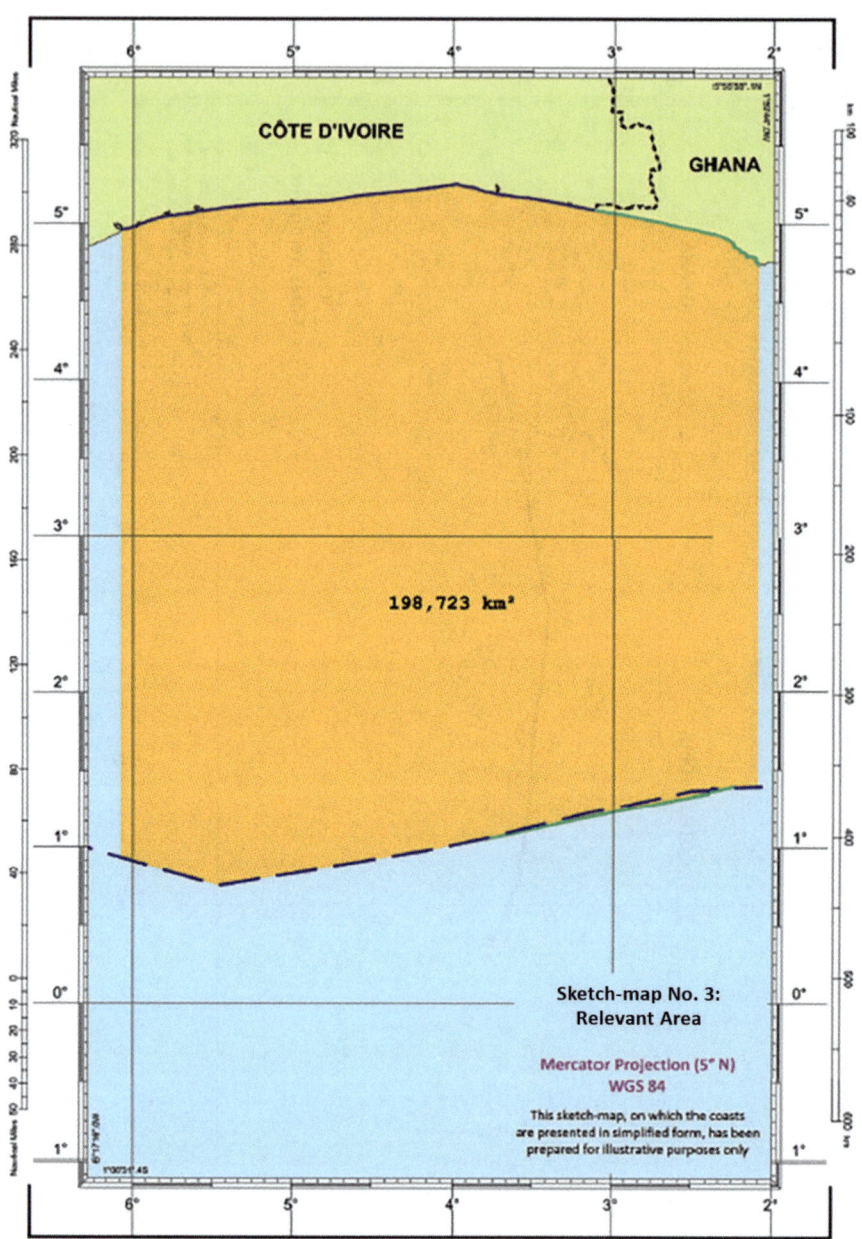

Delimitation of the Maritime Boundary in the Atlantic Ocean
(Ghana/Côte d'Ivoire), Judgment,
ITLOS Reports 2017, p. 109, sketch-map No. 3

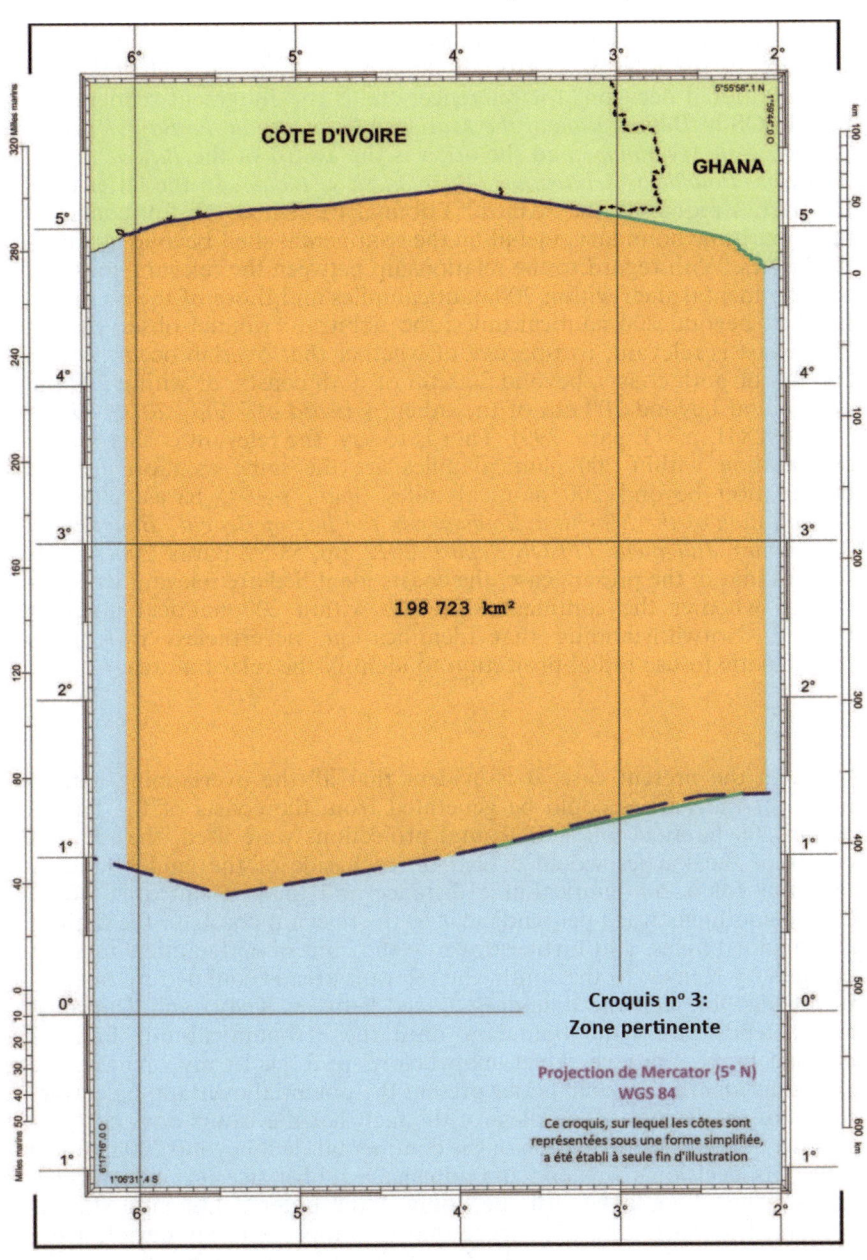

CÔTE D'IVOIRE

GHANA

198 723 km²

Croquis nº 3:
Zone pertinente

Projection de Mercator (5° N)
WGS 84

Ce croquis, sur lequel les côtes sont
représentées sous une forme simplifiée,
a été établi à seule fin d'illustration

*Délimitation de la frontière maritime dans l'océan Atlantique
(Ghana/Côte d'Ivoire), arrêt,
TIDM Recueil 2017, p. 109, croquis nº 3*

200 nautical miles, as its outer limits are not yet determined. On the identification of the relevant coasts for the outer continental shelf, there are two additional decisions for reference: one is the Judgment rendered by the ITLOS in *Delimitation of the Maritime Boundary in the Bay of Bengal (Bangladesh/Myanmar)* and the other is the award of the *Bay of Bengal Maritime Boundary Arbitration (Bangladesh* v. *India)*. In the latter case, the parties requested the Arbitral Tribunal to delimit the full course of their maritime boundary, including the continental shelf beyond 200 nautical miles. With regard to the relationship between the relevant coasts of the continental shelf within 200 nautical miles and those of the continental shelf beyond 200 nautical miles, the Arbitral Tribunal observed that "the coast is relevant, irrespective of whether that overlap occurs within 200 nm of both coasts, beyond 200 nm of both coasts, or within 200 nm of one and beyond 200 nm of the other" (*Award of 7 July 2014, RIAA*, Vol. XXXII, p. 93, para. 299). That is to say, the relevant coasts for the delimitation within 200 nautical miles are the same as those for the delimitation beyond 200 nautical miles (*ibid.*, p. 94, paras. 300-302; *Delimitation of the Maritime Boundary in the Bay of Bengal (Bangladesh/ Myanmar), Judgment, ITLOS Reports 2012*, pp. 58-59, paras. 200-205). It follows that in the present case, the coasts identified are relevant irrespective of whether the continental shelf is within 200 nautical miles or beyond. Notwithstanding that identification, nevertheless it remains problematic to use radial projection to identify the relevant area.

12. In the present case, it is evident that all the overlapping entitlements of the Parties could be generated from the coasts of the Parties within 200 nautical miles. If frontal projections were used, the relevant coasts of the Parties would extend on each side of the land boundary terminus for a 200-nautical-mile distance and the relevant area would extend south-eastward perpendicular to the relevant coasts to the limit of 200 nautical miles, and further down to the limit of 350 nautical miles as claimed by Kenya. In the south, the relevant area is confined by the perpendicular line and the boundary agreed between Kenya and Tanzania, and extends along the boundary until the 350-nautical-mile limit as claimed by Kenya (see sketch-map below, p. 321). In my opinion, the area thus identified would better present the potential overlapping entitlements of the Parties. Regardless of the fact that the Court does not possess the necessary information of the continental shelf beyond 200 nautical miles, its decision to extend the adjusted equidistance line beyond 200 nautical miles could be sustained only if the outer continental shelf is presumed to exist. One may argue that this approach may deviate from the conventional practice of the Court, but the approach taken by the Court itself is not "conventional". To omit the continental shelf beyond 200 nautical miles from the relevant area would not enable the Court to conduct a meaningful assessment of the proportion between the ratio of

que la limite extérieure de celui-ci n'est pas encore définie. En ce qui concerne la détermination des côtes pertinentes aux fins de la délimitation du plateau continental étendu, deux autres décisions peuvent servir de référence: l'une d'elles est l'arrêt du TIDM en l'affaire de la *Délimitation de la frontière maritime dans le golfe du Bengale (Bangladesh/Myanmar)*, et l'autre, la sentence rendue dans l'*Arbitrage concernant la frontière maritime dans le golfe du Bengale (Bangladesh c. Inde)*. Dans cette dernière affaire, les parties avaient demandé au tribunal arbitral de délimiter l'intégralité de leur frontière maritime, y compris sur le plateau continental au-delà de 200 milles marins. En ce qui concerne le lien entre les côtes pertinentes aux fins de la délimitation du plateau continental en deçà de 200 milles marins et celles qui le sont aux fins de la délimitation du plateau continental au-delà de cette limite, le tribunal a fait observer que «la côte [étai]t pertinente indépendamment de la question de savoir si le chevauchement se produi[sai]t en deçà ou au-delà des 200 milles marins des côtes des deux parties ou en deçà des 200 milles marins de l'une et au-delà des 200 milles marins de l'autre» (*Arbitrage concernant la frontière maritime dans le golfe du Bengale (Bangladesh c. Inde), sentence du 7 juillet 2014, RSA*, vol. XXXII, p. 93, par. 299). Autrement dit, les côtes pertinentes aux fins de la délimitation en deçà et au-delà de 200 milles marins sont identiques (*ibid.*, p. 94, par. 300-302; *Délimitation de la frontière maritime dans le golfe du Bengale (Bangladesh/Myanmar), arrêt, TIDM Recueil 2012*, p. 58-59, par. 200-205). Il s'ensuit que, en la présente espèce, les côtes qui ont été retenues étaient pertinentes, que le plateau continental s'étende ou non au-delà de 200 milles marins. Ce nonobstant, il demeurait problématique d'utiliser la projection radiale pour définir la zone pertinente.

12. En la présente espèce, il est évident que les droits concurrents des Parties en deçà de 200 milles marins pouvaient, dans leur intégralité, être générés à partir des côtes de celles-ci. Les projections frontales des côtes pertinentes des Parties de part et d'autre du point terminal de la frontière terrestre auraient pu être appliquées sur une distance de 200 milles marins, et générer une zone pertinente s'étendant dans une direction sud-est, perpendiculairement auxdites côtes, jusqu'à la limite des 200 milles marins, puis jusqu'à celle des 350 milles marins telle que revendiquée par le Kenya. Au sud, la zone pertinente est circonscrite par la ligne perpendiculaire et la frontière convenue entre le Kenya et la Tanzanie, et s'étend le long de celle-ci jusqu'à la limite des 350 milles marins telle que revendiquée par le Kenya (voir le croquis ci-après, p. 321). Selon moi, la zone ainsi définie aurait permis de mieux représenter le chevauchement des droits potentiels des Parties. Indépendamment du fait que la Cour ne disposait pas des informations nécessaires concernant le plateau continental au-delà de 200 milles marins, sa décision de prolonger la ligne d'équidistance ajustée au-delà de cette limite ne pouvait être fondée que si le plateau continental étendu était présumé exister. D'aucuns estimeront peut-être que cette manière de procéder n'aurait pas été conforme à la pratique habituelle de la Cour; or, celle que cette dernière a effectivement adoptée en l'espèce n'est pas non plus «habituelle». Le fait que la zone pertinente n'englobe

117

the length of the relevant coasts of the Parties and the ratio of the shares of the relevant area apportioned to each of them. As is mentioned before, methodological approaches should only serve as a means to achieve an equitable solution, but not an end in itself. The paramount consideration should be given to the goal of achieving an equitable solution (*Delimitation of the Maritime Boundary in the Atlantic Ocean (Ghana/Côte d'Ivoire), Judgment, ITLOS Reports 2017*, p. 86, para. 281; *Delimitation of the Maritime Boundary in the Bay of Bengal (Bangladesh/Myanmar), Judgment, ITLOS Reports 2012*, p. 67, para. 235). Of course, there should be no mistake that any delimitation in the outer continental shelf should only be taken as illustrative, conditional on the recommendations of the CLCS in accordance with Article 76, paragraphs 4 and 5, of UNCLOS.

13. The second important aspect that I would like to raise is the consideration of the relevant circumstances. As the Court states in the Judgment, the concept of relevant circumstances is not provided in the Convention but developed through judicial practice (Judgment, para. 124). The reason why, so far, there is no exhaustive list of relevant circumstances that have been developed by the Court in maritime delimitation is not difficult to explain. Geographical, economic and social situations of States differ greatly. There may be historic rights or special interests to be preserved or protected by international law. Maritime delimitation is not just about the sharing of a maritime area. The underlying interests often rest at the heart of the dispute between the parties. When the equidistance method alone cannot fulfil the objective of achieving an equitable solution in all circumstances, the equitable principles should come into play. In essence, the second stage is a crucial means to ensure the equitableness of the final result of the delimitation. If anything, this should be the strength of the three-stage approach.

14. The Court, as the adjudicator, is obliged to take all the relevant circumstances into consideration, on the basis of the evidence and documents adduced by the parties. What circumstance is relevant and what is not must be appreciated by the Court in the context of a specific case. They cannot be predetermined or preset by certain criteria. As Judge Weeramantry pointed out, "one can never foretell what circumstances may surface or achieve importance in the unknown disputes of the future" (*Maritime Delimitation in the Area between Greenland and Jan Mayen (Denmark* v. *Norway), Judgment, I.C.J. Reports 1993*, separate opinion of Judge Weeramantry, p. 261, para. 182). The Court might be easily criticized for "excessive subjectivity" in its judgment of such circumstances, but there are good reasons for the Court to maintain its appreciation of the subject-matter. For judicial settlement, even if it cannot be precluded that there are situations where the parties may use the

pas le plateau continental au-delà de 200 milles marins a empêché la Cour d'évaluer de manière satisfaisante la proportionnalité entre le rapport des longueurs des côtes pertinentes respectives des Parties et celui des espaces attribués à chacune d'elles. Comme cela a déjà été indiqué, les approches méthodologiques ne devraient être qu'un moyen d'aboutir à une solution équitable et non une fin en soi. C'est à l'objectif consistant à aboutir à une solution équitable qu'il convient d'attacher le plus d'importance (*Délimitation de la frontière maritime dans l'océan Atlantique (Ghana/Côte d'Ivoire), arrêt, TIDM Recueil 2017*, p. 86, par. 281; *Délimitation de la frontière maritime dans le golfe du Bengale (Bangladesh/Myanmar), arrêt, TIDM Recueil 2012*, p. 67, par. 235). Bien évidemment, toute délimitation du plateau continental étendu ne saurait être considérée autrement que comme ayant été établie à titre indicatif et restant subordonnée aux recommandations de la Commission des limites, conformément aux paragraphes 4 et 5 de l'article 76 de la CNUDM.

13. Le second aspect important que je souhaiterais soulever est la prise en compte des circonstances pertinentes. Comme la Cour l'a indiqué dans son arrêt, la notion de «circonstances pertinentes» n'était pas prévue dans la convention mais a été définie et étoffée par la pratique judiciaire (arrêt, par. 124). L'absence, encore aujourd'hui, de liste exhaustive des circonstances pertinentes qui ont été reconnues comme telles par la Cour dans le cadre de la délimitation maritime s'explique aisément. Les situations géographique, économique et sociale des Etats diffèrent nettement. Il peut exister certains droits historiques ou intérêts spécifiques devant être préservés ou protégés par le droit international. La délimitation maritime ne consiste pas seulement à partager une zone maritime; les intérêts sous-jacents sont souvent au cœur du différend opposant les parties. Lorsque la méthode de l'équidistance ne permet pas à elle seule d'atteindre l'objectif consistant à aboutir à une solution équitable, les principes équitables doivent entrer en jeu. Par essence, la deuxième étape constitue un moyen déterminant pour garantir le caractère équitable du résultat final de la délimitation. Elle devrait donc constituer le point fort de la méthode en trois étapes.

14. La Cour, en tant que juridiction, est tenue de prendre en considération toutes les circonstances pertinentes en se fondant sur les éléments de preuve et les documents que lui ont soumis les parties. Le caractère pertinent de telle ou telle circonstance doit être apprécié par elle dans le contexte de chaque affaire. Les circonstances pertinentes ne sauraient être prédéterminées ou préétablies par certains critères. Comme le juge Weeramantry l'a fait observer, «l'on ne peut jamais prédire quelles circonstances peuvent survenir ou prendre de l'importance dans les litiges inconnus de l'avenir» (*Délimitation maritime dans la région située entre le Groenland et Jan Mayen (Danemark c. Norvège), arrêt, C.I.J. Recueil 1993*, opinion individuelle de M. le juge Weeramantry, p. 261-262, par. 182). La Cour pourrait sans nul doute se voir accusée de faire montre d'une «subjectivité excessive» dans son appréciation de telles circonstances, mais il y a de bonnes raisons pour qu'elle conserve son pouvoir en la matière. Aux

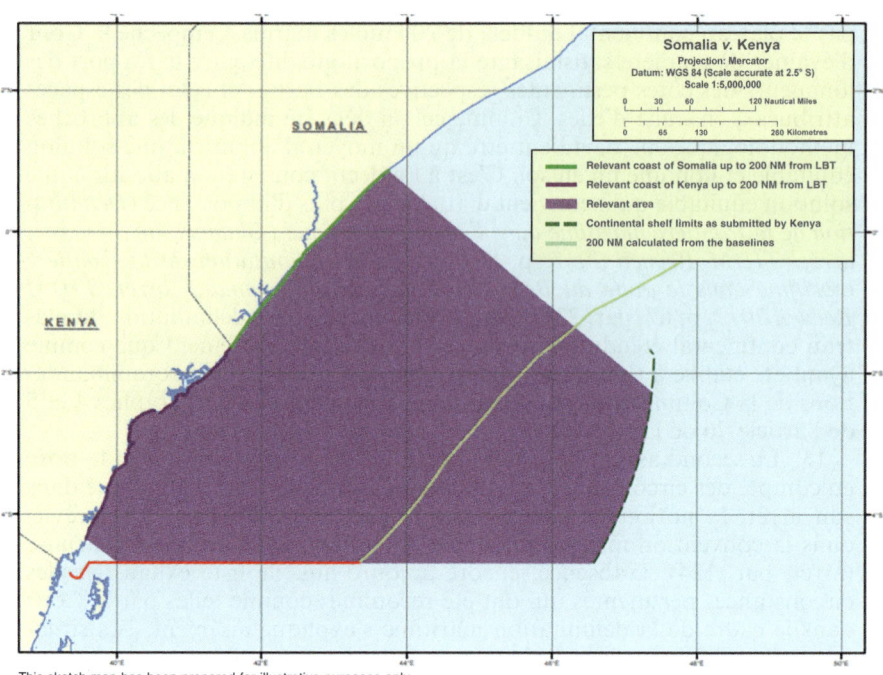

This sketch-map has been prepared for illustrative purposes only

Relevant coasts and relevant area

open-endedness of the concept to make excessive claims, it is up to the Court to consider the circumstances and determine what factors to be taken into account in accordance with the equitable principles. So far, the Court has attached legal relevance primarily to geographical circumstances — such as cut-off effect, concavity and convexity, special insular features — which could produce distorting effects on the maritime delimitation. Non-geographical factors have seldom been accepted by the Court as relevant circumstances, although in principle they are not precluded in the jurisprudence of the Court. This tendency in practice, if continued, would likely render the second stage into a purely geometrical exercise, with a few fixed geophysical factors for the Court to consider, thus reducing the discretion of the Court in its appreciation of the situation. Eventually, the three-stage approach would in effect evolve into a substitute of the equidistance method and the equitable principles would vanish from the process of delimitation.

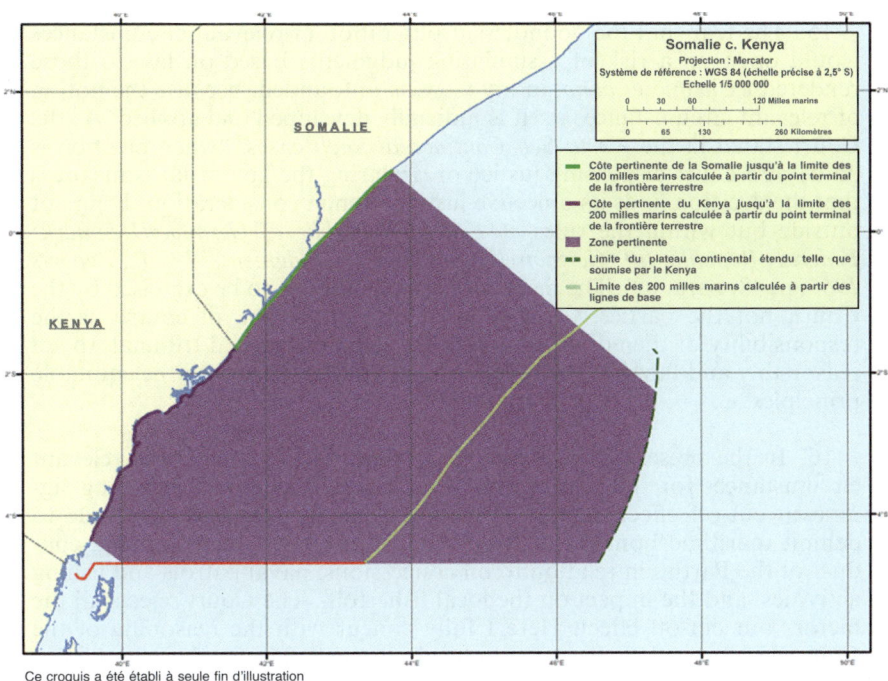

Ce croquis a été établi à seule fin d'illustration

Côtes pertinentes et zone pertinente

fins du règlement judiciaire, bien que l'on ne puisse exclure qu'il existe des situations où les parties peuvent user du caractère non circonscrit de la notion à l'examen pour formuler des revendications excessives, il appartient à la Cour d'étudier les circonstances en question et de déterminer quels sont les facteurs à prendre en considération, conformément aux principes équitables. Jusqu'à présent, celle-ci a attaché une importance juridique prépondérante aux circonstances géographiques, telles que l'effet d'amputation, le caractère concave ou convexe et la présence de formations insulaires spécifiques, susceptibles de produire des effets de distorsion sur la délimitation maritime. Même si, en principe, sa jurisprudence ne les exclut pas, la Cour n'a que rarement admis des facteurs non géographiques en tant que circonstances pertinentes. Dans la pratique, cette tendance, si elle se poursuit, risque fort de transformer la deuxième étape en un exercice purement géométrique, dans le cadre duquel la Cour se contenterait d'examiner quelques facteurs géophysiques bien définis, ce qui réduirait le pouvoir discrétionnaire dont elle dispose pour apprécier une situation donnée. La méthode en trois étapes finirait ainsi par se transformer en un succédané de la méthode de l'équidistance, et les principes équitables disparaîtraient du processus de délimitation.

15. The fear that the boundless proliferation of relevant circumstances would open up a risk of assimilating judgments based on law to those rendered *ex aequo et bono*, in my view, is unfounded, because the notion of relevant circumstances itself is judicially developed and applied. As the Court stated in the *North Sea Continental Shelf* cases, "when mention is made of a court dispensing justice or declaring the law, what is meant is that the decision finds its objective justification in considerations lying not outside but within the rules" (*(Federal Republic of Germany/Denmark; Federal Republic of Germany/Netherlands), Judgment, I.C.J. Reports 1969*, p. 48, para. 88). The margin of appreciation is to be exercised by the Court, not the parties. Coupled with that discretion, of course, is the responsibility of the adjudicating organ, court or arbitral tribunal, to act reasonably and fairly in the delimitation in accordance with the equitable principles.

16. In the present case, Kenya has raised five factors as the relevant circumstances for the adjustment of the equidistance line, including significant cut-off effect, regional practice of using parallels of latitude to delimit maritime boundaries, vital security interests, long-standing conduct of the Parties in relation to oil concessions, naval patrols and fishing activities, and the impact on the local fisherfolk. The Court rejects all the factors but cut-off effect. Here I fully concur with the reasoning of the Court with regard to the geographical circumstances in the region concerned and the cut-off effect produced by the equidistance line (Judgment, paras. 162-171). Sketch-map No. 10 in the Judgment (p. 269) well illustrates the effect of the concavity of the coastline on the delimitation of the maritime boundaries among the three States — Somalia, Kenya and Tanzania. This is a textbook case where the equidistance method could not produce an equitable solution. The equidistance line between Kenya and Tanzania and the equidistance line between Kenya and Somalia both work to the disadvantage of Kenya and, as a result, the Kenyan coast could not produce its effect to a significant extent in terms of its maritime entitlements. As the narrowing effect on Kenya comes from both the northern and southern directions, it is reasonable to make an adjustment in both directions. Such adjustment of the equidistance lines does not give rise to the refashioning of geography. On the contrary, it will rectify the unreasonableness of the equidistance lines, ensuring a fair sharing of the disputed area, which serves the interests of the States concerned in the long run. The maritime boundary agreed between Kenya and Tanzania, as indicated on sketch-map No. 10 of the Judgment (p. 269), has overcome the cut-off effect to the extent the parties deem reasonable and appropriate. With regard to the equidistance line between Somalia and Kenya, it is for the Court to determine to what extent the line should be adjusted.

17. Between Somalia and Kenya, if all the other factors presented by Kenya are dismissed as non-relevant, one may wonder, other than the proportionality consideration, on what basis the Court could rely to

15. La crainte qu'une prolifération illimitée des circonstances pertinentes n'aboutisse à ce que des arrêts fondés sur le droit soient assimilés à des décisions rendues *ex aequo et bono* est selon moi infondée, puisque la notion même de circonstances pertinentes a été conçue et est appliquée dans le cadre judiciaire. Comme la Cour l'a précisé dans les affaires du *Plateau continental de la mer du Nord*, « lorsqu'on parle du juge qui rend la justice ou qui dit le droit, il s'agit de justification objective de ses décisions non pas au-delà des textes mais selon les textes » (*Plateau continental de la mer du Nord (République fédérale d'Allemagne/Danemark; République fédérale d'Allemagne/Pays-Bas), arrêt, C.I.J. Recueil 1969*, p. 48, par. 88). C'est à la Cour et non aux parties qu'il revient d'user de la marge d'appréciation. A ce pouvoir discrétionnaire est bien évidemment attachée la responsabilité de l'organe — juridiction judiciaire ou tribunal arbitral — chargé d'effectuer la délimitation de manière raisonnable et équitable, conformément aux principes équitables.

16. En la présente espèce, le Kenya avait invoqué cinq facteurs à titre de circonstances pertinentes appelant un ajustement de la ligne d'équidistance, à savoir un important effet d'amputation, la pratique régionale consistant à utiliser des parallèles pour délimiter les frontières maritimes, des intérêts vitaux en matière de sécurité, le comportement observé de longue date par les Parties en matière de concessions pétrolières, de patrouilles navales et de pêche, et les conséquences pour les pêcheurs locaux. La Cour a rejeté tous ces facteurs, à l'exception de l'effet d'amputation. A cet égard, je souscris pleinement à son raisonnement concernant les circonstances géographiques dans la région en cause et l'effet d'amputation produit par la ligne d'équidistance (arrêt, par. 162-171). Le croquis nº 10 de l'arrêt (p. 269) illustre bien l'incidence de la concavité du littoral sur la délimitation des frontières maritimes entre les trois Etats : la Somalie, le Kenya et la Tanzanie. Il s'agissait là d'un cas d'école où la méthode de l'équidistance ne pouvait produire une solution équitable. La ligne d'équidistance entre la Tanzanie et le Kenya et celle entre la Somalie et le Kenya avaient toutes deux des conséquences défavorables pour ce dernier, empêchant largement sa côte de générer ses droits maritimes. L'effet réducteur sur le Kenya provenant aussi bien du nord que du sud, il était raisonnable de procéder à un ajustement dans ces deux directions. Pareil ajustement des lignes d'équidistance n'entraîne pas un remodelage de la géographie, mais rectifie le caractère déraisonnable des lignes d'équidistance, garantissant un partage équitable de la zone en cause qui servira les intérêts des Etats intéressés à long terme. La frontière maritime convenue entre le Kenya et la Tanzanie, telle que reproduite sur le croquis nº 10 de l'arrêt (p. 269), avait réduit l'effet d'amputation dans une mesure que les deux Etats avaient jugée satisfaisante et appropriée. En ce qui concerne la ligne d'équidistance entre la Somalie et le Kenya, il appartenait à la Cour de déterminer dans quelle proportion il convenait de l'ajuster.

17. Dès lors que tous les autres facteurs présentés par le Kenya avaient été écartés pour défaut de pertinence, il est permis de se demander sur quelle base autre que la proportionnalité la Cour pouvait s'appuyer

adjust the provisional equidistance line. With the cut-off effect, I am quite persuaded by, and satisfied with, the reasoning of the Judgment for the necessity to adjust the equidistance line, but I am not contented with the way in which the adjustment is done, which brings me to the last point I wish to address.

18. In paragraph 174 of the Judgment, the Court decides to shift the line northwards to an initial azimuth of 114°, in the view that this line would offset the cut-off effect produced by the concavity of the coastal line. Without much explanation as to the reason for this adjustment, the Court moves on to the last stage to verify the result. According to the three-stage methodology, at the final stage, the Court will check whether the adjusted line leads to a significant disproportionality between the ratio of the lengths of the Parties' respective relevant coasts and the ratio of the sizes of the relevant area apportioned by that line. According to the Court's calculation, the ratio of the relevant coasts between Somalia and Kenya is 1:1.43 in favour of Somalia and the ratio of the apportioned spaces is 1:1.30 in favour of Kenya. The Court is of the view that [a] comparison of these two ratios does not reveal any significant or marked disproportionality" (Judgment, para. 176).

19. On the face of the figures, no one can seriously challenge the conclusion of the Court. However, if the identification of the relevant coasts, as has been pointed out before, follows a different method, the proportionality of the ratio of the coastal lengths of the Parties and the ratio of the maritime areas apportioned to the Parties, respectively, will be different. As the following sketch-maps (p. 324) illustrate, the maritime areas apportioned to the Parties in the maritime area within 200 nautical miles are approximately equal, not so favourable to Kenya as stated by the Court. The difference in size between the Parties is getting bigger in the outer continental shelf, in favour of Somalia, provided the outer limits of the continental shelves beyond 200 nautical miles as claimed by the Parties are ultimately confirmed by the CLCS.

20. For years, international courts and tribunals did not reach agreement on the term "a significant disproportionality", a criterion that assesses the equitableness of the outcome of maritime delimitation. Under the three-stage approach, the disproportionality test is designed to check, *ex post facto*, the final result. According to the Court, the disproportionality test is not in itself a method of delimitation; rather, it is a means of checking whether the delimitation line arrived at by other means needs adjustment because of a significant disproportionality in the ratios between the maritime areas which would fall to one party or other by virtue of the delimitation line arrived at by other means, and the lengths of their respective coasts (*Maritime Delimitation in the Black Sea (Romania* v. *Ukraine), Judgment, I.C.J. Reports 2009*, pp. 99-100, para. 110). This distinct status and role of the disproportionality test is sound in

pour ajuster la ligne d'équidistance provisoire entre la Somalie et le Kenya. S'agissant de l'effet d'amputation, je suis pleinement satisfaite du raisonnement suivi dans l'arrêt quant à la nécessité d'ajuster la ligne d'équidistance, mais je ne suis pas d'accord avec la manière dont l'ajustement a été effectué, ce qui m'amène au dernier point que je souhaite aborder.

18. Au paragraphe 174 de l'arrêt, la Cour indique qu'elle a décidé de déplacer la ligne vers le nord suivant un azimut initial de 114°, de sorte que celle-ci atténue l'effet d'amputation produit par la concavité du littoral. Sans guère fournir d'explications concernant cet ajustement, la Cour passe ensuite à la dernière étape pour vérifier le résultat obtenu. Conformément à la méthode en trois étapes, elle devait alors rechercher si la ligne ajustée aboutissait à une disproportion significative entre le rapport des longueurs des côtes pertinentes respectives des Parties et le rapport de la superficie des espaces attribués dans la zone pertinente par ladite ligne. Selon les calculs de la Cour, le rapport des côtes pertinentes de la Somalie et du Kenya était de 1 pour 1,43 en faveur de la Somalie et le rapport des espaces attribués, de 1 pour 1,30 en faveur du Kenya. Aussi la Cour a-t-elle jugé que « [l]a comparaison entre ces deux rapports ne rév[élait] aucune disproportion significative ou marquée » (arrêt, par. 176).

19. Au vu des chiffres auxquels est parvenue la Cour, personne ne saurait sérieusement contester sa conclusion. Toutefois, si, comme cela a déjà été relevé, les côtes pertinentes des Parties avaient été déterminées à l'aide d'une méthode différente, la proportionnalité entre le rapport des longueurs de ces côtes et celui des espaces attribués à chacune des Parties n'aurait pas été la même. Comme l'illustrent les croquis ci-après (p. 324), les espaces maritimes attribués à chacune des Parties en deçà de 200 milles marins sont approximativement équivalents et non pas aussi favorables au Kenya que l'a indiqué la Cour. La différence de superficie s'accentue sur le plateau continental étendu en faveur de la Somalie pour autant que les limites extérieures du plateau continental revendiqué par chacune des Parties au-delà de 200 milles marins soient en définitive confirmées par la Commission des limites.

20. Pendant des années, les juridictions internationales ne sont pas parvenues à s'entendre sur l'expression « disproportion marquée », critère permettant d'apprécier le caractère équitable du résultat d'une délimitation maritime. Suivant la méthode en trois étapes, le critère de proportionnalité est conçu pour vérifier, *ex post facto*, le résultat final. Selon la Cour, cette vérification de l'absence de disproportion n'est pas une méthode de délimitation en elle-même, mais plutôt un moyen de déterminer si la ligne obtenue par d'autres moyens doit être ajustée afin d'éviter qu'elle ne donne lieu à une disproportion marquée entre les espaces maritimes attribués à chacune des parties et la longueur de leurs côtes respectives (*Délimitation maritime en mer Noire (Roumanie c. Ukraine), arrêt, C.I.J. Recueil 2009*, p. 99-100, par. 110). Si le critère de proportionnalité a en théorie un rôle à part entière tout à fait pertinent à jouer, il se peut

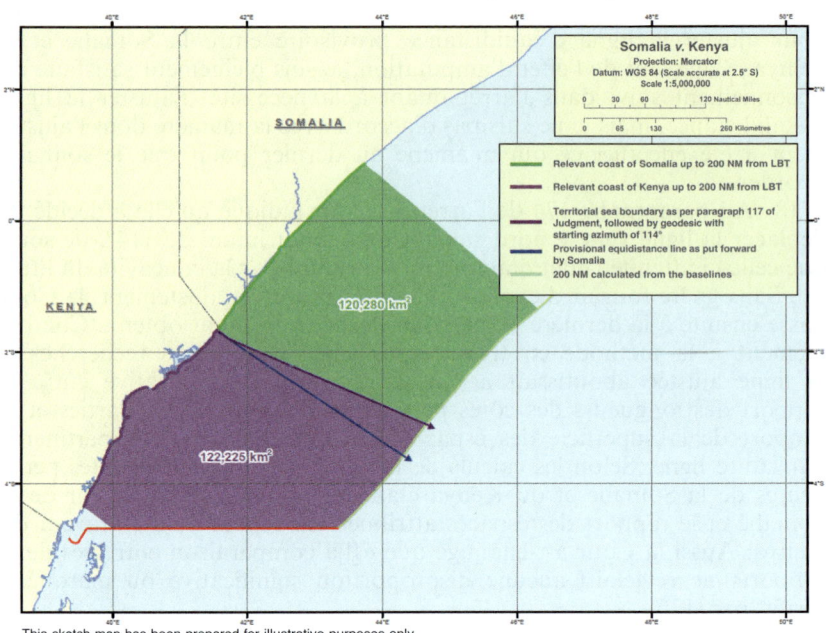

Apportionment of the maritime area within 200 nautical miles

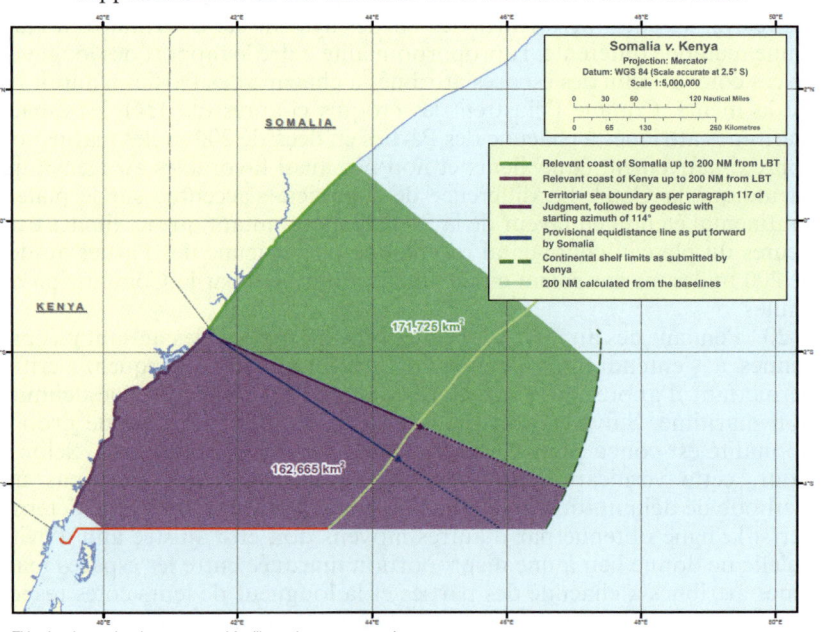

Apportionment of the relevant area including the continental shelf
beyond 200 nautical miles

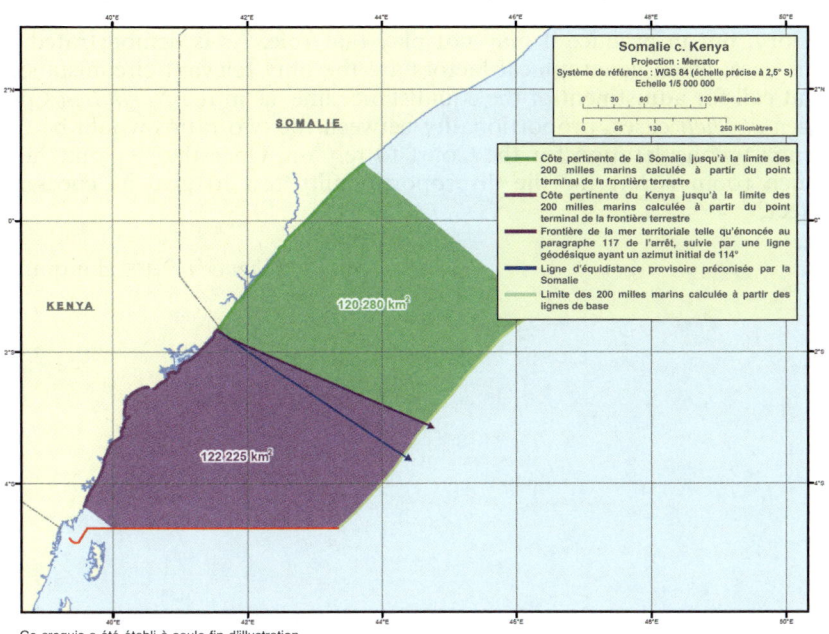

Ce croquis a été établi à seule fin d'illustration

Répartition des espaces maritimes en deçà de 200 milles marins

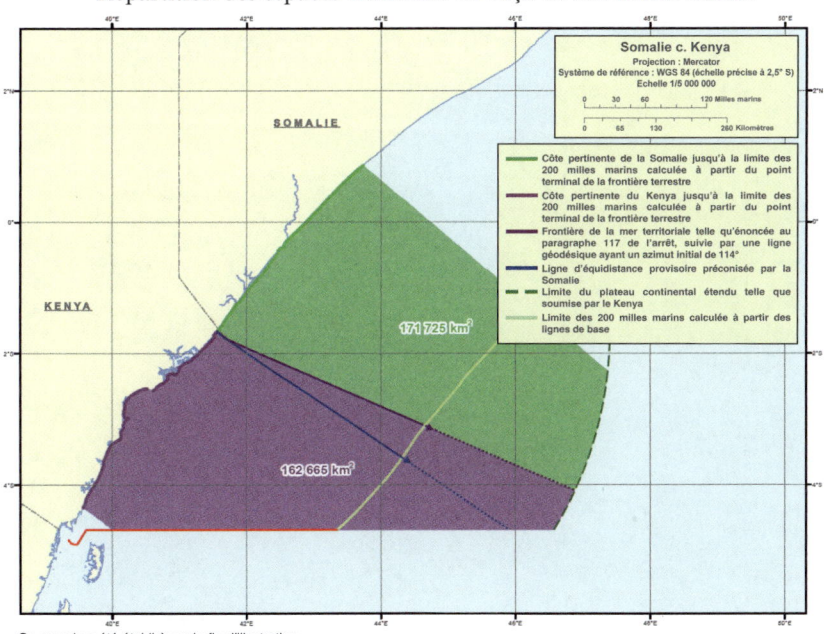

Ce croquis a été établi à seule fin d'illustration

Répartition de la zone pertinente, y compris le plateau continental
au-delà de 200 milles marins

theory, but in practice it may not play that role. As is demonstrated in this case, when geographical factors are the only relevant circumstances that call for adjustment of the equidistance line, as in the *North Sea Continental Shelf* cases, proportionality between the two ratios would be the primary consideration for the Court to rely on. Once that is done, how much room is left for the disproportionality test to give its checking effect?

(Signed) Xᴜᴇ Hanqin.

———————

qu'il ne le joue pas en pratique. Ainsi qu'il ressort de la présente espèce, lorsque les facteurs géographiques sont les seules circonstances pertinentes appelant un ajustement de la ligne d'équidistance, comme dans les affaires du *Plateau continental de la mer du Nord*, l'élément principal à prendre en considération par la Cour est la proportionnalité entre les deux rapports. Je me demande dans quelle mesure le critère de proportionnalité peut alors encore avoir une fonction de vérification.

(Signé) XUE Hanqin.

INDIVIDUAL OPINION, PARTLY CONCURRING AND
PARTLY DISSENTING, OF JUDGE ROBINSON

1. In this opinion, I explain the reasons for my disagreement with
paragraph 214 (5) of the Judgment and make observations on other
parts.
2. Paragraph 214 (5) of the Judgment reads as follows:

"[The Court] . . . [*d*]*ecides* that from Point B, the maritime boundary delimiting the continental shelf continues along the same geodetic
line until it reaches the outer limits of the continental shelf or the area
where the rights of third States may be affected[.]"

3. Since Point B is the outer limit of the exclusive economic zone and
continental shelf within 200 nautical miles, the formulation of this paragraph makes clear that the Court has delimited the continental shelf
beyond 200 nautical miles. However, for the following reasons, the Court
was not in a position to carry out such a delimitation.

4. First, the régime for a coastal State's entitlement to a continental
shelf within 200 nautical miles is different from the régime for its entitlement to a continental shelf beyond 200 nautical miles, and it is this difference that makes the Court's finding in paragraph 214 (5) questionable.
Article 76 (1) of the United Nations Convention on the Law of the Sea
(hereinafter "UNCLOS" or the "Convention") provides as follows:

"The continental shelf of a coastal State comprises the seabed and
subsoil of the submarine areas that extend beyond its territorial sea
throughout the natural prolongation of its land territory to the outer
edge of the continental margin, or to a distance of 200 nautical miles
from the baselines from which the breadth of the territorial sea is
measured where the outer edge of the continental margin does not
extend up to that distance."

5. Although the Convention defines the continental shelf in geological
and geomorphological terms as the sea-bed and subsoil of the submarine
areas throughout the natural prolongation of its land territory to the
outer edge of the continental margin, it also provides that, in cases where
the outer edge of the continental margin does not extend to 200 nautical
miles from the baselines from which the breadth of the territorial sea is
measured, the continental shelf will extend to that distance. In effect,
therefore, the distance criterion supersedes the geological and geomor-

OPINION INDIVIDUELLE, EN PARTIE CONCORDANTE ET EN PARTIE DISSIDENTE, DE M. LE JUGE ROBINSON

[Traduction]

1. Dans le présent exposé de mon opinion, j'expliciterai les raisons pour lesquelles je suis en désaccord avec le point 5 du dispositif de l'arrêt et formulerai des observations concernant d'autres parties du texte.

2. Le point 5 du dispositif de l'arrêt se lit comme suit:

« [La Cour] [*d*]*écide* que, à partir du point B, la frontière maritime délimitant le plateau continental se poursuit le long de la même ligne géodésique jusqu'à ce qu'elle atteigne la limite extérieure du plateau continental ou la zone où les droits d'Etats tiers sont susceptibles d'être affectés[.] »

3. Etant donné que le point B marque la limite extérieure de la zone économique exclusive et du plateau continental en deçà de 200 milles marins, cette conclusion, telle qu'elle est formulée, indique que la Cour a délimité le plateau continental au-delà de 200 milles marins. Or, pour les raisons exposées ci-après, celle-ci n'était pas en mesure de procéder à une telle délimitation.

4. Premièrement, le régime concernant le droit d'un Etat côtier à un plateau continental en deçà de 200 milles marins se distingue de celui qui régit son droit à un plateau continental au-delà de cette limite, et c'est cette distinction qui rend contestable la conclusion énoncée au point 5 du dispositif. Le paragraphe 1 de l'article 76 de la convention des Nations Unies sur le droit de la mer (ci-après la « CNUDM » ou la « convention ») se lit comme suit:

« Le plateau continental d'un Etat côtier comprend les fonds marins et leur sous-sol au-delà de sa mer territoriale, sur toute l'étendue du prolongement naturel du territoire terrestre de cet Etat jusqu'au rebord externe de la marge continentale, ou jusqu'à 200 milles marins des lignes de base à partir desquelles est mesurée la largeur de la mer territoriale, lorsque le rebord externe de la marge continentale se trouve à une distance inférieure. »

5. Bien que, selon la définition géologique et géomorphologique que la convention en donne, le plateau continental comprenne les fonds marins et leur sous-sol sur toute l'étendue du prolongement naturel du territoire terrestre jusqu'au rebord externe de la marge continentale, la convention dispose aussi qu'il s'étend jusqu'à 200 milles marins des lignes de base à partir desquelles est mesurée la largeur de la mer territoriale, lorsque le rebord externe de la marge continentale se trouve à une distance inférieure. Ainsi, le critère de la distance prime, de fait, sur les critères géolo-

phological criteria in defining a coastal State's entitlement to a continental shelf up to 200 nautical miles. However, where, as here, the question relates to a State's entitlement to a continental shelf beyond 200 nautical miles, different considerations apply.

6. In order to determine a State's entitlement to a continental shelf beyond 200 nautical miles there must be in existence a continental margin that extends beyond 200 nautical miles because, by virtue of Article 76 (1) of the Convention, the continental shelf extends to the outer edge of the continental margin. Paragraph 3 of Article 76 of the Convention defines the margin as "compris[ing] the submerged prolongation of the land mass of the coastal State, and consist[ing] of the seabed and subsoil of the shelf, the slope and the rise". Therefore, in order to delimit, the Court must have before it reliable evidence that there is in existence, in the area beyond 200 nautical miles, a "submerged prolongation of the land mass of the coastal State". According to paragraph 6 of Article 76 of the Convention, the outer limit of the continental shelf "shall not exceed 350 nautical miles from the baselines from which the breadth of the territorial sea is measured".

7. Thus, in relation to the delimitation of the continental shelf beyond 200 nautical miles, geological and geomorphological criteria supersede the distance criterion, because there can be no entitlement to a continental shelf in the area beyond 200 nautical miles and up to a distance of 350 nautical miles, unless there is certainty that there is in existence a continental margin in that area. Since under the Convention a coastal State's entitlement to a continental shelf beyond 200 nautical miles is determined by geological and geomorphological factors, the Court must ensure that those factors exist before delimiting the continental shelf beyond 200 nautical miles.

8. The distinction between delineation of the outer limit of the continental shelf by the Commission on the Limits of the Continental Shelf (hereinafter the "CLCS" or "Commission") and maritime delimitation by the Court is clear. It is equally clear that recommendations by the CLCS on the outer limit of the continental shelf do not constitute a necessary precondition for maritime delimitation by the Court. But in order to carry out such a delimitation, the Court must have reliable evidence confirming the existence of a continental shelf in the area beyond 200 nautical miles.

9. The Judgment reflects an awareness of the requirement that the Court must have at hand reliable information confirming the existence of a continental margin in the area beyond 200 nautical miles if it is to be in a position to carry out a delimitation in that area. However, as will be seen, the Court ignores this requirement.

10. After citing Article 76 (4) of the Convention, the Judgment concludes that

"[t]he entitlement of a State to the continental shelf beyond 200 nautical miles thus depends on geological and geomorphological criteria.

giques et géomorphologiques dans la définition du droit d'un Etat côtier à un plateau continental sur 200 milles marins. Cependant, lorsqu'il est question, comme c'est le cas ici, du droit d'un Etat à un plateau continental au-delà de cette limite, d'autres considérations s'appliquent.

6. La détermination du droit d'un Etat à un plateau continental au-delà de 200 milles marins suppose l'existence d'une marge continentale se poursuivant sur une distance supérieure puisque, selon le paragraphe 1 de l'article 76 de la convention, le plateau continental s'étend jusqu'au rebord externe de ladite marge. Le paragraphe 3 de ce même article définit celle-ci comme « le prolongement immergé de la masse terrestre de l'Etat côtier [et précise qu'elle est] constituée par les fonds marins correspondant au plateau, au talus et au glacis ainsi que leur sous-sol ». Pour procéder à une délimitation, la Cour doit par conséquent disposer d'éléments fiables attestant l'existence, au-delà de 200 milles marins, d'un « prolongement immergé de la masse terrestre de l'Etat côtier ». Aux termes du paragraphe 6 de l'article 76 de la convention, la limite extérieure du plateau continental ne « dépasse pas une ligne tracée à 350 milles marins des lignes de base à partir desquelles est mesurée la largeur de la mer territoriale ».

7. S'agissant de la délimitation du plateau continental au-delà de 200 milles marins, les critères géologiques et géomorphologiques prennent donc le pas sur le critère de la distance, puisque, pour qu'un Etat ait droit à un plateau continental au-delà de 200 milles marins et jusqu'à la limite de 350 milles marins, il faut que l'existence d'une marge continentale dans cet espace soit certaine. Etant donné que, au regard de la convention, le droit d'un Etat côtier à un plateau continental au-delà de 200 milles marins est déterminé par des facteurs géologiques et géomorphologiques, la Cour doit s'assurer que ces facteurs sont réunis avant de délimiter le plateau continental dans cette zone.

8. Il est clair que la délinéation de la limite extérieure du plateau continental opérée par la Commission des limites du plateau continental (ci-après la « Commission des limites » ou la « Commission ») se distingue de la délimitation maritime à laquelle procède la Cour. Il est tout aussi clair que la délimitation maritime de la Cour n'est pas subordonnée à l'existence de recommandations de la Commission concernant la limite extérieure du plateau continental. Pour autant, la Cour, pour pouvoir effectuer une telle délimitation, doit disposer d'éléments de preuve fiables confirmant l'existence d'un plateau continental au-delà de 200 milles marins.

9. Si la Cour avait bien conscience, ainsi que le montre l'arrêt, de l'exigence pour elle de disposer d'informations fiables confirmant l'existence d'une marge continentale au-delà de 200 milles marins pour être à même d'effectuer une délimitation dans cette zone, elle a néanmoins, comme on le verra, fait fi de cette exigence.

10. Après avoir cité le paragraphe 4 de l'article 76 de la convention, la Cour dit, dans son arrêt, que

« [l]e droit d'un Etat à un plateau continental au-delà de 200 milles marins dépend donc de critères géologiques et géomorphologiques...

An essential step in any delimitation is to determine whether there are entitlements, and whether they overlap." (Judgment, para. 193.)

The Court noted that the Tribunal in *Bangladesh/Myanmar* was only able to carry out delimitation of the shelf beyond 200 nautical miles because of what the Tribunal described as the "unique situation in the Bay of the Bengal", a feature which the Judgment states explicitly "is not the same as [present case]". The Special Chamber of the International Tribunal for the Law of the Sea ("ITLOS") in *Ghana/Côte d'Ivoire* held that it "can delimit the continental shelf beyond 200 [nautical miles] only if such a continental shelf exists"[1], and that it had the benefit of the Commission's affirmative recommendations in relation to Ghana; it also observed that the "geological situation [of Côte d'Ivoire was] identical to that of Ghana"[2]. The Special Chamber emphasized that there is "no doubt that a continental shelf beyond 200 [nautical miles] exists in respect of the two Parties"[3]. The need for a court or tribunal to be certain about the existence of a continental shelf beyond 200 nautical miles if it is to carry out a delimitation in that area was also emphasized by the Tribunal in *Bangladesh/Myanmar*. The Tribunal stated that it would have been hesitant to proceed to delimit the area beyond 200 nautical miles if there was uncertainty about the existence of a shelf in that area[4].

11. As if to contradict the cautionary note it had sounded in relation to any reliance on the decisions in *Bangladesh/Myanmar* and *Ghana/Côte d'Ivoire*, the Court in paragraph 194 rather unexpectedly announced its decision to delimit the continental shelf boundaries up to the outer limit of the continental shelf.

12. It is ironical that, having taken the pains to isolate and identify the critically relevant information that ITLOS and its Special Chamber had in the *Bangladesh/Myanmar* and *Ghana/Côte d'Ivoire* cases, the Court proceeded to delimit the Parties' continental shelf in the area beyond 200 nautical miles without any convincing evidence as to the existence of a shelf beyond 200 nautical miles. This contrasts with the decision of the Court in *Nicaragua* v. *Colombia* not to delimit the continental shelf beyond 200 nautical miles, because Nicaragua relied on information it had submitted to the CLCS that did not substantiate its claim to a continental shelf beyond 200 nautical miles[5].

---

[1] *Delimitation of the Maritime Boundary in the Atlantic Ocean (Ghana/Côte d'Ivoire), Judgment, ITLOS Reports 2017*, p. 136, para. 491.

[2] *Ibid.*

[3] *Ibid.*, p. 137, para. 496.

[4] *Delimitation of the Maritime Boundary in the Bay of Bengal (Bangladesh/Myanmar), Judgment, ITLOS Reports 2012*, p. 115, para. 443.

[5] *Territorial and Maritime Dispute (Nicaragua* v. *Colombia), Judgment, I.C.J. Reports 2012 (II)*, p. 669, para. 129.

L'une des étapes essentielles dans tout processus de délimitation consiste à déterminer s'il existe des droits, et si ceux-ci se chevauchent.» (Arrêt, par. 193.)

Elle relève que, si, en l'affaire *Bangladesh/Myanmar*, le Tribunal international du droit de la mer (TIDM) a été en mesure de procéder à la délimitation du plateau continental au-delà de 200 milles marins, c'est uniquement en raison de ce qui était, selon lui, la «situation unique du golfe du Bengale», circonstances dont la Cour souligne qu'elles «n['étaie]nt pas les mêmes que celles [de la présente espèce]». En l'affaire *Ghana/Côte d'Ivoire*, la Chambre spéciale du TIDM a jugé qu'elle «p[ouvai]t délimiter le plateau continental au-delà des 200 milles marins seulement si ce plateau continental exist[ait]»[1], et qu'elle disposait des recommandations favorables que la Commission avait formulées concernant le Ghana; elle a également fait observer que «[la] situation géologique [de la Côte d'Ivoire] [étai]t identique à celle du Ghana»[2]. La Chambre spéciale a souligné qu'«il ne fai[sai]t aucun doute pour elle qu'il exist[ait] un plateau continental au-delà des 200 milles marins s'agissant des deux Parties»[3]. La nécessité, pour une juridiction, de s'assurer de l'existence d'un plateau continental au-delà de 200 milles marins lorsqu'elle est appelée à effectuer une délimitation dans cette zone a également été mise en exergue en l'affaire *Bangladesh/Myanmar*, où le TIDM a indiqué qu'il aurait hésité à procéder à la délimitation au-delà de 200 milles marins s'il avait conclu à une incertitude quant à l'existence d'un plateau dans cette zone[4].

11. Comme pour contredire la prudence dont elle a assorti toute invocation des décisions rendues dans les affaires *Bangladesh/Myanmar* et *Ghana/Côte d'Ivoire*, la Cour annonce ensuite de manière assez inattendue, au paragraphe 194, sa décision de délimiter le plateau continental jusqu'à la limite extérieure de celui-ci.

12. De manière paradoxale, la Cour, après avoir pris soin de déterminer et de circonscrire les renseignements pertinents dont disposaient le TIDM et sa Chambre spéciale dans les deux affaires susmentionnées, procède à la délimitation des portions de plateau continental relevant de chacune des Parties au-delà de 200 milles marins sans disposer du moindre élément de preuve convaincant s'agissant de l'existence d'un plateau dans cette zone. Cela tranche avec la décision qu'elle a prise en l'affaire *Nicaragua c. Colombie* de ne pas délimiter le plateau continental au-delà de 200 milles marins, au motif que le Nicaragua invoquait des informations soumises par lui à la Commission des limites, qui n'étayaient pas sa revendication de plateau continental étendu[5].

---

[1] *Délimitation de la frontière maritime dans l'océan Atlantique (Ghana/Côte d'Ivoire)*, arrêt, *TIDM Recueil 2017*, p. 136, par. 491.

[2] *Ibid.*

[3] *Ibid.*, p. 137, par. 496.

[4] *Délimitation de la frontière maritime dans le golfe du Bengale (Bangladesh/Myanmar)*, arrêt, *TIDM Recueil 2012*, p. 115, par. 443.

[5] *Différend territorial et maritime (Nicaragua c. Colombie), arrêt, C.I.J. Recueil 2012 (II)*, p. 669, par. 129.

13. The Judgment is bereft of even a scintilla of reliable evidence that the geological and geomorphological criteria, which the Judgment itself refers to in paragraph 193 as being essential in the determination of State entitlements, have been met.

14. The Court comes closest to identifying evidence of the existence of a continental shelf beyond 200 nautical miles when it noted "that in their submissions to the Commission both Somalia and Kenya claim on the basis of scientific evidence a continental shelf beyond 200 nautical miles and that their claims overlap" (paragraph 194 of the Judgment). However, this observation does not provide a sufficient basis for the delimitation because nowhere in the Judgment is there any reference to the content of this scientific evidence and, more importantly, nowhere in the Judgment is there any analysis of that content to show that the Court is satisfied that the necessary geological and geomorphological criteria have been met for the existence of a continental shelf beyond 200 nautical miles. It must be made clear that in this case the Court was not asked to examine any scientific data that would establish the existence of a continental shelf beyond 200 nautical miles. It is, of course, perfectly proper to refer to the Parties' submissions to the Commission. However, if it relies on these submissions, the Court must explain why it finds them persuasive. Such an explanation is the more necessary where, as in this case, the Commission has not yet made any recommendations on the submissions of the Parties. Thus, it appears that the principal factors that explain the Court's decision to delimit the continental shelf beyond 200 nautical miles are the criterion of the 350-nautical-mile distance as the outer limit of the continental shelf and the volition of the Parties to have the Court effect a delimitation. But, in delimiting the continental shelf beyond 200 nautical miles, geological and geomorphological factors supersede distance as the criteria for determining a State's entitlement to that shelf, thereby rendering less consequential the request of the Parties to have the Court effect a delimitation in that area.

15. The lack of any evidence of geological and geomorphological data to substantiate the existence of a continental shelf, and thus, of the entitlement of the Parties to a continental shelf beyond 200 nautical miles, undermines the validity of the finding in paragraph 214 (5), which is the principal conclusion of the Court in the part of its Judgment devoted to the delimitation of the continental shelf beyond 200 nautical miles. Nonetheless, the present opinion will comment on other aspects of the Judgment relating to this finding.

16. Second, in the delimitation of the continental shelf in the area beyond 200 nautical miles the Court has overvalued the volition of the Parties and the fact that "neither Party questions the existence of the other Party's entitlement to a continental shelf beyond 200 nautical miles or the extent of that claim" (paragraph 194 of the Judgment). In the delimitation of the continental shelf up to 200 nautical miles, it is

13. L'arrêt ne contient pas l'ombre d'un élément fiable qui attesterait qu'il a été satisfait aux critères géologiques et géomorphologiques, dont il est pourtant souligné, au paragraphe 193, qu'ils sont essentiels aux fins de la détermination des droits des Etats.

14. Ce qui s'approche le plus d'une volonté de la Cour de définir les éléments attestant l'existence d'un plateau continental au-delà de 200 milles marins est la constatation faite au paragraphe 194 de l'arrêt, selon laquelle, «dans les demandes qu'ils ont adressées à la Commission, la Somalie et le Kenya revendiquent tous deux, sur la base d'éléments de preuve scientifiques, un plateau continental s'étendant au-delà de 200 milles marins, et … leurs revendications se chevauchent». Cette observation est cependant insuffisante pour fonder la délimitation, étant donné que l'arrêt ne mentionne nulle part la teneur de ces éléments de preuve scientifiques et, surtout, n'en fournit aucune analyse démontrant que la Cour a établi que les critères géologiques et géomorphologiques relatifs à l'existence d'un plateau continental au-delà de 200 milles marins sont remplis. Il convient de préciser que, dans la présente affaire, la Cour n'était pas appelée à examiner des données scientifiques susceptibles d'établir l'existence d'un plateau continental au-delà de cette distance. Si elle est, de toute évidence, parfaitement fondée à se référer aux demandes soumises par les Parties à la Commission, la Cour est cependant tenue, dans un tel cas, d'expliquer pourquoi elle juge ces demandes convaincantes. Une telle explication s'impose *a fortiori* lorsque, comme c'est le cas en la présente espèce, la Commission n'a encore formulé aucune recommandation concernant les demandes des Parties. Il apparaît donc que la Cour a fondé sa décision de délimiter le plateau continental au-delà de 200 milles marins essentiellement sur le critère relatif à la distance de 350 milles marins correspondant à la limite extérieure du plateau continental et la volonté des Parties de la voir effectuer une délimitation. Or, lorsqu'il s'agit de délimiter le plateau continental au-delà de 200 milles marins, les facteurs géologiques et géomorphologiques priment sur le critère de la distance pour déterminer le droit d'un Etat à cet égard, ce qui réduit la portée de la demande des Parties tendant à ce que la Cour procède à une délimitation dans cet espace.

15. L'absence totale de données géologiques et géomorphologiques étayant l'existence d'un plateau continental — et, partant, le droit des Parties à cet égard au-delà de 200 milles marins — nuit à la validité de la conclusion énoncée au point 5 du dispositif, qui constitue la conclusion principale de la Cour dans ce volet de l'arrêt, consacré à la délimitation du plateau continental au-delà de 200 milles marins. Je commenterai néanmoins, dans le présent exposé de mon opinion, d'autres aspects de l'arrêt relatifs à cette conclusion.

16. Deuxièmement, la Cour, lorsqu'elle a délimité le plateau continental dans la zone située au-delà de 200 milles marins, a attaché trop d'importance à la volonté des Parties et au fait qu'«aucune d['elles] ne contest[ait] l'existence des droits de l'autre à un plateau continental au-delà de 200 milles marins ni l'étendue de cette revendication» (paragraphe 194 de l'arrêt). Lorsque la Cour délimite le plateau continental en deçà de

appropriate for the Court to act entirely on requests of the Parties for it to carry out such a delimitation, because in that area the distance criterion of 200 nautical miles prevails. However, where, as here, the Court is delimiting the continental shelf in the area beyond 200 nautical miles, the requests of the Parties, and the congruence of their views as to their respective entitlement to a shelf beyond 200 nautical miles and the extent of that entitlement, do not constitute a sufficient basis for delimitation in that area. By effecting a delimitation of a party's continental shelf beyond 200 nautical miles without any reliable evidence of the existence of a shelf in that area, the Court has effectively eliminated the important difference drawn by the Convention between a coastal State's entitlement to a shelf within and beyond 200 nautical miles. In the result, by delimiting on the presumption that the Parties are entitled to a shelf of up to 350 nautical miles, the Court has replaced the geological and geomorphological criteria required by the Convention for such an entitlement with a simple distance criterion of a maximum of 350 nautical miles. There is nothing in the Judgment that comes close to the categoric findings in the *Bangladesh/ Myanmar* and *Bangladesh* v. *India* cases as to the existence of a continental shelf beyond 200 nautical miles.

17. Third, the Court has carried out a delimitation of the continental shelf beyond 200 nautical miles in an environment riddled with uncertainty. Although the use of a directional arrow, such as the one contained in sketch-map No. 13 (p. 279), is not uncommon in delimitation of the continental shelf beyond 200 nautical miles, there must be some doubt as to whether this approach provides the level of certainty that one would expect in an exercise as consequential as the delimitation of a boundary between two States, which will have sovereign rights in the area attributed to them.

18. This uncertainty is even more evident in paragraph 197 of the Judgment, which reads:

"*Depending* on the extent of Kenya's entitlement to a continental shelf beyond 200 nautical miles *as it may be* established in the future on the basis of the Commission's recommendation, the delimitation line *might give rise* to an area of limited size located beyond 200 nautical miles from the coast of Kenya and within 200 nautical miles from the coast of Somalia, but on the Kenyan side of the delimitation line ('grey area')." (Emphasis mine.)

This reasoning is a conjecture built on a surmise founded on a hypothesis — scarcely a basis for the construction of a legal régime. Regrettably, the grey area that it identifies is not of "limited size", but in the circumstances of this case, may be seen as applying to the entire area beyond 200 nautical miles. It is noted, however, that the Court decided not to address the question of the legal régime that would be applicable to this grey area.

200 milles marins, il y a tout lieu pour elle de s'en remettre entièrement aux demandes des Parties tendant à ce qu'elle procède à une telle délimitation, car c'est le critère de la distance des 200 milles marins qui prévaut dans cet espace. En revanche, lorsque, comme c'est le cas dans la présente espèce, la Cour délimite le plateau continental au-delà de cette limite, les demandes des Parties, et la convergence de leurs vues concernant l'existence de leurs droits respectifs à cet égard et l'étendue de tels droits, ne constituent pas une base suffisante pour procéder à la délimitation de cet espace. Le fait de délimiter le plateau continental d'une partie au-delà de 200 milles marins sans disposer du moindre élément fiable attestant l'existence d'un plateau dans cette zone revient pour la Cour à faire abstraction de la distinction importante établie par la convention entre le droit d'un Etat côtier à un plateau continental sur une distance de 200 milles marins et sa prétention à cet égard au-delà de cette limite. Ainsi, lorsqu'elle a procédé à la délimitation en se fondant sur l'hypothèse que les Parties avaient droit à un plateau continental jusqu'à 350 milles marins, la Cour a substitué aux critères géologiques et géomorphologiques auxquels la convention soumet un tel droit un simple critère de distance maximale de 350 milles marins. On est donc loin, dans l'arrêt, des conclusions catégoriques énoncées dans les affaires *Bangladesh/Myanmar* et *Bangladesh c. Inde* pour ce qui est de l'existence d'un plateau continental au-delà de 200 milles marins.

17. Troisièmement, la Cour a effectué une délimitation du plateau continental au-delà de 200 milles marins dans un environnement hautement incertain. Bien que le recours à une flèche directionnelle, telle que celle qui figure sur le croquis n° 13 (p. 279), n'ait rien d'inhabituel dans le cadre d'une délimitation de ce type, on ne peut que se demander si cette méthode fournit le degré de certitude escompté dans un exercice aussi lourd de conséquences que la délimitation d'une frontière entre deux Etats, qui auront des droits souverains dans l'espace qui leur sera attribué.

18. Cette incertitude est plus évidente encore au paragraphe 197 de l'arrêt, qui se lit comme suit :

> « *En fonction* de l'étendue des droits du Kenya à un plateau continental au-delà de 200 milles marins, *selon ce qui pourra être* déterminé à l'avenir sur la base de la recommandation de la Commission des limites, la ligne de délimitation *pourrait engendrer* une zone de taille limitée située au-delà de 200 milles marins des côtes du Kenya et en deçà de 200 milles marins de celles de la Somalie, mais du côté kényan de ladite ligne (« zone grise »). » (Les italiques sont de moi.)

Ce raisonnement est une conjecture reposant sur une supposition elle-même fondée sur une hypothèse, ce qui ne saurait servir de base à l'interprétation d'un régime juridique. La zone grise qui y est mentionnée n'est hélas pas de « taille limitée », et pourrait, dans les circonstances de la présente espèce, être considérée comme couvrant l'intégralité de l'espace situé au-delà de 200 milles marins. Il convient cependant de relever que la Cour a décidé de ne pas traiter la question du régime juridique qui serait applicable à cette zone grise.

19. Notwithstanding that delineation of the outer limits of the continental shelf is carried out by coastal States on the basis of the recommendations of the CLCS, and not by the Court, there must be a concern that delimitation and delineation exercises may impact adversely on the area, defined in Article 1 (1) of the Convention as "the seabed and ocean floor and subsoil thereof, beyond the limits of national jurisdiction". The area therefore begins where national jurisdiction ends. Article 136 provides that "[t]he Area and its resources are the common heritage of mankind"; Article 140 (1) provides that "activities in the Area" are to be carried out "for the benefit of mankind as a whole . . . and taking into particular consideration the interests and needs of developing States". During the UNCLOS negotiations, generally, developing countries attached the greatest importance to the establishment of a meaningful régime for the area in the expectation that its exploration and exploitation would contribute to their growth and development in the interest of the common heritage of mankind.

20. Concerns about the possible impact of delimitation on the régime for the area were expressed by the Arbitral Tribunal in the *France-Canada Maritime Delimitation* case (Saint Pierre and Miquelon), in which France had requested delimitation of the continental shelf beyond 200 nautical miles. The Commission stated:

> "Any decision by this Court recognizing or rejecting any rights of the Parties over the continental shelf beyond 200 nautical miles, would constitute a pronouncement involving a delimitation, not 'between the Parties' but between each one of them and the international community, represented by organs entrusted with the administration and protection of the international sea-bed Area (the sea-bed beyond national jurisdiction) that has been declared to be the common heritage of mankind."[6]

While this Award, made not very long after the adoption of the Convention, may be seen as going too far, its underlying concern should not be disregarded: where it is appropriate, the interests of the international community in exploring and exploiting the area is a factor that must be taken into account in maritime delimitation in the area beyond 200 nautical miles. Moreover, in the *Bangladesh/Myanmar* case the Tribunal expressly considered the possible impact of the delimitation of the shelf beyond 200 nautical miles on the interests of the international community in the area, and determined in the following finding that those interests were not affected:

> "In addition, as far as the Area is concerned, the Tribunal wishes to observe that, as is evident from the Parties' submissions to the

---

[6] *Delimitation of Maritime Areas between Canada and France, Award of 10 June 1992,* United Nations, *Reports of International Arbitral Awards (RIAA),* Vol. XXI; *International Legal Materials (ILM),* Vol. 31, p. 1172, para. 78.

19. Même si la délinéation de la limite extérieure du plateau continental est effectuée par les Etats côtiers sur la base des recommandations de la Commission des limites, et non pas par la Cour, il convient de garder à l'esprit que les deux exercices — délimitation et délinéation — risquent d'avoir des conséquences néfastes sur la zone, définie au paragraphe 1 de l'article premier de la convention comme «les fonds marins et leur sous-sol au-delà des limites de la juridiction nationale». La zone commence donc là où la juridiction nationale prend fin. L'article 136 dispose que «[l]a Zone et ses ressources sont le patrimoine commun de l'humanité»; le paragraphe 1 de l'article 140 prévoit que les activités menées dans la zone le sont «dans l'intérêt de l'humanité tout entière ... et compte tenu particulièrement des intérêts et besoins des Etats en développement». Lors des négociations relatives à la CNUDM, les pays en développement attachaient, de manière générale, la plus grande importance à ce que soit créé un véritable régime relatif à la zone, espérant que l'exploration et l'exploitation de celle-ci contribueraient à leur croissance et à leur développement, dans l'intérêt du patrimoine commun de l'humanité.

20. Le tribunal arbitral constitué dans l'affaire de la *délimitation maritime entre le Canada et la France* (Saint-Pierre-et-Miquelon), dans laquelle cette dernière avait présenté une demande de délimitation du plateau continental au-delà de 200 milles marins, s'est inquiété des effets éventuels de la délimitation sur le régime relatif à la zone, indiquant ce qui suit:

«Toute décision par laquelle le Tribunal reconnaîtrait aux Parties des droits sur le plateau continental au-delà de 200 milles marins ou rejetterait de tels droits constituerait une décision impliquant une délimitation non pas «entre les Parties» mais entre chacune d'elles et la communauté internationale, représentée par les organes chargés de l'administration et de la protection de la zone internationale des fonds marins (les fonds marins situés au-delà de la juridiction nationale) qui a été déclarée patrimoine commun de l'humanité.»[6]

Si l'on peut la juger excessive, la conclusion énoncée dans cette sentence, rendue peu après l'adoption de la convention, est cependant sous-tendue par une préoccupation qui ne devrait pas être écartée: les intérêts de la communauté internationale en matière d'exploration et d'exploitation de la zone sont un facteur qui, lorsque cela est indiqué, doit être pris en considération aux fins d'une délimitation maritime effectuée dans l'espace situé au-delà de 200 milles marins. De même, en l'affaire *Bangladesh/Myanmar*, le TIDM a expressément examiné l'incidence que la délimitation du plateau continental au-delà de cette distance était susceptible d'avoir sur les intérêts de la communauté internationale dans la zone, concluant, dans le passage reproduit ci-après, que cette incidence était nulle:

«En outre, en ce qui concerne la Zone, le Tribunal observe que les demandes des Parties soumises à la Commission font apparaître clai-

---

[6] *Délimitation des espaces maritimes entre le Canada et la République française, sentence du 10 juin 1992*, Nations Unies, *Recueil des sentences arbitrales (RSA)*, vol. XXI, p. 292, par. 78.

Commission, the continental shelf beyond 200 nm that is the subject of delimitation in the present case is situated far from the Area. Accordingly, the Tribunal, by drawing a line of delimitation, will not prejudice the rights of the international community."[7]

A fair inference from this finding is that the Tribunal would not have carried out the delimitation requested or, at any rate, would have given serious thought to declining that delimitation, had it found that this delimitation was to be carried out in an area that was near to the area in which the international community has an interest. It would seem that, in the instant case, a statement similar to that of the Tribunal in *Bangladesh/Myanmar* could not be made by the Court, because the continental shelf that is the subject of delimitation could possibly extend to the area. Nonetheless the Tribunal's dictum is instructive in that it signifies an appropriate sensitivity to the interests of the international community in the area.

21. Fourth, Article 83 (1) of the Convention requires that the delimitation of the continental shelf be effected by agreement on the basis of international law in order to achieve an equitable solution. In the delimitation of the continental shelf within 200 nautical miles, the Court quite properly spent much time considering whether its three-stage methodology produced an equitable solution. On the other hand, in the delimitation of the continental shelf beyond 200 nautical miles, the Judgment is silent on the question whether the methodology the Court has used produces an equitable solution. This is a significant omission in the Judgment and it raises serious questions as to whether the delimitation carried out has been effected in accordance with the Convention.

CONCAVITY

The Significance of the Kenyan "Concavity"

22. The best statement of the law on the relationship between a relevant circumstance, a concavity, the median line and a cut-off effect is the finding of the ITLOS in *Bangladesh/Myanmar* that

"concavity *per se* is not necessarily a relevant circumstance. However, when an equidistance line drawn between two States produces a cut-off effect on the maritime entitlement of one of those States, as a result of the concavity of the coast, then an adjustment of that line may be necessary in order to reach an equitable result."[8]

23. The question is whether the cut-off effect produced by the equidistance line must result from a geographical feature that meets the minimum requirements for a concavity or whether it can result from any

---

[7] *Delimitation of the Maritime Boundary in the Bay of Bengal (Bangladesh/Myanmar)*, *Judgment, ITLOS Reports 2012*, p. 97, para. 368.
[8] *Ibid.*, p. 81, para. 292.

rement que le plateau continental au-delà de 200 milles marins, objet de la délimitation dans la présente espèce, est situé loin de la Zone. De ce fait, en traçant une ligne de délimitation, le Tribunal ne préjugera pas des droits de la communauté internationale. »[7]

Il est permis de déduire de cette conclusion que le TIDM n'aurait pas procédé à la délimitation demandée ou, en tout état de cause, aurait sérieusement envisagé de refuser de le faire, s'il avait jugé que cette délimitation devait intervenir dans un espace situé à proximité de la zone, dans laquelle la communauté internationale avait un intérêt. En la présente espèce, la Cour n'aurait, semble-t-il, pas pu faire de déclaration analogue à celle qu'a faite le TIDM en l'affaire *Bangladesh/Myanmar*, puisque le plateau continental objet de la délimitation était susceptible de se prolonger jusqu'à la zone. Le *dictum* du TIDM est néanmoins instructif en ce qu'il atteste d'une sensibilité toute justifiée aux intérêts de la communauté internationale dans la zone.

21. Quatrièmement, le paragraphe 1 de l'article 83 de la convention exige que la délimitation du plateau continental soit effectuée par voie d'accord, conformément au droit international, afin d'aboutir à une solution équitable. Lorsqu'elle a procédé à la délimitation du plateau continental en deçà de 200 milles marins, la Cour a, comme il se doit, consacré beaucoup de temps à rechercher si sa méthode en trois étapes produisait une solution équitable. En revanche, pour ce qui est de la délimitation du plateau continental au-delà de 200 milles marins, elle n'a nullement examiné si la méthode qu'elle avait suivie aboutissait à une solution équitable. C'est là une lacune notable de l'arrêt, qui soulève de sérieux doutes quant au point de savoir si la délimitation a bien été effectuée conformément à la convention.

CONCAVITÉ

L'importance de la « concavité » du Kenya

22. C'est le TIDM qui, en l'affaire *Bangladesh/Myanmar*, a formulé l'énoncé juridique le plus clair s'agissant du rapport entre circonstance pertinente, concavité, ligne médiane et effet d'amputation, en exposant que

> « la concavité en soi ne constitue pas nécessairement une circonstance pertinente. Toutefois, lorsqu'une ligne d'équidistance tracée entre deux Etats produit, en raison de la concavité de sa côte, un effet d'amputation sur l'espace maritime auquel un de ces Etats a droit, l'ajustement de cette ligne peut être nécessaire de façon à aboutir à une solution équitable. »[8]

23. La question est de savoir si l'effet d'amputation produit par la ligne d'équidistance doit résulter d'une particularité géographique répondant aux exigences minimales de concavité ou s'il peut résulter de quelque

---

[7] *Délimitation de la frontière maritime dans le golfe du Bengale (Bangladesh/Myanmar)*, arrêt, *TIDM Recueil 2012*, p. 97, par. 368.

[8] *Ibid.*, p. 81, par. 292.

geographical feature, such as a mere curvature or an indentation, even if that feature does not meet the minimum requirements for a concavity. Case law is generally unhelpful in identifying the minimum features for a concavity to result in the equidistance line producing a cut-off effect that requires its adjustment in order to achieve an equitable solution. The comments that one finds on this question are of a general nature; for example, in *Ghana/Côte d'Ivoire*, the Special Chamber found "that the coast of Côte d'Ivoire is concave, although such concavity is not as pronounced as in, for example, the case of the Bay of Bengal"[9].

24. In the 1969 *North Sea Continental Shelf* cases, the Court found that the German coast was "markedly concave"[10]. It is not for nothing that in considering the German concavity, the Court referred to another coastline, that of Bangladesh, that was also markedly concave. Indeed, in *Bangladesh/Myanmar*, ITLOS held that the Bangladesh coast was "manifestly concave" and that, consequently, the equidistance line produced a cut-off effect warranting the adjustment of that line. One may also consider the Court's decision in *Costa Rica* v. *Nicaragua*. However, that decision is not apposite because the Court did not examine in detail whether a concavity existed, but simply confined itself to the conclusion that the existence of a concavity did not produce a cut-off effect warranting an adjustment of the equidistance line. This is to be contrasted with the instant case in which the majority has found not only that there is a concavity, but that "[w]hen the mainland coasts of Somalia, Kenya and Tanzania are observed together, as a whole, the coastline is undoubtedly concave" and that, consequently, the equidistance line produces a cut-off effect that warrants some adjustment of that line. In *Cameroon* v. *Nigeria*, the Court found that there was no concavity in the sectors of the coastline relevant to the present delimitation[11]. In *Guinea/Guinea-Bissau*, the Tribunal found that the coastline of Guinea-Bissau, Guinea and Sierra Leone, when considered together, was generally concave[12].

25. In accordance with the Court's jurisprudence therefore, an adjustment of the equidistance line is only required when it produces a cut-off effect as a result of a coastal feature that is obviously concave or, to use the language of the Court in the *North Sea Continental Shelf* cases, "markedly concave" or that of the Tribunal in *Bangladesh/Myanmar*, "manifestly concave". That the Court did not have in mind a cut-off effect resulting from a slight curvature or an indentation in a coast is clear

---

[9] *Delimitation of the Maritime Boundary in the Atlantic Ocean (Ghana/Côte d'Ivoire), Judgment, ITLOS Reports 2017*, p. 120, para. 424.

[10] *North Sea Continental Shelf (Federal Republic of Germany/Denmark; Federal Republic of Germany/Netherlands), Judgment, I.C.J. Reports 1969*, p. 50, para. 91.

[11] *Land and Maritime Boundary between Cameroon and Nigeria (Cameroon* v. *Nigeria: Equatorial Guinea intervening), Judgment, I.C.J. Reports 2002*, p. 445, para. 297.

[12] *Delimitation of the Maritime Boundary between Guinea and Guinea-Bissau, Award of 14 February 1985, International Law Reports (ILR)*, Vol. 77, pp. 634-693.

autre particularité géographique, telle qu'une simple courbure ou une échancrure. De manière générale, la jurisprudence n'aide guère à déterminer les conditions minimales de concavité qui conduisent à ce que la ligne d'équidistance produise un effet d'amputation nécessitant un ajustement afin de parvenir à une solution équitable. Les observations formulées sur cette question revêtent un caractère général, la Chambre spéciale ayant ainsi jugé, en l'affaire *Ghana/Côte d'Ivoire*, «que la côte ivoirienne [étai]t concave, même si cette concavité n'[étai]t pas aussi prononcée que, par exemple, dans l'affaire du golfe du Bengale»[9].

24. Dans les arrêts qu'elle a rendus en 1969 dans les affaires du *Plateau continental de la mer du Nord*, la Cour a conclu que la côte allemande était «fortement concave»[10]. Lorsqu'elle a examiné la concavité de l'Allemagne, elle s'est, non sans raison, référée à un autre littoral, celui du Bangladesh, lui aussi fortement concave. De fait, le TIDM a par la suite estimé, en l'affaire *Bangladesh/Myanmar*, que la côte bangladaise était «manifestement concave» et que, en conséquence, la ligne d'équidistance produisait un effet d'amputation justifiant l'ajustement de cette ligne. L'on pourrait aussi mentionner l'arrêt rendu par la Cour en l'affaire *Costa Rica c. Nicaragua*, mais cette décision n'est pas pertinente car elle ne comporte aucune analyse détaillée de la question de savoir s'il existait une concavité, la Cour s'étant bornée à conclure que l'existence d'une concavité ne produisait pas d'effet d'amputation justifiant un ajustement de la ligne d'équidistance. Dans la présente espèce, en revanche, la majorité a conclu non seulement qu'il y avait une concavité, mais aussi que, «[s]i les côtes continentales de la Somalie, du Kenya et de la Tanzanie [étaie]nt considérées ensemble, comme un tout, le littoral ainsi formé appara[issai]t incontestablement concave», de sorte que la ligne d'équidistance produisait un effet d'amputation justifiant un certain ajustement de celle-ci. En l'affaire *Cameroun c. Nigéria*, la Cour a jugé que les secteurs de côte pertinents aux fins de la délimitation ne présentaient aucune concavité[11]. En l'affaire *Guinée/Guinée-Bissau*, le tribunal a conclu que, si l'on considérait ensemble les côtes de la Guinée-Bissau, de la Guinée et de la Sierra Leone, le littoral était plutôt concave[12].

25. Ainsi, selon la jurisprudence de la Cour, un ajustement de la ligne d'équidistance n'est requis que lorsque celle-ci produit un effet d'amputation en raison du caractère nettement concave ou, pour reprendre les termes employés par la Cour dans les affaires du *Plateau continental de la mer du Nord*, «fortement concave», ou encore, pour citer le TIDM en l'affaire *Bangladesh/Myanmar*, «manifestement concave», du littoral. Le fait que la Cour ne considérait pas qu'un effet d'amputation pût résulter

---

[9] *Différend relatif à la délimitation de la frontière maritime dans l'océan Atlantique (Ghana/Côte d'Ivoire), arrêt, TIDM Recueil 2017*, p. 120, par. 424.

[10] *Plateau continental de la mer du Nord (République Fédérale d'Allemagne/Danemark) (République Fédérale d'Allemagne/Pays-Bas), arrêt, C.I.J. Recueil 1969*, p. 50, par. 91.

[11] *Frontière terrestre et maritime entre le Cameroun et le Nigéria (Cameroun c. Nigéria; Guinée équatoriale (intervenant)), arrêt, C.I.J. Recueil 2002*, p. 445, par. 297.

[12] *Délimitation de la frontière maritime entre la Guinée et la Guinée-Bissau, sentence du 14 février 1985, RSA*, vol. XIX, p. 149-196.

from its finding in *Libya/Malta* 16 years later, that an equidistance line "may yield a disproportionate result where a coast is . . . markedly concave or convex"[13]. Here the Court was restating its finding in the 1969 *North Sea Continental Shelf* cases that an equidistance line may yield disproportionate results when a coastal feature has a concavity or convexity that would have the effect of pulling the line inwards or outwards. What is significant is that the Court found that this outcome must be the result of a markedly concave or convex coast.

26. The phrase, "as a consequence of a concavity" in the ITLOS dictum makes clear that the cut-off effect must result from a concavity, that is, a geographical feature that causes an equidistance line to produce a cut-off effect, warranting its adjustment in order to achieve an equitable result. The phrase has special significance in that it emphasizes the very important causal role that the concavity plays in the equidistance line producing a cut-off effect. If a geographical feature that is a mere curvature or an indentation rather than a concavity, produces a cut-off effect, then that effect is to be ignored, because to recognize it as capable of leading to an adjustment of the equidistance line would be to refashion geography and an equitable solution would not be achieved. The well-known proposition that maritime delimitation should not result in refashioning geography is reflected in paragraph 172 of the Judgment.

27. It can be inferred from the ITLOS dictum (cited above in paragraph 26) that it is not any and every geographical feature that will be sufficient to constitute a relevant circumstance; it is only a geographical feature meeting the minimum requirement for a concavity and producing a cut-off effect that will constitute a relevant circumstance requiring adjustment of the provisional equidistance line. Regrettably, the Special Chamber's decision in *Ghana/Côte d'Ivoire* is inconsistent with the Court's jurisprudence that an adjustment of the equidistance line is only required when it produces a cut-off effect as a result of a coastal feature that is markedly concave. The effect of the Special Chamber's ruling in that case is that a coastal feature that would appear to be nothing more than a mere curvature constituted a concavity. However, the Chamber only found that there was a cut-off effect when the convexity of the Ghanaian coastline was also taken into account, and in any event, it found that the cut-off did not warrant an adjustment of the equidistance line. The decision of the Arbitral Tribunal in *Guinea/Guinea-Bissau* is also inconsistent with the aforementioned jurisprudence of the Court.

---

[13] *Continental Shelf (Libyan Arab Jamahiriya/Malta), Judgment, I.C.J. Reports 1985*, p. 44, para. 56.

d'une légère courbure ou d'une échancrure de la côte ressort clairement de l'énoncé figurant dans l'arrêt qu'elle a rendu 16 ans plus tard en l'affaire *Libye/Malte*, selon lequel une ligne d'équidistance « p[ouvai]t donner un résultat disproportionné quand la côte [étai]t … fortement concave ou convexe »[13]. La Cour réaffirmait alors la conclusion à laquelle elle était parvenue en 1969 dans les affaires du *Plateau continental de la mer du Nord*, à savoir qu'une ligne d'équidistance pouvait aboutir à des résultats disproportionnés lorsqu'une côte présentait une concavité ou une convexité ayant pour effet d'infléchir la ligne vers l'intérieur ou l'extérieur. Ce qui importe, c'est que la Cour a conclu que tel ne pouvait être le cas qu'en présence d'une côte fortement concave ou convexe.

26. L'expression « en raison de la concavité » tirée du *dictum* du TIDM précise que l'effet d'amputation doit résulter d'une concavité, c'est-à-dire d'une particularité géographique en conséquence de laquelle la ligne d'équidistance produit un effet d'amputation qui justifie, en vue de parvenir à un résultat équitable, que celle-ci soit ajustée. Cette expression revêt une importance particulière, en ce qu'elle souligne le lien de causalité essentiel entre la concavité et l'effet d'amputation découlant de la ligne d'équidistance. Lorsqu'on est en présence, non pas d'une concavité, mais d'une simple courbure ou d'une échancrure, il convient de faire abstraction de l'effet d'amputation éventuellement produit car, si celui-ci devait être reconnu comme justifiant l'ajustement de la ligne d'équidistance, cela reviendrait à redessiner la géographie et empêcherait l'obtention d'une solution équitable. L'idée bien établie selon laquelle la délimitation maritime ne doit pas aboutir à refaire complètement la géographie est formulée au paragraphe 172 de l'arrêt.

27. L'on peut déduire du *dictum* du TIDM (cité au paragraphe précédent) que toutes les particularités géographiques ne sont pas de nature à constituer une circonstance pertinente ; seules celles qui satisfont à l'exigence minimale de concavité et produisent un effet d'amputation peuvent être considérées comme une circonstance pertinente appelant un ajustement de la ligne d'équidistance provisoire. Il est regrettable que, en l'affaire *Ghana/Côte d'Ivoire*, la Chambre spéciale n'ait pas suivi la jurisprudence de la Cour selon laquelle un ajustement de la ligne d'équidistance n'est requis que lorsque celle-ci produit un effet d'amputation résultant d'une configuration côtière fortement concave. La décision rendue par la Chambre spéciale en cette affaire revient, de fait, à considérer une simple courbure de la côte comme une concavité. La Chambre a toutefois conclu que l'effet d'amputation n'existait que lorsque était également prise en considération la convexité du littoral du Ghana, et que, en tout état de cause, l'amputation ne justifiait pas un ajustement de la ligne d'équidistance. La décision du tribunal arbitral constitué en l'affaire *Guinée/Guinée-Bissau* ne cadre pas, elle non plus, avec la jurisprudence susmentionnée de la Cour.

---

[13] *Plateau continental (Jamahiriya arabe libyenne/Malte), arrêt, C.I.J. Recueil 1985*, p. 44, par. 56.

28. Although one cannot identify, with a fine degree of certainty, the minimum requirements for a concavity sufficient to produce a cut-off effect that calls for an adjustment of the provisional equidistance line, of the several coastal features considered in the previous paragraphs, it is only those of Germany and Bangladesh that would appear to meet those requirements. It is only those coastal features that can be said to be markedly concave. As will be seen in the sketch-maps below (pp. 336-342), it is those coastal features alone that, on their face, resemble a concavity in that they possess a shape that is markedly hollowed or markedly rounded inward like the inside of a bowl *(Merriam-Webster's Dictionary)*. The more relaxed view of what constitutes a concavity, evident in *Ghana/ Côte d'Ivoire* and *Guinea/Guinea-Bissau*, has not displaced the clear finding of the Court that it is a markedly concave coastal feature that produces a cut-off effect, calling for an adjustment of the provisional equidistance line.

29. In the instant case, there must be a doubt as to whether the curvature in the Kenyan coast or, for that matter, the curvature in the Somali, Kenyan and Tanzanian coasts, has the degree of concavity sufficient to result in the equidistance line producing a cut-off effect, requiring an adjustment of that line. Certainly, the greater part of the Kenyan coastline may fairly be described as a slight curvature. Since, in the result, the Court has held this curvature to be a concavity, the reasonable doubt that exists as to whether the feature constitutes a concavity means that any cut-off resulting would only warrant the slightest adjustment of the equidistance line, because that line does not in any significant way prevent Kenya from achieving its maximum maritime area in accordance with international law; in fact, the better view might very well be that no adjustment is warranted since the cut-off is neither serious nor severe.

30. In considering the curvature in the Somali, Kenyan and Tanzanian coasts as part of what the Judgment describes as the "broader geographical configuration", the Court has followed the Tribunal's decision in *Guinea/Guinea-Bissau* rather than its Judgment in *Cameroon* v. *Nigeria*. In the former case, the Tribunal considered the coastline of Guinea, Guinea-Bissau and Sierra Leone together; in the latter case, the Court was explicit in its finding that the Cameroonian concavity could only be a relevant circumstance "when such concavity lies within the area to be delimited"[14]. In order to show that the Cameroonian concavity did not meet that requirement, the Court observed that it was not facing Nigeria, but rather, the island of Bioko, that belonged to a third State, and was not within the area to be delimited. The Judgment has wrongly seized on this reference by the Court to an island of a third State to conclude that "the Court's statement thus should not be understood as excluding in all circumstances the consideration of the concavity

---

[14] *Land and Maritime Boundary between Cameroon and Nigeria (Cameroon* v. *Nigeria: Equatorial Guinea intervening), Judgment, I.C.J. Reports 2002*, p. 445, para. 297.

28. Bien que l'on ne puisse déterminer avec un degré convenable de certitude les conditions minimales requises pour qu'une concavité produise un effet d'amputation appelant un ajustement de la ligne d'équidistance provisoire, les seules côtes, parmi les exemples examinés aux paragraphes précédents, qui semblent remplir ces conditions sont celles de l'Allemagne et du Bangladesh. Elles seules peuvent être considérées comme fortement concaves. Comme on le verra sur les croquis ci-après (p. 336-342), elles seules présentent, à première vue, une concavité, c'est-à-dire un creux ou un arrondi marqué suivant la forme de l'intérieur d'un bol (selon la définition du terme anglais «concavity» donnée par le *Merriam-Webster's Dictionary*). La position plus souple visiblement adoptée dans les affaires *Ghana/Côte d'Ivoire* et *Guinée/Guinée-Bissau* quant à ce qui constitue une concavité ne remet nullement en cause la conclusion claire de la Cour selon laquelle c'est une configuration côtière fortement concave qui produit un effet d'amputation appelant un ajustement de la ligne d'équidistance provisoire.

29. Dans la présente espèce, il y a lieu de se demander si la courbure de la côte kényane — ou, de fait, celle des côtes somalienne, kényane et tanzanienne — satisfait au degré de concavité requis pour que la ligne d'équidistance produise un effet d'amputation imposant un ajustement de cette ligne. La majeure partie du littoral du Kenya peut légitimement être considérée comme présentant une courbure légère. La Cour ayant, en définitive, jugé que celle-ci constituait une concavité, il résulte du doute raisonnable subsistant sur ce point que l'amputation produite, le cas échéant, ne justifiait qu'un très léger ajustement de la ligne d'équidistance, cette dernière n'empêchant guère le Kenya de se voir attribuer l'espace maritime maximal auquel il peut prétendre en vertu du droit international; en réalité, il est même tout à fait permis de dire que, n'étant ni grave ni importante, l'amputation ne justifiait aucun ajustement.

30. Lorsqu'elle a examiné la courbure des côtes somalienne, kényane et tanzanienne dans le cadre de ce que l'arrêt qualifie de «contexte géographique plus large», la Cour a suivi la sentence rendue en l'affaire *Guinée/Guinée-Bissau*, plutôt que l'arrêt qu'elle avait elle-même rendu en l'affaire *Cameroun c. Nigéria*. Dans la première de ces deux décisions, le tribunal avait envisagé conjointement les côtes de la Guinée, de la Guinée-Bissau et de la Sierra Leone; dans la seconde, la Cour avait expressément conclu que la concavité des côtes camerounaises ne pouvait constituer une circonstance pertinente que «lorsque cette concavité exist[ait] dans le secteur à délimiter»[14]. Afin de démontrer que cette exigence n'était pas remplie, elle avait fait observer que la concavité des côtes camerounaises se manifestait dans le secteur faisant face non pas au Nigéria mais à l'île de Bioko, qui appartenait à un Etat tiers et ne se trouvait pas dans la zone à délimiter. C'est à tort que la Cour s'est, dans son arrêt en la présente espèce, fondée sur cette référence qu'elle avait faite à une île appartenant à un Etat tiers

---

[14] *Frontière terrestre et maritime entre le Cameroun et le Nigéria (Cameroun c. Nigéria; Guinée équatoriale (intervenant)), arrêt, C.I.J. Recueil 2002*, p. 445, par. 297.

Sketch-map depicting concavity in the *North Sea Continental Shelf cases*

Croquis représentant la concavité dans les affaires du *Plateau continental de la mer du Nord*

Somalia v. Kenya

Projection: Mercator
Datum: WGS 84 (Scale accurate at 18° N)
Scale 1:5,000,000

0   30   60   120 Nautical Miles

0   65   130   260 Kilometres

BANGLADESH

INDIA

INDIA

MYANMAR

Sketch-map depicting concavity in *Bangladesh/Myanmar*

Croquis représentant la concavité en l'affaire *Bangladesh/Myanmar*

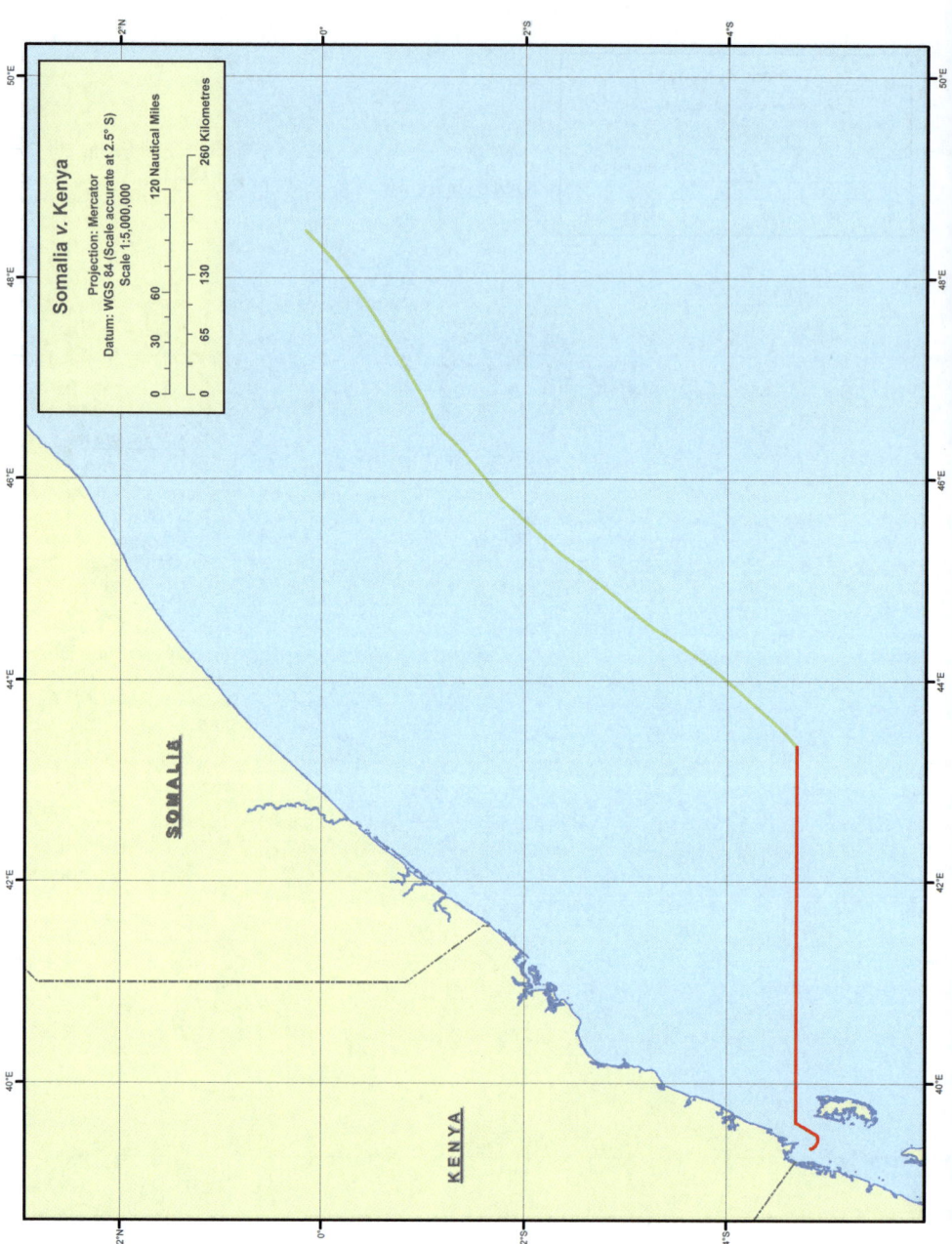

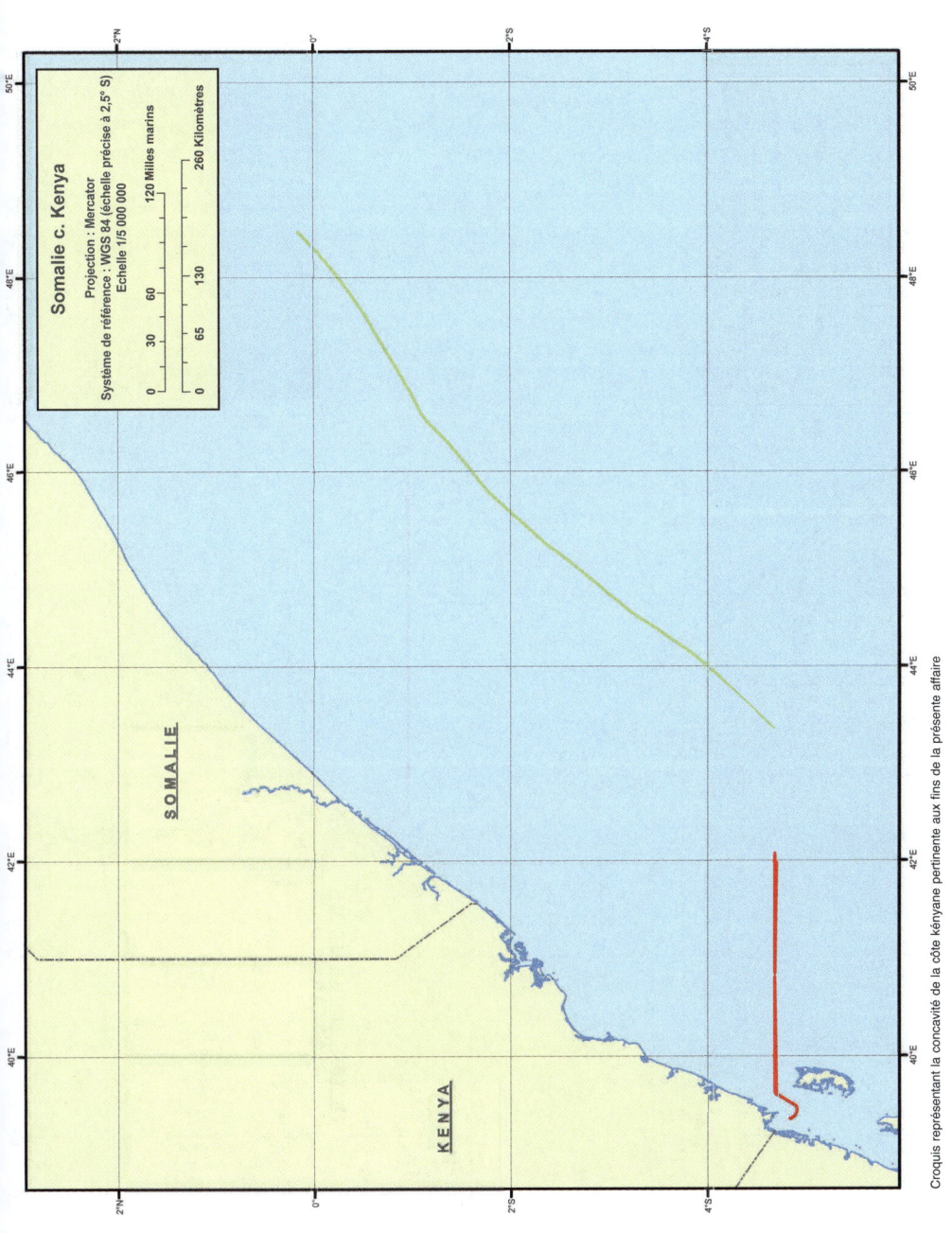

Croquis représentant la concavité de la côte kényane pertinente aux fins de la présente affaire

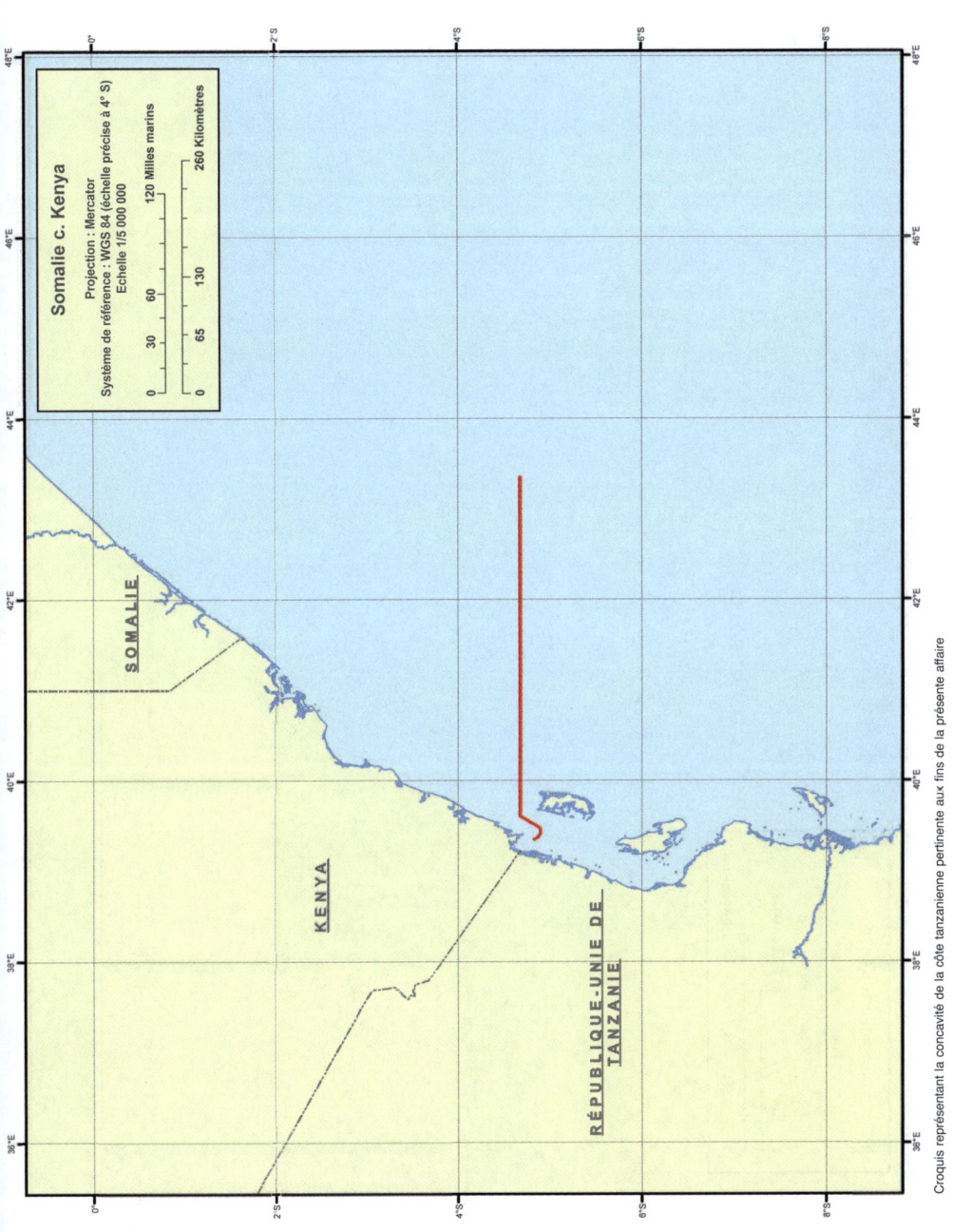

Somalie c. Kenya

Projection : Mercator
Système de référence : WGS 84 (échelle précise à 4° S)
Echelle 1/5 000 000

120 Milles marins
0   30   60   130   260 Kilomètres
0   65

SOMALIE

KENYA

RÉPUBLIQUE-UNIE DE TANZANIE

Croquis représentant la concavité de la côte tanzanienne pertinente aux fins de la présente affaire

137

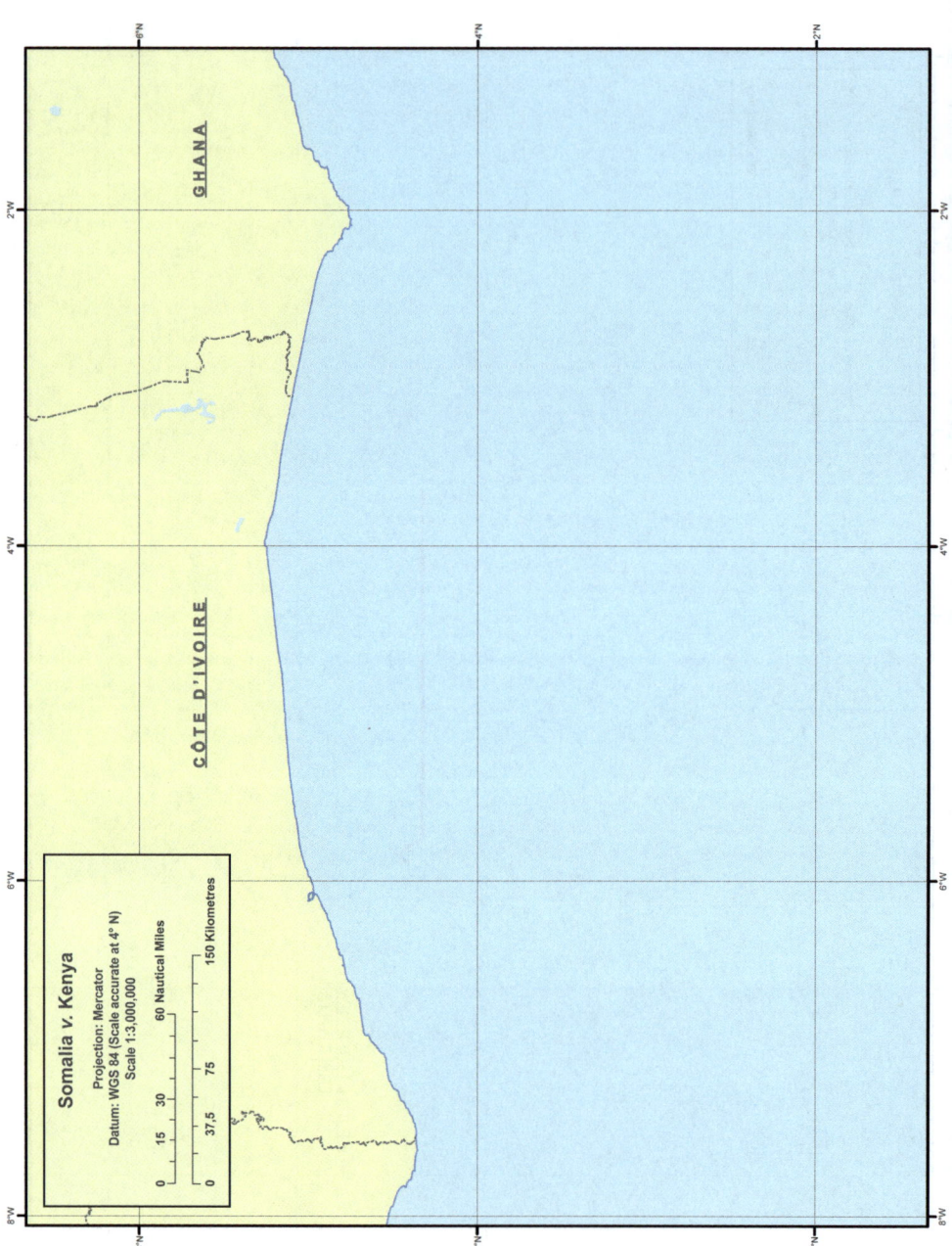

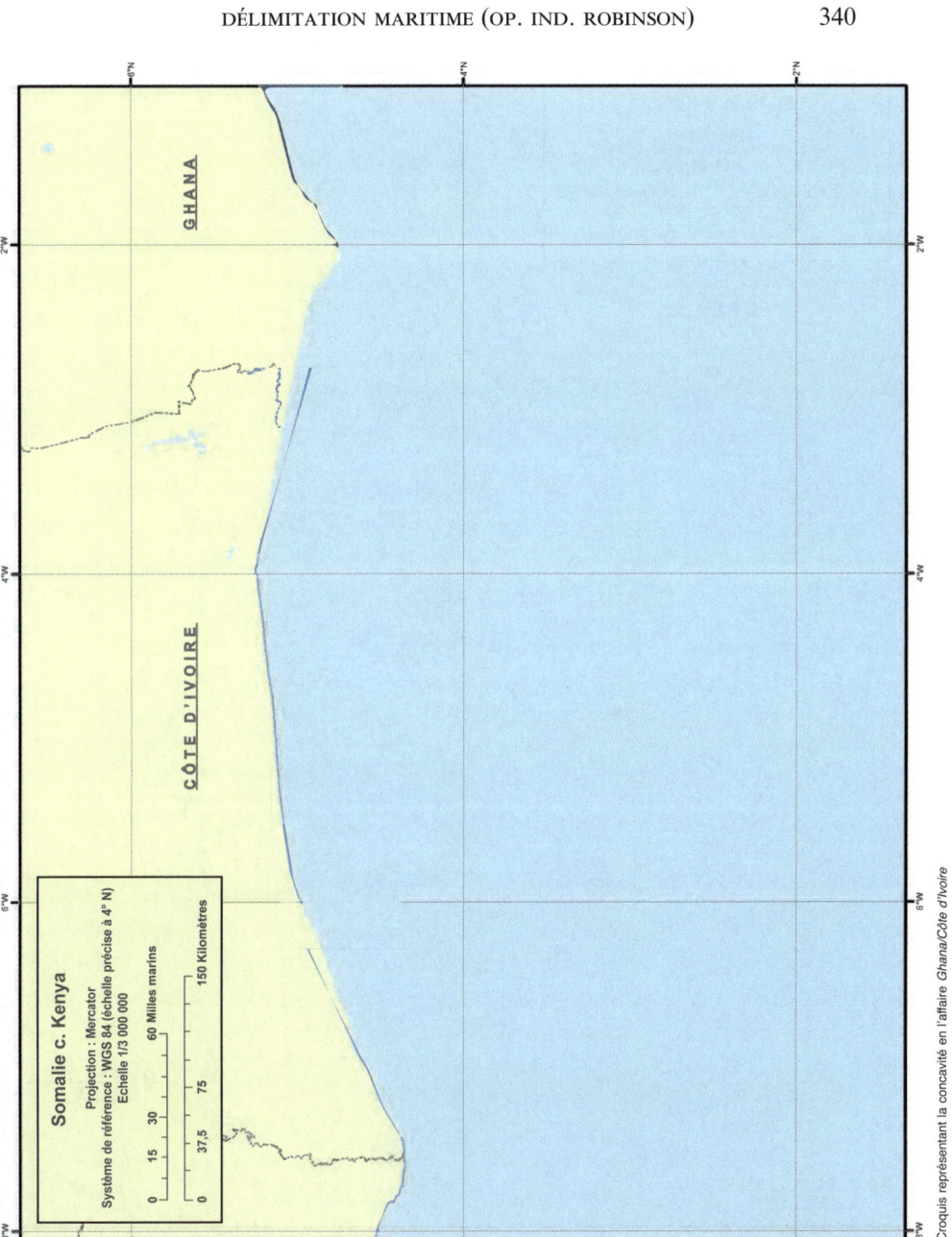

GHANA

CÔTE D'IVOIRE

Somalie c. Kenya

Projection : Mercator

Système de référence : WGS 84 (échelle précise à 4° N)

Echelle 1/3 000 000

150 Kilomètres

60 Milles marins

75

37,5

30

15

0   0

Croquis représentant la concavité en l'affaire *Ghana/Côte d'Ivoire*

Sketch-map depicting concavity in *Cameroon/Nigeria*

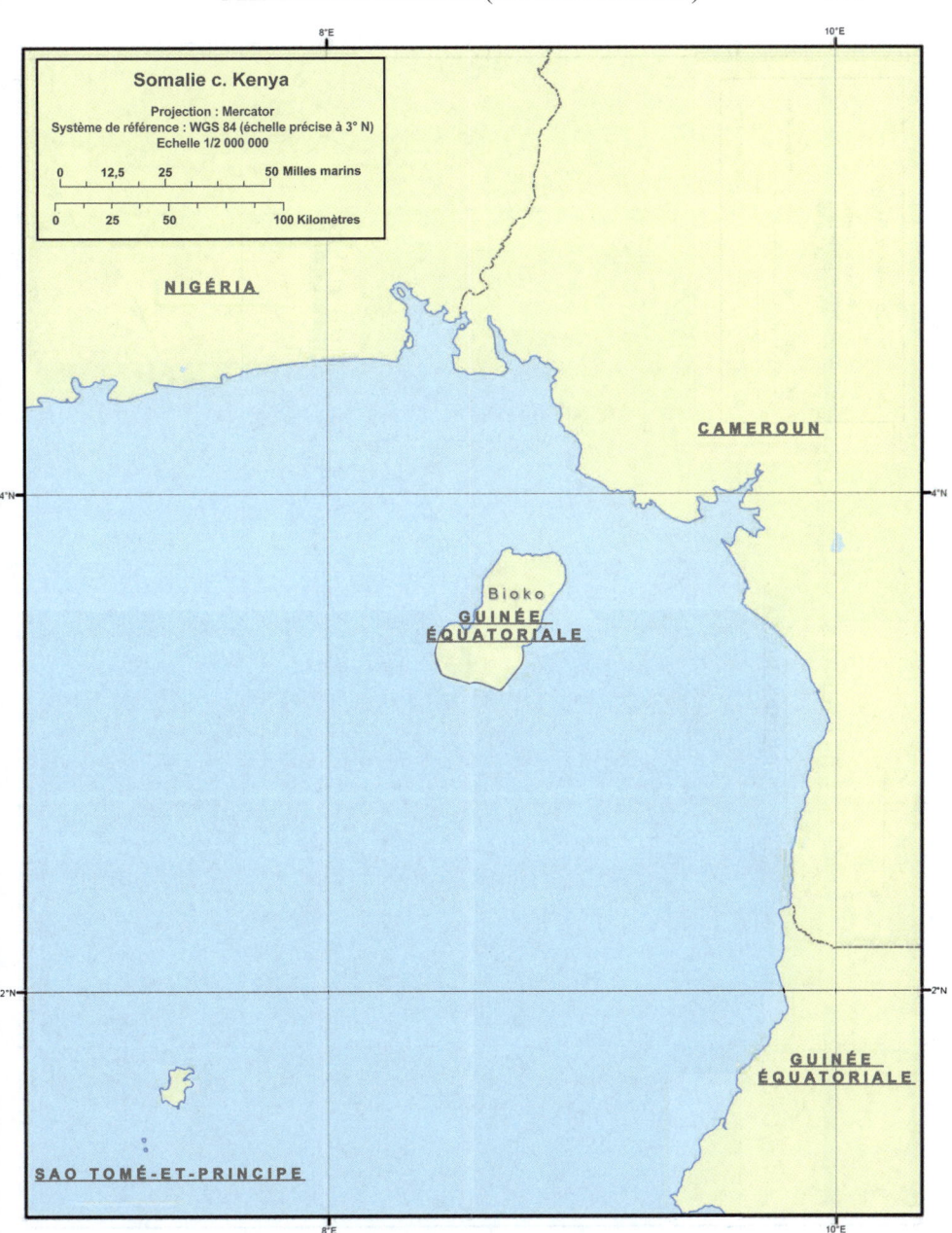

Somalie c. Kenya

Projection : Mercator
Système de référence : WGS 84 (échelle précise à 3° N)
Echelle 1/2 000 000

| 0 | 12,5 | 25 | 50 Milles marins |

| 0 | 25 | 50 | 100 Kilomètres |

NIGÉRIA

CAMEROUN

Bioko

GUINÉE ÉQUATORIALE

GUINÉE ÉQUATORIALE

SAO TOMÉ-ET-PRINCIPE

Croquis représentant la concavité en l'affaire *Cameroun c. Nigéria*

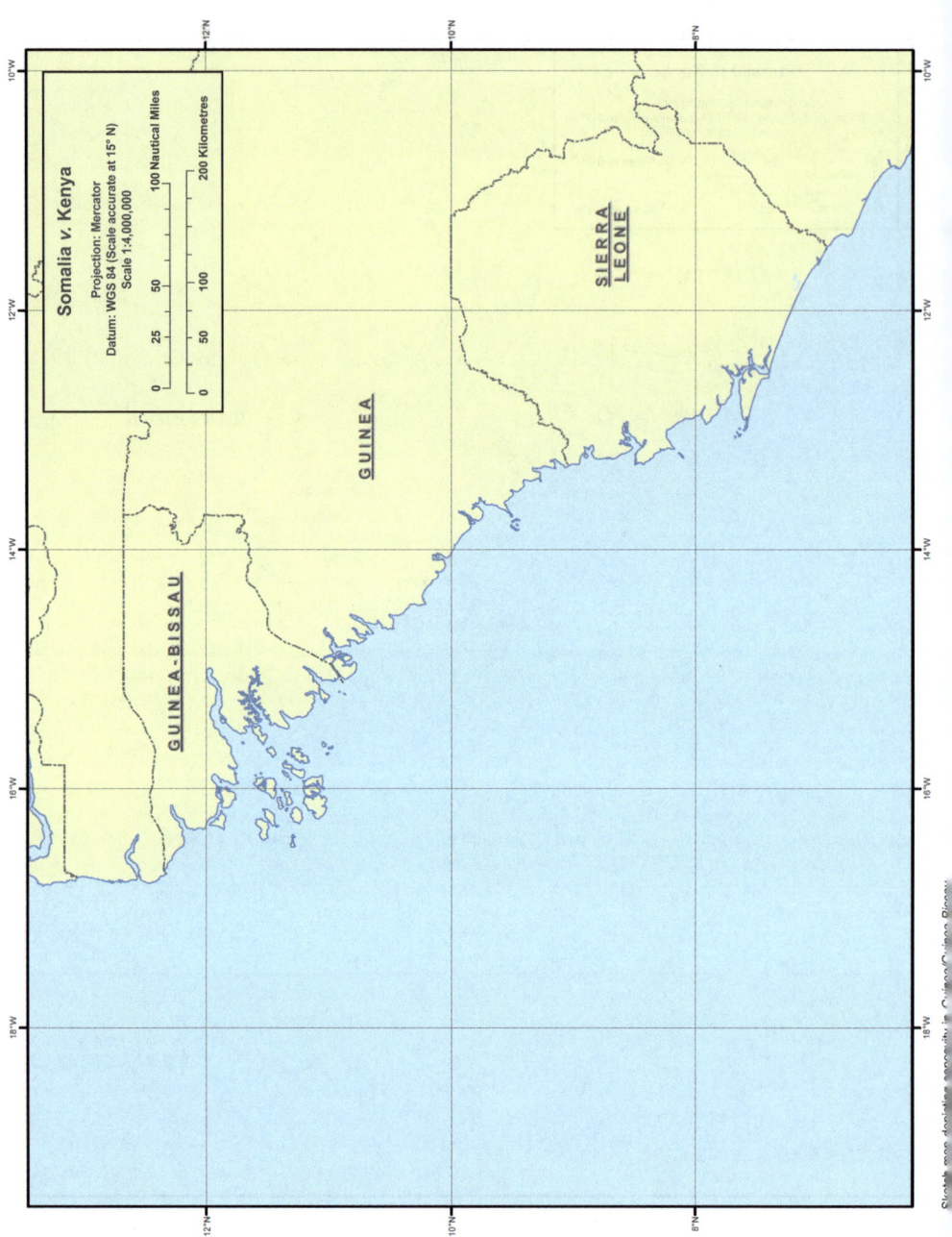

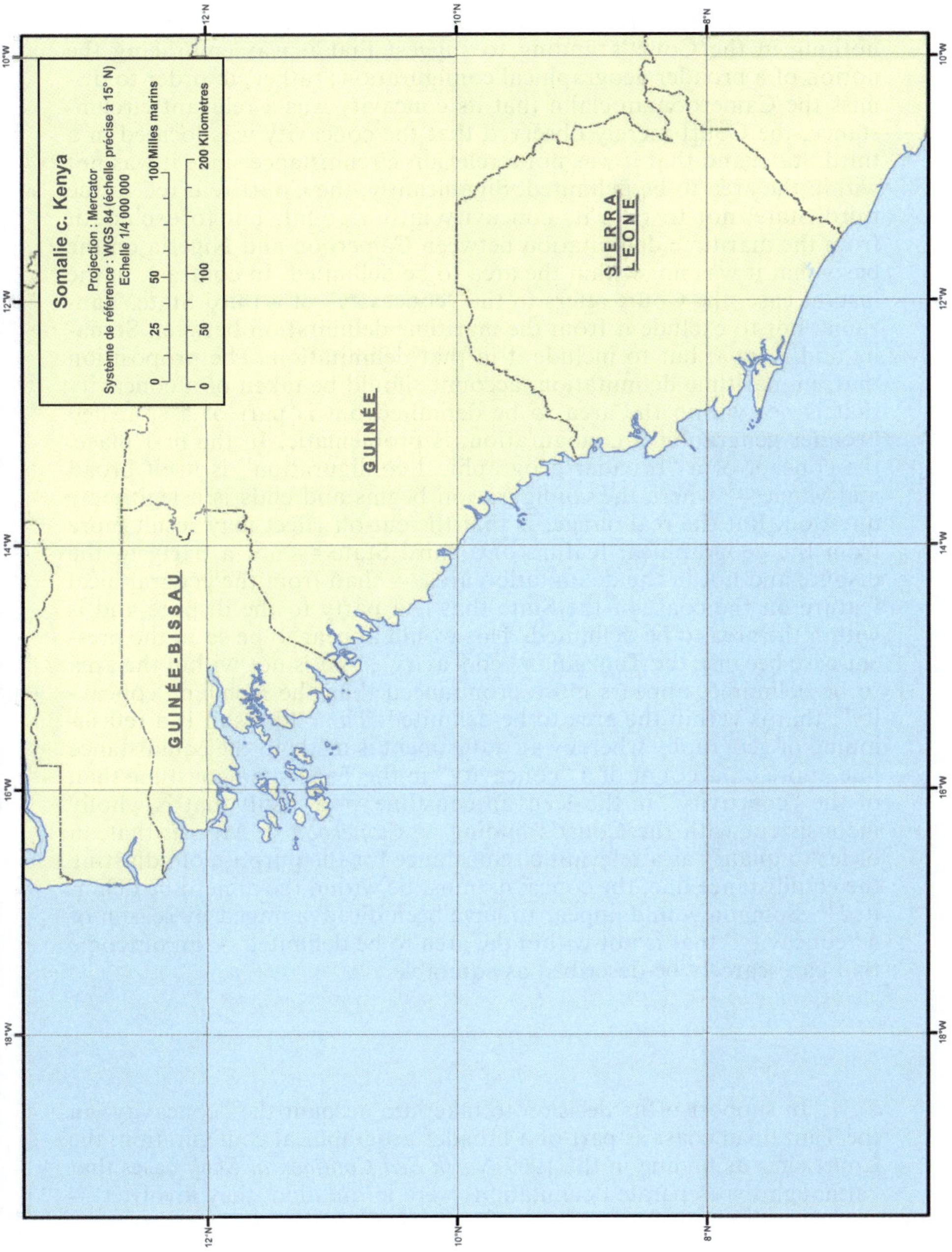
Somalie c. Kenya
Projection : Mercator
Système de référence : WGS 84 (échelle précise à 15° N)
Echelle 1/4 000 000
0 25 50 100 Milles marins
0 50 100 200 Kilomètres
GUINÉE-BISSAU
GUINÉE
SIERRA LEONE
12°N
10°N
8°N
10°W
12°W
14°W
16°W
18°W

Croquis représentant la concavité en l'affaire Guinée/Guinée-Bissau

of a coastline in a broader geographical configuration". But there is nothing in the Court's finding to suggest that it was embracing the notion of a broader geographical configuration; rather, in order to dismiss the Cameroonian claim that its concavity was a relevant circumstance, the Court merely observed that the concavity was located in a third State, and that it was not a relevant circumstance since it was not within the area to be delimited. Significantly, the Court referred to the third State, not to take its concavity into account, but to exclude it from the maritime delimitation between Cameroon and Nigeria on the basis that it was not within the area to be delimited. In contrast, in the instant case, the Court refers to the "concavity" of a third State, Tanzania, not to exclude it from the maritime delimitation between Somalia and Kenya, but to include it in that delimitation. The proposition that, in maritime delimitation, account should be taken of a concavity that is not within the area to be delimited but is part of a so-called broader geographical configuration, is problematic. In the first place, the concept of a "broader geographical configuration" is itself broad and vague — where the configuration begins and ends is a legitimate question. But the real danger is that the cut-off effect may result more from the geographical feature of a third State — not a party to the dispute and not in the delimitation area — than from the geographical feature on the coast of the State that is a party to the dispute and is within the area to be delimited. This would appear to be so in the present case because the Tanzanian "concavity", that is not within the area to be delimited, appears more pronounced than the Kenyan "concavity", that is within the area to be delimited. The odd result is a refashioning of geography whereby an adjustment is made to the equidistance line, more on account of a "concavity" in the Tanzanian coastline than of the "concavity" in the Kenyan coastline — a result that is wholly inconsistent with the Court's finding in *Cameroon* v. *Nigeria* that, in order to qualify as a relevant circumstance for the purpose of adjusting the equidistance line, the concavity must be within the area to be delimited[15]. Somalia would appear to have been disadvantaged by reason of a "concavity" that is not within the area to be delimited — an outcome that can scarcely be described as equitable.

31. In support of its decision to take into account the "concavity" in the Tanzanian coast as part of a broader geographical configuration, the Court cites its finding in the 1969 *North Sea Continental Shelf* cases that "although two separate delimitations were in question, they involved —

---

[15] *Land and Maritime Boundary between Cameroon and Nigeria (Cameroon* v. *Nigeria: Equatorial Guinea intervening), Judgment, I.C.J. Reports 2002*, p. 445, para. 297.

pour conclure que sa «déclaration ... ne devrait donc pas être interprétée comme excluant en toute circonstance que soit prise en considération la concavité d'un littoral dans un contexte géographique plus large». La conclusion énoncée dans l'affaire *Cameroun c. Nigéria* ne donne nullement à penser que la notion de contexte géographique plus large y ait été reconnue. Pour rejeter l'allégation du Cameroun selon laquelle la concavité de ses côtes était une circonstance pertinente, la Cour s'était contentée de relever que la concavité se trouvait dans un secteur faisant face à un Etat tiers et ne constituait pas une circonstance pertinente, puisqu'elle ne faisait pas partie de la zone à délimiter. Il convient de noter que la Cour s'était référée à l'Etat tiers non pas pour tenir compte de sa concavité, mais pour en faire abstraction, aux fins de la délimitation maritime entre le Cameroun et le Nigéria, au motif qu'elle ne se trouvait pas dans la zone à délimiter. Dans la présente espèce, au contraire, la Cour a fait référence à la «concavité» d'un Etat tiers, la Tanzanie, non pas pour en faire abstraction, mais pour en tenir compte, dans le cadre de la délimitation maritime entre la Somalie et le Kenya. Le fait de considérer que, dans un processus de délimitation maritime, il y a lieu de prendre en considération une concavité qui n'est pas située dans le secteur à délimiter mais fait partie de ce qui est qualifié de contexte géographique plus large soulève un certain nombre de difficultés. Pour commencer, la notion de «contexte géographique plus large» est elle-même générale et vague, et il est permis de se demander où ce contexte commence et s'arrête. Plus grave encore, il existe un risque que l'effet d'amputation puisse découler davantage des caractéristiques géographiques d'un Etat tiers, qui n'est ni partie au différend ni situé dans la zone de délimitation, que de celles du littoral de l'Etat partie au différend, qui est situé dans ladite zone. Tel semble être le cas en la présente espèce, puisque la «concavité» tanzanienne, qui ne fait pas partie de la zone à délimiter, apparaît plus prononcée que la «concavité» kényane, qui en fait partie. La Cour a ainsi curieusement refait la géographie en procédant à un ajustement de la ligne d'équidistance davantage en raison d'une «concavité» sur le littoral tanzanien que d'une «concavité» sur le littoral kényan, ce qui est en contradiction totale avec la conclusion énoncée par la Cour en l'affaire *Cameroun c. Nigéria*, selon laquelle, pour pouvoir être considérée comme une circonstance pertinente aux fins de l'ajustement de la ligne d'équidistance, la concavité doit être située à l'intérieur de la zone devant être délimitée[15]. Il apparaît donc que la Somalie a été désavantagée par une «concavité» qui n'est pas située à l'intérieur de la zone à délimiter, résultat que l'on ne saurait guère qualifier d'équitable.

31. A l'appui de sa décision de tenir compte de la «concavité» tanzanienne dans le cadre d'un contexte géographique plus large, la Cour cite la conclusion qu'elle a formulée en 1969, dans les affaires du *Plateau continental de la mer du Nord*, selon laquelle, «si deux délimitations dis-

---

[15] *Frontière terrestre et maritime entre le Cameroun et le Nigéria (Cameroun c. Nigéria; Guinée équatoriale (intervenant))*, arrêt, *C.I.J. Recueil 2002*, p. 445, par. 297.

indeed actually g[a]ve rise to — a single situation"[16]. However, there is an important difference between those cases and the instant case. In the 1969 cases, the Court joined cases brought separately by Germany against the Netherlands and against Denmark, with the result that the maritime areas produced by the coasts of the Netherlands, Denmark and Germany constituted the delimitation area. Thus, there was no question of the maritime areas of the Netherlands and Denmark, between which the German concavity lies, not being within the area to be delimited. In contrast, Tanzania is not a party to the dispute between Somalia and Kenya, and its "concavity" is not within the area to be delimited. The need for a concavity to be located within the area to be delimited, if it is to qualify as a relevant factor requiring adjustment of the equidistance line, was reiterated by the Court in *Cameroon v. Nigeria*.

32. There is another important distinction between the 1969 cases and the instant case. As a result of the joinder, the Court had before it submissions from the two adjacent coastal States, the Netherlands and Denmark. In contrast, in the instant case the Court has no submissions from Tanzania, which is not a party to the dispute and whose "concavity" does not lie within the area to be delimited.

33. In sum, the Court's Judgment in the 1969 cases does not authorize the proposition that in maritime delimitation account may be taken of a concavity that is not within the area to be delimited merely because it falls within a so-called "broader geographical configuration". Therefore, the "single situation" to which the Court referred in the 1969 cases does not eliminate the need for the concavity to fall within the area to be delimited if it is to qualify as a relevant factor warranting an adjustment of the provisional equidistance line.

THE STATUS OF THE 1927/1933 TREATY ARRANGEMENT

34. There is a question whether the Court has interpreted and applied the 1927/1933 treaty arrangement. In order to address this question, the following paragraphs of the Judgment must be examined. Paragraph 109 states: "In light of the above, the Court therefore considers it unnecessary to decide whether the 1927/1933 treaty arrangement had as an objective the delimitation of the boundary in the territorial sea."

Paragraph 118 states:

"The Court observes that the course of the median line as described in paragraph 117 corresponds closely to the course of a line 'at right angles to the general trend of the coastline', assuming that the 1927/1933 treaty arrangement, in using this phrase, had as an objec-

---

[16] *North Sea Continental Shelf (Federal Republic of Germany/Denmark; Federal Republic of Germany/Netherlands), Judgment, I.C.J. Reports 1969*, p. 19, para. 11.

tinctes sont en cause, elles concernent — on peut même dire qu'elles créent — une situation unique»[16]. Il y a cependant une différence importante entre ces affaires et la présente espèce. Dans les affaires de 1969, la Cour a joint des instances distinctes introduites par l'Allemagne contre les Pays-Bas et le Danemark, de sorte que la zone de délimitation comprenait les espaces maritimes générés par les côtes respectives des trois Etats. Il était donc hors de question que les espaces maritimes des Pays-Bas et du Danemark, qui encadrent la concavité de la côte allemande, ne fussent pas inclus dans le secteur à délimiter. La Tanzanie, en revanche, n'est pas partie au présent différend entre la Somalie et le Kenya, et sa «concavité» ne se trouve pas dans le secteur à délimiter. La Cour a réaffirmé, en l'affaire *Cameroun c. Nigéria*, que, pour pouvoir être considérée comme un facteur pertinent appelant un ajustement de la ligne d'équidistance, une concavité devait être située dans le secteur à délimiter.

32. Il existe une autre différence importante entre les affaires de 1969 et la présente espèce. Du fait de la jonction d'instances, la Cour disposait des conclusions des deux Etats côtiers adjacents, les Pays-Bas et le Danemark. Dans la présente espèce, en revanche, elle ne dispose pas de celles de la Tanzanie, qui n'est pas partie au différend et dont la «concavité» ne se trouve pas dans le secteur à délimiter.

33. En résumé, l'arrêt rendu par la Cour dans les affaires de 1969 ne saurait confirmer l'idée que, dans un processus de délimitation maritime, il est possible de tenir compte d'une concavité ne faisant pas partie du secteur à délimiter au seul motif qu'elle relève d'un supposé «contexte géographique plus large». La «situation unique» à laquelle la Cour s'est référée dans ce précédent ne change donc rien au fait que, pour pouvoir être considérée comme un facteur pertinent justifiant un ajustement de la ligne d'équidistance provisoire, la concavité doit être située dans la zone à délimiter.

Le statut de l'arrangement conventionnel de 1927/1933

34. La question se pose de savoir si la Cour a interprété et appliqué l'arrangement conventionnel de 1927/1933. Afin de répondre à cette question, il convient d'examiner les paragraphes de l'arrêt visés ci-après. Au paragraphe 109, la Cour précise que, «[a]u vu de ce qui précède, [elle] considère donc qu'il n'est pas nécessaire de se prononcer sur la question de savoir si l'arrangement conventionnel de 1927/1933 avait pour objet de délimiter la frontière dans la mer territoriale».

Le paragraphe 118 est ainsi libellé:

«La Cour note que la ligne médiane tracée ainsi qu'il est indiqué au paragraphe 117 correspond de très près à une ligne «perpendiculaire à l'orientation générale de la côte», à supposer que l'arrangement conventionnel de 1927/1933 ait eu pour objet, par l'emploi de cette formule, de

---

[16] *Plateau continental de la mer du Nord (République fédérale d'Allemagne/Danemark) (République fédérale d'Allemagne/Pays-Bas), arrêt, C.I.J. Recueil 1969*, p. 19, par. 11.

tive to draw a line that continues into the territorial sea, a question that the Court need not decide (see paragraph 109 above)."

Paragraph 214 (2) reads as follows:

"[The Court] . . . [d]ecides that the starting-point of the single maritime boundary delimiting the respective maritime areas between the Federal Republic of Somalia and the Republic of Kenya is the intersection of the straight line extending from the final permanent boundary beacon (PB 29) at right angles to the general direction of the coast with the low-water line, at the point with co-ordinates 1° 39′ 44.0″ S and 41° 33′ 34.4″ E (WGS 84)[.]"

35. An examination of paragraphs 109 and 118 reveals that the Court has interpreted the treaty arrangement. The Court could not have concluded that there was a close correspondence between the median line as described in paragraph 117 and the course of a line "at right angles to the general trend of the coastline" without examining and interpreting that phrase, which is to be found in the 1927/1933 treaty arrangement. However, it might also be argued that, in this paragraph, the Court has not only interpreted the colonial treaty but also applied it. This is not a view that I share, but it cannot be ruled out of consideration. My own position is that paragraph 214 (2) of the *dispositif* confirms that the Court has not applied the 1927/1933 treaty arrangement because the starting-point identified — "the intersection of the straight line extending from the final permanent boundary beacon (PB 29) at right angles to the general direction of the coast with the low-water line", — is not the starting-point set out in the 1927/1933 treaty arrangement. This paragraph of the *dispositif* does not use the phrase "at right angles to the general trend of the coastline", which is to be found in paragraph 118, and placed in quotation marks to indicate that it is taken from the 1927/1933 treaty arrangement. This paragraph, in its reference to the low-water line as the starting-point of the boundary, reflects Article 5 of the Convention, which is the applicable law for the Parties, since both States are parties to that Convention. Although it may be said that the formulation of this paragraph is influenced by the 1927/1933 treaty arrangement, it cannot be concluded, that in determining the starting-point the Court has applied the 1927/1933 treaty arrangement.

36. An interesting feature of this case is that although the part of this Judgment relating to the territorial sea is replete with references to the 1927/1933 treaty arrangement, and although the Court has quite plainly interpreted that treaty, there is nothing that explains how the Court is in a position to take cognizance of this treaty.

37. The dispute brought before the Court relates to differences between Somalia and Kenya. The 1927/1933 treaty arrangement relates to treaties between Italy and United Kingdom. By what legal theory or jurisprudential principle does the Court have the power to interpret the treaties between Italy and the United Kingdom? The Judgment does not explain

tracer une ligne se prolongeant dans la mer territoriale, question que la Cour n'a pas à trancher (voir paragraphe 109 ci-dessus).»

Le point 2 du dispositif se lit comme suit:

«[La Cour] ... [*d*]*écide* que le point de départ de la frontière maritime unique délimitant les espaces maritimes respectifs de la République fédérale de Somalie et de la République du Kenya est situé à l'intersection de la ligne droite partant de la dernière borne frontière permanente (BP 29) à angle droit de la direction générale de la côte avec la laisse de basse mer, au point de coordonnées 1° 39′ 44,0″ de latitude [S]ud et 41° 33′ 34,4″ de longitude [E]st (WGS 84)[.]»

35. Il ressort d'une analyse des paragraphes 109 et 118 de l'arrêt que la Cour a interprété l'arrangement conventionnel de 1927/1933. En effet, celle-ci n'aurait pas pu conclure à l'existence d'une correspondance étroite entre la ligne médiane telle que décrite au paragraphe 117 et une ligne «perpendiculaire à l'orientation générale de la côte» sans avoir examiné et interprété cette expression, qui figure dans ledit arrangement. On pourrait toutefois aussi soutenir — bien que tel ne soit pas mon point de vue, cette hypothèse ne saurait être écartée — que, dans ce paragraphe, la Cour ne s'est pas contentée d'interpréter l'accord colonial mais l'a également appliqué. J'estime, pour ma part, que le point 2 du dispositif confirme que la Cour n'a pas appliqué l'arrangement conventionnel de 1927/1933 car le point de départ établi dans l'arrêt — «l'intersection de la ligne droite partant de la dernière borne frontière permanente (BP 29) à angle droit de la direction générale de la côte avec la laisse de basse mer» — n'est pas celui fixé dans ledit arrangement. Ce point du dispositif n'emploie pas la formule «perpendiculaire à l'orientation générale de la côte», qui figure au paragraphe 118 entre guillemets, pour indiquer qu'elle est tirée de l'arrangement conventionnel de 1927/1933. Il renvoie, par la référence qu'il fait à la laisse de basse mer comme point de départ de la frontière, à l'article 5 de la convention, qui constitue le droit applicable en la présente espèce, les deux Parties y ayant adhéré. S'il est permis de considérer que le libellé de ce paragraphe est influencé par l'arrangement conventionnel de 1927/1933, on ne saurait toutefois en conclure que la Cour a appliqué cet accord pour déterminer le point de départ de la frontière.

36. Dans la présente affaire, il est intéressant de relever que, bien que la Cour se soit abondamment référée, dans le volet de l'arrêt relatif à la mer territoriale, à l'arrangement conventionnel de 1927/1933, et qu'elle ait manifestement interprété celui-ci, rien n'explique en quoi elle était en mesure d'en tenir compte.

37. Le différend dont a été saisie la Cour porte sur des divergences entre la Somalie et le Kenya. L'arrangement conventionnel de 1927/1933 concerne des accords coloniaux conclus entre l'Italie et le Royaume-Uni. De quelle théorie juridique ou de quel principe jurisprudentiel la Cour tient-elle le pouvoir d'interpréter ces instruments? L'arrêt ne précise pas

how, in the absence of the Parties conferring jurisdiction on it in respect of the colonial treaties, the Court takes cognizance of these treaties. There must be an explanation as to how the colonial treaties between Italy and the United Kingdom become relevant to the dispute between Somalia and Kenya. It cannot even be maintained that there is a link between the treaty arrangement and the dispute on the basis that both cover the same geographical area, because the treaties establish a land boundary while the dispute between the Parties relates to the sea. However, even if both the treaties and the dispute covered the same geographical area, that would not provide a sufficient link with Somalia and Kenya — States that were not parties to the 1927/1933 treaty arrangement. Indeed, in relation to Somalia and Kenya, the treaty is *res inter alios acta*. The closest that the Judgment comes to discussing the relationship between the 1927/1933 treaty arrangement and the dispute is in paragraph 32. In that paragraph, after outlining the various instruments described as the 1927/1933 treaty arrangement between Italy and the United Kingdom, there is a terse reference to Somalia and Kenya gaining their independence in 1960 and 1963 respectively. However, no link is made between the colonial treaties and the attainment of independence between Somalia and Kenya.

38. There was adopted in 1978 the United Nations Convention on Succession of States in respect of Treaties (hereinafter referred to as the "1978 Vienna Convention"). It defines a succession of States as "the replacement of one State by another in the responsibility for the international relations of territory".

39. The 1978 Vienna Convention required ratification by 15 States to enter into force. Following its adoption, the treaty took 18 years to enter into force and today, 43 years after its adoption, it only has 23 States parties or about 12 per cent of the membership of the United Nations. Obviously it has not gained any significant support. The reason is explained below.

40. By virtue of that Convention a newly independent State begins its life free from any obligation to continue or maintain the treaties of its predecessor, but with an entitlement to continue or maintain those treaties if it so wishes. This principle is reflected in Article 16 which provides that "[a] newly independent State is not bound to maintain in force, or to become a party to, any treaty by reason only of the fact that at the date of the succession of States the treaty was in force in respect of the territory to which the succession of States relates". In my view, the provision is protective of the sovereignty of the newly independent States because it does not impose an obligation on them to continue the treaties of a predecessor State and at the same time it leaves those States with an entitlement to continue those treaties if they wish.

41. Notwithstanding the apparent potential of Article 16 to attract newly independent States to ratify the 1978 Convention, only few have done so. In the Caribbean, for example, only Dominica and Saint Vincent and the Grenadines are parties and from Africa only Egypt, Ethio-

sur quelle base la Cour peut en tenir compte, alors même que les Parties ne lui ont pas conféré compétence à leur égard. On comprend mal comment les accords coloniaux conclus entre l'Italie et le Royaume-Uni ont pu être jugés pertinents aux fins du différend opposant la Somalie au Kenya. Il ne saurait être soutenu qu'il existe un lien entre l'arrangement conventionnel et le différend au motif que tous deux porteraient sur la même zone géographique, puisque l'arrangement a établi une frontière terrestre et le présent différend entre les Parties se rapporte, quant à lui, à la délimitation maritime. De plus, quand bien même la zone géographique en question serait la même, le lien avec la Somalie et le Kenya serait encore insuffisant, puisque ces deux Etats n'étaient pas parties à l'arrangement conventionnel de 1927/1933. De fait, celui-ci est *res inter alios acta* à leur égard. Seul le paragraphe 32 de l'arrêt aurait pu augurer un examen du rapport entre l'arrangement conventionnel et le différend. La Cour, après avoir présenté les différents instruments constituant l'arrangement conventionnel de 1927/1933 entre l'Italie et le Royaume-Uni, y rappelle sommairement que la Somalie et le Kenya ont obtenu leur indépendance en 1960 et en 1963, respectivement. Aucun lien n'est toutefois établi entre ces accords coloniaux et l'accession à l'indépendance de chacun des deux Etats.

38. En 1978 a été adoptée la convention des Nations Unies sur la succession d'Etats en matière de traités (ci-après désignée la «convention de Vienne de 1978»), qui définit la succession d'Etats comme «la substitution d'un Etat à un autre dans la responsabilité des relations internationales d'un territoire».

39. La convention de Vienne de 1978 devait être ratifiée par 15 Etats pour entrer en vigueur. Il a fallu attendre 18 ans, après son adoption, pour que cela soit fait. Aujourd'hui, 43 ans plus tard, la convention ne compte que 23 Etats parties, soit à peu près 12% des Etats Membres de l'Organisation des Nations Unies. A l'évidence, elle n'a guère suscité d'engouement, et la raison en sera expliquée ci-après.

40. Au regard de la convention, un Etat nouvellement indépendant n'a pas l'obligation d'assurer le maintien ou la continuité des traités conclus par son prédécesseur, bien qu'il soit en droit de le faire s'il le souhaite. Ce principe trouve son expression à l'article 16, qui dispose qu'«[u]n Etat nouvellement indépendant n'est pas tenu de maintenir un traité en vigueur ni d'y devenir partie du seul fait qu'à la date de la succession d'Etats le traité était en vigueur à l'égard du territoire auquel se rapporte la succession d'Etats». Cette disposition protège, selon moi, la souveraineté des Etats nouvellement indépendants, puisqu'elle ne leur impose pas l'obligation de maintenir en vigueur les traités conclus par un Etat prédécesseur, tout en leur laissant la possibilité de le faire si tel est leur souhait.

41. Si l'on pouvait croire que l'article 16 inciterait des Etats nouvellement indépendants à ratifier la convention de 1978, ils sont cependant peu nombreux à l'avoir fait. Ainsi, dans les Caraïbes, seuls Dominique et Saint-Vincent-et-les Grenadines y sont parties; en Afrique, les seuls Etats à

pia, Liberia, Morocco, Seychelles and Tunisia are parties. Somalia and Kenya are not parties. There is obviously a strong antipathy to this Convention on the part of the vast number of developing countries that became independent after 1960. The overriding reason for this opposition is Article 11 which provides that "[a] succession of States does not as such affect: *(a)* a boundary established by a treaty; or *(b)* obligations and rights established by a treaty and relating to the regime of a boundary". Therefore, to the extent that the 1927 Agreement established a boundary, that boundary is not affected as such by the succession of States that took place on the independence of Somalia and Kenya. The significance of the phrase "as such" is that — as the International Law Commission's Commentary indicates — Article 11 "relate[s] exclusively to the effect of the succession of States on the boundary settlement", "leav[ing] untouched any other ground of claiming the revision [of the treaty] or setting aside of the boundary settlement, whether self-determination or the invalidity or termination of the treaty"[17]. In my view, the 1927/1933 treaty arrangement did not establish a boundary in the territorial sea.

42. Article 11 of the 1978 Vienna Convention provides for an exception to the general rule in Article 16 that a newly independent State is not bound to maintain the treaties of its predecessor, but may do so if it wishes. Newly independent States did not wish to bind themselves to a treaty that obligated them to maintain boundaries established by their predecessor States. Nonetheless the Organization of African Unity adopted a resolution in 1964 that its members would "respect the borders existing on their achievement of national independence"[18], and many argue that there is a customary rule of international law requiring respect for such borders.

43. The Judgment does not determine whether the 1927/1933 treaty arrangement establishes a boundary in the territorial sea. It is patent that the Judgment seeks to adopt an approach that would arrive at a conclusion about the delimitation of the territorial sea without any reference to the colonial treaties. Nonetheless, as is evident in paragraphs 109 and 118, the Judgment does not seem capable of escaping references to those treaties.

44. If the jurisprudential basis for the Court's interpretation of the treaty arrangement is not the principle of a succession of States, reflected in the 1978 Vienna Convention, then in my view, it must be that the colonial treaties between Italy and the United Kingdom become relevant to

---

[17] *Yearbook of the International Law Commission*, 1974, Vol. II, Part One, Commentary on Articles 11 and 12, p. 201, para. 17.

[18] Organization of African Unity, Assembly of the Heads of State and Government, First Ordinary Session, Cairo, 17-21 July 1964, AHG/Res. 16 (I) of 21 July 1964, "Border Disputes among African States".

avoir adhéré à la convention sont l'Egypte, l'Ethiopie, le Libéria, le Maroc, les Seychelles et la Tunisie. La Somalie et le Kenya n'en ont rien fait. De toute évidence, une large majorité des Etats en développement qui ont accédé à l'indépendance après 1960 répugnent à devenir partie à cet instrument, réticence qui s'explique avant tout par son article 11, aux termes duquel «[u]ne succession d'Etats ne porte pas atteinte en tant que telle: *a)* à une frontière établie par un traité; ni *b)* aux obligations et droits établis par un traité et se rapportant au régime d'une frontière». Par conséquent, dans la mesure où l'accord de 1927 fixait une frontière, la succession d'Etats qui a eu lieu lors de l'accession à l'indépendance de la Somalie et du Kenya ne porte pas atteinte, en tant que telle, à cette frontière. L'expression «en tant que telle» signifie que, comme l'indique la Commission du droit international dans son commentaire, l'article 11 porte «exclusivement sur les effets de la succession d'Etats à l'égard du règlement de frontière»; cette disposition «n'influerait en rien sur un autre motif qui pourrait être invoqué pour réclamer la révision [d'un traité] ou le rejet d'un règlement de frontière, qu'il s'agisse de l'autodétermination ou de la nullité ou de l'extinction du traité»[17]. Selon moi, l'arrangement conventionnel de 1927/1933 n'a pas établi de frontière dans la mer territoriale.

42. L'article 11 de la convention de Vienne de 1978 vient nuancer la règle générale énoncée à l'article 16 selon laquelle un Etat nouvellement indépendant n'est pas tenu — bien qu'il puisse le faire, s'il le souhaite — de maintenir en vigueur les traités conclus par son prédécesseur. Les Etats nouvellement indépendants n'entendaient pas être liés par un traité qui leur imposerait de conserver les frontières maritimes établies par l'Etat prédécesseur. Cela dit, l'Organisation de l'unité africaine a, en 1964, adopté une résolution par laquelle ses membres s'engageaient à «respecter les frontières existant au moment où ils [avaie]nt accédé à l'indépendance»[18], et nombreux sont ceux qui affirment qu'une règle coutumière du droit international impose le respect de ces frontières.

43. La question de savoir si l'arrangement conventionnel de 1927/1933 avait établi une frontière dans la mer territoriale n'a pas été tranchée dans l'arrêt. La Cour a manifestement cherché à adopter une démarche qui lui permettrait de se prononcer sur la délimitation de la mer territoriale sans avoir à se référer aux accords coloniaux. Néanmoins, comme cela ressort des paragraphes 109 et 118 de l'arrêt, elle n'a, semble-t-il, pas pu s'en abstenir.

44. S'agissant du fondement jurisprudentiel de son interprétation de l'arrangement conventionnel, si ce n'est pas sur la base du principe d'une succession d'Etats, qui trouve son expression dans la convention de Vienne de 1978, c'est nécessairement, selon moi, sur celle du droit à

---

[17] *Annuaire de la Commission du droit international*, 1974, vol. II, première partie, commentaire des articles 11 et 12, p. 207, par. 17.
[18] Organisation de l'unité africaine, Conférence des chefs d'Etat et de gouvernement, première session ordinaire, Le Caire, 17-21 juillet 1964, AHG/Res. 16 (I) du 21 juillet 1964, «Litiges entre Etats africains au sujet des frontières».

the Court's adjudication in the dispute between Somalia and Kenya on the basis of the right to self-determination. When Somalia became independent in 1960, it assumed sovereignty over territory in respect of which Italy formerly exercised sovereignty; in particular, it assumed responsibility for the conduct of foreign relations in respect of that territory. Similarly, when Kenya became independent in 1963, it assumed sovereignty over territory in respect of which the United Kingdom formerly exercised sovereignty; in particular it assumed responsibility for the conduct of foreign relations in respect of that territory. The right to self-determination reflected in resolution 1514 (XV) of the United Nations General Assembly, enables both Somalia and Kenya to determine the conduct of their foreign relations, including whether to maintain the treaties entered into by Italy and the United Kingdom in respect of the territory over which they now exercise sovereignty. This is confirmed by Article 2 of resolution 1514 (XV) which provides that "[a]ll peoples have the right to self-determination; by virtue of that right they freely determine their political status and freely pursue their economic, social and cultural development". The right to self-determination[19] as reflected in resolution 1514 (XV) was already a rule of customary international law at the time of the independence of Somalia and Kenya.

45. In response to a question by a Member of the Court, Somalia stated that "[n]either [it] nor Kenya, since their independence and at all times thereafter, has ever claimed that the maritime boundary in the territorial sea follows a line perpendicular to the coast at Dar es Salaam, for any distance". It further added that neither Party accepted nor argued for the 1927 Agreement as binding on them in regard to a maritime boundary, for any distance. In exercise of their sovereignty and independence Somalia and Kenya had the right to determine their relationship with the colonial treaties, that is, whether they accepted or rejected them. These two statements by Somalia, indicating the Parties' non-reliance and non-acceptance of the colonial treaties, classically reflect the exercise of the right to self-determination by newly independent States. Consequently, those treaties are inapplicable in the determination of the maritime dispute between Somalia and Kenya. Since those treaties did not establish a boundary in the territorial sea, the question whether there is an obligation under customary international law to respect boundaries that existed at independence does not arise.

---

[19] *Legal Consequences of the Separation of the Chagos Archipelago from Mauritius in 1965, Advisory Opinion, I.C.J. Reports 2019 (I)*, separate opinion of Judge Patrick Robinson, p. 294.

l'autodétermination que la Cour a considéré que les accords coloniaux conclus entre l'Italie et le Royaume-Uni étaient pertinents aux fins du règlement du différend opposant la Somalie au Kenya. Lorsqu'elle a accédé à l'indépendance en 1960, la Somalie a acquis la souveraineté sur un territoire à l'égard duquel l'Italie exerçait auparavant la sienne, devenant, en particulier, responsable de la conduite des relations extérieures relativement à ce territoire. De même, le Kenya, au moment de son accession à l'indépendance en 1963, a acquis la souveraineté sur un territoire qui relevait jusqu'alors de celle du Royaume-Uni, devenant lui aussi, de ce fait, responsable de la conduite des relations extérieures à l'égard de ce territoire. Le droit à l'autodétermination, consacré par la résolution 1514 (XV) de l'Assemblée générale des Nations Unies, permet aux deux Etats de décider de la conduite de leurs affaires étrangères, et notamment de la question du maintien en vigueur des accords conclus entre l'Italie et le Royaume-Uni, à l'égard du territoire sur lequel chacun d'eux exerce maintenant sa souveraineté. Cela est confirmé par l'article 2 de la résolution précitée, qui dispose que «[t]ous les peuples ont le droit de libre détermination; en vertu de ce droit, ils déterminent librement leur statut politique et poursuivent librement leur développement économique, social et culturel». Le droit à l'autodétermination[19], tel qu'il est énoncé dans la résolution 1514 (XV), constituait déjà une règle de droit international coutumier lors de l'accession de la Somalie et du Kenya à l'indépendance.

45. En réponse à une question posée par un membre de la Cour, la Somalie a précisé que «[n]i [elle] ni le Kenya n'[avaie]nt jamais, depuis leur indépendance et à un quelconque moment par la suite, prétendu que la frontière maritime dans la mer territoriale sui[vai]t une ligne perpendiculaire à la côte à Dar es-Salam, sur quelque distance que ce [fû]t». Elle a ajouté que ni l'une ni l'autre des Parties n'admettaient ni ne soutenaient que l'accord de 1927 les liait en ce qui concerne la frontière maritime, sur quelque distance que ce fût. Dans l'exercice de leur souveraineté et de leur indépendance, la Somalie et le Kenya avaient le droit de déterminer le traitement qu'ils entendaient réserver aux accords coloniaux, c'est-à-dire de décider de les accepter ou de les rejeter. Ces deux déclarations de la Somalie, qui indiquent que les Parties ne se sont pas fondées sur ces accords et ne les ont pas reconnus, sont l'expression classique de l'exercice du droit à l'autodétermination par des Etats nouvellement indépendants. Les accords en question étaient dès lors inapplicables aux fins du règlement du différend maritime entre la Somalie et le Kenya. Etant donné qu'ils n'ont pas établi de frontière dans la mer territoriale, la question de savoir s'il existait une obligation de droit international coutumier imposant de respecter les frontières en vigueur lors de l'indépendance ne se posait pas.

---

[19] *Effets juridiques de la séparation de l'archipel des Chagos de Maurice en 1965, avis consultatif, C.I.J. Recueil 2019 (I)*, opinion individuelle de M. le juge Patrick Robinson, p. 294.

46. Acquiescence, like the kindred concept of estoppel, owes its place in international law primarily to Anglo-American law. In international law, acquiescence applies to cases where, although a State's consent has not been expressly given to a course of conduct by another State, an inference may be drawn that the State's silence denotes its consent to that conduct, that is, its agreement with that conduct. Thus, the primary task in acquiescence is to determine the circumstances in which it is permissible to infer from a State's silence its consent or agreement with the conduct of another State. In that regard, an essential evidentiary requirement for acquiescence to apply is that the inference of State consent from its silence may only be drawn if the circumstances are such that a response is called for. This is the most important element in the law of acquiescence.

47. It is settled that for acquiescence to apply there must be an examination of the conduct of the State claiming acquiescence to determine whether it is clear and consistent and, as a consequence, calls for a response from the alleged acquiescing State. Thus, the initial focus is on the conduct of the State claiming acquiescence with a view to deciding whether it calls for a response from the alleged acquiescing State.

48. Kenya captures very well the meaning of acquiescence in paragraph 210 of its Counter-Memorial when it argued that "the absence of protest when a response is called for constitutes acquiescence". Kenya is correct. That is the law. Kenya's submission reflects the requirement that it is only when a response is called for to the conduct of the State claiming acquiescence and that response is not forthcoming, that an inference may be drawn that silence signifies consent with the conduct of the State claiming acquiescence. It is true that in its pleadings Kenya examines the conduct of the alleged acquiescing State, Somalia, but it carries out this examination on the basis that, in its view, its own conduct called for a response from Somalia — a response that, it maintains, was not given. Thus, in paragraph 208 of its Counter-Memorial, Kenya alludes to the Kenyan proclamations of 1979 and 2005, arguing that they clearly and unambiguously reflected Kenya's position on a maritime boundary with Somalia at a parallel of latitude. Kenya submits that Somalia was aware of these proclamations and, if it had an objection, it should have protested. But Kenya's position is not that it is necessary *ab initio* to examine Somalia's conduct to determine whether there has been acquiescence. Rather, its position, consistent with its submission that the absence of protest when a reaction is called for constitutes acquiescence, is that its own conduct, such as the issuance of the proclamations of 1979 and 2005, required a response from Somalia and, since that was not forthcoming, Somalia's silence may be taken to signify its consent or agreement with its conduct. Thus, every submission made by Kenya that an examination of Somalia's conduct shows that Somalia failed to protest when a response was called for must be considered against the background of its main proposition that its own conduct was clear and consistent, and therefore

ACQUIESCEMENT

46. L'acquiescement — comme la notion proche d'*estoppel* — doit essentiellement au droit anglo-américain la place qu'il occupe dans le droit international. En droit international, l'acquiescement s'applique aux situations dans lesquelles un Etat n'a pas expressément consenti au comportement d'un autre Etat, mais dont le silence permet de déduire son consentement, ou son accord, à ce comportement. Ainsi, en matière d'acquiescement, il convient, en premier lieu, de déterminer les circonstances qui justifient de procéder à une telle déduction. A cet égard, l'existence d'un acquiescement est soumise à une condition essentielle : on ne peut déduire le consentement d'un Etat de son silence que s'il est établi que les circonstances exigeaient une réponse de sa part. C'est là l'élément essentiel du droit relatif à l'acquiescement.

47. Il est constant que, pour que l'acquiescement s'applique, il y a lieu de déterminer si le comportement de l'Etat qui s'en prévaut est clair et constant et, partant, appelle une réponse de la part de l'Etat supposé acquiescer. C'est donc au comportement de l'Etat invoquant l'acquiescement que doit s'attacher l'examen initial, et ce, en vue d'établir si ce comportement exige une réponse de la part de l'autre l'Etat.

48. Le Kenya saisit fort bien le sens de l'acquiescement, lorsqu'il affirme, au paragraphe 210 de son contre-mémoire, que « l'absence de protestation, lorsque les circonstances appellent une réaction, vaut acquiescement ». C'est bien ce que dit le droit. Par ces mots, le Kenya exprime le fait que, pour pouvoir considérer que l'absence de réponse vaut consentement, il faut que le comportement de l'Etat invoquant l'acquiescement appelle une réponse. Si le Kenya a bien, dans ses écritures et plaidoiries, analysé le comportement de l'Etat supposé avoir acquiescé, soit la Somalie, il s'est cependant livré à cet examen en partant du principe que son propre comportement appelait une réponse de la part de celle-ci, réponse qui, soutient-il, n'a pas été donnée. Au paragraphe 208 de son contre-mémoire, il fait ainsi allusion à ses proclamations de 1979 et 2005, lesquelles reflétaient, selon lui, clairement et sans ambiguïté sa revendication d'une frontière maritime avec la Somalie suivant un parallèle. Il soutient que cette dernière avait connaissance de ces proclamations et que, si elle avait des objections à formuler, elle aurait dû protester. Le Kenya ne prétend pas qu'il soit *ab initio* nécessaire d'examiner le comportement de la Somalie pour déterminer s'il y a eu acquiescement. En réalité, sa position, conforme à l'argument selon lequel, lorsque les circonstances appellent une réaction, l'absence de protestation vaut acquiescement, consiste à dire que son propre comportement, notamment la promulgation des proclamations de 1979 et de 2005, exigeait une réponse, et que le fait que la Somalie n'en ait pas donné peut être interprété comme un consentement ou un accord à ce comportement. L'affirmation du Kenya selon laquelle un examen du comportement de la Somalie montre que celle-ci n'a pas protesté, alors que les circonstances exigeaient une réaction de sa part, doit donc être systématiquement examinée à l'aune de sa thèse principale, à savoir que son propre

called for a response from Somalia. In other words, Kenya's own position is that an examination of Somalia's conduct is consequential and dependent on a finding that a response was called for from Somalia — a position that is wholly consistent with the law of acquiescence. In this regard, the Court appears to have misinterpreted Kenya's position.

49. Kenya's proposition that the absence of protest when a response is called for constitutes acquiescence is consistent with the case law of the Court. In *Pedra Branca* the Court found that "silence may also speak, but only if the conduct of the other State calls for a response"[20]. Here the Court reflects the strong evidentiary requirement, implicit in the words "only if", that an inference of consent may only be drawn if the conduct of the State claiming acquiescence calls for a response. It may be observed that this strong evidentiary requirement is consistent with the substantive law that the evidence of acquiescence must be compelling.

50. There is an inherent conflict between the Court's finding in paragraph 71 and its finding in paragraph 72. After examining the conduct of Kenya, the Judgment concludes in paragraph 71 "that Kenya has not consistently maintained its claim that the parallel of latitude constitutes the single maritime boundary with Somalia". In effect the Court concluded that, by virtue of the inconsistency of Kenya's conduct, no response was called for by Somalia; consequently, the Court should have dismissed the claim. There was no need to move on to determine whether Somalia clearly and consistently accepted a maritime boundary at the parallel of latitude (para. 72); to do so undermines the earlier finding that Kenya's conduct was not consistent and, consequently, no response was called for by Somalia. The conflict between paragraphs 71 and 72 is evident because, if Kenya did not consistently maintain its claim, it would be impossible to identify with any certainty what Somalia could clearly and consistently have acquiesced to. This explains why the most important aspect of the law on acquiescence is an examination of the conduct of the State claiming acquiescence to determine whether that conduct requires a response. In particular the Court's approach flies in the face of the finding in paragraph 71 that "it was reasonable for Somalia to understand that its maritime boundary with Kenya in the territorial sea, in the exclusive economic zone and on the continental shelf would be established by an agreement to be negotiated and concluded in the future". If it is reasonable for Somalia to have this understanding, it is difficult to appreciate why the Court would go on to examine whether Somalia clearly and consistently accepted a maritime boundary at the parallel of latitude. This is so because the Court could only have made this finding on the basis that it had rejected Kenya's claim of Somalia's acquiescence to a boundary

---

[20] *Sovereignty over Pedra Branca/Pulau Batu Puteh, Middle Rocks and South Ledge (Malaysia/Singapore), Judgment, I.C.J. Reports 2008*, p. 51, para. 121.

comportement était clair et constant, et appelait par conséquent une réponse de la Somalie. Ainsi, la position du défendeur revient à dire que l'examen du comportement du demandeur résulte et dépend de la conclusion selon laquelle une réponse était attendue de ce dernier, ce qui est totalement conforme au droit relatif à l'acquiescement. A cet égard, la Cour semble avoir mal interprété la position du Kenya.

49. La thèse du Kenya selon laquelle, lorsqu'une réponse s'impose, l'absence de protestation vaut acquiescement est conforme à la jurisprudence de la Cour. En l'affaire relative à *Pedra Branca*, celle-ci a jugé qu'«un silence p[ouvai]t aussi être éloquent, mais seulement si le comportement de l'autre Etat appel[ait] une réponse»[20]. Cet énoncé exprime le critère strict applicable en matière de preuve, qui ressort implicitement de l'expression «seulement si», selon lequel on ne peut déduire le consentement que si le comportement de l'Etat qui l'invoque appelle une réponse. L'on observera que cette stricte exigence est conforme au droit matériel, au titre duquel l'acquiescement doit être établi par des éléments de preuve convaincants.

50. Les conclusions énoncées, respectivement, aux paragraphes 71 et 72 de l'arrêt sont fondamentalement contradictoires. Après avoir examiné le comportement du défendeur, la Cour juge, au paragraphe 71, «que le Kenya n'a pas maintenu de façon constante sa prétention selon laquelle le parallèle constitu[ait] la frontière maritime unique avec la Somalie». Elle conclut ainsi que, compte tenu du manque de constance du comportement du défendeur, aucune réponse ne s'imposait de la part du demandeur. Elle aurait donc dû rejeter la prétention, et il n'y avait pas lieu pour elle de rechercher ensuite si la Somalie avait accepté de manière claire et constante une frontière maritime longeant le parallèle (par. 72). La Cour, en procédant à cet examen, invalide la conclusion précédemment énoncée selon laquelle le comportement du Kenya, qui a manqué de constance, n'appelait pas de réponse de la Somalie. La contradiction entre les paragraphes 71 et 72 est évidente car, si le défendeur n'a pas maintenu sa prétention de façon constante, il est impossible de déterminer avec un quelconque degré de certitude ce à quoi le demandeur aurait pu acquiescer de manière claire et constante. Cela explique pourquoi l'aspect le plus important du droit régissant l'acquiescement est l'examen du comportement de l'Etat qui s'en prévaut, examen qui vise à déterminer si ce comportement appelle une réponse. Le raisonnement suivi par la Cour contredit en particulier la conclusion formulée au paragraphe 71, à savoir que «la Somalie pouvait raisonnablement penser que sa frontière maritime avec le Kenya dans la mer territoriale, la zone économique exclusive et sur le plateau continental serait établie par un accord qui serait négocié et conclu ultérieurement». On comprend mal pourquoi, si tel était ce que la Somalie pouvait raisonnablement penser, la Cour examinerait ensuite si celle-ci avait accepté de manière claire et constante une frontière mari-

---

[20] *Souveraineté sur Pedra Branca/Pulau Batu Puteh, Middle Rocks et South Ledge (Malaisie/Singapour), arrêt, C.I.J. Recueil 2008*, p. 51, par. 121.

along a parallel of latitude — all the more reason why an enquiry into Somalia's conduct was unnecessary.

51. Having carried out its examination of Somalia's conduct, the Court concludes that the conduct of Somalia between 1979 and 2014 did not demonstrate "Somalia's clear and consistent acceptance of a maritime boundary at the parallel of latitude" (para. 80). An examination of the logic of this conclusion shows why the Court's approach is questionable. Had the finding been that there was evidence demonstrating Somalia's clear and consistent acceptance of a maritime boundary along a parallel of latitude, it would be impossible to reconcile that finding with the earlier conclusion in paragraph 71 not only that Kenya's conduct did not require a response from Somalia, but also that it was reasonable for Somalia to expect that on the basis of Kenya's conduct its maritime boundary with that State would be established on the basis of agreement.

52. Consequently, I am unable to agree with the Court's conclusion in paragraph 80; after its finding in paragraph 71, the Court should have dismissed Kenya's claim. In my view, it reflects a wrong reading not only of the law, but also of Kenya's own submission. Properly understood, Kenya's own submission proceeds on the basis that the evidentiary hurdle of a required response must first be cleared before undertaking any examination of Somalia's acceptance of a maritime boundary along a parallel of latitude. Since the Court has found that no such response was required the question of an examination of Somalia's conduct does not arise.

(Signed) Patrick L. ROBINSON.

time longeant le parallèle. La Cour ne pouvait en effet conclure ainsi que parce qu'elle avait rejeté l'allégation du Kenya voulant que la Somalie ait acquiescé à une frontière longeant un parallèle, ce qui rendait d'autant plus inutile l'examen du comportement du demandeur.

51. A l'issue de son examen, la Cour a conclu que le comportement de la Somalie entre 1979 et 2014 n'établissait pas que cette dernière «a[vait] accepté de manière claire et constante une frontière maritime longeant le parallèle» (par. 80). La logique de cette conclusion, lorsqu'on l'analyse, montre que le raisonnement de la Cour est contestable. En effet, si celle-ci était parvenue à la conclusion qu'il existait des éléments attestant que la Somalie avait accepté de manière claire et constante une frontière maritime longeant un parallèle, cela aurait été inconciliable avec la conclusion qu'elle avait formulée au paragraphe 71, à savoir que, au vu du comportement du Kenya, la Somalie non seulement n'était nullement tenue de réagir, mais encore pouvait raisonnablement penser que sa frontière maritime avec ce dernier serait établie par voie d'accord.

52. Je ne peux donc souscrire à la conclusion énoncée au paragraphe 80; compte tenu de celle figurant au paragraphe 71, la Cour aurait dû rejeter la prétention du Kenya. Elle a fait, selon moi, une lecture erronée non seulement du droit, mais aussi de l'argument même du défendeur. Correctement interprété, celui-ci repose sur le postulat selon lequel, avant tout examen de la question de savoir si la Somalie a accepté une frontière maritime suivant un parallèle, la preuve doit être rapportée qu'une réaction de sa part s'imposait. La Cour ayant conclu que tel n'était pas le cas, il n'y avait pas lieu d'examiner le comportement de la Somalie.

(Signé) Patrick L. ROBINSON.

OPINION INDIVIDUELLE DE M. LE JUGE *AD HOC* GUILLAUME

1. La Cour a estimé que, contrairement à ce que plaidait le Kenya, la frontière maritime entre le Kenya et la Somalie ne longe pas un parallèle de latitude. Elle a fixé le point de départ de cette frontière conformément aux accords conclus entre l'Italie et le Royaume-Uni en 1927 et 1933. Puis elle a délimité la mer territoriale en retenant en fait la perpendiculaire à l'orientation générale des côtes adoptée dans ces mêmes accords. En ce qui concerne la zone économique exclusive (ci-après la «ZEE») et le plateau continental au-delà de 200 milles marins, la Cour n'a pas retenu la ligne d'équidistance avancée par la Somalie. En vue de parvenir à un résultat équitable, elle a ajusté cette ligne de manière significative au profit du Kenya. Elle a enfin rejeté les conclusions de la Somalie visant à la condamnation du Kenya pour activités illicites dans la zone en litige. Je souscris à ces décisions, mais suis en désaccord sur certains points avec le raisonnement adopté par la Cour et j'estime nécessaire de faire part ici de mes divergences.

2. La Somalie demandait à la Cour de procéder à la délimitation de ses espaces maritimes avec le Kenya. Les deux Etats sont parties à la convention des Nations Unies sur le droit de la mer (ci-après la «CNUDM»). La délimitation doit par suite être opérée conformément aux articles 15, 74 et 83 de cette convention. A défaut d'accord entre les Parties, s'appliquent les règles posées par ces articles tels qu'interprétés par la jurisprudence. La Cour se devait donc dans un premier temps de rechercher s'il existait des accords entre le Kenya et la Somalie concernant tout ou partie de leur frontière maritime.

I. EXISTE-T-IL UN ACCORD TACITE ENTRE LES PARTIES SUR UNE DÉLIMITATION SELON UN PARALLÈLE DE LATITUDE?

3. Le Kenya le prétend. Il expose qu'il a fixé la limite septentrionale de ses espaces maritimes au parallèle 1° 39′ 43,2″ de latitude sud. Il soutient que la Somalie a accepté cette limite par voie d'acquiescement. Telle serait donc la frontière. La Somalie le nie sur trois terrains. Elle expose:

a) qu'une frontière maritime ne saurait être fixée par acquiescement[1];
b) qu'en tout état de cause la Somalie n'a pas acquiescé aux prétentions unilatérales du Kenya[2];
c) qu'enfin le Kenya a lui-même reconnu que sa frontière n'avait jamais été fixée[3].

---

[1] Réplique de la Somalie, vol. I, par. 1.11.
[2] *Ibid.*, par. 2.12.
[3] *Ibid.*, par. 2.29.

SEPARATE OPINION OF JUDGE *AD HOC* GUILLAUME

[Translation]

1. The Court found that, contrary to Kenya's claims, the maritime boundary between Kenya and Somalia does not follow a parallel of latitude. It fixed the starting-point of the boundary in accordance with the agreements concluded between Italy and the United Kingdom in 1927 and 1933. It then delimited the territorial sea, in effect along the line at right angles to the general direction of the coast set out in those same agreements. As regards the exclusive economic zone (hereinafter the "EEZ") and the continental shelf beyond 200 nautical miles, the Court did not adopt the equidistance line put forward by Somalia. With a view to achieving an equitable solution, it made a significant adjustment to this line in favour of Kenya. Finally, it rejected Somalia's submission seeking a finding against Kenya on account of its unlawful activities in the disputed area. I support these decisions, but I disagree with some points of the reasoning adopted by the Court, and I consider it necessary to express my differences of opinion here.

2. Somalia requested the Court to delimit the maritime areas appertaining to it and to Kenya. Both States are parties to the United Nations Convention on the Law of the Sea (hereinafter "UNCLOS"). The delimitation must therefore be effected in accordance with Articles 15, 74 and 83 of that Convention. Failing agreement between the Parties, the rules set out in those articles, as interpreted in the jurisprudence, must be applied. Consequently, the Court had first to determine whether there were any agreements in existence between Kenya and Somalia concerning all or part of their maritime boundary.

I. IS THERE A TACIT AGREEMENT BETWEEN THE PARTIES ABOUT DELIMITATION ALONG A PARALLEL OF LATITUDE?

3. Kenya claims there is. It asserts that it has fixed the northern limit of its maritime areas at the parallel 1° 39′ 43.2″ S. It contends that Somalia agreed to this limit by way of acquiescence. The limit is therefore the boundary. Somalia disputes this on three grounds. It claims:

(a) that a maritime boundary cannot be established by acquiescence[1];

(b) that in any event Somalia has not acquiesced to Kenya's unilateral claims[2]; and

(c) lastly, that Kenya itself has acknowledged that its boundary has never been fixed[3].

---

[1] Reply of Somalia, Vol. I, para. 1.11.

[2] *Ibid.*, para. 2.12.

[3] *Ibid.*, para. 2.29.

4. C'est à juste titre que la Cour a écarté le premier argument. Le droit international n'est pas formaliste. Il reconnaît la possibilité de transfert de souveraineté territoriale ou de fixation de frontières par accord tacite ou par acquiescement, comme la Cour l'a rappelé dans l'affaire *Pedra Branca/ Pulau Batu Puteh* ayant opposé la Malaisie à Singapour[4]. Selon cet arrêt, l'accord tacite découle du comportement convergent des parties. Quant à l'acquiescement, il résulte de l'absence de réaction d'un Etat face aux positions prises par un autre Etat. La distinction n'est pas toujours aisée à opérer et la Cour elle-même a évité dans cet arrêt de prendre parti sur le terrain à retenir. Aussi bien acquiescement et accord tacite traduisent-ils tous deux le consentement des Etats intéressés. Dans les deux cas, à travers des processus différents, ceux-ci manifestent leur accord.

La Somalie expose cependant que les articles 15, 74 et 83 de la CNUDM prévoient la délimitation des espaces maritimes par voie d'accord. Elle reconnaît que ces accords peuvent être exprès ou tacites, mais soutient que la CNUDM exclut la délimitation par voie d'acquiescement. Mais on voit mal pourquoi les auteurs de la CNUDM auraient recommandé aux Etats de fixer leurs frontières maritimes par voie d'accord, tout en excluant que la solution agréée puisse être le fruit de l'acquiescement de l'une des parties aux positions de l'autre. A l'évidence ils souhaitaient que les Etats consentent à des solutions mutuellement acceptables quelles qu'en soient les modalités. Le terme «accord» dans la convention doit être compris comme couvrant toute solution résultant du consentement des parties.

La solution retenue par la jurisprudence pour les espaces terrestres[5] vaut donc pour les espaces maritimes, comme la Cour l'a d'ailleurs jugé dans l'affaire du *Golfe du Maine*[6]. Les limites de ces espaces peuvent résulter du silence gardé par un Etat face aux positions d'un autre Etat.

5. Encore faut-il en l'espèce que les faits permettent d'aboutir à la conclusion que par un long silence la Somalie a acquiescé au parallèle de latitude retenu par le Kenya. Les faits doivent à cet égard être clairs et «dépourvu[s] d'ambiguïté»[7].

Qu'en est-il? Le Kenya expose qu'à plusieurs reprises il a proclamé que sa frontière maritime avec la Somalie était constituée par un parallèle de latitude. Ces proclamations auraient été notifiées à la Somalie qui aurait

---

[4] *Souveraineté sur Pedra Branca/Pulau Batu Puteh, Middle Rocks et South Ledge (Malaisie/Singapour), arrêt, C.I.J. Recueil 2008*, p. 50, par. 120-121; voir aussi l'opinion dissidente commune de MM. les juges Simma et Abraham, *ibid.*, p. 117, par. 3.

[5] Dans le même sens, voir *Ile de Palmas (Pays-Bas/Etats-Unis d'Amérique), sentence du 4 avril 1928, Revue générale de droit international public*, t. XLII, 1935, p. 164. Voir aussi *Temple de Préah Vihéar (Cambodge c. Thaïlande), fond, arrêt, C.I.J. Recueil 1962*, p. 24-30. Voir enfin, en ce qui concerne l'île de Meanguera, *Différend frontalier terrestre, insulaire et maritime (El Salvador/Honduras; Nicaragua (intervenant)), arrêt, C.I.J. Recueil 1992*, p. 577, par. 364.

[6] *Délimitation de la frontière maritime dans la région du golfe du Maine (Canada/ Etats-Unis d'Amérique), arrêt, C.I.J. Recueil 1984*, p. 305, par. 130.

[7] *Souveraineté sur Pedra Branca/Pulau Batu Puteh, Middle Rocks et South Ledge (Malaisie/Singapour), arrêt, C.I.J. Recueil 2008*, p. 51, par. 122; voir aussi p. 50-51, par. 120 et suiv.

4. The Court rightly rejected the first argument. International law is not formalistic. It recognizes that territorial sovereignty may be transferred and that boundaries may be fixed by tacit agreement or by acquiescence, as recalled by the Court in the *Pedra Branca/Pulau Batu Puteh* case between Malaysia and Singapore[4]. According to that Judgment, tacit agreement arises from the convergent conduct of the parties. Acquiescence, for its part, results from the absence of reaction by one State to the positions taken by another. It is not always easy to distinguish between the two and, in the aforementioned Judgment, the Court itself avoided taking a stance on the approach to be followed. Acquiescence and tacit agreement both convey the consent of the States in question. In both cases, through different processes, the States manifest their agreement.

Somalia contends, however, that Articles 15, 74 and 83 of UNCLOS provide for the delimitation of maritime spaces by way of agreement. It acknowledges that these agreements may be express or tacit, but maintains that UNCLOS precludes delimitation by acquiescence. Yet it is difficult to see why the drafters of UNCLOS would have recommended that States fix their maritime boundaries by agreement, but excluded the possibility of the agreed solution resulting from the acquiescence of one party to the positions taken by the other. It is clear that the drafters wanted States to reach mutually acceptable solutions, regardless of how this was achieved. The term "agreement" in the Convention must be understood to include any solution arising from the parties' consent.

The solution adopted in the jurisprudence for stretches of land[5] is therefore valid for maritime areas, as the Court ruled in the *Gulf of Maine* case, moreover[6]. The limits of those areas may result from one State's silence in the face of another State's positions.

5. The facts of the case must also lead to the conclusion that, through its long silence, Somalia acquiesced to the parallel of latitude adopted by Kenya. The facts in this respect must be clear and "without any doubt"[7].

What is the situation? Kenya claims to have repeatedly asserted that its maritime boundary with Somalia was constituted by a parallel of latitude. These assertions are said to have been notified to Somalia, which should

---

[4] *Sovereignty over Pedra Branca/Pulau Batu Puteh, Middle Rocks and South Ledge (Malaysia/Singapore), Judgment, I.C.J. Reports 2008*, p. 50, paras. 120-121; see also the joint dissenting opinion of Judges Simma and Abraham, *ibid.*, p. 117, para. 3.

[5] In this regard, see *Island of Palmas Case (Netherlands/United States of America), Award of 4 April 1928, Reports of International Arbitral Awards (RIAA)*, Vol. II, p. 839. See also *Temple of Preah Vihear (Cambodia v. Thailand), Merits, Judgment, I.C.J. Reports 1962*, pp. 24-30. Lastly, in respect of the island of Meanguera, see *Land, Island and Maritime Frontier Dispute (El Salvador/Honduras: Nicaragua intervening), Judgment, I.C.J. Reports 1992*, p. 577, para. 364.

[6] *Delimitation of the Maritime Boundary in the Gulf of Maine Area (Canada/United States of America), Judgment, I.C.J. Reports 1984*, p. 305, para. 130.

[7] *Sovereignty over Pedra Branca/Pulau Batu Puteh, Middle Rocks and South Ledge (Malaysia/Singapore), Judgment, I.C.J. Reports 2008*, p. 51, para. 122; see also pp. 50-51, paras. 120 *et seq.*

dû réagir et ne l'aurait pas fait pendant 35 ans. Elle aurait ainsi accepté cette ligne comme frontière. Cet acquiescement serait confirmé par la conduite des Parties. La Somalie le nie.

6. Les faits, côté kényan, sont les suivants:

a) Le Kenya a porté sa mer territoriale à 12 milles marins par proclamation présidentielle du 13 juin 1969[8]. La loi du 16 mai 1972 a précisé en son article 2, paragraphe 4, que: «[s]ur la côte adjacente aux Etats voisins, la mer territoriale s'étend jusqu'à une ligne médiane»[9].

b) Par proclamation présidentielle du 28 février 1979, le Kenya s'est doté d'une ZEE de 200 milles marins. La proclamation précise que «la zone économique exclusive du Kenya est délimitée comme suit: ... au nord, la frontière maritime avec la République de Somalie longe vers l'est le parallèle passant au sud de l'île de Diua Damasciaca, à savoir le parallèle 1° 38′ de latitude sud»[10].

c) La loi sur les espaces maritimes du 25 août 1989 dispose en son article 3, paragraphe 4, que: «[s]ur la côte adjacente aux Etats voisins, les eaux territoriales s'étendront jusqu'à» la ligne d'équidistance[11]. Elle ajoute en son article 4, paragraphe 4, que: «[a]u nord, la frontière de la zone économique exclusive avec la Somalie sera délimitée par avis ministériel publié dans le Journal officiel conformément à un accord entre le Kenya et la Somalie fondé sur le droit international»[12].

d) Par proclamation présidentielle du 9 juin 2005, le Kenya a précisé que «la zone économique exclusive du Kenya est délimitée ... [à] la frontière nord des eaux territoriales avec la République de Somalie, vers l'est, par le parallèle de latitude sud 1° 39′ 34″ passant au sud de l'île Diua Damasciaca». Deux tableaux joints précisent vers le large les coordonnées de la mer territoriale et de la ZEE[13].

e) Le 6 mai 2009, le Kenya a présenté à la commission chargée de fixer les limites extérieures du plateau continental au-delà de 200 milles marins une demande en vue de la fixation de ces limites. Selon les coordonnées fournies et la carte jointe, la frontière maritime avec la Somalie se poursuivait au-delà de 200 milles marins sur le parallèle de latitude retenu pour la ZEE[14].

Au total, le Kenya a jusqu'en 2005 retenu la ligne médiane comme ligne de délimitation de ses eaux territoriales avec la Somalie. Il a proclamé en 1979 que la limite septentrionale de sa ZEE suivait le parallèle de latitude. Toutefois sa loi de 1989 renvoyait cette délimitation à un accord à intervenir avec la Somalie. A partir de 2009, le Kenya a enfin

---

[8] Contre-mémoire du Kenya (ci-après «CMK»), vol. II, annexe 1.
[9] Mémoire de la Somalie (ci-après «MS»), vol. III, annexe 16.
[10] *Ibid.*, annexe 19, art. 1 *b)*.
[11] *Ibid.*, annexe 20.
[12] *Ibid.*
[13] *Ibid.*, annexe 21.
[14] *Ibid.*, annexe 59.

have reacted, but failed to do so for 35 years. Kenya claims that Somalia thus consented to this line as the boundary. That acquiescence is said to be confirmed by the Parties' conduct. Somalia denies this.

6. For Kenya, the facts are as follows:

(a) Kenya extended its territorial sea to 12 nautical miles by Presidential Proclamation of 13 June 1969[8]. Section 2, subsection 4, of the Act of 16 May 1972 states: "On the coastline adjacent to neighbouring States the breadth of the territorial sea shall extend to [the] Median Line"[9].

(b) By Presidential Proclamation of 28 February 1979, Kenya endowed itself with an EEZ of 200 nautical miles. The Proclamation states that "the Exclusive Economic Zone of Kenya shall . . . in respect of its northern territorial waters boundary with [the] Somali Republic be on eastern latitude South of Diua Damasciaca Island being latitude 1° 38' South"[10].

(c) Section 3, subsection 4, of the Maritime Zones Act of 25 August 1989 provides: "On the coastline adjacent to neighbouring states, the breadth of the territorial waters" shall be determined by the equidistance line[11]. Section 4, subsection 4, adds that "[t]he northern boundary of the exclusive economic zone with Somalia shall be delimited by notice in the *Gazette* by the Minister pursuant to an agreement between Kenya and Somalia on the basis of international law"[12].

(d) By Presidential Proclamation of 9 June 2005, Kenya declared that "the Exclusive Economic Zone of Kenya shall . . . [i]n respect of its northern territorial waters boundary with [the] Somali Republic be on eastern latitude South of Diua Damascia[ca] Island being latitude 1° 39' 34" degrees south". Two appended tables specify the seaward co-ordinates of the territorial sea and the EEZ[13].

(e) On 6 May 2009, Kenya made a submission to the Commission responsible for fixing the outer limits of the continental shelf beyond 200 nautical miles (CLCS), with a view to establishing those limits. According to the co-ordinates provided and the map appended, its maritime boundary with Somalia continues beyond 200 nautical miles along the parallel of latitude used for the EEZ[14].

In sum, until 2005, Kenya used the median line to delimit its boundary with Somalia in the territorial sea. In 1979, it declared that the northern limit of its EEZ followed the parallel of latitude. However, its 1989 Act stated that this boundary would be delimited pursuant to an agreement to be reached with Somalia. Lastly, since 2009, Kenya has adopted

---

[8] Counter-Memorial of Kenya (hereinafter "CMK"), Vol. II, Ann. 1.
[9] Memorial of Somalia (hereinafter "MS"), Vol. III, Ann. 16.
[10] *Ibid.*, Ann. 19, Art. 1 *(b)*.
[11] *Ibid.*, Ann. 20.
[12] *Ibid.*
[13] *Ibid.*, Ann. 21.
[14] *Ibid.*, Ann. 59.

retenu le parallèle de latitude pour ce qui est du plateau continental au-delà de 200 milles marins.

7. Il n'est pas contesté que les deux proclamations de 1979 et 2005 ont été transmises par le Kenya au Secrétariat général des Nations Unies et communiquées par ce dernier à tous les Etats Membres de l'Organisation. Elles ont en outre été publiées par le Secrétariat et placées sur le site Internet de l'Organisation[15].

8. La Somalie a-t-elle réagi face aux décisions kényanes? Elle le prétend en invoquant notamment sa propre législation. Celle-ci se présente comme suit:

a) Par loi du 10 septembre 1972, la Somalie a fixé la largeur de sa mer territoriale à 200 milles marins[16].

b) Par loi de 1988-1989[17], la Somalie a ramené sa mer territoriale à 12 milles marins, a proclamé une ZEE de 200 milles marins et s'est reconnu un plateau continental pouvant éventuellement se prolonger au-delà. L'article 4 de cette loi dispose:

> «En l'absence de traité international, la République démocratique de Somalie considérera que ses frontières maritimes avec la République de Djibouti d'une part et la République du Kenya d'autre part suivent chacune une ligne droite s'étendant vers le large, tel qu'indiqué sur les croquis joints.»[18]

Ces croquis n'ont pas été communiqués à la Cour par la Somalie.
Les Parties divergent sur l'interprétation à donner à ce texte. La Somalie prétend que la ligne droite qu'il mentionne est la ligne d'équidistance. Le Kenya avance qu'il s'agit du parallèle de latitude. Il est regrettable que les croquis annexés à la loi n'aient pas été produits par la Somalie. En l'absence de ce document essentiel, on en est réduit à des conjectures. Il me paraît très probable que la ligne droite tracée sur la carte n'était pas la ligne d'équidistance. En effet on comprendrait mal dans ce cas pourquoi cette ligne est mentionnée expressément pour la délimitation avec le Yémen et ne l'est pas pour la délimitation avec la Somalie. Mais en l'absence de carte, nous n'avons aucune certitude.

c) Par une proclamation présidentielle du 30 juin 2014, la Somalie a réaffirmé ses droits sur sa ZEE. Cette proclamation précise en son article 4 que, dans tous les cas où la ZEE de la Somalie est contiguë ou opposée à la ZEE d'un autre Etat côtier, la Somalie «est prête à entrer en négociation avec l'Etat côtier concerné en vue de délimiter leur ZEE»[19].

d) A partir d'août 2009, la Somalie a évoqué à plusieurs reprises la ligne

---

[15] CMK, vol. II, annexes 20 et 65; MS, vol. III, annexe 56.
[16] MS, vol. III, annexe 9, art. 1.
[17] La loi de 1988 a fait l'objet d'une décision de promulgation du président du 26 janvier 1989. *Ibid.*, annexe 11.
[18] *Ibid.*, annexe 10.
[19] *Ibid.*, annexe 14, art. 4.

the parallel of latitude for the continental shelf beyond 200 nautical miles.

7. It is not in dispute that the 1979 and 2005 proclamations were transmitted by Kenya to the United Nations Secretariat and communicated by the latter to all United Nations Member States. They were also published by the Secretariat and placed on the United Nations website[15].

8. Did Somalia react to Kenya's declarations? It claims that it did, relying in particular on its own legislation. This is detailed below:

(a) By Law of 10 September 1972, Somalia fixed the breadth of its territorial sea at 200 nautical miles[16].

(b) By Law of 1988-1989[17], Somalia reduced its territorial sea to 12 nautical miles, declared an EEZ of 200 nautical miles and recognized that its continental shelf might ultimately extend beyond that distance. Article 4 of this Law provides:

> "If there is no multilateral treaty, the Somali Democratic Republic shall consider that the border between the Somali Democratic Republic and the Republic of Djibouti and the Republic of Kenya is a straight line toward the sea from the land as indicated on the enclosed charts."[18]

Those charts were not communicated to the Court by Somalia.
The Parties disagree on the interpretation to be given to this text. Somalia claims that the straight line mentioned is the equidistance line. Kenya contends that it is the parallel of latitude. It is regrettable that the charts appended to the Law were not produced by Somalia. Without these crucial documents, we are reduced to conjecture. It seems to me highly likely that the straight line shown on the chart was not the equidistance line. Indeed, if that were the case, it would be hard to understand why that line should be expressly mentioned in the Yemen delimitation but not in the delimitation with Somalia. Without the chart, however, we cannot be certain of this.

(c) By a Presidential Proclamation of 30 June 2014, Somalia reaffirmed its rights over the EEZ. Article 4 of that Proclamation states that in any case where Somalia's EEZ is adjacent or opposite to the EEZ of another coastal State, Somalia "is prepared to enter into negotiations with the coastal State concerned with a view to delimiting their respective Exclusive Economic Zones"[19].

(d) From August 2009 onwards, Somalia repeatedly stated that the equi-

---

[15] CMK, Vol. II, Anns. 20 and 65; MS, Vol. III, Ann. 56.

[16] MS, Vol. III, Ann. 9, Art. 1.

[17] The 1988 Law was promulgated by a presidential decision of 26 January 1989. *Ibid.*, Ann. 11.

[18] *Ibid.*, Ann. 10.

[19] *Ibid.*, Ann. 14, Art. 4.

d'équidistance comme devant gouverner la délimitation de ses espaces maritimes avec le Kenya et notamment de son plateau continental au-delà de 200 milles marins[20].

9. Au total, il apparaît que:

a) Le Kenya n'a revendiqué le parallèle de latitude pour la mer territoriale qu'en 2005. Il l'a fait de manière implicite dans le tableau des coordonnées annexé à la proclamation. La Somalie a fait objection à cette position en 2009. Le silence de la Somalie pendant quatre ans sur la proclamation ainsi formulée ne saurait valoir acquiescement.

b) Le Kenya a revendiqué en 2009 ce même parallèle pour le plateau continental au-delà de 200 milles marins. La Somalie a immédiatement objecté. Elle n'a donc jamais acquiescé.

c) Pour ce qui est de la ZEE, l'hésitation est permise. En effet le Kenya a revendiqué le parallèle en 1979 et 2005 par proclamations présidentielles diffusées à tous les Etats Membres des Nations Unies et la Somalie n'a objecté qu'en 2009. Mais on peut se demander si, dans une matière d'une telle importance, une diffusion de ce type suffit pour conduire à un accord tacite par voie d'acquiescement ou si une notification directe des prétentions nationales à l'Etat voisin n'est pas nécessaire. On doit également noter qu'avant 2018, le Kenya, tant dans ses négociations avec la Somalie que devant la Cour, ne s'est jamais prévalu de l'acquiescement de la Somalie et s'est comporté comme si la frontière de la ZEE restait à fixer.

C'est pour ces motifs que je me suis en définitive rallié à la solution adoptée sur ce point par la Cour.

II. LES ACCORDS ENTRE L'ITALIE ET LE ROYAUME-UNI DE 1927 ET 1933 DÉLIMITENT-ILS LA MER TERRITORIALE?

10. Les anciennes puissances coloniales, l'Italie et le Royaume-Uni, avaient conclu en 1924, 1927 et 1933 trois accords fixant leur frontière. Le Kenya et la Somalie sont liés par ces accords en tant qu'Etats successeurs. La Cour en a jugé ainsi (arrêt, par. 98). Aucun doute n'était d'ailleurs permis à cet égard, compte tenu des articles 11 et 12 de la convention de Vienne de 1978 sur la succession d'Etats en matière de traités[21], de l'application en Afrique de la règle de l'*uti possidetis juris* consacrée par

---

[20] MS, vol. III, annexe 37, lettre datée du 19 août 2009; *ibid.*, annexes 31 et 32, comptes rendus de la négociation de 2014.

[21] La Cour, dans l'affaire relative au *Projet Gabčíkovo-Nagymaros*, a reconnu un caractère coutumier à l'article 12 de la convention (*Projet Gabčíkovo-Nagymaros (Hongrie/Slovaquie), arrêt, C.I.J. Recueil 1997*, p. 72, par. 123). La même conclusion s'impose *a fortiori* en ce qui concerne l'article 11 selon lequel «[u]ne succession d'Etats ne porte pas atteinte en tant que telle … [à] une frontière établie par un traité».

distance line should govern the delimitation of the maritime spaces appertaining to it and to Kenya and in particular its continental shelf beyond 200 nautical miles[20].

9. All things considered, it appears that:

(a) Kenya did not claim the parallel of latitude for the territorial sea until 2005. It did so implicitly, in the table of co-ordinates annexed to the Proclamation. Somalia objected to this position in 2009. Somalia's four-year silence on a proclamation formulated in this way cannot constitute acquiescence.

(b) Kenya claimed the same parallel of latitude for the continental shelf beyond 200 nautical miles in 2009. Somalia immediately objected to this. It therefore never acquiesced.

(c) The situation is not so clear cut as regards the EEZ. Indeed, Kenya claimed the parallel of latitude in 1979 and 2005 by presidential proclamations circulated to all United Nations Member States, and Somalia raised no objection until 2009. However, it may be asked whether, in matters of such importance, circulation of this kind is sufficient to give rise to a tacit agreement by acquiescence, or whether a State is required to notify its neighbour of its claims directly. It should also be noted that, prior to 2018, both in its negotiations with Somalia and before the Court, Kenya never claimed that Somalia had acquiesced, and it behaved as if the EEZ boundary had yet to be established.

It is for these reasons that I ultimately supported the Court's solution on this point.

II. Does the 1927/1933 Treaty Arrangement between Italy and the United Kingdom Delimit the Territorial Sea?

10. In 1924, 1927 and 1933, the former colonial Powers, Italy and the United Kingdom, concluded three agreements establishing their boundary. As successor States, Kenya and Somalia are bound by these agreements. The Court deemed this to be so (Judgment, para. 98). Nor could there be any doubt in this regard, in view of Articles 11 and 12 of the 1978 Vienna Convention on Succession of States in respect of Treaties[21], the application in Africa of the rule of *uti possidetis juris* enshrined by

---

[20] MS, Vol. III, Ann. 37, Letter of 19 August 2009. *Ibid.*, Anns. 31 and 32, Records of the 2014 negotiations.

[21] In the case concerning the *Gabčíkovo-Nagymaros Project*, the Court acknowledged the customary nature of Article 12 of the Convention (*Gabčíkovo-Nagymaros Project (Hungary/Slovakia), Judgment, I.C.J. Reports 1997*, p. 72, para. 123). The same conclusion must be drawn *a fortiori* with regard to Article 11, according to which "[a] succession of States does not as such affect . . . a boundary established by a treaty".

diverses décisions de l'Organisation de l'unité africaine[22] et de la jurisprudence de la Cour[23] et des tribunaux arbitraux[24].

11. Il appartenait donc à la Cour de rechercher si l'accord de 1927/1933 fixait le point de départ de la frontière maritime et le tracé de cette frontière dans tout ou partie de la mer territoriale.

12. L'accord de 1933 donne force obligatoire aux conclusions auxquelles les fonctionnaires des Parties étaient parvenus en 1927. Il fixe avec une extrême précision le tracé de la frontière terrestre de borne en borne et le reproduit à cet effet sur une carte. Il dispose en outre que, à partir de la dernière borne, BP 29, au point dénommé Dar Es Salam, la frontière va, «dans une direction sud-est, jusqu'à la limite des eaux territoriales, le long d'une ligne droite à angle droit de l'orientation générale de la côte à Dar Es Salam, laissant les îlots de Diua Damasciaca en territoire italien»[25].

13. Cette disposition permet de fixer le point de départ de la frontière maritime. Celui-ci, contrairement à ce que soutient le Kenya, ne saurait être la borne BP 29 à l'intérieur des terres. Aussi bien la frontière terrestre se poursuit-elle à partir de cette borne sur le court segment de 41 mètres environ qui la sépare de la mer. Elle le fait selon une ligne droite perpendiculaire à la direction générale des côtes. Le point de départ de la frontière maritime se situe donc à l'intersection de cette ligne et de la côte, comme l'a jugé à bon droit la Cour.

14. Dans les eaux territoriales, la frontière doit suivre la même direction. En effet, il résulte de l'accord de 1927/1933 que, depuis la borne BP 29, la frontière se poursuit dans cette direction jusqu'à la limite des eaux territoriales. L'accord ajoute que du fait de cette délimitation les îlots de Diua Damasciaca seront en territoire italien, confirmant que la frontière ainsi fixée va bien jusqu'à la limite extérieure des eaux territoriales.

15. En réponse à une question posée par un juge lors des audiences, la Somalie a cependant fait valoir qu'aucune des Parties «n'accepte ou n'a

---

[22] L'Union africaine s'est à plusieurs reprises exprimée en faveur du respect des frontières existant au moment de l'accession à l'indépendance (résolution AHG/Res. 16 (I) du 21 juillet 1964 et art. 4, par. b) de l'acte constitutif de l'Union africaine du 11 juin 2000). La Cour, dans l'affaire du *Différend frontalier (Burkina Faso/République du Mali)*, a précisé que l'*uti possidetis* est «un principe d'ordre général nécessairement lié à la décolonisation où qu'elle se produise». Par suite, les déclarations de l'Union africaine ont sur ce point une «valeur déclaratoire et non pas constitutive» (*Différend frontalier (Burkina Faso/République du Mali), arrêt, C.I.J. Recueil 1986*, p. 566, par. 23-24).

[23] *Zones franches de la Haute-Savoie et du Pays de Gex, arrêt, 1932, C.P.J.I. série A/B n° 46*, p. 145; voir aussi *Zones franches de la Haute-Savoie et du Pays de Gex, ordonnance du 6 décembre 1930, C.P.J.I. série A n° 24*, p. 17; *Temple de Préah Vihéar (Cambodge c. Thaïlande), fond, arrêt, C.I.J. Recueil 1962*, p. 6-38; *Projet Gabčíkovo-Nagymaros (Hongrie/Slovaquie), arrêt, C.I.J. Recueil 1997*, p. 72, par. 123.

[24] *Délimitation de la frontière maritime entre la Guinée-Bissau et le Sénégal, sentence du 31 juillet 1989*, Nations Unies, *Recueil des sentences arbitrales*, vol. XX, p. 143, par. 62 et suiv.

[25] MS, vol. III, annexe 4, Exchange of Notes between His Majesty's Government in the United Kingdom and the Italian Government regarding the Boundary between Kenya and Italian Somaliland (22 November 1933), Appendix I, First Part.

various decisions of the Organization of African Unity[22], and the juris-prudence of the Court[23] and arbitral tribunals[24].

11. It was thus for the Court to determine whether the 1927/1933 treaty arrangement fixed the starting-point and course of the maritime boundary in all or part of the territorial sea.

12. The 1933 agreement gives binding effect to the conclusions reached by the Parties' officials in 1927. It fixes with extreme precision the course of the land boundary from beacon to beacon, and reproduces it to the same effect on a map. Moreover, it provides that from the final beacon, PB 29, to the point known as Dar Es Salam, the boundary runs "in a south-easterly direction, to the limit of territorial waters in a straight line at right angles to the general trend of the coastline at Dar Es Salam, leaving the islets of Diua Damasciaca in Italian territory"[25].

13. This provision makes it possible to fix the starting-point of the maritime boundary. Contrary to what is claimed by Kenya, this cannot be the inland beacon PB 29. The land boundary thus continues from this beacon along the short stretch of around 41 metres which separates it from the sea. It does so in a straight line at right angles to the general trend of the coastline. The starting-point of the maritime boundary is therefore at the intersection of that line and the coast, as rightly determined by the Court.

14. In the territorial sea, the boundary must follow the same direction. Indeed, the 1927/1933 treaty arrangement indicates that, from beacon PB 29, the boundary continues in that direction up to the limit of the territorial sea. The arrangement further indicates that, as a result of this delimitation, the islets of Diua Damasciaca will be in Italian territory, confirming that the boundary thus fixed does indeed extend as far as the outer limit of the territorial sea.

15. In response to a question put by one of the judges at the hearings, Somalia nonetheless claimed that neither Party "accepts, or has ever

---

[22] The African Union has on several occasions expressed its support for respecting the borders existing at the time independence is achieved (resolution AHG/Res.16 (I) of 21 July 1964 and Article 4, paragraph *(b)* of the Constitutive Act of the African Union of 11 June 2000). In the case concerning the *Frontier Dispute* between Burkina Faso and Mali, the Court stated that *uti possidetis* is "a principle of a general kind which is logically connected with this form of decolonization wherever it occurs". Hence, in this respect, the African Union's statements are "declaratory rather than constitutive" (*Frontier Dispute (Burkina Faso/Republic of Mali), Judgment, I.C.J. Reports 1986*, p. 566, paras. 23-24).

[23] *Free Zones of Upper Savoy and the District of Gex, Judgment, 1932, P.C.I.J., Series A/B, No. 46*, p. 145; see also *Free Zones of Upper Savoy and the District of Gex, Order of 6 December 1930, P.C.I.J., Series A, No. 24*, p. 17; *Temple of Preah Vihear (Cambodia v. Thailand), Merits, Judgment, I.C.J. Reports 1962*, pp. 6-38; *Gabčíkovo-Nagymaros Project (Hungary/Slovakia), Judgment, I.C.J. Reports 1997*, p. 72, para. 123.

[24] *Delimitation of the maritime boundary between Guinea-Bissau and Senegal, Decision of 31 July 1989*, United Nations, *Reports of International Arbitral Awards*, Vol. XX, p. 143, paras. 62 *et seq.*

[25] MS, Vol. III, Ann. 4, Exchange of Notes between His Majesty's Government in the United Kingdom and the Italian Government regarding the Boundary between Kenya and Italian Somaliland (22 November 1933), Appendix I, First Part.

jamais accepté que la frontière dans la mer territoriale suive» la ligne de l'accord de 1927/1933. Elle en déduisait que cette ligne ne saurait être retenue. Le Kenya a, quant à lui, fait état dans son contre-mémoire de l'accord de 1927/1933 pour la délimitation de la mer territoriale[26]. Il n'a pas commenté la réponse donnée par la Somalie à la question posée à l'audience.

16. La Cour a constaté «qu'aucune des Parties ne lui demande de confirmer l'existence de quelque segment d'une frontière maritime ou de délimiter la frontière dans la mer territoriale sur la base de l'arrangement conventionnel de 1927/1933» (arrêt, par. 109). Elle a ajouté qu'aucune des Parties ne s'est référée à cet accord dans sa législation ou lors des négociations de 2014. Elle en a conclu «qu'il n'est pas nécessaire de se prononcer sur la question de savoir si l'arrangement conventionnel de 1927/1933 avait pour objet de délimiter la frontière dans la mer territoriale» *(ibid.)*.

17. Je ne saurai souscrire à ce raisonnement. Un traité demeure en vigueur tant qu'il n'a pas été abrogé. Tant qu'il est en vigueur, le juge est tenu de l'appliquer et de l'interpréter. Les conclusions de la Somalie posaient en réalité la question de savoir si, par accord tacite, les deux Parties avaient abrogé la disposition litigieuse en tant qu'elle vise la mer territoriale, tout en conservant cette même disposition pour la fixation du dernier segment de la frontière terrestre et du point de départ de la frontière maritime. Mais un accord tacite ne saurait être aisément établi, ainsi que la Cour l'a d'ailleurs rappelé en ce qui concerne le parallèle de latitude revendiqué par le Kenya *(ibid.*, par. 52). Or en l'espèce rien n'établit qu'un tel accord soit intervenu et il n'est même pas soutenu qu'il en ait été ainsi.

Dans ces conditions, la Cour se devait, me semble-t-il, d'appliquer l'accord de 1927/1933 non seulement pour la fixation du point de départ de la frontière maritime, mais encore pour le tracé de cette frontière dans la mer territoriale. Elle ne pouvait s'en dispenser.

18. Reste un problème délicat: les eaux territoriales à l'époque de l'accord étaient généralement larges de 3 milles marins. Elles sont aujourd'hui de 12 milles. La ligne fixée par l'accord doit-elle s'arrêter à 3 milles ou aller jusqu'à 12 milles?

Tout dépend de la commune intention des parties lors de la conclusion de l'accord[27]. Mais en l'espèce les travaux préparatoires sont muets. En pareil cas, la Cour procède à une distinction selon que les termes employés ont ou non un caractère générique.

L'accord de 1927/1933 vise les eaux territoriales sans en mentionner la largeur. Or, à l'époque, si la Grande-Bretagne était fermement attachée à

---

[26] CMK, vol. I, par. 34.

[27] *Différend relatif à des droits de navigation et des droits connexes (Costa Rica c. Nicaragua), arrêt, C.I.J. Recueil 2009*, p. 242-244, par. 63-71. Dans certains cas, la Cour a retenu le sens originel des termes (voir *Droits des ressortissants des Etats-Unis d'Amérique au Maroc (France c. Etats-Unis d'Amérique)* et *Ile de Kasikili/Sedudu (Botswana/Namibie)*). Dans d'autres cas, la Cour a retenu le sens évolutif (voir *Plateau continental de la mer Egée (Grèce c. Turquie)* et *Différend relatif à des droits de navigation et des droits connexes (Costa Rica c. Nicaragua)*).

accepted, that the boundary in the territorial sea" follows the line provided for under the 1927/1933 treaty arrangement. Somalia thus concluded that this line could not be adopted. Kenya, for its part, mentioned the 1927/1933 treaty arrangement in its Counter-Memorial in respect of the delimitation of the territorial sea[26]. It did not comment on Somalia's response to the question put at the hearing.

16. The Court noted that "neither Party asks it to confirm the existence of any segment of a maritime boundary or to delimit the boundary in the territorial sea on the basis of the 1927/1933 treaty arrangement" (Judgment, para. 109). It also recalled that neither Party referred to this arrangement in its legislation or during the 2014 negotiations. The Court therefore concluded that it was "unnecessary to decide whether the 1927/1933 treaty arrangement had as an objective the delimitation of the boundary in the territorial sea" *(ibid.)*.

17. I cannot support this line of reasoning. A treaty remains in force until such time as it is abrogated. So long as it is in force, the courts must apply and interpret it. Somalia's pleadings in effect raised the question whether the two Parties had, by tacit agreement, abrogated the contested provision in so far as it applies to the territorial sea, while retaining it for the purposes of fixing the final segment of the land boundary and the starting-point of the maritime boundary. Tacit agreements, however, are not easily proved, as the Court moreover recalled with regard to the parallel of latitude claimed by Kenya (*ibid.*, para. 52). In this case, there is no evidence that such an agreement ever existed, nor was it claimed that one did.

In these circumstances, the Court should, in my view, have applied the 1927/1933 treaty arrangement not only in fixing the starting-point of the maritime boundary, but also in plotting the course of that boundary in the territorial sea. It did not have the option of dispensing with it.

18. A delicate issue remains: at the time of the treaty arrangement, the breadth of the territorial sea was generally 3 nautical miles. Today it is 12 miles. Should the line fixed under the arrangement stop at 3 miles or continue up to 12?

That depends on the common intention of the parties when the arrangement was made[27]. In this instance, however, the *travaux préparatoires* are silent. In such an event, the Court makes a determination based on whether or not the terms used are generic.

The 1927/1933 treaty arrangement refers to the territorial sea without mentioning its breadth. While Great Britain was firmly committed to the

---

[26] CMK, Vol. I, para. 34.

[27] *Dispute regarding Navigational and Related Rights (Costa Rica v. Nicaragua), Judgment, I.C.J. Reports 2009*, pp. 242-244, paras. 63-71. In some instances, the Court has retained the original meaning of terms (see *Rights of Nationals of the United States of America in Morocco (France v. United States of America)* and *Kasikili/Sedudu Island (Botswana/Namibia)*). In others, the Court has adopted the evolving meaning (see *Aegean Sea Continental Shelf (Greece v. Turkey)* and *Dispute regarding Navigational and Related Rights (Costa Rica v. Nicaragua)*).

la limite des 3 milles, cette limite était déjà contestée, notamment par l'Italie[28]. Dès lors les négociateurs ne pouvaient ignorer que la largeur des «eaux territoriales» était susceptible d'évolution. A mon sentiment, il convient de tenir compte de l'évolution survenue depuis 1933 et de retenir la limite de 12 milles marins.

Ainsi la frontière des Parties dans les eaux territoriales suit jusqu'à 12 milles marins une ligne droite orientée sud-est perpendiculaire à l'orientation générale de la côte à Dar Es Salam conformément à l'accord de 1927/1933.

19. La Cour a adopté une ligne de délimitation qui coïncide pratiquement avec cette ligne conventionnelle. Mais elle est parvenue à ce résultat en traçant une ligne médiane conformément à l'article 15 de la CNUDM. Elle a constaté cependant que cette ligne médiane correspondait de très près à la ligne définie dans l'accord de 1927/1933 (arrêt, par. 118).

20. Je suis de ce fait en accord avec les coordonnées retenues par la Cour et j'ai par suite voté en faveur du point 3) du dispositif. En revanche, je ne saurai souscrire aux motifs adoptés. Conformément à l'article 15 de la CNUDM, la Cour aurait dû rechercher d'abord si un accord existait entre les Parties, puis conclure qu'il existait un tel accord et l'appliquer.

(Signé) Gilbert GUILLAUME.

---

[28] D. P. O'Connell, *The International Law of the Sea*, vol. I, 1982, p. 165.

3-mile limit at the time, that limit was already disputed, by Italy in particular[28]. The negotiators must therefore have been aware that the breadth of the "territorial waters" might change. In my view, account must be taken of the developments that have occurred since 1933, and the 12-mile limit must be adopted.

The Parties' boundary in the territorial sea thus continues up to the 12-mile point in a straight line running in a south-easterly direction at right angles to the general direction of the coast at Dar Es Salam, in accordance with the 1927/1933 treaty arrangement.

19. The Court adopted a delimitation line which is virtually the same as that set out in the treaty arrangement. However, it reached this result by drawing a median line in accordance with Article 15 of UNCLOS. It nevertheless observed that the median line closely corresponds to that provided for under the 1927/1933 treaty arrangement (Judgment, para. 118).

20. I therefore agree with the co-ordinates adopted by the Court and, consequently, voted in favour of the third subparagraph of the operative clause. I cannot support the reasoning adopted, however. In accordance with Article 15 of UNCLOS, the Court should have first determined whether there was an agreement between the Parties; it should then have concluded that such an agreement did exist, and applied it.

(Signed) Gilbert GUILLAUME.

---

[28] D. P. O'Connell, *The International Law of the Sea*, Vol. I, 1982, p. 165.

COUR INTERNATIONALE DE JUSTICE

RECUEIL DES ARRÊTS,
AVIS CONSULTATIFS ET ORDONNANCES

APPLICATION DE LA CONVENTION INTERNATIONALE SUR L'ÉLIMINATION DE TOUTES LES FORMES DE DISCRIMINATION RACIALE

(ARMÉNIE c. AZERBAÏDJAN)

DEMANDE EN INDICATION DE MESURES CONSERVATOIRES

ORDONNANCE DU 7 DÉCEMBRE 2021

2021

INTERNATIONAL COURT OF JUSTICE

REPORTS OF JUDGMENTS,
ADVISORY OPINIONS AND ORDERS

APPLICATION OF THE INTERNATIONAL CONVENTION ON THE ELIMINATION OF ALL FORMS OF RACIAL DISCRIMINATION

(ARMENIA v. AZERBAIJAN)

REQUEST FOR THE INDICATION OF PROVISIONAL MEASURES

ORDER OF 7 DECEMBER 2021

	N° de vente:	**1230**
	Sales number	

ISSN 0074-4441
ISBN 978-92-1-003892-8

7 DÉCEMBRE 2021

ORDONNANCE

APPLICATION
DE LA CONVENTION INTERNATIONALE
SUR L'ÉLIMINATION DE TOUTES LES FORMES
DE DISCRIMINATION RACIALE

(ARMÉNIE c. AZERBAÏDJAN)

DEMANDE EN INDICATION
DE MESURES CONSERVATOIRES

————————

APPLICATION
OF THE INTERNATIONAL CONVENTION
ON THE ELIMINATION OF ALL FORMS
OF RACIAL DISCRIMINATION

(ARMENIA *v.* AZERBAIJAN)

REQUEST FOR THE INDICATION
OF PROVISIONAL MEASURES

7 DECEMBER 2021

ORDER

TABLE DES MATIÈRES

TABLE OF CONTENTS

_____

COUR INTERNATIONALE DE JUSTICE

ANNÉE 2021

2021
7 décembre
Rôle général
n° 180

7 décembre 2021

APPLICATION DE LA CONVENTION INTERNATIONALE SUR L'ÉLIMINATION DE TOUTES LES FORMES DE DISCRIMINATION RACIALE

(ARMÉNIE c. AZERBAÏDJAN)

DEMANDE EN INDICATION DE MESURES CONSERVATOIRES

ORDONNANCE

Présents: Mme DONOGHUE, *présidente*; M. GEVORGIAN, *vice-président*; MM. TOMKA, ABRAHAM, BENNOUNA, YUSUF, Mmes XUE, SEBUTINDE, MM. BHANDARI, ROBINSON, SALAM, IWASAWA, NOLTE, *juges*; MM. KEITH, DAUDET, *juges* ad hoc; M. GAUTIER, *greffier*.

La Cour internationale de Justice,

Ainsi composée,

Après délibéré en chambre du conseil,

Vu les articles 41 et 48 du Statut de la Cour et les articles 73, 74 et 75 de son Règlement,

Rend l'ordonnance suivante:

1. Le 16 septembre 2021, la République d'Arménie (ci-après l'«Arménie») a déposé au Greffe de la Cour une requête introductive d'instance contre la République d'Azerbaïdjan (ci-après l'«Azerbaïdjan») à raison de violations alléguées de la convention internationale du 21 décembre

INTERNATIONAL COURT OF JUSTICE

YEAR 2021

7 December 2021

2021
7 December
General List
No. 180

APPLICATION
OF THE INTERNATIONAL CONVENTION
ON THE ELIMINATION OF ALL FORMS
OF RACIAL DISCRIMINATION

(ARMENIA *v.* AZERBAIJAN)

REQUEST FOR THE INDICATION
OF PROVISIONAL MEASURES

ORDER

Present: President DONOGHUE; *Vice-President* GEVORGIAN; *Judges* TOMKA, ABRAHAM, BENNOUNA, YUSUF, XUE, SEBUTINDE, BHANDARI, ROBINSON, SALAM, IWASAWA, NOLTE; *Judges* ad hoc KEITH, DAUDET; *Registrar* GAUTIER.

The International Court of Justice,

Composed as above,

After deliberation,

Having regard to Articles 41 and 48 of the Statute of the Court and Articles 73, 74 and 75 of the Rules of Court,

Makes the following Order:

1. On 16 September 2021, the Republic of Armenia (hereinafter "Armenia") filed in the Registry of the Court an Application instituting proceedings against the Republic of Azerbaijan (hereinafter "Azerbaijan") concerning alleged violations of the International Convention on

5

1965 sur l'élimination de toutes les formes de discrimination raciale (ci-après la «CIEDR» ou la «convention»).

2. Au terme de sa requête, l'Arménie

«prie respectueusement la Cour de dire et juger que:

1. l'Azerbaïdjan est responsable de violations de la CIEDR, notamment des articles 2, 3, 4, 5, 6 et 7;

2. l'Azerbaïdjan, pour avoir engagé sa responsabilité internationale du fait de ces violations, doit:

A. immédiatement mettre fin à tout fait internationalement illicite de cette nature qui se poursuit et se conformer pleinement aux obligations qui lui incombent au regard des articles 2, 3, 4, 5, 6 et 7 de la CIEDR, notamment:

— en s'abstenant de se livrer à des pratiques de nettoyage ethnique contre les Arméniens;

— en s'abstenant de commettre, de glorifier, de récompenser ou de cautionner des actes de racisme contre les Arméniens, y compris les prisonniers de guerre, les otages et d'autres détenus;

— en s'abstenant de tenir ou de tolérer des discours haineux visant les Arméniens, y compris dans les ouvrages pédagogiques;

— en s'abstenant de bannir la langue arménienne, de détruire le patrimoine culturel arménien ou d'éliminer de toute autre manière l'existence de la présence culturelle historique arménienne, ou d'empêcher les Arméniens d'avoir accès à celle-ci et d'en jouir;

— en punissant tout acte de discrimination raciale contre les Arméniens, qu'il soit commis dans la sphère publique ou privée, y compris lorsqu'il est le fait d'agents de l'Etat;

— en garantissant aux Arméniens, y compris les prisonniers de guerre, les otages et d'autres détenus, la jouissance de leurs droits dans des conditions d'égalité;

— en adoptant la législation nécessaire pour s'acquitter des obligations que lui fait la CIEDR;

— en garantissant aux Arméniens un traitement égal devant les tribunaux et tout autre organe administrant la justice ainsi qu'une protection et une voie de recours effectives contre les actes de discrimination raciale;

— en s'abstenant d'entraver l'enregistrement et les activités des ONG et d'arrêter, de détenir et de condamner les militants des droits de l'homme ou toute autre personne œuvrant pour la réconciliation avec l'Arménie et les Arméniens; et

— en prenant des mesures efficaces pour combattre les préjugés contre les Arméniens et des mesures spéciales pour assurer comme il convient le développement de ce groupe.

the Elimination of All Forms of Racial Discrimination of 21 December 1965 (hereinafter "CERD" or the "Convention").

2. At the end of its Application, Armenia

"respectfully requests the Court to adjudge and declare:

1. That Azerbaijan is responsible for violating the CERD, including Articles 2, 3, 4, 5, 6 and 7.
2. That, as a consequence of its international responsibility for these breaches of the Convention, Azerbaijan must:

A. Cease forthwith any such ongoing internationally wrongful act and fully comply with its obligations under Articles 2, 3, 4, 5, 6 and 7 of the CERD, including by:

— refraining from practices of ethnic cleansing against Armenians;
— refraining from engaging in, glorifying, rewarding or condoning acts of racism against Armenians, including Armenian prisoners of war, hostages and other detained persons;
— refraining from engaging in or tolerating hate speech against Armenians, including in educational materials;

— refraining from suppressing the Armenian language, destroying Armenian cultural heritage or otherwise eliminating the existence of the historical Armenian cultural presence or inhibiting Armenians' access and enjoyment thereof;
— punishing all acts of racial discrimination, both public and private, against Armenians, including those taken by public officials;
— ensuring that the rights of Armenians, including Armenian prisoners of war, hostages and other detained persons are upheld on an equal basis;
— adopting the laws necessary to uphold its obligations under the CERD;
— providing Armenians with equal treatment before the tribunals and all other organs administering justice, and providing effective protection and remedies against acts of racial discrimination;
— refraining from hindering the registration and operation of NGOs and arresting, detaining and sentencing human rights activists or other individuals working towards reconciliation with Armenia and Armenians; and

— taking effective measures with a view to combatting prejudices against Armenians, and special measures for the purpose of securing their adequate advancement.

6

B. réparer le préjudice causé par tout fait internationalement illicite de cette nature, notamment :

— par voie de restitution, en permettant aux Arméniens déplacés de regagner leur foyer en toute sécurité et dans la dignité, et en restaurant ou en restituant tout bâtiment, site, artefact ou objet religieux ou culturel arménien ;
— en offrant des formes additionnelles de réparation pour toute perte ou tout dommage ou préjudice subi par les Arméniens qui ne pourrait être pleinement réparé par la restitution, y compris le versement d'une indemnisation aux Arméniens déplacés jusqu'à ce qu'ils puissent retourner chez eux en toute sécurité.

C. reconnaître les violations de la CIEDR qu'il a commises et offrir des excuses à l'Arménie et aux Arméniens victimes, de son fait, de discrimination raciale.

D. donner des assurances et garanties de non-répétition en ce qui concerne les manquements aux obligations qu'il tient des articles 2, 3, 4, 5, 6 et 7 de la CIEDR. »

3. Dans sa requête, l'Arménie entend fonder la compétence de la Cour sur le paragraphe 1 de l'article 36 du Statut de la Cour et sur l'article 22 de la CIEDR.

4. La requête contenait une demande en indication de mesures conservatoires, présentée au titre de l'article 41 du Statut de la Cour et des articles 73, 74 et 75 de son Règlement.

5. Au terme de sa demande, l'Arménie prie la Cour d'indiquer les mesures conservatoires suivantes :

« — l'Azerbaïdjan doit libérer immédiatement tous les prisonniers de guerre, otages et autres détenus arméniens sous sa garde qui ont été arrêtés pendant ou après le conflit armé de septembre-novembre 2020 ;
— dans l'attente de leur libération, l'Azerbaïdjan doit traiter tous les prisonniers de guerre, otages et autres détenus arméniens sous sa garde conformément aux obligations que lui fait la CIEDR, notamment en ce qui concerne leur droit à la sûreté de la personne et à la protection de l'Etat contre tous sévices, et autoriser à cette fin la réalisation d'évaluations médicales et psychologiques indépendantes ;
— l'Azerbaïdjan doit s'abstenir de fomenter la haine à l'égard des personnes d'origine ethnique ou nationale arménienne, et notamment fermer le parc des trophées militaires ou en suspendre les activités ;
— l'Azerbaïdjan doit protéger le droit d'avoir accès au patrimoine historique, culturel et religieux arménien, notamment, mais pas seulement, aux églises, cathédrales, lieux de culte, monuments, sites, cimetières et autres bâtiments et artefacts, et le droit d'en

B. Make reparations for the injury caused by any such internationally wrongful act, including:

— by way of restitution, allowing the safe and dignified
return of displaced Armenians to their homes, and restor-
ing or returning any Armenian cultural and religious
buildings and sites, artefacts or objects;
— providing additional forms of reparation for any harm,
loss or injury suffered by Armenians that is not capable of
full reparation by restitution, including by providing compensation to displaced Armenians until such time as it
becomes safe for them to return to their homes.

C. Acknowledge its violations of the CERD and provide an apology to Armenia and Armenian victims of Azerbaijan's racial
discrimination.
D. Offer assurances and guarantees of non-repetition of violations
of its obligations under Articles 2, 3, 4, 5, 6 and 7 of the
CERD."

3. In its Application, Armenia seeks to found the Court's jurisdiction
on Article 36, paragraph 1, of the Statute of the Court and on Article 22
of CERD.
4. The Application contained a Request for the indication of provisional measures submitted with reference to Article 41 of the Statute and
to Articles 73, 74 and 75 of the Rules of Court.
5. At the end of its Request, Armenia asked the Court to indicate the
following provisional measures:

"— Azerbaijan shall release immediately all Armenian prisoners of
war, hostages and other detainees in its custody who were made
captive during the September-November 2020 armed hostilities
or their aftermath;
— Pending their release, Azerbaijan shall treat all Armenian prisoners of war, hostages and other detainees in its custody in accordance with its obligations under the CERD, including with respect
to their right to security of person and protection by the State
against all bodily harm, and permit independent medical and
psychological evaluations for that purpose;

— Azerbaijan shall refrain from espousing hatred of people of
Armenian ethnic or national origin, including by closing or suspending the activities of the Military Trophies Park;

— Azerbaijan shall protect the right to access and enjoy Armenian
historic, cultural and religious heritage, including but not limited
to, churches, cathedrals, places of worship, monuments, landmarks, cemeteries and other buildings and artefacts, by *inter alia*

7

jouir, notamment en faisant cesser, en empêchant, en interdisant et en punissant leur dégradation, destruction ou modification, et en permettant aux Arméniens de se rendre dans les lieux de culte ;
— l'Azerbaïdjan doit faciliter et s'abstenir d'entraver d'une quelconque façon les mesures visant à protéger et à préserver le patrimoine historique, culturel et religieux arménien, notamment, mais pas seulement, les églises, cathédrales, lieux de culte, monuments, sites, cimetières et autres bâtiments et artefacts, et qui permettent l'exercice des droits énoncés dans la CIEDR ;
— l'Azerbaïdjan doit prendre des mesures effectives pour prévenir la destruction et assurer la conservation des éléments de preuve relatifs aux allégations d'actes relevant du champ d'application de la CIEDR ;
— l'Azerbaïdjan doit s'abstenir de prendre, et veiller à ce que nul ne prenne, une quelconque mesure de nature à aggraver ou à étendre le différend existant qui constitue l'objet de la requête, ou à en rendre le règlement plus difficile ; et
— l'Azerbaïdjan doit informer la Cour de toutes les mesures qu'il aura prises pour donner effet à l'ordonnance en indication de mesures conservatoires, au plus tard trois mois après le prononcé de celle-ci, puis tous les six mois. »

6. Le greffier a immédiatement communiqué au Gouvernement de l'Azerbaïdjan la requête contenant la demande en indication de mesures conservatoires, conformément au paragraphe 2 de l'article 40 du Statut de la Cour et au paragraphe 2 de l'article 73 de son Règlement. Il a également informé le Secrétaire général de l'Organisation des Nations Unies du dépôt par l'Arménie de cette requête et de cette demande.

7. En attendant que la communication prévue au paragraphe 3 de l'article 40 du Statut ait été effectuée, le greffier, par lettre en date du 22 septembre 2021, a informé tous les Etats admis à ester devant la Cour du dépôt de la requête et de la demande en indication de mesures conservatoires.
8. La Cour ne comptant sur le siège aucun juge de la nationalité de l'une et l'autre Partie, chacune d'elles s'est prévalue du droit que lui confère l'article 31 du Statut de procéder à la désignation d'un juge *ad hoc* pour siéger en l'affaire. L'Arménie a désigné M. Yves Daudet et l'Azerbaïdjan, M. Kenneth Keith.
9. Par lettres en date du 27 septembre 2021, le greffier a informé les Parties que la Cour, conformément au paragraphe 3 de l'article 74 de son Règlement, avait fixé aux 14 et 15 octobre 2021 les dates de la procédure orale sur la demande en indication de mesures conservatoires.
10. Au cours des audiences publiques, des observations orales sur la demande en indication de mesures conservatoires ont été présentées par :

Au nom de l'Arménie :   S. Exc. M. Yeghishe Kirakosyan,
M. Robert Kolb,
M. Constantinos Salonidis,

terminating, preventing, prohibiting and punishing their vandalisation, destruction or alteration, and allowing Armenians to visit
places of worship;
— Azerbaijan shall facilitate, and refrain from placing any impediment on, efforts to protect and preserve Armenian historic, cultural and religious heritage, including but not limited to churches,
cathedrals, places of worship, monuments, landmarks, cemeteries
and other buildings and artefacts, relevant to the exercise of rights
under the CERD;
— Azerbaijan shall take effective measures to prevent the destruction
and ensure the preservation of evidence related to allegations of
acts within the scope of the CERD;

— Azerbaijan shall not take any action and shall assure that no
action is taken which may aggravate or extend the existing dispute
that is the subject of the Application, or render it more difficult
to resolve; and
— Azerbaijan shall provide a report to the Court on all measures
taken to give effect to its Order indicating provisional measures,
no later than three months from its issuance and shall report
thereafter to the Court every six months."

6. The Registrar immediately communicated to the Government of
Azerbaijan the Application containing the Request for the indication of
provisional measures, in accordance with Article 40, paragraph 2, of the
Statute of the Court, and Article 73, paragraph 2, of the Rules of Court.
He also notified the Secretary-General of the United Nations of the filing
by Armenia of the Application and the Request for the indication of provisional measures.

7. Pending the notification provided for by Article 40, paragraph 3, of
the Statute, the Registrar informed all States entitled to appear before the
Court of the filing of the Application and the Request for the indication
of provisional measures by a letter dated 22 September 2021.

8. Since the Court included upon the Bench no judge of the nationality
of either Party, each Party proceeded to exercise the right conferred upon it
by Article 31 of the Statute to choose a judge *ad hoc* to sit in the case. Armenia chose Mr. Yves Daudet and Azerbaijan Mr. Kenneth Keith.

9. By letters dated 27 September 2021, the Registrar informed the Parties that, pursuant to Article 74, paragraph 3, of its Rules, the Court had
fixed 14 and 15 October 2021 as the dates for the oral proceedings on the
Request for the indication of provisional measures.

10. At the public hearings, oral observations on the Request for the
indication of provisional measures were presented by:

On behalf of Armenia: H.E. Mr. Yeghishe Kirakosyan,
                              Mr. Robert Kolb,
                              Mr. Constantinos Salonidis,

M. Sean Murphy,
M. Pierre d'Argent,
M. Lawrence H. Martin.

Au nom de l'Azerbaïdjan : S. Exc. M. Elnur Mammadov,
M. Vaughan Lowe,
M. Peter Goldsmith,
Mme Laurence Boisson de Chazournes,
Mme Catherine Amirfar,
M. Donald Francis Donovan.

11. Au terme de son second tour de plaidoiries, l'Arménie a prié la Cour d'indiquer les mesures conservatoires suivantes :

« — l'Azerbaïdjan doit libérer immédiatement tous les prisonniers de guerre, otages et autres détenus arméniens sous sa garde qui ont été arrêtés pendant ou après le conflit armé de septembre-novembre 2020 ;

— dans l'attente de leur libération, l'Azerbaïdjan doit traiter tous les prisonniers de guerre, otages et autres détenus arméniens sous sa garde conformément aux obligations que lui fait la CIEDR, notamment en ce qui concerne leur droit à la sûreté de la personne et à la protection de l'Etat contre tous sévices, et autoriser à cette fin la réalisation d'évaluations médicales et psychologiques indépendantes ;

— l'Azerbaïdjan doit s'abstenir de fomenter la haine à l'égard des personnes d'origine ethnique ou nationale arménienne, et notamment fermer le parc des trophées militaires ou en suspendre les activités ;

— l'Azerbaïdjan doit protéger le droit d'avoir accès au patrimoine historique, culturel et religieux arménien, notamment, mais pas seulement, aux églises, cathédrales, lieux de culte, monuments, sites, cimetières et autres bâtiments et artefacts, et le droit d'en jouir, notamment en faisant cesser, en empêchant, en interdisant et en punissant leur dégradation, destruction ou modification, et en permettant aux Arméniens de se rendre dans les lieux de culte ;

— l'Azerbaïdjan doit faciliter et s'abstenir d'entraver d'une quelconque façon les mesures visant à protéger et à préserver le patrimoine historique, culturel et religieux arménien, notamment, mais pas seulement, les églises, cathédrales, lieux de culte, monuments, sites, cimetières et autres bâtiments et artefacts, et qui permettent l'exercice des droits énoncés dans la CIEDR ;

— l'Azerbaïdjan doit prendre des mesures effectives pour prévenir la destruction et assurer la conservation des éléments de preuve relatifs aux allégations d'actes relevant du champ d'application de la CIEDR ;

— l'Azerbaïdjan doit s'abstenir de prendre, et veiller à ce que nul ne prenne, une quelconque mesure de nature à aggraver ou à étendre

9

Mr. Sean Murphy,
Mr. Pierre d'Argent,
Mr. Lawrence H. Martin.

On behalf of Azerbaijan: H.E. Mr. Elnur Mammadov,
Mr. Vaughan Lowe,
Mr. Peter Goldsmith,
Ms Laurence Boisson de Chazournes,
Ms Catherine Amirfar,
Mr. Donald Francis Donovan.

11. At the end of its second round of oral observations, Armenia asked the Court to indicate the following provisional measures:

"— Azerbaijan shall release immediately all Armenian prisoners of war, hostages and other detainees in its custody who were made captive during the September-November 2020 armed hostilities or their aftermath;

— Pending their release, Azerbaijan shall treat all Armenian prisoners of war, hostages and other detainees in its custody in accordance with its obligations under the CERD, including with respect to their right to security of person and protection by the State against all bodily harm, and permit independent medical and psychological evaluations for that purpose;

— Azerbaijan shall refrain from espousing hatred of people of Armenian ethnic or national origin, including by closing or suspending the activities of the Military Trophies Park;

— Azerbaijan shall protect the right to access and enjoy Armenian historic, cultural and religious heritage, including but not limited to, churches, cathedrals, places of worship, monuments, landmarks, cemeteries and other buildings and artefacts, by *inter alia* terminating, preventing, prohibiting and punishing their vandalisation, destruction or alteration, and allowing Armenians to visit places of worship;

— Azerbaijan shall facilitate, and refrain from placing any impediment on, efforts to protect and preserve Armenian historic, cultural and religious heritage, including but not limited to churches, cathedrals, places of worship, monuments, landmarks, cemeteries and other buildings and artefacts, relevant to the exercise of rights under the CERD;

— Azerbaijan shall take effective measures to prevent the destruction and ensure the preservation of evidence related to allegations of acts within the scope of the CERD;

— Azerbaijan shall not take any action and shall assure that no action is taken which may aggravate or extend the existing dispute

le différend existant qui constitue l'objet de la requête, ou à en rendre le règlement plus difficile ; et

— l'Azerbaïdjan doit informer la Cour de toutes les mesures qu'il aura prises pour donner effet à l'ordonnance en indication de mesures conservatoires, au plus tard trois mois après le prononcé de celle-ci, puis tous les six mois. »

12. Au terme de son second tour de plaidoiries, l'Azerbaïdjan a prié la Cour « de rejeter la demande en indication de mesures conservatoires présentée par la République d'Arménie ».

* * *

I. INTRODUCTION

13. L'Arménie et l'Azerbaïdjan, deux Républiques de l'ancienne Union des Républiques socialistes soviétiques, ont accédé à l'indépendance les 21 septembre et 18 octobre 1991, respectivement. En Union soviétique, la région du Haut-Karabakh était une entité autonome (« oblast »), dont la population était en majorité d'origine arménienne, et qui était située sur le territoire de la République socialiste soviétique d'Azerbaïdjan. Les revendications concurrentes des Parties sur cette région ont donné lieu à des hostilités qui se sont conclues par un cessez-le-feu en mai 1994. De nouvelles hostilités ont éclaté en septembre 2020. Qualifiées de « deuxième guerre du Haut-Karabakh » par l'Arménie et de « deuxième guerre du Garabagh » par l'Azerbaïdjan, ces hostilités (ci-après le « conflit de 2020 ») ont duré 44 jours. Le 9 novembre 2020, le président de la République d'Azerbaïdjan, le premier ministre de la République d'Arménie et le président de la Fédération de Russie ont signé une déclaration, dite « déclaration trilatérale », qui proclamait, à compter du 10 novembre 2020, « [u]n cessez-le-feu complet et la cessation de toutes les hostilités dans la zone de conflit du Haut-Karabakh ».

14. Les divergences entre les Parties sont anciennes et recouvrent des aspects très variés. La demanderesse ayant invoqué l'article 22 de la CIEDR comme titre de compétence dans la présente affaire, la portée de celle-ci est dès lors circonscrite par cette convention.

II. COMPÉTENCE *PRIMA FACIE*

1. *Observations générales*

15. La Cour ne peut indiquer des mesures conservatoires que si les dispositions invoquées par le demandeur semblent *prima facie* constituer une base sur laquelle sa compétence pourrait être fondée, mais elle n'a pas besoin de s'assurer de manière définitive qu'elle a compétence quant au fond de l'af-

that is the subject of the Application, or render it more difficult to resolve; and
— Azerbaijan shall provide a report to the Court on all measures taken to give effect to its Order indicating provisional measures, no later than three months from its issuance and shall report thereafter to the Court every six months."

12. At the end of its second round of oral observations, Azerbaijan requested the Court "to reject the request for the indication of provisional measures submitted by the Republic of Armenia".

* * *

I. INTRODUCTION

13. Armenia and Azerbaijan, both of which were Republics of the former Union of Soviet Socialist Republics, declared independence on 21 September 1991 and 18 October 1991, respectively. In the Soviet Union, the Nagorno-Karabakh region had been an autonomous entity ("oblast") that had a majority Armenian ethnic population, lying within the territory of the Azerbaijani Soviet Socialist Republic. The Parties' competing claims over that region resulted in hostilities that ended with a ceasefire in May 1994. Further hostilities erupted in September 2020, in what Armenia calls "the Second Nagorno-Karabakh War" and Azerbaijan calls "the Second Garabagh War" (hereinafter the "2020 Conflict"), and lasted 44 days. On 9 November 2020, the President of the Republic of Azerbaijan, the Prime Minister of the Republic of Armenia, and the President of the Russian Federation signed a statement referred to by the Parties as the "Trilateral Statement". Under the terms of this statement, as of 10 November 2020, "[a] complete ceasefire and termination of all hostilities in the area of the Nagorno-Karabakh conflict [was] declared".

14. The differences between the Parties are longstanding and wide-ranging. The Applicant has invoked Article 22 of CERD as the title of jurisdiction in the present case, the scope of which is therefore circumscribed by that Convention.

II. PRIMA FACIE JURISDICTION

1. General Observations

15. The Court may indicate provisional measures only if the provisions relied on by the Applicant appear, prima facie, to afford a basis on which its jurisdiction could be founded, but need not satisfy itself in a definitive manner that it has jurisdiction as regards the merits of the case (see, for

10

faire (voir, par exemple, *Application de la convention pour la prévention et la répression du crime de génocide (Gambie c. Myanmar), mesures conservatoires, ordonnance du 23 janvier 2020, C.I.J. Recueil 2020*, p. 9, par. 16).

16. En la présente espèce, l'Arménie entend fonder la compétence de la Cour sur le paragraphe 1 de l'article 36 du Statut de la Cour ainsi que sur l'article 22 de la CIEDR (voir le paragraphe 3 ci-dessus). La Cour doit donc commencer par vérifier si ces dispositions lui confèrent *prima facie* compétence pour statuer sur le fond de l'affaire, et lui permettent ainsi — sous réserve que les autres conditions requises soient réunies — d'indiquer des mesures conservatoires.

17. L'article 22 de la CIEDR se lit comme suit:

> «Tout différend entre deux ou plusieurs Etats parties touchant l'interprétation ou l'application de la présente Convention qui n'aura pas été réglé par voie de négociation ou au moyen des procédures expressément prévues par ladite Convention sera porté, à la requête de toute partie au différend, devant la Cour internationale de Justice pour qu'elle statue à son sujet, à moins que les parties au différend ne conviennent d'un autre mode de règlement.»

18. L'Arménie et l'Azerbaïdjan sont tous deux parties à la CIEDR; la première y a adhéré le 23 juin 1993 et le second le 16 août 1996. Ni l'une ni l'autre n'a fait de réserve à l'article 22 ni à aucune autre disposition de la convention.

2. Existence d'un différend concernant l'interprétation ou l'application de la CIEDR

19. L'article 22 de la CIEDR subordonne la compétence de la Cour à l'existence d'un différend relatif à l'interprétation ou à l'application de la convention. Selon la jurisprudence constante de la Cour, un différend est «un désaccord sur un point de droit ou de fait, une contradiction, une opposition de thèses juridiques ou d'intérêts» entre des parties (*Concessions Mavrommatis en Palestine, arrêt n° 2, 1924, C.P.J.I. série A n° 2*, p. 11). Pour établir l'existence d'un tel différend, «[i]l faut démontrer que la réclamation de l'une des parties se heurte à l'opposition manifeste de l'autre» (*Sud-Ouest africain (Ethiopie c. Afrique du Sud; Libéria c. Afrique du Sud), exceptions préliminaires, arrêt, C.I.J. Recueil 1962*, p. 328). Les ««points de vue des deux parties, quant à l'exécution ou à la non-exécution» de certaines obligations internationales, «[doivent être] nettement opposés»» (*Violations alléguées de droits souverains et d'espaces maritimes dans la mer des Caraïbes (Nicaragua c. Colombie), exceptions préliminaires, arrêt, C.I.J. Recueil 2016 (I)*, p. 26, par. 50, citant *Interprétation des traités de paix conclus avec la Bulgarie, la Hongrie et la Roumanie, première phase, avis consultatif, C.I.J. Recueil 1950*, p. 74).

20. A l'effet d'établir si un différend existe en la présente espèce, la Cour ne peut se borner à constater que l'une des Parties soutient que la convention s'applique alors que l'autre le nie (voir *Application de la*

example, *Application of the Convention on the Prevention and Punishment of the Crime of Genocide (The Gambia v. Myanmar), Provisional Measures, Order of 23 January 2020, I.C.J. Reports 2020*, p. 9, para. 16).

16. In the present case, Armenia seeks to found the jurisdiction of the Court on Article 36, paragraph 1, of the Statute of the Court and on Article 22 of CERD (see paragraph 3 above). The Court must therefore first determine whether those provisions prima facie confer upon it jurisdiction to rule on the merits of the case, enabling it — if the other necessary conditions are fulfilled — to indicate provisional measures.

17. Article 22 of CERD reads as follows:

> "Any dispute between two or more States Parties with respect to the interpretation or application of this Convention, which is not settled by negotiation or by the procedures expressly provided for in this Convention, shall, at the request of any of the parties to the dispute, be referred to the International Court of Justice for decision, unless the disputants agree to another mode of settlement."

18. Armenia and Azerbaijan are both parties to CERD; Armenia acceded to CERD on 23 June 1993, Azerbaijan on 16 August 1996. Neither Party made reservations to Article 22 or to any other provision of CERD.

2. Existence of a Dispute relating to the Interpretation or Application of CERD

19. Article 22 of CERD makes the Court's jurisdiction conditional on the existence of a dispute relating to the interpretation or application of the Convention. According to the established case law of the Court, a dispute is "a disagreement on a point of law or fact, a conflict of legal views or of interests" between parties (*Mavrommatis Palestine Concessions, Judgment No. 2, 1924, P.C.I.J., Series A, No. 2*, p. 11). In order for a dispute to exist, "[i]t must be shown that the claim of one party is positively opposed by the other" (*South West Africa (Ethiopia v. South Africa; Liberia v. South Africa), Preliminary Objections, Judgment, I.C.J. Reports 1962*, p. 328). The two sides must "'hold clearly opposite views concerning the question of the performance or non-performance of certain' international obligations" (*Alleged Violations of Sovereign Rights and Maritime Spaces in the Caribbean Sea (Nicaragua v. Colombia), Preliminary Objections, Judgment, I.C.J. Reports 2016 (I)*, p. 26, para. 50, citing *Interpretation of Peace Treaties with Bulgaria, Hungary and Romania, First Phase, Advisory Opinion, I.C.J. Reports 1950*, p. 74).

20. In order to determine whether a dispute exists in the present case, the Court cannot limit itself to noting that one of the Parties maintains that the Convention applies, while the other denies it (see *Application of*

11

convention internationale sur l'élimination de toutes les formes de discrimination raciale (Qatar c. Emirats arabes unis), mesures conservatoires, ordonnance du 23 juillet 2018, C.I.J. Recueil 2018 (II), p. 414, par. 18). L'Arménie invoquant pour fonder sa compétence la clause compromissoire contenue dans une convention internationale, la Cour doit rechercher si les actes et omissions dénoncés par la demanderesse sont susceptibles d'entrer dans les prévisions de l'instrument en question et si, en conséquence, le différend est de ceux dont elle pourrait avoir compétence pour connaître *ratione materiae* (voir *ibid.*).

* *

21. L'Arménie soutient qu'un différend l'oppose à l'Azerbaïdjan au sujet de l'interprétation et de l'application de la CIEDR, comme il ressort de la correspondance échangée entre les Parties. Selon elle, ce différend est né dans le contexte d'une discrimination raciale exercée de longue date par l'Azerbaïdjan à l'égard de personnes d'origine nationale ou ethnique arménienne. En particulier, l'Arménie affirme qu'une «politique de haine ... prom[ue par] l'Etat contre les Arméniens» et mise en œuvre par les autorités azerbaïdjanaises est à l'origine d'une discrimination systématique de ces personnes en Azerbaïdjan. Elle avance que l'Azerbaïdjan a commis de graves manquements aux obligations découlant de la CIEDR pendant le conflit de 2020 et a continué d'en commettre après la fin des hostilités, dans la poursuite de sa politique de «nettoyage ethnique» destinée à débarrasser «son territoire et [le] Haut-Karabakh [des Arméniens] et [de leur] influence». Selon l'Arménie, les cibles des violations commises par l'Azerbaïdjan sont des personnes d'origine nationale ou ethnique arménienne, quelle que soit leur nationalité.

22. L'Arménie allègue que l'Azerbaïdjan a manqué et continue de manquer aux obligations lui incombant au titre des articles 2, 3, 4, 5, 6 et 7 de la CIEDR. Elle affirme qu'il a engagé sa responsabilité, notamment pour avoir infligé un traitement inhumain et dégradant aux prisonniers de guerre et détenus civils d'origine nationale ou ethnique arménienne se trouvant sous sa garde; s'être livré à des pratiques de nettoyage ethnique, avoir glorifié, récompensé et cautionné des actes de racisme; avoir incité à la haine raciale — un exemple en étant les mannequins du «parc des trophées militaires», ouvert à Bakou au lendemain du conflit de 2020, qui représentent des soldats arméniens sous un jour dégradant; avoir facilité, toléré et manqué de punir et de prévenir les discours haineux; et avoir détruit et dénaturé systématiquement le patrimoine et les sites culturels arméniens.

*

23. L'Azerbaïdjan prétend qu'il n'existe entre les Parties aucun différend touchant l'interprétation ou l'application de la CIEDR. Il affirme qu'il s'attache à respecter pleinement les valeurs protégées par la conven-

the International Convention on the Elimination of All Forms of Racial Discrimination (Qatar v. *United Arab Emirates), Provisional Measures, Order of 23 July 2018, I.C.J. Reports 2018 (II)*, p. 414, para. 18). Since Armenia has invoked as the basis of the Court's jurisdiction the compromissory clause in an international convention, the Court must ascertain whether the acts and omissions complained of by the Applicant are capable of falling within the provisions of that instrument and whether, as a consequence, the dispute is one which the Court has jurisdiction *ratione materiae* to entertain (see *ibid.*).

* *

21. Armenia contends that a dispute exists with Azerbaijan regarding the interpretation and application of CERD, as demonstrated by the correspondence between the Parties. According to Armenia, this dispute arose in the context of longstanding racial discrimination directed by Azerbaijan at individuals of Armenian national or ethnic origin. In particular, Armenia claims that a "State-sponsored policy of Armenian hatred" by the Azerbaijani authorities has led to systematic discrimination against those individuals in Azerbaijan. It submits that Azerbaijan committed grave violations of obligations arising under CERD during the 2020 Conflict, and has continued to do so following the end of hostilities, in furtherance of its policy of "ethnic cleansing" intended to rid "Azerbaijan and Nagorno-Karabakh of Armenians and Armenian influence". According to Armenia, the violations committed by Azerbaijan are directed at individuals of Armenian national or ethnic origin, regardless of their nationality.

22. Armenia alleges that Azerbaijan has acted and continues to act in violation of its obligations under Articles 2, 3, 4, 5, 6 and 7 of CERD. Armenia asserts that Azerbaijan bears responsibility, *inter alia*, for the inhuman and degrading treatment of prisoners of war and civilian detainees of Armenian national or ethnic origin held in its custody; for engaging in practices of ethnic cleansing; for glorifying, rewarding and condoning acts of racism; for inciting racial hatred, giving as an example, mannequins depicting Armenian soldiers in a degrading way at the "Military Trophies Park" which opened in Baku in the aftermath of the 2020 Conflict; for facilitating, tolerating and failing to punish and prevent hate speech; and for systematically destroying and falsifying Armenian cultural sites and heritage.

*

23. Azerbaijan contends that there is no dispute between the Parties concerning the interpretation or application of CERD. It affirms that it is committed to respecting fully the values protected by CERD. The

12

tion. Il nie que les actes qu'il a commis pendant et après le conflit de 2020 aient été motivés par des « considérations ethniques » et soutient que, par ces actes, il réagissait en fait à « un recours flagrant et illicite à la force contre son peuple et son territoire souverain » de la part de l'Arménie, dans le contexte de l'« occupation illicite [par celle-ci] du territoire azerbaïdjanais pendant des décennies » à partir des hostilités ayant pris fin en 1994. L'Azerbaïdjan indique à ce propos que son comportement était mû uniquement par son désir de « libérer ses territoires de l'occupation illégale de l'Arménie ». Il affirme, notamment, que l'Arménie n'a pas donné effet aux quatre résolutions du Conseil de sécurité de l'Organisation des Nations Unies exigeant que les forces arméniennes se retirent immédiatement, complètement et inconditionnellement des zones occupées de l'Azerbaïdjan.

24. En ce qui concerne les actes dont l'Arménie affirme qu'ils attestent un comportement constitutif de discrimination raciale au sens de la CIEDR, l'Azerbaïdjan fait valoir qu'ils « n'ont absolument aucun rapport avec la discrimination raciale ». Selon lui, l'affaire portée par l'Arménie devant la Cour n'a en réalité pas de rapport avec la protection de droits énoncés par la CIEDR, mais relève plutôt d'une stratégie visant à « utiliser la Cour comme une plate-forme pour diffuser [l]es griefs [de l'Arménie] contre [lui] ». L'Azerbaïdjan soutient en outre qu'il ne cautionne pas des déclarations ou des actes qui cherchent à promouvoir la haine ou à inciter à la violence contre les Arméniens en tant que groupe national ou ethnique, réaffirme qu'il s'est tenu de traiter les détenus arméniens sous sa garde conformément aux obligations découlant de la CIEDR, et assure avoir ouvert des enquêtes et engagé des poursuites visant des militaires azerbaïdjanais soupçonnés de crimes qui auraient été commis contre des Arméniens pendant le conflit de 2020.

25. Selon l'Azerbaïdjan, certaines des mesures demandées par l'Arménie sont, en tout état de cause, devenues sans objet. Ainsi, son agent, lorsqu'il a traité de la demande de l'Arménie tendant à ce que la Cour ordonne à l'Azerbaïdjan de fermer le « parc des trophées militaires » ou d'en suspendre les activités, a rappelé à l'audience « les assurances qu'[il] avait] données [la veille] quant au retrait définitif de certains objets exposés dans le parc des trophées militaires ».

* *

26. La Cour rappelle que, pour déterminer s'il existait un différend entre les parties au moment du dépôt d'une requête, elle tient notamment compte de l'ensemble des déclarations ou documents échangés entre elles (voir *Application de la convention pour la prévention et la répression du crime de génocide (Gambie c. Myanmar), mesures conservatoires, ordonnance du 23 janvier 2020, C.I.J. Recueil 2020*, p. 12, par. 26). Ce faisant, elle accorde une attention particulière « aux auteurs des déclarations ou documents, aux personnes auxquelles [ceux-ci] étaient destinés ou qui en ont effectivement eu connaissance » et aux contenus en question *(ibid.)*.

13

Respondent denies that its actions during and after the 2020 Conflict were motivated by an "ethnic animus" and argues instead that, through those actions, it responded to "a blatant and unlawful use of force against its people and its sovereign territory" on the part of Armenia, in the context of its "decades-long unlawful occupation of Azerbaijan's territory" dating back to the hostilities that ended in 1994. In this connection, Azerbaijan states that its conduct was solely motivated by a desire to "liberate its territories from Armenia's illegal occupation". Azerbaijan asserts, *inter alia*, that Armenia failed to comply with four United Nations Security Council resolutions requiring the immediate, complete and unconditional withdrawal of Armenian forces from occupied areas of Azerbaijan.

24. With regard to the claims put forward by Armenia in support of its allegation that the actions of Azerbaijan constitute racial discrimination under CERD, the Respondent argues that these actions "are entirely unrelated to racial discrimination". According to Azerbaijan, Armenia's case before the Court is indeed not concerned with the protection of rights under CERD but instead reflects a strategy "to use the Court as a platform to broadcast [Armenia's] grievances against Azerbaijan". Azerbaijan moreover asserts that it does not condone statements or actions that promote hatred or incite violence targeting Armenians as a national or ethnic group; that it reaffirms its obligations to treat Armenian detainees in its custody in accordance with its obligations under CERD; and that it has commenced investigations and brought charges against Azerbaijani servicemen with respect to alleged crimes committed against Armenians during the 2020 Conflict.

25. In Azerbaijan's view, some of the measures requested by Armenia have in any event become moot. In particular, in addressing Armenia's request that the Court order Azerbaijan to close or suspend activities at the "Military Trophies Park", the Agent of Azerbaijan referred during the hearing to his "assurance [on the previous day] about the permanent removal of certain exhibits in the Trophies Park".

* *

26. The Court recalls that for the purposes of determining whether there was a dispute between the parties at the time of filing an application, it takes into account in particular any statements or documents exchanged between them (see *Application of the Convention on the Prevention and Punishment of the Crime of Genocide (The Gambia* v. *Myanmar), Provisional Measures, Order of 23 January 2020, I.C.J. Reports 2020,* p. 12, para. 26). In so doing, it pays special attention to "the author of the statement or document, their intended or actual addressee, and their content" *(ibid.).* The existence of a dispute is a matter for objective determi-

L'existence d'un différend doit être établie objectivement par la Cour; c'est une question de fond, et non de forme ou de procédure (*C.I.J. Recueil 2020*, p. 12, par. 26).

27. La Cour considère que les échanges entre les Parties antérieurs au dépôt de la requête montrent que celles-ci s'opposent quant à la question de savoir si certains actes ou omissions présumés de l'Azerbaïdjan ont emporté manquement à ses obligations découlant de la CIEDR. Elle note que, selon l'Arménie, l'Azerbaïdjan a manqué à divers égards aux obligations que lui impose la convention (voir les paragraphes 21 et 22 ci-dessus). L'Azerbaïdjan nie avoir commis l'une quelconque des violations alléguées et que les actes dénoncés entrent dans les prévisions de la CIEDR (voir les paragraphes 23 et 24 ci-dessus). La divergence des vues de l'Arménie et de l'Azerbaïdjan sur le point de savoir si ce dernier respectait les engagements qu'il avait pris au titre de la CIEDR était déjà manifeste dans le premier échange de lettres, datées respectivement du 11 novembre et du 8 décembre 2020, entre les ministres des affaires étrangères des Parties immédiatement après le conflit de 2020. Elle est en outre établie par des échanges ultérieurs entre les Parties.

28. Aux fins de la présente procédure, la Cour n'est pas tenue de déterminer si l'Azerbaïdjan a manqué aux obligations lui incombant au titre de la CIEDR, ce qu'elle ne pourrait faire que dans le cadre de l'examen de l'affaire au fond. Au stade d'une ordonnance en indication de mesures conservatoires, elle doit déterminer si les actes et omissions dont l'Arménie tire grief sont susceptibles d'entrer dans les prévisions de la CIEDR. De l'avis de la Cour, tel est le cas de certains au moins des actes et omissions que l'Arménie reproche à l'Azerbaïdjan.

29. En conséquence, la Cour conclut qu'il existe une base suffisante à ce stade pour établir *prima facie* qu'un différend oppose les Parties quant à l'interprétation ou à l'application de la CIEDR.

3. *Conditions procédurales préalables*

30. Aux termes de l'article 22 de la CIEDR, un différend ne peut être porté devant la Cour que s'il n'a «pas été réglé par voie de négociation ou au moyen des procédures expressément prévues par [la] Convention». La Cour a déjà dit que l'article 22 de la CIEDR établit des conditions procédurales préalables auxquelles il doit être satisfait avant qu'elle ne soit saisie (voir *Application de la convention internationale sur l'élimination de toutes les formes de discrimination raciale (Géorgie c. Fédération de Russie), exceptions préliminaires, arrêt, C.I.J. Recueil 2011 (I)*, p. 128, par. 141).

31. La Cour a aussi dit que lesdites conditions préalables à sa saisine présentent un caractère alternatif et non cumulatif (*Application de la convention internationale pour la répression du financement du terrorisme et de la convention internationale sur l'élimination de toutes les formes de discrimination raciale (Ukraine c. Fédération de Russie), exceptions préliminaires, arrêt, C.I.J. Recueil 2019 (II)*, p. 600, par. 113). Dès lors que l'Arménie ne

nation by the Court; it is a matter of substance, and not a question of form or procedure (*I.C.J. Reports 2020*, p. 12, para. 26).

27. The Court considers that the exchanges between the Parties prior to the filing of the Application indicate that they differ as to whether certain acts or omissions allegedly committed by Azerbaijan gave rise to violations of its obligations under CERD. The Court notes that, according to Armenia, Azerbaijan has violated its obligations under the Convention in various ways (see paragraphs 21 to 22 above). Azerbaijan has denied that it has committed any of the alleged violations set out above and that the acts complained of fall within the scope of CERD (see paragraphs 23 to 24 above). The divergence of views between Armenia and Azerbaijan regarding the latter's compliance with its commitments under CERD was already apparent in the first exchange of letters between the Ministers for Foreign Affairs of the Parties, dated 11 November 2020 and 8 December 2020 respectively, in the immediate aftermath of the 2020 Conflict. It is further demonstrated by subsequent exchanges between the Parties.

28. For the purposes of the present proceedings, the Court is not required to ascertain whether any violations of Azerbaijan's obligations under CERD have occurred, a finding that could only be made as part of the examination of the merits of the case. At the stage of making an order on provisional measures, the Court's task is to establish whether the acts and omissions complained of by Armenia are capable of falling within the provisions of CERD. In the Court's view, at least some of the acts and omissions alleged by Armenia to have been committed by Azerbaijan are capable of falling within the provisions of the Convention.

29. The Court finds therefore that there is a sufficient basis at this stage to establish prima facie the existence of a dispute between the Parties relating to the interpretation or application of CERD.

3. Procedural Preconditions

30. Under Article 22 of CERD, a dispute may be referred to the Court only if it is "not settled by negotiation or by the procedures expressly provided for in this Convention". The Court has previously ruled that Article 22 of CERD establishes procedural preconditions to be met before the seisin of the Court (see *Application of the International Convention on the Elimination of All Forms of Racial Discrimination (Georgia v. Russian Federation), Preliminary Objections, Judgment, I.C.J. Reports 2011 (I)*, p. 128, para. 141).

31. The Court has also held that the above-mentioned preconditions to its jurisdiction are alternative and not cumulative (*Application of the International Convention for the Suppression of the Financing of Terrorism and of the International Convention on the Elimination of All Forms of Racial Discrimination (Ukraine v. Russian Federation), Preliminary Objections, Judgment, I.C.J. Reports 2019 (II)*, p. 600, para. 113). Since Armenia does

14

prétend pas que le différend qui l'oppose à l'Azerbaïdjan a été soumis aux « procédures expressément prévues par [la] Convention », commençant par la saisine du Comité pour l'élimination de la discrimination raciale en vertu de l'article 11 de la CIEDR, la Cour recherchera seulement si ce différend n'a « pas été réglé par voie de négociation », au sens de l'article 22.

32. En outre, l'article 22 de la CIEDR dispose qu'un différend ne peut être porté devant la Cour à la requête de l'une ou l'autre des parties à ce différend que si celles-ci ne sont pas convenues d'un autre mode de règlement. La Cour note qu'aucune des Parties ne prétend qu'elles seraient parvenues à un accord sur un autre mode de règlement.

33. Au stade actuel de la procédure, la Cour déterminera s'il apparaît, *prima facie*, que l'Arménie a véritablement cherché à mener des négociations avec l'Azerbaïdjan en vue de régler le différend qui les oppose au sujet du respect, par ce dernier, des obligations matérielles lui incombant au titre de la CIEDR, et si l'Arménie a poursuivi ces négociations autant qu'il était possible (voir *Application de la convention internationale sur l'élimination de toutes les formes de discrimination raciale (Qatar c. Emirats arabes unis), mesures conservatoires, ordonnance du 23 juillet 2018, C.I.J. Recueil 2018 (II)*, p. 420, par. 36).

* *

34. Pour ce qui est des conditions procédurales préalables prévues à l'article 22 de la CIEDR, l'Arménie dit avoir échangé plus de 40 pièces de correspondance et tenu plusieurs séries de réunions avec l'Azerbaïdjan depuis la fin des hostilités à l'automne 2020. Elle affirme en particulier que, dans une lettre en date du 11 novembre 2020 adressée à son homologue azerbaïdjanais, le ministre arménien des affaires étrangères a expressément fait état de violations de multiples dispositions de la CIEDR commises par l'Azerbaïdjan et invité ce dernier à entamer des négociations avec elle à l'effet de remédier à ces violations. L'Arménie relève que, dans une lettre en réponse en date du 8 décembre 2020, le ministre azerbaïdjanais des affaires étrangères a rejeté ses allégations. Elle indique que, de novembre 2020 à septembre 2021, les Parties ont procédé à de nouvelles séries d'échanges par écrit et qu'elles ont pris part à sept séries de réunions au moins, de mars à septembre 2021, « pour essayer de régler le différend à l'amiable ».

35. L'Arménie soutient que, au cours de ces séries de négociations, les positions des Parties sur les points fondamentaux qui les divisaient — à savoir, si l'Azerbaïdjan avait manqué aux obligations lui incombant au titre des articles 2, 3, 4, 5, 6 et 7 de la CIEDR et s'il devait réparation en conséquence — n'ont pas évolué. Elle soutient en outre qu'au 16 septembre 2021, date du dépôt de sa requête, il n'y avait pas de « perspective raisonnable » d'évolution des positions respectives des Parties, et qu'elle a donc estimé que les négociations avaient échoué. Au vu de l'impasse ainsi décrite, elle considère que la condition préalable de négociation énoncée à l'article 22 de la CIEDR est remplie.

*

15

not contend that its dispute with Azerbaijan was submitted to "procedures expressly provided for in [the] Convention", which begin with a referral to the Committee on the Elimination of Racial Discrimination under Article 11 of CERD, the Court will only ascertain whether the dispute is one that is "not settled by negotiation", within the meaning of Article 22.

32. In addition, Article 22 of CERD states that a dispute may be referred to the Court at the request of any of the parties to that dispute only if they have not agreed to another mode of settlement. The Court notes that neither Party contends that they have agreed to another mode of settlement.

33. At this stage of the proceedings, the Court will examine whether it appears, prima facie, that Armenia genuinely attempted to engage in negotiations with Azerbaijan, with a view to resolving their dispute concerning the latter's compliance with its substantive obligations under CERD, and whether Armenia pursued these negotiations as far as possible (see *Application of the International Convention on the Elimination of All Forms of Racial Discrimination (Qatar* v. *United Arab Emirates), Provisional Measures, Order of 23 July 2018, I.C.J. Reports 2018 (II)*, p. 420, para. 36).

* *

34. Regarding the procedural preconditions set out in Article 22 of CERD, Armenia states that, since the end of hostilities in autumn 2020, it has exchanged over 40 pieces of correspondence and held several rounds of meetings with Azerbaijan. Specifically, Armenia asserts that the Minister for Foreign Affairs of Armenia, in a letter dated 11 November 2020 addressed to his counterpart in Azerbaijan, expressly referred to violations of multiple provisions of CERD by Azerbaijan, and invited Azerbaijan to enter into negotiations with Armenia to remedy those violations. Armenia notes that in his letter of reply, dated 8 December 2020, the Minister for Foreign Affairs of Azerbaijan rejected Armenia's allegations. Armenia indicates that, from November 2020 to September 2021, the Parties engaged in further rounds of written exchanges and participated in at least seven rounds of meetings between March and September 2021, "in an effort to settle this dispute amicably".

35. Armenia claims that during these rounds of negotiations, the Parties' positions on the crucial points that divided them — namely whether Azerbaijan had violated its obligations under Articles 2, 3, 4, 5, 6 and 7 of CERD and whether it consequently owed reparation — did not change. Armenia further contends that, by 16 September 2021, the date on which it filed its Application, there was "no reasonable prospect" that the respective positions of the Parties would evolve, and that it thus considered that the negotiations had failed. In light of the impasse it describes, Armenia contends that the precondition of negotiations contained in Article 22 of CERD has thus been met.

*

36. L'Azerbaïdjan, pour sa part, affirme que l'Arménie n'a pas véritablement cherché à engager des négociations sérieuses avant l'introduction de l'instance devant la Cour. Selon lui, il ressort du calendrier des prétendues négociations que l'Arménie n'a jamais sérieusement voulu chercher une solution aux questions qui les divisaient. L'Azerbaïdjan relève plus précisément que la période allant de novembre 2020 à juillet 2021 a été consacrée à des «discussions sur les modalités procédurales» et que la première réunion de fond entre les Parties ne s'est tenue qu'à la mi-juillet 2021. Il ajoute que, même par la suite, l'Arménie n'a jamais cherché à engager un dialogue constructif avec lui sur l'une quelconque des propositions qu'il avait avancées. En particulier, il soutient que, lors d'une réunion bilatérale les 30 et 31 août 2021, il a présenté des contre-propositions qui n'ont jamais été véritablement examinées ni discutées par l'Arménie, laquelle les a purement et simplement rejetées à la réunion ultérieure des 14 et 15 septembre 2021 avant de déposer sa requête et sa demande en indication de mesures conservatoires le jour suivant.

37. L'Azerbaïdjan fait valoir que les Etats n'ont pas le droit de mettre fin prématurément à des négociations qui portent sur des manquements allégués à des obligations découlant de la CIEDR au seul motif qu'ils préféreraient régler ces questions par voie d'instance devant la Cour. En réponse à l'Arménie qui affirme que les négociations étaient dans l'impasse, l'Azerbaïdjan déclare qu'elle ne saurait tirer cette conclusion unilatéralement, car la poursuite des négociations ne peut être soumise au «droit … d'exercer un veto non motivé». Quant au reproche que lui fait l'Arménie d'avoir fait échouer les négociations en refusant de reconnaître qu'il avait violé la CIEDR, l'Azerbaïdjan le juge à la fois déraisonnable et inapproprié, étant donné qu'«[u]ne reconnaissance de culpabilité comme condition préalable n'a aucune place dans de véritables négociations». En somme, selon lui, tout montre qu'il a cherché à engager des négociations constructives alors que l'Arménie n'a pas véritablement cherché à faire de même. L'Azerbaïdjan en conclut que la Cour n'a manifestement compétence ni pour se prononcer sur le fond de l'affaire ni pour indiquer des mesures conservatoires, l'Arménie n'ayant pas satisfait à la condition préalable de négociation énoncée à l'article 22 de la CIEDR.

* *

38. S'agissant de la condition préalable de négociation énoncée à l'article 22 de la CIEDR, la Cour relève que les négociations sont à distinguer des simples protestations ou contestations, et supposent que l'une des parties ait véritablement cherché à engager un dialogue avec l'autre, en vue de régler le différend. Si les parties ont cherché à négocier ou ont entamé des négociations, cette condition préalable n'est réputée remplie que lorsque la tentative de négocier a été vaine ou que les négociations ont échoué, sont devenues inutiles ou ont abouti à une impasse. Pour satisfaire à cette condition préalable, «ladite négociation doit … concerner l'objet du différend, qui doit lui-même se rapporter aux obligations de

36. Azerbaijan, for its part, claims that Armenia did not genuinely attempt to engage in meaningful negotiations prior to the institution of proceedings before the Court against Azerbaijan. In its view, the time frame of the supposed negotiations shows that Armenia was never serious about finding a solution to the matters that divided the Parties. Specifically, Azerbaijan notes that the period from November 2020 to July 2021 was spent "talking about the procedural modalities" and that the first substantive meeting between the Parties was held in mid-July 2021. Moreover, Azerbaijan argues that, even thereafter, Armenia never attempted to engage constructively with any of the proposals put forward by the Respondent. In particular, Azerbaijan maintains that, during the bilateral meeting held on 30-31 August 2021, it presented counter-proposals that were never genuinely considered nor discussed by Armenia, which simply rejected those proposals altogether at the following meeting of 14-15 September 2021 before filing its Application and Request for the indication of provisional measures the following day.

37. Azerbaijan argues that a State is not entitled to bring a premature end to negotiations relating to alleged violations of obligations arising under CERD simply because it would rather raise these issues by means of proceedings before the Court. With regard to Armenia's position that the negotiations had reached an impasse, Azerbaijan states that it was not open to Armenia to make such a determination unilaterally, as the continuation of negotiations cannot be subject to "a right to exercise an unreasoned veto". In addition, according to Azerbaijan, Armenia's claim that the negotiations failed was based on Azerbaijan's refusal to accept that it had violated CERD, a claim which Azerbaijan considers both unreasonable and inappropriate, since "[a]cceptance of guilt as a threshold condition has no place in genuine negotiations". In sum, according to Azerbaijan, the record shows that it tried to engage in constructive negotiations whereas Armenia made no genuine attempt to do so. Azerbaijan concludes that the Court manifestly lacks jurisdiction either to determine the merits of the case or to order provisional measures because Armenia has failed to fulfil the precondition of negotiation contained in Article 22 of CERD.

* *

38. Regarding the precondition of negotiation contained in Article 22 of CERD, the Court observes that negotiations are distinct from mere protests or disputations and require a genuine attempt by one of the parties to engage in discussions with the other party, with a view to resolving the dispute. Where negotiations are attempted or have commenced, the precondition of negotiation is met only when the attempt to negotiate has been unsuccessful or where negotiations have failed, become futile or deadlocked. In order to meet this precondition, "the subject-matter of the negotiations must relate to the subject-matter of the dispute which, in turn, must concern the substantive obligations contained in the treaty in

16

fond prévues par l'instrument en question » (voir *Application de la convention internationale sur l'élimination de toutes les formes de discrimination raciale (Qatar c. Emirats arabes unis), mesures conservatoires, ordonnance du 23 juillet 2018, C.I.J. Recueil 2018 (II)*, p. 419-420, par. 36, citant *Application de la convention internationale sur l'élimination de toutes les formes de discrimination raciale (Géorgie c. Fédération de Russie), exceptions préliminaires, arrêt, C.I.J. Recueil 2011 (I)*, p. 133, par. 161).

39. La Cour relève que, comme en témoignent les pièces dont elle dispose, l'Arménie a reproché à l'Azerbaïdjan des manquements aux obligations découlant de la CIEDR lors de divers échanges bilatéraux ultérieurs à la signature de la déclaration trilatérale en novembre 2020. En particulier, les Parties ont entretenu une correspondance sous la forme d'une série de notes diplomatiques de novembre 2020 à septembre 2021 et ont tenu plusieurs séries de réunions bilatérales traitant des modalités procédurales ainsi que de l'étendue et des sujets de leurs négociations portant sur les manquements allégués à des obligations découlant de la CIEDR.

40. La Cour constate que, du premier échange entre les ministres arménien et azerbaïdjanais des affaires étrangères par lettres datées respectivement du 11 novembre et du 8 décembre 2020 jusqu'à la dernière réunion bilatérale tenue les 14 et 15 septembre 2021, les positions des Parties ne semblent pas avoir évolué. Bien que ces dernières aient réussi à s'entendre sur certaines modalités procédurales, notamment sur le calendrier des travaux et sur les sujets de discussion, aucun progrès similaire n'a été fait sur les questions de fond relatives aux manquements aux obligations découlant de la CIEDR dont l'Arménie fait grief à l'Azerbaïdjan. Les éléments dont dispose la Cour au sujet des sessions bilatérales tenues les 15 et 16 juillet, 30 et 31 août, et 14 et 15 septembre 2021, montrent une absence de progrès dans la recherche d'un terrain d'entente sur les questions de fond. En particulier, dans une note verbale en date du 10 septembre 2021 adressée à la mission permanente de la République d'Azerbaïdjan auprès de l'Office des Nations Unies et des autres organisations internationales à Genève par la mission permanente de la République d'Arménie auprès de l'Office des Nations Unies et des autres organisations internationales à Genève, l'Arménie a déclaré considérer que les « réponses » apportées par l'Azerbaïdjan (au sujet des manquements allégués aux obligations découlant de la CIEDR qui lui sont reprochés) à la session des 15 et 16 juillet 2021 constituent « en réalité des rejets catégoriques opposés aux allégations de l'Arménie et aux remèdes que celle-ci proposait ». Pour sa part, l'Azerbaïdjan a fait valoir au cours de la procédure orale — en parlant des sessions bilatérales tenues en juillet, août et septembre 2021 — que chaque fois qu'il avait présenté des contre-propositions en réponse aux mesures réclamées par l'Arménie, celle-ci n'avait pas « présenté la moindre proposition ».

41. Bien que l'Arménie, lors d'échanges bilatéraux, ait reproché à l'Azerbaïdjan d'avoir manqué à diverses obligations découlant de la CIEDR, et que les Parties aient, à maintes reprises sur une période de plusieurs mois, échangé des courriers et tenu des réunions, il semble que

17

question" (see *Application of the International Convention on the Elimination of All Forms of Racial Discrimination (Qatar* v. *United Arab Emirates), Provisional Measures, Order of 23 July 2018, I.C.J. Reports 2018 (II)*, p. 419, para. 36, citing *Application of the International Convention on the Elimination of All Forms of Racial Discrimination (Georgia* v. *Russian Federation), Preliminary Objections, Judgment, I.C.J. Reports 2011 (I)*, p. 133, para. 161).

39. The Court notes that, as evidenced by the material before it, Armenia raised allegations of violations by Azerbaijan of its obligations under CERD in various bilateral exchanges subsequent to the signing of the Trilateral Statement in November 2020. In particular, the Parties corresponded through a series of diplomatic Notes over a period running from November 2020 to September 2021 and held several rounds of bilateral meetings covering the procedural modalities, scope and topics of their negotiations concerning alleged violations of obligations arising under CERD.

40. The Court observes that, between the first exchange between the Ministers for Foreign Affairs of Armenia and Azerbaijan, by letters dated 11 November 2020 and 8 December 2020 respectively, and the last bilateral meeting held on 14-15 September 2021, the positions of the Parties do not appear to have evolved. Although the Parties were able to agree on certain procedural modalities, including scheduling timetables and topics of discussion, no similar progress was made in terms of substantive matters relating to Armenia's allegations of Azerbaijan's non-compliance with its obligations under CERD. The information available to the Court regarding the bilateral sessions held on 15-16 July 2021, 30-31 August 2021 and 14-15 September 2021 shows a lack of progress in reaching common ground on substantive issues. In particular, in the Note Verbale dated 10 September 2021 from the Permanent Mission of Armenia to the United Nations Office and other International Organizations in Geneva to the Permanent Mission of Azerbaijan to the United Nations Office and other International Organizations in Geneva, Armenia stated that it considered Azerbaijan's "responses" (to the allegations of violations of obligations arising under CERD made against it) presented during the 15-16 July 2021 session to be "in fact categorical rejections of Armenia's claims and requested remedies". For its part, during the oral proceedings, Azerbaijan argued — with reference to the bilateral sessions held in July, August and September 2021 — that every time it put forward counter-proposals in response to Armenia's claims for remedies, Armenia failed to "put forward any proposals".

41. Despite the fact that Armenia alleged in bilateral exchanges that Azerbaijan had violated a number of obligations under CERD and that the Parties engaged in a significant number of written exchanges and meetings over a period of several months, it seems that their positions on

17

leurs positions sur le manquement allégué de l'Azerbaïdjan aux obligations mises à sa charge par la convention soient restées inchangées et que
les négociations aient abouti à une impasse. Il apparaît donc à la Cour
que le différend entre les Parties concernant l'interprétation et l'application de la CIEDR n'avait pas été réglé par voie de négociation à la date
du dépôt de la requête.

42. Rappelant que, à ce stade de la procédure, elle doit se prononcer
uniquement sur sa compétence *prima facie*, la Cour conclut que les conditions procédurales préalables énoncées à l'article 22 de la CIEDR
paraissent avoir été remplies.

4. *Conclusion quant à la compétence* prima facie

43. La Cour conclut de ce qui précède que, *prima facie*, elle a compétence en vertu de l'article 22 de la CIEDR pour connaître de l'affaire dans
la mesure où le différend opposant les Parties concerne « l'interprétation
ou l'application » de la convention.

III. LES DROITS DONT LA PROTECTION EST RECHERCHÉE ET LE LIEN ENTRE CES DROITS ET LES MESURES DEMANDÉES

44. Le pouvoir d'indiquer des mesures conservatoires que la Cour tient
de l'article 41 de son Statut a pour objet de sauvegarder, dans l'attente de
sa décision au fond, les droits revendiqués par chacune des parties. Il s'ensuit que la Cour doit se préoccuper de sauvegarder par de telles mesures
les droits que l'arrêt qu'elle aura ultérieurement à rendre pourrait reconnaître à l'une ou à l'autre des parties. Aussi ne peut-elle exercer ce pouvoir que si elle estime que les droits invoqués par le demandeur sont au
moins plausibles (voir, par exemple, *Application de la convention pour la
prévention et la répression du crime de génocide (Gambie c. Myanmar),
mesures conservatoires, ordonnance du 23 janvier 2020, C.I.J. Recueil 2020*,
p. 18, par. 43).

45. A ce stade de la procédure, cependant, la Cour n'est pas appelée à
se prononcer définitivement sur le point de savoir si les droits que l'Arménie souhaite voir protégés existent ; il lui faut seulement déterminer si les
droits que celle-ci revendique au fond et dont elle sollicite la protection
sont plausibles. En outre, un lien doit exister entre les droits dont la protection est recherchée et les mesures conservatoires demandées (*ibid.*,
par. 44).

* *

46. En la présente espèce, l'Arménie invoque des droits garantis par les
articles 2, 3, 4, 5, 6 et 7 de la CIEDR. En particulier, elle invoque le droit
qu'auraient les prisonniers de guerre et détenus civils d'origine nationale
ou ethnique arménienne d'être rapatriés et leur droit d'être protégés contre

the alleged non-compliance by Azerbaijan with its obligations under CERD remained unchanged and that their negotiations had reached an impasse. It therefore appears to the Court that the dispute between the Parties regarding the interpretation and application of CERD had not been settled by negotiation as of the date of the filing of the Application.

42. Recalling that, at this stage of the proceedings, the Court need only decide whether, prima facie, it has jurisdiction, the Court finds that the procedural preconditions under Article 22 of CERD appear to have been met.

4. Conclusion as to Prima Facie Jurisdiction

43. In light of the foregoing, the Court concludes that, prima facie, it has jurisdiction pursuant to Article 22 of CERD to entertain the case to the extent that the dispute between the Parties relates to the "interpretation or application" of the Convention.

III. The Rights whose Protection Is Sought and the Link between such Rights and the Measures Requested

44. The power of the Court to indicate provisional measures under Article 41 of the Statute has as its object the preservation of the respective rights claimed by the parties in a case, pending its decision on the merits thereof. It follows that the Court must be concerned to preserve by such measures the rights which may subsequently be adjudged by it to belong to either party. Therefore, the Court may exercise this power only if it is satisfied that the rights asserted by the party requesting such measures are at least plausible (see, for example, *Application of the Convention on the Prevention and Punishment of the Crime of Genocide (The Gambia* v. *Myanmar), Provisional Measures, Order of 23 January 2020, I.C.J. Reports 2020*, p. 18, para. 43).

45. At this stage of the proceedings, however, the Court is not called upon to determine definitively whether the rights which Armenia wishes to see protected exist; it need only decide whether the rights claimed by Armenia on the merits, and for which it is seeking protection, are plausible. Moreover, a link must exist between the rights whose protection is sought and the provisional measures being requested (*ibid.*, para. 44).

* *

46. In the present proceedings, Armenia asserts rights under Articles 2, 3, 4, 5, 6 and 7 of CERD. In particular, Armenia asserts the right of prisoners of war and civilian detainees of Armenian national or ethnic origin to be repatriated and their right to be protected from inhuman treatment,

18

les traitements inhumains, et le droit qu'auraient les personnes d'origine nationale ou ethnique arménienne de ne pas être exposées aux discours haineux de l'Azerbaïdjan et leur droit d'avoir accès à leur patrimoine culturel et d'en jouir, ainsi que l'obligation correspondante de l'Azerbaïdjan de ne pas détruire, annihiler ou dénaturer ce patrimoine. L'Arménie soutient que ces droits sont plausibles, en tant qu'ils sont directement «fondés sur une interprétation possible» de la convention et que les actes de l'Azerbaïdjan constituent plausiblement des actes de discrimination raciale, incompatibles avec les obligations imposées par la CIEDR.

47. L'Arménie soutient que, en s'abstenant de rapatrier des prisonniers de guerre et détenus civils d'origine nationale ou ethnique arménienne après la conclusion du cessez-le-feu, le 10 novembre 2020, l'Azerbaïdjan a manqué aux obligations mises à sa charge par les articles 2 et 5 de la CIEDR. Plus spécifiquement, elle prétend que, en ne procédant pas à leur rapatriement, l'Azerbaïdjan a privé des prisonniers de guerre et détenus civils d'origine nationale ou ethnique arménienne de leur droit à l'égalité devant la loi — en l'occurrence, leur droit à l'égalité «au regard ou en vertu du droit international humanitaire» —, et elle y voit une «discrimination raciale» au sens de la CIEDR. Selon l'Arménie, ces détenus ont été soumis à un «simulacre de procédure pénale», et le fait que l'Azerbaïdjan soit disposé à rapatrier parfois certains prisonniers de guerre et refuse d'en rapatrier d'autres arrêtés dans des circonstances similaires montre «clairement» que leur «maintien en détention ... n'a rien à voir avec des crimes qu'ils auraient commis». La demanderesse estime donc que les autorités azerbaïdjanaises ne font pas du droit pénal «une application équitable et judicieuse», mais une «utilisation arbitraire ... pour couvrir un comportement prohibé et discriminatoire».

48. La demanderesse affirme en outre que, en infligeant à des prisonniers de guerre et à des détenus civils d'origine nationale ou ethnique arménienne des traitements inhumains ou dégradants, l'Azerbaïdjan viole l'alinéa b) de l'article 5 de la convention, qui garantit le «[d]roit à la sûreté de la personne et à la protection de l'Etat contre les voies de fait ou les sévices». Elle soutient que les éléments figurant dans le dossier de l'affaire établissent que des «atrocités», notamment des actes de torture, visant ces personnes, ont été commises avec une «haine caractérisée ... envers ces personnes d'origine arménienne». De l'avis de l'Arménie, le traitement réservé aux prisonniers de guerre et détenus civils d'origine nationale ou ethnique arménienne devant les tribunaux azerbaïdjanais «fait clairement jouer» l'alinéa a) de l'article 5 de la CIEDR, qui reconnaît le «[d]roit à un traitement égal devant les tribunaux et tout autre organe administrant la justice».

49. L'Arménie affirme qu'il ressort clairement des articles 2, 4 et 7 de la CIEDR que les personnes d'origine nationale ou ethnique arménienne ont le droit de ne pas être soumises à la haine raciale et à des discours racistes. Selon elle, loin de respecter ce droit, l'Azerbaïdjan le viole de manière «quotidienne en tenant perpétuellement des propos haineux». L'Arménie prétend que ces propos ont «pris de nouvelles proportions» avant et pen-

the right of persons of Armenian national or ethnic origin not to be subject to hate speech by Azerbaijan and the right of persons of Armenian national or ethnic origin to access and enjoy their cultural heritage, as well as Azerbaijan's corresponding obligation not to destroy, erase or falsify such heritage. Armenia argues that these rights are plausible in so far as they are "grounded in a possible interpretation" of the Convention and that Azerbaijan's actions plausibly constitute acts of racial discrimination in violation of its obligations under CERD.

47. Armenia contends that the failure to repatriate prisoners of war and civilian detainees of Armenian national or ethnic origin following the ceasefire reached on 10 November 2020 constitutes a violation by Azerbaijan of its obligations under Articles 2 and 5 of CERD. More specifically, Armenia submits that the failure to repatriate prisoners of war and civilian detainees of Armenian national or ethnic origin is a denial of their right to equality before the law, namely "before or under international humanitarian law", and amounts to "racial discrimination" within the meaning of CERD. According to Armenia, these detainees have been subjected to "sham criminal proceedings", and it is "readily apparent" from the willingness of Azerbaijan to repatriate some prisoners of war on certain occasions, while refusing to repatriate others captured under similar circumstances, that their continued detention "has nothing to do with actual criminality". The Applicant is thus of the view that the Azerbaijani authorities are not "applying criminal law fairly and judiciously", but rather are "using criminal law arbitrarily as a subterfuge for prohibited, discriminatory conduct".

48. The Applicant further maintains that the inhuman and degrading treatment of prisoners of war and civilian detainees of Armenian national or ethnic origin by Azerbaijan violates Article 5 *(b)* of CERD, which protects the "right to security of person and protection by the State against violence or bodily harm". It asserts that evidence in the case file establishes that "atrocious acts", including torture, targeting these persons, were committed with "clear hatred being shown to persons of Armenian origin". In Armenia's view, the treatment of prisoners of war and civilian detainees of Armenian national or ethnic origin before Azerbaijani courts "clearly implicates" Article 5 *(a)* of CERD which recognizes "[t]he right to equal treatment before the tribunals and all other organs administering justice".

49. Armenia states that the rights of persons of Armenian national or ethnic origin not to be subject to racial hatred and racial hate speech are explicitly stated in Articles 2, 4 and 7 of CERD. It asserts that Azerbaijan, instead of respecting these rights, is violating them "on a daily basis through a constant rhetoric of hate". According to Armenia, this rhetoric "escalated" before and during the 2020 Conflict, and was employed by

dant le conflit de 2020, et qu'ils ont été le fait d'acteurs politiques et de hauts responsables, dont le président de l'Azerbaïdjan lui-même. Elle fait encore référence «aux représentations racistes de soldats arméniens dans des mises en scène avilissantes et déshumanisantes», qui se trouvent dans le «parc des trophées militaires» de l'Azerbaïdjan. Elle en conclut que, «quel que soit le seuil à partir duquel la plausibilité peut être établie aux fins de la présente phase de la procédure, ce seuil est atteint en ce qui concerne les droits qu'[elle] tient des articles 2, 4 et 7 de la convention».

50. L'Arménie fait valoir également les droits que les personnes d'origine nationale ou ethnique arménienne ont, en vertu des articles 2 et 5 de la CIEDR, d'avoir accès à leur patrimoine historique, culturel et religieux et d'en jouir, sans discrimination. Plus spécifiquement, elle invoque l'article 5 qui interdit, au point vii) de son alinéa d), la discrimination raciale en ce qui concerne le droit à la liberté de religion, et qui garantit, au point vi) de son alinéa e), le droit de prendre part, dans des conditions d'égalité, aux activités culturelles, lequel, selon elle, suppose un droit à la protection et à la préservation du patrimoine historique, culturel et religieux arménien. L'Arménie allègue que «des soldats et des mercenaires azerbaïdjanais» ont commis des actes de destruction et de dégradation de sites appartenant au patrimoine culturel et religieux arménien, et que des profanations de cimetières et d'artefacts religieux arméniens, tels que les «khachkars» (ou «pierres à croix»), ont également été commises. Elle allègue en outre que l'Azerbaïdjan, en entreprenant ce qu'il qualifie de travaux de restauration de la cathédrale de Chouchi, modifie des éléments caractéristiques du patrimoine culturel arménien. Considérant qu'il existe un contexte général de haine arménophobe, l'Arménie soutient que les faits répétés de destruction, de modification et de profanation du patrimoine culturel et des sites religieux arméniens dans des territoires contrôlés par l'Azerbaidjan sont constitutifs de «discrimination raciale» emportant violation des articles 2 et 5 de la CIEDR et, partant, que les droits dont elle se prévaut au titre de ces dispositions sont plausibles.

*

51. L'Azerbaïdjan reconnaît que, au 8 octobre 2021, 45 personnes arrêtées en relation avec le conflit de 2020 étaient toujours sous sa garde. Il soutient que ces personnes ne sont pas détenues «sur le fondement de leur origine nationale ou ethnique» et affirme au contraire qu'elles ont été accusées ou déclarées coupables d'infractions graves, dont la torture, le meurtre et le mercenariat. Selon lui, leur détention est licite au regard tant du droit interne que du droit international et n'a pas davantage pour «but» qu'elle n'a pour «effet» de compromettre la jouissance, dans des conditions d'égalité, de certains de leurs droits fondamentaux. L'Azerbaïdjan relève que, s'il «est engagé dans un conflit avec une force composée exclusivement de soldats ethniquement arméniens, les détenus sous sa garde le seront également», mais cela ne prouve nullement la discrimination raciale. Il souligne également qu'il a «libéré ou rapatrié *la grande majorité* des Arméniens» (les

politicians and high-ranking officials, including the President of Azerbaijan. Armenia further refers to "the racist depictions of Armenian soldiers in denigrating and dehumanizing scenes" in Azerbaijan's "Military Trophies Park". Armenia thus contends that its "rights under Article 2, 4 and 7 of the Convention meet any threshold of plausibility for purposes of this phase of the proceedings".

50. Armenia also refers to the rights of persons of Armenian national or ethnic origin under Articles 2 and 5 of CERD to access and enjoy, without discrimination, their historic, cultural and religious heritage. More specifically, Armenia invokes Article 5 *(d)* (vii) which prohibits racial discrimination in relation to the right to freedom of religion and Article 5 *(e)* (vi) which guarantees the right to equal participation in cultural activities, which, according to Armenia, entails a right to the protection and preservation of Armenian historic, cultural and religious heritage. Armenia alleges that acts of destruction and vandalism have been perpetrated by "Azerbaijani soldiers and mercenaries" against Armenian religious and cultural heritage sites, and that acts of desecration of Armenian cemeteries and religious artefacts, such as the "khachkars" (or "cross-stones") have also occurred. Armenia further alleges that Azerbaijan, by carrying out what it calls restoration works on the cathedral of Shushi, has altered features characteristic of Armenian cultural heritage. Considering the alleged general context of anti-Armenian hatred, Armenia contends that the repeated destruction, alteration and desecration of Armenian cultural heritage and religious sites in territories controlled by Azerbaijan constitutes "racial discrimination" in breach of Articles 2 and 5 of CERD and therefore that its rights under these provisions are plausible.

*

51. Azerbaijan acknowledges that, as of 8 October 2021, 45 named individuals captured in relation to the 2020 Conflict remained in its custody. It asserts that these persons are not detained "on the basis of their national or ethnic origin" and maintains instead that they have been charged or convicted of serious offences including torture, murder or mercenarism. According to Azerbaijan, their detention is lawful under domestic and international law and does not have the "purpose or effect" of impairing their equal enjoyment of fundamental rights. It notes that "if Azerbaijan is engaged in a conflict with a wholly ethnically Armenian force, the detainees it holds are likely to be ethnically Armenian", but that this is not evidence of racial discrimination. Azerbaijan also underscores that it has "released or repatriated *the vast majority* of Armenians" (emphasis in the original) detained in relation to the 2020 hostilities, and

italiques sont de lui) détenus en relation avec les hostilités de 2020, et souligne que la libération de huit détenus arméniens au cours des précédents mois ne s'était pas déroulée «dans le cadre d'un marchandage avec l'Arménie», ce qui confirme qu'il «a mené des enquêtes dans chacun des cas où il existait une base justifiant que la détention soit prolongée». En conséquence, l'Azerbaïdjan fait valoir que la détention de personnes d'origine nationale ou ethnique arménienne ne peut être tenue pour constitutive de «discrimination raciale» au sens de l'article premier de la CIEDR et, partant, ne peut, de manière plausible, mettre en cause des droits garantis par la convention.

52. L'Azerbaïdjan ajoute avoir ouvert des enquêtes sur des cas dans lesquels il y avait des allégations crédibles de mauvais traitements infligés à des détenus arméniens, ce qui démontre selon lui que, indépendamment de toute considération d'origine, il ne cautionne aucune forme de torture ou de mauvais traitements. Il estime que l'Arménie ne peut donc se prévaloir d'aucun droit plausible au titre de la CIEDR au motif que des prisonniers de guerre et détenus civils d'origine nationale ou ethnique arménienne auraient été victimes de traitements inhumains ou dégradants.

53. L'Azerbaïdjan nie tout fait d'incitation à la haine contre des personnes d'origine nationale ou ethnique arménienne, et plaide que les allégations de l'Arménie à cet égard ne sont pas étayées par des déclarations ou des comportements spécifiques dont il serait l'auteur. Aussi l'Arménie n'a-t-elle, selon lui, établi aucun droit plausible dont elle pourrait se prévaloir au titre de la CIEDR au motif qu'il aurait manqué à ses obligations en incitant à la haine raciale contre des personnes d'origine nationale ou ethnique arménienne. S'agissant des observations de l'Arménie sur le «parc des trophées militaires», l'Azerbaïdjan estime que, puisque les mannequins et les casques de soldats arméniens ont été «définitivement retirés» de l'exposition, «il n'y reste rien qui puisse faire jouer des droits garantis par la CIEDR».

54. En ce qui concerne le patrimoine culturel et religieux arménien, l'Azerbaïdjan reconnaît que toutes les personnes en situation régulière sur son territoire, y compris les personnes d'origine nationale ou ethnique arménienne, doivent pouvoir visiter dans des conditions d'égalité les sites historiques, culturels et religieux du pays dans lesquels le public peut se rendre en toute sécurité. L'Azerbaïdjan soutient que, dans certains cas, l'accès à ces sites n'est toutefois pas possible à l'heure actuelle en raison de la présence de mines terrestres posées par l'Arménie. Selon lui, les restrictions d'accès imposées visent à garantir la sécurité et la sûreté des personnes, sans considération de leur origine nationale ou ethnique, et ne peuvent dès lors être constitutives de discrimination raciale au sens de la CIEDR, ni fonder l'allégation de «droit plausible au titre de la CIEDR». L'Azerbaïdjan ajoute que sa législation interdit la dégradation et la destruction du patrimoine religieux et culturel, et affirme «facilite[r] les efforts qui sont déployés pour protéger et préserver» les sites et artefacts arméniens ayant un rapport avec les droits garantis par la CIEDR. En outre, il affirme s'être engagé à mener des enquêtes sur les allégations crédibles de dégradation, de destruction ou de modification non autorisée de monuments historiques et culturels et de cimetières utilisés par les personnes d'origine arménienne.

stresses that the release of eight Armenian detainees in recent months was "not pursuant to a bargain with Armenia", confirming therefore that "Azerbaijan investigated in each case whether there is a basis for continued detention". Accordingly, Azerbaijan claims that the detention of individuals of Armenian ethnic or national origin cannot be regarded as "racial discrimination" within the meaning of Article 1 of CERD and thus cannot plausibly engage rights under the Convention.

52. Azerbaijan adds that it has initiated investigations in cases where there have been credible allegations of mistreatment of Armenian detainees, which it says demonstrates that it does not condone torture or mistreatment of any kind, regardless of a detainee's origin. It considers that Armenia therefore has no plausible rights under CERD based on allegations of the inhuman and degrading treatment of prisoners of war and civilian detainees of Armenian national or ethnic origin.

53. Azerbaijan denies that it has incited hatred of people of Armenian national or ethnic origin and argues that Armenia's allegations in this regard are not supported by specific declarations or conduct on the part of Azerbaijan. Therefore, according to the Respondent, Armenia has not established any plausible rights under CERD based on its allegations that Azerbaijan violated its obligations by inciting racial hatred against persons of Armenian national or ethnic origin. As to Armenia's references to the "Military Trophies Park", Azerbaijan considers that, in light of the fact that the mannequins and helmets of Armenian soldiers have been "permanently removed" from display, "there is nothing remaining at the Park that could possibly implicate rights under CERD".

54. Regarding Armenian religious and cultural heritage, Azerbaijan accepts that all persons who are lawfully present in Azerbaijan, including persons of Armenian national or ethnic origin, must be able to visit on an equal basis historic, cultural and religious sites that are safely open to the public in its territory. Azerbaijan claims that certain heritage sites, however, are currently not accessible due to the placement of landmines by Armenia. According to the Respondent, restriction of access to those sites is aimed at ensuring the safety and security of persons, regardless of their national or ethnic origin, and cannot, therefore, constitute an act of racial discrimination under CERD or a basis to claim "a plausible CERD right". Azerbaijan adds that its law forbids vandalism and destruction of cultural and religious heritage and asserts that it is "facilitating efforts to protect and preserve" Armenian sites and artefacts relevant to the rights under CERD. Moreover, Azerbaijan contends that it has undertaken to investigate all credible allegations of vandalism, destruction, and unauthorized alteration of historic and cultural monuments and cemeteries used by ethnic Armenians.

21

55. L'Azerbaïdjan conclut que, en l'espèce, la demanderesse n'a pas établi qu'elle cherche à protéger des droits qui sont plausibles au fond, dans la mesure où elle n'a pas démontré que les faits dont elle tirait grief étaient constitutifs de « discrimination raciale » au sens de la CIEDR.

* *

56. La Cour note que la CIEDR impose aux Etats parties un certain nombre d'obligations en ce qui concerne l'élimination de la discrimination raciale sous toutes ses formes et dans toutes ses manifestations. Le paragraphe 1 de l'article premier de la CIEDR définit comme suit la discrimination raciale :

> « toute distinction, exclusion, restriction ou préférence fondée sur la race, la couleur, l'ascendance ou l'origine nationale ou ethnique, qui a pour but ou pour effet de détruire ou de compromettre la reconnaissance, la jouissance ou l'exercice, dans des conditions d'égalité, des droits de l'homme et des libertés fondamentales dans les domaines politique, économique, social et culturel ou dans tout autre domaine de la vie publique ».

Les articles 2, 3, 4, 5, 6 et 7 de la convention, que l'Arménie invoque dans sa requête et aux fins de sa demande en indication de mesures conservatoires, se lisent comme suit :

> « *Article 2*
>
> 1. Les Etats parties condamnent la discrimination raciale et s'engagent à poursuivre par tous les moyens appropriés et sans retard une politique tendant à éliminer toute forme de discrimination raciale et à favoriser l'entente entre toutes les races, et, à cette fin :
>
>   *a)* Chaque Etat partie s'engage à ne se livrer à aucun acte ou pratique de discrimination raciale contre des personnes, groupes de personnes ou institutions et à faire en sorte que toutes les autorités publiques et institutions publiques, nationales et locales, se conforment à cette obligation ;
>
>   *b)* Chaque Etat partie s'engage à ne pas encourager, défendre ou appuyer la discrimination raciale pratiquée par une personne ou une organisation quelconque ;
>
>   *c)* Chaque Etat partie doit prendre des mesures efficaces pour revoir les politiques gouvernementales nationales et locales et pour modifier, abroger ou annuler toute loi et toute disposition réglementaire ayant pour effet de créer la discrimination raciale ou de la perpétuer là où elle existe ;
>
>   *d)* Chaque Etat partie doit, par tous les moyens appropriés, y compris, si les circonstances l'exigent, des mesures législatives, interdire la discrimination raciale pratiquée par des personnes, des groupes ou des organisations et y mettre fin ;

22

55. Azerbaijan concludes that in the present case the Applicant has failed to show that it seeks to protect plausible rights on the merits in so far as it has not established that the acts complained of constitute acts of "racial discrimination" within the meaning of CERD.

* *

56. The Court notes that CERD imposes a number of obligations on States parties with regard to the elimination of racial discrimination in all its forms and manifestations. Article 1, paragraph 1, of CERD defines racial discrimination in the following terms:

"any distinction, exclusion, restriction or preference based on race, colour, descent, or national or ethnic origin which has the purpose or effect of nullifying or impairing the recognition, enjoyment or exercise, on an equal footing, of human rights and fundamental freedoms in the political, economic, social, cultural or any other field of public life".

Articles 2, 3, 4, 5, 6 and 7 of the Convention, invoked by Armenia in its Application and for the purposes of its Request for the indication of provisional measures, read as follows:

"Article 2

1. States Parties condemn racial discrimination and undertake to pursue by all appropriate means and without delay a policy of eliminating racial discrimination in all its forms and promoting understanding among all races, and, to this end:

   (a) Each State Party undertakes to engage in no act or practice of racial discrimination against persons, groups of persons or institutions and to ensure that all public authorities and public institutions, national and local, shall act in conformity with this obligation;

   (b) Each State Party undertakes not to sponsor, defend or support racial discrimination by any persons or organizations;

   (c) Each State Party shall take effective measures to review governmental, national and local policies, and to amend, rescind or nullify any laws and regulations which have the effect of creating or perpetuating racial discrimination wherever it exists;

   (d) Each State Party shall prohibit and bring to an end, by all appropriate means, including legislation as required by circumstances, racial discrimination by any persons, group or organization;

22

e) Chaque Etat partie s'engage à favoriser, le cas échéant, les organisations et mouvements intégrationnistes multiraciaux et autres moyens propres à éliminer les barrières entre les races, et à décourager ce qui tend à renforcer la division raciale.

2. Les Etats parties prendront, si les circonstances l'exigent, dans les domaines social, économique, culturel et autres, des mesures spéciales et concrètes pour assurer comme il convient le développement ou la protection de certains groupes raciaux ou d'individus appartenant à ces groupes en vue de leur garantir, dans des conditions d'égalité, le plein exercice des droits de l'homme et des libertés fondamentales. Ces mesures ne pourront en aucun cas avoir pour effet le maintien de droits inégaux ou distincts pour les divers groupes raciaux, une fois atteints les objectifs auxquels elles répondaient.

Article 3

Les Etats parties condamnent spécialement la ségrégation raciale et l'apartheid et s'engagent à prévenir, à interdire et à éliminer sur les territoires relevant de leur juridiction toutes les pratiques de cette nature.

Article 4

Les Etats parties condamnent toute propagande et toutes organisations qui s'inspirent d'idées ou de théories fondées sur la supériorité d'une race ou d'un groupe de personnes d'une certaine couleur ou d'une certaine origine ethnique, ou qui prétendent justifier ou encourager toute forme de haine et de discrimination raciales; ils s'engagent à adopter immédiatement des mesures positives destinées à éliminer toute incitation à une telle discrimination, ou tous actes de discrimination, et, à cette fin, tenant compte des principes formulés dans la Déclaration universelle des droits de l'homme et des droits expressément énoncés à l'article 5 de la présente Convention, ils s'engagent notamment :

a) A déclarer délits punissables par la loi toute diffusion d'idées fondées sur la supériorité ou la haine raciale, toute incitation à la discrimination raciale, ainsi que tous actes de violence, ou provocation à de tels actes, dirigés contre toute race ou tout groupe de personnes d'une autre couleur ou d'une autre origine ethnique, de même que toute assistance apportée à des activités racistes, y compris leur financement ;

b) A déclarer illégales et à interdire les organisations ainsi que les activités de propagande organisée et tout autre type d'activité de propagande qui incitent à la discrimination raciale et qui l'encouragent et à déclarer délit punissable par la loi la participation à ces organisations ou à ces activités ;

c) A ne pas permettre aux autorités publiques ni aux institutions publiques, nationales ou locales, d'inciter à la discrimination raciale ou de l'encourager.

(e) Each State Party undertakes to encourage, where appropriate, integrationist multiracial organizations and movements and other means of eliminating barriers between races, and to discourage anything which tends to strengthen racial division.

2. States Parties shall, when the circumstances so warrant, take, in the social, economic, cultural and other fields, special and concrete measures to ensure the adequate development and protection of certain racial groups or individuals belonging to them, for the purpose of guaranteeing them the full and equal enjoyment of human rights and fundamental freedoms. These measures shall in no case entail as a consequence the maintenance of unequal or separate rights for different racial groups after the objectives for which they were taken have been achieved.

Article 3

States Parties particularly condemn racial segregation and *apartheid* and undertake to prevent, prohibit and eradicate all practices of this nature in territories under their jurisdiction.

Article 4

States Parties condemn all propaganda and all organizations which are based on ideas or theories of superiority of one race or group of persons of one colour or ethnic origin, or which attempt to justify or promote racial hatred and discrimination in any form, and undertake to adopt immediate and positive measures designed to eradicate all incitement to, or acts of, such discrimination and, to this end, with due regard to the principles embodied in the Universal Declaration of Human Rights and the rights expressly set forth in article 5 of this Convention, *inter alia*:

(a) Shall declare an offence punishable by law all dissemination of ideas based on racial superiority or hatred, incitement to racial discrimination, as well as all acts of violence or incitement to such acts against any race or group of persons of another colour or ethnic origin, and also the provision of any assistance to racist activities, including the financing thereof;

(b) Shall declare illegal and prohibit organizations, and also organized and all other propaganda activities, which promote and incite racial discrimination, and shall recognize participation in such organizations or activities as an offence punishable by law;

(c) Shall not permit public authorities or public institutions, national or local, to promote or incite racial discrimination.

Article 5

Conformément aux obligations fondamentales énoncées à l'article 2 de la présente Convention, les Etats parties s'engagent à interdire et à éliminer la discrimination raciale sous toutes ses formes et à garantir le droit de chacun à l'égalité devant la loi sans distinction de race, de couleur ou d'origine nationale ou ethnique, notamment dans la jouissance des droits suivants:

a) Droit à un traitement égal devant les tribunaux et tout autre organe administrant la justice;

b) Droit à la sûreté de la personne et à la protection de l'Etat contre les voies de fait ou les sévices de la part soit de fonctionnaires du gouvernement, soit de tout individu, groupe ou institution;

c) Droits politiques, notamment droit de participer aux élections — de voter et d'être candidat — selon le système du suffrage universel et égal, droit de prendre part au gouvernement ainsi qu'à la direction des affaires publiques, à tous les échelons, et droit d'accéder, dans des conditions d'égalité, aux fonctions publiques;

d) Autres droits civils, notamment:

    i) Droit de circuler librement et de choisir sa résidence à l'intérieur d'un Etat;

    ii) Droit de quitter tout pays, y compris le sien, et de revenir dans son pays;

    iii) Droit à une nationalité;

    iv) Droit de se marier et de choisir son conjoint;

    v) Droit de toute personne, aussi bien seule qu'en association, à la propriété;

    vi) Droit d'hériter;

    vii) Droit à la liberté de pensée, de conscience et de religion;

    viii) Droit à la liberté d'opinion et d'expression;

    ix) Droit à la liberté de réunion et d'association pacifiques;

e) Droits économiques, sociaux et culturels, notamment:

    i) Droits au travail, au libre choix de son travail, à des conditions équitables et satisfaisantes de travail, à la protection contre le chômage, à un salaire égal pour un travail égal, à une rémunération équitable et satisfaisante;

    ii) Droit de fonder des syndicats et de s'affilier à des syndicats;

    iii) Droit au logement;

    iv) Droit à la santé, aux soins médicaux, à la sécurité sociale et aux services sociaux;

    v) Droit à l'éducation et à la formation professionnelle;

    vi) Droit de prendre part, dans des conditions d'égalité, aux activités culturelles;

f) Droit d'accès à tous lieux et services destinés à l'usage du public, tels que moyens de transport, hôtels, restaurants, cafés, spectacles et parcs.

Article 5

In compliance with the fundamental obligations laid down in article 2 of this Convention, States Parties undertake to prohibit and to eliminate racial discrimination in all its forms and to guarantee the right of everyone, without distinction as to race, colour, or national or ethnic origin, to equality before the law, notably in the enjoyment of the following rights:

(a) The right to equal treatment before the tribunals and all other organs administering justice;

(b) The right to security of person and protection by the State against violence or bodily harm, whether inflicted by government officials or by any individual group or institution;

(c) Political rights, in particular the right to participate in elections — to vote and to stand for election — on the basis of universal and equal suffrage, to take part in the Government as well as in the conduct of public affairs at any level and to have equal access to public service;

(d) Other civil rights, in particular:

    (i) The right to freedom of movement and residence within the border of the State;

    (ii) The right to leave any country, including one's own, and to return to one's country;

    (iii) The right to nationality;

    (iv) The right to marriage and choice of spouse;

    (v) The right to own property alone as well as in association with others;

    (vi) The right to inherit;

    (vii) The right to freedom of thought, conscience and religion;

    (viii) The right to freedom of opinion and expression;

    (ix) The right to freedom of peaceful assembly and association;

(e) Economic, social and cultural rights, in particular:

    (i) The rights to work, to free choice of employment, to just and favourable conditions of work, to protection against unemployment, to equal pay for equal work, to just and favourable remuneration;

    (ii) The right to form and join trade unions;

    (iii) The right to housing;

    (iv) The right to public health, medical care, social security and social services;

    (v) The right to education and training;

    (vi) The right to equal participation in cultural activities;

(f) The right of access to any place or service intended for use by the general public, such as transport, hotels, restaurants, cafés, theatres and parks.

24

Article 6

Les Etats parties assureront à toute personne soumise à leur juridiction une protection et une voie de recours effectives, devant les tribunaux nationaux et autres organismes d'Etat compétents, contre tous actes de discrimination raciale qui, contrairement à la présente Convention, violeraient ses droits individuels et ses libertés fondamentales, ainsi que le droit de demander à ces tribunaux satisfaction ou réparation juste et adéquate pour tout dommage dont elle pourrait être victime par suite d'une telle discrimination.

Article 7

Les Etats parties s'engagent à prendre des mesures immédiates et efficaces, notamment dans les domaines de l'enseignement, de l'éducation, de la culture et de l'information, pour lutter contre les préjugés conduisant à la discrimination raciale et favoriser la compréhension, la tolérance et l'amitié entre nations et groupes raciaux ou ethniques, ainsi que pour promouvoir les buts et principes de la Charte des Nations Unies, de la Déclaration universelle des droits de l'homme, de la Déclaration des Nations Unies sur l'élimination de toutes les formes de discrimination raciale et de la présente Convention. »

57. La Cour fait observer que les articles 2, 3, 4, 5, 6 et 7 de la CIEDR visent à protéger les individus de la discrimination raciale. Elle rappelle, comme elle l'a déjà fait par le passé dans d'autres affaires dans lesquelles l'article 22 de la CIEDR était invoqué comme base de sa compétence, qu'il existe une corrélation entre le respect des droits des individus consacrés par la convention, les obligations incombant aux Etats parties au titre de la CIEDR et le droit qu'ont ceux-ci de demander l'exécution de ces obligations (voir, par exemple, *Application de la convention internationale sur l'élimination de toutes les formes de discrimination raciale (Qatar c. Emirats arabes unis), mesures conservatoires, ordonnance du 23 juillet 2018, C.I.J. Recueil 2018 (II)*, p. 426, par. 51).

58. Un Etat partie à la CIEDR ne peut invoquer les droits énoncés dans les articles cités ci-dessus que dans la mesure où les actes dont il tire grief constituent des actes de discrimination raciale au sens de l'article premier de la convention (voir *ibid.*, par. 52). Dans le contexte d'une demande en indication de mesures conservatoires, la Cour doit examiner si les droits revendiqués par un demandeur sont au moins plausibles.

59. La Cour considère, au vu des informations que les Parties lui ont soumises, que certains au moins des droits revendiqués par l'Arménie sont des droits plausibles au regard de la convention.

60. En ce qui concerne les personnes qu'elle qualifie de prisonniers de guerre et de détenus civils, réduits en captivité pendant ou immédiatement après le conflit de 2020, l'Arménie fait valoir deux droits distincts : le droit d'être rapatriées et le droit d'être protégées contre les traitements inhumains ou dégradants. La Cour fait observer que le droit international humanitaire

Article 6

States Parties shall assure to everyone within their jurisdiction effective protection and remedies, through the competent national tribunals and other State institutions, against any acts of racial discrimination which violate his human rights and fundamental freedoms contrary to this Convention, as well as the right to seek from such tribunals just and adequate reparation or satisfaction for any damage suffered as a result of such discrimination.

Article 7

States Parties undertake to adopt immediate and effective measures, particularly in the fields of teaching, education, culture and information, with a view to combating prejudices which lead to racial discrimination and to promoting understanding, tolerance and friendship among nations and racial or ethnical groups, as well as to propagating the purposes and principles of the Charter of the United Nations, the Universal Declaration of Human Rights, the United Nations Declaration on the Elimination of All Forms of Racial Discrimination, and this Convention."

57. The Court notes that Articles 2, 3, 4, 5, 6 and 7 of CERD are intended to protect individuals from racial discrimination. It recalls, as it did in past cases in which Article 22 of CERD was invoked as the basis of its jurisdiction, that there is a correlation between respect for individual rights enshrined in the Convention, the obligations of States parties under CERD and the right of States parties to seek compliance therewith (see, for example, *Application of the International Convention on the Elimination of All Forms of Racial Discrimination (Qatar v. United Arab Emirates), Provisional Measures, Order of 23 July 2018, I.C.J. Reports 2018 (II)*, p. 426, para. 51).

58. A State party to CERD may invoke the rights set out in the above-mentioned articles only to the extent that the acts complained of constitute acts of racial discrimination as defined in Article 1 of the Convention (see *ibid.*, para. 52). In the context of a request for the indication of provisional measures, the Court examines whether the rights claimed by an applicant are at least plausible.

59. The Court considers, on the basis of the information presented to it by the Parties, that at least some of the rights claimed by Armenia are plausible rights under the Convention.

60. In relation to persons that Armenia identifies as prisoners of war and civilian detainees taken captive during the 2020 Conflict or in its aftermath, Armenia asserts two distinct rights: the right to be repatriated and the right to be protected from inhuman or degrading treatment. The Court notes that international humanitarian law governs the release of

régit la libération des personnes combattant pour un Etat qui ont été placées en détention pendant les hostilités avec un autre Etat. Elle rappelle aussi que les mesures fondées sur la nationalité actuelle n'entrent pas dans le champ d'application de la CIEDR (*Application de la convention internationale sur l'élimination de toutes les formes de discrimination raciale (Qatar c. Emirats arabes unis), exceptions préliminaires, arrêt, C.I.J. Recueil 2021,* p. 106, par. 105). La Cour ne considère pas que la CIEDR oblige de manière plausible l'Azerbaïdjan à rapatrier toutes les personnes que l'Arménie qualifie de prisonniers de guerre et de détenus civils. L'Arménie n'a pas présenté à la Cour de preuve que ces personnes demeurent en détention en raison de leur origine nationale ou ethnique. La Cour estime cependant que le droit de ces personnes de ne pas être soumises à des traitements inhumains ou dégradants fondés sur leur origine nationale ou ethnique pendant qu'elles sont détenues par l'Azerbaïdjan est un droit plausible.

61. La Cour considère également que les droits qui auraient été violés en raison de faits d'incitation et d'encouragement à la haine et à la discrimination raciales à l'égard de personnes d'origine nationale ou ethnique arménienne de la part de hauts responsables azerbaïdjanais et de dégradation et profanation du patrimoine culturel arménien sont des droits plausibles.

* *

62. La Cour en vient maintenant à la condition du lien entre les droits revendiqués par l'Arménie et les mesures conservatoires sollicitées. Elle rappelle à cet égard que seuls certains des droits revendiqués par l'Arménie ont été jugés plausibles à ce stade de la procédure. Elle se bornera par conséquent à rechercher si le lien requis existe entre ces droits et les mesures sollicitées par l'Arménie.

* *

63. L'Arménie estime que chacune des mesures conservatoires sollicitées est manifestement liée aux droits qu'elle cherche à protéger. Selon elle, les mesures relatives aux prisonniers de guerre et autres détenus d'origine nationale ou ethnique arménienne garantiront aux intéressés la possibilité de jouir du droit d'être à l'abri de toute forme de discrimination raciale, qu'ils tiennent de l'article 2 de la CIEDR, et du droit à la sûreté de la personne et à la protection de l'Etat contre les voies de fait ou les sévices, que leur confère l'article 5 de cet instrument. Pour l'Arménie, le seul véritable moyen de protéger ces droits est d'ordonner que les détenus soient immédiatement libérés et qu'ils soient d'ici là traités avec humanité. L'Arménie affirme en outre que la mesure qui veut que l'Azerbaïdjan s'abstienne de fomenter la haine à l'égard des personnes d'origine nationale ou ethnique arménienne et ferme le «parc des trophées militaires» est directement liée à des droits garantis par les articles 2, 4 et 7 de la CIEDR, lesquels énoncent les diverses manières dont les Etats parties doivent agir pour s'acquitter de leurs obligations en matière de lutte contre la discrimination raciale. Quant

persons fighting on behalf of one State who were detained during hostilities with another State. It also recalls that measures based on current nationality do not fall within the scope of CERD (*Application of the International Convention on the Elimination of All Forms of Racial Discrimination (Qatar* v. *United Arab Emirates), Preliminary Objections, Judgment, I.C.J. Reports 2021*, p. 106, para. 105). The Court does not consider that CERD plausibly requires Azerbaijan to repatriate all persons identified by Armenia as prisoners of war and civilian detainees. Armenia has not placed before the Court evidence indicating that these persons continue to be detained by reason of their national or ethnic origin. However, the Court finds plausible the right of such persons not to be subjected to inhuman or degrading treatment based on their national or ethnic origin while being detained by Azerbaijan.

61. The Court also considers plausible the rights allegedly violated through incitement and promotion of racial hatred and discrimination against persons of Armenian national or ethnic origin by high-ranking officials of Azerbaijan and through vandalism and desecration affecting Armenian cultural heritage.

* *

62. The Court now turns to the condition of the link between the rights claimed by Armenia and the provisional measures requested. In this regard the Court recalls that at this stage of the proceedings only some of the rights claimed by Armenia have been found to be plausible. It will therefore limit itself to considering the existence of the requisite link between these rights and the measures requested by Armenia.

* *

63. Armenia considers that each of the provisional measures requested is clearly linked to the rights for which it seeks protection. According to Armenia, the measures relating to prisoners of war and other detainees of Armenian national or ethnic origin will ensure that they can enjoy their right under Article 2 of CERD to be free from racial discrimination in all of its forms and their right, under Article 5 of CERD, to be secure and protected by the State from violence or bodily harm. For Armenia, the only genuine way to protect these rights is to order that the detainees be immediately released and that they be treated humanely pending their release. Armenia further asserts that the measure requesting that Azerbaijan refrain from espousing hatred of people of Armenian national or ethnic origin and that the "Military Trophies Park" be closed, is directly linked to rights under Articles 2, 4 and 7 of CERD, which set out specific ways in which a State party must act to meet its obligations to combat racial discrimination. With regard to the measures relating to the protection and preservation of Armenian historic, cultural and religious

aux mesures concernant la protection et la préservation du patrimoine historique, culturel et religieux arménien ainsi que la nécessité de garantir le droit d'accéder à ce patrimoine, l'Arménie soutient qu'elles s'imposent pour protéger le droit des personnes d'origine nationale ou ethnique arménienne, garanti par l'article 5 de la CIEDR, de prendre part aux activités culturelles dans des conditions d'égalité, y compris celui d'accéder au patrimoine culturel et d'en jouir.

*

64. L'Azerbaïdjan, quant à lui, estime qu'il n'y a pas de lien entre les mesures que l'Arménie sollicite et les droits consacrés par la CIEDR qu'elle revendique sur le fond. S'agissant en particulier des mesures visant à obtenir la libération de tous les détenus arméniens sous sa garde et à leur garantir un traitement approprié dans l'attente de cette issue, l'Azerbaïdjan soutient, premièrement, que la CIEDR ne contient aucune disposition dont l'Arménie pourrait se réclamer pour exiger la libération de personnes régulièrement détenues. Deuxièmement, il fait valoir que les personnes qui demeurent en Azerbaïdjan sont soit en train d'exécuter leur peine après avoir été jugées et reconnues coupables au terme d'une procédure régulière, soit en attente de jugement. En conséquence, il ne reconnaît pas avoir l'obligation de libérer ces personnes avant la fin de leur procès ou, si elles sont déclarées coupables, avant d'avoir exécuté leur peine. Troisièmement, il déclare traiter tous les détenus arméniens sous sa garde de manière conforme aux obligations mises à sa charge par la CIEDR.

65. S'agissant de la mesure par laquelle il lui est demandé de s'abstenir de fomenter la haine à l'égard des personnes d'origine nationale ou ethnique arménienne, le défendeur affirme qu'il s'est engagé à respecter l'obligation, prévue par la CIEDR, de ne pas tolérer de déclarations ou d'actions tendant à encourager la haine ou à inciter à la violence contre un groupe déterminé en raison de son origine nationale ou ethnique. L'Azerbaïdjan relève également que les mannequins représentant des soldats arméniens et les casques de soldats arméniens qui étaient exposés ont été définitivement retirés du «parc des trophées militaires», comme l'a confirmé son agent à l'audience (voir le paragraphe 25 ci-dessus).

66. Pour ce qui est des mesures visant à protéger les sites patrimoniaux historiques, culturels et religieux arméniens et à garantir les droits des Arméniens d'y accéder et d'en jouir, l'Azerbaïdjan indique que toutes les personnes en situation régulière sur son territoire, y compris les Arméniens, peuvent accéder à ces sites sur un pied d'égalité; il indique également qu'une de ses lois interdit la dégradation et la destruction des sites appartenant au patrimoine historique, culturel et religieux arménien. Le défendeur indique en outre qu'il facilite les efforts qui sont déployés pour protéger et préserver les sites et artefacts pertinents au regard de la CIEDR.

* *

heritage and the need to ensure a right of access, Armenia maintains that these measures are necessary in order to protect the right of persons of Armenian national or ethnic origin under Article 5 to equal participation in cultural activities, including the right of access to and enjoyment of their cultural heritage.

*

64. Azerbaijan considers that there is no link between the measures requested by Armenia and the rights under CERD that it claims on the merits. In particular, with regard to the measures aimed at obtaining the release of all Armenian detainees in its custody and at ensuring their proper treatment pending that outcome, Azerbaijan argues, first, that there is no provision in CERD on the basis of which Armenia could demand the release of lawfully detained individuals. Secondly, it contends that the individuals who remain in Azerbaijan have either been lawfully tried, convicted and are serving their sentences or are awaiting trial. Azerbaijan therefore does not accept that it is under any duty to release those persons before they have been tried or, if found guilty, before they have served their sentence. Azerbaijan argues, thirdly, that all Armenian detainees in Azerbaijan's custody are treated in accordance with Azerbaijan's obligations under CERD.

65. With regard to the measure requesting Azerbaijan to refrain from espousing hatred of people of Armenian national or ethnic origin, the Respondent asserts that it has pledged its adherence to the obligations under CERD not to condone statements or actions that promote hatred or incite violence targeting a specific group on the basis of its national or ethnic origin. Azerbaijan also notes that mannequins depicting Armenian soldiers and displays of helmets of Armenian soldiers were permanently removed from the "Military Trophies Park", as confirmed by a statement from its Agent (see paragraph 25 above).

66. With regard to the measures aimed at protecting Armenian historic, cultural and religious heritage sites, as well as at ensuring the rights of Armenians to access and enjoy them, Azerbaijan states that all persons who are lawfully present in Azerbaijan, including Armenians, are able to access such sites on an equal basis; Azerbaijan also refers to an Azerbaijani law forbidding the vandalism and destruction of sites of Armenian historic, cultural and religious heritage. The Respondent further notes that it is facilitating efforts to protect and preserve sites and artefacts that are relevant under CERD.

* *

67. La Cour a déjà conclu (voir les paragraphes 59 à 61 ci-dessus) à la plausibilité de certains au moins des droits revendiqués par l'Arménie sur le fondement de la CIEDR. Elle estime qu'il existe un lien entre certaines mesures sollicitées par l'Arménie (voir les paragraphes 5 et 11 ci-dessus) et les droits plausibles que cette dernière cherche à protéger. Tel est le cas des mesures tendant à demander à l'Azerbaïdjan de traiter toutes les personnes que l'Arménie qualifie de prisonniers de guerre et de détenus civils réduits en captivité pendant ou immédiatement après le conflit de 2020 conformément aux obligations mises à sa charge par la CIEDR, notamment en ce qui concerne leur droit à la sûreté de la personne et à la protection de l'Etat contre tous sévices, de s'abstenir de fomenter la haine à l'égard des personnes d'origine nationale ou ethnique arménienne ainsi que d'empêcher, d'interdire et de punir la dégradation, la destruction ou la modification du patrimoine historique, culturel et religieux arménien et de protéger les droits d'accéder à ce patrimoine et d'en jouir. Ces mesures visent, selon la Cour, à préserver des droits plausibles invoqués par l'Arménie sur le fondement de la CIEDR.

68. La Cour en conclut qu'un lien existe entre certains des droits revendiqués par l'Arménie et certaines des mesures conservatoires sollicitées.

IV. RISQUE DE PRÉJUDICE IRRÉPARABLE ET URGENCE

69. La Cour tient de l'article 41 de son Statut le pouvoir d'indiquer des mesures conservatoires lorsqu'il existe un risque qu'un préjudice irréparable soit causé aux droits en litige dans une procédure judiciaire ou lorsque la méconnaissance alléguée de ces droits risque d'entraîner des conséquences irréparables (voir, par exemple, *Application de la convention pour la prévention et la répression du crime de génocide (Gambie c. Myanmar), mesures conservatoires, ordonnance du 23 janvier 2020, C.I.J. Recueil 2020*, p. 24, par. 64, se référant à *Violations alléguées du traité d'amitié, de commerce et de droits consulaires de 1955 (République islamique d'Iran c. Etats-Unis d'Amérique), mesures conservatoires, ordonnance du 3 octobre 2018, C.I.J. Recueil 2018 (II)*, p. 645, par. 77).

70. Le pouvoir de la Cour d'indiquer des mesures conservatoires n'est toutefois exercé que s'il y a urgence, c'est-à-dire s'il existe un risque réel et imminent qu'un préjudice irréparable soit causé aux droits revendiqués avant que la Cour ne rende sa décision définitive. La condition d'urgence est remplie dès lors que les actes susceptibles de causer un préjudice irréparable peuvent « intervenir à tout moment » avant que la Cour ne se prononce de manière définitive en l'affaire (*ibid.*, p. 24, par. 65). La Cour doit donc rechercher si pareil risque existe à ce stade de la procédure.

71. La Cour n'a pas, aux fins de sa décision sur la demande en indication de mesures conservatoires, à établir l'existence de violations de la CIEDR, mais doit déterminer si les circonstances exigent l'indication de telles mesures à l'effet de protéger certains droits conférés par cet instru-

67. The Court has already found that at least some of the rights claimed by Armenia under CERD are plausible (see paragraphs 59 to 61 above). It considers that a link exists between certain measures requested by Armenia (see paragraphs 5 and 11 above) and the plausible rights it seeks to protect. This is the case for measures aimed at requesting Azerbaijan to treat all persons that Armenia identifies as prisoners of war and civilian detainees taken captive during the 2020 Conflict or in its aftermath, in accordance with its obligations under CERD, including with respect to their right to security of person and protection by the State against all bodily harm; to refrain from espousing hatred against persons of Armenian national or ethnic origin; and to prevent, prohibit and punish vandalism, destruction or alteration of Armenian historic, cultural and religious heritage and to protect the right to access and enjoy that heritage. These measures, in the Court's view, are directed at safeguarding plausible rights invoked by Armenia under CERD.

68. The Court concludes, therefore, that a link exists between some of the rights claimed by Armenia and some of the requested provisional measures.

IV. RISK OF IRREPARABLE PREJUDICE AND URGENCY

69. The Court, pursuant to Article 41 of its Statute, has the power to indicate provisional measures when irreparable prejudice could be caused to rights which are the subject of judicial proceedings or when the alleged disregard of such rights may entail irreparable consequences (see, for example, *Application of the Convention on the Prevention and Punishment of the Crime of Genocide (The Gambia v. Myanmar), Provisional Measures, Order of 23 January 2020, I.C.J. Reports 2020*, p. 24, para. 64, referring to *Alleged Violations of the 1955 Treaty of Amity, Economic Relations, and Consular Rights (Islamic Republic of Iran v. United States of America), Provisional Measures, Order of 3 October 2018, I.C.J. Reports 2018 (II)*, p. 645, para. 77).

70. However, the power of the Court to indicate provisional measures will be exercised only if there is urgency, in the sense that there is a real and imminent risk that irreparable prejudice will be caused to the rights claimed before the Court gives its final decision. The condition of urgency is met when the acts susceptible of causing irreparable prejudice can "occur at any moment" before the Court makes a final decision on the case (*ibid.*, p. 24, para. 65). The Court must therefore consider whether such a risk exists at this stage of the proceedings.

71. The Court is not called upon, for the purposes of its decision on the Request for the indication of provisional measures, to establish the existence of breaches of CERD, but to determine whether the circumstances require the indication of provisional measures for the protection

ment. Elle ne peut, à ce stade, conclure de façon définitive sur les faits, et sa décision sur la demande en indication de mesures conservatoires laisse intact le droit de chacune des Parties de faire valoir à cet égard ses moyens au fond.

* *

72. L'Arménie fait valoir qu'il est urgent de protéger les prisonniers de guerre et détenus civils d'origine nationale ou ethnique arménienne contre de nouveaux mauvais traitements, de protéger les personnes d'origine nationale ou ethnique arménienne contre de nouveaux discours de haine et de protéger le patrimoine historique, culturel et religieux arménien contre son annihilation.

73. L'Arménie allègue qu'il ressort clairement des éléments de preuve produits que les autorités azerbaïdjanaises ont pour pratique d'infliger de mauvais traitements aux prisonniers de guerre et détenus civils d'origine nationale ou ethnique arménienne. Elle ajoute que ces personnes sont toujours exposées à un risque grave d'exécution, de torture ou d'autres formes de mauvais traitements. Elle soutient que des prisonniers de guerre et détenus civils d'origine nationale ou ethnique arménienne ont été poignardés, frappés, brûlés et soumis à des décharges électriques, qu'ils sont toujours exposés à pareils actes et que ces traitements s'accompagnent souvent d'insultes et de discours de haine fondés sur l'appartenance ethnique des victimes. Elle affirme qu'un certain nombre de détenus militaires et civils d'origine nationale ou ethnique arménienne ont même été exécutés. Selon elle, du fait de l'arbitraire des procédures pénales azerbaïdjanaises, et du fait qu'ils encourent de longues peines d'emprisonnement, les détenus, qui «sont … inculpés alors qu'ils auraient dû être rapatriés depuis longtemps, puis jugés et condamnés en l'espace de quelques jours, souvent dans une langue qu'ils ne comprennent pas», sont extrêmement exposés à des mauvais traitements continus. Pour tous ces motifs, l'Arménie estime qu'une menace manifeste et imminente de traumatisme psychologique, d'atteinte à l'intégrité physique, voire de mort, pèse sur les détenus d'origine nationale ou ethnique arménienne.

74. L'Arménie invoque en outre la haine à l'égard des personnes d'origine nationale ou ethnique arménienne qui est exprimée de manière obsessionnelle et répétée par des acteurs politiques et des hauts responsables de l'Etat azerbaïdjanais, y compris le président. D'après elle, ce climat de haine peut entraîner des conséquences irréparables, notamment en exposant à un risque accru de sévices et d'atteintes psychologiques tous les Arméniens, «y compris ceux qui vivent dans le Haut-Karabakh et ceux qui sont encore en captivité» en Azerbaïdjan. Par exemple, le fait d'exposer au «parc des trophées militaires» des représentations racistes de soldats arméniens dans des mises en scène avilissantes et déshumanisantes aggrave «la menace réelle et immédiate qui pèse déjà sur les détenus».

75. L'Arménie fait également grief à l'Azerbaïdjan d'avoir endommagé, modifié ou détruit des églises arméniennes (telles que la cathédrale

of rights under this instrument. It cannot at this stage make definitive findings of fact, and the right of each Party to submit arguments in respect of the merits remains unaffected by the Court's decision on the Request for the indication of provisional measures.

* *

72. Armenia submits that there is an urgent need to protect prisoners of war and civilian detainees of Armenian national or ethnic origin from further mistreatment, to protect persons of Armenian national or ethnic origin from continued hate speech, and to protect Armenian historic, cultural and religious heritage from erasure.

73. Armenia alleges that the evidence shows a clear record and practice of Azerbaijani authorities abusing prisoners of war and civilian detainees of Armenian national or ethnic origin. Armenia adds that these individuals continue to be at grave risk of execution, torture or other forms of mistreatment. It contends that prisoners of war and civilian detainees of Armenian national or ethnic origin have been, and continue to be, exposed to stabbings, beatings, burnings and electric shocks, and that such treatment is often accompanied by ethnic slurs and other hate speech. Armenia states that a number of military and civilian detainees of Armenian national or ethnic origin have even been executed. Armenia maintains that the fact that the detainees are subject to the arbitrariness of criminal proceedings in Azerbaijan, in which they "are charged long after they should have been repatriated, and then tried and convicted in a matter of days, often in a language they do not understand", and that they are at risk of being given lengthy prison sentences makes them extremely vulnerable to continued abuse. For all these reasons, Armenia is of the view that there is a clear and imminent threat of psychological trauma, bodily harm and even death for detainees of Armenian national or ethnic origin.

74. Armenia further speaks of obsessive and continuing expressions of hatred for persons of Armenian national or ethnic origin emanating from Azerbaijani politicians and high-ranking government officials, including the President. It alleges that this environment of hate may entail irreparable consequences, in particular by making the physical and mental abuse of all Armenians more likely, "including those living in Nagorno-Karabakh and those still held in captivity" in Azerbaijan. For example, the racist depictions at the "Military Trophies Park" of Armenian soldiers in denigrating and dehumanizing scenes "exacerbate[] the already real and present threat to the detainees".

75. Armenia also contends that Azerbaijan has damaged, altered and destroyed Armenian churches (such as the Holy Saviour/Ghazanchetsots

Saint-Sauveur/cathédrale de Ghazanchetsots sise à Chouchi, l'église arménienne Saint-Jean-Baptiste de Chouchi et l'église Saint-Yeghishe de Mataghis), des pierres tombales arméniennes (à Hadrout, dans le nord de Chouchi, à Mets Tagher, à Taghavard et à Sghnakh), ainsi que d'autres sites culturels et religieux arméniens et des artefacts (tels que les «khach-kars» (ou «pierres à croix»)). Elle affirme que l'Azerbaïdjan continue à se livrer à de tels actes de destruction et de dégradation ou permet qu'ils se commettent. Elle ajoute que, même avant le dernier conflit armé en date, l'Azerbaïdjan s'employait activement à effacer tous les vestiges de la présence arménienne sur son territoire et que les discours de haine à caractère raciste que continuent de tenir le président azerbaïdjanais et de hauts responsables de l'Etat ne font qu'«exacerbe[r] encore ce risque réel et actuel». En effet, selon l'Arménie, en refusant ne serait-ce que de reconnaître l'existence du patrimoine culturel arménien, le président azerbaïdjanais «favorise directement un climat encore plus propice à une destruction haineuse de ce patrimoine».

*

76. L'Azerbaïdjan conteste l'existence d'un risque imminent qu'un préjudice irréparable soit causé aux droits que l'Arménie tient de la CIEDR, parce qu'il a déjà réaffirmé en plusieurs occasions se savoir tenu par les obligations que lui fait la convention et a pris des mesures concrètes pour s'acquitter de ces obligations.

77. L'Azerbaïdjan avance en particulier qu'il s'est engagé à ce qu'aucun détenu ne soit soumis à de mauvais traitements en raison de son origine nationale ou ethnique. Il fait observer que le Comité international de la Croix-Rouge visite régulièrement les personnes détenues en relation avec le conflit de 2020, évalue leur traitement et leurs conditions de détention et facilite les contacts avec leurs familles. Il affirme en outre que, pendant des visites menées par l'ombudsman de l'Azerbaïdjan, des détenus arméniens ont confirmé qu'ils recevaient une nourriture adéquate tant en quantité qu'en valeur nutritionnelle, qu'ils avaient accès à de l'eau potable et qu'ils pouvaient parler avec leurs proches. Ces détenus avaient aussi reçu la visite du médecin du groupe national de prévention et pu se faire examiner à leur demande. Par conséquent, l'Azerbaïdjan estime que l'Arménie n'a pas démontré l'existence d'un risque imminent qu'un préjudice irréparable soit causé aux droits des personnes actuellement en détention.

78. L'Azerbaïdjan souligne encore qu'il ne cautionne pas des déclarations ou des actes qui cherchent à promouvoir la haine ou à inciter à la violence contre les Arméniens en tant que groupe national ou ethnique. Il soutient que l'Arménie fait une mauvaise interprétation des propos du président et de hauts responsables de l'Etat azerbaïdjanais, qui étaient dirigés contre les forces ennemies dans le contexte d'un conflit armé, et non contre les Arméniens en tant que groupe ethnique. De plus, lorsque certaines déclarations ont été considérées comme dirigées contre le peuple arménien plutôt que contre les politiques et pratiques de l'Arménie,

Cathedral in Shushi, the Armenian church of Saint John the Baptist in Shushi and the Saint Yeghishe Church in Mataghis), gravestones (in Hadrut, in north of Shushi, in Mets Tagher, in Taghavard and in Sghnakh), and other cultural and religious sites and artefacts (such as "khachkars" (or "cross-stones")). Armenia claims that Azerbaijan continues to engage in these acts of destruction and vandalism or allows these acts to occur. It adds that even before the most recent armed conflict, Azerbaijan was prolific in its efforts to erase any vestige of the Armenian presence from its territory and that the continued racist hate speech by the President of Azerbaijan and senior government officials "only exacerbates this real and present risk". Indeed, according to Armenia, by refusing even to acknowledge the existence of Armenian cultural heritage, the President of Azerbaijan "is directly promoting a climate that is even more conducive to the hate-filled destruction of that heritage".

*

76. Azerbaijan denies that there exists an imminent risk of irreparable prejudice to the rights of the Applicant under CERD because it has already reaffirmed on several occasions its obligations under the Convention and has taken concrete action to comply with those obligations.

77. In particular, Azerbaijan asserts that it has given its commitment that no detainees should be subject to mistreatment on the basis of their national or ethnic origin. It notes that the International Committee of the Red Cross visits individuals detained in relation to the 2020 Conflict on a regular basis, assesses their treatment and conditions of detention and facilitates contact with their families. In addition, Azerbaijan states that, during visits by the Azerbaijani ombudsperson, Armenian detainees confirmed that they were provided with adequate food, both in quantity and nutritional value, had access to clean drinking water and were able to speak with their relatives. Detainees were also visited by the Azerbaijani National Preventive Group's doctor and were provided medical examinations at their request. Consequently, Azerbaijan is of the view that Armenia has not demonstrated an imminent risk of irreparable prejudice to the rights of detainees presently in custody.

78. Azerbaijan further points out that it does not condone statements or actions that promote hatred or incite violence targeting Armenians as a national or ethnic group. It claims that Armenia misinterprets the statements made by the President and senior government officials of Azerbaijan, which were directed against enemy forces in the context of an armed conflict, and not against Armenians as an ethnic group. Moreover, when certain statements were thought to have been directed against the Armenian people, as opposed to the policies and practices of Armenia, Azerbaijani officials took "immediate and positive measures designed to" combat hate

les responsables azerbaïdjanais ont «immédiatement» pris «des mesures positives destinées à» lutter contre les discours de haine. L'Azerbaïdjan fait ensuite observer qu'il a pris des mesures concrètes visant à répondre aux préoccupations de l'Arménie en retirant les mannequins et les casques du «parc des trophées militaires», et que ce retrait des seuls éléments précis dont se plaint l'Arménie élimine toute urgence d'agir.

79. L'Azerbaïdjan affirme en outre avoir reconnu publiquement «l'obligation internationale lui incombant de protéger et de respecter le patrimoine historique, culturel et religieux dans les territoires libérés». Il fait observer que la protection des monuments culturels et historiques est également consacrée par sa Constitution et sa législation qui sanctionne pénalement toute destruction ou détérioration délibérée de l'un quelconque des plus de 6300 monuments inscrits au registre national, parmi lesquels figurent des sites visés par l'Arménie. Il ajoute qu'il s'est engagé à «soutenir les enquêtes menées sur toutes les allégations crédibles de dégradation, de destruction ou de modification non autorisée de monuments historiques et culturels et de cimetières utilisés par les personnes d'origine arménienne». Il note de surcroît qu'il s'est déjà attelé à la restauration des monuments inscrits sur son registre national endommagés pendant le conflit. L'Azerbaïdjan soutient que l'Arménie ne mentionne pas avec précision quels sites sont, selon elle, exposés à un risque imminent de destruction si la Cour n'indique pas de mesures conservatoires. Selon lui, au lieu de mettre en avant un comportement spécifique et persistant qui témoignerait de l'existence d'un risque de préjudice irréparable réel et imminent, comme elle est censée le faire, l'Arménie se contente de dénoncer un comportement passé qui se serait produit principalement pendant les hostilités actives ou immédiatement après. L'Arménie se réfère notamment aux dommages liés au conflit qui auraient été causés par des militaires azerbaïdjanais à l'église de Gazanchi, aux monuments aux morts, à une pierre à croix et à un monument de Chouchi et à la dégradation, également par des militaires, du temple Yegish Arakel. Le défendeur fait valoir en outre que la mesure conservatoire sollicitée par l'Arménie, tendant à empêcher ou à interdire les «modifications» du patrimoine culturel, équivaut à interdire à l'Azerbaïdjan de reconstruire et de restaurer ce patrimoine sur son territoire souverain sans consulter l'Arménie, et que cette demande repose «sur un droit supposé de «jouir» de monuments reconstruits selon ses spécifications» qui n'a pas d'existence plausible en vertu de la CIEDR.

* *

80. Ayant déjà conclu à la plausibilité de certains des droits invoqués par la demanderesse et à l'existence d'un lien entre ceux-ci et les mesures conservatoires sollicitées, la Cour recherchera à présent si un préjudice irréparable pourrait être causé à ces droits et s'il y a urgence, c'est-à-dire s'il existe un risque réel et imminent qu'un tel préjudice leur soit causé avant qu'elle ne rende sa décision définitive.

31

speech. Azerbaijan further observes that it has taken concrete steps to address Armenia's concerns by removing mannequins and helmets from the "Military Trophies Park" and that this removal of the only specific objects complained of by Armenia eliminates any urgency to act.

79. Azerbaijan further claims to have acknowledged publicly "its international obligation to protect and uphold historical, cultural and religious heritage in the liberated territories". It observes that the protection of historic and cultural monuments is also enshrined in Azerbaijan's Constitution and in its statutory law, which criminalizes the deliberate destruction or damaging of over 6,300 sites that are listed on its State Registry, which includes sites identified by Armenia. Azerbaijan adds that it has undertaken to "provide support for investigations of all credible allegations of vandalism, destruction, and unauthorized alteration of historical and cultural monuments and cemeteries used by ethnic Armenian individuals". It further notes that it is already working to restore sites on its National Registry damaged during the conflict. Azerbaijan argues that Armenia does not identify with any specificity any sites that it asserts to be in imminent danger of destruction unless the Court issues provisional measures. According to Azerbaijan, instead of pointing to specific, ongoing conduct that could demonstrate the risk of a real and imminent irreparable prejudice as required, Armenia contents itself with alleging only past conduct, primarily during or in the aftermath of active hostilities. For example, it refers to allegations of conflict-related damage to the Gazanchi Church, damage to war memorials, a cross-stone and a monument in Shusha by Azerbaijani soldiers, and soldiers vandalizing the Yegish Arakel Temple. The Respondent further submits that Armenia's requested provisional measure preventing or prohibiting "alterations" to cultural heritage is tantamount to a prohibition on Azerbaijan from pursuing reconstruction and restoration of such heritage in its own sovereign territory without consulting Armenia and that this request "assumes a right to 'enjoy' monuments reconstructed to its specification" which does not plausibly exist under CERD.

* *

80. Having previously determined that some of the rights asserted by the Applicant are plausible and that there is a link between those rights and the provisional measures requested, the Court now considers whether irreparable prejudice could be caused to those rights and whether there is urgency, in the sense that there is a real and imminent risk that irreparable prejudice will be caused to those rights before the Court gives its final decision.

31

81. La Cour rappelle que, dans de précédentes affaires concernant la CIEDR, elle a dit que les droits établis aux alinéas *a)*, *b)*, *c)*, *d)* et *e)* de l'article 5 sont d'une nature telle que le préjudice qui leur serait porté pourrait se révéler irréparable (voir *Application de la convention internationale sur l'élimination de toutes les formes de discrimination raciale (Géorgie c. Fédération de Russie), mesures conservatoires, ordonnance du 15 octobre 2008, C.I.J. Recueil 2008*, p. 396, par. 142; *Application de la convention internationale pour la répression du financement du terrorisme et de la convention internationale sur l'élimination de toutes les formes de discrimination raciale (Ukraine c. Fédération de Russie), mesures conservatoires, ordonnance du 19 avril 2017, C.I.J. Recueil 2017*, p. 138, par. 96; *Application de la convention internationale sur l'élimination de toutes les formes de discrimination raciale (Qatar c. Emirats arabes unis), mesures conservatoires, ordonnance du 23 juillet 2018, C.I.J. Recueil 2018 (II)*, p. 430-431, par. 67). Elle estime que cette conclusion vaut aussi pour le droit des personnes de ne pas subir la haine et la discrimination raciales, lequel découle de l'article 4 de la CIEDR.

82. Ainsi que la Cour l'a relevé antérieurement, les personnes soumises à des traitements inhumains ou dégradants ou à la torture pourraient être exposées à un risque grave de préjudice irréparable (voir *Application de la convention internationale sur l'élimination de toutes les formes de discrimination raciale (Géorgie c. Fédération de Russie), mesures conservatoires, ordonnance du 15 octobre 2008, C.I.J. Recueil 2008*, p. 396, par. 142). La Cour a déjà dit que la détresse psychologique, comme les sévices, peut causer un préjudice irréparable (voir *Application de la convention internationale sur l'élimination de toutes les formes de discrimination raciale (Qatar c. Emirats arabes unis), mesures conservatoires, ordonnance du 23 juillet 2018, C.I.J. Recueil 2018 (II)*, p. 431, par. 69).

83. De l'avis de la Cour, les actes prohibés par l'article 4 de la CIEDR — tels que la propagande encourageant la haine raciale ainsi que l'incitation à la discrimination raciale ou aux actes de violence visant tout groupe de personnes en raison de leur origine nationale ou ethnique — peuvent propager dans la société un climat imprégné de racisme. Cela est d'autant plus vrai lorsqu'une rhétorique fomentant la discrimination raciale est employée par de hauts responsables de l'Etat. Pareille situation pourrait avoir de graves effets préjudiciables sur les personnes appartenant au groupe protégé. Ces effets préjudiciables peuvent être notamment, mais pas seulement, le risque de sévices ou de souffrances et de détresse psychologiques.

84. La Cour a également dit par le passé qu'un patrimoine culturel peut courir un risque grave de préjudice irréparable lorsqu'il «a été le théâtre d'affrontements armés entre les Parties» et que «ces affrontements risqu[]ent de se reproduire» (voir *Demande en interprétation de l'arrêt du 15 juin 1962 en l'affaire du* Temple de Préah Vihéar (Cambodge c. Thaïlande) *(Cambodge c. Thaïlande), mesures conservatoires, ordonnance du 18 juillet 2011, C.I.J. Recueil 2011 (II)*, p. 552, par. 61).

85. En l'espèce, l'un des éléments d'information que les Parties ont présentés devant la Cour est une résolution sur les conséquences humani-

81. The Court recalls that in past cases in which CERD was at issue, it stated that the rights stipulated in Article 5 *(a)*, *(b)*, *(c)*, *(d)* and *(e)* are of such a nature that prejudice to them is capable of causing irreparable harm (see *Application of the International Convention on the Elimination of All Forms of Racial Discrimination (Georgia* v. *Russian Federation), Provisional Measures, Order of 15 October 2008, I.C.J. Reports 2008*, p. 396, para. 142; *Application of the International Convention for the Suppression of the Financing of Terrorism and of the International Convention on the Elimination of All Forms of Racial Discrimination (Ukraine* v. *Russian Federation), Provisional Measures, Order of 19 April 2017, I.C.J. Reports 2017*, p. 138, para. 96; *Application of the International Convention on the Elimination of All Forms of Racial Discrimination (Qatar* v. *United Arab Emirates), Provisional Measures, Order of 23 July 2018, I.C.J. Reports 2018 (II)*, pp. 430-431, para. 67). The Court considers that this statement also holds true in respect of the right of persons not to be subject to racial hatred and discrimination that stems from Article 4 of CERD.

82. As the Court has noted previously, individuals subject to inhuman and degrading treatment or torture could be exposed to a serious risk of irreparable prejudice (see *Application of the International Convention on the Elimination of All Forms of Racial Discrimination (Georgia* v. *Russian Federation), Provisional Measures, Order of 15 October 2008, I.C.J. Reports 2008*, p. 396, para. 142). The Court has also recognized that psychological distress, like bodily harm, can lead to irreparable prejudice (see *Application of the International Convention on the Elimination of All Forms of Racial Discrimination (Qatar* v. *United Arab Emirates), Provisional Measures, Order of 23 July 2018, I.C.J. Reports 2018 (II)*, p. 431, para. 69).

83. In the view of the Court, acts prohibited under Article 4 of CERD — such as propaganda promoting racial hatred and incitement to racial discrimination or to acts of violence against any group of persons based on their national or ethnic origin — can generate a pervasive racially charged environment within society. This holds particularly true when rhetoric espousing racial discrimination is employed by high-ranking officials of the State. Such a situation may have serious damaging effects on individuals belonging to the protected group. Such damaging effects may include, but are not limited to, the risk of bodily harm or psychological harm and distress.

84. The Court has also indicated previously that cultural heritage could be subject to a serious risk of irreparable prejudice when such heritage "has been the scene of armed clashes between the Parties" and when "such clashes may reoccur" (see *Request for Interpretation of the Judgment of 15 June 1962 in the Case concerning the* Temple of Preah Vihear (Cambodia *v.* Thailand) *(Cambodia* v. *Thailand), Provisional Measures, Order of 18 July 2011, I.C.J. Reports 2011 (II)*, p. 552, para. 61).

85. In the present proceedings, the information placed before the Court by the Parties includes the resolution of the Parliamentary Assembly of

taires du conflit entre l'Arménie et l'Azerbaïdjan que l'Assemblée parlementaire du Conseil de l'Europe a adoptée le 27 septembre 2021. La Cour observe que l'Assemblée a relevé notamment que

> «[s]'agissant des allégations formulées par les deux parties, et corroborées par des ONG internationales dignes de confiance et une quantité considérable d'informations émanant de différentes sources, … des preuves inquiétantes concernent … un nombre important d'allégations cohérentes de traitements inhumains et dégradants et d'actes de torture infligés à des prisonniers de guerre arméniens par les Azerbaïdjanais».

La Cour relève également que l'Assemblée «déplore que des déclarations faites à l'échelon le plus élevé n'en continuent pas moins de donner des Arméniens une image défavorable empreinte d'intolérance».

86. La Cour note de surcroît que l'Assemblée

> «condamne les dommages délibérément causés [par l'Azerbaïdjan] au patrimoine culturel [arménien] pendant la guerre de six semaines et, en particulier, ce qui apparaît comme le bombardement intentionnel de l'église de Gazanchi/cathédrale Saint-Sauveur, Ghazanchetsots à Choucha/Chouchi, ainsi que la destruction ou l'endommagement d'autres églises et cimetières pendant et après le conflit; [] demeure préoccupée, compte tenu des destructions survenues dans le passé, par ce qui pourrait advenir du grand nombre d'églises, de monastères, notamment le monastère de Khutavank/Dadivank, de pierres à croix et d'autres éléments du patrimoine culturel arménien qui sont retournés dans le giron de l'Azerbaïdjan; [et] s'inquiète du développement en Azerbaïdjan d'un discours qui promeut un patrimoine «albanien du Caucase» appelé à remplacer ce qui est considéré comme un patrimoine culturel «arménien»» (résolution 2391 (2021), texte adopté par l'Assemblée le 27 septembre 2021, 24e séance).

87. La Cour prend note également de la déclaration conjointe faite par des experts des droits de l'homme de l'Organisation des Nations Unies qui, le 1er février 2021, ont examiné la situation des Arméniens en captivité en Azerbaïdjan et se sont déclarés vivement préoccupés par les «allégations selon lesquelles des prisonniers de guerre et d'autres personnes protégées [avaie]nt été victimes d'exécution extrajudiciaire, de disparition forcée, de torture ou d'autres mauvais traitements» (Haut-Commissariat des Nations Unies aux droits de l'homme, «Nagorno-Karabakh: Captives Must Be Released — UN Experts» (1er février 2021)).

88. Au vu de ce qui précède, la Cour conclut que la méconnaissance alléguée des droits qu'elle a jugés plausibles (voir les paragraphes 59 à 61 ci-dessus) risque d'entraîner un préjudice irréparable à ces droits et qu'il y a urgence, c'est-à-dire qu'il existe un risque réel et imminent qu'un tel préjudice soit causé avant que la Cour ne se prononce de manière définitive en l'affaire.

the Council of Europe on Humanitarian Consequences of the Conflict between Armenia and Azerbaijan adopted on 27 September 2021. It observes that the Assembly indicates, *inter alia*, that

> "[a]mong allegations made by both sides, backed up by reputable international NGOs and a wealth of information available from different sources, there [is] worrying . . . evidence of . . . [a] substantial number of . . . allegations of [systematic] inhuman and degrading treatment and torture of Armenian prisoners of war by Azerbaijanis".

The Court moreover observes that the Assembly "regrets that there remain statements at the highest level which continue to portray Armenians in an intolerant fashion".

86. The Court in addition notes that the Assembly

> "condemns the damage deliberately caused [by Azerbaijan] to [Armenian] cultural heritage during the 6-week war, and what appears to be the deliberate shelling of the Gazanchi Church/Holy Saviour, Ghazanchetsots Cathedral in Shusha/Shushi as well as the destruction or damage of other churches and cemeteries during and after the conflict; remains concerned, in the light of past destruction, about the future of the many Armenian churches, monasteries, including the monastery in Khutavank/Dadivank, cross-stones and other forms of cultural heritage which have returned under Azerbaijan control; [and] expresses concern about a developing narrative in Azerbaijan promoting a 'Caucasian Albanian' heritage to replace what is seen as an 'Armenian' cultural heritage" (resolution 2391 (2021), text adopted by the Assembly on 27 September 2021, 24th sitting).

87. The Court also takes note of the joint statement issued by several United Nations human rights experts who, on 1 February 2021, addressed the situation of Armenians being held captive in Azerbaijan and expressed grave concern "at allegations that prisoners of war and other protected persons have been subjected to extrajudicial killing, enforced disappearance, torture and other ill-treatment" (United Nations Office of the High Commissioner for Human Rights, "Nagorno-Karabakh: Captives Must Be Released — UN Experts" (1 February 2021)).

88. In light of the considerations set out above, the Court concludes that the alleged disregard of the rights deemed plausible by the Court (see paragraphs 59 to 61 above) may entail irreparable prejudice to those rights and that there is urgency, in the sense that there is a real and imminent risk that such prejudice will be caused before the Court makes a final decision in the case.

V. Conclusion et mesures à adopter

89. La Cour conclut de l'ensemble des considérations qui précèdent que les conditions auxquelles son Statut subordonne l'indication de mesures conservatoires sont réunies. Il y a donc lieu pour elle d'indiquer, dans l'attente de sa décision définitive, certaines mesures visant à protéger les droits revendiqués par l'Arménie, tels qu'ils ont été spécifiés précédemment (voir les paragraphes 59 à 61 ci-dessus).

90. La Cour rappelle que, lorsqu'une demande en indication de mesures conservatoires lui est présentée, elle a le pouvoir, en vertu de son Statut, d'indiquer des mesures en tout ou en partie différentes de celles qui sont sollicitées. Le paragraphe 2 de l'article 75 de son Règlement mentionne expressément ce pouvoir, qu'elle a déjà exercé en plusieurs occasions par le passé (voir, par exemple, *Application de la convention pour la prévention et la répression du crime de génocide (Gambie c. Myanmar), mesures conservatoires, ordonnance du 23 janvier 2020, C.I.J. Recueil 2020,* p. 28, par. 77).

91. En la présente espèce, ayant examiné le libellé des mesures conservatoires demandées par l'Arménie ainsi que les circonstances de l'affaire, la Cour estime que les mesures à indiquer n'ont pas à être identiques à celles qui sont sollicitées.

92. La Cour considère que, s'agissant de la situation décrite précédemment et dans l'attente de la décision finale en l'affaire, l'Azerbaïdjan doit, dans le cadre des obligations que lui impose la CIEDR, protéger contre les voies de fait et les sévices toutes les personnes arrêtées en relation avec le conflit de 2020 qui sont toujours en détention et garantir leur sûreté et leur droit à l'égalité devant la loi; prendre toutes les mesures nécessaires pour empêcher l'incitation et l'encouragement à la haine et à la discrimination raciales, y compris par ses agents et ses institutions publiques, à l'égard des personnes d'origine nationale ou ethnique arménienne, et prendre toutes les mesures nécessaires pour empêcher et punir les actes de dégradation et de profanation du patrimoine culturel arménien, notamment, mais pas seulement, les églises et autres lieux de culte, monuments, sites, cimetières et artefacts.

93. La Cour tiendra pleinement compte de la déclaration faite à l'audience par l'agent de l'Azerbaïdjan au sujet de certains objets exposés dans le «parc des trophées militaires», à savoir que les mannequins représentant des soldats arméniens et les casques qui auraient été portés par des soldats arméniens pendant le conflit de 2020 ont été retirés définitivement du parc et ne seront plus montrés à l'avenir (voir les paragraphes 25 et 65 ci-dessus). A cet égard, l'agent de l'Azerbaïdjan s'est également référé à deux lettres des 6 et 13 octobre 2021 par lesquelles le directeur du «parc des trophées militaires» l'informait que, «au 1er octobre 2021, tous les mannequins exposés … [avaie]nt été retirés» et, «au 8 octobre 2021, tous les casques». Le directeur ajoutait que «[l]es mannequins et les casques ne ser[aie]nt pas exposés au parc des trophées militaires ni au complexe/musée mémorial à l'avenir».

V. Conclusion and Measures to Be Adopted

89. The Court concludes from all of the above considerations that the conditions required by its Statute for it to indicate provisional measures are met. It is therefore necessary, pending its final decision, for the Court to indicate certain measures in order to protect the rights claimed by Armenia, as identified above (see paragraphs 59 to 61).

90. The Court recalls that it has the power, under its Statute, when a request for provisional measures has been made, to indicate measures that are, in whole or in part, other than those requested. Article 75, paragraph 2, of the Rules of Court specifically refers to this power of the Court. The Court has already exercised this power on several occasions in the past (see, for example, *Application of the Convention on the Prevention and Punishment of the Crime of Genocide (The Gambia* v. *Myanmar), Provisional Measures, Order of 23 January 2020, I.C.J. Reports 2020*, p. 28, para. 77).

91. In the present case, having considered the terms of the provisional measures requested by Armenia and the circumstances of the case, the Court finds that the measures to be indicated need not be identical to those requested.

92. The Court considers that, with regard to the situation described above, pending the final decision in the case, Azerbaijan must, in accordance with its obligations under CERD, protect from violence and bodily harm all persons captured in relation to the 2020 Conflict who remain in detention, and ensure their security and equality before the law; take all necessary measures to prevent the incitement and promotion of racial hatred and discrimination, including by its officials and public institutions, targeted at persons of Armenian national or ethnic origin; and take all necessary measures to prevent and punish acts of vandalism and desecration affecting Armenian cultural heritage, including but not limited to churches and other places of worship, monuments, landmarks, cemeteries and artefacts.

93. The Court takes full cognizance of the representation made by the Agent of Azerbaijan during the oral proceedings regarding certain exhibits in the "Military Trophies Park", namely that mannequins depicting Armenian soldiers and displays of helmets allegedly worn by Armenian soldiers during the 2020 Conflict have been permanently removed from the park and will not be shown in the future (see paragraphs 25 and 65 above). In this regard, the Agent of Azerbaijan also referred to two letters of 6 and 13 October 2021, whereby the Director of the "Military Trophies Park" indicated that "all mannequins displayed at the Military Trophies Park . . . were removed on October 1, 2021" and that, "on October 08, 2021 all helmets were removed from the Military Trophies Park". The Director of the "Military Trophies Park" further indicated that "[t]he mannequins and helmets will not be displayed at the Military Trophy Park or the Memorial Complex/Museum in the future".

34

94. La Cour rappelle que l'Arménie l'a priée d'indiquer des mesures destinées à prévenir toute aggravation du différend l'opposant à l'Azerbaïdjan. Lorsqu'elle indique des mesures conservatoires à l'effet de sauvegarder des droits particuliers, la Cour peut aussi indiquer des mesures conservatoires à l'effet d'empêcher l'aggravation ou l'extension du différend si elle estime que les circonstances l'exigent (voir, par exemple, *Application de la convention internationale sur l'élimination de toutes les formes de discrimination raciale (Qatar c. Emirats arabes unis), mesures conservatoires, ordonnance du 23 juillet 2018, C.I.J. Recueil 2018 (II)*, p. 432-433, par. 76). En la présente espèce, ayant examiné l'ensemble des circonstances, la Cour estime nécessaire d'indiquer, en sus des mesures particulières précédemment décidées, une mesure supplémentaire adressée aux deux Parties, visant à prévenir toute aggravation du différend entre elles.

95. La Cour rappelle en outre que l'Arménie l'a priée d'indiquer des mesures conservatoires prescrivant à l'Azerbaïdjan de « prévenir la destruction et [d']assurer la conservation des éléments de preuve relatifs aux allégations d'actes relevant du champ d'application de la CIEDR » et de rendre compte régulièrement de la mise en œuvre des mesures qu'elle aurait ordonnées. La Cour estime cependant que, dans les circonstances particulières de l'espèce, ces demandes ne sont pas justifiées.

* * *

96. La Cour réaffirme que ses « ordonnances indiquant des mesures conservatoires au titre de l'article 41 [du Statut] ont un caractère obligatoire » (*LaGrand (Allemagne c. Etats-Unis d'Amérique), arrêt, C.I.J. Recueil 2001*, p. 506, par. 109) et créent donc des obligations juridiques internationales pour toute partie à laquelle ces mesures sont adressées.

* * *

97. La Cour réaffirme en outre que la décision rendue en la présente procédure ne préjuge en rien la question de sa compétence pour connaître du fond de l'affaire, ni aucune question relative à la recevabilité de la requête ou au fond lui-même. Elle laisse intact le droit des Gouvernements de l'Arménie et de l'Azerbaïdjan de faire valoir leurs moyens en la matière.

* * *

98. Par ces motifs,

LA COUR,

Indique les mesures conservatoires suivantes :

94. The Court recalls that Armenia has requested it to indicate measures aimed at ensuring the non-aggravation of the dispute with Azerbaijan. When it is indicating provisional measures for the purpose of preserving specific rights, the Court may also indicate provisional measures with a view to preventing the aggravation or extension of a dispute whenever it considers that the circumstances so require (see, for example, *Application of the International Convention on the Elimination of All Forms of Racial Discrimination (Qatar* v. *United Arab Emirates), Provisional Measures, Order of 23 July 2018, I.C.J. Reports 2018 (II)*, pp. 432-433, para. 76). In the present case, having considered all the circumstances, in addition to the specific measures it has decided to order, the Court deems it necessary to indicate an additional measure directed to both Parties and aimed at ensuring the non-aggravation of their dispute.

95. The Court further recalls that Armenia requested it to indicate provisional measures directing Azerbaijan "to prevent the destruction and ensure the preservation of evidence related to allegations of acts within the scope of CERD" and to provide regular reports on the implementation of provisional measures. The Court, however, considers that, in the particular circumstances of the case, these measures are not warranted.

* * *

96. The Court reaffirms that its "orders on provisional measures under Article 41 [of the Statute] have binding effect" (*LaGrand (Germany* v. *United States of America), Judgment, I.C.J. Reports 2001*, p. 506, para. 109) and thus create international legal obligations for any party to whom the provisional measures are addressed.

* * *

97. The Court further reaffirms that the decision given in the present proceedings in no way prejudges the question of the jurisdiction of the Court to deal with the merits of the case or any questions relating to the admissibility of the Application or to the merits themselves. It leaves unaffected the right of the Governments of Armenia and Azerbaijan to submit arguments in respect of those questions.

* * *

98. For these reasons,

THE COURT,

Indicates the following provisional measures:

35

1) La République d'Azerbaïdjan doit, conformément aux obligations que lui impose la convention internationale sur l'élimination de toutes les formes de discrimination raciale,

a) Par quatorze voix contre une,

Protéger contre les voies de fait et les sévices toutes les personnes arrêtées en relation avec le conflit de 2020 qui sont toujours en détention et garantir leur sûreté et leur droit à l'égalité devant la loi ;

POUR : Mme Donoghue, *présidente* ; M. Gevorgian, *vice-président* ; MM. Tomka, Abraham, Bennouna, Mmes Xue, Sebutinde, MM. Bhandari, Robinson, Salam, Iwasawa, Nolte, *juges* ; MM. Keith, Daudet, *juges* ad hoc ;

CONTRE : M. Yusuf, *juge* ;

b) A l'unanimité,

Prendre toutes les mesures nécessaires pour empêcher l'incitation et l'encouragement à la haine et à la discrimination raciales, y compris par ses agents et ses institutions publiques, à l'égard des personnes d'origine nationale ou ethnique arménienne ;

c) Par treize voix contre deux,

Prendre toutes les mesures nécessaires pour empêcher et punir les actes de dégradation et de profanation du patrimoine culturel arménien, notamment, mais pas seulement, les églises et autres lieux de culte, monuments, sites, cimetières et artefacts ;

POUR : Mme Donoghue, *présidente* ; M. Gevorgian, *vice-président* ; MM. Tomka, Abraham, Bennouna, Mmes Xue, Sebutinde, MM. Bhandari, Robinson, Salam, Iwasawa, Nolte, *juges* ; M. Daudet, *juge* ad hoc ;

CONTRE : M. Yusuf, *juge* ; M. Keith, *juge* ad hoc ;

2) A l'unanimité,

Les deux Parties doivent s'abstenir de tout acte qui risquerait d'aggraver ou d'étendre le différend dont la Cour est saisie ou d'en rendre le règlement plus difficile.

Fait en français et en anglais, le texte français faisant foi, au Palais de la Paix, à La Haye, le sept décembre deux mille vingt et un, en trois exemplaires, dont l'un restera déposé aux archives de la Cour et les autres seront transmis respectivement au Gouvernement de la République d'Arménie et au Gouvernement de la République d'Azerbaïdjan.

La présidente,
(Signé) Joan E. DONOGHUE.

Le greffier,
(Signé) Philippe GAUTIER.

(1) The Republic of Azerbaijan shall, in accordance with its obligations under the International Convention on the Elimination of All Forms of Racial Discrimination,

(a) By fourteen votes to one,

Protect from violence and bodily harm all persons captured in relation to the 2020 Conflict who remain in detention, and ensure their security and equality before the law;

> IN FAVOUR: *President* Donoghue; *Vice-President* Gevorgian; *Judges* Tomka, Abraham, Bennouna, Xue, Sebutinde, Bhandari, Robinson, Salam, Iwasawa, Nolte; *Judges* ad hoc Keith, Daudet;
>
> AGAINST: *Judge* Yusuf;

(b) Unanimously,

Take all necessary measures to prevent the incitement and promotion of racial hatred and discrimination, including by its officials and public institutions, targeted at persons of Armenian national or ethnic origin;

(c) By thirteen votes to two,

Take all necessary measures to prevent and punish acts of vandalism and desecration affecting Armenian cultural heritage, including but not limited to churches and other places of worship, monuments, landmarks, cemeteries and artefacts;

> IN FAVOUR: *President* Donoghue; *Vice-President* Gevorgian; *Judges* Tomka, Abraham, Bennouna, Xue, Sebutinde, Bhandari, Robinson, Salam, Iwasawa, Nolte; *Judge* ad hoc Daudet;
>
> AGAINST: *Judge* Yusuf; *Judge* ad hoc Keith;

(2) Unanimously,

Both Parties shall refrain from any action which might aggravate or extend the dispute before the Court or make it more difficult to resolve.

Done in French and in English, the French text being authoritative, at the Peace Palace, The Hague, this seventh day of December, two thousand and twenty-one, in three copies, one of which will be placed in the archives of the Court and the others transmitted to the Government of the Republic of Armenia and the Government of the Republic of Azerbaijan, respectively.

(Signed) Joan E. DONOGHUE,
President.

(Signed) Philippe GAUTIER,
Registrar.

36

M. le juge Yusuf joint à l'ordonnance l'exposé de son opinion dissidente; M. le juge Iwasawa joint une déclaration à l'ordonnance; M. le juge *ad hoc* Keith joint une déclaration à l'ordonnance.

(Paraphé) J.E.D.
(Paraphé) Ph.G.

Judge YUSUF appends a dissenting opinion to the Order of the Court; Judge IWASAWA appends a declaration to the Order of the Court; Judge *ad hoc* KEITH appends a declaration to the Order of the Court.

(Initialled) J.E.D.
(Initialled) Ph.G.

DISSENTING OPINION OF JUDGE YUSUF

1. The Court has thrown wide open the gates of the Convention on the Elimination of Racial Discrimination (hereinafter "CERD" or the "Convention") to all kinds of claims that have nothing to do with its provisions or with its object and purpose. Through this Order, claims under humanitarian law have been given a home in CERD, whereas the law on the safeguarding of cultural heritage has been brought within the scope of CERD. This unprecedented approach risks transforming the Convention into a "fourre-tout"; a receptacle in which all sorts of asserted rights may be stuffed. It may also turn the Convention into an all-encompassing instrument for those trying to establish the jurisdiction of the Court whenever other legal grounds cannot be found for that purpose. This is the reason for my dissent, which is further elaborated below.

2. According to Article 41 of the Statute, provisional measures are to be indicated by the Court, if it considers that circumstances so require, "to preserve the respective rights of either party". To this end, the Court does not need to establish definitively the existence of the rights claimed. The Court must, however, satisfy itself that the rights sought to be protected may plausibly be grounded in the applicable legal instrument or in the legal rules under which the claim is made. In other words, and with regard to the present case, the acts complained of must plausibly constitute acts of racial discrimination within the meaning of Article 1, paragraph 1, of the Convention, and must be capable of falling within the scope of CERD.
3. This is not the case, in my view, with respect to two distinct rights claimed by Armenia and dealt with in the first and third subparagraphs of the *dispositif*: the right of "all persons captured in relation to the 2020 Conflict who remain in detention" to be protected from violence and bodily harm; and the right to have "Armenian cultural heritage, including but not limited to churches and other places of worship, monuments, landmarks, cemeteries and artefacts" protected from acts of vandalism and desecration.
4. These rights are certainly worthy of protection. I am personally very sensitive to the humane treatment of prisoners of war and other persons arrested by State authorities, whether it is in relation to an armed conflict or not, as well as the safeguarding and preservation of cultural heritage sites. However, these matters fall under the scope of other instruments of international law, not CERD. As such, they raise questions of law over which the Court has no jurisdiction under Article 22 of CERD.

OPINION DISSIDENTE DE M. LE JUGE YUSUF

[Traduction]

1. La Cour a ouvert grand les portes de la convention internationale sur l'élimination de toutes les formes de discrimination raciale (ci-après la «CIEDR» ou la «convention») à toutes sortes de revendications qui n'ont rien à voir avec les dispositions de cet instrument, ni avec son objet ou son but. Par la présente ordonnance, la Cour a accueilli au titre de la CIEDR des griefs qui relèvent en réalité du droit humanitaire, tout en faisant entrer dans le champ d'application de la convention le droit relatif à la sauvegarde du patrimoine culturel. Cette approche sans précédent risque de transformer la CIEDR en un «fourre-tout», un réceptacle où déverser toutes sortes de droits revendiqués. Elle pourrait également faire de la convention un instrument s'étendant à tous les domaines, qu'invoquerait quiconque tenterait d'établir la compétence de la Cour lorsque d'autres fondements juridiques feraient défaut. Telle est la raison, exposée ci-dessous plus en détail, de mon désaccord avec la majorité.

2. D'après l'article 41 du Statut, la Cour indique, si elle estime que les circonstances l'exigent, des mesures «conservatoires du droit de chacun». Pour ce faire, elle n'a pas à établir de façon définitive l'existence des droits revendiqués. Elle doit toutefois s'assurer que les droits dont la sauvegarde est demandée peuvent être plausiblement fondés sur l'instrument juridique applicable ou sur les règles de droit au titre desquelles est introduite la demande. En d'autres termes, et s'agissant de la présente affaire, les actes dénoncés doivent constituer plausiblement des actes de discrimination raciale au sens du paragraphe 1 de l'article premier de la convention, et être susceptibles d'entrer dans les prévisions de la CIEDR.

3. Tel n'est pas le cas, à mon avis, de deux droits distincts revendiqués par l'Arménie et visés au premier et au troisième alinéas du point 1) du dispositif, à savoir le droit de «toutes les personnes arrêtées en relation avec le conflit de 2020 qui sont toujours en détention» d'être protégées contre les voies de fait et les sévices, et le droit à la protection du «patrimoine culturel arménien, notamment, mais pas seulement, les églises et autres lieux de culte, monuments, sites, cimetières et artefacts» contre les actes de dégradation et de profanation.

4. Il ne fait pas de doute que ces droits méritent d'être protégés. Je suis personnellement très sensible à la question du traitement humain des prisonniers de guerre et autres personnes arrêtées par les autorités des Etats, que ce soit en relation ou non avec un conflit armé, ainsi qu'à celle de la sauvegarde et de la préservation des sites du patrimoine culturel. Toutefois, ces sujets relèvent du champ d'application d'autres instruments de droit international, et non de celui de la CIEDR. A ce titre, ils soulèvent des questions de droit sur lesquelles la Cour n'a pas compétence en vertu de l'article 22 de la CIEDR.

5. Armenia requested the Court to indicate provisional measures for the release and repatriation as well as for the protection from alleged inhuman treatment or bodily harm of the persons it identified as Armenian prisoners of war and civilian detainees taken by the Azerbaijani forces during the armed conflict of 2020. To this end, Armenia has provided the Court with a list of 45 persons detained by Azerbaijan, whom it characterizes as "All Armenian *nationals*", "prisoners of war and civilians of Armenian ethnicity and *nationality*"[1] or "Armenian servicemen and civilians"[2] (emphases added).

6. Both Armenia and Azerbaijan are parties to the Third Geneva Convention relative to the Treatment of Prisoners of War (hereinafter the "Third Geneva Convention") and the Fourth Geneva Convention relative to the Protection of Civilian Persons in Time of War (hereinafter the "Fourth Geneva Convention"). The Third Geneva Convention regulates in detail the release, repatriation and treatment of prisoners of war, while the Fourth Geneva Convention deals with the internment or detention of "protected persons". The provisions of both Conventions prohibit adverse distinctions between these individuals based, in particular, on "race" or "nationality"[3]. International humanitarian law also provides specific mechanisms for monitoring compliance with these obligations[4]. Indeed, both Parties have indicated that the International Committee of the Red Cross has been monitoring the treatment of the Armenian detainees[5].

---

[1] See Annex 68 of Additional Annexes filed by Armenia, "Letter from Yeghishe Kirakosyan, Representative of the Republic of Armenia before the European Court of Human Rights, to Philippe Gautier, Registrar, International Court of Justice (6 October 2021), attaching Table of 45 POWs and Civilians Acknowledged by Azerbaijan as of 6 October 2021". By a letter dated 22 October 2021, the Agent of Armenia informed the Court that "on 19 October 2021, five out of the 45 prisoners of war and civilians whose captivity has been acknowledged by the authorities of Azerbaijan were repatriated to the Republic of Armenia".

[2] Application of Armenia, paras. 105-106 and 111. See also CR 2021/20, p. 58, para. 12 (Martin); CR 2021/22, pp. 19-20, paras. 3-8 (Murphy) (referring to "Armenian soldiers").

[3] Article 16 of the Third Geneva Convention ("any adverse distinction based on race, nationality . . . or any other distinction founded on similar criteria"); Article 13 ("any adverse distinction based, in particular, on race [or] nationality") and Article 27, paragraph 3, of the Fourth Geneva Convention ("without any adverse distinction based, in particular, on race").

[4] CR 2021/21, p. 31, para. 24 (Lord Goldsmith), citing Azerbaijan's Annex 17, *Armenia* v. *Azerbaijan*, ECtHR Application No. 42521/20, Letter ECtHR–LE2.1aG from Johan Callewaert, Deputy Grand Chamber Registrar, to Mr. Çingiz Əsgərov, Agent of the Government of the Republic of Azerbaijan, dated 9 June 2021 ("as was already noted in the Court's letter of 3 November 2020, there exist other international mechanisms which are better placed for continuous monitoring of the conditions of detention of people captured during armed conflicts, and both Armenia and Azerbaijan are therefore strongly advised to resort to these mechanisms").

[5] CR 2021/21, p. 22, para. 24 (Lowe), citing Azerbaijan's Annex 19, Letter from Ogtay Mammadov, Acting Head of Penitentiary Service, Major-General of Justice, to

5. L'Arménie a prié la Cour d'indiquer des mesures conservatoires de sorte que soient libérées et rapatriées, ainsi que protégées contre les traitements inhumains ou les sévices qu'elles subiraient, les personnes qu'elle qualifie de prisonniers de guerre et de détenus civils arméniens réduits en captivité par les forces azerbaïdjanaises pendant le conflit armé de 2020. A cette fin, l'Arménie a fourni à la Cour une liste de 45 personnes détenues par l'Azerbaïdjan, qu'elle décrit comme étant «toutes des *ressortissants* arméniens», «des prisonniers de guerre et des civils d'origine ethnique et *de nationalité* arméniennes»[1] ou «des militaires et des civils arméniens»[2] (les italiques sont de moi).

6. L'Arménie et l'Azerbaïdjan sont l'une et l'autre parties à la convention de Genève relative au traitement des prisonniers de guerre (ci-après la «troisième convention de Genève») et à la convention de Genève relative à la protection des personnes civiles en temps de guerre (ci-après la «quatrième convention de Genève»). La troisième convention de Genève régit en détail la libération, le rapatriement et le traitement des prisonniers de guerre, tandis que la quatrième convention de Genève porte sur l'internement et la détention des «personnes protégées». Les dispositions des deux instruments interdisent d'opérer entre ces personnes des distinctions de caractère défavorable fondées, en particulier, sur la «race» ou la «nationalité»[3]. Le droit international humanitaire prévoit également des mécanismes spécifiques permettant de contrôler le respect de ces obligations[4]. De fait, les deux Parties ont indiqué que le Comité international de la Croix-Rouge a surveillé la manière dont étaient traités les détenus arméniens[5].

---

[1] Voir annexe 68 des annexes additionnelles déposées par l'Arménie, «Letter from Yeghishe Kirakosyan, Representative of the Republic of Armenia before the European Court of Human Rights, to Philippe Gautier, Registrar, International Court of Justice (6 October 2021), attaching Table of 45 POWs and Civilians Acknowledged by Azerbaijan as of 6 October 2021». Par lettre datée du 22 octobre 2021, l'agent de l'Arménie a informé la Cour que «cinq des 45 prisonniers de guerre et civils que les autorités azerbaïdjanaises reconnaissent maintenir en captivité ont, le 19 octobre 2021, été rapatriés [en République d'Arménie]».

[2] Requête de l'Arménie, par. 105-106 et 111. Voir aussi CR 2021/20, p. 58, par. 12 (Martin); CR 2021/22, p. 19-20, par. 3-8 (Murphy) (mentionnant les «soldats arméniens»).

[3] Troisième convention de Genève relative au traitement des prisonniers de guerre, article 16 («aucune distinction de caractère défavorable, de race, de nationalité ... ou autre, fondée sur des critères analogues»); convention (IV) de Genève relative à la protection des personnes civiles en temps de guerre, article 13 («aucune distinction défavorable, notamment de race [ou] de nationalité») et article 27, paragraphe 3 («sans aucune distinction défavorable, notamment de race»).

[4] CR 2021/21, p. 31, par. 24 (lord Goldsmith), citant l'annexe 17 de l'Azerbaïdjan, *Armenia* v. *Azerbaijan*, ECtHR Application No. 42521/20, Letter ECtHR–LE2.1aG from Johan Callewaert, Deputy Grand Chamber Registrar, to Mr. Çingiz Əsgərov, Agent of the Government of the Republic of Azerbaijan, dated 9 June 2021 («ainsi que la Cour l'a déjà indiqué dans la lettre en date du 3 novembre 2020, étant donné qu'il existe d'autres mécanismes internationaux mieux placés pour assurer un contrôle continu des conditions de détention des personnes faites prisonnières au cours de conflits armés, il est vivement conseillé à l'Arménie et l'Azerbaïdjan de recourir à ces mécanismes»).

[5] CR 2021/21, p. 22, par. 24 (Lowe), se référant à l'annexe 19 de l'Azerbaïdjan, Letter from Ogtay Mammadov, Acting Head of Penitentiary Service, Major-General of Justice,

7. The Order correctly concludes in paragraph 60 that the release and repatriation of the Armenian detainees is not a right that is plausibly protected under CERD, but is governed by the relevant rules of international humanitarian law. It also recalls that "measures based on current nationality do not fall within the scope of CERD", and states that "Armenia has not placed before the Court evidence indicating that these persons continue to be detained by reason of their national or ethnic origin".

8. The same considerations, as well as the same conclusion, should logically apply to the alleged mistreatment of the same detainees, since, as rightly stated in the Order, Armenia has not provided the Court with evidence that these persons "continue to be detained by reason of their national or ethnic origin". This is all the more true in view of the non-applicability of the CERD to the treatment of such detainees who are being held, according to the Order itself, on the basis of their current nationality[6].

9. However, the Order contradicts itself, and simply asserts at the end of the same paragraph that "the Court finds plausible the right of such persons not to be subjected to inhuman or degrading treatment based on their national or ethnic origin while being detained by Azerbaijan". No reasons are given and no explanation whatsoever is provided on how the Court has arrived at such an internally inconsistent and incoherent conclusion with regard to the same persons and on the basis of the same factual record. If the Court is not satisfied that these persons are being detained by reason of their national or ethnic origin, it is difficult to understand by what means it has come to be persuaded, even prima facie, that the same persons are allegedly being mistreated because of their national or ethnic origin.

10. The Court goes even further and decides in subparagraph 1 *(a)* of the *dispositif* that Azerbaijan shall "[p]rotect from violence and bodily harm *all persons* captured in relation to the 2020 Conflict who remain in detention, and ensure their security and equality before the law" (emphasis added). The reference in the *dispositif* and in paragraph 92 of the Order to "all persons" captured in relation to the 2020 Conflict by Azerbaijan is surprising, since it differs from the description of the persons whose rights are found plausible by the Court in paragraph 60 of the Order.

11. The reference to "all persons" substantially broadens the category of those persons who were considered under paragraph 60 to consist only

---

Sabina Aliyeva, Human Rights Commissioner (Ombudsman) of the Republic of Azerbaijan, regarding dates of ICRC visits to detainees, dated 17 September 2021. See also CR 2021/20, p. 40, para. 29 (Murphy). See further CR 2021/21, p. 35, para. 38, and footnote 91 (Lord Goldsmith), with further references.

[6] *Application of the International Convention on the Elimination of All Forms of Racial Discrimination (Qatar v. United Arab Emirates), Preliminary Objections, Judgment, I.C.J. Reports 2021*, p. 99, para. 88, and p. 106, para. 105.

7. La Cour conclut à juste titre, au paragraphe 60 de l'ordonnance, que la libération et le rapatriement des détenus arméniens ne constituent pas un droit plausiblement protégé par la CIEDR, mais sont régis par les règles pertinentes du droit international humanitaire. Elle y rappelle également que «les mesures fondées sur la nationalité actuelle n'entrent pas dans le champ d'application de la CIEDR» et affirme que «[l]'Arménie n'a pas présenté à la Cour de preuve que ces personnes demeurent en détention en raison de leur origine nationale ou ethnique».

8. Les mêmes considérations — et la même conclusion — devraient logiquement s'appliquer aux mauvais traitements qui auraient été infligés aux mêmes détenus, étant donné que, comme il est dit à bon droit dans l'ordonnance, l'Arménie n'a pas fourni à la Cour de preuve que ces personnes «demeurent en détention en raison de leur origine nationale ou ethnique». Cela est d'autant plus vrai que la CIEDR n'est pas applicable au traitement des détenus qui sont maintenus en captivité, aux termes mêmes de l'ordonnance, au motif de leur nationalité actuelle[6].

9. Or, l'ordonnance se contredit elle-même, et il y est simplement affirmé, à la fin du même paragraphe, que «[l]a Cour estime … que le droit de ces personnes de ne pas être soumises à des traitements inhumains ou dégradants fondés sur leur origine nationale ou ethnique pendant qu'elles sont détenues par l'Azerbaïdjan est un droit plausible». Aucune justification n'est donnée, ni aucune explication fournie sur la manière dont la Cour est parvenue à une conclusion aussi intrinsèquement illogique et incohérente au sujet des mêmes personnes et sur le fondement des mêmes éléments de fait. Si la Cour n'est pas convaincue que ces personnes sont détenues en raison de leur origine nationale ou ethnique, il est difficile de comprendre par quels moyens elle a pu se persuader, même *prima facie*, que les mêmes personnes seraient actuellement maltraitées à cause de leur origine nationale ou ethnique.

10. La Cour va encore plus loin et décide, à l'alinéa *a)* du point 1) du dispositif, que l'Azerbaïdjan doit «[p]rotéger contre les voies de fait et les sévices *toutes les personnes* arrêtées en relation avec le conflit de 2020 qui sont toujours en détention et garantir leur sûreté et leur droit à l'égalité devant la loi» (les italiques sont de moi). La référence, dans le dispositif et au paragraphe 92 de l'ordonnance, à «toutes les personnes» arrêtées par l'Azerbaïdjan en relation avec le conflit de 2020 est surprenante, car elle diffère de la description des personnes dont la Cour estime, au paragraphe 60 de l'ordonnance, que les droits sont plausibles.

11. Le fait de mentionner «toutes les personnes» élargit nettement la catégorie qui, au paragraphe 60, est considérée comme constituée unique-

___

to Sabina Aliyeva, Human Rights Commissioner (Ombudsman) of the Republic of Azerbaijan, regarding dates of ICRC visits to detainees, datée du 17 septembre 2021. Voir aussi CR 2021/20, p. 40, par. 29 (Murphy). Voir en outre CR 2021/21, p. 35, par. 38, et note de bas de page 91 (lord Goldsmith), qui fournit d'autres références.

[6] *Application de la convention internationale sur l'élimination de toutes les formes de discrimination raciale (Qatar c. Emirats arabes unis), exceptions préliminaires, arrêt, C.I.J. Recueil 2021*, p. 99, par. 88, et p. 106, par. 105.

of "persons that Armenia identifies as prisoners of war and civilian detainees taken captive during the 2020 Conflict or in its aftermath", i.e. those included in the list of 45 detainees provided by Armenia. Consequently, it appears that, through paragraph 92 of the Order and subparagraph 1 *(a)* of the *dispositif*, the rights to be protected by Azerbaijan are now extended to "all persons" captured in relation to the conflict, without any indication in the Order of who these persons are and whether the Court has received information from any source on the identity of those who may be included in such a sweeping reference to "all persons".

12. It is my view that neither the simple assertion of the existence of a plausible right, without indicating a reason why it is so, and without demonstrating that it may possibly fall within the scope of CERD, nor the extension of such right to "all persons", with regard to whom a claim was not made by the requesting party, can provide justifiable grounds for the Court to exercise the powers granted it by Article 41 of the Statute in the present case. Regardless of the alleged unlawfulness of Azerbaijan's conduct with respect to Armenian detainees under the applicable rules of international humanitarian law, the obligation imposed upon it through an order on provisional measures on the basis of CERD must be grounded on the provisions of this specific legal instrument and the rights protected by it.

13. The above statement applies equally to the conclusions of the Court with regard to the protection of cultural and religious sites. In my view, there is no plausible right under CERD over the preservation of cultural heritage. Considerations of race and racial discrimination cannot and do not apply to monuments, groups of buildings, sites and artifacts. The provisions of CERD, which is an instrument on human rights, are intended to safeguard the basic rights and fundamental freedoms of human beings. Conversely, the protection of cultural monuments, religious sites and other buildings falls within the ambit of other instruments aimed at protecting these buildings and artifacts as the "cultural heritage of mankind" or on the basis of their historical, cultural and religious significance to States and to the national identity of their peoples.

14. This includes, in particular, the Hague Convention for the Protection of Cultural Property in the Event of Armed Conflict of 1954 and its two additional protocols of 1954 and 1999, to which both Armenia and Azerbaijan are parties. That instrument provides the appropriate legal framework for the protection of cultural heritage in the context of armed conflicts, as recognized by the United Nations Security Council[7]. This is confirmed by the fact that UNESCO and the intergovernmental Committee of the 1954 Hague Convention have already been seised of the preservation of cultural sites in and around "Nagorno-Karabakh" pursuant to

---

[7] United Nations Security Council, resolution 2347 (2017), 24 March 2017, paras. 5-7.

ment des «personnes qu[e l'Arménie] qualifie de prisonniers de guerre et de détenus civils, réduits en captivité pendant ou immédiatement après le conflit de 2020», c'est-à-dire les personnes figurant sur la liste des 45 détenus fournie par l'Arménie. En conséquence, il apparaît que, par l'effet du paragraphe 92 de l'ordonnance et de l'alinéa *a)* du point 1) du dispositif, les droits devant être protégés par l'Azerbaïdjan se trouvent étendus à «toutes les personnes» arrêtées en relation avec le conflit, sans qu'il soit indiqué dans l'ordonnance qui sont ces personnes, ni si la Cour a reçu d'une quelconque source des informations sur l'identité de celles qui peuvent être visées par une expression de portée aussi générale que «toutes les personnes».

12. De mon point de vue, ni la simple affirmation de l'existence d'un droit plausible, sans qu'il soit indiqué pourquoi il en est ainsi et sans qu'il soit démontré que ce droit est susceptible d'entrer dans le champ d'application de la CIEDR, ni l'extension d'un tel droit à «toutes les personnes», au sujet desquelles la partie requérante n'a pas formulé de demande, ne peuvent offrir en la présente espèce un fondement justifiant que la Cour exerce le pouvoir que lui confère l'article 41 du Statut. Indépendamment du caractère illicite qu'aurait, au regard des règles applicables du droit international humanitaire, le comportement de l'Azerbaïdjan à l'égard des détenus arméniens, l'obligation imposée à celui-ci par une ordonnance en indication de mesures conservatoires sur le fondement de la CIEDR doit reposer sur les dispositions de cet instrument juridique spécifique et les droits qu'il protège.

13. L'affirmation ci-dessus vaut aussi pour les conclusions de la Cour concernant la protection des sites culturels et religieux. Selon moi, la CIEDR ne confère pas de droits plausibles relatifs à la préservation du patrimoine culturel. Des considérations de race et de discrimination raciale ne peuvent s'appliquer, et ne s'appliquent pas, à des monuments, groupes de bâtiments, sites ou artefacts. Les dispositions de la CIEDR, qui est un instrument relatif aux droits de l'homme, sont destinées à sauvegarder les droits fondamentaux et les libertés fondamentales des êtres humains. A l'inverse, la préservation des monuments historiques ou des sites et autres bâtiments religieux entre dans le champ d'application d'autres instruments destinés à protéger ces bâtiments et artefacts en tant que «patrimoine culturel de l'humanité» ou en raison de l'importance historique, culturelle ou religieuse qu'ils revêtent pour les Etats et pour l'identité nationale de leurs peuples.

14. Parmi les instruments en question figurent, en particulier, la convention de La Haye de 1954 pour la protection des biens culturels en cas de conflit armé et ses deux protocoles additionnels de 1954 et de 1999, auxquels l'Arménie et l'Azerbaïdjan sont tous les deux parties. Cet instrument prévoit le cadre juridique approprié pour la protection du patrimoine culturel dans le contexte des conflits armés, comme l'a reconnu le Conseil de sécurité de l'Organisation des Nations Unies (ONU)[7]. Cela est confirmé par le fait que l'UNESCO et le comité intergouvernemental de la convention de La Haye de 1954 ont déjà été saisis de la question de la

---

[7] Conseil de sécurité de l'Organisation des Nations Unies, résolution 2347 (2017), 24 mars 2017, par. 5-7.

the 1954 Hague Convention, and the Parties have engaged in consultations with these organs in relation to these matters[8].

15. Article 5, paragraph *(e)* (vi), of CERD protects the enjoyment of "[t]he right to equal participation in cultural activities". This right is to be read together with the *chapeau* of Article 5 which provides that "States parties undertake to prohibit and to eliminate racial discrimination in all its forms and to guarantee the right of everyone, without distinction as to race, colour, or national or ethnic origin, to equality before the law". It is not therefore a self-standing provision which is disconnected from racial discrimination. It has to be analysed and understood through the prism of acts or actions which make distinctions on the basis of race, colour, or national or ethnic origin. Such acts or actions are not identified anywhere in the Order.

16. It should also be recalled that the United Nations Committee on Economic, Social and Cultural Rights, in its Comment No. 21 on Article 15, paragraph 1 *(a)*, of the International Covenant on Economic, Social and Cultural Rights does not establish a direct link or consequential relationship between the broader and unqualified "right of everyone to take part in cultural life" and the protection of cultural and religious sites by State authorities. The European Court of Human Rights also could not find such a link between the provisions of the European Convention on Human Rights and claims relating to cultural heritage sites or artefacts[9]. It follows that an obligation for States to prevent and punish acts of vandalism and desecration of cultural heritage and religious sites does not arise from the requirement, in Article 5, paragraph *(e)* (vi), of CERD, of equality before the law in the enjoyment of the "right to equal participation in cultural activities".

17. Moreover, it is not tenable, in my view, to assert that "religious heritage", in the sense of churches, cathedrals or other places of worship are plausibly protected under CERD (cf. paragraphs 63, 66-67, 72, 75, 79, and 92 of the Order). It is well known that the drafters of CERD decided not to address religious discrimination or religious intolerance in this Convention, and Article 1, paragraph 1, of CERD does not list religion or creed amongst the prohibited grounds for the purposes of "racial discrimination". It is therefore erroneous, in my view, to refer to a plausible right under the Convention for the protection of religious sites or places of worship.

---

[8] UNESCO, "UNESCO is awaiting Azerbaijan's Response regarding Nagorno-Karabakh mission", 21 December 2020, available at https://en.unesco.org/news/unesco-awaiting-azerbaijans-response-regarding-nagorno-karabakh-mission, accessed 28 November 2021.

[9] See, for example, ECtHR, *Ahunbay and Others* v. *Turkey*, Application No. 6080/06, Decision, 21 February 2019, paras. 23-25; ECtHR, *Syllogos Ton Athinaion* v. *the United Kingdom*, Application No. 48259/15, Decision, 31 May 2016.

préservation de sites culturels dans le Haut-Karabakh et ses environs en application de la convention de La Haye de 1954, et les Parties ont participé à des consultations avec ces organes en relation avec cette question[8].

15. L'alinéa *e)* vi) de l'article 5 de la CIEDR protège la jouissance du « [d]roit de prendre part, dans des conditions d'égalité, aux activités culturelles ». Il doit être lu conjointement avec le « chapeau » de l'article 5, qui prévoit que « les Etats parties s'engagent à interdire et à éliminer la discrimination raciale sous toutes ses formes et à garantir le droit de chacun à l'égalité devant la loi, sans distinction de race, de couleur ou d'origine nationale ou ethnique ». Il ne s'agit donc pas d'une disposition autonome, sans lien avec la discrimination raciale. Cet alinéa doit au contraire être analysé et compris à travers le prisme des actes ou actions qui établissent des distinctions de race, de couleur ou d'origine nationale ou ethnique. Or, de tels actes ou actions ne sont mentionnés nulle part dans l'ordonnance.

16. Il convient également de rappeler que, dans son observation générale n° 21 portant sur l'alinéa *a)* du paragraphe 1 de l'article 15 du pacte international relatif aux droits économiques, sociaux et culturels, le Comité des droits économiques, sociaux et culturels de l'ONU n'établit pas de lien direct ou de rapport de cause à effet entre le « droit de chacun de participer à la vie culturelle », dont la teneur est large et imprécise, et la protection des sites culturels et religieux par les autorités de l'Etat. La Cour européenne des droits de l'homme n'a pas non plus conclu à un tel lien entre les dispositions de la convention européenne des droits de l'homme et les requêtes relatives aux sites ou artefacts du patrimoine culturel[9]. Il s'ensuit que l'exigence d'égalité devant la loi dans la jouissance du « droit de prendre part, dans des conditions d'égalité, aux activités culturelles », prévue par l'alinéa *e)* vi) de l'article 5 de la CIEDR, n'engendre pas une obligation, pour les Etats, de prévenir et de punir les actes de dégradation et de profanation du patrimoine culturel et de sites religieux.

17. En outre, je considère que l'idée que le « patrimoine religieux », revêtant la forme d'églises, cathédrales et autres lieux de culte, puisse plausiblement être protégé par la CIEDR (cf. les paragraphes 63, 66-67, 72, 75, 79 et 92 de l'ordonnance) n'est pas défendable. Il est notoire que les rédacteurs de la CIEDR avaient décidé de ne pas traiter de la discrimination ou de l'intolérance religieuses dans ses dispositions, et le paragraphe 1 de l'article premier de la CIEDR ne mentionne pas la religion ou les croyances dans la liste de ce qui est susceptible de fonder une « discrimination raciale » au sens de la convention. Il est donc erroné, à mon sens, de se référer à un droit plausible conféré par la convention pour la protection des sites religieux ou des lieux de culte.

---

[8] UNESCO, « Mission de l'UNESCO dans et autour du Haut-Karabakh : la réponse de l'Azerbaïdjan attendue sans délai » (21 décembre 2020), accessible à l'adresse suivante : https://fr.unesco.org/news/mission-lunesco-autour-du-haut-karabakh-reponse-lazerbaidjan-attendue-delai (page consultée le 28 novembre 2021).

[9] Voir, par exemple, CEDH, *Ahunbay et autres c. Turquie*, requête n° 6080/06, décision, 21 février 2019, par. 23-25 ; CEDH, *Syllogos Ton Athinaion c. Royaume-Uni*, requête n° 48259/15, décision, 31 mai 2016.

18. Paragraph 84 of the Order appears to seek support for the possible existence of a risk of irreparable damage to cultural sites in the Court's jurisprudence by reference to the case concerning the *Request for Interpretation of the Judgment of 15 June 1962 in the Case concerning the* Temple of Preah Vihear (Cambodia *v.* Thailand) *(Cambodia v. Thailand)*, where the Court indicated provisional measures for free access to the Temple, which had been inscribed in the UNESCO World Heritage List [10]. This case, however, is distinguishable from the present circumstances, in so far as the Court's prima facie jurisdiction there was premised on a much wider jurisdictional basis.

19. In the *Temple of Preah Vihear* case, Thailand and Cambodia had originally made declarations recognizing the compulsory jurisdiction of the Court under Article 36, paragraph 2, of the Statute. In 2011, the Court considered that, by virtue of Article 60 of the Statute, it could entertain a request for the interpretation of the Judgment that it had previously rendered. Thus, the Court had a much wider scope of authority to preserve the respective rights of the parties under the entirety of the relevant rules of international law applicable between them, which of course included the different instruments on the protection of cultural heritage [11]. In the present case, however, the Court's power to indicate provisional measures under Article 41 of the Statute is limited to the "respective rights of either party" that may be subsequently adjudged to belong to them under CERD. The CERD does not, however, incorporate any rights relating to the protection of cultural or religious sites.

20. In light of the above considerations, it is my considered opinion that CERD does not provide legal grounds for the indication of provisional measures in the present case with regard to the alleged mistreatment by Azerbaijan of the persons identified by Armenia as prisoners of war or civilian detainees or, for that matter, the other persons who are apparently included in the reference to "all persons" in the *dispositif* of the Order. Nor is such legal basis afforded by CERD with respect to the protection of cultural and religious sites. The Court's indication of provisional measures in relation to these two claims by Armenia is not, in my view, legally justified.

(Signed) Abdulqawi Ahmed YUSUF.

---

[10] *Request for Interpretation of the Judgment of 15 June 1962 in the Case concerning the* Temple of Preah Vihear (Cambodia *v.* Thailand) *(Cambodia v. Thailand), Provisional Measures, Order of 18 July 2011, I.C.J. Reports 2011 (II)*, pp. 548 and 555, paras. 48 and 69 (B) (1)-(3).

[11] *Ibid., Judgment, I.C.J. Reports 2013*, pp. 317-318, para. 106.

18. Au paragraphe 84 de l'ordonnance, la Cour semble chercher à étayer l'existence possible, dans sa jurisprudence, d'un risque de préjudice irréparable encouru par des sites culturels, en renvoyant à l'affaire relative à la *Demande en interprétation de l'arrêt du 15 juin 1962 en l'affaire du* Temple de Préah Vihéar (Cambodge c. Thaïlande) *(Cambodge c. Thaïlande)*, dans laquelle elle a indiqué des mesures conservatoires visant à permettre le libre accès au temple, qui avait été inscrit sur la liste du patrimoine mondial de l'UNESCO[10]. Cette affaire se distingue cependant des circonstances de la présente espèce, dans la mesure où la compétence *prima facie* de la Cour y était fondée sur une base de compétence beaucoup plus large.

19. En l'affaire du *Temple de Préah Vihéar*, la Thaïlande et le Cambodge avaient initialement fait des déclarations reconnaissant comme obligatoire la juridiction de la Cour conformément au paragraphe 2 de l'article 36 du Statut. En 2011, la Cour a estimé qu'en vertu de l'article 60 du Statut, elle pouvait connaître d'une demande en interprétation de l'arrêt qu'elle avait précédemment rendu. Par conséquent, elle disposait d'une autorité beaucoup plus étendue pour préserver les droits respectifs que les parties tenaient de l'ensemble des règles pertinentes de droit international applicables entre elles, ce qui incluait bien entendu les différents instruments relatifs à la protection du patrimoine culturel[11]. Dans la présente espèce, cependant, le pouvoir qu'a la Cour d'indiquer des mesures conservatoires en vertu de l'article 41 du Statut est limité aux « droit[s] de chacun[e] » des parties, dont la Cour pourrait reconnaître par une décision subséquente qu'elles les tiennent de la CIEDR. Or, la convention ne prévoit aucun droit relatif à la protection des sites culturels ou religieux.

20. Compte tenu des considérations qui précèdent, je suis d'avis que la CIEDR ne fournit pas les fondements juridiques pour l'indication de mesures conservatoires en l'espèce, s'agissant des mauvais traitements que l'Azerbaïdjan infligerait aux personnes que l'Arménie qualifie de prisonniers de guerre ou de détenus civils ou, au demeurant, aux autres personnes qui semblent être visées aussi par le terme « toutes les personnes » figurant dans le dispositif de l'ordonnance. La CIEDR n'offre pas non plus une telle base juridique en ce qui concerne la protection des sites culturels et religieux. L'indication par la Cour de mesures conservatoires concernant ces deux demandes de l'Arménie n'est selon moi pas justifiée d'un point de vue juridique.

(Signé) Abdulqawi Ahmed Yusuf.

---

[10] *Demande en interprétation de l'arrêt du 15 juin 1962 en l'affaire du* Temple de Préah Vihéar (Cambodge c. Thaïlande) *(Cambodge c. Thaïlande), mesures conservatoires, ordonnance du 18 juillet 2011, C.I.J. Recueil 2011 (II)*, p. 548 et 555, par. 48 et 69 B) 1)-3).

[11] *Ibid., arrêt, C.I.J. Recueil 2013*, p. 317-318, par. 106.

DECLARATION OF JUDGE IWASAWA

Article 4 of CERD requires that measures to eradicate incitement to racial hatred and discrimination must be adopted "with due regard to the principles of the Universal Declaration of Human Rights", including freedom of expression — The Parties were engaged in large-scale hostilities in their recent history — Statements made by organizations and private persons need to be understood in this context.

1. Article 4 of the International Convention on the Elimination of All Forms of Racial Discrimination (hereinafter "CERD") requires that measures designed to eradicate incitement to racial hatred and discrimination must be adopted "with due regard to the principles of the Universal Declaration of Human Rights and the rights expressly set forth in article 5 of th[e] Convention". This includes, most notably, freedom of expression. Freedom of expression is an indispensable condition for the full development of the person and the foundation stone for a free and democratic society. The exercise of the right to freedom of expression carries with it special duties and responsibilities. It may therefore be subject to certain restrictions, which are, however, only permitted under specific conditions (see Article 19, paragraph 3, of the International Covenant on Civil and Political Rights). Measures designed to eradicate incitement to racial hatred and discrimination are compatible with the protection of freedom of expression, provided that they meet those conditions.

2. The Parties to the present case were twice engaged in large-scale hostilities against each other in their recent history, between 1991 and 1994 and again in 2020. As a result, animosity appears to persist between the two States and among some segments of their populations. Statements made by organizations and private persons need to be understood in this context.

3. In the present Order, the Court indicates that Azerbaijan shall, in accordance with its obligations under CERD, take all necessary measures to prevent the incitement and promotion of racial hatred and discrimination targeted at persons of Armenian national or ethnic origin (paragraph 98 (1) *(b)* of the Order). The Court indicates this measure in the circumstances described in paragraph 2 above.

(Signed) IWASAWA Yuji.

DÉCLARATION DE M. LE JUGE IWASAWA

[Traduction]

Article 4 de la CIEDR imposant d'adopter les mesures destinées à éliminer l'incitation à la haine et à la discrimination raciales en « tenant compte des principes formulés dans la Déclaration universelle des droits de l'homme », notamment la liberté d'expression — Existence dans l'histoire récente d'hostilités à grande échelle entre les Parties — Nécessité d'interpréter dans ce contexte les déclarations faites par des organisations et des personnes privées.

1. L'article 4 de la convention internationale sur l'élimination de toutes les formes de discrimination raciale (ci-après la « CIEDR ») impose d'adopter les mesures destinées à éliminer l'incitation à la haine et à la discrimination raciales en « tenant compte des principes formulés dans la Déclaration universelle des droits de l'homme et des droits expressément énoncés à l'article 5 de la … Convention » et, tout particulièrement, de la liberté d'expression. Celle-ci est une condition indispensable au développement complet de l'individu et constitue le fondement de toute société libre et démocratique. L'exercice du droit à la liberté d'expression emporte des devoirs et responsabilités particuliers. Il peut par conséquent faire l'objet de certaines restrictions, qui ne sont toutefois autorisées que dans des conditions bien précises (voir le paragraphe 3 de l'article 19 du pacte international relatif aux droits civils et politiques). Les mesures destinées à éliminer l'incitation à la haine et à la discrimination raciales sont compatibles avec la protection de la liberté d'expression, pour autant qu'elles satisfassent à ces conditions.

2. Les Parties à la présente affaire se sont, à deux reprises dans leur histoire récente, entre 1991 et 1994 puis à nouveau en 2020, affrontées dans le cadre d'hostilités à grande échelle. Il en résulte que de l'animosité semble persister entre les deux Etats ainsi que dans quelques groupes de leurs populations. C'est dans ce contexte qu'il convient d'interpréter les déclarations faites par des organisations et des personnes privées.

3. Dans la présente ordonnance, la Cour indique à l'Azerbaïdjan de prendre, conformément aux obligations que lui impose la CIEDR, toutes les mesures nécessaires pour empêcher l'incitation et l'encouragement à la haine et à la discrimination raciales à l'égard des personnes d'origine nationale ou ethnique arménienne (point 1), alinéa *b)*, du dispositif de l'ordonnance). Elle indique cette mesure dans les circonstances décrites au paragraphe 2 ci-dessus.

(Signé) Iwasawa Yuji.

DECLARATION OF JUDGE *AD HOC* KEITH

No request for repatriation of detainees in Armenia's Application — Plausibility of right to cultural property under CERD — Risk of irreparable prejudice.

1. In this declaration, I address two matters.

2. The first concerns the request made by Armenia for the release of Armenians who were detained by Azerbaijan during the 2020 Conflict or the aftermath. I agree with the reason given by the Court in paragraph 60 of the Order: the International Convention on the Elimination of All Forms of Racial Discrimination (hereinafter "CERD") does not plausibly require Azerbaijan to repatriate those persons.

3. In addition to that reason, I call attention to the essential object of provisional measures. Their inherent character, as reflected in Article 41 of the Statute of the Court, is to preserve the rights claimed by either party, here the Applicant, as the Court makes clear in paragraph 44 of the Order. Nowhere in the list of requests set out in paragraph 97 of Part IV, titled "Relief Sought", of the Application, filed by Armenia with the Registry on 16 September 2021, is relief sought in respect of the release or repatriation of those Armenians detained by Azerbaijan. The second and sixth of the points listed in paragraph 97 (2) (A) of the Application are limited to the rights of those Armenians in detention, but nowhere in the relief sought on the merits is there any reference to a right to be repatriated or released. The section on the facts supporting the request for provisional measures similarly does not go beyond the treatment of Armenians who remain under detention (paras. 104-112). Those matters are properly the subject of the first provisional measure indicated by the Court in paragraph 98 (1) *(a)* of the Order.

4. Second, I explain my negative vote on the measure relating to cultural property, set out in paragraph 98 (1) *(c)* of the Order. The relevant rights protected by CERD are limited ones. They are the rights of persons to freedom of thought, conscience and religion (Art. 5, para. *(d)* (vii) of CERD) and the right to equal participation in cultural activities (*ibid.*, Art. 5, para. *(e)* (vi)). The first of those rights, in many cases, can be enjoyed without access to physical places, and I do not see real evidence in the record of the denial of the second. CERD does not accord protection to cultural property itself. That protection is provided by other international instruments in carefully limited ways. Both Armenia and Azerbaijan are parties to several of them. I do not see the *Temple* case as

DÉCLARATION DE M. LE JUGE *AD HOC* KEITH

[Traduction]

Absence de demande de rapatriement des détenus dans la requête de l'Arménie — Plausibilité d'un droit à un patrimoine culturel reconnu par la CIEDR — Risque de préjudice irréparable.

1. J'aborderai deux points dans la présente déclaration.

2. Le premier concerne la libération, demandée par l'Arménie, des Arméniens faits prisonniers par l'Azerbaïdjan pendant ou immédiatement après le conflit de 2020. Je suis d'accord avec la Cour lorsqu'elle explique, au paragraphe 60 de l'ordonnance, que la convention internationale sur l'élimination de toutes les formes de discrimination raciale (ci-après la «CIEDR») n'oblige pas de manière plausible l'Azerbaïdjan à rapatrier ces personnes.

3. Outre cette raison de rejeter la demande de libération, j'appelle l'attention sur l'objet essentiel des mesures conservatoires. Le caractère intrinsèque de telles mesures, reflété à l'article 41 du Statut de la Cour, est de sauvegarder les droits revendiqués par l'une ou l'autre des parties, en l'occurrence la demanderesse, comme la Cour le rappelle clairement au paragraphe 44 de l'ordonnance. Dans la liste des demandes énoncées au paragraphe 97 de la partie IV («Remèdes sollicités») de la requête déposée par l'Arménie auprès du Greffe le 16 septembre 2021, il n'est nulle part question de la libération ou du rapatriement de ces Arméniens détenus par l'Azerbaïdjan. Les deuxième et sixième moyens mentionnés au point A de l'alinéa 2 du paragraphe 97 de la requête concernent uniquement les droits des Arméniens en détention et il n'est nullement fait référence à un droit à être rapatrié ou libéré dans les remèdes sollicités au fond. De même, dans la partie relative aux faits étayant sa demande en indication de mesures conservatoires, l'Arménie s'en tient au traitement des Arméniens qui se trouvent en détention (par. 104-112). C'est à ces questions que la Cour, à juste titre, a consacré la première mesure conservatoire indiquée à l'alinéa *a)* du point 1) du dispositif de l'ordonnance.

4. Le second point concerne les raisons pour lesquelles j'ai voté contre la mesure relative au patrimoine culturel, énoncée à l'alinéa *c)* du point 1) du dispositif de l'ordonnance. Les droits protégés par la CIEDR pertinents en l'espèce sont limités : il s'agit du droit à la liberté de pensée, de conscience et de religion (art. 5, al. *d)* vii)) et du droit de prendre part, dans des conditions d'égalité, aux activités culturelles (art. 5, al. *e)* vi)). Le premier de ces droits peut, dans bien des cas, être exercé sans accès à des lieux physiques ; quant au second, je ne vois rien dans le dossier qui prouve réellement qu'il ait été méconnu. La CIEDR n'accorde pas de protection au patrimoine culturel en tant que tel, mais d'autres instruments internationaux le font, de façon soigneusement limitée. L'Arménie

being relevant in this case[1]. The Court's jurisdiction at the merits stage of that case arose under unilateral acceptances of the jurisdiction of the Court by the two parties, without relevant reservations, rather than under the limited jurisdiction conferred by Article 22 of CERD.

5. Next, to the extent that CERD does provide for access to sites that include Armenian cultural property, that access is, on my understanding of the evidence, made difficult by the existence of landmines and the lack of knowledge of their spread, rather than because of the national or ethnic origin of those seeking access. Further, actions by the Azerbaijani authorities to restore war-damaged property and to undertake public works are not to be seen as plausible breaches of the particular rights in the Convention.

6. Finally, on my reading of the record, I am unable to find evidence of a real and imminent risk that irreparable prejudice will be caused to the right in respect of cultural property. The material before the Court at present is too scant to meet that exacting standard.

(Signed) Kenneth KEITH.

---

[1] *Request for Interpretation of the Judgment of 15 June 1962 in the Case concerning the* Temple of Preah Vihear (Cambodia v. Thailand) *(Cambodia* v. *Thailand), Provisional Measures, Order of 18 July 2011, I.C.J. Reports 2011 (II)*, p. 537.

comme l'Azerbaïdjan sont parties à plusieurs de ces instruments. Je ne considère pas que l'affaire du *Temple de Préah Vihéar* soit pertinente en la présente espèce[1]. La Cour était à même d'en connaître au fond en vertu de l'acceptation unilatérale de sa juridiction par les deux parties, sans réserve particulière, et non en vertu de la compétence limitée que lui confère l'article 22 de la CIEDR.

5. Ensuite, si la CIEDR prévoit effectivement que les sites qui abritent le patrimoine culturel arménien doivent être accessibles, il me semble toutefois, d'après mon interprétation des éléments de preuve, que l'accès à ces sites est rendu difficile par la présence de mines terrestres et le manque d'informations sur l'emplacement de ces dernières, et non pas en raison de l'origine nationale ou ethnique des visiteurs. En outre, les initiatives des autorités azerbaïdjanaises pour restaurer les biens endommagés par la guerre et entreprendre des travaux publics ne sauraient être vues comme des violations plausibles des droits particuliers énoncés dans la convention.

6. Enfin, selon mon interprétation du dossier, je ne vois rien qui établisse l'existence d'un risque réel et imminent de préjudice irréparable susceptible d'être causé au droit relatif au patrimoine culturel. Les éléments dont dispose la Cour actuellement ne suffisent pas à satisfaire ce critère très strict.

(Signé) Kenneth KEITH.

---

[1] *Demande en interprétation de l'arrêt du 15 juin 1962 en l'affaire du* Temple de Préah Vihéar (Cambodge c. Thaïlande) *(Cambodge c. Thaïlande), mesures conservatoires, ordonnance du 18 juillet 2011, C.I.J. Recueil 2011 (II)*, p. 537.

COUR INTERNATIONALE DE JUSTICE

RECUEIL DES ARRÊTS,
AVIS CONSULTATIFS ET ORDONNANCES

APPLICATION
DE LA CONVENTION INTERNATIONALE
SUR L'ÉLIMINATION DE TOUTES LES FORMES
DE DISCRIMINATION RACIALE

(AZERBAÏDJAN c. ARMÉNIE)

DEMANDE EN INDICATION
DE MESURES CONSERVATOIRES

ORDONNANCE DU 7 DÉCEMBRE 2021

2021

INTERNATIONAL COURT OF JUSTICE

REPORTS OF JUDGMENTS,
ADVISORY OPINIONS AND ORDERS

APPLICATION
OF THE INTERNATIONAL CONVENTION
ON THE ELIMINATION OF ALL FORMS
OF RACIAL DISCRIMINATION

(AZERBAIJAN v. ARMENIA)

REQUEST FOR THE INDICATION
OF PROVISIONAL MEASURES

ORDER OF 7 DECEMBER 2021

Mode officiel de citation:

*Application de la convention internationale
sur l'élimination de toutes les formes de discrimination raciale
(Azerbaïdjan c. Arménie), mesures conservatoires,
ordonnance du 7 décembre 2021, C.I.J. Recueil 2021*, p. 405

———————

Official citation:

*Application of the International Convention
on the Elimination of All Forms of Racial Discrimination
(Azerbaijan v. Armenia), Provisional Measures,
Order of 7 December 2021, I.C.J. Reports 2021*, p. 405

ISSN 0074-4441
ISBN 978-92-1-003893-5

N° de vente:
Sales number **1231**

7 DÉCEMBRE 2021

ORDONNANCE

APPLICATION
DE LA CONVENTION INTERNATIONALE
SUR L'ÉLIMINATION DE TOUTES LES FORMES
DE DISCRIMINATION RACIALE

(AZERBAÏDJAN c. ARMÉNIE)

DEMANDE EN INDICATION
DE MESURES CONSERVATOIRES

———

APPLICATION
OF THE INTERNATIONAL CONVENTION
ON THE ELIMINATION OF ALL FORMS
OF RACIAL DISCRIMINATION

(AZERBAIJAN v. ARMENIA)

REQUEST FOR THE INDICATION
OF PROVISIONAL MEASURES

7 DECEMBER 2021

ORDER

TABLE DES MATIÈRES

TABLE OF CONTENTS

COUR INTERNATIONALE DE JUSTICE

ANNÉE 2021

2021
7 décembre
Rôle général
n° 181

7 décembre 2021

APPLICATION
DE LA CONVENTION INTERNATIONALE
SUR L'ÉLIMINATION DE TOUTES LES FORMES
DE DISCRIMINATION RACIALE

(AZERBAÏDJAN c. ARMÉNIE)

DEMANDE EN INDICATION
DE MESURES CONSERVATOIRES

ORDONNANCE

Présents : Mme Donoghue, *présidente* ; M. Gevorgian, *vice-président* ; MM. Tomka, Abraham, Bennouna, Yusuf, Mmes Xue, Sebutinde, MM. Bhandari, Robinson, Salam, Iwasawa, Nolte, *juges* ; MM. Keith, Daudet, *juges* ad hoc ; M. Gautier, *greffier.*

La Cour internationale de Justice,

Ainsi composée,

Après délibéré en chambre du conseil,

Vu les articles 41 et 48 du Statut de la Cour et les articles 73, 74 et 75 de son Règlement,

Rend l'ordonnance suivante :

1. Le 23 septembre 2021, la République d'Azerbaïdjan (ci-après l'« Azerbaïdjan ») a déposé au Greffe de la Cour une requête introductive d'instance contre la République d'Arménie (ci-après l'« Arménie ») à rai-

INTERNATIONAL COURT OF JUSTICE

YEAR 2021

7 December 2021

2021
7 December
General List
No. 181

APPLICATION
OF THE INTERNATIONAL CONVENTION
ON THE ELIMINATION OF ALL FORMS
OF RACIAL DISCRIMINATION

(AZERBAIJAN *v.* ARMENIA)

REQUEST FOR THE INDICATION
OF PROVISIONAL MEASURES

ORDER

Present: President DONOGHUE; *Vice-President* GEVORGIAN; *Judges* TOM-
KA, ABRAHAM, BENNOUNA, YUSUF, XUE, SEBUTINDE, BHANDARI,
ROBINSON, SALAM, IWASAWA, NOLTE; *Judges* ad hoc KEITH,
DAUDET; *Registrar* GAUTIER.

The International Court of Justice,

Composed as above,

After deliberation,

Having regard to Articles 41 and 48 of the Statute of the Court and
Articles 73, 74 and 75 of the Rules of Court,

Makes the following Order:

1. On 23 September 2021, the Republic of Azerbaijan (hereinafter
"Azerbaijan") filed in the Registry of the Court an Application instituting
proceedings against the Republic of Armenia (hereinafter "Armenia")

5

son de violations alléguées de la convention internationale du 21 décembre 1965 sur l'élimination de toutes les formes de discrimination raciale (ci-après la «CIEDR» ou la «convention»).

2. Au terme de sa requête, l'Azerbaïdjan

«prie respectueusement la Cour de dire et juger:

A. que l'Arménie, par l'intermédiaire de ses organes et agents d'Etat et d'autres personnes et entités exerçant des prérogatives de puissance publique ou opérant sur ses instructions ou sous sa direction et son contrôle, a violé les articles 2, 3, 4, 5, 6 et 7 de la CIEDR.

B. que l'Arménie, en apportant son aide, son assistance, son appui et son soutien à des activités incompatibles avec les dispositions de la CIEDR menées par d'autres personnes, groupes et organisations, a violé les alinéas b), d) et e) du paragraphe 1 de l'article 2 de cet instrument.

C. que l'Arménie doit prendre toutes les mesures nécessaires pour s'acquitter des obligations qui lui incombent au regard de la CIEDR, en particulier:

a) mettre fin immédiatement et renoncer à toute politique ou pratique de nettoyage ethnique visant les Azerbaïdjanais;

b) coopérer immédiatement aux opérations de déminage conduites par l'Azerbaïdjan et des organismes internationaux dans les anciens territoires occupés, notamment en fournissant une cartographie complète et précise des champs de mines et d'autres informations y relatives, en mettant fin et en renonçant à toute activité de minage sur le territoire de l'Azerbaïdjan, ainsi qu'en prenant toutes autres mesures nécessaires et appropriées;

c) cesser immédiatement et s'abstenir de commettre tout acte empêchant les Azerbaïdjanais de jouir de leur environnement et de leurs ressources naturelles ou d'y accéder;

d) cesser immédiatement et s'abstenir de détruire des sites du patrimoine azerbaïdjanais et autres biens appartenant au patrimoine culturel et ethnique azerbaïdjanais, ainsi que de poursuivre sa politique d'annihilation culturelle;

e) cesser immédiatement et s'abstenir de diffuser, promouvoir ou favoriser la propagande et les discours haineux contre les Azerbaïdjanais, notamment par l'intermédiaire des établissements d'enseignement ou des médias, au moyen de campagnes de désinformation sur les réseaux sociaux ou par d'autres voies, ainsi que de glorifier les auteurs de crimes perpétrés contre des Azerbaïdjanais en raison de leur appartenance ethnique;

f) cesser immédiatement et s'abstenir d'apporter tout appui ou soutien direct ou indirect à des personnes ou organisations, dont VoMA, qui soumettent les Azerbaïdjanais à une discrimination;

g) condamner publiquement la discrimination dont sont victimes les Azerbaïdjanais et adopter immédiatement des mesures posi-

concerning alleged violations of the International Convention on the Elimination of All Forms of Racial Discrimination of 21 December 1965 (hereinafter "CERD" or the "Convention").

2. At the end of its Application, Azerbaijan

"respectfully requests the Court to adjudge and declare:

A. That Armenia, through its State organs, State agents, and other persons and entities exercising governmental authority or acting on its instructions or under its direction and control, has violated articles 2, 3, 4, 5, 6, and 7 of CERD.

B. That Armenia, by aiding, assisting, sponsoring and supporting activities inconsistent with CERD conducted by other persons, groups, and organizations has violated Article 2 (1) *(b)*, *(d)*, and *(e)* of CERD.

C. That Armenia must take all steps necessary to comply with its obligations under CERD, including to:

(a) Immediately cease and desist from any and all policies and practices of ethnic cleansing that have been directed against Azerbaijanis;

(b) Immediately co-operate with de-mining operations by Azerbaijan and international agencies in the formerly Occupied Territories, including through the provision of comprehensive and accurate maps and other information on the location of minefields, by ceasing and desisting from the laying of landmines on the territory of Azerbaijan, and by other necessary and appropriate measures;

(c) Immediately cease and desist from any acts that detrimentally impact Azerbaijanis' enjoyment of or access to their environment and natural resources;

(d) Immediately cease and desist from the destruction of Azerbaijani heritage sites and other pieces of Azerbaijani ethnic and cultural property, and from the pursuit of the policy of cultural erasure;

(e) Immediately cease and desist from disseminating, promoting, or sponsoring anti-Azerbaijani propaganda and hate speech, including via educational institutions, the media, social media disinformation campaigns, and other channels, and from glorifying individuals who have committed ethnically motivated crimes against Azerbaijanis;

(f) Immediately cease and desist from any direct or indirect sponsorship or support of persons and organizations that engage in discrimination against Azerbaijanis, including VoMA;

(g) Publicly condemn discrimination against Azerbaijanis and adopt immediate and positive measures to prevent and punish

6

tives pour prévenir et punir tout acte de cette nature, conformément aux alinéas *d)* et *e)* du paragraphe 1 de l'article 2 et
à l'article 4 de la CIEDR;

h) veiller à ce que les auteurs d'actes de discrimination, notamment, mais pas seulement, de crimes de guerre imputables aux
forces arméniennes, soient recherchés et punis, conformément
aux articles 2 et 4 de la CIEDR, et offrir une protection et une
voie de recours effectives aux Azerbaïdjanais ayant subi des
préjudices à raison de tels actes;

i) reconnaître publiquement les violations de la CIEDR qu'elle a
commises et présenter des excuses pour son comportement aux
plus hauts niveaux de l'Etat;

j) donner des garanties et assurances de non-répétition de son
comportement illicite au regard de la CIEDR; et

k) réparer intégralement, notamment en versant une indemnisation dont le montant sera déterminé à un stade ultérieur de la
procédure, le préjudice causé à l'Azerbaïdjan à raison des actes
qu'elle a commis en violation de la CIEDR.»

3. Dans sa requête, l'Azerbaïdjan entend fonder la compétence de la
Cour sur le paragraphe 1 de l'article 36 du Statut de la Cour et sur l'article 22 de la CIEDR.

4. L'Azerbaïdjan a accompagné sa requête d'une demande en indication de mesures conservatoires qui a été présentée au titre de l'article 41
du Statut de la Cour et des articles 73, 74 et 75 de son Règlement.

5. Au terme de sa demande, l'Azerbaïdjan prie la Cour d'indiquer les
mesures conservatoires suivantes :

«*a)* l'Arménie doit prendre toutes les dispositions nécessaires pour
permettre à l'Azerbaïdjan de procéder promptement, effectivement et en toute sécurité à l'enlèvement des mines terrestres
posées en territoire azerbaïdjanais par l'armée arménienne ou
d'autres groupes opérant sous la direction ou le contrôle, ou avec
l'appui, de l'Arménie, notamment en fournissant sans délai une
description complète et exacte de l'emplacement et des caractéristiques de ces mines;

b) l'Arménie doit immédiatement cesser et s'abstenir de mettre en
danger des vies azerbaïdjanaises en posant des mines terrestres, ou
en encourageant ou facilitant la pose de ces mines, en territoire
azerbaïdjanais;

c) l'Arménie doit prendre toutes les dispositions requises pour empêcher effectivement les organisations opérant sur son territoire,
notamment VoMA, d'inciter à la haine raciale et à la violence à
caractère raciste contre les Azerbaïdjanais, et doit immédiatement
cesser et s'abstenir de se livrer à des faits d'incitation consistant à
publier sur Twitter et autres réseaux sociaux ou dans les médias
traditionnels des discours haineux frauduleusement attribués à des
personnalités publiques ou à des personnes privées azerbaïdjanaises;

such acts of discrimination, in accordance with CERD Articles 2 (1) *(d)* and *(e)* and Article 4;

(h) Ensure the investigation and punishment of acts of discrimination, including but not limited to war crimes committed by Armenian forces, in accordance with CERD Articles 2 and 4, and provide effective protection and remedies to Azerbaijanis for harm caused by such acts;

(i) Publicly acknowledge its breaches of CERD and apologize for its conduct at the highest levels of Government;

(j) Provide assurances and guarantees of non-repetition of Armenia's illegal conduct under CERD; and

(k) Make full reparation to Azerbaijan, including compensation in an amount to be determined in a later phase in these proceedings, for the harm suffered as a result of Armenia's actions in violation of CERD."

3. In its Application, Azerbaijan seeks to found the Court's jurisdiction on Article 36, paragraph 1, of the Statute of the Court and on Article 22 of CERD.

4. Together with the Application, Azerbaijan submitted a Request for the indication of provisional measures with reference to Article 41 of the Statute and to Articles 73, 74 and 75 of the Rules of Court.

5. At the end of its Request, Azerbaijan asked the Court to indicate the following provisional measures:

"*(a)* Armenia shall take all necessary steps to enable Azerbaijan to undertake the prompt, safe and effective demining of the landmines laid in Azerbaijan's territory by the Armenian military and/or other groups under the direction, control, or sponsorship of Armenia, including by immediately providing comprehensive and accurate information about the location and characteristics of landmines in Azerbaijan's territory;

(b) Armenia shall immediately cease and desist from endangering the lives of Azerbaijanis by planting or promoting or facilitating the planting of landmines in Azerbaijan's territory;

(c) Armenia shall take all necessary steps effectively to prevent organizations operating in Armenian territory, including the VoMA organization, from engaging in the incitement of racial hatred and racially-motivated violence targeted at Azerbaijanis, and immediately shall cease and desist incitement based on the fabrication of public and private hate speech attributed to Azerbaijanis on Twitter and other social media and traditional media channels;

7

> *d)* l'Arménie doit prendre des dispositions pour que soient effective-
> ment garantie la collecte, empêchée la destruction et assurée la pré-
> servation des éléments de preuve associés aux cas allégués de crimes
> perpétrés contre des Azerbaïdjanais en raison de leur appartenance
> ethnique qui auraient été portés à sa connaissance, notamment dans
> le cadre de communications de la République d'Azerbaïdjan;
>
> *e)* l'Arménie doit s'abstenir de prendre toute mesure susceptible
> d'aggraver ou d'étendre le présent différend ou d'en rendre le
> règlement plus difficile;
>
> *f)* l'Arménie doit fournir à la Cour un rapport sur l'ensemble des
> mesures prises pour exécuter l'ordonnance en indication de
> mesures conservatoires dans un délai de trois mois à compter de
> la date de celle-ci, puis tous les six mois jusqu'à ce que la Cour ait
> rendu sa décision définitive en l'affaire.»

6. Le greffier a immédiatement communiqué au Gouvernement de l'Arménie la requête contenant la demande en indication de mesures conservatoires, conformément au paragraphe 2 de l'article 40 du Statut de la Cour et au paragraphe 2 de l'article 73 de son Règlement. Il a également informé le Secrétaire général de l'Organisation des Nations Unies du dépôt par l'Azerbaïdjan de cette requête et de cette demande.

7. En attendant que la communication prévue au paragraphe 3 de l'article 40 du Statut ait été effectuée, le greffier, par lettre en date du 27 septembre 2021, a informé tous les Etats admis à ester devant la Cour du dépôt de la requête et de la demande en indication de mesures conservatoires.

8. La Cour ne comptant sur le siège aucun juge de la nationalité de l'une ou l'autre Partie, chacune d'elles s'est prévalue du droit que lui confère l'article 31 du Statut de procéder à la désignation d'un juge *ad hoc* pour siéger en l'affaire. L'Azerbaïdjan a désigné M. Kenneth Keith et l'Arménie, M. Yves Daudet.

9. Par lettres en date du 27 septembre 2021, le greffier a informé les Parties que la Cour, conformément au paragraphe 3 de l'article 74 de son Règlement, avait fixé aux 18 et 19 octobre 2021 les dates de la procédure orale sur la demande en indication de mesures conservatoires.

10. Au cours des audiences publiques, des observations orales sur la demande en indication de mesures conservatoires ont été présentées par :

Au nom de l'Azerbaïdjan: S. Exc. M. Elnur Mammadov,
M. Vaughan Lowe,
Mme Catherine Amirfar,
Mme Laurence Boisson de Chazournes,
Mme Natalie Reid,
M. Donald Francis Donovan.

Au nom de l'Arménie: S. Exc. M. Yeghishe Kirakosyan,
M. Robert Kolb,
M. Sean Murphy,

(d) Armenia shall take effective measures to collect, and to prevent the destruction and ensure the preservation of, evidence related to allegations of ethnically-motivated crimes against Azerbaijanis of which it is aware, including those identified in communications from the Republic of Azerbaijan;

(e) Armenia shall refrain from any measure that might aggravate, extend, or make more difficult the resolution of this dispute; and

(f) Armenia shall submit a report to the Court on all measures taken to give effect to its Order indicating provisional measures within three months, as from the date of the Order, and thereafter every six months, until a final decision on the case is rendered by the Court."

6. The Registrar immediately communicated to the Government of Armenia the Application containing the Request for the indication of provisional measures, in accordance with Article 40, paragraph 2, of the Statute of the Court, and Article 73, paragraph 2, of the Rules of Court. He also notified the Secretary-General of the United Nations of the filing by Azerbaijan of the Application and the Request for the indication of provisional measures.

7. Pending the notification provided for by Article 40, paragraph 3, of the Statute, the Registrar informed all States entitled to appear before the Court of the filing of the Application and the Request for the indication of provisional measures by a letter dated 27 September 2021.

8. Since the Court included upon the Bench no judge of the nationality of either Party, each Party proceeded to exercise the right conferred upon it by Article 31 of the Statute to choose a judge *ad hoc* to sit in the case. Azerbaijan chose Mr. Kenneth Keith and Armenia Mr. Yves Daudet.

9. By letters dated 27 September 2021, the Registrar informed the Parties that, pursuant to Article 74, paragraph 3, of its Rules, the Court had fixed 18 and 19 October 2021 as the dates for the oral proceedings on the Request for the indication of provisional measures.

10. At the public hearings, oral observations on the Request for the indication of provisional measures were presented by:

On behalf of Azerbaijan: H.E. Mr. Elnur Mammadov,
Mr. Vaughan Lowe,
Ms Catherine Amirfar,
Ms Laurence Boisson de Chazournes,
Ms Natalie Reid,
Mr. Donald Francis Donovan.

On behalf of Armenia: H.E. Mr. Yeghishe Kirakosyan,
Mr. Robert Kolb,
Mr. Sean Murphy,

M. Constantinos Salonidis,
M. Pierre d'Argent,
M. Lawrence H. Martin.

11. Au terme de son second tour de plaidoiries, l'Azerbaïdjan a prié la Cour d'indiquer les mesures conservatoires suivantes :

«*a*) l'Arménie doit prendre toutes les dispositions nécessaires pour permettre à l'Azerbaïdjan de procéder promptement, effectivement et en toute sécurité à l'enlèvement des mines terrestres posées en territoire azerbaïdjanais par l'armée arménienne ou d'autres groupes opérant sous la direction ou le contrôle, ou avec l'appui, de l'Arménie, notamment en fournissant sans délai une description complète et exacte de l'emplacement et des caractéristiques de ces mines ;

b) l'Arménie doit immédiatement cesser et s'abstenir de mettre en danger des vies azerbaïdjanaises en posant des mines terrestres, ou en encourageant ou facilitant la pose de ces mines, en territoire azerbaïdjanais ;

c) l'Arménie doit prendre toutes les dispositions requises pour empêcher effectivement les organisations opérant sur son territoire, notamment VoMA, d'inciter à la haine raciale et à la violence à caractère raciste contre les Azerbaïdjanais, et doit immédiatement cesser et s'abstenir de se livrer à des faits d'incitation consistant à publier sur Twitter et autres réseaux sociaux ou dans les médias traditionnels des discours haineux frauduleusement attribués à des personnalités publiques ou à des personnes privées azerbaïdjanaises ;

d) l'Arménie doit prendre des dispositions pour que soient effectivement garantie la collecte, empêchée la destruction et assurée la préservation des éléments de preuve associés aux cas allégués de crimes perpétrés contre des Azerbaïdjanais en raison de leur appartenance ethnique qui auraient été portés à sa connaissance, notamment dans le cadre de communications de la République d'Azerbaïdjan ;

e) l'Arménie doit s'abstenir de prendre toute mesure susceptible d'aggraver ou d'étendre le présent différend ou d'en rendre le règlement plus difficile ; et

f) l'Arménie doit fournir à la Cour un rapport sur l'ensemble des mesures prises pour exécuter l'ordonnance en indication de mesures conservatoires dans un délai de trois mois à compter de la date de celle-ci, puis tous les six mois jusqu'à ce que la Cour ait rendu sa décision définitive en l'affaire.»

12. Au terme de son second tour de plaidoiries, l'Arménie a prié la Cour de «rejeter dans son intégralité la demande en indication de mesures conservatoires présentée par l'Azerbaïdjan».

* * *

9

> Mr. Constantinos Salonidis,
> Mr. Pierre d'Argent,
> Mr. Lawrence H. Martin.

11. At the end of its second round of oral observations, Azerbaijan asked the Court to indicate the following provisional measures:

> "*(a)* Armenia shall take all necessary steps to enable Azerbaijan to undertake the prompt, safe and effective demining of the land-mines laid in Azerbaijan's territory by the Armenian military and/or other groups under the direction, control, or sponsorship of Armenia, including by immediately providing comprehensive and accurate information about the location and characteristics of landmines in Azerbaijan's territory;
>
> *(b)* Armenia shall immediately cease and desist from endangering the lives of Azerbaijanis by planting or promoting or facilitating the planting of landmines in Azerbaijan's territory;
>
> *(c)* Armenia shall take all necessary steps effectively to prevent organizations operating in Armenian territory, including the VoMA organization, from engaging in the incitement of racial hatred and racially-motivated violence targeted at Azerbaijanis, and immediately shall cease and desist incitement based on the fabrication of public and private hate speech attributed to Azerbaijanis on Twitter and other social media and traditional media channels;
>
> *(d)* Armenia shall take effective measures to collect, and to prevent the destruction and ensure the preservation of, evidence related to allegations of ethnically-motivated crimes against Azerbaijanis of which it is aware, including those identified in communications from the Republic of Azerbaijan;
>
> *(e)* Armenia shall refrain from any measure that might aggravate, extend, or make more difficult the resolution of this dispute; and
>
> *(f)* Armenia shall submit a report to the Court on all measures taken to give effect to its Order indicating provisional measures within three months, as from the date of the Order, and thereafter every six months, until a final decision on the case is rendered by the Court."

12. At the end of its second round of oral observations, Armenia requested the Court "to reject Azerbaijan's requests for the indication of provisional measures in full".

* * *

9

I. INTRODUCTION

13. L'Azerbaïdjan et l'Arménie, deux Républiques de l'ancienne Union des Républiques socialistes soviétiques, ont accédé à l'indépendance les 18 octobre et 21 septembre 1991, respectivement. En Union soviétique, la région du Haut-Karabakh était une entité autonome («oblast»), dont la population était en majorité d'origine arménienne, et qui était située sur le territoire de la République socialiste soviétique d'Azerbaïdjan. Les revendications concurrentes des Parties sur cette région ont donné lieu à des hostilités qui se sont conclues par un cessez-le-feu en mai 1994. De nouvelles hostilités ont éclaté en septembre 2020. Qualifiées de «deuxième guerre du Garabagh» par l'Azerbaïdjan et de «deuxième guerre du Haut-Karabakh» par l'Arménie, ces hostilités (ci-après le «conflit de 2020») ont duré 44 jours. Le 9 novembre 2020, le président de la République d'Azerbaïdjan, le premier ministre de la République d'Arménie et le président de la Fédération de Russie ont signé une déclaration, dite «déclaration trilatérale», qui proclamait, à compter du 10 novembre 2020, «[u]n cessez-le-feu complet et la cessation de toutes les hostilités dans la zone de conflit du Haut-Karabakh».

14. Les divergences entre les Parties sont anciennes et recouvrent des aspects très variés. Le demandeur ayant invoqué l'article 22 de la CIEDR comme titre de compétence dans la présente affaire, la portée de celle-ci est dès lors circonscrite par cette convention.

II. COMPÉTENCE *PRIMA FACIE*

1. *Observations générales*

15. La Cour ne peut indiquer des mesures conservatoires que si les dispositions invoquées par le demandeur semblent *prima facie* constituer une base sur laquelle sa compétence pourrait être fondée, mais elle n'a pas besoin de s'assurer de manière définitive qu'elle a compétence quant au fond de l'affaire (voir, par exemple, *Application de la convention pour la prévention et la répression du crime de génocide (Gambie c. Myanmar), mesures conservatoires, ordonnance du 23 janvier 2020, C.I.J. Recueil 2020*, p. 9, par. 16).

16. En la présente espèce, l'Azerbaïdjan entend fonder la compétence de la Cour sur le paragraphe 1 de l'article 36 du Statut de la Cour ainsi que sur l'article 22 de la CIEDR (voir le paragraphe 3 ci-dessus). La Cour doit donc commencer par vérifier si ces dispositions lui confèrent *prima facie* compétence pour statuer sur le fond de l'affaire, et lui permettent ainsi — sous réserve que les autres conditions requises soient réunies — d'indiquer des mesures conservatoires.

17. L'article 22 de la CIEDR se lit comme suit:

«Tout différend entre deux ou plusieurs Etats parties touchant l'interprétation ou l'application de la présente Convention qui n'aura

I. Introduction

13. Azerbaijan and Armenia, both of which were Republics of the former Union of Soviet Socialist Republics, declared independence on 18 October 1991 and 21 September 1991, respectively. In the Soviet Union, the Nagorno-Karabakh region had been an autonomous entity ("oblast") that had a majority Armenian ethnic population, lying within the territory of the Azerbaijani Soviet Socialist Republic. The Parties' competing claims over that region resulted in hostilities that ended with a ceasefire in May 1994. Further hostilities erupted in September 2020, in what Azerbaijan calls "the Second Garabagh War" and Armenia calls "the Second Nagorno-Karabakh War" (hereinafter the "2020 Conflict"), and lasted 44 days. On 9 November 2020, the President of the Republic of Azerbaijan, the Prime Minister of the Republic of Armenia, and the President of the Russian Federation signed a statement referred to by the Parties as the "Trilateral Statement". Under the terms of this statement, as of 10 November 2020, "[a] complete ceasefire and termination of all hostilities in the area of the Nagorno-Karabakh conflict [was] declared".

14. The differences between the Parties are longstanding and wide-ranging. The Applicant has invoked Article 22 of CERD as the title of jurisdiction in the present case, the scope of which is therefore circumscribed by that Convention.

II. Prima Facie Jurisdiction

1. General Observations

15. The Court may indicate provisional measures only if the provisions relied on by the Applicant appear, prima facie, to afford a basis on which its jurisdiction could be founded, but need not satisfy itself in a definitive manner that it has jurisdiction as regards the merits of the case (see, for example, *Application of the Convention on the Prevention and Punishment of the Crime of Genocide (The Gambia* v. *Myanmar), Provisional Measures, Order of 23 January 2020, I.C.J. Reports 2020*, p. 9, para. 16).

16. In the present case, Azerbaijan seeks to found the jurisdiction of the Court on Article 36, paragraph 1, of the Statute of the Court and on Article 22 of CERD (see paragraph 3 above). The Court must therefore first determine whether those provisions prima facie confer upon it jurisdiction to rule on the merits of the case, enabling it — if the other necessary conditions are fulfilled — to indicate provisional measures.

17. Article 22 of CERD reads as follows:

"Any dispute between two or more States Parties with respect to the interpretation or application of this Convention, which is not set-

10

pas été réglé par voie de négociation ou au moyen des procédures expressément prévues par ladite Convention sera porté, à la requête de toute partie au différend, devant la Cour internationale de Justice pour qu'elle statue à son sujet, à moins que les parties au différend ne conviennent d'un autre mode de règlement.»

18. L'Azerbaïdjan et l'Arménie sont tous deux parties à la CIEDR; le premier y a adhéré le 16 août 1996 et la seconde le 23 juin 1993. Ni l'un ni l'autre n'a fait de réserve à l'article 22 ni à aucune autre disposition de la convention.

2. *Existence d'un différend concernant l'interprétation ou l'application de la CIEDR*

19. L'article 22 de la CIEDR subordonne la compétence de la Cour à l'existence d'un différend relatif à l'interprétation ou à l'application de la convention. Selon la jurisprudence constante de la Cour, un différend est «un désaccord sur un point de droit ou de fait, une contradiction, une opposition de thèses juridiques ou d'intérêts» entre des parties (*Concessions Mavrommatis en Palestine, arrêt nº 2, 1924, C.P.J.I. série A nº 2*, p. 11). Pour établir l'existence d'un tel différend, «[i]l faut démontrer que la réclamation de l'une des parties se heurte à l'opposition manifeste de l'autre» (*Sud-Ouest africain (Ethiopie c. Afrique du Sud; Libéria c. Afrique du Sud), exceptions préliminaires, arrêt, C.I.J. Recueil 1962*, p. 328). Les ««points de vue des deux parties, quant à l'exécution ou à la non-exécution» de certaines obligations internationales, «[doivent être] nettement opposés»» (*Violations alléguées de droits souverains et d'espaces maritimes dans la mer des Caraïbes (Nicaragua c. Colombie), exceptions préliminaires, arrêt, C.I.J. Recueil 2016 (I)*, p. 26, par. 50, citant *Interprétation des traités de paix conclus avec la Bulgarie, la Hongrie et la Roumanie, première phase, avis consultatif, C.I.J. Recueil 1950*, p. 74).

20. A l'effet d'établir si un différend existe en la présente espèce, la Cour ne peut se borner à constater que l'une des Parties soutient que la convention s'applique alors que l'autre le nie (voir *Application de la convention internationale sur l'élimination de toutes les formes de discrimination raciale (Qatar c. Emirats arabes unis), mesures conservatoires, ordonnance du 23 juillet 2018, C.I.J. Recueil 2018 (II)*, p. 414, par. 18). L'Azerbaïdjan invoquant pour fonder sa compétence la clause compromissoire contenue dans une convention internationale, la Cour doit rechercher si les actes et omissions dénoncés par le demandeur sont susceptibles d'entrer dans les prévisions de l'instrument en question et si, en conséquence, le différend est de ceux dont elle pourrait avoir compétence pour connaître *ratione materiae* (voir *ibid.*).

* *

21. L'Azerbaïdjan soutient qu'un différend l'oppose à l'Arménie au sujet de l'interprétation et de l'application de la CIEDR. Selon lui,

tled by negotiation or by the procedures expressly provided for in this Convention, shall, at the request of any of the parties to the dispute, be referred to the International Court of Justice for decision, unless the disputants agree to another mode of settlement."

18. Azerbaijan and Armenia are both parties to CERD; Azerbaijan acceded to CERD on 16 August 1996, Armenia on 23 June 1993. Neither Party made reservations to Article 22 or to any other provision of CERD.

2. Existence of a Dispute relating to the Interpretation or Application of CERD

19. Article 22 of CERD makes the Court's jurisdiction conditional on the existence of a dispute relating to the interpretation or application of the Convention. According to the established case law of the Court, a dispute is "a disagreement on a point of law or fact, a conflict of legal views or of interests" between parties (*Mavrommatis Palestine Concessions, Judgment No. 2, 1924, P.C.I.J., Series A, No. 2*, p. 11). In order for a dispute to exist, "[i]t must be shown that the claim of one party is positively opposed by the other" (*South West Africa (Ethiopia v. South Africa; Liberia v. South Africa), Preliminary Objections, Judgment, I.C.J. Reports 1962*, p. 328). The two sides must "'hold clearly opposite views concerning the question of the performance or non-performance of certain' international obligations" (*Alleged Violations of Sovereign Rights and Maritime Spaces in the Caribbean Sea (Nicaragua v. Colombia), Preliminary Objections, Judgment, I.C.J. Reports 2016 (I)*, p. 26, para. 50, citing *Interpretation of Peace Treaties with Bulgaria, Hungary and Romania, First Phase, Advisory Opinion, I.C.J. Reports 1950*, p. 74).

20. In order to determine whether a dispute exists in the present case, the Court cannot limit itself to noting that one of the Parties maintains that the Convention applies, while the other denies it (see *Application of the International Convention on the Elimination of All Forms of Racial Discrimination (Qatar v. United Arab Emirates), Provisional Measures, Order of 23 July 2018, I.C.J. Reports 2018 (II)*, p. 414, para. 18). Since Azerbaijan has invoked as the basis of the Court's jurisdiction the compromissory clause in an international convention, the Court must ascertain whether the acts and omissions complained of by the Applicant are capable of falling within the provisions of that instrument and whether, as a consequence, the dispute is one which the Court has jurisdiction *ratione materiae* to entertain (see *ibid.*).

* *

21. Azerbaijan contends that a dispute has arisen between Azerbaijan and Armenia concerning the interpretation and application of CERD.

l'Arménie a commis et continue de commettre des actes de discrimination contre des personnes d'origine nationale ou ethnique azerbaïdjanaise. L'Azerbaïdjan affirme que, pris individuellement et collectivement, les politiques et les actes de l'Arménie visant au nettoyage ethnique, à l'annihilation culturelle et à la provocation à la haine contre les personnes d'origine azerbaïdjanaise portent systématiquement atteinte aux droits et libertés dont jouissent ces dernières, en violation de la CIEDR. Il allègue en particulier que, si le conflit de 2020 a pris fin, l'Arménie «continue activement d'empêcher» les personnes d'origine azerbaïdjanaise déplacées de retourner dans les régions qu'elle contrôlait auparavant, en refusant de lui communiquer des informations sur les champs de mines situés dans les zones où résidaient ces personnes, pour qu'il puisse y mener des opérations de déminage, et en «continu[ant] … à poser de *nouvelles* mines sur le territoire de l'Azerbaïdjan» (les italiques sont de lui). Pour l'Azerbaïdjan, le comportement que la défenderesse manifeste à cet égard s'inscrit dans le prolongement de la «campagne de nettoyage ethnique [qu'elle mène] depuis des décennies» contre les personnes d'origine nationale ou ethnique azerbaïdjanaise. Le demandeur ajoute que, au stade actuel, la Cour doit seulement déterminer si elle a compétence *prima facie*, et que sa requête est motivée par la discrimination que subiraient les Azerbaïdjanais en raison de leur «origine ethnique ou nationale, et non de [leur] nationalité ou … citoyenneté, azerbaïdjanaise».

22. L'Azerbaïdjan allègue, en particulier, que l'Arménie a manqué aux obligations lui incombant au titre des articles 2, 3, 4, 5, 6 et 7 de la CIEDR. Il affirme qu'elle a engagé sa responsabilité, notamment pour s'être livrée à des pratiques de nettoyage ethnique et autres actes de ségrégation raciale, avoir incité à la haine et à la violence contre les personnes d'origine nationale ou ethnique azerbaïdjanaise par des discours haineux et la diffusion d'une propagande raciste, y compris au plus haut niveau de l'Etat, avoir toléré la présence de «groupes xénophobes ethnonationalistes armés» sur son sol, notamment Voxj Mnalu Arvest, qui signifie «art de la survie» (ci-après «VoMA»), avoir mené, favorisé ou soutenu des opérations de désinformation sur les réseaux sociaux, et avoir omis de mener des enquêtes sur les manquements à des obligations découlant de la CIEDR à l'égard des personnes d'origine azerbaïdjanaise et de préserver les éléments de preuve y afférents. L'Azerbaïdjan ajoute que, selon son interprétation, les deux Parties reconnaissent «l'existence d'un différend relevant de la CIEDR».

*

23. L'Arménie n'a pas traité spécifiquement de l'existence d'un différend concernant des manquements allégués aux obligations mises à sa charge par la CIEDR. Toutefois, elle dément avoir manqué à ses obligations et responsabilités découlant de la CIEDR et souligne qu'elle ne cautionne ni ne tolère les actes de racisme visant les personnes d'origine azerbaïdjanaise. Selon elle, les allégations de l'Azerbaïdjan sont dénuées de fondement. Ainsi, l'Arménie conteste l'allégation voulant que les discours

12

According to Azerbaijan, Armenia has engaged and continues to engage in discriminatory acts against persons of Azerbaijani national or ethnic origin. Azerbaijan claims that, taken individually and collectively, Armenia's policies and conduct of ethnic cleansing, cultural erasure and fomenting of hatred against ethnic Azerbaijanis systematically infringe their rights and freedoms in violation of CERD. Azerbaijan specifically alleges that, following the end of the 2020 Conflict, Armenia "actively continues to prevent" the return of displaced ethnic Azerbaijanis to the areas formerly under Armenian control by refusing to share information about the minefields in the area where their former homes were located so as to allow for mine clearance operations, and by "continu[ing] to plant *new* mines on Azerbaijan's territory" (emphasis in the original). Azerbaijan considers that the Applicant's conduct in this regard is "a continuation of Armenia's decades-long ethnic cleansing campaign" against persons of Azerbaijani national or ethnic origin. The Applicant adds that, at present, the Court need only make a prima facie finding of jurisdiction and that its Application is premised on a claim of discrimination against "Azerbaijanis as an ethnic origin or national origin group and not in relation to nationality or citizenship".

22. Azerbaijan alleges, in particular, that Armenia has acted in violation of its obligations under Articles 2, 3, 4, 5, 6 and 7 of CERD. Azerbaijan asserts that Armenia bears responsibility, *inter alia*, for engaging in practices of ethnic cleansing and other acts of racial segregation; for inciting hatred and violence against persons of Azerbaijani national or ethnic origin through hate speech and the dissemination of racist propaganda, including at the highest level of its Government; for harbouring "armed ethno-nationalist hate groups", including Voxj Mnalu Arvest, which stands for "Art of Survival" (hereinafter "VoMA"); for engaging in, sponsoring or supporting disinformation operations across social media; and for failing to investigate and preserve evidence related to violations of obligations arising under CERD with regard to ethnic Azerbaijanis. Azerbaijan adds that, in its understanding, both Parties accept "that a dispute under CERD exists".

*

23. Armenia does not address specifically the existence of a dispute concerning alleged violations of its obligations under CERD. However, Armenia denies that it has violated its obligations and responsibilities under CERD and stresses that it does not endorse or condone racism aimed at ethnic Azerbaijanis. Armenia contends that Azerbaijan's claims have no substance. For example, it disputes the Applicant's allegation that hate speech against ethnic Azerbaijanis has emanated from the high-

de haine dirigés contre les personnes d'origine azerbaïdjanaise émanent du plus haut niveau de l'Etat arménien et fait observer que l'Azerbaïdjan n'a versé au dossier que des «déclarations d'une poignée d'individus ou d'organisations non gouvernementales spécialisés dans la formation aux situations d'urgence et à l'autodéfense». En ce qui concerne l'allégation de refus de coopérer au déminage, l'Arménie dit avoir déjà fourni à l'Azerbaïdjan des cartes de champs de mines à deux reprises et être disposée à lui communiquer d'autres informations dans le cadre du règlement de toutes les questions humanitaires en suspens. Elle déclare en outre qu'elle ne pose pas de mines terrestres sur le territoire de l'Azerbaïdjan.

24. L'Arménie fait valoir que les demandes de l'Azerbaïdjan ne relèvent pas de la compétence *ratione materiae* de la Cour, car les mesures dénoncées touchent l'ensemble des ressortissants de la République d'Azerbaïdjan et non les seules personnes d'origine ethnique azerbaïdjanaise. La défenderesse soutient que, en tout état de cause, les demandes de l'Azerbaïdjan relatives à la pose de mines terrestres et à son prétendu refus de fournir des cartes de champs de mines n'entrent pas dans les prévisions de la CIEDR. Pour elle, la Cour n'a pas compétence *prima facie* pour connaître de ces demandes, le déminage n'ayant aucun lien avec la convention. L'Arménie met également en doute la compétence *ratione temporis* de la Cour, au motif que les mines posées dans les zones en cause l'auraient été pendant et immédiatement après les hostilités ayant pris fin en 1994 et, partant, avant que la CIEDR n'entre en vigueur entre les Parties.

* *

25. La Cour rappelle que, pour déterminer s'il existait un différend entre les parties au moment du dépôt d'une requête, elle tient notamment compte de l'ensemble des déclarations ou documents échangés entre elles (voir *Application de la convention pour la prévention et la répression du crime de génocide (Gambie c. Myanmar), mesures conservatoires, ordonnance du 23 janvier 2020, C.I.J. Recueil 2020*, p. 12, par. 26). Ce faisant, elle accorde une attention particulière «aux auteurs des déclarations ou documents, aux personnes auxquelles [ceux-ci] étaient destinés ou qui en ont effectivement eu connaissance» et aux contenus en question *(ibid.)*. L'existence d'un différend doit être établie objectivement par la Cour; c'est une question de fond, et non de forme ou de procédure *(ibid.)*.

26. La Cour considère que les échanges entre les Parties antérieurs au dépôt de la requête montrent que celles-ci s'opposent quant à la question de savoir si certains actes ou omissions présumés de l'Arménie ont emporté manquement à ses obligations découlant de la CIEDR. Elle note que, selon l'Azerbaïdjan, l'Arménie a manqué à divers égards aux obligations que lui impose la convention (voir les paragraphes 21 et 22 ci-dessus). L'Arménie nie avoir commis l'une quelconque des violations alléguées et que les actes dénoncés entrent dans les prévisions de la CIEDR (voir les paragraphes 23 et 24 ci-dessus). La divergence des vues de l'Azerbaïdjan et de l'Arménie sur le point de savoir si cette dernière respectait les enga-

est level of the Government of Armenia, pointing out that Azerbaijan has only adduced the "statements of a few individuals or non-governmental organizations engaged in emergency and self-defence trainings". As to Azerbaijan's allegation that the Respondent refuses to co-operate in demining, Armenia states that it has already provided minefield maps to Azerbaijan on two separate occasions and that it is willing to provide further information in the context of resolving all outstanding humanitarian issues. Armenia moreover asserts that it is not planting landmines in the territory of Azerbaijan.

24. Armenia contends that the claims of Azerbaijan fall outside the scope of the Court's jurisdiction *ratione materiae*, because the measures complained of affect all citizens of the Republic of Azerbaijan as opposed to persons of Azerbaijani ethnicity. The Respondent states that, in any event, Azerbaijan's claims related to the planting of landmines and the alleged refusal by Armenia to provide minefield maps lie outside the parameters of CERD. Armenia argues that the Court lacks prima facie jurisdiction over these claims because demining has no connection to CERD. Armenia also questions whether the Court has jurisdiction *ratione temporis* because the mining of the relevant areas allegedly took place during and in the immediate aftermath of the hostilities that ended in 1994, and hence before CERD entered into force as between the Parties.

* *

25. The Court recalls that for the purposes of determining whether there was a dispute between the parties at the time of filing an application, it takes into account in particular any statements or documents exchanged between them (see *Application of the Convention on the Prevention and Punishment of the Crime of Genocide (The Gambia* v. *Myanmar), Provisional Measures, Order of 23 January 2020, I.C.J. Reports 2020*, p. 12, para. 26). In so doing, it pays special attention to "the author of the statement or document, their intended or actual addressee, and their content" *(ibid.)*. The existence of a dispute is a matter for objective determination by the Court; it is a matter of substance, and not a question of form or procedure *(ibid.)*.

26. The Court considers that the exchanges between the Parties prior to the filing of the Application indicate that they differ as to whether certain acts or omissions allegedly committed by Armenia gave rise to violations of its obligations under CERD. The Court notes that, according to Azerbaijan, Armenia has violated its obligations under the Convention in various ways (see paragraphs 21 to 22 above). Armenia has denied that it has committed any of the alleged violations set out above and that the acts complained of fall within the scope of CERD (see paragraphs 23 to 24 above). The divergence of views between Azerbaijan and Armenia regarding the latter's compliance with its commitments under CERD was

13

gements qu'elle avait pris au titre de la CIEDR était déjà manifeste dans le premier échange de lettres, datées respectivement du 8 et du 22 décembre 2020, entre les ministres des affaires étrangères des Parties immédiatement après le conflit de 2020. Elle est en outre établie par des échanges ultérieurs entre les Parties.

27. Aux fins de la présente procédure, la Cour n'est pas tenue de déterminer si l'Arménie a manqué aux obligations lui incombant au titre de la CIEDR, ce qu'elle ne pourrait faire que dans le cadre de l'examen de l'affaire au fond. Au stade d'une ordonnance en indication de mesures conservatoires, elle doit déterminer si les actes et omissions dont l'Azerbaïdjan tire grief sont susceptibles d'entrer dans les prévisions de la CIEDR. De l'avis de la Cour, tel est le cas de certains au moins des actes et omissions que l'Azerbaïdjan reproche à l'Arménie.

28. En conséquence, la Cour conclut qu'il existe une base suffisante à ce stade pour établir *prima facie* qu'un différend oppose les Parties quant à l'interprétation ou à l'application de la CIEDR.

3. *Conditions procédurales préalables*

29. Aux termes de l'article 22 de la CIEDR, un différend ne peut être porté devant la Cour que s'il n'a «pas été réglé par voie de négociation ou au moyen des procédures expressément prévues par [la] Convention». La Cour a déjà dit que l'article 22 de la CIEDR établit des conditions procédurales préalables auxquelles il doit être satisfait avant qu'elle ne soit saisie (voir *Application de la convention internationale sur l'élimination de toutes les formes de discrimination raciale (Géorgie c. Fédération de Russie), exceptions préliminaires, arrêt, C.I.J. Recueil 2011 (I)*, p. 128, par. 141).

30. La Cour a aussi dit que lesdites conditions préalables à sa saisine présentent un caractère alternatif et non cumulatif (*Application de la convention internationale pour la répression du financement du terrorisme et de la convention internationale sur l'élimination de toutes les formes de discrimination raciale (Ukraine c. Fédération de Russie), exceptions préliminaires, arrêt, C.I.J. Recueil 2019 (II)*, p. 600, par. 113). Dès lors que l'Azerbaïdjan ne prétend pas que le différend qui l'oppose à l'Arménie a été soumis aux «procédures expressément prévues par [la] Convention», commençant par la saisine du Comité pour l'élimination de la discrimination raciale en vertu de l'article 11 de la convention, la Cour recherchera seulement si ce différend n'a «pas été réglé par voie de négociation», au sens de l'article 22.

31. En outre, l'article 22 de la CIEDR dispose qu'un différend ne peut être porté devant la Cour à la requête de l'une ou l'autre des parties à ce différend que si celles-ci ne sont pas convenues d'un autre mode de règlement. La Cour note qu'aucune des Parties ne prétend qu'elles seraient parvenues à un accord sur un autre mode de règlement.

32. Au stade actuel de la procédure, la Cour déterminera s'il apparaît, *prima facie*, que l'Azerbaïdjan a véritablement cherché à mener des négo-

already apparent in the first exchange of letters between the Ministers for Foreign Affairs of the Parties, dated 8 December 2020 and 22 December 2020 respectively, in the immediate aftermath of the 2020 Conflict. It is further demonstrated by subsequent exchanges between the Parties.

27. For the purposes of the present proceedings, the Court is not required to ascertain whether any violations of Armenia's obligations under CERD have occurred, a finding that could only be made as part of the examination of the merits of the case. At the stage of making an order on provisional measures, the Court's task is to establish whether the acts and omissions complained of by Azerbaijan are capable of falling within the provisions of CERD. In the Court's view, at least some of the acts and omissions alleged by Azerbaijan to have been committed by Armenia are capable of falling within the provisions of the Convention.

28. The Court finds therefore that there is a sufficient basis at this stage to establish prima facie the existence of a dispute between the Parties relating to the interpretation or application of CERD.

3. Procedural Preconditions

29. Under Article 22 of CERD, a dispute may be referred to the Court only if it is "not settled by negotiation or by the procedures expressly provided for in this Convention". The Court has previously ruled that Article 22 of CERD establishes procedural preconditions to be met before the seisin of the Court (see *Application of the International Convention on the Elimination of All Forms of Racial Discrimination (Georgia* v. *Russian Federation), Preliminary Objections, Judgment, I.C.J. Reports 2011 (I)*, p. 128, para. 141).

30. The Court has also held that the above-mentioned preconditions to its jurisdiction are alternative and not cumulative (*Application of the International Convention for the Suppression of the Financing of Terrorism and of the International Convention on the Elimination of All Forms of Racial Discrimination (Ukraine* v. *Russian Federation), Preliminary Objections, Judgment, I.C.J. Reports 2019 (II)*, p. 600, para. 113). Since Azerbaijan does not contend that its dispute with Armenia was submitted to "procedures expressly provided for in [the] Convention", which begin with a referral to the Committee on the Elimination of Racial Discrimination under Article 11 of CERD, the Court will only ascertain whether the dispute is one that is "not settled by negotiation", within the meaning of Article 22.

31. In addition, Article 22 of CERD states that a dispute may be referred to the Court at the request of any of the parties to that dispute only if they have not agreed to another mode of settlement. The Court notes that neither Party contends that they have agreed to another mode of settlement.

32. At this stage of the proceedings, the Court will examine whether it appears, prima facie, that Azerbaijan genuinely attempted to engage in

14

ciations avec l'Arménie en vue de régler le différend qui les oppose au sujet du respect, par cette dernière, des obligations matérielles lui incombant au titre de la CIEDR, et si l'Azerbaïdjan a poursuivi ces négociations autant qu'il était possible (voir *Application de la convention internationale sur l'élimination de toutes les formes de discrimination raciale (Qatar c. Emirats arabes unis), mesures conservatoires, ordonnance du 23 juillet 2018, C.I.J. Recueil 2018 (II)*, p. 420, par. 36).

* *

33. Pour ce qui est des conditions procédurales préalables prévues à l'article 22 de la CIEDR, l'Azerbaïdjan dit avoir échangé plus de 40 pièces de correspondance et tenu plusieurs séries de réunions avec l'Arménie entre décembre 2020 et septembre 2021, pour tenter de régler ses griefs concernant les manquements par celle-ci à des obligations découlant de la convention. Il affirme en particulier que, dans une lettre en date du 8 décembre 2020 adressée à son homologue arménien, le ministre azerbaïdjanais des affaires étrangères a énuméré les actes par lesquels l'Arménie avait manqué à ses obligations découlant de la CIEDR. Selon l'Azerbaïdjan, la correspondance ensuite échangée entre les Parties énonçait les modalités qui devaient régir les négociations et plusieurs réunions bilatérales se sont tenues entre mars et septembre 2021. L'Azerbaïdjan prétend en outre que l'Arménie n'a pas participé de bonne foi aux négociations, refusant d'examiner dûment les remèdes demandés ou de faire une quelconque proposition ou contre-proposition visant à atténuer ou à régler les problèmes en jeu. Pour prouver que, comme il l'affirme, l'Azerbaïdjan a véritablement cherché à trouver une solution aux questions en litige, son conseil renvoie, en particulier, à trois lettres, à savoir une lettre du ministre arménien des affaires étrangères en date du 11 novembre 2020, la lettre susmentionnée du ministre azerbaïdjanais des affaires étrangères en date du 8 décembre 2020, et une lettre, en date du 9 octobre 2021, présentant les propositions faites par l'Azerbaïdjan à l'Arménie au cours des négociations tenues les 30 et 31 août 2021. L'Azerbaïdjan estime que ces documents montrent qu'il a véritablement tenté de trouver une solution négociée au différend avec l'Arménie, ce que celle-ci n'a pas fait. Il soutient qu'il serait vain, au vu de l'intransigeance dont l'Arménie fait preuve, de poursuivre les négociations ou de recourir aux procédures expressément prévues par la CIEDR. L'Azerbaïdjan considère qu'il a poursuivi la négociation relative à ses réclamations «autant qu'il était possible» et que par conséquent la condition préalable de négociation énoncée à l'article 22 de la CIEDR est remplie.

*

34. L'Arménie, pour sa part, déclare reconnaître que la condition de l'échec des négociations est remplie dans la présente espèce, mais affirme n'en être en rien responsable. Selon elle, l'Azerbaïdjan n'a pas véritable-

negotiations with Armenia, with a view to resolving their dispute concerning the latter's compliance with its substantive obligations under CERD, and whether Azerbaijan pursued these negotiations as far as possible (see *Application of the International Convention on the Elimination of All Forms of Racial Discrimination (Qatar* v. *United Arab Emirates), Provisional Measures, Order of 23 July 2018, I.C.J. Reports 2018 (II)*, p. 420, para. 36).

* *

33. Regarding the procedural preconditions set out in Article 22 of CERD, Azerbaijan states that between December 2020 and September 2021, the Parties have exchanged over 40 pieces of correspondence and held several rounds of meetings in an attempt to settle Azerbaijan's claims concerning Armenia's violations of obligations arising under CERD. In particular, Azerbaijan asserts that the Minister for Foreign Affairs of Azerbaijan, in a letter dated 8 December 2020 addressed to his counterpart in Armenia, specified the actions by which Armenia had violated its obligations under CERD. According to Azerbaijan, further correspondence between the Parties set out the modalities that were to govern their negotiations, and several bilateral meetings took place between March and September 2021. Azerbaijan further asserts that Armenia did not engage in good faith in the negotiations, refusing either to consider properly the requested remedies or to make any proposals or counter-proposals to resolve the issues in dispute. In support of its contention that Azerbaijan genuinely sought to find a solution to the matters in dispute, counsel for the Applicant refers, in particular, to three letters, namely, a letter from the Minister for Foreign Affairs of Armenia, dated 11 November 2020, the above-mentioned letter from the Minister for Foreign Affairs of Azerbaijan, dated 8 December 2020, and a letter, dated 9 October 2021, outlining the proposals made by Azerbaijan to Armenia in the course of negotiations held on 30 and 31 August 2021. According to Azerbaijan, these documents show that Azerbaijan made genuine attempts to find a negotiated solution with Armenia to the dispute, whereas Armenia failed to do so. It contends that to continue negotiations or to resort to the procedures expressly provided for in CERD would be futile in light of Armenia's intransigence. Azerbaijan thus considers that it has pursued the negotiation of its claims "as far as possible" and that the procedural precondition of negotiation under Article 22 CERD is therefore satisfied.

*

34. Armenia, for its part, states that it recognizes that the requirement for the failure of negotiations is met in the present case, although it argues that this is through no fault of its own. According to Armenia, Azerbai-

15

ment cherché à engager des négociations sérieuses avant d'introduire une instance contre elle pour manquements allégués aux obligations mises à sa charge par la CIEDR. L'Arménie estime que, tout au long du processus de négociation, l'Azerbaïdjan n'a montré aucune intention de négocier et a usé de manœuvres dilatoires pour reporter les discussions, par exemple en demandant à de multiples reprises aux Parties de préciser les modalités, les sujets et le choix des représentants aux fins des négociations. Elle fait observer à cet égard qu'«il a fallu presque une année, des dizaines d'échanges de notes et des entrevues multiples, pour enfin pouvoir s'occuper du fond du litige». L'Arménie fait valoir qu'elle «était dès lors fondée à penser qu'il ne servirait plus à rien de continuer une négociation devenue stérile». Ainsi, affirme-t-elle, «les exigences relatives à la négociation étaient réunies».

* *

35. S'agissant de la condition préalable de négociation énoncée à l'article 22 de la CIEDR, la Cour relève que les négociations sont à distinguer des simples protestations ou contestations, et supposent que l'une des parties ait véritablement cherché à engager un dialogue avec l'autre, en vue de régler le différend. Si les parties ont cherché à négocier ou ont entamé des négociations, cette condition préalable n'est réputée remplie que lorsque la tentative de négocier a été vaine ou que les négociations ont échoué, sont devenues inutiles ou ont abouti à une impasse. Pour satisfaire à cette condition préalable, «ladite négociation doit … concerner l'objet du différend, qui doit lui-même se rapporter aux obligations de fond prévues par l'instrument en question» (voir *Application de la convention internationale sur l'élimination de toutes les formes de discrimination raciale (Qatar c. Emirats arabes unis), mesures conservatoires, ordonnance du 23 juillet 2018, C.I.J. Recueil 2018 (II)*, p. 419, par. 36, citant *Application de la convention internationale sur l'élimination de toutes les formes de discrimination raciale (Géorgie c. Fédération de Russie), exceptions préliminaires, arrêt, C.I.J. Recueil 2011 (I)*, p. 133, par. 161).

36. La Cour relève que, comme en témoignent les pièces dont elle dispose, l'Azerbaïdjan a reproché à l'Arménie des manquements aux obligations découlant de la CIEDR lors de divers échanges bilatéraux ultérieurs à la signature de la déclaration trilatérale en novembre 2020. En particulier, les Parties ont entretenu une correspondance sous la forme d'une série de notes diplomatiques de novembre 2020 à septembre 2021 et ont tenu plusieurs séries de réunions bilatérales traitant des modalités procédurales ainsi que de l'étendue et des sujets de leurs négociations portant sur les manquements allégués à des obligations découlant de la CIEDR.

37. La Cour constate que, du premier échange entre les ministres azerbaïdjanais et arménien des affaires étrangères par lettres datées respectivement du 8 et du 22 décembre 2020 jusqu'à la dernière réunion bilatérale tenue les 14 et 15 septembre 2021, les positions des Parties ne semblent pas avoir évolué. Bien que ces dernières aient réussi à s'entendre sur certaines

jan did not genuinely attempt to engage in meaningful negotiations before instituting proceedings alleging violations by Armenia of its obligations under CERD. In its view, throughout the whole negotiating process, Azerbaijan showed no intention of negotiating and used delaying tactics to postpone the negotiations, for example by repeatedly requesting the Parties to clarify the modalities, topics and selection of representatives for the purposes of the negotiations. Armenia observes in this regard that "[i]t took nearly a year, dozens of exchanges of Notes and numerous encounters before it was finally possible to address the substance of the dispute". Therefore, Armenia claims that it had a "good reason to think that there was no longer any point in continuing a negotiation that had become futile". In this context, Armenia submits, "the requirements in terms of negotiation were met".

* *

35. Regarding the precondition of negotiation contained in Article 22 of CERD, the Court observes that negotiations are distinct from mere protests or disputations and require a genuine attempt by one of the parties to engage in discussions with the other party, with a view to resolving the dispute. Where negotiations are attempted or have commenced, the precondition of negotiation is met only when the attempt to negotiate has been unsuccessful or where negotiations have failed, become futile or deadlocked. In order to meet this precondition, "the subject-matter of the negotiations must relate to the subject-matter of the dispute which, in turn, must concern the substantive obligations contained in the treaty in question" (see *Application of the International Convention on the Elimination of All Forms of Racial Discrimination (Qatar v. United Arab Emirates), Provisional Measures, Order of 23 July 2018, I.C.J. Reports 2018 (II)*, p. 419, para. 36, citing *Application of the International Convention on the Elimination of All Forms of Racial Discrimination (Georgia v. Russian Federation), Preliminary Objections, Judgment, I.C.J. Reports 2011 (I)*, p. 133, para. 161).

36. The Court notes that, as evidenced by the material before it, Azerbaijan raised allegations of violations by Armenia of its obligations under CERD in various bilateral exchanges subsequent to the signing of the Trilateral Statement in November 2020. In particular, the Parties corresponded through a series of diplomatic Notes over a period running from November 2020 to September 2021 and held several rounds of bilateral meetings covering the procedural modalities, scope and topics of their negotiations concerning alleged violations of obligations arising under CERD.

37. The Court observes that, between the first exchange between the Ministers for Foreign Affairs of Azerbaijan and Armenia, by letters dated 8 December 2020 and 22 December 2020 respectively, and the last bilateral meeting held on 14-15 September 2021, the positions of the Parties do not appear to have evolved. Although the Parties were able to agree

16

modalités procédurales, notamment sur le calendrier des travaux et sur les sujets de discussion, aucun progrès similaire n'a été fait sur les questions de fond relatives aux manquements aux obligations découlant de la CIEDR dont l'Azerbaïdjan fait grief à l'Arménie. Les éléments dont dispose la Cour au sujet des sessions bilatérales tenues les 15 et 16 juillet, 30 et 31 août et 14 et 15 septembre 2021, montrent une absence de progrès dans la recherche d'un terrain d'entente sur les questions de fond. La Cour constate en outre que les deux Parties semblent accepter l'idée que les négociations engagées entre elles en vue de régler les griefs formulés par l'Azerbaïdjan contre l'Arménie au sujet de la CIEDR ont abouti à une impasse.

38. Bien que l'Azerbaïdjan, lors d'échanges bilatéraux, ait reproché à l'Arménie d'avoir manqué à diverses obligations découlant de la CIEDR, et que les Parties aient, à maintes reprises sur une période de plusieurs mois, échangé des courriers et tenu des réunions, il semble que leurs positions sur le manquement allégué de l'Arménie aux obligations mises à sa charge par la convention soient restées inchangées et que les négociations aient abouti à une impasse. Il apparaît donc à la Cour que le différend entre les Parties concernant l'interprétation et l'application de la CIEDR n'avait pas été réglé par voie de négociation à la date du dépôt de la requête.

39. Rappelant que, à ce stade de la procédure, elle doit se prononcer uniquement sur sa compétence *prima facie*, la Cour conclut que les conditions procédurales préalables énoncées à l'article 22 de la CIEDR paraissent avoir été remplies.

4. *Conclusion quant à la compétence* prima facie

40. La Cour conclut de ce qui précède que, *prima facie*, elle a compétence en vertu de l'article 22 de la CIEDR pour connaître de l'affaire dans la mesure où le différend opposant les Parties concerne «l'interprétation ou l'application» de la convention.

III. Les droits dont la protection est recherchée et le lien entre ces droits et les mesures demandées

41. Le pouvoir d'indiquer des mesures conservatoires que la Cour tient de l'article 41 de son Statut a pour objet de sauvegarder, dans l'attente de sa décision au fond, les droits revendiqués par chacune des parties. Il s'ensuit que la Cour doit se préoccuper de sauvegarder par de telles mesures les droits que l'arrêt qu'elle aura ultérieurement à rendre pourrait reconnaître à l'une ou à l'autre des parties. Aussi ne peut-elle exercer ce pouvoir que si elle estime que les droits invoqués par le demandeur sont au moins plausibles (voir, par exemple, *Application de la convention pour la prévention et la répression du crime de génocide (Gambie c. Myanmar), mesures conservatoires, ordonnance du 23 janvier 2020, C.I.J. Recueil 2020*, p. 18, par. 43).

on certain procedural modalities, including scheduling timetables and topics of discussion, no similar progress was made in terms of substantive matters relating to Azerbaijan's allegations of Armenia's non-compliance with its obligations under CERD. The information available to the Court regarding the bilateral sessions held on 15-16 July 2021, 30-31 August 2021 and on 14-15 September 2021 shows a lack of progress in reaching common ground on substantive issues. The Court observes moreover that both Parties appear to accept that negotiations between them with a view to addressing the CERD-related complaints levelled by Azerbaijan against Armenia had reached an impasse.

38. Despite the fact that Azerbaijan alleged in bilateral exchanges that Armenia had violated a number of obligations under CERD and that the Parties engaged in a significant number of written exchanges and meetings over a period of several months, it seems that their positions on the alleged non-compliance by Armenia with its obligations under CERD remained unchanged and that their negotiations had reached an impasse. It therefore appears to the Court that the dispute between the Parties regarding the interpretation and application of CERD had not been settled by negotiation as of the date of the filing of the Application.

39. Recalling that, at this stage of the proceedings, the Court need only decide whether, prima facie, it has jurisdiction, the Court finds that the procedural preconditions under Article 22 of CERD appear to have been met.

4. Conclusion as to Prima Facie Jurisdiction

40. In light of the foregoing, the Court concludes that, prima facie, it has jurisdiction pursuant to Article 22 of CERD to entertain the case to the extent that the dispute between the Parties relates to the "interpretation or application" of the Convention.

III. The Rights whose Protection Is Sought and the Link between such Rights and the Measures Requested

41. The power of the Court to indicate provisional measures under Article 41 of the Statute has as its object the preservation of the respective rights claimed by the parties in a case, pending its decision on the merits thereof. It follows that the Court must be concerned to preserve by such measures the rights which may subsequently be adjudged by it to belong to either party. Therefore, the Court may exercise this power only if it is satisfied that the rights asserted by the party requesting such measures are at least plausible (see, for example, *Application of the Convention on the Prevention and Punishment of the Crime of Genocide (The Gambia* v. *Myanmar), Provisional Measures, Order of 23 January 2020, I.C.J. Reports 2020*, p. 18, para. 43).

42. A ce stade de la procédure, cependant, la Cour n'est pas appelée à se prononcer définitivement sur le point de savoir si les droits que l'Azerbaïdjan souhaite voir protégés existent ; il lui faut seulement déterminer si les droits que celui-ci revendique au fond et dont il sollicite la protection sont plausibles. En outre, un lien doit exister entre les droits dont la protection est recherchée et les mesures conservatoires demandées (*C.I.J. Recueil 2020*, p. 18, par. 44).

* *

43. En la présente espèce, l'Azerbaïdjan invoque des droits garantis par les articles 2, 3, 4, 5, 6 et 7 de la CIEDR. Il soutient en particulier que « l'Arménie, par ses politiques et pratiques, réserve aux Azerbaïdjanais un traitement discriminatoire qui entre dans les prévisions du paragraphe 1 de l'article premier et emporte violation des articles 2, 3, 4, 5, 6 et 7 de la CIEDR ». L'Azerbaïdjan considère ainsi que les droits dont il se prévaut au titre de ces dispositions sont plausibles et qu'il est de même plausible que les actes de l'Arménie sont constitutifs de discrimination raciale, emportant manquement aux obligations découlant de la CIEDR.

44. L'Azerbaïdjan avance, plus précisément, que, en posant des mines notamment pendant le conflit de 2020 dans des zones civiles où vivaient auparavant des personnes d'origine azerbaïdjanaise, l'Arménie a délibérément rendu impossible le retour de ces personnes dans leur foyer. Il soutient en outre que l'Arménie continue de poser des mines et s'abstient intentionnellement de fournir une description complète et exacte de l'emplacement des engins. Il prétend que la pose de mines terrestres et le refus de l'Arménie de communiquer des informations sur leur emplacement s'inscrivent dans le cadre d'une campagne de « nettoyage ethnique », menée de longue date par l'Arménie, qui est constitutive de « discrimination raciale » au sens du paragraphe 1 de l'article premier de la CIEDR et qui porte atteinte aux droits que les personnes d'origine azerbaïdjanaise tiennent de la convention en ce qu'elle a à la fois pour but et pour effet de détruire ou de compromettre, par exemple, le droit de ne pas être arbitrairement privé de la vie, le droit à la liberté et à la sécurité de la personne ainsi que le droit de circuler librement et de choisir sa résidence. L'Azerbaïdjan en conclut que les droits qu'il fait valoir au titre de la CIEDR en ce qui concerne la pose de mines terrestres par l'Arménie sont plausibles.

45. L'Azerbaïdjan relève que l'Arménie n'a jamais condamné les activités menées sur son territoire par des groupes xénophobes ethnonationalistes armés, tels que VoMA, qui inciteraient à la violence contre les personnes d'origine azerbaïdjanaise, notamment sur les réseaux sociaux, ni puni les personnes impliquées dans de telles activités. Il cite, par exemple, la propagande anti-azerbaïdjanaise diffusée par VoMA sur les réseaux sociaux, qualifiant péjorativement de « Turcs » ou « Turcs de la Caspienne » les personnes d'origine nationale ou ethnique azerbaïdjanaise et l'Azerbaïdjan, de « menace caspienne » à « liquider ». Selon l'Azerbaïdjan, VoMA affirme que ses membres ont « travaillé en étroite coopération avec les

42. At this stage of the proceedings, however, the Court is not called upon to determine definitively whether the rights which Azerbaijan wishes to see protected exist; it need only decide whether the rights claimed by Azerbaijan on the merits, and for which it is seeking protection, are plausible. Moreover, a link must exist between the rights whose protection is sought and the provisional measures being requested (*I.C.J. Reports 2020*, p. 18, para. 44).

* *

43. In the present proceedings, Azerbaijan asserts rights under Articles 2, 3, 4, 5, 6 and 7 of CERD. In particular, Azerbaijan argues that "Armenia's policies and practices target Azerbaijanis for discriminatory treatment falling within the scope of Article 1 (1) and in violation of Articles 2, 3, 4, 5, 6, and 7 of CERD". Azerbaijan thus considers that its rights under these provisions of CERD are plausible and that Armenia's acts plausibly constitute racial discrimination in violation of its obligations under CERD.

44. Azerbaijan contends more specifically that by laying mines, including in the course of the 2020 Conflict, in civilian areas previously inhabited by ethnic Azerbaijanis, Armenia has deliberately made it impossible for them to return to their homes. Azerbaijan further contends that Armenia continues to plant landmines and intentionally withholds comprehensive and accurate information about mine placement. Azerbaijan asserts that the laying of landmines and the alleged refusal to share information about their location are part of a longstanding campaign of "ethnic cleansing" by Armenia which constitutes "racial discrimination" under the definition set out in Article 1, paragraph 1, of CERD, and violates the rights of ethnic Azerbaijanis under this Convention in so far as it has both the purpose and effect of nullifying or impairing, for example, the right not to be arbitrarily deprived of life, the right to liberty and security of person and the right to liberty of movement and freedom to choose one's residence. Azerbaijan thus submits that the rights it asserts under CERD with regard to the laying of landmines by Armenia are plausible.

45. Azerbaijan notes that Armenia has neither condemned the activities within its territory of armed ethnonationalist hate groups, such as VoMA, that are said to incite violence against ethnic Azerbaijanis, including through social media, nor punished those involved in such activities. Azerbaijan cites, for example, anti-Azerbaijani propaganda disseminated by VoMA on social media, referring to persons of Azerbaijani national or ethnic origin pejoratively as "Turks" or "Caspian Turks", and referring to Azerbaijan as the "Caspian Threat", which should be "liquidat[ed]". According to Azerbaijan, VoMA claims that its personnel has "work[ed] in close cooperation with [Armenia's] Armed Forces and received a com-

forces armées [arméniennes] et été loués par le commandement pour leur bravoure». L'Azerbaïdjan considère en outre que, en manquant de condamner ou d'interdire les groupes paramilitaires anti-azerbaïdjanais, l'Arménie a permis à ces groupes de proliférer. A cet égard, il fait également référence au groupe «L'indépendance comme valeur suprême» (ci-après «POGA») qui a apparemment commencé à organiser des programmes de formation militaire en mars 2021. Il soutient en outre que le Gouvernement arménien est responsable d'une «campagne de désinformation anti-azerbaïdjanaise sur les réseaux sociaux qui est toujours en cours». Selon l'Azerbaïdjan, en ne condamnant pas ou en n'interdisant pas les opérations de VoMA, de POGA ou de groupes semblables, en glorifiant l'idéologie raciste servant à cibler les personnes d'origine nationale ou ethnique azerbaïdjanaise et en menant, au niveau gouvernemental, une cybercampagne de désinformation pour essayer «d'attiser les tensions ethniques entre les Azerbaïdjanais et les Arméniens», l'Arménie viole les droits garantis par les articles 2, 4, 5 et 7 de la CIEDR.

*

46. S'agissant du grief relatif à ses supposées «politiques et pratiques» consistant à poser des mines terrestres, l'Arménie soutient que l'Azerbaïdjan n'a aucun droit plausible au titre de la CIEDR parce que «les mines terrestres, de par leur nature, … n'exerce[nt pas] de discrimination ethnique». En outre, selon elle, rien ne prouve qu'elle ait jamais utilisé des mines pour cibler des personnes d'origine ethnique azerbaïdjanaise. L'Arménie affirme que la pose de mines dans des zones situées au Haut-Karabakh et alentour n'avait pas pour but la discrimination raciale mais la défense militaire. Elle indique avoir déjà fourni des cartes à l'Azerbaïdjan et a annoncé, par la voix de son agent, qu'elle était «prêt[e] à fournir toute carte supplémentaire en [sa] possession concernant les champs de mines situés derrière les lignes actuellement tenues par les forces armées azerbaïdjanaises, cartes qui ne présentent désormais plus qu'un intérêt humanitaire».

47. En ce qui concerne l'allégation de l'Azerbaïdjan qui lui reproche de n'avoir jamais condamné ni puni les activités menées sur son territoire par des groupes xénophobes ethnonationalistes armés, l'Arménie fait observer que les groupes en question ne sont pas des entités étatiques et qu'elle n'a pas cautionné, et ne cautionne ni ne légitime, la rhétorique de ces organisations. Elle affirme que les droits dont l'Azerbaïdjan se prévaut à cet égard ne sont pas plausibles dans la mesure où les déclarations d'acteurs privés qu'il a citées ne constituent pas des discours contre lesquels la CIEDR offre une protection. L'Arménie se réfère en outre au libellé de l'article 4 de la convention, qui exige des Etats parties qu'ils prennent des mesures pour éliminer tous actes de discrimination en «tenant dûment compte des principes formulés dans la Déclaration universelle des droits de l'homme et des droits expressément énoncés à l'article 5 de la … Convention». Elle note que ces droits sont notamment les droits à la liberté d'expression et à la liberté d'association consacrés à l'alinéa d) de

mendation by the command". Moreover, Azerbaijan considers that, by failing to condemn or prohibit anti-Azerbaijani paramilitary groups, Armenia has allowed those groups to proliferate. In this regard, it also refers to the group "Statehood as National Value" (hereinafter "POGA") which apparently began organizing military training programmes in March 2021. In addition, Azerbaijan asserts that the Government of Armenia is responsible for an "ongoing anti-Azerbaijani cyber disinformation campaign". According to Azerbaijan, by not condemning or prohibiting the operations of VoMA, POGA and similar groups, by glorifying the racist ideology used to target persons of Azerbaijani national or ethnic origin and by engaging, at a governmental level, in a cyber disinformation campaign in an attempt "to stoke ethnic tensions between Azerbaijanis and Armenians", Armenia is infringing the rights guaranteed by Articles 2, 4, 5 and 7 of CERD.

*

46. With respect to Azerbaijan's claim relating to Armenia's supposed "policy and practice" of laying landmines, Armenia contends that Azerbaijan has no plausible rights under CERD because "landmines, by their nature, do not engage in ethnic discrimination". Moreover, according to Armenia, there is no evidence that it ever used mines to target persons of Azerbaijani ethnic origin. It asserts that the laying of mines in areas in and around Nagorno-Karabakh was not for the purpose of racial discrimination but for the purpose of military defence. Armenia states that it has already provided maps to Azerbaijan and its Agent announced that it "stand[s] ready to provide any more maps in [its] possession regarding minefields located behind the lines currently held by Azerbaijani armed forces, which now present solely humanitarian concerns".

47. Regarding Azerbaijan's allegations that the Respondent has neither condemned nor punished the activities within its territory of armed ethnonationalist hate groups, Armenia observes that the groups in question are not State entities and that it has not endorsed, nor does it endorse or condone, the rhetoric of these organizations. Armenia asserts that Azerbaijan's alleged rights in this regard are not plausible in so far as the private speech that Azerbaijan has cited does not constitute speech against which CERD provides protection. Moreover, Armenia refers to the wording of Article 4 of CERD, which requires States parties to take measures to eradicate acts of discrimination "with due regard to the principles embodied in the Universal Declaration of Human Rights and the rights expressly set forth in article 5 of [the] Convention". Armenia notes that these rights include the right to freedom of expression and freedom of association contained in Article 5 *(d)* of CERD. According to Armenia, the evidence before the Court does not establish that the organizations in

l'article 5 de la CIEDR. Selon l'Arménie, les éléments de preuve présentés à la Cour n'établissent pas que les organisations en question cherchent à inciter à la haine raciale de sorte que le Gouvernement arménien serait tenu de les empêcher de s'exprimer ; par conséquent, l'Arménie considère que les droits que l'Azerbaïdjan cherche à protéger ne sont pas plausibles.

48. L'Arménie ajoute que l'Azerbaïdjan n'a pas démontré qu'elle mène des cyberopérations de désinformation visant à inciter à la haine anti-azerbaïdjanaise, et elle conclut que les « droits dont l'Azerbaïdjan sollicite la protection dans le second volet de la troisième mesure demandée ne sont donc pas plausibles ».

* *

49. La Cour note que la CIEDR impose aux Etats parties un certain nombre d'obligations en ce qui concerne l'élimination de la discrimination raciale sous toutes ses formes et dans toutes ses manifestations. Le paragraphe 1 de l'article premier de la CIEDR définit comme suit la discrimination raciale :

> « toute distinction, exclusion, restriction ou préférence fondée sur la race, la couleur, l'ascendance ou l'origine nationale ou ethnique, qui a pour but ou pour effet de détruire ou de compromettre la reconnaissance, la jouissance ou l'exercice, dans des conditions d'égalité, des droits de l'homme et des libertés fondamentales dans les domaines politique, économique, social et culturel ou dans tout autre domaine de la vie publique ».

Les articles 2, 3, 4, 5, 6 et 7 de la convention, que l'Azerbaïdjan invoque dans sa requête et aux fins de sa demande en indication de mesures conservatoires, se lisent comme suit :

« Article 2

> 1. Les Etats parties condamnent la discrimination raciale et s'engagent à poursuivre par tous les moyens appropriés et sans retard une politique tendant à éliminer toute forme de discrimination raciale et à favoriser l'entente entre toutes les races, et, à cette fin :
>
> > *a)* Chaque Etat partie s'engage à ne se livrer à aucun acte ou pratique de discrimination raciale contre des personnes, groupes de personnes ou institutions et à faire en sorte que toutes les autorités publiques et institutions publiques, nationales et locales, se conforment à cette obligation ;
> >
> > *b)* Chaque Etat partie s'engage à ne pas encourager, défendre ou appuyer la discrimination raciale pratiquée par une personne ou une organisation quelconque ;
> >
> > *c)* Chaque Etat partie doit prendre des mesures efficaces pour revoir les politiques gouvernementales nationales et locales et pour modifier, abroger ou annuler toute loi et toute disposition

question seek to incite racial hatred in such a way that the Government of Armenia would be required to prevent their speech and, thus, Armenia considers that the rights that Azerbaijan seeks to protect are not plausible.

48. Armenia adds that Azerbaijan has not demonstrated that Armenia is engaging in cyber disinformation operations to incite anti-Azerbaijani hate and concludes that the "rights for which Azerbaijan seeks protection through the second part of its third request are therefore not plausible".

* *

49. The Court notes that CERD imposes a number of obligations on States parties with regard to the elimination of racial discrimination in all its forms and manifestations. Article 1, paragraph 1, of CERD defines racial discrimination in the following terms:

"any distinction, exclusion, restriction or preference based on race, colour, descent, or national or ethnic origin which has the purpose or effect of nullifying or impairing the recognition, enjoyment or exercise, on an equal footing, of human rights and fundamental freedoms in the political, economic, social, cultural or any other field of public life".

Articles 2, 3, 4, 5, 6 and 7 of the Convention, invoked by Azerbaijan in its Application and for the purposes of its Request for the indication of provisional measures, read as follows:

"Article 2

1. States Parties condemn racial discrimination and undertake to pursue by all appropriate means and without delay a policy of eliminating racial discrimination in all its forms and promoting understanding among all races, and, to this end:

   (a) Each State Party undertakes to engage in no act or practice of racial discrimination against persons, groups of persons or institutions and to ensure that all public authorities and public institutions, national and local, shall act in conformity with this obligation;
   (b) Each State Party undertakes not to sponsor, defend or support racial discrimination by any persons or organizations;

   (c) Each State Party shall take effective measures to review governmental, national and local policies, and to amend, rescind or nullify any laws and regulations which have the effect of

20

réglementaire ayant pour effet de créer la discrimination raciale ou de la perpétuer là où elle existe ;

d) Chaque Etat partie doit, par tous les moyens appropriés, y compris, si les circonstances l'exigent, des mesures législatives, interdire la discrimination raciale pratiquée par des personnes, des groupes ou des organisations et y mettre fin ;

e) Chaque Etat partie s'engage à favoriser, le cas échéant, les organisations et mouvements intégrationnistes multiraciaux et autres moyens propres à éliminer les barrières entre les races, et à décourager ce qui tend à renforcer la division raciale.

2. Les Etats parties prendront, si les circonstances l'exigent, dans les domaines social, économique, culturel et autres, des mesures spéciales et concrètes pour assurer comme il convient le développement ou la protection de certains groupes raciaux ou d'individus appartenant à ces groupes en vue de leur garantir, dans des conditions d'égalité, le plein exercice des droits de l'homme et des libertés fondamentales. Ces mesures ne pourront en aucun cas avoir pour effet le maintien de droits inégaux ou distincts pour les divers groupes raciaux, une fois atteints les objectifs auxquels elles répondaient.

Article 3

Les Etats parties condamnent spécialement la ségrégation raciale et l'apartheid et s'engagent à prévenir, à interdire et à éliminer sur les territoires relevant de leur juridiction toutes les pratiques de cette nature.

Article 4

Les Etats parties condamnent toute propagande et toutes organisations qui s'inspirent d'idées ou de théories fondées sur la supériorité d'une race ou d'un groupe de personnes d'une certaine couleur ou d'une certaine origine ethnique, ou qui prétendent justifier ou encourager toute forme de haine et de discrimination raciales ; ils s'engagent à adopter immédiatement des mesures positives destinées à éliminer toute incitation à une telle discrimination, ou tous actes de discrimination, et, à cette fin, tenant compte des principes formulés dans la Déclaration universelle des droits de l'homme et des droits expressément énoncés à l'article 5 de la présente Convention, ils s'engagent notamment :

a) A déclarer délits punissables par la loi toute diffusion d'idées fondées sur la supériorité ou la haine raciale, toute incitation à la discrimination raciale, ainsi que tous actes de violence, ou provocation à de tels actes, dirigés contre toute race ou tout groupe de personnes d'une autre couleur ou d'une autre origine ethnique, de même que toute assistance apportée à des activités racistes, y compris leur financement ;

b) A déclarer illégales et à interdire les organisations ainsi que les activités de propagande organisée et tout autre type d'activité de

creating or perpetuating racial discrimination wherever it exists;

(d) Each State Party shall prohibit and bring to an end, by all appropriate means, including legislation as required by circumstances, racial discrimination by any persons, group or organization;

(e) Each State Party undertakes to encourage, where appropriate, integrationist multiracial organizations and movements and other means of eliminating barriers between races, and to discourage anything which tends to strengthen racial division.

2. States Parties shall, when the circumstances so warrant, take, in the social, economic, cultural and other fields, special and concrete measures to ensure the adequate development and protection of certain racial groups or individuals belonging to them, for the purpose of guaranteeing them the full and equal enjoyment of human rights and fundamental freedoms. These measures shall in no case entail as a consequence the maintenance of unequal or separate rights for different racial groups after the objectives for which they were taken have been achieved.

Article 3

States Parties particularly condemn racial segregation and *apartheid* and undertake to prevent, prohibit and eradicate all practices of this nature in territories under their jurisdiction.

Article 4

States Parties condemn all propaganda and all organizations which are based on ideas or theories of superiority of one race or group of persons of one colour or ethnic origin, or which attempt to justify or promote racial hatred and discrimination in any form, and undertake to adopt immediate and positive measures designed to eradicate all incitement to, or acts of, such discrimination and, to this end, with due regard to the principles embodied in the Universal Declaration of Human Rights and the rights expressly set forth in article 5 of this Convention, *inter alia*:

(a) Shall declare an offence punishable by law all dissemination of ideas based on racial superiority or hatred, incitement to racial discrimination, as well as all acts of violence or incitement to such acts against any race or group of persons of another colour or ethnic origin, and also the provision of any assistance to racist activities, including the financing thereof;

(b) Shall declare illegal and prohibit organizations, and also organized and all other propaganda activities, which promote and incite

propagande qui incitent à la discrimination raciale et qui l'encouragent et à déclarer délit punissable par la loi la participation à ces organisations ou à ces activités ;

c) A ne pas permettre aux autorités publiques ni aux institutions publiques, nationales ou locales, d'inciter à la discrimination raciale ou de l'encourager.

Article 5

Conformément aux obligations fondamentales énoncées à l'article 2 de la présente Convention, les Etats parties s'engagent à interdire et à éliminer la discrimination raciale sous toutes ses formes et à garantir le droit de chacun à l'égalité devant la loi sans distinction de race, de couleur ou d'origine nationale ou ethnique, notamment dans la jouissance des droits suivants :

a) Droit à un traitement égal devant les tribunaux et tout autre organe administrant la justice ;

b) Droit à la sûreté de la personne et à la protection de l'Etat contre les voies de fait ou les sévices de la part soit de fonctionnaires du gouvernement, soit de tout individu, groupe ou institution ;

c) Droits politiques, notamment droit de participer aux élections — de voter et d'être candidat — selon le système du suffrage universel et égal, droit de prendre part au gouvernement ainsi qu'à la direction des affaires publiques, à tous les échelons, et droit d'accéder, dans des conditions d'égalité, aux fonctions publiques ;

d) Autres droits civils, notamment :

    i) Droit de circuler librement et de choisir sa résidence à l'intérieur d'un Etat ;

    ii) Droit de quitter tout pays, y compris le sien, et de revenir dans son pays ;

    iii) Droit à une nationalité ;

    iv) Droit de se marier et de choisir son conjoint ;

    v) Droit de toute personne, aussi bien seule qu'en association, à la propriété ;

    vi) Droit d'hériter ;

    vii) Droit à la liberté de pensée, de conscience et de religion ;

    viii) Droit à la liberté d'opinion et d'expression ;

    ix) Droit à la liberté de réunion et d'association pacifiques ;

e) Droits économiques, sociaux et culturels, notamment :

    i) Droits au travail, au libre choix de son travail, à des conditions équitables et satisfaisantes de travail, à la protection contre le chômage, à un salaire égal pour un travail égal, à une rémunération équitable et satisfaisante ;

    ii) Droit de fonder des syndicats et de s'affilier à des syndicats ;

    iii) Droit au logement ;

    iv) Droit à la santé, aux soins médicaux, à la sécurité sociale et aux services sociaux ;

racial discrimination, and shall recognize participation in such organizations or activities as an offence punishable by law;

(c) Shall not permit public authorities or public institutions, national or local, to promote or incite racial discrimination.

Article 5

In compliance with the fundamental obligations laid down in article 2 of this Convention, States Parties undertake to prohibit and to eliminate racial discrimination in all its forms and to guarantee the right of everyone, without distinction as to race, colour, or national or ethnic origin, to equality before the law, notably in the enjoyment of the following rights:

(a) The right to equal treatment before the tribunals and all other organs administering justice;
(b) The right to security of person and protection by the State against violence or bodily harm, whether inflicted by government officials or by any individual group or institution;
(c) Political rights, in particular the right to participate in elections — to vote and to stand for election — on the basis of universal and equal suffrage, to take part in the Government as well as in the conduct of public affairs at any level and to have equal access to public service;
(d) Other civil rights, in particular:

    (i) The right to freedom of movement and residence within the border of the State;
    (ii) The right to leave any country, including one's own, and to return to one's country;
    (iii) The right to nationality;
    (iv) The right to marriage and choice of spouse;
    (v) The right to own property alone as well as in association with others;
    (vi) The right to inherit;
    (vii) The right to freedom of thought, conscience and religion;
    (viii) The right to freedom of opinion and expression;
    (ix) The right to freedom of peaceful assembly and association;

(e) Economic, social and cultural rights, in particular:

    (i) The rights to work, to free choice of employment, to just and favourable conditions of work, to protection against unemployment, to equal pay for equal work, to just and favourable remuneration;
    (ii) The right to form and join trade unions;
    (iii) The right to housing;
    (iv) The right to public health, medical care, social security and social services;

v) Droit à l'éducation et à la formation professionnelle ;
vi) Droit de prendre part, dans des conditions d'égalité, aux activités culturelles ;

f) Droit d'accès à tous lieux et services destinés à l'usage du public, tels que moyens de transport, hôtels, restaurants, cafés, spectacles et parcs.

Article 6

Les Etats parties assureront à toute personne soumise à leur juridiction une protection et une voie de recours effectives, devant les tribunaux nationaux et autres organismes d'Etat compétents, contre tous actes de discrimination raciale qui, contrairement à la présente Convention, violeraient ses droits individuels et ses libertés fondamentales, ainsi que le droit de demander à ces tribunaux satisfaction ou réparation juste et adéquate pour tout dommage dont elle pourrait être victime par suite d'une telle discrimination.

Article 7

Les Etats parties s'engagent à prendre des mesures immédiates et efficaces, notamment dans les domaines de l'enseignement, de l'éducation, de la culture et de l'information, pour lutter contre les préjugés conduisant à la discrimination raciale et favoriser la compréhension, la tolérance et l'amitié entre nations et groupes raciaux ou ethniques, ainsi que pour promouvoir les buts et principes de la Charte des Nations Unies, de la Déclaration universelle des droits de l'homme, de la Déclaration des Nations Unies sur l'élimination de toutes les formes de discrimination raciale et de la présente Convention. »

50. La Cour fait observer que les articles 2, 3, 4, 5, 6 et 7 de la CIEDR visent à protéger les individus de la discrimination raciale. Elle rappelle, comme elle l'a déjà fait par le passé dans d'autres affaires dans lesquelles l'article 22 de la CIEDR était invoqué comme base de sa compétence, qu'il existe une corrélation entre le respect des droits des individus consacrés par la convention, les obligations incombant aux Etats parties au titre de la CIEDR et le droit qu'ont ceux-ci de demander l'exécution de ces obligations (voir, par exemple, *Application de la convention internationale sur l'élimination de toutes les formes de discrimination raciale (Qatar c. Emirats arabes unis), mesures conservatoires, ordonnance du 23 juillet 2018, C.I.J. Recueil 2018 (II)*, p. 426, par. 51).

51. Un Etat partie à la CIEDR ne peut invoquer les droits énoncés dans les articles cités ci-dessus que dans la mesure où les actes dont il tire grief constituent des actes de discrimination raciale au sens de l'article premier de la convention (voir *ibid.*, par. 52). Dans le contexte d'une demande en indication de mesures conservatoires, la Cour doit examiner si les droits revendiqués par un demandeur sont au moins plausibles.

52. La Cour considère, au vu des informations que les Parties lui ont soumises, que certains au moins des droits revendiqués par l'Azerbaïdjan

(v) The right to education and training;
(vi) The right to equal participation in cultural activities;

(f) The right of access to any place or service intended for use by the general public, such as transport, hotels, restaurants, cafés, theatres and parks.

Article 6

States Parties shall assure to everyone within their jurisdiction effective protection and remedies, through the competent national tribunals and other State institutions, against any acts of racial discrimination which violate his human rights and fundamental freedoms contrary to this Convention, as well as the right to seek from such tribunals just and adequate reparation or satisfaction for any damage suffered as a result of such discrimination.

Article 7

States Parties undertake to adopt immediate and effective measures, particularly in the fields of teaching, education, culture and information, with a view to combating prejudices which lead to racial discrimination and to promoting understanding, tolerance and friendship among nations and racial or ethnical groups, as well as to propagating the purposes and principles of the Charter of the United Nations, the Universal Declaration of Human Rights, the United Nations Declaration on the Elimination of All Forms of Racial Discrimination, and this Convention."

50. The Court notes that Articles 2, 3, 4, 5, 6 and 7 of CERD are intended to protect individuals from racial discrimination. It recalls, as it did in past cases in which Article 22 of CERD was invoked as the basis of its jurisdiction, that there is a correlation between respect for individual rights enshrined in the Convention, the obligations of States parties under CERD and the right of States parties to seek compliance therewith (see, for example, *Application of the International Convention on the Elimination of All Forms of Racial Discrimination (Qatar* v. *United Arab Emirates), Provisional Measures, Order of 23 July 2018, I.C.J. Reports 2018 (II)*, p. 426, para. 51).

51. A State party to CERD may invoke the rights set out in the above-mentioned articles only to the extent that the acts complained of constitute acts of racial discrimination as defined in Article 1 of the Convention (see *ibid.*, para. 52). In the context of a request for the indication of provisional measures, the Court examines whether the rights claimed by an applicant are at least plausible.

52. The Court considers, on the basis of the information presented to it by the Parties, that at least some of the rights claimed by Azerbaijan are

sont des droits plausibles au regard de la convention. Ainsi en va-t-il de ceux que l'Arménie aurait violés en manquant de condamner les activités menées sur son territoire par des groupes qui, selon l'Azerbaïdjan, sont des groupes xénophobes ethnonationalistes armés, auteurs de faits d'incitation à la violence contre les personnes d'origine azerbaïdjanaise, et en manquant de punir ceux qui sont responsables de telles activités.

53. En ce qui concerne les droits que l'Azerbaïdjan prétend tenir de la CIEDR relativement au comportement présumé de l'Arménie s'agissant des mines terrestres, la Cour rappelle que, selon l'Azerbaïdjan, le comportement en question s'inscrit dans le cadre d'une politique de nettoyage ethnique menée de longue date. Elle convient qu'une politique consistant à éloigner des personnes sur la base de leur origine nationale ou ethnique d'une région donnée, et à les empêcher d'y revenir, peut faire intervenir des droits garantis par la CIEDR, et qu'une telle politique peut être exécutée par divers moyens militaires. Cependant, elle ne considère pas que la CIEDR impose de manière plausible à l'Arménie une quelconque obligation de prendre des mesures pour permettre à l'Azerbaïdjan de procéder au déminage, ou de cesser définitivement ses opérations de minage. L'Azerbaïdjan n'a pas produit devant la Cour d'éléments de preuve démontrant que le comportement allégué de l'Arménie s'agissant des mines terrestres ait « pour but ou pour effet de détruire ou de compromettre la reconnaissance, la jouissance ou l'exercice, dans des conditions d'égalité », des droits des personnes d'origine nationale ou ethnique azerbaïdjanaise.

* *

54. La Cour en vient maintenant à la condition du lien entre les droits revendiqués par l'Azerbaïdjan et les mesures conservatoires sollicitées. Elle rappelle à cet égard que seuls certains des droits revendiqués par l'Azerbaïdjan ont été jugés plausibles à ce stade de la procédure. Elle se bornera par conséquent à rechercher si le lien requis existe entre ces droits et les mesures sollicitées par l'Azerbaïdjan.

* *

55. L'Azerbaïdjan estime que chacune des mesures conservatoires sollicitées est manifestement liée aux droits qu'il cherche à protéger. En particulier, s'agissant de la mesure tendant à ce qu'il soit ordonné à l'Arménie d'empêcher certains groupes de tenir des discours de haine, ainsi que de mettre fin et de renoncer à la cybercampagne de désinformation qu'elle serait toujours en train de mener, l'Azerbaïdjan affirme que cette mesure vise à protéger les personnes d'origine azerbaïdjanaise des discours de haine racistes et du risque de violence ethnique et, par conséquent, est directement liée aux droits dont il se prévaut au titre de la CIEDR.

*

24

plausible rights under the Convention. This is the case, with respect to rights allegedly violated through Armenia's failure to condemn the activities within its territory of groups that, according to Azerbaijan, are armed ethnonationalist hate groups that incite violence against ethnic Azerbaijanis, and to punish those responsible for such activities.

53. With regard to rights under CERD asserted by Azerbaijan with respect to Armenia's alleged conduct in relation to landmines, the Court recalls that Azerbaijan claims that this conduct is part of a longstanding campaign of ethnic cleansing. The Court recognizes that a policy of driving persons of a certain national or ethnic origin from a particular area, as well as preventing their return thereto, can implicate rights under CERD and that such a policy can be effected through a variety of military means. However, the Court does not consider that CERD plausibly imposes any obligation on Armenia to take measures to enable Azerbaijan to undertake demining or to cease and desist from planting landmines. Azerbaijan has not placed before the Court evidence indicating that Armenia's alleged conduct with respect to landmines has "the purpose or effect of nullifying or impairing the recognition, enjoyment or exercise, on an equal footing", of rights of persons of Azerbaijani national or ethnic origin.

* *

54. The Court now turns to the condition of the link between the rights claimed by Azerbaijan and the provisional measures requested. In this regard the Court recalls that at this stage of the proceedings only some of the rights claimed by Azerbaijan have been found to be plausible. It will therefore limit itself to considering the existence of the requisite link between these rights and the measures requested by Azerbaijan.

* *

55. Azerbaijan considers that each of the provisional measures requested is clearly linked to the rights for which it seeks protection. In particular, with regard to the measure requesting that Armenia be ordered to prevent certain groups from engaging in hate speech, and to cease and desist from its alleged ongoing cyber disinformation campaign, Azerbaijan asserts that this is aimed at protecting ethnic Azerbaijanis from racist hate speech and the risk of ethnic violence and therefore are directly linked to the rights asserted by Azerbaijan under CERD.

*

56. L'Arménie maintient, d'une manière générale, que les mesures demandées par l'Azerbaïdjan n'ont aucun lien avec les droits que celui-ci tient de la CIEDR.

* *

57. La Cour a déjà conclu (voir le paragraphe 52 ci-dessus) à la plausibilité de certains au moins des droits revendiqués par l'Azerbaïdjan sur le fondement de la CIEDR. Elle estime qu'il existe un lien entre l'une des mesures sollicitées par l'Azerbaïdjan (voir les paragraphes 5 et 11 ci-dessus) et les droits plausibles que ce dernier cherche à protéger. Tel est le cas de la mesure tendant à ce qu'aucune organisation ou personne privée sur le territoire de l'Arménie ne se livre à des faits d'incitation et d'encouragement à la haine raciale ou à la violence à caractère raciste contre des personnes d'origine nationale ou ethnique azerbaïdjanaise. Cette mesure vise, selon la Cour, à préserver des droits plausibles invoqués par l'Azerbaïdjan sur le fondement de la CIEDR.

58. La Cour en conclut qu'un lien existe entre certains des droits revendiqués par l'Azerbaïdjan et l'une des mesures conservatoires sollicitées.

IV. Risque de préjudice irréparable et urgence

59. La Cour tient de l'article 41 de son Statut le pouvoir d'indiquer des mesures conservatoires lorsqu'il existe un risque qu'un préjudice irréparable soit causé aux droits en litige dans une procédure judiciaire ou lorsque la méconnaissance alléguée de ces droits risque d'entraîner des conséquences irréparables (voir, par exemple, *Application de la convention pour la prévention et la répression du crime de génocide (Gambie c. Myanmar), mesures conservatoires, ordonnance du 23 janvier 2020, C.I.J. Recueil 2020*, p. 24, par. 64, se référant à *Violations alléguées du traité d'amitié, de commerce et de droits consulaires de 1955 (République islamique d'Iran c. Etats-Unis d'Amérique), mesures conservatoires, ordonnance du 3 octobre 2018, C.I.J. Recueil 2018 (II)*, p. 645, par. 77).

60. Le pouvoir de la Cour d'indiquer des mesures conservatoires n'est toutefois exercé que s'il y a urgence, c'est-à-dire s'il existe un risque réel et imminent qu'un préjudice irréparable soit causé aux droits revendiqués avant que la Cour ne rende sa décision définitive. La condition d'urgence est remplie dès lors que les actes susceptibles de causer un préjudice irréparable peuvent «intervenir à tout moment» avant que la Cour ne se prononce de manière définitive en l'affaire (*ibid.*, p. 24, par. 65). La Cour doit donc rechercher si pareil risque existe à ce stade de la procédure.

61. La Cour n'a pas, aux fins de sa décision sur la demande en indication de mesures conservatoires, à établir l'existence de violations de la CIEDR, mais doit déterminer si les circonstances exigent l'indication de telles mesures à l'effet de protéger certains droits conférés par cet instru-

56. Armenia maintains, in general, that the measures requested by Azerbaijan have no link to rights of Azerbaijan arising under CERD.

* *

57. The Court has already found that at least some of the rights claimed by Azerbaijan under CERD are plausible (see paragraph 52 above). It considers that a link exists between one of the measures requested by Azerbaijan (see paragraphs 5 and 11 above) and the plausible rights it seeks to protect. This is the case for the measure aimed at ensuring that any organizations and private persons in the territory of Armenia do not engage in the incitement and promotion of racial hatred and racially motivated violence targeted at people of Azerbaijani national or ethnic origin. This measure, in the view of the Court, is directed at safeguarding plausible rights invoked by Azerbaijan under CERD.

58. The Court concludes, therefore, that a link exists between some of the rights claimed by Azerbaijan and one of the requested provisional measures.

IV. Risk of Irreparable Prejudice and Urgency

59. The Court, pursuant to Article 41 of its Statute, has the power to indicate provisional measures when irreparable prejudice could be caused to rights which are the subject of judicial proceedings or when the alleged disregard of such rights may entail irreparable consequences (see, for example, *Application of the Convention on the Prevention and Punishment of the Crime of Genocide (The Gambia* v. *Myanmar), Provisional Measures, Order of 23 January 2020, I.C.J. Reports 2020*, p. 24, para. 64, referring to *Alleged Violations of the 1955 Treaty of Amity, Economic Relations, and Consular Rights (Islamic Republic of Iran* v. *United States of America), Provisional Measures, Order of 3 October 2018, I.C.J. Reports 2018 (II)*, p. 645, para. 77).

60. However, the power of the Court to indicate provisional measures will be exercised only if there is urgency, in the sense that there is a real and imminent risk that irreparable prejudice will be caused to the rights claimed before the Court gives its final decision. The condition of urgency is met when the acts susceptible of causing irreparable prejudice can "occur at any moment" before the Court makes a final decision on the case (*ibid.*, p. 24, para. 65). The Court must therefore consider whether such a risk exists at this stage of the proceedings.

61. The Court is not called upon, for the purposes of its decision on the Request for the indication of provisional measures, to establish the existence of breaches of CERD, but to determine whether the circumstances require the indication of provisional measures for the protection

ment. Elle ne peut pas, à ce stade, conclure de façon définitive sur les faits, et sa décision sur la demande en indication de mesures conservatoires laisse intact le droit de chacune des Parties de faire valoir à cet égard ses moyens au fond.

* *

62. L'Azerbaïdjan fait valoir que l'Arménie a incité et continue d'inciter à la haine et à la violence contre les Azerbaïdjanais en permettant à des groupes xénophobes armés de recruter des membres, de lever des fonds et d'avoir des centres d'entraînement. Il affirme en particulier que VoMA, qui a pour objectif déclaré «de créer sur des bases ethniques une «arméenation» arménienne et de préparer l'Etat arménien mono-ethnique face à la «menace» supposée que constituent les Azerbaïdjanais», utilise la peur et la haine des Azerbaïdjanais comme instruments de recrutement, diffuse régulièrement des messages véhiculant l'idée de la supériorité raciale, et arme les Arméniens et les entraîne en prévision d'une guerre ethnique contre les personnes d'origine nationale ou ethnique azerbaïdjanaise. De plus, selon lui, la menace de violence pesant sur ces dernières est exacerbée par «l'intensification des appels aux armes» que lance VoMA qui, dans son dernier rapport d'activité portant sur septembre 2021, a déclaré avoir formé des dizaines de personnes et d'instructeurs dans l'ensemble de l'Arménie et sollicité des dons pour acquérir des véhicules et des armes afin d'«enseigner la pratique des armes et [d']assurer la protection dans les zones peuplées longeant les frontières». L'Azerbaïdjan ajoute que, en s'abstenant de condamner ou d'interdire les groupes paramilitaires anti-azerbaïdjanais, l'Arménie a permis à des organisations telles que VoMA et POGA, qui ont apparemment commencé à organiser des programmes d'entraînement militaire en mars 2021 pour préparer les Arméniens à la guerre, de proliférer sur son territoire. L'Azerbaïdjan estime qu'il est dès lors urgent de protéger les Azerbaïdjanais contre de nouveaux discours de haine et actes de violence fondés sur leur origine nationale ou ethnique, et que les effets psychologiques de cette constante menace de violence peuvent causer un préjudice irréparable aux droits des intéressés.

*

63. L'Arménie nie qu'il existe un risque imminent qu'un préjudice irréparable soit causé aux droits de l'Azerbaïdjan en lien avec le reproche que celui-ci lui fait d'«incite[r] à la haine et à la violence ethniques en s'abstenant de réprimer ou de punir de prétendus groupes xénophobes armés». Elle soutient que les objectifs de ces organisations n'ont rien à voir avec l'incitation à la haine raciale et à la violence à caractère raciste contre les personnes d'origine nationale ou ethnique azerbaïdjanaise. En particulier, elle affirme que VoMA est une organisation non gouvernementale qui mène des activités de préparation et de formation théorique et pratique aux situations d'urgence et à la défense civile et militaire dans le but de

of rights under this instrument. It cannot at this stage make definitive findings of fact, and the right of each Party to submit arguments in respect of the merits remains unaffected by the Court's decision on the Request for the indication of provisional measures.

* *

62. Azerbaijan submits that Armenia has incited and continues to incite hatred and violence against persons of Azerbaijani national or ethnic origin by permitting armed hate groups to recruit members, raise funds, and operate training centres. It claims in particular that VoMA, whose stated aim is "to create an entirely ethnic Armenian 'Nation Army' and to ready the mono-ethnic Armenian State against the perceived 'threat' of Azerbaijanis", uses fear and hatred of persons of Azerbaijani national or ethnic origin as a recruiting tool, regularly disseminates messages of racial superiority, and arms and trains Armenians for an ethnic war against persons of Azerbaijani national or ethnic origin. Azerbaijan adds that the threat of violence is exacerbated by "growing calls to arms" by VoMA, which, in its most recent activity report for September 2021, stated that it had trained dozens of people and instructors across Armenia and had solicited donations for vehicles and "arms for weapons practice and protection in the populated areas along the borders". Azerbaijan adds that, by not condemning or prohibiting anti-Azerbaijani paramilitary groups, Armenia has allowed groups, such as VoMA and POGA, which apparently began organizing military training programmes in March 2021 to prepare Armenians for war, to proliferate within its territory. Azerbaijan considers that there is an urgent need to protect Azerbaijanis from continued hate speech and violence on account of their national or ethnic origin and that the emotional effects of this constant threat of violence can cause an irreparable prejudice to their rights.

*

63. Armenia denies that there exists an imminent risk of irreparable prejudice to the rights of Azerbaijan with respect to its "allegations of incitement of ethnic hatred and violence through an alleged failure to sanction or punish so-called armed hate groups". Armenia contends that the objectives of these organizations have nothing to do with incitement of racial hatred and racially motivated violence targeted at persons of Azerbaijani national or ethnic origin. In particular, Armenia states that VoMA is a non-governmental organization engaged in emergency and civil-military defence preparedness, education and training, which aims to "raise the spirits of the Armenian people". Armenia further references the

26

« réveiller le peuple arménien ». L'Arménie invoque en outre l'obligation de respecter le droit à la liberté d'opinion et d'expression dont il convient selon elle de tenir compte en examinant la portée de l'article 4 de la CIEDR, et relève que seules les déclarations « *exceptionnellement/manifestement* agressives » (les italiques sont d'elle) ne peuvent pas bénéficier de la protection offerte par la condition énoncée à l'article 4, qui veut que les Etats parties agissent « en tenant dûment compte » de cette obligation. S'agissant des déclarations faites par VoMA, l'Arménie reconnaît qu'elles pourraient être jugées nationalistes, patriotiques et parfois offensantes, voire polémiques, mais nie qu'elles puissent être considérées comme des faits d'incitation à la haine et à la violence contre un groupe ethnique. En conséquence, la défenderesse affirme que l'Azerbaïdjan n'a ni démontré qu'elle ait permis à des groupes militants xénophobes — que sont par exemple VoMA et POGA, selon l'Azerbaïdjan — de proliférer, ni apporté la preuve que des faits d'incitation à la haine raciale puissent être imputés à ces organisations ou à des organisations analogues. Dès lors, l'Azerbaïdjan n'a pas établi l'existence d'un risque imminent de préjudice irréparable.

* *

64. Ayant déjà conclu à la plausibilité de certains des droits invoqués par le demandeur et à l'existence d'un lien entre ceux-ci et les mesures conservatoires sollicitées, la Cour recherchera à présent si un préjudice irréparable pourrait être causé à ces droits et s'il y a urgence, c'est-à-dire s'il existe un risque réel et imminent qu'un tel préjudice leur soit causé avant qu'elle ne rende sa décision définitive.

65. La Cour rappelle que, dans de précédentes affaires concernant la CIEDR, elle a dit que les droits énoncés aux alinéas *a)*, *b)*, *c)*, *d)* et *e)* de l'article 5 sont d'une nature telle que le préjudice qui leur serait porté pourrait se révéler irréparable (voir *Application de la convention internationale sur l'élimination de toutes les formes de discrimination raciale (Géorgie c. Fédération de Russie), mesures conservatoires, ordonnance du 15 octobre 2008, C.I.J. Recueil 2008*, p. 396, par. 142 ; *Application de la convention internationale pour la répression du financement du terrorisme et de la convention internationale sur l'élimination de toutes les formes de discrimination raciale (Ukraine c. Fédération de Russie), mesures conservatoires, ordonnance du 19 avril 2017, C.I.J. Recueil 2017*, p. 138, par. 96 ; *Application de la convention internationale sur l'élimination de toutes les formes de discrimination raciale (Qatar c. Emirats arabes unis), mesures conservatoires, ordonnance du 23 juillet 2018, C.I.J. Recueil 2018 (II)*, p. 430-431, par. 67). Elle estime que cette conclusion vaut aussi pour le droit des personnes de ne pas subir la haine et la discrimination raciales, tel qu'il découle de l'article 4 de la CIEDR.

66. De l'avis de la Cour, les actes prohibés par l'article 4 de la CIEDR — tels que la propagande encourageant la haine raciale ainsi que l'incitation à la discrimination raciale ou aux actes de violence visant tout groupe de personnes en raison de leur origine nationale ou ethnique — peuvent

obligation to respect the right of freedom of opinion and expression when considering the reach of Article 4 of CERD, and observes that statements must be of an *"exceptionally/manifestly* offensive character" (emphasis in the original) to fall outside the protection of the "due regard" clause in Article 4. With respect to the statements made by VoMA, Armenia acknowledges that they could be considered as nationalistic, patriotic, and sometimes offensive and even controversial, but it denies that these statements could be viewed as an incitement to ethnic hatred and violence against an ethnic group. Therefore, the Respondent asserts that Azerbaijan has neither demonstrated that Armenia has allowed militant hate groups — such as, according to Azerbaijan, VoMA and POGA — to proliferate, nor provided evidence of incitement of racial hatred imputable to these or similar organizations. Consequently, Azerbaijan has failed to establish an imminent risk of irreparable prejudice.

* *

64. Having previously determined that some of the rights asserted by the Applicant are plausible and that there is a link between those rights and the provisional measures requested, the Court now considers whether irreparable prejudice could be caused to those rights and whether there is urgency, in the sense that there is a real and imminent risk that irreparable prejudice will be caused to those rights before the Court gives its final decision.

65. The Court recalls that in past cases in which CERD was at issue, it stated that the rights stipulated in Article 5 *(a)*, *(b)*, *(c)*, *(d)* and *(e)* are of such a nature that prejudice to them is capable of causing irreparable harm (see *Application of the International Convention on the Elimination of All Forms of Racial Discrimination (Georgia* v. *Russian Federation), Provisional Measures, Order of 15 October 2008, I.C.J. Reports 2008*, p. 396, para. 142; *Application of the International Convention for the Suppression of the Financing of Terrorism and of the International Convention on the Elimination of All Forms of Racial Discrimination (Ukraine* v. *Russian Federation), Provisional Measures, Order of 19 April 2017, I.C.J. Reports 2017*, p. 138, para. 96; *Application of the International Convention on the Elimination of All Forms of Racial Discrimination (Qatar* v. *United Arab Emirates), Provisional Measures, Order of 23 July 2018, I.C.J. Reports 2018 (II)*, pp. 430-431, para. 67). The Court considers that this statement also holds true in respect of the right of persons not to be subject to racial hatred and discrimination that stems from Article 4 of CERD.

66. In the view of the Court, acts prohibited under Article 4 of CERD — such as propaganda promoting racial hatred and incitement to racial discrimination or to acts of violence against any group of persons based on their national or ethnic origin — can generate a pervasive

propager dans la société un climat imprégné de racisme. Pareille situation pourrait avoir de graves effets préjudiciables sur les personnes appartenant au groupe protégé. Ces effets préjudiciables peuvent être notamment, mais pas seulement, le risque de sévices ou de souffrances et de détresse psychologiques.

67. Au vu de ce qui précède, la Cour conclut que la méconnaissance alléguée des droits qu'elle a jugés plausibles (voir le paragraphe 52 ci-dessus) risque d'entraîner un préjudice irréparable à ces droits et qu'il y a urgence, c'est-à-dire qu'il existe un risque réel et imminent qu'un tel préjudice soit causé avant que la Cour ne se prononce de manière définitive en l'affaire.

V. CONCLUSION ET MESURES À ADOPTER

68. La Cour conclut de l'ensemble des considérations qui précèdent que les conditions auxquelles son Statut subordonne l'indication de mesures conservatoires sont réunies. Il y a donc lieu pour elle d'indiquer, dans l'attente de sa décision définitive, certaines mesures visant à protéger les droits revendiqués par l'Azerbaïdjan, tels qu'ils ont été spécifiés précédemment (voir le paragraphe 52 ci-dessus).

69. La Cour rappelle que, lorsqu'une demande en indication de mesures conservatoires lui est présentée, elle a le pouvoir, en vertu de son Statut, d'indiquer des mesures en tout ou en partie différentes de celles qui sont sollicitées. Le paragraphe 2 de l'article 75 de son Règlement mentionne expressément ce pouvoir, qu'elle a déjà exercé en plusieurs occasions par le passé (voir, par exemple, *Application de la convention pour la prévention et la répression du crime de génocide (Gambie c. Myanmar), mesures conservatoires, ordonnance du 23 janvier 2020, C.I.J. Recueil 2020*, p. 28, par. 77).

70. En la présente espèce, ayant examiné le libellé des mesures conservatoires demandées par l'Azerbaïdjan ainsi que les circonstances de l'affaire, la Cour estime que les mesures à indiquer n'ont pas à être identiques à celles qui sont sollicitées.

71. La Cour considère que, s'agissant de la situation décrite précédemment et dans l'attente de la décision finale en l'affaire, l'Arménie doit, dans le cadre des obligations que lui impose la CIEDR, prendre toutes les mesures nécessaires pour empêcher l'incitation et l'encouragement à la haine raciale, y compris par des organisations ou des personnes privées sur son territoire, contre les personnes d'origine nationale ou ethnique azerbaïdjanaise.

72. La Cour rappelle que l'Azerbaïdjan l'a priée d'indiquer des mesures destinées à prévenir toute aggravation du différend l'opposant à l'Arménie. Lorsqu'elle indique des mesures conservatoires à l'effet de sauvegarder des droits particuliers, la Cour peut aussi indiquer des mesures conservatoires à l'effet d'empêcher l'aggravation ou l'extension du différend si elle estime que les circonstances l'exigent (voir, par exemple, *Application de la*

racially charged environment within society. Such a situation may have serious damaging effects on individuals belonging to the protected group. Such damaging effects may include, but are not limited to, the risk of bodily harm or psychological harm and distress.

67. In light of the considerations set out above, the Court concludes that the alleged disregard of the rights deemed plausible by the Court (see paragraph 52 above) may entail irreparable prejudice to those rights and that there is urgency, in the sense that there is a real and imminent risk that such prejudice will be caused before the Court makes a final decision in the case.

V. CONCLUSION AND MEASURES TO BE ADOPTED

68. The Court concludes from all of the above considerations that the conditions required by its Statute for it to indicate provisional measures are met. It is therefore necessary, pending its final decision, for the Court to indicate certain measures in order to protect the rights claimed by Azerbaijan, as identified above (see paragraph 52).

69. The Court recalls that it has the power, under its Statute, when a request for provisional measures has been made, to indicate measures that are, in whole or in part, other than those requested. Article 75, paragraph 2, of the Rules of Court specifically refers to this power of the Court. The Court has already exercised this power on several occasions in the past (see, for example, *Application of the Convention on the Prevention and Punishment of the Crime of Genocide (The Gambia v. Myanmar), Provisional Measures, Order of 23 January 2020, I.C.J. Reports 2020*, p. 28, para. 77).

70. In the present case, having considered the terms of the provisional measures requested by Azerbaijan and the circumstances of the case, the Court finds that the measures to be indicated need not be identical to those requested.

71. The Court considers that, with regard to the situation described above, Armenia must, pending the final decision in the case and in accordance with its obligations under CERD, take all necessary measures to prevent the incitement and promotion of racial hatred, including by organizations and private persons in its territory, targeted at persons of Azerbaijani national or ethnic origin.

72. The Court recalls that Azerbaijan has requested it to indicate measures aimed at ensuring the non-aggravation of the dispute with Armenia. When it is indicating provisional measures for the purpose of preserving specific rights, the Court may also indicate provisional measures with a view to preventing the aggravation or extension of a dispute whenever it considers that the circumstances so require (see, for example, *Application*

convention internationale sur l'élimination de toutes les formes de discrimination raciale (Qatar c. Emirats arabes unis), mesures conservatoires, ordonnance du 23 juillet 2018, C.I.J. Recueil 2018 (II), p. 432-433, par. 76). En la présente espèce, ayant examiné l'ensemble des circonstances, la Cour estime nécessaire d'indiquer, en sus des mesures particulières précédemment décidées, une mesure supplémentaire adressée aux deux Parties, visant à prévenir toute aggravation du différend entre elles.

73. La Cour rappelle en outre que l'Azerbaïdjan l'a priée d'indiquer des mesures conservatoires prescrivant à l'Arménie de «prendre des dispositions pour que soient effectivement garantie la collecte, empêchée la destruction et assurée la préservation des éléments de preuve associés [à des] cas allégués de crimes perpétrés contre des Azerbaïdjanais en raison de leur appartenance ethnique» et de rendre compte régulièrement de la mise en œuvre des mesures qu'elle aurait ordonnées. La Cour estime cependant que, dans les circonstances particulières de l'espèce, ces demandes ne sont pas justifiées.

* * *

74. La Cour réaffirme que ses «ordonnances indiquant des mesures conservatoires au titre de l'article 41 [du Statut] ont un caractère obligatoire» (*LaGrand (Allemagne c. Etats-Unis d'Amérique), arrêt, C.I.J. Recueil 2001*, p. 506, par. 109) et créent donc des obligations juridiques internationales pour toute partie à laquelle ces mesures sont adressées.

* * *

75. La Cour réaffirme en outre que la décision rendue en la présente procédure ne préjuge en rien la question de sa compétence pour connaître du fond de l'affaire, ni aucune question relative à la recevabilité de la requête ou au fond lui-même. Elle laisse intact le droit des Gouvernements de l'Azerbaïdjan et de l'Arménie de faire valoir leurs moyens en la matière.

* * *

76. Par ces motifs,

La Cour,

Indique à titre provisoire les mesures conservatoires suivantes:

1) A l'unanimité,

La République d'Arménie doit, conformément aux obligations que lui impose la convention internationale sur l'élimination de toutes les formes

of the International Convention on the Elimination of All Forms of Racial Discrimination (Qatar v. United Arab Emirates), Provisional Measures, Order of 23 July 2018, I.C.J. Reports 2018 (II), pp. 432-433, para. 76). In the present case, having considered all the circumstances, in addition to the specific measure it has decided to order, the Court deems it necessary to indicate an additional measure directed to both Parties and aimed at ensuring the non-aggravation of their dispute.

73. The Court further recalls that Azerbaijan requested it to indicate provisional measures directing Armenia to "take effective measures to collect, to prevent the destruction and ensure the preservation of, evidence related to allegations of ethnically-motivated crimes against Azerbaijanis" and to provide regular reports on the implementation of provisional measures. The Court, however, considers that, in the particular circumstances of the case, these measures are not warranted.

* * *

74. The Court reaffirms that its "orders on provisional measures under Article 41 [of the Statute] have binding effect" (*LaGrand (Germany v. United States of America), Judgment, I.C.J. Reports 2001*, p. 506, para. 109) and thus create international legal obligations for any party to whom the provisional measures are addressed.

* * *

75. The Court further reaffirms that the decision given in the present proceedings in no way prejudges the question of the jurisdiction of the Court to deal with the merits of the case or any questions relating to the admissibility of the Application or to the merits themselves. It leaves unaffected the right of the Governments of Azerbaijan and Armenia to submit arguments in respect of those questions.

* * *

76. For these reasons,

THE COURT,

Indicates the following provisional measures:

(1) Unanimously,

The Republic of Armenia shall, in accordance with its obligations under the International Convention on the Elimination of All Forms of

de discrimination raciale, prendre toutes les mesures nécessaires pour empêcher l'incitation et l'encouragement à la haine raciale, y compris par des organisations ou des personnes privées sur son territoire, contre les personnes d'origine nationale ou ethnique azerbaïdjanaise ;

2) A l'unanimité,

Les deux Parties doivent s'abstenir de tout acte qui risquerait d'aggraver ou d'étendre le différend dont la Cour est saisie ou d'en rendre le règlement plus difficile.

Fait en français et en anglais, le texte français faisant foi, au Palais de la Paix, à La Haye, le sept décembre deux mille vingt et un, en trois exemplaires, dont l'un restera déposé aux archives de la Cour et les autres seront transmis respectivement au Gouvernement de la République d'Azerbaïdjan et au Gouvernement de la République d'Arménie.

La présidente,
(Signé) Joan E. DONOGHUE.

Le greffier,
(Signé) Philippe GAUTIER.

M. le juge IWASAWA joint une déclaration à l'ordonnance.

(Paraphé) J.E.D.
(Paraphé) Ph.G.

Racial Discrimination, take all necessary measures to prevent the incitement and promotion of racial hatred, including by organizations and private persons in its territory, targeted at persons of Azerbaijani national or ethnic origin;

(2) Unanimously,

Both Parties shall refrain from any action which might aggravate or extend the dispute before the Court or make it more difficult to resolve.

Done in French and in English, the French text being authoritative, at the Peace Palace, The Hague, this seventh day of December, two thousand and twenty-one, in three copies, one of which will be placed in the archives of the Court and the others transmitted to the Government of the Republic of Azerbaijan and the Government of the Republic of Armenia, respectively.

(Signed) Joan E. Donoghue,
President.

(Signed) Philippe Gautier,
Registrar.

Judge Iwasawa appends a declaration to the Order of the Court.

(Initialled) J.E.D.
(Initialled) Ph.G.

———

30

DECLARATION OF JUDGE IWASAWA

Article 4 of CERD requires that measures to eradicate incitement to racial hatred and discrimination must be adopted "with due regard to the principles of the Universal Declaration of Human Rights", including freedom of expression — The Parties were engaged in large-scale hostilities in their recent history — Statements made by organizations and private persons need to be understood in this context.

1. Article 4 of the International Convention on the Elimination of All Forms of Racial Discrimination (hereinafter "CERD") requires that measures designed to eradicate incitement to racial hatred and discrimination must be adopted "with due regard to the principles of the Universal Declaration of Human Rights and the rights expressly set forth in article 5 of th[e] Convention". This includes, most notably, freedom of expression. Freedom of expression is an indispensable condition for the full development of the person and the foundation stone for a free and democratic society. The exercise of the right to freedom of expression carries with it special duties and responsibilities. It may therefore be subject to certain restrictions, which are, however, only permitted under specific conditions (see Article 19, paragraph 3, of the International Covenant on Civil and Political Rights). Measures designed to eradicate incitement to racial hatred and discrimination are compatible with the protection of freedom of expression, provided that they meet those conditions.

2. The Parties to the present case were twice engaged in large-scale hostilities against each other in their recent history, between 1991 and 1994 and again in 2020. As a result, animosity appears to persist between the two States and among some segments of their populations. Statements made by organizations and private persons need to be understood in this context.

3. In the present Order, the Court indicates that Armenia shall, in accordance with its obligations under CERD, take all necessary measures to prevent the incitement and promotion of racial hatred targeted at people of Azerbaijani national or ethnic origin (paragraph 76 (1) of the Order). The Court indicates this measure in the circumstances described in paragraph 2 above.

(Signed) IWASAWA Yuji.

_____

DÉCLARATION DE M. LE JUGE IWASAWA

[Traduction]

Article 4 de la CIEDR imposant d'adopter les mesures destinées à éliminer l'incitation à la haine et à la discrimination raciales en «tenant compte des principes formulés dans la Déclaration universelle des droits de l'homme», notamment la liberté d'expression — Existence dans l'histoire récente d'hostilités à grande échelle entre les Parties — Nécessité d'interpréter dans ce contexte les déclarations faites par des organisations et des personnes privées.

1. L'article 4 de la convention internationale sur l'élimination de toutes les formes de discrimination raciale (ci-après la «CIEDR») impose d'adopter les mesures destinées à éliminer l'incitation à la haine et à la discrimination raciales en «tenant compte des principes formulés dans la Déclaration universelle des droits de l'homme et des droits expressément énoncés à l'article 5 de la … Convention» et, tout particulièrement, de la liberté d'expression. Celle-ci est une condition indispensable au développement complet de l'individu et constitue le fondement de toute société libre et démocratique. L'exercice du droit à la liberté d'expression emporte des devoirs et responsabilités particuliers. Il peut par conséquent faire l'objet de certaines restrictions, qui ne sont toutefois autorisées que dans des conditions bien précises (voir le paragraphe 3 de l'article 19 du pacte international relatif aux droits civils et politiques). Les mesures destinées à éliminer l'incitation à la haine et à la discrimination raciales sont compatibles avec la protection de la liberté d'expression, pour autant qu'elles satisfassent à ces conditions.

2. Les Parties à la présente affaire se sont, à deux reprises dans leur histoire récente, entre 1991 et 1994 puis à nouveau en 2020, affrontées dans le cadre d'hostilités à grande échelle. Il en résulte que de l'animosité semble persister entre les deux Etats ainsi que dans quelques groupes de leurs populations. C'est dans ce contexte qu'il convient d'interpréter les déclarations faites par des organisations et des personnes privées.

3. Dans la présente ordonnance, la Cour indique à l'Arménie de prendre, conformément aux obligations que lui impose la CIEDR, toutes les mesures nécessaires pour empêcher l'incitation et l'encouragement à la haine et à la discrimination raciales à l'égard des personnes d'origine nationale ou ethnique azerbaïdjanaise (point 1), alinéa *b)*, du dispositif de l'ordonnance). Elle indique cette mesure dans les circonstances décrites au paragraphe 2 ci-dessus.

(Signé) IWASAWA Yuji.

———————

ISBN 978-92-1-003893-5

COUR INTERNATIONALE DE JUSTICE

RECUEIL DES ARRÊTS,
AVIS CONSULTATIFS ET ORDONNANCES

INDEX

2021

INTERNATIONAL COURT OF JUSTICE

REPORTS OF JUDGMENTS,
ADVISORY OPINIONS AND ORDERS

INDEX

	N° de vente: Sales number	**1238**

ISSN 0074-4441
ISBN 978-92-1-003900-0

INDEX FRANÇAIS[1]

A

Abus de droit: 48, 51-52, 54-56.

Abus de procédure: 11, 23, 34-37, *48-59*, 87, *117, 131, 184*.

Acquiescement: 207-208, 220, 222, 224-225, 227-228, 234, 239, 273, *289, 293, 349-354, 356*.

Agence internationale de l'énergie atomique (AIEA): 10, 20-22.
Résolution GOV/2006/14 du conseil des gouverneurs (4 février 2006): 20.

Amputation (Effet d'—): 209, 252, 260, 262, 265-268, 273, *290, 292-294, 300, 302-310, 321-323, 332-335, 343*.

Arme nucléaire: 20, *62*.

Assemblée générale des Nations Unies:
Résolution 1514 (XV) (14 décembre 1960): 99, *348*.
Résolution 40/144 (13 décembre 1985): *162*.
Résolution 2391 (27 septembre 2021): 390.
Troisième Commission: 100-103, *139-140, 149, 167*.

Autodétermination (Droit à l'—): *300, 347-348*.

Aviation civile: 16.

B

Bonne administration de la justice: 38.

Bonne foi: 34, *53, 65, 96, 130, 135, 147*, 210, 281.

---

[1] Les chiffres en italique indiquent des références au texte d'opinions individuelles ou dissidentes et de déclarations.

C

H

Haine raciale: 363-364, 366, 369-370, 376-378, 380, 383-389, 391, 393, *401,* 407-408, 410, 413-414, 421-422, 425-429, 431, *432.*

Haut-Commissariat des Nations Unies aux droits de l'homme (HCDH): 86, *129,* 390.

I

Indemnisation: 17-18.

Interdiction d'entrée: 72-73, 81-82, 88, 90-92, 94, 107-108, *112, 120-121, 133-134, 144, 146, 153-155, 165.*

Intérêts vitaux de l'Etat: 11, 37-41, *59, 61, 65.*

Interprétation des traités: 10-11, 23-27, 31-33, 39-41, *45, 47, 60-61, 65-66,* 74, 95-96, 103-104, *123, 133, 135,* 368-369, 371, 375-376, 411-412, 415, 418.

J

Jurisprudence de la Cour européenne des droits de l'homme:

Ahunbay et autres c. Turquie, arrêt du 21 février 2019, requête n° 6080/06: *399.*

Andrejeva c. Lettonie, Grande Chambre, arrêt du 18 février 2009, requête n° 55707/00: *162, 168, 171.*

Biao c. Danemark, Grande Chambre, arrêt du 24 mai 2016, requête n° 38590/10: *162-163, 168.*

C. c. Belgique, arrêt du 7 août 1996, requête n° 21794/93: *163.*

D. H. et autres c. République tchèque, Grande Chambre, arrêt du 13 novembre 2007, requête n° 57325/00: *168.*

J. D. et A c. Royaume-Uni, première section, arrêt du 24 octobre 2019, requêtes n°s 32949/17 et 34614/17: *175.*

Luczak c. Pologne, quatrième section, arrêt du 27 novembre 2007, requête n° 77782/01: *171.*

Syllogos Ton Athinaion c. Royaume-Uni, arrêt du 31 mai 2016, requête n° 48259/15: *399.*

Jurisprudence de la Cour interaméricaine des droits de l'homme:

Juridical Condition and Rights of Undocumented Migrants, avis consultatif du 17 septembre 2003, OC-18/03: *162, 171.*

Nadege Dorzema et al. v. *Dominican Republic,* arrêt du 24 octobre 2012: *175.*

Proposed Amendments to the Naturalization Provision of the Constitution of Costa Rica, avis consultatif du 19 janvier 1984, OC-4/84: *163.*

Jurisprudence de la Cour internationale de Justice:

Jurisprudence de la Cour permanente de Justice internationale:

Mer territoriale: 208-209, 220, 224, 227, 229-235, 237, 240-241, 243-245, 248, 258-259, 275, 277, 280-281, 284, *286, 288, 293-295, 299, 308-309, 324, 326-327, 344-345, 347-348, 350, 354-358.

Délimitation: 208, 220, 227, 230, 241, 243, 245, *289, 299, 344, 347, 352, 356, 358.*

Mesures conservatoires: 15-16, *62-63,* 77-79, 82, 88, 92, *120, 123, 129-130, 173, 180-181, 183, 185,* 203, 364-368, 371, 373, 375, 379, 382-383, 385-386, 388, 391-392, *395-396, 398, 400, 402,* 408-411, 415, 418-419, 421, 424-430.

Mesures restrictives: 10-11, 18-19, 21-33, 37-41, *44-46, 50, 62-63.*

Mines terrestres: 408, 410, 413-414, 419-420, 425.

Champ de —: 407, 413-414, 420.
Déminage: 407-408, 410, 413-414, 425.

N

Nationalité: 73, 78, 88-93, 97-106, 108, *111, 113-116, 121, 125-126, 133, 136-140, 144-145, 147-149, 151-155, 157, 159-173, 176-180, 183, 185-186.*

— actuelle: 73-74, 88-91, 94-103, 106, 108-109, *111, 113-115, 124, 126, 135-138, 140-141, 144-145, 147, 149, 154, 157-158, 165-166, 172, 177-180.*

Négociation(s): 86, *121, 127-131, 184,* 199-200, 208, 224, 226, 233-234, 275-276, 283, *299, 312-313, 331, 355-356, 358,* 368, 371-375, 412, 415-418.

Nettoyage ethnique: 363, 369, 407, 413, 419, 425.

O

Objet et but des traités: 33, 39, *46, 65,* 73, 96-99, 103-104, 107, *113, 128, 133, 135, 137-138, 141, 144-145, 147-150, 167, 173, 177.*

Organisation des Nations Unies: 15, *58,* 78, 99, *129, 142, 169,* 212, 224, 226, 229, 231-233, 263, *346, 355-356,* 390.

Conseil des droits de l'homme: *129.*

Organisation des Nations Unies pour l'alimentation et l'agriculture (FAO): 238.

Organisation du traité central (CENTO): *66.*

Organisation internationale du Travail (OIT): *158.*

Origine nationale: 73-74, 80-82, 88-109, *111-116, 118-121, 123-126, 133-141, 144-149, 152-160, 165-181, 183, 185-186.*

Q

Question nucléaire iranienne: 10, 20-22, 25, 34-36, 38-39, 41, *50, 61-64, 66.*

Qui tacet consentire videtur si loqui debuisset ac potuisset: 228.

R

Racisme: 408, 410, 413, 420, 422, 425-427, 429.

Règlement de la Cour internationale de Justice: *52,* 73, 82, 87, 92, *181.*
Article 31: 189, 193, 202-203.
Article 37: 15.
Article 38: 87, *122.*
Article 39: 192.
Article 40: 192-193.
Article 43: 78, 212.
Article 44: 3-4, 16, 188, 192, 196-197, 199-200, 202.
Article 45: 202.
Article 46: 192.
Article 48: 192, 202.
Article 49: 87, 202.
Article 53: 17, 79, 213, 215.
Article 56: 79, 214.
Article 59: 219.
Article 60: 83.
Article 61: 215.
Article 69: 78-79.
Article 72: 215.
Article 73: 15, 77-78, 362, 364-365, 406, 408-409.
Article 74: 15, 77-78, 362, 364-365, 406, 408.
Article 75: 15, 77-78, 362, 364, 391, 406, 408, 429.
Article 78: 16.
Article 79: 16, 37-38, 40, 69, 79, *123,* 189, 203, 212.
Article 79*bis:* 6-7, 37.
Article 79*ter:* 68, 83, *117, 181,* 188.

Relations commerciales: 23-24, 28-30, 32-33, 39, 41, *44, 46-47, 57, 59, 65.*

Réparation: 80, 82, *119-121.*

Res inter alios acta: 260, 265, *346.*

Res judicata: 184.

Risque réel et imminent: 385, 387-388, 390, *403,* 426-429.

Rupture des relations diplomatiques: 72, 84, *133.*

S

Sanctions internationales: 10, 17-18, 21-25, 28-31, 34-35, 38-39, *44, 48-50, 60-64, 66.*

Secrétaire général des Nations Unies: 15, 78-79, 208, 212, 225-226, 229, 231, 233, 236, *355,* 365, 409.

Rapport du Secrétaire général sur la protection des ressources naturelles et des eaux territoriales de la Somalie, Nations Unies, doc. S/2011/661, 25 octobre 2011: 236.

Sécurité nationale: 10, 22, 37-39, 40-41, *59, 65.*

Sentences arbitrales:

Arbitrage concernant la frontière maritime dans le golfe du Bengale (Bangladesh c. Inde) (7 juillet 2014): 252, 265-268, *287, 291, 295, 305-308, 319.*

Arbitrage entre la Barbade et la République de Trinité-et-Tobago (11 avril 2006): 251, 265, 268, 273, *295, 314.*

Délimitation de la frontière maritime entre la Guinée et la Guinée-Bissau (14 février 1985): 267, *304, 308, 333-335.*

Délimitation de la frontière maritime entre la Guinée-Bissau et le Sénégal (31 juillet 1989): *357.*

Délimitation de la frontière maritime entre le Guyana et le Suriname (17 septembre 2007*)*: 282, *295-296.*

Délimitation des espaces maritimes entre le Canada et la République française (10 juin 1992): *331.*

Ile de Palmas (Pays-Bas/Etats-Unis d'Amérique) (4 avril 1928): *353.*

Seconde étape de la procédure entre l'Erythrée et le Yémen (délimitation maritime) (17 décembre 1999): *295.*

Sentence arbitrale relative à la frontière entre la colonie de la Guyane britannique et les Etats-Unis du Venezuela (3 octobre 1899): 188-189.

Société des Nations: *52.*

Solution équitable: 208-209, 234, 248, 250-252, 260, 262-263, 265, 268, 270, 273, *293, 301, 306, 312-313, 320, 322, 332-334, 352.*

Sous-Commission de la lutte contre les mesures discriminatoires et de la protection des minorités: 101.

Souveraineté: 190, 192, 210, 216-217, 219, 224, 232, 266, 277, 280-281, 283, *346, 348, 353.*

Statut de la Cour internationale de Justice: *52,* 391, 429.

Article 24: 15.
Article 31: 15, 78, 212, 365, 409.
Article 34: 78.
Article 36: 15, *54,* 77, *183,* 212, 364, 368, *400,* 408, 411.

W

Z

LISTE DES TRAITÉS, CONVENTIONS ET DÉCLARATIONS CITÉS[11]

Accord tendant à régler le différend entre le Venezuela et le Royaume-Uni de Grande-Bretagne et d'Irlande du Nord relatif à la frontière entre le Venezuela et la Guyane britannique (accord de Genève) (17 février 1966): 189-190.

Acte constitutif de l'Union africaine (11 juin 2000):

Article 4: *357.*

Arrangement conventionnel de 1927/1933 entre l'Italie et le Royaume-Uni concernant les frontières de leurs territoires en Afrique de l'Est: 207-208, 220, 240-241, 243-244, 248, *299, 344-348, 352, 356-359.*

Charte africaine des droits de l'homme et des peuples (27 juin 1981): *142.*

Article 2: 105.
Article 11: *143.*
Article 12: *143.*
Article 29: *143.*

Charte des Nations Unies (26 juin 1945): *58, 158-159,* 382, 424.

Article 1: *58.*
Article 2: *58.*
Article 40: 20.
Article 41: 21.

Charte internationale des droits de l'homme: *162.*

Compromis entre la République gabonaise et la République de Guinée équatoriale (15 novembre 2016): 192-193.

Article 1: 192.
Article 3: 193.
Article 6: 193.

Convention américaine relative aux droits de l'homme (22 novembre 1969): *160, 162.*

Article 1: 105, *160.*
Article 13: *143.*
Article 15: *143.*
Article 16: *143.*
Article 22: *143.*
Article 24: *160.*

---

[1] Cette liste a été établie sur la seule base des références citées dans le texte de la langue originale.

21

23

Mémorandum d'accord entre le Kenya et la Somalie, reconnaissant l'existence de frontières maritimes litigieuses (7 avril 2009): 208, 224-226, 232-233, 235-237.

Pacte de Bogotá (30 avril 1948):

Article IV: *130.*

Pacte de la Société des Nations (28 juin 1919): *158.*

Pacte international relatif aux droits civils et politiques (16 décembre 1966): 104, *141-143, 150, 159-163, 170.*

Article 2: *159-161.*
Article 4: *162.*
Article 12: *143, 151, 162.*
Article 19: *143, 401, 432.*
Article 21: *143.*
Article 22: *143.*
Article 25: *162.*
Article 26: *159-161, 170-171.*

Pacte international relatif aux droits économiques, sociaux et culturels (16 décembre 1966): *159-163, 175.*

Article 2: *159, 171, 175.*
Article 8: *143.*
Article 15: *399.*

Traité d'amitié, de commerce et de droits consulaires entre l'Iran et les Etats-Unis d'Amérique (15 août 1955): 10-12, 15-19, 23-33, 35-37, 41, *44-48, 50, 57, 62, 64-66.*

Article I: *45-46.*
Article III: *46.*
Article IV: 17-18, 30-31, *45-46.*
Article V: 18, 30-31.
Article VII: 17-18, 30-31, *45.*
Article VIII: 17-18, 30-31, *45.*
Article IX: 17-18, 30-31, *45.*
Article X: 17-18, 30-31, *45-46.*
Article XI: *46.*
Article XX: 11, 18-19, 23, 37-42, *48, 59-61, 65-66.*
Article XXI: 10, 15, 23-24, 31, 34, 42, *44.*
Article XXIII: 19-20.

Traité sur la non-prolifération des armes nucléaires (1ᵉʳ juillet 1968): 10, 20.

Article III: 20.

ENGLISH INDEX[1]

A

Abuse of process: 11, 23, 34-37, *48-59,* 87, *117, 131, 184.*

Abuse of right(s): *48, 51-52, 54-56.*

Acquiescence: 207-208, 220, 222, 224-225, 227-228, 234, 239, 273, *289, 293, 349-354, 356.*

African Commission on Human and Peoples' Rights: 104-105.

African Union: 263, *357.*
Resolution AHG/Res.16 (I) (21 July 1964): *357.*

Arbitral awards:
Arbitral Award regarding the boundary between the Colony of British Guiana and the United States of Venezuela (3 October 1899): 188-189.
Arbitration between Barbados and the Republic of Trinidad and Tobago (11 April 2006): 251, 265, 268, 273, *295, 314.*
Bay of Bengal Maritime Boundary Arbitration (Bangladesh v. *India)* (7 July 2014): 252, 265-268, *287, 291, 295, 305-308, 319.*
Delimitation of Maritime Areas between Canada and France (10 June 1992): *331.*
Delimitation of the Maritime Boundary between Guinea and Guinea-Bissau (14 February 1985): 267, *304, 308, 333-335.*
Delimitation of the maritime boundary between Guinea-Bissau and Senegal (31 July 1989): *357.*
Delimitation of the Maritime Boundary between Guyana and Suriname (17 September 2007): 282, *295-296.*
Island of Palmas Case (Netherlands/United States of America) (4 April 1928): *353.*
Second stage of the proceedings between Eritrea and Yemen (Maritime Delimitation) (17 December 1999): *295.*

Armed conflict: 364, 366-367, 369-371, 377, 382, 385, 387-388, 391, 393, *395-398, 402.*

---

[1] Italicized page numbers are references to the text of separate or dissenting opinions or declarations.

B

Baseline(s): 229-230, 232, 240-241, 253, 258, 275, 284, *286, 288, 294-295, 308-309, 321, 324, 326-327.*

Block on assets: 21, 29, *44.*

See also *Freezing of assets.*

Boundary(ies): *154,* 188-189, 207-209, 219-220, 222, 224, 226, 228-234, 238, 243, 248, 252-253, 257, 262, 265-266, 268, 272-273, 276, *286-287, 290, 292, 315-316, 319, 330, 345, 347, 351-352, 354, 356-359.*

Land —: *134,* 189, 208-209, 216-219, 236, 239-241, 245, 247, 252-253, 257-258, 264, *296, 298-299, 315, 319, 321, 324, 346, 357-358.*

Delimitation: 192.

Maritime —: 207-209, 212, 215-218, 220, 222, 225-228, 230-241, 243-244, 250-252, 257, 259-260, 262-265, 270, 272-277, 280-284, *286, 289-290, 292-293, 299, 301, 303, 306-307, 312-313, 316, 319, 322, 326, 345, 348-354, 357-358.*

Delimitation: 192, 226, 228, 233, 240, 251, 276, 282-283, *292, 299, 301, 344, 358.*

C

Central Treaty Organization (CENTO): *66.*

Civil aviation: 16.

Civilian detainees: 369, 375-376, 378, 382-383, 385-386, *396, 398, 400.*

Commercial relations: 23-24, 28-30, 32-33, 39, 41, *44, 46-47, 57, 59, 65.*

Commission on Human Rights (United Nations): 101-102, *140, 167.*

Commission on the Limits of the Continental Shelf (CLCS): 207-209, 220, 222, 224-226, 229, 232-234, 236-237, 253, 257, 272-277, *286-287, 316, 320, 323, 327-331, 354.*

Kenya's Submission on the Continental Shelf beyond 200 nautical miles deposited with the CLCS on 6 May 2009: 208, 222, 224, 226, 229, 232-234, 236-237, 273-274, *293, 354.*

Committee on Economic, Social and Cultural Rights (CESCR): *161, 171, 174.*

General Comment No. 20 on non-discrimination in economic, social and cultural rights (Article 2, paragraph 2, of the International Covenant on Economic, Social and Cultural Rights) (18 May 2009): *161, 171, 175.*

General Comment No. 21 on Article 15, paragraph 1 *(a),* of the International Covenant on Economic, Social and Cultural Rights (2-20 November 2009): *399.*

29

United States Diplomatic and Consular Staff in Tehran (United States of America v. *Iran), Judgment, I.C.J. Reports 1980:* 27.
Whaling in the Antarctic (Australia v. *Japan: New Zealand intervening), Judgment, I.C.J. Reports 2014:* 99.

Decisions of the International Tribunal for the Law of the Sea (ITLOS):

Delimitation of the Maritime Boundary in the Atlantic Ocean (Ghana/Côte d'Ivoire), Judgment, ITLOS Reports 2017: 228, 233, 239, 252, 268, 281-282, *287, 304, 306, 315-318, 320, 328, 333-335, 340.*
Delimitation of the Maritime Boundary in the Bay of Bengal (Bangladesh/ Myanmar), Judgment, ITLOS Reports 2012: 245, 252, 265-266, 272, 274-*276, 287, 291, 295-296, 305, 319-320, 328, 331-333.*

Decisions of the Permanent Court of International Justice:

Certain German Interests in Polish Upper Silesia, Merits, Judgment No. 7, 1926, P.C.I.J., Series A, No. 7: 51.
Free Zones of Upper Savoy and the District of Gex, Judgment, 1932, P.C.I.J., Series A/B, No. 46: 51, 357.
Mavrommatis Palestine Concessions, Judgment No. 2, 1924, P.C.I.J., Series A, No. 2: 368, 412.

Delimitation: 209-210, 222, 224-227, 230-235, 243, 245, 248, 250-253, 260, 266-267, 272, 276-277, 280-282, *286, 288-295, 297-298, 300, 302-304, 306-307, 310, 312-316, 319-323, 326-333, 335, 343-345, 352-355, 357.*

— line: 243, 250-251, 264, 266, 268, 270, 277, *286, 288-289, 295, 310, 330, 332, 354, 359.*
Equitable —: 222, 224, 251, 267, 273, *286-288, 314.*
Maritime —: 207-208, 210, 220, 224, 227, 233-235, 237, 239, 244, 247, 250-251, 263, 266, 272-273, 282-283, *287, 289, 296, 300-303, 307, 310, 312-315, 320-323, 327, 331, 334, 343-344, 346, 353, 356.*
Three-stage methodology: 209, 250-252, 273, *289, 293, 301, 304, 312-314, 320-321, 323, 332.*

Discrimination: 73-74, 81, 88-91, 94, 97, 99-105, 108, *112-115, 119, 124, 128, 134, 137-138, 140, 144, 148-179, 181,* 407-408, 413, 420-422, 424.

Direct —: 90, 92, 107, *114, 152-153, 174-175, 178.*
Indirect —: 73-74, 89-94, 107-109, *111, 114, 126, 134, 145-146, 153, 155, 157-158, 172-182.*
Racial —: 72-74, 80-82, 88-95, 97-109, *111-120, 124-126, 128, 131, 133-136, 138, 140-141, 145-148, 151-152, 154-158, 164-165, 167-169, 171-174, 176-177, 179-181,* 363-364, 369-370, 376-383, 389, 391, 393, *395, 398-399, 401,* 415, 419-424, 428, *432.*

E

Electa una via: 130-131.

Equal treatment before tribunals (Right to —): 80-81, *118-120, 124,* 376, 381, 391, 393, 423.

F

Intergovernmental Oceanographic Commission of UNESCO (IOC): 238.

International Atomic Energy Agency (IAEA): 10, 20-22.

Resolution GOV/2006/14 of the Agency's Board of Governors (4 February 2006): 20.

International Committee of the Red Cross: 387, *396.*

International Court of Justice (ICJ): 23, *52.*

Jurisdiction of the —: 11, 15, 18-19, 23-25, 27-28, 34-36, 39-40, 42, *44-50, 54-57, 60,* 72, 74, 77, 79, 82-83, 85-86, 110, *111, 114, 116, 121, 123, 126-128, 131-133, 135, 146, 157-158, 164, 172, 183-185,* 189-190, 364, 367-369, 373, 392, *395, 400, 403,* 408, 411-412, 424, 430.

Prima facie: *131,* 367, 375, *400,* 411, 413-414, 418.

Ratione materiae: 10, 23, 31, 34, *44-45,* 72-73, 87, 94-95, 109, *111, 114, 116, 122-123, 125-126, 133-134, 144-145, 156, 164-165, 177, 179, 183,* 369, 412, 414.

Ratione temporis: 414.

See also *Decisions of the International Court of Justice; Preliminary objection(s); Rules of the International Court of Justice* and *Statute of the International Court of Justice.*

International humanitarian law: 376, 382, *395-398.*

International Labour Organization (ILO): *158.*

International law: 25, *51, 58,* 105, *143-144, 148, 150-151, 157-158, 160, 162-164, 184, 186,* 215-220, 224, 227, 230, 233, 236, 239, 248, 277, 280, 283, *295, 306-308, 312, 320, 332, 335, 347-349, 353-354,* 377, *395, 400.*

International Law Commission (ILC): *308, 347.*

International peace and security: 38, 40, *58-59, 62, 66.*

International sanctions: 10, 17-18, 21-25, 28-31, 34-35, 38-39, *44, 48-50, 60-64, 66.*

International Tribunal for the Law of the Sea (ITLOS): 250, 265-266, 272, 274, 276, *287, 291, 304-305, 315, 328, 332-334.*

See also *Decisions of the International Tribunal for the Law of the Sea.*

Iran's nuclear programme: 10, 20-21, 25, 36, 38, 41, *50, 61-63.*

Iranian nuclear issue: 10, 20-22, 25, 34-36, 38-39, 41, *50, 61-64, 66.*

Irreparable prejudice: 385, 387-390, *400, 402-403,* 426-429.

S

T

Territorial sea: 208-209, 220, 224, 227, 229-235, 237, 240-241, 243-245, 248, 258-259, 275, 277, 280-281, 284, *286, 288, 293-295, 299, 308-309, 324, 326-327, 344-345, 347-348, 350, 354-358.

Delimitation: 208, 220, 227, 230, 241, 243, 245, *289, 299, 344, 347, 352, 356, 358.*

Territorial waters: 229-231, 243, *354, 357, 359.*

Terrorism: 22, 38, *50.*

Torture: 376-378, 386, 389-390.

Travel bans: 72-73, 81-82, 88, 90-92, 94, 107-108, *112, 120-121, 133-134, 144, 146, 153-155, 165.*

Treaties interpretation: 10-11, 23-27, 31-33, 39-41, *45, 47, 60-61, 65-66,* 74, 95-96, 103-104, *123, 133, 135,* 368-369, 371, 375-376, 411-412, 415, 418.

U

United Nations Development Programme (UNPD): 238.

United Nations Environment Programme (UNEP): 238.

United Nations General Assembly:

Resolution 1514 (14 December 1960): 99, *348.*
Resolution 40/144 (13 December 1985): *162.*
Resolution 2391 (27 September 2021): 390.
Third Committee: 100-103, *139-140, 149, 167.*

United Nations High Commissioner for Human Rights (OHCHR): 86, *129,* 390.

United Nations Organization: 15, *58,* 78, 99, *129, 142, 169,* 212, 224, 226, 229, 231-233, 263, *346, 355-356,* 390.

Human Rights Council: *129.*

United Nations Secretary-General: 15, 78-79, 208, 212, 225-226, 229, 231, 233, 236, *355,* 365, 409.

Report of the Secretary-General on the protection of Somali natural resources and waters, UN doc. S/2011/661, 25 October 2011: 236.

United Nations Security Council: 10, 20-22, 38, *62-63,* 370, *398.*

Resolution 1696 (31 July 2006): 20-21.
Resolution 1737 (23 December 2006): 21.
Resolution 1747 (24 March 2007): 21, *62.*
Resolution 1803 (3 March 2008): 21, *62.*

W

LIST OF TREATIES, CONVENTIONS AND DECLARATIONS CITED[1]

1927/1933 Treaty arrangement between Italy and the United Kingdom concerning boundaries of their territories in East Africa: 207-208, 220, 240-241, 243-244, 248, *299, 344-348, 352, 356-359.*

African Charter on Human and Peoples' Rights (27 June 1981): *142.*

Article 2: 105.
Article 11: *143.*
Article 12: *143.*
Article 29: *143.*

Agreement to Resolve the Controversy between Venezuela and the United Kingdom of Great Britain and Northern Ireland over the Frontier between Venezuela and British Guiana (Geneva Agreement) (17 February 1966): 189-190.

American Convention on Human Rights (22 November 1969): *160, 162.*

Article 1: 105, *160.*
Article 13: *143.*
Article 15: *143.*
Article 16: *143.*
Article 22: *143.*
Article 24: *160.*

Constitutive Act of the African Union (11 June 2000):

Article 4: *357.*

Convention for the Protection of Cultural Property in the Event of Armed Conflict (14 May 1954): *398.*

Convention on the Territorial Sea and the Contiguous Zone (29 April 1958):

Article 4: *308.*

Covenant of the League of Nations (28 June 1919): *158.*

Durban Declaration (8 September 2001): *176-177.*

European Convention of Human Rights (ECHR) (4 November 1950): *150, 399.*

Article 8: *143.*
Article 14: 105, *160, 171.*
Article 15: *143.*

Geneva Convention on the Continental Shelf (29 April 1958):

Article 4: *309.*
Article 6: *312.*

---

[1] This list has been drawn up solely on the basis of the references given in the text of the original language.

_____

TABLE DES MATIÈRES

TABLE DES MATIÈRES

_____

TABLE OF CONTENTS

50

TABLE OF CONTENTS

TABLE OF CONTENTS

———————